A Luta pela Democracia no Mundo

A Luta pela Democracia no Mundo

DA GRÉCIA À ANTIGA URSS E RÚSSIA

2022 • Volume 3

Edson Simões

ALMEDINA

A LUTA PELA DEMOCRACIA NO MUNDO
DA GRÉCIA À ANTIGA URSS E RÚSSIA : VOLUME 3

AUTOR: Edson Simões

DIRETOR ALMEDINA BRASIL: Rodrigo Mentz
EDITORA JURÍDICA: Manuella Santos de Castro
EDITOR DE DESENVOLVIMENTO: Aurélio Cesar Nogueira
ASSISTENTES EDITORIAIS: Isabela Leite e Larissa Nogueira

DIAGRAMAÇÃO: Almedina
DESIGN DE CAPA: Roberta Bassanetto

ISBN: 9786556274805
Março, 2022

Dados Internacionais de Catalogação na Publicação (CIP)
(Câmara Brasileira do Livro, SP, Brasil)

Simões, Edson
A luta pela democracia no mundo : da Grécia à antiga URSS e Rússia : volume 3 / Edson Simões. – 1. ed. – São Paulo : Almedina, 2022.

Bibliografia.
ISBN 978-65-5627-480-5

1. Antropofagia 2. Ciências políticas 3. Democracia 4. Democracia – Grécia 5. Democracia – URSS I. Título.

22-98349 CDD-321.8

Índices para catálogo sistemático:

1. Democracia : Ciências políticas 321.8

Aline Graziele Benitez – Bibliotecária – CRB-1/3129

Este livro segue as regras do novo Acordo Ortográfico da Língua Portuguesa (1990).

EDITORA: Almedina Brasil
Rua José Maria Lisboa, 860, Conj.131 e 132, Jardim Paulista | 01423-001 São Paulo | Brasil
editora@almedina.com.br
www.almedina.com.br

SUMÁRIO

INTRODUÇÃO

Nesta parte da obra será analisada a influência da aplicação dos princípios oriundos dos pensadores e a sua aplicação prática em alguns países, que são paradigmáticos para a compreensão da organização dos Estados, da justiça, da Constituição e da democracia. Em que pese o surgimento formal de alguns desses países ser mais recente, a organização atual necessariamente traz os efeitos e a influência das formulações emuladas pelos povos que os compõem desde longa data, recebendo inúmeras influências nesse percurso até os dias atuais.

Dessa forma, nos capítulos a seguir, a proposta é a de enfocar as iniciativas práticas em benefício das liberdades e dos direitos das pessoas que compõem e compuseram as sociedades aqui destacadas, por intermédio das Constituições e das legislações dos países. Enfoca-se a partir de uma perspectiva histórica Grécia, Roma (e Itália), Suíça, Inglaterra, França, Estados Unidos da América, Alemanha e Rússia. No âmbito de cada país será discutida a ideia da liberdade, sua história, sua legislação, suas tradições e constituições.

Capítulo 1
GRÉCIA – MÃE DA DEMOCRACIA

1.1 Aspectos gerais

A Grécia Antiga abrangia a parte meridional da península balcânica, incluindo as ilhas do Mar Egeu e as costas da Ásia Menor. Por volta do segundo milênio antes de Cristo, a região foi ocupada por povos indo-europeus, como os jônios, aqueus, eólios e dórios[1]. Dividia-se em cidades-estados (pólis[2]), com destaque para Atenas, Esparta, Argos e Corinto. Atenas, uma grande cidade-estado, contava, em seu apogeu, no século V a.C., com cerca de 35 a 40 mil cidadãos homens; o restante de seus 350 mil habitantes era constituído por mulheres, crianças, estrangeiros residentes e escravos, nenhum dos quais tinham direitos políticos.

[1] Os dórios são um dos ramos do povo grego. Possuíam um dialeto particular e, a se acreditar no historiador Tucídides, abrangiam três tribos no lugar das quatro tribos características no mundo jônico. Foi-lhes particularmente atribuída a introdução da metalurgia do ferro. MOSSÉ, CLAUDE. *Dicionário da Civilização Grega*, Rio de Janeiro: Jorge Zahar Editor, 2004, p. 99.

[2] O regime da *polis* ou cidade-estado consiste em um sistema de vida, e, por consequência, forma os cidadãos que nela habitam. Esse fenômeno se concretiza numa extensão territorial, nunca muito grande, mas continha uma cidade, onde havia o lar com o fogo sagrado, os templos, as repartições dos magistrados principais, a ágora, onde se efetuavam as transações; e, habitualmente, a cidadela, na acrópole. A cidade vivia do seu território e a sua economia era essencialmente agrária. Cada uma tinha sua constituição própria, de acordo com a qual exercia três espécies de atividade: legislativa, judiciária e administrativa. A *polis* assentava em bases religiosas, e as cerimonias do culto eram ao mesmo tempo obrigações civis, desempenhadas pelos magistrados. É nesse regime político que emergira a Idade Obscura, que a Grécia viverá à época helenista, em que finalmente se há de dissolver. PEREIRA, Maria Helena da Rocha. *Estudos de história da cultura clássica – cultura grega*. Coimbra: Almedina, 2017, v. 1, p. 172-173.

A tabela abaixo indica os três grupos principais da população da Ática (planície em que se localiza Atenas) em dois momentos bem documentados da história:

	431 a.C.	317 a.C.
Cidadãos homens adultos	50.000	21.000
Métoikoi (metecos)	25.000	10.000
Escravos	100.000	50.000

Fonte: JONES, Peter V. *O mundo de Atenas*, p. 159.

E o quadro a seguir ilustra o contingente de cidadãos da época:

Data (a.C.)	Fonte	Efetivos militares		População total de cidadãos (= homens adultos)
500	Heródoto			30.000
431	Tucídides	13.000 ativa 16.000* reserva 1.000 cavalaria	} hoplitas	
411	Lísias	9.000 hoplitas		
322	Plutarco Diodoro			21.000 31.000
317	Ctésicles [Demóstenes]			21.000 20.000

* Este número inclui uma quantidade desconhecida de metecos.
Fonte: JONES, Peter V. *O mundo de Atenas*, p. 157.

1.1.1 A democracia direta e a cidadania

"Democracia" deriva da palavra grega *dëmokratia*, que significa, literalmente, o poder soberano (Krátos) do *demos*, termo este que designa o corpo de cidadãos ou o povo como um todo. O que distinguiu a vida política grega daquela das civilizações primitivas do Oriente Próximo, e conferiu-lhe um significado duradouro, foi a gradual compreensão dos gregos de que os problemas da comunidade são provocados pelos seres humanos e exigem soluções humanas. Eles valorizavam também o livre exercício da cidadania. Um rei absoluto, que governasse arbitrariamente e por decreto e se colocasse acima e além da lei, era odioso para os gregos[3].

A democracia ateniense atingiu o seu apogeu em meados do século V a.C., constituindo o melhor exemplo dos ideais de liberdade política na época. Os atenienses conscientemente passaram a se basear na razão humana, e não na orientação divina, para conduzir sua vida política intelectual[4].

Somente na hipótese de uma situação muito excepcional, como a prestação de serviço extraordinário à democracia, é que os cidadãos aprovariam pelo voto, como forma de recompensa, que um estrangeiro residente (métoikos, meteco) ou não residente (xénos) recebesse a cidadania ateniense. Quanto aos escravos, que eram numerosos e, em sua maioria, não gregos, não tinham nenhum tipo de direito privado ou público aplicável segundo as leis.

Péricles, por meio da lei de 451 a.C., limitava o acesso à cidadania somente aos nascidos de pai e mãe atenienses[5]. Entre os atenienses, a perda dos direitos de cidadão não lhes podia ser pior. Estima-se que o ateniense vivia numa cidade cujo corpo de cidadãos (em oposição à população total) jamais superou 50 mil pessoas. Anualmente, o cidadão da cidade-Estado ansiava por uma convocação ao Exército ou à frota. Além disso, havia a possibilidade de reunir-se com outros milhares deles na *ekklesia* (a principal assembleia da democracia ateniense)[6].

1.1.2 A tirania e os tiranos

A tirania é um regime político que se encontra em qualquer período da história grega, mas, como fenômeno preponderante e generalizado,

3 Perry, Marvin. *Civilização ocidental*, São Paulo: Martins Fontes, 2002, p. 48.

4 Ibidem, p. 47.

5 Mossé, Claude. *Péricles, o inventor da democracia*. São Paulo: Estação Liberdade, 2008, p. 129. Acrescente-se que além da condição de o indivíduo ser, necessariamente, filho de pai e mãe atenienses, para pertencer a esse "corpo exclusivo", deveria ele registrar-se, aos dezoito anos de idade, no registro do *demos* hereditário do pai. Jones, Peter V., *O mundo de Atenas*. São Paulo: Martins Fontes, 1997, p. 156.

6 Ibidem, p. 156.

pode considerar-se típico da época arcaica – se excetuarmos a cidade de Esparta, que manteve sempre a sua monarquia dualista[7].

Inicialmente, essa tirania não se revestia, no entanto, "do caráter odioso que hoje ela representa, mas sim quando, após a Guerra do Peloponeso, os Trinta Tiranos governaram Atenas. O mais antigo exemplo de emprego desta palavra em grego que, segundo o sofista Hípias, é o que se encontra no fragmento *19 West de Arquíloco*, limita-se a qualificá-la de 'poderosa'[8].

Os tiranos surgem em algumas cidades gregas durante o século VII. Segundo o historiador Tucídides, eles teriam sido instaurados primeiro nas cidades mais ricas. Apesar de confiscar o poder político em proveito próprio, aos tiranos eram atribuídas medidas destinadas a agradar os camponeses mais pobres: partilha das terras, abolição das dívidas, empréstimos diversos etc.[9].

Os tiranos comportavam-se, em geral, como déspotas esclarecidos. Rodeavam-se de poetas, dentre eles Anacreonte[10], Simónides[11], Píndaro[12] e Ésquilo[13], por exemplo[14]. Em Atenas, destacou-se a ação do tirano Pisístrato[15], seja em razão das obras na Acrópole, na Ágora (como o Altar dos Doze Deuses), no templo colossal de Zeus Olímpico (só seria concluído

[7] Pereira, Maria Helena da Rocha. *Estudos de história da cultura clássica – cultura grega.* Coimbra: Almedina, 2017, v. 1, p. 178.

[8] Ibidem, p. 178.

[9] Mossé, Claude. *Dicionário da Civilização Grega*, cit., p. 274.

[10] Nascido em 563 a.C., Anacreonte foi um poeta lírico grego; cantava as musas, Dionísio e o amor.

[11] Primeiro poeta grego a sobreviver da poesia. Nasceu em 556 a.C.

[12] Poeta lírico, nasceu em 520 a.C. Lidava como poucos com os aspectos formais da poesia. Procurou eternizar os atletas da época.

[13] Nasceu em 525 a.C. e 456 a.C. Autor de mais de 90 tragédias gregas, apenas 7 chegaram até nós. Tratou de temas sobre-humanos, em boa parte da mitologia. Disponível em http://educacao.uol.com.br/biografias/esquilo.htm?cmpid=copiaecola. Acesso em 18 nov 2019.

[14] Pereira, Maria Helena da Rocha. *Estudos de história da cultura clássica*, cit., p. 179.

[15] Político ateniense, nasceu em 605 a.C. e governou a partir de 561 com o desejo de instaurar a tirania em Atenas. Alcançou o poder pela força, apoiado, sobretudo, pela população da zona mineira da Ática. Ao simular um ataque contra si, recebeu apoio popular e conseguiu uma guarda armada que se apoderou da Acrópole, estabelecendo, assim, a tirania. Disponível em https://www.infopedia.pt/pisistrato. Acessado em 9 jan. 2018.

no séc. II d.C., no tempo de Adriano), em abastecimento de água, dos empréstimos a lavradores em dificuldades, das reformas religiosas, da reorganização das Panateneias, com a recitação dos Poemas Homéricos e a instituição das Grandes Dionísias, junto das quais nascerá o teatro[16].

1.1.3 A questão social - os metecos ("métoikoi")

Metecos, no século V a.C., eram os estrangeiros domiciliados em Atenas, seja por razões políticas, isto é, a necessidade de fugir de sua cidade de origem, seja por razões de ordem material e, principalmente, para lá negociar ou exercer um ofício artesanal, ou, enfim, por se sentirem atraídos pelo prestígio da cidade. Aos metecos cabiam obrigações financeiras, entre as quais o pagamento de uma taxa especial de residência chamada *metoikion*, e a prestação de serviço militar[17].

"O meteco devia possuir um patrono (*prostátes*) que o apresentasse ao Estado, sem o que estaria sujeito a uma ação pública que o reduziria à escravidão. Os metecos sofriam de uma dupla incapacidade: não podiam ser proprietários territoriais nem contrair matrimônio legítimo com uma ateniense. Em casos raros e por motivo de relevantes serviços prestados ao Estado, concediam-se a estes determinados privilégios, como o direito de adquirir bens imobiliários, a dispensa parcial ou total de impostos particulares aos indivíduos de sua classe ou, ainda, a igualdade completa aos cidadãos em matéria fiscal e militar. Estes últimos se chamavam *isoletes*"[18]. Pagavam imposto de guerra.

Conheciam-se *métoikoi* de cerca de 70 cidades gregas, mas, de longe, o maior número absoluto deles residia em Atenas. A cifra mais confiável é a de 317 a.C., quando dez mil *métoikoi* (entre os quais, provavelmente, um pequeno número de mulheres independentes) foram registrados em um recenseamento geral extraordinário, realizado após a abolição da democracia pelos macedônios (em 322 a.C.). Argumenta-se que no início da Guerra do Peloponeso havia cerca de doze mil hoplitas *métoikoi*, ou talvez

16 Pereira, Maria Helena da Rocha. *Estudos de história da cultura clássica*, cit., p. 179.

17 Giordani, Márcio Curtis, *História da Grécia*, cit., p. 170-171.

18 Ibidem, p. 171.

mais. Em 431 a.C. os *métoikoi* podem ter formado cerca de um terço da população de homens livres residentes na Ática[19].

O que mais os distinguia dos cidadãos era, evidentemente, o fato de serem privados de toda atividade política. Estreitamente ligados à vida da cidade, não deixavam, entretanto, de estar reduzidos a uma posição de passividade quanto à tomada de decisões, das quais eram excluídos, ainda que elas lhes dissessem respeito. Isso, porém, não impedia relações estreitas com cidadãos, sobretudo quando eles se encontravam em atividades comuns no Pireu ou nos canteiros de obras dos edifícios públicos[20].

1.2 – As principais cidades – Atenas e Esparta

1.2.1 Atenas

Localizada na Ática, Atenas foi invadida pelos jônios por volta do segundo milênio a.C. A organização política de Atenas passou pela monarquia liderada pelos basileus, assessorados pelo Areópago (conselho)[21] e chegou aos arcontes (magistrados).

Inicialmente, predominou a ordem gentílica. Com quatro tribos, formada por três fratrias que se dividiam em trinta genos, as classes sociais eram formadas por:

- eupátridas[22] – compunham a aristocracia, sendo donos das melhores terras;

[19] Eles participavam também da vida religiosa da cidade, como o mostra o célebre friso das Panateneias, mas não podiam aceder aos vários sacerdócios, na medida em que estes constituíam cargos do mesmo caráter cívico que as outras magistraturas. Ibidem, p. 170.

[20] MOSSÉ, Claude. *Péricles, o inventor da democracia*, cit., p. 129.

[21] Não há confirmação histórica da época em que o poder do rei se viu limitado pelo controle de um conselho aristocrático, com sede na colina do Areópago, e depois partilhado com três magistrados eleitos. Ibidem, p. 12-13.

[22] Eupátridas – "os que têm bons pais". A grande propriedade, a dos eupátridas, cobria a parte mais considerável do solo ático. Talvez certo número de pequenas propriedades tivesse desaparecido, voluntariamente ou à força, mas a verdadeira causa desse fato era mais geral e mais profunda: os chefes dos antigos partidos, outrora investidos de um poder real nas terras coletivas do partido, tinham pouco a pouco transformado essas propriedades coletivas em propriedades individuais, à medida que o individualismo se desenvolvia na

- georgoi – constituíam os lavradores, que cultivavam as terras menos férteis;
- demiurgos – tratava-se da plebe[23], esta formada por imigrantes ligados ao artesanato e comércio sem direito à cidadania.

A organização política de Atenas passou pela monarquia liderada pelos basileus, assessorados pelo Areópago (conselho)[24].

Posteriormente, diante do fortalecimento da aristocracia, os basileus foram perdendo o poder, tendo o seu mandato estipulado em dez anos e finalmente para um ano. Foram substituídos pelos arcontes[25] (magistrados), eleitos por um ano. Entre estes se deve distinguir aqueles que desempenhavam funções estritamente políticas e os que possuíam atribuições meramente administrativas ou exerciam cargos subalternos. O acesso às magistraturas era, em geral, facilitado a todos os cidadãos. Note-se que a última categoria supracitada estava aberta também a metecos e escravos que, no entanto, eram mais agentes de execução que pro-

sociedade, em detrimento da família patriarcal, e os reis da aldeia se tinham, assim, transformado em possuidores do solo. *Vide* CROISET, A. *As democracias antigas*, cit., p. 17-18.

[23] O regime aristocrático foi mais penoso para a pleble do que a velha realeza. Os reis podiam desempenhar um papel de moderadores entre os interesses e defender, por vezes, a justiça. O eupátrida, proprietário, era, ao mesmo tempo, juiz e parte, e isso num tempo em que o impulso econômico desenvolvia em todos um imoderado amor da riqueza. É nessa época que nasce o provérbio "o dinheiro faz o homem". *Vide* Croiset, A. *As democracias antigas*, cit., p. 19.

[24] Não há confirmação histórica da época em que o poder do rei se viu limitado pelo controle de um conselho aristocrático, com sede na colina do Areópago, e depois partilhado com três magistrados eleitos. *Vide* MOSSÉ, Claude. *Atenas, a história de uma democracia*, cit., p. 12-13.

[25] Em Atenas, o título de rei nunca foi suprimido, mesmo no período da plena democracia; mudou, porém, de sentido, a ponto de perder inteiramente a primitiva significação. Quando desapareceu a realeza propriamente dita, continuou-se a dar o nome de rei ao eupátrida encarregado de exercer as funções religiosas da cidade. Mas outro, sob a denominação de *polemarca*, foi investido das funções militares. Um terceiro teve as outras funções governamentais, e a esse chamou *archonte*. Mais tarde, a esses três magistrados ajuntaram-se seis outros chamados de *thesmolhetas*, e foi, talvez, então somente que o título de *archonte* se tornou nome genérico de todos os membros desse colégio. *Vide* A. Croiset, *As democracias antigas*, cit., p. 10-11.

priamente magistrados[26]. Vale ressaltar que o termo "magistrado" para os atenienses refere-se a quem possuía autoridade pública.

Quem fosse ocupar as magistraturas, cujo exercício não requeria aptidões especializadas nem convicções políticas por demais enraizadas, alcançava o respectivo cargo normalmente por sorteio. "Para evitar que indignos ou incapazes viessem a ocupar cargos públicos, os escolhidos (mesmo por eleição) deviam submeter-se a um prévio exame, a (...) *dokimasia*[27], e, ao deixar o cargo, a uma prestação de contas perante uma comissão de fiscais públicos. Quanto à *dokimasia*, esta era menos severa para as funções de menor importância. Além de responder a um questionário oficial, os futuros magistrados estavam sujeitos a uma devassa completa em sua vida pública e particular. (...) Os colégios possuíam um corpo de funcionários permanentes, desde o secretário, perito em leis e nos demais atos da vida pública, o qual às vezes tinha a categoria de magistrado, até os subsecretários, geralmente libertos ou mesmo escravos"[28].

À assembleia popular, composta por todos os cidadãos, isto é, por aqueles que haviam nascido de pai e mãe atenienses, que tivessem, pelo menos, 18 anos e que não houvessem sido punidos com a perda da cidadania, cabia designar os magistrados, selecionados com base na "nobreza e riqueza" (Aristóteles)[29].

Havia, também, os estrategos (*general*), em número de dez, eleitos anualmente, mas reelegíveis de forma indefinida, por deterem poderes imensos. Chefes supremos do Exército e da esquadra, em uma palavra, da pólis em armas, tinham o poder de punir até com a morte, de negociar tratados, de estabelecer armistícios e capitulações[30].

Destaque-se que a posição de superioridade dos estrategos sobre os demais magistrados prevalecia tanto em tempos de guerra quanto de

[26] Giordani, Marcio Curtis. *História da Grécia*. São Paulo: Vozes, 1984, p. 174.

[27] *Dokimasia*: era uma última análise que buscava evitar que uma pessoa fora de suas plenas faculdades mentais ou pouco respeitosa com as leis e os bons costumes ocupasse uma magistratura. A Assembleia era responsável por examinar as origens familiares do eleito, observando inclcusive se ofertava os devidos cuidados aos seus genitores, se participava das cerimônias religiosas e estava em dia com as obrigações fiscais e militares.

[28] Ibidem, p. 174.

[29] Ibidem, p. 174.

[30] Ibidem, p. 174.

paz, de forma que exerciam influência decisiva sobre todos os setores da administração pública[31].

Por exemplo, Péricles conseguiu ser quinze vezes estratego, o que comprova o fato de ter sido um homem que detinha qualidades excepcionais[32].

Mas o poder dos estrategos submetia-se a um limite, este definido tanto na Assembleia do Povo quanto no Senado, pois ambos vigiavam o procedimento dos magistrados. Isso explica por que a Grécia se manteve nesse período como uma democracia[33].

1.2.1.1 Os legisladores, as constituições e as leis em Atenas - Drácon e Sólon

Drácon, entre outras medidas, acabou com o Direito Consuetudinário. Nas últimas décadas do século VII, Drácon pôs fim às vinganças privadas nos casos de homicídio, e procurou substituir a justiça "familial" por uma lei comum. Apesar de suas leis terem passado para a história como sendo extremamente severas, foram fundamentais para incutir nos atenienses a ideia de cidadania, ou seja, que as relações sociais são mais importantes até que as relações familiares.

Já Sólon, nomeado arconte em 594 a.C. pela aristocracia, minimizou os confrontos entre os eupátridas e a plebe[34]. Foi responsável por estabelecer amplas reformas em Atenas, que passaram pelos campos administrativo, institucional e jurídico. Entre as três medidas mais populares de Sólon, há a proibição de tomar as pessoas como penhor, o direito de cada um de intervir em juízo em favor de uma pessoa lesada e o direito de recorrer aos tribunais. Não se trata, pois, nem das classes censitárias nem de magistraturas, mas do que, na verdade, foi, sem dúvida, a contribuição mais importante de Sólon em matéria jurídica: a afirmação da responsabilidade individual, que substitui um direito ainda dominado pela estrutura "familial" da sociedade e os grupos de parentesco por um

[31] Ibidem, p. 175.
[32] Ibidem, p. 175.
[33] Ibidem, p. 175.
[34] BEER, Max. *História do socialismo e das lutas sociais*, São Paulo: Expressão Popular, 2006, p. 63.

direito da cidade, ainda embrionário, mas que terminara por se afirmar[35], complementando o que tinha sido iniciado por Drácon.

1.2.1.2 O século de Péricles – populismo e tentativa de imperialismo

O chamado "Século de Péricles" possibilitou o fortalecimento da democracia direta e, ao mesmo tempo, o imperialismo ateniense, que se choca com os interesses da Liga do Peloponeso, liderada por Esparta, e de Corinto, ligadas à aristocracia[36].

No período de Péricles, antes da **guerra do Peloponeso,** a Grécia vivencia crescimento, prosperidade e confiança. O cenário assim se apresenta:

> "Os atenienses, em especial, floresceram, aumentando a população e criando um império que lhes proporcionou riquezas e glórias. Sua jovem democracia atingiu a maturidade e proporcionou à população, incluindo os cidadãos menos favorecidos, participação, oportunidade e poder político. Suas estruturas democráticas espalharam-se e enraizaram-se em outras cidades gregas"[37].

As qualidades de Péricles atraíram as classes mais altas, enquanto suas políticas democráticas e dotes retóricos conquistaram o apoio das massas. A qualidade de seu caráter assegurou-lhe eleições sucessivas por mais de três décadas, a ponto de ser considerado o líder político mais poderoso de Atenas às vésperas da guerra do Peloponeso[38].

Ao que tudo indica, Péricles foi reeleito general todos os anos naquele período. Ele nunca teve poderes formais maiores do que os dos demais generais e nunca tentou alterar o sistema democrático. Estava ainda sujeito ao escrutínio da Constituição democrática e solicitava votação da incontrolável assembleia a céu aberto para qualquer ação sua. Como será descrito a seguir, nem todas as vezes Péricles obteve apoio para as suas causas e em alguns casos seus inimigos conseguiram convencer a assem-

[35] Ibidem, p. 64.
[36] GIORDANI, Márcio Curtis, *História da Grécia*, cit., p. 125.
[37] KAGAN, Donald. *A guerra do Peloponeso*. Rio de Janeiro: Record, 2006, p. 21.
[38] Ibidem, p. 40-41.

bleia a votar contra ele. Mesmo assim, pode-se dizer com precisão que o governo de Atenas às vésperas da guerra era uma democracia direta liderada por seu cidadão mais importante[39].

A destreza de Péricles é reconhecida no prenúncio da Guerra do Peloponeso (433-432), uma postura imperialista gerada pela democracia direta, quando promulgou o Decreto de Mégara, que impedia o acesso dos megarenses aos portos do império ateniense e à ágora de Atenas, ato este que, na prática, consistiu numa espécie de embargo econômico ou num ato de imperialismo econômico que pretendeu, justamente, motivar a guerra, uma vez que acabou desafiando a Liga do Peloponeso[40].

Ocorre que o verdadeiro propósito do Decreto de Mégara foi intensificar as pressões diplomáticas para evitar a expansão da guerra aos aliados de Corinto, mostrando que Mégara estava sendo punida por seu mau comportamento em Leucimne e Sibota. Os coríntios só conseguiriam ser bem-sucedidos se outras cidades do Peloponeso, especialmente Esparta, fossem convencidas a entrar na guerra. Ao enviar ajuda aos coríntios em Leucimne e Sibota, mesmo quando a maioria dos aliados peloponésios era contrária a isso, Mégara irritara os atenienses[41].

Esparta tentou evitar a guerra, mas exigiu que os atenienses retirassem o Decreto de Mégara. Muitos aprovaram essa proposta, sob o argumento de que seria insensata a decisão de aderir à guerra em razão apenas de um decreto. Mas Péricles insistiu na tese de que as disposições da lei deveriam ser seguidas, ainda que não ignorasse a pressão dos atenienses. Ele editou novo decreto dispondo sobre as justificativas humanas e sensatas de sua política em não rescindir o embargo, que foram apoiadas pela maioria[42].

A estratégia de Péricles, que vigorou enquanto ele viveu, era fundamentalmente defensiva, embora tivesse alguns poucos elementos ofensivos. Ele acreditava que poderiam vencer a guerra se cuidassem de sua

[39] Ibidem, p. 41.
[40] Ibidem, p. 67-69.
[41] Mossé, Claude, *Atenas: a história de uma democracia*, cit., p. 68.
[42] Ibidem, p. 68.

esquadra e não tentassem expandir seu império nesse período, evitando, assim, conflitos terrestres[43].

Na prática, Péricles deve ter calculado gastar cerca de seis mil talentos em uma guerra de três anos de duração. No segundo conflito da guerra do Peloponeso, os atenienses aprovaram a alocação de mil talentos de suas reservas de seis mil para serem usados somente na hipótese de o inimigo atacá-los pelo mar e fosse necessário recorrerem à defesa do território. Além disso, aprovaram a imposição de pena de morte caso alguém propusesse gastar esse dinheiro em outra finalidade[44].

Mas a guerra estendeu-se por 27 anos. O objetivo maior do chefe ateniense era fazer Esparta mudar de ideia e optar pela paz, bastando convencer três de seus cinco éforos. Para que eles e a Assembleia espartana aceitassem a paz, os atenienses precisariam apenas ajudar a reconduzir ao poder a maioria que sempre defendeu uma Esparta pacífica e conservadora dentro dos limites do Peloponeso. O rei de Esparta, Arquidamo, já havia conseguido convencer os espartanos de que tinham uma expectativa equivocada a respeito da guerra: os atenienses não entrariam em batalha terrestre, e os espartanos não tinham outra estratégia senão derrotar o inimigo em terra. A tática de Péricles era provar aos espartanos que seu rei estava certo[45].

Péricles queria conter seu próprio povo e evitar que os atenienses saíssem para lutar na Ática, pois uma ação ofensiva conflitaria com a sua estratégia. Uma agressão não apenas não levava à vitória como provocaria o inimigo e frustraria o objetivo de Arquidamo. A política de contenção em casa e no exterior, entretanto, inevitavelmente conduziria, mais cedo ou mais tarde, os pacifistas ao poder em Esparta[46].

Após o fracasso das negociações, Hagnon e o que tinha sobrado de seu Exército regressaram da missão de ataque a Potideia. O fiasco da expedição ajudou a agravar o mal-estar descrito por Tucídides, segundo o qual afirmara que os atenienses afligiam-se com seus sofrimentos pessoais. Quanto aos pobres porque, tendo começado a guerra com pouco, foram

[43] KAGAN, Donald, *A Guerra do Peloponeso*, cit., p. 82.
[44] Ibidem, p. 93.
[45] Ibidem, p. 93.
[46] Ibidem, p. 93.

privados do pouco que tinham; em relação aos ricos, estes perderam suas belas propriedades rurais, suas casas e seus móveis caros; e, o pior de tudo, passaram a ter guerra em vez de paz[47].

Péricles foi considerado culpado e condenado a pagar uma pesada multa. O júri não estava totalmente convencido da culpa de Péricles ou foi incapaz de adotar uma medida extrema contra o homem que havia sido seu líder por tantos anos, pois o crime de peculato costumava ser punido com pena de morte. Com a ajuda de amigos, Péricles rapidamente pagou a multa, mas provavelmente ficou afastado do poder de mais ou menos setembro de 430 a.C. até o início do ano oficial seguinte, em meados do verão de 429 a.C.[48].

Enquanto isso, a peste continuava devastando a força de trabalho e o moral de Atenas. A situação financeira da cidade era também problemática: dos 5 mil talentos das reservas disponíveis (excluindo os mil do fundo de emergência) no início da guerra, quase dois mil e setecentos – mais da metade – já tinham sido gastos. A movimentação militar espartana no mar obrigava Atenas a aumentar os gastos com sua esquadra para equipá-la e deixá-la apta a proteger seus aliados. Mantido o mesmo ritmo de gastos dos dois anos anteriores, a cidade só resistiria a mais dois de guerra[49]. A grande cidade-Estado tinha pela frente dias sombrios.

Apesar dessa conjuntura em declínio, considerando o talento e confiança nele depositados e as realidades política e militar do momento, os atenienses elegeram Péricles general mais uma vez na primavera de 429 a.C. Quando os espartanos recusaram uma paz negociada, os apelos dos pacifistas de Atenas tornaram-se inúteis. Mas a cidade ainda não estava em condições de adotar uma postura ofensiva, como defendiam Cléon e outros, pois a peste seguia matando e os cofres públicos estavam cada vez mais vazios. A única alternativa era continuar com a política original, o que levou Péricles de volta ao comando[50].

Em 431 a.C, o prestígio de Péricles estava tão alto que Tucídides referia-se a ele como o ateniense mais importante e o orador mais poderoso.

[47] Ibidem, p. 94.
[48] Ibidem, p. 116-117.
[49] Ibidem, p. 120.
[50] Ibidem, p. 120.

Péricles atingiu essa posição não apenas pelas virtudes de sua sabedoria e por seus dons retóricos, ou por seus patriotismo e incorruptibilidade. Ele era também um político perspicaz que tinha formado um conjunto de soldados, administradores e políticos, um grupo de companheiros que compartilhavam opiniões políticas e funcionavam como generais que aceitavam a sua liderança informal[51].

Antes de morrer, sem herdeiros, visto que seus filhos, Xantipo e Páralo, e suas irmãs morreram, Péricles pediu que os atenienses desconsiderassem a lei que limitava a cidadania exclusivamente a quem tivesse pai e mãe nascidos em Atenas – que ele mesmo promulgara. Péricles solicitou cidadania a seu filho homônimo que tivera com Aspásia, uma mulher de Mégara que era sua amante de longa data. Seu pedido foi aceito[52].

1.2.1.3 Principais aspectos – a liberdade, as leis e o Direito em Atenas

As contribuições gregas ocorreram em todos os campos do conhecimento humano, tendo como polo a cidade de Atenas, onde se desenvolviam os princípios democráticos, a partir da expansão marítima, e que em contato com outros povos acabam por influenciar a evolução do conhecimento da filosofia, das ciências e das artes na Grécia[53].

Nos poemas homéricos encontramos dominadores, como os grandes senhores, reis e chefes, que concentram em suas mãos a riqueza e o poder. Na obra de Hesíodo sentimos o peso dessa autoridade muitas vezes arbitrária sobre o povo oprimido. Mas foi na época das guerras pérsicas que os helenos sentiram plenamente o valor da liberdade política externa e interna[54].

Ao escrever sua obra, Heródoto teve em mira, sobretudo, descrever a luta dos gregos pela liberdade. A oposição entre liberdade e escravidão, a importância decisiva da primeira para os helenos, constituem a preocupação constante do pai da História. Aliás, Heródoto abandona as noções tradicionais de glória e de coragem (que possuíam um caráter mais indi-

[51] Ibidem, p. 100-101.

[52] Ibidem, p. 131-132.

[53] Giordani, Márcio Curtis, *História da Grécia*, cit., p. 148.

[54] Giordani, Márcio Curtis, *História da Grécia*, cit., p. 148.

vidual) para salientar o ideal de viver livremente, traço fundamental do povo grego[55].

Heródoto explica a derrota dos persas (que haviam vencido facilmente os velhos impérios do Oriente) em face dos helenos pelo amor à liberdade. Esse apego à autonomia aflora nos lábios de um espartano, que explica a um persa por que Esparta não entra em acordo com o rei: "Tu não podes compreender. Tu não conheces mais que a vida de escravo. O que seja a liberdade jamais experimentaste; não sabes se é ou não doce. Caso contrário, aconselhar-nos-ias a combater por ela não somente com a lança mas também com o machado"[56].

O contraste entre a mentalidade oriental, escrava, e a helênica, livre, aparece, em Heródoto, na maneira diversa com que persas e gregos tratam o rei dos reis. Mardônio, parente de Xerxes, trata-o por *senhor*; os gregos, porém, empregam apenas o termo "rei"[57].

O espírito de liberdade que, ocasionalmente, uniu parte dos gregos diante da ameaça dos bárbaros impediu, paradoxalmente, a unidade política: cada pólis era por demais ciosa da própria autonomia para admitir uma autoridade superior; compreende-se, assim, o fracasso das hegemonias de certas cidades sobre outras. Esparta, por exemplo, aproveita o estado de espírito dos membros integrantes da Confederação Ateniense para atacar a velha rival sob o pretexto de defender o direito de os pequenos estados disporem de si mesmos[58].

O conceito de liberdade, na política interna das cidades helênicas, revestia aspectos diversos. Assim, por exemplo, para o espartano o que valia, sobretudo, era a independência de sua comunidade, de sua pátria diante da ameaça externa. Internamente, a liberdade política significava o domínio da classe privilegiada sobre as demais; mas os próprios espartanos integravam-se e subordinavam-se a uma ordem e disciplina rigorosas e absorventes. O indivíduo era arrebatado pela comunidade até mesmo nos menores detalhes da vida cotidiana. A esfera pública e a esfera privada confundiam-se em Esparta. Fundamentalmente diversa era a con-

[55] Ibidem, p. 149.
[56] Ibidem, p. 149.
[57] Ibidem, p. 150.
[58] Ibidem, p. 151.

cepção ateniense de liberdade, haja vista que cada cidadão dispõe de sua vida particular dentro do limite do interesse comum[59].

Na Grécia, o direito laicizou-se, ainda que o desrespeito aos deuses e à religião da cidade continuasse sendo considerado crime. Afirma-se o seguinte:

> *"Mas o que é particularmente relevante é que entre o direito 'dos deuses' e o direito dos 'homens' abre-se uma fenda, pela qual transitará a cultura clássica. Basta ler a Antígona de Sófocles para perceber o conflito entre duas concepções possíveis de direitos; as comédias de Aristófanes (As nuvens, por exemplo) ilustram a irreverência que se permitia para com os Tribunais e a eloquência 'forense'. Os sofistas, seguidos de Platão e Aristóteles, por seu turno, produzem aquela grande virada filosófica que põe no centro do debate a filosofia prática, a política e as leis[60]".*

Por estarem ativamente envolvidos no comércio de produtos, a cerâmica, por exemplo, os gregos acabaram desenvolvendo "as formas consensuais de trocas", o que resultou, mais tarde, na teoria doutrinária dos contratos consensuais:

> *"Não é por acaso que palavras gregas sobrevivem na doutrina contratual de boa-fé, que os juristas romanos reconhecem são prática corrente dos gregos. Quando Aristóteles compõe seu tratado sobre a justiça, começa distinguindo, entre outras coisas, 'contratos' e 'delitos' como fontes de conflitos retributivos. Também não é por acaso que a lenda narra a visita dos redatores romanos da Lei das XII Tábuas a Atenas; diz-se que pre-*

[59] Tucídides (II, 37) acentua essa liberdade: "Não há entre nós, essas intervenções do Estado na vida privada...". Plutarco (Lyc., 24) salientou em uma linha a antítese entre a mentalidade espartana e a ateniense: "Em Atenas, cada um podia viver à sua maneira; em Esparta, isso não era completa. A assembleia geral dos espartanos estava longe de ser um Parlamento: limitava-se, apenas, a votar as proposições apresentadas; em Atenas, a pergunta do arauto 'Quem deseja a palavra?' simboliza a amplidão do horizonte democrático. As ideias de Péricles reproduzidas magistralmente por Tucídides (II, 37, 41) dão-nos um excelente apanhado sobre o ideal ateniense de liberdade política interna em que a autonomia do indivíduo se harmonizava com os princípios da democracia". Apud Giordani, Márcio Curtis, *História da Grécia*, cit., p. 151.

[60] Lopes, José Reinaldo de Lima; Acca, Thiago dos Santos; Queiroz, Rafael Mafei Rabelo, *O direito na história*, São Paulo: Método, 2006, p. 39.

cisando colocar por escrito suas leis, os romanos vão à Grécia aprender como deveriam fazer"[61].

As leis escritas na Grécia derivaram de processos revolucionários. Exemplos: Drácon, arconte, deu para Atenas o seu primeiro código de leis escritas (621 a.C.), época esta em que não havia o conceito de direitos humanos, e ao abolirem a solidariedade ou justiça familiar, causa de sangrentos conflitos, essas leis objetivam manter a paz nas cidades[62]. As Leis de Sólon (594-3 a.C.), entre outras disposições, "suprimem a propriedade dos clãs e a servidão por dívidas". Previu-se, também, que "as terras hipotecadas seriam restituídas". No âmbito da estrutura familiar, o poder paterno foi reduzido, e o filho mais velho torna-se autônomo. Por outro lado, em Roma, "a autoridade do pai sobre os filhos não cessava com a idade, mas apenas com a Constituição de nova família autônoma (a família romana é uma unidade de produção, lembremos)"[63].

Quanto às mulheres, são tuteladas pelos respectivos pais e maridos, mas não deixam de ter liberdade de ir e vir como bem entendessem, ao contrário do que acontecia com as orientais, "enclausuradas"[64].

Em conclusão:

"Assim é que ao lado de muitas instituições públicas e privadas que foram sendo mais tarde conhecidas, imitadas e adaptadas, ou conservadas na memória pela tradição romana, surgiu também aquele particular milagre da filosofia grega. Para os juristas, a filosofia transferiu, mesmo por meio de Roma, a retórica e a dialética, que vamos encontrar tanto na Roma clássica quanto mais tarde na Idade Média. Antes de reencontrarem ou redescobrirem os textos do direito romano, os medievais estarão debruçados sobre a lógica e a dialética. Os gregos promoveram o debate e a reflexão sobre o justo e sobre a justiça (diké) (...). Sócrates discute a justiça com sua vida: é melhor sofrer a injustiça a praticá-la?"[65].

[61] Ibidem, p. 39.
[62] Ibidem, p. 40.
[63] Ibidem, p. 40.
[64] Ibidem, p. 41.
[65] Ibidem, p. 41.

Em relação ao **Direito Civil ateniense**, deve-se partir da noção de que o casamento entre os antigos tinha por finalidade prolongar a família do marido e a procriação de filhos legítimos. Nesse contexto, a lei determinava as condições do matrimônio legítimo: o noivo devia ser cidadão e a noiva filha de cidadão. Os nubentes podiam também pertencer a duas cidades que se haviam mutuamente concedido o direito de casamento[66].

Quanto aos graus de parentesco, note-se que o princípio de endogamia favorecia as uniões entre parentes próximos, visando reforçar os laços de família, tanto é que o casamento entre primos e entre tios e sobrinhas era frequente[67].

O casamento passa a existir legalmente a partir da "*engýesis*" (garantia; espécie de contrato entre o pai da noiva e o pretendente), lembrando que o direito civil não reconhece, no matrimônio, o regime de comunhão, mas o dotal, podendo o marido, na hipótese de divórcio, restituir o dote. Vale ressaltar que a mulher só podia abandonar o marido em virtude de decisão judicial motivada ou por maus tratos ou por notória infidelidade. Em essência, ao casar-se, em nada mudava a condição jurídica da mulher, pois do pátrio poder passava para o poder do marido. Sólon se propôs a reduzir a *pátria potestas*, seja, por exemplo, após a anfidromia, cerimônia em que a criança era levada ao redor do altar doméstico na presença de parentes e amigos, durante a qual o pai perdia o direito de vida e morte sobre o filho, embora seu poder paterno continuasse muito amplo, seja mediante a instituição de impedimentos ao pai de vender sua filha ou explorar o filho[68].

No âmbito do direito de sucessões, Plutano narra uma importante iniciativa de Sólon: "Uma outra lei famosa é aquela que concerne aos testamentos: outrora, não eram permitidos; os bens e a casa deviam permanecer no *genos* do defunto. Sólon permitiu aos que não tivessem filhos dar seus bens a quem o desejassem; assim, ele preferiu a amizade ao parentesco, a livre beneficência ao constrangimento"[69].

66 Giordani, Márcio Curtis, *História da Grécia*, cit., p. 197.
67 Idem, ibidem, p. 197.
68 Ibidem, p. 197.
69 Ibidem, p. 198.

Sólon só permitiu o testamento em casos específicos e sob condições rigorosas:

> *"Na maioria dos casos, a transmissão do patrimônio se faz* ab in testato, *e as parentelas são chamadas para receberem de acordo com uma ordem determinada por lei. Se o defunto só deixa filhos legítimos, tem lugar uma partilha legal. Se deixa filhos e filhas, o privilégio de masculinidade só é restrito pela obrigação dos irmãos de dotar suas irmãs. Se não deixa senão uma filha solteira, o patrimônio vai, não para ela, que não possui direito, ao cleros e não pode transmiti-lo como epícleros [filha única], mas aos filhos que lhe vão nascer, sob a condição expressa de que ela despose o mais próximo parente do defunto. Se ele morre sem filhos, a sucessão é devolvida a seus colaterais em linha paterna: primeiro a seus irmãos; na falta deste a suas irmãs; depois a seus tios e, à falta destes, a suas tias; enfim, a seus primos germanos ou aos filhos destes. Os colaterais em linha materna só vêm à titulo subsidiário, na mesma ordem e sempre com subordinação das mulheres aos homens"*[70].

O **Direito Comercial** grego traz consigo a peculiar marca do comércio marítimo, que se materializava, inicialmente, mediante contratos de um tipo rudimentar entre o negociante com sua mercadoria e o capitão com seu navio. Os contratos escritos aparecem para acautelar os direitos de terceiros que resolvem investir suas economias nos empreendimentos marítimos[71]. Frise-se, aliás, que o contrato escrito, chamado *syngraphé*, adquire o caráter de instrumento privilegiado de prova[72].

Todo tipo de contrato, por menor que fosse a sua importância, além de escrito, submetia-se à aposição de selos, troca de juramentos, assistência de testemunhas, cópias múltiplas, depósito junto a terceiros. As combinações de interesse assumiam as formas mais variadas: associação, comandita, procuração, comissão, administração de bens[73]. Devido ao crescente intercâmbio comercial da época, verifica-se a liberdade de associação tanto de cidadãos como de metecos. Por exemplo, sociedades

[70] Ibidem, p. 198.
[71] Ibidem, p. 199.
[72] Ibidem, p. 199.
[73] Ibidem, p. 199.

de comércio marítimo, sociedades para arrendamento de teatro, sociedades mineiras, industriais e bancárias[74].

Nas origens do **Direito Penal** verifica-se o regime da *vendetta*, no qual cabia ao pai a decisão de aplicar, ou não, castigos. No entanto, com a consolidação da soberania do Estado, este intervém para restringir o direito de vingança exercido pela família[75]. Drácon deu um passo importantíssimo nas concepções jurídicas, ao estabelecer que o elemento material da infração não era suficiente para caracterizar a figura delituosa, devendo-se levar em consideração a intenção do autor. A legislação, nesse contexto, dispunha sobre as seguintes modalidades de homicídio: voluntário, involuntário e legítimo. Nesse campo, cumpre frisar que aos Tribunais do Estado competia procurar não somente *quem matou*, mas como e por que o assassino matou a vítima, o que confere a crimes dessa natureza o caráter de ofensa à ordem política, de forma que qualquer cidadão pode requerer, nessas hipóteses, reparação[76].

O **Código Penal** ateniense tutelava, acima de tudo, a liberdade pessoal a cada cidadão, daí a variedade de penas pecuniárias, como multas e confisco de bens, em vez das penas privativas da liberdade, que eram reservadas aos metecos, ao passo que os escravos podiam ser punidos com a flagelação[77].

1.2.1.4 As instituições judiciárias em Atenas

O Areópago, composto de ex-arcontes, trata-se do mais antigo tribunal de Atenas, no qual se reservavam, simultaneamente, as atribuições de corte de justiça e conselho político[78]. A começar pela escolha de seus membros (antigos arcontes sorteados de uma lista de quinhentos candidatos pertencentes às duas primeiras classes, a dos pentacosiomedimnos e a dos cavaleiros), o Areópago revestia-se de caráter altamente aristocrático[79].

[74] Ibidem, p. 200.
[75] Ibidem, p. 200.
[76] Ibidem, p. 201.
[77] Ibidem, p. 201.
[78] Ibidem, p. 202.
[79] Ibidem, p. 202.

Inamovíveis, irresponsáveis, com uma autoridade considerada de origem divina, os areopagitas agiam como vigias da República e guardiães das leis, julgando sobre todos os delitos. A velha instituição concentrava os três poderes: executivo (porque vigiava os atos dos funcionários); judiciário (porque prolatava sentenças sem apelação); legislativo (de certa forma, porque se arrogava o direito de interpretar as leis)[80].

Para Efialtes[81], o Areópago constituía obstáculo ao pleno funcionamento da democracia, por isso retirou-lhe todas as atribuições políticas e ainda uma parte das atribuições judiciárias, deixando-lhe, apenas, a jurisdição em matéria de crimes religiosos, de assassinato premeditado e de administração de bens sagrados[82]. A Bulé, a Eclésia e o Tribunal dos Heliastas herdaram os despojos do Areópago. No século IV a jurisdição do Areópago se estende aos casos de homicídio premeditado, de envenenamento e de incêndio doloso.

O Tribunal dos Heliastas constituía, propriamente dito, o tribunal por excelência[83]. De acordo com a importância do caso a ser julgado, as seções podiam subdividir-se em dicastérios[84] de 201 membros, e cada heliasta recebia uma lamínula de bronze contendo o seu nome e a letra da respectiva seção, competindo-lhes uma grande parte do direito privado e todo o direito público. Cabia-lhes, também, o direito de apelo, que consistia em submeter muitas questões julgadas em primeira instância pelos arcontes, pelo Conselho dos Quinhentos ou por juízes; e o direito de submeter-lhes diretamente questões que outrora dependiam de outros tribunais[85].

O Tribunal dos Éfetas abrangia, na época clássica, 51 membros que julgavam casos de homicídio: o homicídio praticado em legítima defesa, o praticado pelo exilado em terra estrangeira[86]. O Tribunal da Pritania

80 Ibidem, p. 202.

81 Efialtes tornou-se conhecido por trair o rei espartano Leônidas em 480 a.C. quando mostrou ao rei persa Xerxes I outro caminho pelo desfiladeiro das Termópilas. Apesar dessa colaboração, os persas foram derrotados na Batalha de Salamina.

82 Ibidem, p. 203.

83 Ibidem, p. 203.

84 Tribunais de Justiça na Atenas antiga.

85 Giordani, Márcio Curtis, *História da Grécia*, cit., p. 203.

86 Ibidem, p. 203.

julgava os seres irresponsáveis (animais e coisas) que haviam sido causa da morte de um ser humano. Os Onze dispunham da guarda das prisões e a execução das sentenças capitais. Podiam decretar a prisão e julgar (conforme o caso) os criminosos de baixa condição apanhados em flagrante delito. Eram mais executores que prolatores de sentenças. Os árbitros privados, escolhidos pelas partes, comprometiam-se a respeitar a sentença. Os árbitros públicos eram escolhidos por sorteio entre os cidadãos de 60 anos. A justiça dos árbitros era mais rápida e mais barata. Os juízes dos Demos, também escolhidos por sorte, percorriam o interior facilitando a distribuição da justiça aos camponeses. A competência desses juízes tinha, em matéria civil, um limite fixado em determinada quantia, de acordo com o valor da ação. Ultrapassado esse limite, o processo devia ser encaminhado aos tribunais da capital[87].

1.2.1.5 Direito processual

Havia duas categorias de ações: públicas e privadas[88]. Na ação pública a acusação tinha por fim reparar um prejuízo causado pelo Estado. Todo cidadão podia propor uma ação pública, mas deveria assumir um grave risco: em caso de desistência ou de não obtenção da quinta parte dos sufrágios, deveria pagar uma multa e perder o direito de, futuramente, intentar outra *graphé*. A quantia paga era recolhida ao tesouro estatal[89].

Quanto à ação privada, a *dike*, havia a *dike* propriamente dita e a *diadicasia*. Esta última era um debate judiciário em que ou um direito ou uma obrigação eram respectivamente contestados entre duas ou mais partes. As duas ações pretendiam obter uma certa coisa ou livrar-se de determinado encargo[90].

Na *dike* propriamente dita os autores costumam distinguir as ações penais e as ações em que se procura fazer sancionar um direito pessoal ou

[87] Ibidem, p. 203.
[88] Ibidem, p. 203.
[89] Ibidem, p. 203.
[90] Ibidem, p. 204.

um direito real[91]. Nas primeiras o autor pediria a punição ou indenização; nas segundas requereria uma declaração de direito[92].

A propositura da ação se fazia por meio de uma petição escrita em que o autor, assistido por duas testemunhas, entregava-a ao magistrado competente. Nas ações públicas a denúncia era ordinariamente dirigida ao Conselho ou à Assembleia. Como, em caso de êxito, o denunciante recebia uma parte dos bens do condenado, surgiu em Atenas uma verdadeira indústria de acusações. Os denunciantes, contudo, corriam o risco já mencionado[93].

Decidido o reconhecimento da denúncia, designavam-se os acusadores públicos, e o caso era remetido ao tribunal competente[94]. Nas ações privadas cabia ao autor citar o réu a fim de que este comparecesse perante o magistrado em determinado dia, quando as partes se apresentariam diante da autoridade competente. À parte vencida cabia reembolsar o vencedor da despesa feita[95].

A fim de evitar tentativa de corrupção, os juízes que iriam julgar o feito eram escolhidos à última hora. Ao magistrado que havia conduzido a instrução do processo cabia presidir o tribunal[96]. No século V, cada juiz depositava um seixo (voto, sufrágio) em uma das duas urnas diante das quais passava e que eram destinadas, respectivamente, aos votos favoráveis e contrários[97].

No século IV, para que o segredo da votação fosse mais bem preservado, adotou-se um sistema novo: todo jurado recebia dois discos de bronze, cada qual com uma haste metálica: uma era compacta, outra oca. Esta condenava, aquela absolvia[98]. O presidente responsabilizava-se pela contagem dos sufrágios e proclamação do resultado. Como as penalidades previstas em lei eram raras, competia ao tribunal determiná-las[99].

[91] Ibidem, p. 204.
[92] Ibidem, p. 204.
[93] Ibidem, p. 204.
[94] Ibidem, p. 204.
[95] Ibidem, p. 205.
[96] Ibidem, p. 205.
[97] Ibidem, p. 205.
[98] Ibidem, p. 205.
[99] Ibidem, p. 206.

Nas ações privadas, o processo de execução da sentença cabia às próprias partes interessadas. Por sua vez, nas públicas, o magistrado que presidia o tribunal remetia a ata de julgamento aos magistrados (por exemplo, aos Onze) incumbidos da execução. Entre as penas cominadas, como indicado anteriormente, havia, por exemplo: multas, confisco de bens, privação dos direitos de cidadania (atimia), exílio e morte[100]. Vale acrescentar que havia penas infamantes de caráter arcaico, tais como a proibição de as adúlteras se ornamentarem, a inscrição ignominiosa em uma estela (pedra erguida ou alçada) e a privação de sepultura[101].

Se um cidadão ou estrangeiro fosse condenado a penas pecuniárias que ultrapassassem suas possibilidades econômicas, poderia evitá-las por meio do exílio voluntário[102].

1.2.1.6 A filosofia grega e sua influência na democracia ateniense

Os gregos romperam com a concepção mitopoética do Ocidente próximo e imaginaram nova forma de considerar a natureza e a sociedade humana, que posteriormente se torna a base da tradição científica e filosófica do Ocidente. Após um período inicial de pensamento mítico, na altura do século V a. C., a mente grega gradualmente passou a pensar o mundo físico e todas as atividades humanas em termos racionais. A ênfase na razão representa um momento decisivo para a civilização humana[103].

Os primeiros filósofos especulativos da história humana apareceram no século VI a. C. nas cidades gregas da Jônia, na Ásia Menor[104]. Os primeiros filósofos pré-socráticos, ligados ao estudo da origem do universo, são considerados os precursores do pensamento científico. Os principais estão listados a seguir:

Tales de Mileto (c.624 a.C. – c.548 a.C.) é o precursor da filosofia jônica. Nascido em Mileto, este contemporâneo do ateniense Sólon se preocupou em saber de que modo a natureza evoluíra até chegar ao que era. Ele ensinava que a água era o elemento fundamental, o princí-

[100] Ibidem, p. 206.
[101] Ibidem, p. 206.
[102] Ibidem, p. 206.
[103] PERRY, Marvin. *Civilização ocidental*, cit., p. 58.
[104] Ibidem, p. 58.

pio básico da natureza, e que por algum processo natural - semelhante à formação de gelo ou vapor - a água dera origem a tudo o que existe. Tales revolucionou o pensamento porque eliminou os deuses de sua versão sobre as origens da natureza e buscou uma explicação natural para a existência de todas as coisas.

Anaximandro (c.611 a.C. - 547 a.C.), outro jônio do século VI, rejeitou a teoria de Tales de que a água era a substância primordial. Negando a existência de qualquer substância específica, sugeriu que alguma coisa indefinida, a que deu o nome de Áperion (o ilimitado), era o princípio de todas as coisas. Acreditava que dessa massa primordial, que continha forças como calor e frio, gradualmente emergiu de um núcleo, o embrião do universo. Para ele, o frio e o úmido condensaram-se para transformar a Terra e seu invólucro de nuvens, enquanto o quente e o seco formam-se nos anéis de fogo que conhecemos como a lua, o sol e as estrelas. O calor que se desprendia do fogo no céu secou a Terra e provocou retração dos oceanos. Da morna camada de iodo acumulada sobre a Terra surgiu a vida, e das primeiras criaturas marinhas desenvolveram-se os animais terrestres, entre eles os seres humanos.

Anaxímenes de Mileto (588 a.C. - 524 a.C. ou 585 a.C. - 528 a.C.), como os seus colegas jônios, realizou a transição do mito para a razão. Discípulo de Anaximandro, escreveu de forma simples e procurou decifrar a estabilidade da terra, acreditando na concepção hemisférica do cosmos e do céu, na busca do primeiro princípio. Não considera a concepção de corpos celestes que apresentam anéis, defendida por Anaximandro. Afirmava: "Aquilo que é nossa alma e nosso princípio constitutivo também mantém o universo único". Ele também sustentava que uma substância primordial - o ar - estava por trás da realidade e respondia pela organização da natureza. O ar rarefeito convertia-se em fogo, enquanto o vento, as nuvens e a água eram formados pelo ar condensado. À medida que prosseguia o processo de condensação formava-se a água, a terra e, por fim, a pedra. Tentou descobrir em algo invisível e incorpóreo, uma explicação de caráter abstrato da realidade física.

Para Pitágoras (580 a.C. - 507 a.C.), a natureza das coisas não estava numa substância particular, mas em relações matemáticas. Descobriram os pitagóricos que os intervalos na escala musical podiam ser expressos de forma matemática. Aplicando esse princípio de proporção encontrado no som ao universo em sentido amplo, concluíram que o cosmo também possuía uma ordem matemática inerente.

Parmênides (c. 515 a.C. – 450 a.C.), natural de Eleia, opôs-se à concepção fundamental dos jônios de que todas as coisas provinham de uma substância original. Ao desenvolver sua tese, ele aplicou ao argumento filosófico a lógica usada pelos pitagóricos no raciocínio matemático. Ao afirmar que a proposição de um argumento devia ser coerente e livre de contradições, Parmênides tornou-se o criador da lógica formal. A despeito das aparências, sustentava ele, a realidade – o cosmos e tudo o que há nele – é una, eterna e imutável; ela é percebida não pelos sentidos, que são ilusórios, mas pela mente; não pela experiência, mas pela razão. A verdade somente é alcançada pelo pensamento abstrato.

Demócrito (c.460 a.C. – 370 a.C.), nascido na Grécia, renovou o interesse que os jônios tinham pelo mundo da matéria e reafirmou sua confiança no conhecimento oriundo da percepção sensorial. No entanto, também conservou o respeito de Parmênides pela razão. Seu modelo do universo compunha-se de duas realidades fundamentais – o espaço vazio e um número infinito de átomos. Com os filósofos gregos surgem, então, em forma embrionária, os conceitos essenciais do pensamento científico: as explicações naturais para os fenômenos físicos (jônios), a ordem matemática da natureza (Pitágoras), a demonstração lógica (Parmênides) e a estrutura mecânica do universo (Demócrito).

Os sofistas surgem no primeiro ato do novo período da filosofia grega. No começo, a palavra "sofista" era sinônimo de sábio. No entanto, no curso da Guerra do Peloponeso adquire sentido pejorativo. Aristófanes traça a caricatura dos sofistas, salientando sua capacidade de pronunciar uma oração defendendo ou atacando a mesma tese. Para Xenofonte, os sofistas eram venais comerciantes da sabedoria. Sócrates os combateu.

Alguns aristocratas nunca deixaram de se sentir incomodados pela existência de um governo popular, preconceito oriundo da tradição grega. Nos épicos de Homero, eram os nobres que tomavam decisões ou davam ordens, enquanto os plebeus, conhecendo seu lugar na sociedade, obedeciam[105].

105 No século VI a.C, o poeta Teognis, de Mégara, dividiu a humanidade em duas espécies: os bons e nobres, e os ruins e comuns. Somente os nobres, devido ao bom senso e à

Nessa linha, a democracia seria, na melhor das hipóteses, uma bobagem, sendo injusta e imoral. A **Constituição** dos atenienses – um panfleto escrito na década de 420 a.C. por um autor desconhecido, mas frequentemente identificado como "O Velho Oligarca" – "revela o desagrado que uma parcela dos atenienses sentiu durante a guerra: 'No que se refere à Constituição dos atenienses, não os elogio por terem-na escolhido, pois, ao fazê-lo, deram a melhor parte às pessoas ordinárias (*poneroi*) e não às boas (*chrestoi*)' (1.1). 'Eles usam a massa para posições seguras e pagam salários, mas deixam o trabalho perigoso dos generais e comandantes de cavalaria para os homens mais qualificados' (*A Constituição dos atenienses*, 1.3)"[106].

Contudo, por volta de 411 a.C.[107], é engendrado um golpe antidemocrático em Atenas durante a Guerra do Peloponeso contra Esparta, envolvendo Alcibíades e Trasíbulo, dois importantes líderes. O golpe derrubou o governo democrático e o substituiu durante um breve período por um grupo oligárquico conhecido como *O Conselho dos Quatrocentos*. Os atenienses, garantiram os embaixadores, precisariam apenas adotar uma forma diferente de governo democrático. Por mais tática que fosse, essa proposta não conseguiria evitar críticas dos dois lados:

> *"Muitos protestaram contra qualquer mudança na democracia, e os inimigos de Alcibíades opuseram-se veementemente ao seu retorno. O clima era de confusão e tumulto, com reclamações e assovios interrompendo os oradores. Apesar do ambiente de hostili-*

reverência, eram capazes de agir com moderação, comedimento e justiça. Por sua vez, a massa da população carecia dessas virtudes e era, portanto, desavergonhada e arrogante: "É mais fácil criar e educar um homem do que lhe dar bom senso. Ninguém até hoje descobriu como transformar um tolo em inteligente ou uma pessoa má em boa (...). Se o raciocínio pudesse ser feito e colocado dentro de um homem, o filho de um homem bom nunca se tornaria mau, pois obedeceria a bons conselhos. Mas nunca se conseguirá tornar um homem mau em bom pelo ensinamento". MÉGARA, Teógnis apud KAGAN, Donald, *A Guerra do Peloponeso*, cit., p. 412. Para outro poeta, o tebano Píndaro (século V a.C.), os nobres de nascença eram inerentemente superiores intelectual e moralmente às massas populares, e essa diferença não podia ser superada pela educação. KAGAN, Donald, *A Guerra do Peloponeso*, cit., p. 413.

106 Ibidem, p. 413.

107 Ibidem, p. 421.

dade, Peisander[108] *discursou com uma segurança impressionante. Ele tinha a vantagem de ser visto como 'um homem de esquerda' devido a seu histórico de líder democrático radical e como tal tinha mais credibilidade do que um político conservador – vantagem que ele soube explorar com uma manobra corajosa"*[109].

Tucídides explica: "Depois que as cidades passaram a ter governos moderados e autonomia para agir como quisessem, elas gozaram de uma liberdade absoluta, pouco se importando com a ilusória eunomia [boa legislação] dos atenienses"[110]. A assembleia aprovou as decisões e se dissolveu. O golpe saíra vitorioso. A democracia que havia reinado por quase um século seria substituída por um regime que excluía as classes mais pobres da vida política e entregava o controle do Estado a uma oligarquia fechada[111].

De início, o objetivo aparente do golpe era tornar possível a vitória na guerra, mas quando os Quatrocentos chegaram ao poder, passaram a buscar a paz com Esparta. Nesse cenário, os oligarcas poderiam impor um novo regime pelo terror se conquistassem o apoio dos hoplitas. Em seguida, abririam negociações para uma paz permanente que mantivesse Atenas sob o regime oligárquico[112]. Com o intuito de se proteger, os atenienses reuniram-se para anunciar o fim do regime. Eles formalmente depuseram os Quatrocentos, grupo que tomou o poder, e entregaram as atribuições aos Cinco Mil[113].

1.2.2 Esparta – uma cidade guerreira

Esparta, situada no Peloponeso, conquistou a Messênia e as cidades vizinhas no século VIII a.C.. No campo político havia uma *diarquia*[114] (dois

[108] Pisandro em português. Um dos responsáveis pelo golpe contra a democracia em Atenas, em 411 a.C., articulado em conjunto com Alcibíades e com aristocratas (além de Pisandro, Frínico, Antifonte, Terâmenes).

[109] Ibidem, p. 421.

[110] Ibidem, p. 422.

[111] Ibidem, p. 422.

[112] Ibidem, p. 423.

[113] Ibidem, p. 449.

[114] "No cimo da hierarquia política de Esparta encontravam-se dois reis pertencentes, respectivamente, à família dos Agides e a dos Euripontides. A dignidade real era hereditária,

reis) com poderes ilimitados durante as guerras. Em tempos normais era consultada a *Gerúsia*, conselho de anciãos formado por 28 cidadãos com mais de 60 anos.

1.2.2.1 Organização política

Sendo a cidade que aglutinava os dórios, Esparta caracterizou-se "pelo totalitarismo de suas concepções políticas (o indivíduo absorvido pelo coletivismo estatal), às quais se subordinam suas instituições, sua maneira de viver, sua literatura, suas artes. As leis eram férreas e desumanas, a vida privada inteiramente regulada pelos interesses exagerados do Estado, a poesia grave e guerreira, as ideias filosóficas apegadas ao tradicionalismo intocável, a arquitetura e a escultura austeras". Esse quadro sombrio se manifesta a partir dos fins do século VII quando uma aristocracia belicosa interrompe a evolução natural, a que estão submetidas as demais cidades da península helênica, para estabelecer às margens do Eurotas um sistema de força arcaico que vai constituir, no decorrer da História Grega, um gritante anacronismo"[115].

A obscuridade da História de Esparta revela-se nas antigas tradições, "envoltas em lendas e deturpações. Numa região fértil, cercada de montanhas, banhada pelo rio Eurotas e defendida por uma costa de difícil acesso, os invasores dórios dominaram as antigas populações, reduzindo à escravidão a maior parte dos que não fugiram, e fundam Esparta unindo quatro aldeias (Pitané, Mésoa, Kynosura e Limnai) em uma única *pólis* (século IX a.C.)"[116].

O conjunto dos territórios dominados pelas conquistas dos espartanos recebeu o nome de Lacedemônia, antiga cidade dos aqueus[117].

Fatos marcantes na História política de Esparta: "o decidido isolamento em que persistentemente os espartanos se mantiveram com rela-

passando, após a morte do titular, ao primeiro filho nascido desde o inicio do reinado do pai. Na falta de descendente masculino ou em caso de minoridade deste, cabia ao parente mais próximo do rei falecido assumir a regência. Os dois reis possuem poderes iguais e devem exercê-los em conjunto". Giordani, Marcio Curtis. *História da Grécia*, cit., p. 166.

[115] Giordani, Marcio Curtis, *História da Grécia*, cit, p. 111.

[116] Ibidem, p. 111.

[117] Ibidem, p. 111.

ção aos demais povos conquistados; (...) as guerras contra Messênia. Esta cidade estava situada no sudoeste do Peloponeso e tinha a fama de ser a região mais fértil da Grécia. A primeira guerra durou cerca de vinte anos (fins do século VIII a.C.) e terminou após uma desesperada resistência dos messênicos sob a chefia de Aristodemos, com a escravidão dos vencidos e a expansão territorial da Lacedemônia. A segunda guerra (século VII a.C.) começou com uma revolta dos messênicos contra Esparta, revolta essa apoiada por outras cidades como Pisa e Orcômeno. Esparta atravessava então grave crise interna: elementos descontentes haviam mesmo abandonado a Lacedemônia para fundar, em plagas distantes, uma nova pátria (Cirene). Os rebeldes e seus aliados obtiveram, inicialmente, alguns êxitos, mas os espartanos, entusiasmados com os cantos guerreiros de Tirteu (segundo a tradição, poeta ateniense, coxo e mestre-escola), conseguiram a vitória final. Os vencidos abrigaram-se em diferentes regiões, como a Arcádia, a ilha de Rodes e a Sicília. Nesta última, os refugiados deram nome de Messina a Zanclé"[118].

Com a conquista de novos territórios, "Esparta, na segunda metade do século VI, procurou estabelecer uma aliança com outras cidades do Peloponeso, organizando a chamada simaquia peloponesiana, que se fundamentava em dois princípios: a autonomia dos estados aliados (que não pagavam tributos a Esparta e mantinham até mesmo uma certa liberdade na política externa) e a obrigação desses mesmos estados de reconhecerem a hegemonia espartana em caso de guerra, fornecendo, quando necessário, um contingente militar para a defesa dos interesses comuns. As assembleias gerais da simaquia realizavam-se em Esparta, e as decisões importantes eram tomadas de acordo com a maioria, apesar do perigo de se opor à opinião dos lacedemônios"[119].

Internamente a realeza tradicional de Esparta "perde suas prerrogativas para uma orgulhosa aristocracia que assume o exercício do poder executivo e legislativo. Os reis passam a desempenhar uma função meramente honorífica"[120].

Também faziam parte da organização política de Esparta:

118 Ibidem, p. 111-112.
119 Ibidem, p. 112.
120 Ibidem, p. 112.

- O Eforato[121], que deveria limitar os poderes dos reis e da gerúsia, formado por cinco éforos, eleitos por um ano;
- Ápella, assembleia[122] formada por todos os espartanos adultos, com reunião mensal e que podia vetar as questões propostas pela diarquia.

[121] A magistratura (éforos) possuía, a princípio, atribuições bem modestas. Eleitos em numero de cinco por um ano pela Assembleia do Povo, os éforos passaram, com o correr do tempo, a exercer os mais amplos poderes, intervindo de forma autoritária na vida privada e na vida pública dos cidadãos. Por exemplo, pronunciavam-se em maioria de direito privado (propriedades, sucessões, casamentos), exerciam funções policiais, julgavam em última instância os periecos, interpretavam o direito consuetudinário, demitiam e julgavam os demais magistrados. Mas é com face da realeza dual que mais aparece o poder dos éforos. Enquanto os demais cidadãos permaneciam de pé perante os soberanos, os éforos mantinham-se assentados. Os reis prestavam juramento de fidelidade perante os éforos e podiam por estes ser citados e condenados a multas ou à prisão. O eforato, entre outras atribuições, recebia embaixadores, negociavam tratados etc. Ibidem, p. 166.

[122] O senado, que era o órgão essencial de governo, compreendia trinta membros, entre os quais dois reis que presidiam a Gerúsia sem que sua voz prevalecesse sobre a dos demais. Os vinte e oito gêrontes eram escolhidos por aclamação popular entre os espartanos de mais de sessenta anos. A senatoria era vitalícia e constituía para os cidadãos de Esparta a suprema honra. Competia à Gerúsia orientar a política externa, preparar os projetos que seriam apresentados à Assembleia do Povo, conhecer os processos relacionados com a segurança do Estado, servir de última instância em matéria criminal, especialmente quando se tratava de homicídio. A Gerúsia constituía, com os éforos, a autoridade suprema de Esparta. A assembleia do povo abrangia todos os cidadãos de trinta anos que fossem admitidos à refeição pública e que houvessem recebido a educação prescritas pelas leis. Observe-se que o número desses cidadãos decresceu gradativamente. Teoricamente eram bem amplos os poderes da Apella: competia-lhe eleger os magistrados, os membros do senado, os próprios éforos e pronunciar-se soberanamente sobre a paz e a guerra. Na realidade, a Apella estava tutelada pelos gerontes, que podiam julgar perversas as deliberações tomadas pelos cidadãos e, assim, recusar a proclamá-las. Tais deliberações, aliás, consistiam na aprovação, por meio de aclamação e sem nenhuma discussão, os projetos preparados pela Gerúsia. A atividade efetiva da Apella revestiu-se de todas as aparências de uma verdadeira farsa: os candidatos percorriam lentamente a Assembleia para receberem as aclamações de seus partidários, cabendo a magistrados postados em um prédio vizinho, sem conhecer a ordem do desfile dos candidatos e sem poder contemplá-los, decidir da eleição através da intensidade das aclamações. Na época clássica a Apella foi substituída por uma assembleia menor, chamada Pequena Assembleia. GIORDANI, Marcio Curtis, *História da Grécia*, cit, p. 166-167.

A sociedade era bastante rígida e formava um regime de castas, a saber:

- Os espartanos ou espartistas – classe dominante, guerreira, proprietária de terras doadas pelo estado. Não se dedicavam a qualquer atividade produtiva por considerarem degradantes. Eram privilegiados e detinham o controle do Estado.
- Os periecos[123] (habitantes da periferia), homens livres, moravam em distritos longe da acrópole, dedicavam-se a atividades artesanais e comerciais, contudo não tinham os mesmos direitos dos espartanos.
- Os Hilotas[124] viviam num regime de servidão. Ligados à agricultura, tinham que dar parte da sua colheita para os espartistas. Quando se rebelavam, eram reprimidos pela *Cripteia* (polícia secreta).

Para conservar o seu domínio sobre os messênios, dez vezes mais numerosos que eles, os espartanos – com extraordinária determinação,

123 Os periecos estavam sujeitos ao serviço militar, pois no exército lacedemônio eram hoplitas; na marinha (após as guerras persas) serviam como marinheiros e podiam mesmo obter um posto de mando. Em matéria de direito civil, os periecos gozavam de amplas regalias, com duas restrições: não podiam contrair núpcias legítimas com as mulheres espartanas nem podiam adquirir propriedades na terra cívica, constituída pela zona situada imediatamente ao redor de Esparta. Essa terra cívica fora distribuída em lotes inalienáveis e indivisíveis aos chefes de família a título de usufruto. O comércio e a indústria eram as principais ocupações dos periecos. Ibidem, p. 165.

124 Os hilotas, de cuja origem não se tem comprovação, eram os escravos da comunidade, vinculados hereditariamente à gleba. Cedidos aos iguais, estes não podem vendê-los nem expulsá-los. A situação material dos hilotas estava longe de ser precária: pagas as rendas devidas ao usufrutuário (essas rendas eram invariáveis e haviam sido calculadas em época de baixo rendimento), o hilota podia amealhar economias. Na guerra tomavam parte como infantes ligeiros, remadores e executavam trabalhos, tais como tratar os feridos e executar aterros. As guerras, as vezes, proporcionavam aos hilotas ocasião de enriquecer, pois os mesmos participavam da presa. Por sua vez, os hilotas não dispunham de condição política nem jurídica, pois as leis só os conheciam como bens de Estado. Como os espartanos temessem revoltas da parte dos hilotas, mantinha-nos, via de regra, em regime de terror. “Não raro eram vítimas de frios assassinatos com plena aprovação das autoridades espartanas. Durante séculos os espartanos, à medida, sobretudo, que seu número diminuía, tremiam ao pensar que estavam cercados por inimigos que respeitavam a ocasião de vingar-se”. Em alguns casos raros e graças a excepcionais serviços prestados na guerra, houve hilotas libertos e promovidos à categoria de *neodamodes*, condição social semelhante à dos periecos. Ibidem, p. 165.

disciplina e lealdade – transformaram sua sociedade numa vasta caserna. Nessa sociedade o trabalho agrícola era desempenhado pelos hilotas, e o comércio e os ofícios ficavam a cargo dos periecos.

O treinamento militar para os meninos espartanos começava aos sete anos de idade; eles se exercitavam, treinavam, competiam e suportavam provações físicas. Os outros gregos admiravam nos espartanos a coragem, a obediência às leis e a capacidade de moldar seu caráter de acordo com um ideal[125].

Essa tradição não é mais aceita, conhecida essencialmente por intermédio da *Vida de Licurgo*, de Plutarco. A arqueologia confirma que, pelo menos até o limiar do século VI, Esparta era uma cidade-estado comparável às outras e dominada por aristocracia de grandes proprietários. É bem verdade que a conquista da Messênia, ao cabo de duas longas guerras, havia permitido aumentar o número dos que participavam da função guerreira e que tinham sido beneficiados pela distribuição de lotes, de *cleròi*, tomados do território conquistado, enquanto a redução à condição de hilotas das populações messênicas permitia-lhes uma dedicação exclusiva à vida militar[126].

Licurgo fora um legislador, que teria vivido no século VIII a.C., estabelecendo "a eunomia", a boa legislação, em substituição às leis precárias que até então regiam Esparta. Segundo Plutarco, após consultar o Oráculo de Delfos, Licurgo teria promulgado a *rhetra*, que reorganizava as estruturas em que eram divididos os cidadãos (tribos e *obai*) e definido os poderes respectivos dos dois reis, da *gerúsia*, o conselho dos Anciãos, e da assembleia do *demos*, cuja soberania era reiterada. Uma emenda à *rhetra* teria em uma segunda instância restringido os poderes da assembleia, que poderia ser dissolvida pela *gerousia* "se tomasse decisões equivocadas". Plutarco, além disso, atribuiu a Licurgo uma nova divisão das terras, o que teria resultado no fim das desigualdades das fortunas. Nessa divisão, o tamanho de cada lote (nove mil ao todo) foi calculado com o intuito de proporcionar a cada espartano a mesma quantidade de grãos, frutas e legumes. Como não era possível promover a igualdade das fortunas mobiliárias, Licurgo teria banido da cidade as moedas de ouro e prata

125 Perry, Marvin, *Civilização ocidental*, cit., p. 48.
126 Mossé, Claude, *Dicionário da Civilização Grega*, cit., p. 188.

e imposto a todos os espartanos uma vida austera, cuja manifestação mais visível era a obrigação de tomar as refeições em comum em torno do famoso caldo negro[127].

1.2.2.2 Os legisladores, as constituições e as leis em Esparta

Esparta era efetivamente, aos olhos dos escritores gregos da época, a cidade-estado modelo por excelência, que se beneficiava da *eunomia*, ou seja, de uma boa legislação, atribuída ao legislador Licurgo, idealizador da constituição espartana[128]. Descrito pela tradição como membro de uma das duas famílias reais de Esparta, ele teria como tutor um dos reis e após consultar o oráculo de Delfos, dado à cidade leis que regulamentariam ao mesmo tempo a organização dos poderes pela famosa *rhetra* (partilha da autoridade entre os dois reis, um conselho de 28 membros, a *gerousia,* e o *demos*) e todos os aspectos da vida social e econômica (partilha igualitária das terras, proibição do comércio e uso de metais preciosos, educação rigorosamente fixada, refeições feitas em comum, regulamentação do casamento)[129].

Observa-se que a democracia direta ateniense se chocava com a ordem política de Esparta, que tinha uma "Constituição mista" com elementos de monarquia, de oligarquia e democracia. A monarquia estava presente na forma de dois reis, cada um proveniente de uma família real diferente. A gerúsia, conselho de 28 homens com mais de 60 anos, eleitos por um grupo de famílias privilegiadas, representava o princípio oligárquico. A

[127] Ibidem, p. 189.

[128] Licurgo promovera uma reforma política e transformara completamente a ordem econômica, estabelecendo o regime comunista em bases sólidas. Para Plutarco, "A segunda instituição mais audaciosa de Licurgo foi a divisão das terras". Com ela, ao dividirem as terras entre si, os homens passaram a viver juntos, num regime de absoluta igualdade e de completa comunidade de bens. Licurgo proibiu as artes e atividades que julgava dispensáveis à vida. O comércio e a navegação desapareceram completamente. Dispensara atenção à educação da infância e da juventude. O Estado de Licurgo inspirava-se num modelo de Estado aristocrático e guerreiro. Apoiava-se unicamente no trabalho dos hilotas, que constituíam grande parte da população de homens livres. O comunismo de Licurgo foi apenas uma comunidade de posse e usufruto, mas não de produção. *Vide* BEER, Max, *História do socialismo e das lutas sociais*, p. 53-54.

[129] MOSSÉ, Claude, *Dicionário da civilização grega*, cit., p. 189.

assembleia, formada por todos os espartanos homens com mais de 30 anos, era o elemento democrático, bem como o eram os cinco éforos, magistrados eleitos anualmente pelos cidadãos que, entre outros poderes, negociavam, no plano externo, acordos e despachavam expedições[130].

1.3 As guerras – reflexos na Grécia

Apesar de inúmeras semelhanças, também diferenças pautavam as relações entre as cidades-estado da Grécia, fato que ora as colocavam como aliadas para combater inimigos comuns e, em outros momentos, em polos opostos, digladiando entre elas pela hegemonia grega.

1.3.1 As guerras entre gregos e persas

O período das guerras pérsicas compreende os anos 500 a.C. a 431 a.C., época em que Atenas transforma-se em potência marítima e progride economicamente. Os atenienses, em aliança com os exércitos espartanos, vencem os persas e, de um pequeno Estado, transformam-se numa federação de Estados, com o florescimento da indústria, do comércio, da navegação, das ciências e das artes. Inicia-se a era capitalista ou imperialista, caracterizada por sangrentas lutas, em que se processa rapidamente a decomposição do mundo antigo[131].

A luta entre gregos e persas, mais do que um conflito militar, representou um choque entre duas culturas opostas: de um lado, um império absoluto, heterogêneo; de outro, pequenas cidades orgulhosas de sua independência, unidas por uma língua e tradições comuns[132].

A Pérsia estendia-se do mar Mediterrâneo ao rio Indo, do vale do Nilo ao Iaxartes. As cidades gregas da Ásia, de cultura jônica, não souberam vencer as próprias divisões e formar uma frente única contra o inimigo comum, e acabaram sendo dominadas pelos persas. Os costumes, as crenças e as próprias instituições de cada cidade grega foram respeitados, inclusive sendo mantida a liberdade intelectual. Ocorre que o orgulho jônico ficou ferido por ter de pagar tributos e inclinar-se diante dos per-

130 Kagan, Donald, *A guerra do Peloponeso*, cit., p. 35.

131 Beer, Max, *História do socialismo e das luta sociais*, cit., p. 64.

132 Giordani, Márcio Curtis, *História da Grécia*, cit., p. 120.

sas, que também impunham sua autoridade sobre os territórios conquistados por intermédio de seus prepostos[133].

Apesar de possuir um contingente muito superior ao de Atenas e seus aliados da chamada Grécia europeia, estes conseguiram impor uma drástica derrota aos persas, comandados por Xerxes. A vitória gerou muito entusiasmo entre os gregos. Atenas, que fora a alma da resistência contra o invasor e que sofrera implacável destruição, ressurgia com enorme prestígio, transformando-se agora também em uma potência marítima, proporcionada pela chamada Liga de Delos. Após inúmeras conquistas e de a paz com a Pérsia ser estabelecida, assim como com Esparta, tem início a chamada "época de Péricles", momento que assinala a hegemonia incontestável dos atenienses e o apogeu da civilização grega[134].

As Guerras Persas foram decisivas para a história do Ocidente. Atenas atingiu uma idade de ouro. Imediatamente após o término das guerras, mais de 150 cidades-estados organizaram uma confederação, a Liga de Delos, com o intuito de protegerem-se de um novo confronto com a Pérsia. Atenas acabou por assumir a liderança. Os atenienses manipularam a Liga em favor de seus próprios interesses econômicos, ignorando toda e qualquer contradição entre imperialismo e democracia. A cidade-líder proibiu os estados membros de desertarem, instalou guarnições no território dos estados confederados e usou o tesouro da Liga para financiar suas obras públicas. Embora os estados membros recebessem proteção efetiva contra ataques de piratas e persas e não fossem onerados com pesados tributos, além de se beneficiarem agora de um comércio mais intenso, não estavam satisfeitos com o domínio ateniense[135].

1.3.2 A Guerra do Peloponeso

A primeira fase, que durou dez anos (431 a.C. a 421 a.C), teve como início o ataque de Tebas a Plateias, aliada de Atenas. Esparta aproveita para atacar e devastar a Ática, enquanto os atenienses, refugiados atrás de suas muralhas e dominando os mares, enviam sua esquadra para castigar a costa do Peloponeso. A *polis*, com o inchamento populacional, acaba

133 Ibidem, p. 120.

134 Ibidem, p. 122.

135 Perry, Marvin, *Civilização ocidental*, p. 52.

tendo uma epidemia de cólera, gerando revolta contra Péricles e a sua morte. A época de Péricles aparece, na história de Atenas, como uma época de relativo equilíbrio social[136], o que surpreende pelo fato de que, nesse período, há um sensível crescimento da população da Ática, seja em decorrência da população cívica, seja da incorporação de estrangeiros[137].

A estratégia de Péricles na guerra contra Esparta era fundamentalmente defensiva, embora tivesse alguns elementos ofensivos. Ele acreditava que os atenienses poderiam vencer a guerra se cuidassem de sua esquadra, evitando, assim, conflitos terrestres[138]. Em 411 a.C, as forças hostis à democracia em Atenas, que estavam adormecidas havia muito tempo, aproveitaram-se da ameaça persa para atacar o regime[139].

1.4 A Macedônia e os gregos – Filipe e Alexandre, O Grande

A população da Macedônia tinha a mesma origem que a dos gregos, apesar de estes os considerarem bárbaros, devido à grande miscigenação com os povos originários. Liderados pelo monarca Filipe II, a cidade-estado aprimorou-se sob o aspecto econômico e militar, o que permitiu a conquista das outras cidades-estado gregas e a unificação da Grécia, impondo, em 338 a.C., em Queronéia, contundente derrota à aliança entre Tebas e Atenas[140].

Filipe II assumiu o trono em 359 a.C. Antes esteve exilado em Tebas como refém, época que conheceu Epaminondas, grande líder e guerreiro tebano, e os problemas das cidades gregas, oportunidade que teve para observar em detalhes as fragilidades de seus futuros adversários. A vitória de Filipe sobre a Grécia é atribuída ao seu poderoso exército e à desunião entre os helenos. O "astuto macedônio" soube aproveitar os con-

136 "Péricles afirmava que a pobreza não impedia um homem capaz de prestar serviço à cidade, de dedicar-se a ela, ainda que apenas participando das decisões tomadas em comum. E, por outro lado, visto que a lei era a mesma para todos, essa igualdade era real para todo mundo que se referisse às desavenças particulares: diante dos juízes do tribunal popular, os ricos e os pobres gozavam do mesmo direito". MOSSÉ, Claude, *Péricles o inventor da democracia*, p. 75.

137 Ibidem, p. 38-39.

138 KAGAN, Donald, *A Guerra do Peloponeso*, cit., p. 82.

139 Ibidem, p. 82.

140 GIORDANI, Márcio Curtis, *História da Grécia*, cit., p. 130.

flitos entre as cidades para ampliar suas conquistas territoriais, funcionando também como árbitro das desavenças entre elas. Ao tomar posse da Grécia, Filipe propõe o domínio da Pérsia; no entanto, não alcança seu intento, quando é assassinado em 336 a.C., deixando o projeto para o seu herdeiro, Alexandre, de 20 anos, discípulo do filósofo Aristóteles[141].

Alexandre (356 a.C – 323 a.C), que futuramente recebeu a alcunha de "O grande", logo após a assassinato de seu pai, para evitar uma revolta geral dos gregos dirigiu-se apressadamente a Corinto, onde foi aclamado comandante da expedição contra os persas. Volta à Macedônia e prepara a luta contra os bárbaros. Tebas é arrasada, com exceção da casa do poeta grego Píndaro. Atenas, que mostrara simpatia pelos tebanos, é perdoada. A Grécia submete-se ao poderio macedônio, e Alexandre lança os olhares para o Império Persa[142]. O novo rei inicia sua marcha triunfal pelo Oriente, conquistando inúmeros territórios. Seu exército, embora pouco numeroso (30 mil infantes e 5 mil cavaleiros), era aguerrido e contava com oficiais de primeira qualidade. A batalha de Granico em 334 abriu o caminho da Ásia ao jovem guerreiro. Liberta as cidades gregas da Ásia Menor do domínio dos persas, penetra pela Frígia e em Górdio (333) corta com a espada o nó górdio. Um antigo oráculo prometia o domínio da Ásia a quem desfizesse o famoso nó[143].

Dirigindo-se para o sul, Alexandre encontra resistência em Tiro que, entretanto, após sete meses, é tomada de assalto e destruída. Prosseguindo para o sul, toma Gaza, chegando até Mênfis. Na terra das pirâmides, o macedônio aparece como libertador do domínio persa, proclama-se sucessor dos faraós, funda Alexandria e, no oásis de Siwah, é saudado como filho de Ámon[144]. À margem do rio Hifasis, o exército recusou-se a prosseguir, e Alexandre teve que regressar. O jovem conquistador vê-se forçado a tomar enérgicas medidas contra os desmandos praticados por seus prepostos[145]. O macedônico nutria novos planos de conquistas e já

[141] Ibidem, p. 133-134.
[142] Ibidem, p. 131.
[143] Ibidem, p. 131.
[144] Ibidem, p. 132.
[145] Ibidem, p. 132.

se preparava para uma expedição à Arábia quando foi colhido pela morte em Babilônia, aos 32 anos de idade, após uma breve doença (323 a.C.)"[146].

1.5 A Grécia de 146 a.C. até os tempos atuais – a sobrevivência

A decadência grega oriunda de disputas internas e do seu empobrecimento propiciou o avanço romano na região, culminando com a dominação a partir de 146 a.C. Lembre-se de que à época do Império Romano a Grécia entra em contato com o cristianismo (século III), sendo invadida diversas vezes.

Por volta de 395 d.C., quando morre Teodósio, a Grécia fazia parte do Império Romano do Oriente, que se estende até 1204, quando é criado o Império Latino do Oriente, transformando a região em feudos. Nesse período há grandes transformações que resultam na divisão do território entre os principados gregos e latinos.

O reino de Tessalônica destinou-se a Bonifácio de Montferrat[147]; o ducado de Atenas, à família La Roche[148], depois aos catalães (1311), aos Acciavioli (1388) e, finalmente, aos turcos (1456-1458); o Peloponeso tornou-se o principado franco de Acaia ou de Moreia, dominado pelos Villehardovin, disputada pelos Paleólogos e os aventureiros de Navarra e conquistado por Maomé II (1458-1460); Veneza anexou as ilhas jônicas, Modon, Coron, Argos, Náuplia, Praças da Moreia, Creta, Eubeia, Lemnos, Naxos e Rodes[149].

[146] Ibidem, p. 133.

[147] Bonifácio de Montferrat (1150 – 1207) – Francês, apoiou a Quarta Cruzada que começou a ser organizada pelo alemão Henrique IV, em 1197. Como comandante da Cruzada, Montferrat decide conquistar Tessalônica (dentre as cidades bizantinas, era a segunda maior), o que se deu em 1204. O governo de Bonifácio durou pouco, já que este caiu numa emboscada de Kaloian da Bulgária e foi morto a 4 de setembro de 1207.

[148] Otão de la Roche (séc. XII – 1234) – Foi o primeiro duque de Atenas (assim como de Tebas, inicialmente), um cavaleiro borguinhão de escasso destaque que se integrou na Quarta Cruzada. Embora fosse conhecido como "Duque de Atenas" desde a criação do ducado em 1205, o título só foi oficializado em 1280. O Ducado de Atenas foi um dos estados cruzados fundados na Grécia depois da tomada de Constantinopla no decurso da Quarta Cruzada em 1204.

[149] *Enciclopédia do Mundo Contemporâneo*. 3.ed. São Paulo: Publifolha, 2002.

O domínio latino abalou os gregos de forma arrasadora, então olharam com simpatia para os turcos, a partir da segunda metade do século XV, devido à tolerância religiosa, e por deixarem a administração local em "mãos gregas". Contudo, esse período foi de "anarquia endêmica", pois "tudo dependia dos sultões e dos seus paxás", além de uma insegurança permanente devido ao "banditismo reinante". Os turcos dividiram a Grécia em seis províncias e o seu domínio se manteve durante 400 anos, e apesar de pequenas rebeliões, ficou integrada ao Império Otomano com a Paz de Passarowtiz, estabelecida em 1718[150].

A luta pela Independência iniciou-se com a sublevação do Peloponeso (1770), incitada pelos russos sob a regência de Catarina II, mas ela os abandonou ao assinar o tratado de Kuchuk-Kainardji (1774)[151].

Em 1797, os franceses ocuparam as ilhas jônicas, perderam-nas para os russos em 1799, reconquistaram entre 1807-1809 e, por fim, a partir de 1814, os ingleses ocuparam o território[152].

Essa instabilidade motivou os gregos a se apoiarem nos russos, liderados, a partir de 1820, pelo czar Alexandre I para conseguirem a Independência[153].

Em 1821, começou a Revolução grega para libertar a cidade de *Tripolitsá* (hoje Trípoli, capital da região do Peloponeso e da unidade regional da Arcádia), onde uma Assembleia Nacional declarou a Independência e redigiu uma Constituição. Em reação, os turcos, com o apoio do Egito, mediante massacre, recuperaram o domínio sobre a cidade em 1825[154].

[150] O Tratado de Passarowitz (hoje, Pozarevác, República da Sérvia) foi firmado em 1718, após as vitórias militares da monarquia de Habsburgo contra o Império Otomano, que originalmente iniciou a guerra na República de Veneza.

[151] O Tratado de Kuchuk-Kainardji foi firmado entre o Império Russo e o Império Otomano, após este ter sido derrotado na Guerra Russo-Turca (1768-1774). Acordou-se que os russos teriam livre passagem pelo Estreito de Dardanelos entre o Mar Negro e o Mar Mediterrâneo, ao passo que os turcos concederiam independência do Canato da Crimeia. Os russos conseguiram autorização para construção de uma igreja ortodoxa em Constantinopla e que protegessem os ortodoxos e comerciantes que velejassem com a bandeira russa por aguas turcas. *Enciclopédia do Mundo Contemporâneo*. 3.ed. São Paulo: Publifolha, 2002.

[152] Ibidem, 2002.

[153] Ibidem, 2002.

[154] Ibidem, 2002.

Receosos dos turcos otomanos, Rússia, França e Grã-Bretanha intervieram por meio de suas forças armadas, obrigando a assinatura do Tratado de Londres em 1827, em que a Grécia se tornou independente[155].

Em 1830, o convênio de Londres dispôs que a Grécia ficaria sem o território da Tessália, o Epiro, a Macedonia, a Tracia, Creta e grande parte das ilhas do Mar Egeu, sob o domínio turco[156].

Em 1910, um golpe de estado, conduzido pelo general Elefthérios Venizélos, trouxe uma Constituição (1911), que instituiu uma monarquia parlamentar para os gregos. Posteriormente, nos idos de 1912 e 1913, nas guerras balcânicas, houve a anexação de Epiro do Sul, Janina, Macedônia, Salonica e Creta.[157].

Durante a Primeira Guerra Mundial (28-7-1914 – 11-11-1918), o rei Constantino, cunhado do Imperador Guilherme II, manifestava simpatia pela Alemanha, enquanto Venizélos defendia a participação na guerra, em apoio aos Aliados, tendo como objetivo novas conquistas territoriais[158].

Posteriormente, com os tratados de Neuilly e Sèvres (1919-1920), os gregos conseguiram a Trácia Ocidental, as ilhas de Imbros e Ténedos, Esmirna e parte das províncias egeias da Ásia Menor[159].

Na sequência, com o apoio da Inglaterra, houve a ocupação de todo o ocidente da Anatólia, mas sob os protestos dos turcos. Essa situação gerou novos confrontos militares entre a Grécia e a Turquia, com desgaste e impopularidade para o governo e a derrota do nacionalista Venizélos nas eleições de 14 de novembro de 1920, haja vista as derrotas das tropas gregas na Turquia e a declaração de paz efetuada pelo Tratado de Lausanne (24/07/1923), quando ocorreu "a fixação da fronteira das duas nações", da Trácia no curso do Maritza, renúncia da Esmirna, as Ilhas de Imbros e de Ténedos, e soberania italiana em Rodes e no Dodecaneso[160].

A Grécia, como consequência, acabou por enfrentar séria dificuldade econômica, além do problema da imigração de um milhão e meio de

[155] Ibidem, 2002.
[156] Ibidem, 2002.
[157] Ibidem, 2002.
[158] Ibidem, 2002.
[159] Ibidem, 2002.
[160] Ibidem, 2002.

refugiados oriundos da Ásia Menor e uma crise política, esta surgida com a abdicação de Jorge II e o regresso ao poder dos venizelistas (12/1923)[161].

A República foi proclamada em 25 de março de 1924, e por meio da convocação de um *referendum* pela nova Assembleia Nacional, foi abolida a Monarquia por 758.472 votos contra 325.325. Mas a Grécia vivenciou um cenário repleto de graves crises políticas, como tentativas de golpe de Estado, uma breve ditadura, eleições sem maiorias estáveis, até que fosse editada a Constituição de 1927[162].

A ditadura militar passageira em referência foi a do general Pangalos (jan.-ago./1926). Em 1928 retornou Venizélos, que estava no exílio, e ocupou "seu último ministério", melhorando a política externa em relação à Romênia, Turquia e Iugoslávia, ajudando a concluir a Entente Balcânica (só assinada em 1934)[163].

Venizélos renuncia, e o líder populista de direita, Tsladaris, vence as eleições em 1932, quando ocorre a preparação para a volta da monarquia. Em 1935, após um referendo, volta o rei Jorge II para Atenas[164].

Devido à instabilidade política, findas as eleições de 1936, por falta de maioria e "invocando a ameaça comunista", o general Metaxas instala um governo ditatorial (agosto de 1936), mantendo o regime monárquico e governando até 1941[165].

A ditadura instalada aplicava princípios fascistas, mas na política externa defendia a Independência do país e aceitou apoio inglês contra Mussolini, que ocupou a Albânia e ameaçava a Grécia[166].

Em 1940 a Grécia foi invadida pelas tropas italianas e resistiu, atrasando o ataque de Hitler à URSS, pois a Alemanha teve que enviar tropas para os Balcãs. A resistência grega sob a forma de guerrilha contra os invasores apresentavam duas tendências: "o EAM-ELAS liderada pelos comunistas e o EDES, do general Napoleon Zervas"[167].

[161] Ibidem, 2002.

[162] RAMON, Isabel de Cabo. *Turquia, Grécia y Chipre – historia del Mediterráneo oriental.* Barcelona: Universidad de Barcelona, 2005, p. 147 e 216.

[163] *Enciclopédia do Mundo Contemporâneo.* 3.ed. São Paulo: Publifolha, 2002.

[164] Ibidem, 2002.

[165] Ibidem, 2002.

[166] Ibidem, 2002.

[167] Ibidem, 2002.

Em 1944 os alemães foram derrotados e os comunistas organizaram um governo clandestino, sem "reconhecer o rei e o governo gregos refugiados no Cairo"[168].

O rei Jorge II formou "um governo de coligação com todas as tendências políticas, tendo a participação do liberal G. Papandreu e o apoio de Winston Churchill, que envia tropas para o Pireu (outubro de 1944) após a saída das tropas alemãs. A resistência comunista enfrenta os ingleses e domina praticamente toda a Grécia, exceto Atenas e Salonica[169].

Em fevereiro de 1945, devido à pressão da URSS, o EAM-ELAS aceitou a trégua de Varkiza, ficando como regente o arcebispo de Atenas Damaskinos Papandreou, até a realização de um referendo para a volta de Jorge II (setembro de 1946)[170].

Mas com o surgimento da Guerra Fria, a trégua foi rompida, e os comunistas, liderados por Márkos Vafiádis, apoiado pela Iugoslávia de Tito, e pelos soviéticos, estabeleceram um governo revolucionário em Konitza (Epiro). Os combates entre os governistas e comunistas foram até 1949, quando, com apoio inglês e americano, além da ruptura entre Tito (Iugoslávia) e Stalin, que inviabilizava as fontes de abastecimento, os comunistas viram-se obrigados a capitular[171].

Os EUA apoiam a reconstrução da Grécia, por intermédio do Plano Marshall, e também o ingresso do país no Conselho da Europa (1949) e na OTAN (Organização do Tratado do Atlântico Norte – 1951). A instabilidade do país perdura até 1952, quando o marechal Papagos, com maioria parlamentar, assume o governo (1952/1955) e concede "direito de votos às mulheres". Em seu governo, faz uma aliança com a Turquia e Iugoslávia e coloca na ilegalidade o Partido Comunista[172].

O sucessor, Konstantinos Karamanlis (1955-1963), manteve a política anterior, mas nas eleições de 1958 a esquerda cresceu por intermédio da União da Esquerda Democrática, que se chocará (em 1961) com a união

[168] Ibidem, 2002.
[169] Ibidem, 2002.
[170] Ibidem, 2002.
[171] Ibidem, 2002.
[172] Ibidem, 2002.

do Centro, liderada por Geórgios Papandreu, permanecendo uma "instabilidade política permanente"[173].

Em fevereiro de 1964, Papandreu torna-se chefe de governo, mas é afastado por Constantino II (julho de 1964) devido a uma crise política que envolvia o exército[174].

Em abril de 1967, um grupo de oficiais deu um golpe de estado, iniciando o "Regime dos Coronéis", que se estendeu até 1974. Nesse período, entrou em vigor a Lei Marcial, que suspendeu a Constituição e reprimiu os movimentos democráticos. O exercício do governo deu-se com o apoio dos EUA e dos grandes empresários gregos, como Onassis e Niarchos[175].

Em 1974, Karamanlis, chamado do exílio, tenta solucionar a recessão econômica e conseguiu, por intermédio de um referendo, a aprovação da República. Em 1975 foi aprovada uma nova Constituição e eleito para Presidente Constantino Tsatsos[176].

Em 1981 o partido de esquerda denominado Movimento Socialista Pan-Helênico – Pasok obtém maioria nas eleições legislativas, ocasião em que se tornou primeiro Ministro Andréas Papandreu. E o País "passou a ser o décimo membro da Comunidade Econômica Europeia (CEE)"[177].

Esse novo governo se reaproximou dos árabes, reconheceu a OLP (Organização para Libertação da Palestina), liderou uma campanha mundial para a devolução dos objetos de arte saqueados durante do domínio colonial aos países de origem e procurou defender os interesses de terceiro mundo[178].

No plano interno, houve os seguintes acontecimentos: congelamento de salários; protestos e paralisações sob o patrocínio de sindicatos; planos de austeridade; emenda Constitucional em 1986, que deu maiores poderes ao Parlamento, em detrimento da presidência; inflação e aumento da

173 Ibidem, 2002.
174 Ibidem, 2002.
175 Ibidem, 2002.
176 Ibidem, 2002.
177 Ibidem, 2002.
178 Ibidem, 2002.

dívida externa; desfalque no Banco de Creta (1988), com envolvimento de membros do governo e crises ministeriais[179].

Nas eleições de 1989 o Pasok perdeu a maioria parlamentar para o ND (Nova Democracia), que foi o partido mais votado. Os comunistas elegeram Charilaos Florakis, líder da coalizão de Esquerda (CE), para um governo transitório (com o ND) até as eleições em outubro[180].

Em abril de 1990, nas eleições presidenciais, saiu vitorioso Karamanlís e formou-se um governo chefiado por Konstantínos Mitsotákis, chefe da Nova Democracia, que lançou um plano de recuperação econômica (redução de gastos públicos, liberação de preços e privatizações, bloqueio de salários e redução do número de funcionários públicos)[181].

As medidas não evitaram a inflação, o desemprego e o déficit comercial e a União Europeia concedeu subsídios à Grécia. Ainda, em março de 1990, foi aprovada uma lei sobre contratos coletivos de trabalho para atividade privada e para empresas e serviços públicos, que fixou a negociação livre entre trabalhadores e empresários. Isso pôs fim a 50 anos de intervenção do Estado, e incluiu normas para a organização de comitês de empresa e sindicatos, assim como sobre a participação de trabalhadores nas decisões das empresas[182].

Com a perda da maioria por ocasião das segundas eleições legislativas, o Pasok firmou acordo com outras forças políticas; portanto, partidos como Nova Democracia, Pasok e os Partidos de Esquerda (incluindo o PC) constituíram em novembro de 1990 um "governo de coalizão", comandado pelo economista Xenophon Zolotas[183].

Em 1993 o governo, considerado conservador, foi derrotado nas eleições legislativas. Nesse mesmo ano, o Pasok de Papandreu, nas eleições de outubro, conseguiu 47% de eleitorado e a maioria do Parlamento, comandando o governo[184].

179 Ibidem, 2002.
180 Ibidem, 2002.
181 Ibidem, 2002.
182 Ibidem, 2002.
183 Ibidem, 2002.
184 Ibidem, 2002.

Em 1995, o ministro das Finanças, Alexandre Papadopoulos, lançou uma política de "estrito rigor" orçamentário, com reformas fiscais impopulares"[185].

Em 1996, ocorre a renúncia de Papandreu, sendo substituído por Konstantinos Simitis, que tentou atacar a "imagem de desordem" que impedia a integração da região ao resto da Europa. Na política externa, houve acordo de cooperação com os EUA, com manutenção de bases militares no País, em "troca de assistência econômica e militar, assim como apoio diplomático à Grécia, nas suas disputas com a Turquia" devido à situação no Chipre[186].

Em 1994, radicalizou-se o conflito entre a Grécia e a Macedônia em torno do nome do país e da bandeira macedônica, por isso o fechamento da fronteira, que prejudicou o comércio macedônico[187].

Em paralelo, no âmbito das discussões fronteiriças, os europeus acusaram a Grécia de uma política pró-Sérvia durante o conflito Iugoslavo[188].

Em síntese, da década de 1980 até 1998, a Grécia não conseguiu estabilidade socioeconômica, e sempre ocorreu instabilidade política[189].

Nas duas primeiras décadas do século XXI, com as medidas econômicas tomadas pela União Europeia em relação à Grécia, acirraram-se os movimentos populares, com protestos e greves, além do aumento do desemprego, da inflação e da miséria[190].

1.5.1 As Constituições

A primeira constituição escrita grega, o "Código de Drácon", foi redigida por volta de 620 a.C. Na verdade, tratava-se de um conjunto de leis escritas de Atenas, cujo teor expressava extrema rigidez, principalmente em relação à cominação de penas, visto que predominavam as de morte.

Antes de tornar-se independente por ocasião do advento do Protocolo de Londres, em 1830, e obter o reconhecimento internacional, houve na

185 Ibidem, 2002.
186 Ibidem, 2002.
187 Ibidem, 2002.
188 Ibidem, 2002.
189 Ibidem, 2002.
190 Ibidem, 2002.

Grécia a promulgação das Constituições de 1822, 1823 e 1827, fruto, principalmente, da influência das Constituições da França revolucionária[191].

Sob as premissas do referido Protocolo de 1830, o então príncipe Otto da Baviera foi designado Rei da Grécia e reinou entre 1833 e 1843 de forma autoritária. Diante de um levante armado e da manifestação popular, o rei viu-se obrigado a aprovar, sem alterações, a Constituição de 1844, preparada por uma Assembleia constituinte, em que foi instaurado o regime da monarquia constitucional, derivada da Carta constitucional francesa de 1814 e da Constituição da Bélgica de 1831[192].

O cenário agravou-se diante da crise política e do descontentamento geral da população com o Rei Otto, fatos que motivaram a insurreição de 1862 e, na sequência, a sua abdicação. As negociações diplomáticas conduziram à proclamação do príncipe dinamarquês George como novo Rei da Grécia. Assim, a nova Assembleia Constituinte preparou outra Constituição, promulgada pelo monarca em 1864, que "ampliava os direitos fundamentais e reconhecia a irrestrita soberania popular, pondo fim ao princípio da soberania monárquica e relegando ao rei a posição de um chefe de Estado hereditário (regime da 'democracia coroada')"[193].

As Constituições de 1968 e 1973 foram editadas no período da ditadura militar, conferindo aos tribunais a competência para controlar a constitucionalidade das leis ordinárias, tal como ocorreu na Constituição vigente de 1975[194].

Ressalte-se que a Constituição de 1975 foi revista em 1986, 2001 e 2008, Carta esta que estabelece uma república parlamentar.

A Grécia é uma república parlamentar. O chefe de Estado nominal é o presidente da República, eleito pelo parlamento para um mandato de cinco anos. A atual Constituição entrou em vigor em 1975. Com 120 artigos, prevê a separação dos poderes em executivo, legislativo e judiciário, e concede garantias específicas das liberdades civis e dos direitos sociais.

191 DIMOULIS, Dimitri. A introdução do controle de constitucionalidade difuso na Grécia – um caso de "ativismo judicial" na Europa do século XIX. *Revista Brasileira de Direito Constitucional*, n. 1, jan. jun. 2003, p. 213.

192 Ibidem, p. 213-214.

193 Ibidem, p. 214.

194 Ibidem, p. 217.

O sufrágio feminino foi garantido com uma emenda constitucional de 1952.

Segundo a Constituição, o poder executivo é exercido pelo presidente da República e pelo governo. A partir de emenda à Constituição de 1986, as funções do presidente foram reduzidas de forma significativa; a maior parte do poder político, portanto, está nas mãos do primeiro-ministro. O presidente da República nomeia formalmente o primeiro-ministro e, na sua recomendação, nomeia e exonera os demais membros do Conselho de Ministros.

O poder legislativo é exercido pelos 300 membros eletivos do parlamento unicameral. As eleições parlamentares são realizadas a cada quatro anos, mas o presidente é obrigado a dissolver o parlamento se a oposição conseguir aprovar uma moção de censura. O poder judiciário é independente do poder executivo e do legislativo, sendo exercido por três cortes, com jurisdição na área civil, criminal e administrativa e compreende respectivamente três Tribunais Supremos: o Tribunal de Cassação, o Conselho de Estado e o Tribunal de Contas. O sistema judiciário é composto também por tribunais civis, que julgam processos cíveis e penais e os tribunais administrativos, que julgam os litígios entre os cidadãos e as autoridades gregas administrativas. Diante da crise econômica grega, essa situação acabou levando ao poder o Syriza, coalizão de partidos de esquerda que melhor soube reconhecer a insatisfação gerada pelas medidas de austeridade[195].

O sistema legal grego baseia-se no direito romano[196]. A Constituição confere várias garantias concernentes à proteção dos direitos intelectuais: proteção de dados pessoais (artigo 9º), a administração estatal de rádio, filme e televisão, bem como a proteção aos trabalhos literários e artísticos (artigo 15) e a obrigação de o Estado apoiar as iniciativas artísticas (artigo 16) e proteger a memória cultural, incluindo-se monumentos, áreas tradicionais, além de sítios arqueológicos e históricos (artigo 24)[197].

[195] 8 perguntas básicas para entender a crise da Grécia e suas consequências, cit. bbc/portuguese/noticias, de 15/05/2105, p. B-6.

[196] Ibidem, p. B-6.

[197] Ibidem, p. B-6.

A Constituição grega também garante significativo número de direitos sociais e individuais. Quanto aos sociais, estes perderam eficácia após o acordo estabelecido com a União Europeia em 2010, quando a Grécia não pôde continuar buscando recursos nos mercados internacionais e teve de recorrer ao financiamento de seus sócios europeus e do Fundo Monetário Internacional (FMI), em troca de um duríssimo plano de austeridade.

1.5.2 A Grécia no século XXI

Na Grécia, o euro foi introduzido em 2002. Antes de adotar esta moeda mantinha o uso do dracma grego desde 1832. A crise grega, que se iniciou a partir de 2007, encontra raiz numa dívida de aproximadamente 320 bilhões de euros à época, que o país não tinha como pagar.

O primeiro pacote de ajuda financeira à Grécia foi aprovado pela União Europeia e o FMI em maio de 2010. Naquele momento, o governo recebeu 110 bilhões de euros para honrar seus compromissos com os credores. Um segundo empréstimo elevou a cifra total para 240 bilhões de euros[198]. Como condição o país teria que definir uma série de medidas de austeridade, entre as quais cortes nos gastos públicos, aumento de impostos e reforma no sistema de previdência e no mercado de trabalho[199].

O governo grego de 2015, que chegou ao poder com uma plataforma contra a austeridade, tentou renegociar algumas destas condições para conseguir novo pacote de resgate estimado em mais 29,1 bilhões de euros. Estima-se que a economia do país tenha encolhido 25% desde o início dos programas. Acrescente-se que as medidas resultaram numa taxa de desemprego em 26%, a mais alta de toda a União Europeia. Aliás, entre os jovens, esta taxa superava os 60%[200]. A Grécia teve que cumprir as obrigações a que se propôs em troca de um terceiro plano de resgate, que ultrapassa os 86 bilhões de euros[201].

Em 18 de dezembro de 2015, a Grécia receberia mais 1 bilhão de euros do último pacote de resgate financeiro. Os ministros das Finanças da zona do euro aceitaram, provisoriamente, proceder à transferência

198 Ibidem, p. B-6.
199 Ibidem, p. B-6.
200 Ibidem, p. B-6.
201 Ibidem, p. B-6.

depois de o governo de Atenas retirar do parlamento um projeto-lei de ajuda social[202]. O então primeiro-ministro Alex Tsipras pretendia aprovar um pacote de medidas para lutar contra o que chama de "crise humanitária" na Grécia. Uma forma de o primeiro-ministro enfraquecer as críticas no interior do Syriza, que adotou muitas medidas contrárias ao seu programa no âmbito do último resgate financeiro[203].

Em 8 de julho de 2019, o conservador Kyriakos Misotakis assumiu o cargo de primeiro-ministro da Grécia, prometendo que o país irá "orgulhosamente reerguer a cabeça", depois de dez anos de crise econômica. Herdeiro político de uma tradicional família local, Misotakis, de 51 anos, substituiu o antigo primeiro-ministro de esquerda, Alexis Tsipras, de esquerda, que foi derrotado nas eleições parlamentares. O partido Nova Democracia (ND) do novo primeiro-ministro obteve 40% dos votos ante 31% do grupo do ex-primeiro-ministro socialista. Ele obteve 158 dos 300 deputados do Parlamento. O grupo de Tsipras ficou com 186.

1.6. Dados Estatísticos Contemporâneos

Governo	República parlamentarista
– População (2020)	10 749 998 hab.
– Censo 2011	10 787 690 hab.
– Densidade	84 hab./km^2
– PIB (Base Paridade do Poder de Compra – PPC – 2014)	US$ 284,318 bilhões
– PIB per capita (2014)	US$ 25 752
PIB nominal (2014)	US$ 246,397 bilhões
– Per capita	US$ 22 317
– IDH (2018)	0,870 (31º) – muito elevado
NÚMERO DE CONSTITUIÇÕES	14 (1822, 1823, 1827, 1832, 1844 ,1864, 1911, 1926, 1927, 1936, 1952, 1968, 1973, 1975)

Fonte: dados do governo grego

202 Eurogrupo aprova nova *tranche* grega. Jornal Euronews, 18/12/2015, p. B- 5.
203 Ibidem, p. B- 5.

Capítulo 2
ROMA E A FORMAÇÃO DA ITÁLIA

2.1 Localização e ocupação – as origens de Roma

A Itália localiza-se no centro-sul da Europa, às margens do Mar Mediterrâneo. Os primeiros habitantes foram os lígures[204] e iberos, que ocupavam a região norte ocidental da península itálica[205]. Na parte central desta península, em uma região de planalto não distante do Mar Mediterrâneo, por volta de 753 a.C., foi fundada Roma. Segundo aponta Fustel de Coulanges, em sua obra *A cidade antiga*, cinco povos são responsáveis pelo surgimento de Roma: latinos, sabinos, etruscos, gregos e troianos. Os etruscos[206] (séculos VII e VI a.C.) tiveram papel importante na civi-

[204] Povo antigo, pertencente à época das construções megalíticas, que ocupou a região norte da península da Itália, entre a Etrúria e a fronteira da Gália.

[205] Grant, Michael, *Civilização clássica – história resumida da civilização clássica,* cit., p. 139.

[206] Talvez provenientes da Ásia Menor, os etruscos influenciaram os romanos na arquitetura, nas técnicas de construção de estradas, nas instalações sanitárias, na engenharia hidráulica, até mesmo em tubulações subterrâneas, metalurgia, cerâmica e escultura de retratos. Vocábulos e nomes etruscos entraram para a língua latina, e os deuses etruscos foram absorvidos pela religião romana. Os etruscos expandiram seu território na Itália durante os séculos VII e VI a.C., e controlaram a monarquia em Roma. Acabaram derrotados pelos celtas, pelos gregos e finalmente pelos romanos. O último rei etrusco, Tarquínio, o soberbo, foi deposto em 509 a.C., por uma revolução, e implantada a República com uma Assembleia do Povo que elegeu dois Cônsules, com poderes civis, militares e religiosos durante um ano. Um era o *potestas*, com poderes dentro da cidade, o outro tinha o *imperium*, com poderes fora da cidade de Roma, e comandava o exército. Principais feitos dos etruscos: drenagem dos pantanais; *Cloaca Maxima* (rede de esgoto); nova divisão territorial que substitui a antiga e descentralizadora federação; Roma; anexação do Quirinal e do Capitólio à nova cidade; um recinto fortificado, do tipo etrusco, defende a cidade contra ataques externos; a prosperidade contribui para o nascimento da plebe romana, que se

lização da Itália[207]. Segundo a tradição oral, Eneias[208], fugindo do massacre troiano realizado pelos gregos, chegou ao Lácio, onde se fixou, e seus filhos fundaram a cidade de Alba Longa, na qual nasceram Rômulo e Remo (netos de Numitor), que irão fundar Roma, nome derivado provavelmente de Rumon, designação dada pelos latinos ao rio Tibre.

A história de Roma começa com a Realeza, transformando-se posteriormente em República e Império. A Realeza compreendeu o período que vai desde a fundação até o advento da República, em 509 a.C. Posteriormente, divide-se em dois períodos: a República[209], que tem início em

opõe à população original do Septimontium: os patrícios e seus clientes; Roma adquire superioridade militar. GIORDANI, Mário Curtis, *História de Roma,* cit., p. 30-31; PERRY, Marvin, *Civilização ocidental,* cit., p. 87-89; e GRANT, Michael. *Civilização clássica – história resumida da civilização clássica,* cit., p. 139-140.

207 GRANT, Michael, *Civilização clássica – história resumida da civilização clássica,* cit., p. 139.

208 Perseguido pela cruel Juno, inimiga tradicional dos troianos, Eneias, filho de Anquises, último rei de Tróia, e de Vênus, chega ao Lácio. Após a sua morte, o filho Ascânio funda Alba Longa no sopé dos montes Albanos. Durante trezentos anos, seguem-se doze sucessores de Ascânio. O décimo segundo, Numitor, é destronado pelo irmão Amúlio que, para eliminar possíveis concorrentes, obriga a filha de Numitor, Rea Silvia, a tornar-se vestal. O deus Marte dá a Rea dois filhos gêmeos: Rômulo e Remo, os quais, por ordem do tio-avô, são expostos no Tibre. Uma loba, entretanto, amamenta-os na gruta de Lupercal, no ângulo sudoeste do Palatino. Um casal de pastores recolhe-os e cria-os. Ao atingirem a adolescência, os gêmeos matam o usurpador e restituem o trono ao avô Numitor, recebendo em recompensa a região da futura Roma. Os relatos divergem quanto aos episódios da fundação da cidade. Remo, segundo uma tradição, teria sido morto pelo irmão por haver atravessado os limites da nova cidade. A cidade nascia sob o signo do fratricídio. GIORDANI, Mário Curtis, *História de Roma,* cit., p. 31.

209 A passagem da Realeza à República fez-se lenta e progressivamente, por vezes com recuos. Por volta de 509 a.C. o domínio etrusco se enfraquece e o poder do rei diminui. A queda da monarquia ocorre por volta de 470 a.C. O novo regime político com dois cônsules à frente instalou-se aproximadamente em 367 a.C. (leis de Licínio). O novo regime é caracterizado pela pluralidade das assembleias e magistraturas, anuais e colegiais. O magistrado romano é um órgão da cidade, um titular do poder (*potestas*), que difere do magistrado ateniense, que se restringe a um agente da assembleia. Os magistrados são, em princípio, designados por um ano; são geralmente em número de dois, por vezes numerosos. Entre eles, os cônsules, titulares do *imperium,* dispõem do comando militar e do governo da cidade; presidem as assembleias, podem propor leis. Os pretores são, sobretudo, mas não exclusivamente, magistrados judiciais; organizam os processos, designam os juízes. As assembleias eram múltiplas, ao passo que em Atenas havia apenas uma, a

509 a.C. com a derrubada da monarquia etrusca; e o Império[210], que se iniciou em 27 a.C., quando Otávio (Augusto) se tornou o primeiro imperador romano[211].

2.2 Características dos períodos de evolução de Roma

2.2.1 Realeza (753 a.C – 509 a.C.)

A Realeza, instituição política do início de Roma, *"era eletiva e vitalícia, porém não hereditária. A assembleia das cúrias (comícios curiaos) escolhia o rei e investia-o, pela chamada* lex curiata de império no imperium *(totalidade do poder executivo abrangendo o setor civil, judiciário, militar e religioso). O Senado, que havia proposto o nome do monarca à assembleia, confirmava a escolha"*[212].

Ademais, havia enorme concentração de poder, tendo em vista que *"só ao soberano cabia tratar, em nome do povo, com os estados estrangeiros, declarar-lhes guerra, assinar a paz e firmar tratados. Como chefe militar, comandava o Exército e nomeava os oficiais. (...) Como chefe religioso, presidia os atos do culto divino, mediante os quais se buscava o consentimento e a benevolência dos deuses*

ecclesia. Vide Gilissen, John. *Introdução histórica ao direito,* 3.ed. Lisboa: Fundação Calouste Gulbenkian, 2011, p. 82.

[210] A passagem da República ao Império fez-se progressivamente. O progresso económico, as dificuldades sociais, as vastas conquistas provocaram, durante o século I a.C., uma crise política que tentativas de reformas tentaram remediar. Os Gracos, Sila, Pompeu, César falharam; Octávio conseguiu centralizar todos os poderes em suas mãos, deixando subsistir as instituições da República; recebeu do Senado o título de Augusto, o *imperium* proconsular, o poder tribunício vitalício (27-23 a.C.); foi proclamado *imperator,* isto é, General vitorioso; não está vinculado pela lei (*legibus solutio*). A partir daí, o regime político tornou-se o do Império, no qual todos os poderes estão concentrados nas mãos do Imperador. Este governa e administra o vasto território com a ajuda de funcionários, por si nomeados e demitidos. As assembleias e magistraturas caem em decadência; apenas o Senado subsiste, mas a sua composição depende do Imperador e as suas prerrogativas são reduzidas; intervém por vezes na confirmação da escolha de um sucessor, já operada pelo Imperador ou pelo exército, ou mesmo para eleger um novo; intervém também em matéria legislativa. O século II a.C. foi o grande século do regime imperial com imperadores, tais como Trajano, Adriano, Marco Aurélio; foi também o grande período do direito romano clássico. Gilissen, John. *Introdução histórica ao direito,* cit., p. 84.

[211] Perry, Marvin, *Civilização ocidental,* cit., p. 87.

[212] Giordani, Mário Curtis, *História de Roma,* cit., p. 87.

para os diversos empreendimentos. (...) Quando o rei falecia, seus poderes eram restituídos ao Estado, representado, então, pelo Senado (...).

II – O Senado. (...) compunha-se, nos últimos tempos da Realeza, de trezentos membros, chefes das gentes, que funcionavam como conselheiros reais. Os senadores eram escolhidos pelo rei (...).

III – Os comícios curiatos. (...) O povo (populus), constituído por patrícios e, talvez, também pelos clientes, se dividia, primitivamente, em três tribos (Ramnes, Tities, Luceres). Cada tribo abrangia dez cúrias, somando, portanto, trinta cúrias. (...) atribuições: a escolha do rei, a emissão de parecer sobre a declaração de guerra (o rei não era obrigado a seguir este parecer), a votação de leis, as decisões relativas a matéria de direito privado, como, por exemplo, testamentos, adoções, etc"[213].

2.2.2 República (509 a.C. – 27 a.C.): a sociedade, a legislação, as instituições políticas e o sistema constitucional

Com a República ocorreu fortalecimento da aristocracia e, como consequência, do Senado. A sociedade romana[214], nesse período, apresentava a seguinte organização:

[213] Ibidem, p. 88.

[214] Os patrícios eram camponeses mais ou menos abastados. Ocupavam todas as funções públicas e, pouco a pouco, tornaram-se uma classe dominante. Os plebeus eram aldeões humildes que, apesar de livres, não podiam ocupar os cargos públicos. Não desejavam instaurar uma nova ordem econômica e social, nem possuíam uma concepção do mundo diferente da dos patrícios. Alguns estavam igualmente interessados na escravização e na exploração dos povos estrangeiros. Os plebeus reclamavam apenas uma nova legislação econômica e política para a urbe. Graças ao poder político, os patrícios conseguiram apoderar-se de enormes extensões de terras públicas. Sua superioridade econômica tornou-se tão grande que os plebeus lhes caíram completamente sob o domínio. No fim do século VI a.C, a velha Constituição gentílica havia chegado a tal extremo de decomposição, que os patrícios derrubaram a "realeza" e fundaram uma República nobiliária. Em 494, a plebe já estava tão descontente, que resolveu sair da cidade e instalar-se no Monte Sagrado, para ali fundar uma comunidade independente. Os patrícios, como necessitavam de soldados para a sua política belicosa, viram-se obrigados a fazer concessões. Deram à plebe o direito de nomear dois tribunos do povo, encarregados da defesa dos aldeões humildes contra a arbitrariedade dos funcionários patrícios. Esses tribunos podiam, também, convocar Assembleias da plebe para que nelas se votassem resoluções (plebiscitos). Mas estes plebiscitos não tinham nenhum valor legal. Entretanto, à medida que punham em prática sua política de guerra e conquistavam grandes riquezas, os patrícios começavam a compreender que lucrariam atendendo a algumas das reivindicações dos plebeus, visto

Patrícios	oriundos da palavra "pater", nome do chefe das famílias antigas que formaram Roma, tinham autoridade absoluta em relação a familiares.
Gens	consequência da união das famílias, e seus chefes iriam formar o Senado romano com amplos poderes na política (interna e externa).
Plebeus	elementos sem ancestrais importantes, formados por imigrantes e refugiados. Não tinham direitos políticos, nem terras comunais, eram proibidos de se casar com patrícios e podiam ser presos por dívidas não saldadas.
Clientes	abaixo dos plebeus, dependiam dos aristocratas no campo social e econômico para os quais eram prestadores de serviços.
Escravos	sem nenhum direito, no início da República eram poucos e posteriormente atingem imensas proporções.

Durante 200 anos de luta de classes os romanos forjaram um sistema constitucional baseado não no ministério religioso, mas nas necessidades civis. O dever essencial do governo deixou de ser o desempenho regular de rituais religiosos para tornar-se a manutenção da ordem interna e a preservação do poder e dignidade dos romanos nas relações internacionais. Embora os romanos conservassem as cerimônias e práticas de sua religião ancestral, era o interesse público, não a tradição religiosa ou a perspectiva do castigo divino, que determinava o conteúdo do direito. O interesse público era também o padrão segundo o qual todos os atos importantes da cidade eram julgados. Na primeira fase da história republicana, o direito era sacerdotal e sagrado, ditado somente por sacerdotes e conhecido apenas dos homens de famílias religiosas. À medida que a lei foi sendo escrita, discutida e emendada, aos poucos separou-se da religião. Outro passo nesse processo de secularização e racionalização ocorreu quando o estudo e a interpretação da lei passou das mãos dos sacerdotes para uma classe de juristas profissionais, que analisavam, classificavam, sistematizavam e buscavam soluções de senso comum para os problemas jurídicos[215].

A constituição republicana moldou-se segundo as tendências e os interesses dos patrícios, opressores dos plebeus, cenário este que condu-

que não poderiam continuar a sua política exterior sem o concurso deles. *Vide* BEER, Max, *História do socialismo e das lutas sociais*, cit., p. 88.

[215] PERRY, Marvin, *Civilização ocidental*, cit., p. 90.

ziu à satisfação das reivindicações sociais, jurídicas, políticas e religiosas desta classe social. Vejamos, a seguir, cada uma delas.

A – *Reivindicações sociais.* Os plebeus visavam dois objetivos principais de ordem social: solução do problema das dívidas e a reforma agrária. A plebe pressionou o patriciado, que dependia da camada inferior da população, financeira, econômica e militarmente. Em consequência da retirada da plebe para o Monte Sagrado, em 494 a.C., os nobres concordaram com a criação de magistrados especiais, os tribunos da plebe, encarregados de defender os interesses daquela classe[216].

Observa-se que os cidadãos escravizados por dívidas recuperaram a liberdade, e as dívidas dos devedores insolventes foram abolidas. A reforma agrária, durante muito tempo reivindicada pelos tribunos da plebe, foi conquistada em 367 a.C., quando, em virtude de preceito legal (leis licínias), processou-se a distribuição, entre cidadãos pobres, de terras tornadas disponíveis[217].

B – *Reivindicações jurídicas.* Os plebeus postulavam a codificação das leis e a realização de casamentos mistos; exigiam a codificação das leis a fim de que o conhecimento do direito deixasse de ser um privilégio dos patrícios e, assim, plebeus e patrícios fossem julgados em pé de igualdade por uma lei comum. Essa codificação foi, segundo a tradição, efetuada na metade do século V (450 A.C.) por dez magistrados (decênviros) e gravadas em doze tábuas de bronze, daí o nome de "Lei das XII Tábuas". Essas leis constituíram, no dizer de Tito Lívio, a fonte de todo o direito público e privado: *fons omnis publici privatique iuris*[218].

C – *Reivindicações políticas.* Para evitar que plebeus chegassem ao consulado, os patrícios chegaram a suprimir temporariamente a função de cônsul, mas a oposição dos patrícios não impediu três conquistas da plebe: acesso às magistraturas, ingresso no Senado e equiparação do plebiscito à lei[219].

[216] Giordani, Mário Curtis, *História de Roma,* cit., p. 33.

[217] Ibidem, p. 33.

[218] Ibidem, p. 34.

[219] Ibidem, p. 34.

D – *Reivindicações religiosas.* A entrada nos colégios sacerdotais deixou, em 300 a.C., de ser privilégio dos patrícios em virtude da Lei *Olgúlnia*[220].

Em 146 a.C. o poder de Roma estendia-se por todo o mundo mediterrâneo. Após aquele ano, as preocupações republicanas com a defesa militar deixaram de ser o foco principal, mas sim a conformação das instituições da cidade-estado às exigências do império e a solução dos perigosos problemas sociais e políticos internos. A República estava aquém desse desafio e demonstrava pouco interesse pelo bem-estar de seus súditos[221].

A crise da República e seu consequente declínio tem origens no campo. Foram eles devastados na longa guerra travada contra o cartaginês Aníbal. Some-se a tal fato que dezenas de milhares de soldados romanos, majoritariamente camponeses, foram mortos pelo exército inimigo e tem-se uma situação de grande abandono das propriedades rurais. Sem dinheiro para reconstruí-las, os pequenos proprietários tiveram que vendê-las por uma bagatela aos grandes proprietários.

2.2.3 Império (27 a.C. – 476)

Iniciou-se em 27 a.C., quando Otávio (Augusto) se tornou o primeiro imperador romano, estendendo-se até 476, com a queda do Império Romano do Ocidente. O reinado de Otávio (Augusto) significou o término da República e o início do Império Romano, bem como o fim da política aristocrática e a ascensão do governo de um só homem.

O imperador (*Imperator*, *Ceasar* e *Augustus*) era o nome com que se designava o Chefe de Estado. A palavra *imperator*, empregada já neste sentido como sobrenome por César e, primitivamente, por Augusto, torna-se, em seguida, um prenome genérico que substitui o prenome individual e, sob esse título, toma lugar à testa da nomenclatura oficial. Já a designação *Caesar*[222] passa de simples nome de família para símbolo inseparável do poder imperial[223].

A *lex* de império conferiu ao imperador poderes legislativos e judiciários. Este "detinha o comando das Forças Armadas, plenos pode-

[220] Ibidem, p. 35.

[221] Ibidem, p. 35.

[222] Derivam desse nome a expressão *tzar* (*czar*), dos russos, e *kaiser*, dos alemães.

[223] GIORDANI, Mário Curtis, *História de Roma*, cit., p. 103-104.

res nas províncias imperiais e direito de supervisionar as províncias senatoriais"[224]. Partilhava com os cônsules o direito de convocar o Senado (os tribunos e pretores não podiam fazê-lo) e assistia às reuniões sentado entre esses dois magistrados ou então no assento reservado aos tribunos[225].

Durante a época do Império as antigas magistraturas republicanas (por exemplo: consulado, pretura, edilidade, *questura*) subsistem, mas carecem de importância[226]. Também permaneceu ativo o Senado, mas em condições inteiramente novas e com atribuições cada vez mais limitadas pela crescente centralização do poder nas mãos do imperador[227].

2.3. Organização constitucional

2.3.1 Magistraturas

Os magistrados romanos detinham, durante a República, o poder executivo. Assim como na Grécia, o termo refere-se a alguém que detém autoridade pública. Competia-lhes cuidar de todos os interesses da República: *omnis cura rerum publicarum.* Havia os magistrados ordinários (v. g. cônsules, *pretores, edis, questores*). Eram permanentes e sua eleição se processava anualmente em determinada época por lei. As funções dos magistrados extraordinários (ditador, mestre de cavalaria, inter-rei etc.) eram temporárias e sua escolha se fazia em circunstâncias especiais[228].

Os magistrados ordinários eram eleitos pelos comícios centuriatos ou tributos pelo prazo de um ano. Os candidatos a determinada magistratura deviam ser cidadãos *optimo iure* (cidadãos completos, possuidores de todos os direitos) e, de acordo com o costume estabelecido, ter exercido outras atividades públicas na escala do *cursus honorum*, que compreendia os quesitos questura (cargo de questor), edilidade, pretura e consulado. Estabelecera-se uma idade mínima para o desempenho de cada uma des-

[224] Ibidem, p. 104.
[225] Ibidem, p. 105.
[226] Ibidem, p. 104.
[227] Ibidem, p. 104-105.
[228] Ibidem, p. 89.

sas funções: "31 anos para a questura, 37 anos para a edilidade, 40 anos para a pretura e 43 anos para o consulado"[229].

Os que pertenciam à mesma ordem possuíam igual poder (princípio de colegialidade); costumavam, entretanto, repartir entre si os poderes do cargo, quer reservando-se cada qual uma esfera diferente de ação, quer exercendo cada um, alternadamente, as respectivas funções. Ao lado do princípio da colegialidade, figurava a *intercessio*, ou seja, o poder de qualquer magistrado anular o ato de um seu colega ou de um magistrado inferior[230].

No âmbito da autoridade, havia magistrados *cum império* (por exemplo, cônsules, pretores, ditadores – os verdadeiros chefes de Estado) e magistrados *sine império* (por exemplo, questores e censores). O *imperium* era uma vasta soma de poderes reservados, entre os magistrados ordinários, via de regra, aos cônsules e pretores, e "compreendia, entre outros direitos:

a) o direito de tomar auspícios mesmo fora de Roma (*ius auspiciorum maiorum*);
b) o direito de recrutar e comandar Exércitos;
c) o direito de coerção sobre os cidadãos;
d) o direito de encarcerar e condenar à morte;
e) o direito de convocar o povo fora de Roma (no campo de Marte) em comícios centuriatos;
f) outros direitos e poderes, inclusive os que constituíam a *potestas*"[231].

O *Potestas*, um poder de caráter administrativo, comum a todos os magistrados, "conferia os seguintes direitos:

a) de tomar auspícios no *pomoerium* (recinto de Roma): era o *ius auspiciorum minorum;*
b) fazer editos (*ius edicendi*);
c) impor multas (*ius multae dictionis);*

229 Ibidem, p. 89.
230 Ibidem, p. 89.
231 Ibidem, p. 90.

d) convocar o povo em Roma para falar-lhe (*contiones habere*)"[232].

"A jurisdição dos cônsules, a princípio muito ampla, foi limitada após a instituição da pretura (367 a.C.). Entre suas principais atribuições figuravam:

a) Comandar as tropas em tempo de guerra. A chefia suprema alternava-se de dia entre ambos os cônsules. Quando os teatros de operações eram diversos, o comando se distribuía por sorteio, ou mediante acordo ou, ainda, por decisão do Senado.
b) O cônsul que se encontrasse em campanha podia decidir sobre armistício e até mesmo firmar a paz, consultando os oficiais e os representantes (*legati*) do Senado.
c) Cabia aos cônsules presidir o Senado e os comícios.
d) Representavam a cidade nas cerimônias religiosas.
e) Em problemas administrativos, os cônsules superintendiam a atuação dos demais funcionários e intervinham por meio de editos e projetos de lei em todos os assuntos e tomavam as medidas que julgassem necessárias ou úteis para o bem da coletividade.
f) Administravam a justiça tanto no cível como no crime"[233].

2.3.2 Pretores

Em 367 a.C. foi instituída a pretura. Até 242 a.C. houve apenas um pretor, *collega minor* dos cônsules. Na última data foi criado outro cargo de pretor, decidindo-se, por sorteio, qual dos titulares deveria ser o *praetor urbanus* (que conhecia os processos entre cidadãos) e o *praetor peregrinus* (a quem competia decidir as contendas entre cidadãos romanos e estrangeiros ou as contendas entre estes). A expansão territorial de Roma e a organização de províncias acarretaram o aumento do número dos pretores[234].

As atribuições dos pretores consistiam no seguinte:

a) Podiam, a qualquer tempo, ser convocados para o desempenho de funções a cujo exercício fosse necessário aquele poder.

[232] Ibidem, p. 90.
[233] Ibidem, p. 90-91.
[234] Ibidem, p. 91.

b) Administração da justiça. Dos oito pretores instituídos pela reforma de Sila, dois (*o urbanus e o peregrinus*) possuíam jurisdição civil contenciosa. Cabia "aos seis restantes a presidência das *quaestiones perpetuae*, que eram Tribunais populares em número igual ao dos crimes que lhes foram afetos e compostos de trinta e dois a cem jurados, cujas decisões eram inapeláveis"[235].

2.3.3 Ditador

Em situações de emergência ou de grande perigo interno ou externo, era escolhido um ditador (*dictador dicitur*) com plenos poderes para debelar a crise. Levar a bom termo uma guerra (*rei gerendae causa*) ou sufocar uma rebelião (*seditionis sedandae causa*)[236].

Essa designação era feita por um ou por ambos cônsules quando estes se julgassem com forças insuficientes para enfrentar a situação. A história anota uma exceção à norma de escolha do ditador: após a batalha de Trasimeno, as centúrias indicaram o ditador e o general de cavalaria[237].

Em geral, era escolhido para ditador um cidadão que já houvesse demonstrado sua capacidade, como um ex-cônsul ou um magistrado em exercício. O auxiliar do ditador, por ele nomeado, era *magister equitum* (mestre de cavalaria)[238].

O ditador enfeixava em suas mãos os poderes dos dois cônsules e a ele estavam subordinados os demais magistrados. A própria *intercessio trubunicia* e a *provocatio ad populum* (recurso do povo) não puderam opor-se ao poder ditatorial. Com o progresso das ideias democráticas, a ditadura desapareceu como instituição legal, não tendo havido escolha de ditador depois da segunda guerra púnica, que teve seu desfecho favorável aos romanos em 202 a.C. Os que, mais tarde, como Sila e César, usurparam as funções e o nome de ditador, agiram ilegal e revolucionariamente[239].

[235] Ibidem, p. 101.
[236] Ibidem, p. 92.
[237] Ibidem, p. 92.
[238] Ibidem, p. 92.
[239] Destaque-se que os poderes do ditador estavam sujeitos a uma dupla limitação de tempo: não podiam ultrapassar um semestre e se extinguiam com o término do mandato do magistrado que o nomeara. Ibidem, p. 89-103.

2.3.4 Magistrados *sine império* – censores

A censura foi instituída, segundo a tradição, em 443 a.C. Os censores, eleitos nos comícios centuriatos de cinco em cinco anos, em número de dois, permaneciam na função, no máximo, por dezoito meses e destacavam-se pela comprovada experiência. Os censores prestavam o juramento de que desempenhariam suas funções com justiça e imparcialidade. Embora não possuíssem o *imperium*, e nem fossem precedidos de lictores[240], os censores gozavam de elevada autoridade e grande prestígio, sendo considerável sua influência moral na sociedade romana. Suas atribuições:

a) receber, de cinco em cinco anos, por turno de tribos, a declaração dos cidadãos possuidores de bens móveis, a declaração (*fassio*) de estado civil, relações de serviço e riqueza, os notáveis das tribos e outras pessoas de confiança. As mulheres, os filhos e clientes eram representados pelo chefe da família. Comissários do censo eram enviados aos Exércitos que se encontravam em campanha.
b) denunciar o luxo, os maus exemplos, as filosofias exóticas e perniciosas nas assembleias públicas. Se comprovada a culpabilidade do cidadão, este era punido com a *nota censória*, privando-o dos direitos à eleição até o término do lustro. Os censores podiam excluir um cidadão do Senado, das centúrias e das tribos, privando-o do direito de voto, motivo por que, sendo inaplicável esta sanção às mulheres, não estavam elas sujeitas à nota censória (*regime morum* – policiamento de costumes).
c) o direito de escolha dos senadores (*lectio senatus*), que tinham seus nomes inscritos no *álbum senatorium* (os que fossem considerados indignos poderiam ser riscados desse álbum pelos próprios censores);
d) gerir e explorar os bens do Estado (interferir nas finanças públicas e nas obras públicas; controlar a receita e a despesa)[241].

[240] Guarda que, na antiga Roma, precedia as figuras da suprema magistratura, trazendo uma machadinha junto a um feixe de varas, com o qual ia abrindo caminho em meio ao povo. *Vide Dicionário Eletrônico Houaiss da Língua Portuguesa – edição eletrônica*, 2003.

[241] GIORDANI, Mário Curtis. *História de Roma*, cit., p. 93.

2.3.5 Edis

Foram criados no ano de 494 a.C. em número de dois, para auxiliar os tribunos da plebe, executar suas ordens e guardar o templo da deusa Ceres (*aedes Cereris, dai nedilis*), onde eram depositados os plebiscitos e senatus-consultos relativos à plebe. De início, a edilidade eural fora reservada aos patrícios. Mas, em breve, tornou-se acessível também aos plebeus, aumentando para quatro. Eram escolhidos pelos comícios-tributos e as atribuições comuns aos quatro edis eram as seguintes:

a) cuidavam do aprovisionamento da cidade (*cura annonae*);
b) velavam pela segurança pública e pelo tráfego urbano;
c) policiavam o mercado, principalmente a exatidão dos pesos e as medidas usadas pelos negociantes, e evitavam o aumento abusivo dos preços;
d) cuidavam da pavimentação das ruas e da conservação dos edifícios e monumentos públicos;
e) entre as mais importantes funções edílicas figuravam a organização e promoção de jogos públicos. Do êxito desses espetáculos junto ao povo dependia, muitas vezes, o sucesso eleitoral dos edis quando se candidatavam às magistraturas superiores[242].

2.3.6 Questores (*quaestores*)

Na realeza havia os *quaestores parricidii* (note-se que a palavra *parriecidium* designava, originalmente, o homicídio doloso de cidadão romano, passando posteriormente a significar o assassinato do pai), agentes subalternos escolhidos pelos cônsules para funcionarem na instrução do processo e no julgamento em casos sujeitos à *provocatio*[243].

Com a instituição dos Tribunais criminais, a atividade dos questores estendeu-se de preferência aos problemas da Fazenda. A princípio escolhidos pelos cônsules, os *quaestores aerarii* (questores do erário) passaram, depois, a ser eleitos pelos comícios tributos, constituindo, desde então, uma magistratura independente e o primeiro degrau no *cursus honorum*

242 Ibidem, p. 93-94.
243 Ibidem, p. 94.

(trajetória sequencial das magistraturas romanas)[244]. Eram as seguintes as suas atribuições:

a) custodiar o tesouro público ou erário (*aerarium*) encerrado no templo de Saturno;
b) efetuar pagamentos por conta do erário, de acordo com as instruções baixadas pelo Senado ou pelos cônsules;
c) conduzir os devedores constituídos em mora e denunciá-los à justiça;
d) seguiam os generais e governadores na qualidade de tesoureiros; não obstante, podiam receber o encargo de dirigir campanhas de administrar justiça e de atender a assuntos administrativos[245].

2.3.7 Tribunos da plebe (*tribuni plebis*)

Esta instituição remonta aos primórdios da República. Eram antes representantes ou chefes da plebe, e não tinham o direito de auspício, nem possuíam *imperium* (autoridade) ou *potestas* (poder civil). Os tribunos da plebe eram escolhidos somente entre plebeus e, segundo a tradição, desde 476 a.C., pela assembleia tributa. Os patrícios que desejassem desempenhar o cargo de tribuno deviam fazer-se adotar previamente por algum plebeu. Temos um exemplo clássico na atitude de Clódio, inimigo mortal de Cícero[246].

A mais importante atribuição positiva dos tribunos era o direito de convocar a plebe e falar-lhe (*ius agendi cum plebe*)[247].

Representantes e defensores da plebe tornaram-se os órgãos motores das suas reivindicações, entre as quais se destacam: a) codificação do direito costumeiro; b) igualdade civil entre patrícios e plebeus; e c) igualdade política entre uns e outros, isto é, o acesso aos cargos públicos monopolizados pelos patrícios[248].

[244] Ibidem, p. 94.
[245] Ibidem, p. 94.
[246] Ibidem, p. 94-95.
[247] Ibidem, p. 95.
[248] Ibidem, p. 95.

2.3.8 O Senado

Diferentemente da temporariedade do mandato entre os magistrados, o Senado, devido à vitaliciedade da dignidade senatorial, representava a autoridade permanente e o verdadeiro centro de governo da Roma republicana. A majestade e imponência do Senado romano impressionaram até mesmo os adversários de Roma[249].

A composição variou de acordo com as vicissitudes da política: até Sila[250] eram trezentos os senadores, e depois passou a seiscentos; sob César, temos novecentos e, sob os triúnviros, mil senadores. A idade exigida para a dignidade senatorial também variou de 46 anos para, a partir de Sila, 27 e 30 anos[251].

A partir do ano 400 a.C. os senadores puderam ser escolhidos também entre os plebeus, visto que, anteriormente, participavam da escolha os patrícios. A lei Ovínia firmou dois princípios importantes: a atribuição da *Lectio senatus* aos censores e a obrigação de escolha entre os magistrados que deixavam o cargo, contanto que fossem dignos. Consequência dessas medidas foi a elevação do nível moral e cultural do Senado[252].

Os senadores dividiam-se em diversas categorias, de acordo com as funções anteriormente desempenhadas: *senatores consulares, senatores praetorii, senatores aedilicii, quaestorii*. Entre o grupo dos consulares, os antigos ditadores e censores tinham a preferência, e entre esses se costumava escolher o Presidente do Conselho (*princeps senatus*), cujo parecer era exposto em primeiro lugar, na ausência de um *consul designatus*. Ao lado dos antigos funcionários, os Senadores que haviam ingressado por eleição (*adlecti*) tinham pouca importância; seu número era, comumente, muito reduzido, a não ser que em determinadas situações, por exemplo,

[249] Ibidem, p. 96.

[250] Sila conseguiu ser eleito ditador pelo Senado romano e passou a perseguir todos os seus inimigos políticos. Ampliou o número de cadeiras no Senado, extinguiu o poder dos Tribunos da Plebe e dos cavaleiros nas províncias, e impôs uma idade mínima para as magistraturas. Disponível em http://mundoeducacao.bol.uol.com.br/historiageral/o-governo-dos-generais-mario-sila.htm.

[251] GIORDANI, Mário Curtis. *História da Grécia*, cit., p. 96.

[252] Ibidem, p. 96.

nas reformas de Sila e de César, se reforçasse o quadro por nomeações em massa[253].

As atribuições do Senado. Cícero[254] pretendia que o Senado tivesse o direito de condenar os cidadãos à morte, no que era energicamente contestado pelo partido popular. O Senado era, antes de tudo, uma assembleia consultiva: *publicum consilum Populi romani.* Embora não fosse obrigatório seguir seus conselhos, a responsabilidade dos magistrados crescia de modo considerável ao se oporem ao que eles mesmos prediziam; em troca, é verdade que nunca bastava aduzir a decisão formal do Senado para desculpar perante o povo o funcionário que, ao executá-la, obtinha resultados prejudiciais[255].

Com o correr do tempo, e principalmente devido ao fato de constituir um órgão permanente de titulares experimentados e vitalícios, o Senado foi-se tornando o verdadeiro centro de governo, ampliando sua atuação no terreno administrativo, no terreno legislativo, na política externa e em certas circunstâncias especiais[256].

No terreno administrativo, cabia ao Senado a *manutenção do culto* (decretando, por exemplo, as *supplicationes*, orações públicas), o controle das finanças (despesas e superintender a execução de obras públicas), o alistamento de soldados e a divisão de comandos, a renovação dos magistrados (fixar as datas das eleições), a administração das províncias

253 Ibidem, p. 97.

254 Cícero havia vencido Catilina nas eleições para cônsul. Em 63 a.C. desenvolveu-se a conjuração de Catilina, que pretendia dar terras e suprimir as dívidas da plebe. Cícero denunciou em seus famosos discursos, chamados Catilinárias, a trama de seu adversário para assumir o poder. Ele considerava todas as reformas agrárias, inclusive a dos Gracos, como criminosas. Condenava, igualmente, quaisquer reformas radicais sobre o sistema de habitação: "Poder-se-á morar numa casa que não nos pertence? Como? Eu a comprei, construí, conservei com meu dinheiro. E agora querem utilizar-se desta casa contra a minha vontade? Não é isto tirar de cada um aquilo que lhe pertence, em benefício de outrem? Suprimir as dívidas? Mas não é mesmo que o indivíduo, a quem eu tenha dado dinheiro de empréstimo, querer comprar minhas terras com meu dinheiro?". BEER, Max, *História do socialismo e das lutas sociais*, p. 96.

255 Giordani, Mário Curtis, *História de Roma*, p. 98.

256 Ibidem, p. 98.

(nomeando comissários para organizar as novas províncias, distribuindo o governo das províncias entre os magistrados etc.)[257].

No terreno legislativo, limitava-se a aprovar as leis votadas pelos comícios ou assentar com os magistrados os projetos legislativos que seriam propostos aos comícios ou, ainda, convidar os magistrados a proporem determinados projetos às mesmas assembleias. O Senado também podia anular as leis que houvessem sido votadas sem as devidas formalidades. O Senado usurpou os poderes dos comícios, arrogando-se atribuição, que depois de Sila se afirma ostensivamente, de dispensar na lei, em caso de urgência ou de interesse individual[258].

No plano da política externa, o Senado republicano tratava com os povos estrangeiros e recebia os embaixadores. As declarações de guerra não eram propostas aos comícios sem a audiência do Senado e, embora os tratados estivessem na dependência dos comícios centuriatos, cabia ao Senado estipular as condições[259].

Em certas circunstâncias, o Senado usava de atribuições excepcionais, dando, por exemplo, aos cônsules poderes amplos, porém, mal definidos, através do chamado *senatus consultum ultimum*, traduzindo na fórmula *Caveant cônsules ne quid detrimenti res publica capiat* (cuidem os cônsules para que a República não sofra algum dano). O Senado podia, igualmente, declarar o *tumultus* (mobilização em massa para debelar uma ameaça) e o *iustitium* (suspensão dos Tribunais); podia também pôr cidadãos fora da lei, declarando-os *hostes* (inimigos públicos)[260].

As reuniões do Senado – os magistrados que tinham o direito de convocar o Senado (*o ius agendi cum senatu* cabia ao consul, ao *praefectus urbi*, aos tribunos da plebe) marcavam a data que julgassem oportuna. A sessão era anunciada por um arauto ou por um *edictum.* O local escolhido era, em geral, a *Curia Hostilia,* no fórum; a reunião podia, entretanto, efetuar-se em qualquer outro recinto (quase sempre um templo), dentro de uma milha de Roma[261].

257 Ibidem, p. 98.
258 Ibidem, p. 98.
259 Ibidem, p. 98.
260 Ibidem, p. 98-99.
261 Ibidem, p. 99.

2.3.9. As assembleias do povo

A *contio*, reunião popular, desprovida de caráter legislativo, podia ser convocada por qualquer magistrado[262]. Já a *concilium plebis* eram reuniões em que só tomavam parte os plebeus, sob a presidência dos tributos da plebe. Possuía, como assembleias do Estado, competência eleitoral, legislativa e judiciária; elegia os tribunos, votava decisões ou plebiscitos e julgava certos casos, sob a reserva geral de que essas resoluções, emanadas somente da plebe, só eram válidas para a própria plebe e não competiam ao Estado Romano[263].

2.4 Império: origens, apogeu e declínio

2.4.1 A unificação da Península Itálica

Ao subjugar pouco a pouco as tribos italianas semicivilizadas, os etruscos e as cidades-estados gregas da Itália meridional, os romanos demonstraram organização e disciplina militares superiores seguindo o modelo grego, isto é, organizaram seus soldados em formação de batalha[264].

Acrescente-se o fato de que em vez de reduzir seus adversários a escravos e confiscar-lhes todas as terras – método de guerra comum no mundo antigo –, Roma empenhava-se em ganhar a lealdade do povo conquistado mediante tratamento generoso, visto que alguns povos conquistados podiam receber cidadania parcial ou total. Ao estender seu domínio sobre a Itália, Roma demonstrou um talento notável para converter antigos inimigos em aliados e finalmente cidadãos romanos. Nenhuma cidade grega jamais pensara em integrar os não nativos em sua comunidade política[265].

Roma dominou primeiro a península itálica, posteriormente avançou sobre a Magna Grécia, Cartago, a península Ibérica, a Balcânica e a África. Em 146 a.C. tornara-se a potência dominante no mundo mediterrâneo[266].

262 Ibidem, p. 99.
263 Ibidem, p. 99-100.
264 Ibidem, p. 100.
265 Ibidem, p. 100.
266 Perry, Marvin, *Civilização ocidental*, cit., p. 91.

2.4.2 As Guerras Púnicas

Logo após conquistar supremacia na Itália, Roma travou longa guerra contra Cartago – a I Guerra Púnica (264-241 a.C.) –, outra potência do Mediterrâneo ocidental e próspero empório comercial. Os cartagineses controlavam a África do Norte, as regiões do litoral meridional da Espanha, a Sardenha, Córsega e Sicília ocidental. Os romanos acabaram vencendo a Primeira Guerra Púnica em 241 a.C.[267] Derrotada, anos mais tarde Cartago avançou em território da Espanha sob o comando de Amílcar Barca, cujo filho Aníbal[268] desencadeou a Segunda Guerra Púnica (218 a 202 a.C.)[269], também vencida pelos romanos.

2.4.3 As consequências da expansão romana

A expansão teve importantes consequências para Roma e o mundo mediterrâneo. Milhares de gregos, muitos deles homens cultos, que haviam sido escravizados pelos romanos em suas conquistas no Oriente, chegaram a Roma. Esse influxo acelerou o processo de helenização já iniciado durante o contato de Roma com as cidades gregas da Itália meridional[270].

Vale acrescentar:

"Uma consequência fundamental da expansão foi o contato com a experiência jurídica de outros povos, entre os quais os gregos. Os juristas romanos fizeram uma

[267] Ibidem, cit., p. 91.

[268] "Aníbal (247-183 a.C.) foi gênio militar e assombrou os antigos. Conduziu um exército experiente, com elefantes de guerra para atacar as linhas inimigas através de desfiladeiros tão íngremes e gelados que, muitas vezes, homens e animais perdiam o equilíbrio e se precipitavam para a morte. Sobreviveram à travessia cerca de 26 mil homens; outros 15 mil homens foram recrutados nas tribos gaulesas do Vale do Pó. Na batalha de Canas (216 a.C.), o exército de Aníbal destruiu completamente um exército romano de 60 mil soldados, a maior concentração de forças isoladas que Roma já pusera em campanha. Esses foram os piores dias que a republica romana vivenciou. Entretanto, segundo o historiador Tito Lívio, os romanos não falaram em paz. Aníbal não pôde continuar sua vitória em Canas com um ataque final, pois Roma sabiamente não permitiria que seu exército fosse atraído a uma outra grande batalha. Nem possuía Aníbal soldados suficientes para capturar a própria Roma. Roma invadiu a África do Norte, e derrotou Aníbal em Zama, na África do Norte, em 202 a.C., obrigando-o a pedir a paz, devolver a Espanha e abandonar seus elefantes e sua armada". PERRY, Marvin, *Civilização ocidental*, cit., p. 94.

[269] Ibidem, p. 94.

[270] Ibidem, p. 96-97.

incorporação seletiva dos elementos dos códigos de leis e tradições dessas nações ao direito romano. Assim, de modo gradativo e empírico, eles elaboraram o 'jus gentium', o direito das nações ou povos, que foi aplicado a todo o império"[271].

2.4.4 O escravismo e as Revoltas (Spartacus)

Diante das revoltas, a nobreza intensificou o afastamento do povo da política interna de Roma, ampliando as conquistas no exterior para aumentar os domínios da República[272]. Em 83 a.C. Sila[273] volta para reconquistar Roma e persegue os membros do Partido Democráticos[274].

Uma das revoltas que marcou a história romana foi aquela liderada por Spartacus (Espártaco), um chefe de rebeldes sem precedentes. A revolta de escravos, por ele dirigida, que se prolonga do ano 73 a 71 a.C., foi a única diante da qual os senhores do mundo tremeram[275].

Em 73 a.C., gladiadores chefiados por Spartacus fugiram de seus alojamentos e receberam a adesão de dezenas de milhares de fugitivos. Spartacus pretendia fugir para a Gália e a Trácia, terra natal de muitos escravos. Seu exército derrotou as tropas romanas e arrasou a Itália meridional antes que uma força superior romana o detivesse. Cerca de 6 mil escravos derrotados foram crucificados[276].

"Spartacus era trácio, descendente de uma horda nômade. Foi trazido a Roma como prisioneiro de guerra e vendido como escravo. Conseguiu

271 Ibidem, p. 97.

272 BEER, MAX, *História do socialismo e das lutas sociais*, cit., p. 102.

273 Após a revolução italiana, dois graves acontecimentos ocupam o lugar na História de Roma: dissensões na política interna, motivadas pelo soerguimento do Partido Popular e a revolta do rei Mitridates, que ameaça o prestígio romano no Oriente. Na solução desses dois graves problemas aparecerá, em primeiro plano, a figura de Sila (*Lucius Cornelius Sylla*), membro de família patrícia decadente, hábil general, mas político ambicioso e inescrupuloso. Sila, designado para dirigir a guerra no Oriente, viu-se, por manobras de seus adversários políticos, repentinamente destituído do comando e substituído por Mário. Inconformado, Sila marchou com seu exército, que se encontrava na Campânia, sobre Roma e, depois de uma batalha de rua, pôs em fuga seus adversários (Mário foge para a África) e partiu para o Oriente com suas legiões (88 a.C.). GIORDANI, Mário Curtis, *História de Roma*, cit., p. 54.

274 BEER, Max, *História do socialismo e das lutas sociais*, cit., p. 94.

275 Ibidem, p. 101.

276 PERRY, Marvin, *Civilização ocidental*, cit., p. 96.

fugir. Tornou-se mercenário. Finalmente, foi vendido ao proprietário de uma escola de gladiadores de Capua. Com ele, encontravam-se cerca de duzentos escravos, trácios e gauleses (...). Preparavam uma fuga para recuperar a liberdade na primeira ocasião. A conspiração foi descoberta. Mas Spartacus, com setenta companheiros, assim mesmo conseguiu fugir. No caminho, assaltaram um transporte carregado de armas. Com elas combaterem os soldados enviados para os capturar. E venceram"[277].

A vitória dos rebeldes espalhou-se rapidamente e vários novos combatentes juntaram-se a Spartacus, sendo considerados apenas uma quadrilha de bandidos. Ao derrotar o pretor Cláudio Pulcro[278], que tinha ido no encalço dos rebeldes com cerca de três mil homens, não só Spartacus torna-se célebre como seus seguidores apropriam-se das armas e bagagens dos que derrotaram. Como inimigo de Roma, convoca todos os escravos e oprimidos a participarem da guerra da libertação. Muitos atenderam ao pedido e teve mais de setenta mil homens à disposição. Com grande capacidade de organização transformou essa multidão heterogênea de homens que chegavam de todos os lados num exército.

277 BEER, MAX, *História do socialismo e das lutas sociais*, cit., p. 103.

278 Apesar de Max Beer mencionar em sua obra Cláudio Pulcro, obras mais modernas relatam que de fato quem enfrentou e foi derrotado por Spartacus no Vesúvio foi Caio Cláudio Glabro, um comandante do exército da Roma Antiga, ostentando os postos de general (também chamado de legado) e pretor em 73 a.C. Ele foi derrotado durante a batalha no Monte Vesúvio contra as forças do gladiador rebelde Spartacus. Glabro foi membro de família plebeia. Provavelmente teve uma distante conexão com o *gens* Cláudia – uma rica e proeminente casa de Roma. Foi um dos oito eleitos para o cargo de pretor em 73 a.C., sendo citado apenas pelas clássicas histórias acerca de sua desastrosa expedição contra Spartacus. Glabro foi derrotado principalmente porque não possuía aptidão para enfrentar os gladiadores rebeldes em suas táticas de guerra não ortodoxas, como a queda da Arena de Cápua. Depois de ter sitiado os escravos nas encostas do Monte Vesúvio, falhou em tentar antecipar o próximo passo dos rivais: deduzia que os rebeldes desceriam a montanha pelo mesmo lugar por onde subiram, já que era a única passagem, mas usando de mais uma de suas táticas não ortodoxas, as forças de Spartacus usaram cordas feitas com videiras selvagens para descer as paredes no outro lado da montanha. Eles então atacaram os pelotões comandados por Glabro, aniquilando suas forças. Registros romanos não fazem nenhuma menção a Glabro após sua derrota. Não se tem conhecimento se Caio Cláudio Glabro foi morto ou se simplesmente foi considerado obscuro demais para futuras menções de historiadores clássicos.

Mas não conseguiu que os soldados respeitassem os não combatentes. As tropas de Spartacus saqueavam e incendiavam as casas, devastando os férteis campos e semeando terror por onde passavam. Seus soldados eram majoritariamente compostos de trácios, sírios, gauleses, germanos e italianos[279].

Após várias conquistas militares e de ter marchado com os seus para o Norte, Spartacus estava em seu auge. Acabou por desistir de colocar em prática o plano inicial, que tudo indica era libertar grande número de escravos e dissolver seu exército. Não atravessou o rio Pó, como se esperava: "voltando por onde viera, marchou para o sul. Na Itália, julgaram que ele se preparava para marchar sobre Roma. Para impedir-lhe o avanço um novo exército pretoriano ofereceu-lhe combate. Depois de grande batalha, que teve por teatro a região do Piceno, Spartacus, por mais uma vez, saiu vitorioso. Roma estava apavorada. Mas Spartacus passou diante dela e seguiu com seus exército para a Baixa-Itália. Ocupou Túrio, que proclamou porto livre. Aí elaborou leis humanas. Vários fatos indicam que ele tencionava fundar na Baixa-Itália um Estado organizado de acordo com o modelo de Esparta de Licurgo. Spartacus suprimiu o uso do ouro e da prata. Reduziu o preço de todos os artigos de consumo. Introduziu os hábitos de vida simples dos espartanos. Agrupou vasta associação de fugitivos dos diferentes países, que passaram a viver sob a sua proteção, educando-se na arte militar"[280].

Por óbvio que os romanos não aceitaram tal situação, para eles humilhante. Com prudência organizaram um grande exército para derrotar os revoltosos. Nomearam como comandante o pretor Crasso[281], considerado "o homem novo mais rico de Roma". "Spartacus derrotou Crasso em vários combates. Mas acabou sendo vencido, no ano 71 a.C., diante da superioridade das forças de Roma. O próprio Spartacus tombou mortalmente ferido durante a batalha. Seis mil homens de seus Exércitos foram aprisionados e crucificados por Crasso. Entretanto, no campo de Sparta-

[279] Ibidem, p. 103.

[280] Ibidem, p. 104.

[281] Marcos Licinio Crasso (115 a.C. – 53 a.C.) – Cônsul (70 a.C.), fez parte do primeiro triunvirato com Pompeu e César. Também governou a Síria e morreu na luta contra os Partos.

cus, havia três mil prisioneiros romanos com vida. Esta guerra de gladiadores aterrorizou os romanos ainda durante várias décadas"[282].

A crise gerada pelas rebeliões dos escravos atingiu tanto a Aristocracia como os Cavaleiros ("homens novos") que tinham interesses na ordem escravista e os uniu na repressão contra os rebeldes. Como exemplo desta reação, temos Pompeu[283] que financiou um Exército para derrotar Sertório na Espanha, saqueou a Província, e posteriormente, após a volta triunfal a Roma, com o apoio de César, recebe a incumbência de exterminar os piratas que rondavam a Itália, cumprindo com êxito tal missão. Após ser enviado à Ásia, derrota Mitrídates e anexa a Judeia e a Síria.

Júlio César – Após estas ações militares, Pompeu e Crasso foram eleitos para o Consulado passando a exercerem poder na política romana. Em 60 a.C. surge o magistrado Júlio César com destaque no cenário político de Roma, e se junta aos dois cônsules, tendo em consequência o surgimento do primeiro Triunvirato. (Pompeu, Crasso e César), passando a exercer poder na política romana.

A carreira de César[284] foi meteórica; como indicam os seguintes fatos:

282 Ibidem, p. 106.

283 Cnaeus Pompeus, rico, ambicioso, talentoso, corajoso, mas também inescrupuloso, obtém um comando na Espanha onde Sertorius, antigo partidário de Mário, sustenta uma revolta contra Roma. Depois de haver resistido por muito tempo aos generais de Sila, Sertório acabou assassinado (72 a.C.) e suas tropas foram derrotadas por Pompeu. GIORDANI, Mário Curtis, *História de Roma*, cit., p. 55.

284 César era o mais hábil dos três. Na realidade, suas vitórias alarmaram o Senado, pois este temia que César assumisse o controle do Estado. Nesse meio-tempo, o triunvirato se desfizera. Em 53 a.C., Crasso pereceu com seu exército numa desastrosa campanha contra os partos no Oriente. Pompeu, cioso dos êxitos de César e ávido por expandir seu próprio poder, aproximou-se do Senado. Apoiado por Pompeu, o Senado ordenou a César que renunciasse a seu comando. César decidiu, então, marchar sobre Roma. Pompeu não foi adversário para César; o Senado reconheceu essa vitória e nomeou-o ditador, uma função legal, por dez anos. A fim de fortalecer o governo, combateu a corrupção nas províncias e estendeu generosamente a cidadania a grande número de seus habitantes. Para ajudar os pobres em Roma, deu início a um programa de obras públicas, que proporcionou empregos e embelezou a cidade. Remanejou também mais de 100 mil ex-soldados e membros da classe mais pobre de Roma para as províncias, onde lhes concedeu terras. Depois, em fevereiro de 44 a.C., a classe governante alarmou-se quando a ditadura temporária de Cesar tornou-se vitalícia. Mas no dia 15 de março um grupo de aristocratas, a mando de Brutus e Cássio, assassinou César. *Vide* PERRY, Marvin, *Civilização ocidental*, cit., p. 101-102.

- Em 58 a.C., foi indicado para governar o Sudeste da Gália e acabou conquistando a Gália Transalpina, a Germânia (até o Rio Elba) e a Bretanha, onde realizou grandes saques e dobrou o pagamento dos soldados, transformando-se num ídolo das suas tropas.
- Em 49 a.C., foi chamado a Roma, pois o seu mandato havia terminado; desafiou o Senado ao cruzar o Rio Rubicão e entrar com o Exército na cidade, tomando o poder de Pompeu, o qual tinha sido eleito único consul após a morte de Crasso no Oriente.
- Tornou-se Ditador Perpétuo (49 a.C.), desestabilizando a antiga República, já que tinha poderes absolutos.
- Pompeu fugiu para o exterior e reagiu com as suas tropas na Espanha e na Grécia contra o golpe dado por César, mas foi derrotado na batalha de Farsália (Grécia) e se dirigiu para o Egito, onde foi assassinado pelo rei Ptolomeu XIV, irmão da rainha Cleópatra[285].
- No Egito, César discordou de Ptolomeu XIV e sua corte e participou das disputas políticas locais, ajudando Cleópatra a assumir o trono, e manter seu amante[286].
- Foi assassinado por um grupo de senadores comandados por Brutus e Cássio em 44 a.C., numa tentativa de "defender os princípios republicanos". Brutus era seu filho de criação.

2.4.5 O Império (27 a.C. - 476)

Após a morte de César, os generais Marco Antônio e Lépido reagiram contra a aristocracia senatorial e acabaram formando com Otávio (sobrinho de César) o Segundo Triunvirato[287]. No Oriente, Marco Antônio aliou-se a Cleópatra e tratava as províncias orientais como se fossem suas propriedades, recebendo duras críticas de Roma, que culminaram na dissolução do Triunvirato e na ascensão de Otávio. Acusado de traição pelo Senado,

[285] Cleópatra (69 a.C. - 30 a.C.) - Rainha do Egito, foi aliada e amante de César. Posteriormente, aliou-se a Marco Antônio, do qual tornou-se amante e, após a Batalha de Accio, suicidou-se quando soube que o governante romano planejava levá-la à sua procissão triunfal.

[286] Ibidem, p. 103.

[287] Ibidem, p. 103.

Marco Antônio foi derrotado na Batalha de Áccio na Grécia[288] (33 a.C.) e suicidou-se, após fugir, juntamente, com Cleópatra[289]. Vitorioso, Otávio, considerado herdeiro de Júlio César, concentrou o poder em suas mãos, dando início ao Império Romano e denominando-se *Augustus*.

2.4.5.1 Organização do Império – instituições políticas

As instituições políticas fundamentais para o funcionamento do Império foram as seguintes:

O Imperador – *Imperator*, *Ceasar* e *Augustus* eram os nomes com que se designava o Chefe de Estado (*Princeps*). *Imperator* – este nome significava que o *princeps* detinha o *imperium* em seu tríplice aspecto: civil, militar e judiciário. A palavra *imperator*, empregada já neste sentido como sobrenome por César e, primitivamente, por Augusto, torna-se, em seguida, um prenome genérico que substitui o prenome individual e, sob esse título, toma lugar à testa da nomenclatura oficial. Desde Adriano, serve para designar oficialmente o herdeiro presuntivo do império. *Augustus* – tal designação fazia do Imperador uma pessoa sagrada[290].

A *lex* de império conferiu ao imperador poderes legislativos e judiciários. A *lex de tribunicia potestate* deu-lhe a inviolabilidade e a *intercessio* dos tribunos. Otávio passou a intervir nas eleições, nomear funcionários, cunhar moedas, dirigir os negócios da política externa e designar senadores. Em *virture do ius proconsulare*, o imperador detinha o comando das Forças Armadas, plenos poderes nas províncias imperiais e direito de supervisionar as províncias senatoriais. Como sumo pontífice e membro de todos os colégios sacerdotais (e até mesmo deus vivo), o Imperador estava impregnado de uma atmosfera de respeito religioso[291].

O imperador partilhava com os cônsules o direito de convocar o Senado (os tribunos e pretores não podiam fazê-lo) e assistia às reuniões sentado entre esses dois altos magistrados ou então no assento reservado aos tribunos. O Imperador presidia (de direito) o Senado, pronunciava

[288] Sobre a batalha de Áccio, consulte Michael Grant, *História resumida da civilização clássica Grécia e Roma*, cit., p. 171-172.

[289] PERRY, Marvin, *Civilização ocidental*, cit., p. 103.

[290] GIORDANI, Mário Curtis, *História de Roma*, cit., p. 103.

[291] Ibidem, p. 103.

discursos ou enviava mensagens, que tinham prioridades sobre os demais assuntos[292].

As Magistraturas – as antigas magistraturas republicanas (por exemplo: consulado, pretura, edilidade, *questura*) subsistem, mas carecem de importância. O consulado era apenas um cargo honorífico. Note-se que existiram cônsules até a época de Justiniano. As novas magistraturas criadas tornaram-se mais importantes: seus titulares eram auxiliares do Imperador e por este diretamente designados[293].

O Senado imperial – o Senado republicano subsiste sob o Império, em condições inteiramente novas e com atribuições cada vez mais limitadas pela crescente centralização do poder nas mãos do Imperador. A perda gradual de seus privilégios de Estado vai confirmar mais e mais o Senado no domínio da administração urbana; a evolução iniciada no reinado de Augusto, continuada no decurso dos dois primeiros séculos, será precipitada a favor da anarquia militar, para findar com Diocleciano e Constantino; o abandono de Roma como capital marcará a última etapa desse esbulho gradual. Desde o terceiro século, afora certas prerrogativas, sobretudo honoríficas, o Senado não é mais que um conselho municipal de Roma, mas, mesmo nesse domínio restrito, ele deixa de ser o senhor. Reencontra-se com a autoridade concorrente do Imperador e choca-se, como em outros assuntos, com a ação invasora de seus agentes[294].

Um forte rival do Senado foi o *consilium* (Conselho Imperial), composto de altos funcionários e auxiliares do Imperador, verdadeiro órgão deliberativo sob a presidência direta do monarca ou de um prefeito do pretório. Sua composição, um tanto vaga sob Augusto, tornou-se permanente sob Tibério e foi reorganizada sob Adriano, que introduziu no conselho um elemento permanente e estável: os jurisconsultos. Desde os Severos, o Conselho Imperial, desembaraçado da concorrência do Senado, tornou-se o centro de governo e o grande motor da administração imperial[295].

[292] Ibidem, p. 104.
[293] Ibidem, p. 104.
[294] Ibidem, p. 104.
[295] Ibidem, p. 105.

O número de componentes do Senado imperial foi reduzido por Augusto para seiscentos. A escolha do imperador (*adlectio*) ou o exercício de magistraturas constituíam o meio de ingresso na *senatoria*[296].

Os comícios – esvaziaram-se, aos poucos, os poderes dos comícios no regime imperial. Sob Augusto, os comícios ainda se reuniram, com perda de seu poder judiciário. Tibério tira-lhes o poder eleitoral, transferindo--os para o Senado; finalmente, no fim do primeiro século, perdem o poder de legislar. A partir dessa época o povo deixou de votar leis, embora o direito de legislar não lhe fosse cassado. Excetua-se – último resquício do poder eleitoral e legislativo do povo – a lei de investidura (*lex regia de império*), que conferia ao novo imperante a *potestas tribunicia* e precisava as suas atribuições. Essa lei era proposta pelo Senado ao povo, que a votava por aclamação, provavelmente em comício por centúrias[297].

Províncias – a palavra "província" designava, primitivamente, o domínio sobre o qual um magistrado superior exercia seu *imperium*[298]. Assim,

[296] Ibidem, p. 105.

[297] Ibidem, p. 105.

[298] Observe-se que no governo de seu vasto e variado império, onde se encontravam todos os climas, todos os acidentes geográficos e as mais diferentes raças, Roma inspirou-se em três princípios: dividir (*divide et impera*), fundar colônias e construir estradas. A divisão dos povos vencidos, para melhor facilitar seu domínio, obedecia a um cuidadoso plano que visava fomentar rivalidades e invejas mútuas com o maior ou menor favorecimento de certas cidades. Assim, por exemplo, encontramos as cidades da Itália divididas da seguinte maneira: *Cicitates dediticia ou stipendiarise*, que foram conquistadas à força e deviam pagar um tributo a Roma como sinal de direito de propriedade dos romanos; *Civitates foederatae*, cidades ligadas a Roma por tratado e consideradas algumas como aliadas (*socii*), outras como submetidas; *Civitates sini sulfragio*, cidades que recebem de Roma um direito de cidadania incompleto. Tais são, por exemplo, as *praefecturae*, às quais os romanos impõem um Prefeito, e os *municipia*, que têm o direito de escolher seus próprios magistrados. Entre os municípios há os de direito latino (*latino iure*), cujos magistrados, ao abandonarem o cargo, se tornavam cidadãos completos, e os municípios com sufrágio (*municipia cum sufiragio*), que usufruíam da cidadania romana completa. Os romanos, com finalidade estratégica, tendo como consequência a difusão da sua cultura entre povos estrangeiros, fundaram diversas colônias (*colonize civum romanorum*). Os colonos eram, muitas vezes, soldados e conservam todos os seus direitos de cidadãos organizando as cidades nascentes, segundo o modelo da cidade-mãe com suas assembleias e seus magistrados: uma miniatura de Roma. A construção de estradas foi um dos meios utilizados pelos romanos para assegurarem as comunicações através de seu vasto domínio. Na Itália, podemos citar a *Via Latia*, a *Via*

por exemplo, em Tito Lívio, província *Etruriae* significa comando da campanha da *Etrúria*. No século III, a expressão adquire o seguinte sentido:

> *"comando de um magistrado fora da Itália ou, ainda, possessão do povo romano fora da Itália. A organização de uma província era feita pela Lex provincialis, que considerava o território conquistado como propriedade do povo romano (praedium Populi romani) e fixava a condição das cidades em face da política romana. A lex provincialis era redigida pelo general vitorioso e aprovada pelo Senado, que enviava uma comissão de dez Senadores com a finalidade de por em funcionamento o governo provincial. Nas províncias havia as cidades submetidas (civitates stipendiariae), que deviam pagar impostos, e as cidades livres (liberae ou imunes), isentas de impostos e com direito à cunhagem de moeda"*[299].

O governador da província era um magistrado em exercício (*praetor*) ou um magistrado que já saíra do cargo (*propraetores e proconsules*). Anualmente, o Senado designava duas províncias consulares (que deveriam ser governadas pelos cônsules cujo mandato expirara) e nomeava os governadores das demais províncias (*senatus consultum de provinciis ordnandis*). O governador da província possuía amplos poderes em virtude do *imperium* de que estava revestido. Sua missão era múltipla: providenciar as requisições de homens e de dinheiro exigidos por Roma, zelar pela segurança das fronteiras e administrar a justiça[300].

É, sobretudo, sob esse aspecto de juiz que se nos apresenta o governador romano. Assim como no território dos cidadãos romanos, o pretor é juiz supremo em matéria civil, também na província o pretor ou promogistrado tem por primeira tarefa a obrigação de afixar o edito, que torna conhecidas as regras de direitos segundo as quais ele julgará os processos civis. Quanto aos processos criminais, ou o governador os deixa aos cuidados das autoridades locais ou os avoca a si, em virtude do seu *imperium*[301].

Salaria, a *Via Appia*, a *Via Flamina*, a *Via Aurélia* e a *via Aemilia*. Nas províncias encontramos a *Via Domicia* na Gália e a *Via Egnatia* na Macedônia. *Vide* GIORDANI, Mário Curtis. *História de Roma*, cit., p. 103.

[299] Ibidem, p. 106.

[300] Ibidem, p. 106.

[301] Ibidem, p. 106.

Em 27 a.C., o território provincial foi repartido entre o Senado e o imperador, criando-se assim, as províncias *senatus et Populi* e as *provinciae Caesaris*[302].

As províncias senatoriais eram constituídas de territórios definitivamente conquistados. Via de regra, não necessitavam de grandes contingentes de tropas. Os governadores dessas províncias eram escolhidos entre os senadores consulares e *praetorii*. Essa escolha se fazia por sorteio entre os senadores das categorias indicadas e de acordo com a *Lex Pompeia de provinciis* (52 a.C.), que exigia um espaço de cinco anos entre a gestão da magistratura e o acesso à promagistratura[303].

O governador da província senatorial tinha o título de procônsul. Seu mandato durava, salvo prorrogação, um ano. Não dispunha de comando militar. Suas atribuições eram, pois, civis e judiciárias. O procônsul era assistido por enviados especiais do Senado e por um questor (escolhido por sorteio) especializado em administração financeira[304].

A intervenção oficial ou oficiosa do imperador no governo das províncias senatórias ocorria nas seguintes modalidades:

a) transferir uma província senatorial para a categoria de imperial;
b) impor candidatos ao respectivo governo, fora do processo de sorteio (*extra sortem*);
c) de receber apelação contra as decisões prolatadas pelo governador;
d) interferir nas finanças por um procurador encarregado da arrecadação das quantias destinadas à caixa imperial (*fiscus*). (O questor cuidava dos impostos e dos fundos destinados à caixa senatorial, *aerarium.*)[305].

As províncias imperiais eram constituídas de territórios ainda não totalmente romanizados ou submetidos e nos quais era necessária a presença das legiões. Os governadores dessas circunscrições eram delegados pessoais do Imperador (*legati augusti propaetore*), recrutados, em regra,

302 Ibidem, p. 107.
303 Ibidem, p. 107.
304 Ibidem, p. 107.
305 Ibidem, p. 108.

nas duas já citadas categorias de senadores. As atribuições desses representantes imperiais podem ser sintetizadas da seguinte maneira:

a) a duração de suas funções dependia da vontade do Imperador e era, em geral, de cinco anos;
b) estavam revestidos do *imperium* em toda sua plenitude;
c) entre seus auxiliares figuravam alguns encarregados das funções judiciais e que eram seus suplentes eventuais, bem como um procurador imperial encarregado da parte financeira;
d) detinham o comando em chefe de todas as Forças Armadas;
e) tinham jurisdição criminal e no cível, podendo impingir a condenação à morte, cabendo, naturalmente, recurso de suas decisões ao Imperador[306].

Com o passar dos anos e a evolução dos acontecimentos políticos, a intervenção do poder imperial na administração das províncias senatoriais foi cada vez maior. Um edito (261 d.C.) de Galiano excluiu os senadores do governo das províncias imperiais. Seguiu-se a nomeação direta pelo imperador dos governadores das províncias senatoriais. Outra modificação, por exemplo, foi a criação, na época do Baixo-Império, de órgãos intermediários entre as províncias e o poder central para facilitar e fiscalizar a administração regional. Assim é que, no correr do século IV, encontramos quatro grandes circunscrições territoriais chamadas prefeituras e as respectivas dioceses[307].

Para finalizar, cumpre aludir às chamadas assembleias provinciais (*concilia provinciae*). Aproveitando-se da celebração do culto a Roma e a Augusto, os habitantes das cidades provincianas enviavam delegados a uma reunião anual. Esses representantes da aristocracia urbana eram presididos por um sacerdote (*sacerdos provinciae*)[308].

[306] Ibidem, p. 108.
[307] Ibidem, p. 109.
[308] Ibidem, p. 110.

2.4.5.2 Imperadores e dinastias romanas

A seguir, breve descrição do período em que estiveram no poder os imperadores romanos, desde Otávio Augusto até o governo de Teodósio, no final do século IV:

1 Otávio Augusto (27 a.C. – 14)

Caio Júlio César Otaviano Augusto (Otávio Augusto) foi o primeiro imperador romano e pertenceu à dinastia Júlio-Claudiana. Nasceu na cidade de Roma em 23 de setembro do ano de 63 a.C, sendo sobrinho-neto de Júlio César, com quem aprendeu bastante sobre a política romana. Organizou diversas expedições militares e pacificou regiões outrora em conflitos, além de anexar as regiões da Gália e Judeia. Foi o primeiro imperador a ser proclamado "Augusto" pelo Senado Romano, ou seja, um deus. O culto ao imperador se iniciava em vida e era continuado pela família do falecido após a morte. Otávio se identificou tanto com este título que muitos pensam se tratar de um segundo nome. Faleceu em 19 de agosto de 14 d.C, na comuna italiana de Nola. O reinado de Otávio (Augusto) significou o término da República e o início do Império Romano, bem como o fim da política aristocrática e a ascensão do governo de um só homem. Como herdeiro da tradição cívica romana, considerava o poder como um encargo público que lhe fora delegado pelo povo. Acreditava no ideal clássico de que o Estado devia promover a felicidade, protegendo a civilização da barbárie e da ignorância, e procurou salvar o agonizante mundo romano[309].

Promoveu reformas e melhorias em todo o império. Para evitar o reaparecimento de generais ambiciosos que haviam levado a República à ruína, ele reformou o exército, conservou a lealdade dos soldados, assegurando aos veteranos, ao darem baixa, prêmios substanciais e terras na Itália ou nas províncias. Na cidade de Roma, mandou construir aquedutos e um sistema de canalização que proporcionou água à maioria das casas. Criou um corpo de bombeiros que reduziu o perigo de grandes incêndios nas zonas residenciais superpovoadas e organizou uma força policial para reprimir a violência. Aumentou a distribuição de cereais gratuitos ao pro-

[309] PERRY, Marvin, *Civilização ocidental*, cit., p. 104.

letariado pobre e financiou com recursos pessoais os populares combates de gladiadores[310].

Na Itália, mandou consertar as estradas, estimulou as obras públicas e atribuiu aos italianos um papel mais importante na administração do Império. Ao corrigir a tributação excessiva, combater a corrupção e a extorsão e aprimorar a qualidade dos governadores, bem como possibilitar aos habitantes injustiçados das províncias recorrer contra os funcionários romanos, Augusto conquistou a gratidão dos provincianos. Aos poucos se formou uma burocracia imperial, que permitia a homens talentosos e dedicados servirem o Estado[311].

A habilidade política de Augusto propiciou, nos duzentos anos seguintes, um período prolongado de paz, ordem, administração eficiente e prosperidade no mundo mediterrâneo, a *pax romana*. Observa-se que seu governo autocrático motivou a evolução cultural de Roma com o desenvolvimento do hedonismo de filosofia estóica e de poetas como Horácio e Ovídio. Nesse contexto se origina o cristianismo[312].

2 Tibério (reinado: 14-37)[313]

Continuou a política anterior e assegurou a defesa das fronteiras, todavia se confrontou com o Senado, devido a inúmeras conspirações que o obrigaram a promover repressão com mãos de ferro. Procurou controlar as finanças do Império, exerceu uma justiça que atingiu os limites da perversidade e do terror.

3 Calígula (reinado: 37-41)

Esse imperador tentou governar imitando os monarcas orientais; desequilibrado mental, nomeou o seu cavalo, *Incitatus*, cônsul, chocando-

310 Ibidem, p. 104.

311 Ibidem, p. 104.

312 Giordani, Mário Curtis, *História de Roma*, cit., p. 103.

313 Tibério retornou então como filho adotivo de Augusto, tendo desempenhado papel preponderante nos dez últimos anos de vida do *princeps*. Primeiro foi enviado a Boiohaemum (Boêmia) para subjugar a tribo germânica (sueva) dos marcomanos. Mas sua missão foi interrompida quando estouraram revoltas na Panônia e na Ilíria (Iugoslávia). Grant, Michael, *Civilização clássica – história resumida da civilização clássica – Grécia e Roma*, cit., p. 191-192.

-se com o Senado, e acabou assassinado pela guarda pretoriana. Calígula (apelido dado a Caio, seu nome, por haver adotado o calçado militar, caliga), após uma grave enfermidade, passou a sofrer de doença mental que o fez cometer os maiores desatinos. Procurou introduzir em Roma um despotismo teocrático à moda oriental, considerando-se como deus vivo. Esbanjou o tesouro acumulado por Tibério, introduziu novos impostos, confiscou os bens dos ricos e condenou à morte inúmeros inocentes. Dentre seus atos de loucura, podem ser citados: as honrarias prestadas a seu cavalo e a ordem de colocar no templo de Jerusalém e nas sinagogas a sua estátua. Calígula foi assassinado por Cassius Chaerea, tribuno das cortes pretorianas, no ano 41 d.C.[314].

4 Cláudio (reinado: 41-54)

Tio de Calígula, Tibério Cláudio foi conduzido ao poder pelos soldados e aclamado. Destacou-se por diversas obras públicas, pela conquista da Bretanha, do Danúbio e do Ponto, além de distribuição da cidadania romana[315]. Cláudio morreu envenenado por sua mulher, Agripina, que desejava o governo para Nero, filho de seu primeiro matrimônio[316].

5 Nero (reinado: 54-68)

Aclamado pelos pretorianos, recebeu do Senado os poderes imperiais aos 17 anos. Os maus instintos do novo César se revelaram em perseguições a todos os que podiam afrontar a sua autoridade despótica: *Britannicus*, seu irmão; Agripina, sua mãe; Otávia, sua esposa; *Burrus* e Sêneca, seus colaboradores. Internamente, iniciou as perseguições aos cristãos em Roma[317].

[314] GIORDANI, Mário Curtis, *História de Roma*, cit., p. 64.

[315] Ibidem, p. 64.

[316] Ibidem, p. 65.

[317] Nero perseguiu os cristãos em Roma, sob o pretexto de haverem incendiado Roma, como os apóstolos São Pedro e São Paulo. GIORDANI, Mário Curtis. *História de Roma*, cit., p. 65.

6 Galba (reinado: 68-69)

Rebelde, que comandava as legiões da Espanha, foi escolhido para imperador por suas tropas. Governou até 69, quando foi assassinado pela Guarda Pretoriana[318].

7 Otão (reinado: jan.-abr. 69)

Ao substituir Galba com o apoio dos pretorianos, foi deposto no mesmo ano (69) pelo exército do Reno, que levou ao poder Vitélio. Ao final, suicidou-se[319].

8 Vitélio (reinado: abr.-dez 69)

Foi destituído pelos Exércitos do Oriente que apoiaram Vespasiano para Imperador. Conhecido por sua mediocridade, não pôde manter-se no poder[320].

- *Os Flávios (69-96)*

Com os Flávios inicia-se um longo período de prosperidade e estabilidade que, continuando sob os Antoninos, assinala a Idade de Ouro do Império Romano, de 69 a 192 d.C.

9 Vespasiano (reinado: 69-79)

Reprimiu as rebeliões, reorganizou as finanças e a administração do Estado e se impôs ao Senado[321]. As finanças, arruinadas desde os tempos de Nero, foram restauradas graças à reorganização da administração. Vespasiano renovou o Senado, inscrevendo como senadores seus melhores oficiais e os chefes das principais famílias da aristocracia. Conquistou a simpatia da plebe ao embelezar Roma e construir o Coliseu.

10 Tito (reinado: 79-81)

Filho de Vespasiano, continuou a política anterior. Considerado devasso, recebeu o título "Delícias do Gênero Humano". Durante seu

318 Ibidem, p. 66.
319 Ibidem, p. 66.
320 Ibidem, p. 66.
321 Ibidem, p. 66-67.

breve reinado, houve três grandes catástrofes: um incêndio devastador de importantes edifícios em Roma; no mesmo ano (79), a erupção do Vesúvio arrasou Estábia, Herculano e Pompeia. Em 80, a capital do Império foi assolada por uma peste[322].

11 Domiciano (reinado: 81-96)

Irmão e substituto de Tito, governou de forma colidente com a aristocracia senatorial. Absolutista, na primeira década do seu reinado, controlou o governo das províncias, moralizou os costumes, estimulou a agricultura, incentivou as artes e as letras, promoveu jogos no anfiteatro e no circo. Uma conspiração palaciana por parte da aristocracia senatorial, a que aderiu a própria imperatriz Domícia, esposa de Domiciano, culminou com o assassinato do tirano em 96, extinguindo-se, assim, a dinastia dos Flávios[323].

- *Os Antoninos (reinado: 96-192)*

Os imperadores Antoninos, com exceção dos dois últimos, não estavam ligados entre si por laços de filiação natural, uma vez que procuraram garantir sua sucessão por meio da adoção e da associação ao governo do futuro imperador. Tal sistema, que impediu a ingerência indevida da guarda pretoriana na escolha do soberano, foi facilitado pelo fato de que três grandes imperadores (Trajano, Adriano e Antonino Pio) não tiveram filhos[324]. A seguir, breve referência ao reinado deles.

12 Nerva (reinado: 96-98)

Procurou agradar ao Senado e ao povo. Suprimiu taxas e procurou reparar a situação financeira por medidas econômicas. Não teve coragem para enfrentar uma sedição de guardas pretorianos que exigiam a cabeça dos assassinos de Domiciano[325].

[322] Ibidem, p. 67.
[323] Ibidem, p. 67.
[324] Ibidem, p. 67.
[325] Ibidem, p. 67-68.

13 Trajano (reinado: 98-117)

Nasceu na Espanha. Enfrentou diversas guerras no Oriente, derrotando árabes, partas e dácios. Recebeu oficialmente do Senado, em 114, o título "o melhor dos príncipes" (*optimus princeps*) pelos seguintes atos de sua política interna: favoreceu o transporte de mercadorias a fim de incentivar o comércio, criou fundações com a finalidade de prestar auxílio a crianças desamparadas; promoveu a restauração e construção de edifícios, pontes e aquedutos; mandou construir o *Forum Traiani*[326].

14 Adriano (reinado: 117-138)

Executou um governo centralizador e evitou conflitos na política externa. O reinado foi tranquilo, por mais de 20 anos[327]. Adriano renunciou às guerras de conquista do antecessor e procurou manter a paz ao fortificar as fronteiras do Império. Episódio militar marcante foi a rebelião dos judeus, que se opuseram ao estabelecimento de uma colônia romana, *Aelia Capitolina*, nas ruínas de Jerusalém. Em represália, os romanos promoveram a morte de judeus, milhares deles vendidos como escravos[328].

15 Antonino Pio (reinado: 138-161)

Marcado por período de desenvolvimento econômico e paz, destacou-se pela fidelidade à memória do antecessor, Adriano[329]. Atos da política interna: zelou pela situação financeira, deixando, ao morrer, um tesouro de muitos milhões; governou com o auxílio de pessoas cultas e estimulou a educação dos filhos das classes governantes[330].

16 Marco Aurélio (reinado: 161-180)

Apesar de ser considerado "O Filósofo Coroado", participou de guerras no Oriente (partas) e na região do Danúbio. Entre alguns de seus atos, convém notar: associou seu irmão adotivo *Lucius Verus* (+ 169) ao poder,

326 Ibidem, p. 68.
327 Ibidem, p. 68.
328 Ibidem, p. 68.
329 Ibidem, p. 69.
330 Ibidem, p. 69.

conferindo-lhe todos os poderes imperiais; deu à legislação caráter mais humanitário, protegendo os devedores contra o abuso dos credores[331].

17 Cômodo (reinado: 180-192)

Filho de Marco Aurélio, seu governo repressor implantou um absolutismo semidivino. Foi assassinado a mando da aristocracia em 192[332].

18 Pertinax (reinado:** **192-193)

General escolhido pelo Senado, restabeleceu a disciplina militar e o controle das finanças do Estado, mas desagradou aos aproveitadores da situação, a ponto de, após um curto reinado de menos de três meses, ser morto pelos pretorianos[333].

19 Juliano (reinado: mar.-jun.193)

Ofereceu pomposa quantia financeira no acampamento dos pretorianos e foi proclamado imperador, sendo reconhecido pelo Senado. Ocorre que os Exércitos do Reno e da Bretanha reagiram, e o comandante Sétimo Severo marchou sobre Roma derrubando-o e iniciando uma nova dinastia[334].

20 Sétimo Severo (reinado: 193-211)

Fortaleceu o exército e diminuiu o poder do Senado. Nesse período houve o fortalecimento dos estudos jurídicos. Em 208, Severo organiza uma expedição à Bretanha, onde morreu em 211[335].

21 Caracala (reinado: 211-217)

Lançou o *Édito de 212*, que estendia a cidadania romana a toda a população do Império. Foi assassinado no turbilhão de uma crise imperial, por ordem do prefeito do pretório, Macrino[336].

[331] Ibidem, p. 70.
[332] Ibidem, p. 71.
[333] Ibidem, p. 71.
[334] Ibidem, p. 71.
[335] Ibidem, p. 71.
[336] Ibidem, p. 74.

22 Marco Aurélio Antonino – Heliogábalo (reinado: 218-222)

Ganhou o poder imperial com apenas 14 anos devido à trama da tia materna de Caracala, Júlia Mesa. Derrotado Macrino no dia 8 de junho de 218, o reinado de Heliogábalo foi marcado por escândalos sexuais e controvérsias religiosas. Casou-se cinco vezes. Diziam que se prostituía no palácio imperial. Seu comportamento o distanciou da guarda pretoriana, do Senado e dos cidadãos, sendo, com apenas 18 anos, assassinado e substituído pelo seu primo Marco Aurélio Severo Alexandre no dia 11 de março de 222, numa nova conspiração de Júlia.

23 Severo Alexandre (reinado: 222-235)

Último dos imperadores da dinastia dos Severos, Severo Alexandre foi condescendente com os cristãos. Sem apoio político e militar, morreu assassinado durante um motim da XXII Legião Primigenia. Com a morte deste, o Império Romano atravessa grave crise que durou 33 anos (235-268), a intitulada anarquia militar, havendo a sucessão de diversos imperadores, provenientes de diferentes regiões do Império, como: Maximino Trácio (235-238); Gordiano I (238); Gordiano II (238); Pupieno (238); Balbino (238); Gordiano III (238-244); Filipe, o Árabe (244-249); Décio (249-251); Herennia Etruscilla (250-251); Herênio Etrusco (251); Hostiliano (251); Treboniano (251-253); Volusiano (251-253); Emiliano (253); Valeriano (253-260).

24 Galieno (reinado: 260-268)

Abriu caminho ao renascimento romano. Criou uma força móvel estratégica, aquartelada em Mediolanum (Milão), que consistia principalmente na cavalaria – que então passava a ser, pela primeira vez, elemento básico do Exército imperial. No último ano do reinado de Galieno (268), seu novo exército conseguiu uma importante vitória sobre os godos em Naissus (Nis, na Sérvia).[337]

[337] Grant, *Civilização clássica – história resumida da civilização clássica Grécia e Roma*, p. 194.

• *Os imperadores ilírios (reinado: 268-311)*

Eram originários das províncias da região do Danúbio e haviam percorrido diferentes graus de hierarquia militar até atingir os altos postos de comando. Em 268 o comando militar da Ilíria no Danúbio tomou o poder imperial e foi indicado Cláudio como novo imperador[338].

25 Cláudio (reinado: 268-270)

Reprimiu rebeldes de áreas conflagradas (Ilíria e Godos na Macedônia). Em curto reinado, venceu os alamanos e os godos, que devastavam a Macedônia e a Trácia. Morreu em *Sirmium*, vitimado pela peste[339].

26 Aureliano (reinado: 270-275)

Reconstruiu a unidade imperial. Notabilizou-se não só por suas vitórias militares, mas também como reformador. Teve, desde o início, que enfrentar a invasão dos bárbaros, impondo-lhes derrotas. Diante da ameaça constante, Aureliano ordenou a construção da muralha de Roma que, ainda hoje, leva seu nome[340].

27 Probus (reinado: 276-282)

Designado pelo Senado, tentou restaurar a primazia do governo civil. Alguns feitos: puniu os assassinos de Aureliano e de Tácito; defendeu a Gália contra os francos e os alamanos; venceu os godos na fronteira do Danúbio e preparou uma expedição contra os persas. Foi assassinado em Sirmium pelos soldados descontentes com o restabelecimento de severa disciplina adotada[341].

28 Carus (reinado: 282-283)

Prefeito do pretório, aclamado pelos soldados, substituiu *Probus* e fez uma expedição ao Oriente, reconquistando a Mesopotâmia aos persas, mas morreu, misteriosamente, no decurso dessa campanha. Seus

[338] GIORDANI, Mário Curtis. *História de Roma*, p. 76.
[339] Ibidem, p. 76.
[340] Ibidem, p. 76.
[341] Ibidem, p. 76-77.

dois filhos Carino e Numério sucederam-no, um no Ocidente, outro no Oriente. Ambos foram assassinados[342].

29 Diocleciano (reinado: 285-305)

Dividiu o poder com os seus generais, culminando com a divisão do Império em quatro partes, que receberam os títulos de Augusto (dois) e de César (dois). Era uma *tetrarquia* que procurou melhorar a "máquina administrativa e tributária". Após 28 anos de governo, Diocleciano renunciou ao cargo[343].

30 Constantino (306-337)

Em 312, obtém várias vitórias na Itália sobre Maxêncio, que morre na batalha da Ponte Mílvia. Constantino torna-se *Maximus Augustus*, sendo reconhecido por Licínio e Maximiano Dala. Licínio, entretanto, vence o segundo (313), e o império fica dividido entre Constantino e Licínio. Em 314, após breve luta, o segundo cede a Constantino as províncias de Danúbio e a península balcânica. Desde então, por dez anos, o Império Romano é governado por uma diarquia que, em 324, foi substituída pela monarquia de Constantino quando este venceu, definitivamente, Licínio[344]. Constantino decretou o fim às perseguições dos cristãos. Nessa oportunidade a capital imperial foi transferida para Bizâncio, no Mar Negro, pois o Oriente era a região mais próspera do Império[345].

[342] Ibidem, p. 77.

[343] Maximiano ficava com o Ocidente e Diocleciano com o Oriente. Após seis anos, Diocleciano, superior ao colega, transformou a diarquia em tetrarquia, nomeando Galério e Constâncio sob os títulos de César. O primeiro com a Itália, a Sicília e a África; o segundo com a Gália, a Espanha e a Bretanha. Diocleciano e Galério ficaram com o Oriente; o primeiro com a Trácia, a Ásia e o Egito; o segundo com a Ilíria, nas províncias do Danúbio e a Acaia. Os Césares estavam subordinados aos respectivos Augustos. Entre os dois Augustos, Diocleciano tinha a primazia. A tetrarquia era, na realidade, uma monarquia. A nova organização governamental afastava a intervenção dos soldados e dos Senadores na escolha dos Imperadores. *Vide* GIORDANI, Mário Curtis, *História de Roma*, cit., p. 77.

[344] Ibidem, p. 79.

[345] Ibidem, p. 80.

• *Os sucessores de Constantino*

Após a morte deste imperador, sucederam-lhe os filhos, proclamando-se Augustos: Constantino II (o mais velho) e Constante receberam o Ocidente (Europa e África). Constâncio II ficou com o Oriente (Ásia e Egito). Os dois primeiros desentenderam-se e Constantino II foi vencido e morto em Aquileia (340), havendo nova divisão na qual Constâncio II recebeu a região balcânica[346].

31 Constante e o Ocidente (340-350)

Constante governou o Ocidente por dez anos, sem a notoriedade do pai. Na política externa, tratou com os francos, invasores da Gália em 341, e empreendeu uma excursão à Britânia. Em 350, Constante foi assassinado, e o trono ocupado pelo usurpador Magnêncio, oficial de origem bárbara, que, entretanto, foi vencido por Constâncio e se suicidou (353)[347].

32 Constâncio e o Oriente (340-361)

No plano externo, Constâncio enfrentou os persas. Abandonou a frente oriental para enfrentar a usurpação de Magnêncio, enfraquecendo a defesa do Império. Ciente de que não poderia enfrentar sozinho o inimigo, Constâncio nomeou o primo, Gallus (351), César do Oriente, que não correspondeu aos anseios do Imperador, sendo executado (354). Constâncio escolheu, então Juliano, o irmão de Gallus, para César (355) e deu-lhe o governo da Gália[348].

33 Juliano (361-363)

Enfrentou 20 anos de guerra civil para chegar ao poder. Tentou restaurar o paganismo de maneira infrutífera e foi denominado "o apóstata". Reconhecido como soberano legítimo, Juliano não ocultou seus sen-

[346] Ibidem, p. 81.
[347] Ibidem, p. 82.
[348] Ibidem, p. 82.

timentos pagãos. Excluiu os cristãos do ensino e afastou-os dos cargos públicos. Morreu, ferido gravemente, durante avanço contra os persas[349].

• *Dinastia Valentina (364-392)*

A dinastia de Constantino extinguira-se após a morte de Juliano. Em substituição, o estado maior do Exército e os principais membros da comitiva imperial escolheram o comandante da guarda, Joviano (363-364), que procurou, logo, estabelecer a paz com os persas. Por ser cristão, e para restabelecer a tranquilidade interna, suspendeu as medidas anteriores contra o cristianismo. Morreu no ano seguinte ao de sua escolha, mantendo-se o problema da sucessão imperial, que foi resolvido com a designação de outro militar, Valentiniano, fundador de uma nova dinastia[350].

34 Valentiniano (264-375) – Ocidente

Medidas administrativas: *Política interna.* Assegurou a todos os súditos liberdade de prática religiosa. Cristão, evitou controvérsias doutrinárias[351].

35 Valente (364-378) – Oriente

Enfrentou a tentativa de usurpação de Procópio. Em 366, depois de haver ocupado Constantinopla, o usurpador foi vencido. Em matéria religiosa, Valente favoreceu o arianismo, perseguindo não só os católicos como os próprios pagãos[352]. Inicia-se a era das grandes invasões bárbaras[353].

[349] Ctesifonte localizava-se a 33 quilômetros ao sudeste da moderna Bagdá, Iraque, nas margens do rio Tigre. Devido a sua importância,Ctesifonte era um grande objetivo militar para os líderes do Império Romano em suas guerras no Oriente. GIORDANI, Mário Curtis. *História de Roma*, cit., p. 82.

[350] Ibidem, p. 83.

[351] Ibidem, p. 83.

[352] Ibidem, p. 83.

[353] Ibidem, p. 83.

36 Graciano (375-383) – Ocidente

O imperador favoreceu o catolicismo e tomou medidas diretas contra o paganismo, ordenando a retirada do altar da deusa Vitória do Senado de Roma[354]. Conferiu o título de Augusto ao General Teodósio, concedendo-lhe o governo do Oriente.[355].

37 Teodósio – a divisão do Império (383-395)

Teodósio retomou a política de Constantino, tornou o cristianismo religião do Estado e perseguiu as outras religiões. A morte de Teodósio, que ocorreu a 17 de janeiro de 395, é uma data importante para a história do Império Romano e do mundo mediterrânico, tendo em vista que marca a separação definitiva entre o império do ocidente e o império do oriente, herdados, respetivamente, pelos seus filhos Honório e Arcádio. Trata-se do último grande imperador romano. Na política interna, atuou em favor do cristianismo e contra o paganismo[356].

[354] Ibidem, p. 83.

[355] "*Graciano* e 375-383), *Valentiniano* II (392) e *Teodósio* (+ 395). Graciano era filho de Valentiniano e de sua mulher (repudiada) Severa Marina. (...) Graciano dera o título de Augusto ao general Teodósio, filho de Teodósio, o Antigo, confiando-lhe o governo do Oriente mais a Macedônia e a Dácia. Os bárbaros foram prudentemente combatidos por Teodósio que, aos poucos, incluiu os germanos no exército do Império, com o nome de federados. Um usurpador, *Maximus,* foi aclamado imperador pelas legiões da Britânia. Graciano pereceu assassinado e Valentiniano II, filho de Valentiniano I e de Justina, sua segunda esposa, fêz um acordo com Máximo. O Império estava, então, dividido entre três senhores: Máximo com a capital em Treves, Valentiniano II em Mllão e Teodósio em Constantinopla. Em 387 Máximo ataca a Itália e Valentiniano II é obrigado a fugir. No ano seguinte, Teodósio intervém, derrota Máximo e restabelece Valentiniano II que passa a governar sob a tutela de Teodósio, o verdadeiro senhor do Império. Em 392, Valentianino II morre em circunstâncias misteriosas e o general franco Arbogasto, homem de confiança de Teodósio junto a Valentiniano II, alia-se com os remanescentes pagãos numa tentativa de restaurar o paganismo. Eugênio, antigo professor de retórica, é proclamado imperador por Arbogasto e concorda com a restauração solene do paganismo. Teodósio derrota o exército pagão em *Fluvius Frigidus* (394) na *Venetia.* Em janeiro do ano seguinte Teodósio faleceu, depois de haver dividido o Império entre seus dois filhos, Arcádio e Honório". Ibidem, p. 84.

[356] Ibidem, p. 84.

2.4.6 O Declínio do Império Romano

No século V ocorreram diversas invasões bárbaras, que contribuíram para o declínio e queda do Império Romano:

- Odoacro (ou Odacro) – destronou Rômulo Augústulo em Ravena e assumiu o governo em 476, evento que marca a queda do Império Romano do Ocidente.
- Os germanos (405-406) – invadiram violentamente o Império.
- Os hunos (sul da Rússia) – liderados por Átila, denominado "O Flagelo de Deus".
- Os visigodos (Ilíria) – ocuparam a Espanha.
- Os ostrogodos – ocuparam a Itália.

Saliente-se que a queda de Roma[357] ocorreu ao longo de "centenas de anos". Além disso, acrescente-se:

> *"Apenas a metade ocidental do Império sucumbiu. A metade oriental – mais rica, mais populosa, menos castigada pelas guerras civis e menos exposta às invasões bárbaras – sobreviveu como o Império Bizantino até a metade do século XV. Em terceiro lugar, nenhuma razão isolada é suficiente para explicar o declínio de Roma: forças múltiplas concorreram para essa queda"*[358].

Os germanos, com as invasões, agravaram os problemas internos de Roma, pois deixaram as regiões fronteiriças empobrecidas e despovoadas. Para fortalecer as Forças Armadas, o Estado impunha pesados tributos e trabalhos aos cidadãos, provocando nas sobrecarregadas classes média e baixa o ódio ao governo imperial que tanto as explorava[359].

Nesse contexto, a elite urbana encontra-se "dissoluta e apática", desinteressada da vida pública[360].

Em complemento:

[357] PERRY, Marvin, *Civilização ocidental*, cit., p. 121.
[358] Ibidem, p. 121.
[359] Ibidem, p. 121.
[360] Ibidem, p. 121.

"Os aristocratas isolavam-se atrás das muralhas fortificadas de suas propriedades campestres; muitos não moveram um dedo para defender o Império. A população urbana demonstrava seu desencanto evitando o serviço público e só raramente organizando forças de resistência contra os invasores bárbaros. Acossados pelo Estado e perseguidos pelo exército, muitos agricultores viam os germanos como libertadores. A grande massa dos cidadãos romanos, apática e indiferente, simplesmente desistiu, apesar de ser muito mais numerosa que as hordas bárbaras"[361].

Aliás, nos governos de Diocleciano e Constantino a insatisfação geral deveu-se às exigências e regulamentos do Baixo Império. Para as classes média e baixa o Estado tornara-se o inimigo, sendo mais odiado e temido que os germanos[362].

O exército também era reflexo do cenário decadente:

"(...) as legiões não conseguiram defender as fronteiras, apesar de serem os invasores germânicos numericamente inferiores. Durante o século III, o exército era formado, em sua grande maioria, por camponeses das províncias. Esses soldados não urbanos (...) não tinham compromisso com a civilização greco-romana. Pouco entendiam da missão romana e às vezes usavam o seu poder para atacar as cidades e vilas. Os Imperadores começavam a recrutar grande número de bárbaros (...). Embora os germanos se revelassem valentes legionários, sua lealdade para com a civilização greco-romana e o Estado de Roma era precária. (...) as unidades bárbaras não se submeteriam facilmente à disciplina ou ao treinamento tradicionais. Essa deterioração do exército romano ocorreu porque muitos cidadãos jovens fugiam da convocação. (...) consideravam o serviço militar como uma servidão a ser evitada"[363].

A decadência econômica em Roma pode ser explicada pela diminuição da população, a incapacidade de progredir tecnologicamente, a sobrecarga da tributação e a centralização da economia, que favoreceu a descentralização política.

Estima-se que pestes e guerras provavelmente reduziram a população do Império de 70 milhões durante a *pax romana* para 50 milhões na

[361] Ibidem, p. 121.
[362] Ibidem, p. 121.
[363] Ibidem, p. 122.

sua fase final. Isso resultou no aumento das despesas com a administração do Império, criando uma terrível sobrecarga para os contribuintes. Outra consequência, diante da redução de trabalhadores, foi o declínio da agricultura, a mais importante indústria do Estado. Finalmente, com um exército menos numeroso, os imperadores foram forçados a permitir o estabelecimento de colônias germânicas dentro dos limites do Império a fim de manter o exército – situação que levou a sua barbarização[364].

2.4.7 O Direito romano – uma herança para o Ocidente

Roma legou ao Ocidente valiosa herança cultural, que perdurou por séculos[365]. Fazem parte dessa rica tradição o Direito Romano, presente no nosso ordenamento jurídico até hoje, e o latim, idioma romano, que sobreviveu por muito tempo apesar da extinção do Império. Os padres da Igreja do Ocidente escreviam em latim, e durante a Idade Média essa foi a língua dos eruditos, escritores e juristas. Do latim derivam o italiano, o francês, o espanhol, o português e o romeno. O direito clássico, a mais pura expressão do gênio romano, influenciou o direito canônico e constituiu a base dos códigos de lei da maioria dos Estados europeus. Por fim, o cristianismo, a principal religião do Ocidente, nasceu dentro do Império Romano e foi em grande parte influenciada pela cultura e organização romanas[366].

Além disso, o Direito Romano serviu de base para todo o Direito Ocidental. Quando Roma começou a organizar seu Império, o Direito foi fundamental para manter sua unidade. Entre as principais características do Direito Romano, que foram adotadas no Direito Ocidental e se transferiram, aos poucos, do direito público para o direito privado, estão os *Corpus Juris Civilis* ou *Corpus Iuris Civilis* (corpo do Direito Civil) que

364 Ibidem, p. 122.

365 Cumpre trazer a seguinte opinião sobre o legado romano: "A Roma antiga não tem paralelo entre as grandes comunidades do mundo ocidental. (...) muita coisa de Roma continua viva, ainda que modificada (...) depois: a língua, o governo, o direito, a igreja, a literatura, a oratória, a arte, os negócios e os modos de pensar e viver. A civilização ocidental jamais deixou de estar consciente desses elementos romanos que permanecem; recorda-os e encarece-os, renascimento após renascimento". Nesse sentido, *vide* Grant, Michael. *Civilização clássica – história resumida da civilização clássica*, cit., p. 205.

366 Perry, Marvin, *Civilização ocidental*, cit., p. 123.

surgiu naquela época, e era formado por partes conhecidas como Códex (Códigos), os Pandectas ou Digestos, as Novelas (leis novas, produzidas durante o governo de Justiniano I) e as Institutas.

No Brasil, essa influência do Direito Romano pode ser muito mais sentida, já que por meio da legislação portuguesa, esse ramo do conhecimento ganhou grande força em terras brasileiras. A seguir, algumas representações práticas do Direito Romano que passaram a ser usadas em todo o Direito Ocidental.

a) Os éditos dos magistrados: Tratava-se de proclamações orais (*e-dicere, edictum*) sobre a organização de um processo em nome do postulante de uma ação. Com o tempo, tornaram-se regras escritas do direito a que os juízes deviam respeitar[367].

b) A jurisprudência e os escritos dos jurisconsultos: Exatamente como entendemos hoje, a jurisprudência, no sentido romano, "era o conhecimento das regras jurídicas e a sua atuação pelo uso prático". Conjunto das decisões judiciais, o termo inglês *jurisprudence* tem um sentido mais próximo do sentido romano[368].

Os escritos dos jurisconsultos[369] eram verdadeira fonte do direito, pois continham interpretações sobre textos legais e acerca das lacunas jurídicas. Esse trabalho interpretativo foi encontrado em fragmentos extraídos do *Digesto* de Justiniano. As *Instituições* de Gaio, cerca de 160, encontradas (só em 1816) quase inteiramente expõe de maneira simples o conjunto do direito privado romano[370].

367 Gilissen, John, *Introdução histórica ao direito*, cit., p. 89-90.

368 Ibidem, p. 90.

369 É importante distinguir *iurisconsultus* de *orator*: "Ao primeiro cabia estudar o aspecto jurídico da controvérsia e indicar o melhor caminho a seguir no processo; o segundo é o que intervém em juízo a favor do cliente, é o companheiro de batalha. Esta diversidade entre os *iurisconsultus* e o *orator* era mantida em Roma para o processo usado nas causas cíveis, no período do chamado processo formulário, vigente desde os últimos tempos da República. (...) Cícero chama a atenção para o fato de que ao *orator* não era lícito desconhecer as leis e o direito: *"neque legum as iuris civilis scientia noglegenda est"*. *Vide* Giordani, Mário Curtis. *História de Roma*, cit., p. 269.

370 Citam-se, também, as *Quaestiones* e as *Responsa* de Papiniano (morto em 212 depois de Cristo), as *Sententiae* de Paulo, as *Regulae* de Ulpiano, as obras de Modestino.

c) O direito no baixo império: O direito romano propiciou verdadeiro legado à civilização ocidental, cujos estágios primordiais foram a criação do direito civil (*jus civile*) e do direito das nações (*jus gentium*). Lembre-se de que a essência do direito civil se fundamenta na época da Luta das Ordens, quando Roma dominava a Itália.

A Lei das Doze Tábuas, à época dos conflitos entre patrícios e plebeus, inaugurou leis escritas de direito civil e criminal. Ao longo do tempo, ampliou-se o direito civil mediante a incorporação de estatutos aprovados pelas Assembleias, de decretos dos Imperadores, de decisões dos magistrados e de comentários de juristas da época[371].

Durante a expansão da República, em que se deu contato com gregos e outros povos, surgiu o *jus gentium* – que combinava o direito civil com princípios colhidos da tradição legal desses povos. Os juristas romanos identificavam o *jus gentium* com a lei natural (*jus naturale*) dos estoicos. Servindo como elemento unificador entre os diferentes povos, o direito das nações adequava-se às exigências de um império mundial e aos ideais estoicos[372].

Havia entre os romanos distinção entre direito público e direito privado. O primeiro (*publicum jus*) visava a organização da República Romana (*Publicum ius est quod ed statum tei Romanae pertinet*); o segundo (*privatum ius*), a utilidade dos particulares (*Privatum ius est quod ad singulorum utilitatem pertinet*)[373].

d) As criações do Direito Romano: A *teoria da personalidade* é uma das criações do Direito Romano. Na linguagem antiga, *persona* era a máscara do ator: os juristas passaram a designar com este vocábulo o indivíduo que exerce um papel na cena jurídica. Conforme as *Institutas* de Justiniano, o direito foi feito para as pessoas[374].

O jurisconsulto Gaio apontou algumas divisões no direito das pessoas (*ius personarum*), dentre elas: *summa divisio*, que é a de homens livres e escravos (coisas – *res*); cidadãos romanos, latinos e peregrinos; *paterfamilias*, que é *sui iuris* (senhor de seus direitos) em oposição aos demais com-

[371] Gilissen, John. *Introdução histórica ao direito*, cit., p. 87.
[372] Ibidem, p. 89.
[373] Giordani, Mário Curtis. *História de Roma*, cit., p. 255.
[374] Ibidem, p. 255.

ponentes da *domus*, que são *alieni iuris* (submetidos ao direito de outrem, *subiecti iuri*)[375].

Gaio propôs três divisões de coisas: as coisas dentro ou fora do nosso patrimônio (*in patrimonium* ou *extra patrimonium*); as coisas *mancipi* (bens preciosos) ou *nec mancipi* (bens transmissíveis pela tradição); e as coisas corpóreas e incorpóreas[376].

A teoria geral dos contratos, de que falam os *Manuais* de direito, encontra seus fundamentos no Direito Romano, sendo interessante notar, por exemplo, que no direito antigo o consentimento não figurava como elemento essencial nas obrigações contratuais, visto que estas nasciam automaticamente apenas porque haviam sido proferidas as palavras solenes e porque havia sido cumprida determinada cerimônia. Aliás, não pesava o fato de o devedor haver assumido o compromisso por erro ou sob coação. Com o correr do tempo, essa rigidez vai sendo corrigida[377].

Após a queda do Império Romano do Ocidente, o direito romano caiu em desuso na Europa ocidental. Reintroduzido aos poucos no século XII, veio a constituir a base do direito consuetudinário em todas as terras ocidentais, exceto na Grã-Bretanha e suas possessões. Algumas estipulações do direito romano, a serem indicadas a seguir, podem ser facilmente identificadas nos sistemas legais modernos, como: "*Justiça é a disposição constante e inquebrantável de conceder a todos o que lhes é devido por lei. Ninguém é obrigado a defender uma causa contra sua vontade. Ninguém deve ser punido por aquilo que pensa. Nos casos de ofensas graves, faz diferença se algo é praticado pro-*

[375] Os romanos estabeleceram regras sobre a capacidade ou incapacidade das pessoas. Por exemplo, no antigo direito romano a mulher era considerada incapaz para exercer plenamente seus direitos e quando estava submissa ao paterfamilias. No direito clássico nota-se uma correção a essas restrições à capacidade da mulher por permitir-lhe a prática de certos atos jurídicos, independentemente da autorização do tutor. Ibidem, p. 266.

[376] Coisas *extra patrimonium* são aquelas que não podem ser objeto de apropriação particular ou de um ato jurídico. As coisas dentro do patrimônio (*res in patrimonio*) são as que pertencem a particulares: são as coisas privadas (*res privatae*). Coisas (*res*) *mancipi* eram bens de alto valor: edifícios e terrenos em solo itálico, as servidões rústicas, os escravos, os animais de carga e tiro, como cavalos, asnos, bois etc. As *res nec mancipi* se transmitiam sem formalidades, pela simples tradição da coisa. Ibidem, p. 256.

[377] Ibidem, p. 268.

positalmente ou por acidente. Ao se infligirem penalidades, deve-se levar em conta a idade (...) do culpado"[378].

Von Ihering, em substancioso estudo sobre a importância do Direito Romano, *A luta pelo direito*, lembra: "A importância do Direito Romano para o mundo atual não consiste só em ter sido, por um momento, a fonte ou origem do direito (...). Sua autoridade reside na profunda Revolução interna, na transformação completa que causou em todo nosso pensamento jurídico, e em ter chegado a ser, como o Cristianismo, um elemento da Civilização Moderna"[379].

2.4.8 A cultura romana – características gerais

No campo filosófico[380], o estoicismo[381] foi a principal filosofia da *pax romana*. Nas ciências, destaca-se o matemático, geógrafo e astrônomo Ptolomeu, que trabalhou em Alexandria no século II d.C., e o médico Galeno (c. 130 – 210 d.C.)[382].

A vida cultural romana chegou ao apogeu durante o reinado de Augusto. Virgílio (70 a.C. – 19 a.C.) compôs *Eneida*, obra-prima da literatura mundial[383].

[378] Ibidem, p. 269.
[379] Ibidem, p. 254.
[380] Ibidem, p. 254.
[381] "Os estoicos romanos acreditavam que o universo era governado pela razão e valorizavam a inteligência humana. Assim como Sócrates, buscavam o bem supremo neste mundo, não numa vida além-túmulo, e não viam nenhum poder acima da razão humana. Os valores morais eram alcançados apenas pela razão. O indivíduo era autossuficiente e dependia inteiramente das faculdades racionais para conhecer e fazer o bem. Os estoicos valorizavam as pessoas que alcançavam a virtude e sabedoria exercendo controle racional sobre suas vidas. A doutrina estoica de que todas as pessoas, graças a sua capacidade de raciocínio, pertenciam a uma humanidade comum, coincidia com as necessidades do multinacional Império Romano". GILISSEN, John. *Introdução histórica ao direito*, cit., p. 88.
[382] A obra de Ptolomeu, em 13 volumes, *Composição matemática – Almagesto* ("o maior") –, resume o conhecimento de astronomia da Antiguidade. Ele descrevia uma Terra redonda e imóvel como o centro do universo; a lua, o sol e os planetas moviam-se em torno da Terra, descrevendo círculos ou combinações de círculos. Galeno, ao dissecar animais, investigava o funcionamento das partes do corpo, tendo contribuído para o desenvolvimento da anatomia. Ibidem, p. 89 .
[383] Ibidem, p. 90.

O historiador Tito Lívio (59 a.C. – 17 d.C.), em *História de Roma*, também enalteceu o caráter, os costumes e os feitos romanos, bem como Augusto, por tentar reavivar a moralidade tradicional romana[384]. Na poesia, destaque-se Horácio (65 a.C. – 8 d.C.)[385].

Apesar da forte influência grega e de outros povos, os romanos desenvolveram a arte de maneira criativa. Os escultores de Roma esculpiam com realismo cada detalhe do rosto de uma pessoa. Por exemplo, as estátuas dos imperadores exprimiam nobreza e autoridade[386].

Enorme foi a contribuição romana, exercendo influências culturais que transpassaram os séculos, tornando-se milenares.

2.4.9 De Roma à unificação da Itália

A fundação de Constantinopla (antiga Bizâncio) deu-se em 330, em meio à crise econômica que se desenvolvia na Itália demonstrou a importância do Oriente. Em 364, o Império dividiu-se definitivamente em Ocidental e Oriental[387], sendo a capital deste Constantinopla.

No Império do Ocidente a era das invasões começa no princípio do século V. Repelidos em 403 por Estilicão[388], os visigodos desbancam em pouco tempo a defesa romana, e em 410 apoderam-se de Roma, que em 455 iria ainda ser pilhada por vândalos. Em 476, um dos chefes do exército imperial, Odoacro, depõe o último imperador do Ocidente, Rômulo Augusto, ocasião em que a Itália passa por completo para as mãos dos bárbaros. No final do século V ocorreram as invasões mongóis e de tribos do Norte contra a Itália. Depois, no século VI, transformada em província, a Itália é apropriada, ao norte, em 568, pelos lombardos, liderados por chefes militares, chamados Duces, quando há uma renovação religiosa chefiada por Bento de Núrsia (fundou o Mosteiro de Monte Cassino – 529)[389].

384 Ibidem, p. 90.

385 Ibidem, p. 91.

386 Ibidem, p. 92.

387 Mourre, Michel, *Dicionário de História Universal*, cit., p. 730.

388 Flavius Estilicão (? – 22 de agosto/ 408), romano de origem bárbara, ocupou o posto de general durante o império de Teodósio I e, por ter sido bem sucedido em suas missões, foi-lhe oferecida em casamento, pelo próprio imperador, a sobrinha adotiva Serena.

389 Mourre, Michel, *Dicionário de História Universal*, cit., p. 730.

Durante o domínio lombardo, o prestígio da Santa Sé cresceu sob o papado de Gregório Magno (590-604), a quem os italianos consideravam seu protetor, ao passo que Veneza se mantinha sob a jurisdição bizantina, alheia, portanto à adoração de imagens santas (iconoclastia)[390].

Em 754, o papa Estevão alia-se aos francos contra os lombardos, então detentores de Ravena. Pepino, o Breve, retoma esse território perdido pelos lombardos e doa-o à Santa Sé[391].

Depois, em 774, Carlos Magno destrói o reino lombardo e confirma a referida doação de Pepino. Imperador em 800, perpetua a proteção à Santa Sé. Nesse cenário, Veneza mantém sua independência, e a dominação bizantina mantém-se na Apúlia, na Calábria e na Sicília. Ao longo da história, observa-se a nítida separação entre o Norte e o Sul da Itália. Na Idade Média e nos tempos modernos a parte setentrional submeteu-se ao poderio germânico, ao passo que o Sul, dadas as rivalidades mediterrânicas, passou ora para o domínio bizantino, ora para o normando, ora para os angevinos, para Aragão e, por fim, para a Espanha[392].

A partir da morte de Luís II (875), haja vista o declínio do Império Carolíngio, que resulta na anarquia da Itália, os descendentes de Carlos Magno não conseguiram se impor na região alpina. Deposto Carlos, o Gordo, em 887, a Itália sofria também os ataques dos sarracenos, que pretendiam conquistar a Sicília, a Sardenha e a Córsega. Por todo o lado progredia a disseminação de feudos; a noção de Estado desaparecera; na própria Roma, depois do grande pontificado de Nicolau I (858/867), a Santa Sé cai sob o golpe da família aristocrática dos Teofilactos, que impõe, no decurso do século X, uma série de papas indignos[393].

Quando os reis Lombardos passaram a defender Roma e o cristianismo contra os inimigos, os bispos preferiram manter o seu poder temporal e romperam a aliança com a Lombardia[394].

Em 951, Otão I, o rei da Germânia, atravessa os Alpes e se denomina Rei da Itália, sendo coroado Imperador em Roma pelo papa (962), oca-

[390] Ibidem, p. 730.
[391] Ibidem, p. 730.
[392] Ibidem, p. 730.
[393] Ibidem, p. 730.
[394] Ibidem, p. 730.

são em que se estabelece o domínio germânico, que iria manter-se, à custa de lutas incessantes, até o século XIII[395].

Assim, ao longo dos séculos IX e X formam-se os Estados Pontifícios na zona central italiana e, no decurso do século XI, o processo de emancipação dos grandes senhores feudais[396]:

> *"No decurso do século XI, tendo-se dado um renascimento do grande comércio internacional, começam a emancipar-se dos grandes senhores feudais, dos capitani, e dos bispos e a governarem-se a si próprios. À frente deste movimento estavam as cidades marítimas: Veneza era de há muito uma pequena República, que nunca tinha cortado as ligações com o mundo bizantino; Gênova e Pisa disputavam com coragem aos Sarracenos a supremacia das águas do Tirreno.*
> *As cidades da Lombardia entravam também numa era de prosperidade, graças às suas relações comerciais com a Alemanha e a Flandres. Pavia, cuja importância remontava à época lombarda, em breve foi suplantada por Milão. Na sua divisão política, a Itália tinha uma vida local intensa, que aguçava as paixões e as inteligências. A riqueza econômica urbana preparava o desenvolvimento espiritual do século XIII.*
> *A Itália do Sul beneficiou-se do mesmo desenvolvimento comunal, pois tinha passado para as mãos dos Normandos na segunda metade do século XI. Tendo chegado à Apúlia em 1041, os Normandos, com Roberto Guiscard, tomam a Sicília dos Árabes (1060/1091) e expulsam por completo os Bizantinos ao apoderarem-se de Bari (1071)"* [397].

Os normandos firmaram uma aliança com o papa Nicolau II em 1059, através do duque da Apúlia e da Calábria, título adotado por Roberto

[395] Para pôr fim aos escândalos papais, Otão I reserva para o poder imperial o direito de intervir nas eleições pontifícias, decisão que continha em si o germe da Questão das Investiduras e da grande Luta do Sacerdócio e do Império. Mas os Imperadores alemães nunca gozaram de uma autoridade incontestada na península; tiveram de aumentar o número de investidas, restabelecendo de cada vez o seu domínio (...). Para pôr em xeque os senhores feudais laicos ou eclesiásticos (como o arcebispo Heriberto de Milão), os Imperadores foram levados a apoiar o desenvolvimento das cidades, que se cercaram de muralhas para se defender das incursões dos Húngaros e dos Árabes. MOURRE, Michel, *Dicionário de História Universal*, cit., p. 731.

[396] Ibidem, p. 732.

[397] Ibidem, p. 732.

Guiscard. O papado entendeu ser melhor incorporar os normandos do que a eles se opor. Em 1130 foi fundado o reino da Sicília, unificando todas as possessões normandas sob o comando de Rogério II. Ainda no século XI a Igreja começa a se opor de forma mais evidente à influência do poder imperial sobre ela, fato que ocorre principalmente na Alemanha. Por essa época ganha força a reforma eclesiástica que, em outras coisas, busca barrar o controle imperial nas eleições pontifícias. Fato marcante desse período foi a Questão das Investiduras[398] (1075), consequência da proibição pelo papa Gregório VII (1073/1085) de os leigos atribuírem bispados e outros benefícios eclesiásticos[399].

Henrique IV, rei da Germânia e imperador do Sacro Império Romano-Germânico, ao se opor ao papa Gregório VII na Questão das Investiduras, foi por este excomungado em 1076. Teve de viajar até Canossa (povoação da província italiana de Reggio Emilia) para obter do papa o levantamento da excomunhão, tal era a força da Igreja na época. Aproveitando-se de tal fato, os príncipes alemães, com apoio do papado, elegerem outro imperador, Rodolfo da Suábia. No entanto este acabou derrotado em 1080 por Henrique IV. Durante todo o seu reinado travou lutas contra a Igreja, tendo inclusive nomeado, em um conclave, um novo papa, Clemente III, que passou para a história como o antipapa. Henrique e os seus exércitos marcharam sobre Roma, conseguindo, em 1084, ocupar a Cidade Eterna e entronizar o antipapa por ele escolhido. Após muita luta, foi somente no século XII, com a Concordata de Worns (1122), que

398 A Questão das Investiduras foi o conflito que envolveu a Igreja e o Sacro Império Romano-Germânico durante os séculos XI e XII, e que questionava a supremacia do Poder Temporal sobre o Espiritual, ou a supremacia do poder do Imperador sobre o dos eclesiásticos. É que vários monarcas estavam interferindo nas investiduras, ou seja, nas nomeações de bispos, abades, e até mesmo na nomeação dos próprios papas. Isso causou uma grande revolta por parte da Igreja e fez com que diversos Papas lutassem contra essas atitudes de certos monarcas, e até mesmo contra os próprios monarcas. Esse conflito diluiu-se em 1122, quando com a Concordata de Worms adotou-se uma solução pacificadora: os Monarcas poderiam sim investir bispos, porém sua autoridade seria secular, ou seja, não teriam autoridade sagrada, essa sim quem teria o poder de investir eram os papas.

399 Mourre, Michel, *Dicionário de História Universal*, cit., p. 732.

houve recuo do poder imperial sobre a Igreja. Mas não significou a abdicação dos imperadores alemães à rica Itália[400].

> *"A subida ao poder dos Hohenstaufen*[401] *(1138) e, sobretudo, de Frederico Barba Roxa (1152/1190) abre uma nova fase na luta entre o Sacerdócio e o Império. Frederico resolve restabelecer a autoridade imperial para lá dos Alpes, mas de novo tem de enfrentar a aliança da Santa Sé com as cidades lombardas, que recusavam restituir os direitos realengos que tinham usurpado. Apesar da destruição de Milão pelas tropas imperiais (1162), forma-se nova Liga Lombarda em 1167, que inflige a Frederico a tremenda derrota de Legnano (1176). O Imperador consegue disfarçar as suas derrotas militares por meio da diplomacia, e a Paz de Constança (1183) volta a colocar as cidades lombardas sob a sua suserania.*
>
> *Os Hohenstaufen aumentam mais ainda o seu poder graças ao casamento do filho de Barba Roxa, Henrique IV, com Constança, herdeira do reino normando da Sicília (1186): os Imperadores germânicos entravam assim pela primeira vez na Itália do Sul e cercavam as possessões pontifícias.*
>
> *A Itália exerceu uma espécie de fascínio sobre os Imperadores alemães da Idade Média, que, na sua maior parte, se desinteressaram dos negócios germânicos. Esta italianização dos Hohenstaufen surge, sobretudo, com Frederico II (1212/1250), príncipe muito mais italiano do que alemão, que fez da Sicília a sua residência favorita e que acolheu na sua corte de Palermo letrados e sábios cristãos, judeus e árabes. Este antigo protegido de Inocêncio III foi um dos primeiros soberanos do Ocidente a dar aos seus Estados um corpo de leis laicas, as Constituições de Melfi (1231), desprezando com sobranceria as sentenças de excomunhão e de deposição decididas por Gregório IX, e consegue, entre 1237 e 1241, esmagar a oposição das cidades lombardas.*
>
> *Mas Frederico II seria vencido, como sucedera aos seus antecessores. Refugiado em França, Inocêncio IV consegue que seja confirmada a deposição de Frederico pelo Concílio de Lião (1245), e o Imperador, depois de ter lutado desesperadamente contra uma série de revoltas, morre em 1250, deixando ao papado o caminho livre. Para dar o Golpe de misericórdia aos Hohenstaufen, o papa Clemente IV chama à Itália Carlos de*

[400] Ibidem, p. 732.

[401] Hohenstaufen – Família imperial alemã, oriunda da Vurtemberg, cujos membros ocuparam o trono entre 1138 e 1250.

Anjou[402]*, que investe no reino da Sicília (1265). O angevino vence e mata o filho bastardo de Henrique II, Manfredo, em Benevento (1266), e o último dos Hohenstaufen, Conradino, vencido em Tagliacozzo (1268), é morto pouco depois. O sonho de domínio imperial em Itália esfumara-se, mas à custa de lutas furiosas. A guerra entre papas e Imperadores tinha uma réplica nas lutas civis: em cada cidade, as facções tradicionais encontravam novas ocasiões para lutarem, partidários do papado, ou guelfos*[403]*, contra partidários do Imperador, ou gibelinos.*

Apesar desta anarquia, o desenvolvimento econômico não diminuía. Os portos italianos tiraram grande proveito das cruzadas. Os estreitos contatos da Itália com o Oriente bizantino facilitaram a reconquista da herança espiritual e fizeram da Itália o berço de um novo humanismo"[404].

Observa-se que a falta de um poder centralizado levou várias cidades a terem um governo autônomo, que se chocou com a autoridade imperial, apenas simbólica[405]. Mas o papado deixaria de ter hegemonia mesmo com o fim da dinastia Hohenstaufen, uma vez que a ação da família de Aragão, aliado por casamento aos Hohenstaufen, traria mudanças a esse cenário. A começar pelo domínio da Sicília, o que lhe valeu a simpatia dos gibelinos, ou seja, daqueles que se opunham ao poder papal[406].

Depois dos Imperadores alemães, Carlos de Anjou tentara conseguir a unidade da Itália, e desta vez com o apoio da Santa Sé, mas fracassou, visto que o papa lança, em vão, uma cruzada contra Aragão (1284/1285). O poderio aragonês mantinha-se firme na Sicília e com Afonso V alarga-se a Nápoles, em 1442, introduzindo assim a Espanha nos negócios italianos[407].

[402] Carlos I de Anjou (1226 – 1285) – Fundador da Segunda Casa de Anjou, rei da Sicília (1266-1285), rei de Nápoles (1282-1285) e Conde de Anjou. Filho póstumo de Luís VIII da França e de Branca de Castela.

[403] Na Itália, e nos últimos séculos da Idade Média, trata-se do antigo partidário da supremacia do papa sobre o imperador germânico e de um regime democrático para as cidades italianas.

[404] MOURRE, Michel, *Dicionário de História Universal*, cit., p. 732-733.

[405] Ibidem, p. 733.

[406] Ibidem, p. 733.

[407] Ibidem, p. 733.

As pretensões angevinas de modo nenhum, caídas no esquecimento, seriam retomadas em finais do século XV pelos reis da França para justificarem as suas expedições para além dos Alpes. Mal tinha o papado se recuperado da humilhação siciliana, teve de entrar em conflito com o rei de França, Filipe, o Belo. Desta vez, o poder laico foi mais forte: o exílio dos papas em Avinhão, sob a vigilância do rei da França, de 1309 a 1378, escandalizou a opinião pública italiana e conduziu a um apagamento político da Santa Sé[408].

O Estado Pontifício foi abalado pela Revolução de Cola di Rienzo (1347)[409]. Mesmo depois do regresso a Roma, a autoridade papal manteve-se fraca devido ao Grande Cisma, às lutas entre famílias aristocráticas (Colonna e Orsini) e ao nepotismo[410].

Mantinha-se a guerra entre gibelinos e guelfos (os favoráveis à dominação papal). As lutas desencorajaram as velhas famílias pela vida pública, visto que passaram a se dedicar exclusivamente à atividade comercial e econômica. Devido à insegurança, as cidades tiveram de recorrer ao serviço de milícias mercenárias, de forma que um capitão ou *condottiere* audacioso garantia o poder por meio da força[411].

A República livre sucedia assim o senhorio, isto é, o domínio de tiranos, que despojavam o povo dos seus direitos antigos e da sua liberdade, mas punham fim ao antagonismo das facções, garantiam a ordem e, portanto, a prosperidade. Foi assim que Milão passou para os Visconti, Rimini para os Malatesta, Peruggia para os Baglioni, Ferrara para os Este, Verona para os Scaliger, Mântua para os Gonzaga[412].

No século XV, cinco grandes potências – à exceção da casa de Saboia, que se estabelecera definitivamente no Piemonte – dominavam a vida italiana: o reino de Nápoles, Milão, Veneza, Florença e os Estados Pon-

[408] Ibidem, p. 733.

[409] Nicola Gabrini (1313-1354), popularmente conhecido como Nicola de Rienzo ou Cola de Rienzo, foi notário papal eleito pelo Papa Clemente VI. Líder nato, ao proclamar Roma como a capital sagrada da Itália, conferiu a cidadania a todos os que lá residissem e propôs a eleição de um novo imperador, o que motivou a fúria do então papa Clemente VI, que o excomungou.

[410] MOURRE, Michel, *Dicionário de História Universal*, cit., p. 733.

[411] Ibidem, p. 733.

[412] Ibidem, p. 733.

tifícios[413]. Dividida, a Itália perdera a capacidade de resistir a eventual domínio estrangeiro[414].

Mas apesar disso, a Itália do século XV era com Florença a primeira potência financeira da Europa; e com Veneza, Gênova e Milão a primeira potência comercial. Ao final, decorridos cem anos, retomara o papel de principal centro no mundo das letras e das artes, na redescoberta da Antiguidade, do humanismo e do Renascimento[415]. Florença era o mais importante centro bancário da época[416].

No século XVI, os franceses, espanhóis e austríacos disputaram o domínio da Itália, período que resultaria no declínio da civilização italiana[417].

413 Era um conjunto de territórios no centro da Península Itálica, que se estabeleceram como um Estado Independente entre os anos de 756 e 1870, sob a autoridade civil dos Papas, e cuja capital era Roma.

414 Mourre, Michel, *Dicionário de História Universal*, cit., p. 733.

415 O Renascimento é a ponte entre a Idade Média e a Idade Moderna, época em que viveram gênios como Leonardo Da Vinci e Michelângelo.

416 Mourre, Michel, *Dicionário de História Universal*, cit., p. 733.

417 "A expedição do rei de França Carlos VIII para além dos Alpes (1494) marcou uma data fundamental: a Itália tornava-se o campo de batalha das potências estrangeiras. (...) baseava as suas pretensões ao reino de Nápoles no fato de ser herdeiro de Renato de Anjou († 1480). (...) Acolhido com entusiasmo em Milão e em Florença (...), Carlos VIII ocupou Nápoles sem dificuldade no início de 1495, mas (...) teve de enfrentar uma coligação que agrupava Veneza, o papa Alexandre VI e Ludovico Sforza, que, tendo-se tornado duque de Milão, se voltou agora contra os franceses. Conseguiu com dificuldade, por meio da vitória de Fomovo, abrir caminho para se retirar para França. Três anos depois, o seu sucessor, Luís XII, (...) estava ocupado com o imbróglio das querelas italianas. Aliado do papa Alexandre VI Bórgia, permitira que o filho deste, César Bórgia, criasse um poderoso Estado que englobava a Romanha e a Toscana. Por um momento, César Bórgia surge a Maquiavel como o possível unificador da Itália. Mas a morte de Alexandre VI (1503) levou à queda da sua casa. O novo papa, Júlio II (1503/1513), um dos maiores políticos desse tempo, tinha como única finalidade reconstituir o poderio pontifício. (...). Lutando contra a Santa União (1511), que agrupava o papa, Veneza, Aragão, os suíços e a Inglaterra, os franceses começam a vencer (Ravena, 11 de Abril de 1512), mas depois da morte de Gastão de Foix tiveram de evacuar (...). Francisco I, cujo espírito aventureiro e cavalheiresco atraía a Itália, retoma a guerra quando sobe ao trono: vencedor dos suíços em Marignan (13/14 de Setembro de 1515), reconquista Milão, que perde em 1521; retoma-o em 1524 e perde-o definitivamente no desastre de Pavia (24 de Fevereiro de 1525). A luta adquirira novas dimensões, pois a França não lutava apenas contra Aragão, mas contra Carlos V, Imperador da Alemanha desde 1519 e senhor das imensas possessões dos Habsburgos. (...) prisioneiro

A península itálica se tornou um campo de batalha, disputado por franceses, aragoneses e suíços. O imperador Carlos V dominou a maior parte

em Madrid, Francisco I consegue a sua libertação renunciando à Itália (Tratado de Madrid, 14 de Janeiro de 1526). (...) libertado, recomeçam as hostilidades, desta vez aliado ao papa Clemente VII: os imperiais tinham agora a supremacia em Itália. Os tratados de Cambraia (1529) e de Cateau-Cambrésis (1559) atribuem a península aos Habsburgos. Doravante, o domínio espanhol impunha-se à maior parte da península. Absoluto no reino de Nápoles e no Milanês, esse domínio fazia-se também sentir nos Estados Pontifícios, em Lucca, na Toscana, e na República de Gênova, já enfraquecida. (...) duas potências mantinham (...) independência: a Saboia (...) e Veneza (...). Apesar da perda da independência nacional e do declínio econômico, a civilização italiana do século XVI (...) constitui um dos cumes da história cultural da humanidade e iria exercer influência em toda a Europa, mas em meados do século XVI começam a surgir sinais de asfixia. O domínio espanhol não era exercido apenas pelos soldados e cobradores de impostos, mas também pelos monges. A contrarreforma abafa o poderoso individualismo cristão de que o gênio intelectual italiano dera provas desde há dois séculos: em 1542 é reorganizada a inquisição romana; em 1559 surge o primeiro Index; em breve abatem-se perseguições e censuras sobre (...) Giordano Bruno (...), Campanella (...), Galileu (...). Nos séculos XVII/XVIII, a Itália continua a ser o palco das grandes guerras europeias, da rivalidade entre os Bourbons e os Habsburgos, que alteravam o mapa político do país (...). Nas possessões espanholas, o obscurantismo e a miséria provocavam revoltas, como a de Masaniello em Nápoles (1647). Mas a própria Espanha declinava. Depois da morte do último Habsburgo espanhol, Carlos II rebenta a Guerra da Sucessão de Espanha, que em parte se desenrola na Itália do norte. O Tratado de Utreque (1713) faz passar o trono espanhol para os Bourbons e em Itália substitui a hegemonia da Espanha pela hegemonia austríaca. A Saboia recebe a Sicília, que em 1720 tem de trocar pela Sardenha. Todavia, a Espanha (...), governada pelo ambicioso Ministro italiano Alberoni, (...) tentou em 1717, utilizando a força, que o Tratado de Utreque fosse revisto. A intervenção conjugada da França, Inglaterra e Áustria obrigou a Espanha a inclinar-se (Tratado de Madrid, 1720), mas Isabel Farnèse conseguiu no entanto garantir a sucessão de Parma-Placência ao seu filho (Tratado de Viena, 1731). As guerras de Sucessão da Polônia (1734/1738) e de Sucessão da Áustria (1741/ /1748) levam de novo a solo italiano confrontos entre exércitos estrangeiros. O Tratado de Aix-la-Chapelle (1748) fixa por um período de cinquenta anos as novas divisões políticas de Itália: os Habsburgos dominavam o Milanês e a Toscana; os Bourbons de Espanha reinavam em Nápoles, a que chamavam agora o reino das Duas Sicílias, e em Panna, Placência e Guastalla; a França exercia o seu protetorado em Módena e Gênova; os Estados Pontifícios cortavam em duas a península, no centro; Veneza mantinha-se independente, mas era apenas uma sombra da potência que fora; por fim, a casa de Saboia reforçava-se no Piemonte, na Sardenha e em Montferrat. O século XVIII constitui um período de transição (...). A casa de Saboia encabeçara o movimento, com Vítor Amadeu II e Carlos Manuel III, que encorajaram

do território em 1550. Os aragoneses, por sua vez, dominaram a região sul durante dois séculos. No século XV, uma nova potência, o Ducado de Saboia, dominou o norte da Península. Em Florença, se desenvolveu o Renascimento. Ainda não unificada e povoada por cidades-Estado, muitas vezes rivais entre si, a Itália sofreu forte influência da Igreja Católica. O papa Alexandre VI favoreceu a influência espanhola no país, entre 1559 e 1700. A Itália viveria, então, sob o domínio espanhol e austríaco durante os séculos XVII e XVIII. Pouco a pouco, as velhas cidades perdiam sua influência em proveito do Reino da Sardenha, a Casa de Saboia, uma potência em ascensão[418].

No século XVIII, o Tratado de Utrecht, celebrado em 1713, submeteu o país à dominação dos Habsburgo, ricos senhores da Áustria. Na região do Reino de Nápoles, Parma e da Toscana, o domínio permanecia nas mãos dos Bourbon espanhóis. A França passaria a ser, na sequência, o novo dominador da península itálica a partir de 1792 e até 1799. Os franceses anexaram a Saboia e Nice e ocuparam a República de Gênova. Nessa região, foram instituídas "repúblicas irmãs" que se mantiveram por pouco tempo.

O Exército francês, comandado por Napoleão Bonaparte, invadiu a Itália em 1794 e expulsou os austríacos[419]. Em 1797 foi assinado o Armistício de Campoformio entre a França e a Áustria. Nesse contexto, o norte da Itália se organiza em Repúblicas livres: República Cispadana (1796-outubro), República Cisalpina (1797-julho), República Liguriana

o ensino, reduziram os privilégios do clero, aboliram muitos vestígios da feudalidade, estimularam a economia; Vítor Amadeu III, no final do século, abandona esta política de reformas, mas implanta as bases do poderio militar piemontês. Os Habsburgos introduzem (...) melhorias no Milanês (...); a fiscalidade foi reorganizada numa base mais justa, a justiça humanizou-se (abolição da tortura por influência das ideias de Beccaria); Milão torna-se um brilhante centro intelectual, aberto a novas ideias, e o 'josefismo' dos Habsburgos elimina o obscurantismo clerical. (...) No entanto, aumentava a distância entre o Norte da península, onde uma burguesia esclarecida aderia às ideias filosóficas europeias, e o Sul, sempre dominado por uma aristocracia de grandes proprietários pouco comovidos com a miséria física e espiritual do povo". *Vide* MOURRE, Michel, *Dicionário de História Universal,* cit., p. 734.

418 JANUZZI, Giovanni, *Uma breve história da Itália*, Buenos Aires: Letemendia, 2005, p. 9-12

419 MOURRE, Michel, *Dicionário de História Universal,* cit., p. 735.

(1797-outubro), Roma (1798-fevereiro), Nápoles (1799-Janeiro). República Romana e a República Partenopeia, todas apoiadas nos princípios da Revolução Francesa, que pregava a liberdade[420].

Não ficaram sob o domínio napoleônico a Sardenha e a Sicília, sob o governo de Victor Manuel I. Nesse período ocorreu a abolição do poder temporal dos papas e a deportação do papa Pio VII para Savona[421].

2.4.10 O processo de unificação da Itália (século XIX)

A princípio, a Santa Sé tenta prevalecer no comando da federação italiana, sob a liderança do papa Pio IX, que assumiu em 1846 e promoveu as seguintes medidas: anistiou os presos políticos, criou um governo municipal para Roma, colocou leigos na administração e deu liberdade à imprensa, tornando-se popular a ponto de influenciar diversos príncipes a tomarem medidas liberais, como as de Fernando II, que concedeu uma Constituição às Duas Sicílias[422].

Piemonte (rei Carlos Alberto), nessa esteira, promulgou um estatuto fundamental que estabeleceu um regime constitucional, e posteriormente declarou guerra à Áustria, defendendo a libertação total da Itália[423].

Victor Manuel II indicou Camilo Benso Di Cavour (Conde de Cavour) presidente do Conselho de Ministros. Cavour será o responsável pela campanha de unificação da Itália, conseguindo que o reino sardo-piemontês se transformasse em reino da Itália, sem a presença de Veneza e Roma:

> *"Enquanto o resto da Itália voltava a ter governos despóticos apoiados pela Áustria, em 1849 só o Piemonte mantinha uma verdadeira independência. A Constituição, aliás, muito conservadora, promulgada em 1848, não foi abolida. Os refugiados políticos, expulsos dos outros estados da península, encontraram refúgio em Turim.*
> *O governo de Vítor Manuel II conquista simpatias ao protestar contra a rudeza do domínio austríaco na Lombardia. Habilmente, Cavour (...) pactua aparentemente*

[420] Ibidem, p. 735.
[421] Ibidem, p. 736.
[422] Mourre, Michel, *Dicionário de História Universal*, cit., p. 737.
[423] Ibidem, p. 737.

com a Revolução, para melhor a dominar: baseia no anticlericalismo a sua união, o seu conluio com a esquerda, mas obtém dela o essencial, ao fazê-la aceitar o primado absoluto da luta pela independência conduzida pela casa de Saboia, ficando para mais tarde as discussões sobre o regime político definitivo da nova Itália.
Cavour esforçava-se ao mesmo tempo por conseguir o apoio das grandes potências, a começar pela França. A participação do Piemonte na Guerra da Crimeia valeu-lhe tomar parte no Congresso de Paris (1856), onde foi oficialmente colocada a questão italiana. Depois das conversações secretas de Plombières entre o Imperador e Cavour (20/21 de Julho ele 1858), foi assinado o Tratado de Turim, segundo o qual a França prometia dar apoio militar ao Piemonte, em troca de Nice e de Saboia.
Iniciada em Maio de 1859, a guerra contra a Áustria foi marcada pelas sangrentas vitórias franco-sardas de Magenta (4 de Junho) e de Solferino (24 de Junho). Impressionado com as importantes perdas que sofrera, receando uma guerra longa, preocupado com as reticências de grande parte da opinião pública francesa, Napoleão III apressa-se a assinar o armistício e os preliminares de Villafranca (12 de Julho). Este fato desencadeia a ira em Itália, onde a tergiversação do Imperador surge como uma traição: é certo que o Piemonte obtém a Lombardia (cedida pessoalmente por Francisco José a Napoleão III, que a entrega a Vítor Manuel II), mas a Venécia mantém-se na Áustria. Cavour, dando mostra da mais viva indignação, demite-se no dia seguinte a Villafranca, mas isto não passava de blefe, continuando a ser a alma do governo formado por Rattazzi. O Piemonte encorajava já secretamente a Revolução que eclodira na Itália Central: a Toscana, Parma, Módena expulsam os seus príncipes, a Romanha liberta-se da autoridade pontifícia, e estes territórios, dominados por comissários piemonteses, votam com entusiasmo a sua união ao Piemonte (março/abril de 1860)" [424].

Na luta pela unificação da Itália, é convocado o Parlamento "italiano", que pela primeira vez se reúne em 2 de abril de 1860 na cidade de Turim. Mas ainda faltava incorporar o reino das Duas Sicílias, que estava nas mãos dos tirânicos Bourbons. Coube a Garibaldi[425], apoiado secretamente por

[424] Ibidem, p. 737.
[425] José Garibaldi (1807 – 1882) – Revolucionário italiano que lutou contra a Áustria, as duas Sicílias e o papado em prol da unificação do seu país. Participou, no Brasil, da Revolução Farroupilha, e se juntou com Ana de Jesus Ribeiro Garibaldi, durante a contenda republicana, levando-a para a Europa. É considerada a heroína de dois mundos.

Cavour, conduzir a heroica expedição dos Mil para tal missão, conquistando Palermo, Messina e Nápoles.

"Mas Cavour não quis que os louros desta expedição fossem para um revolucionário tão inquietante como Garibaldi, que adotara o título de ditador das Duas Sicílias. Envia de imediato para a ilha comissários reais e depois, tendo Garibaldi entrado em Nápoles (7 de Setembro), lança as suas tropas para o sul, a fim de neutralizar os garibaldinos, conseguindo assim que o Piemonte ficasse com os louros das vitórias.

Depois de ter vencido Lamoriciére e os zuavos pontifícios em Castelfidardo (18 de Setembro de 1860), o Exército real atinge os Estados Pontifícios, onde Garibaldi acabara de conseguir nova vitória no Volturno (1 de Outubro). A casa de Saboia conseguia assim um magnífico sucesso: por meio de um simples passeio militar, anexa toda a Itália Central (doravante os Estados Pontifícios ficavam reduzidos à região de Roma) e impõe a sua autoridade a Nápoles; podia ao mesmo tempo apresentar-se perante a Europa como o sustentáculo da ordem em Itália frente ao movimento revolucionário; Garibaldi cede, antes de se retirar para a ilha de Caprera, dá a Vítor Manuel II o apoio da sua popularidade quando da entrada do soberano em Nápoles, e a 17 de Março de 1871 Vítor Manuel é proclamado 'rei de Itália pela graça de Deus e a vontade da nação'.

A Itália teve de renunciar provisoriamente à ocupação de Roma, pois Napoleão III, por 'motivos de política interna francesa', defendia de novo o poder temporal do papa. E, portanto, em Florença, que é restabelecida a capital do novo reino (1865). Para libertar a Venécia, a Itália alia-se à Prússia contra a Áustria na guerra de 1866: apesar de vencidos em terra em Custozza (24 de Junho de 1866) e no mar em Lissa (20 de Julho), os italianos, graças à vitória prussiana, obtêm a Venécia (Tratado de Viena, Outubro de 1866).

A libertação de Roma, cujo nome só por si constituía um símbolo, torna-se então a obsessão dos patriotas italianos. A tentativa dos garibaldinos, em 1867, provoca uma intervenção francesa que leva à batalha de Mentana (3 de Novembro de 1867). Mas a guerra franco-alemã de 1870 e o novo apelo ao corpo expedicionário francês permitiram que Cadorna ocupasse sem combate a Cidade Eterna (20 de Setembro de 1870); por intermédio de um plebiscito, os Romanos votam de imediato a sua união à Itália e Roma torna-se a capital do reino de Itália.

Mas o papa não reconhece esta anexação; apesar da aprovação da Lei das Garantias (13 de Maio de 1871), Pio IX continua a considerar-se como prisioneiro no Vaticano, adota uma atitude de oposição ao Governo italiano e impõe aos católicos o 'non expe-

dit', isto é, a abstenção de vida política. A crise que assim se abre só iria ser definitivamente resolvida em 1929, por Mussolini, com os Acordos de Latrão"[426].

2.4.11 A Itália unificada

A Itália, após a unificação, enfrentará a dicotomia regional entre o norte industrial e urbano, e o Mezzogiorno (centro-sul da Itália), atrasado e rural, com os camponeses analfabetos e pobres. Sob o ponto de vista econômico, a Itália estava atrasada em comparação a outros países europeus[427].

Implantou-se uma monarquia parlamentar frágil, devido à exclusão dos católicos e ao regime censitário, pois, em 1870, o colégio eleitoral não atingia 2% da população total[428]. Vejamos descrição sobre o período inicial da pós-unificação:

> *"A 'direita histórica' (...) consegue manter-se no poder até 1876. As noções de direita e de esquerda não tinham, aliás, grande sentido, pois o pessoal político era composto unicamente por notáveis, decididos a não perder as suas prerrogativas, se necessário por meio de corrupção e até de violência (a Máfia 'organizava' frequentemente eleições no Sul).*
> *O papel desempenhado pela casa de Saboia na luta pela unidade conduzira a uma degradação rápida do Partido Republicano e, até à eleição dos primeiros deputados socialistas (1882), os interesses sociais dos trabalhadores, em especial dos operários meridionais, que iam trabalhar para o Norte com salários miseráveis, não tinham qualquer representação no Parlamento.*
> *Instituiu-se (...) um sistema particular de Governo, o 'transformismo': a partir de Depretis, que iria governar quase sem interrupção de 1876 a 1879 e de 1881 a 1887, os Ministros não tinham qualquer significado político, não representando mais do que os interesses de grupos particulares. Estando a representação parlamentar falseada, o descontentamento popular só se podia exprimir por meio de violência e anarquia (o rei Humberto I, 1878/1900, iria sucumbir num atentado) ou por movimentos de autodefesa social, como os feixes de trabalhadores na Sicília (1892).*

[426] MOURRE, Michel, *Dicionário de História Universal*, cit., p. 737.
[427] Ibidem, p. 739.
[428] Michel Mourre destaca que, em relação ao colégio eleitoral, "foi sensivelmente aumentado com a reforma de 1882 (cerca de 4 milhões de eleitores numa população de mais de 27 milhões), mas só em junho de 1912 foi instituído um sufrágio verdadeiramente universal". *Vide Dicionário de História Universal*, cit., p. 739.

A agitação culmina com as revoltas operárias de Milão (6/9 ele Maio de 1898), seguidas de uma enérgica repressão. Muitos italianos das províncias meridionais preferiram fugir da sua miséria emigrando para os Estados Unidos e a América do Sul.
No entanto, afirmava-se o desenvolvimento econômico, a grande indústria desenvolvia--se no Norte e no Centro, os portos de Gênova e Brindisi testemunhavam uma intensa atividade, os caminhos de ferro passaram de 1758 quilômetros, em 1860, para mais ele 10.000, em 1885. A partir de 1870, a Itália lança-se numa ambiciosa política externa e as enormes despesas dedicadas ao Exército e à Marinha eram para muitos a causa do mau estado das finanças nacionais.
Ao movimento 'irredentista', que exigia a devolução de Trentino, de Trieste, da Ístria, da Dalmácia, e que, portanto, enfrentava a Áustria, opunha-se, por parte da burguesia do Norte, um sentimento de admiração pela Prússia. A ocupação de Tunes pela França, onde se tinham já estabelecido muitos italianos (1881), levou Depretis a voltar-se para a Alemanha, mas esta impôs à Itália um ménage à trois, com a Áustria.
Assim, foi assinado, em 20 de Maio de 1882, o pacto da Tripla Aliança, que se manteve teoricamente como o pivô da política italiana até à Primeira Guerra Mundial, se bem que paixões irredentistas, impossíveis de refrear, a tornassem inviável desde o início.
Admirador da Alemanha de Bismarck, o ambicioso Francesco Crispi (Presidente do Conselho de 1887 a 1891 e de 1893 a 1896) abandona oficialmente o irredentismo, luta contra as sociedades patrióticas austríacas e esforça-se por desviar as energias italianas para a conquista de um império colonial africano. Infelizmente para ela, a Itália chega demasiado tarde: a Inglaterra e a França tinham já partilhado entre si os mais belos territórios.
Uma tentativa de conquista da Etiópia conduz ao desastre de Aduá (1 de Março de 1896), que teve uma profunda repercussão na Itália e que provocou a queda de Crispi. No entanto, os italianos criaram e desenvolveram nesta região de África as colônias da Eritreia e da Somália"[429].

2.4.12 A Itália no século XX

Muitos italianos mantinham os olhos fixos nas províncias "irredentistas"[430], ainda dominadas pelos Habsburgos, por isso a aproximação da

[429] MOURRE, Michel, *Dicionário de História Universal*, cit., p. 739.
[430] Irredentismo: O termo indica a aspiração de um povo a completar a própria unidade territorial nacional anexando terras sujeitas ao domínio estrangeiro (terras irredentas). Mesmo com a unificação italiana, várias questões restavam pendentes, como a das provín-

França, depois da convenção sobre o estatuto dos italianos da Tunísia (1896) e dos acordos alfandegários de 1898. Apesar da renovação da Tríplice Aliança em 1902, 1907 e 1912, com algumas reservas, as relações com os impérios centrais degradaram-se lentamente nos anos que antecederam 1914. Com Giolitti (1903/1905, 1906/1909, 1911/1914), o parlamentarismo italiano ganha força[431].

Os socialistas, divididos em duas grandes tendências, reformistas e revolucionários, opunham-se à expansão; Benito Mussolini, um dos chefes dos revolucionários, era redator-chefe do *Avanti* desde finais de 1912[432]. Ele funda o *Popolo d'Italia* e torna-se o principal animador do intervencionismo[433].

Durante a Primeira Guerra Mundial (1914-1918), a Itália integrava a Tríplice Aliança, ao lado da Alemanha e da Áustria-Hungria. No entanto, os italianos eram rivais do Império Áustro-Hungáro desde 1815, quando territórios do país latino foram cedidos àquela potência europeia por Napoleão. O grupo de países era contrário à Tríplice Entente, composta por Inglaterra, França e Rússia. No entanto, a Itália não entrou em guerra contra os inimigos da Tríplice Entente. Pelo contrário, uniu-se a eles contra a Áustria-Hungria, esperando obter concessões territoriais, como Trento e o porto de Triestre, além das províncias de Bolzano-Bozen, Ístria e Dalmácia. Logo no início do conflito, que começou após a anexação pelos austríacos da Bósnia-Herzegovina, contrariando os interesses da Sérvia e da Rússia, aliados de longa data, a Itália recusou-se a entrar na guerra, alegando que o pacto da Tríplice Aliança era defensivo e a Áustria é que tinha iniciado as hostilidades.

O reino italiano, então, combateu contra os austro-húngaros na chamada Frente Alpina, no norte da Itália. Depois da assinatura do Tratado de Londres em 26 de abril de 1915, na capital inglesa, os italianos renun-

cias setentrionais do *Tirol, Trentino* e *Ístria*, de população predominantemente italiana e em mãos dos austríacos. Reivindicadas pela Itália, essas regiões, que formavam as *províncias irredentas*, foram uma das razões que levaram a Itália a entrar na Primeira Guerra Mundial contra a Áustria

431 Mourre, Michel, *Dicionário de História Universal*, cit., p. 739-740.

432 Ibidem, p. 740.

433 Ibidem, p. 740.

ciaram a qualquer obrigação que tivessem com a Tríplice Aliança e, na sequência, apenas um mês depois, declararam guerra contra a Áustria-Hungria, a Bulgária e o Império Otomano. A primeira ofensiva italiana consistiu em capturar a cidade de Gorizia, no rio Isonso, no entanto, a tentativa não foi bem-sucedida porque o exército italiano não dispunha de artilharia suficiente e seus canhões ainda eram transportados em cavalos. O terreno montanhoso dos Alpes era uma dificuldade a mais de transporte. Outras duas tentativas de tomar a cidade também resultaram em fracassos.

Os austríacos, por sua vez, organizaram, a partir de 11 de março de 1916, uma contra-ofensiva com 15 divisões, ultrapassando as defesas italianas. Desorganizadas e confusas, as tropas italianas só não foram derrotadas totalmente porque chegaram recursos de outras regiões. Somente meses depois os italianos conseguiram conquistar Gorizia. Em seguida, os alemães, que tinham acabado de conter a ofensiva russa contra seu país, foram em socorro dos aliados austríacos. Depois de avançar em território austríaco, os italianos ficaram muito distante de suas rotas de suprimento, o que enfraqueceu sua ofensiva. Além disso, havia diariamente motins e várias outras demonstrações de descontentamento no exército italiano.

Em 24 de outubro de 1917, na Batalha de Caporetto, alemães e austríacos fizeram uma ofensiva com artilharia e infantaria contra os inimigos italianos. Somente no primeiro dia de combates, estes já tinham recuado 12 milhas até o rio Tagliamento. Na Batalha de Piave, que ocorreu a seguir, o exército italiano sofreu grandes perdas. Em Vittorio Veneo, do outro lado do rio Piave, os italianos, com reforços da Frente Ocidental dos aliados da Tríplice Entente, conseguiram, enfim, em novembro de 1918, derrotar os austríacos. Muito superiores em número aos rivais, que resistiram bravamente, conseguiram capturar 300 mil prisioneiros áustro-húngaros. A derrota foi decisiva na dissolução do Império Áustro-Húngaro, que começou a se dissolver logo após isso. Em 3 de novembro de 1918 foi assinado, na Villa Giusti, a 50 quilômetros de Pádua, um armistício com o antigo império Áustro-Húngaro. A antiga Áustria-Húngria já havia sofrido as defecções da Hungria, Thecoslováquia e Croácia, o que ajudou no seu colapso. A Croácia acabou juntando-se ao Reino da Iugoslávia.

2.4.12.1 Mussolini, o fascismo e a Itália na Segunda Guerra Mundial

No início da militância política, primeira década do século XX, Mussolini filiara-se ao Partido Socialista Italiano (PSI)[434]. Nesse contexto, a Itália manteve-se neutra no limiar da Primeira Guerra Mundial, mas devido a pressões dos "nacionalistas" e das "esquerdas", declarou guerra à Áustria-Hungria (23-5-1915) e à Alemanha (28-8-1916), conforme observamos anteriormente. Por discordar dos membros do partido, na medida em que Mussolini defendia a Itália na guerra, ele foi expulso do PSI, e acabou fundando o *Fasci Italiani di Combattimento* (Feixe Italiano de Combate), embrião do fascismo[435].

Mussolini pregava o nacionalismo. Enquanto isso, o PCI (Partido Comunista Italiano) foi criado em 1921 por Antonio Gramsci e Amadeo Boroiga, também saídos do PSI. Finalizada a guerra, a partir de 1919 a crise italiana é aguda em face do surgimento do fascismo. Com nova Constituição, decreta-se a censura à imprensa; e com o tratado de Latrão (1929), o Vaticano reconquistou o poder temporal dos papas, fortalecendo o governo fascista, que passou a ter apoio dos católicos[436].

No plano internacional, Mussolini[437] dedicou-se à conquista de territórios:

[434] Sob influência dos acontecimentos da Comuna de Paris, formou-se, em 1872, a primeira organização socialista da Itália, que deu origem, em 1892, ao Partido Socialista Italiano (PSI). A industrialização acelerada daqueles anos, principalmente na indústria têxtil, facilitou sua inserção no norte do país, o que não aconteceu no sul, agrícola e relativamente mais atrasado. Depois, a encíclica *Rerus Novarum* (1891) orientava os católicos para a militância sindical, que se desenvolveu enormemente. *Enciclopédia do Mundo Contemporâneo – estatísticas e informações completas dos 217 países do planeta*, São Paulo: Publifolha, p. 349-350.

[435] MOURRE, Michel, *Dicionário de História Universal*, cit., p. 741.

[436] Ibidem, p. 741.

[437] O *Duce* visita o *Führer* (setembro de 1937) e regressa à Itália maravilhado com a força germânica. A entrada na guerra (10 de junho de 1940) não suscita o movimento de entusiasmo popular que marcara a intervenção de 1915. Mal preparado, dotado de um armamento e equipamento insuficientes, tratado com desdém pelos alemães, o exército italiano foi vencido praticamente em todo o lado – até no mar, onde, no entanto, a frota era poderosa. Humilhado devido ao seu papel secundário, ciumento das vitórias alemãs, Mussolini decide atacar a Grécia (outubro de 1940); impõe a Hitler o envio para a Rússia de um exército italiano que teve de combater, depois de Stalingrado, em condições trágicas. Na Itália, a população civil sofria com a falta de abastecimentos, com os bombardeios

"Reconhece a Rússia soviética (fevereiro de 1924), adere ao Pacto de Locarno (outubro de 1925) e ao Pacto Briand-Kellogg (agosto de 1928). (...) o governo fascista, à medida que sentia que o seu poder ia sendo assegurado e o seu prestígio internacional reforçado (homens como Churchill não lhe pouparam elogios), iria ser arrastado pela sua própria propaganda, que exaltava a ideia imperial e as virtudes guerreiras.
Em 1933, enquanto as democracias ocidentais assistiam passivamente ao estabelecimento do nazismo, é o Duce que toma a iniciativa de resistir diplomaticamente a Hitler, tentando colocá-lo nos limites do Pacto dos Quatro – França, Inglaterra, Alemanha e Itália (7 de junho de 1933). A aproximação muito marcada ao chanceler austríaco Dollfuss (conversações de Riccione, agosto de 1933) era também dirigida contra a Alemanha, e as primeiras conversações Mussolini-Hitler, em Veneza (junho de 1934), saldaram-se por um completo malogro"[438].

Após invadir a Etiópia (1936), criar o Império Italiano da África Oriental e participar da Guerra Civil Espanhola, aliando-se à Alemanha e formando o eixo Roma-Berlim, o exército italiano invade, também, a Albânia (1939)[439].

Em face dos desembarques aliados e dos sinais de que a Alemanha caminha para a derrota, na Itália imperam as guerras civis (1943-1944). No caso, a guerra "do Reino do Sul contra a República social do Norte; a dos antifascistas entre si pela tentativa comunista de assumir com exclusividade a luta contra o fascismo, afastando, em nome dela, todos os demais"[440]. A situação agrava-se quando os aliados (julho de 1943) desembarcam nas ilhas de Pantelaria e Lampedusa[441].

Convocado pelo rei à Villa Savoia, o *Duce* é demitido e substituído pelo marechal Pietro Badoglio. Sob a alegação de que seria protegido, Mussolini é levado prisioneiro a diversos locais e internado no alto do Gran Sasso. No entanto, a mando de Hitler, o *Duce* foi libertado em 12 de setembro por uma equipe de paraquedistas alemães. Após a libertação,

aliados e com a presença paternalista da Alemanha. Michel Mourre, *Dicionário de História Universal*, cit., p. 742-743

[438] Ibidem, p. 741.

[439] GIORDANI, Mário Curtis. *História do século XX*, cit., p. 148.

[440] Ibidem, p. 148.

[441] Ibidem, p. 149.

Mussolini esteve na Alemanha, onde decidiu fundar a *Repubblica Sociale Italiana*[442].

A *Repubblica Sociale Italiana* não sobreviveria aos ataques dos *partigiani*[443] e ao avanço aliado. Mussolini parte de Milão para Como, onde é aprisionado pelos *partigiani* em Musso (Como) a 27 de abril de 1945. No dia seguinte, o *Duce* e sua amante Claretta Petacci são fuzilados em Giulino di Mezzegra. Os corpos foram transportados para Milão e expostos no Piazzale Loreto[444].

Durante a Segunda Guerra Mundial (1939-1945), em que a Itália alinhou-se à Alemanha de Hitler e ao Japão, estimativas dão conta da morte de 60 mil soldados aliados (um total de 443 brasileiros da FEB) e 50 mil alemães naquele país. O Alto Comando Aliado decidiu, em 1943, reconquistar o Mediterrâneo e invadir a Sicília, o que levou os combates à Itália. A Campanha Italiana só terminou em 1945, quando foi registrada a rendição total de forças alemãs e italianas naquele país.

Uma invasão conjunta da Sicília por tropas da Inglaterra, Canadá e Estados Unidos se iniciou em 10 de julho de 1943, com os americanos avançando até o nordeste de Salerno. As forças conjugadas da Alemanha e Itália não conseguiram conter os invasores americanos, que usaram tropas de paraquedistas e artilharia, liderados pelo general Patton. Logo em seguida, forças do Oitavo Exército Britânico tomaram outra parte do país, forçando o seu presidente, o marechal Pietro Badoglio, a solicitar um armistício. Isso não significou, no entanto, o fim do confronto em território italiano.

As montanhas dos Apeninos, nas quais ainda se encontravam tropas alemãs dispostas a resistir, seriam o novo obstáculo, que teria que ser conquistado com forças de várias nações, entre as quais o Brasil. Na região, com picos de mais de 3 mil pés (cerca de mil metros) de altura, cordilheiras e rios, a resistência ainda demoraria para ser vencida. A Linha Gótica, mantida pelos alemães nos Apeninos, era um enorme obstáculo e

[442] Ibidem, p. 150.

[443] Os partigiani (ou partidários) eram os membros da resistência italiana antifascista que combatiam Mussolini e seus aliados. Seu hino era o *Bella Ciao*, que virou mote de resistência contra o fascismo e o autoritarismo em todo o mundo.

[444] GIORDANI, Mário Curtis. *História do século XX*, cit., p. 151.

se iniciava 48 quilômetros ao norte de Pisa, ao longo da cadeia de montanhas dos Apeninos entre Florença e Bolonha. Durante a Operação Olive, a grande ofensiva dos Aliados no outono de 1944, as defesas da Linha Gótica foram penetradas, mas não houve avanço significativo.

Em dezembro de 1944, o 5º Exército, comandado pelo general americano Mark Clark, passou a receber o apoio de *partisans* do norte da Itália. Em fevereiro de 1945, na Operação Encore, a 10ª Divisão de Montanha e a Força Expedicionária Brasileira avançaram através de campos minados nos Apeninos, para alinharem-se com o 2º Corpo dos EUA que estava à direita. Os defensores alemães foram varridos de suas posições, em regiões altas como o Monte Castello e dos montes Belvedere e Castelnuovo. A ofensiva final dos Aliados, com maciço bombardeio aéreo de artilharia, se iniciou em 9 de abril de 1945. No dia 25 desse mês, o exército alemão e italiano foi pego de surpresa por um ataque dos Aliados, do qual também participou a divisão brasileira, o que levou ao seu colapso. O general Heirinch von Vietinghoff, que comandava as tropas do Eixo, assinou o documento de rendição em nome dos exércitos alemães na Itália, em 29 de abril, encerrando as hostilidades naquela região[445].

No plano externo, a Itália obriga-se à assinatura do Tratado de Paris em 10 de fevereiro de 1947, cujas condições impõem a renúncia à Albânia e Etiópia. Na sequência, as aldeias de Tende e de Brigue foram anexadas à França; os soviéticos exigiram a entrega de uma parte da marinha italiana; e os italianos, em reparação pelos danos da guerra, pagaram cerca de 400 milhões de dólares à URSS, Grécia, Iugoslávia, Etiópia e Albânia[446].

2.4.12.2 A redemocratização da Itália e a nova Constituição

Em face da pressão surgida pelo processo revolucionário resultante da unificação italiana (*Risorgimiento*), com influência do liberalismo, foi outorgada uma Carta pelo Rei de Piemonte e Sardenha, Carlos Alberto de Saboya, em 4 de março de 1848, conhecida como Estatuto Albertino. Seu nome oficial era Estatuto Fundamental da Monarquia de Saboya de 4 de março de 1848. Tornou-se texto chave para a história política e consti-

[445] MORAES, João Baptista Mascarenhas de. *A FEB pelo seu comandante*. Rio de Janeiro: Biblioteca do Exército Editora, Rio de Janeiro, 1947, p. 112.

[446] MOURRE, Michel, *Dicionário de História Universal*, cit., p. 743.

tucional italiana. Inclusive é no seu texto que se adota a bandeira tricolor da Itália.

Embora não fosse propriamente uma "Constituição", e sim "Lei fundamental, perpétua e irrevogável da Monarquia", em fevereiro de 1861, na cidade de Turim, quando da reunião do primeiro Parlamento italiano, adotou-se o Estatuto Albertino como Constituição do Reino da Itália, declarando Victor Manuel II, filho de Carlos Alberto de Saboya, como rei. Estabeleceu-se, portanto, uma monarquia constitucional, primeiro com sufrágio censitário e posteriormente com ampliação do número de eleitores, até chegar ao sufrágio universal. Era uma constituição flexível, que tinha vigência agora em toda a Itália.

Adotou-se um ordenamento parlamentar que possibilitava forte união entre o rei e o Poder Legislativo, mas acabou por conceder ao primeiro amplos poderes, como a nomeação de ministros e a dissolução do parlamento. Nunca é demais lembrar que, após a encenação da marcha sobre Roma, em 1922, foi o Rei Vitor Emanuel III quem nomeou Benito Mussolini chefe de governo.

O Estatuto Albertino ficou em vigência, com algumas alterações e a exceção fascista, até ser substituído pela Constituição de 1948. Foi apenas após o fascismo, implantado em 1922 e derrubado em 1943, que a Itália chegou à República, em decisão tomada em referendo. A Constituição (*Costituzione della Repubblica Italiana*) foi aprovada em 22 de dezembro 1947 por uma Assembleia Constituinte.

A nova Constituição entrou em vigor em 1º de janeiro de 1948, e tornava a Itália uma democracia parlamentar em que os poderes do presidente da República eram reduzidos, e o chefe do Governo (Presidente do Conselho), verdadeiro detentor do poder executivo, estava totalmente dependente da maioria parlamentar[447].

A constituição italiana de 1948 estabeleceu um parlamento bicameral, formado por uma câmara de deputados e um senado, além de um sistema judiciário e um sistema executivo composto de um conselho de ministros, encabeçado pelo primeiro-ministro. O presidente da República tem um mandato de sete anos. O presidente escolhe o primeiro-ministro, e

[447] Ibidem, p. 743.

este propõe os outros ministros, que são aprovados pelo presidente. O Conselho de Ministros precisa ter apoio (*fiducia* – confiança) de ambas as casas do parlamento[448].

A câmara de deputados possui oficialmente 630 membros (mas, de fato, são apenas 619 depois das eleições italianas de 2001). O senado é composto por 315 senadores, eleitos pelo voto popular. Ambos, a câmara de deputados e o senado, são eleitos para um mandato de no máximo cinco anos de duração, mas os parlamentares podem ser cassados antes do término do mandato. Leis podem ser criadas na câmara de deputados ou no Senado e, para serem aprovadas, precisam da maioria em ambas as câmaras[449].

O sistema judiciário italiano é baseado nas leis romanas, modificadas pelo Código Napoleônico e outros estatutos adicionados posteriormente. Há também uma corte constitucional (*Corte Costituzionale*), uma inovação posterior à Segunda Guerra Mundial[450].

Ao final, a Constituição integrava os acordos de Latrão, firmados em 1929 com o Vaticano. A Democracia Cristã iria dirigir permanentemente o Governo a partir de dezembro de 1945. Só por uma vez (nas eleições de 1948) conseguiu a maioria absoluta de lugares na Câmara, mas devido à sua posição ao centro, constituía o eixo indispensável de qualquer maioria parlamentar. Essa posição excepcional explica o motivo por que a Itália, apesar de crises incessantes, não iria nunca conhecer verdadeiras agitações políticas no decurso dos anos subsequentes à Segunda Guerra Mundial. Não sendo possível nenhuma verdadeira alternativa governamental, a rápida sucessão de governos resumia-se a mudanças de pessoas ou de aliados governamentais no seio da Democracia Cristã[451].

Em 1981 temos na chefia do governo Giovanni-Spadolini e de 1985 a 1987, Bettino Craxi. Na década de 1990 a Forza Itália, partido neoliberal, a Aliança Nacional e a Liga Norte, regionalista e xenófoba, levam o magnata Silvio Berlusconi ao poder, substituído, pouco depois, por Romano

448 Ibidem, p. 743-744.
449 Ibidem, p. 744.
450 Ibidem, p. 744.
451 Ibidem, p. 744.

Prodi, Massimo D'Alema e Giuliano Amato. Berlusconi voltaria ao poder já no início do novo século[452].

Em relação à Constituição italiana, ressalte-se que influenciou a elaboração da Constituição brasileira de 1988. Merece especial destaque a adoção, no artigo 62 da nossa Carta Maior, do instituto da medida provisória, a ser editada pelo Presidente da República, em caso de relevância e urgência. O texto reproduz, quase literalmente, a disposição do artigo 77, segunda parte, da Constituição italiana de 1948.

2.4.12.3 Política interna – acontecimentos marcantes no fim do século XX

Em maio de 1981, denúncias ligando os colaboradores e aliados do governo do democrata-cristão Arnaldo Forlani à organização *Propaganda Due* provocaram sua queda, abrindo caminho para o governo do republicano Giovanni Spadolini[453]. A corrupção dominou a década de 1980. Além disso, constatou-se que as comissões ilegais a funcionários públicos e políticos tornavam os investimentos públicos italianos 25% mais caros do que os dos demais países da Comunidade Europeia[454].

Em fevereiro de 1991, o PCI decidiu abandonar seu velho nome e criar o Partido Democrático de Esquerda (PDS), que solicitou ingresso na Internacional Socialista. Em dezembro do mesmo ano, um grupo dissidente criou o Partido da Refundação Comunista (PRC)[455].

Nas eleições de abril de 1992, a situação perdeu a maioria absoluta no Parlamento pela primeira vez desde 1946. Dias depois, o primeiro-ministro Giulio Andreotti anunciou a dissolução do seu governo, e o presidente Cosiga renunciou. No final de maio, o juiz Giovanni Falcone, inimigo número um da Máfia, foi assassinado na Sicília, o que concorreu para que a maioria circunstancial elegesse o democrata-cristão Oscar Luigi Scalfaro, ex-presidente da Câmara dos Deputados. Dois meses

452 GIORDANI, Mário Curtis, *História do século XX*, cit., p. 154.

453 *Enciclopédia do mundo contemporâneo*, cit., p. 351.

454 Ibidem, p. 351.

455 Ibidem, p. 351.

depois do assassinato de Falcone, a Máfia eliminou Paolo Borsellino, seu sucessor nas investigações contra o crime organizado[456].

Em 1993, o procurador Antonio di Pietro iniciou uma investigação que permitiu desvelar um complexo sistema de operações ilegais envolvendo políticos de todas as tendências, empresários e a Máfia. Mais de mil dirigentes políticos e empresariais foram processados, no quadro da operação Mãos Limpas, entre eles os ex-primeiros-ministros Bettino Craxi e Giulio Andreotti, ao passo que, no cenário político, Carlo Azeglio Ciampi, em 1993, assumiu como primeiro-ministro, e dissolveu o Parlamento[457]. Saliente-se que, apesar dos esforços, a operação Mãos Limpas não colocou fim à corrupção na Itália. Apenas tornou-a mais sofisticada.

Realizam-se as eleições de 27 e 28 de março de 1994. Defrontaram-se três coligações: o Polo Progressista, em torno do PDS, o Pacto pela Itália, agrupamento chefiado pelo Partido Popular Italiano, e o Polo da Liberdade, de Silvio Berlusconi, dono do segundo grupo privado italiano, a Fininvest. A vitória do Polo da Liberdade (com 42,9% dos votos, contra 34,4% para a esquerda e 15,70% para os centristas) permitiu a Berlusconi formar o governo, no qual permaneceu por pouco mais de sete meses. Envolvido em casos de corrupção ligados à Fininvest, renunciou em 22 de dezembro de 1994[458].

Organizaram-se novas eleições legislativas em abril de 1996 e opuseram-se duas coligações: o Polo da Liberdade, liderado por Silvio Berlusconi, aliado à AN e aos democratas-cristãos de direita; e a coligação Oliveira, organizada pelo economista Romano Prodi, em volta do PDS, dos democratas-cristãos de esquerda e dos partidários do antigo Presidente do Conselho, Lamberto Dini. A vitória coube à coligação de centro-esquerda, a Oliveira[459].

456 Ibidem, p. 351.

457 Ibidem, p. 351.

458 Nessa época, Berlusconi conseguiu coligar, em volta do seu próprio movimento, a Forza Itália, as formações antagônicas que eram a Liga do Norte, regionalista, e a Aliança Nacional (AN), cartel eleitoral dominado pelo MSI, neofascista e centralizador. MOURRE, Michel, *Dicionário de história universal*, cit., p. 745.

459 Ibidem, p. 745.

Em fevereiro de 1999, o economista Carlo Ciampi foi eleito presidente da República. Em abril de 2000, a coalizão de centro-direita Polo da Liberdade, liderada por Berlusconi, venceu em 8 das 15 regiões da Itália onde estavam sendo disputados os governos locais. Para o cargo de primeiro-ministro, foi eleito o socialista Giuliano Amato[460].

2.4.12.4 A economia italiana no século XX e início do século XXI

No início de 1990, a Itália enfrentou desafios significativos que exigiram reformas radicais, considerando que os eleitores se encontravam desencantados com a paralisia política, a dívida pública enorme e extensa corrupção do sistema descoberta pela "Operação Mãos Limpas". Os escândalos envolveram todos os principais partidos, mais especificamente os da coalizão de governo: os democratas-cristãos, que governaram o país por quase 50 anos, mas sofreram uma grave crise e, eventualmente dissolvidos, dividiram-se em várias facções. Os comunistas reorganizam-se como uma força social-democrata. Durante os anos 1990 e 2000, a centro-direita (dominada pelo magnata da mídia Silvio Berlusconi) e coalizões de centro-esquerda alternativamente governaram o país, que entrou em um período prolongado de estagnação econômica.

Se comparada a outros países, a Itália tem uma economia de mercado caracterizada por um elevado PIB *per capita* e taxas de desemprego baixas. Em 2010, era a oitava maior economia do mundo e a quarta maior da Europa[461]. Por paridade do poder de compra (PPC), o país possui o décimo maior PIB do mundo e o quinto maior da Europa[462]. É membro fundador do G8, da Zona do Euro e da Organização para a Cooperação e Desenvolvimento Econômico – OCDE.

É um país considerado desenvolvido ao Norte, com a oitava melhor qualidade de vida do mundo e o 23º melhor Índice de Desenvolvimento Humano (IDH). Apesar da crise econômica global que assolou as duas primeiras décadas do século XXI, o PIB *per capita* italiano em PPC manteve-se aproximadamente igual à média da União Europeia (UE), enquanto a taxa de desemprego se destaca como uma das mais baixas da

460 Ibidem, p. 746.

461 *Estatísticas*. Banco Mundial.

462 Ibidem.

UE. O país é bem conhecido por um setor trabalhista e agrícola competitivo (a Itália é o maior produtor mundial de vinho) e por seus automóveis, indústria, eletrodomésticos e *design* de moda de alta qualidade.

2.4.12.5 Operação Mãos Limpas (*Mani Pulite*)[463] e a Itália atual

Com o nome de "operação Mãos Limpas (*Mani Pulite*)" passou para a história a ação judiciária que ocorreu entre os anos de 1992 e 1994 na Itália, cujo objeto foi o combate à corrupção, com fortes impactos no ambiente político e partidário daquele país.

Não se discute que a corrupção possui componente histórico entre os italianos, mas se tornou endêmica com o advento da República, no pós Segunda Guerra Mundial. Alega-se que, devido ao fato de o Partido Comunista na época ser muito bem organizado e dispor de fundos advindos das contribuições dos inscritos, "para poder contrabalancear tal eficiente organização, a Democracia Cristã e seus aliados deveriam poder dispor de fundos financeiros adequados para desenvolver todas as atividades partidárias. O dinheiro advinha da corrupção, ou seja, do pagamento de propinas que os benificiários de serviços e grandes obras pagavam (os termos usados eram: *tangente, mazzetta, bustarella* etc.) aos partidos políticos em troca de benesses ou facilidades"[464].

Tornou-se regra no financiamento dos partidos tal prática, que evidentemente extrapolou o âmbito partidário e propiciou que inúmeros políticos se locupletassem às custas da corrupção, com desvios de dinheiro público. Durante algumas décadas tal situação foi tolerada e até incentivada, "porque não se queria a derrocada dos partidos do governo, sob pena de a Itália entrar na esfera de influência da União Soviética. A economia ia bem (nos meados dos anos 1980 aconteceu o segundo milagre econômico italiano) e a sangria do *malgoverno* era absorvida pelos superavit econômicos"[465].

Um dos fatores que gerou mudança de postura foi a queda do Muro de Berlim, fato que demonstrou não ser mais a URSS uma ameaça real.

[463] Foi utilizada como paradigma pela operação Lava Jato no Brasil e pelo juiz Sergio Moro.
[464] D'IPPOLITO, Francesco e FIGUEIREDO Marcelo. *Mani Pulite Operação Mãos Limpas – 25 anos depois*. Extraído do site migalhas.com.br (Migalhas de peso). Acesso em 13 nov 2019.
[465] Ibidem, 13 nov. 2019.

Outra foi a alteração ideológica do próprio partido comunista italiano, com viés cada vez mais social-democrata. E o golpe de misericórdia veio com a crise econômica do início dos anos 1990, que gerou no ambiente social enorme rejeição aos crimes de corrupção[466].

Tal qual ocorreu com a operação Lava Jato no Brasil, o início da operação italiana deu-se a partir de um fato marginal, iniciada na Procuradoria de Milão, comandada pelo Procurador Geral Francesco Saverio Borrelli. Naquela época, na Itália, o "Ministério Público havia adquirido poderes enormes (à beira do estado de exceção) com as leis que procuravam contrastar o terrorismo e a máfia; tais como: a delação premiada, a detenção preventiva longa – até trinta dias – o regime carcerário diferenciado etc."[467].

Tudo teve início após o substituto procurador Antonio Di Pietro armar uma tocaia e prender um funcionário do Hospital Trivulzio que recebeu uma propina de cerca de 3 mil euros[468]. O funcionário, ao declarar que o dinheiro era para o partido e não para ele, fez ampliar a investigação, que ficou a cargo principalmente do próprio Di Pietro. Este "não se destacava certamente pelo seu notável saber jurídico e frequentemente tropeçava nos subjuntivos. Mas havia iniciado a sua carreira como policial e tinha a astúcia de policial, sabia como conduzir um interrogatório, era um mestre na arte da armadilha e do blefe. Os pobres acusados suavam quando submetidos ao rolo compressor de Di Pietro"[469].

Com bases legislativas que fortaleceram em demasia o poder investigativo em mãos, inclusive no limite da legalidade, como a delação premiada e longas prisões preventivas, que funcionavam praticamente como um sistema de tortura, a promotoria italiana conseguiu que as lideranças políticas e empresariais passassem a entregar outras pessoas. É que submetidos a um procedimento que havia sido pensado para infratores de outro tipo (terroristas e mafiosos), estes não aguentavam a pressão e entregavam cúmplices e mandantes. Entregavam inclusive quem não tinha culpa em cartório.

466 Ibidem, 13 nov. 2019.

467 Ibidem, 13 nov. 2019.

468 Valor que equivale a cerca de 7 mil euros no início de 2020.

469 Ibidem, 13 nov. 2019.

Tal operação acabou por ganhar o apoio da mídia direitista e amplo apoio popular. A operação mãos limpas teve como consequência quase imediata a demonização da representação política, dos partidos tradicionais e da atividade política em si. Deixou caminho livre para a chegada ao poder de indivíduos que se diziam "apolíticos", o que não correspondia com a realidade. Exemplo foi o posterior sucesso eleitoral de Silvio Berlusconi, empresário e detentor dos principais meios de comunicação da Itália. "Para retornar ao poder, seu arco de alianças foi o mais vasto possível: uniu todas as correntes conservadoras do país. De regionalistas, como a Chama Tricolor, da Sícilia, e a Liga Norte, passando por neofascistas, Aliança Nacional, até dissidentes democratas-cristãos. Tudo em nome do anticomunismo"[470].

A operação mãos limpas, no seu afã punitivista, manobrou como pôde o procedimento penal e constitucional italiano. A desculpa era um "bem maior" e, com isso, ganhava apoio popular, apesar das ilegalidades cometidas e as constantes violações às garantias constitucionais de um Estado Democrático de Direito. "O procedimento penal italiano havia sido amplamente manobrado pelo Ministério Público, talvez para um fim maior, mas extrapolando os limites impostos pelas garantias constitucionais de um Estado Democrático de Direito. Desta forma surgiu um forte movimento, chamado *'garantista'*, que queria que fossem fixadas claras regras na Constituição, reclamando tais direitos. O movimento desaguou na redação do novo artigo 111 da Constituição [italiana] que contempla o devido processo legal (*giusto processo*), dando ênfase à posição de terceiro (entre as partes) do juiz, ao aperfeiçoamento dos meios de defesa, à razoável duração do processo, a formação da prova em contraditório etc."[471].

Sobre a operação Mãos Limpas o responsável por conduzir a operação Lava Jato no Brasil, o ex-juiz Sergio Moro, afirmou em artigo publicado em 2004:

[470] ARRAES, Virgílio Caixeta. O novo é o velho: o conservadorismo como força política na Itália. Meridiano 47, Brasília, v. 2, n. 10\12, p. 17-19, abr./jun. 2001. Disponível em: <http://periodicos.unb.br/index.php/MED/article/view/4679/3921>. Acesso em: 19 nov. 2019.

[471] D'IPPOLITO, Francesco e FIGUEIREDO Marcelo. *Mani Pulite Operação Mãos Limpas – 25 anos depois*. Extraído do site migalhas.com.br (Migalhas de peso). Acesso em 13 nov 2019.

> *"Na verdade, é ingenuidade pensar que processos criminais eficazes contra figuras poderosas, como autoridades governamentais ou empresários, possam ser conduzidos normalmente, sem reações. Um Judiciário independente, tanto de pressões externas como internas, é condição necessária para suportar ações judiciais da espécie. Entretanto, a opinião pública, como ilustra o exemplo italiano, é também essencial para o êxito da ação judicial!"*[472].

As interpretações posteriores do fenômeno *Mani Pulite*, distantes do calor do momento, apontam para a operação como um fracasso. Avalia-se que "criou-se uma fratura entre dois poderes, executivo e judiciário, nunca sanada; os partidos populistas conseguiram bom êxito; a economia entrou em estagnação ou declínio; alguns magistrados adquiriram uma sensação de omnipotência; e, para completar, a corrupção não foi debelada. O legado positivo pode ser encontrado na melhora da percepção do conceito de legalidade (obrigando os corruptos a serem ainda mais ardilosos). A lição que se pode colher é de que as mudanças não se fazem pela via judiciária-populista"[473].

Muito se fala de semelhanças da operação Mãos Limpas na Itália com a Lava Jato no Brasil. Podemos apontar que ambas têm origem na força atribuída ao Ministério Público. Na Itália pela valorização do órgão na Constituição de 1947; no Brasil devido às disposições da Constituição Federal de 1988 que o tornaram um órgão independente para ser órgão fiscalizador da República e da sociedade após o período de exceção. "No Brasil, encontram-se presentes várias das condições institucionais necessárias para a realização de ação judicial semelhante. Assim como na Itália, a classe política não goza de grande prestígio junto à população, sendo grande a frustração pelas promessas não cumpridas após a restauração democrática. Por outro lado, a magistratura e o Ministério Público brasileiros gozam de significativa independência formal frente ao poder político. Os juízes e os procuradores da República ingressam na carreira mediante concurso público, são vitalícios e não podem ser removidos do

[472] MORO, Sergio Fernando. Considerações sobre a operação manipulite. *R. CEJ, Brasília*, n. 26, p. 56-62, jul./set. 2004, p. 57.

[473] D'IPPOLITO, Francesco e FIGUEIREDO Marcelo. *Mani Pulite Operação Mãos Limpas – 25 anos depois*, cit.

cargo contra a sua vontade. O destaque negativo é o acesso aos órgãos superiores, mais dependentes de fatores políticos"[474].

Tanto na Itália como no Brasil utilizou-se de instrumentos jurídicos heterodoxos e com validade jurídica contestada, como longos períodos de prisão preventiva, como forma de obter delações premiadas. E o objetivo comum também foi combater organizações criminosas que se instalaram no seio dos Poderes Legislativo e Executivo, "que tomando de assalto o Estado para propósitos individuais de poder, passaram a gerir a coisa pública como um sindicato do crime"[475]. Evidente que inúmeros abusos foram cometidos, com constantes violações ao Estado Democrático de Direito e ao devido processo legal, tudo em nome da restauração da "moralidade administrativa". Insta salientar que há quem conteste tal fato. "A estratégia de ação adotada pelos magistrados incentivava os investigados a colaborar com a Justiça:

> *'A estratégia de investigação adotada desde o início do inquérito submetia os suspeitos à pressão de tomar decisão quanto a confessar, espalhando a suspeita de que outros já teriam confessado e levantando a perspectiva de permanência na prisão pelo menos pelo período da custódia preventiva no caso da manutenção do silêncio ou, vice-versa, de soltura imediata no caso de uma confissão (uma situação análoga do arquétipo do famoso 'dilema do prisioneiro'). Além do mais, havia a disseminação de informações sobre uma corrente de confissões ocorrendo atrás das portas fechadas dos gabinetes dos magistrados. Para um prisioneiro, a confissão pode aparentar ser a decisão mais conveniente quando outros acusados em potencial já confessaram ou quando ele desconhece o que os outros fizeram e for do seu interesse precedê-los. Isolamento na prisão era necessário para prevenir que suspeitos soubessem da confissão de outros: dessa forma, acordos da espécie 'eu não vou falar se você também não' não eram mais uma possibilidade'*. Há quem possa ver com maus olhos tal estratégia de ação e a própria delação premiada"[476].

Em relação ao supra-apontado, Sergio Moro assim discorreu, alardeando a legalidade de tais atos: "Não se prende com o objetivo de alcan-

[474] MORO, Sergio Fernando. Considerações sobre a operação manipulite, cit., p. 59.
[475] D'IPPOLITO, Francesco e FIGUEIREDO Marcelo. *Mani Pulite Operação Mãos Limpas – 25 anos depois*, cit.
[476] MORO, Sergio Fernando. Considerações sobre a operação manipulite, cit., p. 58.

çar confissões. Prende-se quando estão presentes os pressupostos de decretação de uma prisão antes do julgamento. Caso isso ocorra, não há qualquer óbice moral em tentar-se obter do investigado ou do acusado uma confissão ou delação premiada, evidentemente sem a utilização de qualquer método interrogatório repudiado pelo Direito. O próprio isolamento do investigado faz-se apenas na medida em que permitido pela lei. O interrogatório em separado, por sua vez, é técnica de investigação que encontra amparo inclusive na legislação pátria (art. 189, Código de Processo Penal)"[477].

Como dizia Aristóteles, "uma injustiça não tem o condão de corrigir outra injustiça". O combate à corrupção não é tarefa para super-heróis, e sim para toda a sociedade em conjunto. O combate com viés moralista apenas transfere a corrupção de um grupo político a outro, gerando como efeito prático no máximo a sofisticação da corrupção e o desenvolvimento da sanha punitivista na população. O verdadeiro combate à corrupção deve combater suas raízes, propiciando mudança cultural e ser realizado de forma solidária pelo conjunto das instituições e dentro da legalidade.

Sobre a Operação Lava Jato aqui anunciada, a parte final do livro dará enfoque especial, principalmente quando abordar o governo de Jair Bolsonaro no Brasil, que teve início em 2019.

2.4.13 A Itália no século XXI

Silvio Berlusconi, que ocupou o cargo de primeiro-ministro da Itália em três ocasiões, durante 9 anos, é um dos personagens mais polêmicos da política daquele país, tendo chegado ao poder após a desvalorização da classe política, resultado direto da operação "mãos limpas". Empresário bilionário e dono de redes de TV, Berlusconi, mais conhecido pelo apelido *Il Cavalieri* (O Cavaleiro), esteve envolvido em acusações de corrupção, de exploração sexual de jovens e de participação em orgias, conhecidas como bunga-bunga. Em 24 de junho de 2013 foi condenado no caso Ruby (que envolvia uma jovem menor de idade prostituída) a 7 anos de cadeia e proibido de exercer qualquer cargo público.

[477] Ibidem, p. 58.

Em março de 2015, o Supremo Tribunal italiano concluiu que Berlusconi não tinha de saber que "Ruby", como era conhecida, não tinha 18 anos, ficando salvo da pena. A sentença abriu a porta ao regresso de Berlusconi, de 78 anos, à vida política, da qual estava afastado pela anterior decisão. Em 8 de julho de 2015, um tribunal de Nápoles condenou-o a três anos de prisão por corrupção de um senador, mas a pena não pôde ser aplicada porque o delito prescrevera, ainda, em 2015.

A Itália, uma das principais economias europeias, enfrentou, após 2008, uma crise que tem aproximado o Norte, região industrializada e mais rica, ao Sul, área mais pobre, predominantemente agrícola. Com isso, pesquisa da Confederação Nacional dos Empreendedores Agrícolas (Coldiretti), divulgada em 2013, apontou que 1 a cada 3 jovens italianos aceitaria varrer a rua se tivesse emprego. O índice chega a 49% dos que procuram emprego e a 19% entre os estudantes. Do total de jovens pesquisados, 51% deixariam o país se pudessem e 60% acreditam que serão mais pobres que seus pais, o mais alto índice desde o fim da Segunda Guerra.

Nas eleições gerais de março de 2018, o populista Movimento 5 Estrelas (M5S) foi o vencedor, desbancando o Partido Democrático (PD), de Matteo Renzi. Fundado em 2009, o partido foi o mais votado, mas não conseguiria, sozinho, governar. Fez aliança, então, com a Liga Norte, de extrema-direita, liderado por Matteo Salviani. O grupo vencedor tinha uma postura crítica contra a União Europeia e a questão da imigração, reclamando que os parceiros europeus deveriam absorver parte do impacto dos imigrantes do Norte da África que chegam, diariamente, à costa italiana. O PD, que manteve o poder durante cinco anos, com altos e baixos, acabou saindo derrotado das eleições. O novo governo, que se autonomeou como "o governo da mudança", então, foi composto por Giuseppe Conte, um jurista quase desconhecido, Salviano e Luigi di Maio, líder do M5S. Havia forte temor na União Europeia com os posturas eurocéticas do novo governo. Ainda durante a campanha, um neonazista matou seis imigrantes a tiros.

Em setembro de 2019, após uma forte crise política que levou ao afastamento do ex-ministro do Interior Matteo Salvini, de extrema-direita, o primeiro-ministro Giuseppe Conte assumiu, mais uma vez, o governo da Itália. Com isso, o Partido Democrático, de centro-esquerda, e o Movimento 5 Estrelas, firmaram um acordo para dirigir o país novamente, sem a participação da Liga Norte, de Salvini, ligada à direita e inimiga mortal dos imigrantes. A expectativa era de que o novo governo melhorasse as relações da Itália com a União Europeia e adotasse uma posição mais suave em relação à imigração. O governo anterior entrou em colapso depois que Salvini saiu da coalizão numa tentativa de promover novas eleições. A manobra não foi bem sucedida e a direita perdeu espaço no grupo que levou de volta ao poder Conte, um jurista praticamente desconhecido até se tornar primeiro-ministro[478].

2.4.13.1 A Constituição na atualidade

A Constituição italiana vigente data de 22 de dezembro de 1947. Apesar de várias crises políticas e das "grandes transformações no quadro sócio-político-econômico da Europa", o texto original não foi alterado[479], nem mesmo em face da proposta de reforma constitucional propugnada pelo então primeiro ministro Matteo Renzi do Partido Democrático, que defendeu a seguinte reforma em 2016: a superação do bicamerismo perfeito; a prevalente competência legislativa ordinária da Câmara; novidades reformadoras na edição do decreto-lei; o retorno a novo exame de um projeto motivado pela lei de conversão dos decretos leis; a eleição do Presidente da República; a dissolução da Câmara; a supressão do Conselho Nacional de Economia e do Trabalho (CNEL); o Juízo Preventivo de legitimidade constitucional da Lei Eleitoral; a abolição da vitaliciedade para os ex-parlamentares condenados definitivamente por delitos graves; a responsabilidade dos magistrados.

Na Carta Magna italiana, a liberdade pessoal é inviolável. Só será permitida alguma forma de detenção, de inspeção ou perquirição pessoal por meio de determinação motivada da autoridade judiciária, nos casos e formas previstos em lei. A edição de medidas provisórias por autoridade de segurança pública ocorre em casos excepcionais, de necessidade e urgência, indicados expressamente em lei. Tais medidas deverão ser

[478] *Folha de S.Paulo*, edição de 4 de setembro de 2019, p. A-15.

[479] Alguns dispositivos constitucionais foram revogados pela lei constitucional de 18 de outubro de 2001: arts. 115, 124 e 128 a 130.

comunicadas no prazo de quarenta e oito horas à autoridade judiciária, que poderá mantê-las ou revogá-las em caso de ilegalidade[480].

A inviolabilidade do domicílio não é absoluta, visto que poderão ser efetuadas inspeções, perquisições ou sequestros no domicílio, seja por motivos de saúde, de incolumidade pública e para fins econômicos e fiscais, nos casos e formas regulamentados por leis especiais[481].

O segredo da correspondência e de qualquer outra forma de comunicação também estão consagrados na Carta Magna italiana. A inviolabilidade de correspondência é genérica, admitindo-se a salvaguarda de todas as formas de comunicação existentes e por vir, exceto por determinação da autoridade judiciária de todas as hipóteses de comunicação[482].

Assegura-se o direito de reunião, desde que pacífica e sem armas, não sendo necessária a comunicação prévia às autoridades locais, a não ser que a manifestação ocorra em local público, como praças e monumentos. Na Itália, são proibidas as associações secretas e as que persigam, mesmo que indiretamente, escopos políticos mediante organizações de caráter paramilitar[483].

O direito de manifestação do pensamento é pleno, de maneira que à imprensa dispensam-se autorizações ou se impõem censuras. Aliás, admite-se o sequestro de quaisquer provas somente por determinação da autoridade judiciária em caso de delitos, na forma e nos casos previstos expressamente na lei de imprensa. Entretanto, na hipótese de absoluta urgência, e não for possível a imediata e oportuna intervenção da autoridade judiciária, o ato de sequestrar quaisquer provas deverá ser comunicado à justiça no prazo máximo de vinte e quatro horas, sob a possibilidade de ser ou não deferido, revogado ou declarado nulo[484].

As publicações impressas, os espetáculos e todas as demais manifestações contrárias aos bons costumes serão proibidas, segundo disposição em lei especial acerca das medidas adequadas para preveni-las e reprimi-

480 Mourre, Michel, *Dicionário de história universal*, cit., p. 745.

481 Ibidem, p. 745.

482 Ibidem, p. 745.

483 Ibidem, p. 745.

484 Ibidem, p. 745-746.

-las[485]. O direito de ação e defesa é assegurado pela constituição, não padecendo o Judiciário do dever de apreciar lesão ou ameaça a direito[486].

Nenhuma forma de privação da capacidade jurídica, da nacionalidade e do nome é admitida no diploma constitucional italiano[487]. Assegura-se a prestação de assistência judiciária integral e gratuita aos desprovidos de recursos ou de quaisquer meios para agir e defender-se diante de qualquer jurisdição, em qualquer grau e procedimento[488].

A constituição italiana é expressa ao prever que ninguém poderá ser punido senão por aplicação de uma lei que tenha "entrado em vigor" antes de cometido o fato[489]. A extradição de cidadão italiano se dá mediante convenção internacional, não se admitindo a extradição por crimes políticos, acrescentando-se que o cidadão italiano nato poderá ser extraditado pela Itália a requerimento de outro Estado estrangeiro[490].

Ninguém será considerado "réu" até que ocorra a condenação definitiva. Abomina-se no regime italiano qualquer forma de tratamento contrário ao senso de humanidade ao preso, uma vez que o sistema de condenação deverá ser sempre reeducativo[491]. A pena de morte aplica-se aos casos previstos pelas leis militares de guerra. Os funcionários e os dependentes do Estado e das entidades públicas respondem diretamente pelos atos praticados com violação de direitos, ao passo que a responsabilidade civil se estende ao Estado e às entidades públicas.

A Constituição italiana teve influência nas discussões durante a Constituinte brasileira (1987) e alguns conceitos foram inseridos em nossa Constituição.

485 Ibidem, p. 746.
486 Ibidem, p. 746.
487 Ibidem, p. 746.
488 Ibidem, p. 746.
489 Ibidem, p. 746.
490 Ibidem, p. 746.
491 Ibidem, p. 746.

2.4.13.2 Dados estatísticos contemporâneos

GOVERNO	República parlamentarista
POPULAÇÃO (2019)	60.014.081 hab. (23º)
DENSIDADE POP.	200,12 hab./km² (39º)
PIB (BASE PARIDADE DO PODER DE COMPRA - PPC - 2017)	US$ 1,935 trilhões[492] (10º)
PIB *PER CAPITA* - PPC (2019)	US$ 33.219[493] (30º)
PIB NOMINAL (2019)	US$ 2,001 trilhões[494] (8º)
PIB PER CAPITA (NOMINAL)	US$ 35.511[495] (24º)
IDH (2018)	0,880 (28º)
OBSERVAÇÃO	Membro fundador da União Europeia e parte da zona do Euro, além de ser membro do G8, G20, OTAN, OCDE, Organização Mundial do Comércio (OMC) e Conselho da Europa. Terceira maior reserva de ouro, décimo maior PIB (PPC)[496], o sexto maior orçamento público do mundo, o nono maior orçamento de defesa do mundo, acesso às armas nucleares da OTAN e um papel proeminente nos assuntos militares, culturais e diplomáticos europeus e mundiais, o que torna a Itália uma das principais Potências Médias do mundo e uma Potência Regional de destaque na Europa.
Constituições	Estatuto Albertino, de 1848; a de 1948 (e alterações da lei constitucional de 18 de outubro de 2001).

Fonte: Fundo Monetário Internacional (FMI): World Economic Outlook Database (Março de 2020).

492 Fundo Monetário Internacional (FMI): World Economic Outlook Database (Março de 2020).
493 Ibidem.
494 Ibidem.
495 Ibidem.
496 Report for Selected Countries and Subjects Imf.org (14 de setembro de 2006).

Capítulo 3
SUÍÇA – DA DEMOCRACIA DIRETA À SEMIDIRETA

3.1 Localização e aspectos gerais

Esta República federal, composta por 26 estados (os cantões), cuja sede das autoridades federais se encontra em Berna, está situada na Europa Central, onde faz fronteira com a Alemanha a Norte, França a Oeste, Itália a Sul e Áustria e Liechtenstein a Leste. Sem costa marítima, a Suíça[497] divide-se geograficamente entre o Jura[498] (onde se desenvolveu a agricultura e a indústria relojoeira), o Planalto Suíço e os Alpes, somando uma área de 41.285 km^2 [499]. A população suíça é de aproximadamente 7,8

[497] "Não obstante a sua pequena dimensão territorial e o reduzido número de habitantes, principalmente se comparados ao Brasil, trata-se de um País fragmentado, com quatro línguas oficiais (alemão, francês, italiano e romanche) e com culturas muito diferentes umas das outras. Importa assinalar que o alemão é a língua mais falada do País (63,7% da população), seguida do francês (20,4%), italiano (6,5%) e romanche (0,5%). O romanche foi reconhecido como língua oficial da Suíça apenas em 1938, enraizado no cantão dos Grisões. Tal língua é falada por cerca de cinquenta mil pessoas no País. Cuida-se de uma língua neolatina do ramo ocidental. Acredita-se que ela descende do latim vulgar proferido pelos romanos que ocuparam a área na antiguidade". *Vide* GRACIELA, Nayara. *O federalismo e a democracia na Suíça*. Disponível em http://www.conteudojuridico.com.br/artigo,o-federalismo-e-a-democracia-na-suica,32163.html. Acesso 15 dez. 2019.

[498] A região entre o Juro e os Alpes chama-se Mitteland, que apresenta uma depressão subalpina e numerosos lagos, onde se concentram a criação de bovinos, intensa agricultura e suas indústrias. Ressalte-se que o Mittelland desce suavemente desde a franja subalpina até o curso inferior do rio Aar, que o separa do Jura no noroeste. *Vide Enciclopédia Barsa Universal*. São Paulo: Barsa Planeta, 1964, p. 5793, v. 17.

[499] Os Alpes cobrem a maior parte do território e apresentam picos com mais de quatro mil metros de altitude, onde se desenvolvem a criação de gado leiteiro e o turismo. A parte meridional e setentrional dos Alpes suíços está separada pela bacia do Rôdano, que tem

milhões de habitantes e concentra-se principalmente no planalto, onde estão localizados os centros econômicos Zurique e Genebra.

As principais bacias fluviais são as do Reno, que deságua no mar do Norte; a do Ródano, que passa pelo Lago Léman e desce até o Mediterrâneo; e a do Pó, que se dirige para o Adriático. Lagos importantes são os de Constança, Zurique, Quatro Cantões, Lugano e Neuchâtel. O clima é relativamente temperado, cuja precipitação corresponde a 2.000 e 3.000 mm anuais nos Alpes Berneses, a 1.000 mm anuais em três quartos do território, a 600-700 mm no vale médio do Ródano. A temperatura média anual é de 8ºC. Os bosques de coníferas atingem de 1.600 a 1.700 metros de altitude nos Alpes e nos Pré-Alpes e 2.000 metros na Engadina. Nas partes mais elevadas, estende-se a zona dos prados alpinos[500].

A Suíça é um dos países mais ricos do mundo relativamente ao PIB per capita, este calculado em 75.835 dólares americanos em 2011. Zurique e Genebra foram classificadas como as cidades com melhor qualidade de vida no mundo, estando em segundo e terceiro lugar, respectivamente. Em 2013, a Suíça foi considerada como o melhor país para nascer[501].

A Confederação Suíça, ou Helvética[502], tem longa história de neutralidade, haja vista que desde 1815 não se envolve em conflitos internacionais. O país é sede de muitas organizações internacionais, como o Fórum Eco-

a sua continuação tectônica a Leste no vale do Reno. *Vide Enciclopédia Barsa Universal*, p. 5793, v. 17.

500 *Enciclopédia Barsa Universal*, v. 17, p. 5793-5794.

501 Ibidem p. 5794.

502 O termo Helvética vem da palavra latina Helvetier que, por sua vez, provém do nome da antiga tribo celta dos Helvécios. O nome Confederação Suíça tornou-se conhecido apenas durante o século XVIII, quando não era nem oficial nem único, visto que designações como Corpo Helvético, Magna Liga, Ligas e Helvetia eram também usadas para denominar a Suíça. Também não se encontra Confederação Suíça na Ata de Mediação de 1803, apesar de Napoleão Bonaparte ser considerado como o Mediador da Confederação Suíça. A primeira ocorrência legal do nome está escrita no artigo 15 do Pacto Federal de 1815, em que os Cantões se constituem em Confederação Suíça, nome que fora modificado desde então. Hoje, e segundo a carta das denominações de países da Suíça, o país é nomeado oficialmente como Confederação Suíça e explicita que deve ser evitado o uso de todas as palavras com prefixo helveto-. Essa designação é utilizada pela primeira vez em alemão num documento datado da Guerra dos Trinta Anos (1618-1648). Porém, em latim a tradução continua sendo *Confœderatio Helvetica*.

nômico Mundial, a Cruz Vermelha, a Organização Mundial do Comércio e o segundo maior Escritório das Nações Unidas. Em nível europeu, fundou a Associação Europeia de Comércio Livre e é parte integrante do Acordo de Schengen[503]. Em termos desportivos, abriga as sedes do Comitê Olímpico Internacional - COI, da Federação Internacional de Futebol - FIFA e da União das Federações Europeias de Futebol - UEFA.

A Suíça é constituída por quatro principais regiões linguísticas e culturais: alemão, francês, italiano e romanche. Por conseguinte, os suíços não formam uma nação no sentido de uma identidade comum étnica ou linguística. O forte sentimento de pertencer ao País é fundado sobre o histórico comum, valores compartilhados (federalismo, inicialmente democracia direta e neutralidade) e pelo simbolismo alpino. A criação da Confederação Suíça é, por tradição, considerada como 1º de agosto de 1291.

3.2 O processo de ocupação e desenvolvimento da Confederação Suíça

Segundo evidências arqueológicas da pré-história, povos dedicados à caça teriam se estabelecido ao norte dos Alpes no final do Paleolítico. Na era Neolítica, essa região estava relativamente povoada. Restos de construções foram encontrados nas regiões de muitos lagos. Até o ano 1500 a.C., tribos de origem celta estabeleceram-se nessa área. Os récios[504] habitaram a leste, enquanto os helvéticos assentaram-se no oeste[505].

[503] Consiste num acordo de livre trânsito de cidadãos sem controle nas fronteiras, composto por 26 países e conta com 22 dos 28 membros da União Europeia (Bulgária, Romênia, Chipre, Croácia, Irlanda e Grã-Bretanha não o integram), aos quais se somam outros quatro não membros (Islândia, Liechtenstein, Noruega e Suíça). No entanto, devido à atual pressão migratória o controle fronteiriço foi reintroduzido por 6 vezes em 2013.

[504] Povo da antiga província romana, conquistada em 15 d.C. pelo Imperador Tiberius.

[505] No lago suíço de Neuchâtel encontra-se a estação epônima da civilização céltica da Segunda Idade do Ferro, La Tène. Na época das migrações dos Cimbros e dos Teutões (finais do século II a.C.), os helvéticos decidiram ir em busca de novas terras na Gália Meridional e partiram depois de terem incendiado as suas aldeias. César aproveitou esse pretexto para intervir na Gália; deteve os helvéticos no Morvan e obrigou-os a voltar para as suas montanhas (mais de dois terços do povo helvécio pereceram nessa expedição). No inicio da nossa era, todo o território atual da Suíça submetera-se a domínio romano. A oeste, a Helvécia foi primeiro incorporada na província da Bélgica e depois na Lionesa

Uma confederação de tribos germânicas estabeleceu-se à margem direita do rio Reno, ao longo do século III. Originários da região do Meno, os alamanos confrontaram-se, a partir de 213, com o Exército do Imperador Caracala, que acabaram por vencer. A partir de 260 a confederação dos alamanos fixou-se nos Campos Decumanos, entre o rio Meno e o Lago de Constança. Por sua vez, em 350 expandem-se para a Alsácia e para a região oriental da Suíça Oriental. Sete anos depois, o imperador romano Juliano, o Apóstata, expulsou-os da Alsácia. Depois de conhecerem a derrota em várias batalhas ao longo do século V, os Alamanos acabaram por formar um ducado independente designado de Alemânia[506].

Em 610, os alamanos derrotaram os francos na região de Friburgo, na atual Alemanha, enquanto outros grupos prosseguiam nos desfiladeiros do Jura, no atual condado franco. O crescimento demográfico dos alamanos acabou por forçar a passagem da barreira natural formada pelos montes dos Vosges e Jura, a oeste do Reno[507].

No século VII, monges irlandeses dedicaram-se à conversão desse povo ao cristianismo, o que impulsionou a fundação do bispado de Constança, cidade à beira do lago homônimo entre os atuais territórios da Áustria, Suíça e Alemanha. No entanto, ressalte-se que a Igreja Católica, por intermédio dos seus missionários, criou as dioceses de Chur, Sion, Basileia, Constança e Lausanne, por volta do século VI. Diversos monastérios foram instalados em Zurique, Saint-Gall, Disents e Romainmotier[508].

I; as principais cidades eram Aventico (Avenches) e Augusta dos Rauricos (Basileia); Genebra e Nyon eram igualmente centros importantes. A Suíça Oriental fazia parte da província da Récia, cuja capital era Curia (Coire). Rapidamente romanizada, atravessada pelas estradas romanas do Grande São Bernardo, do Splügen e do Septimer, essa condição permaneceria de forma constante em sua história. No século V, o país foi ocupado por dois povos germânicos, os burgúndios (na região do lago Lemano e no Jura), que se romanizaram e cristianizaram rapidamente, e os Alamanos (em todo o resto da Suíça), que se mantiveram durante muito tempo pagãos e mais intrinsecamente germânicos. Os limites atuais da Suíça alemânica correspondem aproximadamente à fronteira entre os burgúndios e os alamanos. *Vide* Mourre, Michel, *Dicionário de história universal*, p. 1309.

506 Disponível em http://www.infopedia.pt/$alamanos.

507 Ibidem.

508 Ibidem.

A fim de obter o apoio dos suíços nas suas campanhas contra Milão, o rei da França, Luís XII, garantiu-lhes a posse dos *bailiados tessineses* (Bellinzona, Lugano, Locamo), mas, como a França mostrava muito pouca vontade de cumprir as suas promessas, os suíços, sob a influência de Matthäus Schiner, bispo de Sion, mudaram de campo e aliaram-se ao papa Júlio II contra Luís XII (1510). Depois de alcançarem uma grande vitória em Novária (1513), eles expulsaram os franceses do Milanês, enquanto outro Exército confederado ia cercar Dijon. No entanto, pela sua vitória de Marignan (13 de setembro de 1515), Francisco I abateu a supremacia militar suíça[509].

Com a conquista territorial, durante o século XV[510], a Confederação, após diversas batalhas, conseguiu unir 13 cantões[511] e organizar a Dieta (assembleia) que representava cada cantão com direito a um voto e dois assentos. Em 1516 a França[512] efetuou um tratado de paz com a Suíça que evoluiu para uma aliança (1521) e o direito de recrutar soldados suíços (Zurique não participou desses acordos e manteve seus vínculos com a Antiga Federação até 1798).

[509] Ibidem.

[510] Através da Guerra dos Suabos, a Suíça juntou mais membros. Em 1501, as cidades de Basileia e Schaffhausen foram integradas na confederação, e em 1513 o Apenzell (antes de se dividir) integrou a confederação, totalizando, assim, treze cantões, que constituíam a antiga Confederação de 1291 durante muito tempo. Porém, a independência formal só aconteceu em 1648.

[511] Nayara Graciela (in), a Confederação, "associação frágil, serviu, de início, para a defesa comum da independência e de suas peculiaridades, reivindicada por cada um dos cantões e, depois, numa segunda fase, para conquistar novos territórios". *Vide* GRACIELA, Nayara. *O federalismo e a democracia na Suíça.* Disponível em http://www.conteudojuridico.com.br/artigo,o-federalismo-e-a-democracia-na-suica,32163.html. Acessado em 8 ago. 2017.

[512] A Confederação, renunciando desde então a qualquer ambiciosa política externa, concluiu uma paz perpétua com a França, a qual lhe garantiu a posse dos bailiados tessineses, concedeu importantes privilégios comerciais, pagou uma indenização de guerra e pensões anuais aos cantões, mas obteve o direito de recrutar mercenários na Suíça (1516). *Vide* MOURRE, Michel, *Dicionário de história universal*, cit., p. 1312.

Durante a Reforma na Suíça[513], o protestante Uldrich Zwinglio[514], um padre que fazia duras críticas à Igreja Católica, teve o apoio popular para combater a corrupção, o serviço dos mercenários e beneficiar as cidades reformadas, mas foi derrotado e morto pelas áreas rurais católicas. Em 1531, com a Paz[515] Nacional de Kappel, os católicos ganharam vantagens sobre a maioria reformista.

513 O segundo momento da Reforma ocorreu na Suíça, de maneira substancialmente diversa da Reforma Luterana. No século XVI, a Suíça era uma região muito diferente da Alemanha. Desde fins do século XV ela se tornara independente do Sacro Império Romano Germânico. Sua estratégica posição geográfica permitira-lhe conhecer amplo desenvolvimento comercial e financeiro: suas cidades, tais como Genebra, Basileia e outras eram habitadas por uma burguesia mercantil solidamente próspera. Naquela época, os bancos suíços já eram importantes e fortes. Assim, a Igreja Católica, que condenava a usura e o lucro pelo comércio e pregava a pobreza não desfrutava de grande popularidade na Suíça. Além do mais, o humanismo penetrava profundamente na região. Erasmo de Roterdã, por exemplo, viveu vários anos na cidade de Basileia e a popularidade de seu pensamento era bastante intensa. Podemos perceber de uma forma muito clara, entretanto, que, apesar de termos aqui os elementos suficientes para a deflagração de um movimento reformista, a situação da Suíça era basicamente diferente da situação alemã: na primeira havia amplo desenvolvimento do comércio e dos empréstimos a juros, com uma classe de comerciantes forte e interessada em aumentar seus lucros, sem se importar com os métodos utilizados para isto; na segunda, havia apenas uma região desenvolvida comercialmente. A sociedade revelava sérios traços medievais, a nobreza predominava politicamente, a tradição ainda vigorava nos costumes e na moral. Por isto, embora a Reforma suíça se apresente com pontos em comum com a Reforma alemã, ela oferece aspectos radicalmente diferentes, principalmente no que diz respeito à maneira de encarar as atividades mercantis e bancárias, o lucro, a riqueza e tudo o que era importante para a burguesia. *Vide Curso Abril Vestibular – história geral*, n. 09, p. 533-534.

514 Primeiro teólogo a manifestar-se contra o catolicismo na Suíça. Ordenou-se padre e, como um grande número de intelectuais de seu tempo, foi influenciado pelo humanismo evangélico, sendo grande admirador de Erasmo. Em 1519, sentiu-se atraído pelas ideias que Lutero exprimira nas Noventa e Cinco Teses, tornando-se um de seus adeptos. Fundou uma nova igreja, à qual chamou "Igreja Democrática". Sua nova religião conquistou, praticamente, todo o norte da Suíça. Em 1529, desencadeou-se uma guerra entre os cantões (distritos) do norte, que eram protestantes, e os do sul, católicos. Depois de dois anos de luta, as forças de Zwinglio foram derrotadas e o próprio chefe protestante foi morto. Entre os contentores foi assinada, então, a paz Kappel. *Vide Curso Abril Vestibular*, cit., p. 534.

515 A paz que se seguiu consagrou a divisão religiosa da Suíça: aos quatro cantões reformados (Zurique, Berna, Basileia e Schaffhouse) opunham-se sete cantões católicos (Uri, Schwyz, Unterwald, Lucerna, Zoug, Soleure e Friburgo), enquanto dois cantões eram

3.3 – A doutrina calvinista[516] e o Estado capitalista

Zwinglio foi superado por João Calvino[517], este considerado o grande reformador no país. A reforma religiosa calvinista trouxe incalculáveis consequências à Suíça e a várias outras partes do mundo. Nascido em Noyon (França) em 1509, Calvino era filho de um homem de negócios. Estudou Direito nas melhores universidades europeias: Paris, Orléans e Bourges.

Calvino fora atraído pelas novas doutrinas religiosas de Lutero, de quem se tornou ardoroso partidário. Perseguido por suas opiniões, teve de deixar a França, refugiando-se de maneira forçada em Basileia, onde desenvolveu sua doutrina, contida na obra *As instituições cristãs* (publicado em 1536)[518].

mistos (Glaris e Appenzell). Embora menos povoados do que os cantões protestantes, os cantões católicos detinham a maioria na Dieta federal. A oposição dos católicos impediria durante muito tempo qualquer alargamento da Confederação. Genebra, ameaçada pelo duque de Saboia, unira-se em 1519/1526 com Friburgo e Berna, mas só pôde tornar-se oficialmente suíça em 1815. A Reforma, que o apostolado de Farei e de Viret difundira na região de Vaud I e em Neuchâtel a partir de 1530, estabelecera-se definitivamente em Genebra em maio de 1536. Para desbloquear a cidade, cercada pelos saboianos, os berneses efetuaram a conquista da região de Vaud (1536), e a Suíça, estendendo-se desde então por toda a margem setentrional do Lemano, atingiu assim as suas atuais fronteiras a oeste. *Vide* Michel Mourre, *Dicionário de história universal*, cit., p. 1312.

516 *Vide* capítulo deste livro sobre protestantismo (Calvino – Lutero).

517 Ao transformar-se, com Calvino, na metrópole do protestantismo, Genebra, que se mantinha independente, começou a exercer uma influência europeia; a sua vitoriosa resistência por ocasião da Noite da Escalada (11 de Dezembro de 1602) acabou de a libertar do ascendente da Saboia. Ao invés, na Suíça Meridional e Oriental, a contrarreforma católica desenvolvia-se sob o impulso de Carlos Borromeu, arcebispo de Milão, cuja jurisdição eclesiástica abarcava uma parte do território da Confederação. Participaram do Colégio Helvético, fundado por Borromeu em Milão, missionários que reconquistaram quase inteiramente Glaris, Appenzell e os Grisões para o catolicismo; instalou-se uma nunciatura em Lucerna; abriram-se colégios de jesuítas em Lucerna e Friburgo. Dois suíços notabilizaram-se especialmente pelo seu zelo romano: Ludwig Pfyffer em Lucerna, que iria desempenhar igualmente um papel importante nas guerras de religião na França e foi apelidado de "rei dos Suíços", e Melchior Lussy nos Waldstätten. As lutas religiosas haviam de guardar uma particular acuidade até ao fim do século XIX. *Vide* MOURRE, Michel, *Dicionário de história universal*, cit., p. 1312.

518 *Curso Abril Vestibular*, cit., p. 534.

A base do pensamento religioso de Calvino encontra-se na própria doutrina luterana: o homem salva-se pela fé, e não pelas obras. Calvino, porém, foi muito mais radical do que Lutero, levando sua doutrina às últimas consequências. Nota-se nele uma proximidade maior com a teologia de Santo Agostinho. Para o reformador francês, "os homens são criaturas pecadoras, corrompidas e más desde o nascimento, incapazes de, por si mesmas, merecer a graça divina. Somente a fé pode salvá-los e somente Deus pode dar-lhes essa fé, porém, apenas alguns eleitos teriam sido escolhidos, por Deus todo-poderoso, para alcançá-la"[519].

Calvino escreveu num mundo mais ligado ao "comércio do dinheiro". Tendo seu quartel-general em Genebra, que se tornara um centro financeiro quando Lião (Lyon) decaía devido às guerras civis, ele é mais liberal do que Lutero no capítulo da usura. Afirma que o crédito, os bancos, o grande comércio, as finanças são desejados por Deus e são tão respeitáveis como o salário de um operário ou o aluguel de uma propriedade. Aliás, o comerciante que procura o lucro por meio das qualidades exigidas pelo êxito econômico – trabalho, sobriedade, frugalidade e ordem – corresponde também ao apelo de Deus e santifica, no que lhe concerne, o mundo pelo seu esforço e, portanto, sua ação é santa. Logo, suas ideias foram muito bem recebidas por burgueses comerciantes e industriais de Antuérpia, Londres e Amsterdam[520].

Lembre-se de que os católicos controlavam a agricultura, e os protestantes o comércio e a indústria, com a participação de imigrantes refugiados (italianos, franceses e holandeses). Nesse contexto, formou-se uma elite constituída de famílias citadinas que controlavam o poder em detrimento dos camponeses, que trabalhavam sem quaisquer direitos e em terras inférteis.

Em decorrência, as consultas populares foram extintas no século XVII[521], gerando insurreições camponesas, como a de 1653, que foi reprimida com bastante violência.

[519] Ibidem, p. 535.

[520] Ibidem, p. 535.

[521] Durante a Guerra dos Trinta Anos (1618/1648), que pôs em confronto, por toda a Europa Central, católicos e protestantes, os cantões tiveram a sensatez de permanecer fora do conflito, no qual a Confederação não deixaria sem dúvida de soçobrar para todo

Devido a essas características, a Suíça ficou neutra durante as guerras europeias que ocorreram durante os séculos XVII e XVIII[522].

3.4 Napoleão, a República Suíça e os Cantões

Em 1798[523] Napoleão derrota a Antiga Confederação, fato que acaba por consolidar a República Helvética, considerada "una e indivisível" com base na soberania popular.

o sempre. Esta neutralidade traduziu-se no acordo de 1647, que levou os confederados a assumir o compromisso de se defenderem contra qualquer agressor, sob a direção suprema de um conselho composto de católicos e protestantes. Nos Tratados de Vestefália (1648), graças aos esforços do delegado suíço, Johann Rudolf Wettstein, burgomestre de Basileia, o Imperador e as potências europeias reconheceram solenemente a independência da Confederação. Contudo, as animosidades religiosas não haviam desaparecido. Os protestantes, mais ricos, mais ativos do que os católicos e mais de duas vezes mais numerosos, não viam com bons olhos a sua representação minoritária na Dieta federal. Este desequilíbrio foi a causa das duas guerras religiosas de Villmergen: na primeira (1656), provocada pelas medidas de rigor de que os reformados eram objecto em Schwyz, os protestantes perderam; na segunda (1712), que teve origem na sublevação dos protestantes do Toggenburg contra o príncipe-abade de Saint-Gall, as tropas bemesas bateram os católicos em Villmergen (25 de Julho de 1712), e a Paz de Aarau, que sobreveio pouco depois, estabeleceu pela primeira vez a liberdade de crença nos bailiados comuns. Começavam a desenvolver-se centros industriais: Zurique (fiação e tecelagem da seda), Saint-Gall (bordados), Basileia (fitas), Genebra e o Jura (relojoaria). A chegada de protestantes franceses expulsos pela revogação do Edicto de Nantes (1685) constituiu uma preciosa achega para a indústria suíça nos seus primórdios. A diferença entre as condições de vida nas cidades e nos campos aumentou: em meados do século XVIIocorreram revoltas camponesas perto de Lucerna, no Oberland bernês, nos campos de Basileia. Não obstante, iria desabrochar uma vida de sociedade luxuosa e brilhante, especialmente na região de Vaud. MOURRE, Michel. *Dicionário de História Universal* , cit., p. 1312-1313.

522 Entre 1650 e 1790, vários são os conflitos que vão acontecendo na Suíça contra famílias ricas e que não tiveram sucesso. Muitos cantões entraram em guerra e conflitos para reclamar igualdade nos direitos. Apenas o Cantão de Genebra e a cidade de Togemburgo conseguiram restaurar algumas regras antigas. Porém, em 1782, as tropas napoleônicas e de Berna conseguiram instaurar a aristocracia em Genebra. Contudo, durante o século XVIII, cada vez mais as pessoas insistiam na unidade da Suíça, criando regras equivalentes entre os cidadãos. Em 1761, foi criada a Sociedade Helvética em Zurique. Juntavam-se todos os anos em Schinznach-Bad (Cantão de Argóvia) e discutiam a história e o futuro da Confederação.

523 Graciela, Nayara, *O federalismo e a democracia na suíça*. Disponível em http://www.

Um exército francês, comandado pelo general Ménard[524], ocupou não só Lausane, que os berneses haviam ocupado, mas também Friburgo, Soleure e, finalmente, Berna (5 de março de 1798). Os pequenos cantões católicos tentaram prolongar a resistência, nomeadamente em Schwyz, com Aloys de Reding[525], mas em vão: a Suíça Oriental foi igualmente ocupada (maio de 1798), tal como Genebra e o Valais. A insurreição que eclodiu no Unterwald (Nidwald), em setembro de 1798, acabou esmagada. Era a derrocada da antiga Confederação dos Treze Cantões[526].

Os franceses impuseram uma "República Helvética una e indivisível", cuja Constituição, democrática e centralizadora, era obra do revolucionário Peter Ochs[527], natural de Basileia. Na prática, a República não passava de um Estado fantoche, entregue à exploração dos comissários franceses, à ocupação militar, às requisições, às contribuições extraordinárias. O exército francês, que no início fora bem acolhido pela população, aca-

conteudojuridico.com.br/artigo,o-federalismo-e-a-democracia-na-suica,32163.html. Acesso em 19 nov. 2019.

524 Philippe Romain Ménard (1750 – 1810) – Filho de um fazendeiro, alistou-se no regimento de Champagne em junho de 1775 e, dois anos depois, começou a servir com os granadeiros de seu batalhão. Após o início da Revolução Francesa foi várias vezes promovido. Em 1792 serviu no Exército dos Alpes e, em seguida, no Exército dos Pirineus Orientais, e em dezembro foi ferido no combate de Villelongue. Apenas algumas semanas depois, os representantes do povo promoveram Ménard para chefe de brigada. Em novembro de 1794, foi promovido a general de brigada e passou a servir no cerco de Figuières e depois no cerco de Roses. A paz foi assinada com a Espanha em 1795 e Ménard foi enviado ao Exército da Itália, onde assumiu o comando da 2ª Brigada da divisão de Laharpe. Em 1796, o general Bonaparte chegou para assumir o comando do exército da Itália e Ménard serviu durante toda a campanha daquele ano. Em novembro de 1797, Ménard assumiu o comando da divisão de Masséna e em dezembro liderou a divisão na Suíça. Em 1801, foi nomeado comandante do 6º Exército militar, divisão em Besançon. Em 1804, foi nomeado Comandante da Legião de Honra, mas em 1805 foi considerado louco e, portanto, foi aposentado em 1806.

525 Aloys Reding von Biberegg (6 de março de 1765 – 5 de fevereiro de 1818), oficial militar e político, liderou uma revolta inicial contra a República Helvética, imposta pelos franceses em 1798, que negou aos cantões o direito ao autogoverno e à liberdade de culto. Heavily outnumbered, von Reding was forced to submit to French General on 13 May.

526 Mourre, Michel, *Dicionário de história universal*, cit., p. 1314.

527 Peter Ochs (1752 – 1821) – Defensor da autonomia Suíça. Levou os princípios ideológicos da Revolução Francesa para o seu país.

bou detestado por quase toda a gente. A Suíça viu-se coagida a renunciar à sua neutralidade e a fazer uma aliança militar com a França. Em maio de 1799, ela tornou-se um campo de batalha entre os exércitos do general Massena[528] e as tropas austro-húngaras de Suvorov[529], que deixaram os campos devastados[530].

Depois, ao verificar o malogro da República Helvética, Bonaparte chamou a Paris os representantes dos cantões e os dos partidos políticos para lhes impor o Ato de Mediação de 19 de fevereiro de 1803, de forma que a Suíça voltava a ser uma confederação, apesar do número elevado de cantões (dezenove)[531].

Aos treze antigos cantões vinham acrescentar-se mais seis: Saint-Gall, Grisões, Argóvia, Turgóvia, Tessin e Vaud. Mulhouse, Genebra e Bienne eram anexados à França, tal como o foi, em 1810, a efêmera República do Valais, transformada no departamento francês do Simplon. Os Grisões perdiam definitivamente a Valtelina. Por fim, Neuchâtel, em 1806, seria erigida em principado para o marechal Berthier. Cada cantão tinha novamente o seu governo. Estabeleceu-se um sufrágio quase universal. O poder federal era reforçado por um exército e uma moeda comuns, por uma Dieta federal, que tornava as suas decisões já não por unanimidade, como outrora, mas por maioria de três quartos[532].

[528] André Massena (1756 – 1817) – General e depois Marechal francês, participou do exército de Napoleão Bonaparte, que o chamava de "o filho querido da Vitória". Comandou a invasão francesa de 1810 contra Portugal, quando foi derrotado na Batalha de Bucaço e em Torres Vedras.

[529] Aleksandr Suvorov (1730 – 1800) – general do Exército Imperial Russo do século XVIII, é um exemplo brilhante de liderança militar virtuosa. Suvorov é dos poucos generais da história que nunca perdeu uma batalha; permaneceu indefectível em 60 batalhas, mesmo quando estava em desvantagem numérica. Uma de suas maiores conquistas foi a Guerra da Segunda Aliança, uma das Guerras da Revolução Francesa. Liderando as forças austro-húngaras conseguiu expulsar os franceses do norte de Itália. O prodígio da sua retirada estratégica através dos Alpes, enquanto lutava contra os franceses, custou-lhe um terço do seu exército, mas granjeou-lhe a admiração de toda a Europa e o supremo título de generalíssimo.

[530] MOURRE, Michel, *Dicionário de história universal*, cit., p. 1314.

[531] Ibidem, p. 1314.

[532] Ibidem, p. 1314.

Cada um, por sua vez, seis dos antigos cantões (três protestantes – Berna, Basileia e Zurique; e três católicos – Lucerna, Friburgo e Soleure), desempenhava durante um ano o papel de cantão diretor (*Vorort*). A Suíça sofreu sérios danos por causa do Bloqueio Continental e da conscrição, que a obrigava a fornecer permanentemente 16.000 homens ao Grande Exército. O contingente helvético distinguiu-se na passagem do Beresina, mas foi quase inteiramente aniquilado na Rússia (1813). Depois da batalha de Lípsia (Leipzig, 1813), a Suíça proclamou a sua neutralidade, mas os aliados, que perseguiam Napoleão, penetraram no país, ocasionando o fim do regime e do Ato de Mediação (começo de 1814)[533].

Após a vitória dos aliados, a Suíça, representada no Congresso de Paris por Charles Pictet de Rochemont[534], teve reconhecida e garantida solenemente pelas grandes potências a neutralidade e a inviolabilidade do seu território. A França teve de abandonar as anexações do período revolucionário e imperial (Genebra, Neuchâtel, os distritos jurassianos, o Valais). Em compensação, Mulhouse e a Valtelina ficaram definitivamente perdidas. O sistema de governo aristocrático restabeleceu-se em todos os antigos cantões. Os cantões voltaram a ser plenamente soberanos. A antiga Dieta, restaurada, viu todos os seus poderes acrescidos no domínio dos negócios estrangeiros e, ao contrário da antiga Confederação dos Treze Cantões, a nova, regida pelo "pacto federal" de 7 de Agosto de 1815, foi provida de um exército comum e de um orçamento militar[535].

533 Ibidem, p. 1314.

534 Charles Pictet de Rochemont (1755 – 1824) – Foi um estadista e diplomata que preparou a declaração da neutralidade permanente da Suíça, ratificada pelas grandes potências em 1815.

535 Ibidem, p. 1314. Destaque-se que entre 1815 e 1848, nos cantões suíços, a tendência aristocrática e conservadora entrou em conflito com a burguesia moderna. Os camponeses católicos abastados dos cantões originais formava a sólida base da velha ordem. Nos demais cantões, ao contrário, a massa dos camponeses carecia de direitos políticos e, portanto, era uma aliada natural da burguesia moderna. O movimento operário estava apenas no começo; os cantões de língua francesa, porém, sentiam a influência da democracia social francesa e das diferentes escolas do socialismo parisiense. Também os cantões suíços mais importantes se uniram ao levante das massas sem direitos, seguindo o modelo da Revolução de 1830. O domínio dos aristocratas foi derrubado, e os cantões líderes se transformaram em Repúblicas democrático-burguesas com o sufrágio universal. O partido burguês e progressista não pôde negar-lhes o direito eleitoral, pois, nesse caso, dependia da

Nesse contexto Genebra, o Valais e Neuchâtel formavam três novos cantões, e a Confederação passou a contar com vinte e dois cantões. Berna perdeu a região de Vaud e de parte da Argóvia, mas recebeu em contrapartida a cidade de Bienne e as antigas possessões do príncipe-bispo de Basileia; na terra de Gex e na Saboia criaram-se zonas francas que permitiam a entrada das mercadorias suíças numa parte dos territórios franceses e sardos[536].

Depois da Revolução parisiense de 1830, cerca de metade dos cantões, entre os quais Berna, Zurique, Lucerna, Vaud e Friburgo, reformaram a sua Constituição num sentido democrático, aboliram todos os antigos censos-feudais, garantiram as liberdades políticas fundamentais. Foi o regime da "regeneração". Em compensação, o conservantismo manteve-se em Neuchâtel (que, apesar de ser um cantão suíço, continuava sob a suserania do rei da Prússia, príncipe hereditário de Neuchâtel desde o início do século XVIII), nos Waldstätten, em Basileia, onde a insurreição dos campos contra o patriciado urbano provocou a formação de dois semicantões: Basileia-Cidade e Basileia-Campo (1833). Todavia, os liberais, que eram na sua maior parte grandes burgueses cultos ainda muito próximos do patriciado tradicional, não tardaram a ser ultrapassados e substituídos por radicais, que pretendiam uma centralização e uma democratização completas da Suíça e eram, ainda por cima, anticlericais[537].

Em consequência de tentativas radicais para derrubar pela força o governo lucernês (1844/1845), os cantões conservadores católicos (Lucerna, Uri, Schwyz, Unterwald, Friburgo e Valais) constituíram em dezembro de 1845 uma aliança defensiva secreta, o Sonderbund (confederação separada). A revolução valdense de 1845 e a revolução genebrina de 1846, que levaram os radicais ao poder nesses dois cantões, agravaram ainda mais a tensão. Quando a Dieta decidiu dissolver o Sonderbund

ajuda das massas camponesas. Em 1847, chegou-se, desse modo, à guerra civil. Os cantões modernos maiores, de Berna, Zurich etc., derrotaram com relativa facilidade os cantões originais. Nesse sentido, *Vide* ROSENBERG, Arthur. *Democracia e socialismo*, cit., p. 208-209.

536 MOURRE, Michel, *Dicionário de história universal*, cit., p. 1314.

537 Ibidem, p. 1314-1315.

(julho de 1847), a Suíça foi dilacerada por uma autêntica guerra civil[538], que ficou conhecida pelo nome de Guerra do Sonderbund. Graças ao engenho do General Dufour, comandante das tropas federais, ela só durou um mês (novembro de 1847) e fez poucas vítimas. O Sonderbund, cujas forças eram dispersas e inferiores em número, acabou derrotado e dissolvido. Os cantões católicos não sofreram outras represálias, senão o pagamento de uma indenização de guerra. No final de 1847, eles cercavam de novo a Dieta[539].

3.5 A Suíça e o Estado federativo no século XIX – a Constituição de 1848 e sua reforma

Uma nova Constituição[540] substituiu, em 1848, o pacto de 1815. A Suíça, que não passara, até então, exceto na época do Ato de Mediação, de uma confederação de Estados, adquiriu o seu carácter moderno de Estado federativo. Os negócios estrangeiros, os correios, a moeda, os pesos e medidas, as alfândegas dependiam agora exclusivamente da autoridade federal, que tinha um poder muito extenso sobre o exército, pois garantia as liberdades políticas fundamentais e dava a sua aprovação às Constituições cantonais[541].

Em suma, a nova Carta adotou preceitos fundamentais republicanos à luz dos valores proclamados pela Revolução Francesa (liberdade, igualdade e fraternidade), da ética protestante calvinista e de algumas carac-

[538] Ressalte-se que a tranquilidade suíça foi perturbada pela miniguerra de secessão em 1847, quando sete cantões católicos formaram o Sonderbund ("confederação separada") e tentaram mobilizar a sociedade em favor de uma autonomia cantonal cuja amplitude punha em risco a unidade nacional. *Vide* Caenegem, R. C. Van. *Uma introdução histórica ao direito constitucional*, cit., p. 290.

[539] Mourre, Michel, *Dicionário de história universal*, cit., p. 1315.

[540] A Constituição Federal de 1848, de princípios liberais, não conseguiu evitar novas rebeliões e guerras civis. Foram criadas duas instituições legislativas que garantiam os direitos dos cantões católicos. Determinou a consolidação da burguesia comercial e industrial, e o Estado ficou com o monopólio da cobrança de taxas alfandegárias, da cunhagem de moedas e efetuou a unificação dos pesos e medidas. Desta forma, o capitalismo avançou na Suíça, apesar de críticas ao sistema institucional, que acabou motivando uma nova Constituição (em 1874), e introduzindo o referendo, elemento da democracia direta. *Vide* Rosenberg Arthur. *Democracia e socialismo*, cit., p. 209.

[541] Mourre, Michel, *Dicionário de História Universal*, cit., p. 1315.

terísticas do federalismo norte-americano (sistema bicameral). Quanto ao Poder Executivo, os suíços mantiveram as Comunas e os Cantões. Previu-se um Conselho Federal, cujos sete membros eram eleitos por um período de quatro anos pelas duas Câmaras do Legislativo Federal, quais sejam, o Conselho Nacional e o Conselho dos Estados. Lembre-se de que o Conselho Nacional era constituído por duzentos lugares e o Conselho dos Estados, por dois representantes de cada Cantão e por um representante de cada semicantão[542].

Depois, revista totalmente a Constituição Federal da Confederação suíça em 1874, com vistas a reforçar o poder federal e o controle democrático mediante referendo e iniciativa popular, declarava, no seu art. 1º, que os vinte e dois cantões soberanos do País formavam em conjunto a Confederação. O art. 2º previa o exercício das dimensões interna e externa da soberania, estabelecendo que a Confederação tinha por fim assegurar a independência da pátria contra o estrangeiro, manter a tranquilidade e a ordem no interior, proteger a liberdade e os direitos dos confederados e aumentar a prosperidade comum destes. Segundo o art. 3º, os cantões eram soberanos, na medida em que a sua soberania não fosse limitada pela Constituição Federal e, como tal, exerciam todos os direitos que não fossem delegados ao poder federal. O art. 5º anunciava que a Confederação garantiria aos cantões o seu território, a sua soberania nos limites fixados pelo art. 3º, as suas Constituições, a liberdade e os direitos do povo, os direitos constitucionais dos cidadãos, assim como os direitos e as atribuições que o povo delegou às autoridades. O art. 7º vedava toda e qualquer aliança particular e todo e qualquer tratado de natureza política entre cantões, porém lhes reserva o direito de concluir entre si convenções sobre assuntos de legislação, administração ou justiça. Somente a Confederação tinha o direito de declarar a guerra e concluir a paz, assim como o de fazer, com Estados estrangeiros, alianças e tratados, nomeadamente alianças aduaneiras e de comércio. Segundo o art. 9º, excepcionalmente os cantões conservavam o direito de concluir com Estados estrangeiros tratados sobre assuntos relativos à economia pública e a relações

542 Graciela, Nayara, *O federalismo e a democracia na Suíça*. Disponível em http://www.conteudojuridico.com.br/artigo,o-federalismo-e-a-democracia-na-suica,32163.html. Acesso em 19 nov. 2019.

de vizinhança e de polícia. No entanto, esses tratados não devem conter nada que seja contrário à Confederação ou aos direitos de outros cantões. De acordo com o art. 10, as relações oficiais entre os cantões e os governos estrangeiros ou seus representantes seriam efetuadas por intermédio do Conselho Federal[543].

No campo diplomático, o princípio fundamental da política externa helvética consistiu numa estrita neutralidade. A Confederação manteve a sua neutralidade, pois dava um sentido positivo e altruísta a ela, deixando instalar-se no seu território os serviços diretores das organizações de cooperação internacional (em 1868, os escritórios da União Telegráfica, depois (1934) União Internacional das Telecomunicações; em 1874, os escritórios da União Postal Universal; fundação da Cruz Vermelha em 1863)[544].

Essa neutralidade pode ser assim sintetizada:

> *"A Suíça não tinha colônias e não alimentava desejos de conquistas; era composta por parcelas do povo alemão, francês e italiano, que estavam conscientemente afastados de suas nações. Desse modo, na Suíça, não havia uma 'questão nacional'. O melhor: o surgimento do problema nacional teria levado à destruição da Suíça. Os patriotas suíços, ainda que desejassem defender sua pátria, tinham que se manter afastados de todo racionalismo alemão ou francês. A decisão de neutralidade guiava inteiramente sua política externa. A milícia suíça tinha como único objetivo defender o solo pátrio da agressão de potências conquistadoras. Antes de 1914, tanto a Suíça como a Noruega e a Dinamarca estavam excluídas de qualquer combinação política de expansão na Europa. Nesses países, nada havia que recordasse, nem de longe, a política imperialista das grandes potências. Esse era o terreno ideal para o surgimento da democracia liberal"*[545].

No campo econômico, graças às liberdades da indústria e do comércio, proclamadas inicialmente pela Constituição de 1848, e à supressão

[543] Oliveira, Raul José de Galaad. *Poder soberano e Constituições europeias*. Disponível em http://www2.Senado.leg.br/bdsf/bitstream/handle/id/771/R154-05.pdf?sequence=4. Acesso em 31 out. 2019, p. 60-61.

[544] *Vide* Mourre, Michel. *Dicionário de história universal*, cit., p. 1315.

[545] Ibidem, p. 1315.

das alfândegas intercantonais, a Suíça registrou a partir do final do século XIX notável desenvolvimento. A construção de vias férreas prosseguiu a um ritmo acelerado, apesar da natureza montanhosa do país (linha do São Gotardo, 1872/1882; linha do Simplon, 1906). Na sequência de um referendo, foram elas nacionalizadas em 1898. A indústria, que ocupava um lugar importante desde o século XVI, tornou-se a partir de 1850 a atividade principal. Desprovida de matérias-primas e não possuindo outra fonte de energia, antes da era do urânio, senão a força hidroelétrica, a indústria suíça beneficiou-se, sobretudo após as duas guerras mundiais, do afluxo dos capitais estrangeiros à Confederação[546].

Entre 1888 e 1912 os partidos[547] começaram a se organizar com tendências liberais, conservadoras e socialistas (PS – Partido Socialista – 1888). O PS defendia o sistema eleitoral proporcional. Nesse período os trabalhadores estrangeiros residentes na Suíça equivaliam a 15% da população e, em sua maioria, eram formados por anarquistas, socialistas e comunistas.

Apesar de ser uma democracia, a Suíça foi o último país europeu a permitir o direito de voto às mulheres, o que representa grave contradição desta democracia direta. As mulheres obtiveram o direito de votar somente a partir de 1971.

3.6 A Suíça, as guerras mundiais e o desenvolvimento econômico

Durante a Primeira Guerra, em 1917, a Suíça teve sua neutralidade questionada por ocasião do escândalo Grimm-Hofmann, quando o político socialista Grimm, membro do Conselho Nacional Suíço, viajou até Petrogrado a mando de Hofmann, então responsável pela política externa, para debater a saída da Rússia da guerra. Tal fato foi entendido como quebra de neutralidade, mas rapidamente superado com a renúncia de

[546] Ibidem, p. 1315.

[547] A competência legislativa pertence ao Parlamento, mas o povo pode intervir no processo legislativo, dado que dispõe de dois instrumentos: a iniciativa popular e o referendo, que estão dispostos nos artigos 138 a 142 da Constituição Federal. O direito de iniciativa foi introduzido, na Suíça, em 1891. No âmbito federal, há a previsão da iniciativa popular tão somente para a adição ou a revogação de normas constitucionais. Não existe iniciativa popular para as leis federais, tal como já ocorria na Constituição de 1848. *Vide* GRACIELA, Nayara, *O federalismo e a democracia na Suíça*, cit.

Hoffman. Por sua política de neutralidade o país era objeto de desejo de inúmeros refugiados das guerras, mas possuía rígida política migratória e de concessão de asilo político. Saliente-se que a Suíça aderiu à Liga das Nações, criada em 1919.

Na política interna, mesmo com tensões entre os partidos de direita e os de esquerda, sobretudo após a greve nacional de 1918, os suíços avançaram nas conquistas sociais, introduzindo a semana laboral de 48 horas, pensão para idosos (1925) e melhorias na assistência aos desempregados[548]. Mesmo com a enorme crise econômica oriunda da crise de 1929, na década de 1930 as forças políticas se reaproximaram, face à ameaça nazista e fascista, oriundas da Alemanha e da Itália, respectivamente.

Durante a 2ª Guerra Mundial a Suíça conseguiu a neutralidade[549] armada com apoio das principais potências mundiais, exceto da Alemanha. Após a Guerra, a economia suíça expandiu-se de forma acelerada por intermédio das indústrias alimentícias (Nestlé), químicas e de máquinas.

Terminada a guerra, os resultados assim se apresentavam:

> *"O aumento do rendimento por habitante, que havia sido de 15% entre as duas guerras mundiais, atingiu 60% entre 1945 e 1960. Modelo de estabilidade política, a Suíça praticava uma democracia direta, baseada no recurso ao referendo. A Assembleia Federal Legislativa era renovada de quatro em quatro anos, em sistema proporcional, e compreendia os representantes dos cantões federados (em número de vinte e seis desde a criação da República do Jura em 1978). O Conselho Federal, onde se equilibravam*

548 Em 1919 coube a Genebra ser escolhida para sede da Sociedade das Nações. Antes de ingressar na organização internacional, a Suíça quis fazer reconhecer a sua situação particular mediante a Declaração de Londres (13 de Fevereiro de 1920): sendo uma potência neutral, ela não podia participar nas sanções militares previstas pelo pacto da SDN, mas comprometia-se a aplicar, quando necessário, as sanções econômicas. *Vide* GRACIELA, Nayara, *O federalismo e a democracia na Suíça*, cit.

549 "Ao longo de todo o período entre as duas guerras, o 'Departamento Político' (Negócios Estrangeiros) foi dirigido por Giuseppe Motta. Perante as ameaças de um novo conflito, Motta decidiu em 1938 voltar à neutralidade completa. Dado que a Suíça constituía um precioso refúgio de capitais no centro da Europa, esta neutralidade foi novamente respeitada de 1939 a 1945. A Suíça acolheu numerosos refugiados militares ou civis, mas, em 1944/1945, fechou as suas fronteiras à maior parte dos políticos vencidos da Europa fascista". *Vide* MOURRE, Michel, *Dicionário de história universal*, cit., p. 1316.

tradicionalmente as forças políticas, exercia o poder executivo e a sua presidência era renovada todos os anos. A Suíça tinha o nível de vida mais elevado da Europa (a seguir ao Liechtenstein), apesar das suas desvantagens naturais. Este privilégio devia muito a uma neutralidade que a pusera ao abrigo das guerras europeias. A agricultura, indispensável a um país de certo modo apostado na autarcia, era aí bastante protegida. Os produtos manufaturados de alta tecnicidade representavam a quase totalidade das suas exportações e ela conservava o seu lugar cimeiro na indústria relojoeira mundial, malgrado a concorrência asiática"[550].

A partir de 1945 o crescimento econômico suíço apoiou-se na mão de obra de trabalhadores estrangeiros (principalmente Itália e Espanha), que chegou a 17% da população. Houve, nesse período, diversos plebiscitos que rejeitavam os estrangeiros, principalmente entre 1974-1976[551]. Nesse contexto, os suíços não aceitaram a comunidade econômica europeia e entraram na Associação Europeia de Livre Comércio (EFTA) [552].

Ressalte-se que, durante a década de 1980, a Suíça era o primeiro centro bancário do mundo; os rendimentos dos capitais estrangeiros sempre foram a principal fonte de receitas do país. Em referendo de 20 de maio de 1984, os eleitores rejeitaram a abolição do segredo bancário por 73% contra 27%. Contudo, a reputação da Suíça ficava prejudicada pela descoberta de vários escândalos ligados ao branqueamento do dinheiro da droga, em que apareciam envolvidas personalidades políticas[553].

Na seara internacional, em 1992, a Suíça passou a integrar o FMI, o Banco Mundial e as forças de paz das Nações Unidas, mesmo com os suíços votando contra a proposta, em plebiscito ocorrido em 1994.

Em 1997 o eleitorado, em plebiscito, não aceitou a proposta do governo de redução do seguro-desemprego. Mesmo ano que, devido

[550] Ibidem, p. 1316.

[551] Com a sofisticação da estrutura de trabalho, uma parte da sociedade, formada por imigrantes, mulheres, jovens e velhos, ficou marginalizada e passou a questionar as instituições. Nos anos 80 surgiram diversos movimentos sociais, como os militantes antinucleares, as feministas, que conseguiram incorporar igualdade de direitos na Constituição e os grupos de crítica à sociedade de consumo. *Vide* MOURRE, Michel, *Dicionário de história* universal, cit., p. 1316.

[552] Ibidem, p. 1316.

[553] Ibidem, p. 1316.

a pressão internacional, os bancos suíços disponibilizaram para as respectivas famílias as listas dos nomes dos titulares das contas imobilizadas durante a 2ª Guerra Mundial (em sua maioria judeus mortos pelo nazismo), permitindo o resgate dos respectivos valores.

A primeira mulher eleita como presidente da confederação foi Ruth Dreifuss, em 1999. Aliás, importante salientar que o direito ao voto às mulheres foi assegurado na Suíça em 1971, em nível federal. No cantão do Valais tal direito foi conquistado em 1958, já no cantão de Appenzell Interior, o último a reconhecer tal direito, apenas em 1990. Percebe-se que a Suíça conseguiu, graças à sua política de neutralidade e apesar de todas as adversidades das duas grandes guerras, que seu território passasse incólume por elas, beneficiando sua economia, o que possibilitou ofertar a sua população excelente qualidade de vida.

3.6.1 A economia suíça atual – visão panorâmica

O sistema bancário suíço, durante décadas, favoreceu a lavagem de dinheiro. Desde os anos 1930, diante da ascensão do nazismo na Alemanha, muitas pessoas passaram a procurar um lugar seguro para transferir seus capitais, diante do risco de guerra. Aliás, a criação da conta numerada pela Suíça coincidiu com a eleição de Adolf Hitler, na Alemanha Nazista, no ano de 1934, e com forte crescimento industrial no mundo ocidental[554].

As primeiras somas em ouro para lavagem chegaram aos bancos suíços em 14 de janeiro de 1940, pouco depois da invasão da Polônia. "O auge desses depósitos teria ocorrido em 1943, quando foram armazenados 592 milhões de francos suíços em barras e moedas. Entre 1939 e 1945, os depósitos totalizaram 1,7 bilhões de francos suíços"[555].

Diante do segredo bancário, foi possível abrigar os capitais enviados por ditadores e potentados de todo o mundo, proveniente da corrupção

[554] Esse tipo de conta veio a ser extinta na Suíça somente em 2001 graças à nova legislação anti-lavagem de dinheiro, de 1997, facilitando assim o controle de capital enviado para os bancos suíços.

[555] BRAGA, Hugo Wolovikis. Lavagem de dinheiro e o estudo do Tratado de Cooperação Jurídica em Matéria Penal entre a República Federativa do Brasil e a Confederação Suíça. *Revista do Tribunal Regional Federal da 1ª Região*, v. 18, n. 10, out. 2006, p. 59.

de governantes e capitalistas, do narcotráfico, da fraude financeira. Com a lavagem de dinheiro, quantias astronômicas eram ali depositadas e, se eventualmente descobertas, beneficiavam-se da lentidão dos processos judiciais[556]. Mas o referido cenário mudou a partir de 2 de abril de 2009, após a reunião do G20, em Londres, quando o governo suíço se comprometeu a aumentar o fornecimento de informações a outros países[557].

Além de possuir algumas indústrias com forte desenvolvimento tecnológico e atuação mundial, outro ponto forte da economia é o turismo. A Suíça é dividida em treze regiões turísticas, sendo os Alpes a principal delas. O início do turismo no país deveu-se aos trabalhos de escritores e pintores naturalistas do fim do século XVIII e do começo do século XIX, que suscitaram interesse aos viajantes pelas descrições das paisagens e das montanhas, como as regiões de Oberland (Zermatt), no cantão do Valais desde 1850[558]. No início do século XX, a Suíça gastava 3% do seu PIB anual para a hotelaria, e as receitas do setor chegavam aos 320 milhões de francos suíços[559].

3.7 A complexidade do sistema político e dos poderes suíços

A Suíça conta com um território diminuto, 41.285 km^2, menor que o do estado do Espírito Santo (46.095 km^2), mas essa aparente pequenez, representada no globo terrestre, esconde complexo sistema político.

A Carta Maior da Suíça define o País como Estado Federal[560], composto por 26 cantões, cada um deles autônomo sob a perspectiva político-eco-

[556] Os europeus mais abastados passaram a usar os depósitos na Suíça como estratégia de evasão fiscal, ou seja, escapar do imposto de renda e do imposto sobre grandes fortunas nos seus países de origem. Ibidem, p. 59.

[557] Ibidem, p. 59.

[558] Ibidem, p. 59.

[559] Ibidem, p. 59.

[560] A Suíça é um Estado Federal desde 1848. Depois dos Estados Unidos da América do Norte, é o mais antigo dos estados federais existentes no mundo. *Vide* BROCHADO, Mariá. O federalismo e a democracia na Suíça. Disponível em http://www.conteudojuridico.com.br/artigo,o-federalismo-e-a-democracia-na-suica,32164.html. Há posição que acena ser difícil a definição de Estado Federal por não possuir "contornos precisos", visto que cada Estado Federal possui suas próprias características, principalmente no que concerne à forma de repartição de suas competências e ao grau de federalismo adotado: "(...) o Estado Suíço se denomina Confederação. (...) a terminologia empregada tem significação

nômica. A hierarquia política da Suíça é constituída da seguinte maneira: em primeiro lugar está o sistema federal (Confederação); em segundo, o cantonal (Cantões); em terceiro, o sistema comunal (Comunas).

Os cantões e as comunas, à luz de um princípio básico do federalismo, só devem delegar à Confederação os encargos que não possam assumir. Na Suíça, existem, por exemplo, 26 sistemas de procedimento penal[561].

Um ponto a esclarecer é a dúvida que alguns ainda possuem se a Suíça é uma Federação ou Confederação, já que na sua Constituição fala-se que os Cantões são "soberanos", ao mesmo tempo que "o Estado Suíço se denomina *Confederação*. Na verdade, a terminologia empregada tem significação apenas histórica, e não ontológico-constitucional, pois que não se enquadra conceptualmente dentro das teorias desenvolvidas sobre o tema. Com efeito, parece claro, diante da estrutura definida nas normas constitucionais, que se trata de estado federal, devendo ser interpretada

apenas histórica, e não ontológico-constitucional, pois que não se enquadra conceptualmente dentro das teorias desenvolvidas sobre o tema. (...) diante da estrutura definida nas normas constitucionais, que se trata de estado federal, devendo ser interpretada a palavra soberania, atribuída aos cantões, no sentido de autonomia, à vista mesmo de um confronto sistemático das suas disposições, havendo destacado poder político central permanente subordinando as competências dos cantões". *Vide* BROCHADO, Mariá. *O Estado suíço e seus cantões*, p. 111-112. Em outra senda, há quem apresente características comuns a todas as federações: "a) o Estado Federal pressupõe, no mínimo, duas ordens jurídicas, uma central e outra parcial; b) as ordens jurídicas parciais são dotadas de autonomia, que se revela por competências próprias, possibilidade de auto-organização e de escolha de seus governantes e dos membros do Poder Legislativo, que terão competência para legislar sobre as matérias fixadas na Constituição Federal; c) a Constituição Federal (...) deve ser rígida e escrita, trazendo cláusula que proteja a forma federativa de pretensões de alteração desse sistema; tem como instrumento jurídico uma Constituição e tem na indissolubilidade do pacto federativo traço essencial; e) as vontades parciais se fazem representar na elaboração da vontade geral através do Senado Federal, que deve guardar a isonomia dentre as vontades parciais; f) deve haver guardião da Constituição, zelando pelo cumprimento da repartição das competências; g) em casos extremos, a União Federal decretará a intervenção federal, agindo em nome de todas as vontades parciais onde inexistir motivo ensejador da medida, situação que se fundamenta na necessidade de se evitar a desagregação da Federação". Nesse sentido, *vide* ARAUJO, Luiz Alberto David. *Por uma Nova Federação*. Coord. Celso Bastos. São Paulo: Revista dos Tribunais, 1995, p. 50, apud GRACIELA, Nayara, *O federalismo e a democracia na Suíça*, cit.

561 GRACIELA, Nayara. *O federalismo e a democracia na Suíça*, cit.

a palavra *soberania,* atribuída aos cantões, no sentido de *autonomia,* à vista mesmo de um confronto sistemático das suas disposições, havendo destacado poder político central permanente subordinando as competências dos cantões"[562].

A expressão "soberanos", reservada aos Cantões pela Constituição Federal, é meramente declaratória, não expressando nada que se pareça com direito e efetividade. A vontade federal é a mais forte, e o pronunciamento da "Confederação" submete os Cantões, os quais a ela devem se ater[563]. Ressalte-se que o nome tradicional utilizado pelos suíços é "confederação", apesar de se tratar propriamente de uma federação.

O sistema federal (ou Governo Central) vela pelas relações políticas com o exterior, a economia nacional, as Forças Armadas, os estatutos sobre as medidas internacionais como o peso e a altura etc. Por sua vez, o poder cantonal tem a sua própria polícia, o seu sistema de saúde e educação e até estatuto oficial perante a religião. Por exemplo, no cantão de Valais a religião oficial é a católica, enquanto no cantão de Vaud, o protestantismo[564].

O governo da Suíça é constituído por um Conselho Federal de sete membros que representa o Poder Executivo, eleitos indiretamente e para um mandato de quatro anos pelas duas assembleias reunidas: o Conselho Nacional e o Conselho dos Estados. Reunidas, as duas Casas formam o Parlamento suíço, ou seja, a Assembleia Federal (*Die Bundesversammlung, L'Assemblée fédérale, Assemblea federale*). Elas discutem, em separado, a aprovação das leis[565].

562 BROCHADO, Mariá. O estado suíço e seus cantões. *Revista Veredas do Direito.* Belo Horizonte: Dom Helder – Escola de Direito, ano 1, n. 2, p. 103-112, 2004, p. 111-112.

563 GRACIELA, Nayara. *O federalismo e a democracia na Suíça,* cit.

564 *Dictionnaire historique de la Suisse* (DHS). Hauterive: Editions Gilles Attinger, 2002.

565 O Conselho Federal também é conhecido por Governo Federal ou Administração Federal (*Conseil Fédéral, Bundesrat, Consiglio Federale, Cussegl Federal,* em francês, alemão, italiano e romanche, respectivamente). Quanto aos membros, cada um deles pode ser reeleito e não existe um limite máximo de mandatos. As pastas que constituem o Conselho são: Assuntos Internos; Negócios Estrangeiros; Energia, Tráfego Ambiente e Comunicações; Economia; Finanças; Justiça e Política; e Defesa, Proteção e Desporto. Todas as decisões federais, ou a aplicar a nível federal, são tomadas no Palácio Federal em Berna. Idem, ibidem.

O presidente do Conselho Federal é eleito para mandato de um ano pelos próprios conselheiros federais, sendo obrigatório que seja um de seus membros. Ele possui poderes muito limitados, tendo de executar o plano de governo previamente aprovado pelas assembleias populares. Ao contrário da maioria dos outros países, o governo suíço não dispõe nem de primeiro-ministro nem de Chefe de Estado permanente[566]. Neste sistema colegial, o presidente, com estatuto *primus inter pares* (ou seja, primeiro entre iguais), é um membro do conselho federal sem mais poderes do que os outros, mas tem a última palavra em caso de empate nas diversas votações que possam ocorrer quer no Conselho Federal ou nas duas alas políticas. Acessoriamente ele representa o país tanto em nível internacional como nacional. Por exemplo, em nível nacional, é ele que no dia 1º de janeiro de cada ano e no feriado nacional do dia 1º de agosto se dirige à população mediante comunicações pela televisão[567].

O Conselho Nacional, conhecido por Governo Federal ou Administração Federal (semelhante ao Parlamento Português) é constituído por duzentos parlamentares. Os respectivos deputados são eleitos por um período de quatro anos através de complexo sistema de representação proporcional. O Conselho dos Estados (semelhante ao Senado norte-americano) é constituído por 46 lugares. Os cantões enviam dois representantes e os semicantões enviam um. Os representantes de cada cantão são eleitos pela população do respectivo cantão, e o sistema de voto difere de um cantão para outro, visto que cada um deles tem as suas próprias regras. As relações externas da Suíça são diversas e da responsabilidade direta do Departamento Federal dos Assuntos Externos. São objetivos da Constituição e do Departamento a paz entre as nações, o respeito pelos direitos humanos, pela democracia e pela Lei; promover a economia suíça no mundo, bem como a preservação dos recursos naturais. O país foi dos últimos a integrar totalmente as Nações Unidas, em 10 de setembro de 2002, após referendo, realizado seis meses após outro, quando a integra-

566 Mello, José Luiz de Anhaia. *O estado federal e as suas novas perspectivas*. São Paulo: Max Limonad, 1960, p. 31, apud Graciela, Nayara, *O federalismo e a democracia na Suíça*, cit.

567 *Dictionnaire historique de la Suisse* (DHS). Hauterive: Editions Gilles Attinger, 2002.

ção da Suíça na ONU fora rejeitada por cerca 75% dos votantes. Em 1996 a Suíça integra a Otan e em 1997 o Conselho Euroatlântico[568].

O país é membro da Associação Europeia de Livre Comércio, mas não faz parte da União Europeia, apesar de os países à sua volta serem integrantes do bloco europeu, excetuando-se o principado de Liechtenstein (sexto menor país do mundo) e a Inglaterra, que formalizou sua saída (*Brexit*) em 31 de janeiro de 2020 e que se submeteu a um período de transição. A Suíça negociou a integração no Espaço Econômico Europeu (EEE) e a 20 de maio de 1992 assinou o acordo para a adesão do país à União Europeia. No entanto, um referendo nacional, realizado a 6 de dezembro do mesmo ano, rejeitou a integração do País ao EEE por apenas 50,3% dos votos. Como consequência, as negociações com a União Europeia foram congeladas. A sua adesão permanece em aberto e é vontade do Governo Federal a integração total da Suíça na UE.

A Suíça consiste num caso bastante pragmático de uso dos instrumentos da legislação direta, o que não se deve, no entanto, ao fato de que o seu sistema político autorize os cidadãos a participarem diretamente do processo de produção das leis e dos ordenamentos, mas ao fato de essa possibilidade real condicionar fortemente o partido majoritário e o governo a prepararem as leis e as emendas a serem submetidas a referendo, levando em consideração tanto a posição dos representantes do povo no Parlamento como as próprias demandas dos cidadãos que detêm a última palavra sobre os temas em debate[569].

568 A Suíça já enfrentou, por exemplo, conflitos diplomáticos com a Líbia, em julho de 2008, pela detenção do filho do Presidente líbio. Hannibal Kadhafi e a sua esposa eram acusados de maltratar uma empregada e foram detidos pelas autoridades suíças. A Líbia ameaçou várias vezes a Suíça de corte de fornecimento de petróleo se o país não libertasse Hannibal Kadhafi e pedisse desculpa pelo sucedido. Após várias resistências, as autoridades libertaram-no, e o Presidente do Conselho pediu desculpas em público à frente do Presidente Kadhafi em Trípoli. A imprensa suíça viu isso como uma humilhação por parte da Confederação.

569 Soares, Marco Antônio Striquer, *Plebiscito, o referendo e o exercício do poder.* São Paulo: Celso Bastos, 1998, p. 93-94.

3.7.1 Referendo (espécies) e iniciativa popular

Na Suíça temos o referendo *facultativo*, no qual a validade do ato não depende de sua utilização, a menos que, atendidas certas exigências, seja pedido pelo povo, pelo chefe do Poder Executivo ou por certo número de parlamentares. É *obrigatório* quando, sem ele, o ato não se aperfeiçoará[570].

Exemplo mais importante da iniciativa popular no nível constitucional foi o processo iniciado em 1936 e vitorioso em 1949: o das iniciativas populares contra o abuso, pelas autoridades federais, do recurso à "legislação de urgência". Após três iniciativas frustradas, os cidadãos conseguiram que a Constituição Federal garantisse a realização de um referendo popular sempre que certas medidas – como decretos ou resoluções federais de alcance geral – fossem consideradas, pela Assembleia Federal, "de urgência"[571].

Na Suíça, frise-se, o referendo é *obrigatório*, no plano federal (de realização automática e com efeito suspensivo), em três casos: revisão constitucional; arbitragem entre as duas câmaras sobre revisão total da Constituição[572]; e adesão a organismos internacionais[573] que possa com-

[570] Benevides, Maria Victoria de Mesquita. *A cidadania ativa*, 3.ed., São Paulo: Ática Editora, 1998, p. 146.

[571] Ibidem, p. 146.

[572] Cumpre acrescentar que há o referendo de arbitragem entre as Casas discordantes, previsto no art. 120º nº 1, item (b), que consiste no seguinte: "Quando uma das Casas se pronuncia a favor de uma reforma na Constituição Federal, e outra não concorda, o povo suíço é chamado a resolver a controvérsia. Perceba-se que, por não incidir propriamente em uma norma, no espectro brasileiro seria enquadrado mais propriamente como plebiscito, em consonância com os critérios já expostos. Como está a indicar expressiva literatura, no caso deve-se apenas perguntar sobre o princípio, isto é, se se deseja ou não uma reforma constitucional". *Vide* Sgargi, Adrian. *O referendo*, cit., p. 322-323.

[573] A Constituição Federal suíça, no art. 89º, nº 5, prevê referendo obrigatório quanto à adesão às organizações de segurança coletiva ou às organizações supranacionais. Adotado desde 1977, o referido dispositivo torna necessária toda adesão a uma organização de segurança coletiva, quer dizer, uma sociedade universal ou regional em que os Estados-membros se unem com vistas a manter a paz. Quanto às comunidades supranacionais, entende-se como uma união de Estados que passam a apresentar uma ligação particularmente sólida, gerada por órgãos colegiados onde os seus membros resolvem sobre os governos com uma única voz, sendo as resoluções diretamente executórias, e que os indivíduos devem respeitar (p. ex.: a Comunidade Econômica Europeia). *Vide* Sgarbi, Adrian, *O referendo*, cit., p. 282.

prometer a neutralidade suíça (em 1920, por exemplo, foi convocado um referendo sobre a entrada da Suíça na Sociedade das Nações)[574].

Cumpre lembrar que há possibilidade de se encontrarem projetos parlamentares referentes aos mesmos temas de iniciativas populares – os chamados "projetos concorrentes". Existe o direito de os autores da iniciativa popular retirarem a sua proposta, se julgarem que outro projeto do Parlamento atende às suas reinvindicações de modo satisfatório. Na prática, trata-se do momento privilegiado para a negociação entre partidos[575].

No referendo *facultativo*[576], à semelhança do obrigatório, também apresenta as modalidades (1) *referendo ordinário* e (2) *referendo extraordinário*. A modalidade *extraordinário* apresenta-se, não raramente, também como referendo *facultativamente facultativo*. Nessa medida, os eleitores não precisam necessariamente se pronunciar para que a norma seja posta em vigor. Na verdade, aberto o prazo de 90 dias para que se atinja o índice exigido dos agentes para que haja pronunciamento expresso, este pode transcorrer *em branco*, havendo, portanto, aprovação tácita. Assim, é *facultativo* na medida em que pode ou não haver pronunciamento dos agentes[577].

Lembre-se de que a prática do referendo na Suíça é a mais frequente e ampla de todos os sistemas europeus:

> *"E isso se deve a dois fatores básicos: primeiro, (...) chega-se à conclusão de que o espectro de assuntos passíveis de sua incidência, de uma forma ou de outra, é considerável. Deveras, além do alcance proporcionado pelas modalidades existentes, o plano de iniciativa de seu procedimento também é aberto aos cidadãos eleitores. Segundo, o tamanho dos cantões, que o tem como forma decisional, é extremamente pequeno, possibilitando deliberações, ainda, em praça de votação popular (=Landsgemeindeplatz)*

[574] Certas constituições cantonais da Suíça (por exemplo, as Constituições de Genebra e de Neuchâtel) admitem a participação de estrangeiros nas votações populares, desde que maiores de 18 anos e residentes no local há pelo menos um ano. *Vide* BENEVIDES, Maria Victoria de Mesquita, *A cidadania ativa*, cit., p. 151.

[575] BENEVIDES, Maria Victoria de Mesquita, *A cidadania ativa, cit.*, p. 167.

[576] Ibidem, p. 168.

[577] SGARBI, Adrian, *O referendo*, cit., p. 278.

com expressiva mobilização, ainda que afirmem, hoje, quase folclórica, estando a atrair visitantes de todo o mundo"[578].

Algumas estatísticas sobre o número de questões submetidas a voto merecem consideração. Desde o século passado, os cidadãos suíços votaram, em nível nacional (federal), sobre cerca de 450 questões. Foram 320 referendos obrigatórios, tendo partido duzentas propostas do Parlamento e 120 iniciativas populares. Cerca de 150 propostas, das duzentas do Parlamento, foram aceitas e cinquenta, rejeitadas. Apenas doze iniciativas populares – ou seja, um décimo das 120 – foram aceitas, sendo todas as demais rejeitadas. Em 130 questões, tratava-se de referendo *facultativo*. As leis submetidas a voto foram confirmadas na metade dos casos e rejeitadas na outra metade[579].

Aliás, saliente-se:

"Se considerarmos que o fracasso de uma iniciativa popular é quase sempre um sucesso para o Parlamento e o governo, deduz-se (...) que os cidadãos apoiaram as autoridades em quase três quartos dos casos. Observando mais atentamente ainda, veremos que a proporção é a mesma nas grandes questões e nas de menor importância. Só em política externa o povo suíço, em geral mais desconfiado que os políticos, veio a afligir-lhes reiteradas recusas"[580].

Em acréscimo, cumpre apontar as vantagens e desvantagens desse sistema. A começar pelos defeitos, a demagogia contida nos cartazes eleitorais. Opina-se no sentido de que "A demagogia é irmã gêmea ou, se preferirem, a sombra carregada pela democracia. Os cidadãos, felizmente, acabam por imunizar-se"[581].

Aponta-se que há "vantagens da democracia direta", pelo menos nos países de pequenas dimensões. Argumenta-se que esse tipo de democracia permite aos cidadãos pronunciarem-se sobre as leis que lhes serão aplicadas. Trata-se do "bê-á-bá da democracia", também encontrado,

578 Ibidem, p. 322.

579 Darnton, Robert e Duhamel, Olivier. *Democracia*. São Paulo: Record, 2001, p. 206.

580 Ibidem, p. 206.

581 Ibidem, p. 206.

ainda que com intermediações, na origem da democracia parlamentar. Por exemplo, fazer com que o imposto seja votado por seu deputado está muito bem, mas o próprio eleitor votar na regulação do imposto talvez seja melhor. Em complemento:

> *"Entre um programa eleitoral e o comportamento do Parlamento uma vez eleito, a experiência nos ensina que há sempre uma certa distância, nem todas as promessas são cumpridas. A democracia direta, privando o Parlamento de seu papel intermediário necessário, suprime a distância"*[582].

Sobre a iniciativa popular destinada à revisão legislativa, comenta-se[583]:

> *"Na Suíça, em geral, uma iniciativa popular que signifique revisão legislativa, parcial ou total, só pode ser detonada quatro anos após a promulgação da lei. A coleta de assinaturas deve ser realizada num prazo de 18 meses (não havia limites fixos antes da lei de 1976; a imposição do prazo decorreu da crença do legislador de que, em períodos muito amplos, o eleitor 'pode mudar de ideia' e prejudicar o significado de sua adesão na lista de assinaturas). A Assembleia Federal tem três anos para aprovar ou rejeitar a iniciativa. Quando não há decisão nesse prazo, o Conselho Federal consulta o povo sobre o princípio em causa – se a resposta for negativa, a iniciativa é abandonada; se por positiva, o Parlamento é obrigado a elaborar projeto permitindo a realização de outra votação. (O governo suíço prevê as votações sempre aos domingos – mas evitando cuidadosamente as férias, festas religiosas ou datas importantes para o serviço militar, visando favorecer o comparecimento do eleitor)"*[584].

Na Suíça, o eleitor também recebe, com antecedência mínima de três semanas das eleições, um manual com os textos a serem votados. O material é impresso pela administração federal e distribuído pelos cantões. Existe controle rigoroso sobre os aspectos formais dos textos, a credibilidade dos promotores e a fidedignidade das versões para as quatro línguas da confederação helvética[585].

[582] Ibidem, p. 208.
[583] Benevides, Maria Victoria de Mesquita, *A cidadania ativa*, cit., p. 170.
[584] Ibidem, p. 170.
[585] Ibidem, p. 184.

O referendo na Suíça caracteriza-se "por uma formação gradual e irregular de Cantão para Cantão. A liberdade pós-restauração não caminhou paritariamente nas partições cantonais, sendo tão só possível, em virtude disso, seguirmos com uma sistematização do comum das normatividades. Já no plano federal a estruturação do referendo está estabilizada, e talvez a maior prova disso seja a impressionante estatística de mais de 400 referendos nacionais depois de 1874.

Em conclusão, dessa escalada resultaram os seguintes modelos básicos: (a) o referendo do art. 6º, nº 2, al. c); (b) o referendo do art. 89; (c) o referendo do art. 89bis; (d) o referendo do art. 120; (e) o referendo do art. 123.

(a) Referendo do art. 6º, nº 2, al. c). Referendo cantonal para as matérias atinentes às Constituições da federação;
(b) Referendo do art. 89. São três as modalidades: (a) art. 89, nº 2 – para leis federais de caráter geral; (b) art. 89, nº 3 – para tratados internacionais (c) art. 89, nº 5 – para a adesão a organizações de segurança coletiva ou a organizações internacionais;
(c) Referendo do art. 89bis. São duas as modalidades: (a) art. 89º ^{bis}, nº 1 c/c o nº 2 – para os decretos federais de caráter geral de execução imediata; (b) art. 89bis, nº 3 para os decretos federais de urgência que derroguem a Constituição;
(d) Referendo do art. 120. São duas as modalidades todas para dar início à revisão constitucional: (a) art. 120, nº 1, parte 1 – de arbitragem na divergência das duas Casas sobre revisão total da Constituição; (b) art. 120, nº 1, parte 2 – a pedido dos cidadãos para revisão total da Constituição;
(e) Referendo do art. 123. Para confirmar a revisão realizada"[586].

3.7.2 A "Landsgemeinde" ou assembleia popular suíça

Trata-se a *Landsgemeinde*[587] de "assembleia popular solene, formada pelos cidadãos ativos, que se reúne ao menos uma vez por ano em alguns

586 Ibidem, p. 184.

587 "O *referendum* é um produto da evolução da *Landsgemeinde*. Este era uma assembleia em praça pública onde o povo deliberava acerca dos negócios de interesse de todos. Com

cantões suíços para votar, com as mãos erguidas, assuntos atinentes à comunidade"[588].

Surgiu à época da Constituição Helvética, em 1291, sendo composta pela totalidade dos eleitores e obrigatória na maioria dos cantões até os 60 anos. Cada membro (= *Genosse*), ou, dependendo da legislação, um pequeno grupo de membros, pode, como o Grande Conselho (*Grand Cosiel*), fazer uma proposição, e a decisão da maioria é imperativa e indiscutível. Não se admite aos votantes a atuação por procuração ou mensagem; todos devem atuar pessoalmente[589].

Realizada nas respectivas praças de votação popular (= *Landsgemeindeplatz*) em Glaris (1º domingo de maio) e em Appenzell (último domingo de abril), este subdividido em dois semicantões, o de Hunswill (nos anos ímpares), o de Trogen (anos pares), seu procedimento, em termos gerais, é o seguinte: (a) abrem-se as tarefas com o cântico *Veni Creatur Spiritus*; (b) o *Landammann* (autoridade incumbida de organizar a votação e de dirigir os eventuais debates) expõe os acontecimentos relevantes ocorridos ao longo do ano, sejam internos ou externos à Suíça; (c) passa-se à votação das matérias e das eleições de Juízes, funcionários etc., em pauta com os dizeres "*Haui la main, par oui, Camarades*!"; (d) juramento dos eleitos que, segundo a tradição, é feito levantando três dedos da mão direita como ato de respeito à Santíssima Trindade; (e) caso ocorra alguma contestação, o *Landammann* tem a responsabilidade de solucioná-la. Se for o caso, pode inclusive anular o feito, a fim de proceder a renovada votação[590].

o tempo, foi preciso que se transformasse o modo de manifestar-se a população sobre negócios que a todos tocavam, donde o voto das leis por meio de escrutínio secreto, a *Landsgemeinde* perdurou apenas em alguns cantões, vindo a transformar-se de solene *Landsgemeinde* em singelo *referendum*. A *Landsgemeinde* só é praticável em quatro cantões, como o de Appenzeil, Glaris, Uri e Unterwaldem. Conquanto fossem vãos os temores de Rousseau acerca da impossibilidade da aplicação da *Landsgemeinde* a grandes extensões territoriais, 'o *referendum* é um instituto muito mais consentâneo à vida moderna'. Impossível é haver maior calamidade em um país do que a multiplicidade de leis: devem ser reduzidas ao mínimo". *Vide* ARRUDA, João. *Do regimento democrático*, cit., p. 56-58.

588 SGARBI, Adrian, *O referendo*, cit., p. 95.

589 Ibidem, p. 95.

590 Ibidem, p. 96.

As reuniões extraordinárias da *Landsgemeinde* são possíveis, ainda que raras, desde que sejam solicitadas pelos distritos cantonais e que estes perfaçam um número determinado de votantes igual ou superior ao próprio número de membros do Grande Conselho[591].

3.7.3 A questão do voto feminino[592]

O direito ao voto e de elegibilidade das mulheres apenas foram implementados, conforme vimos, em âmbito federal, em 1971.

A reserva do sufrágio apenas aos homens era um dos aspectos mais controversos da democracia suíça. Jean-François Aubert, em *Traité de Droit Constitutionnel Suisse*, de 1967, elenca diversos motivos conservadores e machistas que eram alegados contra o voto feminino, tais como: "as mulheres nada entendem de política", "o lugar de mulher é em casa", "as mulheres não prestam serviço militar", dentre outros[593].

No primeiro referendo, realizado em 1959, o sufrágio feminino foi rejeitado por 67% dos votantes e por 22 dos 25 cantões. Na segunda tentativa, ocorrida em 1971, o voto das mulheres foi aceito por 66% dos eleitores, rejeitado por 8 (oito) cantões e aceito, com reservas, em 4 cantões[594].

Esse exemplo do sufrágio feminino demonstra bem como o federalismo suíço assegura aos cantões o poder de tomar parte em todas as deci-

591 Ibidem, p. 96.

592 O primeiro país do mundo a reconhecer o direito do voto feminino foi a Nova Zelândia, em 1893. Nesse país, as mulheres possuíam direitos políticos desde 1886, mas em âmbito municipal. Em 1902, com restrições, a Austrália concedeu o direito de voto às mulheres. O primeiro país europeu que concedeu o direito ao voto feminino foi a Finlândia, em 1906. No Brasil, o Código Eleitoral Provisório de 1932 permitiu a participação feminina nas eleições nacionais, mas restrita às mulheres casadas com o aval dos maridos, bem como às viúvas e solteiras com renda própria. A Constituição de 1934 retirou essas restrições e previu o direito de voto a todas as mulheres, mas tal direito era apenas facultativo. O voto feminino tornou-se obrigatório no nosso ordenamento jurídico com a Constituição de 1946.

593 GRACIELA, Nayara. *O federalismo e a democracia na Suíça*, cit.

594 AUBERT, Jean-François. *Traité de Droit Constitutionnel Suisse.* Neuchatel: Ides et Calendes, 1967, apud GRACIELA, Nayara, *O federalismo e a democracia na Suíça*, cit. Acrescente-se que, apesar da aquisição tardia do direito de participação política das mulheres na Suíça, o país contou com um governo de maioria feminina, pela primeira vez, em janeiro de 2011. Nesse sentido, *vide* GRACIELA, Nayara. *O federalismo e a democracia na Suíça*, cit.

sões em nível federal e, ao mesmo tempo, sua soberania em nível cantonal. Este sistema respeita a autonomia dos cantões, tolerando as disparidades regionais. A mulher, por exemplo, que vivia nos cantões de Genebra ou de Vaud, já podia desfrutar dos direitos ao voto em 1959, já a que residia em Appenzell teve que esperar muito mais tempo, visto que só adquiriu esse direito em 1989 (após a própria aprovação em nível federal)[595].

Tabela representativa[596] da participação feminina no Conselho Federal de 1984 a 2010:

	Mulheres	**Homens**	**Porcentagem de mulheres**	**Partidos de mulheres**
1984	0	7	-	
1984-1989	1	6	14,3	PRD
1989-1993	0	7	-	
1993-1999	1	6	14,3	PSS
1999-2003	2	5	28,6	PDC, PSS
2004-2006	1	6	14,3	PSS
2006-2007	2	5	28,6	PDC, PSS
2008-2010	3	4	42,9	PDC, PSS, PBD
desde 2010	4	3	57,1	PDC, PSS (2), PBD

Fonte: GRACIELA, Nayara. *O federalismo e a democracia na Suíça*, cit.

3.7.4 O peculiar "exército" suíço

Maquiavel descreveu os suíços como "*armatissimi* e *liberissimi*" devido ao espírito marcial e ao sólido sentimento de independência[597]. Após a confederação ter sido substituída pela atual união federal, além de os suíços manterem algumas práticas tradicionais, adotaram medidas de proteção. No plano militar, por exemplo, todo suíço fisicamente apto deve submeter-se a um ano de treinamento, logo que atinge 18 anos de idade. Na sequência, passa três semanas num aquartelamento, todos os verões,

595 GRACIELA, Nayara. *O federalismo e a democracia na Suíça*, cit.

596 Ibidem.

597 LIPSON, Leslie. *A civilização democrática*, v. I, Rio de Janeiro: Zahar Editores, 1966, p. 229.

para atualização do treino. Em caso de conflito, para agilizar a mobilização, permite-se ao suíço que guarde seu fuzil e outras armas pequenas na própria casa. Essa medida, sem dúvida, impede a implantação de uma ditadura no país[598].

O exército profissional permanente é diminuto, e o comandante em chefe não é efetivo, sendo nomeado mediante votação nas duas casas do Legislativo apenas em caso de emergência, como a eclosão de uma guerra nas fronteiras da Suíça[599].

3.7.5 Ordenamento jurídico suíço – considerações gerais

Desde a fundação, em 1848, a Confederação Suíça adotou uma Constituição com ideias republicanas progressistas. Tal Constituição foi totalmente revisada em 1874 e, mais tarde, adaptada[600].

Em 1967 promoveu-se revisão completa da Constituição e, em 1987, o Conselho Federal foi encarregado de submeter ao Parlamento um projeto (aprovado pelo povo e pelos cantões), dando origem à nova Constituição Federal de 1999. De acordo com a Constituição de 1999 os cantões são soberanos (na realidade trata-se de autonomia, como supramencionado), mas prevalecem os limites impostos pela Constituição. O Parlamento bicameral suíço, a Assembleia Federal, é primariamente quem exerce o poder, sendo que as duas casas, o Conselho de Estados e o Conselho Nacional, têm poderes iguais em todos os aspectos, inclusive quanto à iniciativa legislativa[601].

Em relação à organização judiciária, na medida em que inexiste uma corte constitucional, destaque-se que o Tribunal Federal, sediado em Lausanne, é a organização suprema na Suíça, incumbido de proteger as leis suíças e dar-lhes cumprimento contra posições arbitrárias que possam prejudicar os cidadãos e seus direitos. Além disso, cabe-lhe: a resolução de conflitos oriundos de violações de autonomias cantonais e comunais, bem como de tratados internacionais; e a apreciação de recla-

[598] Ibidem, p. 230.
[599] Ibidem, p. 231.
[600] Braga, Hugo Wolovikis. *Lavagem de dinheiro e o estudo do Tratado de Cooperação Jurídica em Matéria Penal entre a República Federativa do Brasil e a Confederação Suíça*, cit., p. 8.
[601] Graciela, Nayara. *O federalismo e a democracia na Suíça*, cit.

mações por violação de direitos constitucionais. Os membros, juízes, são eleitos pelo Parlamento (as duas Casas legislativas) por um prazo de seis anos, sendo, via de regra, reeleitos. Para a eleição, o Parlamento aprecia a representatividade proporcional dos partidos políticos, as quatro línguas nacionais e as diferentes regiões da Suíça[602].

No que diz respeito, propriamente dito, ao texto constitucional, valem os seguintes destaques:

> *"Após o preâmbulo, a Constituição suíça trata no seu Título I (Disposições Gerais) sobre os cantões formadores da Confederação Suíça juntamente com os princípios que regem tal confederação.* [Confederação aqui trata-se do nome do país; na realidade a Suíça assume como forma de Estado a federação]
> *O Título II cuida dos Direitos Fundamentais, Cidadania e Objetivos Sociais, sendo estes três assuntos divididos em capítulos 1, 2 e 3 respectivamente. Vale ressaltar o artigo 8º da Constituição, que enfatiza a igualdade entre homens e mulheres.*
> *(...)*
> *Sobre a cidadania, a Constituição define no seu artigo 37 que cidadão suíço ou cidadã suíça é quem possui a cidadania de um município e a cidadania do cantão. Deixando assim a incumbência do reconhecimento da cidadania do povo suíço para os municípios e cantões. O restante do capítulo que trata sobre a cidadania dá linhas gerais para a obtenção e perda da cidadania, exercício dos direitos políticos e sobre os suíços residentes no estrangeiro.*
> *O título III refere-se à Confederação, cantões e municípios, onde trata com relação à competência e organização dos referidos institutos. O título III regulamenta diversas atividades, competências e obrigações que os elementos da confederação são responsáveis. No Título IV a Constituição traça diretrizes para coordenar a Confederação e os Cantões traçando as competências, tarefas e cooperação entre os cantões e a confederação. Vale ressaltar neste título a secção 7, que trata da parte econômica do Estado Suíço, primando pela liberdade econômica. Os suíços no mesmo capítulo tratam da regulamentação dos jogos de azar.*
> *O Título V refere-se às autoridades federais e suas competências. O sigilo no âmbito da Administração Pública é tratado nesse capítulo, e segundo o artigo 169 ele não é sempre absoluto.*

602 Ibidem.

(...)
Finalmente, o Título VI refere-se à revisão Constitucional e às disposições transitórias"[603].

Outro ponto relevante da legislação suíça refere-se ao combate à lavagem de dinheiro, proveniente do ano de 1990, cuja iniciativa de vanguarda definiu o crime de "blanchissage d'argent" no artigo 305 do Código Penal, com a seguinte redação:

"*1. Quem cometeu um ato idôneo a pôr obstáculos à identificação da origem, à descoberta ou à confiscação de valores patrimoniais, os quais ele sabia ou deveria presumir que eram provenientes de um crime, será punido com aprisionamento ou multa.*
2. Nos casos mais graves, a pena será de reclusão de 5 (cinco) anos no máximo ou aprisionamento. A pena privativa de liberdade será cumulada com uma multa de um milhão de francos no máximo. O caso será grave, notadamente quando o delinquente:
a) age como membro de uma organização criminosa;
b) age como membro de uma quadrilha formada para praticar sistematicamente a lavagem de dinheiro;
c) realiza uma receita ou um ganho (lucro) importante praticando profissionalmente a lavagem de dinheiro.
3. O delinquente também será punido ainda quando a infração principal tiver sido cometida no estrangeiro desde que esta seja punível no Estado onde foi cometida"[604].

A Suíça, no ano de 1998, adotou uma nova e complementar legislação de combate à lavagem de dinheiro que aperfeiçoou indiscutivelmente os sistemas referentes à manutenção de registros contábeis, identificação dos clientes e denúncia das transações suspeitas. A legislação citada afeta não só os bancos, mas também contadores, advogados e consultores financeiros independentes, bem como as companhias seguradoras[605].

O Brasil assinou, em Berna, com o governo suíço, um acordo de cooperação jurídica em matéria penal. O tratado visa a ampla troca de infor-

[603] Ibidem.
[604] Braga, Hugo Wolovikis. *Lavagem de dinheiro e o estudo do Tratado de Cooperação Jurídica em Matéria Penal entre a República Federativa do Brasil e a Confederação Suíça*, cit., p. 9-11.
[605] Ibidem, p. 16.

mações entre Brasil e Suíça para o combate à lavagem de dinheiro, uma das modalidades mais frequentes do crime organizado em todo o mundo. As novidades do tratado são a possibilidade de cooperação em fraude fiscal e, em casos excepcionais, a permissão de repatriamento do dinheiro de origem ilegal antes mesmo de sentenças definitivas (transitadas em julgado) contra os acusados[606].

3.8 A Suíça no século XXI

Além da democracia semidireta, em que o povo participa do processo decisório por meio da iniciativa popular e do referendo (instrumentos previstos nos artigos 138 a 142 da Constituição Federal), na Suíça encontramos a democracia representativa, uma vez que a população delega aos representantes o mandato parlamentar, caso da Assembleia Federal[607].

Por meio da iniciativa popular, por exemplo, 100 mil cidadãos podem requerer a revisão total ou parcial da Constituição. Quanto ao assunto, vale transcrever:

> *"Uma vez apresentada a iniciativa para a revisão total da Constituição, ela comporta consulta popular. Vale destacar que a iniciativa constitucional é submetida à dupla maioria, ou seja, a do povo e a dos cantões. Aprovada a proposta, a Assembleia Federal (os Conselhos) será dissolvida, procedendo-se a uma nova eleição de seus membros. Eles terão a incumbência de reformar a Constituição segundo as linhas traçadas no projeto popular, consoante se depreende do art. 193 do diploma constitucional.*

[606] Na época, disse o então Ministro da Justiça, Márcio Thomaz Bastos, ao assinar o tratado em conjunto com o Ministro da Justiça e Conselheiro Federal da Suíça, Christoph Blocher: "Este é um tratado de cooperação, desburocratização e facilitação da cooperação internacional para a perseguição do crime organizado e, principalmente para o combate à lavagem de dinheiro. (...) É fundamental que se estabeleça (...) uma cultura de combate à lavagem de dinheiro. E essa cultura passa necessariamente pela cooperação internacional (...). A partir do acordo, em vez de grandes dossiês que normalmente eram enviados, bastaria uma comunicação inicial para que se fizessem os bloqueios devidos nas contas suspeitas. E as provas seriam produzidas, quando possível, juntas, e as informações compartilhadas entre os dois países". Braga, Hugo Wolovikis. *Lavagem de dinheiro e o estudo do Tratado de Cooperação Jurídica em Matéria Penal entre a República Federativa do Brasil e a Confederação Suíça. Revista Jurídica da Presidência*, v. 8, n. 81, out./nov., p. 1-24, 2006, p. 18.

[607] Fiuza, Ricardo Arnaldo Malheiros. *Revista Informativo Legislativo.* Brasília, ano 29, n. 113, jan./ mar. 1992, p. 505-514.

Da mesma forma, a iniciativa de reforma parcial da Constituição será submetida à aprovação dos eleitores e dos Cantões. Mas, diferentemente do caso da revisão total, na revisão parcial, a Assembleia poderá recomendar a iniciativa ou desaconselhá-la ao povo. A Assembleia Federal também poderá apresentar um contraprojeto para submeter à aprovação do povo e dos cantões"[608].

Para que toda a população possa participar na vida política, a Suíça tem um sistema peculiar em que se realizam referendos, quer em nível federal, quer cantonal. Os resultados de um referendo federal não implicam a obediência de uma lei referendada por um cantão que tenha votado contra. Por exemplo, se um cantão votar contra uma lei e em todos os outros cantões for aceita, essa lei não entra em vigor no cantão que tenha votado efetivamente contra. Em relação aos assuntos externos, é necessário haver a aprovação de todos os cantões, como no caso da adesão da Suíça à União Europeia. Para a realização de um referendo nacional com o objetivo de alterar uma lei na Constituição Federal, é necessário que haja cem mil assinaturas[609], salvo se for um referendo pedido pelo Governo Federal ou por todos os cantões[610].

Hoje, no âmbito do regime semidireto de democracia, "qualquer lei só vira lei se aprovada pelo povo". Em votações passadas decidiram, por exemplo, sobre a construção ou não de minaretes (mesquitas), acerca da possibilidade de estrangeiro continuar ou não no país se comete um crime, entre outras questões polêmicas. Em fevereiro de 2014, os suíços limitaram a entrada de estrangeiros da União Europeia[611].

Em 10 de junho de 2013 os eleitores decidiram (79% dos votos) a favor da política de asilo mais restritiva. Os defensores do "sim" consideraram

[608] Graciela, Nayara, *O federalismo e a democracia na Suíça*, cit.

[609] Política da Suíça: Democracia Directa – Iniciativa Popular. Disponível em http://www.bk.admin.ch/themen/pore/vi/index.html?lang=fr. Acesso em 19 set. 2019.

[610] Política da Suíça: Hierarquia, Governo, Presidente, Poder Cantonal e Democracia Directa. Disponível em http://swiss-government-politics.all-about-switzerland.info/index.html. Acesso em 19 set. 2019.

[611] Essa proposta foi apresentada pelo partido SVP, conhecido pelas ideias xenofóbicas, que já fez campanhas racistas, gerando inúmeras polêmicas. Lembre-se de que há 25% de estrangeiros na Suíça, pois eles sempre foram necessários, ainda que não benquistos. Nesse sentido, *vide* Bewes, Diccon. *Swiss watching*, London: Nicholas Brealey Publishing, 2010.

que a modificação na lei tornará os processos de asilo político mais rápidos. Para os contrários, ela prejudica as pessoas que realmente necessitam de amparo no País. A iniciativa lançada pelo Partido do Povo Suíço (UDC, na sigla em francês) de eleição direta dos membros do Conselho Federal, o corpo de ministros que governa a Suíça, foi reprovada por 76,3% dos eleitores. Com o resultado, a maioria do eleitorado mostra que está satisfeita com o atual regime político do país[612].

Existem 12 universidades na Suíça, dez cantonais e duas federais, em que a primeira incide em áreas não técnicas. As duas universidades técnicas federais são a *Eidgenössische Technische Hochschule Zürich* e a *École Polytechnique Fédérale de Lausanne*. No entanto, o estudante que não tenha seguido o secundário e tenham optado pelas escolas de maturamento, têm à disposição um vasto leque de escolas superiores técnicas cantonais como a Haute *École Valaisanne*[613]. Segundo Segundo a Organização Mundial da Saúde, a expectativa de vida no país em 2019 era de 83,7 anos, sendo 81 anos para os homens e 85 anos para as mulheres

3.8.1 A economia e a política

Cerca de dois terços do território suíço é coberto de florestas, montanhas e lagos. Dado que não possui recursos minerais, o país tem de importar, processar e colocar à venda para atender às necessidades da população. Dos três setores que compõem a atividade econômica suíça, o terciário é o mais importante, no qual se incluem os bancos, as seguradoras e o turismo. A agricultura também é importante, porém não satisfaz às necessidades totais da população, sendo necessário importar[614].

Em 2015 era a 19ª economia do mundo, com um PIB de 676.98 bilhões de dólares americanos[615]. A taxa de desemprego é historicamente uma das mais baixas. Na medida em que está rodeada de países-membros da União Europeia, a economia tem vindo gradualmente a adaptar-se às políticas do bloco econômico, de modo a aumentar a sua competitividade

[612] Ibidem, 2010.
[613] Ibidem, 2010.
[614] Ibidem, 2010.
[615] Fonte: FMI. Disponível em https://pt.actualitix.com/pais/wld/producto-interno-bruto-por-pais.php. Acesso em 9 ago. 2019.

internacional, apesar de haver ainda algum protecionismo, sobretudo na agricultura.

Importante centro financeiro internacional, a Suíça é também a primeira praça financeira para a gestão de fortunas, pois, segundo a Associação Suíça de Banqueiros (ASB), é a principal responsável pela gestão de fortunas privadas de estrangeiros, ao concentrar 25% da cota mundial deste negócio, mas deixou de ser um porto seguro para a lavagem de dinheiro, por acabar com o sigilo bancário, este vigente há 80 anos[616].

A crise econômica provocada pela falência do banco Lehman Brothers atingiu fortemente o setor bancário suíço em 2008. Desde o início da crise, a Union de Banques Suisses perdeu cerca de trezentos milhões de francos (cerca de 207 milhões de euros). Apesar da forte queda das ações do sistema bancário, a economia suíça previu um aumento de 2% no seu PIB.

Menos de 4% da população ativa trabalha no setor primário, embora seja fortemente apoiado pelo governo federal. Já pouco mais de 20% tem profissão na área secundária da indústria na qual se incluem produções de máquinas e metalúrgica, têxtil e relojoaria. Muitos desses produtos são exportados para outros países. Porém, o fato de a Suíça não estar presente na União Europeia, as exportações sofrem com as restrições aduaneiras e pela falta de livre circulação de bens[617]. O setor terciário acaba por concentrar a grande maioria da mão de obra.

[616] Discussões para fim do sigilo começaram em 2008, quando EUA denunciou o banco UBS e ameaçou retirar sua licença no país. A Suíça aceitou em 2014 se somar ao padrão global da Organização para a Cooperação e o Desenvolvimento Econômico (OCDE) para não perder seu *status* de praça financeira internacional. Em 2015, assinou um acordo com a União Europeia (UE). Apesar de não começar a trocar os dados bancários até 2018, na prática o sigilo já passa a ser quebrado em 2017 ao iniciar os passos necessários para entregar a informação deste ano de seus clientes estrangeiros no próximo exercício. Lembre-se de que os bancos do país administram fortunas no valor de 6,6 trilhões de francos (R$ 21 trilhões), dos quais metade procede do estrangeiro. *Vide* Suíça acaba com sigilo bancário em 2017 e instituições devem entregar clientes. Disponível em http://g1.globo.com/economia/noticia/suica-acaba-com-sigilo-bancario-em-2017-e-instituicoes-devem-entregar-clientes.ghtml. Acesso em 9 ago. 2019.

[617] Os três setores suíços. Disponível em http://www.about.ch/economy/index.html#CH_Eco_Sectors. Acesso em 12.09.2019.

A base principal do motor econômico do país são a exportação de material de precisão, como motores a jato e relógios, produtos químicos e farmacêuticos, serviços de seguros e bancos internacionais, exportação de energia elétrica para os países vizinhos e de produtos lácteos.

A localização geográfica, a estabilidade política e econômica, a infraestrutura bem conservada, a educação superior e os impostos relativamente moderados proporcionam à Suíça uma economia próspera, o que fazem do país um lugar de sede de organizações internacionais e multinacionais conhecidas em todo o mundo, a exemplo da Nestlé, Novartis, Swatch, Rolex, UBS, entre muitas outras. Os principais parceiros e importadores dos produtos suíços são a Alemanha, França e Itália. Ressalte-se que 80% das trocas econômicas são feitas com a União Europeia.

O poder de compra é alto, apesar do custo de vida o ser também. Porém, os altos salários, a inflação baixa (1%) e um nível de desemprego reduzido permitem aos habitantes terem uma qualidade de vida excepcional[618].

A maior parte dos produtos internos são batata, milho, verduras, maçãs, tomates, morangos, entre outros. O vinho também faz parte da agricultura, sobretudo na zona francesa (Valais, Vaud, Neuchâtel e Fribourg).

A base da economia suíça é o trabalho altamente qualificado de uma mão de obra bem formada. Importantes ramos da economia são a microtecnologia, a alta tecnologia, a biotecnologia, a indústria farmacêutica e o *know-how* no setor bancário e de seguros.

3.8.2 Cenário político suíço

A Suíça, até 1848, não constituía propriamente um país. Funcionava como uma aliança não consolidada de cantões autônomos com graus de cooperação variável de um período para outro. A Constituição de 1848 transformou a Suíça numa federação com uma autoridade central, permitindo contrabalançar e limitar o poder dos cantões. Algumas áreas, como a da política externa, ficaram, desde então, unicamente nas mãos do governo central. Normalmente, os quatro maiores partidos estão representados no governo. Quanto ao Parlamento, é composto por duas câma-

618 Economia da Suíça: taxa de desemprego. Disponível em http://www.indexmundi.com/switzerland/unemployment_rate.html.

ras: a Câmara dos Deputados representa o povo e o Senado, os cantões. As 200 vagas na Câmara dos Deputados são distribuídas entre os cantões proporcionalmente ao tamanho de sua população. Já o Senado tem dois membros de cada cantão e um membro de cada meio cantão, perfazendo um total de 46 membros. No entanto, as duas câmaras têm peso igual.

A Suíça dá aos seus cidadãos a oportunidade de também participarem diretamente nas tomadas de decisão. Embora essa forma de democracia não seja exclusiva do país, o sistema suíço é provavelmente o de maior extensão no mundo. Os cidadãos suíços podem tanto propor legislações como rejeitar a legislação já aprovada pelo parlamento. O eleitorado suíço é convocado aproximadamente 4 vezes por ano para exercer o seu direito de voto, sendo discutidas, em média, quinze propostas federais[619].

Além de poderem votar em eleições e referendos, os cidadãos suíços podem se manifestar mediante três instrumentos de democracia direta: iniciativa popular, referendo opcional e referendo mandatório[620].

A iniciativa popular proporciona aos cidadãos o direito de propor emenda à Constituição. Destina-se a direcionar ou lançar debate político sobre uma questão específica. Na prática, para que nasça uma iniciativa são necessárias 100.000 assinaturas que apoiem a medida dentro de 18 meses[621].

Um referendo é uma votação popular para decidir sobre uma legislação já aprovada pelo parlamento. Quando uma pessoa ou grupo não estiver satisfeito com a nova lei e conseguir recolher pelo menos 50.000 assinaturas no prazo de 100 dias a contar da data de publicação oficial da legislação proposta, os eleitores têm a oportunidade de decidir nas urnas sobre a legislação aprovada. O governo suíço é sempre obrigado a realizar plebiscito se a legislação for uma emenda à Constituição ou uma

619 Direct Democracy. Disponível em https://www.eda.admin.ch/aboutswitzerland/en/home/dossiers/overview.html/content/aboutswitzerland/en/meta/news/politik. Acesso em 19 set. 2019.

620 Ibidem, 2019.

621 Ibidem, 2019.

proposta do governo para que a Suíça assine importante acordo internacional que não podem ser revogados[622].

Para que uma iniciativa ou um referendo sejam aprovados nas urnas, é obrigatório que tenham "maioria dupla", isto é, a maioria do povo e a maioria dos cantões[623]. Todas as emendas constitucionais serão submetidas a referendo mandatório, ou seja, elas se submeterão ao escrutínio popular em âmbito nacional[624].

A participação dos eleitores, que é facultativa, gira em torno de 40%.

Dois dos 26 cantões da Suíça, o Appenzell Rhodes do interior e o Glarus ainda realizam assembleias anuais ao ar livre, onde os cidadãos votam questões levantando as mãos[625], o que caracteriza a utilização da democracia semidireta, que é um regime de democracia em que existe a combinação de representação política com formas de democracia direta.

3.8.3 A Constituição na atualidade – uma democracia semidireta

Segundo disposição constitucional, o Estado Suíço organiza-se sob a forma federativa. O preâmbulo da constituição suíça invoca o nome de Deus e declara que a finalidade da confederação é manter e aumentar a unidade, a força e a dignidade das nações suíças[626].

Nos arts. 1º a 70 (parte I) desenvolvem-se temas relacionados à finalidade da Constituição, à situação e à relação dos cantões com a federação, à extinção de privilégios, à organização da defesa, do serviço público, da proteção aos animais, das estradas de ferro, das escolas, da alfândega, da legislação social, bancária, da organização dos correios, das estradas e do transporte aéreo e aquático, das moedas, medidas e pesos. Frise-se, aliás, que a Carta Magna dispõe, ainda nesta parte, sobre os direitos do cidadão e a segurança desses direitos[627].

[622] Sistema político suíço. Disponível em: http://www.swissinfo.ch/por/sistema-pol%C3%ADtico-su%C3%AD%C3%A7o/29726462. Acesso em 19 set. 2019.
[623] Ibidem.
[624] Ibidem.
[625] Ibidem.
[626] Brochado, Mariá. O estado suíço e seus cantões. *Revista Veredas do Direito.* Belo Horizonte: Dom Helder – Escola de Direito, ano 1, n. 2, p. 103-112, 2004, p. 104.
[627] Ibidem, p. 105.

Na parte II temos previsão sobre a forma ou organização e funcionamento do Estado. E na parte III encontra-se reservada a matéria atinente à revisão constitucional e às disposições transitórias[628].

Em síntese, alguns pontos merecem ser elencados acerca da constituição suíça:

1) O termo predominante que designa os Estados é cantões, utilizado desde a Constituição de 1848.
2) Existem os semicantões, normalmente subdivididos em cidade e campo e que se diferenciam dos cantões pelo fato de que nos escrutínios constitucionais seus votos são contados pela metade.
3) Não é possível a criação, a extinção, a fusão e o desmembramento de cantões, a não ser por disposição revisional da Constituição.
4) Os cantões são autônomos, observados os limites previstos na Constituição.
5) Somente o Estado federal pode declarar guerra e concluir pela paz, e de estipular alianças e tratados com outros Estados, observando-se que os Cantões só podem celebrar alianças com outros Cantões, desde que não seja de natureza política.
6) No plano militar, limita-se a tropa permanente de cada cantão a 300 homens, só podendo ser elevado mediante consentimento da autoridade federal. Havendo ameaças ou perigos a um cantão, se não for possível a comunicação de tal fato, a federação poderá intervir independentemente de requisição.
7) Os poderes legislativo, executivo e judiciário são denominados, respectivamente, "Assembleia Nacional", "Conselho Federal" e "Tribunal Federal".
8) Cabe à Assembleia Nacional legislar, observadas as reservas dos direitos do povo, como a participação popular, até mesmo mudança na Constituição, por meio de plebiscito e referendo. Compõe-se a Assembleia Nacional do Conselho Nacional (composto de duzentos representantes do povo suíço) e do Conselho dos Estados (composto de quarenta e seis deputados). As decisões sobre qualquer

628 Ibidem, p. 106.

matéria são tomadas por maioria absoluta dos votantes. Qualquer lei aprovada pelo parlamento, em caráter de urgência, pode perder o seu caráter de urgência se for requerida a consulta popular por cinquenta mil cidadãos. Perderá a lei também o caráter de urgência se não for ratificada pelo povo e pelos cantões dentro de um ano.

9) O Conselho Federal (composto de sete membros) é a autoridade executiva maior que dirige a confederação. Trata-se de um colégio governamental em que todos são iguais, eleitos pelo parlamento. Compete-lhe expedir regulamentos, a exemplo dos regulamentos independentes (diferentemente dos dependentes, decorrem de poderes expressos na constituição); dependentes, administrativos (dirigem-se aos administradores ou funcionários), legislativos, os de execução (tornam possível a aplicação das disposições constitucionais e legislativas) e de substituição (trata-se das regras que decorrem de lei ou da constituição).

10) Compete ao Tribunal Federal (composto de 26 membros, eleitos pela Assembleia Federal) julgar: as causas de Direito Civil nos conflitos entre a confederação e os cantões, entre os cantões, entre a confederação e os particulares, entre os cantões e os particulares; a violação de direitos constitucionais dos cidadãos; os casos de traição contra a confederação, de revolta e violência contra autoridade federal; crimes ou delitos contra o direito das gentes; crimes e delitos políticos; conflitos de competência.

11) A revisão constitucional pode ter a iniciativa da Assembleia Federal ou iniciativa popular.

10) O poder Executivo não detém direito de veto[629].

[629] Ibidem, p. 107.

3.8.4 Dados estatísticos contemporâneos

GOVERNO	República federativa.
POPULAÇÃO (2019)	8,57 milhões de habitantes.
DENSIDADE POP.	201,01 hab./km² (2017).
PIB (BASE PARIDADE DO PODER DE COMPRA - PPC - 2014)	US$ 444,702 bilhões[630].
PIB *PER CAPITA* (PPC)	US$ 79.242,28[631].
PIB NOMINAL (2019)	US$ 703,165 bilhões[632].
PIB PER CAPITA - NOMINAL (2019)	US$ 81.706[633].
IDH (2018)	0,944 (2º).
Numero de Constituições	2 (1848 e 1999).
Observação	Revisões da Constituição de 1848: parcial em 1866; total em 1874; parcial em 1891; parcial em 1990. A Constituição de 18 de abril de 1999 entrou em vigor em 1º de janeiro de 2000.

Fonte: Fundo Monetário Internacional (FMI): World Economic Outlook Database.

3.8.5 Cantões – Quadro Geral

* Semicantões são representados por um conselheiro (em vez de dois) no Conselho dos Estados.

630 Disponível em https://pt.wikipedia.org/wiki/Su%C3%AD%C3%A7a. Acessado em 24 ago. 2017.

631 Fonte: FMI, World Economic Outloook Database (abril de 2017).

632 Disponível em https://pt.countryeconomy.com/. Acessado em 24 abr. 2020.

633 Ibidem.

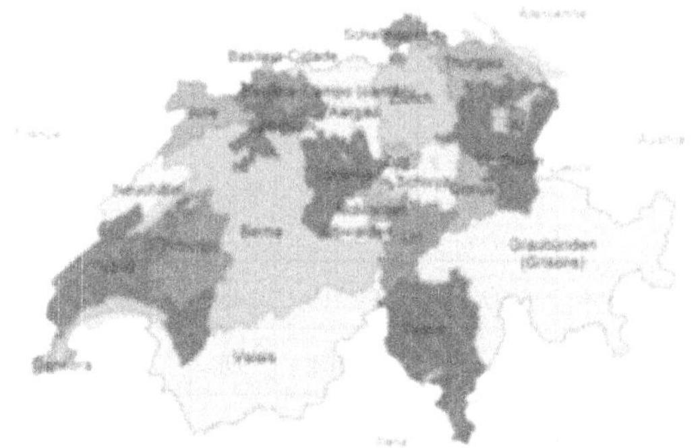

Brasão	Abr.	Cantão	Adesão	Capital	População (31/12/2006)	Área (km²)	Densidade (hab./km²)	Comunas (01/01/2005)	Língua oficial
	ZH	Zurique	1351	Zurique	1 284 052	1 729	743	171	alemão
	BE	Berna	1353	Berna	958 897	5 959	161	398	alemão, francês
	LU	Lucerna	1332	Lucerna	359 110	1 493	241	97	alemão
	UR	Uri	1291	Altdorf	34 948	1 077	32	20	alemão
	SZ	Schwyz	1291	Schwyz	138 832	908	153	30	alemão
	OW	Obwald *	1291	Sarnen	33 755	491	69	7	alemão
	NW	Nidwald *	1291	Stans	40 012	276	145	11	alemão
	GL	Glarus	1352	Glarona	38 084	685	56	27	alemão
	ZG	Zugo	1352	Zugo	107 171	239	448	11	alemão
	FR	Friburgo	1481	Friburgo	258 252	1 671	155	182	francês, alemão
	SO	Soleura	1481	Soleura	248 613	791	314	126	alemão
	BS	Basileia-Cidade*	1501	Basileia	184 822	37	4 995	3	alemão
	BL	Basileia-Campo*	1501	Liestal	267 166	518	516	86	alemão
	SH	Schaffhausen	1501	Schaffhausen	73 866	298	248	33	alemão
	AR	Appenzell Exterior*	1513	Herisau[4]	52 509	243	216	20	alemão
	AI	Appenzell Interior*	1513	Appenzell	15 300	173	88	6	alemão

Brasão	Abr.	Cantão	Adesão	Capital	População (31/12/2006)	Área (km²)	Densidade (hab./km²)	Comunas (01/01/2005)	Língua oficial
	SG	São Galo	1803	São Galo	461 810	2 026	228	89	alemão
	GR	Grisões	1803	Coira	187 920	7 105	26	208	alemão, romanche, italiano
	AG	Argóvia	1803	Aarau	574 813	1 404	409	231	alemão
	TG	Turgóvia	1803	Frauenfeld	235 764	991	238	80	alemão
	TI	Tessino	1803	Bellinzona	324 851	2 812	116	201	italiano
	VD	Vaud	1803	Lausana	662 145	3 212	206	382	francês
	VS	Valais	1815	Sion	294 608	5 224	56	158	francês, alemão
	NE	Neuchâtel	1815	Neuchâtel	168 912	803	210	62	francês
	GE	Genebra	1815	Genebra	433 235	282	1 536	45	francês
	JU	Jura	1979	Delémont	69 292	838	83	83	francês
	CH	Suíça	-	Berna	7 508 739	41 285	182	2 767	alemão, francês, italiano, romanche

Fonte: https://pt.wikipedia.org/wiki/Cant%C3%B5es_da_Su%C3%AD%C3%A7a.

Capítulo 4

INGLATERRA – GRÃ-BRETANHA – REINO UNIDO – MONARQUIA PARLAMENTARISTA E DEMOCRACIA

4.1 Localização

Dá-se o nome de *Grã-Bretanha* à região que engloba a maior ilha britânica que compreende a Inglaterra, o País de Gales e a Escócia. O termo *Reino Unido*, por sua vez, engloba a região da Grã-Bretanha e um país, a Irlanda do Norte. O Reino Unido possui uma área total de 242.495 km^2, sendo a Inglaterra o país que possui a maior área (130.395 km^2).

A Inglaterra localiza-se na parte Meridional da Grã-Bretanha, limitada ao norte pela Escócia e ao oeste pelo País de Gales.

Fonte: portal Mundo Educação.

Características geográficas gerais de cada país que compõe o Reino Unido:

a) Inglaterra – montanhosa na parte meridional e banhada pelos rios Tâmisa e Severn[634], conta também com planícies ao redor de Londres. O clima é temperado, sendo chuvoso e nevoado.
b) Escócia – separada da Inglaterra pelos montes Chevotes e banhada pelo Rio Clyde, é cortada por grandes depressões onde se formaram profundos lagos.
c) Irlanda – dispõe de relevo menos acidentado e apresenta, também, diversos lagos, tendo o Rio Shannon como o mais importante. A exemplo da Escócia, caracteriza-se o clima na Irlanda como temperado, sendo, portanto, ameno.
d) País de Gales – apresenta relevo montanhoso, vastos pastos, grandes riquezas em ferro, hulha (espécie de carvão mineral) e cobre.

4.2 Ocupação e desenvolvimento

Os primeiros habitantes da ilha britânica foram os caçadores paleolíticos, que seguiam manadas de animais selvagens. Posteriormente, na era glacial, agricultores estabeleceram-se na ilha. Particularidades que merecem destaque[635]:

"encontram-se nas Ilhas Britânicas traços muito abundantes da civilização megalítica, que deixou (...) monumento (...) em Stonehenge. No Bronze Antigo, (...) surgem dois grandes centros de culturas: um, no Norte de Inglaterra, na Escócia e na Irlanda, é o dos vasos para alimentos que eram depositados nos túmulos para garantir ao morto alimentos para a sua viagem para o Além; o outro, no Sul de Inglaterra, é o da civilização do Wessex, muito próxima da civilização armórica da mesma época e ligada por trocas comerciais às regiões longínquas da Europa Central, do mar Egeu e mesmo do Próximo Oriente. (...) sabe-se que as Ilhas Britânicas, durante todo o primeiro milênio

634 O Rio Severn é o maior e mais caudaloso rio da Grã-Bretanha. Nasce a 610 m de altitude, perto de Plynlimon, no País de Gales, alcança 354 km de comprimento e desagua no Canal de Bristol. Disponível em http://dicionario.sensagent.com/Rio%20Severn/pt-pt/. Acessado em 14-8-2017.

635 Mourre, Michel. *Dicionário de história universal.* Lisboa: Editora Asa, 1998, v. II , p. 570.

antes da nossa era, foram invadidas por sucessivas vagas de celtas, que ali introduziram a civilização do ferro"[636].

Os romanos dominaram o sul da região (44 d.c) e consolidaram o domínio com o Imperador Claudio, que constituiu a província de Bretanha (Britânia – 90 d.c.) [637].

A cidade de Londres surgiu entre 70 e 100. No início do século V (411), as legiões romanas abandonaram a região para enfrentar os invasores germânicos no Continente Europeu. Na sequência, os germânicos (jutos) invadiram a ilha, assim como os anglos e os saxões, e empurraram os celtas para o oeste, dominando o sul, onde organizaram os reinos anglo-saxões. Os jutos, saxões e anglos tiveram forte resistência dos bretões autóctones descrita por intermédio da lenda do Rei Artur, que foram empurrados para o Ocidente da ilha (País de Gales e da Cornualha), enquanto outros foram para Armórica (chamada, posteriormente, de Bretanha)[638].

Essa luta resultou na destruição da chamada civilização romana e na penetração inicial do cristianismo, que, no século V, foi aceito pela população da Irlanda e de Gales. Foi mantido o nome dos conquistadores: Terra dos Anglos (*England*)[639]. Destaque-se a constituição de sete reinos germânicos, formando a Heptarquia Anglo-saxônica, que durou, com variantes e no meio de frequentes guerras, até a conquista normanda: o Kent (jutos); o Essex, o Sussex, o Wessex (saxões); a Nortumbria, a Anglia de Leste, a Mércia (anglos).

Em finais do século VI, restabeleceu-se na ilha uma relativa tranquilidade, e o papa S. Gregório, o Grande, decidiu enviar à Inglaterra uma missão de monges beneditinos (Primavera de 596), conduzidos por Agostinho (futuro santo Agostinho de Cantuária), que, tendo convertido o rei de Kent, Ethelbert (Pentecostes, 597), fundou os bispados de Cantuária, Londres e Rochester. A evangelização dos anglo-saxões prosseguiu na Nortumbria (627), na Anglia de Leste (c. 625/630), no Wessex (634/650), na Mércia (655) e no Sussex.

[636] Ibidem, p. 571.
[637] Ibidem, p. 688.
[638] Ibidem, p. 688.
[639] Ibidem, p. 688.

A Inglaterra dos séculos VII e VIII, uma vez resolvido a favor dos monges romanos o conflito que os opunha aos monges irlandeses, fiéis aos usos célticos (Sínodo de Whitby, 664), torna-se uma região de ardente cristianismo orientada para o claustro e ilustrada por grandes monges sábios, tais como S. Beda[640]. Entretanto, prosseguia a luta entre os reinos da Heptarquia Anglo-saxônica. No início do século IX, o Wessex ganhou preponderância com o rei Egberto, que por volta de 825 conseguiu por algum tempo reagrupar todos os reinos sob a sua autoridade[641].

Os normandos atacaram a Inglaterra em 787. Depois de uma série de expedições (pilhagem de Londres, 836), os dinamarqueses conseguem instalar-se solidamente na Anglia de Leste, que conquistam depois da batalha de Thetford (870). No entanto, os estados anglo-saxônicos opõem grande resistência, e Alfredo, o Grande (871/899), consegue durante algum tempo manter a independência[642].

No final do século X a conquista dinamarquesa fez grandes progressos (derrota de Ethelred II em Maldon, 991) e completou-se com Canuto, o Grande (1016/1035), que integrou a Inglaterra no seu império marítimo, que incluía a Dinamarca e a Noruega, preparando assim a unidade política do país. Depois da sua morte, a hegemonia dinamarquesa não tardou a afundar-se, e Eduardo, o Confessor, conseguiu restabelecer uma dinastia saxônica (1042). A partir dessa época, começaram a estabelecer-se estreitas relações entre a Inglaterra e os duques da Normandia, que contavam na ilha com partidários ardentes[643].

À dinastia normanda (1066/1154) sucedeu a dos Plantagenetas (1154/1399)[644]. Por casamento com Leonor da Aquitânia (1152), o fundador desta segunda dinastia, Henrique II Plantageneta (1154/1189), ficava à frente de territórios consideráveis, que incluíam, no continente,

[640] S. Beda (672-735), teólogo e monge cuja formação se deu nos mosteiros de Jarrow e Wearmouth, escreveu sobre filosofia, cronologia, aritmética, gramática, astronomia, música e medicina. Seu nome, em língua saxônica, significa "oração". Considerado um dos pais de toda a cultura posterior a sua época, o historiador Peter Burke define-o como "o pai da erudição inglesa".

[641] Mourre, Michel. *Dicionário de história universal*, cit., p. 688.

[642] Ibidem, p. 688.

[643] Ibidem, p. 688.

[644] Ibidem, p. 688.

o Anjou, o Maine, o Poitou, a Aquitania, a Gasconha, o que preparava inevitável confronto com os Capetos. Por sua vez, Henrique II, na Inglaterra, completou a conquista de Gales e empreendeu a submissão da Irlanda. Além disso, este impôs sua autoridade no interior, unificou a administração e a justiça (*Common Law*) e pretendeu colocar a igreja sob a sua tutela, mas teve de enfrentar a resistência do seu antigo chanceler e amigo, o arcebispo de Cantuária, Thomas Becket (1118 - 1170), a quem mandou assassinar (1170)[645].

4.3 A Lei Comum

Ao promover a reforma legal, Henrique II moldou a futura sociedade inglesa e a sua política, bem como a distinta forma de pensar de todas as nações de língua inglesa e estados ainda por nascer[646].

Assim, conferiu aos Tribunais centrais maiores poderes e autoridade, e proporcionou o rápido crescimento da Lei Comum inglesa por todo o território, que substituiu e se sobrepôs aos vários costumes provinciais ainda administrados nos Tribunais de condados e de incontáveis jurisdições privadas[647].

Henrique II[648], ao adquirir profundos conhecimentos legais no estrangeiro e escolher com sabedoria seus colaboradores, arregimentou Juízes reais, alguns provenientes de ordens sagradas, mas outros, como Glanvil[649], da classe dos guerreiros feudais. Esses homens, bem como a sua *progénie* intelectual dos reinados seguintes, foram os responsáveis

645 Ibidem, p. 689.

646 Trevelyan, G. M. *História concisa da Inglaterra.* Lisboa: Editora Europa-América, 1942, v. I, p. 137.

647 Ibidem, p.138.

648 Ibidem, p. 138.

649 Ranulf de Glanvil (Glanvill, Glanville) (1112 - 1190) – Foi o Chefe de Justiça da Inglaterra durante o reinado de Henrique II (1154–1189). Foi o autor de renome do primeiro texto oficial sobre o common law, *Tractatus de legibus et consuetudinibus regni Angliae* (Tratado sobre as Leis e Costumes do Reino da Inglaterra), de 1188. Como juiz, Glanville foi, na verdade, vice-rei da Inglaterra enquanto Henrique II lutava na França. Durante seu mandato, uma corte real permanente (Curia Regis) começou a se reunir em Westminster, e o inquérito (um precursor do julgamento do júri) passou a ser amplamente utilizado em casos envolvendo terras. Destituído do cargo pelo filho e sucessor de Henrique, Ricardo I, Glanville posteriormente acompanhou Ricardo na Terceira Cruzada.

pelo estabelecimento da Lei Comum a partir dos procedimentos utilizados nos Tribunais centrais do rei, e por ensinarem aos quatro cantos do país as novas doutrinas, impondo os novos procedimentos por entre os montanheiros de todos os condados[650].

A Lei Comum, uma das maiores heranças das nações anglófanas, "que conseguiu nos tempos modernos separar claramente os seus hábitos e modos de pensar do mundo e da tradição latino-romana", resultou da conquista normanda. Cabe acrescentar:

> *"Os homens que a conceberam, entre os reinados de Henrique II e de Eduardo III, eram legistas que tinham aprendido e praticado em França, habituados a fazerem os seus registros em latim. Como nos diz Maitland: 'como é que alguém poderá escrever uma simples frase legal sem se servir de termos como dívida, contrato, herdeiro, trespasse, pagamento, dinheiro, tribunal, juiz ou júri?' Todas estas palavras nos vieram do francês, e em todas as terras espalhadas pelo mundo em que prevalece a lei inglesa todos os dias se homenageiam homens como Guilherme da Normandia e Henrique de Anjou"*[651].

No século XII, os temas palpitantes de estudo foram o Código Civil dos antigos imperadores romanos e o direito canônico da Igreja. Esses dois direitos romanos serviram como exemplo científico e metodológico aos homens que se dedicaram à elaboração da então singular Lei Comum inglesa. De 1150 até 1250, aproximadamente, as Universidades de Bolonha e de Paris – onde se podiam estudar aqueles dois direitos – atraíram para lá dos Alpes e do Canal da Mancha centenas de jovens legistas, diáconos e escriturários ingleses que regressaram como – assim se queixavam os seus conterrâneos – ingleses italianizados, cheios de vícios estrangeiros, mas também cheios de conhecimentos legais até então praticamente desconhecidos na Grã-Bretanha. Oxford, muito pouco tempo depois de

[650] Mourre, Michel. *Dicionário de história universal*, cit., p. 688.

[651] Argumenta-se que a Lei Comum quase nada se deve aos códigos e costumes anglo-dinamarqueses, caracterizados pelo barbarismo e pela compurgação e que representam uma etapa pretérita da sociedade, mas tem, contudo, alguns sinais dos costumes feudais de toda a Europa, particularmente nos aspectos relacionados com a propriedade das terras. Trevelyan, G. M. *História concisa da Inglaterra*, cit., v. I, p. 138.

se ter transformado numa universidade, possuía escolas florescentes de direito civil e canônico[652].

Durante os primeiros tempos do domínio plantageneta[653], a cúria régia, ou Tribunal do Rei, começou a delegar sobre vários aspectos especializados em determinados comitês subordinados, cada um destes adquirindo com o passar dos anos certos procedimentos e funções especiais muito próprias, como já se verificara com o setor do Tesouro (das finanças). Durante o reinado de Henrique II criou-se um colégio de Juízes – que passou a ser conhecido como Tribunal de Apelação Comum – com sede em Westminster por razões de conveniência; como já funcionava nesse local a Fazenda Pública, diz-se por vezes que a Inglaterra[654] teve aí a sua primeira capital. Se assim não fosse, os interesses num caso apresentado à cúria régia teriam de seguir ou de procurar o rei onde quer que este se encontrasse. Os Tribunais do rei assumiram, desse modo, um caráter de delegações da cúria, em lugar de serem Tribunais comuns no sentido moderno do termo. Porém, tanto nestes como nas delegações itinerantes que percorriam os condados, os procedimentos adquiriam regularidade suficiente para se formar uma norma casuística, no fundo o conjunto de precedentes que acabaram por dar corpo à Lei Comum inglesa[655].

Quanto à atuação legal dos reis, cabe transcrever:

[652] Ibidem, p. 138.

[653] Conjunto de Estados que se estendiam dos confins anglo-escoceses aos Pireneus e da Irlanda a Limousin, unidos a meio do século XII por Henrique II de Inglaterra.

[654] "Durante o período medieval, as ilhas Britânicas continuaram a situar-se no extremo noroeste de todas as coisas; ainda ninguém sonhava que havia terras para descobrir do lado de lá das ondas do Atlântico – apesar do que, por entre os remotos fiordes da Islândia e da Noruega, continuavam a circular lendas sobre uma "terra de vinhedos" no seio dos descendentes daquelas destemidas tripulações viquingues que, mil anos antes de Cristo, tinham abicado as suas embarcações algures numa praia da costa norte-americana. Mesmo assim, quando Guilherme desembarcou em Pevensey, a Grã-Bretanha ainda parecia estar pousada nos limites do mundo, tal como o estava quando César pôs o pé nos rochedos de Dôver, se bem que o mundo tivesse deslocado já o seu centro de gravidade para norte, aproximando-se mais do mundo anglo-saxônico. Por outras palavras, a civilização ocidental deixara de ser mediterrânica – como na época greco-romana – para passar a ser verdadeiramente europeia". *Vide* TREVELYAN G. M., *História concisa da Inglaterra*, cit., v. I, p. 121.

[655] Ibidem, p. 139.

"Servindo-se de éditos, (...) todos os reis, compreendidos entre Henrique II e Henrique III, gozaram da faculdade de criação de novas soluções legais, de novos métodos de litígio e de diferentes modos de atuação legal, tudo em detrimento dos Tribunais feudais e eclesiásticos. Contudo, nunca se verificou qualquer outra legislação no sentido de que hoje atribuímos aos termos, se bem que Henrique II, ao oferecer aos súditos um conjunto de Tribunais régios alternativos e dotados de métodos mais aceitáveis, tenha conseguido, para todos os efeitos, roubar dos Tribunais feudais a maior parte da jurisdição referente aos títulos e posse das terras. Na prática, conseguiu estender o escudo protetor da justiça real aos pequenos proprietários, cujas terras eram até então um joguete nas mãos dos poderosos vizinhos feudais. A legislação segundo os métodos dos decretos de Henrique II veio também introduzir um procedimento revolucionário: o julgamento através de jurados"[656].

No bárbaro método anglo-saxônico de julgamento por compurgação, em que um indivíduo provava a sua razão trazendo consigo o maior número possível de amigos e parentes que juravam acreditar no que ele afirmava, o réu submetia-se a prova eivada de superstição do ferro em brasa, originalmente pagã. Esta, depois de cristianizada, tornou-se o método favorito dos guerreiros normandos, o intitulado julgamento por batalha, que nunca se tornou popular na Inglaterra e no qual as partes em litígio se batiam com as armas arcaicas de madeira e de osso até uma delas, exausta, gritar a palavra fatal *craven*. Na prática, esses métodos não eram um exemplo de justiça, e resultavam em penas de morte ou mutilação[657].

Na Inglaterra, o primeiro passo em direção oposta à barbárie desses métodos foi dado por Henrique II quando estabeleceu as bases do sistema de jurados[658].

Sobre o júri da época, cumpre considerar:

"(...) Os jurados de Henrique II eram as próprias testemunhas da ocorrência. A Grand Assise de Henrique II permitia que um homem cujos direitos de propriedade fossem contestados recorresse a julgamento por jurados, em lugar de se ver forçado ao famigerado julgamento por batalha. Se assim pretendesse, doze dos seus vizinhos tinham de

656 Ibidem, p. 139.
657 Ibidem, p. 139.
658 Ibidem, p. 139.

testemunhar perante o juízo do rei sobre qual das partes tinha mais direitos sobre as terras em questão"[659].

Os decretos de Clarendon e de Northampton, entre 1166 e 1176, instituíram outra espécie de júri, o de apresentação ou de acusação: assim, doze homens ajuramentados tinham de apresentar perante o tribunal os indivíduos que tinham cometido qualquer crime. Não se tratava de juízes de fato, mas sim testemunhas presenciais – pelo menos em relação à reputação local do acusado. A apresentação tinha como resultado a submissão do réu à ordália, mas no caso de o chamado juízo de Deus poupar a vida ao acusado, este tinha de renunciar às suas posses[660].

Em 1215 o Concílio de Latrão aboliu a já desacreditada ordália, proibindo os padres de administrarem aos acusados o ferro em brasa, abrindo o caminho inglês para a evolução do sistema de jurados. No final da Idade Média, o júri deixou de ter apresentadores ajuramentados de provas, uma vez que estes se transformaram em juízes de provas apresentadas por terceiros; e, no século XV, o sistema de jurados, semelhante ao atual, era um dos orgulhos dos cidadãos ingleses[661].

4.4 A Magna Carta

Trata-se a Magna Carta (Grande carta das liberdades ou concórdia entre o rei João e os barões para a outorga das liberdades da Igreja e do reino inglês) do "primeiro passo dado no sentido do constitucionalismo". Lembre-se de que o apoio à causa constitucional contrariava a vontade do poderoso papa Inocêncio III, o qual, em resposta à submissão política do rei João Sem Terra, em 1215, apoiou com veemência o rei nas disputas que manteve com os seus súditos, chegando a declarar nula e sem efeito a Magna Carta[662].

Na Inglaterra pós-Henrique II a realidade era bastante diferente[663]: a nova política do baronato inglês, expressa na Magna Carta, por meio da

[659] Ibidem, p. 140.
[660] Ibidem, p. 140.
[661] Ibidem, p. 141.
[662] Ibidem, p. 147.
[663] Ibidem, p. 148.

Lei Comum, reivindicava liberdades públicas e fiscalização das atividades do rei, das assembleias de barões[664] e das alianças com as outras classes.

Frise-se:

> *"Cada uma das classes que ajudaram ou encorajaram o movimento recebeu a sua quota-parta de benefícios, devidamente estipulada no texto da Magna Carta, pelo que poderemos designá-la como um documento nacional, se bem que as exigências nela feitas não refiram nem o povo nem a nação como um todo – esses conceitos abstratos ainda não tinham começado a preocupar os espíritos dos homens. Os homens livres viram garantidos a proteção contra os funcionários reais e o direito a um julgamento justo e legal; o termo tinha um alcance limitado em 1215, mas com a evolução econômica e legal verificada nos trezentos anos que se seguiram passou a aplicar-se, inclusive, aos descendentes dos vilãos, e a partir dessa altura todos os ingleses passaram a ser considerados como homens livres perante a lei"*[665].

Várias das cláusulas da Magna Carta expressam o espírito da liberdade individual, como as seguintes: nenhum homem livre será em nenhuma hipótese aprisionado, espoliado, exilado ou destruído, nem perseguido sem que seja submetido a julgamento legal perante os seus pares e/ou perante a lei da terra (devido processo legal); a multa a pagar por um homem livre, pela prática de um pequeno delito, será proporcional à gravidade do delito; e pela prática de um crime será proporcional ao horror deste, sem prejuízo do necessário à subsistência e posição do infrator... (proporcionalidade da pena); não venderemos, nem recusaremos, nem protelaremos o direito de qualquer pessoa a obter justiça; daqui para diante será lícito a qualquer pessoa sair do reino e a ele voltar, em paz e

[664] "Quando os barões conseguiram impor a João Sem-Terra a famosa concessão segundo a qual nenhuma taxa militar extraordinária nem nenhum outro imposto seria criado em Inglaterra, a não ser mediante aprovação do Conselho Comum do Reino, e da mesma forma se procedera com os subsídios a conceder pela cidade de Londres – e apesar de o documento prosseguir com a definição de conselho comum sendo uma assembleia estritamente feudal dos principais terra-tenentes – estavam de qualquer modo a avançar em direção ao princípio dos Parlamentos e ao conceito de nenhum imposto sem representatividade. Sem dúvida que se tratou dum passo diminuto, mas foi o primeiro, e é sempre este que conta". *Vide* G. M. Trevelyan, *História concisa da Inglaterra*, cit., v. I, p. 154.

[665] Ibidem, p. 154.

segurança, por terra e por mar, sem prejuízo do dever de fidelidade para conosco... (liberdade de ir e vir) . Outras cláusulas determinam a fiscalização de hábitos ilegais e tirânicos praticados pelos funcionários do rei tanto nas florestas da coroa quanto noutros locais[666].

Dessa forma, a Carta foi considerada muito importante porque solucionava de forma prática e definitiva alguns males temporários e característicos da época. Nos séculos XIV e XV, o documento foi relegado para segundo plano depois de aparentemente ter cumprido a sua missão, e o Parlamento passou a constituir o fulcro das atenções dos cidadãos[667].

Outra fase da Carta Magna:

"Quando, porém, no reinado de Jaime I, tanto o príncipe como o povo se colocaram em campos opostos, a Magna Carta retomou rapidamente, ultrapassando-o até, o seu antigo esplendor. Os conservadores e legistas (...) seguiram descortinar através da bruma dos tempos a gigantesca figura da Magna Carta, considerando-a então como a deusa da liberdade inglesa. As péssimas interpretações que na altura expenderam sobre as cláusulas do documento foram tão úteis para a causa da liberdade como o são espantosas para os atuais estudiosos do medievalismo; foi sob o estandarte de Runnymede que a batalha do Parlamento e da Lei Comum foi travada e ganha contra os Stuarts"[668].

E o panorama imediatamente a seguir a Runnymede[669] foi o seguinte:

"João era incitado pelo papa e pelo seu legado a repudiar a Carta, enquanto os barões solicitavam a intervenção armada do príncipe francês. (...) A morte de João concedeu

[666] Ibidem, p. 155.

[667] A título de esclarecimento, nem os últimos copistas nem os primeiros impressores foram encarregados de publicar versões populares em inglês do importante documento; no tempo dos Túdor, a Carta tornou-se "fora de moda", pois realçava as distinções entre os interesses do príncipe e os do povo, e durante todo o século XVI tanto o primeiro como os últimos procuravam decididamente negá-los. A obra *O Rei João*, de Shakespeare, mostra que o autor pouco sabia e nada se preocupava com a Carta, apesar de retratar completa e livremente a tragédia da deposição e morte de Ricardo II. *Vide* TREVELYAN, G. M. *História concisa da Inglaterra*, cit., v. I, p. 150.

[668] Ibidem, p. 155.

[669] Runnymede, no sul da Inglaterra, trata-se do local onde o rei João Sem Terra assinou a Magna Carta em 1215.

> *uma última oportunidade para a reunificação da nação em torno dos princípios da Magna Carta.*
> *(...) É assim que grande parte das atividades dos primeiros Parlamentos consistia na recepção de enormes quantidades de petições para ratificação, a maioria proveniente de pessoas singulares ou de uma única comunidade, mas, à medida que transcorria o século XIV, cada ver mais originadas pela Câmara dos Comuns como um todo"*[670].

No reinado de Eduardo III, a máquina do Estado viu-se reforçada com uma nova e importante instituição: os juízes de paz, estabelecidos em todos os condados para auxiliarem a governação central. À semelhança dos *coroners*, que os procederam, não eram ocupados por burocratas, mas sim por senhores rurais independentes. Figuras tão típicas como as das classes em ascensão dos cavaleiros e da pequena nobreza, os juízes de paz assumiram gradualmente as responsabilidades previamente atribuídas aos xerifes ou aos juízes itinerantes[671].

670 Ressalte-se que o período de enfraquecimento do poder real assim se sucedeu: "(...) prosseguiu no reinado de Henrique III (1216/1272), que teve de lutar incessantenente contra os barões, conduzidos por Simão de Montfort; por meio das provisões de Oxford (1258) e de Winchester (1259), foi instituído junto do rei um Parlamento feudal permanente, que a partir de 1265 foi alargado à pequena nobreza e aos burgueses. A captura do rei pelos barões em Lewes (1264) colocou o poder no seu ponto mais baixo, que no entanto começou a recuperar depois da morte de Simão de Montfort na batalha de Evesham (1265). Eduardo I (1272/1307) dedicou-se à obra de unificação territorial e concluiu a submissão do País de Gales (Tratado de Aberconway, 1277), mas as necessidades financeiras das suas guerras obrigaram-no a conceder novas prerrogativas ao Parlamento (1297), no mesmo momento em que a monarquia autoritária se consolidava em França com Filipe, o Belo. O seu filho, Eduardo II (1307/1327), tentou em vão a conquista da Escócia e a sua derrota em Bannockburn (1314) abriu um período de novas convulsões, no termo do qual o rei foi deposto (1327). O reinado de Eduardo III (1327/1377) iria marcar uma importante recuperação do Estado inglês e do sentimento nacional, que se afirmou no longo conflito com a França. Herdeiro mais próximo do trono de França por linha feminina, Eduardo III viu-se excluído devido à sua qualidade de estrangeiro, em beneficio do ramo colateral dos Valois. As suas pretensões à sucessão e sobretudo os intermináveis conflitos suscitados pela posse da Aquitânia, que tornava o rei de Inglaterra vassalo dos Capetos no continente, estiveram na origem da Guerra dos Cem Anos". *Vide* MOURRE, Michel, *Dicionário de história universal*, cit., v. II, p. 689.

671 "Os juízes de paz enraizaram-se nos condados (...), tão populares no seio das comunidades como perante o Conselho do Rei, servindo de ligação entre este e aquelas. Nos

4.5 As guerras dos Cem Anos e das Duas Rosas

Os conflitos em que os britânicos desejavam o trono francês, o choque comercial por causa de Flandres, o apoio da França à Escócia, que lutava com a Inglaterra, resultaram na Guerra dos Cem Anos. A superioridade do Exército inglês (exército nacional de infantaria que se opunha ao Exército feudal dos cavaleiros de Filipe VI de Valois) afirmou-se nitidamente no início desse conflito. No entanto, o prolongamento da guerra implicava uma crise econômica e problemas sociais. O sucessor de Eduardo III, o fraco Ricardo II (1377/1399), teve de fazer frente a uma terrível revolta dos camponeses[672], conduzidos por Wat Tyler[673] (1381), e

quatrocentos anos que se seguiram, os seus poderes não cessaram de aumentar, (...) até que no século XVIII eram, de certa maneira, ainda mais poderosos do que o próprio governo central. (...) O enorme respeito que os ingleses têm pela lei nasceu quase exclusivamente deste sistema de justiça de amadores, pois os magistrados que impunham e administravam a lei por entre as gentes vulgares e em casos ordinários, apesar de não serem eruditos na matéria, conheciam muitíssimo bem os respectivos conterrâneos e eram por estes admirados e respeitados". *Vide* TREVELYAN, G. M. *História concisa da Inglaterra*, cit., v. I, p. 161.

672 "No século XI, a proporção de proprietários livres dentro das terras duma mansão senhorial era muito reduzida. O escravo – que constituirá 9% da população no tempo do Livro do Cadastro das Terras – ascendera agora à categoria de vilão, mas os homens livres constituíam uma classe praticamente estagnada. As terras senhoriais e os respectivos produtos eram assim compartilhados entre o senhor e os seus vilãos. Estes últimos, também designados por servos, estavam permanentemente ligados a terra por nascimento e por herança; quando um domínio mudava de mãos, o servo e respectiva família eram vendidos junto com as terras. Os filhos só podiam casar com o consentimento do senhor, que para tal cobrava uma taxa pesada; quanto morria um servo, o senhor apoderava-se do seu melhor animal. O servo não podia emigrar ou deixar de prestar os serviços devidos, não podia fazer greve e era obrigado a trabalhar um determinado número de dias por ano nas terras do senhor sem receber qualquer pagamento, fornecendo ainda para o efeito as juntas de bois necessárias para puxar o arado. As quintas do senhor eram, pois, trabalhadas através deste sistema laboral, não sendo necessário recorrer-se à contratação de assalariados. O bailio – representante do rei nas províncias – mantinha a vigilância sobre os servos, não lhes permitindo descansar mais de meia hora entre cada leira arroteada. No entanto (...), o vilão possuía terras próprias, que cultivada nos dias em que o senhor não reclamava a sua comparência ou a dos seus bois. (...) O servo não podia processar o seu senhor nos tribunais do rei, mas estava protegido contra os abusos de poder (...). Qual era a proteção dada pelo Tribunal do senhorio ao vilão? Na verdade, tratava-se do tribunal do seu senhor e não do rei, mas pelo menos era um tribunal aberto, público, e tudo indica que os vilãos compartilhavam com os homens livres os deveres de juízes ou de assessores. No mínimo,

à agitação dos lolardistas. A peste negra gerou um clima de inquietação religiosa, de heresias como a de Wyclif[674].

A deposição de Ricardo II, em 1399, levou ao poder a casa de Lencastre, que retomou a luta contra a França. Com Henrique V (1413/1422), a aliança anglo-burgonhesa parecia poder triunfar: depois da vitória de Azincourt (1415), Henrique V foi reconhecido, pelo Tratado de Troyes (1420), como herdeiro do trono da França e encarregado da regência até a morte de Carlos VI. Mas a sua morte prematura, em 1422, e a campanha de Joana d'Arc (1429/1431) mudaram a evolução da guerra. Depois da ruptura dos Borguinhões com os Ingleses (1435), Carlos VI pôde reconquistar a Normandia (batalha de Formigny, 1450) e a Guiena (batalha de Castillon, 1453)[675].

era um sistema muito melhor do que a mera palavra arbitrária do senhor ou do bailio. À primeira vista, pode parecer que a proteção contra um senhor avaro e maldoso seria muito fraca, e não há dúvida de que em determinados casos se assistiu a cenas de terrível opressão, especialmente durante o reinado de Estevão. Na época dos Plantagenetas, contudo, o camponês inglês nunca desceu ao nível do seu homólogo francês da Jacquerie. O grande mérito do sistema senhorial – na sua época, claro – reside no fato de que entre esses homens de paixões primitivas e hábitos violentos era possível criar-se um mundo estável, legal e despido de incertezas. Foi assim que os tribunais virados para a opinião pública e para a tradição, e que a partir do século XIII mantiveram registros escritos, passaram a fazer parte integrante do modo de vida das aldeias inglesas. Quando o sistema funcionava sem irregularidades, o camponês não podia fazer greves nem estava autorizado a emigrar sem o consentimento do seu senhor, mas este também não o podia desapossar ou expulsar – qualquer que fosse o caso, pelo menos em teoria. O senhor estava impedido de elevar as rendas ou aumentar o número de serviços devidos desde que a estes estivessem consuetudinariamente bem estabelecidos no Tribunal do Senhorio". *Vide* Trevelyan, G. M. *História concisa da Inglaterra*, cit., p. 132-133.

673 Os camponeses rebelaram-se contra os senhores feudais e o pagamento de tributos, ao passo que Tyler e os seus adeptos entraram em Londres e negociaram com o rei (1381). Posteriormente, Tyler foi preso e executado.

674 John Wycliffe, nascido nos anos 1320 e falecido em 31 de dezembro 1384, foi professor da Universidade de Oxford, teólogo e reformador religioso inglês, considerado precursor da reforma religiosa que sacudiu a Europa nos séculos XV e XVI, conhecida como Reforma Protestante. A Igreja censurava Wycliffe, e, após discussão com o bispo de Londres, sofreu acusações de blasfêmia, orgulho e heresia.

675 Mourre, Michel. *Dicionário de história universal*, cit., v. II, p. 689.

A Guerra dos Cem Anos culminou com a derrota britânica e a perda dos seus territórios no continente para a França. Os ingleses conseguem manter apenas Calais no território continental.

A guerra civil na Inglaterra, após as derrotas no exterior, envolveu[676] a luta dinástica entre os Lancaster (rosa vermelha) e os York (rosa branca), denominada a Guerra das Duas Rosas.

Ricardo, duque de Iorque, descendente do terceiro filho de Eduardo III e considerando-se como o legítimo herdeiro, contestava os direitos dos Lancaster e revoltou-se contra Henrique VI. No decurso da Guerra das Duas Rosas, Henrique VI, destronado por duas vezes (1461 e 1471), foi definitivamente vencido na batalha de Tewkesbury (4 de maio de 1471) e substituído por Eduardo IV, filho de Ricardo de Iorque. Mas depois da morte de Eduardo IV (1483), o assassínio dos seus dois sobrinhos por Ricardo de Gloucester (Ricardo III) provocou uma nova guerra: Henrique Tudor, herdeiro dos Lancaster, venceu e matou Ricardo III na Batalha de Bosworth (22 de Agosto de 1485), subiu ao trono com o nome de Henrique VII e pôs fim à Guerra das Duas Rosas, desposando a filha de Eduardo IV de Iorque[677].

4.6 Os Tudor e a crise religiosa

4.6.1 Henrique VIII

O Estado Monárquico inglês fortaleceu-se à época do absolutismo inglês (após a Guerra dos Cem anos, 1337-1453, e a Guerra das Duas Rosas, 1455-1485). No período, a sociedade inglesa elevou o país à condição de potência imperialista, visto que colonizou a América do Norte, dominou o comércio mercantilista e criou as bases para a futura revolução industrial. Aliás, com os Tudor ocorre o início do Estado britânico moderno e o desenvolvimento econômico e marítimo da ilha[678].

No governo de Henrique VIII (1509-1547), a monarquia inglesa consolidou-se ao sujeitar o parlamento da nobreza ao poder do rei, impondo as características do absolutismo à monarquia inglesa. Houve conflitos

676 Ibidem, p. 132-134.

677 Trevelyan. G.M. *História concisa da Inglaterra,*, cit., v. I, p. 690.

678 Trevelyan. G.M. *História concisa da Inglaterra,* cit., v. I, p. 219.

com a nobreza e com a Igreja, ocorrendo o rompimento com Roma e a criação da Igreja Anglicana (Ato da Supremacia – 1534), que passou a ter a chefia real. Foram confiscados os monastérios e as terras da Igreja Católica[679].

Aqueles que concebem a Inglaterra tudoriana como um corpo perfeitamente dividido entre duas facções mutuamente exclusivas e claramente definidas de católicos e protestantes[680] nunca conseguirão compreender o verdadeiro caminho seguido pela reforma antes dos últimos anos do reinado de Isabel.

Sir Thomas Morus (ou More), crítico atroz das ordens religiosas e da superstição popular que as cultivavam, tornou-se mártir da supremacia papal, enquanto bispos como Gardiner e Bonner, famosos como papistas no reinado de Maria I[681], defenderam a quebra original de Henrique com Roma. A própria rainha Isabel[682] preferia um clero celibatário, e as correntes de opinião entre os cidadãos estavam mais interessadas em preservar a paz do rei do que em levantar dificuldades à sua política religiosa[683].

[679] Ibidem, p. 219.

[680] "As doutrinas luteranas tornaram-se uma força real em Inglaterra imediatamente após terem sido proclamadas em Wittenberg, se bem que se vissem banidas pela Igreja e pelo Estado (...). Sobre os homens do Novo Ensinamento exerceram um duplo efeito: alguns, particularmente os mais novos, juntaram-se entusiasmados à nova corrente de pensamentos; os outros – em especial os mais velhos, que tinham trazido o Renascimento para a Inglaterra – reagiram, recuaram e refugiaram-se na ortodoxia. Erasmo receava o protestantismo e More opunha-se-lhe, escrevendo contra tal doutrina. Oxford, onde tanto fora feito no passado em prol do progresso, fechou-se sobre si própria, duvidosa, mas Cambridge alinhou desde os primeiros instantes ao movimento nacional. A partir de 1521, os estudantes passaram a encontra-se na taberna White Horse, em Cambridge, para discutir as propostas de Lutero; (...) citemos Tyndale e Coverdale, que deram ao país a primeira bíblia em inglês tudoriano; Cranmer, que lhe deu o Livro das Orações, Latimer, a alma do movimento popular, e muitos outros futuros mártires e apóstolos". G. M. Trevelyan, *História concisa de Inglaterra*, cit., v. I, p. 221.

[681] Maria I (1516-1558), filha de Henrique VIII e Catarina de Aragão, atuou como a quarta e penúltima monarca da Casa de Tudor.

[682] Isabel I (1533-1603), filha de Henrique VIII e Ana Bolena, foi a última monarca da Casa de Tudor.

[683] G. M. Trevelyan, *História concisa de Inglaterra*, cit., p. 219.

O anticlericalismo era, em determinadas pessoas, "a expressão dum ganancioso desejo de saquear a Igreja em benefício das suas próprias famílias, enquanto nas restantes se tratava duma inimizade racional e honrosa contra os poderes e privilégios do sacerdócio"[684]. Aprofundando a questão:

> *"(...) o clero ainda tinha o direito legal de extorquir fundos por inúmeros processos, assim como decidia nos seus Tribunais espirituais sobre aspectos doutrinários e morais implícitos a todos os homens, isto numa época em que o mundo laico já conseguia pensar e atuar por si próprio. Na esfera da religião, a mudança da sociedade medieval para o mundo moderno consistiu essencialmente na redução dos poderes do sacerdócio e no aumento da importância dos legistas, primeiro coletivamente, através da ação do Estado, e depois individualmente, graças à liberdade de consciência. Foi o primeiro destes movimentos, que se efetuou sob o domínio dos Tudor, consubstanciado pela sujeição da Igreja ao Estado, e tratou-se dum fenômeno que teve tanto de anticlerical como de protestante"*[685].

Henrique VIII mandou queimar protestantes, ao mesmo tempo que decapitava e enforcava os católicos que se opunham a uma Revolução anticlerical. Na época, essa iniciativa motivou apoio popular em toda a Inglaterra. Somente após a morte de Henrique VIII é que a lógica da nova situação, tanto interna como externa, levou os anticlericais e nacionalistas ingleses a defender-se da reação católica, unindo-se aos protestantes, a cujas doutrinas se converteram quase completamente no reinado de Isabel[686].

O espírito de oposição à predominância clerical apoiou por vezes o anglicanismo contra as pretensões romanas ou puritanas sobre a condução da vida dos homens e também se aliou esporadicamente ao não conformismo contra as exigências do clero estatal. Contudo, enquanto o poder do papa e a Igreja medieval eram destroçados por Henrique VIII,

684 Ibidem, p. 219.
685 Ibidem, p. 220.
686 Ibidem, p. 221.

o anticlericalismo aparece como força independente no flanco tanto do catolicismo como do protestantismo[687].

Ainda sobre o anticlericalismo, temos[688]:

> *"Henrique considerava intolerável ver os interesses da Inglaterra sujeitos à vontade do Imperador através do papa. A raiva que lhe provocou esta ofensa pessoal fez-lhe ver aquilo que muitos ingleses tinham já concluído, ou seja, que se a Inglaterra pretendesse ser uma verdadeira nação, teria de repudiar a jurisdição espiritual manipulada pelos seus rivais e inimigos estrangeiros. O espírito nacionalista inglês (...) interrogava-se sobre a necessidade de buscar fora da ilha parte das leis, quer matrimoniais, quer religiosas. Por que não consultar os próprios homens da Igreja? Por que não atuar através do próprio Parlamento?".*

O povo inglês médio conservava o sentimento dos antepassados contra a interferência papal na Inglaterra, mas evidenciava-o de forma mais intensa do que nunca à luz dos novos tempos. Fato é que apoiou a decisão de Henrique VIII no sentido de o País nunca mais aceitar ser governado por uma autoridade religiosa cujo trono se situava a milhares de quilômetros e que decidia as questões inglesas de acordo com os interesses italianos, espanhóis, imperiais e, ocasionalmente, franceses, mas nunca de acordo com os ingleses[689]. Importante contextualizar a referida situação:

> *"(...) os aspectos políticos e eclesiásticos da questão em breve se sobrepuseram aos aspectos pessoais, e, à medida que o assunto assim evoluía, mais forte ficava a posição de Henrique perante aos seus súditos. O monarca obteve (...) apoio de Londres e de todo o sul nesta grande Revolução em que o Estado e a Igreja ingleses se libertaram (...) de Roma, em que os monges e frades foram suprimidos por representarem a antiga ordem cosmopolitana e em que o poder e os privilégios do clero se viram extraordinariamente reduzidos. A política impopular do divórcio associou-se assim à popular ruptura com Roma, e esta implicou a Revolução anticlerical interna, em cujas fileiras se alistaram as forças mais poderosas do país. No entanto, nem Henrique nem seus súditos se aperceberam na altura de que essas mudanças teriam necessariamente de levar a aceitação*

687 Ibidem, p. 221.
688 Ibidem, p. 223.
689 Ibidem, p. 223.

da religião protestante, pois viviam-se momentos de perseguição anticlerical católica tão peculiares – ou, como alguns dirão, tão monstruosos – como o próprio monarca, e que na altura receberam mais apoios do que outra política mais lógica ou mesmo mais misericordiosa".

Henrique, ao mandar o nobre Sir Thomas More [ou Morus] *para o cadafalso por se recusar a repudiar a autoridade papal e ao mandar queimar os pobres protestantes por negarem a transubstanciação, consegue exacerbar a ira das gentes que se haviam habituado à tolerância religiosa como base da sociedade moderna. Estes trágicos acontecimentos afetaram, no entanto, as mentes dos indivíduos contemporâneos duma forma diferente – demonstrando piedade pelas vítimas, mas respeitando um governo que mantinha na ordem a Igreja e o Estado de acordo com padrões persecutórios herdados da velha prática cristã e que até aí nunca se tinham revelado necessários"*[690].

A veneração do rei na época dos Tudor atingiu nesses anos o seu ponto culminante, e o fenômeno provou ser desastroso para o caráter de Henrique VIII, cujo egoísmo se tornou doentio. Um dos resultados da veneração do rei sob a direção dum monarca forte foi o fato de a Inglaterra assegurar as grandes mudanças das suas instituições sem ser vítima de uma guerra civil. Não se utilizou do exército contra os opositores, mas em contrapartida várias personalidades, como Sir Tomas More, tiveram seu sangue derramado. Proporcionalmente foi carnificina muito inferior aos rios de sangue que marcaram as guerras religiosas em outros países, como França, Holanda e Alemanha[691].

O instrumento escolhido por Henrique VIII para impor a reforma real foi o Parlamento, cuja importância se viu reforçada pela Reforma. Até então, o Parlamento tinha sido tanto um tribunal como uma assembleia legislativa e, durante o reinado de Henrique VII e no subsequente governo de Wolskey, a sua importância estava em declínio. Se a história inglesa tivesse seguido a história continental europeia em lugar de enveredar por um caminho próprio, esse declínio teria continuado até o Parlamento inglês cair no esquecimento, como ocorreu nos Estados

690 G. M. Trevelyan, *História concisa de Inglaterra*, cit., v. I, p. 223.

691 Ibidem, p. 223.

medievais da França e da Espanha. Henrique VIII, porém, ao valorizar o Parlamento, contribuiu para uma nova ordem política[692].

A legislação que completou a ruptura com Roma, destruiu os mosteiros e estabeleceu a supremacia do Estado sobre a Igreja na Inglaterra, foi preparada pelos conselheiros privados (1529-1536) e aprovada depois de curta discussão em ambas as Câmaras. Outras considerações sobre o movimento parlamentar:

> *"O Parlamento da Reforma, ao contrário dos seus antecessores, esteve reunido durante sete anos, e no decurso das suas oito sessões adquiriu uma continuidade de experiências pessoais que ajudou a construir as tradições da moderna Câmara dos Comuns como importante instrumento de governação. Nas sessões parlamentares de Henrique havia uma razoável liberdade de opinião, pelo menos nos assuntos que o rei pretendia ver resolvidos pelas Câmaras; o monarca sabia qual o valor das críticas e conselhos genuínos desde que não perdesse o domínio da situação, o que era assegurado pela natureza dos tempos que corriam e pela natureza do programa real. Mesmo assim, no reinado de Henrique várias medidas pretendidas pelo governo foram rejeitadas e outras viram-se emendadas pelos Comuns"*[693].

Em síntese, a Reforma inglesa, que teve início com a restrição dos impostos cobrados pela Igreja, após atuação do Parlamento, avançou quando são confiscadas as terras das abadias. Acaba por "encontrar a sua base religiosa no conhecimento popular das Escrituras, que tinha sido o sonho de Wycliffe. Foi desse modo que adquiriu as forças que lhe permitiram resistir à perseguição mariana, quando os camponeses, os pastores, os tecelões e as mulheres se ofereceram voluntariamente para defender uma causa que por fim compreenderam"[694].

4.6.2 Elisabeth I (1558-1603)

Elisabeth I estendeu a autoridade inglesa e a Reforma Religiosa até a Irlanda, católica, dando origem a conflitos político-religiosos seculares. No reinado de Elisabeth I a Espanha, de Filipe II, líder da Contrarre-

[692] Ibidem, p. 224.
[693] Ibidem, p. 225.
[694] Ibidem, p. 287.

forma, tenta invadir a ilha com a denominada "Invencível Armada", sendo esta derrotada na batalha de Trafalgar (1588)[695].

Os ingleses passam a dominar os "mares", com a colaboração de corsários como Drake, Cavendish e Frobisher, que singraram o Atlântico, o Mar das Caraíbas e o Pacífico efetuando saques e preparando a Inglaterra para as futuras colonizações[696]. No reinado de Elisabeth I[697] a cultura também se desenvolveu por intermédio da poesia e do teatro (Shakespeare[698], Marlone[699] e Ben Jonson[700]). A rainha Elisabeth I entrou em conflito com Maria Stuart da Escócia, sua prima e católica, executando--a em 1587. Com a popularidade em alta, Elisabeth I tentou controlar o Parlamento, apresentando tendência despótica, mas não teve sucesso absoluto. Foi sucedida pelo filho de Maria Stuart, Jaime VI da Escócia

695 Mourre, Michel. *Dicionário de história universal,* cit., v. II, p. 571.

696 Ibidem, p. 571.

697 O Renascimento, a Reforma e o desenvolvimento da aventura oceânica – que alteraram profundamente os ingleses tudorianos – "foram movimentos de índole universal nos quais participaram ativamente muitos outros países". No período dos Stuart, os ingleses desenvolveram, sem participação ou exemplos estrangeiros, um sistema de governo parlamentar, uma administração local consistente, e estabeleceram a liberdade de expressão e do indivíduo, aspectos claramente contrários às tendências prevalecentes no continente, o qual se movia rapidamente em direção ao absolutismo real, à burocracia centralizada e à sujeição do indivíduo ao Estado. *Vide* Trevelyan, G. M., *História concisa da Inglaterra,* cit., v. II, p. 9.

698 William Shakespeare (1564 – 1616) – Dramaturgo e poeta inglês, autor de tragédias e comédias que são consideradas obras-primas, tais como: "Romeu e Julieta", "Macbeth", "Hamlet", "Rei Lear", "Otelo", "Julio Cesar", "Mercador de Veneza", "Ricardo III", "A megera domada", "Muito barulho por nada" etc. São clássicos da literatura inglesa e mundial devido a sua riqueza e diversidade. Há algumas hipóteses sobre autenticidade de suas obras, não comprovadas, que insinuam a possibilidade de falsidade autoral.

699 Cristovão Marlowe (1563 – 1593) – Poeta e dramaturgo inglês, autor de "A vida e a morte de Dr. Fausto".

700 Benjamin Jonson, conhecido como Ben Jonson (1572 –1637) – Nascido dois meses após a morte do pai, um pregador escocês, foi criado pelo padrasto, um construtor pobre. Por algum tempo estudou na Universidade de Westminster. No entanto, deixou a escola para aprender o ofício de mestre-de-obras de seu padrasto. Após servir no exército (1597) na Baixa Escócia, Jonson casou-se, transformou-se em ator itinerante e depois em dramaturgo, sendo também poeta e ator inglês da Renascença, contemporâneo de Shakespeare. Entre suas peças mais conhecidas estão *Volpone, The Alchemist* (O Alquimista) e *Bartholomew Fair: A Comedy* (A Feira de São Bartolomeu: uma Comédia).

(em 1603), que passou a ser tratado como Jaime I. Nesse contexto, ocorreu a união da Escócia e da Inglaterra, que se consolidou com o Ato de União em 1707.

4.6.3 Jaime I (1603-1625) e Carlos I (1625-1649)

Jaime I, sem grande prestígio, chocou-se com a oposição, transformou-se no "teórico do direito divino do reis" e não agradou ao Parlamento. Os opositores tentaram assassinar o rei (conspiração de Poudres, Novembro de 1605) e foram alvo de feroz perseguição. Os puritanos (calvinistas), cujo número crescera durante o reinado de Isabel entre os pequenos proprietários e artífices das cidades, apresentaram de início reivindicações moderadas, que foram claramente rejeitadas pelo rei (Conferência de Hampton Court, 1604)[701].

Jaime I estava decidido a impor em todo o reino a conformidade religiosa. Muitos puritanos foram presos e outros emigraram para a América (os "peregrinos" do Mayflower, 1620). No entanto, o puritanismo manteve-se como poderoso partido da oposição na Inglaterra. A corrupção, o esbanjamento financeiro, a política pró-espanhola de Jaime I, a confiscação do poder pelos favoritos reais (Somerset, Buckingham), fizeram crescer a cólera do Parlamento, que recusou sistematicamente as verbas exigidas pelo soberano. Estava em vias de rebentar um violento conflito quando Jaime I morreu, sendo substituído pelo seu filho Carlos I (1625/1649).

Apesar da origem católica, Jaime I adotou o anglicanismo e tornou-se intransigente com Roma e os puritanos, ou seja, com as minorias religiosas[702]. Carlos I, ao assumir o trono, enfrentou dificuldades financeiras e teve de convocar o Parlamento[703]. Na sessão de 1628, Carlos I viu erguer-se contra si uma poderosa oposição, conduzida por Thomas

[701] MOURRE, Michel. *Dicionário de história universal*, cit., v. II, p. 571.

[702] Ibidem, p. 571.

[703] Esse fato colocou a coroa em conflito aberto com a Câmara dos Comuns. "As guerras, da maneira como foram conduzidas, haviam levado à subida dos impostos extraparlamentares, às prisões arbitrárias, ao confisco de bens e à imposição da lei marcial sobre a sociedade civil (1628), aspectos estes que foram todos classificados como ilegais na famosa Petição de Direitos concedida por Carlos ao seu Parlamento em troca de votação favorável sobre cinco subsídios. Apesar disso, a Petição de Direitos – à semelhança da Magna Carta – foi o

Wentworth[704], e teve de assinar a Petição do Direito (*Petition of Right*), que consignava as liberdades inglesas tradicionais e os limites do poder real. Mas em março de 1629 dissolveu o Parlamento e, graças à habilidade financeira de Wentworth, ligado ao poder e que se tornara Lord Strafford, pôde governar durante mais de dez anos (1629/1640) sem convocar novamente o Parlamento[705].

Diante disso, a oposição deslocou-se então para o terreno religioso. Em 1637, Carlos I deixou que William Laud, arcebispo de Cantuária e chefe da Alta Igreja, impusesse aos presbiterianos escoceses o uso do *Book of Common Prayer*, isto é, orações e ritos da Igreja Anglicana. A Escócia revoltou-se e uniu-se por meio do Covenant (pacto religioso e militar). Para reduzir essa resistência, Carlos I teve de empreender as duas "guerras episcopais" (1638/1640), o que agravou a situação financeira e obrigou o rei, para obter subsídios, a convocar o Parlamento. Este se reuniu em abril de 1640, mas recusou os créditos e foi destituído ao fim de três semanas (Parlamento Curto – *Short Parliament*)[706].

Como os escoceses prosseguiam a guerra, foi necessário, em novembro de 1640, convocar novamente o Parlamento, que iria manter-se em sessão permanente durante vinte anos (Parlamento Longo – *Long Parliament*). A partir de então, a Inglaterra entrou numa crise revolucionária. O Parlamento Longo decidiu que só podia ser dissolvido com o seu consentimento. Isso obrigou Carlos I a mandar executar o seu conselheiro Strafford (1641). Depois, votou-se o *Triennal Bill*, que impunha ao rei a obrigação de convocar o Parlamento pelo menos uma vez de três em três anos. Lembre-se de que o Parlamento era dominado pelos puritanos, que tentaram excluir os bispos da Câmara dos Lordes[707].

Cansado de humilhações, em janeiro de 1642 Carlos I tentou readquirir o poder pela força, a ponto de ordenar a prisão dos cinco principais

começo, e não o fim, duma luta em prol dos princípios que proclamava". *Vide* TREVELYAN, G. M. *História concisa da* Inglaterra, cit., v. II, p. 22.

704 Thomas Wentworth (13 de abril de 1593, Londres – 12 de maio de 1641), primeiro conde de Strafford, estadista inglês. Administrou por oito anos a Irlanda e foi responsável pela sua pacificação durante a guerra civil inglesa.

705 MOURRE, Michel, *Dicionário de história universal*, cit., v. II, p. 571.

706 Ibidem, p. 571.

707 Ibidem, p. 571.

chefes da oposição parlamentar (entre os quais Pym e Hampden), mas o Parlamento e os burgueses de Londres recusaram-se a entregá-los[708]. O fato motivaria a guerra civil (agosto de 1642 a janeiro de 1649), que opôs os partidários do rei, ou cavaleiros (anglicanos, alta nobreza, camponeses), aos partidários do Parlamento, ou Cabeças Redondas, estes constituídos de puritanos, pequena nobreza proprietária de terras, burguesia urbana[709].

Após sucessos iniciais, os Cavaleiros perderam vantagem quando Olivier Cromwell[710], gentil-homem rural e chefe dos puritanos radicais ou "independentes", organizou o Exército parlamentar (1645). Ao ser vencido em Naseby (14 de junho de 1645), Carlos I teve de se refugiar na Escócia, mas foi entregue pelos escoceses ao Parlamento, naquela ocasião, composto por uma maioria de moderados, pertencentes à alta burguesia, que pretendiam limitar as prerrogativas reais, mas não queriam de todo derrubar a monarquia[711].

Quando Carlos I tentou fugir de Londres, tal fato foi utilizado por Cromwell e pelos radicais como pretexto "para esmagarem o Parlamento. Entrando em Londres, em triunfo, em 7 de dezembro de 1648, Cromwell enviou o coronel Pride para expulsar os adversários da Câmara dos Comuns. Assim, o Parlamento, então reduzido aos puritanos extremistas, e por isso chamado Parlamento Rump (*Rump Parliament*), decidiu levar o rei a julgamento por traição. Condenado à morte, Carlos I foi decapi-

708 Ibidem, p. 572.

709 Ibidem, p. 572.

710 Em 1647, Oliver Cromwell ocupava um lugar apagado no Parlamento e ainda não detinha o título de comandante supremo do Exército, mas "a sua força de carácter tornava-o efetivamente no 'homem dos homens'". Diante das divergências da época, Cromwell e lreton propuseram a Carlos I (setembro de 1647) ampla tolerância e defendiam a utilização do Livro de Orações na Igreja por todos os que assim o desejassem, o fim do poder coercivo dos bispos e a cessação do sequestro das propriedades dos Cavaleiros. O rei, porém, só fingia negociar. Ao perceber que todos os seus esforços em alcançar um acordo com o rei em nada adiantariam, Cromwell deixou-se apoderar pelo fanatismo do Exército. Na sua opinião, a Inglaterra tinha de ser temporariamente governada pelos militares para não cair na anarquia, de forma que se deixou influenciar pelo "chamamento da fé republicana com que tantos dos seus homens tinham regressado da vitória de Preston". *Vide* TREVELYAN, G. M. *História concisa da Inglaterra*, cit., v. II, p. 39-40.

711 MOURRE, Michel, *Dicionário de história universal*, cit., v. II, p. 571.

tado a 30 de janeiro de 1649 em Whitehall, e a Inglaterra tornou-se uma República (*Commonwealth*)"[712].

4.6.4 Cromwell e a República ditatorial (1653- 1658)

A Revolução, liderada por Cromwell, embora tenha preservado a Grã-Bretanha da fase de absolutismo real que as outras grandes nações da Europa iriam conhecer, ao final[713] mostrou-se uma Revolução abortada, uma vez que não conseguiu consagrar por meio de instituições duradouras o governo do povo por si próprio, tanto que em 1660 a Inglaterra voltou à monarquia.

Podemos apontar as seguintes iniciativas de Cromwell:

> *"(...) Cromwell representava o Exército e este (...) constituía o único poder verdadeiro. Depois de ter ferozmente desbaratado a oposição dos católicos da Irlanda (chacinas de Drogheda e de Wexford, 1649), Cromwell fez abortar a tentativa de restauração do filho de Carlos I (o futuro Carlos II), que tinha conseguido a adesão dos Escoceses (batalha de Worcester, setembro de 1651). O Parlamento tentou então dispensar o Exército, mas Cromwell foi favorecido pela guerra com a Holanda, que acabava de rebentar: em abril de 1653, dispensou o Parlamento Rump, nomeou uma nova Assembleia que lhe era totalmente devotada e assegurou por fim um poder quase absoluto, adoptando o título de lorde protetor da República (dezembro de 1653). Cento e cinquenta anos antes da Revolução Francesa, a Revolução inglesa conduzia assim a uma ditadura militar. A Inglaterra encontrava-se sob um regime muito mais duro do que o dos Tudor e dos Stuarts"*[714].

Em política interna, o governo de Cromwell fracassou por completo, pois nunca conseguiu adaptar-se aos diversos Parlamentos que ele mesmo nomeara, e a República inglesa viu-se sem instituições viáveis.

Mas na época de Cromwell afirma-se externamente o poderio britânico:

712 Ibidem, p. 572.

713 *Vide* TREVELYAN, G. M., *História concisa da Inglaterra*, cit., v. II, p. 23.

714 Ibidem, p. 24.

O Ato de Navegação, votado pelo Parlamento Rump em outubro de 1651, marcou a evolução da Inglaterra para um rigoroso protecionismo: reservando para a marinha nacional o monopólio da importação, aplicou um terrível golpe ao comércio holandês e desencadeou uma guerra anglo-holandesa (1652/1654). A frota britânica, comandada por Blake, conseguiu vitórias decisivas e por meio da Paz de Westminster (maio de 1654) as Províncias Unidas tiveram de reconhecer o Ato de Navegação. Cromwell aliou-se depois a Mazarin (1657) contra os espanhóis. Em 1655, os ingleses tiram a Jamaica à Espanha. Enquanto as frotas de Blake e de Stayner capturavam galeões espanhóis, os Exércitos franco-ingleses do continente venciam a batalha de Dunes (1658)".[715].

Cromwell morreu em setembro de 1658; o seu filho, Richard, que fora por ele designado para lhe suceder, entrou em conflito com o Exército e teve de abdicar ao fim de alguns meses. Nesse conturbado contexto, cansados da ditadura militar, Carlos II, filho do decapitado Carlos I, refugiado no continente, teve conversações com o general Monk, que se apoderara de Londres, e em 29 de maio de 1660 regressou à capital em meio a grande entusiasmo.

4.6.4.1 A Constituição republicana

Argumenta-se que a pior escolha de Cromwell foi ter promulgado constituições[716] escritas que dividiam, em absoluto, os poderes do protetor e do Parlamento, na medida em que os britânicos sempre se opuseram a essa metodologia. Admite-se, também que Cromwell foi incapaz de descobrir uma base de acordo nacional que lhe desse sustentação. Acrescente-se: "Há dois aspectos que distinguem especialmente o governo da Grã-Bretanha dos do *ancien régime* do continente – a fiscalização parlamentar e a liberdade de opinião, de imprensa e do indivíduo. Os britânicos sem-

[715] Mourre, Michel, *Dicionário de história universal*, cit., v. II, p. 572.

[716] A Revolução Puritana, ocorrida na Inglaterra entre 1641 e 1649, originou pela primeira vez a formação de uma República (1649-1658) em solo inglês. Tendo como líder mais destacado Oliver Cromwell, a Revolução Puritana inseriu-se como um dos principais momentos da Revolução Inglesa, que teve ainda a Revolução Gloriosa como desfecho. Em 1649 foi promulgado o *The Instrument of Government*, que na prática era uma Constituição, praticamente já nos mesmos moldes das Constituições modernas e que irá, inclusive, influenciar a elaboração da Constituição norte-americana de 1787.

pre estiveram conscientes dessas vantagens, sentindo-se extremamente orgulhosos com elas; como tal, olhavam com desprezo franceses, italianos e alemães, considerando-os como povos escravizados a padres, reis e nobres – ao contrário de si próprios, todos nascidos livres à sombra da lei. A liberdade fora tão recentemente conquistada em Inglaterra, e era tão rara no resto da Europa, que os antepassados a consideravam como uma das maiores bênçãos jamais alcançadas"[717].

4.7 Carlos II (1630-1685)

Carlos II prometeu a anistia geral e a garantia à liberdade de consciência com base na declaração de Breda (maio de 1660), sendo responsável pela Restauração, que colocou fim à opressiva austeridade puritana. As principais características de seu governo podem ser assim resumidas:

- dificuldades na política externa e com a opinião pública;
- o Parlamento conseguiu que o rei aceitasse o "Test Act" (1673), que impedia os católicos das funções de Estado;
- ocorre a Segunda Guerra anglo-holandesa (1665-1667) e a Terceira Guerra (1672);
- a Grande Peste (1665) vitimiza a população;
- um grande incêndio atinge Londres (1666);
- a colonização se acelera na América do Norte;
- o comércio se amplia no Mediterrâneo e no Extremo Oriente;
- o tráfico de escravos, iniciado no século XVI, se amplia, tornando-se uma grande fonte de renda para o Império em formação;
- pelo Tratado de Breda (julho de 1667) foi anexada a Nova Amsterdã (Nova Iorque) à Inglaterra;
- foi concedida a liberdade de comércio para as Províncias Unidas;
- os ingleses passaram a criticar a política real, assim como o Parlamento, devido ao alinhamento com a França e o tratado secreto de Douvres (1670), que prejudicava os interesses britânicos. Em 1674, o Parlamento obrigou Carlos II a abandonar a aliança com a França (e a fazer uma paz separada);

[717] MOURRE, Michel, *Dicionário de história universal*, cit., p. 572.

- Em 1678 Titus Oates denunciou um 'Complô Papista';
- Em 1679 é aprovada a "Lei do *Habeas Corpus*" e o debate por conta da adesão ao catolicismo do irmão e herdeiro do trono, o futuro Jaime II.

A oposição, dirigida por Shattesbury, pediu a votação de uma lei de exclusão que afastava do trono os católicos; na realidade, tratava-se de eliminar o rei Jaime II e também os seus filhos, Maria e Ana, que, no entanto, eram protestantes, e garantir o trono a um bastardo de Carlos II, o duque de Monmouth, que gozava da simpatia de muitos meios antipapistas. Essa perspectiva fez recuar até os adversários do catolicismo convictos, e a lei de exclusão foi rejeitada pelos lordes"[718].

Ocorre que os dois grandes partidos ingleses, Tories e Whigs[719], impediram a continuação de uma dinastia católica no trono britânico ao pedirem auxílio ao genro de Jaime II, Guilherme de Orange, no sentido de se deslocar para a Inglaterra com um exército. Quando Jaime II tomou conhecimento do desembarque de Guilherme em Torbay (5 de novembro de 1688), preferiu fugir e refugiar-se na França. Guilherme saiu vitorioso sem que seu exército precisasse lutar. Foi reconhecido como regente do reino e a Revolução passou a ser denominada de Gloriosa[720], exatamente pela inexistência do confronto militar.

[718] Ibidem, p. 573.

[719] Membros do Whig Party, partido que reunia as tendências liberais no Reino Unido e contrapunha-se ao Tory Party (Tories), de linha conservadora.

[720] "Foi a Revolução de 1688 que deu à Inglaterra a liberdade e a eficiência, pois fez inclinar de modo permanente a balança do poder para o lado do Parlamento, não como quarenta anos antes, com a vitória militar dum dos poderes do Estado sobre o outro, mas sim através dum acordo entre Liberais e Conservadores, atirados para os braços uns dos outros pela afortunada insensatez de Jaime II. (...) A Revolução de 1688 estabeleceu a supremacia da Câmara dos Comuns, mas deixou-a desfavorecida com o sistema dos 'burgos miseráveis', que, com o passar dos anos, viram cada vez mais reduzida a sua representatividade. A ideia de redistribuir os assentos no Parlamento de acordo com as deslocações populacionais foi enterrada na campa de Cromwell, e como consequência a Câmara dos Comuns e o governo por ela controlado identificaram-se de forma crescente com a classe dos proprietários, os quais podiam, melhor do que ninguém, dominar os 'burgos miseráveis'. (...) Durante várias gerações, a Revolução de 1688-1689 era referida pelos antepassados ingleses como a 'gloriosa revolução', glória esta que se justifica pelo fato de que ela não derivou de 'nenhum feito de armas', nem de atos de bravura, tampouco a nação provou ser mais forte do que

4.8 A Revolução Gloriosa de 1688 e a democracia representativa na Inglaterra

A "gloriosa revolução" pôs fim aos longos conflitos entre o rei e a representação parlamentar, que estava agora decidida a fazer reconhecer claramente os seus direitos. Antes de reconhecer como soberana Maria II Stuart, filha de Jaime II, e o seu marido, Guilherme III de Orange (1689/1702), o Parlamento-Convenção, convocado depois da fuga de Jaime II, obrigou-os a aceitar solenemente a Declaração de Direitos de 1689 (*Bill of Rights*)[721].

A Declaração dos Direitos dispunha o seguinte, dentre outras disposições:

> *"o soberano não podia proceder ao lançamento de nenhum imposto nem organizar um Exército sem autorização do Parlamento; que tinha de convocar o Parlamento regularmente; que não podia suspender a execução de leis nem conceder dispensa do seu cumprimento; (...) que os católicos eram excluídos da sucessão ao trono"*[722].

Guilherme II não era, digamos, um liberal, mas aceitou essas condições porque, no fundo, desinteressara-se dos assuntos internos da Inglaterra. Alma da coligação europeia contra Luís XIV, pretendia, acima de

um monarca insensato. (...) A verdadeira 'glória' da Revolução britânica reside, sim, no fato de ter sido isenta de sangue, não conduzindo à guerra civil, aos massacres e à proscrição; acima de tudo, levou a um acordo consensual sobre os diferendos políticos e religiosos que há tanto tempo dividiam ferozmente homens e partidos. O acordo de 1689 resistiu à prova do tempo, gerando não só novas e mais amplas liberdades do que as até aí existentes na Grã-Bretanha como conduzindo a renovado vigor e eficiência da estrutura política e da governação do Império. A longa e enervante rivalidade entre a coroa e o Parlamento deu lugar à cooperação entre os dois poderes, com o segundo a desempenhar o papel de parceiro principal. O país libertou-se da fraqueza externa que caracterizara a Inglaterra durante o século XVII através de sucessivas eras marcadas por Marlborough, Walpole e Chatham, guiando-se à reconhecida liderança do globo nos campos militar, colonial e comercial, ao mesmo tempo que se apresentava como exemplo da liberdade política e religiosa e do vigor intelectual". TREVELYAN, G. M. *História concisa da Inglaterra*, cit., v. II, p. 11.

721 MOURRE, Michel. *Dicionário de história universal*, cit., v. II, p. 573.

722 Ibidem, p. 573.

tudo, garantir o concurso da frota britânica. Mas inaugurava assim, para sempre, a preponderância do Parlamento na vida política inglesa[723].

A Declaração de Direitos de 1689 manteve-se, até nossos dias, como a base da monarquia constitucional britânica. O *Triennial Act* de 1694 limitava a três anos a duração da legislatura e prescrevia eleições periódicas, retirando assim ao rei o poder de convocar ou não o Parlamento, prerrogativa de que Jaime II e Carlos I tinham abusado. Esse nascimento do regime parlamentar coincidiu com a aurora da preponderância mundial da Inglaterra e com um desenvolvimento econômico simbolizado pela fundação do Banco de Inglaterra (1694): Londres substituiu Amsterdã como primeira praça financeira da Europa. O novo regime, de que Locke se tornou o teórico no seu *Ensaio sobre o Governo Civil* (1690), foi confirmado pelo Ato de Estabelecimento de 1701, que garantiu a sucessão de Guilherme II à sua cunhada Ana, depois à casa de Hanôver, excluindo os Stuart católicos, os quais, com a ajuda da França, fizeram várias, mas vãs tentativas para ocuparem o trono[724].

Foi em parte para barrar o caminho aos pretendentes Stuart, que tinham possibilidade de se estabelecer primeiro na Escócia, que no reinado da rainha Ana (1702//1714) se realizou a unificação da Inglaterra com a Escócia (Ato de União, maio de 1707). O governo dos partidos começava a organizar-se: em 1694, Guilherme II escolhera pela primeira vez os seus ministros no partido majoritário nos Comuns, ou seja, entre os Whigs. A Revolução de 1688 provocara de fato uma cisão nos Tories: muitos deles colocaram-se ao lado de Guilherme e Maria, mas alguns extremistas mantiveram-se fiéis aos Stuart (...). No reinado da rainha Ana, os Whigs mantiveram-se no poder, com Marlborough e Godolphin, até 1710"[725].

A Inglaterra interferiu na guerra de sucessão da Espanha e com o Tratado de Utrecht (1713) ficou com o controle de Menorca, Gibraltar e Nova Escócia. A rainha Ana posteriormente chamou os Tories e teve a oposição dos Whigs. Estes, regressados à oposição, colocaram todas as suas esperanças na próxima subida ao trono da casa de Hanôver, e os

723 Ibidem, p. 573.
724 Ibidem, p. 573.
725 Ibidem, p. 573-574.

Tories, que tradicionalmente apoiavam o trono, viram-se perante um cruel dilema, pois só poderiam opor-se aos Hanôver, o que marcou o início de uma longa predominância dos Whigs. Eduardo Stuart tentou reconquistar o trono em setembro de 1715, mas falhou por completo. Os dois primeiros soberanos da casa de Hanôver, Jorge I (1714/1727) e Jorge II[726] (1727/1760), mostraram-se muito mais ligados ao seu eleitorado alemão do que ao seu reino britânico, pois falavam mal inglês e nunca compareciam no Conselho[727].

Essa carência foi a grande oportunidade do sistema parlamentar: o gabinete, formado por ministros escolhidos no partido dominante nos Comuns, tornou-se o verdadeiro detentor do poder executivo; o primeiro ministro substituiu o rei como verdadeiro chefe de Estado. No entanto, ainda faltava muito para que a Inglaterra se tornasse uma verdadeira democracia: o direito de voto continuava a ser extremamente limitado, e a vida política estava nas mãos da *gentry*[728] e da grande burguesia. Na prática, as eleições eram falseadas pelo arcaísmo da geografia eleitoral e pela corrupção, que crescia em ritmo alarmante tanto no âmbito dos eleitores quanto no do próprio Parlamento. A união que dera oficialmente nascimento à Grã-Bretanha, em 1707, parecia ser ainda muito frágil[729].

Nesse contexto, a Irlanda Católica sempre estava em clima de revolta e fiel aos Stuarts, inclusive quando o pretendente ao trono, Carlos Edu-

726 O poder da Câmara dos Comuns aumentou durante os reinados dos dois primeiros Jorge, ao passo que a sua ligação com o povo diminuía progressivamente. "A longa hibernação do Partido Conservador e a inexistência de qualquer controvérsia política séria fez decair o interesse da opinião pública sobre os assuntos parlamentares, para além do que surgia quando da distribuição de lugares e subornos". O interesse da opinião pública renasceu com Jorge III, mas tal não foi acompanhado pela fiscalização democrática sobre o Parlamento. Quando, porém, a classe média recuperou o seu antigo poder sobre a Câmara dos Comuns, veio a descobrir na moderna engrenagem Parlamento/Gabinete, nas palavras do historiador inglês, "um instrumento de governação mais efetivo do que o existente na dinastia Stuart. Foi a aristocracia parlamentar do século XVIII que forjou e moldou as futuras armas da democracia. *Vide* Trevelyan, G. M., *História concisa da Inglaterra*, v. II, p. 117.

727 Mourre, Michel, *Dicionário de história universal*, cit., v. II, p. 574.

728 Diz-se da nobreza rural europeia, principalmente inglesa que, mesmo desprovida dos títulos nobiliárquicos, tinha o mesmo comportamento da aristocracia inglesa. Fonte: Dicionário Collins, Disal, 2018.

729 Mourre, Michel, *Dicionário de história universal*, cit., p. 574.

ardo, tentou avançar sobre Londres (1745) e foi vencido em Culloden (1746) pelo duque de Cumberland[730].

Nessa fase, destacou-se o líder dos Whigs, Robert Walpole[731], primeiro-ministro que combateu a corrupção e incentivou o capitalismo privado. No entanto, a coligação de interesses que o apoiava se enfraqueceu, visto que os grandes mercados de Londres se opuseram à política pacífica que ele implementou, pois, na prática, ela se beneficiava da concorrência espanhola e francesa[732].

Após a queda de Walpole em fevereiro de 1742 e o período de instabilidade ministerial, o cenário resultou na ascensão dos Pitt como primeiros-ministros, a partir de 1756. Thomas Pitt (1757-1761) surpreendeu os seus contemporâneos com a forma honesta de governar naquele ambiente político. Fora tesoureiro-geral das Forças Armadas, e não se aproveitou do cargo para enriquecer. Apesar de detestado por Jorge II, que não lhe perdoava certos ataques contra os Hanôver, Pitt conseguiu impor-se a todos. Despertou na Inglaterra um sentimento nacional e patriótico, que foram fundamentais para as vitórias finais da Guerra dos Sete Anos[733].

Já William Pitt (1766-1768) tinha a confiança das classes média e trabalhadora, pois fora o único político desinteressado que, enquanto pagador real, se recusara a aceitar a habitual "compensação" das verbas que lhe passavam entre mãos. Dentre todos os estadistas britânicos, só Pitt compreendia, conhecia e amava o Império, e só ele compreendia o espírito livre e impaciente dos colonos americanos, sendo também o único que sabia como o espevitar e usar para um propósito comum[734].

A Câmara dos Comuns prestou a devida atenção a William Pitt, pois os dotes de oratória desse governante domaram e quase convenceram os honoráveis membros de que haviam vendido as suas almas a Newcastle

730 Ibidem, p. 574.

731 Robert Walpole (Houghton, 26 de agosto de 1676 – Londres, 18 de março de 1745), dada a sua influência no ministério britânico, ainda que não houvesse na época o cargo, seria uma espécie de primeiro-ministro da Inglaterra.

732 Mourre, Michel, *Dicionário de história universal,* cit., p. 574.

733 Ibidem, p. 574.

734 Trevelyan, G. M. *História concisa da Inglaterra,* cit., v. II, p. 129.

em troca de determinadas benesses. Os modos de Pitt foram justamente criticados como artificiais, mas no fundo representavam as grandes realidades do poder e da paixão; nunca foi um ator, mas a sua voz e gestos dominavam tanto o palco como a audiência[735].

Em suma, o governo dos Pitt encorajou as iniciativas do capitalismo privado, conseguindo aliança entre a nobreza e a burguesia na condução dos negócios, conseguindo estas enorme poder financeiro. Já os pequenos proprietários agrícolas, depreciados, acabaram por engrossar o proletariado urbano. Ambas as situações contribuíram para a Revolução Industrial que se segue.

4.9 Revolução industrial e liberalismo econômico ("laissez faire")

A Revolução Industrial[736] apresentou baixos salários, insalubridade no trabalho e insegurança no emprego. As revoltas operárias foram reprimidas violentamente. E diversos movimentos espontâneos surgiram:

- Os Luddites – trabalhadores na indústria têxtil destruíam as máquinas para evitar o desemprego.
- Cartismo – derivado da Carta do Povo (1838), realizada pelos operários (1838) em Assembleia de Glasgow (Escócia), que reivindicava melhores salários, sufrágio universal, voto secreto, reforma das

[735] Ibidem, p. 131.

[736] A nova classe trabalhadora que a Revolução Industrial estava a trazer à luz do dia e a concentrar nas cidades mostrou, portanto, e logo de início, um instinto de autoeducação e autodefesa paralelo às linhas das associações políticas e do sindicalismo econômico. "O Governo de Pitt tentou esmagar ambas as correntes, se bem que tenha obtido maior sucesso no campo político do que no econômico quando, após o término da guerra, tanto a vitalidade política das classes trabalhadoras como o movimento sindicalista abriram caminho em direção à nova era de Peterloo, tiveram de lutar como foras da lei para afirmar o seu direito de existência. Foi nesta altura que a opinião popular se alienou rapidamente ao partido Tory, ao qual tinha aderido incondicionalmente no período de Pitt". O partidarismo do governo contra os pobres e contra todos os que pretendessem lutar pela sua causa, por muito que se ficasse a dever à Revolução Francesa e à guerra com a França, distorceu e amargurou os processos sociais da Revolução Industrial e deixou feridas que não foram completamente saradas no período apaziguador que se seguiu. Só em 1823 é que os Atos Combinados antissindicalistas foram abolidos, no que constituiu o primeiro grande passo em direção ao processo de evolução legislativa. Ibidem, p. 148.

circunscrições eleitorais e sociais e melhorias das condições de trabalho. Houve diversas manifestações e greves. E o Parlamento não acolheu durante muito tempo as diversas queixas e reivindicações do cartismo.

- Corporativismo e socialismo – liderado por Robert Owen (1771-1858), defendia que o interesse individual levava à miséria a maioria da população. Ajudou a organizar os sindicatos (1830)[737].

O liberalismo econômico desenvolveu-se durante esse período, tendo como destaque a obra de Adam Smith[738].

O imperialismo inglês é consequência dessas ideias, pois usou o conceito de livre comércio para justificar a abertura de portos e mercados em territórios emergentes, com o apoio de suas forças navais, como ocorreu na Guerra do Ópio[739] contra a China[740].

Em 1801, foi criado o Reino Unido da Grã-bretanha e Irlanda após a repressão da Revolta Nacionalista (1798) e a dissolução do Parlamento Irlandês. No plano econômico, durante o século XVIII, ocorreu a revolu-

[737] Ibidem, p. 149.

[738] "John Locke sintetizou o ideal revolucionário ao propor que o ser humano tem direitos naturais básicos à propriedade, à vida, à liberdade e à segurança pessoal. O governo, criado pela sociedade para proteger esses direitos, deve cumprir sua missão. E se falhar em fazê-lo, o povo tem o direito de recusar a sua autoridade." *Vide Enciclopédia do Mundo Contemporâneo – estatísticas e informações completas dos 217 países do planeta*. 3. ed., São Paulo: Publifolha, 2002, p. 490.

[739] A Guerra do Ópio, também conhecida como Guerra Anglo-Chinesa, foi um conflito armado ocorrido em território chinês, em meados do século XIX, entre a Grã-Bretanha e a China. Ocorreram dois conflitos: A Primeira Guerra do Ópio (entre os anos de 1839 e 1842) e a Segunda Guerra do Ópio (entre 1856 e 1860). Grã-Bretanha e França se aliaram para obrigar a China a permitir em seu território a venda de ópio, uma droga anestésica extraída da papoula. Para britânicos e franceses, exportar ópio para a China era uma forma de compensar o prejuízo nas relações comerciais com os chineses, que vendiam aos ocidentais mercadorias muito mais valorizadas, como chá, porcelanas e sedas. Mas o governo de Pequim não via tal fato com bons olhos: a partir do século XVIII, o consumo da droga explodiu no país, causando graves problemas sociais. em 1839, quando o governo chinês destruiu uma quantidade de ópio que estava na mão de mercadores britânicos equivalente ao consumo de um ano, a Guerra teve início.

[740] Trevelyan, G. M., *História concisa da Inglaterra*, cit., p. 149, v. II.

ção agrícola na Inglaterra que adentrou o mundo capitalista e, ao mesmo tempo, desenvolvia-se a Revolução Industrial em um cenário em que a Inglaterra passava a dominar os mares[741].

Cumpre contextualizar o referido tema:

"A Inglaterra dispunha de amplos capitais privados e também de uma mão de obra abundante, devido simultaneamente ao crescimento demográfico (cinco milhões de habitantes em 1714, nove milhões em 1789) e ao desenvolvimento da grande propriedade rural, que expulsava para as cidades os pequenos camponeses. Por fim, enquanto a nobreza dos países do continente continuavam a constituir uma casta separada do resto da população, a aristocracia inglesa misturara-se desde o século XVII com a classe de mercadores. Doravante tinham interesses comuns e além disso nada lhes repugnavam as atividades lucrativas. A Inglaterra, que em 1750 era ainda uma nação quase inteiramente agrícola, mudou de rosto em poucas dezenas de anos"[742].

Quanto ao lado sombrio da Revolução Industrial, destaque-se:

"A construção barata e indiscriminada foi talvez o pior mal da Revolução Industrial. Era difícil alojar-se devidamente uma população extraordinariamente aumentada, mas também não há a certeza de que o cidadão médio, num sentido estritamente material, habitasse em casas urbanas piores do que as velhas casas rurais donde os seus pais tinham vindo. (...) tanto em Londres como em Glasgow, Manchester ou nos distritos mineiros, era vulgar vermos a classe mais baixa dos trabalhadores a habitar sótãos ou 'apartamentos de uma só assoalhada; a grande maioria dos assalariados e 'amanuenses' comerciais viviam um pouco melhor, mas mesmo assim as suas casas eram monótonas e de aparência sórdida: o urbanismo e a decoração ambiental eram conceitos estranhos aos ideais da época. O empregador só se preocupava em obter 'casas onde a sua força de trabalho recém-contratada pudesse viver; as condições pouco interessavam, e o lucro era o único objetivo da transação imobiliária. Foi assim que se construiu a nova Inglaterra"[743].

741 Ibidem, p. 150.
742 Ibidem, p. 192.
743 Ibidem, p. 192.

Antes de o *laissez faire* tornar-se uma teoria de objeção à interferência governamental, consistia em um fato real. A estrutura global da Inglaterra do século XVIII era incompatível com uma administração eficiente: tratava-se de uma nação moderna a ser governada pela engrenagem Túdor, ou, por outra, pelos restos dessa engrenagem após o desgaste provocado por duzentos anos de vigência. Nessas circunstâncias, a pouca aceitação dos indivíduos pela fiscalização estatal ou municipal não os encorajava a pedir o seu reforço[744].

Até a engrenagem governativa local e central ter sido modernizada, o que só se verificou a partir de 1832, a opinião baseada na experiência dizia que quanto menos governo, melhor. Das poucas coisas que o governo concretizara nos tempos recentes, houve a tentativa de supressão legal do sindicalismo, a compensação dos salários baixos com subsídios e a Lei dos Cereais de 1815; no que se refere ao planejamento urbano, à inspeção das fábricas, à instituição de medidas sanitárias e à educação pública, muito teria ainda de acontecer antes que o Estado se dispusesse a cometer semelhantes tarefas. Era necessário que nascessem primeiro gerações inteiras de pessoas e ideias[745].

Quanto aos reflexos no plano político, temos o seguinte quadro:

> *"O espírito político da Inglaterra do século XVIII – poder aristocrático temperado pela fiscalização parlamentar e pelos direitos individuais – tinha muito pouco em comum quer com o despotismo Continental, quer com a democracia burocratizante dos nossos dias. Quando 'Os Reformadores' – inspirados por Bentham, Cobbett e Brougham – tomaram nas suas mãos o problema do relacionamento entre este velho sistema governamental e os novos factos da Revolução Industrial, a sua primeira crença foi a de que o remédio residia na redução dos impostos e da interferência estatal. Muitos esperavam ser este o resultado da reforma parlamentar, mas sucedeu precisamente o contrário: o liberalismo significava mais governo e não o alheamento deste. Contudo, era forçoso que em primeiro lugar se transformasse o Governo no instrumento da vontade de todos. A criação gradual de serviços sociais através da iniciativa pública e pagos pelas despesas públicas iria ser a contribuição principal do século XIX para o bem-estar social. Ninguém previa ainda esta evolução em 1816, quando Brougham compeliu o Governo*

[744] Ibidem, p. 192.
[745] Ibidem, p. 193.

a abolir o imposto de rendimentos após a restauração da paz, medida obviamente destinada a acalmar a opinião pública britânica"[746].

4.10 – A independência dos EUA[747] e seus reflexos

Quando Jorge III assumiu o trono em 1760, durante a guerra dos Sete Anos, esta entre Inglaterra e França, o rei impôs o seu governo com o apoio de assessores que foram incapazes de dialogar com o Parlamento e com as colônias da América, o que, mais tarde, dado o clima de insatisfação com a metrópole, resultaria na Independência dos Estados Unidos[748].

Lembre-se de que a relação entre a Inglaterra e as Treze Colônias, entre as décadas de 1760 e 1770, deteriorava-se. Enquanto a Inglaterra optava pelo caminho da tributação e taxação dos colonos da América, visto que a nação inglesa encontrara uma forma de cobrir os prejuízos em decorrência das batalhas da época, além de criar leis polêmicas que contrariavam os interesses americanos, estes, como esperado, opunham-se com veemência à política britânica.

Insatisfeitos com tal situação, os mais proeminentes representantes das colônias decidiram se reunir no Primeiro Congresso Continental da Filadélfia, organizado em 1774. Nesse evento, seus participantes lavraram um documento em que exigiam o fim dos impostos estabelecidos pelas autoridades britânicas. Sem contar com pretensões separatistas, essa primeira ação política dos colonos pretendia reverter pacificamente o tom intervencionista adotado pelos britânicos.

Sem obter o efeito esperado, outros colonos sustentavam que o conflito militar pudesse dar fim às pretensões colonialistas do governo inglês. Em 1775, alguns colonos já se organizaram militarmente para a realização de um confronto contra a Inglaterra. Nesse mesmo ano, durante o Segundo Congresso Continental da Filadélfia, um contingente maior de partidários defendeu a separação definitiva por meio da organização do confronto direto.

Quanto à emblemática questão das treze colônias, vale transcrever:

[746] Ibidem, p. 193.
[747] Este tema é tratado com profundidade no Capítulo sobre os EUA.
[748] Ibidem, p. 135.

"Contudo, a recuperação das treze colônias – já designadas por Estados Unidos da América – passou a constituir uma impossibilidade. Chatham (William Pitt) morreu antes de ter perdido as esperanças, mas três anos mais tarde todos os súbditos do rei Jorge aceitavam o facto como consumado. Porém, nada conseguiria vergar a vontade do monarca exceto a recusa dos Ministros em darem seguimento a uma tarefa na qual há muito tinham perdido a fé e o entusiasmo; tinham, inclusive, perdido o apoio da sua própria maioria na Câmara dos Comuns, que votava agora contra eles: em abril de 1780, a Câmara aprovava, por 233 votos contra 215, a Resolução de Dunning, segundo a qual 'a influência da coroa aumentou e continua a aumentar, pelo que urge diminuí-la'. Significativo era o facto de seis membros eleitos pelos condados – que melhor do que ninguém representavam um genuíno corpo de eleitores – terem votado a favor, havendo somente oito votos contra do mesmo grupo. Depois da rendição de Cornwallis a Washington, em Yorktown (outubro de 1781), a guerra contra a América chegou virtualmente ao fim, e na Inglaterra as notícias do sucedido em Yorktown puseram ponto final ao governo pessoal do rei"[749].

O cenário de instabilidade tornou-se incontornável e resultou primeiro na Declaração de Independência dos Estados Unidos da América por meio de um documento que foi redigido por Thomas Jefferson. Como a Inglaterra se recusou a reconhecê-la, ocorreu a intitulada guerra de independência entre 1776 e 1783, sendo ao final vencida pelos americanos, que contaram com a ajuda da França e da Espanha.

Uma moção redigida contra a continuidade da guerra na América foi aceita sem constestação pela Câmara dos Comuns. Desde a renúncia de Lorde North do cargo de primeiro ministro, em março de 1782, "a Grã-Bretanha nunca mais foi governada senão por um gabinete e um primeiro-ministro responsáveis perante o julgamento independente da Câmara dos Comuns, em lugar de o serem unicamente para com o rei. Assume importância relevante o fato de a tentativa de recuperação do poder político por parte da coroa ter terminado precisamente nessa altura, devido à catástrofe sucedida na América. Se o governo pessoal de Jorge III e dos seus filhos tivesse continuado pelo século seguinte, os movimentos democráticos e a Reforma da nova era – ao deparar-se-lhes a

[749] Ibidem, p. 135.

oposição do rei como principal força de resistência conservadora – ter-se-iam tornado antimonárquicos e muito provavelmente republicanos"[750].

4.11 A Inglaterra no século XIX

O século XIX foi marcado pela Era Vitoriana, de junho de 1837 a janeiro de 1901, período em que a Inglaterra firmou-se como potência mundial em razão do sólido desenvolvimento econômico e industrial, além de contar com poderosa marinha mercante.

Apoiada no sistema de produção liberal, a classe social dominante era a burguesia. No plano político, como será comentado, os partidos eram o Liberal (whigs) e o Conservador (tories). A seguir, algumas considerações que merecem ser destacadas durante o referido período.

4.11.1 Delimitação e redistribuição de terras

Só faziam parte das Câmaras do Parlamento, responsáveis por aprovar os Atos de Delimitação de Terras, os grandes proprietários. Além disso, também os "juízes de paz eram autocratas rurais que representavam uma só classe; em resumo, a propriedade rústica na Inglaterra estava nas mãos de um grupo relativamente pequeno de grandes famílias latifundiárias. Nessas condições sociais e políticas era inevitável que as delimitações de terras fossem executadas de acordo com as ideias da poderosa classe dos proprietários, que defendia acertadamente a necessidade de se produzirem mais alimentos, mas não a necessidade nacional de se manterem e até aumentarem as pequenas propriedades arrendadas ou não"[751].

Em relação à redistribuição de terras, em momento algum buscaram defraudar os de menos posses, mas a eles não foi concedido nada além de suas aparentes pretensões legais. Além disso, a grande maioria não conseguia provar os direitos que de fato possuíam em relação aos baldios. Estes, no máximo, recebiam uma parca indenização que de forma alguma viabilizava que se transformassem em capitalistas, no máximo servindo para sobreviverem durante alguns meses. Foram os pobres tremenda-

[750] Ibidem, p. 142-143.
[751] Ibidem, p. 189.

mente prejudicados e, sem alternativas, tornam-se proletários pessimamente remunerados a serviço dos detentores do capital[752].

4.11.2 O bloqueio continental de Napoleão e suas consequências – a política e as reformas

Logo após a Revolução Francesa os ingleses continuaram inertes, sendo que viam até com certa simpatia o movimento revolucionário francês, que apeava do poder antigos inimigos do reino inglês. Mas quando a Revolução demonstra seu lado bélico e começa a estender seus tentáculos sobre outros países europeus, os ingleses são instados a fazer movimentos de repressão, aliados a outras potências desde 1793.

A guerra contra os franceses desenrolou-se, sobretudo, nos mares. A Inglaterra apoderou-se da maior parte das colônias francesas e holandesas (Ceilão, Malaca, Cochim, Cabo etc.). As vitórias navais de Nelson, a difícil e brilhante campanha de Wellington em Espanha (*Peninsular War*) e o papel decisivo desempenhado por Wellington em Waterloo constituíram quase toda a participação propriamente militar da Inglaterra nesse conflito[753].

Uma das consequências da guerra contra os revolucionários franceses foi o Bloqueio Continental, decretado por Napoleão[754], que provocou

[752] Ibidem, p. 190.

[753] MOURRE, Michel, *Dicionário de história universal*, cit., v. II, p. 576.

[754] "Ao tentar impor o seu 'sistema continental', destinado a excluir as mercadorias inglesas da Europa, Napoleão acabou cometendo 'os dois grandes e fatais erros da sua carreira: a tentativa de anexação da Espanha contra a vontade do seu povo e a invasão das imensidões russas'. Esses dois empreendimentos fizeram que os povos atingidos se sublevassem depois de o Imperador ter sido bem sucedido nas negociações travadas com os respectivos monarcas. A primeira e mais criminosa dessas atitudes deu à Inglaterra a oportunidade de iniciar a Guerra Peninsular (1808), cujas operações introdutórias, deveras humildes, se destinaram a manter – de acordo com o precedente estabelecido – a independência do mais antigo aliado [da Inglaterra], Portugal. Durante os seis anos seguintes, Portugal continuou a fornecer a base para o desenrolar das operações, enquanto o poder marítimo garantia as condições logísticas necessárias – à semelhança do verificado nas menos bem sucedidas operações dos exércitos britânicos em Espanha durante as guerras de Marlborough". Os portugueses consentiram em ser treinados e comandados por oficiais ingleses, do que resultou a constituição de respeitáveis corpos de soldados profissionais. Os espanhóis, por seu lado, detinham a perícia na guerra de guerrilha. E: "Por estas razões, trezentos

novas dificuldades econômicas, desemprego, fome e revoltas, mas não atingiu aquilo a que se propunha. A diplomacia inglesa explorou habilmente o descontentamento geral das nações continentais. Napoleão não conseguiu sequer fechar por completo a Europa, pois um importante contrabando contribuía para a entrada clandestina de mercadorias inglesas no continente. A Grã-Bretanha, com uma frota de mais de 900 navios de guerra, continuava a dominar os mares e desenvolvia o seu comércio com a antiga América espanhola[755].

Após 1815, com a derrota de Napoleão em Waterloo, a Inglaterra desponta como a grande potência dos mares, tendo bases no Mar do Norte, no Mediterrâneo, no Oceano Indico, na África, na Índia etc.[756].

Devido aos seus interesses mundiais, a política externa britânica, dirigida por Castlereagh[757] até 1822 e depois por Canning[758], iria rapidamente afastar-se das potências da Santa Aliança. Em 1814, os ingleses, sempre preocupados em preservar o equilíbrio europeu, opuseram-se ao desmembramento da França e permitiram que esta se incluísse entre as

mil franceses estacionados em Espanha dedicavam-se essencialmente à manutenção das redes de comunicações, sem se poderem concentrar na destruição do persistente exército britânico de trinta mil homens comandado por Moore ou Wellington. Partindo de Portugal em rápidas e bem planejadas incursões, Wellington foi obtendo vitória após vitória nos sucessivos anos de combates – Talavera, Salamanca, Vitória, enquanto o comprometimento cada vez maior de Napoleão na Rússia e na Alemanha reduzia gradualmente a pressão da França na Península. O poderio militar terrestre e a reputação da Grã-Bretanha, tão em baixo no início das guerras revolucionárias, ascenderam assim a alturas comparáveis às atingidas nos tempos de Cromwell e Marlborough. As batalhas e cercos da Guerra Peninsular (...) confirmaram e perpetuaram as tradições regimentais que iriam constituir o cerne da genuína vida do exército britânico nos cem anos seguintes". *Vide* TREVELYAN, G. M. *História concisa da Inglaterra,* cit., v. II, p. 163-164.

[755] MOURRE, Michel, *Dicionário de história universal,* cit., v. II, p. 576.

[756] Ibidem, p. 577.

[757] Trata-se de Robert Stewart, 2º Marquês de Londonberry, mais conhecido pelo título Visconde de Castlereagh. Foi o Secretário dos Assuntos Estrangeiros de 1812 a 1822, sendo fundamental na formação da coalizão que derrotou Napoleão Bonaparte, além de principal diplomata britânico no Congresso de Viena.

[758] Político britânico, que serviu como secretário de estado dos negócios estrangeiros e, brevemente, como primeiro ministro do Reino Unido.

grandes potências, mas constituíam nas fronteiras a nordeste um reino da Holanda que englobava a Bélgica, para preservarem a foz do Escalda[759].

O governo de Londres opôs-se tanto quanto pôde à política intervencionista de Metternich[760]; condenou em 1823 a expedição francesa à Espanha e quando a Santa Aliança encarou o envio de tropas para tomar as colônias espanholas da América Latina, a Inglaterra fez-lhe claramente ver que teriam de contar com a armada britânica. A independência dos Estados da América Latina foi reconhecida em 1824. Londres apoiou o governo constitucional em Portugal (1826) e a luta da Grécia pela independência (batalha de Navarin, 1827)[761].

Apesar do desenvolvimento industrial provocado na Europa pela política do Bloqueio Continental, a guerra contra Napoleão fizera crescer mais ainda o avanço da Inglaterra nos domínios econômico e técnico. Até finais do século XIX, a Inglaterra iria manter-se como a primeira potência industrial do mundo; no entanto, iria ter grave crise social depois de 1815[762].

Nesse contexto, os progressos da mecanização suscitavam muita preocupação por parte dos trabalhadores, que receavam ficar desempregados. Com o término da guerra veio também a desmobilização das tropas e o fim da fabricação de materiais bélicos, fazendo surgir milhares de desempregados miseráveis. Se o término das hostilidades permitiu escoar para o continente mercadorias que se tinham acumulado nos entrepostos ingleses, os comerciantes britânicos viram os seus mercados reduzirem--se, pois o Bloqueio Continental obrigara os europeus a fabricarem eles próprios as mercadorias que até então eram importadas da Inglaterra, que, por sua vez, estava exposta à concorrência do comércio marítimo estrangeiro[763].

759 MOURRE, Michel, *Dicionário de história universal*, cit., p. 577.

760 Diplomata e estadista do império austríaco, após a queda de Napoleão, apoiou vigorosamente a restauração da dinastia dos Bourbon na França, e apoiou a reconquista absolutista em Portugal, por D. Miguel, opondo-se vivamente ao governo liberalista, após o retorno deste ao poder português. Presidiu o Congresso de Viena, tendo influenciado profundamente nas decisões do órgão.

761 MOURRE, Michel, *Dicionário de história universal*, cit., p. 577.

762 Ibidem, p. 577.

763 Ibidem, p. 577.

Por sua vez, os anos de guerra e de isolamento tinham beneficiado a agricultura britânica, ou melhor, essencialmente os grandes proprietários. Estes impuseram em 1815 uma política protecionista e fizeram adotar as *corn laws*, a fim de manterem artificialmente os preços dos cereais. Os trigos estrangeiros foram sobretaxados com impostos de importação consideráveis. A fome provocou revoltas operárias que foram reprimidas sem piedade (chacina de Peterloo, em Manchester, agosto de 1819); o *habeas corpus* foi suspenso, as liberdades de imprensa e de expressão restringidas[764].

Como se verá a seguir, a Grã-Bretanha conseguiu resolver os seus problemas sem crise revolucionária. Deve-o a um espírito reformista e humanitário muito arraigado na elite do país e estreitamente ligado à ação das sociedades religiosas[765]. Em 1824 foram votados o direito de coligação e o direito de greve; o movimento das *trade unions* teve rápido desenvolvimento. As tarifas protecionistas foram aliviadas em 1821/1825, e o direito imposto pelas *corn laws* foi substituído em 1828 por uma tarifa flutuante. Nessa época ocorreu a agitação irlandesa, que se cristalizou em torno da emancipação dos católicos. O movimento encontrou um chefe notável em O'Connell[766], que fundou a Associação Católica (1823). Quatro vezes adotada pelos Comuns entre 1821 e 1827, a lei da emancipação dos católicos foi quatro vezes rejeitada pelos Lordes. Wellington, então primeiro-ministro, foi-lhe hostil durante muito tempo, mas o movimento irlandês tomou tal vigor que a emancipação foi finalmente conseguida (1829). Como consequência os católicos de todo o Reino Unido torna-

[764] Ibidem, p. 577.

[765] Ibidem, p. 577.

[766] Daniel O'Connell (1775 - 1847) - Conhecido como o Libertador ou o Emancipador, era um líder político irlandês na primeira metade do século XIX. Fez ampla campanha para a emancipação católica, incluindo o direito dos católicos de sentar no Parlamento de Westminster, negada por mais de 100 anos. Ao longo de sua carreira na política irlandesa, O'Connell foi capaz de ganhar grande número de seguidores entre as massas irlandeses em apoio dele e de sua Associação Católica. A partir dela organizou um movimento popular de caráter nacionalista e em 1829 conseguiu para os católicos irlandeses o direito de acesso à maior parte dos cargos públicos.

ram-se cidadãos na inteireza do termo, eleitores e elegíveis, como única condição de prestarem juramento de fidelidade ao rei[767].

Talvez mais importante ainda foi a reforma eleitoral de 1832; apesar de muito limitada, deu razão às reivindicações da burguesia, que exigia uma mais justa representação parlamentar; o número de eleitores passou para cerca de um milhão, mas a pequena burguesia, os artífices e os operários ficavam ainda excluídos do país legal. No entanto, tinha sido aberta uma brecha decisiva no bloco da oligarquia que governava o Reino Unido há mais de um século[768].

No decurso da sua longa hegemonia, as aristocracias Whig e Tory aperfeiçoaram uma nova forma de engrenagem governamental, baseada no Gabinete e no primeiro-ministro, a qual conferiu maior eficiência ao domínio do Parlamento. Graças a esse sistema, a Câmara dos Comuns inglesa saiu triunfante de uma sucessão de guerras contra as monarquias despóticas e, com Pitt e Castlereagh, conseguiu derrotar o próprio Napoleão, proporcionar paz à Europa e garantir cem anos de segurança para a Grã-Bretanha[769].

"A tarefa que aguardava os seus sucessores, nos reinados dos últimos monarcas da Casa de Hanôver, consistia em adaptar esse sistema parlamentar de governo de gabinete às novas realidades sociais criadas pela Revolução Industrial. Essa necessidade implicava a admissão da classe média, e a seguir a das classes trabalhadoras, como parceiros fiscalizadores da máquina política. Se estes ajustamentos não se tornassem uma realidade, o sistema parlamentar resultaria destruído e a Inglaterra teria de enfrentar uma guerra de classes"[770].

Os ingleses, graças a uma história política de busca de consensos, conseguiram passar incólumes pelos séculos XVIII e XIX, mantendo como última revolução britânica a de 1688. Inserindo paulatinamente mais seguimentos sociais em sistema político, tiveram lenta progressão rumo à democracia, sem retornos, fato que afastou catástrofes internas e catapultou a era vitoriana na Grã-Bretanha, obtendo um período de

767 Mourre, Michel, *Dicionário de história universal*, cit., p. 577.
768 Ibidem, p. 577.
769 Ibidem, p. 577.
770 Trevelyan, G. M. *História concisa da Inglaterra*, cit., v. II, p. 195.

paz e de segurança externa, além de vivenciar uma fase de prosperidade inigualável[771].

A transição para maior participação no sistema eleitoral fortaleceu o velho sistema bipartidário. "A peculiar tradição inglesa de dois partidos perpétuos fora até certo ponto substituída por um sistema de política de grupos durante a incontestada predominância Tory com que se iniciou o século XIX, mas na altura da Lei da Reforma de 1830-1832, os Whigs fizeram reviver as suas velhas tradições com novos programas e gritos de guerra, o que forçou os dois partidos a avançar ao mesmo tempo em que passavam por uma sucessão caleidoscópica de novas alianças sociais nascidas"[772] como consequência de um mundo em rápida transformação.

O fato de a maioria dos ingleses de meados do século XIX serem religiosos, mas pertencerem a diferentes religiões, influenciou decisivamente a luta de classes e a luta partidária, mesmo sendo uma causa adicional de controvérsia[773]. Vale salientar que o século XVIII foi profícuo em iniciativas individuais, mas o desenvolvimento das questões corporativa e institucional foi claramente letárgico[774].

"O século XIX, por outro lado, não só conferiu novo vigor ao Parlamento, aos municípios, à Igreja, às universidades, às escolas e ao serviço civil, como também criou inúmeros organismos novos – públicos e privados –, dedicados a todos os aspectos da vida dos cidadãos. Foi a era do sindicalismo, do cooperativismo, das sociedades de beneficência, das ligas, comissões, comitês e juntas, criados para todos os propósitos filantrópicos e culturais concebíveis"[775].

O referido século rivaliza com a Idade Média no que concerne "à capacidade de criação de novas formas de vida corporativa e institucional, ao mesmo tempo em que não fica atrás do século XVIII quanto à iniciativa individual e ao espírito de afirmação pessoal. A lista dos grandes homens

[771] Ibidem, p. 195.
[772] Ibidem, p. 196.
[773] Ibidem, p. 196.
[774] Ibidem, p. 196.
[775] Ibidem, p. 197.

gerados pelo século XIX é considerável; o rol das novas organizações que criou não é menor nem menos significativo"[776].

Uma das características da nova engrenagem nacional, em pleno funcionamento nos extertores do reinado da rainha Vitória, foi o inter-relacionamento que surgiu e manteve-se no tempo entre os esforços filantrópicos privados e a fiscalização estatal e entre o governo central e o local. "À medida que o Governo parlamentar e local ia respondendo às necessidades globais da comunidade, e à medida que o Estado se tomava cada vez mais interessado pelos empreendimentos privados nos campos da educação, medicina, higiene e inúmeros outros aspectos da vida, nasceu um complexo sistema estatal de ajuda, fiscalização e imposição da lei consubstanciado nos empréstimos do Tesouro a organismos locais, nas inspeções estatais às condições laborais e de habitação, nos seguros industriais e no moderno sistema de educação. Os esforços privados e voluntários, apoiados pelo Estado, conseguiram realizar inúmeras obras[777] que nos outros países da Europa eram da exclusiva competência do Estado ou pura e simplesmente não existiam"[778].

[776] Ibidem, p. 197.

[777] "O complicado relacionamento entre os governos central e local, entre os empreendimentos privados e as obras do Estado, sempre em mutação, tornou-se possível graças à evolução do permanente e apolítico Serviço Civil da Grã-Bretanha, instituição caracterizada pela sua enorme experiência, conhecimentos e tradições. (...) Como tal, a paz e a impressionante prosperidade que o mundo da época da rainha Vitória colocava às portas da indústria e do comércio britânicos geraram condições altamente favoráveis para a solução dos graves problemas políticos e sociais surgidos dentro da ilha. O principal objetivo externo da Grã-Bretanha não era a guerra ou a preparação para a guerra, mas sim o seu crescente comércio internacional, cada vez mais fabuloso com o passar das décadas, e o desenvolvimento do novo império colonial proporcionado pelas vitórias de Trafalgar e Waterloo. O excesso populacional e o desemprego que marcaram a Grã-Bretanha após as guerras napoleónicas, na altura desprovida de qualquer forma de segurança social, forçaram centenas de milhares de ingleses e escoceses a passar-se para as colónias. Na primeira metade do século XIX, a maioria desses emigrantes era de origem rural ou semirrural, contentes por ganharem terras novas onde podiam conseguir o seu sustento. Só no final do período é que o de caimento da vida rural em Inglaterra e a atração pela vida nas cidades modernas criaram o perigo de termos uma raça inglesa tipicamente citadina, incapaz de se estabelecer no campo e trabalhar a terra". *Vide* Trevelyan, G. M. *História concisa de Inglaterra*, cit., p. 197.

[778] Ibidem, p. 198.

Os britânicos demonstraram possui salutar espírito pragmático e inventivo para enfrentar e resolver os problemas trazidos pelos novos tempos, que requisitaram mudanças e quebra de paradigmas. Tudo isso feito seguindo suas tradições, ou seja, praticamente sem copiar os movimentos continentais contemporâneos. "O sistema parlamentar era uma das maiores características; o governo local foi reformulado segundo ideias britânicas; a inspeção às fábricas, o sindicalismo e o movimento cooperativo eram de origem britânica; o serviço civil, de tradições nativas, inventou o peculiar método dos exames de admissão seletivos"[779].

A Revolução Industrial e seus novos métodos que aglomeram as pessoas em centros urbanos, aliada a uma série de eventos que acontecem na sua esteira, como a busca por uma sociedade que traga no seu bojo o humanismo, a democracia e uma educação cada vez mais abrangente e com mais qualidade, "conduziram necessariamente a uma nova concepção do papel da mulher na sociedade. A educação feminina, antes totalmente negligenciada, tornou-se comparável à masculina após várias gerações. A posição legal da mulher na família foi alterada e, na prática, perante a opinião pública, sofreu alterações ainda mais profundas. Chegava a hora em que o movimento em prol da concessão do direito de voto às mulheres deixava de parecer absurdo"[780].

Vale lembrar que boa parte dos avanços obtidos na comunidade britânica é resultado direto do século XIX, para eles, ter sido caracterizado pela paz, prosperidade e segurança. Com exceção da Guerra da Crimeia, a política da Grã-Bretanha foi de abster-se dos conflitos entre as nações continentais[781].

4.11.3 A política interna e externa inglesa

No âmbito interno, diante das desigualdades e agitações populares, o rei Guilherme IV, em novembro de 1830, convocou Lorde Grey para formar um governo que buscasse paz e contenção de despesas, fazendo as reformas que fossem necessárias. Lorde Grey formou um gabinete com personalidades aristocráticas, contando entre eles com notáveis progressistas

779 Ibidem, p. 198.
780 Ibidem, p. 198.
781 Ibidem, p. 199.

membros do Parlamento. O resultado foi uma ampla Reforma concebida por Lorde Durham e Lorde John Russell, sob a orientação genérica de Grey, e que Lorde Althorp conduziu através da Câmara dos Comuns. Apesar das críticas, funcionou quase como uma nova Constituição, tão arrojadas foram as medidas tomadas. Na prática, estendeu o poder político a novas classes sociais e a novos distritos da ilha[782].

Após mais de um ano de grande agitação e participação política, em que os conservadores se opuseram à Reforma, proposta de lei foi apresentada aos pares do Reino. Apesar de ter sido aprovada pela Câmara dos Comuns, foi derrotada quando submetida a votação na Câmara dos Lordes. Contribuíram para a derrota os votos dos Conservadores e a bancada dos bispos[783].

Era evidente que a paz dependia da aprovação da lei da Reforma. Durante o inverno houve agravamento da crise social, trazendo grandes dificuldades econômicas nas zonas industriais e agrícolas. Além disso a cólera se alastrou e a fúria popular contra a decisão dos lordes ameaçou lançar no caos a sociedade inteira. Tamanha pressão gerada também por enormes tumultos políticos levou à aprovação da lei da Reforma. Foi "como se o povo em bloco tivesse conquistado à classe governante uma moderna Magna Carta. Por fim, a nação era senhora na sua própria casa; faltava ainda definir a extensão dessa nação, o que se refletiu numa sucessão de disputas sobre o direito de voto, cada uma delas muito menos violenta do que a original. Os proprietários com rendimentos de dez libras e os rendeiros não podiam continuar eternamente a constituir a nação, pois não tinham o direito prescritivo de governar as terras como no caso dos donos dos círculos eleitorais, cujos interesses institucionalizados haviam sido varridos pela pacífica revolta da verdadeira nação"[784].

Esperou-se, no entanto, até 1835 por alterações em nível municipal. Foi neste ano que foi aprovado o Ato Corporativo Municipal. "A queda dos círculos eleitorais corruptos parlamentares implicou a queda dos seus congêneres municipais, corpos administrativos idênticos dentro da esfera do governo local – os quais nunca haviam sido perturbados durante

[782] Ibidem, p. 207.
[783] Ibidem, p. 207.
[784] Ibidem, p. 208.

o velho regime. O Ato de 1835 foi mais democrático do que a proposta de lei da Reforma, pois conferiu a todos os contribuintes o direito de votarem nos novos municípios. Assistiu-se finalmente ao término da idade do gelo institucional e corporativa inglesa, após o que a vida da comunidade começou a ser remodelada de acordo com as verdadeiras necessidades da nova sociedade econômica"[785].

Entretanto, o Ato Corporativo Municipal, durante décadas, só era aplicado nas cidades maiores, com os distritos rurais sendo administrados pelos "juízes de paz até o estabelecimento dos conselhos de condado, nomeados por eleição, medida que ficou a dever-se ao Governo de Lorde Salisbury, em 1888. Esses diferentes tipos de governo local correspondiam ao fato de a Inglaterra rural ainda estar mentalmente subordinada aos *Squires*[786], enquanto a nova Inglaterra urbana revelava já um espírito democrático"[787].

O Ato Corporativo Municipal de 1835 estabeleceu nas principais cidades, mais precisamente em suas áreas urbanas, "poderosa forma de autoridade, sujeita à fiscalização popular e capaz de cobrar taxas locais. Deste começo nasceu uma concentração de novas funções; com o correr do tempo, as corporações municipais foram adquirindo cada vez mais poderes, até que por fim passaram a lidar com todos os aspectos da governação local exceto o poder judicial e o licenciamento de obras públicas, funções estas consideradas inadequadas a um órgão eleito. Em 1835, pouca gente previa que os novos municípios[788] acabariam por se encarregar da educa-

[785] Ibidem, p. 208.

[786] Eram aristrocratas rurais, que usavam o título por dispor de 80 squires (medida de terra da época) que o colocavam como o maior proprietário rural de uma região.

[787] Ibidem, p. 208.

[788] A partir de 1835 nasceu também estreita ligação entre os departamentos governamentais de Whitehall e os corpos locais eleitos pelas populações, ligação essa baseada na supervisão estatal e na atribuição de subsídios do Tesouro – provenientes dos fundos pagos pelos contribuintes – para reforço dos impostos locais. Esses aspectos, apesar de não previstos, foram tornados possíveis pela arrojada e uniforme legislação liberal de 1835. Foi assim que se despoletou o tardio processo de correção das descontroladas consequências sociais da Revolução Industrial. No entanto, e no meio disto tudo, onde é que se situava a «contenção de despesas»? Foi panaceia que não demorou a desfazer-se em fumo. *Vide* TREVELYAN, G. M. *História concisa de Inglaterra*, cit., p. 209.

ção dos jovens e da prestação de serviços públicos, como os transportes, a luz, a água e mesmo a habitação, ou que se iriam transformar em empregadores duma poderosa força laboral"[789].

Pouco antes, em 1833, o empenho de Lorde Althorp garantiu a aprovação do Ato Fabril, que estabelecia os limites legais do horário de trabalho dos menores e dos jovens, respectivamente, não permitindo mais jornadas exaustiva a eles. O grande mérito desta lei "foi a criação do cargo de inspetor estatal para fiscalizar o cumprimento da lei, era o começo de um conceito completamente novo dentro do campo da assistência social"[790].

A Lei da Reforma trouxe no seu bojo a abolição da escravatura no Império Britânico, através do Ato de 1833, mesmo ano do falecimento de Wilberforce[791]. "Nos últimos anos da sua vida como ativo impulsionador da causa antiescravagismo, Wilberforce viu-se apoiado por Sir Thomas Fowell Buxton[792]. Durante a sua campanha original, as forças defensoras do comércio de escravos foram constituídas por importantes interesses marítimos e transitários de Bristol e Liverpool, mas após o término do comércio de escravos o grupo dos seus defensores centrou-se essencialmente nas colônias: se os escravos já não podiam ser importados, pelo menos podiam ser criados a partir dos indivíduos existentes"[793], propiciando inclusive o avanço de fazendas com essa finalidade específica.

Os colonos das Índias Ocidentais e das outras colônias tropicais não concordavam com a proposta de emancipação dos escravos, já que sua produção tinha por base essa atividade exploratória e desumana. A violência, que era comum no tratamento aos cativos contribuiu para a "indignação do público britânico, particularmente nos círculos religiosos evangelistas e não conformistas, na altura muito influentes. O Ato da Abolição da Escravatura de 1833 foi ao ponto de proporcionar aos possuidores de escravos uma compensação financeira de vinte milhões de

[789] Ibidem, p. 210.

[790] Ibidem, p. 210.

[791] Político britânico, filantropo e líder do movimento abolicionista do tráfico negreiro.

[792] Sir Thomas Fowell Buxton (1º de abril de 1786 – 19 de fevereiro de 1845) foi deputado inglês, cervejeiro, abolicionista e reformador social.

[793] TREVELYAN, G. M. *História concisa de Inglaterra*, cit., p. 211.

libras, pagas com gosto pelo país metropolitano"[794]. Note-se que aqueles que de fato deviam ser indenizados, os escravos, nada receberam.

Doze anos após a aprovação da Lei da Reforma, era claro para toda a gente que a política dos liberais estava esgotada, pois o seu programa não contemplava novas melhorias para a ainda aguda crise econômica e industrial do país. O governo parlamentar do novo regime teve, porém, a sorte de existir um governo alternativo, formado a partir da oposição de Westminster. Peel[795] tinha grande experiência em assuntos comerciais e financeiros e, como provinha da classe média, desta gozava da simpatia. Desse modo, conseguiu reconstituir um partido Conservador a partir dos resquícios do partido Tory, que ficou extremamente enfraquecido quando do advento da Lei da Reforma[796].

Diferentemente de outros países, mesmo com a ascensão da burguesia e inúmeras reformas, na Inglaterra do século XIX a nobreza, as classes altas, mesmo perdendo seus privilégios especiais, permaneceram de forma muito atuante na vida política, obstando o surgimento de políticos profissionais[797].

Peel, nos primeiros dias do seu governo (1842-1845), fez restabelecer o imposto sobre renda. Com esse aporte de recursos possibilitou-se reduzir e em alguns casos mesmo abolir os direitos de importação sobre inúmeros artigos, com excelentes resultados para o comércio do país. Não foi possível "abolir imediatamente as taxas impostas aos cereais estrangeiros, e como tal o milho passou a constituir a questão principal. A Liga Anticereais tornou-se tão influente na Inglaterra industrial como a Liga Católica de O'Connel o fora na Irlanda rural. Peel, que se vergara a esta em 1829, rendeu-se à outra em 1846, em parte devido ao sentimento de que a governação deve ser mantida por consentimento dos governados, em parte porque os discursos de Cobden na Câmara dos Comuns o persuadiram quanto a esta questão econômica, e em parte porque a falta

[794] Ibidem, p. 211.

[795] Roberto Peel (1788 – 1850) – Político e estadista inglês, analista do livre-câmbio, defendeu a emancipação dos católicos e organizou o Partido Conservador. Conseguiu estabelecer o "income tax".

[796] Trevelyan, G. M. *História concisa de Inglaterra*, cit., p. 211.

[797] Ibidem, p. 212.

de batata na Irlanda (1845-1846) não lhe deixava outra escolha que não a de suspender as Leis dos Cereais ou permitir que os Irlandeses morressem aos milhares"[798].

A abolição das Leis dos Cereais, adotada em 1846, foi por várias razões o acontecimento político mais importante entre a Primeira e a Segunda Lei da Reforma. Primeiro dividiu o Partido Conservador e colocou os Liberais no poder por cerca de vinte anos, com pequenas interrupções em que obtiveram o apoio e a força do voto de peelitas como Aberdeen, Cardwell e Graham[799], assim como a fundamental habilidade financeira de Gladstone[800].

Apesar da oposição à Lei dos Cereais por parte de políticos conservadores, como Disraeli[801], principalmente os ligados ao partido dos fidalgos rurais, tal lei demonstrou ser um sucesso. Inclusive, os grandes proprietários produtores de cereais "não levaram muito tempo a compreender que não tinham ficado arruinados com a abolição. A importação livre evitou as subidas dos preços dos cereais mesmo quando o valor do dinheiro caiu com a descoberta de ouro na Califórnia e na Austrália – o preço do milho permaneceu estável durante mais uma geração, e a melhoria das condições de vida levou a um aumento do consumo de pão. As mansões rurais e propriedades agrícolas de Inglaterra nunca foram tão ricas, populosas e felizes como nos meados da época vitoriana"[802].

Foi fundamental para desfazer as causas de ressentimento entre a cidade e o meio rural. Foi só no final do século XIX que, devido ao amplo

[798] Ibidem, p. 212.

[799] Ibidem, p. 212.

[800] William Gladstone (1809 – 1898) – Político inglês, chefe dos liberais e quatro vezes primeiro ministro. Procurou minimizar a pressão britânica contra a Irlanda, reformar o sistema eleitoral, estabelecer o livre câmbio e defendeu o reconhecimento legal das "Trade-unions".

[801] Benjamin Disraeli (1804 – 1881) – Político conservador britânico, escritor, aristocrata e primeiro-ministro do Reino Unido em duas ocasiões. Teve papel central na criação do Partido Conservador moderno, definindo suas políticas. Lembrado por sua influência em assuntos internacionais, suas batalhas políticas com William Ewart Gladstone, líder do Partido Liberal, e seu conservadorismo. Foi indicado primeiro-ministro em 1874. Chefiou o partido conservador e recebeu o título de Lorde Beaconsfield. Conseguiu incorporar Chipre ao governo inglês e organizou o "Império das Índias".

[802] Trevelyan, G. M. *História concisa de Inglaterra*, cit., p. 213.

desenvolvimento das estradas de ferro transcontinentais e o aumento da construção naval permitiram aos EUA exportar enorme quantidade de cereais que, durante o governo de Disraeli, no final dos anos 70, a produção britânica de milho se viu seriamente afetada. "A organização em nível mundial do comércio inglês abastecia a ilha com gêneros alimentícios vindos de todos os lados, e como tal se iniciou a destruição da vida agrícola e rural britânica"[803].

"A vitória de 1846 da Liga Anti-lei dos Cereais foi uma vitória dos novos métodos de educação e propaganda política, os quais representaram novo passo no caminho da democracia. Esses métodos ficaram de certo modo suspensos nas duas décadas seguintes, marcadas pela prosperidade e pela paz social, mas passaram a constituir a moeda de troca comum aos dois grandes partidos depois da atribuição do direito de voto a milhões de pessoas em 1867 e 1884"[804].

Ressalte-se que em conjunto com a resolução da controvérsia sobre as Leis dos Cereais, a Grã-Bretanha vivenciou o grande período vitoriano da expansão comercial e industrial, o qual provocou enorme prosperidade que encobriu os problemas sociais e o motim do submundo. "Esse relaxamento da tensão refletiu-se na política: de 1846 a 1866 temos um período de calmo domínio liberal-peelita, dominado pela figura do popular Lorde Palmerston (1784 – 1865). A atuação deste adequou-se muito bem a um período em que tudo era seguro, e que nada parecia ser preocupante quer no campo interno, quer no externo, e em que o próprio fato de se provocar uma guerra contra a Rússia implicava unicamente uma responsabilidade limitada"[805].

4.11.4 Período vitoriano (1837 – 1901)

Após a morte de Guilherme IV (1830-1837), assume a sua sobrinha, rainha Vitória (1837-1901) que, aos 18 anos, conseguiu solidificar a aliança entre a burguesia mercantil e industrial. Durante esse período, a "ordem, a prosperidade e a estabilidade política da época vitoriana levaram os governos ingleses a adotar, nos assuntos internacionais, uma atitude de

[803] Ibidem, p. 213.

[804] Ibidem, p. 213.

[805] Ibidem, p. 214.

'esplêndido isolamento'". A sua única preocupação era o domínio britânico nos mares, sem que essa ambição implicasse, antes dos anos 1880 do século XIX, uma verdadeira expansão colonial. A rainha Vitória, apesar do seu prestígio pessoal, aceitou o papel de soberana constitucional e não desempenhou um papel decisivo na política"[806].

Nesse contexto, o regime parlamentar, cujas bases foram aos poucos alargadas por novas reformas eleitorais, funcionava perfeitamente com a alternância no poder dos dois grandes partidos, Conservador e Liberal (os termos *tories* e *whigs* caíram em desuso). Apesar de uma diferente visão dos diversos assuntos, esses partidos mantinham a continuidade da política britânica e abstiveram-se de impor medidas radicais que pudessem provocar crises graves[807].

Os primeiros anos do reinado de Vitória foram marcados pela agitação do cartismo: o movimento operário, descontente com a reforma eleitoral de 1832, lançou grande campanha de petições a favor do sufrágio universal. A petição recolheu mais de um milhão de assinaturas, mas não obteve qualquer resultado (1839), tendo em vista que o poder político continuava nas mãos das classes mais altas. Os cartistas organizaram uma greve geral na região de Manchester, mas redundou num completo fracasso (1842), e o movimento desagregou-se. Até o final do século, a classe operária inglesa iria afastar-se da política e dedicar-se a reivindicações puramente profissionais[808], apesar que paulatinamente, durante a segunda metade do século XIX, obtiveram a ampliação do número de eleitores, mas ainda sem a inclusão das mulheres nesse universo.

A grande exposição Internacional de Londres, em 1851[809], surgiu como um símbolo da riqueza da Inglaterra. Externamente, o gabinete de Saint James seguia de muito perto a evolução da questão do Oriente.

Como resultado da aliança entre a Inglaterra e a França contra a Rússia, na Guerra da Crimeia (1854/1856), surgiu o tratado de comércio de livre-câmbio franco-inglês de 1860. O Reino Unido iria rapidamente abolir as suas últimas barreiras protecionistas. "Chanceler do Tesouro no Gabinete

806 MOURRE, Michel. *Dicionário de história universal*, cit., v. II, p. 577.
807 Ibidem, p. 577.
808 Ibidem, p. 578.
809 Ibidem, p. 578.

Aberdeen (1852/1855), depois no Gabinete Palmerston (1858/1866), Gladstone suprimiu quase todas as tarifas aduaneiras. Depois, tornou-se o chefe dos liberais, enquanto Disraeli era reconhecido como o líder de um novo partido conservador, cujas tendências sociais eram nitidamente afirmadas. Enquanto Russell e Gladstone tinham proposto em 1866 apenas uma tímida reforma eleitoral, Disraeli conseguiu que fosse aprovada a reforma, muito mais radical, de 1867, que elevava o número de eleitores de 1.304.000 para 2.148.000"[810].

Liberais e Conservadores caminharam juntos no aprimoramento das leis eleitorais. Com apoio dos chefes da oposição conservadora, aprovou o Ballot Act de 1872, que garantia o voto secreto, e logo depois aprovou a nova reforma eleitoral de 1884, que, dando direito de voto aos trabalhadores agrícolas, dotava a democracia britânica de um sufrágio quase universal[811].

A partir de 1867, durante mais de quinze anos, o Reino Unido foi governado alternadamente por Disraeli (1867/1868, 1874/1880) e Gladstone (1868/1874, 1880/1885). Foi, sobretudo, no domínio da política externa que se manifestou a oposição entre os dois homens. Internamente, o primeiro ministério Gladstone foi marcado por importantes reformas (na Irlanda, no Exército, no ensino). O seu segundo ministério foi quase totalmente dominado pela questão irlandesa[812].

No Parlamento britânico constituíra-se uma ativa oposição irlandesa, conduzida por Parnell[813]. Aproveitando a composição quase paritária entre liberais e conservadores na Câmara dos Comuns, tinha condições de desempenhar um papel de árbitro de que dependia a existência dos ministérios.

Os irlandeses passaram a exigir com veemência a Home Rule, isto é, a autonomia. A reforma das leis sobre a propriedade na Irlanda (Land Act

[810] Ibidem, p. 578.

[811] Ibidem, p. 578.

[812] Ibidem, p. 578.

[813] Charles Stewart Parnell (Avondale, 27 de junho de 1846 – 6 de outubro de Brighton, 1891) foi um político e nacionalista irlandês, membro do Partido Parlamentar Irlandês, foi representante de seu país no Parlamento em Londres. Liderou o Partido Parlamentar Irlandês como membro do Parlamento (MP) durante o período do nacionalismo Parlamentar na Irlanda entre 1875 até sua morte em 1891.

de 1881) não foi suficiente para acalmar a agitação; a ilha estava à mercê de uma recrudescência do terrorismo e o vice-rei britânico, Lord Cavendish, foi assassinado no Phoenix Park, em Dublim, em maio de 1882[814].

Em face da tamanha agitação, Gladstone foi obrigado a tomar medidas repressivas, no entanto apoiou a Home Rule (1886), que resultou em uma cisão no seu próprio partido: "os liberais unionistas (que se opunham à autoridade irlandesa), dirigidos por Joseph Chamberlain, aproximaram-se dos conservadores, que conseguiram assim a maioria nas eleições de 1886. Esta coligação conservadores-unionistas iria manter-se 110 poder durante vinte anos (exceto quando do último Gabinete Gladstone, 1892/1894). Os primeiros-ministros desta época foram Salisbury (1886/1892), Rosebery (1894/1895), novamente Salisbury (1895/1902) e Arthur James Balfour, 1º Conde de Balfour (1902/1905). Todos se dedicaram acima de tudo à política externa. O final do século XIX marca o apogeu do imperialismo britânico"[815].

No que concerne às questões externas, as relações com os Estados Unidos eram cada vez mais importantes. Depois do Tratado de Ghent, em 1814, continuaram a processar-se com normalidade, apesar de algumas crises sérias. Esse feliz resultado ficou a dever-se essencialmente à obra de Castlereagh e Monroe (1817)[816], os quais concordaram num desarmamento permanente ao longo da fronteira canadense; daí resultou que, à medida que essa fronteira se estendia para leste, os conflitos que necessariamente acompanharam o processo nunca foram resolvidos pela força das armas. Do mesmo modo, na divisão dos territórios africanos e asiáticos, as disputas com a França e a Alemanha – apesar de agudas nos últimos anos do século XIX – foram resolvidas através de acordos ou arbitragens pacíficas, desfecho que resultou da ação de Lorde Salisbury – político que defendia que o grande interesse da Grã-Bretanha era a paz[817].

[814] Mourre, Michel. *Dicionário de história universal*, cit., p. 579.

[815] Ibidem, p. 579.

[816] James Monroe (Condado de Westmoreland, 28 de abril de 1758 – Nova Iorque, 4 de julho de 1831) foi o quinto presidente dos Estados Unidos, entre 1817 e 1825.

[817] Mourre, Michel. *Dicionário de história universal*, cit., p. 579.

A paz e a impressionante prosperidade que o mundo da época da rainha Vitória colocava às portas da indústria e do comércio britânicos geraram condições altamente favoráveis para a solução dos graves problemas políticos e sociais surgidos dentro da ilha. "O principal objetivo externo da Grã-Bretanha não era a guerra ou a preparação para a guerra, mas sim o seu crescente comércio internacional, cada vez mais fabuloso com o passar das décadas, e o desenvolvimento do novo império colonial proporcionado pelas vitórias de Trafalgar e Waterloo. O excesso populacional e o desemprego que marcaram a Grã-Bretanha após as guerras napoleônicas, na altura desprovida de qualquer forma de segurança social, forçaram centenas de milhares de ingleses e escoceses a passar para as colônias. Na primeira metade do século XIX, a maioria desses emigrantes eram de origem rural ou semirrural, contentes por ganharem terras novas onde podiam conseguir o seu sustento. Só no final do período é que o decaimento da vida rural em Inglaterra e a atração pela vida nas cidades modernas criaram o perigo de termos uma raça inglesa tipicamente citadina, incapaz de se estabelecer no campo e trabalhar a terra"[818].

4.12 Século XX – principais acontecimentos

4.12.1 Guerra dos Boêres

No final do governo de Balfour eclodiu a Guerra dos Bôeres (1899-1902)[819] na África Meridional (Africa do Sul), com desgaste econômico, político e militar. Eduardo VII (1901-1910) assumiu o trono e aproximou os britânicos da França devido a sua irritação com as posições do sobrinho Guilherme II da Alemanha.

Em face das ambições alemãs, que tardiamente quis fazer parte da partilha da África, as duas grandes potências coloniais chegaram a acordo para manter a divisão do mundo, da qual tinham sido as principais bene-

[818] Ibidem, p. 579.

[819] As guerras dos bôeres (ou *guerras dos bôers*) foram dois confrontos armados na atual África do Sul que opuseram os colonos de origem holandesa e francesa, os chamados bôeres, ao exército britânico, que pretendia se apoderar das minas de diamante e ouro encontradas naquele território. Em consequência das guerras, os bôeres ficaram sob o domínio britânico, com a promessa de autogoverno.

ficiárias. Aliada ao mesmo tempo da Inglaterra e da Rússia, a França empenhou-se em reconciliar os seus dois parceiros, que por pouco não se defrontaram por ocasião da guerra russo-japonesa. Os três acordos concluídos a 31 de agosto de 1907 entre a Inglaterra e a Rússia acalmaram a sua velha rivalidade na Ásia Central. A partir desse momento, a Entente Cordiale alargava-se numa Tríplice Entente que fazia pesar sobre a Alemanha uma ameaça de cerco[820].

A Europa enveredara por uma corrida aos armamentos que só poderia ter uma saída fatal. No entanto, Sir Edward Grey, ministro dos Negócios Estrangeiros desde finais de 1905, não renunciava à esperança de conseguir um acordo com Guilherme II. Mas as conversações anglo-alemãs que ocorreram em 1908, 1909 e 1912 falharam porque a Alemanha se recusava a qualquer limitação dos seus armamentos navais. O mesmo clima de incerteza estabeleceu-se no domínio econômico: com um discurso vigoroso, pronunciado em Birmingham a 15 de maio ele 1903, Joseph Chamberlain não hesitou em lançar a ideia de tarifas preferenciais que unissem mais estreitamente o comércio da metrópole e do império. Essa sugestão provocou alguma agitação na opinião pública, sempre agarrada ao liberalismo que tinha feito, desde há mais de meio século, a prosperidade da Inglaterra[821].

Depois de longas polêmicas, Balfour, abandonado pelos conservadores livre-cambistas, demitiu-se em dezembro de 1905. Os liberais voltaram ao poder, primeiro com Campbell-Bannerman (1905/1908), depois com Asquith (1906/1916), mas as personalidades mais marcantes do governo foram Sir Edward Grey, descendente de uma velha e célebre família *whig*, e o fogoso líder radical galês Lloyd George, que se tinha notabilizado pela sua oposição à Guerra dos Bôeres. Ameaçados à esquerda pela criação, em 1906, do Labour Party, que se apoiava nos sindicatos, os liberais votaram várias leis sociais, como o Trade Disputes Act (dezembro de 1906), que impedia qualquer ação judicial contra a ação dos sindicatos nos conflitos de trabalho, a lei sobre o trabalho de oito horas nas minas de carvão, a lei que instituía uma pensão de velhice (as duas de 1908) etc.[822].

820 MOURRE, Michel. *Dicionário de história universal*, cit., p. 580.
821 Ibidem, p. 580.
822 Ibidem, p. 580.

Ressalte-se que mesmo no sistema Common Law inúmeras reformas são feitas por via legislativa, principalmente as que trouxeram avanços sociais. As reformas supracitadas surgiram após vinte anos de conservadorismo, não sem a obstrução da Câmara dos Lordes. "A recusa por parte dos Lordes do orçamento do povo de Lloyd George, em 1909, abriu a crise desejada pelos liberais para reduzir os poderes da Câmara Alta. O novo rei, Jorge V (1910/1936), ajudou à manobra do gabinete: ameaçados com a nomeação de uma fornada de novos pares, os Lordes votaram eles próprios a redução dos seus poderes; doravante não podiam opor-se a nenhuma lei financeira. Essa nova etapa para a democracia verdadeira foi seguida pela lei de 1911, que, ao estabelecer o subsídio parlamentar, abriu os Comuns aos não privilegiados da fortuna"[823].

Apesar dessas medidas, os anos que precederam imediatamente a guerra foram muito perturbados. Os trabalhistas tinham já obtido 29 eleitos nas eleições de 1906. Em 1911/1912 ocorreram grandes greves. As sufragistas reclamavam o voto das mulheres. Finalmente, desde finais do século precedente, a agitação irlandesa tinha-se reiniciado com os Sinn-Feiners, que já não reclamavam apenas a autonomia, mas a independência. Em 1912, foi votada a lei do Home Rule, que enfrentou a oposição dos protestantes da Irlanda do Norte e que ainda não fora aplicada quando ocorreu a guerra de 1914/1918[824].

4.12.2 Primeira Guerra

A Primeira Guerra Mundial[825] obrigou a Inglaterra a um esforço sem precedentes na sua história. Muitos homens foram mobilizados e enviados para a Flandres, o Artois, a Ásia Menor ou os Dardanelos; o recrutamento obrigatório foi instituído em maio de 1916. Desde muito tempo os britânicos estavam acostumados à sua supremacia marítima, supremacia esta que foi duramente posta à prova pela guerra submarina alemã. Pelo

[823] Ibidem, p. 580.

[824] Ibidem, p. 580.

[825] Em 1914, o choque entre as potências europeias levou à deflagração da Primeira Guerra Mundial. De um lado estava a Áustria, Hungria, a Alemanha, a Turquia e a Bulgária e do outro, a França, Grã-Bretanha, Rússia, Sérvia e Bélgica (aliados). Durante a guerra foram agregados Portugal, Itália, Romênia, Grécia, Estados Unidos e Japão.

menos a Royal Navy obrigou os grandes navios de guerra inimigos a ficarem nos seus portos (batalha da Jutlândia, 1916). No entanto, o moral britânico foi atingido pela revolta irlandesa de abril de 1916.

Sintetizando as trágicas consequências do período:

> *"Esta assegurou à Grã-Bretanha a destruição da marinha alemã e permitiu-lhe alargar o seu império: a SDN [Sociedade das Nações] confiou-lhe com efeito, em mandato, a maior parte das antigas colônias alemãs, assim como o Iraque, a Palestina e a Transjordânia, tiradas à Turquia. Mas essa vitória teve um preço elevado: tinham morrido 750 000 ingleses e o custo de quatro anos de guerra atingiu perto de nove mil milhões de libras"*[826].

No início do século XX, o movimento de emancipação da mulher cresceu, e a época ficou marcada pela atitude de Emily Davison[827], na Inglaterra, que se jogou à frente da carruagem do rei em 1913. Em 1917 as mulheres conseguiram o direito ao voto[828].

Em 1916, os ingleses reprimiram o levante de Páscoa em Dublin, mas tiveram que continuar enfrentando as guerrilhas pró-libertação que começaram em 1918. O tratado de Londres (1921) trouxe a criação de um Estado Livre da Irlanda, que se transformou num domínio, e a Irlanda do Norte, com maioria protestante, continuou a pertencer ao Reino Unido[829].

Após a Primeira Guerra Mundial, a Inglaterra encontrou-se em crise, pois gastou US$ 40 bilhões na área militar, envolveu sete milhões e meio de homens e ampliou a dívida externa[830].

826 Mourre, Michel. *Dicionário de história universal*, cit., p. 580-581.

827 Emily Wilding Davison (1872 – 1913) – Foi uma militante do movimento pelo voto feminino na Grã-Bretanha que, em 4 de junho de 1913, jogou-se em frente ao cavalo do rei Jorge V no *Derby Epson Downs*, resultando em ferimentos que causaram a sua morte cerebral, formalmente declarada quatro dias depois, mediante insistência da família para um veredito de acidente.

828 Mourre, Michel. *Dicionário de história universal*, cit., p. 581.

829 Ibidem, p. 581.

830 Ibidem, p. 581.

Na política externa apoiou a criação da Liga das Nações. Internamente enfrentou o descontentamento dos trabalhadores, que culminou na greve geral de 1926, considerada ilegal pelo governo[831].

4.12.2.1 Primeira Guerra e Colonianismo

Uma das consequências da Primeira Guerra foi o questionamento ao colonialismo inglês, a partir dos anos 1920. Passa a ter o seguinte cenário:

> *"O Egito, a quem a Inglaterra tinha oficialmente imposto o seu protetorado em 1914 (ele existia de fato desde 1882), fez reconhecer a sua independência em 1922 e obteve em 1936 o início ela evacuação das forças britânicas, que se mantiveram apenas na zona do Suez. No resto do próximo Oriente, os ingleses tiveram de enfrentar, por causa do petróleo, uma crescente concorrência americana (Aramco contra Royal Dutch Shell). Na Conferência de Washington (1922/1923), reunida para limitar as frotas de guerra, a Royal Navy teve de aceitar a igualdade com a marinha americana. Na Europa, o pós-guerra viu afirmarem-se as divergências entre a França e a Grã-Bretanha: não tendo o Senado americano ratificado o Tratado de Versalhes, Londres retirou a garantia dada a Paris no caso de uma nova agressão alemã. Sempre fiel à sua política tradicional de manter o equilíbrio europeu, a Inglaterra esforçou-se por evitar a ruína da Alemanha. Quando Poincaré decidiu a ocupação do Ruhr (1923), dessolidarizou-se abertamente da França, mas a queda de Poincaré e a nova orientação dada por Briand à política francesa facilitaram uma reaproximação, consagrada pela conclusão do Pacto de Locarno (1925), de que o signatário inglês foi Austen Chamberlain. Nas suas relações com o império, os Ingleses souberam mostrar a mesma flexibilidade, o mesmo realismo que na Europa. Os domínios, que tinham obtido representantes particulares na SDN, viram a sua Independência ainda mais aumentada pelo Estatuto de Westminster (1931)"*[832].

4.12.2.2 Primeira Guerra e resultados na economia

Como resultado do advento da Primeira Guerra os EUA passaram a competir com os britânicos, pois tinham tomado o lugar da Inglaterra como primeira potência comercial; as importações inglesas ultrapassavam em muito as exportações, e a marinha mercante permanecia em parte ina-

[831] Ibidem, p. 581.

[832] Mourre, Michel, *Dicionário de história universal*, cit., p. 581.

tiva, com seus membros desempregados[833]. O "crack" de 1929 atingiu de forma contundente os britânicos, o número de desempregados que era de 1.100.000 (1929) atingiu 2.600.000 em 1931. Vejamos na transcrição esse contexto[834]:

"No mesmo período, as exportações caíram de 790 milhões de libras para 390 milhões. Em setembro de 1931, MacDonald, zangado com alguns dos seus partidários, decidiu formar um gabinete de coligação que incluía trabalhistas, conservadores e liberais. Esta coligação, que iria alcançar o triunfo nas eleições de outubro de 1931, passou rapidamente para a direção efetiva dos conservadores, partidários de medidas protecionistas. A crise teve portanto dois resultados essenciais: a Inglaterra abandonou o livre-cambismo e a conferência imperial econômica de Otawa (julho/agosto de 1932) levou ao estabelecimento de tarifas preferenciais entre a Grã-Bretanha e os Estados da *commonwealth*; por outro lado, o governo decidiu o abandono do padrão-ouro e a desvalorização da libra esterlina (20 de setembro de 1931). Graças a estas medidas extremamente corajosas, num país tão ligado as suas tradições, a recuperação econômica e financeira foi mais rápida e mais acentuada em Inglaterra do que nos outros países europeus. Para manter a confiança dos ingleses na sua moeda, o governo esteve atento para evitar a inflação, para equilibrar o orçamento, que, desde 1935/1936, se saldou por um excedente de 15 milhões de libras, e para manter a estabilidade dos preços. O principal artífice desta recuperação foi Neville Chamberlain, chanceler do Tesouro (1931/1937), e que em maio de 1937 sucedeu Baldwin no cargo de primeiro-Ministro"[835].

4.12.3 A política externa – a Segunda Guerra Mundial

Em 1931, foi criada a Comunidade Britânica de Nações (*Commonwealth*), com o Estatuto de Westminster, que aceitava a independência do Canadá, Austrália, Nova Zelândia e África do Sul. Ampliam-se, nesse cenário, os problemas na política externa europeia:

833 Ibidem, p. 581.
834 Ibidem, p. 582.
835 Ibidem, p. 582.

"(...) depois do fracasso do Pacto a 4 de junho de 1933, a Grã-Bretanha, desconfiada em relação a Mussolini (que no entanto era ainda defendido por Churchill), já não tinha ilusões sobre o alcance da Conferência de Stresa. Preferiu tentar entender-se diretamente com Hitler, ao qual ofereceu apreciáveis concessões por meio do acordo naval de junho de 1935. Recentemente investido no cargo de Ministro dos Negócios Estrangeiros, Anthony Eden tornou-se o defensor da política de sanções decididas contra a Itália em consequência do caso da Etiópia (Dezembro de 1935). Pelo contrário, em relação à Alemanha, o governo de Londres continuava fiel à sua atitude de apaziguamento, a despeito das campanhas inauguradas por Churchill. Foi em parte para não ficar isolada da Inglaterra que a França se absteve de reagir à remilitarização da Renânia e que preconizou uma política de não intervenção da guerra civil espanhola. Apesar do caso das sanções, Chamberlain esperava conseguir desligar Mussolini de Hitler; ofereceu ao Duce uma grande satisfação de prestígio ao reconhecer a conquista da Etiópia (16 de Abril de 1938); o que provocou a demissão de Eden, substituído por Lord Halifax. Quando da crise checa, no outono de 1938, Chamberlain foi por duas vezes (16 e 22/24 de setembro) à Alemanha, a Berchtesgaden e a Godesberg, para negociar com o Führer. Inclinando-se diante da resolução, Londres levou Paris a assinar os acordos de Munique (30 de setembro de 1938), que condenavam praticamente a Independência da Checoslováquia. Acolhidos, com entusiasmo tanto pela opinião pública inglesa como pela francesa, estes acordos iriam ser violados alguns meses depois por Hitler, que fez a sua entrada em Praga (março ele 1939). A Inglaterra compreendeu então que já não podia recuar perante o inevitável e preparou-se para a guerra. Juntamente com a França, respondeu ao novo golpe de Hitler concedendo a sua garantia à Polónia (31 de março). O pacto, germano-soviético não fez alterar a sua resolução e, contrariamente a todas as previsões de Ribbentrop, declarou guerra ao Reich dois dias depois da entrada da Wehrmacht na Polônia (Setembro de 1939). Começava a Segunda Guerra Mundial"[836].

Londres foi bombardeada. Em maio de 1940 organizou-se um gabinete de coalizão, comandado por Winston Churchil, que consegue apoio material americano. A guerra ligou a Inglaterra à França contra a Alemanha e a Itália. Hungria, Bulgária, Iugoslávia e Romênia ficaram com os nazistas. A partir de 1941, a URSS e os EUA entraram na guerra contra a Alemanha e Itália, enquanto o Japão ficou com o nazi-fascismo. Em

836 Ibidem, p. 582.

maio de 1945 os alemães capitulam e assinam a rendição com os aliados. A Inglaterra havia perdido 360.000 homens e tinha uma dívida pública de três bilhões de libras[837].

4.12.4 Política a partir dos anos 1950

Reforçado em 1959 com uma vitória sem precedentes do Partido Conservador, cuja maioria passou de 59 para 100 lugares, enquanto o Partido Trabalhista mostrava as suas divisões no Congresso de Blackpool (1959) e de Scarborough (1960), Macmillan tentou orientar o seu país para a Europa dos Seis[838]. Depois de ter, em vão, proposto a transformação do Mercado Comum numa mais vasta zona europeia de comércio livre, suscitou uma Associação Europeia de Comércio Livre (setembro de 1959), que agrupava a maior parte dos países da Europa Ocidental não membros do Mercado Comum, mas a sua verdadeira finalidade continuava a ser a integração da Inglaterra na Comunidade Econômica Europeia[839].

Em agosto de 1961, o Reino Unido apresentou oficialmente a sua candidatura à entrada no Mercado Comum, mas teve de enfrentar a desconfiança do General De Gaulle, que censurava os ingleses por colocarem acima de qualquer outra consideração as suas ligações privilegiadas com os Estados Unidos. Os acordos de cooperação militar concluídos entre Kennedy e Macmillan em Nassau (21 de Novembro de 1962) confirmaram as teses de De Gaulle, e a França, em janeiro de 1963, vetou oficialmente a entrada da Inglaterra no Mercado Comum. Esse fracasso levou Macmillan a ceder o lugar de primeiro-ministro a Douglas Home em outubro de 1963[840].

As eleições de outubro de 1964 levaram de novo ao poder os trabalhistas, que conseguiram uma maioria de apenas quatro lugares nos Comuns. "Primeiro-ministro trabalhista de 1964 a 1970, Harold Wilson alargou consideravelmente a sua maioria nas eleições de março de 1966, mas teve

837 Ibidem, p. 582.

838 Criada em 1952, a CECA – Comunidade Europeia do Carvão e do Aço, era composta por seis países: Alemanha Ocidental, Bélgica, França, Itália, Luxemburgo e Países Baixos (Holanda).

839 Mourre, Michel, *Dicionário de história universal*, cit., p. 582.

840 Ibidem, p. 582.

de enfrentar muitas dificuldades internas e externas: déficit crescente da balança de pagamentos, oposição dos sindicatos à regulamentação do direito de greve, crise provocada pela proclamação unilateral de independência do governo branco da Rodésia (1965), oposição persistente do General De Gaulle à entrada da Inglaterra no Mercado Comum (dezembro de 1967)"[841].

Em novembro de 1967, a libra esterlina teve de ser desvalorizada em 14,3%. Tendo-se esboçado uma recuperação em 1969/1970, o governo Wilson, enganado por sondagens errôneas, julgou ser a altura de realizar novas eleições. Mas o escrutínio de 18 de junho de 1970 deu finalmente a vitória aos conservadores, que ganharam 66 lugares nos Comuns, enquanto os trabalhistas perderam 60. Edward Heath, primeiro-ministro conservador de junho de 1970 a março de 1974, relançou energicamente a política europeia. Aproveitando a saída do general De Gaulle, conseguiu que os Seis aceitassem o princípio da entrada da Grã-Bretanha no Mercado Comum (junho de 1971). Mas as condições obtidas foram criticadas pela maioria dos trabalhistas e pelo próprio Harold Wilson. Apesar dessa violenta campanha, Heath conseguiu da Câmara dos Comuns, em 28 de outubro de 1971, a ratificação de um tratado de união ao Mercado Comum por 356 votos (282 conservadores, 69 trabalhistas, 5 liberais), contra 239 (39 conservadores, 199 trabalhistas, 1 liberal)[842].

Em janeiro de 1973 a Grã-Bretanha entrou oficialmente na Comunidade Econômica Europeia. A economia, já em crise, sofreu com o aumento dos preços do petróleo a partir de 1973. Grandes greves, entre as quais as dos mineiros de 1971/1972 e de 1973/1974, provocaram as eleições antecipadas de fevereiro de 1974. Os trabalhistas não conseguiram uma maioria suficiente, o mesmo sucedendo nas novas eleições, em outubro, e Harold Wilson formou um governo minoritário[843].

Por meio do referendo de 5 de Junho de 1975, conseguiu que fosse ratificada a entrada da Grã-Bretanha na Comunidade Europeia. James Callaghan sucedeu a Wilson em 1976, quando as receitas de exploração do petróleo do mar do Norte eram ainda insuficientes para que os

[841] Ibidem, p. 582.
[842] Ibidem, p. 582.
[843] Ibidem, p. 582.

seus efeitos se fizessem sentir no conjunto da economia. As eleições de maio de 1979 deram a maioria absoluta aos conservadores, conduzidos por Margaret Thatcher, que substituíra E. Heath à frente do partido em 1975[844]. Durante o período Thatcher, foi aplicada uma política monetária rígida para diminuir a inflação e se iniciou a privatização de instituições públicas, com o intuito de reduzir o papel do Estado na economia[845].

Na política externa, Thatcher chocou-se com a Argentina devido à Guerra das Falkland[846] (1982) e foi vitoriosa. Enfrentou as táticas do IRA[847] na Irlanda que desejava Independência, retirou tropas de Belize e entregou a soberania de Hong-Kong para a China Popular a partir de 1997 (dezembro).

Nesse período o sindicalismo inglês sofreu amplo desgaste devido à decadência das indústrias tradicionais, principalmente os ligados à mineração.

Thatcher, que foi reeleita em 1983 e 1987, "conseguiu recuperar a economia do País, graças às receitas petrolíferas e à aplicação firme de preceitos do liberalismo econômico (privatização de muitas empresas públicas, diminuição das despesas do Estado, capitalismo popular)":

> *"Assim, no final dos anos 1980, Margaret Thatcher, reeleita em 1987, podia considerar concluído o seu projeto de fazer do Reino Unido um espaço econômico liberal, capaz, gra-*

844 Ibidem, p. 582.

845 Ibidem, p. 582.

846 Trata-se de conflito militar entre Argentina e Reino Unido que se estendeu de 2 de abril a 14 de junho de 1982, motivado pela invasão das forças armadas argentinas nas Ilhas Malvinas, colonizadas e dominadas pelos britânicos desde 1833. No desfecho da guerra, dada a superioridade militar inglesa, o Reino Unido saiu vencedor e manteve o controle do arquipélago. Na época, o governo trabalhista de Thatcher ganhou força, a ponto de reeleger-se, ao passo que a Argentina adentrou-se em grave crise econômica e política, sendo o presidente Galtieri deposto, o que motivou o inicio do processo de redemocratização do país. Disponível em http://www.suapesquisa.com/historia/guerra_malvinas.htm.

847 Fundado em 1919, trata-se de um grupo militar de homens católicos formado para se opor à anexação da Irlanda do Norte ao Reino Unido e à ampliação do protestantismo na região irlandesa. O IRA recorria à ação terrorista como forma de protesto à influência britânica, resultando em inúmeras mortes, até mesmo de civis. Apesar de o movimento armado ter cessado suas ações, permanecem, ainda, algumas ações localizadas por parte de dissidentes.

ças à diminuição da carga fiscal e ao enfraquecimento dos sindicatos, de atrair numerosos investidores estrangeiros. No entanto, a economia britânica permanecia frágil. Além disso, o desmantelamento sistemático dos financiamentos estatais nos domínios da educação e da saúde iria aumentar bastante o número dos excluídos. Ao mesmo tempo que Margaret Thatcher era contestada entre os seus próprios partidários, o Partido Conservador registrava um nítido recuo nas legislativas parciais de março de 1990, em benefício do Labour, que, sob a égide ele Neil Kinnock, prosseguia a sua renovação. A impopularidade do governo conservador foi acrescida pela introdução, em abril ele 1990, da poll tax, imposto local por capitação, que ia ao arrepio da tradição redistributiva da fiscalidade. Margaret Thatcher, posta em minoria no seio do Partido Conservador, viu-se obrigada a apresentar a demissão em 22 de Novembro de 1990"[848].

A então primeira ministra foi substituída por John Major na chefia do partido e do governo, que flexibilizou a política desenvolvida anteriormente pela Dama de Ferro. Afirmando o seu desejo de respeitar a herança thatcheriana, o sucessor e herdeiro, o ministro das Finanças John Major, deu logo mostras de pretender adotar posições mais consensuais e pragmáticas. Apesar da substituição da *poll tax* pela *council tax*, mais branda, o novo governo não tardou a tornar-se impopular: era ultrapassado o limiar dos dois milhões de desempregados e podia-se recear uma recessão tão severa como em 1981/1982[849].

Assim, "a vitória conservadora nas eleições de 9 de abril de 1992 foi recebida como uma verdadeira surpresa. John Major, além de impopular, teve de enfrentar uma crise econômica e monetária que obrigou o Governo a retirar a libra do Sistema Monetário Europeu em setembro de 1992. Enquanto o Partido Conservador se dividia a respeito da questão europeia, o desgaste do poder manifestava-se no decurso dos anos seguintes pela revelação de múltiplos escândalos, tanto de costumes (questões morais, como traições etc.) como financeiros. Foi neste contexto que J. Major lançou, em outubro de 1993, uma campanha sobre o tema do regresso aos valores (*back to basics*)"[850].

[848] MOURRE, Michel, *Dicionário de história universal*, cit., p. 585.
[849] Ibidem, p. 585.
[850] Ibidem, p. 585.

Mas o discurso moralizador suscitou a revelação de inúmeros casos de costumes e de fraudes relativos a membros da maioria, acabando por ser abandonado. O primeiro-ministro prosseguiu a política de privatizações de M. Thatcher, "designadamente em matéria de caminhos de ferro e de hospitais. No domínio europeu, oscilou permanentemente entre a tendência eurocéptica do seu partido e os seus parceiros continentais, o que o levou a obter várias cláusulas de isenção no Tratado de Maastricht. Os trabalhistas preparavam-se para retomar o poder. John Smith, que substituíra Neil Kinnock na sequência da derrota de 1992, pôs cobro à tutela dos sindicatos sobre os órgãos do partido"[851].

Após o falecimento de John Smith, em maio de 1994, os trabalhistas escolheram um líder jovem e susceptível de agradar às classes médias, Tony Blair. Apesar de tudo, enquanto o país era abalado nos seus próprios fundamentos (agravamento da crise de confiança na instituição monárquica, crise da City com a falência do Banco Barings, baixa da qualidade dos cuidados de saúde e do nível de educação), John Major alcançava vários êxitos externos, impondo-se na Guerra do Golfo e na crise bósnia como um parceiro de peso. Fez igualmente progredir a questão do Ulster, fixando uma ordem de negociações que culminou em fevereiro de 1995 num cessar-fogo violado uma única vez em quinze meses. Nada disto impediria, porém, a retumbante vitória dos trabalhistas nas eleições legislativas de 1997[852]. Nesta fase eclodiram escândalos contra os conservadores como a corrupção para confecção de uma represa na Malásia e o Parlamento reduziu a idade de consentimento para as práticas homossexuais de 21 para 18 anos de idade.

Tony Blair, trabalhista, chegou ao cargo de primeiro ministro em 1997 e imediatamente negociou com o IRA da Irlanda do Norte, conseguindo um cessar fogo na região (julho).

A morte trágica da princesa de Gales, Diana, num acidente automobilístico em Paris em 31 de agosto, teve forte impacto emocional sobre a população, que se postou maciçamente nas praças de Londres para manifestar sua dor.

[851] Ibidem, p. 585.
[852] Ibidem, p. 585.

Em outubro, o ministro das Finanças, Gordon Brown, declarou ao Parlamento que o país não adotaria o euro em janeiro de 1999, mas que consideraria fazê-lo a partir da próxima legislatura, no ano 2002. A Dinamarca e o Reino Unido eram os únicos Países da União Europeia a gozar de uma cláusula especial que lhes permite não participar da união monetária.

Dois plebiscitos realizados no País de Gales e na Escócia em 1997 aprovaram maior autonomia e a constituição de uma assembleia para cada qual das regiões. No princípio de 1998, as negociações sobre a Irlanda do Norte permitiram acordar uma nova fórmula de paz. Submetida a plebiscito em maio, a aprovação dos acordos superou os 70% na Irlanda do Norte.

Em 16 de outubro, a Scotland Yard prendeu, a pedido da Justiça espanhola, o general Augusto Pinochet. O ex-ditador chileno se encontrava internado em um hospital de Londres recuperando-se de uma cirurgia. Um primeiro veredicto determinou que a prisão era ilegal já que, como ex-presidente, Pinochet gozava de imunidade. Uma apelação apresentada pela Anistia Internacional levou o caso até a Câmara dos Lordes. Numa votação dividida, cinco juízes votaram contra Pinochet, mas uma nova apelação (dessa vez da defesa) conseguiu a impugnação da última sentença. As idas e vindas do processo judicial acabaram por questionar a independência da Justiça britânica e afetaram as relações entre o Chile e o Reino Unido.

Apesar do empenho do primeiro- ministro Tony Blair, em julho de 1999 o processo de paz na Irlanda do Norte foi abalado pela decisão do Partido Unionista do Ulster de não participar da formação do governo local ao lado do Sinn Fein, caso este grupo não aceitasse depor suas armas até maio de 2000, como estava previsto no acordo. Superadas essas divergências, o governo autônomo da Irlanda do Norte, presidido pelo líder protestante David Trimble, tomou posse em dezembro. Entretanto, foi temporariamente suspenso pelo governo central, em fevereiro de 2000, quando o IRA se recusou a prosseguir com o processo de desarmamento.

Em maio, o Partido Trabalhista sofreu sua pior derrota eleitoral nos últimos anos, perdendo cerca de 600 cadeiras para os conservadores, num total de 3.300 cargos em jogo nas eleições regionais. Além disso, o vencedor da primeira eleição direta para a prefeitura de Londres foi um dissidente do partido, o candidato independente Ken Livingstone[853], conhecido como Red Ken (Ken, o Vermelho)[854].

4.12.5 A Inglaterra no início do século XXI

O Reino Unido é um país desenvolvido e democrático, com o quinto PIB (2017) do mundo. Foi o primeiro país industrializado e a principal potência mundial durante o século XIX e o começo do século XX[855], mas o custo econômico de duas guerras mundiais e o declínio de seu império na segunda metade do século XX reduziu o seu papel. O Reino Unido, no entanto, permaneceu sendo uma potência importante com forte influência econômica, cultural, militar e política. Em 1973 aderiu à União Europeia, e em junho de 2016, teve a votação para que o Reino Unido deixasse de fazer parte da UE. O Brexit recebeu 51,9% dos votos, enquanto 48,1% votaram pela permanência no bloco.

No final do primeiro semestre de 2015 muito se discutiu na Inglaterra acerca da conveniência de retirar-se ou não do Mercado Comum Europeu[856]. A relação amor-ódio do Reino Unido com a União Europeia confundiu vários governos durante décadas[857].

853 Kenneth Robert Livingstone (1945) – Político britânico que ocupou, entre 2000 e 2008, o posto de prefeito da cidade de Londres. É conhecido popularmente pela alcunha de "Red Ken" devido às posições políticas de esquerda. Foi o primeiro prefeito eleito diretamente da cidade, tendo sido reeleito em 2004 e derrotado em 2008.

854 *Enciclopédia do Mundo Contemporâneo – estatísticas e informações completas dos 217 países do planeta*, cit., p. 493.

855 FERGUSON, Niall. *Empire: The rise and demise of the British world order and the lessons for global power* (em inglês). [S.l.]: Basic Books, 2002, p. 92.

856 Apesar de integrar a União Europeia desde 1973, o Reino Unido optou por manter a sua moeda tradicional, a libra esterlina.?, privilegiou-se a independência financeira do país. O Banco da Inglaterra manteve a autonomia para usar certas estratégias (como intervenções na taxa de juros ou desvalorizações da moeda) para regular a economia. Além disso, o euro não era tão vantajoso, porque o principal parceiro econômico do Reino Unido são os EUA, que usam o dólar. PETTINGER, Tejvan. *Should UK join the Euro? Economics helps,* 15 out. 2016. Além, disso, aAlgumas questões culturais também são importantes. "Os britânicos não viam com bons olhos a perda da soberania ou o fim de um de seus símbolos nacionais, a libra", afirma Kai Enno Lehmann, professor de relações internacionais da USP. COUTELLE, José Eduardo. Por que a Inglaterra não aderiu ao Euro? São Paulo: *Revista Superinteressante*, 4 jul. 2018.

857 Trunfos apresentados por Cameron não convence o eleitorado. *Euronews,* 6 maio 2015.

Já o antigo economista-chefe do Goldman Sachs, Jim O'Neill, disse que as conversações sobre a saída do Reino Unido não eram assim tão más:

> *"Julgo que seria muito arriscado escolher ficar fora da União Europeia, mas não estou certo de que seja tão louco como pensam muitos homens de negócios e do mundo financeiro. Porque o futuro das nossas exportações não depende da Europa. Depende dos BRICS e das grandes economias emergentes. Por isso, por mais que a União Europeia seja importante, já não o é como antes"*[858].

Por sua vez, houve opiniões no sentido de que uma saída da União Europeia poderia custar à economia do Reino Unido 2.2% do PIB até 2030[859].

No final de maio de 2015, conforme anúncio do jornal *El País*[860], ficou definido que os britânicos deveriam responder, com um "sim" ou "não" em 2016: "O Reino Unido deve permanecer como membro da União Europeia?". O Governo de David Cameron aceitou a sugestão da Comissão Eleitoral, e a entidade considerou que a proposta preferida pelo Partido Conservador –"Você pensa que o Reino Unido deveria ser membro da União Europeia"– era mais confusa, e podia fazer com que alguns votantes pensassem que o país não é atualmente um membro da UE.

Dessa maneira, os partidários do *status quo* fariam campanha pelo "sim", enquanto os defensores de deixar a UE lutariam pelo "não". O resultado das eleições de 23 de junho foi pela saída do Reino Unido da União Europeia, decisão esta que acabou sendo conhecida pelo codinome "Brexit". Cerca de 52% dos britânicos pediram a saída do mercado comum. A primeira consequência foi a renúncia do primeiro-ministro David Cameron. Em seu lugar, assumiu Theresa May, membro do Partido Conservador. Posteriormente, em 2019, depois de não conseguir chegar a bons termos com a União Europeia para uma saída consensual do bloco, também The-

858 Ferguson, Niall. *Empire: The rise and demise of the British world order and the lessons for global power*, cit., p. 93.

859 Ibidem, p. 93.

860 Rainha da Inglaterra oficializa referendo sobre a permanência na EU. *El País Brasil*, 27 maio 2015.

resa May renunciou ao cargo, assumindo como primeiro-ministro Boris Johnson, do Partido Conservador.

O Reino Unido detém assento permanente no Conselho de Segurança das Nações Unidas e é membro do G8, da Organização do Tratado do Atlântico Norte (OTAN), da Organização Mundial do Comércio (OMC) e da Comunidade das Nações[861].

Sua capital, Londres, é considerada (ao lado da cidade de Nova York e de Tóquio) o maior e mais importante centro financeiro do mundo. A economia britânica vem experimentando crescimento contínuo há mais de 150 anos. É considerada estável por manter os níveis de inflação, especulação e desemprego relativamente baixos no cenário europeu. Quanto ao Índice de Desenvolvimento Humano (IDH – 2018), o Reino Unido assume a décima quarta colocação mundial e a décima entre os países europeus.

O Reino Unido tem algumas das melhores universidades do mundo, como Cambridge, Oxford e Londres, classificadas entre as 20 melhores do planeta[862]. A pesquisa científica e o desenvolvimento continuam a ser importantes nas universidades britânicas, pois muitas estabeleceram parques científicos para facilitar a produção e cooperação com a indústria[863]. Apenas como referência, entre 2004 e 2008, o Reino Unido produziu 7% dos trabalhos de pesquisa científica do mundo e teve uma participação de 8% em citações científicas, terceira e segunda colocações mais altas do mundo, respectivamente (depois de Estados Unidos e China)[864]. Entre as revistas científicas produzidas no Reino Unido estão *Nature, British Medical Journal* e *The Lancet*[865].

Em julho de 2015 o governo britânico apresentou um dos orçamentos de estado mais conservadores do país nas últimas décadas, depois da reeleição dos "Tories"[866]. O documento previa um sacrifício de mais de 16

861 Universidade Metropolitana de Manchester: Revolução Industrial.

862 As 200 melhores Universidades. *Times Higher Education*, 9 nov. 2007.

863 Castells, M.; Hall, P.; Hall, P.G. (2004). *Technopoles of the world: the making of twenty-first-century industrial complexes*. London: Routledge. pp. 98–100.

864 Royal Society. *Knowledge, networks and nations: scientific collaborations in the twenty-first century*, 2011.

865 Mccook, Alison. *Is peer review broken?*. Reprinted from the Scientist 20(2) 26, 2006.

866 Reino Unido apresenta OE de "austeridade" para a despesa social. *Euronews*, 8 jul. 2015.

bilhões de euros em despesa social, nomeadamente em subsídios às famílias e à habitação, para poder reduzir o déficit nos próximos cinco anos[867].

Há um cenário de quase pleno emprego no país que não corresponde à realidade. Segundo a imprensa local, ao citar o exemplo de um trabalhador de nome William, este vive na sombra da incerteza, visto que, a qualquer momento, pode ser chamado para trabalhar. Isto é, o seu empregador, uma fábrica de bolos em Liverpool, exige-lhe disponibilidade total para o poder convocar a qualquer momento, sem receber nenhum adicional por isso. Aliás, sem praticamente nenhum direito associado enquanto trabalhador[868].

"William, nome fictício, pode trabalhar trinta horas por semana. Ou dez. Ou nenhuma. Depende exclusivamente das necessidades da fábrica. Assinou um dos chamados 'contratos zero horas', um vínculo obtido há anos através de uma empresa de trabalho temporário. Há muito que William deixou de acreditar na possibilidade de um contrato efetivo. Tem uma filha pequena para sustentar e a precariedade faz parte da sua vida"[869].

Esse trabalhador explica:

> "*Se ficarmos doentes, os dias de baixa não são pagos... Se não formos trabalhar, não somos pagos. É simples. Quando nasceu a minha filha, tinha direito a licença paternidade. Tentei saber se não ia ter problemas, reuni todos os documentos necessários. Estive duas semanas fora. Depois descobri que não tinha dinheiro nenhum no banco. No trabalho acabaram por me dizer que não tinha direito a nada, porque não estava lá há mais de seis meses. Mas a verdade é que tinha trabalhado mais de seis meses...*"[870].

No campo político, os Conservadores britânicos congratulam-se com a criação de mais de dois milhões de empregos desde 2010 e com a flexibilização do mercado de trabalho, enquanto os Trabalhistas pretendem acabar com os contratos zero horas[871].

867 Ibidem.
868 Contratos zero horas: uma polêmica britânica. *Euronews*, 5 de maio, 2015.
869 Ibidem.
870 Ibidem.
871 Ibidem.

4.12.6 Magna Carta – 8 séculos de prática

O Reino Unido não dispõe de uma constituição escrita, e desde a época em que se formalizou a *Magna Charta Libertatum*, ao se limitar o poder real, reconhece-se a "afirmação da supremacia do indivíduo", "a necessidade de limitação do poder dos governantes" e "a crença nas virtudes da razão, apoiando a busca da racionalização do poder"[872], ainda que, em essência, a *Magna Carta* fosse um conjunto de garantias e privilégios da nobreza.

Em suma, "o maior legado da *Magna Carta* foi o seu art. 39, que desvinculava da pessoa do monarca as funções legislativas e jurisdicionais, instituindo o 'due process of law'" e a possibilidade de transformar direitos corporativos em direitos humanos[873].

A Grã-Bretanha é vista por alguns como "uma ditadura eleita porque não tem uma verdadeira separação de poderes. Os tribunais não têm autonomia para vetar as leis e o Parlamento geralmente se alinha ao que o primeiro-ministro e seu governo decidem"[874].

Por outro lado, os defensores da atual condição britânica (direito costumeiro) "dizem que há boas razões para não mudar o que vem funcionado para o país há eras". Philip Norton, membro da Câmara dos Lordes e pesquisador de assuntos constitucionais, disse: "codificar a Constituição significaria colocar o país numa 'camisa de força' quando ele precisa ser suficientemente flexível para evoluir acompanhando a mudança dos tempos. É indesejável, desnecessário e inalcançável"[875].

[872] Dallari, Dalmo de Abreu. *Elementos de teoria geral do Estado*. 3.ed. São Paulo: Saraiva, 1976.
[873] Canotilho, J. J. Gomes. *Direito Constitucional e Teoria da Constituição*, cut., p. 69.
[874] Ibidem, p. 69.
[875] Ibidem, p. 69.

4.12.7 Dados estatísticos contemporâneos

Governo	Monarquia constitucional parlamentar.
População (2019)	66 657 106 hab.
Densidade pop.	255,6 hab./km^2 (51º).
PIB (base Paridade do Poder de Compra – PPC – 2016)	US$ 2.785,56 bilhões.
PIB (2016)	US$ 2,629 bilhões.
Per capita	US$ 41.602.98 bilhões.
IDH (2018)	0,922 (14º).
Constituição	Não há na história da Inglaterra constituições escritas na acepção moderna do termo. Há a Magna Carta, de 1215, considerada o prenúncio das constituições modernas, assim como o *Instrument of Government*, publicado em 1653, durante o governo republicano de Oliver Cromwell. Seguem os elementos escritos do constitucionalismo inglês: 1. leis constitucionais (escritas) produzidas pelo parlamento. 2. decisões judiciais escritas (*Common Law*) e interpretações e reinterpretações das leis promulgadas (Cases Law). 3. convenções constitucionais (acordos políticos efetuados no parlamento, como normas de organização e funcionamento do Estado, e separação das funções e dos poderes de Estado).

Fonte: FMI, World Economic Outloook Databas

Capítulo 5
EUA – UMA REPÚBLICA PRESIDENCIALISTA

5.1 Localização e ocupação

Os Estados Unidos da América (EUA), divididos em 50 Estados com território total de 9.385.000 km^2, limitam-se com o México, Canadá e os oceanos Pacífico e Atlântico. Os primeiros ocupantes do seu território foram povos oriundos da Ásia, que atravessaram o Estreito de Bering e se constituíram nos seus habitantes tradicionais, dos quais os mais conhecidos são os apaches, navajos, comanches, sioux, cheyennes e outros grupos indígenas.

Em 12 de outubro de 1492 Cristovão Colombo chega à América, mais precisamente na ilha de Guanahani, nas Bahamas. A partir daí começa a invasão espanhola ao "novo" território. A primeira cidade fundada foi Santo Domingo (1498), localizada na atual República Dominicana. Tempos depois os colonizadores espanhóis fundaram, na região continental onde hoje localizam-se os EUA, as cidades de Saint Augustine (1565), na Flórida, e Santa Fé (1610), no atual estado norte americano do Novo México, mesma época em que tem início a colonização inglesa na costa leste (1607). Como estratégia de dominação, os europeus incentivaram velhas rivalidades entre as tribos, de forma que elas guerreassem entre si. Além de espanhóis e ingleses, também os franceses começaram a se interessar pelo chamado Novo Mundo e colonizar áreas específicas.

Os espanhóis se concentraram na Flórida, Texas e Califórnia. Os franceses ocupavam o Canadá, os Grandes Lagos e o vale do Mississipi, fundando a Lousiana (século XVIII). Os ingleses, desde 1607, fixaram-se na Virgínia, onde fundaram Jamestown, com o objetivo de povoar a região, liderada por minorias religiosas e políticas britânicas[876], que fugiam das

876 O trabalho árduo, a frugalidade, a poupança – e os sucessos econômicos que advêm, com frequência, da prática dessas virtudes – contribuíram para incutir no homem a con-

perseguições e revoluções do século XVII. Em 1620, os puritanos ingleses chegaram no navio *Mayflower*, na baía de Plymounth (Massachusetts). Eram os "pais peregrinos". Tais fatos se constituíram no marco inicial da fundação dos EUA.

A perseguição religiosa aos calvinistas ingleses (puritanos), principalmente depois da criação do anglicanismo com Henrique VIII, fez com que aqueles se deslocassem para a América do Norte. Buscavam formar uma nova pátria onde pudessem gozar de liberdade religiosa. Outro fator que contribuiu para a colonização inglesa foram os "cercamentos", que geraram a expulsão de grande parte da população camponesa dos campos, gerando excesso de população urbana que, sem alternativa de sobrevivência digna, emigraram para a América do Norte.

A religião puritana contribuiu para a colonização inglesa, tendo em vista que defendiam a crença de que por intermédio do trabalho é possível alcançar a graça e a salvação divina. Os preceitos religiosos serviram para consolidar uma ética do trabalho, contribuindo para a prosperidade dos colonos e gerando rígido código de conduta social. Essa forma de pensar e atuar teve mais ênfase na parte norte das Treze Colônias, região que possuía clima temperado, semelhante ao da região de origem dos colonos, sendo por isso conhecida como Nova Inglaterra (Massachusetts, Connecticut, Rhode Island e New Hampshire). Com a predominância dos puritanos, essa região acabou por vivenciar a intolerância religiosa. Já as colônias centrais (Nova Iorque, Delaware, Pensilvânia e Nova Jersey) possibilitaram melhor convivência entre grupos de distintas crenças, inclusive com a participação de outros povos, como holandeses, suecos, escoceses e irlandeses.

vicção de ser ele um dos poucos eleitos para a salvação. Embora os aspectos teológicos dessa ideologia declinassem no fim do século XVIII, a atitude fundamental persistiu na forma do "ianqueísmo" da Nova Inglaterra, com a autoconfiança, a honestidade, a astúcia na competição e o vigor empresarial característicos. A contribuição da Virgínia foi a adaptação das doutrinas do Iluminismo europeu ao ambiente norte-americano. Segundo o expressaram os pensamentos e escritos de virginianos como Thomas Jefferson e James Madison, tais perspectivas acentuaram o poder da razão humana, as possibilidades de progresso e melhoria sociais e os direitos naturais do indivíduo à vida, à liberdade e à busca da felicidade. GERHARD COLM, Theodore Geiger. *A economia dos Estados Unidos*. Trad. Octávio Mendes Cajado. São Paulo: Cultrix, 1968, p. 20-21.

Composta por pequenas propriedades e tendo no seu bojo também a produção manufatureira, essas duas regiões conheceram o desenvolvimento de uma economia autônoma da metrópole, inclusive mercantil. Uma característica distinta das colônias do Sul (Virgínia, Maryland, Carolina do Norte e Geórgia), que tinha por foco a produção agrícola em sistema de *plantation*, ou seja, monocultura trabalhada por mão de obra escrava, em grandes propriedades e destinadas à venda no mercado europeu. Os principais produtos agrícolas produzidos eram tabaco, algodão, arroz e índigo (anil). Os colonos, portanto, eram austeros e intolerantes – veja o caso de Bruxas de Salém[877], ocorrido em 1692, além de teocráticos na ocupação das novas colônias, e intensificaram as atividades econômicas de origem capitalista. Ao mesmo tempo, em razão dos problemas políticos que ocorriam na Inglaterra, algumas práticas democráticas foram introduzidas na colônia. Ainda em 1609 seria redigida uma Constituição para a Virgínia, onde viviam proprietários de terras que formaram verdadeira aristocracia.

Em 1733 eram 13 colônias inglesas dependentes da agricultura, do comércio e da pesca. Eram as chamadas 13 colônias originais. Apenas dez anos antes, a França perdera suas colônias a leste do vale do Mississipi para a Inglaterra e a oeste para os espanhóis, em consequência das guerras ocorridas na Europa.

A colonização inglesa tinha importante diferencial em relação às rivais: a importância concedida à iniciativa privada, além do interesse de encontrar uma pátria para os dissidentes religiosos e políticos. Uma das primeiras colônias, a Virgínia, consolidou-se logo como anglicana, assim

[877] Nesse episódio, ocorrido em março de 1692 no vilarejo de Salem, ao norte de Boston, 19 pessoas – entre as quais uma criança de 4 anos, foram vítimas de intolerância religiosa. Elas foram acusadas de prática ilegal de feitiçaria depois que duas filhas de um religioso local começaram a apresentar "sinais de possessão" pelo demônio na cidade, uma vila fundada sob os princípios do puritanismo. Um médico diagnosticou que elas estariam enfeitiçadas e uma escrava africana de Barbados, que vivia no local, foi acusada de fazer feitiçarias, o que levou à condenação dela e de outras pessoas à forca sob a acusação, somente paralisada depois que o governador do estado de Massachussets determinou o fim dos processos, o que salvou a vida de vários outras vítimas detidas. Sellers, Charles, May, Henry e Mc Millen, Neil R. *Uma reavaliação da história dos Estados Unidos*, Rio de Janeiro: Jorge Zahar Editor, 1990, p. 34.

como a pátria natal. Nova York, fundada por judeus brasileiros e holandeses expulsos do Nordeste após a derrocada de Maurício de Nassau, caracterizou-se desde o início por uma grande mistura de línguas e credos, assim como Nova Jersey. A pesca, o comércio e, a seguir, a indústria, eram grandes fontes de desenvolvimento das colônias[878].

5.2 Os ideais revolucionários e o processo de independência americana

Logo, os britânicos que habitavam a América se afeiçoariam ao princípio liberal de "nenhuma tributação sem representação" nas relações imperiais; norte-americanos, insuficientemente representados, não precisavam de grande esforço de imaginação para aplicar o mesmo argumento aos assuntos internos ou mesmo expandi-lo no princípio mais geral de que o governo devia ser representativo dos governados. Isso, certamente, contribuiria para afastar colônia e metrópole.

> *"Essas implicações democráticas do liberalismo britânico do século XVII foram refinadas e reforçadas pela corrente mais volumosa do pensamento do Iluminismo. Confiantes em que o Criador desejava a felicidade humana, o homem no século XVIII estava inclinando-se para a ideia de que todos eram iguais em seus 'direitos naturais' e que o único fim justo do governo era manter um estado de sociedade no qual todos pudessem desfrutar seus direitos na maior extensão possível. Uma vez que a liberdade era o mais precioso desses direitos, o governo devia ser restringido ao mínimo possível que ainda lhe permitisse impedir que um indivíduo transgredisse a liberdade de outros, e, desde que todas as pessoas eram potencialmente racionais, o governo devia fundamentar-se no consentimento dos governados. O segundo dos* Two treatises on government *(1689), de John Locke, constituiu a mais incisiva justificação da Revolução com base no argumento dos direitos naturais*[879].

Na sequência, viria a chamada Revolução Americana, cuja principal reivindicação seria a independência da metrópole, mas em princípio com uma forte reivindicação à autonomia de direitos como cidadãos britânicos. Direta ou indiretamente, os norte-americanos pensavam em termos

878 Ibidem, p. 34.

879 SELLERS, Charles, MAY, Henry e Mc MILLEN, Neil R. *Uma reavaliação da história dos Estados Unidos*, cit., p. 70.

lockianos quando se decidiram pela Revolução, redigiram a Declaração de Independência e estabeleceram a forma republicana de governo[880]. Comparada com revoluções subsequentes na Europa, a norte-americana foi essencialmente conservadora, iniciada com finalidades políticas e constitucionais limitadas e levada a cabo sem grandes sublevações internas. O quadro que se apresentava era visivelmente diverso do experimentado na Europa, onde as revoluções tinham caráter fortemente transformador.

A ascensão das chamadas classes inferiores afetou a maneira como o grupo dominante reagiu à Revolução. Muitos aristocratas foram levados para a causa legalista pelo receio de terem um governo "independente dos ricos". Um bom número de liberais conservadores continuou a fornecer lideranças ao movimento revolucionário, mas resistiu à independência. Alimentavam a esperança de conquistar a autonomia colonial, ao mesmo tempo restabelecendo a conexão britânica como meio de preservar o domínio dos aristocratas nas colônias[881].

Iniciado o conflito, o governo britânico[882] demonstrou pouca disposição de chegar a uma solução conciliatória com os norte-americanos. A importância da ajuda de um antigo inimigo da Grã-Bretanha, a França, tornou-se cada vez mais visível e houve esperança de que a Independência facilitasse uma aliança com os franceses. No dia 2 de julho de 1776 o Congresso Continental resolveu que "estes Estados Unidos são, e por

[880] Ibidem, p. 70.

[881] Ibidem, p. 71.

[882] Em 1750 o Império inglês já era vasto e complexo: talvez muito vasto e complexo para um mundo em que a mobilidade e as comunicações eram feitas através de cavalos e de navios a vela. O Império espalhado por todos os continentes tinha mais de 15 milhões de pessoas; destas, mais de 1.250.000 viviam no núcleo dos futuros Estados Unidos. Cerca de 400 mil habitavam as quatro colônias da Nova Inglaterra: Massachusetts, Connecticut, New Hampshire e Rhode Island; era menor a população das colônias centrais em rápida expansão como Nova Jersey, Pensilvânia e os condados abaixo do rio Delaware. No grupo meridional das colônias – Virgínia, Maryland, Carolina do Norte, Carolina do Sul e a nova colônia da Geórgia – estavam os escravos negros importados da África. As divisões existentes entre estes três grupos de colônias refletiam a diversidade de origens, credos religiosos, estrutura social e a influência de condições geográficas nos modos de vida e nos meios de subsistência. *Vide* História das Revoluções, n. 6, v. I, Revista *O Cruzeiro*, São Paulo: Editora Três, p. 87.

direito devem ser, estados livres e independentes". Dois dias depois era aprovada a Declaração de Independência[883]. A França, tradicional rival inglesa, ajudaria muito nesse processo.

Escrito por Thomas Jefferson[884] com a ajuda de Benjamin Franklin[885] e John Adams[886], esse documento é, na maior parte, um catálogo de violações de direitos norte-americanos cometidas pelos britânicos. Os três personagens eram alguns dos mais proeminentes líderes coloniais americanos.

> *"Sustentamos que estas verdades são evidentes por si mesmas, que todos os homens são criados iguais, que foram dotados por seu Criador de certos Direitos inalienáveis, e que entre estes estão a Vida, a Liberdade e a busca da Felicidade. Que para garantir esses direitos, governos são instituídos entre os homens, derivando seus justos poderes do consentimento dos governados. Que quando qualquer forma de governo tomar-se destrutiva para esses fins, constitui Direito do Povo alterá-lo ou aboli-lo"*[887].

A antiga pátria não seria esquecida. O povoamento do território que iria corresponder aos Estados Unidos da América do Norte coube basicamente a ingleses de formação puritana. Os próprios nomes dos estados e das cidades repetiam nomes ingleses e revelaram a intenção de continuar na nova terra a vida europeia, mesmo em território americano.

O relato histórico destaca que:

[883] Ibidem, p. 87.

[884] Thomas Jefferson (1743-1826) foi o terceiro presidente dos EUA e o principal autor da Declaração de Independência dos Estados Unidos, o que lhe faz um dos pais fundadores da nação americana.

[885] Embora tenha se notabilizado como inventor, Benjamin Franklin (1706-1790) também foi diplomata, escritor, jornalista e filósofo. Homem de origem humilde, consagrou-se ao redigir, ao lado de Jefferson e Adams, a declaração de independência dos EUA, o que o colocou na categoria de pai fundador dos EUA, assim como os companheiros.

[886] Segundo presidente dos Estados Unidos entre 1791 e 1801, John Adams (1735-1826), formado em direito pela Universidade de Havard, foi delegado do primeiro e segundo congresso continental dos EUA e líder da luta pela independência do país. Destacou-se como erudito e pensador político.

[887] História das Revoluções, n. 6, v. I, Revista *O Cruzeiro*, cit., p. 88.

> *Com o tempo as comunidades prosperaram, adquiriram consciência política e se rebelaram contra a metrópole. Exprimiram contra esta as próprias ideias que dela vieram, inclusive em certa ocasião o mote* no taxation without representation, *que tinha sido usado pelos ingleses na luta contra a metrópole equivalia à luta contra o poder bsoluto que os britânicos tinham desenvolvido em sua própria terra anteriormente; por isso, como por outras coisas, se pode aceitar que a Guerra de Independência das colônias unidas tenha sido chamada de 'Revolução americana' e figure entre as experiências revolucionárias clássicas da burguesia ocidental. Com a experiência emancipadora-revolucionária norte-americana, a burguesia ocidental estendia seu campo de existência para a outra borda do Atlântico e punha seu conceito de ordem em função de novas situações*[888].

Uma contribuição para a amortização da Guerra dos Sete Anos, imposta pelo Parlamento em Londres, seria uma das raízes da insatisfação dos colonos americanos. A base dos protestos estava no princípio "não ao imposto sem representação" e culminou na retirada da "Lei do Selo" em 1765. Todavia, em 1767, foram impostas as Leis Townshend, que impunham altas taxas sobre as importações, principalmente ao chá. As reações populares foram violentas, culminando no "massacre do Boston"[889], e posteriormente os colonos do porto da Nova Inglaterra "destruíram os carregamentos de chá dos navios da Companhia das Índias" (16-12-1773), trajados como se fossem índios. Em consequência, as colônias, em 1774, reuniram-se em Filadélfia, lideradas por Franklin no 1º Congresso Continental. O conflito estourou contra a Metrópole em 1775, iniciando a Guerra de Independência em Bunkerhill (Boston)[890].

Os colonos começam a boicotar o comércio inglês de forma tão vigorosa que os comerciantes locais passam a pressionar para que a lei fosse

[888] SALDANHA, Nelson. *Formação da teoria constitucional.* Renovar: Rio de Janeiro, 2000, p. 61.

[889] O Massacre de Boston foi um incidente ocorrido em 5 de março de 1770 entre tropas britânicas da Guarda Metropolitana e civis americanos em que os segundos ofenderam verbalmente e jogaram objetos contra os soldados que revidaram, matando cinco dos civis e ferindo outros três. O governador de Boston, Thomas Hutchison, prometeu que os militares seriam alvos de um inquérito, mas eles receberam apenas punições leves, o que revoltou profundamente a população local. SELLERS, Charles, MAY, Henry e Mc MILLEN, Neil R., *Uma reavaliação da história dos Estados Unidos,* cit., p. 51.

[890] História das Revoluções, n. 6, v. I, Revista *O Cruzeiro,* São Paulo: Editora Três, p. 98.

anulada. Sem se dar conta das dificuldades, o governo inglês ordenou que a Assembleia de Massachusetts anulasse suas decisões sob pena de dissolução. No centro da oposição estava a comunidade mercantil de Boston, que não se conformava com a situação. Em fevereiro de 1769, o Parlamento adotou uma série de medidas que definiam a Convenção de Boston como uma tentativa de criar uma autoridade rival à coroa inglesa e que os respectivos partícipes estavam ameaçados de prisão e processo na Inglaterra[891]. A medida seria o estopim para mais episódios de revolta.

5.2.1 O Processo de Independência

O processo da Revolução Americana divide-se em três partes: a origem e o desenvolvimento das lutas entre as colônias e o governo imperial, que conduziram à Declaração de Independência de 1776; a vitória das colônias e a fundação do novo governo com a entrada em vigor, em 1789, da Constituição de 1787; e a consolidação da República com a eleição de Thomas Jefferson à Presidência em 1800, assumindo o posto em 4 de março de 1801[892].

Na América, começou a difundir-se o movimento anti-inglês nas colônias do Sul e aprovaram-se algumas resoluções que negavam ao Parlamento britânico o direito de taxar as colônias. Naturalmente, a metrópole não aceitaria tal ultraje à sua autoridade.

No entanto, na América, alguns chefes começaram a se atemorizar com o rumo daquele movimento, de radicalização em determinadas áreas políticas, e esperavam que se chegasse a uma solução conciliatória[893]. E, de fato, existiam motivos suficientes para que eles desenvolvessem sua política. A impopularidade das tropas inglesas em Boston levou ao confronto armado conhecido com *massacre de Boston* [894], conforme supra apontado.

A metrópole inglesa passaria a fazer uso da chamada Lei do Chá, de 1773, que havia sido criada para ajudar a Companhia das Índias Orientais, um grande empreendimento colonial, que tinha muitos aliados no Parla-

[891] Ibidem, p. 99.
[892] Ibidem, p. 99.
[893] Ibidem, p. 99.
[894] Ibidem, p. 100.

mento inglês. A lei ameaçava diretamente os interesses dos comerciantes e contrabandistas coloniais, o que levou à reação dos colonos em 1774, conhecida como *Boston Tea Party*. A Assembleia de Virgínia, que levou à convocação da Convenção, propôs a suspensão das atividades das cortes e ao bloqueio do pagamento aos credores ingleses[895]. Foi convocado o 2º Congresso Continental das 13 Colônias e designado George Washington[896] para comandar as tropas rebeldes que adotaram a Declaração de Independência, em 4 de julho de 1776, e os Artigos da Confederação (15-11-1777)[897].

O segundo Congresso Continental assumiu a direção militar do conflito e elegeu Washington como comandante das Colônias Unidas[898]. Em 1776, as colônias recomendaram a seus delegados que votassem a Independência no Congresso. A 4 de julho, o Congresso aprovou a Declaração de Independência[899].

A redação de uma Constituição seria o passo seguinte[900] dos americanos. A metrópole não se conformou e enviou um poderoso exército de 60 mil homens para combater os rebeldes. O apoio da França, entretanto, foi vital para a vitória dos colonos norte-americanos que obtiveram da

895 Ibidem, p. 101.

896 George Washington (1732-1799) foi o primeiro presidente americano e comandante em chefe do Exército Continental que lutou contra os ingleses. Filho de um próspero latifundiário da Virgínia, é tido como um dos pais fundadores dos Estados Unidos e seu rosto está impresso na nota de um dólar.

897 *História das revoluções*, cit., p. 102.

898 Ibidem, cit., p. 102.

899 Ibidem, cit., p. 102.

900 São dois documentos que se projetaram violentamente, em fins do século XVIII, na esfera dos acontecimentos políticos, e lograram determinar o espírito da Constituição de inúmeros estados e, até mesmo, até certo ponto, os rumos da história futura. Aparecidos com pequeno intervalo de tempo entre eles, houve positivamente alguma influência do primeiro sobre o segundo, sendo certo, entretanto, que ambos exauriram todo o pensamento e toda a inspiração das mesmas fontes. Estas fontes, como não poderia deixar de ser, em que pesem as discussões travadas a esse respeito em inícios do século XX, são, sobretudo, o *Segundo tratado do governo civil*, de Locke, *O espírito das leis*, de Montesquieu, e o *Contrato social*, de Rousseau.

Inglaterra, em 1783, o reconhecimento de sua soberania[901]. A meta inicial da Revolução americana não foi a derrubada nem a alteração da ordem social existente, mas a conservação da liberdade política ameaçada pela aparente corrupção da Constituição[902].

Na verdade, a Revolução Americana projetou-se sobre as cortes da Europa como uma onda avassaladora, mas teve pouco impacto na estrutura da sociedade americana. Assim se expressa um historiador norte-americano sobre o assunto:

> *"Esta Revolução proclamou alguns dos princípios fundamentais da época das Luzes, mas seu conteúdo se origina nos panfletários da oposição paroquial tradicional inglesa, nos moralistas não conformistas e na minoria dos reformadores políticos. Ela gerou a agitação popular que levou a medidas constitucionais contra a desordem, mas em um quarto de século não provocou nem derrapagem para a esquerda nem reação termidoriana à direita. A Constituição nacional que deles resultou era um documento breve, de apenas cinco mil palavras, escrito para resolver os problemas de uma frágil nação agrícola e comercial do fim do século XVIII. Em vigor há mais de duzentos anos, continua sendo hoje a estrutura constitucional de uma sociedade pós-industrial de massa, a maior potência econômica e militar do mundo. No alvorecer do século XXI, os escritos dos Pais da Pátria são minuciosamente estudados não apenas pelos historiadores como pelos juristas da Corte Suprema, os grandes líderes políticos e pensadores dos mais variados tipos. As palavras dos Pais da Pátria continuam a despertar interesse"*[903].

Um dos principais objetivos das revoluções europeias do fim do século XVIII, a igualdade perante a lei, a abolição dos privilégios, fora alcançado

901 A guerra em si mesma – que reaviva – quando em 2 de julho de 1778 os ingleses desembarcaram em Nova York – foi menos uma sequência de gloriosas vitórias que uma revelação da capacidade de resistência dos americanos. Mesmo a rendição de Burgoyne (17 de outubro de 1777), em Saratoga – que acabou com as esperanças inglesas de reunir as forças provenientes no Canada às acampadas no vale do Hudson, isolando assim a Nova Inglaterra – não foi tanto uma vitória americana quanto uma derrota inglesa. O fato é que os americanos não têm nenhuma necessidade de vencer a guerra; para eles é suficiente evitar que seus Exércitos sejam destruídos. *Revista História das Revoluções*, v. 07, p. 103.

902 Ibidem, 88.

903 DARNTON, Robert e DUHAMEL, Olivier. *Democracia*, cit, p. 37-38.

em quase todas as comunidades livres das colônias americanas já no início do século.

5.2.2 A Confederação como antecessora da Federação

O país que surgia, criado pela Revolução, era escassamente povoado, mas imenso. Sua área equivalia a seis vezes a Inglaterra e País de Gales juntos. Quase 90% dos seus 3 milhões de habitantes viviam no campo. Aos poucos, a divergência entre as mentalidades rural e comercial transformou-se em outra grande divergência política na década de 1780. Havia a tendência entre os primeiros, os fazendeiros, por soluções democráticas; e entre os segundos, os comerciantes, viam a democracia como inviável.

Havia algo mais premente, que era a defesa da liberdade. Para tanto, os países recém libertos organizaram-se em uma Confederação, definitivamente instaurada em 1781. Composta pelas treze ex-colônias britânicas, tal estrutura organizacional não atendeu a todas as necessidades oriundas da independência. Explica-se:

"Numerosos norte-americanos – especialmente os que praticavam a lavoura de subsistência – estavam em geral satisfeitos com a Confederação. Na verdade, ela muitas vezes funcionava razoavelmente bem. Mas entre a crescente percepção de que os Estatutos não poderiam atender a necessidades nacionais importantes, outros tornavam-se mais impacientes com sua fraqueza e mais determinados a substituí-la por um forte governo nacional. Os portadores de títulos de dívida pública formavam um grupo permanente em prol da mudança. Comerciantes queriam uma política comercial uniforme que pudesse extrair concessões das grandes nações. A classe de artesãos e o setor industrial nascente reclamavam uma política tarifária uniforme que os protegesse da concorrência de fabricantes britânicas. A elite de muitos estados temia a possibilidade de controle popular irresponsável das políticas estaduais. Credores e ricos clamavam por proteção contra leis que beneficiassem devedores, emissão de papel-moeda e ataques dos sem-terra contra proprietários. As gentes da fronteira exigiam defesa mais vigorosa contra os índios e seus patrocinadores britânicos e espanhóis. E os mais cosmopolitas e os patriotas de mentalidade nacional queriam que o País assumisse uma posição de maior poder e dignidade entre as nações do mundo. Claro que as razões para o descontentamento eram quase tão numerosas quanto as pessoas que pediam governo mais forte. As pressões para revisão dos Estatutos podiam ser atribuídas tanto à insatisfação com os governos estaduais quanto às deficiências da própria Confederação. Mas superior a todas as considerações havia o medo geral entre os líderes políticos da nação de que a Confederação, da forma originariamente constituída, não pudesse defender adequadamente os interesses norte-americanos em um mundo hostil e que os excessos cometidos durante a era revolucionária ameaçassem os interesses da autoridade e estabilidade em nome da liberdade popular"[904].

A solução foi buscar uma nova forma de Estado, que acabou por ser substanciada nos escritos dos chamados "Federalistas", culminando com a elaboração e positivação de uma Constituição em 1787, trazendo definitivamente para o país que emerge das treze ex-colônias as bases de uma república federativa, democrática, laica e presidencialista, em conformidade com o que será a seguir abordado.

5.3 A elaboração da Constituição e a influência iluminista

Após a Independência[905], os 13 novos países que surgiram tinham dificuldades de subsistir, mesmo com a criação da Confederação, que passou a ter pleno funcionamento em 1781. Em decorrência desse contexto era necessário estabelecer um governo central e foi convocada uma reunião na Filadélfia[906], em 25 de maio de 1787, para elaborar a primeira Constituição Federal, presidida por Washington.

904 Sellers, May e Mcmilen, *Uma reavaliação da história dos Estados Unidos*, cit., p. 84-85.

905 Depois da revolução contra a metrópole, o novo Estado devia lutar agora pelo direito à existência e ao comércio; necessitava de diplomatas competentes e, num futuro próximo, de generais e soldados. Mas, sobretudo, não podia deixar de montar um governo, cuja organização representava uma tarefa difícil porque a maior parte dos problemas da colônia que se tornara Estado, inclusive os decorrentes de suas relações com a antiga metrópole, não se resolveu na guerra. Pelo contrário, o conflito criara uma série de novos problemas como a dívida que o governo acumulara durante a própria guerra. Por sorte, havia ainda um recurso abundante: a terra, que é utilizada para pagar as tropas, soldados e oficiais. Sobre o assunto, *vide* História das Revoluções, n. 7, v. I, Revista *O Cruzeiro*, São Paulo: Editora Três, p. 105.

906 A Convenção que atuou na Filadélfia de maio a setembro de 1787 tratava-se de um organismo com a única função de modificar as atribuições do governo central; não devia interferir nos governos estaduais, a não ser para definir ou limitar alguns de seus poderes,

Dois documentos cuja importância foi além dos países para os quais foram feitos, e que consubstanciaram toda a súmula dos ideais políticos que, desde o século XVI, vinham sendo elaborados na mente daqueles que aspiravam à liberdade ou à igualdade, a *Declaração de Independência dos Treze Estados Unidos da América*[907] ("The Unanimous Declaration of the Thirteen United States of America", in Congress, July, 4, 1776) e a *Declaração dos Direitos do Homem e do Cidadão*, aprovada pela Assembleia Nacional da França, em 26 de agosto de 1789[908]:

"Muitas foram as discussões a respeito das influências que o primeiro destes projetos sofreu. Contudo, um cuidadoso estudo da manifestação dos seus próprios autores diminui o ardor dos que procuram descobrir nele curiosas genealogias intelectuais. R. H. Lee, representante do Con-

nem estava investido da autoridade para governar o país, função reservada naturalmente ao congresso e aos Estados. A Convenção era formada por muitos dirigentes originários da revolução que, finalmente, alcançariam seus objetivos iniciais. Observa-se que a revolução americana não segue o esquema clássico da passagem do extremismo à reação e à sucessiva estabilização em posições intermediárias, mas é interrompida em um momento que representa de modo satisfatório o equilíbrio das forças sociais daquela época; sobre essa base foi possível a manutenção de um longo período de progresso pacífico, até o momento em que a única questão não resolvida – a escravidão negra – conduzirá a um segundo e mais grave conflito: a guerra civil de 1861-65. A Convenção examinou três programas alternativos: o de Alexander Hamilton, que representava um passo decisivo em direção a um governo central mais forte e unificado; o de William Paterson, de Nova Jersey, que revelava o temor dos pequenos Estados diante de uma excessiva centralização de poder e que mantinha muito dos aspectos do sistema vigente; e o de Edmund Randolph do Estado de Virgínia, baseado nas ideias principais daqueles que solicitaram modificações sobretudo nas de Madison. *Vide Revista História das Revoluções*, cit., n. 7, p. 109.

907 São dois documentos que se projetaram violentamente, em fins do século XVIII, na esfera dos acontecimentos políticos, e lograram determinar o espírito da Constituição de inúmeros estados e, até mesmo, até certo ponto, os rumos da história futura. Aparecidos com pequeno intervalo de tempo entre eles, houve positivamente alguma influencia do primeiro sobre o segundo, sendo certo, entretanto, que ambos exauriram todo o pensamento e toda a inspiração das mesmas fontes. Estas fontes, como não poderia deixar de ser, em que pesem as discussões travadas a esse respeito em inicios do século XX, são, sobretudo o Segundo Tratado do Governo Civil, de Locke, o Espírito das Leis, de Montesquieu, e o Contrato Social, de Rousseau. *Vide* TELLES, Ignácio da Silva. *A experiência da democracia liberal.* São Paulo: Revista dos Tribunais, 1977, p. 47.

908 Ibidem, p. 47.

gresso da principal colônia que era a Virgínia, afirmou que as ideias da declaração foram extraídas da obra de Locke. John Adams, um dos cinco membros incumbidos de elaborar o projeto, assegurou que não havia nele nenhuma ideia nova além daquelas que haviam sido expostas por Locke, Sidney[909] e outros pensadores ingleses"[910].

Vale apontar que muitas divergências existem relacionadas às influências da Revolução Americana de 1776 e seus desdobramentos na Revolução Francesa e na *Declaração dos Direitos do Homem e do Cidadão*, ambas ocorridas em 1789. "Assim é que Jellineck, no seu estudo sobre o assunto, publicado em Munique no ano de 1895, e traduzido para o inglês por Rudolf Tombo (New York, 1901), provocando acaloradas discussões, procurou demonstrar que tal influência provém de três fontes:

1ª) a Declaração de Independência dos Estados Norte-Americanos. Ao que parece, o primeiro projeto, dos vinte e um que se fizeram da declaração francesa, foi elaborado pelo marques de Lafayette, que retornava de uma viagem aos Estados Unidos, possuído de entusiasmo pela forma com que a Declaração Norte-Americana enunciava os princípios consagrados pela filosofia vigente na época;

2ª) as propostas sobre os direitos individuais apresentadas às assembleias Constituintes de inúmeros estados da América do Norte, entre 1776 e 1783;

3ª) a teoria calvinista da liberdade de consciência individual contra a tentativa de interferência por parte de qualquer autoridade terrena"[911].

[909] Algernon Sidney (1623 – 1683) – Político inglês e membro da parte intermediária do Parlamento Longo. Teórico político republicano, coronel e comissário do julgamento do rei Carlos I da Inglaterra, ele se opôs à execução do rei. Pouco conhecido no Brasil, foi um pensador republicano inglês do século XVII cujo pensamento uniu duas fontes teóricas opostas: do Direito natural moderno, retirou as bases da natureza humana; da lei da natureza e do contratualismo, de Maquiavel, a virtude, as formas de governo, o conflito e a expansão.

[910] Ibidem, p. 47-48.

[911] Ibidem, p. 48.

E. G. Boutmy[912], no seu ensaio polêmico denominado "La Déclaration des Droits de l'Homme et du Citoyen et M. Jellineck" (A Declaração dos Direitos dos Homens e dos Cidadãos e o senhor Jellineck), inserto nos *Études Politiques (Estudos Políticos)* (Paris, 1907), concorda com Redslop em que a Declaração dos Direitos se fundamentou no *Contrato Social* mas não pelas mesma razões. Segundo ele, a Declaração teve por fontes:

1º) o *Contrato Social* de Rousseau;
2º) a filosofia geral vigente no século XVIII;
3º) necessidades de ordem prática[913].

O princípio do documento, de acordo com o pensador, é que, contra a autoridade abusiva do governo, o indivíduo precisa de proteção, e essa proteção lhe foi oferecida pela Declaração dos Direitos do Homem e do Cidadão[914].

O documento oriundo da Revolução Americana divide-se em três partes. A primeira é uma apresentação de princípios; a segunda, um libelo contra o Rei da Inglaterra; e a terceira, a declaração de Independência. No que diz respeito aos princípios, está previsto o seguinte, com clara influência do previsto no artigo I da Declaração de Direitos do Bom Povo da Virgínia, de 16/06/1776: "Aceitamos, como evidentes por si, as verdades de que todos os homens são criados iguais, que são todos dotados pelo seu Criador com certos direitos inalienáveis, que entre estes estão a Vida, a Liberdade e a busca da Felicidade. Que, para assegurar estes direitos, instituíram-se governos entre os homens, sendo que sua autoridade, enquanto justa, deriva do consentimento dos governados". Percebe-se que esse documento aborda o ser humano como sujeito universal, e não apenas como detentor de direitos por ser cidadão de determinado país.

Alguns anos após a declaração de Independência dos Estados Unidos, organizou-se em torno de Thomas Jefferson um grupo de eleitores, com a intenção de conduzi-lo à presidência da República, cujos fundamentos

912 Émile Gaston Boutmy (1835 – 1906) – Foi um sociólogo e cientista político francês.
913 Ibidem, p. 49.
914 Ibidem, p. 49.

programáticos do grupo foram calcados na filosofia política do próprio Jefferson, e resumiam-se nos seguintes princípios:

"1º) controle popular do governo;
2º) sufrágio o quanto possível extenso;
3º) máximo de liberdade, condizente com a lei e a ordem;
4º) preservação dos direitos dos estados;
5º) oposição à centralização do poder no governo federal;
6º) liberdade de culto, de manifestação de pensamento e de imprensa;
7º) estrita observância das normas constitucionais"[915].

Logo após o surgimento do Partido Democrático, cujas origens remontam ao "Partido Republicano", que elegeu Thomas Jefferson no final de 1800, publicava-se nos Estados Unidos da América, em três volumes, um comentário da "Constitution of the United States" (1833), escrito por Joseph Story, membro da Suprema Corte de Justiça e uma das mais destacadas figuras da história do direito público de seu país[916].

"No livro III, Cap. VI, dessa obra clássica, o autor explica o sistema adotado pela Constituição de seu país no que se refere à separação dos poderes. 'Nos governos absolutos – diz ele – os três poderes são confiados a um só indivíduo; essa forma de governo é chamada despotismo, porque a soberania do Estado reside numa só pessoa. Se os poderes são confiados somente a um pequeno número de indivíduos, constituindo um conselho soberano e permanente, o governo é propriamente denominado aristocracia absoluta. Se são exercidos pelo povo em geral, em assembleias soberanas, então o governo é uma democracia absoluta. Mas via de regra, os três poderes são encontrados distintos e exercidos separadamente por funcionários diversos, cada poder constituindo um departamento sepa-

915 Ibidem, p. 54.

916 Story (1779-1845), tido como um dos maiores juristas americanos e membro da Suprema Corte daquele país, celebrizou-se por seu voto concedendo a liberdade a escravos cubanos que sequestraram um navio em Havana e foram parar na costa dos Estados Unidos. O caso La Amistad (nome do navio em que viajavam) acabou se tornando roteiro de um filme de 1997, com o mesmo nome. O então presidente americano, Martin von Buren, queria devolver o navio e os cativos à Espanha, que então dominava Cuba, mas foi derrotado na Suprema Corte.

rado; a essa forma se dá o nome de governo misto. (...) Em uma República representativa, todos os poderes emanam do povo e são exercidos por funcionários eleitos'"[917].

Quanto à palavra "democracia", os constituintes norte-americanos empregam-na para designar o regime de governo. A Declaração de 1776 foi escrita, como apontam depoimentos dos "pais da América", inclusive, sob a influência das ideias de John Locke. "Em primeiro lugar pode-se dizer que o pensamento lockiano foi usado para justificar a quebra das concessões políticas entre as colônias e a Grã-Bretanha. Em segundo lugar, seu conceito de consentimento foi usado para explicar o início de um novo governo para os indivíduos iguais, desfrutando os direitos inalienáveis à vida, à liberdade e busca da felicidade"[918].

A Constituição dos Estados Unidos fez da antiga Confederação um Estado federativo. A Constituição foi ratificada em 1778 e posta em execução em 1789. Na redação da Constituição, ficou claro que os americanos desejavam delinear nitidamente os poderes do governo, de forma que este não oprimisse seus cidadãos. Trazia a influência do liberalismo e do iluminismo, refletindo a desconfiança no poder do ente estatal a partir da experiência dos colonos com a autoridade britânica.

Assim, na tentativa de impedir a violação da liberdade pelo poder, a maioria dos Estados copiou a Constituição da Virgínia, incluindo uma carta de direitos e especificando em detalhes os direitos dos cidadãos (liberdade de expressão, de imprensa, julgamento por júri e outros direitos similares) que nenhum governo poderia legalmente limitar. Todas procuraram minimizar o perigo do poder arbitrário, incluindo "controles recíprocos" e a "separação de poderes" na própria estrutura de governo. As funções executiva, legislativa e judiciária seriam exercidas por corpos separados[919]. Juntamente com as restrições ao poder governamental, as novas Constituições também tendiam a um governo mais representativo, à representação real e não apenas à virtual.

O que houve é que a hierarquia social ficou debilitada com a Revolução. Isso abriu novas oportunidades a cidadãos empreendedores que

[917] Telles, Ignácio da Silva. *A experiência da democracia liberal*, cit., p. 59-60.

[918] Sgarbi, Adrian. *O Referendo*, Renovar: São Paulo, 1999, p. 29.

[919] Sellers, May e Mcmilen, *Uma reavaliação da história dos Estados Unidos*, cit., p. 72.

não tinham espaço na elite endinheirada. No entanto, isso valia somente para os homens brancos. Os negros permaneceram apartados, embora ao menos nos Estados nortistas, mais adiantados e cosmopolitas que os do Sul, a escravidão foi sendo gradualmente extinta. Inicialmente, os estatutos estabeleceram a criação de uma confederação de Estados soberanos que teria poderes para conduzir os assuntos externos, negociar tratados e fazer a guerra e a paz, administrar os assuntos indígenas e solucionar divergências entre os Estados-membros, além de estabelecer padrões de cunhagem de moedas, pesos e medidas. A confederação, entretanto, tinha suas deficiências porque não detinha poderes legais para levantar receitas ou convocar tropas e nem meio algum de impor sua vontade a cidadãos e aos Estados[920]. Sua principal fraqueza dizia respeito, de acordo com os pesquisadores do tema, ao aspecto financeiro, porque o Congresso não possuía fontes autônomas de financiamento.

Para se concretizar a equidade, adotou-se no texto constitucional de 1787 o princípio da representação igual no Senado, com dois assentos para cada estado, independentemente da sua população, e com representação proporcional na Câmara dos Representantes (federal). Os poderes Executivo, Legislativo e Judiciário ficaram separados[921], de maneira

[920] Ibidem, p. 72.

[921] Segundo Donald A. Wittman, é possível a negociação implícita de poderes entre os setores. Têm sido bem documentadas as trocas de favores entre os setores do Congresso. Mesmo quando um setor não tem controle visível sobre uma atividade em particular. Por exemplo, se o presidente não apoiar uma certa lei que o Congresso quer que seja apoiada, o Congresso pode usar a ameaça de derrotar uma lei fiscal que o presidente deseje. Desse modo, o Congresso pode efetuar um certo nível de pressão, mesmo que a constituição delegue esta pressão somente para o presidente. De modo semelhante, o Executivo pode retirar artigos com a finalidade de forçar uma lei. A separação constitucional dos poderes significa que, isoladamente, cada setor do governo pode realizar muito pouco sem a cooperação dos outros. Essa posição é o ponto de risco no jogo da barganha. O excesso de cooperação é a diferença entre o valor cooperativo do jogo e o resultado, quando cada setor trabalha separadamente. Os acordos entre os outros setores e a Corte Suprema envolvem custos de transação mais altos do que, por exemplo, os acordos entre o Senado e a Câmara. Ainda assim, esses custos de transação não são tão altos, a ponto de impossibilitar a barganha de uma coisa por outra, implícita entre o Judiciário e os outros setores. Embora haja apenas nove pessoas na Corte Suprema, claramente é difícil para os seus membros barganhar com o presidente. Por exemplo, é extremamente improvável que a

que pudessem fiscalizar-se mutuamente, conforme o Espírito das Leis de Montesquieu. A Constituição foi discutida e defendida por Alexander

maioria da Corte concorde em considerar um projeto de lei presidencial constitucional, em troca da promoção, pelo presidente, de uma política que a Corte deseje. Por outro lado são possíveis certos tipos implícitos de troca entre a Corte e o presidente. A Corte pode influenciar o comportamento de pressão do presidente, descobrindo áreas de pressão (ou não pressão) inconstitucionais. A influência também pode ocorrer na direção oposta. O presidente faz as novas indicações para a Corte Suprema. Sutilmente, a Corte pode não considerar demasiadas leis inconstitucionais. Essa prudência da Corte implica o fato de que as suas decisões relativas à constitucionalidade são influenciadas pelo comportamento do presidente. Essa influência bidirecional sugere que pode haver uma transação parcial em torno da separação constitucional dos poderes. Ainda permanece a questão de por que as trocas entre a Corte Suprema e os outros setores, embora ocorrendo ocasionalmente, não são frequentes. A resposta tem vários componentes. Primeiro, muito mais que os outros setores do governo, a Corte Suprema é limitada pelos precedentes e pela lógica dos seus argumentos. Embora seja possível contornar um precedente e flexibilizar a lógica, a capacidade da Corte barganhar é severamente limitada. Em segundo lugar, o controle da Corte sobre os tribunais inferiores é pequeno, em comparação com o controle do presidente sobre sua burocracia. Os tribunais inferiores também estão limitados por precedentes. Na instância onde a Corte Suprema não decide um caso, qualquer tentativa do presidente e do Congresso de negociar com o sistema difuso dos tribunais inferiores envolveria custos de transação extremamente altos. Portanto, os tribunais trocam os seus direitos pelos direitos dos outros setores muito menos frequentemente do que os outros setores trocam direitos entre si. Um papel desempenhado pela Corte Suprema dos Estados Unidos é alocar a distribuição inicial dos direitos de propriedade aos diferentes setores do governo. Dado o nível relativamente baixo do custo de transação, é fácil para os setores redistribuir as funções entre si. O Congresso pode delegar alguns dos seus poderes legislativos ao setor executivo, por exemplo, legislando que cabe a um dado órgão administrativo apresentar as normas para proteger o ambiente. A Constituição também declara explicitamente que o Congresso pode delegar a outros setores o seu poder de indicar funcionários do escalão inferior. Para os governos federal e estaduais é possível negociar em torno de matéria constitucional, embora essas transações tenham custos mais elevados do que as trocas entre os setores do governo federal. Os estados tem sua representação na figura dos membros do Congresso. Esses congressistas estão, em maior ou menor grau, coligados aos políticos locais. Os políticos locais têm também acordos diretos com o setor Executivo. Os presidentes podem dar suporte político ou econômico aos prefeitos e governadores que os apoiaram politicamente. A delegação constitucional de poderes aos estados pode ser explicitamente negociada por um suborno aos estados para que assumam certos comportamentos. Por exemplo, os termos da troca para a construção de estradas de rodagem são de noventa centavos de auxílio para cada dólar investido.

Hamilton, John Jay[922] e James Madison nos "Federalist Papers" e ratificada por onze estados em 1788, exceto a Carolina do Norte (em 1789) e Rhode Island (em 1790).

Entre 1777 e 1778 deu-se o que se pode chamar de etapa final da Revolução: o debate sobre a formação do governo dos Estados Unidos[923]. Naquele período travou-se um dos debates públicos mais amplos sobre os princípios políticos e institucionais jamais verificados. É possível dizer que:

> *"O remate essencial da Revolução Americana e os fundamentos de seu êxito residiram num medo do poder e numa vontade de circunscrever o governo a suas funções mínimas.*

A divisão de poderes pela Constituição é sensata a ponto de determinadas atividades serem grupadas naturalmente e, portanto, permitem promover um processo de tomada de decisão mais eficiente. Pela criação de setores de poder que aproveitam melhor os benefícios da divisão do trabalho, a Constituição presumivelmente reduz os custos de transação. Entretanto, se a Constituição tivesse selecionado um setor ineficiente para exercer um determinado poder, implicitamente se dariam trocas entre os setores. Quando os custos de transação são baixos, mais importante do que o tipo de poder delegado aos indivíduos é a quantidade de poder incorporada nesse tipo. Na medida em que haja baixos custos de transação, a Constituição é mais importante para essa separação de poder entre indivíduos do que para a separação de poderes entre os setores. *Vide* WITTMAN, Donald. A. *O Mito do fracasso da democracia*. Rio de Janeiro: Bertrand Brasil, 1999, p. 203-206.

922 John Jay (1745 - 1829) – Foi um político, estadista, revolucionário, diplomata, e jurista dos Estados Unidos da América. Serviu com Benjamin Franklin e John Adams na França e escreveu o livro *O Federalista* com Alexander Hamilton e James Madison. Atuou na Suprema Corte dos Estados Unidos junto com os seis juízes originais e foi o primeiro Chefe de Justiça dos Estados Unidos de 1789 a 1794.

923 Este período desembocou numa dupla Constituição que dominou a vida política americana ao longo da história da nação: a organização dos poderes inscrita no corpo da Constituição e a Declaração dos Direitos em dez emendas, que faz eco às aspirações das reformas do Iluminismo. Sem as dez emendas, a Constituição nunca teria sido aceita; sem ela, as emendas não teriam sido necessárias. Embora os poderes compreendidos na Constituição tenham sido fiscalizados e contrabalançados para evitar os monopólios de Estado, e embora certos direitos dos treze Estados tenham sido explicitamente reservados, os poderes desse novo governo central (financeiro, clerical, militar e jurídico) eram bastante amplos e poderiam representar um perigo para a sobrevivência das liberdades individuais, se não tivessem sido controlados por um conjunto de direitos tão legítimos e respeitáveis quanto o próprio poder do Estado. DARNTON, Robert e DUHAMEL, Olivier. *Democracia*, cit., p. 43.

Considerando-se as condições de vida do período pré-revolucionário, o sucesso da Revolução não exigiu nem a reconstrução sanguinária da sociedade nem o desmantelamento das instituições e práticas, e menos ainda a evicção dos privilegiados do Antigo Regime. O copo estava cheio até a metade antes da Revolução, e assim seus líderes podiam concentrar seus esforços nos problemas fundamentais do poder público e da liberdade individual, explorar não apenas o problema evidente da tirania do poder, mas também a questão mais sutil da tirania das maiorias, e criar as instituições que pudessem limitá-las"[924].

Sobreviveriam às transformações a escravidão, assim como a discriminação racial, a dominação masculina e as injustiças socioeconômicas[925]. Sintetizando, em 1791, foram dez emendas sobre a liberdade individual ante a ratificação dos direitos dos estados. Esta Constituição flexível foi completada até o século XX, com 25 emendas, mas sem modificar a sua essência, regulamentando o funcionamento das instituições americanas.

A monarquia com poderes limitados, um exemplo da antiga metrópole que teve lugar em Londres a partir do final do século XVII, acabou adotada na Constituição dos Estados Unidos. Tratava-se de um Parlamento independente em face do monarca, que encarnava o Poder Executivo, e não podia ser derrubado pelas Assembleias. Esse foi o esquema que os Constituintes de Filadélfia transpuseram para o quadro republicano.

Na prática, houve a ruptura dos Estados Unidos com a metrópole e também com a monarquia, que até hoje vigora por lá:

"A Constituição de 1787 adotou um regime dito 'presidencial' e não o regime parlamentar. Não estando este ainda completamente estabelecido na Grã-Bretanha, os

[924] Darnton, Robert e Duhamel, Olivier, *Democracia*, cit., p. 44.

[925] "As instituições da democracia liberal são bastante diferentes nos Estados Unidos e na Europa. As diferenças são secundárias e não tocam ao essencial do sistema ocidental. Mas conservam, não obstante, uma grande importância. O esquema constitucional não é o mesmo dos dois lados do Atlântico. Não se desenvolveu dentro do mesmo contexto: os gêneros de vida, os modos de pensar, os quadros culturais, têm neste tocante uma influência tão grande quanto as condições econômicas. A origem das Instituições é entretanto idêntica. O regime americano e o regime europeu derivam, tanto um quanto outro, do regime britânico. Mas se relacionam com momentos diferentes da evolução de seu genitor". Duverger, Maurice, *As modernas tecnodemocracias*. São Paulo: Paz e Terra, 1975, p. 62.

constituintes americanos se viram mais naturalmente inclinados a transpor a monarquia limitada que funcionava em Londres no começo do século, que eles conheciam melhor. Sem dúvida, o sistema do Primeiro-Ministro e da responsabilidade perante as câmaras começava a se impor a Westminster naquele mesmo momento: mas ele não estava ainda claramente definido e não oferecia, de qualquer modo, nenhum interesse dentro dos quadros republicanos. Não se tratava de lutar contra um rei ou contra os aristocratas, que lá não existiam. Tratava-se de enfraquecer a autoridade central, para garantir o direito dos Estados. As teorias de Locke e de Montesquieu sobre a separação dos poderes, concebidas por seus autores para limitar o poder real, foram, portanto, transpostas para garantir a liberdade de ação dos governos locais"[926].

Portanto, o regime presidencial republicano americano é um sistema de freios e contrapesos (*checks and balances*) que não pode ser chamado de regime parlamentar. Surgiriam, então, dois partidos políticos, os federalistas[927] e os antifederalistas, estes transformados, *a posteriori*, em republicano-democratas[928]. A principal força das Assembleias residia no

[926] Duverger, Maurice, *As modernas tecnodemocracias*, cit., p. 64.

[927] Os textos federalistas expressavam:
"Quero (...) tentar (...) definir (...) os termos 'Liberdade' e 'República', sabendo, entretanto, que têm sido aplicados tão variadamente a ponto de não transmitirem nenhuma ideia precisa ao espirito. Da liberdade, pois, diria que, em toda plenitude de seu alcance, ela está na ação obstruída de acordo com nossa vontade, mas a liberdade justa é a ação livre de conformidade com nossa vontade dentro dos limites traçados em torno de nós pelos direitos iguais de outros. Não acrescento 'dentro dos limites da lei' porque a lei é, muitas vezes, apenas a vontade do tirano, e é sempre assim quando viola o direito do indivíduo. Acrescentarei, em segundo lugar, que uma República pura é um Estado de sociedade na qual todo membro de espírito maduro e são tem igual direito de participar, pessoalmente, na direção dos negócios da sociedade. Tal regime é, obviamente, impraticável além dos limites de um acampamento ou de uma pequena aldeia. Quando números, distância ou força obrigam-na a agir por meio de Deputados, emtão seu governo continua republicano somente na proporção em que as funções que eles exercem, pessoalmente, são maiores ou menores e, como naquelas exercidas pelo Deputado, o direito de nomear o Deputado deles somente é *pro hac vice* ou fins maiores ou menores ou para mandatos mais curtos ou mais longos. A Isaac H. Tiffany, Monticello, 4 de abril de 1819". (Jefferson, Thomas), Hamilton, Alexander; Madison, James e Jay, John. *Os federalistas*. Brasília: UnB, 1984, p. 10.

[928] Nos Estados Unidos, na linha de entendimento de Maurice Duverger, os partidos políticos não fazem apelo às massas, agrupam alguns próceres, são descentralizados, não impõem disciplina de voto aos parlamentares. Algumas dezenas de milhares de políticos,

poder, reservado exclusivamente a elas, de aumentar ou reduzir as taxas. O poder executivo era exercido pelos governadores e seus conselheiros[929].

5.4 O Federalismo e os artigos federalistas – ratificação da Constituição Americana

Na década de 1780, forte depressão comercial e financeira ameaçava o futuro do país. Os líderes da nova nação, comerciantes, financistas e artesãos começaram a considerar que a Confederação, por sua fraqueza institucional, poderia causar muitos problemas derivados desta sua condição. A proposta passou a ser a de criar um governo mais forte, mesmo que por meio de meios constitucionalmente duvidosos. Entre os que lutariam por essa transformação estavam nomes fortes como os de George Washington e James Madison[930], na Virgínia, e Alexander Hamilton[931], em Nova

agrupados em cada organização, servem aos homens de negócios e aos dirigentes da economia como correia de transmissão a animar as instituições políticas, em ligação com os cidadãos, de quem eles se interessam por captar os sufrágios. Ao lado dessa semelhança com a Europa, há também uma diferença fundamental. Os partidos americanos não exprimem as classes sociais, como os partidos conservadores e liberais do velho mundo. Assim escreve o pensador francês: "a jovem República do outro lado do Atlântico não conhece aristocratas propriamente ditos. Os grandes plantadores sulistas e sua civilização agrária e paternalista apresentam algumas analogias com os nobres europeus mas não identidade. Antes da guerra da Secessão, eles não se exprimem através do partido cuja fronteira coincide com a fronteira de sua classe: agem tanto num como no outro partido como grupo de pressão. Na realidade, os partidos americanos se desenvolvem no interior de uma nação burguesa por inteira, onde não existe nem nobreza, nem privilégios de nascença, nem direito divino, onde a ideologia liberal é aceita de maneira geral". E continua: "Até a grande crise de 1861-1865 os partidos dos Estados Unidos permanecem bastante mal definidos. Eles são pouco estruturados, pouco estáveis, pouco distintos uns dos outros. Nos primeiros anos da União, dois grandes grupos se formam: os federalistas e os antifederalistas. A eleição de Jefferson (1800) estabelece a destituição dos primeiros e a transformação dos segundos no partido 'republicano-democrata', relativamente organizado". DUVERGER, Maurice, *As modernas tecnodemocracias*, p. 78-79.

929 Ibidem, p. 65.

930 Quarto presidente dos Estados Unidos entre 1809 e 1817, James Madison (1751-1836), também um dos "pais fundadores" dos EUA, foi advogado e líder político. Deu contribuição decisiva à causa da independência americana ao ser um dos redatores dos Papéis Federalistas, documentos que descreviam o país a ser criado e questionavam o poder britânico nos Estados Unidos.

931 Alexander Hamilton (1757-1804), também redator dos Papéis ou Artigos Federalistas,

York. Ao contrário de revolucionários mais antigos, como Richard Henry Lee e Samuel Adams, esses nacionalistas estavam menos preocupados com a liberdade do povo do que com a estabilidade social e o crescimento econômico, além de menos temerosos da autoridade central do que da tirania da maioria.

Madison seria o "pai" da nova Constituição, consubstanciadas nos Artigos Federalistas, que assinou ao lado dos outros patriarcas. O Congresso da Confederação aceitaria, de má vontade, o apelo. Seria estabelecido, entretanto, que qualquer emenda porventura apresentada devia ser endossada por todos os estados, tal como prescreviam os estatutos. *O federalista* nasce em 1788, a partir de ensaios publicados na imprensa de New York com o objetivo de contribuir para a ratificação da Constituição pelos Estados, tendo como precursor Alexander Hamilton, James Madison e John Jay, os quais dariam origem a nova forma de governo, ainda não conhecida: o Federalismo, nascendo como um pacto político entre os Estados. Seguem alguns trechos emblemáticos:

> *"Concordo convosco em que há uma aristocracia natural entre os homens. Os fundamentos desta são virtude e talento. Antigamente, a força física predominava entre os* aristoi. *Mas, desde que a invenção da pólvora armou tanto o fraco como o forte com projéteis mortíferos, o poder do corpo como beleza, bom humor, polidez e outros dons tornou-se apenas fundamento auxiliar de distinção. Há, também, uma aristocracia artificial, fundada na riqueza e no nascimento, sem virtude ou talento; essa pertenceria à primeira classe. Considero a aristocracia natural como o mais precioso dom da natureza para a instrução, a confiança e o governo da sociedade. E, realmente, teria sido inconsistente na criação formaram-se homens para o Estado Social sem os prover de virtude e sabedoria bastantes para poderem dirigir os interesses da sociedade. Não podemos, mesmo, dizer que essa forma de governo é a melhor para prover mais eficazmente de uma pura seleção desses* aristoi *naturais para funções de governo? A aristocracia artificial é ingrediente malévolo no governo, e devia se fazer provisão para impedir-lhe a ascendência. Na questão de qual a melhor provisão, vós e eu diferimos como amigos*

foi o primeiro secretário do Tesouro e criador do primeiro banco dos EUA. Teve morte trágica em um duelo de pistolas, às margens do rio Hudson, com um inimigo figadal, o também líder político Aaron Burr.

racionais, servindo-nos do livre exercício de nossa própria razão e mutuamente perdoando-nos os erros. A John Adams Monticello, 28 de outubro de 1813"[932].

(...)

"Todo governo, na terra, tem certo traço de fraqueza humana, certo germe de corrupção e degenerescência que a esperteza descobrirá e a maldade insensivelmente porá a nu, cultivará e aperfeiçoará. Todo governo degenera quando confiado somente aos governantes do povo. O próprio povo, portanto, é seu único depositário seguro. E para torná-lo seguro, devesse-lhe aperfeiçoar o espírito até certo grau. Isto, na verdade, não é tudo que seja necessário, embora seja essencialmente necessário. Notas sobre Virgínia, Quesito XIV"[933].

(...)

"Esperava que os tumultos na América (Rebelião de Shays) provocassem na Europa uma opinião desfavorável sobre nosso Estado político. Mas não provocou. Ao contrário, o pequeno efeito desses tumultos parece ter inspirado maior confiança na firmeza de nossos governos. A interposição do próprio povo ao lado do governo produziu grande efeito na opinião aqui. Eu mesmo estou persuadido de que sempre se verá ser o bom senso do povo o melhor exército. Ele poderá desviar-se por um momento, mas logo corrigirá a si próprio. O povo é o único censor de seus governantes, e mesmo seus erros tenderão a mantê-los adstritos aos verdadeiros princípios de sua instituição. Punir esses erros muito severamente seria suprir a única salvaguarda das liberdades públicas. O meio de impedir essas interposições irregulares do povo é dar-lhe amplas informações sobre seus negócios através do canal dos jornais e providenciar que estes penetrem toda a massa do povo. A base de nossos governos sendo a opinião do povo, o primeiro objetivo deve ser mantê-la exata: fosse deixado a mim decidir se deveriam ter um governo sem jornais ou jornais sem um governo, não hesitaria um momento em preferir este último. Mas insistiria em que todo homem recebesse esses jornais e os soubesse ler." A Edward Carrginton, Paris, 16 de Janeiro de 1787"[934].

(...)

"O ponto, porém, que mais aprecio é o da divisão de condados em distritos. Estes serão puras Repúblicas elementares, a soma de todas as quais, consideradas em conjunto, compõe o Estado, e tornará o todo uma verdadeira democracia quanto aos negócios dos distritos que são os de maior interesse cotidiano. As questões das grandes seções: de

932 HAMILTON, Alexander; MADISON, James e JAY, John, *Os federalistas*, p. 38-39.

933 Ibidem, p. 39.

934 Ibidem, p. 41.

condados, de Estados e da União, não admitindo transações pessoais pelo povo, serão delegadas a agentes eleitos por ele mesmo, e a representação será assim substituída onde a ação pessoal se torne impraticável. Contudo, mesmo sobre esses órgãos representativos, caso se tornem corruptos e pervertidos, a divisão em distritos, constituindo o povo em seus distritos um poder regularmente organizado, possibilita-o por essa organização esmagar, de modo regular e pacífico, a usurpação de seus agentes infiéis, poupando-se-lhe a horrível necessidade de fazê-lo pela insurreição.

(...) Informaram-me que, na questão de representação igual, nossos concidadãos, em algumas seções do Estado, reivindicam, peremptoriamente, o direito de representação para seus escravos. O princípio, neste como em muitos outros casos, abrir-nos-á caminho para corrigir conclusões. Fosse nosso Estado uma pura democracia, na qual todos os habitantes se reunissem para tratar de seus negócios, deveriam de ser excluídos das deliberações: 1) os infantes, até chegarem à idade da razão; 2) mulheres que, para evitar depravação moral e ambiguidade de deliberações, não poderiam misturar-se promiscuamente nas reuniões públicas de homens; 3) escravos, dos quais o infeliz estado de coisas conosco tira os direitos de vontade e propriedade. A Samuel Kercheval, Monticello, 5 de setembro de 1816"[935].

(...)

"A *Revolução democrática operou-se no plano material da sociedade, sem que houvesse, nas leis, nas ideias, nos hábitos e costumes, a mudança que teria sido necessária para torná-la útil. Assim, temos a democracia menos o que deve atenuar seus vícios e realçar-lhe as vantagens naturais; já conhecendo os males que provoca, ignoramos os bens que pode proporcionar (...).*

Os emigrantes que vieram fixar-se na América, no começo do século XVII, isolaram, de algum modo, o princípio da democracia de todos os outros contra os quais lutava nas velhas sociedades da Europa, e transplantaram-no, isolado, para as margens do Novo Mundo. Aí pôde crescer em liberdade e, adequando-se aos costumes, desenvolver-se pacificamente nas leis (...)"[936].

(...)

A fundação da Nova Inglaterra ofereceu ao mundo um espetáculo desconhecido; ali tudo era singular e original. Os emigrantes que vieram estabelecer-se nessa região pertenciam todos às classes abastadas da mãe-pátria. Sua reunião no solo americano apresentou, desde o início, o singular fenômeno de uma sociedade em que não se encon-

[935] Ibidem, p. 43-44.
[936] Ibidem, p. 187-189.

travam nem grandes senhores, nem povo e, de certa maneira, nem pobres, nem ricos. Havia, proporcionalmente, massa mais importante de luzes difundidas entre esses homens, do que no seio de qualquer nação europeia atual. Todos, sem nenhuma exceção, tinham recebido educação bastante avançada, e muitos tinham-se tornado conhecidos na Europa através de seus talentos e ciência. (...) O puritanismo foi quase tanto uma teoria política quanto doutrina religiosa. Logo que desembarcaram nessa costa inóspita, a primeira preocupação dos imigrantes foi, portanto, a de organizar-se em sociedade. (...)

Os princípios gerais sobre que repousam as Constituições modernas, esses princípios que a maioria dos europeus do século XVII compreendiam com dificuldade, e que triunfavam, então, incompletamente, na Grã-Bretanha, foram todos reconhecidos e dispostos nas leis da Nova Inglaterra; a intervenção do povo nos negócios públicos, a votação livre das leis tributárias, a responsabilidade dos agentes do poder, a liberdade individual e o julgamento por júri são estabelecidos sem discussão e de fato. Esses princípios geradores recebem, então, aplicação e desenvolvimentos que nenhuma nação europeia ousou ainda conceder-lhes.

Quando, após ter assim rapidamente examinado a sociedade americana de 1650, observa-se no estado da Europa e, particularmente, do continente, na mesma época, é-se tomado por profunda admiração: no continente europeu, no início do século XVIII, triunfava em todas as partes a monarquia absoluta, por sobre os escombros da liberdade oligárquica e feudal da Idade Média. No seio dessa Europa brilhante e literária, jamais, talvez, a ideia dos direitos fora tão interiormente desconhecida; jamais povos viveram menos a vida política; jamais noções de verdadeira liberdade preocuparam menos os espíritos; e é então que esses mesmos princípios, desconhecidos nas nações europeias, ou por elas desprezados, foram proclamados nos desertos do Novo Mundo e tornaram-se o símbolo futuro de um grande povo"[937].

(...)

Na América, o princípio da soberania do povo não está escondido, nem é estéril como em certas nações; é reconhecido pelos costumes, proclamando pelas leis; estende-se com liberdade e atinge, sem obstáculos, suas últimas consequências"[938].

(...)

"4 – A democracia administrativa (Cap. 5)

937 Ibidem, p. 194.

938 Ibidem, p. 201.

(...) São a ação contínua das leis e dos costumes, as circunstâncias e, sobretudo, o tempo, que chegam a consolidá-la. Dentre todas as nações europeias, pode-se dizer que nenhuma conhece a liberdade comunal"[939].

(...)

"Na Nova Inglaterra, a maioria age através de representantes, quando se trata dos negócios do Estado. É necessário que assim seja; mas na comuna, em que as ações legislativa e governamental estão mais próximas dos governados, a representação não se admite. Não há conselho municipal; o corpo de eleitores, após nomear seus magistrados, dirige-os diretamente em tudo o que não é execução pura e simples das leis do Estado.

(...)

As leis gerais do Estado impuseram aos select-men *certo número de obrigações. Não precisam da autorização de seus administrados para responder por elas e não podem rejeitá-las, senão engajando sua responsabilidade pessoal. (...) mas, em todas as coisas deixadas à direção do poder municipal, os* select-man *são executores das vontades populares, como, entre nós, o prefeito é o executor das deliberações do conselho municipal. Quase sempre agem por sua própria responsabilidade, segundo, na prática, os princípios que a maioria previamente decidiu. Mas, se quiserem introduzir qualquer mudança na ordem estabelecida, se desejarem dedicar-se a novo empreendimento, é-lhes necessário voltar à frente que lhes deu poder*"[940].

(...)

"Compreende-se que a centralização governamental adquira imensa força quando se combina com a centralização administrativa. Desta maneira, habitua os homens a fazer abstração completa e contínua de suas vontades; a obedecer, não só uma vez e em um só aspecto, mas em tudo, todos os dias. Não somente os doma, neste caso, pela força, mas também domina-os pelo hábito; isola-os e, em seguida, apodera-se de um por um na massa comum. Estas duas espécies de centralizações socorrem-se mutuamente e atraem-se uma à outra; mas não posso crer que sejam inseparáveis. (...)

Vimos que, nos Estados Unidos, não existia centralização administrativa. Encontram-se poucos traços da hierarquia. A descentralização foi levada a um grau tal, que nenhuma nação europeia poderia suportar, creio, sem profundo mal-estar, e que produz efeitos desagradáveis, mesmo na América. Mas a centralização governamental existe, nos Estados Unidos, em seu mais elevado grau. Seria fácil provar, aí, que o poder nacio-

[939] Ibidem, p. 202-203.

[940] Ibidem, p. 204.

nal está mais concentrado do que jamais o foi em nenhuma das antigas monarquias da Europa"[941].

(...)

"*Como fazer suportar a liberdade nas grandes coisas a uma multidão que não aprendeu a servir-se dela nas pequenas? Como resistir à tirania em um País onde cada indivíduo é fraco, e os cidadãos não estão unidos por nenhum interesse comum? Os que temem a licenciosidade, como os que receiam o poder absoluto, devem, portanto, desejar igualmente o desenvolvimento gradual das liberdades provinciais.*

5 – O Poder Judiciário (Cap. 6)

(...) Os americanos mantiveram, no Poder Judiciário, seus três caracteres distintivos. O juiz americano não pode pronunciar-se se não há litígio. Só se ocupa de casos particulares, e, para agir, deve sempre esperar que haja uma demanda. (...)

A causa reside num só fato: os americanos reconheceram nos juízes o direito de fundamentar seus veredictos na Constituição mais do que nas leis. Em outras palavras, permitiram-lhes não aplicar leis que lhes pareçam inconstitucionais. Sei que direito similar foi, algumas vezes, reivindicado pelos Tribunais de outros Países; mas nunca lhes foi concedido. Na América, é reconhecido por todos os poderes; não se encontra partido nem indivíduo que o conteste"[942].

(...)

"*Uma Constituição americana não é tida por imutável, como na França; não pode ser modificada pelos poderes ordinários, como na Inglaterra. É obra à parte que, representando a vontade de todo o povo, obriga os legisladores enquanto simples cidadãos, mas pode ser modificada pela vontade popular, segundo fórmulas estabelecidas e em casos previstos. (...)*

Quando se invoca, diante dos Tribunais americanos, uma lei que o juiz estima contrária à Constituição, este pode, portanto, recusar-se a aplicá-la. (...) Ora, no dia em que o juiz se recusa a aplicar uma lei num processo ela perde imediatamente uma parte de sua força moral. Os que a lei lesou ficam advertidos de que existe meio de subtrair-se a obrigação de obedecê-la; os processos multiplicam-se, a lei torna-se impotente. Sucede uma das duas coisas: ou o povo muda a Constituição ou o Poder Legislativo modifica a lei[943].

[941] Ibidem, p. 204-205.
[942] Ibidem, p. 205-206.
[943] Ibidem, p. 206-207.

Mas o juiz americano é levado, sem querer, ao terreno da política. Só julga a lei porque tem que julgar um processo, e não poder furtar-se a julgar o processo. A questão política que deve resolver liga-se, portanto, ao interesse dos requerentes, e não poderia recusar sem denegar a justiça. É no cumprimento dos deveres impostos à profissão do magistrado que age como cidadão. (...)

Encerrado em seus limites, o poder atribuído aos Tribunais americanos de pronunciar-se sobre a inconstitucionalidade das leis forma, ainda, uma das barreiras mais poderosas que jamais foram erigidas contra a tirania das assembleias políticas[944].

(...)

6 – A Constituição Federal americana (Cap. 7)

(...)

"2. Características do Poder Executivo (Seção 5) Os legisladores americanos tinham tarefa difícil a cumprir: queriam criar um Poder Executivo que dependesse da maioria e que fosse, no entanto, bastante forte em si mesmo para agir com liberdade em sua própria esfera.

O presidente é um magistrado eletivo. Sua honra, seus bens, sua liberdade, sua vida respondem, incessantemente, diante do povo, pelo bom emprego que faz do poder. No exercício desse poder, ele não é, aliás, completamente independente: o Senado o controla em suas relações com as potências estrangeiras, como na distribuição dos empregos, de tal modo que não pode nem ser corrompido, nem corromper"[945].

(...)

"3. Vantagens e Inconvenientes do Regime Presidencial (Seções 6 e 7)

O sistema de elegibilidade, aplicado ao chefe do Poder Executivo num grande país, apresenta perigos que a experiência e os historiadores assinalaram suficientemente.

Desse modo, falarei apenas com referência à América.

(...) O que se condena, não sem razão, no sistema eletivo aplicado ao Chefe do Estado, é fornecer tão imenso chamariz às ambições particulares, inflamá-las tanto na busca do poder que, frequentemente, os meios legais não mais lhes bastem, e elas apelem para a força quando lhes falta o direito.

Os perigos do sistema eletivo aumentam, portanto, em proporção direta à influência exercida pelo Poder Executivo sobre os negócios do Estado. (...)

Nos Estados de regime eleitoral, pelo contrário, ao se aproximarem as eleições, e muito antes que aconteçam, as engrenagens do governo só funcionam, de certo modo, sozi-

944 Ibidem, p. 207.
945 Ibidem, p. 209.

nhas. Sem dúvida, pode-se combinar as leis de maneira que, sendo as eleições realizadas imediata e rapidamente, a sede do Poder Executivo não caia nunca em vacância; mas, o que quer que se faça, o vazio existe nos espíritos, apesar dos esforços do legislador"[946].

(...)

"4. Peculiaridade e Perigos do Sistema Eleitoral (Seções 9,10,11 e 12)

À medida que se estudam as instituições do Estados Unidos e que se observa, com mais atenção, a situação política e social desse País, nota-se aí, maravilhosa coincidência entre a sorte e os esforços do homem. A América era uma região nova; entretanto, o povo que a habitava já tinha feito alhures uso extenso da liberdade: duas causas importantes do ponto de vista interno. Além disso, a América não temia a conquista. Os legisladores americanos, aproveitando-se dessas circunstâncias, não tiveram dificuldade em estabelecer um Poder Executivo fraco e dependente; tendo-o criado, puderam, sem perigo, torná-lo eletivo. (...)

Estabeleceu-se, portanto, que cada Estado nomearia certo número de eleitores que, por sua vez, elegeriam o presidente. Convencionou-se que os votos dos eleitores seriam transmitidos, fechados, ao Presidente do Senado; e que, no dia determinado, e em presença das duas câmaras, este faria a apuração. Se nenhum dos candidatos tivesse reunido a maioria, a própria Câmara do Deputados procederia à eleição; mas teve-se o cuidado de limitar-lhe o direito. Os deputados não poderiam eleger senão um dos três candidatos mais votados.

Entretanto, pode-se ainda considerar o momento da eleição do Presidente dos Estados Unidos como época de crise nacional. (...)

Muito antes do momento fixado, a eleição torna-se o maior e, por assim dizer, o único evento que preocupa os espíritos. As facções redobram de ardor; todas as paixões factícias que a imaginação pode criar, em País feliz e tranquilo, agitam-se nesse momento, em praça pública.

Por seu lado, o presidente encontra-se absorvido na tarefa de defender-se. Não governa mais no interesse do Estado, mas no de sua própria reeleição: prosterna-se diante da maioria e, frequentemente, em lugar de resistir-lhe às paixões, como o dever o obrigaria, antecipa-se a seus caprichos[947]".

(...)

"Impedir que o chefe do Poder Executivo pudesse reeleger-se parece, primeiro, contrário à razão. Sabe-se que influência, os talentos ou o caráter de um único homem exercem

[946] Ibidem, p. 211.
[947] Ibidem, p. 212-213.

sobre o destino de todo um povo, sobretudo nas circunstâncias difíceis e em tempo de crise. As leis que proibissem os cidadãos de reeleger seu primeiro magistrado tomar-lhes-iam o melhor meio de tornar próspero o Estado ou de salvá-lo. Chegar-se-ia, aliás, a este resultado surpreendente, de excluir do governo um homem no momento em que acabasse de provar que era capaz de bem governar.

Essas razões são, sem dúvida, poderosas; poder-se-ia, entretanto, opor-se-lhe outras ainda mais fortes?"[948].

(...)

"Reelegível (e isso vale sobretudo hoje em dia, quando a moral se relaxa e as grandes personalidades desaparecem), o presidente dos Estados Unidos nada mais é do que dócil instrumento nas mãos da maioria. Ama o que ela ama, odeia o que ela odeia; precipita-se para adivinhar suas vontades, prevê suas queixas, inclina-se ante seus menores desejos: os legisladores queriam que a guiasse, segue-a. (...)

5. As Vantagens do Sistema Federativo (Seção 19) (...)

Os grandes Estados possuem, no entanto, vantagens próprias, que é forçoso reconhecer. (...) o pensamento, nesses países, recebe impulso mais rápido e poderoso, as ideias circulam mais livremente, as metrópoles são como que vastos centros intelectuais em que resplandecem e se combinam todos os setores do espírito humano; isso explica-nos porque as grandes nações proporcionam à cultura e à causa geral da civilização progressos mais rápidos do que as pequenas nações. Nas grandes nações centralizadas, o legislador é obrigado a dar às leis caráter uniforme, que não comporta a diversidade dos lugares e dos costumes; não estando a par dos casos particulares, não pode proceder senão através de regras gerais; os homens são então obrigados a inclinar-se diante das exigências da legislação, pois esta não pode acomodar-se às necessidades e costumes dos homens, o que se torna causa importante de distúrbios e de misérias"[949].

(...)

Nos Estados Unidos, não há ódios religiosos, pois a religião é universalmente respeitada e nenhuma seita é dominante; não há ódio de classe, pois o povo é tudo, e ninguém ousa, ainda, lutar contra ele; enfim, não há misérias públicas a explorar, pois o estado material do país oferece tão imensa carreira à indústria que basta largar-se o homem a si mesmo para que faça prodígios"[950].

"A Corrupção e os Vícios da Democracia

[948] Ibidem, p. 213.
[949] Ibidem, p. 214-216.
[950] Ibidem, p. 221.

A aristocracia e a democracia acusam-se mutuamente de facilitar a corrupção; é preciso distinguir:

Nos governos aristocráticos, os homens que chegam ao poder são gente rica, e só desejam o poder. Nas democracias, os estadistas são pobres e ainda lhes falta fazer fortuna. Conclui-se que, nos Estados aristocráticos, os governantes são pouco acessíveis à corrupção, e só têm gosto moderado pelo dinheiro, enquanto o contrário se dá nos povos democráticos.

Mas, nas aristocracias, já que os que almejam atingir o poder dispõem de grandes riquezas e como o número dos que são suscetíveis de elevá-los a essa posição é circunscrito dentro de certos limites, o governo acha-se de certa forma em leilão. Nas democracias, ao contrário, os que disputam o poder quase nunca são ricos, e o número de homens à venda não seja inferior, mas quase nunca se encontra comprador; e, aliás, seria preciso comprar muita gente ao mesmo tempo para atingir o objetivo. (...)

Nos povos democráticos, como os que estão à frente do Estado se encontram quase sempre às voltas com suspeitas desagradáveis, dão, de certo modo, o apoio do governo aos crimes de que são acusados. Apresentam assim perigosos exemplos à virtude que ainda luta e fornecem comparações gloriosas ao vício que se esconde. (...) Roubar o Tesouro Público, ou vender a dinheiro os favores do Estado, qualquer miserável pode compreender isso e gabar-se de fazer o mesmo"[951].

(...)

"À medida que as castas desaparecem, que as classes se aproximam, que os homens, por se misturarem tumultuosamente, fazem variar os usos, os costumes e as leis, que aparecem fatos novos, que verdades novas vêm à luz, que desaparecem antigas opiniões, e que outras lhes tomam o lugar, a imagem de uma perfeição ideal, sempre fugida, apresenta-se ao espírito humano. Modificações contínuas passam-se, desse modo, ante os olhos de cada homem. Uns pioram de posição, e compreende-se bem demais que um povo ou indivíduo, por mais esclarecido que seja, não é infalível"[952].

5.4.1 A Convenção constitucional de 1787

Em 1787 foi organizada a Convenção Constitucional. Eram 55 delegados, na maior parte advogados, comerciantes e fazendeiros. O Plano de Virgínia propunha maiores poderes ao governo central e a representação do corpo legislativo nacional proporcional à população. Este segundo

[951] Ibidem, p. 233-234.
[952] Ibidem, p. 277-278.

ponto foi marcado por grande divergência, uma vez que os delegados dos pequenos Estados temiam, com razão, que os grandes controlassem o governo. A saída dos pequenos foi apresentar o Plano de Nova Jersey, que propunha a manutenção de um Congresso unicameral, em que todos os entes federativos tinham direito a um voto, independentemente de sua população, assim como um governo confederado de poderes limitados. A questão foi resolvida com a adoção de um sistema bicameral, com uma casa congressual representando o povo e outra os entes federativos (Senado), sendo esta paritária, com dois senadores por estado-membro. O documento que surgiria dos debates seria um meio termo entre os dois polos do pensamento político. Uma de suas principais características era um sistema "federal" no qual os poderes e responsabilidades eram divididos igualmente entre os governos estaduais e o nacional[953].

Havia preocupação com a doutrina de separação de poderes, então muito influente naquele período do século XVIII, sob o temor da concentração de poder em qualquer ramo do governo. Assim, foram criados um Congresso e os ramos executivo e judiciário fortes e independentes, com mecanismos de controle recíprocos[954]. Destacou-se também o reconhecimento de que as maiorias populares deveriam ter voz em alguma dimensão da estrutura governamental mas, ao mesmo tempo, incluíram-se salvaguardas contra a manifestação de paixões populares e entusiasmos temporários[955].

5.4.2 A consolidação da Constituição Americana

Quatro meses após sua reunião, em setembro de 1787, encerraram-se os trabalhos. Na ocasião, os americanos descobriram que os delegados haviam excedido sua autoridade ao não apenas revisar os estatutos, mas criar uma forma de governo quase inteiramente nova. A ratificação das mudanças, além disso, seriam feitas por apenas 9 dos 13 Estados. Pouco tempo depois, a Constituição seria aceita por todas as unidades. Os federalistas, em alguns momentos, equiparavam o governo à tirania. No

953 SELLERS, Charles, MAY, Henry e Mc MILLEN, Neil R., *Uma reavaliação da história dos Estados Unidos*, cit., p. 86.
954 Ibidem, p. 105.
955 Ibidem, p. 106.

entanto, Benjamim Franklin apoiou ardorosamente a Constituição. Os historiadores americanos questionaram muito em que medida o povo aprovou a nova Constituição. É verdade que o direito de voto ainda era muito limitado, mas fora ampliado durante a Revolução e compreendia, naquela época, em consequência do aumento das propriedades, alta porcentagem de homens brancos adultos[956].

Como a nova Constituição era uma iniciativa totalmente nova, e não uma simples revisão dos artigos da Confederação, estabeleceu-se uma disputa política sobre sua aprovação. No entanto, a oposição dividia-se entre os que tinham aceito parte ou toda a Confederação de Filadélfia, mas desaprovavam os resultados finais, e aqueles que se opunham ao movimento de revisão da Constituição[957]. Por fim, a oposição cede, em parte devido às notícias de que o Estado de Virgínia e outros já tinham ratificado, ameaçando Nova York de isolamento, e em outra pelo temor de que, em caso contrário, a cidade de Nova York tentasse se separar do Estado para se ligar diretamente à União[958].

Entre dezembro de 1787 e julho de 1788, 11 estados ratificaram a nova Constituição; a Carolina do Norte e Rhode Island seguiram logo depois. Em 1791, Vermont foi o primeiro estado anexado à União em acréscimo aos 13 originais.

Em relação ao Congresso, "o problema mais importante era ainda o financiamento, sobre o qual o Congresso queria manter o controle. Foi sugerido que este controle poderia ser exercido, mantendo vivo o sistema das comissões, mas a proposta é recusada em favor da criação do cargo de secretário do tesouro; mas este deve satisfações também ao Congresso e não apenas ao presidente, o que não era solicitado aos outros chefes do Departamento. É provável que Hamilton – a quem tinha sido atribuído o cargo – pensasse em tornar-se uma espécie de primeiro-Ministro, com o Presidente reduzido a uma posição meramente figurativa; mas o Congresso impediu sua projeção pessoal e Washington, por seu lado, não tinha nenhum interesse em ser posto de lado. De fato, a presença do presidente no centro das atividades governamentais era necessária para

956 História das revoluções. *Revista O Cruzeiro*, 07, p. 113.
957 SALDANHA, Nelson, *Formação da teoria constitucional*, cit., p. 64.
958 Ibidem, p. 93.

equilibrar as fortes tendências personalistas de Hamilton e as de Thomas Jefferson, secretário de Estado, favoráveis a um governo ainda mais limitado"[959]. Logo, as várias tendências começariam a ficar claras na política americana.

Geralmente, admite-se a Constituição dos Estados Unidos promulgada em 1787 como a primeira Constituição *escrita* no sentido contemporâneo[960]. A afirmação definitiva da supremacia da União (inclusive em termos políticos e financeiros) correspondeu à acabada apresentação do modelo *federal* de governo como específica obra norte-americana, tão específica quanto a solução presidencialista que desde o início se havia implantado. O calvinismo era uma base fundamental, que atuava concretamente na formação das mentes. Não à toa, a Bíblia é muito citada no texto original. Da lei evangélica à lei jurídica e constitucional o passo não foi difícil. A ideia de *lei escrita* deu base à noção de Constituição na acepção moderna do termo[961].

E sendo federal, a Constituição era, na descrição de Nelson Saldanha[962], duplamente *higher law*. Era mais alta por ser a lei organizadora do Estado, sobrepondo-se às leis comuns, e era-o por ser da União e do todo, sobre as leis estaduais. Conforme Corwin[963] demonstrou, ela foi pensada desde logo de acordo com o velho modelo das leis fundamentais: como lei mais alta, condicionadora de toda conduta política e expressadora de um consenso geral. Em sua primeira edição, de 1880, o manual básico de

959 *Revista História das Revoluções*, cit., n. 7, p. 118.

960 SALDANHA, Nelson, *Formação da teoria constitucional*, cit., p. 64.

961 Ibidem, p. 66.

962 Nelson Nogueira Saldanha (1933 – 2015) – Graduou-se em Direito pela Faculdade de Direito do Recife, onde também obteve os títulos de Doutor em Direito e de Livre-docente. Notabilizou-se no campo da Filosofia do Direito e da História das Ideias Jurídicas, mas também se destacou no Direito Constitucional e na Sociologia do Direito.

963 Edward Samuel Corwin (1878 – 1963) – Recebeu seu diploma de graduação da Universidade de Michigan em 1900, e o seu Ph.D. da Universidade da Pensilvânia em 1905, mesmo ano que foi convidado a integrar o corpo docente da Universidade de Princeton. É autor de muitos livros sobre o direito constitucional dos Estados Unidos da América, e permaneceu na universidade de Princeton até sua aposentadoria, em 1946. Foi presidente da Associação de Ciência Política Americana.

Cooley[964] definia ainda a Constituição em termos muito genéricos (sem aludir ao caráter escrito), mas incluindo a alusão à soberania e partindo em seguida para a referência ao contexto norte-americano e à relação com os Estados[965].

5.4.3 A democracia americana e a participação popular

O referendo, a iniciativa legislativa e o "recall" são institutos que foram fortemente defendidos pelos movimentos progressistas de reforma municipal no início do século XX. Os reformadores estavam convencidos de que o crescimento populacional e a urbanização dificultaram para os cidadãos manter funcionários responsáveis e a fiscalização dos negócios públicos, como havia quando a sociedade era menos complexa.

"A larga diversidade de projetos e programas governamentais, em termos de sua importância e impacto sobre os cidadãos, evidencia que em alguns deles há maior necessidade da participação popular do que em outros. A participação ativa dos cidadãos normalmente não é necessária em simples programas operacionais, incontroversos e rotineiros. Por outro lado, projetos públicos, envolvendo largas somas em dinheiro e maior impacto na vida dos cidadãos devem ser planejados e executados com o seu envolvimento"[966].

"A questão se modifica quando se trata de programas altamente polêmicos, nos quais os cidadãos serão automaticamente envolvidos independentemente da utilização dos instrumentos formais de participação, seja através de atos de protesto, seja por ações judiciais para o bloqueio do programa"[967].

"Apesar dos anseios de expressivo contingente do eleitorado para que os principais mecanismos de democracia semidireta nos Estados Uni-

964 Thomas McIntyre Cooley (1824 - 1898) - Foi o vigésimo quinto Juiz e posteriormente Chefe de Justiça do Supremo Tribunal de Michigan, entre 1864 e 1885. Cooley foi professor e Reitor da Faculdade de Direito da Universidade de Michigan. Escreveu importantes obras sobre a Constituição norte-americana.

965 SALDANHA, Nelson, *Formação da teoria constitucional*, cit., p. 64-67.

966 BOCZAR, Sônia, Referendo e iniciativa popular na perspectiva dos modelos suíço e norte-americano (*dissertação de mestrado na Universidade de São Paulo - USP*), cit., p. 73.

967 Ibidem, p. 73.

dos sejam admitidos no plano nacional, sua utilização, embora bastante ampla, é ainda restrita aos níveis estadual e municipal"[968].

"Além do referendo e da iniciativa popular, os americanos contam também com outros institutos importantes, tais como o *recall*, as audiências públicas as '*open town meetings*' e os comitês ou conselhos comunitários"[969].

5.4.3.1 Eleições nos EUA – O Colégio Eleitoral

No final do século XVIII os fundadores dos Estados Unidos tinham dificuldades para realizar as primeiras eleições, devido à extensão territorial. De forma pragmática decidiram:

- Cada estado dos 13 existentes faria o seu próprio ato eleitoral e após a contagem enviariam 2 representantes (delegados) levando o resultado até a Pensilvânia. A viagem demorava e, caso acontecesse um acidente com um dos representantes, o outro chegaria ao centro de decisões.
- O vencedor no respectivo estado ficaria com todos os votos, sendo que estes corresponderiam ao número explicitado de delegados, que representaria, respeitando a proporcionalidade populacional.
- Procuraram, também, combater os demagogos e a aristocracia existente e, em decorrência, propuseram uma "eleição indireta" que dificultaria a ascensão de aventureiros e oportunistas, evitando tendências autoritárias.

Esta opção beneficiava os cidadãos do campo, a maioria da população americana naquela época.

Atualmente, o Colégio Eleitoral é formado por 538 delegados, representando a soma do número de deputados e senadores do respectivo estado, sendo que a capital federal, o Distrito de Columbia, indica três delegados. O eleitor escolhe os delegados que representam o seu estado e que votarão no presidente escolhido. No voto direto escolhe o can-

968 Ibidem, p. 74.
969 Ibidem, p. 74.

didato e os delegados que irão ratificar a opção por aquele presidente (republicano ou democrata).

Realizada a contagem dos votos e escolhido o vencedor em cada estado, o ungido fica com todos os delegados do estado. Os delegados levam os votos para o Colégio Eleitoral que tem mais peso que a votação da população[970].

5.4.3.2 A evolução do referendo nos EUA

O primeiro referendo nos Estados Unidos ocorreu em Massachusetts, no ano de 1640. Em seguida à Declaração da Independência dos Estados Unidos em 1776, as Assembleias Constituintes dos Estados submeteram à votação dos eleitores seus projetos de Constituições. Os eleitores de Massachusetts rejeitaram o documento de 1778, mas aprovaram, em 1780, um novo projeto encaminhado pela assembleia constituinte. Da mesma forma, os eleitores de New Hampshire rejeitaram o projeto proposto em 1778, tendo aprovado em 1784 o proposto pela segunda assembleia[971].

Quanto à legislação ordinária, a resistência foi maior. Houve tribunais que julgaram que as leis do Estado, elaboradas sob autoridade delegada pelo povo, não poderiam ser redelegadas ao seu poder. A regra "*delegata potesta non potest delegari*" foi efetivamente seguida no que concerne às leis estaduais, com uma única exceção judicial sobre lei de proibição de bebida alcoólica, decretada em 1852. O referendo[972] entrou numa nova

[970] Nas eleições atuais há polêmicas sobre o sistema, pois o candidato pode ganhar no voto popular e perder no Colégio Eleitoral. Além de as zonas urbanas ficarem prejudicadas devido ao peso das zonas rurais. Diferentemente do século XVIII, hoje as zonas urbanas concentram uma população muito maior do que as zonas rurais.

[971] Ibidem, p. 74-75.

[972] "LUQUE aponta alguns fatos relevantes nesse período, como o programa da "American Federation of Labor", que na década de 1880 propõe a introdução do Referendo legislativo nas Constituições de diferentes Estados; a criação em 1894 da "Direct Legislation League"; as Resoluções da Suprema Corte a respeito da compatibilidade entre participação direta e forma republicana de governo, em 1910) e, também a plataforma de W.Roosevelt para a eleição presidencial de 1912, em que propõe o referendo legislativo federal como meio de superar a declaração de inconstitucionalidade de uma lei pela Suprema Corte.
Por outro lado, o governo representativo então praticado nos Estados Unidos deixava muito a desejar, por não assegurar a satisfação do interesse geral, fato este reconhecido por publicistas e estadistas americanos e outros de renome internacional. BARTHÉLEMY-

era em 1898, quando eleitores de Dakota do Sul emendaram sua Constituição, assegurando ao povo o direito de propor medidas que, após aprovadas pelo legislativo, deveriam ser submetidas à votação pelos eleitores do Estado, bem como o direito de requerer que qualquer lei emanada do Legislativo fosse submetida ao voto popular antes de entrar em vigor. As únicas exceções para o requerimento do referendo eram para as leis destinadas a preservar a paz pública, saúde, segurança, manutenção do Estado e a existência de suas instituições[973].

5.4.3.3 Tipos de referendos nos Estados Unidos

Além da distinção oficial do referendo no Estadual ou Local e Constitucional ou Ordinário, quatro outros tipos podem ser identificados:

-Duez assim observam: 'As legislaturas muitas vezes, os Juízes algumas vezes, estavam entre as garras dos poderes do dinheiro, os trustes, as grandes companhias bancárias, comerciais e industriais; a oligarquia financeira comandava os representantes do povo e os fazia governar dentro de seus interesses egoístas. O governo tornava-se "a nutrição dos interesses particulares". A prática do "lobby", do "log-rolling" asseguravam e mantinham habilmente a corrupção parlamentar. A elaboração da legislação de interesse geral era negligenciada e, pelo contrário, as legislaturas, em uma atividade ruinosa para o Estado, votavam, sem confrontar os interesses locais e privados' (Barthélemy-Ouez, 1933, p.116) Ferreira Filho também comenta a atuação dos grupos de pressão intensa e até ostensiva então praticada nos Estados Unidos, onde estes colocavam à disposição do Poder Legislativo dados e toda a assistência técnica necessária à formulação das leis, tratando-se de um recurso eficaz para a sustentação de seus interesses, ao oferecerem 'os dados que lhes justificam as teses, omitindo ou desfigurando os que as contrariam'. (Ferreira Filho, 1984, p.136). Este foi o motivo que levou o Congresso Americano à implantação do Serviço de Informação Legislativa, de altíssimo nível, como um órgão de assessoramento na elaboração das leis. Na opinião de Zimmerman, os programas governamentais podem ser desenvolvidos pelo corpo legislativo, planejadores profissionais e burocratas, sem a formal participação direta do povo, depositando este integral confiança nos representantes eleitos, no sentido de que o interesse público estará neles assegurado. "Mas a difusão de uma ativa e ampla participação popular é essencial para o melhor funcionamento das várias unidades governamentais nos Estados Unidos, pois, os órgãos intermediários nem sempre representam acuradamente a visão dos cidadãos". Vide BOCZAR, Sônia, Referendo e iniciativa popular na perspectiva dos modelos suíço e norte-americano (*dissertação de mestrado na Universidade de São Paulo – USP*). Orientador: Manoel Gonçalves Ferreira Filho, 1994, p. 71-72.

[973] Ibidem, p. 73.

Referendo obrigatório – "A adoção de uma nova Constituição Estadual ou Emenda Constitucional, exceto em Delaware, requer o voto afirmativo da maioria do eleitorado. Ademais, um número de atos são determinados pelo Estado ou corpo legislativo local 'ad referendum'. Um referendo compulsório típico é feito para questões para adotar ou emendar Cartas e incorporar municipalidades"[974].

"A Constituição de Massachusetts de 1780 foi a primeira a exigir a realização de referendo público sobre a questão de convocação de assembleia constituinte (*constitutional convention*). A Constituição de 14 Estados exige que esta convocação seja feita periodicamente ou o Poder Legislativo será obrigado a colocar a questão nas urnas. Recentemente, há uma tendência de se submeter propostas constitucionais separadas para não haver o risco de se rejeitar todo o documento"[975].

Os programas de austeridade em Nova York também são submetidos ao referendo obrigatório e, se rejeitados, podem ser corrigidos três ou quatro vezes e submetidos ao eleitorado para aprovação. "A Constituição de 13 Estados somente permite aumento de dívida estadual mediante o consentimento da maioria do eleitorado, o mesmo ocorrendo para o aumento de impostos"[976].

Referendo Consultivo – Há duas variedades de referendo consultivo ou não obrigatório. A primeira variedade envolve o corpo legislativo, procurando consultar o eleitorado através da colocação da questão nas urnas. O corpo legislativo é apenas guiado e não está comprometido com o resultado do plebiscito.

"O legislativo de Nova York, em 1883, autorizou um referendo consultivo de contrato de trabalho nas prisões do Estado. Em 1895 houve em Massachusetts um do mesmo tipo para a questão da admissão do voto de mulheres nas eleições municipais. Em 1974, as autoridades de Cocoa Beach, na Flórida, não foram capazes de chegar a uma decisão sobre a proibição ou não do topless pelas mulheres na praia e submeteram a proposta da lei antitopless aos eleitores, que a rejeitaram"[977].

[974] Ibidem, p. 81.
[975] Ibidem, p. 81-82.
[976] Ibidem, p. 82.
[977] Ibidem, p. 84.

Em 3 de novembro de 1982 eleitores em muitos governos locais e em oito Estados participaram em um grande referendo consultivo sobre produzir ou congelar o programa de armamentos nucleares. Nos Estados Unidos e na Suíça os referendos, mesmo facultativos, têm efeitos diretos sobre a questão em causa, sendo, portanto, vinculantes[978]. Sobre o referendo, podemos acrescentar que:

> *"Este tipo de referendo, desenvolvido recentemente e relacionado com o referendo consultivo oficial, é o chamado plebiscito não oficial, criado para sentir a opinião das pessoas acerca de determinado assunto. Em 1982, simpatizantes do congelamento da produção de armas nucleares coletaram aproximadamente 22 mil assinaturas para terem a questão colocada em referendo obrigatório em Austin, no Texas, porém, a Procuradoria da Cidade alegou que a questão não era de caráter municipal e portanto não poderia haver o referendo. Os proponentes não desistiram e conseguiram fazer o plebiscito não oficial, em urnas lacradas e contadas sob a supervisão da 'Travis County'"*[979].

Em maio de 1981, ocorreu em San Diego, na Califórnia, o primeiro referendo de protesto conduzido inteiramente pela via postal, do qual participaram 61,7% dos eleitores quando estes rejeitaram a proposta de construção de um centro de convenções no centro da cidade[980].

Referendo voluntário – É possível fazer-se, também, o chamado referendo voluntário ou indireto. Esta modalidade é iniciada pelo Legislativo a fim de que o eleitorado solucione questão de natureza polêmica.

Inúmeras questões, tais como a fluorização da água e a venda e consumo de bebidas alcoólicas, são cobradas, e os políticos sabem que se votarem contra ou a favor perderão significativo número de eleitores. Assim, autorizam votações para que cada comunidade resolva a questão de acordo com o pensamento da sua maioria[981].

[978] Benevides, Maria Victoria de Mesquita. *O governo Kubitschek*, Rio de Janeiro: Editora Paz e Terra, 1979, p. 153.

[979] Boczar, Sônia, Referendo e iniciativa popular na perspectiva dos modelos suíço e norte-americano (*dissertação de mestrado na Universidade de São Paulo – USP*), cit., p. 72.

[980] Ibidem, p. 86.

[981] Ibidem, p. 86.

O veto popular ou "*Petition Referendum*", também conhecido como referendo de protesto ou referendo direto, estabelece um tipo de veto popular, permitindo aos eleitores, por meio de petição, suspender a implementação de uma lei até que um referendo determine se esta lei deve ser revogada.

A petição de referendo é similar à iniciativa na ação de levar uma lei a referendo dos eleitores. Se for muito bem sucedida em termos do número de assinaturas, resultará em referendo obrigatório. Este tipo de referendo é empregado em 24 Estados e pode ser usado visando a revogação parcial ou total da lei[982]. "Atos de emergência ou de desapropriação estão excluídos do veto popular em 10 Estados. Para a suspensão de lei e sua colocação em referendo o número exigido de assinaturas varia de 2% a 15% do eleitorado. O referendo de protesto é mais utilizado do que a iniciativa por grupos conservadores ou liberais, integracionistas ou segregacionistas, para atingir seus objetivos"[983].

5.4.3.4 A evolução da iniciativa popular

A maioria dos autores costuma atribuir a origem da iniciativa popular aos cantões suíços e à Constituição de Dakota do Sul, em 1898, que a previu expressamente. No entanto, o instituto tem suas raízes mais remotas nas "*open town meetings*", nos Estados de New England.

"Em 22 de dezembro de 1715, a 'General Court' de Massachusetts (uma espécie de assembleia legislativa do Estado) promulgou uma lei, estabelecendo que, para a inclusão de cada artigo no documento a ser submetido à *Town meeting* pelos 'selectmen', era necessário apresentar uma petição assinada por dez ou mais eleitores"[984].

A legislação direta ganhou apoio substancial nos movimentos progressistas das duas primeiras décadas do século XX. Na Califórnia, os líderes progressistas estavam extremamente insatisfeitos com o controle do Poder Legislativo pelas corporações e concluíram que a iniciativa e o veto popular poderiam quebrar o monopólio e controlar a máquina política.

982 Ibidem, p. 87.
983 Ibidem, p. 87.
984 Ibidem, p. 88.

O entusiasmo com a elaboração das leis diretamente pelos cidadãos foi bastante forte no período entre 1898 a 1918, quando dezenove Estados adotaram a iniciativa. Nenhum Estado a adotou no período subsequente até o ingresso do Alaska na Federação, que adotou Constituição estabelecendo a iniciativa apenas para o nível constitucional. Wyoming adotou a iniciativa em 1968, Illinois em 1970 e a Flórida em 1972.

Na entrada do século XXI, Constituições de 26 Estados norte-americanos preveem um ou mais tipos de iniciativas. As previsões constitucionais em alguns Estados, como Idaho, South Dakota e Utah são lacônicas, cabendo a regulamentação ao Poder Legislativo estadual. Em outros, como Colorado e Ohio, as Constituições trazem o procedimento de forma detalhada e, finalmente, há Estados em que as Constituições preveem a iniciativa e o referendo como autoexecutáveis.

Quando se trata de matéria constitucional, a iniciativa popular é prevista em 17 Estados e, em 1982, das 12 iniciativas populares propostas apenas três foram ratificadas. Em contrapartida, das 287 propostas elaboradas pelos poderes legislativos estaduais, 214 foram ratificadas, resultando uma taxa de aprovação de 74,6%.

Em relação às leis ordinárias, 21 Estados podem empregar a iniciativa popular para sua elaboração, "e o poder de veto do governador não se estende às iniciativas do eleitorado aprovadas. Os Estados normalmente distribuem uma cartilha oficial aos eleitores, descrevendo as proposições e os argumentos pró e contra cada proposição"[985]. Quanto ao número de assinaturas exigido, a variação é bastante expressiva. Para emendas constitucionais vai de 3% a 15% dos votos para governador. Algumas considerações sobre o procedimento:

"A iniciativa, embora autorizada na maior parte dos Estados, para adotar ou emendar Cartas locais raramente é utilizada. Um estudo nacional realizado em 1981 mostrou que as *'local government charters'* raramente são adotadas ou emendadas através de referendos ou iniciativas populares. Das municipalidades pesquisadas, 20% indicam que este poder nunca foi empregado e em 36% a utilização foi rara"[986].

[985] Boczar, Sônia, Referendo e iniciativa popular na perspectiva dos modelos suíço e norte-americano (*dissertação de mestrado na Universidade de São Paulo – USP*), cit., p. 91.
[986] Ibidem, p. 93.

Tanto os defensores quanto os opositores desse mecanismo de participação popular, em vários estados, reconhecem que certas matérias delicadas não deveriam ser objeto de campanha de iniciativa porque podem produzir uma reação emocional pela maioria dos eleitores[987]. Algumas particularidades:

"As Constituições estaduais estabelecem numerosas restrições ao seu exercício, como, por exemplo, apropriações e medidas de emergência. A Constituição de Massachusetts é a que contém o maior número de restrições. A de Illinois limita em três o número de propostas por votação referendária em cada exercício. Já a Constituição do Arkansas estipula expressamente: 'Nenhuma limitação pode ser colocada sobre o número de emendas constitucionais, leis ou outras medidas que venham a ser propostas e submetidas ao povo tanto pela iniciativa popular como por petição de referendo'"[988].

Proponentes e oponentes de medidas objeto de referendo frequentemente buscam decisões no judiciário norte-americano, quer para fortalecer suas posições, quer para anular ou invalidar o referendo. Algumas causas referem-se a restrições ao número de questões colocadas em votação, outras sobre a linguagem empregada na formulação das propostas, outras sobre fraudes.

Uma questão comum é a provocada pela limitação da manifestação dos eleitores às palavras "sim" ou "não". O maior problema, porém, com o emprego de petição de referendo (e também para iniciativa e *recall*) consiste na possibilidade de fraude nos abaixo assinados[989]. Tal como sucede na Suíça, há nos Estados Unidos a preocupação no sentido de que o excesso de participação política poderia saturar o eleitorado, levando a efeitos contrários aos desejados, como o absenteísmo ou a apatia política.

Alguns autores argumentam que o poder de veto popular (*petition referendum*) tem o potencial de tornar os legisladores mais responsáveis

987 No Brasil, há um temor comparável ao se tratar de determinados temas, como a pena de morte, principalmente após crimes graves contra a vida, apesar de uma parte da população clamar pela modificação da lei.

988 BOCZAR, Sônia, Referendo e iniciativa popular na perspectiva dos modelos suíço e norte-americano, cit., p. 93-94.

989 Ibidem, p. 95.

perante os cidadãos. Em contrapartida, outros argumentam que o referendo enfraquece o governo representativo, desencorajando os líderes enérgicos a se candidatarem ao Poder Legislativo, por temerem ver seus esforços serem desperdiçados pelo emprego do referendo[990].

"Muito utilizado tanto em relação à participação popular na Suíça quanto nos Estados Unidos, é o argumento de que o povo é demasiadamente conservador e que muitas vezes impede a adoção de medidas necessárias e inovadoras"[991]. A história demonstra que a generalizada insatisfação popular com os governantes[992] acaba por produzir ou a revolta ou a introdução de mecanismos institucionais para limitar-lhes o poder.

"Os instrumentos de democracia direta (*Landgesmeinden* e *open town meeting*) e os institutos de democracia semidireta, Recall e tais como o Referendo e a Iniciativa Popular, foram instituídos nos dois modelos analisados com o objetivo de frear os poderosos e de defender a soberania popular"[993].

"Constituíram, por assim dizer, a forma mais pacífica encontrada de se evitar o confronto entre governantes e governados, e acabaram por consolidar uma forma de governo que levaram os dois países a uma estabilidade política maior do que a existente na maioria dos Estados contemporâneos"[994].

[990] Ibidem, p. 96.

[991] Ibidem, p. 97.

[992] "Todo governo, na terra, tem certo traço de fraqueza humana, certo germe de corrupção e degenerescência que a esperteza descobrirá e a maldade insensivelmente porá a nu, cultivará e aperfeiçoará. Todo governo degenera quando confiado somente aos governantes do povo. O próprio povo, portanto, é seu único depositário seguro. E para torná-lo seguro, deve-se-lhe aperfeiçoar o espírito até certo grau. Isto, na verdade, não é tudo que seja necessário, embora seja essencialmente necessário". (JEFFERSON, Thomas. *Escritos políticos*. Col. Os Pensadores. São Paulo: Abril Cultural, 1979, p. 33).
Com apoio nestas convicções, JEFFERSON defendeu veementemente o ensino público, indispensável ao fortalecimento da cidadania.

[993] BOCZAR, Sônia, Referendo e iniciativa popular na perspectiva dos modelos suíço e norte-americano, cit., p. 98.

[994] Ibidem, p. 98.

O sistema representativo é, em alguns casos, uma fonte de problemas, e os institutos de participação popular não estão livres de defeitos e perigos.

Em nenhum dos dois modelos, pretende-se "chegar ao autogoverno real, como o praticaram os gregos, o que exigia o devotamento completo dos cidadãos ao serviço público. Nem se trata de dizer que o poder de julgamento dos eleitores é superior ao dos representantes eleitos, ou vice-versa. O fato é que o sistema representativo pode conviver em harmonia com a participação popular, amenizando um as deficiências do outro, como demonstram claramente as experiências da Suíça e dos Estados-Membros dos Estados Unidos da América. (...)

Na mentalidade vigente nestes dois países, o povo, enquanto fonte do poder, deve contar com instrumentos eficazes que lhe permitam sobrepor-se aos representantes na tomada de decisões, quando entender que existe esta necessidade. E, o que é muito importante, não há registro no sentido de que a classe política suíça ou americana tenha perdido em dignidade e respeitabilidade em virtude da atuação dos eleitores através de tais institutos. (...)

Com todos os defeitos que possam ser imputados aos mecanismos da chamada 'democracia semidireta', não nos Estados-Membros dos Estados menor indício de que os cidadãos suíços ou americanos deles pretendam abrir mão, o que não deixa de ser significativo. (...) O sucesso da prática participativa depende de muitos fatores, em especial, do nível de politização, instrução e informação do povo"[995].

Fatores comuns que contribuíram para a prática frequente da democracia semidireta nos dois países:

"a) a tradição cultural participativa;
b) sua admissão no ordenamento jurídico positivo e sua regulamentação voltada para um certo controle na aplicação destes instrumentos;
c) o apego às autonomias regionais, que educa o cidadão para uma vida mais atuante no exercício da soberania popular;

[995] Ibidem, p. 99-100.

d) um espírito de cidadania voltado para o respeito às leis;
e) a vontade de frear o despotismo dos representantes ou sua inércia;
f) um nível razoável de instrução e de informação do eleitorado" [996].

O sucesso em referência não quer dizer que todas essas condições tenham que estar presentes para que estes meios possam ser utilizados. Algumas delas, aliás, podem ser conquistadas através dos mecanismos de participação.

5.5. Os partidos políticos[997]: origens dos Republicanos e dos Democratas

Primeiro grupo político a se organizar, o Partido Republicano (antigo), sob a liderança de Thomas Jefferson[998] e Madison, teve como principal oponente o Partido Federalista, liderado por Adams e Hamilton. Os fede-

[996] Ibidem, p. 100-101.

[997] Os EUA tiveram, até 2020, 45 presidentes da República, basicamente de três partidos. São eles: George Washington (1789-1797) – sem partido; John Adams (1797-1801) – federalista; Thomas Jefferson (1801-1809) – democrata-republicano; James Madison (1809-1817) – democrata-republicano; James Monroe (1817-1825) – democrata-republicano; John Quincy Adams (1825-1829) – democrata-republicano; Andrew Jackson (1829-1837) – democrata; Martin Van Buren (1837-1841) – democrata; Willian Henry Harrison (1841) – whig; John Tyler (1841-1845) – sem partido; James K.Polk (1845-1849) – democrata; Millard Filmore (1850-1853) – whig; Franklin Pierce (1853-1857) – democrata; James Buchanam (1857-1861) – democrata; Abraham Lincoln (1861-1865) – republicano; Andrew Jackson (1865-1869) – democrata; Ulysses Grant (1869-1877) – republicano; Rutherford Hayes (1877-1881) – republicano; James Garfield (março 1881 – setembro 1881) – republicano; Chester A. Arthur (1881-1885) – republicano; Grover Cleveland (1885-1889) – democrata; Benjamin Harrison (1889-1893) – republicano; Grover Cleveland (1893-1897) – democrata; Willian Mckinley (1897-1901) – republicano; Theodore Rooselvet (1901-1909) – republicano; Willian H. Taft (1909-1913) – republicano; Woodrow Wilson (1913-1921) – democrata; Warren G. Harding (1921-1923) – republicano; Calvin Coolidge (1923-1929) – republicano; Hebert Hoover (1929-1933) – republicano; Franklin D. Rooselvet (1933-1945) – democrata; Harry S. Truman (1945-1953) – democrata; Dwight D. Eisenhower (1953-1961) – republicano; John F. Kennedy (1961-1963) – republicano; Lyndon B. Johson (1963-1969) – democrata; Richard Nixon (1969-1974) – republicano; Gerald Ford (1974-1977) – republican; Jimmy Carter (1977-1981) – democrata; Ronald Reagan (1981-1989) – republicano; George H.W. Busch (1989-1993) – republicano; Bill Clinton (1993-2001) – democrata; George W. Bush (2001-2009) – republicano; Barack

ralistas defendiam um governo central bem estruturado, industrialista, preocupado em organizar as finanças e que defendia ainda boas relações com a Grã-Bretanha e a condenação dos revolucionários franceses. Em contraposição, o Partido Republicano, que depois se chamaria Partido Democrata-Republicano, mas que será conhecido popularmente como "os republicanos", era favorável à autonomia dos estados, à interpretação estrita da Constituição, aos pequenos proprietários, adepto dos princípios de Rousseau e tinha predileção pela França em detrimento da Grã-Bretanha, sendo também temeroso das ingerências radicais do poder central nos estados e nas liberdades individuais.

Em 1824 só permanecia em evidência o Partido Democrata-Republicano, novo nome do Partido Republicano de Thomas Jefferson. Os federalistas haviam praticamente desaparecido como partido político. Sem uma oposição, as hostilidades cresceram dentro do partido e quatro candidatos disputaram o voto popular pelo mesmo partido (Democrata-Republicano): Henry Clay representava as reformas nacionalistas e protecionistas da era Monroe; William Crawford os ideais dos fundadores da agremiação; Andrew Jackson representava os setores populares e agrá-

Obama (2009-2017) – democrata; Donald Trump (2017-2021) – republicano; Joe Biden (2021-) – democrata. Fonte: The Executive Branch (o poder executivo em português) .

[998] Segundo Pennington Haile descreve em sua obra (*Raízes filosóficas da democracia e do comunismo*, Queluz de Baixo: Editorial Presença, 1966, p. 46-47), Thomas Jefferson, cuja inteligência fértil se impregnara das teorias de Locke, encarava a necessidade de se estabelecer uma nação verdadeiramente democrática, e difundir a propriedade. Sabia ele dos perigos inerentes a ter-se muita riqueza concentrada nas mãos de apenas uns poucos. Desse modo procurou obstar tal difusão entre os aristocratas rurais da Virgínia onde nascera, recomendando a abolição da lei da "primogenitura", pela qual o filho mais velho herdara toda a propriedade territorial de seu pai. Além disso, Jefferson, no dizer de Northrop, "temia os efeitos sobre a democracia do desenvolvimento nos Estados Unidos de uma propriedade privada nas mãos de muito poucos que tal sociedade poderia produzir, e os males da vida urbana congestionada por ela criados". Sobre a era de Jefferson, assim escreve o autor: "esses alarmantes efeitos da Revolução Industrial já estavam a verificar-se na Inglaterra, e ele [Jefferson] antevia que cedo se desenvolveriam em sua querida pátria. Talvez previsse ele, de um modo geral, que aqueles mesmos males – muito para uns poucos, poucos demais para o maior número – de um desenvolvimento industrial descontrolado haveria de ser, em seus primeiros momentos, um estímulo para uma revolta contra a sociedade democrática 'livre'".

rios; John Quincy Adams, mentor da "Doutrina Monroe"[999], defendia reformas que levassem ao fim da escravidão. Apesar de Andrew Jackson ter sido o mais votado, não conseguiu a maioria simples no colégio eleitoral. A decisão da eleição indireta para presidente ficou com a Câmara dos Representantes. Clay aliou-se a Adams (segundo colocado na eleição) e garantiu a vitória deste, ganhando em troca a nomeação para secretário de Estado.

Devido às fortes disputas internas dentro do partido, os partidários de Jackson formaram uma facção dentro do Partido Democrata-Republicano. Em 1828 esta facção transformou-se no **Partido Democrata**, mesmo ano em que Jackson torna-se Presidente ao derrotar Adams. Este e seus partidários haviam fundado uma nova agremiação, o Partido Nacional Republicano.

A base de apoio de Andrew Jackson para vencer a eleição veio dos estados do sul, dos trabalhadores e dos fazendeiros do oeste. Foi o primeiro presidente que não tinha origem nas elites norte-americanas. Era uma figura rude, sem poder de retórica e de maus modos, **sendo alcunhado jocosamente pelos opositores de burro, símbolo que foi incorporado pelo Partido Democrata**.

O impulso democrático provinha de *outsiders* políticos, de pessoas que se sentiam estigmatizadas e oprimidas pela elite aristocrática. No entanto, estavam excluídos, como vimos anteriormente, os escravos, mulheres e indígenas, ou seja, a maior parte da população. Uma conquista inicial, obtida nos anos 1850, foi a generalização do sufrágio universal para os homens brancos. Ao mesmo tempo, no nível nacional, a democracia viu-se estreitamente ligada ao destino político de Andrew Jackson, herói militar eleito presidente em 1828. Jurista do Tennessee e proprietário de escravos de origem humilde, Jackson encarnava a indignação popu-

[999] James Monroe, presidente dos Estados Unidos da América de 1817 a 1825, apresentou proposta sobre uma hegemonia político-militar no continente americano ao Congresso dos Estados Unidos em dezembro de 1823. O contexto da reflexão e estratégia de Monroe era o do fim da Era Napoleônica (Napoleão foi afastado do poder em 1815 e morreu em 1821) e do subsequente retorno das bases absolutistas na Europa. Havia um temor de que as forças imperialistas europeias quisessem promover nova tentativa de incorporação das regiões americanas ao seu domínio. O *slogan* "A América para os americanos", em certa medida, sintetiza a proposta da chamada Doutrina Monroe.

lar contra um sistema político corrompido quanto ao papel dos partidos políticos. Vejamos abaixo:

> *"Os objetivos da Revolução foram refinados pela ascensão do Partido Democrata, graças à maneira pela qual os americanos conceberam e conduziram sua política eleitoral. O velho temor dos partidos políticos arruinando a harmonia nacional foi varrido por uma convicção cada vez mais generalizada de que, pelo contrário, os partidos eram indispensáveis para proteger as liberdades políticas americanas. Abria caminho a ideia de que o conflito era inevitável em todo sistema político livre. Na ausência de partidos regularmente estruturados, sob a direção de políticos profissionais formados e devendo prestar contas a um grande número de membros, era grande a chance de que os conflitos políticos já não fossem controlados e degenerassem em guerra civil ou em governo autoritário. Entretanto, uma concorrência leal entre os partidos políticos permitiria aos americanos cotejar suas divergências democraticamente, sem pôr a nação em risco. A democracia americana seria uma democracia de partidos"*[1000].

As eleições nacionais tornaram-se extremamente organizadas, na fronteira da representação teatral, encenando gigantescas paradas, discursos sensacionalistas e contínuos estratagemas para incitar as pessoas a irem às urnas. Uma nova categoria social surgiu, o político permanente, em regra um homem ambicioso de origem modesta, dedicado de corpo e alma a seu partido, sempre disposto a negociar e a lisonjear os eleitores.

Nesse novo diapasão os adversários do presidente Jackson criaram, em 1834, o *Whig Party*, um partido nacional inspirado no partido sinônimo inglês que reunia as tendências liberais contrárias aos conservadores britânicos. Liderado por Henry Clay, que se propunha representar a emergente classe média, as políticas modernizadoras e industrialistas, o protecionismo econômico e defendia a supremacia do Congresso ante o Presidente, o Whig representava os liberais do norte e a burguesia financeira e comercial. Essa agremiação sobreviveu até 1854 quando, junto com outros movimentos, grande parte de seus membros aderiram ao novo Partido Republicano, recém fundado.

[1000] DARNTON, Robert e DUHAMEL, Olivier. *Democracia*, cit., p. 56-57.

O **Partido Republicano**, fundado em 1854 pelos que se opunham à expansão do trabalho escravo, como Abraham Lincoln, atraiu dissidentes do Whig e de alguns democratas do norte. Até hoje usam o apelido G.O.P, ou *Grand Old Party* (O velho e grande partido) como sua denominação não oficial. O Supremo Tribunal era o escudo dessa agremiação para resolver conflitos entre os estados e a federação. **Seu símbolo passou a ser o elefante, como exemplo de constância e determinação**, desde que o partido foi retratado assim em uma caricatura assinada por Thomas Nast[1001] e publicada na revista Harper´s Weekly em 1874.

O primeiro presidente republicano foi Abraham Lincoln, que governou entre 1861 e 1865, e foi responsável pela abolição da escravatura e pela liderança do Norte durante a Guerra de Secessão contra o Sul.

Partido Democrata: fundado em 1828, surgiu para defender os interesses dos pequenos proprietários, fazendeiros do oeste e escravocratas do sul, Representava os que não se sentiam representados pela elite política e econômica, mas ao mesmo tempo deixou de lado escravos, mulheres e indígenas. Foi só no século XX, a partir de 1930, que os Democratas começam a defender as chamadas causas identitárias, começando-se a delinear o perfil pelo qual é visto atualmente, ou seja, aquele que defende maior intervenção do Estado na economia, ao buscar equilibrar o capitalismo com programas sociais. Apoiado pelos sindicatos, defende o direito das minorias, ao aborto e à educação pública.

Partido Republicano: fundado em 1854, como exemplo de constância e determinação, trouxe no seu bojo o apoio dos antiescravistas do norte. O partido tem na sua origem um histórico de apoiar princípios de liberdade e igualdade, partindo do pressuposto de que decisões individuais eram melhores do que decisões governamentais e que todas as pessoas detinham igualdade de direitos, sendo os primeiros a apoiar tanto o fim da escravidão como o sufrágio universal. A partir dos anos 1960, o Partido Republicano passou a se tornar mais conservador, especialmente quanto

[1001] Thomas H. Nast (1849 –1902) – Foi um famoso caricaturista e cartunista do século XIX, considerado um dos pais da charge política norte-americana. Teve longa carreira na revista *Harper's Weekly*, um dos principais meios de comunicação da época. Nast também foi o responsável pela criação da imagem do Papai Noel como conhecemos nos dias de hoje: roupas vermelhas com detalhes em branco e cinto preto.

a questões como direitos civis e eleitorais, e integração em habitação e educação. Atualmente a ideologia republicana aposta em uma menor atuação do Estado e defende ideias conservadoras, sendo mais evangélico, majoritariamente branco e com forte viés anti-imigração. Também é composto por americanos mais velhos, acima de 55 anos, e tem pouco suporte em comunidades afro-americanas e latinas.

5.6 Os EUA pós-independência (Século XIX)

Resolvida a questão constitucional, os EUA tratariam, logo, de aumentar seu território, principalmente em direção a Oeste, com o objetivo de crescimento econômico. Na década de 1790 surgiriam novos Estados, como Vermont, Ohio, Kentucky e Tenesse. Em 1803, a França, que estava em guerra contra a Inglaterra, vendeu a Lousiana a Jefferson por US$ 15 milhões, o que, além das novas aquisições de territórios, duplicaria a área do país. Entre 1810 e 1819 seria a vez de a Espanha perder a Flórida para os americanos em consequência de uma guerra e, em 1818, foi celebrado um acordo para fixar o paralelo 49 como fronteira do Canadá, colonizado por Inglaterra e França, com os EUA.

Um outro vizinho da América do Norte, o México, também perderia parte do seu território para os EUA. Em 1836, os texanos se voltaram contra o país vizinho e fundaram uma República que seria integrada à União em 1845, o que gerou uma guerra entre 1846 e 1848 que custaria aos mexicanos quase metade do seu território, com a celebração do tratado de Guadalupe-Hidalgo[1002]. No ano de 1849, ocorreu a corrida do ouro para a Califórnia, que foi integrada ao EUA em 1850.

A conquista do Oregon se iniciou em 1804 pela expedição de Meriwether Lewis[1003] e William Clark,[1004] "que subiu os afluentes do Mississipi",

[1002] Celebrado entre Estados Unidos e o México, no dia 2 de fevereiro de 1848, logo após a guerra Mexicano-Americana, entre 1846 e 1848, o acordo previa a cessão de 1,36 milhões de quilômetros quadrados do país latino ao EUA em troca de US$ 15 milhões. Isso significou a perda de quase metade do atual México ao poderoso vizinho.

[1003] Meriwheter Lewis (1744-1809) foi um dos mais famosos exploradores americanos. Também atuou como militar e coletor botânico, tornando-se responsável por catalogar várias espécies vegetais da flora dos EUA. Sellers, May e Mcmilen, *Uma reavaliação da história dos Estados Unidos*, cit., p. 100.

[1004] Companheiro frequente de Lewis e, como ele, ex-soldado do Exército, Walter Clark

atingindo a Colúmbia (Oregon) e abrindo uma via para a costa do Pacífico, transformando-se em estado em 1853. Desta forma os americanos ligavam o Atlântico ao Pacífico e triplicavam o seu território em tempo recorde (meio século). Dos 13 estados originários em 1789, passaram a 31 em poucas décadas[1005]. Por volta de 1860, os EUA tinham mais de quatro milhões de pessoas com origem estrangeira, sendo: irlandeses (38%), alemães (31%), ingleses (10%) e franceses (2,66%)[1006]. Ocorrem nesse período novas conquistas do Oeste, com massacre dos índios e recuo das tribos para o Oeste do Mississipi.

5.7 A Guerra de Secessão e o escravismo

Entre 1861 e 1865 um novo conflito, a Guerra de Secessão, marcaria para sempre a história dos Estados Unidos ao opor o Norte, industrial, antiescravista e moderno, ao Sul agrícola, escravista e aristocrático. O Norte buscava afirmar sua industrialização defendendo o mercado interno, enquanto o Sul dependia dos mercados externos para a sua plantação de algodão e outros produtos.

O que houve inicialmente foi que, durante o governo de Andrew Jackson (1828), um democrata radical, foi "inaugurado o *Spoils System* ('Sistema dos Despojos'), em que o partido majoritário ficaria com todos os postos administrativos" do Estado. O sul, liderado pela Carolina do Sul (John C. Calhoun), defendia a "nulificação", ou seja, o direito de cada estado anular as disposições federais que dificultassem a sua existência, gerando uma crise com a União (e com o norte industrial protecionista). Nesse contexto, desenvolveu-se a campanha abolicionista (tendo como polo o norte) que levou à formação de um novo Partido Republicano (1854). A essa altura, a Suprema Corte deu razão aos escravistas no caso Dred Scott (1857), irritando o norte, enquanto o Partido Democrático dividiu-se em dois (tendo como base o sul) e facilitou a eleição do repu-

(1770-1883), além de explorador, atuou como agente indígena e governador territorial dos EUA, celebrizando-se por várias descobertas de territórios à exploração branca. Ibidem, p. 100.

1005 Ibidem, p. 100.

1006 Ibidem, p. 100.

blicano Abraham Lincoln em 1860[1007], que era antiescravista. Nesse clima, os estados do sul declararam a separação (secessão), após a reu-

[1007] Segundo Peter Louis Eisenberg, em sua obra *Guerra civil americana*, p. 61-64, nas eleições presidenciais de 1860 a tensão política entre Norte e Sul chegou ao ponto máximo. Os Democratas dividiram-se fatalmente e escolheram dois candidatos para presidente. Os do Norte e do Oeste nomearam Stephen Douglas, o campeão da soberania popular, mas os do Sul nomearam John Breckinridge, o então Vice-presidente, um escravista do Kentucky que queria que o Governo Federal protegesse a escravidão nos territórios. Os antigos Whigs e os mais conservadores do Norte e do Sul escolheram o Senador John Bell do Tennessee, para tentar continuar com a política de acordos e não enfrentar diretamente a questão da escravidão; estes formaram o efêmero Partido da União Constitucional. Os Republicanos indicaram Abraham Lincoln de Illinois. Lincoln tinha pouca experiência política e tinha perdido uma eleição disputadíssima para senador de Illinois em 1858. Mas durante esta campanha para senador Lincoln tinha realizado uma série de debates muito comentados com o vencedor, Stephen Douglas, que tinha defendido a legalidade da escravidão no Sul e a ilegalidade da mesma nos territórios. Lincoln, entretanto, previa que "uma casa dividida contra si mesma não subsistirá. Acredito que esse governo, meio escravocrata e meio livre, não poderá durar para sempre... e ele se transformará só numa coisa, ou só noutra". Lincoln. nestes debates, tinha obrigado Douglas a reconhecer a contradição entre a soberania popular, que sujeitava a escravidão ao voto do povo, e a decisão judicial no caso de Dred Scott, que colocou o escravo na categoria sagrada da propriedade particular intocável pelas leis. Embora Douglas ganhasse a eleição para senador em 1858, desprestigiou a Corte Suprema e se desmoralizou seriamente com os Democratas do Sul, o que contribuiu para a cisão neste Partido, em 1860. Com os Democratas divididos, Lincoln ganhou as eleições presidenciais em 1860. Ele recebeu 40% do voto popular, o apoio de todos os dezesseis estados do Norte, e de dois dos três estados do Oeste, enquanto o Sul distribuía os seus votos entre Breckinridge (onze estados), Bell (três estados) e Douglas (um estado). Embora os Republicanos não tivessem ficado com maiorias nem no Senado nem na Câmara, eles conseguiram, pela primeira vez, a presidência, e pela primeira vez um partido declaradamente oposto à extensão da escravidão assumiu a liderança da União. O Sul, mesmo retendo o controle da Corte Suprema e boas chances para alianças no Congresso, interpretou a eleição de Lincoln como a sentença de morte para a escravidão. Após a contagem de votos e antes mesmo da posse de Lincoln, a Assembleia Estadual da Carolina do Sul, seguida pelas assembleias dos outros estados do Baixo Sul, votou para cortar todas as relações com o Governo Federal, num ato que levou a termo as ameaças das crises de nulificação em 1832 e da secessão em 1850. Estes estados justificaram-se dizendo que, na Constituição, eles tinham apenas delegado certos poderes para o Governo Federal, e que eles podiam reaver estes poderes quando quisessem. Ao mesmo tempo, as assembleias estaduais do Sul mandaram representantes para uma constituinte em Montgomery, Alabama, onde criaram a nova nação, os Estados Confederados da América (ECA). Esta

nião em Montegomery (1861 – Alabama) com delegados de sete estados do sul (Flórida, Geórgia, Carolina do Sul, Alabama, Mississipi, Louisiania e Texas) que "decidiram por uma Nova Confederação e elegeram como presidente Jefferson Davis"[1008]. Estava preparado o terreno para a maior conflagração do continente americano.

Posteriormente, houve a adesão dos estados da Virginia, Tennessee, Arkansas e Carolina do Norte à Secessão. A Guerra da Secessão iniciou-se em 12 de abril de 1861[1009], durou quatro anos, terminou com a vitória do norte, após a abolição da escravatura (22-09-1862), e o assassinato de Lincoln em 14 de abril de 1865[1010]. É importante observar:

> *"Da mesma forma que Davis, Lincoln enfrentava também dificuldades, uma vez que as divergências no tempo da guerra não se limitavam ao Sul. Nos estados fronteiriços (estados escravistas que haviam permanecido na União), era geral o sentimento contra ela, ao passo que não era total no Norte não escravo o apoio à guerra. À medida que a guerra civil se arrastava sem um sucesso definitivo do Norte, os 'Copperheads' – democratas acusados de deslealdade e que eram tão perigosos como as serpentes venenosas*

constituinte elaborou uma constituição modelada na dos EUA, mas com plenas garantias para a escravidão e proibições de subsídios para melhoramentos internos e de impostos de importação. A constituinte escolheu para presidente o Democrata Jefferson Davis, um fazendeiro de algodão, militar, ex-ministro da Guerra e duas vezes senador federal do Mississippi. Nas suas últimas semanas no cargo, o Presidente Buchanan ainda procurou com os moderados realizar acordos semelhantes aos de 1820 e 1850, restabelecendo a latitude de 36'30" como a divisão entre áreas livres e escravas no Oeste. Para evitar provocações, Buchanan desistiu de abastecer por mar as fortalezas federais no litoral da Carolina do Sul. Mas os Republicanos permaneceram intransigentes contra a extensão da escravidão ao Oeste e Lincoln, ao assumir a presidência em março de 1861, teimou em mandar 2.400 homens e 285 peças de artilharia, além de mantimentos, para o Forte Sumter. Antes que estes reforços chegassem, os Carolinianos bombardearam e destruíram completamente este forte, em abril de 1861. A guerra começou com este bombardeio. Para o Norte, a guerra inicialmente não visava a acabar com a escravidão, senão manter a união da nação e evitar a secessão do Sul. Para o Sul, a guerra visava a defender a secessão, a sua independência do Norte, e foi o único meio que restou para preservar a escravidão das esperadas pressões dos Republicanos. Quando o Norte tentou impedir a secessão, estourou a guerra.

[1008] SELLERS, MAY e MCMILEN, *Uma reavaliação da história dos Estados Unidos*, cit., p. 100.

[1009] Sobre a Guerra da Secessão, *vide* EISENBERG, Peter Louis, *Guerra civil americana*, p. 39.

[1010] Ibidem, p. 39.

que têm esse nome – reforçavam suas exigências de paz negociada. Liderados por porta vozes como Clement L. Vallandigham, ex-deputado pelo Ohio, e apoiados por jornais do Velho Noroeste, esses 'democratas pela paz' tinham seus maiores redutos em Illinois, Indiana e Ohio. Ao contrário dos 'democratas pela guerra' que a despeito de suas divergências com o governo republicano acompanhavam Stephen A. Douglas no apoio ao esforço da guerra, os democratas pela paz faziam oposição a Lincoln em todas as oportunidades. Grupo heterogêneo, incluía alguns que simpatizavam com o Sul, embora a maioria fosse constituída de unionistas leais que, por várias razões, vilipendiavam a liderança do 'rei Abraham' e consideravam a guerra mal-aconselhada, desnecessária e mesmo inconstitucional"[1011].

O trabalho do presidente também não foi fácil com outros grupos. Criaram problemas aqueles que eram fortemente contrários à escravidão. Lincoln era acuado constantemente por um grupo de republicanos radicais, cujo intuito era fazer da guerra uma cruzada antiescravismo e defendiam uma política punitiva em relação ao Sul rebelde. Os radicais conseguiram reunir grande poder no Congresso e criaram uma comissão conjunta sobre a conduta da guerra que constantemente questionava e interferia na maneira como o presidente dirigia as operações militares[1012].

5.7.1 As reformas do período – o papel de Lincoln e Johnson

"A cisão entre republicanos radicais e moderados, ou republicanos fiéis ao governo, não chegou a afetar a cooperação no tocante a interesses comuns, e uma série de leis importantes logrou aprovação no Congresso durante a guerra. A Lei de Tarifas Morrill de 1861 assinalou uma mudança para direitos aduaneiros mais altos. Legislação subsequente em 1862 e 1864 elevou as alíquotas a níveis sem precedente, iniciando uma era de protecionismo exorbitante que duraria até o século XX. A longa batalha pelo solo livre culminou com a Lei Agrária de 1862, concedendo 160 acres a todas as famílias que desejassem se estabelecer em terras de domínio público. A Lei de Doação de Terras de 1862, conhecida como Lei Morrill, concedeu terras públicas aos estados a fim de financiar a agricultura e colégios de artes mecânicas. No mesmo ano, o Congresso finalmente auto rizou a construção da longamente esperada ferrovia transcontinental, doando 30 milhões de acres e milhões de títulos federais à Union Pacific e à

[1011] Ibidem, p. 40.
[1012] Ibidem, p. 41.

> *Central Pacific para que construíssem uma linha de Omaha ao rio Sacramento. (...) Por essa altura, Lincoln começava a perceber que uma política de emancipação seria valiosa para ajudá-lo a vencer a guerra e, especialmente, para angariar na Europa amigos para a União. Finalmente, a 1º de Janeiro de 1863, baixou a Proclamação da Emancipação. Esse famoso documento libertava apenas os escravos que viviam em áreas rebeldes – aqueles que, no momento, estavam fora do alcance da lei da União – e justificava o gesto, que era principalmente retórico, sob fundamentos de "necessidade militar". Só com o avanço dos Exércitos da União é que a liberdade proclamada pelo documento tornou-se realidade para os escravos. E apenas em 1865, quando a Décima Terceira Emenda proibiu a escravidão em todo o País, é que a medida tornou-se parte da Constituição"*[1013].

Havia outra discordância entre Lincoln[1014] e os radicais. Tão rápida e suavemente quanto possível, o presidente desejava trazer de volta os estados rebeldes para filiação plena à União. Sob esse entendimento, ele propunha que se estendesse a anistia e se restituíssem as propriedades confiscadas de todos os que acedessem a um simples juramento de lealdade, excluindo apenas altos servidores civis e militares da Confedera-

1013 SELLERS, MAY e MCMILLEN, *Uma reavaliação da história dos Estados Unidos*, cit., p. 196-197.

1014 "Uma nação lanceada pela dor descobriu de repente um herói trágico. À força, humildade, eloquência e magnanimidade de Lincoln foi adicionada a dimensão do martírio. Ele presidira o País durante a guerra mais sanguinolenta de toda a experiência norte-americana, preservando a União como terra de liberdade e a última e melhor esperança da humanidade. Hesitante e a contragosto, mas, no fim, inconfundivelmente, ele transformara a guerra também em uma luta para alargar a esfera da liberdade norte-americana. Ainda assim, a Proclamação de Emancipação e a Décima Terceira emenda haviam sido apenas passos iniciais. Foram os críticos radicais, no entanto, os que perceberam com maior clareza que a tarefa de completar a emancipação ainda era obra para o futuro, e que mesmo os grandes talentos do Presidente morto dificilmente teriam estado à altura dessa proeza hercúlea. Talvez tenha sido um martírio oportuno o que transformou Abraham Lincoln – um homem que tateava em busca de um ideal apenas vagamente perceptível em sua sociedade e idade – no Grande Emancipador. Durante um século e mais ainda, Lincoln, o símbolo, lembraria a seus concidadãos que o sonho igualitário não fora ainda realizado". SELLERS, MAY e MCMILLEN, *Uma reavaliação da história dos Estados Unidos*, cit., p. 201.

ção e de seus estados[1015], ou seja, aqueles ligados diretamente ao grupo deposto.

Os radicais, porém, temiam – e estavam certos nisso – que se os estados sulistas fossem reconstruídos nessa base, a velha classe dominante voltaria ao poder e a situação dos negros emancipados em pouco ou nada melhoraria em comparação com o que fora durante a escravidão. Ansiosos por uma reconstrução de alto a baixo da sociedade sulista, insistiam em que aos negros fosse estendido o direito de voto e que os velhos líderes rebeldes fossem definitivamente excluídos da vida política[1016].

Perto do fim da guerra, em março de 1865, esse grupo criou o Departamento dos Emancipados, para ajudar os ex-escravos a se ajustarem à liberdade recém-conquistada e defender seus direitos. Era uma tentativa, já que não houvera o tratamento mais duro com os líderes do Sul, de ao menos melhorar a vida dos ex-escravos e ajudá-los a ter voz ativa na sociedade racista.

Essa luta entre Lincoln e os radicais terminaria bruscamente na Sexta-Feira Santa, 14 de abril de 1865, cinco dias após a rendição de Roberto Lee, o líder militar confederado, em Appomattox. Enquanto o presidente assistia a um espetáculo teatral no Ford's Theater, em Washington, John Wilkes Booth[1017], ator e simpatizante da causa confederada, disparou a bala fatal contra a cabeça do presidente, gritando: "*Sic semper tyrannis*! O Sul está vingado!"[1018].

A guerra civil matou mais de 600 mil norte-americanos entre os dois lados e solidificou o ódio e a discriminação racial entre as duas regiões. Andrew Johnson (1865) substituiu Lincoln e foi questionado pelo seu partido (Republicano) e o norte por agir de maneira flexível em relação

1015 Ibidem, p. 199.

1016 Ibidem, p. 199.

1017 John Wilkes Booth (1832-1865) era um ator de certo prestígio e integrava uma família teatral de Maryland. Simpatizante da causa dos confederados e crítico feroz da abolição da escravatura decidiu, ao lado de outros conspiradores, assassinar Lincoln, o que consegue enquanto o presidente estava no teatro. Fugiu posteriormente e foi morto pelo soldado da União Boston Corbet ao resistir à prisão. Quatro outros conspiradores foram presos e enforcados sob acusação de traição à pátria.

1018 Sellers, May e McMillen, *Uma reavaliação da história dos Estados Unidos*, cit., p. 201.

ao sul, que passou por uma depuração das elites políticas durante a chamada "Reconstrução".

A primeira alternativa, a conciliação, experimentada nos governos Lincoln e Johnson é frequentemente denominada de Reconstrução Presidencial.

> *"Da mesma forma que Lincoln, Johnson corporificava a tradição da cabana de troncos, das origens humildes. Alfaiate por ofício, aprendera a ler apenas em adulto. Morador da zona oriental do Tennessee, onde eram poucos os escravos, e ex-democrata jacksoniano, fora eloquente adversário da secessão e velho inimigo da classe de fazendeiros sulistas. Ainda assim, nem estava comprometido com os direitos dos negros nem com o Partido Republicano. Antes de muito tempo, os próprios republicanos que lhe haviam saudado as palavras sobre a infâmia da traição e a punição dos traidores acharam-no mole demais com os antigos confederados e não menos ansioso em perdoar e esquecer"*[1019].

Tal como seu predecessor, Johnson ofereceu anistia aos que assinassem um juramento de lealdade. Os que prestassem o juramento votariam pela convocação de convenções constitucionais em cada estado, as quais, por seu turno, revogariam as medidas que haviam levado à secessão, aboliriam a escravatura e repudiariam as dívidas de guerra dos confederados. O estado assim reconstruído poderia em seguida eleger um novo governo e enviar representantes a Washington. Em fins de 1865, todos os estados haviam passado através da versão lincolniana ou johnsoniana desse processo e, aos olhos conservadores e sulistas, terminara a Reconstrução. O governo sulista voltara a funcionar, e o povo, negros e brancos, estava de volta ao trabalho[1020].

No entanto não era bem assim. "Muita coisa na nova ordem, porém, era profundamente inquietadora para a opinião nortista. Alguns estados reconstituídos elegeram confederados ilustres para cargos estaduais e federais. A maioria baixou 'Códigos Negros' especiais a fim de regular a conduta dos pretos emancipados. Em alguns estados, os negros não tinham permissão para se reunir, casar com brancos, possuir álcool ou armas de fogo, ou participar de ofícios especializados. Em outros, o poder

[1019] Ibidem, p. 205.
[1020] Ibidem, p. 205.

de trabalho de pequenos infratores podia ser vendido em leilão; em alguns, crianças negras podiam ser agregadas a brancos como aprendizes sem necessidade do consentimento de pais indigentes. Na Carolina do Sul, os negros só poderiam trabalhar em serviços rurais ou domésticos. Ou seja, os negros continuavam onde sempre estiveram naquela região conservadora"[1021].

A opinião pública nortista passou a se considerar ainda mais lesada entre 1865-1866, quando ocorreram vários episódios de violência racial no Sul nos quais, quase sempre, as vítimas eram negros ou brancos favoráveis aos negros. Em 1866, o Congresso determinou a ampliação do prazo de existência do Departamento dos Emancipados e aprovou a Lei dos Direitos Civis, proibindo legislação discriminatória. O presidente Johnson, no entanto, agiu ao contrário do que se esperava: acusou os radicais de serem responsáveis pelos conflitos no Sul, minimizou as infrações dos direitos dos negros pelos sulistas e perdoou centenas de líderes inimigos. Além disso, vetou o projeto de lei sobre o Departamento dos Emancipados e a Lei dos Direitos civis, argumentando que as medidas eram inconstitucionais e que os negros ainda não estavam prontos para a plena cidadania[1022].

Conseguiu, com isso, o que parecia improvável: obteve o apoio dos rivais democratas e passou a ser visto como inimigo mortal pelo seu próprio partido Republicano. Passou a acusar os adversários, em especial Thaddeus Stevens e Charles Surnner, de traição. Em novembro, foi derrotado nas eleições. Os republicanos conquistaram dois terços dos postos nas duas Casas legislativas e os radicais assumiram postos importantes. Os projetos apresentados se tornaram leis, apesar do veto presidencial.

5.7.2 A reconstrução do Sul após a guerra de secessão – a questão dos negros

Durante a Reconstrução Congressional, conduzida pelos radicais, a alternativa à conciliação, a ocupação, foi finalmente experimentada. O objetivo dessa medida continuava a ser a reforma: o Sul seria ocupado apenas até que sua sociedade pudesse ser transformada, compondo-se novo

[1021] Ibidem, p. 205-206.
[1022] Ibidem, p. 206.

eleitorado. Isso implicava revolucionar a sociedade, com papel relevante devendo ser desenvolvido pelos negros. Ocorre que, apesar de terem sido protegidos pelo governo federal no período da transição, não receberam terras. Muitos viram-se obrigados a voltar a trabalhar com seus antigos senhores[1023].

A proteção federal aos negros já acarretava mudança na relação entre os governos federal e estaduais dos antigos confederados. A primeira seção da décima quarta emenda estabeleceu que nenhum estado infringiria os "privilégios ou imunidades" de quaisquer cidadãos nem "privaria qualquer pessoa da vida, liberdade ou propriedade sem processo legal justo", nem negaria a qualquer pessoa "a igual proteção das leis". Dessa maneira, indivíduos eram garantidos pela União contra a opressão praticada por parte dos estados[1024].

As medidas de proteção aos ex-escravos tinham forte oposição do presidente Johnson, ainda no cargo, e em face de repulsa quase certa da Suprema Corte. A fim de garantir a Reconstrução radical, o Congresso ousou a mais drástica tentativa em toda a história norte-americana a fim de estabelecer a supremacia de um único ramo do governo. Johnson, porém, só poderia ser neutralizado por *impeachment* ou se condenado por "traição, suborno ou outros crimes e infrações graves". Não conseguindo, depois de muito esforço, encontrar provas de "crimes", o Congresso viu sua melhor oportunidade de *impeachment* na Lei de Permanência no Cargo, de 1867. Na primavera de 1868, a Câmara de Representantes votou o *impeachment* do presidente com base num longo conjunto de acusações, mas faltou um voto para sua condenação.

No que diz respeito ao programa radical no Sul, a verdade sobre essa Revolução social abortada é "variada e complexa". Alguns governos radicais foram na verdade exorbitantes e descaradamente corruptos. Ainda assim, o governo redentor que se seguiu não se destacou por probidade política ou fiscal, e tanto os excessos como a corrupção eram comuns no Norte e no Sul. Indaga-se:

[1023] Ibidem, p. 206-207.
[1024] Ibidem, p. 207.

"Poderia ter a Reconstrução radical efetuado uma mudança permanente nas instituições e costumes sulistas? A Reconstrução bem-sucedida teria requerido, ou prolongado, a ocupação nortista, intervenções federais repetidas ou algum grau de cooperação entre brancos e negros. No tocante às duas primeiras alternativas, os nortistas provaram que seu apetite não era duradouro. A terceira – cooperação entre negros e brancos – pareceu no início mais promissora. Muitos brancos sulistas de fato se esforçaram para aceitar a nova situação embora o mesmo não acontecesse com muitos outros. Contrário à lenda, muitos dos chamados membros da ralé branca eram bem-intencionados, da mesma maneira que muitos especuladores foram honestos, e muitos líderes negros eram bem informados e moderados. Qualquer aliança permanente entre esses elementos, no entanto, enfrentava grandes dificuldades. Os brancos sulistas que cooperavam estavam dispostos a aceitar o eleitorado negro apenas sob liderança branca, e os negros exigiam igualdade política. Previsivelmente, não se configuraram as condições necessárias"[1025].

O que houve é que, sem demora, os conservadores brancos tomaram de volta o poder que haviam, momentaneamente, perdido no Sul. O Congresso logo se cansaria de reprimir a Ku Klux Klan e outras organizações terroristas defensoras da supremacia branca. Na sequência, Estado após outro os brancos conservadores sulistas conseguiam, à base de fraude e emprego da força, vitórias nas eleições. Em 1877, o presidente Hayes retirou do Sul as últimas tropas federais e o Sul fora "redimido", sendo restaurado naqueles estados o governo branco. Inicialmente permitindo aos negros uma participação simbólica na política, o governo transformou-se totalmente na década de 1890 e os ex-escravos foram, de fato, expulsos

[1025] A esta pergunta crucial, os historiadores dão duas respostas opostas. Para uma geração, a maioria das versões dizia que a Reconstrução radical fora um pavoroso erro. Segundo essa opinião tradicional, os governos estaduais sulistas dominados por negros ignorantes, especuladores gananciosos e desprezível "ralé" sulista (isto é, colaboracionistas) haviam imposto um reino de terror, excessos e corrupção. No fim, o Sul, apoiado por um renascimento da opinião moderada no Norte, levantara-se em revolta e sacudira o jugo. O próprio nome dado àqueles que derrubaram a Reconstrução, redentores, diz o que foram as conclusões dessa corrente de ideias. Mais recentemente, essa versão foi refutada por outra, oposta. Segundo essa nova visão, neo-radical, a Reconstrução radical constituiu uma tentativa há muito atrasada de levar a justiça e o progresso ao Sul. E foi mantida no Sul não só pelas forças federais mas também por resoluto apoio negro. Sua destruição teria sido ocasionada por terrorismo brutal e por traição nortista. Ibidem, p. 208.

do cenário político. A Décima Quinta emenda, que previa o sufrágio universal de homens adultos, foi definitivamente anulada no Sul dos EUA.

5.7.3 A reconstrução social – A luta contra o racismo

Em momento algum foi-se além de meras cogitações a doação de terras à população negra que se libertou da escravidão. Sem outra saída, os negros[1026] tiveram que trabalhar para donos de terra brancos. Dada a falta de dinheiro, a única solução possível para remunerá-los era alguma forma de posse da terra. Disso resultaram os sistemas de meação e penhor agrícola. Por todo o Sul, meeiros, tanto brancos como negros, recebiam sementes, ferramentas e gêneros de primeira necessidade dos donos da terra, aos quais entregavam um terço ou até metade de suas colheitas. A maior parte, e não raro o total, da produção restante se destinava a pagar velhas dívidas pendentes, acumuladas por meeiros em barracões ou lojas dos condados, que cobravam preços monopolistas extremamente altos e taxas de juros exorbitantes. O agricultor negro – para sempre endividado e incapaz de se mudar, sem educação ou privilégios políticos, sujeito a julgamento em cortes de justiça brancas e a terrorismo – dificilmente poderia ser considerado livre. Realmente, pesquisa recente sugere que a sombra da escravidão ainda escurece as relações raciais no Sul, uma vez que a *peonagem* (o emprego de trabalhadores em servidão econômica por causa de dívidas) era prática geral[1027]. O quadro guarda grande semelhança com a definição adotada hoje no Brasil (e em praticamente todo o mundo) do trabalhador sujeito a condições análogas à escravidão.

Na década de 1880, o Sul, então novamente governado pelos brancos, lançou campanha para se industrializar. Grandes incentivos foram oferecidos a fim de atrair capitais para a região, o que permitiu a chegada de indústrias de aço, madeira, tabaco e, principalmente, produtos têxteis. Ainda assim, na virada do século XIX para o XX a região mal conseguia sustentar-se. A participação do Sul na indústria permanecia muito semelhante à de 1870. A maior parte dos lucros obtidos pela indústria

1026 Os negros esperavam receber em 1865 "60 acres e uma muda", mas nada receberam.
1027 Sellers, May e McMillen, *Uma reavaliação da história dos Estados Unidos*, cit., p. 209.

não ficava na região. Até a II Guerra Mundial, em 1939, o Sul permanecia pobre e predominantemente rural[1028].

O Norte e a opinião pública esclarecida não demoraram em perceber que o esforço para tornar o país mais justo fracassou. Apenas algumas décadas após o fim da mais cruenta guerra já enfrentada pelos norte-americanos, a maioria da população achava normal um sistema sulista que privava homens negros do direito democrático ao voto, além de forçá-los a depender economicamente dos brancos, impondo-se rígida segregação racial dos negros, que tinham que conviver com extremada violência que explodia de vez em quando contra eles. Em 1892 e 1893, por exemplo, mais de 150 negros haviam sido linchados em cada um destes anos. De que maneira poderiam as pessoas que haviam desafiado a Lei de Escravos Fugidos, lutado na guerra e votado pela Reconstrução radical ter aceito essa situação? Os comentários são redigidos nestes termos:

> *"Em primeiro lugar, era fácil enfatizar o lado vulnerável da Reconstrução. A cobiça e corrupção com que o processo era às vezes executado. Em segundo lugar, a maioria dos brancos nortistas compartilhavam do que a maioria dos brancos do Sul pensava do valor do negro. Os pressupostos de supremacia branca, demais disso, foram reforçados pelo imperialismo norte-americano na passagem do século. Se o "pardo" filipino era uma raça inferior de homem que precisava da mão firme e orientadora de uma nação norte-americana branca superior, não deveriam por acaso os afro-americanos ser deixados à discriminação de seus superiores brancos sulistas? Além do mais, a sabedoria convencional da era sustentava que a ação do governo não podia mudar costumes, que o governo não dispunha de meios para fazer isso nem de alterar* mores *sociais. Assim, o fracasso da determinação nortista explica em parte o fracasso da Reconstrução. Os Tribunais, o Congresso, a Casa Branca e a maioria do povo, sem exceção, vieram com o tempo a aceitar a opinião de que os brancos sulistas sabiam melhor que ninguém como tratar o problema racial. Afigura-se igualmente provável que o fracasso fosse inerente ao próprio sistema. O federalismo, quaisquer que fossem suas outras vantagens, revelou ser instrumento imperfeito para a proteção dos direitos dos negros*[1029].

[1028] Ibidem, p. 209.
[1029] Ibidem, p. 210.

Em vários casos, o Judiciário decidiu contra os negros. No caso Slaughterhouse (1873)[1030], o Supremo decidiu que a Décima Quarta Emenda não conferia novos privilégios ou imunidades que protegessem os negros do poder dos estados. Nos episódios relacionados aos direitos civis (1883), resolveu que a Décima Quarta Emenda não os protegia contra indivíduos, distinguindo-os dos estados, que praticassem discriminação racial. Na ação judicial Plessy vs. Fergusson (1896), o Supremo sustentou que a adoção de acomodações "separadas, mas iguais" para negros em trens (e, por implicação, em restaurantes, escolas, hotéis e assemelhados) não lhes violava os direitos. As acomodações não eram, de fato, iguais, mas muitos inferiores às dos brancos. Como relembra uma pesquisadora do tema:

> "*Se para os negros, as promessas da Reconstrução foram, na maior parte, vazias, o período teve lados positivos para os brancos. A grande Guerra Civil fora concluída em termos notavelmente magnânimos, sem a sangueira de pós-guerra, execuções, confiscos e prisões em massa que caracterizaram lutas intestinas em outros tempos e países. Aproximando-se vagarosamente os dois lados da reconciliação, era fácil demais esquecer que a Afro-América pagava a maior parte da conta do acordo inter-regional. O desfecho, então, da maior crise da história norte-americana parecia ser um trágico fracasso. A história, porém, não terminou aí. Os negros obtiveram alguns direitos e alimentaram muitas esperanças. E nem no Norte nem no Sul a consciência nacional ficou realmente em paz*"[1031].

[1030] O caso foi a primeira interpretação da Suprema Corte dos Estados Unidos da Décima Quarta Emenda da Constituição dos EUA. Foi um caso fundamental no início dos direitos civis e considerou que a Décima Quarta Emenda protege os privilégios ou imunidades da cidadania dos Estados Unidos, e não os privilégios e imunidades da cidadania de um estado. Fonte: Amar, Axinl R. Foreward: the document and the doctrine, Law Review, Havard, p. 126-327.

[1031] Sellers, Charles; May, Henry; McMillen, Neil R., *Uma reavaliação da história dos Estados* Unidos, cit., p. 210 e 212.

TABELA 9
OS FATOS DA RECONSTRUÇÃO, 1863-1877

Data	*Tendência geral*	*Fatos nacionais*	*Fatos estaduais*
1863	**Reconstrução Presidencial**	Anunciado o Plano Lincoln.	Governos se instalam na Luisiana e Arkansas.
1864		Plano Wade-Davis (veto branco de Lincoln).	
1865		Lee rende-se. Lincoln é assassinado. Anunciado o Plano Johnson.	Governos funcionando parcialmente na Virgínia e Tennessee.
1866		Projetos de Lei criando o Departamento dos Emancipados e sobre direitos civis são vetados. Décima Quarta Emenda é submetida aos estados. Eleições para o Congresso: ganhos para os radicais.	Todos os estados restantes reorganizados sob o Plano Johnson. O Tennessee é readmitido na União.
1867	**Auge da Reconstrução Radical**	Leis de Reconstrução. Lei de Permanência no Cargo.	É instalado o governo militar.
1868		*Impeachment* de Johnson. Entra em vigor a Décima Quarta Emenda. Grant é eleito.	Carolina do Norte, Carolina do Sul, Flórida, Alabama, Luisiana e Arkansas são readmitidos na União sob governos radicais.
1869			Governo conservador restabelecido no Tennessee.
1870	**Conflito**	Décima Quinta Emenda entra em vigor. Primeira Lei de Cumprimento de Dispositivos Legais. Eleições para o Congresso: reduzidas as maiorias republicanas.	Virgínia readmitida sob governo moderado. Governo moderado restabelecido na Carolina do Norte. O Mississippi, Texas e Geórgia são readmitidos na União sob governos radicais.
1871		Segunda e terceira Leis de Cumprimento de Dispositivos Legais.	Governo conservador restabelecido na Geórgia.
1872		Grant é reeleito.	
1873			Governos conservadores restabelecidos no Arkansas, Alabama e Texas.
1874	**Restabelecimento da Dominação Branca**	Eleições para o Congresso: os democratas obtêm controle da Câmara.	
1875		Lei de Direitos Civis (declarada sem efeito, 1883).	
1876		Contestada a eleição Hayes-Tilden.	Governo conservador restabelecido no Missouri.
1877			Tropas federais retiradas da Luisiana e Carolina do Sul. Governos conservadores restabelecidos na Flórida, Carolina do Sul e Luisiana.

Fonte: Charles Sellers, Henry May e Neil R. McMillen, *Uma reavaliação da história dos Estados Unidos*, p. 211.

Os republicanos ocuparam durante a maior parte do tempo a presidência da República durante o período da Guerra Civil e da Reconstrução, com exceção dos dois mandatos de Grover Cleveland (1884-1888 e 1892-1896), mas os democratas controlaram a Câmara dos Representantes durante mais da metade do tempo. Em geral, os veteranos da União votavam nos republicanos, assim como os fazendeiros do Meio-Oeste e os protestantes de classe média.

Após a Reconstrução, foi a vez de os democratas começarem a conquistar mais votos no Sul. Um tipo de eleitor praticamente cativo da agremiação eram os imigrantes das cidades costeiras, que eram ignorados pelos republicanos anglo-saxões. Os fazendeiros do Oeste da mesma forma assim como os trabalhadores, principalmente em época de crise econômica. Dessa forma, os democratas formavam um partido de protesto moderado, em luta por baixas tarifas e dinheiro barato.

Os republicanos, de forma populista, conseguiram o apoio dos negros, que acabavam de obter o "direito do voto" e conquistaram os governos dos estados meridionais, além de elegerem o general Grant à presidência

(1869-1877), que governou de forma medíocre, facilitando a pilhagem e a corrupção no território americano, principalmente no sul. Nas eleições de 1874, os republicanos perderam a maioria no congresso e no sul formaram-se sociedades secretas, como a Ku Klux Klan, onde leis foram alteradas para facilitar a segregação dos negros. O sul, após a Guerra Civil, estava com a sua economia arruinada e o norte deu grande salto em seu desenvolvimento industrial.

5.8 População, trabalho e sindicalismo

Nos anos finais do século XIX até a década de 1920, os EUA viveram grande crescimento demográfico, passando de 38 milhões para 108 milhões de habitantes, ao mesmo tempo em que os Estados passaram de 37 para 48. Imigrantes de várias partes do planeta foram atraídos para o País em função da grande expansão capitalista que precisava de braços naquele período. Em 1905, chegaram mais de um milhão de estrangeiros ao país, ante 800 mil no ano anterior.

Alguns grandes empreendimentos como a construção da primeira ferrovia transcontinental ocorreram naquele período, mais especificamente em 1869. Vinte anos depois o último dos territórios indígenas, Oklahoma, foi aberto à colonização e o país se tornava potência industrial. Os trustes também proliferavam, como a Standard Oil (1882) e a U.S. Steel Corporation (1901). O sindicalismo se fortalecia, mas não havia, ao contrário do que acontecia na Europa, questionamento ao capitalismo, somente a luta por aumentos salariais. A principal central sindical era a *American Federation of Labour* (AFL).

No campo, os agricultores do Oeste (*Farmers*)[1032], sentindo-se ameaçados pelos empréstimos bancários, revoltaram-se contra o "Estado Industrial" que permitia aos industriais manter os preços muito elevados":

[1032] Os industriais não foram os únicos a aprender, com as doutrinas do nacionalismo republicano, a pedir ajuda ao governo. Nesse momento, milhares de colonos no Oeste não tinham condições de completar o pagamento das terras públicas adquiridas de acordo com o sistema de crédito criado pela Lei da Terra de 1800. Reagindo às queixas, o Congresso perdoou a cobrança de juros, ampliou os prazos de pagamento e permitiu que devedores em atraso conservassem a extensão de terra proporcional aos pagamentos já feitos. Simultaneamente, a Lei da Terra de 1820 aboliu o sistema de crédito e baixou o preço mínimo das terras de US$2,00 para US$1,25 o acre. A gleba mínima que podia ser comprada fora

"A resposta efetiva dos trabalhadores ao industrialismo, a despeito das provações por que passavam, ocorreu mais vagarosamente nos Estados Unidos do que na maioria das outras nações industrializadas. A renda dos trabalhadores de fato aumentou pela metade entre 1860 e 1890, isso devido principalmente aos preços em queda dos alimentos, embora os salários continuassem extremamente baixos. Trabalhadores não especializados ganhavam de US\$1,00 a US\$1,50 por dia, o suficiente para viver, mas não para que conseguissem sobreviver em casos de doença, acidente, ou desemprego, nem fazer um pé-de-meia para a velhice. Em 1900, a semana média de trabalho prolongava-se por 60 horas, e o trabalhador típico ganhava entre US\$400,00 e US\$500,00 anuais, menos que o mínimo (US\$600,00) ou menos que o padrão de vida de subsistência. Além dos baixos salários, eram insalubres e inseguras as condições em minas e fábricas, com alta taxa de mortalidade e de acidentes. Alguns operários perderam o emprego vitimados pelos progressos tecnológicos, enquanto um número muito maior passava por desemprego cíclico"[1033].

Nesse clima, quem pretendia tornar-se líder trabalhista enfrentava problemas. "As direções de empresas mostravam-se em geral hostis às organizações de trabalhadores. Grandes segmentos da imprensa e do público compartilhavam desse sentimento antissindical, e o governo quase invariavelmente ficava ao lado dos patrões contra os empregados. Depressões econômicas frequentes, espiões industriais e 'quadrilhas de valentões' profissionais tornavam perigoso demonstrar interesses sindicais. (...) Os primeiros sindicatos pós-Guerra Civil atacaram esses problemas, porém, com o idealismo de antes da guerra. O National Labor Union (NLU)-Sindicato Nacional do Trabalho – e os Cavaleiros do Trabalho, por exemplo, foram sindicatos industriais de amplas pretensões reformistas que queriam unir todos os segmentos da força de trabalho

reduzida antes para 80 acres. Com todas essas mudanças, o colono podia comprar uma fazenda gastando a insignificância de US\$100 em dinheiro. O povo, porém, esperava dos governos estaduais ajuda para solução do pior dos problemas criados pelo Pânico; o desaparecimento da moeda e o colapso da pirâmide da dívida, que fora construída durante o surto de prosperidade. As pessoas nem podiam cobrar seus créditos nem pagar o que deviam, propriedades não podiam ser vendidas e uma liquidação em massa através de execução de hipotecas e falências ameaçava numerosos norte-americanos. SELLERS, Charles; MAY, Henry; MCMILLEN, Neil R., *Uma reavaliação da história dos Estados* Unidos, cit., p. 132.

[1033] Ibidem, p. 253.

(agrícola e industrial, especializados e não-qualificados) e substituir o sistema salarial por "cooperativas de produtores" de propriedade dos trabalhadores. O NLU durou apenas até a depressão da década de 1870. Os Cavaleiros floresceram brevemente em fins da década de 1880 e chegaram a contar com 750.000 membros no seu auge, mas, da mesma forma que o NLU, suas energias estavam dispersas. Em 1886, em um comício de trabalhadores na Haymarket Square, em Chicago, uma bomba matou e feriu policiais. Injustamente, os Cavaleiros foram ligados ao incidente na mente do público. Esse sindicato perdeu filiados e acabou durante a depressão da década de 1890, sendo substituído por seu mais poderoso concorrente e sucessor, a American Federation of Labor (AFL) – Federação Americana do Trabalho"[1034].

O fundador da AFL, que surgiu na década de 1880, Samuel Gompers, era um fabricante de charutos que absorvera a tradição artesanal de seu ofício. "Atribuiu a derrota dos Cavaleiros à frouxa organização, idealismo ingênuo e envolvimento político e, por isso mesmo, organizou a AFL ao longo de ofícios e não de indústrias como um todo. Defendia o 'sindicalismo puro e simples', entendendo com isso o atingimento de metas como salários mais altos, horas mais curtas e proteção sindical, incluindo, se possível, a oficina ou fábrica sindicalizada (que só empregava membros do sindicato). A fim de realizar esses objetivos, evitava a política e utilizava instrumentos tradicionais como a greve e o boicote. Sua organização não tinha brigas com o existente sistema capitalista, e ele (embora outrora simpático ao socialismo) fazia o possível para vedar aos socialistas posições influentes dentro da AFL. (...) Adaptando-se às condições, em vez de combatê-las, a AFL sobreviveu no mundo hostil do século XIX. Passou incólume pela depressão de 1890 e, em 1900, contava meio milhão de membros e já obtivera um limitado grau de reconhecimento público. Não conseguiu, porém, organizar os grandes grupos de trabalhadores imigrantes na indústria pesada. Numerosos membros do movimento trabalhista, incluindo uma forte minoria dentro da própria AFL, queriam mudar a natureza da organização – acrescentar atividade política aos métodos sindicais, abandonar a sindicalização por ofícios

[1034] Ibidem, p. 254.

pelos sindicatos abrangendo indústrias inteiras e, acima de tudo, 'organizar os desorganizados'. Nos perturbados meados da década de 1890, essa oposição ganhou tal força que Gompers durante um ano foi afastado da liderança da AFL" [1035].

Vale ressaltar que "*a principal corrente do movimento trabalhista* americano *não utilizava a retórica anticapitalista e ideologia radical de alguns de seus equivalentes europeus, mas isso não significava que estivessem contentes os operários do século XIX ou que não existissem conflitos industriais. A história desse período está eriçada de relatos de violentas lutas entre trabalho e administração de empresas – mais violentas, pensou o jovem Winston Churchill no início do século, que em qualquer nação industrializada do Ocidente. Nas duas décadas transcorridas após 1880, houve cerca de 23.000 greves, envolvendo mais de 6,5 milhões de trabalhadores. Às vezes, como nas greves das ferrovias, em 1877, ou na Greve Pullman, em 1894, a agitação cobriu quase todo o continente. Em outros casos, como no distúrbio de Hayrnarket, em Chicago, ou na greve do aço na usina Carnegie, em Homestead, Pensilvânia, a violência teve caráter localizado. Qualquer que fosse sua extensão, alguns desses choques se caracterizavam por violentas batalhas travadas com armas de fogo e dinamite-entre trabalhadores e guardas das indústrias. Na grande greve interestadual de 1877, os trabalhadores enfrentaram a milícia em Baltimore, Buffalo, Chicago, Pittsburgh e San Francisco, até a ordem ser restabelecida por tropas federais. Mais de 100 trabalhadores perderam a vida nas duas semanas de agitação que paralisaram o tráfego ferroviário da Virgínia Ocidental até a Califórnia. Incrivelmente, apenas três fura-greves da agência de detetives Pinkerton e dez trabalhadores morreram na troca de tiros de fuzil e canhão em Homestead, 15 anos depois, embora 8.000 milicianos estaduais fossem usados para esmagar uma greve de 4.000 operários siderúrgicos*[1036]".

5.9 A agricultura, os fazendeiros e a modernidade

Os fazendeiros também foram vítimas dos novos tempos. Após 1865, começaram a plantar safras comerciais especializadas para o mercado internacional. Rapidamente a oferta cresceu mais que a demanda, o que levou à queda dos bens agrícolas. A superprodução que viria a seguir agravou ainda mais a situação. Uma seca acentuada levou a crise aos pro-

[1035] Ibidem, p. 254.
[1036] Ibidem, p. 254-255.

dutores de trigo que haviam expandido suas plantações em níveis que não poderiam ser absorvidos pelo mercado internacional. No Sul, os produtores agrícolas subitamente perceberam que os sistemas de meação e penhor agrícola surgidos durante a Guerra Civil já não faziam mais sentido nesse mundo novo. Ocasionalmente, e apenas em alguns estados sulistas, radicais agrários, porta-vozes dos fazendeiros brancos pobres, fizeram causa comum com os agricultores negros contra as estradas de ferro e os latifundiários.

> *"Embora independentes e, de muitas maneiras, conservadores, agricultores de todas as regiões não relutaram em se organizar e em pedir ajuda ao governo para lhes aliviar os problemas. As exigências assumiam duas formas: inflação para que subissem seus preços, e regulamentação para lhes reduzir os custos. Com esses fins em vista, voltaram-se, sucessivamente, para grupos variados, tais como o Patrons of Husbandry (O Grange), o Partido Greenback-Labor, o Farmers Alliance Movement e o Partido do Povo (ou Populista). Entre esses, os dois partidos eram declaradamente políticos. Os dois outros, o movimento Grange e as Alliances, abstinham-se oficialmente da política em favor de funções sociais e educacionais e em atividades tais como silos cooperativos, associações de comercialização e armazéns gerais. Ambos, contudo, constituíam grupos de pressão políticos eficazes e influenciavam os legislativos estaduais. Alcançando força máxima em 1874, com mais de um milhão de membros, principalmente no Sul e Meio-Oeste, o Grange deu seu nome a leis estaduais que regulamentavam estradas de ferro e silos de cereais. Muitas dessas leis Grange, porém, foram declaradas sem efeito pelo Supremo Tribunal na década de 1880"*[1037].

Numa tentativa de atrair o apoio dos operários, a plataforma exigia jornada de oito horas de trabalho diária, restrição à imigração e o fechamento da agência Pinkerton de detetives industriais[1038]. No início do

[1037] Ibidem, p. 256.

[1038] A Agência Pinkerton, cujo lema era *we never sleep* (Nós nunca dormimos) foi fundada em 1850 pelo detetive Allan Pinkerton que se tornou famoso por impedir uma conspiração para assassinar o presidente Abraham Lincoln. A empresa, que atuou em muitas greves, contratada pelos patrões para impedir que líderes sindicais as ocupassem, teve participação em uma delas, a de Homestead, em 1892, quando agentes da Pinkerton impediram, de forma truculenta, uma paralisação, provocando a morte de nove pessoas. A Pinkerton inaugurou a atividade de espionagem industrial nos EUA. Ibidem, p. 26.

século XX, o sistema bipartidário estava consolidado entre republicanos e democratas, e o voto feminino foi aprovado em 1920. Apesar de estar rapidamente se tornando uma potência industrial, com influência em todo o planeta, os EUA permaneceram distante da política internacional do poder durante todo o século XIX, quando as potências europeias lutavam por espaço. No entanto, uma combinação de vários fatores, entre os quais, o equilíbrio de poder na Europa, o domínio dos mares pela Grã-Bretanha e o crescente potencial americano de resistência armada faziam com que o país se mantivesse em seus domínios.

Assim pode ser entendido o interesse norte-americano pelo cenário internacional:

> *"Uma vez completada a expansão colonial, o interesse público por assuntos externos, nos casos em que existia absolutamente, concentrava-se em quatro interesses tradicionais. O primeiro, a grande simpatia por instituições republicanas e constitucionais e a crença em que o mundo movia-se na direção do governo livre. Segundo, o público achava que os Estados Unidos tinham um interesse especial no Hemisfério Ocidental desde a proclamação da Doutrina Monroe*[1039] *e que devia, cada vez mais, reivindicar o domínio da área do Caribe. Terceiro, mantinham os norte-americanos uma relação especial e altamente ambivalente no tocante à Inglaterra*[1040].

5.10 A política externa dos EUA – O Destino Manifesto

Após uma onda de debates sobre o imperialismo, a maioria dos norte-americanos voltou, em princípios do século XX, à concentração habitual em assuntos internos. Não obstante, 1898, de fato, marcou impor-

[1039] Na política internacional, os americanos lutaram contra a Espanha, devido a Cuba e as Filipinas (1898), iniciando a sua "etapa imperialista" e interferiram na construção do Canal do Panamá, criando na América Central "uma zona de segurança vital". A justificativa para esta posição imperialista se baseava na Doutrina Monroe, que defendia "a América para os americanos", tanto é que a França foi obrigada a retirar suas tropas do México (que defendiam o Imperador Maximiliano) e a Inglaterra capitulou numa disputa territorial com a Venezuela. Em 1890, ocorreu a primeira Conferência Pan-americana, que defendia o sistema interamericano. Ainda neste período (1867) os Estados Unidos compraram o Alaska à Rússia, por 7 milhões de dólares.

[1040] SELLERS, Charles; MAY, Henry; MCMILLEN, Neil R., *Uma reavaliação da história dos Estados* Unidos, cit., p. 263.

tante mudança nos compromissos norte-americanos. A partir daquele momento os Estados Unidos e as potências europeias aceitaram o pressuposto de que a América tinha interesse em crises mundiais, variando elas do Norte da África ao Extremo Oriente. Eis as prováveis razões da mudança:

> *"A sugestão mais óbvia inclui a interpretação econômica tradicional do imperialismo: a economia norte-americana chegara à maturidade e, por conseguinte, a América, como todos os Países industriais avançados, precisava de novas matérias-primas e de mercados externos. Alguns historiadores, argumentando que a crescente economia absorvia ainda a maior parte das energias produtivas da nação, negariam uma conexão substancial entre a expansão norte-americana no exterior e o desenvolvimento econômico interno. Essa ligação, no entanto, era frequentemente alegada por fazendeiros e homens de negócios do início do século que, em especial após a depressão de 1893, viam uma relação entre prosperidade interna e mercados externos. Embora a maioria dos líderes empresariais, como, aliás, a maioria dos cidadãos, fosse com toda a probabilidade anticolonialista, um grupo altamente eloquente e influente deles acreditava que a superprodução industrial e os pânicos periódicos exigiam mercados seguros no exterior e fontes de produtos básicos"*[1041].

Há outras explicações possíveis, como o "destino manifesto" de matriz religiosa segundo o qual a "superior" nação americana, de origem anglo-teutônica, tinha a missão civilizatória de colonizar o Novo Mundo, habitado por indígenas, negros e novos imigrantes[1042]. Havia a crença pseudo-científica de que, por alguma razão, os brancos eram superiores intelectualmente e moralmente aos demais. Numa época em que numerosos brancos nativos confiantemente alegavam superioridade sobre negros e novos imigrantes, acreditava-se que os selvagens do mundo, as

[1041] Ibidem, p. 264.

[1042] A doutrina do Destino Manifesto, segundo a qual o povo americano foi eleito por Deus para colonizar seu continente, habitado por índios e negros, é atribuída ao jornalista John O'Sullinvan, que a utilizou pela primeira vez em 1825. No entanto, há quem também atribua a expressão à também jornalista e defensora da expansão Jane Cazneau, na mesma época. Em 1840, os democratas utilizaram esse conceito na guerra contra o México. WEEKS, Willian Earl. *Bulding the continental empire: the american expansionism from the revolution to the Civil War*. New York: American Ways, 1996, p. 124.

massas pagãs, beneficiar-se-iam com a ampliação da civilização branca. Uma missão divina constituiu outro fator nas mudanças ocorridas na política externa:

"Protestantes evangélicos – em especial as seitas que possuíam missões no exterior – promoviam um imperialismo de retidão moral, isto é, que os norte-americanos liderariam não só pelo exemplo remoto, mas pela presença física entre raças ainda não remidas do pecado. O expoente mais influente dessa doutrina foi o reverendo Josiah Strong, autor do sucesso de livraria *Our Country* (1885), que insistia em que os Estados Unidos, com seu 'gênio anglo-saxão para a colonização', deviam espalhar as bênçãos do protestantismo e democracia, 'na direção do México... América Central e do Sul, para as ilhas do mar, para África e além'. E lembrava a seus leitores as implicações práticas da presença norte-americana no ultramar: o processo civilizatório cria 'mais e mais nobres necessidades' e 'o comércio segue o missionário'"[1043].

O presidente Theodore Rooselvet (1901-1909) seria um dos principais profetas da chamada *pax americana*, adaptação da *pax romana*. Sob sua liderança, seria instalada a política do *big stick* (grande porrete), sob a qual várias nações latino-americanas, principalmente na América Central, sofreram intervenção dos marines[1044]. Era a manifestação física do "destino manifesto". Foram vítimas da nova política a Colômbia, onde os americanos estimularam uma revolta separatista que resultou na independência do Panamá, e a República Dominicana. Além desta política imperialista na América Central, os EUA foram mediadores na Guerra Russo – Japonesa (1905), participaram da Conferência de Algaceiras, sobre o Marrocos (1906) e da Conferência da Paz em Haia (1907). Nota-se que:

"No Hemisfério Ocidental, Theodore Roosevelt executou a política com maior confiança. Considerava a América Latina como uma dependência semibárbara norte-

1043 SELLERS, Charles; MAY, Henry; MCMILLEN, Neil R., *Uma reavaliação da história dos Estados* Unidos, cit., p. 161.

1044 A frase faz referência a uma fala muito conhecida do presidente. Segundo ele, quando uma pessoa desejasse se dar bem na política deveria seguir o seu conselho: "fale macio e carregue um grande porrete que irá longe", dizia.

-americana, a carecer de orientação anglo-saxônica. Sob sua liderança, a dominação norte-americana nas áreas centro-americana e do Caribe foi praticamente completada. Como sua mais importante iniciativa, cabe citar a construção do canal no istmo do Panamá. O Senado escolheu a rota panamenha, de preferência à nicaraguense, a fim de apaziguar os poderosos investidores franceses da French Panama Canal Company. O Panamá, porém, era uma província colombiana, e a República da Colômbia recusou as condições norte-americanas. Não sendo homem de admitir que 'os interesses da civilização como um todo' fossem contrariados por 'latinos', Roosevelt pensou primeiro em simplesmente tomar a região, mas depois decidiu-se por táticas mais sutis. Com tácito apoio americano, agentes da companhia francesa estimularam panamenhos inquietos a proclamar a independência e negociar um tratado sobre a zona do canal, favorável aos Estados Unidos"[1045].

Em duas ocasiões anteriores, o presidente interviera quando a Venezuela e a República Dominicana foram ameaçadas por credores europeus por falta de pagamento de dívidas. "Essas experiências convenceram-no, porém, que se os Estados Unidos queriam impedir intromissões europeias no Hemisfério Ocidental, teriam também de policiar essas 'repúblicas miseráveis'"[1046].

O sucessor de Rooselvet, William Howard Taft, inaugurou a época do intervencionismo com características econômicas. Mais tarde, Woodrow Wilson fez uso da chamada "diplomacia do dólar", em que usava investimentos americanos no exterior como instrumentos de política. Claramente, a dominação mudava de patamar. Era o que se poderia chamar, também, de "imperialismo missionário", nos termos do qual o presidente afirmava o direito norte-americano de esclarecer e elevar povos, pela força, se necessário. Muito mais que seu predecessor, o presidente republicano argumentava que a promoção de iniciativas privadas levava a paz e a prosperidade às nações contempladas.

1045 SELLERS, Charles; MAY, Henry; MCMILLEN, Neil R., *Uma reavaliação da história dos Estados* Unidos, cit., p. 273.

1046 Ibidem, p. 273.

Em 1920, o Congresso americano rechaçou a entrada dos EUA na Liga das Nações, devido ao malogro da proposta de Wilson[1047] na pacificação da Europa. Assim, o país não integraria a organização que ajudou a construir.

Na política externa, Wilson repudiaria a diplomacia do porrete de Roosevelt e a dos dólares de Taft. A promessa dele era uma nova diplomacia baseada não no autointeresse norte-americano, mas nos mais altos ideais humanitários. Não se pode dizer, no entanto, que era totalmente sincero:

> *"Wilson, porém, a despeito de seu sincero anticolonialismo, era capaz de oportunismo. Acreditava que capitalismo andava de mãos dadas com democracia e que a disseminação de ambos era do interesse de todos. Concordava também com Theodore Roosevelt em que a autonomia das nações latino-americanas era condicional às necessidades da Segurança Nacional norte-americana (particularmente do canal do Panamá) e ao funcionamento eficiente de governos justos. Mas, quando a ocasião exigia (e isso pareceu ocorrer com mais frequência em seu governo do que nos de Roosevelt ou Taft), ele promovia a estabilidade e os ideais norte-americanos na América Latina com emprego de fuzileiros navais"*[1048].

Em 1913, contrário a precedentes norte-americanos de longa data, o presidente retirou o reconhecimento ao governo mexicano do general Victoriano Huerta[1049], o assassino de Madero[1050], sob o fundamento

[1047] "Wilson, tornou-se o arauto da "Guerra do Direito", defendido na sua declaração de 14 pontos (1918), propondo uma paz baseada na liberdade dos povos e limitação dos armamentos, durante o tratado de Versalhes (que não acatou todas as propostas americanas)".

[1048] SELLERS, Charles; MAY, Henry; MCMILLEN, Neil R., *Uma reavaliação da história dos Estados* Unidos, cit., p. 274.

[1049] José Victoriano Huerta Márquez (1850 – 1916) – Foi presidente e ditador do México entre 1913 e 1914. Em 1910 assumiu diretamente a repressão aos zapatistas em Morelos e Guerrero. A mescla de violência, brutalidade e traições que empregou contra os indígenas dão a medida da veia autoritária e mesquinha do futuro usurpador da presidência do México, ainda mais que por suas veias corria sangue indígena. Posteriormente, em 1913, Huerta foi um dos líderes do golpe de estado que tirou da presidência Francisco I. Madero. Os eventos que ocorreram durante esse golpe são conhecidos como Década Trágica. Ele também é responsável pela execução de Madero e seu vice-presidente quando sua revolta triunfou. Desde o início de seu mandato, muitos setores da sociedade mexicana

de que ele subira ao poder por meios não democráticos. Convencendo os britânicos a negarem também reconhecimento, forneceu armas ao maior rival de Huerta, Venustiano Carranza[1051], e arranjou um pretexto para bloquear um embarque de munições alemãs para o México, ocupando o porto mexicano de Vera Cruz. Huerta abdicou em favor de Carranza.

se levantaram contra ele. Os oponentes, com Venustiano Carranza à frente, criariam o chamado Exército Constitucionalista que, após um ano de guerra, acabaria expulsando Huerta do poder. Exilado e preso nos Estados Unidos por tentar formar um grupo que o faria recuperar a presidência mexicana, Huerta morreu em 1916, sofrendo de cirrose hepática e icterícia.

[1050] Francisco Ignacio Madero González (1973 – 1913) – Foi um revolucionário, escritor e estadista mexicano que serviu como 37º presidente do México de 1911 até pouco antes de seu assassinato, em 1913. Rico proprietário de terras, tornou-se, no entanto, um defensor da justiça social e da democracia. Fez forte oposição à sexta reeleição de Porfírio Diaz à presidência do México, lançando sua candidatura. Díaz prendeu Madero antes das eleições, que foram então vistas como fraudulentas. Madero escapou da prisão e emitiu o Plano de San Luís Potosí nos Estados Unidos. Pela primeira vez, ele pediu uma revolta armada contra Díaz, eleito ilegalmente, e delineou um programa de reforma. A fase armada da Revolução Mexicana data de seu plano. Com a renúncia de Díaz em 25 de maio de 1911, um presidente interino foi instalado e as eleições foram agendadas para o mês de outubro. Madero foi eleito presidente em 15 de outubro de 1911 por quase 90% dos votos. Juramentado no cargo em 6 de novembro do mesmo ano, tornou-se um dos mais jovens presidentes eleitos do México, com apenas 38 anos. Em fevereiro de 1913, ocorreu um golpe de estado na capital mexicana, liderada pelo general Victoriano Huerta, secretário da Guerra e Marinha e comandante militar na cidade, apoiado pelo embaixador estadunidense no México. Madero foi preso e pouco tempo depois assassinado junto com seu vice-presidente, José María Pino Suárez, em 22 de fevereiro de 1913, após a série de eventos conhecidos como a Década Trágica.

[1051] Venustiano Carranza Garza (1859 – 1920) – Foi um dos líderes da Revolução Mexicana. Após a queda do regime de Madero por Victoriano Huerta, Carranza tornou-se um dos líderes na revolta da oposição contra Huerta. As forças de Carranza eram conhecidas como o *Exército Constitucionalista*, pois ele defendia a restauração da constituição liberal de 1857. Assumiu a presidência em 1º de Maio de 1915. Introduziu o poder judicial independente, aumentou a descentralização do poder e iniciou uma reforma agrária. Em setembro de 1916 convocou uma assembleia constituinte, que elaborou a constituição mexicana de 1917. Neste mesmo ano Venustiano Carranza tornou-se o primeiro presidente do México a ser eleito sob a nova ordem constitucional. Foi assassinado por antigos aliados em 21 de maio de 1920.

Wilson, em seguida, achou o novo regime radical demais e mal-intencionado no tocante à orientação norte-americana, e em vista disso transferiu seu apoio de Carranza para "Pancho" Villa, achando que o pitoresco bandido de fronteira[1052] era um reformador social muito popular. Compreendendo seu erro, voltou a estreitar relações com Carranza. Villa, em desespero para provocar uma intervenção norte-americana, atacou uma cidade no Novo México. Wilson enviou uma expedição punitiva de 17.000 soldados 450 quilômetros México adentro. O esquivo Villa conseguiu fugir do laço, e as forças norte americanas se retiraram, mas não antes de se chocarem com as tropas de Carranza. No fim, cada vez mais preocupado com a guerra na Europa, Wilson reconheceu formalmente o presidente mexicano em março de 1917[1053].

5.11 Os EUA a partir da década de 1920

A Primeira Guerra Mundial (1914-1918) ajudou a consolidar o poder norte-americano. Antes devedores da Europa, de quem importavam muita coisa, os americanos passaram a ser credores do Velho Mundo, onde o conflito desestruturou a produção industrial. Assim, os EUA saíram da guerra fortalecidos e os republicanos, que assumiram o governo, o fecharam sobre si próprio mais uma vez com uma política fortemente isolacionista levada a cabo pelos presidentes Harding (1920-1923), Coolidge (1923-1928) e Hoover (1928-1932), que consolidaram o progresso econômico dos EUA, transformando-o em potência comercial e financeira, haja vista que a aceleração industrial tinha ocorrido antes da 1º Guerra Mundial. Nesse período, com a política isolacionista praticada pelos republicanos, desenvolveu-se o protecionismo alfandegário, a xenofobia,

1052 Essa era e é uma visão norte-americana sobre Pancho Villa (Francisco Doroteo Arango), inclusive disseminada pelos filmes de faroeste. Vale destacar que no México é considerado um herói nacional. Juntamente com Emiliano Zapata capitaneou a Revolução Mexicana de 1910, considerada de esquerda e com influências anarquistas, principalmente de Ricardo Flores Magón (1874-1922). Propunham a expropriação dos latifúndios (inclusive os pertencentes à Igreja) para posterior divisão entre camponeses; o reconhecimento dos direitos indígenas sobre as terras que lhes haviam sido tomadas e a nacionalização das terras daqueles que fossem considerados inimigos da revolução.

1053 SELLERS, Charles; MAY, Henry; MCMILLEN, Neil R., *Uma reavaliação da história dos Estados* Unidos, cit., p. 274-275.

as atividades racistas (capitaneadas pela Ku Klux Klan) e perseguição aos anarquistas. O caso Sacco e Vanzetti é um exemplo disso. Dois militantes anarquistas são injustamente acusados pelo estado de Massachusetts por latrocínio e em momento algum tiveram julgamento justo. Inclusive as testemunhas de defesa (mais de cem) não foram consideradas para a prolação da sentença condenatória. Foram condenados pela ira capitalista e executados em 1927. Morreram dois inocentes, acusados por um crime em que todas as evidências apontavam que não cometeram com um intuito específico, mas serviram de bodes expiatórios para combater o crescimento do anarquismo nos Estados Unidos.

5.11.1 O crack da Bolsa de 1929

A crise econômica de 1929 veio para derrotar o otimismo. Da bonança vieram os tempos difíceis a partir da quinta-feira negra de Wall Street (24 de outubro), quando se desencadeou a maior crise até então vivida pelo capitalismo, atingindo em cheio o mercado das ações, desvalorizando-as drasticamente, aliado à superprodução de ativos para venda na Europa, que reduziu e muito as importações. Começa a chamada "depressão" americana que logo se espalharia pelo mundo. Quase metade dos bancos americanos quebraram, assim como numerosas fábricas e fazendas. Um total de 11 milhões de americanos ficaram desempregados e eram enormes as filas da sopa para os cidadãos sem emprego nem esperança. O então presidente Hebert Hoover não conseguiu resolver a crise, visto que:

"Era mais uma crise do sistema capitalista de produção, mas que se manifestaria com muito mais intensidade, duração e amplitude espacial do que as anteriores. Foi uma profunda depressão, contagiando todo o mundo capitalista. Embora o 'estopim' da crise tivesse sido a Bolsa de Nova Iorque, um exame detido sobre os anos 20 mostraria uma série de problemas (...) pelo lado real da economia, que indicavam, no mínimo, forte prenúncio de desaceleração do crescimento e, pelo lado financeiro, crescente volatilidade e especulação. A maioria dos economistas de então, majoritariamente do *mainstream*, continuou a crer na prevalência do equilíbrio do mercado e no seu automático pleno emprego, não se dando conta de alguns daqueles sinais de advertência. Por exemplo, em 15/10/1929, catorze dias antes do estouro da Bolsa, o famoso Professor

Irving Fisher, de Yale, afirmava: 'Espero ver o mercado de valores bem mais alto do que está hoje, dentro de poucos meses'"[1054].

A euforia com a ideia de "livre-mercado" e sua autorregulação era enorme naquele momento. Vale destacar que na época a escola de economia da Universidade de Chicago, financiada desde seu início (em torno de 1890) pelo magnata do petróleo John Rockefeller, embasava seus ensinamentos em dois eixos: a competição perfeita que vem dos mercados livres do Estado e o rígido controle do fluxo de moeda, teoria que teve duas fases. A primeira, de Irving Fisher, perdeu força com a crise de 29, após a previsão equivocada supra-apontada, mas seu monetarismo renasceu nos anos 60 com Milton Friedman, expoente da Escola de Chicago.

A predominância dessa visão liberal e neoclássica retardou a tomada de decisões para o combate à crise. As reações nacionais à crise foram muito diversas, demoradas e em muitos casos tímidas ou mesmo equivocadas. Alguns países, liderados pela França, reagiram tardia e equivocadamente, tentando ressuscitar o Padrão Ouro, só mais tarde introduzindo políticas anticíclicas. Os EUA, só em 1933, depois da vitória de Roosevelt, além de políticas de *welfare state*, praticaram políticas anticíclicas, mais tarde parcialmente contidas pelo Congresso.

Uma década antes da crise, a economia americana estava em plena forma. Indústrias do país vendiam para todo o mundo, especialmente para a Europa, em grande quantidade. Aparentemente não havia razão para temer o futuro. Durante a Primeira Guerra Mundial (1914-1918), os EUA chegaram a se tornar o principal exportador de produtos de todo tipo para os europeus, que lutavam, na sequência, para reconstruir sua indústria e suas cidades, destruídas no conflito. Ao acabar a década, no entanto, em forte processo de reconstrução, as nações europeias diminuíram drasticamente as compras de produtos americanos.

Abarrotadas de estoques, as fábricas, que tinham muitas ações na Bolsa de Nova York, começaram a vender seus papéis. O excesso de oferta jogou no chão os preços das ações, fazendo com que muitos milionários ficassem pobres em questão de dias. As empresas, por sua vez, começaram a demitir trabalhadores, levando os índices de desemprego a 30%,

[1054] Cano, Wilson. América Latina: notas sobre a crise atual. *Revista Economia e Sociedade*, vol.18, n..3, Campinas, dez. 2009.

recorde em países desenvolvidos. A pobreza cresceu absurdamente pelo país e parte da população passou a sobreviver da caridade alheia. O Brasil também foi atingido duramente pela crise. Como os EUA eram o principal importador de café, o excesso de produção levou parte dos produtores a enfrentarem muitos problemas, forçando o governo a comprar e destruir mais de quatro milhões de toneladas de café para evitar uma queda brusca nos preços da *commoditie*. No entanto, como um efeito colateral positivo, a situação acabou forçando o Brasil a fortalecer sua indústria no intuito de substituir as importações.

A situação só começou a melhorar por volta de 1933, no governo do democrata Franklin Delano Rooselvet, que implatou, com base nas ideias do economista John Maynard Keynes, o plano econômico celebrizado como *New Deal*, que tinha como base grandes investimentos em obras públicas, como ferrovias e escolas, e o controle da inflação. Na década de 1940, a economia americana já voltava a demonstrar sinais de vitalidade[1055].

Em 1939, foi aprovada a Lei "Cash and Carry"[1056], permitindo vender armas para a França e Grã-Bretanha, que estavam alertas com relação às ambições territoriais da Alemanha Nazista, apesar de os EUA se considerarem neutros por decisão do Congresso desde 1935.

5.11.2 A Segunda Guerra Mundial

Com o início da 2ª Guerra Mundial (1939) ocorreu o rearmamento e recrutamento de homens determinado pelo Congresso americano. Em 1940 Roosevelt defendeu a obrigação de os EUA ajudarem as nações democráticas envolvidas na guerra contra o Eixo (Alemanha-Itália-

1055 Galbraith, John Kenneth, *1929 – A Grande Depressão*. São Paulo: Larousse, 1996, p. 124.

1056 A legislação permitia que os EUA, oficialmente neutros na guerra, vendessem armas e outros produtos para países que pudessem pagar e carregar (*cash and carry*) os produtos comprados desde que o título fosse transferido para o governo estrangeiro e não fossem usadas embarcações americanas para o transporte dos produtos. Na prática, isso permitia que aliados tradicionais como o Reino Unido e a França comprassem mercadorias, enquanto impedia que a Alemanha Nazista o fizesse. Embora tecnicamente neutro, por força do *Neutrality Act*, de 1935, os EUA demonstraram desde o início do conflito apoio aos ingleses. Disten, Yoran. *Guerra, agressão e legítima defesa*. Barueri: Manole, 2001, p. 40.

-Japão), culminando na aprovação da Lei Empréstimo-Arrendamento (11-03-1941) para beneficiar os países aliados envolvidos na guerra, inclusive a URSS.

Em decorrência, o Japão atacou as bases militares dos EUA em Pearl-Harbor (Havaí) em sete de dezembro de 1941, obrigando os americanos a entrarem na 2ª Guerra Mundial com aproximadamente 15 milhões de soldados sendo enviados para a frente de batalha. Esse fator acabou sendo um dos mais importantes para a vitória dos Aliados, aos quais se integraram os norte-americanos.

Nesta fase, a *War Production Board*, criada em 1942, dinamizava a fabricação de material de guerra, que alavancou de 46,5 milhões postos de trabalho para 53 milhões nos EUA.

Em 1944, praticamente no fim da guerra, morreu o presidente Roosevelt, após ser eleito excepcionalmente três vezes[1057] para dirigir o país, sendo substituído por Harry Truman. Após a derrota da Alemanha e Itália na Europa, para encerrar a guerra, Truman autorizou o bombardeiro atômico das cidades japonesas de Hiroshima e Nagasaki (6 e 9 de agosto de 1945). Foi a primeira vez que se usou este tipo de armas na história da humanidade[1058].

5.11.3 Os EUA no pós-guerra

O ano de 1946 teve como marco a inauguração da Organização das Nações Unidas (ONU), sucessora da Liga das Nações, com a participação de Truman que se propõe à "função de salvaguardar a paz e o sistema capitalista mundial", apoiando-se no Banco Mundial e no FMI. Em 1947, foi elaborado o Plano Marshall de ajuda econômica americana para a Europa. A

[1057] Até então a proibição do terceiro mandato era uma tradição não escrita nos EUA. Em março de 1947 o Congresso aprovou a 22ª emenda à Constituição norte-americana, que proíbe que um presidente dos EUA seja reeleito mais de uma vez.

[1058] A bomba de Hiroshima foi lançada do avião Enola Gay às 8h15 de 6 de agosto de 1945. Explodiu a 500 metros do chão e matou imediatamente cerca de 140 mil pessoas. Na hora em que viu a explosão da bomba, apelidada de *little boy* (menininho), o copiloto do avião, Robert Lewis, escreveu no diário de bordo: "Deus, o que fizemos?" Três dias depois, foi a vez de Nagasaki, onde explodiu a bomba batizada de *fat boy* (menino gordo) que levou à morte de 70 mil pessoas. Até hoje, estas cidades relembram, todo agosto, o maior crime contra a humanidade já praticado.

esta altura se inicia o confronto entre a URSS e os EUA inaugurando a "Guerra Fria", uma guerra não declarada entre as superpotências, que fundamentou a criação da OTAN (Organização do Tratado do Atlântico Norte) para a proteção dos países capitalistas ocidentais do avanço soviético na Europa e no mundo. No lado da URSS, uma iniciativa semelhante criou, anos depois, o Pacto de Varsóvia.

Em 1952 o general Dwight D. Eisenhower, que chefiou as forças norte-americanas na Europa e a OTAN, foi eleito presidente. Durante esta administração, além de divisão das Coreias (norte comunista e sul capitalista), ocorreram rebeliões na Polônia e Hungria contra a URSS. A Guerra Fria radicalizou-se, com o apoio americano ao governo do Vietnã do Sul contra os vietcongues do Norte (1956). Em 1959, ocorre a Revolução Cubana, liderada por Fidel Castro[1059] e que acabou tendo apoio soviético para implantar o regime socialista na pequena ilha do Caribe.

Nos anos 1950, prosperou o "American Way of Life", que foi exportado para o exterior via cinema junto com investimentos americanos em várias partes do mundo. Acabaria se tornando parte da política americana para o mundo. Em 1960 houve uma tentativa de distensão política com a URSS, com a visita de Nikita Kruschev, dirigente soviético aos EUA.

A eleição de John F. Kennedy (democrata), em 1960, parecia aliviar a Guerra Fria, mas acabou em radicalização, devido à exigência americana da retirada dos misseis soviéticos que estavam em Cuba. Esse acontecimento, em que os EUA acabaram, para desgosto dos cubanos, forçando os russos a retirarem os mísseis, quase precipitou uma guerra nuclear entre as grandes potências. No acordo secreto estabelecido entre as duas

[1059] Fidel Castro (1927 – 2016) – Advogado e político cubano que pregava a derrubada do ditador Fulgencio Batista. Foi deportado pela sua ação revolucionário em 1953. Posteriormente liderou o movimento que derrubou o ditador (1958/1959). Assumiu o cargo de primeiro-ministro de Cuba em 1959 (fevereiro) e passou a nacionalizar os bancos e empresas dos EUA se aliando a URSS. Em decorrência, recebeu em Cuba diversos mísseis soviéticos que ameaçavam a costa americana gerando um clima de conflito mundial em plena Guerra Fria. A crise gerou rompimento com os EUA e bloqueio da ilha que se estendeu até a atualidade. Foi implantada em Cuba uma Ditadura, onde Fidel governou a República de Cuba como primeiro-ministro de 1959 a 1976 e depois como presidente de 1976 a 2008, quando passou o poder para seu irmão, Raul Castro, que deixou a presidência em 2018, cargo que passou a ser ocupado por Miguel Mario Díaz-Canel Bermúdez.

potências também os EUA foram obrigados a retirar os mísseis tipo Júpiter que mantinham na Turquia.

Para combater o "avanço comunista", Kennedy propôs a ajuda aos países subdesenvolvidos, criou um "Corpo para a Paz", lançou a "Aliança para o Progresso"[1060] para ajudar a América Latina, além de propor uma "Nova Fronteira" nos "domínios da educação" e da legislação social. Em 22 de novembro de 1963 Kennedy foi assassinado em Dallas (Texas), provavelmente, após uma longa "conspiração", sendo até hoje uma polêmica não esclarecida, e foi substituído por Lyndon B. Johnson (vice-presidente)[1061].

Durante este governo as guerrilhas cresceram na América Latina, com o apoio de Cuba, e os EUA apoiaram as ditaduras militares, principalmente no Cone Sul, casos de Brasil, Argentina, Chile e Colômbia, além da grande escalada militar no Vietnã. Ocorreram, também, violências raciais internas, devido às misérias dos guetos negros nas grandes cidades industriais do norte dos EUA. Em decorrência do aumento da violência, foram assassinados Martin Luther King[1062] e Robert Kennedy[1063], em 1968, e os

[1060] O programa foi lançado na Carta de Punta del Este, em 1961, logo após a Revolução Cubana. Se propunha a auxiliar os países latino-americanos que fizessem projetos de desenvolvimento, ao mesmo tempo em que freava a expansão do socialismo no continente. No total, 22 países da região, inclusive o Brasil, assinaram o documento. A Aliança para o Progresso era liderada pela Usaid – agência americana de desenvolvimento internacional. A iniciativa acabaria extinta por Richard Nixon em 1969.

[1061] A Máfia, que estaria insatisfeita com a recusa de Kennedy de derrubar o regime de Fidel Castro, e a CIA foram acusadas, em algum momento, de integrar uma conspiração que queria a morte de Kennedy. O assassino que atirou contra o presidente foi o ex-fuzileiro naval Lee Oswald, que teria agido sozinho. No entanto, uma investigação da Câmara de Representantes dos EUA feita em 1976 apontou que haveriam outros dois atiradores, que agiram ao mesmo tempo. Jack Ruby, um assassino profissional que teria sido contratado pela Máfia, matou Oswald no dia seguinte ao assassinato do presidente em frente às câmeras de TV. Os mafiosos que estariam envolvidos no crime também foram mortos posteriormente. Passados 50 anos da morte do presidente, as dúvidas permanecem.

[1062] Martin Luther King (1929 – 1969) – Pastor negro de Atlanta (E.U.A). Participou do movimento contra o racismo defendendo uma ação pacífica no sentido de integração e respeito aos negros na década de sessenta. Ganhou o Prémio Nobel da Paz em 1964. Foi assassinado por um fanático racista

[1063] Robert Kennedy (1925 – 1968) – Irmão do presidente John Kennedy e seu ministro da justiça. Era senador e se preparava para a corrida presidencial quando foi assassinado em 1968.

protestos estudantis e dos negros aumentaram contra a Guerra do Vietnã e o racismo. Na "contracultura", eclodiu o movimento *hippie* e o consumo de drogas nos centros urbanos.

No que diz respeito às questões financeiras, os americanos tiveram que enfrentar a competitividade do Japão e da Europa em um crescente "déficit" na sua balança de pagamentos, gerando "uma crise de confiança do dólar", que era considerado a "principal moeda de reserva internacional".

Sucessor de Lindon Johnson, o republicano Richard Nixon foi eleito presidente em novembro de 1968 e iniciou uma política externa defendendo a "limitação de armamentos estratégicos". Visitou Moscou e Pequim (1972) com intuito de fazer uma distensão política em relação à Guerra Fria, culminando, posteriormente, com a retirada das tropas americanas do Vietnã, em 1974. Na política interna tomou medidas contra a "criminalidade e as drogas", as violências raciais e a revolta estudantil. Lançou uma nova política econômica (NEP – *New Economic Policy*), que tentava reduzir as despesas orçamentárias, determinou a suspensão da convertibilidade do dólar e o bloqueio de preços e salários. Mas apesar de todo o esforço, não conseguiu evitar a inflação, e em 1974 os americanos "sofreram os efeitos de uma grande recessão", além de serem atingidos pela crise energética, consequência do embargo de petróleo efetuado pelos árabes na luta contra o Estado de Israel, que tinha o apoio do Ocidente.

Neste contexto, eclode o *Caso Watergate*, escândalo de espionagem política contra os democratas, liderada por Nixon, que culminou com a sua renúncia. Assumiu a presidência Gerald Ford (Vice-Presidente – 9 de agosto de 1974) que foi substituído, após a eleição de 1976, pelo democrata Jimmy Carter.

A defesa dos direitos humanos foi um dos pontos altos do governo de Carter. O presidente democrata pressionou as ditaduras militares da América Latina que constantemente desrespeitavam os direitos humanos de seus cidadãos, com tortura e repressão. Também houve o aumento do desemprego e a queda do dólar. Foram celebrados os acordos de *Camp David*, em 1978, que possibilitaram a redução do conflito entre israelenses e palestinos[1064].

[1064] Documentos recentemente revelados pela diplomacia americana demonstram que, apesar de defender a promoção de direitos humanos em nível mundial, o governo Carter

Ronald Reagan, republicano e ex-ator de Hollywood, assumiu o governo em 1980, reduziu os impostos sobre a riqueza, diminuiu a assistência social e aumentou os investimentos no complexo industrial militar. Era representante da chamada complexo industrial-militar e estimulou o belicismo nas relações exteriores americanas. Houve represálias dos EUA contra Muamar Kadhafi[1065], na Líbia, contra as "ameaças comunistas" na América Central (Nicarágua-Granada), além de "proteção militar aos seus interesses comerciais" no Oriente Médio, principalmente Golfo Pérsico e Líbano.

A era Regan desenvolveu o liberalismo econômico, com alta do dólar, duplicação de produção industrial, baixa da inflação e redução dos impostos sobre os mais ricos. Por outro lado, houve baixa de salários, perda de cobertura social para os pobres, aumento de criminalidade urbana, empregos precários, o estado aumentou suas despesas com os militares e os EUA se tornou "o primeiro devedor mundial".

e os EUA foram extremamente cautelosos na pressão contra o então presidente do Brasil, o general Ernesto Geisel. Memorando da equipe do americano cita a "hipersensibilidade" brasileira à intromissão dos Estados Unidos no que chamavam de seus "assuntos internos". Nos documentos da Biblioteca Carter, em Atlanta, informa-se que depois dos primeiros discursos do governo Carter em prol dos direitos humanos e contrários às ditaduras militares do continente, o Brasil cancelou a cooperação militar com os Estados Unidos e adotou forte postura antiamericana, acusando a Casa Branca de intervencionismo. O maior temor dos americanos era de que o Brasil aprofundasse sua cooperação nuclear com a Alemanha e ampliasse seu programa nuclear, incentivando uma corrida armamentista regional. Os documentos também demonstram preocupação com a possibilidade de o Brasil, irritado, capitanear um movimento antiamericano no Cone Sul. BARBOSA, Flávia, correspondente do jornal O Globo em Washington, publicadas na edição de 23 de março de 2014, p. C-5 de O Globo.

[1065] Muammar Mohammed Abu Minyar al-Gaddafi (Kadhafi) (1942 - 2011) - Político revolucionário líbio, que liderou um golpe de estado contra o Rei Idris em 1969. Foi nomeado presidente do Conselho da Revolução (1969-1977) e depois assumiu o secretariado geral do povo. A partir de 1979 abandona o cargo e assume a chefia de estado na Líbia, explicitando a sua ditadura e propondo um verdadeiro "império do deserto", por intermédio de uma "verdadeira nacionalidade árabe" com a adesão do Egito, Síria, Tunísia, Chade etc. Passou a apoiar a guerrilhas e ação terrorista contra o "imperialismo americano". Acabou sendo derrubado do poder e morto em 2011 como consequência da chamada Primavera Árabe.

George Bush, republicano, assumiu a presidência em janeiro de 1989, num contexto internacional de fim da Guerra Fria e numa "nova conjuntura no Oriente Médio". Concluiu o acordo de desarmamento Start com a União Soviética, ampliou a luta contra o tráfico de drogas, interveio no Panamá (1989), realizou o Acordo do Comércio Livre Norte Americano, associando o Canadá e o México (1992) e enfrentou a Guerra do Golfo (devido à invasão do Kuwait pelo Iraque de Saddam Hussein[1066]). Em relação aos assuntos internos, foi "censurado pelos americanos" que enfrentaram um desemprego de 7%, um "déficit" orçamentário elevado, aumento de impostos, tensões sociais e aumento da pobreza.

Nesse clima, foi eleito o democrata Bill Clinton, em novembro de 1992, que prometeu se voltar para as questões internas dos EUA. Propunha aumentar o imposto de renda para os ricos, reformar o sistema de saúde e limitar as vendas e armas de fogo.

Na política internacional, conseguiu assinatura de "uma declaração de princípios" entre a OLP e Israel (sobre a autonomia de Gaza e da Cisjordânia), interveio no Haiti para apoiar o presidente eleito Jean-Bertrand Aristide (1994), enviou tropas para a Guerra da Bósnia, reuniu-se com Bóris Yeltsin em Moscou para acabar com a ameaça da Guerra Nuclear (1994) e interferiu no Iraque (que não autorizou a inspeção dos depósitos de material para fabricação de armas químicas), gerando a morte de milhares de pessoas. Internamente, a economia recuperou-se, o desemprego diminuiu, aplicou dispositivos "para facilitar o acesso das minorias a postos de responsabilidade, com o título de Ação Afirmativa", e houve, constantemente, a queda da inflação.

[1066] Saddam Hussein – (1937 – 2006) – Político Iraquiano, comandou a revolução de 1968 e como líder do partido BAAS passou a chefe de Estado em 1979, com o rótulo de secretário geral. Fortaleceu-se com o Ocidente nas guerras contra o Irã. Em março de 2003, uma coalizão de países liderada pelos Estados Unidos e pelo Reino Unido invadiu o Iraque para depor Saddam, depois que o presidente dos Estados Unidos, George W. Bush, acusou o líder iraquiano de possuir armas de destruição em massa e de ter ligações com a Al-Qaeda, fatos que não restaram comprovados. Após sua captura, em 13 de dezembro de 2003 (na Operação Red Dawn), o julgamento de Saddam ocorreu sob o governo interino iraquiano. Em 5 de novembro de 2006, foi condenado por acusações relacionadas ao assassinato de 148 xiitas iraquianos em 1982 e foi condenado à morte por enforcamento. A execução de Saddam Hussein foi realizada em 30 de dezembro de 2006.

Enfrentou, também, escândalos, como a fraude imobiliária, denúncia feita por Kenneth Starr (investigador independente) e o seu envolvimento com uma estagiária da Casa Branca, Mônica Lewinsky, o que motivou a instauração de um processo de *impeachment*, do qual saiu vitorioso. O presidente teve que pedir desculpas publicamente por causa da situação.

5.12 Os EUA no início do século XXI: Democratas x Republicanos

Nos Estados Unidos vigora o bipartidarismo, em que duas forças antagônicas se revezam no poder desde 1856: os Republicanos e os Democratas. Estes partidos se diferenciam por questões relacionadas à visão política e econômica.

Apesar de o cenário político estadunidense ser dividido entre o Partido Republicano e o Partido Democrata, há outros partidos em atuação no país: o Partido da Constituição, o Partido Verde e o Partido Libertário, este fundado em 1971.

Se compararmos com o século anterior e com base nos comentários de Bert A. Rockman[1067] acerca da natureza e da extensão das diferenças entre os partidos políticos, verifica-se que as tendências fundamentais eram, no passado, relativamente menos intensas se comparadas, por exemplo, às de 1993.

> *"Os partidos divergiam sobre algumas questões, como no caso relativo à natureza do estado de bem-estar e, até mesmo, quanto à natureza do que se poderia chamar de desenvolvimento do Estado. De um lado, os Democratas, notoriamente mais favoráveis a usar o governo para universalizar e nacionalizar o sistema do bem-estar social e promover, através do Estado, as forças do desenvolvimento econômico."*

Havia, também diferenças entre os partidos quando se tratava dos interesses de operários contra empresários e, ironicamente, com relação a livre mercado *versus* protecionismo. Naquela época, os Democratas representavam o partido do livre comércio, posição que historicamente sempre mantiveram durante o século XIX, enquanto cabia aos Republi-

[1067] Política nos Estados Unidos: tendências nas últimas quatro décadas. In *Estudos Avançados*, v. 8, n. 21, São Paulo, maio/ago, 1994. Trad. Célia Sobral.

canos, de alguma forma, ser o partido a favor do protecionismo. O professor do Departamento de Ciência Política da Universidade de Pittsburgh (EUA) comenta:

"Eisenhower preocupou-se em afastar o partido Republicano do protecionismo e do isolacionismo. E evidente que esse alinhamento sugere algo mais profundo. Principalmente porque, nos anos 50, os Estados Unidos ocupavam na economia mundial, posição mais dominante do que hoje. Consequentemente, os sindicatos dos trabalhadores concluíram que, para eles, era mais interessante haver um sistema de livre comércio mundial maior, mesmo porque, há quatro décadas, esse mercado seria inevitavelmente dominado pela economia americana"[1068].

Naquela época os Republicanos reivindicavam o voto negro e tinham esperanças, ao menos durante o governo Eisenhower, de obter uma contrapartida moderada no sul com relação aos brancos segregacionistas dos partidos estaduais Democráticos então existentes. E destaca:

> *"A imagem de que ainda compunham o partido de Abraham Lincoln continuava sendo relevante para os Republicanos. O partido Republicano, o mais novo dos dois principais partidos políticos dos Estados Unidos, foi criado em 1856 como um partido antiescravagista e na sua segunda disputa eleitoral, em 1860, elegeu Lincoln presidente. Nos anos 50 os republicanos apoiavam os direitos civis para os negros, na verdade, com maior consistência do que os Democratas, devido à imensa ala sulista que estes precisavam satisfazer. Somado a tudo isso, havia ainda a influência exercida, no interior do partido Democrático, pelos estados limítrofes (borders states), nos quais a segregação persistia fortemente, embora menos rígida que nos antigos estados confederados"*[1069].

As diferenças regionais eram, em geral, maiores em todos os aspectos relacionados à política, à economia, à cultura e à culinária, do que as de 1993. O sul era muito menos desenvolvido economicamente e menos urbanizado do que o norte. Politicamente, a questão racial caracterizou o sul de maneira peculiar. A porcentagem da população negra nos estados sulinos era, de longe, muito mais elevada que nos estados do norte. Os Democratas podiam quase sempre contar com o sul e com os estados

[1068] Ibidem.
[1069] Ibidem.

limítrofes nas eleições nacionais. Por vezes, poderiam mesmo conquistar os estados montanhosos (*mountain states*), região de pouca densidade demográfica das montanhas rochosas, e o deserto a sudoeste.

> *"Os Republicanos, por sua vez, contavam com os votos dos estados da Nova Inglaterra, ao nordeste, com os estados fortemente agrícolas ou estados da planície (plain states) do meio oeste e, até certo ponto, com os da costa oeste. As grandes disputas realmente ocorriam nos estados com grandes metrópoles como New York e outras cidades pouco menores como Philadelphia e Pittsburgh no estado de Pennsylvania, Chicago, em Illinois, Detroit, em Michigan ou Los Angeles e San Francisco na Califórnia. Era comum haver grandes disputas políticas por ocasião das eleições gerais para governo desses estados, para o Senado e para a presidência. Ao norte, as grandes cidades eram bastiões das forças do partido Democrático, enquanto as menores eram os pilares que sustentavam os Republicanos"*[1070].

As eleições de 1952, que elegeram Eisenhower o primeiro presidente republicano em 20 anos, quebraram a coalizão nacional dos Democratas. Em 1948, os sulistas segregacionistas haviam abandonado a Convenção Nacional do Partido Democrático, formando o partido dos Direitos dos Estados (*States Rights*), que venceu em quatro estados do sul, nas eleições daquele ano. O chamado *solid south* nesse momento se desintegrava. Em 1952 alguns dos estados sulinos apoiavam Eisenhower - Virgínia, Flórida e Texas. Nas últimas eleições presidenciais esses estados foram quase totalmente pró Republicanos. Em 1964, o alinhamento tradicional romper-se-ia completamente nas eleições nacionais, alterando regionalmente o quadro político partidário. De maneira geral, nas eleições presidenciais, o mapa eleitoral apresentava situação de expansão do voto republicano enquanto o do democrata aparecia diminuído.

A eleição presidencial é realizada por um colégio eleitoral formado por delegados escolhidos por meio do voto distrital de representante único. Nesse sistema de votação, vence aquele que receber a pluralidade dos votos, ou seja, apenas um partido pode vencer num dado distrito. Pensando nas eleições presidenciais, cada Estado da federação funciona

1070 Ibidem.

como um distrito eleitoral. Isso significa que, em um Estado com direito a 50 delegados, todos serão do mesmo partido – daquele que obtiver a maioria dos votos. Entre os 50 Estados que formam a nação, existem duas exceções, Nebraska e Maine, onde os delegados são escolhidos proporcionalmente ao número de votos dados a cada partido. O número de delegados estaduais no colégio eleitoral é proporcional ao número de eleitores existentes.

Isso explica por que partidos pequenos tendem a não existir. Nesse sistema, não possuem chance de eleger nenhum representante. Mesmo assim, alguns partidos pequenos, com ideologias e programas políticos definidos e distantes dos partidos majoritários, mantêm-se organizados, apesar da pequena expressão política e eleitoral que possuem[1071].

Há uma desconfiança em relação aos partidos políticos, responsável pela instituição das eleições primárias no país, ou seja, é o eleitor que escolhe quais serão os candidatos de seu partido, e não o próprio partido.

Desde que o antecessor de Obama, George W. Bush, ganhou sua segunda eleição presidencial, em 2004, o Partido Republicano não tinha sido tão poderoso. Mas o Partido Republicano a partir desse período é diferente do de Bush[1072].

Yuval Levin, fundador da revista *National Affairs* em 2009, afirma que os Republicanos são muito mais cautelosos quanto às ambições agressivas e ao envolvimento nos assuntos internos de outros países. Na política interna é um partido muito mais conservador, muito mais comprometido com um papel reduzido do Estado e com gastos públicos inferiores, e mais preocupado com o déficit[1073].

Dificilmente teria existido a revolução econômica de Ronald Reagan sem as propostas e teorias do Instituto Americano do Empreendimento (AEI, na sigla em inglês), da Fundação Heritage e do Nobel de Economia Milton Friedman. E a invasão do Iraque em 2003 não se explicaria sem os neoconservadores, o movimento que tem sua origem em uma elite de

[1071] Ibidem.

[1072] BASSETS, Marc, *Direita dos EUA redefine sua ideologia ao assumir mais poder*, El País, 4 jan. 2015.

[1073] Ibidem.

intelectuais esquerdistas que nos anos 60 e 70 se distanciou do Partido Democrata.

Levin, emigrado para os EUA quando criança, se declara "fã" do Tea Party[1074], mas afirma que tanto esse movimento como o Partido Republicano "se concentraram demais no que tinha de ser freado e não no que tinha de ser feito"[1075]. O legado de Reagan, na visão do referido intelectual conservador, continua definindo as propostas republicanas em política fiscal, que proíbem qualquer aumento de impostos e protegem os empreendedores e os mais ricos, como origem da riqueza que depois se expande ao restante da sociedade. Ele argumenta:

"Falamos demais de donos de empresas, de impostos sobre as empresas e de impostos progressivos sobre a renda que afetam os mais ricos, e não falamos o suficiente dos impostos que afetam as famílias de classe média". Para Bassets, houve uma transformação marcante no Partido Republicano entre 2009 e 2015, que correspondem estes aos anos do democrata Barack Obama na Casa Branca, mas também ao ápice do movimento conservador e populista do Tea Party. Um grupo de intelectuais, denominado conservadores reformistas – muitos deles com menos de 40 anos e procedentes do meio acadêmico –, é o motor do rearmamento ideológico da direita.

5.12.1 George W. Bush

Filho do ex-presidente George H. W. Bush, George W. Bush concorreu à Presidência norte-americana em 2000 pelo Partido Republicano. Seu adversário era o Democrata Al Gore, até então vice-presidente no man-

1074 Trata-se de um movimento social e político originário da ala radical do partido Republicano, criado nos Estados Unidos em 2009 e descrito como populista, cuja ideologia se considera ligada ao libertarianismo e à direita. O movimento surgiu a partir de uma série de protestos que foram, em parte, motivados por diversas leis federais, como o Plano de resgate econômico de 2008, a Lei de Recuperação e Reinvestimento dos Estados Unidos de 2009 e a Lei de Proteção ao Paciente e Assistência Médica Acessível (reforma do sistema de saúde, popularmente conhecida como "Obamacare").O movimento defende uma política fiscal conservadora e o originalismo, isto é, a interpretação do texto constitucional segundo o seu significado à época em que foi adotado.

1075 Bassets, Marc, *Direita dos EUA redefine sua ideologia ao assumir mais poder*, El País, 4 jan. 2015.

dato de Bill Clinton. Gore recebeu mais votos na soma total do que Bush, mas nos Estados Unidos, porém, o candidato vencedor não é necessariamente o que recebe a maior votação nas urnas, mas aquele que conquista a maioria dos votos dos colégios eleitorais dos respectivos estados da federação. Essa disputa foi muito acirrada em todos os estados, e estava empatada; o resultado dependia do colégio eleitoral do estado da Flórida, onde o irmão de Bush, Jeb Bush, era governador. A votação naquele estado também foi muito disputada, e durante várias semanas a Flórida recontou seus votos. Finalmente, a Suprema Corte dos Estados Unidos suspendeu as recontagens, o que significou a vitória do candidato republicano na Flórida. Com isso, Bush tomou posse como presidente dos EUA em 20 de janeiro de 2001, tornando-se o 43° presidente dos Estados Unidos (EUA), em 2001. Em 2004, foi eleito para um segundo mandato.

Bush teve a vantagem de trabalhar com um Congresso liderado pelos republicanos. Como pauta de sua campanha, logo após sua eleição assinou uma lei que estabeleceu grandes cortes de impostos. Durante seus dois mandatos, a denominada direita religiosa passou a ter protagonismo na recente história política norte-americana. A articulação de evangélicos e católicos conservadores originou uma agenda para temas como aborto, pesquisa com células-tronco, casamento *gay*, criacionismo, abstinência sexual, secularismo e *big government*, entre outros temas sensíveis e determinantes no jogo político doméstico. Conquanto a mobilização deste grupo de interesses tenha histórico desde a década de 1970, foi durante a administração republicana de George W. Bush que a direita cristã atingiu seu auge, quando seus membros puderam circular livremente nos corredores do poder em Washington. Além dos estreitos laços mantidos com membros do Partido Republicano, líderes da direita religiosa empreenderam reuniões a portas fechadas na Casa Branca, no Congresso e na Suprema Corte. Já na política externa, a influência da direita cristã se fez sentir em temas como o apoio a Israel, a promoção da liberdade religiosa, o combate ao ativismo ambientalista e, em alguma medida, o suporte a própria guerra ao terror, fortalecendo a popularidade da visão maniqueísta entoada oficialmente pela presidência.

Os anos 2000 seriam definitivos para a experiência da direita religiosa no poder em Washington. George W. Bush era um renascido evangélico que explorou abertamente sua fé pessoal para se comunicar com sua base eleitoral. Em 2000, 68% dos evangélicos brancos votaram em Bush, proporção que aumenta na ocasião de sua reeleição. Em 2004, 78% dos evangélicos brancos confiaram seus votos ao republicano. O ganho de poder evangélico também aparece com o aumento da bancada religiosa no Congresso, que passou de 10% em ambas as casas em 1970 para 25% em 2004.

A gestão George W. Bush foi a mais propensa a apoiar as demandas da direita cristã. O presidente era visto como o maior líder do movimento, e vários cargos em Washington foram concedidos a conservadores morais. Os resultados concretos do movimento religioso, no entanto, se mostraram diminutos. No final da administração Bush, o aborto ainda era legal e a oração na escola proibida. O público americano estava cada vez mais favorável aos direitos *gay*, com muitos estados aprovando uniões civis e casamentos do mesmo sexo.

No plano político, Bush enfrentou seu maior desafio em 11 de setembro de 2001. Milhares de pessoas morreram quando terroristas sequestraram aviões cheios de passageiros e os fizeram voar de encontro ao *World Trade Center*, um conjunto de dois grandes edifícios de escritórios na cidade de Nova York, e contra o edifício do Pentágono (o Ministério da Defesa dos EUA), na cidade de Washington. Bush conclamou uma guerra mundial contra o terrorismo. Osama Bin Laden[1076], líder de um grupo chamado Al-Qaeda, foi identificado como principal suspeito dos ataques. Bush mandou desfechar ataques aéreos contra o governo do Afeganistão, na época comandado pelos talibãs, fundamentalistas islâmicos acusados por ele de ajudar Bin Laden. O governo afegão caiu no final de 2001.

Em 2002 Bush se voltou contra o Iraque, acusando o presidente desse país, Saddam Hussein, de apoiar a Al-Qaeda e de ter armas proibidas (químicas). Em março de 2003, mesmo sem o apoio da ONU, uma força militar liderada pelos EUA invadiu o Iraque e derrubou o governo do país. Em dezembro, Saddam foi capturado e posteriormente executado.

[1076] Osama Bin Laden (1957 – 2011) – De família milionária da Arábia Saudita, estudou na Suíça e transformou-se num dos mais famosos terroristas mundiais no final do século vinte. Montou uma rede internacional de terrorismo com o nome de Al-Quaeda e participou dos atentados contra as Torres de World Trade Center (setembro de 2001) em Nova York. Foi morto no Paquistão em 2011, em uma ação de tropas americanas.

Soldados comandados pelos EUA permaneceram no Iraque para ajudar o país a formar um novo governo, mas até o início da década de 2020 o Iraque ainda vive forte instabilidade política e social, resultado direto do ataque sofrido a partir de 2003.

Apesar de muitos norte-americanos terem se manifestado contra a guerra, e também contra a piora da economia americana, em 2004 Bush foi eleito para um segundo mandato, derrotando John Kerry, candidato do Partido Democrata.

Durante seu segundo mandato, Bush nomeou duas pessoas para o Supremo Tribunal e continuou a enfrentar problemas com relação à guerra em curso e à economia. Essas questões acabaram com a popularidade de Bush e outros republicanos, o que contribuiu para a eleição do candidato democrata Barack Obama na eleição presidencial em 2008, na qual derrotou o candidato republicano John McCain. Bush deixou o cargo em janeiro de 2009 e voltou para a vida privada no Texas.

5.12.2 Barack Obama

O 44º presidente dos Estados Unidos, o Democrata Barack Obama, tomou posse em 5 de janeiro de 2009. Senador pelo Estado de Illinois na época de sua vitória contra o também senador Republicano pelo Arizona, Jonh McCain, Obama, um intelectual de Oxford, foi o primeiro presidente afro-americano dos EUA, assim como o primeiro nascido no Havaí. Durante seu mandato, que se estendeu até janeiro de 2017, atuou fortemente na área da saúde, criando o Obamacare, um programa que se propunha a atender a maior parte dos americanos na rede pública da área, e na política externa. Foi durante sua presidência que soldados de elite americanos mataram, no Afeganistão, o líder terrorista Osama Bin Laden, acusado de planejar e organizar os atentados contra as torres gêmeas em Nova York.

O presidente tentou combater a crise financeira global e promoveu a libertação gradual de parte dos prisioneiros americanos na prisão de Guantánamo. Em outubro de 2009, foi agraciado com o Prêmio Nobel da Paz "pelos esforços em prol da democracia internacional e da paz e cooperação entre os povos". Em um encontro em Praga, avisou que discutiria o arsenal nuclear com a Rússia, com vistas à sua redução.

Pesquisa da empresa americana Rasmussem Reports apontou, no mês de fevereiro de 2009, que 55% dos eleitores apontavam como bom ou excelente a maneira como Obama estava lidando com a economia. Uma outra pesquisa, um mês depois, essa feita com economistas de várias tendências, entretanto, apontou que apenas 30% deles consideravam que o governo americano estava lidando com a recessão mundial, ocasionada pela crise de 2008, de maneira adequada. Em junho, nova avaliação demonstrou que 51% dos americanos desaprovavam a forma de Obama lidar com o déficit orçamentário federal e o controle de gastos. Seria nesse ponto que a oposição republicana basearia seus ataques.

Em 2010, o nível de aprovação da administração Obama era de 52%, praticamente igual à de seu antecessor Bill Clinton no mesmo período e superior aos 45% de Ronald Reagan. Uma segunda pesquisa, esta elaborada pelo Instituto Gallup, mostrava que 62% dos norte-americanos, por sua vez, continuavam insatisfeitos com a forma de o governo enfrentar o déficit federal. Após a morte de Osama Bin Laden, em 2 de maio de 2011, sua aprovação voltou a aumentar, chegando a 60% de eleitores satisfeitos.

Obama foi eleito para o segundo mandato em 6 de novembro de 2012, derrotando o candidato republicano Mitt Romney, com 65 milhões de votos populares e 332 votos eleitorais. Seus objetivos para o novo mandato, que se estenderia até 2017, foram, segundo o discurso de posse, combater a desigualdade econômica e o aquecimento global. Em janeiro, ao deixar o cargo, a aprovação de sua administração chegava a 60%.

Política econômica – A questão da economia foi, ao que parece, o calcanhar de Aquiles dos dois mandatos de Obama. Durante o seu governo, ele assinou o *Recovey Act*, de 20 de março de 2009, um pacote de estímulos econômicos federais, da ordem de U$ 787 bilhões, destinado a ajudar na recuperação da economia diante da recessão iniciado no ano anterior. A nova legislação incluía um aumento de gastos federais para a saúde, infraestrutura, educação e vários benefícios fiscais e incentivos à produção. Obama interveio na indústria automotiva, em março de 2009, renovando empréstimos às empresas General Motors e Chrysler, para que elas continuassem a operar enquanto se reorganizavam. As empresas acabaram falindo e a Chrysler foi vendida à italiana Fiat.

Apesar dos esforços, a taxa de desemprego não cedia. Era de 10% no quarto trimestre de 2009. Em julho de 2010, o Federal Reserve Bank afirmou que, embora a atividade econômica continuasse a crescer, seu ritmo havia desacelerado.

Em termos de política externa, Obama manteve o foco na Guerra do Afeganistão, mas manteve encontros com o então presidente da Rússia, Dimitri Medvedev para discutir a redução dos armamentos nucleares. O presidente americano manteve negociações com Israel em prol da solução dos dois Estados, um judeu e um palestino. O governo do primeiro-ministro Benjamim Netanyahu opunha-se a essa proposta. Obama manteve operações militares dos EUA no Paquistão e encontrou-se com o presidente da China, Hu Jintao, para "construir uma agenda colaborativa" com o gigante asiático no século XXI. Em abril de 2009, ele pediu ao Congresso a aprovação de uma complementação nos gastos militares da ordem de US$ 83,4 bilhões para usar na Guerra do Iraque e para aumentar a presença militar no Afeganistão.

Em 8 de abril de 2010, Obama e o presidente russo Dimitri Medvedev assinaram o Tratado Start, um acordo entre os dois países para a redução dos seus arsenais nucleares. Em dezembro de 2014, ele anunciou o começo da normalização das relações entre Cuba e Estados Unidos, praticamente encerradas após a vitória de Fidel Castro na Revolução de 1959. Em julho do ano seguinte, assinou um acordo nuclear com o Irã.

5.12.3 O governo de Donald Trump

Nas eleições de 2016, a candidata do Partido Democrata, Hillary Clinton, então secretária de Estado de Obama, foi derrotada pelo candidato republicano Donald Trump. O 45º presidente estadunidense assumiu em 20 de janeiro de 2017. Hillary venceu na preferência popular, com uma diferença de quase três milhões de votos, mas o republicano – repudiado até por líderes do seu partido – assegurou os votos de 270 delegados para garantir a eleição no Colégio Eleitoral[1077].

[1077] Donald Trump (republicano) foi eleito com 62.984.824 votos populares (46,1%) contra 65.844.610 votos (48.01%) de Hillary Clinton (democrata). No Colégio Eleitoral, Trump conquistou 306 delegados e Hillary 232 delegados. A vitória foi assegurada pelo Colégio Eleitoral.
De 1789 até hoje houve cinco presidentes eleitos via delegados, a saber:

Em seus primeiros meses, Trump envolveu-se em várias questões polêmicas que, segundo analistas internacionais de política, teriam potencial para isolar os Estados Unidos, a maior potência econômica e militar do planeta, de tradicionais aliados na Europa e na Ásia. Uma delas foi retirar, em maio de 2017, o país do acordo em prol da limitação de temperatura do planeta, na qual o presidente anterior, Barack Obama, havia incluído os EUA, segundo maior poluidor do mundo, atrás apenas da China.

Trump ainda enfrentou acusações de interferência da Rússia na eleição norte-americana, no sentido de beneficiá-lo ante a democrata. O processo eleitoral também foi colocado em suspeita face à ampla utilização de *fakes news* e pela atuação de uma empresa, a Cambridge Analytica, que acessou dados sigilosos dos usuários do Facebook, vendidos por esta empresa, como forma de direcionar a campanha a favor da eleição de Trump. Não foram os únicos problemas enfrentados pelo presidente. Ele ainda tentou passar no Congresso uma legislação que proibia a entrada no país de imigrantes de países muçulmanos, mas a medida foi vetada pela Suprema Corte. Nos primeiros quatro meses de sua gestão, o Instituto Gallup identificou a mais baixa aprovação de um presidente da história estadunidense, de 41% ante 55% do governo do democrata Bill Clinton, recorde negativo anterior.

- 1824 – John Quincy Adams (democrata-republicano), foi eleito com 113.122 votos populares (30,9%), contra Andrew Jackson (democrata-republicano) com 151.271 votos (41,4%). Adams obteve 84 delegados e Jackson 99 delegados. Neste caso, nenhum dos candidatos conseguiu os delegados necessários, e, por intermédio de uma emenda constitucional a escolha se concretizou, pela única vez, com a Câmara de Representantes. Número necessário: 131 delegados.
- 1876 – Rutherford B. Hayes (republicano), foi eleito com 4.034.142 votos populares (47,9%) contra Samuel J. Tilden (democrata) que obteve 4.280.808 votos (50,9%) Hayes conquistou 185 delegados e Tilden 184 delegados. Número necessário: 185 delegados.
- 1888 – Benjamin Harrison (republicano), foi eleito com 5.443.892 votos populares (47,8%) contra Grover Cleveland (democrata) que obteve 5.534.488 votos (48,6%). Harrison conquistou 233 delegados e Cleveland 108 delegados. Número necessário: 201 delegados.
- 2000 – George W. Bush (republicano), foi eleito com 50.456.002 votos populares (47,9%) contra Al Gore 50.999.897 votos (48,4%). Bush conquistou 271 delegados e Gore 266 delegados. Número necessário: 270 delegados.

A proposta de Donald Trump de construir um muro na fronteira entre os EUA e o México (que os mexicanos pagariam, de acordo com ele) e a extinção do programa de saúde para a população criado pelo ex-presidente Obama colaboraram para que seus índices de aprovação baixassem. O governo mexicano avisou que "não pagará de jeito nenhum o muro". Depois de derrotas iniciais, a gestão Trump conseguir aprovar, por pequena diferença, o Trumpcare, substituto do Obamacare.

O presidente ainda enfrentou, em seus primeiros dias, uma crise no Congresso com as revelações do ex-chefe do FBI, James Corney – que foi demitido por Trump do cargo – segundo o qual o chefe do Executivo americano o pressionou pelo fim das investigações do órgão sobre o general Michael Flynn, ex-chefe de Segurança Nacional, indicado pelo presidente, que também foi demitido sob acusação de manter "relações suspeitas" com autoridades russas. Com isso, um procurador independente, Robert Mueller, foi designado pelo Departamento de Justiça para acompanhar o caso[1078].

Em dezembro de 2017 o presidente Donald Trump obteve uma vitória no Senado americano: conseguiu aprovar histórica redução de impostos para as empresas e as grandes fortunas, naquela que foi considerada sua maior conquista na presidência do país. A reforma fiscal, uma de suas promessas de campanha, teve 51 votos favoráveis, de Republicanos, e 48 contra, de Democratas. A desoneração será da ordem de US$ 1,5 trilhões em dez anos. O valor é o maior em 30 anos da história do país.

O processo foi longo e complicado e, depois da aprovação no Senado, a reforma ainda precisou passar pela sanção da Câmara dos Deputados, o que foi obtido. Trump esperava conseguir aprovar as mudanças no início do seu governo, mas só conseguiu no fim do seu primeiro ano à frente da Casa Branca. O presidente americano precisava desesperadamente dessa vitória, já que havia sofrido várias derrotas no Legislativo durante o seu

[1078] Informações da revista Exame, edição de 29 de abril de 2017, em reportagem de RUIC, Gabriela., p.16 . Em maio daquele ano, Mueller divulgou seu relatório que não culpava, mas também não inocentava o presidente. Com isso, parte dos democratas começaram a pensar em um provável pedido de *impeachment*. O problema é que seu partido, o Republicano, controlava o Senado, o que impediria algum pedido de *impeachment* proveniente da Câmara.

mandato, embora seu partido contasse com maioria nas duas casas, perdida, no caso da Câmara, nas eleições de meio de mandato, em 2018.

Além das lutas internas do Partido Republicano, a própria reforma fiscal é angulosa. O imposto empresarial cai de 35% para 21%, a alíquota mínima para rendas mais elevadas encolhe de 39% para 37% e, num benefício para as classes trabalhadoras, o valor isento quase dobra (de US$ 6, 5 mil para US$ 12mil por ano, ou o dobro disso para casais que fazem declaração conjunta).

Mas muitos especialistas, incluindo o comitê fiscal do Congresso, advertem que esses cálculos são excessivamente otimistas, e que a arrecadação fiscal nesta década, na melhor das hipóteses, diminuirá em US$ 1 bilhão[1079].

Em junho de 2018 Trump obteve uma vitória bastante discutível, nesse caso na área diplomática: assinou, ao lado de seu colega, o ditador Kim Jong-um, da Coreia do Norte, um acordo para o início da desnuclerização da região, uma das mais tensas do planeta. Após encontro realizado em Singapura, os dois presidentes assinaram o acordo que prevê que o país asiático pare de produzir armas nucleares e os Estados Unidos se comprometem a não invadir a Coreia e a retirar as sanções econômicas que foram aplicadas por vários países à pátria de Kim Jong-um. Desde sua posse, Trump tinha um histórico de agressões verbais e de ameaças com o ditador norte-coreano.

5.12.3.1 O processo de *impeachment* de Donald Trump

Em 2019, Donald Trump foi acusado de abuso de poder ao pedir para o governo da Ucrânia investigar Robert Hunter Biden e seu pai, Joe Biden, sendo este membro do Partido Democrata e adversário político do presidente, e de obstrução do Congresso por tentar impedir depoimentos ao Legislativo e deixar de entregar documentos solicitados pela Casa legislativa.

Trump diz que ligou para seu par ucraniano, Volodymyr Zelensky, em 25 de julho de 2019 para parabenizá-lo por sua recente vitória nas eleições. Zelensky, um ex-astro da TV sem experiência política, fora eleito

[1079] Edição de *El País*, 20 dez. 2017.

presidente em abril. Mas um informante anônimo, apontado como um oficial da CIA, entendeu que houve crime de responsabilidade praticado por Trump e apresentou uma queixa formal em 12 de agosto. O informante admitiu que não havia ouvido o telefonema de Trump, mas disse que relatos feitos por outras autoridades haviam mostrado um quadro consistente de violações praticadas pelo mandatário. Consta que cerca de uma dúzia de pessoas ouviu a conversa, incluindo o secretário de Estado, Mike Pompeo[1080].

A ligação ocorreu dias depois que Trump bloqueou US$ 391 milhões em ajuda militar à Ucrânia. Muitos argumentam que isso foi usado como moeda de troca para pressionar o novo governo em Kiev, mas Trump nega isso. "A denúncia alegou que o presidente usou 'o poder de seu cargo para solicitar interferência de um país estrangeiro' nas eleições presidenciais de 2020. Também diz que as autoridades da Casa Branca ficaram 'profundamente perturbadas' com a ligação e agiram para 'silenciar' tudo ligado a ela"[1081].

O resumo da ligação mostrou que Trump pediu a Zelensky que investigasse acusações de corrupção (não comprovadas) contra o ex-vice-presidente Joe Biden, mais provável nomeado democrata para concorrer nas eleições de 2020, bem como em relação ao filho de Biden. O fato tornou-se significativo principalmente por Biden ser à época candidato à nomeação democrata e, se escolhido, enfrentaria Trump na disputa pela Presidência, em novembro de 2020, o que de fato aconteceu. Isso permite a interpretação de que Trump usou um governo estrangeiro para influenciar a eleição – o que contraria a lei americana.

Os democratas lançaram um inquérito formal sobre o caso envolvendo a Ucrânia, e várias autoridades foram chamadas para testemunhar, incluindo o "enviado especial do governo dos EUA para a Ucrânia, Kurt Volker, que entregou uma série de mensagens de texto e outras comunicações relevantes. O embaixador interino na Ucrânia, Bill Taylor, disse aos investigadores que Trump condicionou a liberação da ajuda militar à Ucrânia à abertura de uma investigação sobre as negociações dos Biden.

[1080] BBC News Brasil. Extraído de https://www.bbc.com/portuguese/internacional-50678201. Acesso em 22 jan 2020.
[1081] Ibidem.

Ele também disse que havia 'um canal irregular e informal de formulação de políticas dos EUA' no país em geral. A Casa Branca negou"[1082]. Todavia o testemunho mais forte foi o de Gordon Sondland, embaixador dos EUA na União Europeia. Ele disse ao Congresso que estava trabalhando sob "direção expressa" do presidente quando a Ucrânia foi pressionada a investigar os Biden. Sondland acrescentou que a oferta de uma visita à Casa Branca pelo presidente Ucrânia dependia do anúncio público da investigação.

A equipe de defesa de Donald Trump chama as acusações contra o republicano de "afronta à Constituição", que as acusações falham, do ponto de vista jurídico, ao apontar as irregularidades passíveis de *impeachment*, e que as acusações são resultado de um inquérito de *impeachment* que violou todo precedente e negou ao presidente o devido processo requerido pela Constituição[1083].

Para que Trump fosse afastado do cargo seriam necessários os votos de dois terços dos senadores. Mas, dos 100 assentos, 53 eram na época ocupados por republicanos, partido do presidente.

Donald Trump foi o 3º presidente da história dos Estados Unidos a ter processo de *impeachment* aprovado na Câmara – e o primeiro a passar pelo processo enquanto lutava pela reeleição ao cargo. Antes de Trump, Andrew Johnson e Bill Clinton tiveram processos de *impeachment* aprovados pela Câmara, mas ambos foram absolvidos pelo Senado e não perderam o cargo. Assim como Trump, eles continuaram no cargo enquanto aguardavam o julgamento no Senado. Trump foi absolvido da acusação com maioria dos votos dos senadores favoráveis a ele.

A eleição americana de 2020, a sucessão de Trump – Esta eleição foi uma das mais concorridas dos últimos tempos. O então presidente, o republicano Donald Trump, enfrentou o rival democrata Joe Biden, em busca de um segundo mandato à frente do Executivo americano. O pleito se passou em um clima de grande polarização no país, em que houve vários confrontos de rua, sem gravidade, entre eleitores dos dois partidos. Até o

[1082] Ibidem.

[1083] Portal G1. Caderno Mundo. Extraído https://g1.globo.com/mundo/noticia/2020/01/21/impeachment-de-trump-primeiros-debates-no-senado-definem-regras-do-julgamento.ghtml. Acesso 22 jan 2020.

dia 6 de novembro, alguns dias depois da eleição propriamente dita, que foi dia 3 daquele mês, Biden levava vantagem e deveria se tornar o 46º presidente americano. Para isso, teria que obter 270 delegados no Colégio Eleitoral. Trump, entretanto, não se conformava e judicializou as eleições afirmando, sem apresentar provas, que houvera "fraude", principalmente na contagem de votos pelo Correio. Com medo da pandemia de Covid-19, cerca de 95 milhões de americanos – a maior parte democratas – votou por via postal. Um dos fatores relacionados ao clima de tensão foi o aumento na venda de armas no período imediatamente anterior ao pleito.

Não havia registro, entretanto, de fraudes nos votos por Correio e duas ações contestando a apuração, por parte da campanha republicana, foram negadas pela Justiça dos Estados de Michigan e Pensilvânia. No dia 5, em uma ação inédita, as redes de TV americanas ABC, CBS e NBC tiraram do ar o presidente Trump quando ele começou, mais uma vez sem apresentar provas, a citar supostas fraudes nas eleições. Havia uma preocupação no governo brasileiro com a então provável eleição de Biden. Os ministros do Meio Ambiente, Ricardo Salles, e das Relações Exteriores, Ernesto Araújo, eram vistos como candidatíssimos a perder o cargo. O primeiro pelo fato de o democrata ter demonstrado, em suas declarações recentes, que repassaria R$ 20 bilhões ao Brasil para controlar a destruição da Floresta Amazônica, mas se não o fizesse "poderia ter consequências muito sérias", sugerindo uma retaliação ao País, com apoio da comunidade internacional. O segundo, admirador de Trump, que vê como "salvador do Ocidente", é visto no país como um problema na relação entre as nações que impossibilitaria até uma relação pragmática com um governo democrata. Uma vitória de Biden, também, acabaria com o "alinhamento automático" de Bolsonaro com Trump. O presidente brasileiro é praticamente um fã do americano.

5.13 Economia dos EUA no início do século XXI

Os Estados Unidos figuram como a maior economia do mundo. O país exerce papel fundamental na economia mundial, considerando que é o maior parceiro econômico da maioria dos países, ou seja, é o maior comprador do mundo. Sua economia é uma das mais abertas, havendo pouquíssimas intervenções do Estado. Os EUA, com menos de 5% da população mundial, são responsáveis por cerca de 20% de toda a riqueza produzida no planeta.

Frise-se, no entanto, que a partir de 2008 o país enfrentou crise financeira iniciada com o excesso e abuso na concessão de hipotecas. Em 2014, o PIB chinês ultrapassou o dos Estados Unidos, com base na paridade do poder de compra do yuan, a moeda chinesa.

O capitalismo americano vem enfrentando várias crises[1084]. As medidas adotadas pelos últimos governos dos EUA beneficiaram empresas e grupos específicos, o que resultou em uma série de distorções econômicas. O risco dessa visão é a corrupção institucional que ela causa, além da perda de habilidade que o sistema tem para crescer e beneficiar a todos. Em entrevista concedida ao jornal O *Estado de S. Paulo*, Luigi Zingales, estudioso italiano, ressaltou que o capitalismo americano está "se deteriorando" por ausência de consenso em favor dele, uma vez que os benefícios do sistema tendem a ser concentrados para poucas pessoas.

A referida deterioração do sistema teria iniciado por uma combinação de fatores. A aproximação do resto do mundo ao padrão dos EUA tornou mais difícil para um americano médio pertencer a esse grupo. Assim Luigi Zingales comenta:

"No período entre a 2ª Guerra Mundial e o início dos anos 80, a mão de obra americana era mais educada, por exemplo. Várias características tornavam o país único. Mas, hoje, o resto do mundo ficou mais competitivo. Houve também a deterioração da qualidade das instituições. Em vez de se pensar em como o sistema pode ser bom para todos, houve um aumento do que se considera importante apenas para grupos particulares"[1085].

Os EUA chegaram a ter governos voltados mais para o mercado no passado, mas agora são mais voltados para empresários. Em consequência, o risco dessa visão é a corrupção institucional que ela causa, além da perda de habilidade que o sistema tem para crescer e beneficiar a todos. De um lado, verifica-se um recuo nas taxas de crescimento, e, de outro, uma queda no suporte para o sistema de livre mercado.

1084 Gerbelli, Luiz Guilherme, Capitalismo nos EUA está em crise, *O Estado de S. Paulo*, 11 jun. 2015.

1085 Ibidem.

O mercado precisa de regras para operar. A pergunta é quem vai implementá-las e mantê-las funcionando. Mas, além disso, é importante entender que a criação de uma rede de proteção social pode ser considerada uma intervenção pró-mercado. E ele dá um exemplo:

"Os empreendedores buscam com frequência *lobbies* para conseguirem subsídios. Quando uma empresa está prestes a falir, o empresário diz que precisa de ajuda porque os trabalhadores vão ficar desempregados. O meu ponto de vista é que, se temos uma boa proteção social, não é preciso se preocupar com os trabalhadores, e as empresas podem falir sem problema. Num modelo de livre mercado, as empresas precisam falir, mas os indivíduos não precisam sofrer".

Algumas forças tentando pressionar por mudanças que, ironicamente, estão espalhadas no sistema político. Nos Estados Unidos, lembra o autor, existe muita disputa em questões como aborto e casamento *gay*, mas, quando existe a discussão sobre subsídios para empresários, a direita e a esquerda votam juntas. A distinção, no seu modo de ver, não é sobre quem é de esquerda ou de direita, mas quem é pró-mercado ou pró-empresários. Para ele, democratas e republicanos são pró-empresários porque é onde está o dinheiro e onde eles conseguem o financiamento.

A taxa básica de juros dos EUA (equivalente à Selic brasileira), vinha sendo mantida, como indicado anteriormente, no piso histórico desde o final de 2008, quando foi reduzida para dar fôlego à economia norte-americana durante a crise financeira internacional. E a última elevação dos juros tinha ocorrido em junho de 2006.

Apenas em 2015 houve elevação da taxa de juros, tendo em vista que o desemprego no país caíra para 5% em outubro de 2015, o número mais baixo desde abril de 2008, época em que houve a quebra do banco de investimentos Lehman Brothers.

O FED anunciou, naquela data, que os aumentos seriam feitos aos poucos porque o cenário garantiria elevações graduais, apenas. Como bem lembrou o portal, em 16 de dezembro de 2008 o então presidente do Federal Reserve, Bem Bernanke, anunciara a taxa de juros ao patamar mais baixo de sua história, entre zero e 0,25%, para incentivar o crescimento da economia norte-americana em sua pior crise desde a Grande

Depressão[1086]. Em 2019 voltou a ocorrer diminuição das taxas de juros. Segue o quadro evolutivo do PIB norte-americano desde 2010:

Produto Interno Bruto (trilhões de dólares)

2010	2011	2012	2013	2014	2015	2016	2017	2018	2019
14,992	15,542	16,197	16,784	17,527	18,238	18,745	19,543	20,611	21,433

Fonte: indexmundi.com

5.14 A Constituição na atualidade

Originalmente composta por sete artigos, a Constituição dos Estados Unidos da América (EUA) foi proclamada entre 25 de maio e 17 de setembro de 1787 na Convenção Constitucional da Filadélfia, no Estado da Pensilvânia, sendo referendada dois anos depois pelas 13 colônias do Norte originais. É, hoje, a segunda mais antiga em atividade no mundo, atrás somente da Constituição de San Marino, de 1600, o que dá a medida de sua estabilidade, assim como da sociedade americana. Os seus primeiros sete artigos dizem que o governo federal está dividido em três ramos: o Poder Legislativo, que consiste no Congresso Bicameral, o Poder Executivo, constituído pelo presidente e pelo vice-presidente da República, além do Poder Judiciário, formado pela Suprema Corte e outros tribunais federais.

Os artigos seguintes definem o conceito de federalismo, descrevendo os direitos, deveres e responsabilidades dos governos estaduais em sua relação com o governo central, ou federal. O sétimo artigo estabelece o procedimento que foi utilizado pelos 13 Estados originais para ratificar a Constituição. A Constituição Americana foi a primeira do mundo a usar a palavra "povo" no seu preâmbulo, deixando bem claro que o poder não provinha de Deus ou do rei, como textos posteriores em outros países afirmariam.

O texto original do preâmbulo diz o seguinte: "*Nós, o povo dos Estados Unidos, reunidos a fim de formar uma União mais perfeita, estabelecer a justiça, garantir a tranquilidade interna, promover a defesa comum, o bem-estar geral e*

[1086] Ibidem.

assegurar os benefícios da liberdade para nós e para nossos descendentes, promulgamos e estabelecemos a Constituição para os Estados Unidos da América".

Após sua aprovação, em 1787, a Constituição Americana, que influenciou fortemente a Constituição Francesa durante a Revolução naquele país, recebeu 27 alterações. As primeiras dez emendas, conhecidas como Bill of Rights (Carta de Direitos) ofereciam proteção específica aos cidadãos em termos de liberdade individual e de justiça, restringindo os poderes dos governos. Outras alterações que viriam depois, no total de 17, visavam garantir (e expandir) os direitos civis individuais como, por exemplo, estabelecendo a liberdade de opinião e extinguindo a escravidão no país. As emendas à Constituição americana, geralmente, são acrescentadas ao fim do documento. Com apenas sete artigos e 27 emendas, a Constituição dos EUA é a mais curta Carta Constitucional em vigor no mundo hoje. As cinco páginas da Constituição original estão escritas em pergaminho.

A Carta reflete um meio termo entre a tendência estadista, defendida por um dos seus pais-fundadores Thomas Jefferson, que defendia uma grande autonomia política para os Estados membros da Federação, e a tendência federalista, defendida por outros líderes, que propunha um poder central fortalecido. O pacifismo e a defesa da propriedade são duas das grandes influências presentes no momento da promulgação do documento, assim como a recusa à emissão de papel-moeda para sustentar dívidas privadas. De acordo com a Constituição, o presidente dos Estados Unidos é eleito pelo período de quatro anos num sistema diferente do usado em várias partes do globo no qual os candidatos não ganham pelo número absoluto de votos no país, mas de acordo com a apuração em cada Estado, a partir de delegados.

O Congresso é formado por duas Casas: a Câmara dos Representantes, com delegados de cada Estado na proporção de sua população, e o Senado dos Estados Unidos, com dois representantes por Estado, eleitos por um período de seis anos. O Congresso vota leis e o orçamento federal. O Senado tem como uma de suas principais preocupações a política exterior. Um tribunal supremo composto por juízes indicados pelo presidente após sabatina do Senado arbitra os conflitos entre os Estados e entre estes e a União, garantindo a supremacia da Constituição Federal em relação às suas congêneres estaduais e as leis do país.

5.14.1 O referendo na atualidade americana

Nos dias de hoje, somente a Constituição de Delaware, um dos menores Estados americanos, situado na região Nordeste, não prevê referendo para emendas constitucionais decretadas pelo Poder Legislativo do Estado. A maioria absoluta dos membros do legislativo e a maioria simples da votação popular são exigidas em 33 Estados e a maioria simples legislativa e a maioria simples popular são exigidas para aprovação nos Estados remanescentes[1087].

Até 1982, os eleitores norte-americanos ratificaram 4430 de 7021 emendas propostas pelas Assembleias Estaduais. Propostas de emendas às Cartas locais somente são comuns em seis Estados: Alabama, Georgia, Louisiana, Maryland, Missouri e Texas, onde eleitores em 1982 aprovaram 99 das 114 propostas de emendas locais[1088].

No total, 36 Constituições estaduais contêm previsões para referendo em certas leis decretadas pelo Poder Legislativo. Três Emendas na Constituição de Nova York permitem ao Poder Legislativo agir sob voto de confiança, sem aprovação do eleitorado[1089]. Em 25 Estados os eleitores podem pedir o referendo para leis do Poder Legislativo. A legislação prevê que completado o número de assinaturas, a lei é suspensa até que o eleitorado determine se deve ser aprovada[1090].

A iniciativa popular pode ocorrer em 23 Estados para propor Emenda Constitucional ou leis ordinárias a serem objeto de referendo. Se as medidas são aprovadas, recebendo um alto número de votos e havendo o percentual mínimo do eleitorado, então serão ratificadas[1091]. No Brasil, também há legislação de iniciativa popular que, até hoje, foi usada em poucas ocasiões, mas não vale para alterar o texto constitucional.

Dez Estados exigem que um funcionário nomeado prepare e envie a cada eleitor registrado um panfleto descrevendo as propostas e os argumentos contra e a favor.

[1087] BOCZAR, Sônia, Referendo e iniciativa popular na perspectiva dos modelos suíço e norte-americano (*dissertação de mestrado na Universidade de São Paulo – USP*), cit., p. 74.
[1088] Ibidem, p. 74.
[1089] Ibidem, p. 76.
[1090] Ibidem, p. 77.
[1091] Ibidem, p. 79.

5.15 Dados estatísticos contemporâneos

GOVERNO	República federal presidencialista.
POPULAÇÃO (2019)	329 milhões de habitantes (3º).
DENSIDADE POP.	33,67 hab./km^2 (2019).
PIB nominal total – 2019	US$ 21,42 trilhões (1º).
PIB nominal *per capita (PPC)*	US$ 65.462.
IDH (2019)	0,920 (15º).
OBSERVAÇÃO	País membro das seguintes organizações, entre outras: ONU, OMC, Nafta, OCDE, OTAN, G8, G20.
CONSTITUIÇÃO	1787, com 27 alterações ao longo do tempo.

Fonte: World Economic Outloook Database – FMI

Capítulo 6
FRANÇA: DA MONARQUIA À REPÚBLICA – O CONFLITO ENTRE A DEMOCRACIA DIRETA E A DEMOCRACIA REPRESENTATIVA

6.1 Localização e ocupação

A França é limitada ao norte pelo Canal da Mancha, ao nordeste pela Bélgica, à Leste pela Alemanha e ao Sul pelo Mar Mediterrâneo e Espanha; ao Oeste, pelo Oceano Atlântico. Por volta de 600 a.C. os gregos da Foceia fundaram Marselha, e a França era povoada pelos celtas. Este era um povo politeísta que viveu há 3 mil anos na região que hoje compreende a França, Espanha e Reino Unido.

Os celtas ocupavam a região entre os Alpes e Roma, chamada Gália Cisalpina. Os gauleses, seus sucessores, dedicavam-se à agricultura. As primeiras invasões romanas ocorreram em 125 a.C. Foram conquistadas a região mediterrânea, o vale do Ródano e Languedoc, que denominaram "Província" (Provence). Júlio Cesar, como Imperador, dividiu a Gália em duas regiões: Província e Gália Livre. Por volta de 27 a.C., com Augusto, foram estabelecidas as bases administrativas da Gália Romana e unificaram-se as fronteiras e cidades iniciais.

A sociedade gaulesa era divida em três classes: a nobreza (guerreira), os druidas (guardiões da religião e do saber) e o povo[1092]. Aqui se inicia a história da França (entre os séculos V e IX). As dinastias Merovíngia e Carolíngia, que vieram a seguir, colocaram toda a região sob a influência do cristianismo e dos francos. Devido à expansão islâmica e à decadência de Roma, o comércio regrediu, a urbanização retrocedeu e a população diminuiu. Os carolíngios apoiaram-se na igreja e a Santa Sé uniu-se

[1092] Mourre, Michel, *Dicionário de História Universal*, cit., p. 146.

a Pepino, o Breve (filho de Carlos Martel), com o intuito de combater os Lombardos (752), recebendo em troca Ravena (756 / Exarcado). Essa aliança será a base para Carlos Magno[1093] (742-814) governar (768-814)[1094]. Carlos Magno, primogênito de Pepino, o Breve, foi rei dos francos e dos lombardos e o primeiro representante da dinastia carolíngia.

6.2 O feudalismo

A partir do século IX, o feudalismo consolidou-se na França. O Império Carolíngio foi dividido com o tratado de Verdun (843) em três partes: Carlos II, o Calvo (843-877), ficou com a França Ocidental (limitada a leste pelos rios Mosa, Saona e Ródano); Lotário ficou com a França Média (da Itália Central à Holanda); Luís, o germânico, ficou com a França Oriental (entre o Elba e o Reno). O idioma era o tudesco e seus conterrâneos tornaram-se a Germânia[1095].

A Lotaríngia[1096] desapareceu com o tratado de Meersen[1097] (870), e o tratado de Ribemont[1098] (880) fixou a fronteira que iria separar a França

1093 O seu trabalho legislativo foi amplo com: Publicação de capitulares; Criação de Tribunais feudais e redação do direito público; Saneamento monetário, instituição do dizimo; Incentivo à cultura (Alciano, Paulo Diacomo, Albadia de Saint-Gall).

1094 Mourre, Michel, *Dicionário de História Universal*, cit., p. 146.

1095 Ibidem, p. 146.

1096 Foi um reino da Europa Ocidental, resultante da divisão do Império Carolíngio no Tratado de Verdum e que consistia numa estreita faixa de terra ao longo dos rios Reno e Ródano. O seu nome provém de Lotário I, o imperador que foi obrigado a entregar a seus irmãos Carlos, o Calvo, o reino da Aquitânia (ou *Frância ocidental*, atualFrança) e a Luís, o Germânico, a Francia Oriental (atual Alemanha, que mais tarde se tomou o nome de *Germânia*), ficando com essa estratégica região e ainda com a Itália.

1097 O Tratado de Meersen, de 870, substituiu o anterior Tratado de Verdun e resultou na divisão da Lotaríngia. Pelo tratado, a herança de Lotário II deveria ser dividida entre Carlos (o Calvo) e Luís II (o Germânico). Carlos recebeu a metade sudeste e Luís a metade noroeste, ou seja, a parte central do continente, correspondente aos atuais Estados do Benelux (Bélgica, Holanda e Luxemburgo) até a antiga Borgonha, foi dividida em partes quase iguais entre o Reino Franco Oriental e o Ocidental.

1098 As fronteiras definitivas entre os futuros territórios da França e da Alemanha foram estipuladas em 880, no Tratado de Ribemont. Assinado entre o rei da Germânia, Luís III (o Jovem), e os reis da França Luís III e Carlomano II. Com isso, a parte oeste da antiga Lotaríngia passou para o Reino Franco Oriental.

da Alemanha na Idade Média[1099]. Durante o século X[1100] as dinastias tentaram recuperar o poder instaurando a coroa hereditária, dividindo o poder com a igreja e acabam se transformando em grandes proprietários feudais. Este período é de confronto entre os Carolíngios e os Robertianos (antepassados dos Capetos).

Ao rei Carlos, "o simples", opuseram-se e depois sucederam os robertianos, Roberto I (922/923) e Raul Borgonha (923/936), seguidos dos carolíngios Luís IV de Além-Mar (936/954), Lotário (954/986) e Luís V (986/987). Apesar de seu valor real, Luís IV e Lotário não abalaram a tutela do todo-poderoso descendente de Roberto, o Forte, Hugo, o Grande, cujo filho Hugo Capeto, eleito rei em 987, graças às intrigas do arcebispo de Reims, Adalbero, iria inaugurar a dinastia dos Capetos. Os primeiros capetos governaram de 987 a 1180 e, neste período, a monarquia francesa foi "dotada de uma base que nunca tiveram os imperadores alemães da Idade-Média – a hereditariedade real"[1101]. Os principais fatos nesse período foram a conquista da Inglaterra, a questão das investiduras e a 1ª Cruzada, sendo os reis capetos: Roberto II, o Piedoso (996-1013), Henrique I (1031-1060) e Filipe I (1060-1108).

Luiz VII (1137-1180), assessorado pelo Conselheiro Suger[1102], Abade de Saint-Denis, criou as s primeiras ordenações capetíngias e participou da II Cruzada, mas entrou em choque com Henrique de Plantageneta, Conde de Anjou, que se tornou rei da Inglaterra e tinha o controle no continente da Normandia, o Maine, o Anjou, a Tourraine e a Aquitânia[1103]. Filipe II, Augusto (1180-1223), sucedeu Luiz VII, seu pai, e parti-

1099 Mourre, Michel, *Dicionário de história universal*, cit., p. 118.

1100 *Enciclopédia do Mundo Contemporâneo*, p. 221.

1101 Mourre, Michel, *Dicionário de história universal*, p. 160.

1102 Abade Suger (1081-1151) – Foi abade de Saint-Denis (França), desde 1122 até sua morte. Hábil diplomata, foi conselheiro de Luís VI e de Luís VII e Regente durante a Segunda Cruzada (1147-1149). Foi chamado de "o pai da monarquia francesa". Suger chama a atenção por ter sido administrador, estadista, jurisconsulto, cronista e um grande construtor. Oriundo de uma família campesina dos arredores de Paris, esteve à frente de uma das casas monásticas mais importantes na época: Saint-Denis era a abadia real, em cuja igreja encontravam-se os sepulcros dos reis da França, e onde se depositavam as insígnias do poder real.

1103 Mourre, Michel, *Dicionário de História Universal*, cit., p. 160.

cipou da III Cruzada junto com o rei inglês Ricardo Coração de Leão, mas retornou à França (1191), deixando este lutando contra os muçulmanos, os infiéis. Ao voltar, começou a assenhorar-se das possessões continentais dos plantagenetas, confiscando a Normandia, a Maine, o Anjou, Poitou e Tourraine. Com apoio do papa Inocêncio III, Augusto realizou um movimento de patriotismo contra o estrangeiro, além de ser o maior obreiro da unidade francesa na Idade Média, e ainda tomou as seguintes medidas:

- aliou-se ao movimento comunal (nascidos da renovação econômica e comercial) contra os grandes vassalos;
- efetuou uma política centralizadora com apoio da burguesia nascente e pequena nobreza ao contrário da Inglaterra com a Magna Carta (1215);
- criou a categoria de funcionários reais, os bailios;
- construiu a unidade francesa.

Filipe, o Belo (1285-1314), teve a influência do direito romano (Corpus Juris Civilis) e foi pautado por Pierre Flotte[1104], Nogaret[1105] e Marigny[1106], teóricos do poder absoluto. Colaborou para a concepção de Estado Laico, ferindo a ideia medieval de "universalismo político", fundado em bases ao mesmo tempo religiosas e políticas e contra qualquer ingerência no seu domínio próprio pela igreja. Convocou pela primeira vez os "Estados Gerais" (1302) e elegeu um papa francês, Clemente V, que se fixou em Avignon. A sua política foi de realismo e belicosidade, aumentado os domínios reais e obtendo novas províncias (Champagne, Lião, Navarra, Flandres, Lille, Dovai e Bethune). Os seus três filhos foram: Luís X, o famoso (1314-1316), Filipe V, o Longo (1316-1322), Carlos IV, o Belo (1322-1328). Com a morte deste extinguiu-se o ramo dos Capetos diretos, já que o futuro herdeiro seria Eduardo III da Inglaterra, neto de Filipe, o Belo, pelo lado da mãe, mas rejeitado pelo sentimento nacional francês, por ser considerado estrangeiro[1107]. Assumiu o trono Filipe VI de

1104 Pierre Flotte foi chanceler francês e um dos principais advogados de Felipe, o Belo.
1105 Guilherme de Nogaret (1260-1313) foi guardião do selo de Felipe IV.
1106 Enguerrand de Marigny (1260-1315) foi camareiro e ministro de Felipe, o Belo.
1107 MOURRE, Michel, *Dicionário de história universal*, cit., p. 112.

Valois (1328-1350), primo dos últimos reis. Colaborou para o desencadeamento da Guerra dos Cem Anos[1108] contra a Inglaterra devido à disputa de Flandres e entrou em conflito com Delfim[1109] (futuro Luís XI). Manteve o embrião de um exército permanente e organizou a fiscalização dos impostos (talhas, gabela e impostos indiretos).

Luís XI (1461-1483) quebrou a coligação dos grandes senhores feudais (Guerra da Liga do Bem Público, 1464-1465) e procurou o apoio da burguesia das cidades. A sua administração enfrentou diversos conflitos (internos e externos). Anexou o Ducado de Borgonha e a Picardia (tratado de Arrás, 1482). Casou a sua filha com o futuro imperador Maximiliano I, dos Habsburgos, que ficou com extensos territórios franceses (Borgonha). Na sua época Paris transformou-se numa das cidades mais importantes da Europa devido a sua cultura, representada pela sua universidade que formava juristas em Direito Romano[1110]. Durante o reinado de Carlos VIII (1483-1498) houve guerras de conquista contra o reino de Nápoles e tentativa de quebrar o poderio turco, para fundar um novo

[1108] Quando terminou a Guerra dos Cem Anos (1337-1453) entre a Inglaterra e a França, os reis de França continuaram sua política de centralização e, de certo modo, tomaram a defesa dos camponeses e dos artesãos, porque procuraram limitar os privilégios da nobreza, da Igreja e das corporações. O equilíbrio da situação interna teve como consequência uma política expansionista no exterior. Luís XIII (1498-1515) reivindicou a posse do ducado de Milão e conquistou, graças ao auxílio de Fernando, o Católico, o reinado de Nápoles. Mas não conseguiu conservá-lo. Seu sucessor, Francisco I (1515-1547), contemporâneo e rival de Carlos V, declarou guerra aos suíços e ao Império alemão e conseguiu do papa que a nomeação dos bispos e abades ficasse subordinada à aprovação do rei da França. Foi no reinado de Francisco I que viveu o reformador francês João Calvino (1509-1564). Grande número de elementos burgueses, de sábios e de nobres aliaram-se a Calvino e, por isso, foram perseguidos pelo Partido Católico. Calvino, finalmente, transferiu seu campo de atividade para Genebra. Nos reinados de Henrique II (1547-1559), de Francisco II (1559-1560) e de Carlos IX (1560-1574) os calvinistas franceses sofreram sangrentas perseguições, culminadas na famosa noite de S. Bartolomeu (1572), na qual foram massacrados para mais de 20.000 calvinistas. Henrique III (1574-1589), que favoreceu a religião reformada, foi assassinado pelo monge Jacques Clement. Desapareceu, assim, o último descendente da Casa dos Valois, substituída pela dos Bourbons. Beer, Max, *História do socialismo e das lutas* sociais, p. 325.

[1109] Delfim de França (*dauphin*) era o título do herdeiro aparente da coroa francesa durante as dinastia de Valois e Bourbon.

[1110] Mourre, Michel, *Dicionário de história universal*, cit., p.122.

império Cristão em Constantinopla, com apoio do papa Alexandre VI[1111]. Foi sucedido por Luís XII (1498-1515), que continuou "a aventura de conquista italiana", culminando em derrotas e expulsão pela Santa Liga, apoiada pelo papa Júlio II, do seu território. Em consequência, a França foi invadida por ingleses, suíços e pelos espanhóis até a paz de 1514[1112].

Francisco I governou de 1515 a 1547 e só pensava em revanche contra as derrotas militares precedentes, tanto é que conseguiu a vitória de Marignan (1515), conseguindo a posse do Milanês e uma "paz perpétua" com os suíços. Lutou contra Carlos V, que dominava a Espanha, parte da Itália, de Flandres e da Alemanha, sendo vencido e feito prisioneiro em Pavia (1525). No cativeiro assinou o Tratado de Madri (1526) renunciando à Itália e cedendo os estados da Borgonha. Solto, retomou a guerra se aliando aos príncipes protestantes alemães (1531) e ao Sultão Turco Solimão, *o Magnífico* (1535)[1113].

As lutas continuaram com o sucessor Henrique II (1547-1559) que, devido à "crise nacional", assinou o tratado de Carteau-Cambresis[1114] (1559), renunciando à Itália, às conquistas na Sabóia e no Piemonte, ficando apenas com os três bispados e Calais (retomada da Inglaterra em 1558)[1115]. Essas guerras reformaram o absolutismo monárquico e Francisco I governou a seu "*bon plaisir*", dominando o aparelho governamental, o clero (Concordata de 1516) e impondo o francês como língua administrativa para as províncias[1116].

No reinado de Henrique IV[1117] (1559-1610) as doutrinas luteranas que tinham penetrado na França, desde 1520, atingiram as classes médias e a

[1111] Ibidem, p. 122.
[1112] Ibidem, p. 122.
[1113] Ibidem, p. 122.
[1114] Este tratado foi assinado entre 2 e 3 de abril de 1559. De um lado estavam os plenipotenciários do rei de França, Henrique II, e do outro, os representantes de Isabel I, a rainha da Inglaterra, e do rei Filipe II de Espanha. Este documento trouxe a paz conseguida pelo encerramento das guerras de Itália e o domínio deste país pela Espanha.
[1115] Ibidem, p. 122.
[1116] Ibidem, p. 122.
[1117] Henrique IV (1589-1610), o primeiro rei da França da dinastia dos Bourbons, era protestante. Mas abjurou a essa religião e voltou à Igreja Católica. "Paris vale bem uma

nobreza, atingindo famílias tradicionais, tais como os Coligny e os Condé, que apoiaram a Reforma e se opuseram aos Guise, chefes dos católicos, desencadeando as guerras de religião que irão durar 30 anos (1562-1598).

No seu período à frente do Estado, houve tentativa de estabelecer um império colonial nas Américas. Era a província de *Sable Island*, na atual província de Nova Escócia do Canadá, mas não foi bem sucedida. Em 1605 houve a fundação em Port Royal (atualmente Annapolis) do primeiro assentamento colonial francês a ter sucesso. Seria fundada, em seguida, a região francesa de Quebec. A Lousiana, a Guiana Francesa e as ilhas caribenhas de Martinica, Guadalupe e Haiti viriam a seguir. O país já havia tentado instalar uma colônia no Brasil, na região do Maranhão, mas os invasores foram expulsos pelos portugueses. Henrique IV foi assassinado em 1610 e novamente iniciaram-se os conflitos religiosos entre protestantes e católicos[1118].

Com a chegada ao poder de Luís XIV, as facções se reergueram. Durante esse período da França houve forte movimento literário, com a Academia Francesa (fundada entre 1634-1635) elaborando a doutrina clássica. Nesse contexto, Descartes estabelece os fundamentos do racionalismo moderno, e Pascal defende o "amor místico" (1654). Após a morte do Cardeal Mazarino (1661), Luís XIV fortaleceu a monarquia absoluta, e acercou-se da burguesia representada por figuras como Colbert, Le Tellier e Louvois, concentrando todos os poderes e esquecendo os Estados Gerais, nunca convocados durante o seu reinado[1119]. O "Rei

missa" – dizia ele. Sua política de tolerância religiosa (Edito de Nantes, 1598) e a favor dos camponeses contribuiu notavelmente para o desenvolvimento econômico do país. Assistido pelo ministro Sully, que compartilhava de suas ideias, Henrique IV favoreceu o desenvolvimento das manufaturas (sedas, tapetes etc.), das profissões artesãs, do comércio externo e fundou colônias no Canadá. Foi assassinado por um fanático chamado Ravaillac. Seus sucessores, Luís XIII (1610-1643) e Luís XIV (1643-1715), auxiliados pelos ministros Richelieu e Mazarino, inauguraram um regime autoritário, destruíram os últimos restos do poderio da nobreza, organizaram uma série de guerras contra a Espanha e a Alemanha, oprimiram os huguenotes na França e favoreceram o protestantismo na Alemanha para nela perpetuarem a guerra civil. *Vide* BEER, Max, *História do socialismo e das lutas sociais*, p. 326.

1118 MOURRE, Michel, *Dicionário de história universal*, cit., p. 122.

1119 BEER, Max, *História do socialismo e das lutas sociais*, p. 326.

Sol", como ficou conhecido, estabeleceu o poder do rei pelo direito divino e consolidou a unidade de Estado[1120].

Durante seu governo, a França alcançou grande glória internacional e ele se tornou o soberano mais poderoso da Europa. O soberano era aconselhado pelos cardeais Richeliau[1121] e Mazarino[1122]. O rei também perseguiu os protestantes, revogou o Édito de Nantes e provocou o exílio de cerca de 300 mil reformistas. Em 1667 Luís XIV invadiu Flandres. Em consequência do conflito, a França foi atacada por todos os lados, nos Alpes, nos Pirineus, no Reno e no mar[1123].

O fim do reinado de Luís XIV foi difícil, com falta de alimentos, sublevação dos camponeses, revolta dos parisienses, crise financeira e duras críticas ao absolutismo pela elite intelectual. Estouraram revoltas populares em várias partes do reino, que só com grande dificuldade foram dominadas por *Louis le Grand*, como o chamavam os franceses. O sucessor do "Rei-Sol" foi o bisneto Luís XV[1124] (1715-1774), que tinha

1120 Ibidem, p. 326.

1121 Armand Jean du Plessis Richelieu (1585 – 1642) – Cardeal, ministro de Luís XIII, confrontou-se com os protestantes e a nobreza e conseguiu diversas reformas para a França. Limitou os poderes da casa da Áustria e fundou a Academia Francesa.

1122 Júlio Mazarino (1602 – 1661) – Cardeal e político italiano radicado na França e substituto de Richelieu como primeiro-ministro de Luís XIII e posteriormente também de Luís XIV. Com diplomacia, acabou com a Guerra dos Trinta anos, conseguindo a Paz de Westfália (1648) e impôs à Espanha o Tratado dos Pirineus (1659).

1123 MANFRED, A. Z, *A concepção materialista da Revolução Francesa*. São Paulo: Global, 1989, p. 10.

1124 Max Beer escreve sobre a época de Luís XV: "(...) de 1750 em diante, mais ou menos, surgiram em França os albores da civilização industrial. A necessidade de liberdade, a partir desse momento, fez-se sentir com força cada vez maior. De 1750 em diante, aproximadamente, os economistas começaram a manifestar-se contra a intromissão do Estado na vida econômica, contra o peso das tradições já senis e a reclamar a destruição de todos os obstáculos que impediam o curso natural das coisas. 'Abaixo a autoridade da igreja!' 'Abaixo o direito comunal dos camponeses!' 'Abaixo as velhas corporações e todas as barreiras que impedem o desenvolvimento da produção!' 'Os cidadãos devem poder produzir livremente sob a proteção do direito positivo e do direito natural!' E, embriagados com a liberdade burguesa, os críticos sociais trabalharam para a decomposição do regime da propriedade privada. Surgiu, assim, uma época de grandes e arrojados pensadores. Pode-se dizer que entre 1750 e 1793 o espirito francês iluminou o mundo e proclamou o próximo advento da Revolução. Os escritores que, nessa época, criticavam a ordem existente podem ser

5 anos[1125]. Este fez um governo considerado em parte desastroso, perdendo parte do Canadá e a Índia para a eterna rival Inglaterra. Mesmo enfrentando diversos contratempos, conseguiu deixar uma nação pacificada, saudável, provida de uma administração razoável, com grandes obras públicas, novas estradas e crescimento de comércio externo. O último período do seu governo constituiu uma época de debilidade e desordem no velho sistema, com crescimento de tensões internas e externas. Conclui-se que até o século XVIII a França envolveu-se em diversas guerras (a dos Cem Anos contra a Inglaterra, a dos Trinta Anos contra a Espanha, diversas contra a Itália), centenas de revoltas, lutas entre os católicos e protestantes e modificações econômicas e sociais que culminaram na Revolução de 1789.

Com a ascensão de Luís XVI (1774 – 1792), o Estado-Francês apresentava o seguinte quadro:

- 30% das terras pertenciam ao clero e à nobreza.
- A frota comercial tinha passado de 1675 navios, em 1730, para 2341, em 1788.
- Tinha um Banco Central (criado em 1776), a *Caisse d'Escompte* com um capital de cem milhões de francos.
- A indústria transformava-se, influenciada pelos métodos ingleses.
- Surgiram dinastias burguesas como os Dietrich, Perier, De Wendel etc...
- As instituições estavam atrasadas e em descompasso com as realidades econômicas.
- Havia conflitos de interesses entre os fidalgos de província e a nobreza da Corte endividada, entre o baixo clero e o alto clero.

divididos em três grupos principais. O primeiro abrange os escritores sociais, mais ou menos favoráveis ao comunismo. No segundo, incluem-se os escritores burgueses que, apesar de constatarem os males causados pelo regime da propriedade privada, o aceitavam como uma fatalidade e desejavam apenas atenuar-lhes os males por meio de reformas. Ao terceiro grupo filiam-se os utopistas, que, desprezando a realidade, se refugiavam no domínio da fantasia. Esta classificação não é de forma absoluta, porque há muitos pontos de contato entre o primeiro e o terceiro grupo. Mas poderá servir para uma orientação geral. *Vide* BEER, Max, *História do socialismo e das lutas sociais*, cit., p. 327.

1125 Ibidem, p. 327.

- A França tinha potencial riqueza, mas o Estado era pobre, com o tesouro público abalado pelas despesas de guerras.

Em 1788 revoltas camponesas motivadas pela fome e pelas péssimas colheitas eclodiram em muitas regiões, continuando em 1789. A escassez de pão, alimento básico das famílias urbanas, também levou agitação às cidades. Apesar destes fatores episódicos, a crise era muito mais profunda e se ligava ao fato de cerca de 97% da população francesa pertencer ao terceiro estado – os camponeses pobres e parte da nascente classe média – e não ter privilégio algum, pagando todos os impostos medievais, enquanto os 3% restantes compunham a nobreza e o clero, que viviam muito bem, constituindo a principal fonte de apoio do rei. O terceiro-estado não representava uma classe homogênea. Incluía a burguesia economicamente poderosa com aspirações ao poder político e o campesinato, que constituía a parte principal da população. Finalmente havia os pobres das cidades – os trabalhadores e artesãos empobrecidos.

Vivia-se, na verdade, a transição entre o feudalismo e o capitalismo, o que representava, na época, um avanço no país. As enormes e agudas contradições sociais da estrutura social vão se revelar nesse momento, e a Revolução na França tornou-se historicamente inevitável[1126]. Nesse contexto, Luís XVI governa sem condições para impor "reformas necessárias" que fortalecessem o Estado. Assim, acaba convocando o Parlamento, que defende, inicialmente, os interesses dos "privilegiados", ou seja, a alta nobreza, incluindo o rei e o clero[1127].

No ano seguinte, 1789, a situação vai se tornar insustentável. O Estado estava à beira da falência, pois as receitas alcançavam 504 milhões de francos e as despesas 629 milhões; diante dessa realidade, foram convocados os Estados Gerais para solucionar a crise financeira. Esse episódio iniciará o processo que levará à Revolução Francesa[1128].

6.3 A Revolução Francesa, a República e o processo democrático

Pode-se dividir a Revolução Francesa em quatro partes:

[1126] Ibidem, p. 327.
[1127] Ibidem, p. 328.
[1128] Ibidem, p. 328.

- Revolução Aristocrática (1787-1789) – Revolta da aristocracia contra o Absolutismo.
- Revolução Burguesa (1789-1799) – Tomada do poder pela Burguesia
- Revolução Camponesa (1789-1793) – Contra o regime feudal e que acarretou o Grande Medo e a divisão das grandes propriedades.
- Revolução do Proletariado Urbano (1792-1794) – Revolta do proletariado convocado para combater a intervenção estrangeira devido à Contrarrevolução aristocrática. Eram representados pelos Sans-Culottes, compostos por trabalhadores urbanos, pequenos comerciantes ou mesmo desempregados.

Cerca de 80% da população francesa era camponesa. Dos 26 milhões de nacionais, o clero e a nobreza totalizavam cerca de 500 mil pessoas que ocupavam os mais altos postos da Igreja, do exército e do governo. Eram estes imunes à tributação, mas recolhiam tributos senhoriais dos camponeses, tornando-se proprietários de aproximadamente um terço das terras do país. Entre os próprios nobres havia graduações. Os nobres de espada, famílias de origens aristocráticas de séculos antes, tinham mais prestígio e chegavam a receber pensões e sinecuras do rei. Uma nobreza mais nova havia sido criada pela monarquia que vendeu títulos de nobreza a membros da burguesia, com o objetivo de ganhar dinheiro e enfraquecer a antiga nobreza. Somente o terceiro estado, formado por camponeses, artesãos e burguesia, pagava impostos e não dispunha de privilégios. Formada por manufatureiros, comerciantes atacadistas, banqueiros, médicos, advogados e intelectuais. Alguns burgueses eram ricos, mas não tinham prestígio social e nem poder político.

A burguesia, *"influenciada pelos valores aristocráticos da época e invejosa do estilo de vida da nobreza, (...) procurava apagar o estigma da ascendência plebeia e elevar-se socialmente tornando-se proprietária da terra. Por volta de 1789, a burguesia era dona de cerca 20% das terras francesas. Tradicionalmente, alguns de seus membros se haviam elevado socialmente pela compra de cargos judiciários ou políticos que conferissem um título de nobreza, ou conseguido ingressar no alto clero e no corpo de oficiais do Exército. O acesso à nobreza permaneceu aberto durante todo o século XVIII. Contudo, uma vez que as posições mais altas e desejadas do País eram reservadas aos nobres, os burgueses competentes com frequência ficavam excluídos, por várias razões: o elevado preço de aquisição de um cargo, o número limitado de novos cargos, a resistência dos nobres à sua ascensão, ou a hostilidade dos nobres mais velhos aos recém-nobilitados. Sentindo-se obviamente frustrados, esses homens começaram a indispor-se com o sistema social vigente, que valorizava a ascendência mais que o talento"*[1129].

Os mais de 21 milhões de camponeses franceses viviam em melhores condições que os da Áustria, Prússia, Polônia e Rússia, onde ainda havia a servidão. Na França, ao contrário, esse instituto medieval havia desaparecido. Por outro lado, a maior parte dos agricultores vivia na pobreza. Um sistema fiscal injusto pesava muito sobre os camponeses, levando-os a situação semelhante à vivida na Idade Média, quando os senhores feudais impunham obrigações aos camponeses, chamadas de banalidades, segundo os quais, além de trabalhar na propriedade do senhor eram forçados a moer o cereal no moinho do "patrão", prensar o vinho em suas prensas e dar-lhe parte da produção como pagamento.

Nas cidades a situação não era muito diferente para os trabalhadores urbanos, em geral artesãos, operários das incipientes indústrias e assalariados como diaristas, jardineiros e outros. De 1785 a 1789, o custo de vida aumentou cerca de 62%, enquanto os salários subiram somente 22%. A escassez de alimentos e o aumento do preço do alimento básico dos pobres, o pão, trazia muita insatisfação. Para piorar as coisas, um tratado comercial celebrado com a Inglaterra em 1786 estabelecia baixos impostos de importação aos tecidos e produtos metalúrgicos ingleses em troca de tarifas preferenciais ao vinho francês exportado para aquele país. A medida levou ao agravamento do desemprego e ao atraso do desenvolvimento industrial francês.

O cenário da época se apresentava da seguinte forma:

> *"De modo que, não obstante toda a enorme extensão e volume do comércio e da manufatura durante o Antigo Regime, ambos se faziam e orientavam em função do Estado. Basta lembrar que na França grande parte das manufaturas foram criadas para proporcionar objetos de luxo à Corte, armas às tropas e artigos de exportação para o comércio real, ao mesmo tempo que as grandes companhias de navegação foram criadas para trazer ao País os produtos de ultramar (isto é, das colônias). Consequentemente,*

[1129] Perry, Marvin. *Civilização ocidental, uma história concisa*, cit., p. 321-322.

os enormes lucros daí provenientes beneficiavam não só a burguesia mas o tesouro e a administração real. O mercantilismo (a política de intervenção do Estado na economia, que marcou este período) foi justamente a política e a teoria desta integração. Foi também o instrumento por excelência da chamada acumulação primitiva do capital, sem a qual não se teriam criado as condições que mais tarde permitiram a Revolução Industrial e a consolidação do modo de produção capitalista. Entretanto, deste fato não se deve inferir, como se costuma fazer, que os agentes históricos desta acumulação (a burguesia mercantil e a monarquia absolutista) fossem contra o feudalismo e a favor do capitalismo"[1130].

A administração da França era complexa, confusa e ineficiente, apresentando o seguinte contexto:

"A desordem financeira contribuiu também para a debilidade do Antigo Regime. Nos seus últimos anos, o governo não conseguia levantar fundos suficientes para cobrir as despesas. Em 1787, ainda estava pagando a enorme dívida provocada pelas guerras de Luís XIV. Os custos das guerras sucessivas durante o século XVIII, particularmente a ajuda francesa aos revoltosos norte-americanos, aumentaram consideravelmente o débito. Os presentes e as pensões do rei aos nobres da corte e a extravagante vida cortesã contribuíram para esgotar ainda mais o tesouro"[1131].

Com a França à beira da falência, alguns ministros do rei propuseram que a nobreza e a Igreja abrissem mão de algumas de suas prerrogativas fiscais, mas as ordens privilegiadas opuseram resistência. A crise política devido aos ataques ao absolutismo, ao "Direito Divino", radicaliza-se com as críticas dos "filósofos da razão" e a organização dos Estados Gerais[1132] (1788-89), cuja assembleia se instala em Versalhes a 5 de abril de 1789.

[1130] FLORENZANO, Modesto. *As revoluções burguesas*. Coleção Tudo é história. São Paulo: Brasiliense, 1981, p. 18.
[1131] PERRY, Marvin, *Civilização ocidental, uma história concisa*, p. 147.
[1132] Marvin Perry escreve: "Buscando controlar a assembleia, a nobreza insistia em que os três estados conseguissem a prática tradicional de se reunirem separadamente e votarem por ordem. Visto que, provavelmente, as duas ordens privilegiadas juntariam forças, o terceiro estado estaria sempre em minoria, na proporção de dois para um. Mas os delegados do terceiro estado, não querendo permitir que os representantes da nobreza e do alto clero dominassem a reunião, propuseram que os três estados se reunissem como um órgão único

6.3.1 Os Estados Gerais – a Constituinte

As atividades da Constituinte desenvolveram-se em março e abril de 1789. Havia deputados das três ordens reunidos em Versalhes. Eram 1.144 no total, sendo 291 do clero, 285 da nobreza e 578 do terceiro estado. Os deputados do terceiro estado recusaram-se a tomar parte separadamente da assembleia e propuseram que seus colegas do clero e da nobreza se juntassem a eles para verificar os mandatos. Era uma tentativa de deixar as classes privilegiadas comprometidas com os mais pobres, mas estas se recusaram. A nobreza rejeitou a verificação em comum e o voto por pessoa[1133].

Havia grande movimentação em torno da Assembleia, mas os deputados do Terceiro Estado conseguiram impor, em grande parte, sua vontade, graças a uma aliança com parte da Ordem do Clero. Para tanto, bloquearam durante praticamente um mês os debates quando perceberam que parte dos deputados que representavam o Ordem do Clero era composta de vigários, os deputados do Terceiro Estado tentaram fragilizá-la e, com isso, obter a maioria que historicamente nunca tiveram. É que a eleição por jurisdição e não por diocese, além de outras mudanças, possibilitaram predomínio do baixo clero secular em face do alto clero. Mesmo com a perspectiva de apoio da ordem clerical, decidiu-se que a votação seria por Ordem e não por cabeça. Como resultado, o Abade Sieyés, no dia 17 de junho, que liderava o Terceiro Estado, decidiu abandonar com sua Ordem a Assembleia, propondo a feitura de uma Constituição com o objetivo de liquidar o antigo regime. Nesse mesmo dia "os deputados presentes decidem que a assembleia está constituída, que pode proceder à eleição de seu *bureau* e que toma o nome de Assembleia Nacional. Em 19 de junho, a ordem do clero cede e decide juntar-se ao Terceiro Estado.

e que os votos fossem considerados individualmente. Havia cerca de 610 delegados do terceiro estado, enquanto nobreza e clero juntos tinham um número equivalente. Como o terceiro estado podia contar com apoio de párocos e nobres liberais, que simpatizavam com suas posições, teria maioria se todas as ordens se juntassem. Aumentado o antagonismo entre aristocratas e burgueses, a retórica contra a nobreza conquistou um público cada vez maior entre todos os segmentos do terceiro estado. Muitos plebeus passaram a ver a aristocracia como principal obstáculo à reforma. In PERRY, Marvin, *Civilização ocidental, uma história concisa*, p. 326.

1133 Ibidem, p. 327.

O governo real anuncia uma sessão para 23 de junho. Até lá, manda fechar, em 20 de junho, a sala onde se realizam as sessões dos deputados. Os do Terceiro Estado e uma parte dos do clero se reúnem – ilegalmente – numa sala vizinha que é uma espécie de galpão destinado à prática de um esporte então em voga: o jogo da pela. Os deputados fazem entre eles o juramento solene de não se separar antes de haver dado uma Constituição à nação"[1134].

Na sequência, há uma sessão com a presença do rei, mas não se soluciona o impasse. O monarca, então, ordena aos deputados que se reúnam separadamente, anula todas as decisões tomadas pelo Terceiro Estado. Propõe um programa de reformas com promessa de igualdade diante dos impostos – uma reinvidicação antiga dos mais pobres – e liberdade de imprensa. Sinaliza, entretanto, que vai manter a odiada hierarquia da sociedade de ordens. No fim, diz, de modo ameaçador: "*Se me abandonam em tão belo empreendimento, sozinho farei o bem de meus povos*".

Ao fim da sessão, o Terceiro Estado recusa-se a deixar a sala de reuniões. O rei decide não intervir e Mirabeau profere a famosa frase: "Estamos aqui pela vontade do Povo, só sairemos daqui pela força das baionetas". No dia seguinte, a Ordem do Clero, em consequência de seu voto de 19 de junho, vem reunir-se ao Terceiro Estado. Luís XVI ordena finalmente à nobreza que se junte às duas outras ordens (27 de junho)[1135]. A situação começa a se tornar insustentável para as ordens privilegiadas. Em 7 de julho, sob a presidência do arcebispo de Vienne, Lefranc de Pompignan[1136], a assembleia, composta por representantes das três ordens, se rebatiza como Assembleia Nacional Constituinte. Com isso, se atribui

1134 PERRONET, Michel. *Revolução Francesa em 50 palavras-chaves*. Trad. Rita Braga. São Paulo: Brasiliense, 1989, p. 33.

1135 Ibidem, p. 34.

1136 Jean Georges Lefranc de Pompignan (1715 – 1790) – Francês, foi o arcebispo de Vienne contra cuja defesa da fé Voltaire lançou a zombaria de boa índole de *Les Lettres d'un Quaker*. Eleito para os Estados Gerais, passou para o lado liberal e liderou os 149 membros do clero que se uniram ao terceiro estado para formar a Assembleia Nacional. Foi um de seus primeiros presidentes e ministro do culto público quando a constituição civil foi imposta ao clero. Era irmão de Jean-Jacques Lefranc (1709 –1784), marquês de Pompignan, um francês erudito, que publicou uma produção considerável de obras teatrais, poemas e críticas literárias.

um poder superior ao do rei, ou seja, o de fazer uma Constituição. O critério de votação adotado era por ordem ou estado, não individual como queriam os representantes do Terceiro Estado.

A assembleia redigiu uma Constituição, determinou a reforma da administração, reorganizou completamente os Tribunais e publicou a Declaração dos Direitos do Homem. Ela aniquilou o Antigo Regime e criou um novo, com características mais constitucionais que absolutistas. Durante os trabalhos houve duas tendências:

- Uma maioria monárquica constitucional liderada por Mirabeau.
- Uma minoria favorável à democracia igualitária, encabeçada por Robespierre, influenciado por Rousseau.

Em nova sessão real, o rei passou por afronta inimaginável em outros tempos: Mirabeau enfrentou-lhe, dizendo: "Majestade, sois um estranho nesta assembleia, aqui, não tendes direito à palavra". Diante dos fatos, Luís XVI e a aristocracia leal resolveram apelar para o "recurso da força" com o objetivo de dominar a Assembleia e dissolvê-la por meio de um golpe, mas contido devido à enorme reação popular. Capitaneada pelos parisienses, que não aguentavam mais o antigo regime, não permitindo que a Assembleia fosse cassada. A 9 de julho, a Assembleia Nacional proclamou-se Constituinte, o que a levou à determinação de levar adiante seu dever de instituir uma nova ordem social e de elaborar as suas bases constitucionais. O rei, contrariado, teve de aceitar essa resolução da Assembleia Nacional. Quando em 12 de julho o povo soube que tropas estavam sendo concentradas em Paris, estas notícias foram tomadas como prova de decisão das forças contrarrevolucionárias em passar à ofensiva. Precipitaram-se os fatos, conduzindo a uma situação cada vez mais tensa, até chegar, dois dias depois, à Queda da Bastilha, antiga prisão no centro da capital, fator simbólico da revolta. A tomada da Bastilha[1137], em 14 de

[1137] De acordo com Marvin Perry, entre 800 e 900 parisienses reuniram-se em frente à Bastilha, fortaleza usada como prisão e um símbolo do despotismo real. Seu objetivo principal era conseguir pólvora e retirar o canhão que ameaçava um bairro operário densamente povoado. Como a tensão aumentasse, os parisienses atacaram e tomaram a Bastilha. A queda da Bastilha teve amplas consequências: um símbolo do Antigo Regime caíra; alguns

julho de 1789, simbolizou a queda do Antigo Regime e a transformação da Reforma em Revolução.

Apesar do amplo apoio da população e de grande parte de Paris já estar sob os domínios dos revolucionários, *"as oito torres da prisão fortificada da Bastilha ainda se erguiam imperturbáveis sobre a cidade. O ardor revolucionário que se apoderava do povo levou-o a invadir esta formidável fortaleza. Tomar a Bastilha com os seus fossos, pontes levadiças, a sua numerosa guarnição e os seus canhões parecia uma tarefa impossível. No entanto, para o povo revoltado, não havia nada impossível. Os artilheiros, que se opuseram ao seu lado, abriram fogo e partiram as correntes de uma das pontes levadiças. O povo marchou corajosamente para a frente e conseguiu logo entrar. O comandante da guarnição foi morto e seus homens renderam-se. A Bastilha tinha caído"*[1138].

A tomada da Bastilha foi grande triunfo para o povo revoltado. Esta data marcou o início da Revolução Francesa. A partir desse dia, a força revolucionária decisiva, o povo, entrou na batalha contra os seus antigos senhores. O rei foi obrigado a curvar-se perante esta vaga de fúria popular e, em 17 de julho, com os membros da Assembleia Constituinte, foi para Paris para reconhecer formalmente este triunfo revolucionário. Formou-se um exército revolucionário: a Guarda Nacional[1139]. O monarca não tinha outra saída, a não ser solidarizar-se, ao menos momentaneamente, com os vencedores.

No campo, a agitação também começou. Ao ter conhecimento da Queda da Bastilha, os camponeses, devidamente armados com espadas, lanças e outras armas rudimentares, invadiram as casas dos seus odiados senhores e destruíram-nas. Campos e florestas foram tomados e divididos. Logo, as revoltas e os protestos contra a exploração e a opressão espalharam-se pelo país. Ainda naquele mês, a agitação levou ao chamado Grande Medo, com demonstrações de violência por toda a França. Sem outra saída, Luís XVI foi forçado a reconduzir ao ministério o minis-

nobres cortesãos, hostis à Revolução, resolveram fugir do país; o rei, aterrorizado, declarou à Assembleia Nacional que retiraria as tropas que cercavam Paris. O ato revolucionário dos parisienses salvou indiretamente a Assembleia Nacional e com ela a revolução burguesa. PERRY, Marvin, *Civilização ocidental*, cit., p. 328.

1138 MANFRED, A. Z., *A concepção materialista da Revolução Francesa*, cit., p. 19.

1139 Ibidem, p. 19.

tro Necker[1140], que havia sido demitido pouco tempos antes e era considerado ligado aos reformistas. Em 26 de agosto, o novo regime lança a Declaração dos Direitos do Homem e do Cidadão, o mais importante diploma legal da Revolução, e iniciam-se as discussões para a elaboração da Constituição.

6.3.2 Os Direitos do Homem

A Declaração dos Direitos do Homem e do Cidadão, de 1789, com a participação dos membros do clube dos jacobinos, dos montanheses e dos *san-culottes* parisienses, tem um preâmbulo e 17 artigos. Destacamos os seguintes:

> Artigo 1º – Os homens nascem e são livres e iguais em direitos. As distinções sociais só podem fundar-se na utilidade comum.
> Artigo 2º – O fim de toda a associação política é a conservação dos direitos naturais e imprescritíveis do homem. Esses Direitos são a liberdade, a propriedade, a segurança e a resistência à opressão.
> (...)
> Artigo 4º – A liberdade consiste em poder fazer tudo aquilo que não prejudique outrem: assim, o exercício dos direitos naturais de cada homem não tem por limites senão os que asseguram aos outros membros da sociedade o gozo dos mesmos direitos. Estes limites apenas podem ser determinados pela Lei.
> (...)
> Artigo 15º – A sociedade tem o direito de pedir contas a todo o agente público pela sua administração.
> Artigo 16º – Qualquer sociedade em que não esteja assegurada a garantia dos direitos, nem estabelecida a separação dos poderes não tem Constituição.
> Artigo 17º – Como a propriedade é um direito inviolável e sagrado, ninguém dela pode ser privado, a não ser quando a necessidade pública legalmente comprovada o exigir evidentemente e sob condição de justa e prévia indenização.

[1140] Jacques Necker (1732-1804) era suíço naturalizado francês, considerado um mago das finanças. Foi diretor-geral dessa área no reinado de Luís XVI e, posteriormente, ministro de Estado. Era considerado um progressista ante tantos conservadores na Corte Francesa e recebeu do rei a ordem de convocação dos Estados Gerais.

Já a Declaração de Direitos que antecede a Constituição de 1793 possui 35 artigos, trazendo novos temas em relação às anteriores (1789 e 1791). Destacando-se a previsão dos direitos trabalhistas e a garantia de instrução, assim como o direito à inssurreição:

> (...)
> Art. 18 – Todo homem pode engajar seus serviços, seu tempo, mas não pode vender-se nem ser vendido: sua pessoa não é uma propriedade alienável... Só pode existir um engajamento de encargos e de reconhecimento entre o homem que trabalha e aquele que o emprega (...).
> Art. 21 – (...) A sociedade deve a subsistência aos cidadãos desafortunados, seja proporcionando-lhes trabalho. Seja assegurando os meios de existir àqueles que não estão em estado de trabalhar.
> Art. 22 – A instrução é uma necessidade para todos. A sociedade deve favorecer com todo seu poder os progressos da razão pública e colocar a instrução ao alcance de todos os cidadãos (...).
> Art. 27 – Que todo indivíduo que usurpar a soberania seja, no ato, morto pelos homens livres. (...)
> Art. 30 – As funções públicas são essencialmente temporárias: não podem ser consideradas como distinções, nem como recompensas, mas como deveres. (...)
> Art. 35 – Quando o governo viola os direitos do povo, a insurreição é, para o povo e para cada porção do povo, o mais sagrado dos direitos e o mais indispensável dos deveres.

Como ainda havia luta contra a coligação estrangeira que ameaçava a França, a Constituição do Ano I (junho de 1793), que defendia o princípio da soberania do povo, foi suspensa. O governo revolucionário foi identificado com o Comitê de Salvação Pública, que atuava diretamente em todos os aspectos da administração de estado da República, que iam desde questões de defesa até decisões práticas relacionadas com o fornecimento de alimentos e equipamento militar. O Comitê foi chefiado por Maximilien Robespierre, conhecido entre o povo como "O Incorruptível".

A Declaração dos Direitos do Homem de 26 de agosto de 1789 coloca o princípio de toda a reforma da justiça, estabelecendo a igualdade de todos perante a lei, a proteção do indivíduo contra o arbítrio, a soberania nacional como fundamento da lei e a universalidade da aplicação da lei.

Para Perronet, podem ser distinguidas três leituras desse texto: "Uma leitura negativa e relativa ao passado: a Declaração destrói precisamente toda a base política e social do Antigo Regime; por exemplo, o artigo 2º especifica: 'Nenhum corpo, nenhum indivíduo pode exercer autoridade que dela (da nação) não emane expressamente'; ele visa toda a estrutura hierarquizada do Antigo Regime que dava uma autoridade aos 'corpos', como os Parlamentos, as assembleias do clero, os estados provinciais, as jurandas e mestrados, e até aos indivíduos no caso de oficiais que haviam comprado um cargo venal ou de senhores que exerciam seu direito de justiça. Os artigos 1º e 6º visam também um dos fundamentos da sociedade do Antigo Regime: o nascimento. 'As distinções sociais só podem basear-se na utilidade comum (art. 1º)... Sendo todos os cidadãos iguais aos seus olhos (a lei) são igualmente admissíveis a todas as dignidades, lugares e empregos públicos, de acordo com suas capacidades e sem outra distinção que não a de suas virtudes e de seus talentos (art. 6º)'. Para cada artigo pode ser determinada uma prática ou uma instituição do Antigo Regime que se encontra condenada"[1141].

As liberdades são especificadas: liberdade individual, liberdade de pensamento, de opiniões "mesmo religiosas", liberdade de expressão. A Assembleia, além disso, estabelece o princípio da "soberania da nação" (art. 3º) exprimindo-se pela "Lei" (art. 4º, 5º, 6º, 7º, 8º, 9º, 10º), que é definida, ao mesmo tempo, como a manifestação da soberania nacional e como uma garantia dos direitos do indivíduo contra o arbítrio. A Declaração dos Direitos estabelece também, incidentemente, o princípio da separação dos poderes; no preâmbulo, de fato, encontram-se as palavras "Poder Legislativo... Poder Executivo", depois, nos artigos, a ideia de que o Poder Legislativo emana de todos os cidadãos exprimindo-se diretamente ou através de representantes (art. 10) e que a separação dos poderes é a condição necessária para que uma 'sociedade tenha uma constituição' (art. 16). Os deputados asseguram assim, no presente, o próprio fundamento de sua autoridade; se o rei age contra esses princípios, viola

1141 PÉRRONET, Michel, *Revolução Francesa em 50 palavras chaves*, cit., p. 117.

os direitos da nação e os direitos do homem. Colocar esses princípios era uma necessidade para a Assembleia.

Na sequência, "*a Assembleia procede a uma série de reformas provisórias permitindo o funcionamento da justiça, enquanto aguarda a instalação do novo sistema. Notáveis são adjuntos dos Juízes, os julgamentos se tornam públicos, os advogados recebem direitos mais amplos (lei de 10 de outubro de 1789) depois os Parlamentos são colocados em férias (lei de 9 de novembro de 1789). O princípio da igualdade das penas e o da não implicação das famílias na aplicação das penas infamantes são adotados. O autor deste projeto de lei, o doutor Guillotin,*[1142] *faz acrescentar uma disposição segundo a qual a pena de morte deverá ser aplicada a todos os cidadãos da mesma maneira e da forma mais rápida e mais eficaz*"[1143].

As grandes leis de organização judiciária de 16-24 de agosto de 1790 entram na Constituição. Em 16 de setembro de 1791, a lei que estabelece o processo de justiça criminal e, em 25 de setembro, a adoção do Código Penal completam a obra judiciária da Constituinte[1144].

> *"A nova organização repousa nos princípios de unicidade, de igualdade perante a lei, de soberania popular exprimindo-se através da eleição. Unicidade na medida em que cada escalão administrativo corresponde a um escalão judiciário: juiz de paz exercendo sua competência no civil e no penal em várias comunas; tribunal de distrito para julgar os processos civis da jurisdição; tribunal criminal de departamento. Os códigos, os processos reconhecem todos os princípios da igualdade entre os cidadãos; a mesma lei se aplica a todos e em todos os lugares. O pessoal judiciário é eleito. O juiz de paz, essencialmente um conciliador e um árbitro, é eleito por dois anos, entre os cidadãos ativos, pagando um imposto de um valor de dez jornadas de trabalho. Os cinco Juízes dos Tribunais de distrito, chamados a julgar casos civis complexos ou a fazer parte do tribunal criminal do departamento através de revezamento, são eleitos entre os diplomados em direito,*

1142 O médico Joseph-Inace Guilhotin (1738-1814) era um clínico respeitável e um pesquisador já famoso quando propôs, em outubro de 1789, o uso de um dispositivo mecânico com uma lâmina para cumprir a punição de acusados de crimes na França. Seria uma forma mais "humana" de matar visto que as anteriores eram baseadas na tortura extrema. Inventada em parceria com o cirurgião Antoine Louis, a máquina acabou ganhando o seu nome e tornando-se conhecida como guilhotina. Ele morreu de causas naturais tentando, sem sucesso, dissociar seu nome do trágico invento.

1143 PÉRRONET, Michel, *Revolução Francesa em 50 palavras chaves*, op cit, p. 141.

1144 Ibidem, p. 141.

pagando um censo de dez jornadas de trabalho. Os Juízes do tribunal de cassação são eleitos por quatro anos pelas assembleias eleitorais departamentais, entre os diplomados em direito com pelo menos dez anos de exercício"[1145].

As penas previstas no domínio criminal vão da pena de morte aplicada segundo a lei – "Todo condenado à morte terá a cabeça decepada" –, à casa de correção para reprimir os delitos, passando pela prisão para trabalhos forçados perpétuos e as *maisons de force* para os detentos por tempo determinado. Finalmente, é prevista uma alta corte composta pelos juízes do tribunal de cassação e por jurados eleitos pelos departamentos, para julgar os crimes ou delitos dos ministros e deputados[1146]. "A Declaração dos Direitos do Homem e do Cidadão expressava as metas liberais e universais dos filósofos do século XVIII. Ao proclamar o direito inalienável à liberdade pessoal, religiosa e de pensamento e à igualdade de tratamento perante a lei, a Declaração afirmava a dignidade do indivíduo". Paris irá comandar o curso dos acontecimentos com oradores, jornalistas e intelectuais se organizando em clubes (Sociedade dos Amigos dos Direitos do Homem e do Cidadão ou Cordeliers e Jacobinos) que mobilizam a opinião pública. Jornais, como "*L'ami du Peuple*" (O Amigo do Povo, de Marat), fomentam a radicalização do povo contra o rei, a nobreza e o clero, culminando no confisco dos bens do clero pela Assembleia em 2 de novembro de 1789[1147].

6.3.3 Os primeiros anos da Revolução e as Constituições

Em 1790, foi aprovada a Constituição Civil do clero, que reduziu o "funcionalismo religioso" e o obrigava a um juramento que os classificaria em refratário ou constitucional. A esta altura havia "a eleição dos bispos e dos padres pelo povo, que impôs um pensamento cívico aos eclesiásticos; o princípio da eleição dos funcionários da administração local e dos juízes foi adquirido; a justiça foi declarada gratuita, o júri instituído no tribunal

[1145] Ibidem, p. 147.
[1146] Ibidem, p. 147.
[1147] Ibidem, p. 147.

criminal, a tortura abolida"[1148]. Foi aprovada a Constituição de 1791[1149] nesse clima, adotando-se a monarquia constitucional, instituindo a separação dos poderes, conforme os postulados de Montesquieu.

Dessa forma, em setembro de 1791, a Assembleia Nacional promulgou uma Constituição limitando o poder do rei e garantindo a todos os franceses igualdade de tratamento perante a lei. A Assembleia Legislativa é uma Assembleia mais revolucionária do que a Constituinte; nenhum seguidor dos partidos de direita tem assento nela. A direita da nova Assembleia é formada pelo partido dos *feuillants*. Originários de uma cisão dos clubes dos jacobinos, na primavera de 1791, eles seguem os triúnviros e La Fayette[1150]: são mais ou menos 250. No outro extremo, o partido ligado ao clube dos jacobinos controla cerca de 150 deputados; alguns eleitos dirigem essa tendência, como Brissot, Condorcet, Vergniaud[1151], Gua-

[1148] MOURRE, Michel, *Dicionário de história universal*, cit., p. 496.

[1149] Em 3 de setembro de 1791, a Assembleia Nacional proclama a "Constituição Francesa". Como Michel Péronnet destaca, o texto completo, dividido em sete títulos, compreende 208 artigos e é precedido da Declaração dos Direitos do Homem e do Cidadão e de um preâmbulo lembrando os princípios sobre os quais os deputados basearam a redação da Constituição. O título I lembra os direitos naturais e civis garantidos ao cidadão. O título II define "a qualidade de cidadão, indica o texto do juramento cívico: Juro ser fiel à Nação, à Lei e ao Rei e manter com todo o meu poder a constituição do reino decretada pela Assembleia Nacional Constituinte nos anos de 1789-1790-1791 (título II, art. 5º). O título III, "dos poderes públicos", começa pelas definições da soberania da nação exprimindo-se no direito de representação e na delegação do Poder Legislativo a uma única assembleia nacional, no exercício de um Poder Executivo "delegado ao Rei" e, finalmente, na delegação do Poder Judiciário a juízes eleitos pelo povo por tempo determinado; o capítulo 1 do título III retoma a indicação dos poderes da "Assembleia Nacional Legislativa", de seu modo de designação por eleição de sufrágio censitário nas assembleias eleitorais de vários graus; o capítulo 2º do título III é dedicado aos detalhes do Executivo, isto é, ao poder do "Rei dos Franceses". São minuciosamente previstas as atribuições do rei, "o papel da família do Rei" e a organização da regência. PERONET, Michel, *Revolução Francesa em 50 palavras-chaves*, p. 84.

[1150] José Maria La Fayette (1757 – 1834) – General Francês, político, lutou pela independência dos EUA e participou das revoluções ocorridas na França, a saber de 1789 e de 1830. Era um realista liberal e recebeu o título de Marquês.

[1151] Pierre Victurnien Vergniaud (1753 – 1793) – Foi um advogado e estadista francês, com ativa participação na Revolução Francesa. Elegeu-se deputado da Assembleia de Bordeaux, sendo um orador eloquente. Era um dos principais defensores de Jacques Pierre Brissot e dos girondinos nas assembleias legislativas.

det[1152] e Gensonné[1153]. Nas sessões do clube dos jacobinos, os membros do clube[1154] discutem as grandes questões e frequentemente decidem a

1152 Marguerite-Élie Guadet (1758 - 1794) - Foi um importante político francês durante o período revolucionário, época em que já havia conquistado a reputação de advogado em Bordeaux. Em 1790, foi nomeado administrador do Gironde e, em 1791, presidente do tribunal criminal, sendo eleito para a Assembleia Legislativa como um do grupo de deputados conhecido posteriormente como girondistas. Defensor da constituição monarquista e liberal de 1791, ingressou no Clube Jacobino, tornando-se defensor eloquente de todas as medidas dirigidas contra traidores, reais ou supostos, à Constituição. Ele se opôs fortemente aos ministros do rei Luís XVI e foi em grande parte importante para forçar o rei a aceitar o ministério girondino de 15 de março de 1792. Na insurreição de 10 de agosto Guadet, que presidiu a Assembleia durante parte do dia da rebelião, colocou-se em forte oposição à insurgente Comuna de Paris, e foi por sua moção que em 30 de agosto a Assembleia votou sua dissolução - uma decisão revertida no dia seguinte. Em setembro, Guadet foi devolvido por uma grande maioria como deputado à Convenção Nacional. No julgamento de Luís XVI, votou a favor do povo e da pena de morte, mas com uma trégua pendente. Em março de 1793, teve várias reuniões com Georges Danton, que estava ansioso para promover uma aproximação entre os girondinos e os jacobinos durante a revolta na Vendéia, mas recusou incondicionalmente se juntar ao homem a quem responsabilizou pelos massacres de setembro (Robespierre). Guadet foi alvejado durante a queda dos girondinos, e sua prisão decretada em 2 de junho de 1793. Fugiu para Caen e depois se escondeu na casa de seu pai em Saint-Émilion. Foi descoberto e levado para Bordeaux, onde, depois que sua identidade foi estabelecida, foi guilhotinado.

1153 Armand Gensonné (1758 - 1793) - Foi um político francês. Filho de um cirurgião militar, estudou direito antes do início da Revolução Francesa, tornando-se advogado do parlamento de Bordeaux. Em 1790, tornou-se procurador da Comuna de Bordeaux. Em 1791 foi eleito deputado pelo departamento para a Assembleia Legislativa. Como relator da comissão diplomática, na qual apoiou a política de Jacques Pierre Brissot, propôs duas das medidas mais revolucionárias aprovadas pela Assembleia: o decreto de acusação contra os irmãos do rei Luís XVI (o conde de Provence e o conde d 'Artois) em 1º de janeiro de 1792 e a declaração de guerra contra o governante dos Habsburgos Francisco II (20 de abril de 1792). Eleito para a Convenção Nacional, foi considerado um dos mais brilhantes do grupo de oradores girondinos. Gensonné denunciou, em 24 de outubro, as ações da Comuna de Paris após os massacres de setembro. No julgamento do rei no final de dezembro, ele apoiou um apelo ao povo, mas votou na sentença de morte. Como membro do Comitê de Defesa Geral e como presidente da Convenção (7 a 21 de março de 1793), ele participou dos duros ataques dos girondinos aos montanheses (jacobinos). Em 2 de junho, após a intervenção anti-girondina de François Hanriot, ele estava entre os primeiros inscritos na lista de acusações. Gensonné foi julgado pelo Tribunal Revolucionário em 24 de outubro de 1793, condenado à morte e guilhotinado.

1154 Após o rompimento do Papa Pio VI com a França, Luís XVI tenta fugir para Metz para

atitude que os deputados afiliados deverão tomar. A Assembleia Legislativa, cuja atividade é com frequência contrariada pelo veto real, nada pode fazer diante da marcha para a guerra (primavera de 1792), nem diante das jornadas que terminam com a prisão e detenção do rei e de sua família (20 de junho a 10 de agosto de 1792)[1155].

Diante do vazio do Poder Executivo, que torna caduca a Constituição de 1791, os deputados decidem, em 10 de agosto de 1792, pela convocação de uma assembleia constituinte que fará a próxima Constituição. As eleições realizam-se em 26 de agosto e 2 de setembro e, em 20 de setembro de 1792, expiram os mandatos dos parlamentares na Assembleia Legislativa[1156]. A Assembleia Legislativa teve novas composições[1157]

organizar a Contrarrevolução, mas foi preso em Varennes e suspenso de suas funções, o que gera um "aumento das ideias republicanas" defendidas por Danton (Clube dos Codeliers), Robespierre (Clube dos Jacobinos), Marat, Desmoulins e outros.
"Essa palavra de origem inglesa [clube] é utilizada a partir de 1788-1789 para designar sociedades que se reúnem diariamente para discutir problemas políticos da época. A adesão de um novo membro é subordinada à aprovação dos outros membros. Cada um paga uma quota para permitir o bom funcionamento material do clube: locação e manutenção das salas de reunião em particular. Os clubes do período revolucionário são em parte os herdeiros das sociedades do século XVIII, batizadas de sociedades de pensamento pelo historiador Augustin Cochin, que agrupa sob esse termo tanto as academias – reuniões bastante oficiais autorizadas pelo poder por cartas patentes – como as sociedades de leitura ou as sociedades patrióticas – menos oficiais, mas conhecidas e mais ou menos públicas – como as sociedades muito secretas e clandestinas, cuja afiliação é difícil de determinar, especialmente no que se refere à franco-maçonaria". PERONET, Michel, *Revolução Francesa em 50 palavras-chaves*, cit, p. 42.

1155 Ibidem, cit, p. 42.

1156 Ibidem, cit, p. 42.

1157 Em outubro de 1791 foi eleita e empossada a Assembleia Legislativa, com a predominância dos Deputados moderados, ligados ao *Clube dos Feuillants* e defensores da monarquia constitucional como na Inglaterra, representada por Mirabeau e La Fayette.
Os adeptos da República eram minoritários, a saber:
Os liberais tinham a liderança de Brissot, sendo chamados de girondinos.
Os democratas tinham a liderança de Robespierre, sendo chamados de jacobinos. "Enquanto a República cambaleava sob o peso da invasão estrangeira, da insurreição interna e da crise econômica, a liderança revolucionária tornava-se ainda mais radical. Em junho de 1793, os jacobinos substituíram os girondinos como o grupo dominante na Convenção Nacional. Os girondinos apoiavam um governo no qual os departamentos exerciam controle sobre seus próprios assuntos, enquanto os jacobinos queriam um governo central

(entre outubro de 1791 e setembro de 1792) devido à proibição de reeleição e ante o agrupamento de homens em partidos; os Feuillants, os Marais e os Jacobinos tinham apoio da Comuna de Paris.

Na capital, os *san-culottes*[1158] faziam demonstrações contra o rei, e declaravam a "pátria em perigo" (junho de 1792). A conspiração para a derrubada de Luís XVI se ampliava. Em 1792, a Áustria e a Prússia, ambas monarquias absolutistas, declararam guerra à França (e os franceses inicialmente foram derrotados). Seu exército era muito desorganizado e mal armado para conter adversários tão poderosos. Em resposta à situação externa, os *Sans-culottes* e o povo invadiram o Palácio das Tulherias em 10 de agosto de 1792, massacraram a guarda suíça, que protegia o rei e sua família, e forçaram a Assembleia Legislativa a determinar a prisão da

e forte, tendo Paris como sede do poder. (...) Ao exigir dedicação integral à nação, a fase jacobina da Revolução também antecipou o nascimento do nacionalismo moderno. Nas escolas, jornais, discursos e poemas; nos palcos, nos comícios e reuniões das sociedades patrióticas, os franceses ouviam falar da gloria conquistada pelos soldados republicanos nos campos de batalha e eram lembrados de seus deveres com a pátria. 'O cidadão nasce, vive e morre pela pátria' – essas palavras estavam escritas em lugares públicos, para serem lidas e meditadas por todos. Os soldados da Revolução lutavam não por dinheiro nem pelo rei, mas pela nação. Poderia esse sentimento intenso de nacionalidade, que se concentrava nos interesses especiais do povo francês, ser conciliado com a Declaração dos Direitos do Homem e do Cidadão cujos princípios eram dirigidos a toda a humanidade? Os próprios revolucionários não compreendiam as implicações da nova força que haviam liberado". *Vide* PERRY, Marvin, *Civilização ocidental*, cit., p. 331.
A Assembleia, portanto, desconfiava da plebe e dos operários, já que com a Lei Chapelier, as corporações e os regulamentos de ofício tinham sido abolidos, "em nome da liberdade da indústria e do comércio e, também, proibiu aos trabalhadores qualquer associação pessoal", considerando a greve um delito punido com prisão.

[1158] Tratava-se de pequenos negociantes, artesãos e assalariados. De acordo com Perry Marvin, embora tivessem desempenhado um papel significativo no movimento, em particular na tomada da Bastilha e nos Dias de Outubro, pouco haviam lucrado. Os *sans-colottes*, diz o históriador francês Albert Soboul, "começaram a compreender que o privilégio da riqueza estava tomando o lugar do privilégio do nascimento. Previram que a burguesia substituiria a aristocracia derrotada como classe dominante". Inflamados pela pobreza e pelo ódio aos ricos, os *sans-culottes* insistiam em que o governo tinha o dever de lhes assegurar "o direito de existir", política que contrariava o individualismo econômico da burguesia. Também reivindicavam que o governo aumentasse os salários, controlasse os preços dos alimentos, acabasse com a escassez de víveres e aprovasse leis para impedir extremos de riqueza e pobreza. *Vide* PERRY, Marvin, *Civilização ocidental*, cit., p. 331.

família real. Foi convocada uma Convenção Nacional para rever a Constituição, uma vez que a monarquia constitucional estava suspensa[1159]. O processo revolucionário revigorou-se em 20 de setembro de 1792, quando os franceses derrotaram os prussianos na Batalha de Valmy. Essa vitória representa o fim da monarquia absolutista francesa e o início do período republicano. Os chefes da Comuna, com o apoio de Marat, radicalizaram e passaram a incentivar o massacre sistemático de suspeitos que estavam presos, iniciando o Período do Terror, que vai de setembro de 1792 a outubro de 1795[1160], com muitas prisões, assassinatos e violações de direitos. A comuna de Paris cria, a partir de 17 de agosto de 1792, um tribunal extraordinário, com juízes eleitos pelos seccionais parisienses, para julgar os que chamavam de "criminosos". Depois de muito debate, a Convenção decide julgar ela própria o rei Luís XVI, e a partir de novembro de 1792 a vida política é dominada pelo processo do rei, que acentua as divergências entre os partidos[1161].

Mais moderados, os *brissotins*[1162] tinham tentado evitar esse processo que podia chegar (como chegou) à condenação do monarca e de sua família. Na visão destes, isso marcaria uma ruptura política excessivamente brutal, corria o risco de abrir o caminho para os democratas e podia provocar graves perturbações internas: a contrarrevolução interna, estimulada pelos "aristocratas", pelos refratários e também pelos partidários da Constituição de 1791, *monarchiens* ou *feuillants*, poderia reacender-se. Além disso, o processo do rei poderia acarretar uma reação europeia, por parte das monarquias absolutistas, e agravar o perigo externo. Eles tinham quase conseguido convencer a maioria quando, em 20 de novembro de 1792, foi descoberto nas Tulherias "o armário de ferro", espécie de cofre-forte fabricado por Luís XVI no qual o rei guardava seus papéis secretos: Esses documentos permitiam acusar o rei de alta traição e de fazê-lo ser julgado pela Assembleia[1163].

1159 PÉRONNET, Michel, *Revolução Francesa em 50 palavras-chaves*, cit., p. 273.
1160 Ibidem, p. 273.
1161 Ibidem, p. 273.
1162 Eram os seguidores do líder girondino Jacques Pierre Brissot, (1754-1793) líder girondino moderado da Convenção.
1163 Ibidem, p. 274.

Foi o que houve, com fortes consequências para a monarquia. A prefeitura de Paris foi invadida pelos jacobinos, que instalaram uma Comuna, ficando Robespierre como principal membro. Ele disse: "*Não há julgamento a fazer, Luís não é um réu no tribunal, nem vós sois seus juízes. Sois homens de estado e representantes do povo e não podeis ser mais que isso. Não tendes de proferir uma sentença a favor ou contra um homem, mas tomar uma medida que afeta vitalmente o bem do Estado. Luís declarou rebelde o povo da França e chamou os déspotas estrangeiros – seus colegas – para o castigar. A vitória e o povo decretaram que ele é o rebelde (...)*[1164].

Em 21 de setembro de 1792 a convenção aboliu a realeza, proclamou a República[1165] e, imediatamente, Luís XVI, cuja correspondência secreta com os soberanos estrangeiros tinha sido descoberta, foi acusado, formalmente, de traição. O julgamento do rei começou em dezembro de 1792, iniciando os conflitos entre girondinos (direita) e montanheses (Robespierre, Danton, Saint-Just, Marat – esquerda). Ao centro a planí-

1164 [s.a]. *Robespierre*. Col. Grandes Personagens da História Universal, cit., p. 68.

1165 Para Michel Péronnet, a República é um regime político no qual se exerce a soberania popular por eleição, em oposição à monarquia, em que "o poder é exercido hereditariamente por um só". Os homens do século XVIII, alimentados de cultura clássica, tinham como referência as Repúblicas gregas e romanas e os grandes heróis republicanos, de Múcio Cévola a Brutus. Péronnet relata que os teóricos políticos como Montesquieu ou J.-J. Rousseau duvidam que o regime republicano possa estabelecer-se num grande país. J.-J. Rousseau exalta a soberania do povo em *O contrato social*, livro de cabeceira da maioria dos homens dessa época. No fim do século XVIII as Repúblicas retornaram à frente do palco: seu regime político é oligárquico, ou seja, o poder é reservado a um número muito pequeno de cidadãos que gozam de todas as vantagens e de todos os direitos. Como lembra Péronnet, poucos franceses, em 1789, pensam em estabelecer um regime republicano; ao contrário, o amor ao rei se conserva *in tacto*. Por sua vez, o número 268 do *Le Moniteur Universel*, de segunda-feira, 24 de setembro de 1792, é o primeiro a trazer a menção: "Ano I da República Francesa". Assim, sem grande alvoroço, sem proclamação solene, a República faz sua entrada na história da França. Proclamada, "una e indivisível", em 21 de setembro de 1792, a República torna-se o próprio símbolo da pátria que une indissoluvelmente o povo francês contra os inimigos de toda espécie, internos e externos. É sobretudo do exército que a República exige a virtude e, se necessário, o sacrifício do soldado. *Vide* PÉRONNET, Michel, *Revolução Francesa em 50 palavras-chaves*, cit., p. 240-241.

cie (maioria), com Sieyés[1166], tentava uma conciliação para não cindir a Revolução.

Em 21 de janeiro de 1793, Luís XVI foi decapitado, e os acusadores sairiam vitoriosos da contenda.

A Convenção Nacional era o poder supremo, sendo "*constituída por uma assembleia eleita por uma minoria extremista e composta por radicais revolucionários, quase todos membros da burguesia e profundamente marcados por considerações ideológicas. A monarquia foi abolida, a República proclamada, sendo declarada uma série de guerras europeias contra 'tiranos', que viriam a durar, com breves intervalos, até 1815, quando a fúria revolucionária atingira o auge com o Terror. Em Paris e por toda a França, cerca de 40.000 vítimas sucumbiram a esse furor, entre reais ou presumidos contrarrevolucionários, alguns dos quais mortos na prisão ('os massacres de setembro'). A ditadura dos clubes radicais e dos* sans-culotes *levaria não só ao extremismo político mas também ao ideológico – sob a forma de perseguição dos crentes – e ao radicalismo social, através da arregimentação econômica, de pesados impostos diretos, e da redistribuição da riqueza através, por exemplo, da venda de terras dos* émigrés *a favor dos mais desfavorecidos,*

[1166] "O que demanda uma reflexão de volta às origens, de buscar o ponto em que, desastradamente, houve o descaminho para que a representatividade chegasse aos nossos dias vazia de significado. E isto leva a um pensamento sobre a *atualidade de Sièyes.* Voltou-se ele, à sua época, para um Terceiro Estado, um conjunto de cidadãos pertencentes à ordem de pessoas comuns. Neste tempo, tudo o que fosse privilegiado por qualquer modo, não pertence à ordem comum, é exceção e, por consequência, não pertence ao Terceiro Estado. Porquanto uma lei comum e uma representação comum, eis o que faz uma nação. Daí que os representantes do Terceiro Estado devem ser escolhidos entre os cidadãos que pertencem efetivamente ao povo – pessoas que tenham interesses, valores e objetivos comuns. Povo pode significar raça ou humanidade, o conjunto de indivíduos que compõe uma nação ou sociedade politicamente organizada de cidadãos, o corpo politico da nação. De todo modo, uma palavra desgastada que significou algo mais, no século XVIII do que, possivelmente, em nossos dias. Houve, talvez expresse melhor ideia, a palavra *comunidade*, primeiramente pessoas que convivem em comunhão ou compartilhamento (*Koinoniua*) de uma multiplicidade de interesses, metas, propósitos – um corpo político nas acepção de Hesse: unidade política. Estado (atuação dos poderes estatais), e Comunidade (o estatal e o não estatal na sociedade humana dentro do território do Estado). Se não houver comunhão de interesses, não teremos efetiva representatividade, e na sociedade contemporânea, da mesma forma que no século de Sièyes, verificam-se, ainda, segmentos sociais privilegiados por várias formas, verdadeiras castas sociais, entre elas a denominada classe política, cada vez mais distante do cidadão comum." BASTOS, Celso, *Democracia hoje*, cit., p. 45-46.

a quem era permitido pagar a prestações ('a nenhum patriota deve ser negada a propriedade'). Tudo isto visava instaurar a igualdade não apenas jurídica, mas social e econômica. Esta segunda fase terminaria com a queda de Robespierre, a 9 do Termidor do Ano II do calendário republicano (27 de julho de 1794), acontecimento que foi celebrado com gáudio pelos sobreviventes, e ao qual se seguiu o Diretório"[1167].

A Constituição do ano I[1168] (1793) solidificou a Primeira República.

6.3.3.1 Os grupos políticos

Havia vários grupos representados na Convenção. Os principais eram:

- os *girondinos*, representando a burguesia mercantil (Condorcet e Brissot). Defendiam o liberalismo, a garantia da propriedade pri-

[1167] Caenegen, R. C., *Uma introdução histórica ao direito constitucional ocidental*, Fundação Calouste Gulbenkian: Lisboa, 1998, p. 216.

[1168] Segundo Péronnet, para aniquilar o argumento político afirmado pelo partido dos brissotins, de que a Convenção é apenas uma constituinte cuja tarefa fundamental é a votação de uma constituição, os deputados do partido montanhês, vitoriosos em 2 de junho, redigem de 3 a 9 desse mês o texto de uma constituição que fazem adotar pela Convenção de 24 de junho. Submetida a *referendum*, no decurso do mês de julho, ela é ratificada por 1.900.000 "a favor", tendo 12.000 "contra", num universo de cerca de 7 milhões de eleitores. A Constituição do ano I é precedida de uma declaração dos direitos que, em comparação com a de 1789, exprime ideias novas; aí aparece a ideia de sufrágio universal (art. 29), a de direito ao trabalho e de direito à instrução (arts. 21 e 22), a de direito à petição e de direito à insurreição no caso em que o governo não respondesse mais aos desejos da maioria (arts. 33 a 35) e, finalmente, a de "direito à felicidade". A declaração de 1793 não renega nenhum dos direitos definidos em 1789, ao contrário, acrescenta um determinado número a eles. A Constituição se esforça por estabelecer uma verdadeira soberania popular, graças à eleição por sufrágio universal e à curta duração do mandato dos Deputados, dos *officiers* municipais e dos juízes de paz. A lei é votada por uma assembleia legislativa, mas pode ser rejeitada se um décimo dos eleitores das assembleias primárias, na metade dos departamentos mais um, pede essa rejeição. A assembleia eleitoral de departamento, eleita pelos eleitores das assembleias primárias, propõe um candidato ao conselho executivo, e a assembleia escolhe numa lista nacional 24 nomes para formar esse conselho. O caráter democrático da constituição é muito original para a época: o cidadão pode controlar os atos de seus mandatários e pode intervir pessoalmente no mecanismo legislativo. Sabe-se que sua aplicação foi diferida "até a paz", em 10 de agosto de 1793. *Vide*, desse autor, *Revolução Francesa em 50 palavras-chaves*, p. 87.

vada e não concordavam com o radicalismo das massas populares, acusando os montanheses de tentarem uma ditadura. Os girondinos e seus líderes representavam em primeiro lugar a burguesia comercial, industrial e proprietária de terras[1169].

- Os *jacobinos* ou montanheses defendiam a igualdade, a salvação pública acima de qualquer instituição ou liberdade e a aliança com as massas populares segundo os princípios de Rousseau. Entretanto, os jacobinos ou montanheses não representavam ainda um corpo unido. Os jacobinos eram um bloco formado pela burguesia democrática (média e pequena), o campesinato e os pobres das cidades[1170].

No início, os girondinos conseguiram sensibilizar as potências como Inglaterra, Áustria, Prússia, Holanda, Espanha, Rússia e Sardenha contra a execução de Luís XVI, mas sucumbiram aos jacobinos, apoiados pelo *Sans-Culottes* e pelo povo de Paris. Foi criado um governo revolucionário, o Comitê de Salvação pública, com poder judiciário sumário e poder executivo supremo sob a direção de Robespierre[1171] (1758-1794).

1169 Ibidem, p. 87.

1170 MANFRED, A. Z. *A concepção materialista da Revolução Francesa*, cit., p. 29.

1171 "Na República da Virtude de Robespierre não haveria reis ou nobres; os homens seriam livres, iguais e educados; a razão seria glorificada e a superstição, ridicularizada. Não haveria extremos de riqueza ou pobreza; a bondade natural do homem prevaleceria sobre o vício e a cobiça; as leis preservariam os direitos inalienáveis em lugar de violentá-los. Robespierre perseguiu sua sociedade ideal com zelo religioso. Sabendo que a República da Virtude não poderia ser criada enquanto a França estivesse ameaçada pela guerra externa e interna, advogou um tratamento duro para os inimigos da República, 'que devem ser perseguidos por todos, não como inimigos comuns, mas como rebeldes, bandidos e assassinos'. Como todos os visionários, Robespierre estava convencido de que conhecia o caminho certo, que a nova sociedade por ele imaginada beneficiaria toda a humanidade e que os adversários de sua implementação não eram opositores apenas, mas pecadores que tinham de ser liquidados para o bem de todos. Sentindo na própria nuca o frio da lâmina da guilhotina, os adversários de Robespierre na convenção ordenaram sua prisão e a de alguns de seus partidários. Em 28 de julho de 1794, 9 do Termidor, segundo o novo calendário republicano, Robespierre foi guilhotinado. Após sua morte, a máquina da República jacobina foi desmantelada. A liderança passou à burguesia proprietária que havia endossado as ideias constitucionais de 1789-1792, fase moderada da Revolução. A nova liderança, conhecida

6.3.3.2 O Comitê de Salvação Pública e a Ditadura Jacobina – o ápice do terror

A principal força do governo revolucionário não residia tanto no firme poder centralizado quanto no sólido apoio que lhe era dado pelo povo, ao menos naquele momento. O Comitê de Salvação Pública e a Convenção também eram apoiados por numerosos comitês revolucionários locais[1172].

Estes eram formados por 12 membros eleitos dentre os cidadãos politicamente mais conscientes de cada comuna rural ou distrito urbano. Os comitês tornaram possíveis uma grande participação de massas na estrutura do Estado e na formulação de políticas revolucionárias. O clube dos jacobinos, com as suas centenas de filiais espalhadas pelo país, desempenhou importante papel na vida política da República. As medidas políticas, tanto as que estavam a ser discutidas como as que iam ser postas em prática pela Convenção e outros órgãos estatais, eram submetidas a discussões preliminares em reuniões de clube nas províncias. Nestas reuniões todos os membros eram iguais, não havia ministros, comissários ou generais[1173].

Em março de 1793 instalam-se os tribunais revolucionários. Novas leis vão determinar os crimes contra a nação. São os atentados contra a liberdade, a igualdade, a unidade e a indivisibilidade da República. O tribunal revolucionário é formado por cinco juízes e um promotor público e 12 jurados. Serão julgados Maria Antonieta, os deputados brissotins, os seguidores de Hébert, os indulgentes de Danton. Em 27 de germinal (16 de abril de 1794) todos os casos em curso no interior do país são transferidos para Paris para julgamento no tribunal revolucionário[1174].

Essa jurisdição de exceção julgou e condenou à morte entre 13 mil e 17 mil pessoas durante o período do Terror. Desssas, 78% foram condenadas por rebelião, 10% por federalismo e 9% por crimes de opinião contrarre-

como termidorianos até fins de 1795, não quis mais saber dos jacobinos ou da sociedade de Robespierre. Este representara para eles uma ameaça ao seu poder político – porque teria permitido às pessoas comuns uma considerável participação no governo – e à sua propriedade – porque teria regulamentado a economia em favor dos pobres. *Vide* PERRY, Marvin. *Civilização ocidental*, cit., p. 336-337.

1172 Ibidem, p. 337.

1173 MANFRED, A. Z., *A concepção materialista da Revolução Francesa*, cit, p. 154.

1174 PÉRONET, Michel, *Revolução Francesa em 50 palavras-chaves*, cit, p. 275.

volucionária. Somente em Paris, 2.797 pessoas foram mandadas à guilhotina de 5.112 acusadas. Foi aprovado ainda o confisco e a redistribuição dos bens dos inimigos. O preço das mercadorias foi fixado, e foi renovado o exército. Outras medidas que foram tomadas:

- Abolição da escravidão nas colônias;
- Foram suprimidas as indenizações pagas pelos camponeses à nobreza;
- Foi determinado o sequestro e venda das grandes propriedades e a divisão das terras em pequenas propriedades;
- As sublevações de Lion e de Toulon foram massacradas (outubro – dezembro de 1793);
- Maria Antonieta (16/08/1793), assim como os deputados girondinos, Duque de Orleans, Madame Roland, Bailly, Condessa Du Barry, Madame Elisabeth (irmã de Luís XVI) foram condenados à morte;
- O Terror chegou até as províncias, com tiroteios em Lion e afogamentos em Nantes, fazendo aproximadamente 40.000 vítimas;
- As prisões estavam cheias de suspeitos à espera da guilhotina;
- A crise financeira se ampliou, apesar da suspensão dos impostos indiretos, mas compensado com os impostos diretos, coletados por funcionários inexperientes e às vezes corruptos;
- Houve medidas repressoras contra os especuladores;
- Foi aprovada a Lei do Máximo (setembro de 1793), que bloqueou os salários e os preços;

6.3.3.3 As revoltas durante a Revolução

No sul e no sudoeste do país os girondinos que conseguiram escapar à prisão organizaram uma revolta contrarrevolucionária. Nada menos que 60 dos 83 distritos estavam revoltados. As tropas francesas, cansadas e exaustas, enfrentavam os exércitos de cinco potências estrangeiras. Logo, Paris estaria cercada por exércitos inimigos que pouco a pouco se aproximavam da cidade. Qualquer observador externo consideraria que estava próxima a queda da República. No entanto, os jacobinos não pretendiam se render tão facilmente. Robespierre, um dos principais líderes do grupo, em proclamação à população, disse: "É necessária uma vontade unida... o perigo de dentro vem da burguesia; para derrotar a burguesia o povo tem de estar unido... O povo e a Convenção têm de atuar como um só corpo, a Convenção tem que juntar as suas forças às do povo..."[1175]. Em 13 de julho de 1793 Marat, o jornalista defensor da revolução, foi assassinado. Morreu apunhalado em sua banheira pela jovem Charlotte Corday, que entrara na sua casa disfarçada de peticionária depois de ter sido convencida a cometer este crime pelos girondinos.

Os jacobinos reagiram à onda de terror contrarrevolucionário com o que chamaram de "terror revolucionário". A ex-rainha Maria Antonieta foi julgada e condenada à morte na guilhotina. Ao mesmo tempo, em 5 de setembro de 1793, os pobres de Paris exigiram que a convenção intensificasse o terror contra os "inimigos da revolução" e aprovasse preços fixos para os alimentos e salários para os trabalhadores. Pouco tempo antes, em 23 de agosto, a Convenção havia aprovado um decreto que praticamente alistava toda a nação, ao determinar que os homens válidos deviam se integrar ao exército. Foi feito um recrutamento em massa que, em pouco tempo, reuniria um exército de um milhão de homens, que poderia fazer frente às potências estrangeiras.

Somente dois meses depois, no entanto, ergueu-se outro movimento contra o governo revolucionário. Não se apresentando como uma oposição declarada, conspiradores dentro do partido jacobino e da própria Convenção conseguiram posteriormente afastar e executar Robespierre, que seria acusado de tirano por seus próprios partidários. Ele acabou sendo deposto no golpe de 9 do termidor (27 de julho de 1794) e executado junto com Couthon[1176] e Saint-Just no dia seguinte. Um dia antes, os exércitos jacobinos haviam derrotado os inimigos na Batalha de Fleurus. A contrarrevolução havia sido batida e expulsa para além das fronteiras da França revolucionária. Um dos principais objetivos da revolução, a abolição dos padrões sociais feudais, havia sido obtida. No entanto, a vitória não seria totalmente aproveitada pela população.

Uma outra força, a burguesia, é que emergiria dos confrontos da época. "Enquanto ainda existia uma real ameaça de restauração da ordem pré-

[1175] Ibidem, p. 275.

[1176] Georges Couthon (1755 – 1794) – Participou da Convenção francesa e do triunvirato com Robespierre e Saint-Just. Ajudou a reprimir duramente a revolta de Lion e perseguiu os adversários políticos. Foi, posteriormente, decapitado.

-revolucionária pela mão dos intervencionistas estrangeiros, a burguesia e as camadas proprietárias da população rural e urbana estavam todas preparadas para aceitar as rigorosas restrições da ditadura jacobina, os preços fixos, as penalidades impostas por especulação ou por exigência da prestação de serviços"[1177]. No entanto, uma vez o perigo passado, a burguesia começou a procurar maneiras de evitar o poder jacobino. A Revolução tinha libertado os camponeses da opressão feudal e havia-lhes dado terras, mas as restrições impostas pelo regime jacobino tornava impossível para as camadas proprietárias do campo utilizarem ao máximo as vantagens que acabavam de adquirir[1178].

Entretanto, o governo jacobino já não estava seguro do firme apoio do setor mais pobre da sociedade – os pobres do campo e das cidades[1179]. Sem terem perfeita consciência do curso que as coisas estavam a tomar, os jacobinos estavam a defender os interesses da burguesia. Era a burguesia e só a burguesia que ia colher os frutos da sua luta heroica[1180]. Posteriormente, a ditadura do Comitê de Salvação Pública foi abolida, o tribunal revolucionário suprimido e o clube dos jacobinos fechado. Pouco tempo depois, o jornalista Graco Babeuf, o primeiro político reconhecidamente socialista da revolução, exporia seu programa, declarando-se seguidor de Robespierre e defendendo sua "ressureição" ou o retorno de seus ideais. Acabou preso e fuzilado[1181].

[1177] PÉRONET, Michel, *Revolução Francesa em 50 palavras-chaves,* cit., p. p. 275.

[1178] Ibidem, p. 275.

[1179] Ibidem, p. 275.

[1180] Ibidem, p. 275.

[1181] A. Z. Manfred destaca que no final de 1795, de acordo com a nova constituição, o poder foi transferido para o Diretório (órgão executivo de cinco "diretores") e duas câmaras legislativas – o Conselho dos Anciãos e o Conselho dos Quinhentos. Nas palavras do autor, "tanto no Diretório como nas duas câmaras quem dominava era a nova burguesia especulativa e rapinante, que tinha um grande desprezo pelos pobres das cidades, a quem temia profundamente. Foi este medo que esteve na base da política reacionária e antipopular que seguia. Contudo, esta nova burguesia que se tinha apoderado das riquezas dos antigos nobres, proprietários de terras, não podia permitir a restauração do antigo regime. Era um governo antimonárquico e esmagava cruelmente todas as tentativas da parte dos realistas para reconquistarem o poder. Isto significava que o Diretório não seguia nada que se assemelhasse a uma política coordenada, visto que estava sempre a tentar um compromisso entre os dois extremos da esquerda e da direita. Esta 'política' vaci-

Babeuf afirmava: "Ressuscitar Robespierre significa ressuscitar todos os enérgicos patriotas da República, e junto com eles o povo [...]. O robespierrismo vive em toda a República, vive na classe inteira dos homens capazes de julgar e pensar com clareza e naturalmente no povo. A razão é simples: o robespierrismo é a democracia, e essas duas palavras são absolutamente idênticas. Ressuscitando o robespierrismo, pode-se estar seguro de estar ressuscitando a democracia"[1182].

Houve ainda duas tentativas de golpe:

- 1797 (4 de setembro) – os realistas tentaram dominar o Diretório e o Conselho e foram reprimidos pelo Exército.
- 1798 (11 de maio) – os jacobinos tentaram controlar o Conselho e foram rechaçados.

O tribunal revolucionário foi suprimido em 12 de prairial do ano III (31 de maio de 1795), e o Diretório criou uma alta corte, colocada em atividade por uma votação da Assembleia do Conselho dos Quinhentos para julgar os complôs; será ela que julgará, por exemplo, a conjuração dos Iguais, de Babeuf, em maio de 1796[1183].

A derrubada do governo revolucionário em 9 do Termidor (27 de julho) de 1794 representou o marco do início da contrarrevolução burguesa. Os chamados "termidorianos de direita" passaram a dominar, representando um novo setor da burguesia que tinha se desenvolvido

lante tornou-se conhecida como política de báscula. Em 1796, o Diretório descobriu uma conspiração cuidadosamente planejada, designada 'conspiração dos iguais', chefiada por Graco (Gracchus) Babeuf (1760-1797). Babeuf foi o primeiro revolucionário comunista que esperava destruir a propriedade privada por meio de uma ditadura da minoria. Mas o comunismo que propagava era de um tipo igualitário primitivo e Babeuf não reconheceu o papel histórico do proletariado. Babeuf foi executado e a conspiração esmagada. Depois de aniquilar esta conspiração, o Diretório passou a ser ameaçado pelo direita. Em 1797 houve uma ameaça de Golpe monárquico e mais uma vez o Diretório teve de recorrer à força para se defender. Depois de constantes oscilações para a direita e para a esquerda, o Diretório perdeu grande parte da sua primitiva autoridade e a confiança do povo, e sentiu dificuldade em se agarrar aos últimos vestígios do poder". *Vide*, desse autor, *A concepção materialista da revolução francesa*, p. 45-46.

1182 Rosenberg, Arthur, *Democracia e socialismo*, cit., p. 45.

1183 Manfred, A. Z., *A concepção materialista da revolução francesa*, p. 46.

durante a revolução, prosperando com ela. A fome voltou a assustar os pobres de Paris, enquanto os comerciantes e especuladores acumulavam enormes lucros. As ruas eram patrulhadas por bandos de vagabundos da Juventude Dourada (*Jeunesse Dorée*). Eles destruíram o Clube dos Jacobinos, demonstrando que tinha início o acerto de contas dos Girondinos e *Feuillants* com os jacobinos.

Logo, as realizações sociais e democráticas da ditadura jacobina foram anuladas. Um dos chamados "sagrados direitos" da burguesia, o direito à propriedade, logo voltaria na Constituição de 1795, ao mesmo tempo em que era abolido o sufrágio universal, outra conquista da revolução. Diante da nova situação, a Convenção pediu a ajuda do Exército para conter as manifestações contrárias aos novos tempos. Napoleão Bonaparte [1184] atirou contra os realistas – 5 de outubro de 1795), contra os emigrados realistas que voltavam (Quiberon – julho de 1795) e para esmagar as revoltas parisienses (12 de germinal do ano III – 1º de abril e 20 de maio de 1795), consequência da escassez e da miséria.

Nos campos de batalha, as vitórias militares francesas se sucediam, com a reconquista da Bélgica, dos Países Baixos, da Renânia e a conquista da margem esquerda do Reno[1185]. A última fase da Revolução estava ins-

1184 Conforme Marvin Perry descreve, Napoleão nasceu em 15 de agosto de 1769, na ilha de Córsega, filho de um pequeno nobre. Depois de ter concluído a escola militar na França, tornou-se oficial de artilharia: as guerras da Revolução Francesa proporcionaram-lhe a oportunidade de progredir na carreira. Em 1796, recebeu o comando do Exército francês na Itália. Lá, contra os austríacos, Napoleão demonstrou surpreendente talento para o planejamento e a liderança dos militares, o que lhe granjeou fama imediata. Tendo provado a glória, ele jamais pode passar sem ela; tendo conhecido somente o sucesso, nada lhe parecia impossível. Napoleão sentia que estava destinado à grandeza. Em 1799, enquanto liderava um Exército francês no Egito, Napoleão decidiu retornar à França e manobrar para chegar ao poder. Aligou-se a uma conspiração para derrubar o Diretório e criou um gabinete executivo composto por três cônsules. Como primeiro-cônsul, Napoleão monopolizou o poder. Em 1802, foi nomeado primeiro-cônsul vitalício, com direito a designar seu sucessor. Em 2 de dezembro de 1804, numa pomposa cerimonia na catedral de Notre Dame, em Paris, Napoelão coroou-se Imperador da França. General, primeiro-cônsul e depois Imperador – foi uma escalada sem fôlego ao cume do poder. Napoleão, que certa vez declarou amar o poder "tanto quanto um músico ama seu violino", estava determinado a nunca perdê-lo. *Civilização ocidental*, cit., p. 339.

1185 Péronnet, Michel, *Revolução Francesa em 50 palavras chaves*, cit., p. 39.

talada com apoio da alta burguesia, que rejeitava a política igualitária dos Jacobinos, apoiava uma República moderada, excluindo das eleições os mais pobres e restaurando a plena liberdade da indústria, do comércio e dos bancos[1186].

Para demonstrar sua força e dizer quem efetivamente mandava naquele momento, a Convenção acabou com a Comuna de Paris, o Clube dos Jacobinos, a legislação social implantada e restabeleceu a liberdade econômica. Foi elaborada Nova Constituição[1187], a do ano III (1795), que instaurou o regime do Diretório (1795-1799). A Constituição do ano III confia o Poder Executivo a um diretório e o Poder Legislativo a duas assembleias: o Conselho dos Quinhentos e o Conselho dos Antigos. Sem tempo para instalar as assembleias eleitorais previstas pela Constituição, as eleições do ano IV se fazem por sufrágio universal[1188].

A Constituição do ano III foi divulgada juntamente com uma nova Declaração dos Direitos do Homem e do Cidadão, com pequenas modificações em relação à de 1793. O art. 1º traz como direitos a liberdade, a igualdade, a segurança, a propriedade. As liberdades definidas nas outras declarações já não figuram, e a liberdade é definida negativamente no art. 2º: "Poder fazer aquilo que não prejudica os direitos de outrem". O art. 3º mantém a ideia de isonomia, ao afirmar que a igualdade consiste no fato de ser a lei a mesma para todos e não admitir nenhuma distinção de nascimento e nenhuma hereditariedade de poder.

[1186] Ibidem, p. 39.

[1187] Os convencionais decidiram elaborar uma nova constituição, tendo sido a do ano I considerada não adaptada à situação e às novas relações das forças criadas após o Golpe de Estado de 9 de termidor. Os debates sobre a constituição se realizaram de 1º de germinal do ano III (21 de março de 1795), data da eleição de um comitê encarregado de elaborar o texto, até 5 de frutidor (22 de agosto de 1795), data da adoção deste pela Convenção. O comitê era composto de republicanos moderados e de Deputados mais ou menos adeptos das ideias de monarquia constitucional, como Daunou e Boissy d' Anglas, que foram os principais redatores. Destinada a garantir o funcionamento preciso de instituições políticas baseadas nas conquistas revolucionárias, a Constituição do ano III é muito longa: compreende 377 artigos, contra 210 em 1791 e 124 em 1793. Precedida de uma declaração dos direitos e deveres, a Constituição do ano III é dividida em 14 títulos, estes mesmos subdivididos em número variável de artigos. *Vide,* PÉRRONET, Michel, *Revolução francesa em 50 palavras chaves*, cit., p. 87.

[1188] Ibidem, p. 40.

A Declaração define a lei, as garantias que esta dá aos cidadãos e a soberania nacional que reside na universalidade dos cidadãos (art. 7º). "A Declaração marca limites muito nítidos para o exercício da soberania: 'Nenhum indivíduo, nenhuma reunião parcial de cidadãos pode atribuir-se a soberania' (art. 18); este artigo marca bem a característica política dos termidorianos opostos a toda 'tirania', isto é, a todo poder pessoal bem como a toda manifestação de 'democracia direta'; é claro que as palavras 'reunião parcial de cidadãos' visam o poder *sans-culotte* do ano II. O artigo 20 especifica o campo de aplicação da soberania nacional: a formação da lei, a nomeação dos representantes do povo e dos funcionários públicos. A declaração dos direitos, que especifica 'as obrigações dos legisladores', se acrescenta uma declaração dos deveres que indica 'as obrigações dos cidadãos': defender e servir a 'sociedade' para 'mantê-la', viver 'submetidos às leis', respeitar 'aqueles que são seus órgãos' (arts. 1º e 3º)"[1189].

Nesse período, a Constituição do ano III reorganiza a justiça. Estabelece, por exemplo, que "o juiz de paz, no cantão, eleito por dois anos, conserva o julgamento das contravenções no penal e decide pequenos casos no civil; a justiça de paz, muito próxima do jurisdicionado, permanece sobretudo arbitral: contam-se 6.000 para a França da época. O tribunal civil é instalado no centro administrativo do departamento. Compreende vinte juízes eleitos por cinco anos e nomeados pelo Diretório. Cinco a seis Tribunais correcionais são instalados por departamento"[1190].

O tribunal revolucionário foi suprimido e os juízes sofreram vários expurgos capitaneados pelo Diretório, fato que atinge inclusive sua independência, afetando inclusive a recente conquista da separação dos poderes.

É nesse ambiente que ganha força a figura do Napoleão Bonaparte , que tinha conseguido a assinatura da Paz de Campoformio. Nesse acordo a Áustria cedia a Lombardia e reconhecia a República Cisalpina na Itália, ao mesmo tempo que renunciava à Bélgica em favor dos franceses. Nos artigos secretos comprometeu-se a deixar a França chegar até ao Reno. A França comprometeu-se em entregar a República de Veneza e as ilhas venezianas do Adriático, a Ístria e a Dalmácia. Este tratado deu início à

1189 PÉRONNET, Michel, *Revolução Francesa em 50 palavras chaves*, cit., p. 120.
1190 Ibidem, p. 275.

época de expansão imperialista francesa e fez desaparecer a República de Veneza. Para resistir à expansão francesa, formou-se na Europa uma segunda coligação (Inglaterra, Áustria, Nápoles, Rússia e Turquia) que acabou por expulsar os franceses da Itália.

6.4 O governo de Napoleão Bonaparte

Devido a derrotas militares no exterior, Napoleão viu-se forçado a retornar à França. Diante da crise, com o Diretório enfraquecido e a ameaça da restauração monárquica, "os antigos revolucionários capitularam" e estavam prontos a servir quem lhes garantisse as posições conquistadas. Em consequência, Sieyés propõe a "Reforma dos Diretórios" com o apoio do irmão de Bonaparte, Luciano, que presidia o Conselho dos Quinhentos. Assim, obrigam os diretores a demitirem-se e tomam o poder usando as tropas napoleônicas, num Golpe de Estado rápido, o 18 Brumário[1191] (9 e 10 de novembro de 1799)[1192]. O episódio marcaria grandes mudanças na história da França.

[1191] A. Z. Manfred descreve o golpe: "Na manhã de 18 de Brumário do ano VIII (9 de novembro de 1799), a pretexto de que havia ameaças de uma nova conspiração jacobina, o Conselho dos Anciãos designou Napoleão comandante das forças armadas. Com uma voz perturbada pela emoção, Napoleão fez o voto de que, nesta situação, em que um grande perigo ameaçava a República e uma terrível conspiração tinha sido denunciada, ele, Bonaparte, defenderia a República fundada 'na liberdade, na igualdade e nos sagrados princípios da representação popular'. Tal foi o início de um golpe político cuidadosamente premeditado e preparado. Na noite do dia seguinte o golpe estava feito. De uma maneira altamente 'legal' o Diretório e seus órgãos tinham sido abolidos e fora estabelecida uma nova instituição: o Consulado. Contudo, embora nos seus curtos e um pouco incoerentes discursos feitos no Brumário (novembro), o General Bonaparte assegurasse a toda a gente que estava resolvido a defender os 'princípios sagrados da representação popular', o verdadeiro motivo subjacente ao último golpe era eliminar estes princípios sagrados e estabelecer a sua própria e ilimitada ditadura". *Vide*, do autor, *A concepção materialista da revolução francesa*, cit., p. 45.

[1192] Denis L. Rosenfield, na sua visão, dispõe sobre o novo cenário: "Tocqueville insiste sobre o fato de que o Estado pós-revolucionário é uma continuação do Estado absolutista, um prolongamento do 'Antigo Regime', porém ele assinala igualmente que o novo regime é portador de uma nova administração, nascida de necessidades socioeconômicas também novas. É, segundo suas próprias palavras, o progresso da sociedade que cria a cada instante novas necessidades, transformando o ser mesmo da antiga administração". *Vide* deste autor a obra *O que é democracia*, São Paulo: Brasiliense, 1984, p. 17.

Napoleão Bonaparte acabou por derrubar o Diretório e instaurar a sua ditadura pessoal. "A sua tomada do poder conduziu a profundas alterações jurídicas e constitucionais. Napoleão introduziu um executivo forte, ao qual presidia de forma ditatorial e a que o Poder Legislativo foi inteiramente submetido. O seu regime era popular, como atestam vários plebiscitos que conduziram a enormes maiorias, bem como o entusiasmo generalizado que saudou o seu regresso de Elba, em março de 1815. A popularidade de Napoleão tinha várias causas. A França cansara-se dos longos anos de instabilidade e lutas internas e tinha chegado ao limite do suportável. O novo soberano prometia paz e ordem – do gênero militar – e fazia-se passar por um conciliador nacional que podia pôr fim a dez anos de Revolução permanente. Por um lado, soube preservar várias inovações da Revolução e atuar como um republicano; por outro, chegou a um acordo com o Papa, restaurou a religião católica e fez ingressar na sua administração meritocrática pessoas talentosas de vários quadrantes políticos. Apenas os incorrigíveis esquerdistas jacobinos não tinham lugar na sua sociedade, baseada como era na propriedade, soberania pessoal e na família patriarcal"[1193].

As etapas do período Napoleônico (1799-1815) são:

- Consulado – Bonaparte tornou-se o primeiro-cônsul;
- Império – Bonaparte tornou-se o Imperador e consolidou os objetivos da burguesia que tinha realizado a Revolução.

A Constituição Napoleônica, mais conhecida por Constituição do ano VII, foi elaborada sob seus auspícios. Havia algumas sutis mudanças que não passaram despercebidas: a França continuaria a ser uma República como antes. O calendário revolucionário, que tinha sido introduzido pela Convenção, foi mantido, tal como foram o slogan "Liberdade, Igualdade, Fraternidade". O poder Executivo, contudo, passou do Diretório para três cônsules, e as duas câmaras legislativas foram substituídas por quatro órgãos – o Senado, o Conselho de Estado, o Tribunado e o Corpo Legislativo. O verdadeiro poder na República estava agora nas mãos de

1193 Caenegen, R. C., *Uma introdução histórica ao direito constitucional ocidental*, cit., p. 150.

um homem só – o primeiro cônsul general Bonaparte (1769-1821)[1194]. Ele afastaria rapidamente outros dois cônsules.

O novo ditador sabia do poder que concentrava. Assim, preocupou-se a princípio em abordar nos seus discursos proeminência à República e aos "sagrados" princípios da Revolução. Entretanto, secretamente, fazia o possível para destruir a República e os próprios princípios de que tanto falava.

Em decorrência, "*aboliu o sistema parlamentar, a autonomia local que a Revolução tinha instituído e estabeleceu em seu lugar uma forte administração centralizadora que abrangia todo o País. O Ministério do Interior e uma polícia toda poderosa que se infiltrou em todas as esferas da vida da nação – política, espiritual e privada – tornar-se-iam os órgãos estatais mais importantes durante o Consulado. Toda a rede policial foi colocada nas mãos de José Fouché, exremista na Convenção Jacobina e termidoriano durante o Diretório. Astucioso, falso e traiçoeiro, e um mestre da intriga, Fouché mostrou ao seu novo senhor aquilo que era capaz. Declarou – como um encorajamento direto ao primeiro cônsul – que os atentados organizados contra Napoleão Bonaparte pelos monárquicos em 1800 eram obra dos jacobinos. Isto deu-lhe o pretexto de exercer represálias contra estes e os realistas; numa palavra, contra aqueles que ainda se comportavam com demasiada Independência: encontrou-se o pretexto e o esquema foi posto em pratica até as últimas consequências. Aboliu-se a liberdade de imprensa e uma dúzia de jornais foram encerrados. Os treze que restavam tornaram-se órgãos do governo*"[1195].

Apresentada um mês depois do Golpe de Estado (22 de frimário do ano VIII: 13 de dezembro de 1799), a constituição é posta em vigor em 4 de nivoso do ano VIII (25 de dezembro de 1799). A Carta reza que (...) A Constituição se baseia nos verdadeiros princípios do governo representativo, nos direitos sagrados da propriedade, da igualdade e da liberdade. Os 95 artigos da Constituição organizam as relações dos poderes públicos. O primeiro título especifica os direitos eleitorais dos cidadãos. O sufrágio universal é restabelecido. A Constituição prevê a criação de assembleias: o Senado, o Corpo Legislativo e o Tribunato. O Senado, composto de 80 membros inamovíveis cooptando-se a partir de listas propostas pelo primeiro-cônsul, dispõe de poderes importantes: zela pela constitucio-

1194 MANFRED, A. Z., *A concepção materialista da revolução francesa*, cit., p. 46.

1195 Ibidem, p. 46-47.

nalidade das leis e designa os membros das assembleias legislativas – Tribunato e Corpo Legislativo – a partir da lista de confiança nacional.

A Constituição do ano VIII foi aprovada por plebiscito (1799) e determinava, entre outros itens que:

- O Executivo era formado por três cônsules, todavia o primeiro cônsul, Bonaparte, é que detinha todos os poderes. O Legislativo era frágil, formado pelo Conselho do Estado, Tribunato, Corpo Legislativo e Senado.
- O sufrágio universal previa a eleição em três graus e com listas de confiança.
- A reorganização judiciária ocorreu junto com a centralização administrativa, sendo que a justiça foi funcionalizada.
- No setor financeiro surgiu o Banco da França (1800) e a criação de um novo padrão monetário, o franco.
- Os funcionários eleitos durante a Revolução foram substituídos por nomeados pelo governo.
- A divisão em departamentos (80) foi mantida, mas com nomeação de prefeitos efetuada pelo governo central.
- O Estado ficou acima dos partidos.

Os opositores do novo cônsul não teriam paz, em especial os jacobinos radicais, que foram "castigados duramente". A Concordata de 1801, com o papa Pio VII, ratificou a paz interna (a Igreja ficou subordinada ao Estado) e a crise financeira melhorou com as medidas econômicas adotadas[1196].

Nesse período foi celebrado o Tratado de Amiens (27/03/1802) que pôs fim a praticamente dez anos de guerra. O tratado, assinado entre José Bonaparte e o Marquês de Cornwallis foi chamado de "tratado de paz definitivo", já que colocou fim às hostilidades existentes entre a França e o Reino Unido durante as chamadas Guerras Revolucionárias Francesas. Essa paz infelizmente durou apenas um ano.

[1196] PERRY, Marvin, *Civilização ocidental*, cit., p. 340.

O Código Civil, que incorporava os princípios liberais burgueses, foi iniciado em 1800 e promulgado em 1804, sendo chamado de Napoleônico, consagrando o direito individual, igualdade perante a lei, liberdade religiosa, garantia de propriedade individual. No âmbito escolar foram criados os Liceus (1802) e a Universidade Imperial (1808). Em síntese, Napoleão, com 34 anos de idade, fornecia as bases das instituições fundamentais da França.

Em 1802 Napoleão atribuiu a si próprio o Consulado Vitalício. Realizou diversas obras públicas, como estradas, drenagem de pântanos, construção de pontes e monumentos. Em 1804, tornou-se imperador dos franceses, sendo sagrado pelo papa[1197].

O regime imperial foi instituído pela Constituição do ano XII. "Napoleão aumentou a centralização com medidas financeiras e econômicas (determinando o cadastro de contribuintes e o Bloqueio Continental). O Bloqueio era contra a Inglaterra e esse fato teria grande importância na história do Brasil ao forçar o então príncipe regente de Portugal, d. João (futuro d. João VI), a fugir para o país, com praticamente toda a corte portuguesa. O cônsul ainda promoveu mudanças na área religiosa (como auxílio da educação oficial), educacionais (implantando a militarização dos alunos), políticas (incluindo o restabelecimento da censura e neutralizando a liberdade política) e social (ao criar uma nobreza hereditária)"[1198].

6.4.1 Conflitos e guerras napoleônicas

A grande rival Grã-Bretanha e outras monarquias absolutas organizaram várias coligações contra o líder francês. Ao menos em sua primeira fase, entretanto, elas foram derrotadas pelos exércitos de Napoleão. A 3ª coligação, composta por Inglaterra, Áustria, Rússia e as duas Sicílias, foi derrotada em Ulm (20/10/1805) e Austerlitz (02/12/1805), o que gerou a paz de Presburgo (26/12/1805). A Inglaterra recusa a paz e incita a Prússia contra a França. Essa vitória permitiu a Napoleão destronar os Bourbons de Nápoles e colocar no trono seu irmão, José Bonaparte (1808). Já Luís Bonaparte foi designado Rei da Holanda.Na guerra contra a Prús-

1197 Ibidem, p. 340.
1198 Ibidem, p. 341.

sia (ultimato prussiano de 01/10/1806), a França obteve vitória em Iena (14/10/1806) e Averstadet, tomando Berlim (27/10/1806) e decretando em seguida o Bloqueio Continental contra a Inglaterra (21/11/1806), numa tentativa de impedir a Europa de negociar com os ingleses.

Frente a frente com os russos, Bonaparte tentou uma aliança em troca de ajudar contra os turcos e garantir a anexação da Finlândia para consolidar o Bloqueio Continental (favorecendo os produtos franceses), em detrimento da Prússia, que perderia metade de seu território. Foram criados o reino de Westfália para Jerônimo Bonaparte e a Saxônia foi transformada em reino e ao seu rei foi atribuído o grão-ducado de Varsóvia, criado com a Polônia prussiana.

Em 1806 Napoleão ocupou a Toscana e em 1807 invadiu Portugal, que não tinha aderido ao Bloqueio Continental, forçando a vinda da família real portuguesa e sua corte para a então colônia Brasil. No ano seguinte ocupou Roma (1808) e invadiu a Espanha. Os Bourbons tiveram que abdicar (tratado de Baiona, de 05/05/1808) e foi designado José Bonaparte, irmão do Imperador, como substituto (07/06/1808).

Em 1809 a Inglaterra organizou a quinta coligação com a Áustria para deter o avanço francês sobre o território europeu. Essa união culminou com a invasão de Viena pelas tropas francesas após a vitória em Eckmühl (22/04/1809). No entanto os franceses foram derrotados em Aspern-Essling (22/05), mas obtiveram vitória decisiva em Wagram (05 e 06 de julho), quando conseguiram a Paz de Viena (ou de Schönbrunn-14 de outubro).

Com as vitórias sobre seus vizinhos, a França estava fazendo uma grande "pilhagem" na Europa, e a sua economia prosperava de forma artificial, "enquanto a Inglaterra, senhora dos mares" desenvolvia o seu comércio não europeu. Naturalmente, esses poderes voltariam a se chocar em breve.

Internamente, o despotismo imperial tornava-se cada vez mais forte, concentrando poderes nas mãos do Imperador. Como exemplos temos o desaparecimento do tribunado, em 1807; o direito de interpretar as leis, concedido a Napoleão em 1806; a retomada da nobreza hereditária a partir dos decretos de março de 1806, agosto de 1806 e março de 1808; exagerado controle do Estado, por intermédio de decretos sobre o ensino (criação da universidade imperial – maio de 1806), sobre o teatro (1807) e a imprensa (1810). A França imperial chegou a ter "130 departamentos"[1199], que são o equivalente aos Estados-membros no Brasil.

Os países derrotados e conquistados nas lutas contra a França começam a se preparar para retomar seu domínios sobre os territórios. Começou, então, uma trama contra Napoleão que envolvia vários personagens:

- O papa Pio VII, aprisionado e sem os seus Estados, lançou a 'excomunhão contra o imperador'.
- A Prússia (parte da atual Alemanha) rejeitava a administração francesa, ao mesmo tempo que a Rússia, com o tzar Alexandre, alertava Bonaparte que a aliança efetuada entre ambos estava superada e não seria reeditada.
- Napoleão, diante do ultimato do tzar, invadiu a Rússia[1200] em junho de 1812, com cerca de 700 mil homens, um dos mais poderosos

[1199] Ibidem, p. 344.

[1200] Marvin Perry descreve o deslocamento da tropa de Napoleão na Rússia: "O agravamento das relações entre a Rússia e a França levou Napoleão à decisão fatal de atacar o gigante oriental. A criação do grão-ducado de Varsóvia por Napoleão irritou o czar, que temia um renascimento do poderio polonês e se ressentia da influência francesa na fronteira russa. Outra causa de atrito entre o czar e Napoleão era o comércio ilícito da Rússia com a Inglaterra, violando o Bloqueio Continental. Sem dúvida, a insaciável sede de poder de Napoleão também o impeliu a atacar a Rússia. Travando apenas escaramuças de retaguarda e recuando de acordo com um plano, as forças do czar atraíram os invasores à vastidão do território russo, muito distante de suas linhas de abastecimento. Em 14 de setembro, o Grande Exército, com seus efetivos muito reduzidos por doença, fome, esgotamento, deserção e combate, entrou em Moscou, que estava praticamente abandonada. Para demonstrar seu desprezo aos conquistadores franceses e negar-lhes abrigo, os russos atearam fogo à cidade, que queimou por cinco dias. Instalando-se em Moscou, Napoleão esperou que Alexandre I admitisse a derrota e procurasse um acordo. Mas o czar permanecia intransigente. Napoleão enfrentou um dilema: penetrar ainda mais na Rússia era morte certa; ficar em Moscou, com o inverno que se aproximava, significava fome provável. Diante disso, resolveu retirar-se para o oeste. A 19 de outubro de 1812, 95 mil soldados e milhares de carroças carregadas com o saque deixaram Moscou para a longa viagem de volta. Em princípios de novembro começou a nevar e gear. Cossacos e camponeses russos dizimavam as tropas que se perdiam. Em meados de dezembro, perseguido pelos russos, o que restava do Grande Exército atravessou o rio Neman e penetrou na Prússia oriental". Perry, Marvin, *Civilização ocidental*, cit., p. 346.

exércitos da história. Entra em Moscou e enfrenta um grande incêndio que destrói os seus abastecimentos e obriga-o à retirada (19 de outubro). O general russo, Kutuzov[1201], destrói os suprimentos das fazendas para não abastecer as tropas francesas, causando fome que, junto com o frio, liquidaram as tropas napoleônicas em sua retirada da Rússia[1202].

- Uma ano depois, Bonaparte reorganiza o exército com 400 mil homens e inicia nova campanha, mas a Prússia estava aliada com a Rússia. Também sublevaram-se a Alemanha, a Suécia e depois a Áustria, juntando-se à coligação proposta pela Inglaterra. A derrota na Rússia fizera ver aos inimigos que o general francês não era invencível.
- Derrotado na Batalha de Leipzig (Batalha das Nações 16 a 19 de outubro de 1813), em que participaram cerca de 600 mil soldados e cerca de 120 mil perderam a vida, Bonaparte recusou a proposta dos Aliados, instigados por Metternich de fazer a paz com base nas fronteiras naturais, e, após ser derrotado em 1814, Paris foi invadida, ocorrendo a sua abdicação em 6 de abril. O Tratado de Fontainebleau foi assinado em 11 de abril de 1814.

Em consequência do Tratado de Fontainebleau, Napoleão foi exilado para a Ilha de Elba, com o título de imperador e um rendimento de dois milhões de francos. Com isso, fortaleceu-se na Europa um sentimento

[1201] Mikhail Illarionovitch Golenishchev-Kutuzov (1745 – 1813) – General russo que se destacou na luta contra as tropas de Napoleão Bonaparte em 1812. Fez as campanhas de Turquia, Polônia e Crimeia. Brilhante estrategista na expulsão dos franceses do solo russo.

[1202] A Campanha da Rússia foi considerada um dos maiores erros estratégicos de Bonaparte, que lhe custou um exército inteiro, a *Grand Armée*. Depois dos ataques, da fome, do frio e do gelo, somente cerca de 27 mil homens dos 700 mil que partiram em direção à Rússia retornaram à França. Quase 380 mil haviam perecido e mais de 100 mil feitos prisioneiros. Diante de um perplexo e abatido Napoleão, totalmente derrotado pelo veterano general Mikhail Kutozov, os poucos sobreviventes, em condições absolutamente fragilizadas, conseguiram voltar à Europa central. O episódio é chamado de Guerra Patriótica de 1812 na Rússia para distingui-lo da Guerra Patriótica da Segunda Guerra, quando Hitler cometeu o mesmo erro que Napoleão e foi igualmente batido. Na literatura a Campanha da Rússia gerou um dos clássicos da literatura mundial, *Guerra e Paz*, de Leon Tolstoi e a música *Abertura 1812*, de Tchaikovski.

nacional contra a França, facilitando o caminho para uma Alemanha econômica e politicamente unificada (após a destruição do Sacro Império Germânico – 1806), fortaleceu os movimentos liberais e nacionalistas do século XIX e deixou a Inglaterra senhora absoluta dos mares. A Alemanha e a Inglaterra agora eram quem dariam as cartas na região. Isolado na Ilha de Elba, a maior do arquipélago toscano, a 20 quilômetros da costa da Itália, o imperador via o seu império se esvair.

Com Bonaparte em Elba, os aliados restauraram os Bourbons, derrubados por ele, no governo da França. Assume o governo Luís XVIII, que assinou o tratado de Paris em 30 de maio de 1814, reconduzindo a França às suas fronteiras de 1792. Também foi outorgada uma Carta Constitucional (4 de junho), que mantinha a igualdade perante a lei, as liberdades individuais, de culto, de trabalho, de comércio e o Código Civil[1203].

Havia, entretanto, algumas mudanças em relação à Constituição anterior: a carta limitava os poderes do rei ao Executivo (modelo inglês), instituía o Conselho de Ministros, nomeado pelo rei, a Câmara dos Pares (vitalícia), Câmara dos Deputados (votava as leis e o orçamento). A burguesia, temendo que voltasse a questão da posse dos bens nacionais, o descontentamento popular e a irritação dos militares, abriu caminho para a volta de Bonaparte.

"Tendo apenas 44 anos, Napoleão não acreditava que seu destino era morrer em Elba. Em 1º de março de 1815, desembarcou no litoral francês com um milhar de soldados. Três semanas depois, entrou em Paris para ser recebido como herói. Organizado um novo exército, Napoleão manobrou contra as forças aliadas na Bélgica. Ali os prussianos, liderados pelo marechal-de-campo Gebhard von Blücher, e os ingleses, comandados pelo duque de Wellingon, o derrotaram em Waterloo, em junho de 1815. A tentativa desesperada de Napoleão de reconquistar o poder – os famosos 'cem dias' – falhara. Dessa vez, os aliados mandaram-no para Santa Helena, uma solitária ilha no Atlântico sul, a milhas da costa da África meridional. Nesse rochedo áspero e triste, Napoleão Bonaparte, imperador da França e pretenso conquistador da Europa, passou os seis últimos anos de sua vida"[1204].

1203 Perry, Marvin. *Civilização ocidental*, cit., p. 347.
1204 Ibidem, p. 347.

6.5 A França pós-Bonaparte

No pós Napoleão Bonaparte, a França voltaria a ter um rei, Luís XVIII, que voltou ao trono em julho de 1815. No Parlamento, duas tendências, a direita tradicionalista, liderada pelo Conde de Artois (futuro Carlos X), sentava-se à direita, como nos velhos tempos da Revolução, enquanto a esquerda, representada pelos liberais, antigos republicanos e intelectuais voltarianos, como Benjamim Constant, usava os assentos da esquerda. A França, derrotada pelas potências unidas, perdeu o Sarre e algumas partes da fronteira nordeste e passou a se tornar devedora de uma compensação de guerra de 700 milhões de francos, prevista no Tratado de Paris, de novembro de 1815[1205].

É possível afirmar que Bonaparte não tinha uma forte identificação com a democracia jacobina, mas sim com o despotismo esclarecido. Algumas conquistas da Revolução, como a igualdade perante a lei e o incentivo à educação secular foram preservados, mas o país perdeu a liberdade política enquanto ganhava um governo central forte e unificado. Por outro lado, a liberdade de imprensa foi tolhida. Neste sentido, o imperador francês foi um precursor dos ditadores do século XX. Os tipógrafos prestavam juramento de obediência ao imperador e os jornais foram transformados em porta-vozes do governo[1206].

Napoleão procurou fechar a brecha que se abrira entre o Estado e a Igreja Católica durante a Revolução. Essa reconciliação teria a aprovação da massa do povo francês, que continuava dedicada à sua fé, e tranquilizaria os camponeses e burgueses que haviam comprado terras confiscadas da Igreja. A Concordata de 1801 reconheceu o catolicismo como a religião da grande maioria dos franceses, e não como religião oficial do Estado (que era o que o papa queria)[1207].

Obteve êxito ao estender as reformas a outras terras, pois "seus funcionários instituíram o Código Napoleônico, organizaram um serviço civil efetivo, abriram carreiras ao talento e nivelaram os encargos tributários. Além de abolir a servidão, os pagamentos senhoriais e as cortes da nobreza, eliminaram os tributos clericais, fomentaram a liberdade reli-

[1205] Ibidem, p. 348.
[1206] Ibidem, p. 348.
[1207] Ibidem, p. 348.

giosa, autorizaram o casamento civil, exigiram que se concedessem direitos civis aos judeus e combateram a interferência do clero na autoridade secular. Também aboliram as guildas, introduziram um sistema uniforme de pesos e medidas, acabaram com as tarifas internas e construíram estradas, pontes e canais e melhoraram a saúde pública. Napoleão dera início a uma Revolução social de amplitude europeia, que atacou os privilégios da aristocracia e do clero – que se referiam a ele como 'o jacobino coroado' – e beneficiou a burguesia"[1208].

Fora recebido como "libertador" pelos europeus, principalmente pela ala progressista da burguesia, ao revisar as práticas feudais e a redução do poder clerical. Mas o outro lado de Napoleão se revelou, quando "converteu as terras conquistadas em reinos satélites e explorou-as em benefício da França"[1209].

Sintetizando, a Revolução Francesa "liberou duas forças potencialmente destrutivas, identificadas com o Estado moderno: a guerra total e o nacionalismo". As guerras mundiais do século XX são realização terrível desse novo desenvolvimento da luta armada. A Revolução Francesa também deu origem ao nacionalismo moderno[1210].

6.6 Diferenças entre as constituições da Revolução Francesa

6.6.1 Antes de 1789

Do século X ao XII o costume é a principal fonte de direito na Europa ocidental, e continua a sê-lo, pelo menos no direito privado, até o fim do Antigo Regime. Já a lei desempenhava importante papel como fonte de direito a partir dos séculos XV e XVI. O desenvolvimento dos grandes Estados modernos, o fortalecimento do poder monárquico, o enfraquecimento do feudalismo, da Igreja e do espírito particularista, levam a dar valor de lei à vontade do soberano.

O direito costumeiro é parcialmente reduzido a escrito a partir dos sécs. XIII e XIV, embora continue a evoluir[1211]. Os princípios do direito

[1208] Ibidem, p. 344.
[1209] Ibidem, p. 344.
[1210] Ibidem, p. 349.
[1211] Ibidem, p. 349.

costumeiro medieval são buscados nos direitos romano e germânico, mas sobretudo nas particularidades dos institutos medievais (feudalismo, regime senhorial, regime dominial, desenvolvimento das cidades comerciais etc.)[1212]. A Escola do Direito Natural, cujos principais representantes eram então Grócio, Puffendorf, Domar e Porhier, domina o pensamento jurídico nos sécs. XVII e XVIII. É sob a influência e nos quadros do pensamento jurídico desta escola que são efetuadas as grandes codificações dos séculos XVIII e do início do século XIX.

No domínio político, começa a dominar o princípio da soberania nacional, que é elaborado sobretudo na Inglaterra e na França, no decurso dos séculos XVII e XVIII, sob a influência de Locke, Rousseau, Voltaire e Montesquieu. Ao mesmo tempo, as liberdades públicas são afirmadas em importantes declarações, tendentes a reconhecer e a garantir os direitos subjetivos dos cidadãos. Na Inglaterra: *Bill of Rights* de 1689; nos Estados Unidos: os *Bills of Rights* em certas Constituições de Estados, nomeadamente na Virgínia (1776), e as primeiras emendas da Constituição federal (1791); na França: a "Declaração dos Direitos do Homem e do Cidadão", em 1789, retomada em numerosas Constituições.

Ressalte-se que durante longo período o Direito Canônico, da Igreja Católica, exerceu enorme influência sobre o direito laico da Europa ocidental, por diversas razões:

- o universalismo cristão da Idade Média; o mundo medieval no Ocidente é um mundo cristão:
- o caráter escrito do direito canônico: este é, na Europa Ocidental, o único direito escrito entre o fim do século IX e o século XIII;
- a atribuição aos Tribunais eclesiásticos da competência exclusiva em numerosos domínios da área do direito privado, tais como o casamento e o divórcio.

A influência do direito canônico decresce a partir do século XVI. Isso ocorre porque o direito dos Estados laiciza-se desde esta época.

[1212] Ibidem, p. 349.

6.6.2 Constituição de 1791

A Constituição de 3 de setembro de 1791 foi a primeira Carta escrita da França e também da Europa, ou seja, os Estados Gerais de 1789 levou dois anos para redigi-la; por um lado porque se defrontou com numerosas dificuldades políticas, por outro porque elaborou muitas leis administrativas[1213]. A Constituição conservava a realeza, mas limitava os poderes do rei ao introduzir o princípio da separação dos poderes[1214].

Segundo a Constituição, o Poder Legislativo era exercido por uma Assembleia Legislativa única, mas todas as leis aprovadas deviam ser sancionadas pelo rei. Com isso, o monarca passava a ter um direito de veto, no sentido de que podia recusar-se a sancionar as leis. No entanto, se o projeto de lei fosse aprovado por três Assembleias sucessivas (o que, normalmente, deveria levar de três a seis anos), era obrigado a sancioná-lo. Com isso, o Legislativo obtinha um poder de que não dispunha anteriormente[1215].

Era tanto esse poder naquele regime que este foi designado de a Legislativa, que era composta por 745 representantes, livremente eleitos pelo povo, por um período de dois anos. Na realidade, o sistema eleitoral era censitário, ou seja, não abrangia a todos igualmente. Havia perto de 4 milhões de cidadãos ativos, ao lado de outros tantos cidadãos passivos, que não tinham direito de voto[1216]. O Poder Executivo pertencia ao rei, no caso Luís XVI; a Constituição declarava-o inviolável e sagrado[1217].

6.6.3 Constituição do ano I (1793)

Em setembro de 1792, proclama-se a República. Em junho do ano seguinte, a Convenção outorga a segunda Constituição francesa, a primeira da República.

Nesta Constituição do ano I (1793), que data da I República, o texto incluiu uma Declaração dos Direitos Humanos que não era mera cópia da Declaração de 1789. Assim, a afirmação "todos os cidadãos são iguais

1213 Ibidem, p. 349.
1214 Ibidem, p. 349.
1215 Ibidem, p. 349.
1216 Ibidem, p. 349.
1217 Ibidem, p. 349.

perante a lei" era abreviada para "todos os cidadãos são iguais", ao passo que o artº 118 da Constituição falava do "compromisso de proteção e reconhecimento entre o trabalhador e o seu patrão". A Constituição incluía igualmente, o que era inédito, um reconhecimento expresso do direito ao trabalho e do direito de resistência ou rebelião contra a autoridade tirânica, que podia ser interpretado como direito à greve[1218]. Foi a primeira vez que esse direito constou em um texto escrito.

O texto deixava claro que a França era uma República unitária, como ressaltava o art. 1º, no qual se declarava: "*La Republique française est une et indivisible*". Porém, os três poderes mantiveram-se democráticos pelo recurso a eleições. O Poder Legislativo pertencia a um *corps législatif*, eleito por sufrágio universal, mas apenas masculino. Na verdade essa Carta nunca chegou a ser de fato aplicada, apesar de ter sido proclamada. Sua importância refere-se ao fato de trazer ideias à esquerda do espectro político. Foi protótipo de um certo tipo de Constituição que era tanto um documento jurídico como um manifesto político e um exercício de retórica e propaganda[1219].

Enfim, a Assembleia Nacional, ao promulgar a Constituição de 1791, "aboliu as instituições que feriam a liberdade e a igualdade e os títulos de nobreza, as distinções hereditárias, as distinções das ordens feudais, a herança de juízes e quaisquer títulos, denominações e prerrogativas derivados ou de qualquer ordem de cavalaria e quaisquer condecorações. Aboliu, também, as distinções envolvidas de nascimento ou de qualquer outra superioridade de funcionários públicos no exercício de suas funções"[1220].

A Carta transcreve a visão de Robespierre: "O governo da Revolução é o despotismo da liberdade contra a tirania". Foram suspensas as eleições nas corporações municipais e proibidas as facções políticas, tanto clubes, partidos e sociedades "fraternas". Só se permitiu o funcionamento do Clube dos Jacobinos. Alegava-se que a soberania do povo necessa-

1218 Ibidem, p. 349.

1219 Ibidem, p. 349.

1220 Peixinho, Manoel Messias. *Os direitos fundamentais nas constituições francesas*. Disponível em http://www.publicadireito.com.br/artigos/?cod=b1bc40d056bad6ec. Acesso em 22 nov. 2019.

riamente é uma só, e, sendo uma, se opõe às facções. "Na tresloucada obstinação de reduzir o povo[1221] a uma total homogeneidade de neces-

[1221] Essa teoria foi denominada "Teoria do Eleitorado-Função". Ela se enunciava da seguinte maneira: de fato, o Rei não é mais o Soberano, pois que Soberano, de agora em diante, é o Povo. Entretanto, não se pode compreender a Soberania fracionada, pulverizada, para que cada cidadão, como parcela do Povo, detenha uma parcela da Soberania Nacional. A Soberania, como a própria Nação, é una e indivisível, exercida pelo Governo. em nome do Povo. O Governo, no exercício dessa Soberania cria certos órgãos para a execução das diversas funções públicas, e determina quais são os cidadãos que deverão incumbir-se dessas funções. Entre as funções públicas figura a da escolha dos representantes da Nação. Cabe ao Governo designar os cidadãos que deverão exercer essa função. Estes cidadãos não terão o direito de votar para escolher os governantes, mas, sim, terão a obrigação de votar. O poder eleitoral, portanto, não é um direito dos cidadãos, mas se torna um dever para todos aqueles designados pela Nação para se desincumbir da respectiva função. Os demais cidadãos, que não tiverem sido designados para o exercício dessa incumbência, nada têm a reclamar, pois que esse exercício não se refere a um direito, mas sim a um dever. "A qualidade de eleitor, dizia Barnave, é uma função pública à qual ninguém tem direito. É a sociedade que a confere a alguns; a mesma sociedade, atendendo aos próprios interesses, pode retirá-la de quem achar conveniente. A função do eleitor não é um direito". Como explicar essa teoria, à luz do art, 6.° da Declaração dos Direitos? Vejamos nas palavras de Duguit a sua defesa. No segundo volume de sua obra sobre O Estado, dedicado ao estudo de "Os governantes e os agentes", Léon Duguit, que se declara partidário do eleitorado-função, diz o seguinte: "A todo indivíduo vivendo em sociedade reconhece-se um direito individual. superior a toda a lei positiva. E impondo-se ao legislador... Esse direito do cidadão... não é o direito de votar, de participar ativamente no poder público; mas é o direito de ser reconhecido como parte componente da nação, titular do poder soberano; é o direito de ser cidadão, não de ser eleitor...". Por outro lado, "o legislador pode organizar o sistema eleitoral que lhe pareça melhor, sem violação de nenhum direito, porque ninguém a *priori* tem o direito de ser eleitor; em organizando o sistema eleitoral, o legislador não concede direito, mas investe certos cidadãos numa função determinada". E, mais adiante, procurando mostrar que é apenas aparente a contradição dessa teoria com o pensamento exposto no art. 6.° da Declaração dos Direitos, diz: "a lei é a expressão da vontade coletiva", todos participam na formação dessa vontade coletiva, na formação da lei. pois que todos são cidadãos... e os eleitores exprimem bem a vontade de todos, pois que são agentes investidos pela lei da função de exprimir essa vontade". A moção apresentada por Robespierre à Assembleia Constituinte, no sentido de se reconhecer a plenitude dos direitos políticos de todos os cidadãos franceses, foi habilmente encaminhada à Comissão da Constituição, a fim de que discretamente fosse o assunto retirado do plenário e morresse nas salas das comissões. TELLES, Ignácio da Silva, *A experiência da democracia liberal*, cit., p. 83-84.

sidades e aspirações, em suma, para fazer triunfar em todo seu esplendor a 'sociedade dos iguais', era preciso reprimir qualquer tentativa de diferenciação. Saint-Just explicava que 'a ideia pessoal de cada um sobre o que seja sua própria liberdade, segundo seu próprio interesse, produz a escravidão de todos'. Essa orientação levou à formação do Comitê de Salvação Pública para assegurar, como entendiam os jacobinos, o triunfo completo da Revolução, instituindo 'um sistema que substituía o princípio da eleição popular pelo princípio da infabilidade de uma minoria ilustre (...)'. E Robespierre, na convicção de estar defendendo os 'direitos individuais', dizia ainda: 'A primeira máxima de nossa política deve ser o princípio vetor de que o povo tem que ser conduzido por meio da razão; porém, os inimigos do povo, por meio do terror'"[1222].

A rápida transição do regime da liberdade, expresso na Constituição de 1791, para o da igualdade, inspiradora da Constituição de 1793, apresenta o instável equilíbrio[1223] do mundo ocidental, ao longo de todo o

[1222] Ibidem, p. 106.

[1223] Telles adiciona comentários sobre o referido assunto: "A antinomia entre a Liberdade e a Igualdade, evidenciada nos primeiros anos da Revolução Francesa com a promulgação em rápida sequência de duas Constituições contraditórias, a de 1791 e a de 1793, traduzia-se, ao longo do século passado e até os dias atuais, na dissociação cada vez mais acentuada entre os direitos individuais e os direitos sociais.
De início, como não podia deixar de acontecer, foi a decidida vitória dos direitos individuais, ou para se dizer de maneira mais realista, a vitória das liberdades jurídicas dos indivíduos.
Subtraindo neste momento de nossa consideração a referida Constituição de 1793, que aliás, como já mostramos, não chegou sequer a ser aplicada, mas cuja lembrança ficou soando como uma clarinada nos subterrâneos da paisagem política, incentivando grupos revolucionários como o da *Charbonnerie Dêmocratique Llniverselle* e logo mais a própria Revolução de 1848, ao longo do século passado todo enfoque das inúmeras ordenações jurídicas que se iam fazendo realçava o ideal da liberdade, isto é, dos direitos individuais. É que ainda vibrava na alma das minorias dirigentes o eco da longuíssima luta que se havia travado, desde séculos atrás, primeiro contra os excessos de autoridade da Igreja em assuntos temporais, em seguida contra o uso arbitrário do poder a que alguns senhores feudais começaram a se habituar, já desde o século XIV na medida em que ia bruxoleando em seu espírito o verdadeiro sentido da nobreza; e, por fim, contra o absolutismo dos monarcas, os quais, induzidos e envolvidos pelos interesses dos mercadores e controladores dos centros financeiros da Europa, sediados estes sobretudo na Flandres e na Aquitânia, haviam gradativamente se esquecido dos sagrados deveres dos reis, pelos quais, acima de

século passado e até, praticamente, os dias atuais. No entanto, nenhuma desiste de usar para si a palavra democracia porque, em verdade, cada uma se considera senhora do verdadeiro ideal democrático. Aquela que põe a tônica na liberdade passou a se chamar democracia liberal ou democracia clássica. A outra, que almeja acima de tudo a igualdade, pode ser chamada democracia igualitária[1224].

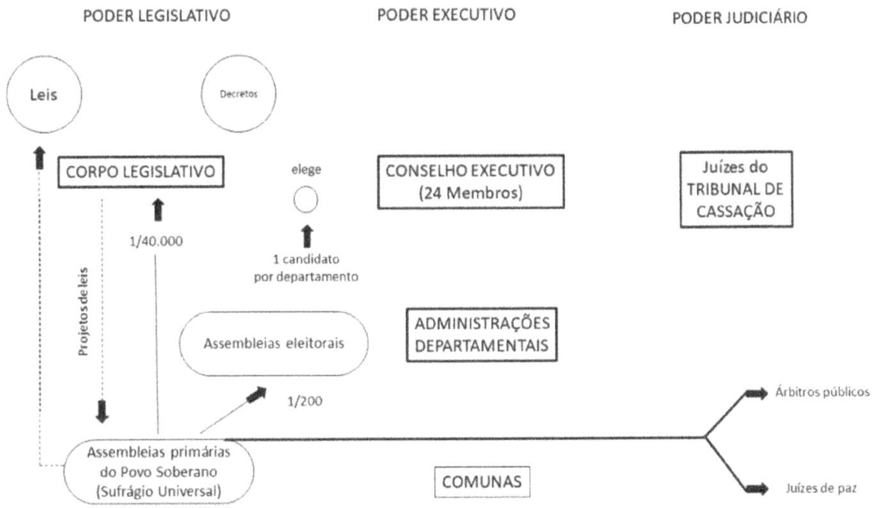

Fonte: Fonte: GILISSEN, John. *Introdução histórica ao direito*, 3.ed. Lisboa: Fundação Calouste Gulbenkian, 2011, p. 420.

tudo, inspirando todo o ato de mando, deveriam governar atendendo aos mores majorum dos inúmeros grupos sociais de que se formava toda a gente de seu reino.
Ao longo do século XIX, o espírito da Revolução Francesa foi rapidamente vencendo em todos os horizontes políticos da Europa e da América. Assistia-se ao claro triunfo do 'liberalismo individualista'. Todas as leis fundamentais dos diversos Países afirmavam, implicitamente, a soberana autoridade da razão e a necessidade de se garantirem as liberdades individuais contra qualquer tendência abusiva do poder do Estado. Procurava-se traduzir em termos positivos de instituições políticas a certeza de que "o melhor governo é sempre aquele que menos governa". O próprio Lord Acton, com toda a lucidez e objetividade que, via de regra, marcaram seus pronunciamentos, haveria de afirmar tempos depois que "o poder tende a corromper e o poder absoluto corrompe de maneira absoluta". *Vide,* desse autor, *A experiencia liberal*, cit., p. 117-118.
1224 Ibidem, p. 99.

6.6.4 Constituição do ano III (1795)

Essa Constituição, por sua vez, possuía caráter diferente da anterior e foi efetivamente aplicada. Foi a segunda Constituição da Convenção, e aquela que introduziu o Diretório. O seu objetivo era acabar com a exagerada concentração de poderes que havia tornado possível a ditadura de Robespierre. Isso seria assegurado por meio da separação de poderes e da introdução de um Parlamento bicameral. O Poder Legislativo seria exercido pelas duas câmaras[1225].

Nesta nova constituição, o Poder Legislativo pertence a um Corpo Legislativo, composto de deputados eleitos por um ano, à razão de um deputado por 40 mil habitantes. Este Corpo Legislativo propõe leis e emite decretos. A Constituição determina ainda o domínio reservado à lei e aos decretos, à legislação civil e criminal. A moeda, os impostos e a instrução pública pertencem ao domínio da lei. O povo soberano delibera sobre as leis, no sentido de que qualquer projeto de lei (não de decreto) aprovado pelo Corpo Legislativo é enviado aos departamentos: se 1/10 das assembleias primárias em metade dos departamentos o reclamar, o projeto é submetido ao voto em todas as assembleias primárias[1226].

A Constituição do ano III é muito menos revolucionária do que a do ano I. Não permaneceu em vigor senão até ao fim de 1799, tendo aplicado de forma rigorosa a separação dos poderes. O Poder Executivo é confiado a um Diretório de cinco membros, eleitos pelos conselhos legislativos. O poder judicial é composto por Tribunais, cujos membros, na sua totalidade, são eleitos pelos cidadãos. As duas Assembleias Legislativas, O Conselho dos Quinhentos e o Conselho dos Anciões, foram muito ativas: votaram nada menos do que 2500 leis em 4 anos. No domínio do direito privado, os Conselhos reagiram contra os excessos da Convenção[1227].

1225 Gilissen, John, *Introdução histórica ao direito*, cit., p. 430.
1226 Ibidem, p. 433.
1227 Ibidem, p. 434.

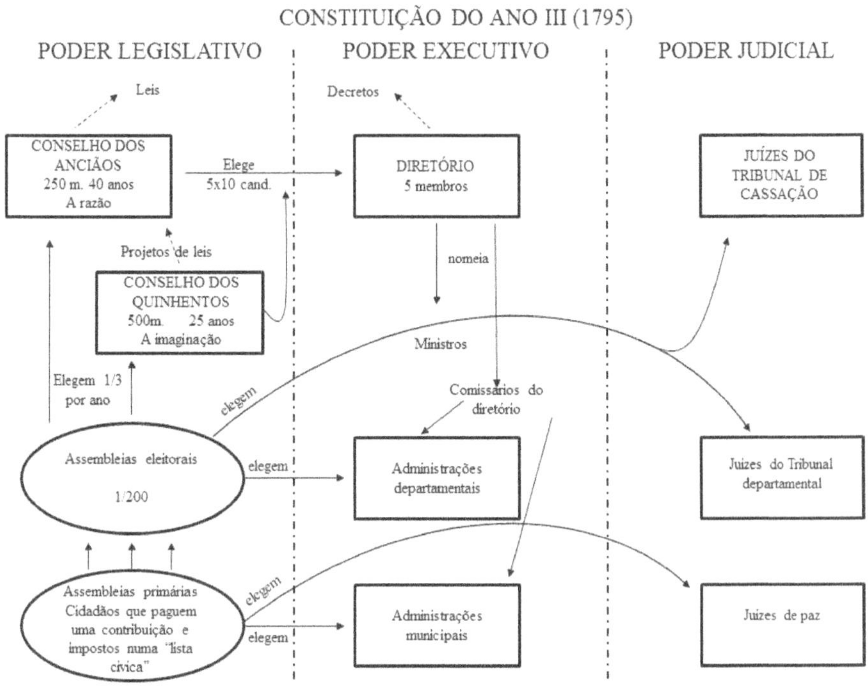

Fonte: GILISSEN, John. *Introdução histórica ao direito*, 3.ed. Lisboa: Fundação Calouste Gulbenkian, 2011, p. 420.

6.6.5 Constituição do ano VIII (1799)

A nova Constituição, mais breve do que as precedentes, foi redigida por uma comissão, sob a influência direta de Bonaparte e de Sieyès. Foi imposta ao Conselho dos Quinhentos por um violento golpe de Bonaparte; no entanto, foi submetida à aprovação dos eleitores sob a forma de referendo.

O novo regime político, chamado Consulado, mantinha em princípio a separação dos poderes. De fato, o Poder Executivo foi consideravelmente reforçado, enquanto o Legislativo foi distribuído por diversos órgãos. O Judiciário deixava de ser constituído por juízes eleitos; doravante, os magistrados eram nomeados pelo Executivo, confiado a três cônsules; mas só o primeiro – Napoleão Bonaparte – gozava de todas as atribuições[1228].

[1228] Ibidem, p. 436.

O Poder Legislativo estava dividido em três assembleias: o Tribunado, o Corpo Legislativo e o Senado conservador. Ainda assim, não dispunha do poder total de elaborar leis. A iniciativa legislativa pertencia ao primeiro cônsul, Bonaparte, como vimos, que podia recorrer, no caso de elaboração de projetos, ao Conselho de Estado, formado por 30 ou 40 conselheiros, de sua exclusiva nomeação e demissão, o que lhe dava poder absoluto sobre eles[1229].

O papel do Senado, por sua vez, era somente de verificar a constitucionalidade das leis. A Casa contava com 60 a 80 integrantes, designados por cooptação. O Senado era responsável por escolher os membros dos grandes corpos do Estado entre os "notáveis nacionais", que deviam ser designados pelos eleitores[1230].

O Senado, com o Primeiro Cônsul, podia modificar a Constituição por atos chamados *senatus-consulta*[1231]. Houve grande número deles (mais de 130), o que indica que a imutabilidade da Constituição era, portanto, pouco respeitada[1232].

O *senatus-consultum* do ano X (1802) instituiu o Consulado vitalício. Submetido a um referendo, teve o mesmo aparente sucesso que a Constituição obteve dois anos antes. Bonaparte tornou-se, assim, o primeiro Cônsul vitalício. Ao mesmo tempo, os órgãos que tinham resistido à sua política foram diminuídos. "O *senatus-consultum* do ano XII (1804) transformou o Consulado em Império. Bonaparte tornou-se o Imperador Napoleão. Os órgãos do Poder Legislativo não foram muito modificados, mas, de fato, o seu papel foi diminuído"[1233]. Os novos estados-vassalos da França Napoleônica na Europa, na Itália, Alemanha e Dalmácia passaram por processo semelhante, transformando-se em monarquias, chefiadas por membros da família Bonaparte. Cada um deles adotou uma Constituição inicialmente republicana, com base na do ano VIII, e em seguida

[1229] Ibidem, p. 436.

[1230] Ibidem, p. 436.

[1231] O *senatus consultum* (latim para "decreto do senado", plural *senatus consulta*) era o texto produzido pelo senado romano, que evoluiu de um parecer coletivo do senado sobre a aplicação das leis durante a república a decretos legais propriamente ditos durante o império.

[1232] GILISSEN, John, *Introdução histórica ao direito*, cit., p. 437.

[1233] Ibidem, p. 437.

adotaram uma realista. *"A Constituição do Ano VIII não incluía qualquer declaração de direitos humanos, mas mencionava a inviolabilidade do domicílio e salvaguardava a liberdade pessoal. A liberdade de imprensa não era mencionada. O número de jornais, em 1811, estava limitado a quatro em Paris e a um por departamento na província (com a autorização do prefeito), e cada jornal era dirigido por um censor e por um editor principal, que eram nomeados pelo Estado. Na opinião de Napoleão, os jornais deviam cingir-se a comunicados oficiais e a notícias acerca da vida cultural e acontecimentos locais. O Estado detinha o monopólio da educação, que era dirigida a partir de Paris. A* Université Imperiale *controlava todos os graus de instrução. Tudo isto vinha ao encontro da observação de Napoleão, a saber, que 'o povo precisava de religião, mas que esta deve estar nas mãos do governo'. A educação superior era ministrada em 'escolas' especiais, organizadas de acordo com um modelo militar, que formava os engenheiros, médicos e advogados de que o império precisava. O regime interessou-se pela formação de quadros, mas negligenciou as escolas primárias. Não é por isso surpreendente que durante o império 46 por cento dos homens e 56 por cento das mulheres fossem analfabetos"*[1234].

O regime organizava, por exemplo, plebiscitos frequentes, sempre com sucesso. A nova Constituição foi submetida a um referendo, que pode ser interpretado como a legitimação do Golpe de Estado de Brumário. Houve mais de 3 milhões de votos favoráveis e apenas 1.562 votos contrários.

Outro elemento democrático era constituído pelas eleições.

> *"Também estas assumiam um caráter singular, já que a intenção não era deixar que as pessoas elegessem os dignitários, mas sim compilar listas de notáveis, as designadas listas de confiança, das quais o governo fazia a seleção para as suas nomeações. Através de uma série de eleições comunais, departamentais e nacionais (com sufrágio universal) chegava-se a uma lista derradeira de cerca de 5.000 'notáveis', entre os quais o governo fazia a sua escolha para vários postos e funções. O sistema pode ser descrito como uma plutocracia ostensiva, oficialmente organizada"*[1235].

A tomada de poder de Napoleão foi obtida através de uma combinação de violência e legalidade que é extraordinária, e que encontraria

[1234] CAENEGEN, R. C., *Uma introdução histórica ao direito constitucional ocidental*, cit., p. 184.
[1235] Ibidem, p. 232.

alguns eminentes imitadores no século XX. O Brumário foi claramente um golpe militar. Por ocasião do momento crucial, os membros jacobinos do Conselho dos Quinhentos que resistiram e gritaram "*la constitution ou la mort*" foram expulsos por um destacamento de granadeiros a quem Murat, o futuro marechal e cunhado de Napoleão, tinha dado a ordem incisiva "*Foutez-moi tout ce monde dehors*" [Ponham-me esta gente a andar daqui para fora].

6.6.6 Legado do constitucionalismo francês para os séculos vindouros

O início do século XIX, em quase todos os países do mundo ocidental, foi marcado pelo ato de se promulgarem Constituições com o fim precípuo de se limitar o poder dos governantes e, com isso, assegurar, pelo império da lei, os direitos individuais. Sem a menor dúvida, a concretização e difusão do Estado Constitucional visando ao Estado de Direito afirmou-se como sendo a grande conquista positiva da Revolução Francesa.

A defesa dos direitos individuais correspondia obviamente à vitória da liberdade sobre a igualdade. O individualismo, como fenômeno social e político, foi apenas uma das inúmeras manifestações do espírito de análise que invadiu a paisagem intelectual e vivencial do século passado, projetando-se em todos os planos culturais. Assim se expressa Telles sobre o tema[1236]:

> *"No campo da estética, por exemplo, observa-se o advento intempestivo de um Beethoven ou de um Wagner e, em todas as demais artes, rompendo esquemas clássicos, no transbordamento individualista do romantismo. No plano ético, manifestou-se pela aceitação entusiástica – muito embora salvaguardadas as aparências – da moral utilitária, avivando o culto de um novo tipo de herói, o do indivíduo vitorioso na luta pela vida e triunfando com sagacidade na áspera competição dos mercados. No plano jurídico, emanando do jusnaturalismo iluminista, nós o observamos no eclodir do positivismo jurídico e de suas implicações na legitimação das mais variadas atividades individuais. No plano econômico, no impressionante surto das empresas capitalistas, tendo por fator protagonista a ação de alguns indivíduos especialmente dotados para essa forma de aventura".*

[1236] TELLES, Ignácio da Silva, *A experiência da democracia liberal*, cit., p. 153.

O nome de Constituição no alto dos atos legislativos de 1789 e de 1790 e 91 visava mais designar a nova organização dada ao Estado. O parágrafo 16 da *Déclaration des Droits de l'Homme et du Citoyen*, de setembro de 1791 ("*Toute societé dans laquelle la garantie des droits n'est pas assurée, ni la séparation des pouvoir determinée, n'a point de constitution*"), repetido aliás em outras declarações, oferecia uma espécie de receita de Constituição – separação de poderes mais garantia de direitos – e ao mesmo tempo implicava um critério distintivo para as sociedades políticas: ter, ou não ter Constituição. Mas pode-se pensar em Constituição como ordem institucional: só vale como tal, condignamente, a que tiver os caracteres citados. Não estava ainda inteiramente explícita, naquelas palavras, a recomendação formal sobre a Constituição como lei especial e superior.

A ideia de equilíbrio desempenhou um papel muito importante no pensamento político dos séculos XVIII e XIX: no direito internacional pensou-se sempre num equilíbrio entre as nações; na ordem interna, o equilíbrio (que os ingleses tomaram dinamicamente como "pesagem", *balance*) entre poderes constituiu um ideal constante.

Por outro lado, como observou Burdeau, a Constituição foi, historicamente (no Ocidente), um instrumento de limitação do poder. Esteve ligada, em sua concepção clássica, a um ideal de democracia que não sobreviveu até hoje – e contudo sobrevive, entre dificuldades, a noção de Constituição. Entretanto, o ideal de democracia que correspondeu ao constitucionalismo clássico, ao ser "colocado em crise" pelas situações novas vividas pelos povos, colocou o problema (para a teoria constitucional) de rever os conceitos que o cercaram: liberdade, igualdade, divisão de poderes, garantias aos direitos[1237].

A influência das ideias que a Revolução Francesa de 1789 propagou em numerosos países e das reformas que daí resultaram no plano do direito e das instituições foi tão considerável que se pode admitir que o período do fim do séc. XVIII e início do séc. XIX constitui uma verdadeira cesura (corte) na evolução jurídica. Exemplos ocorreram na França, na Bélgica, nos Países Baixos; mas também, em menor medida, na Alemanha, na Itália, em Espanha. É por isso que, no exame das componentes históricas

[1237] Saldanha, Nelson, *Formação da teoria constitucional*, cit., p. 129.

do direito contemporâneo, é preciso distinguir duas grandes fases, a que segue e a que precede 1789, ano do início da Revolução Francesa.

Não obstante relativa estabilidade, o direito continuou a evoluir durante os séculos XIX e XX. Essa evolução se realizou por intermédio da promulgação de milhares de leis; desenvolvimento de uma jurisprudência própria de cada país; contribuição da doutrina e; formação de novos costumes.

Num certo número de países europeus, o direito privado atual é constituído pelo direito francês da época de Napoleão, tal como aparece nos códigos de 1804-1807, ou nos que foram influenciados por estes, mas também tal como ele evoluiu até aos nossos dias[1238].

"No domínio do direito público, é preciso constatar que as Constituições dos diferentes países receberam muito das Constituições francesas de 1791, 1814 e 1830 e também do direito constitucional inglês e americano. A partir dessa época, o direito público continuou a evoluir; o regime político tornou-se cada vez mais democrático pela extensão do direito de sufrágio e pela participação ativa dos governados na ação dos governantes; a intervenção do Estado estendeu-se, sobretudo, nos domínios econômicos e sociais"[1239].

6.7 Os códigos franceses

Uma das grandes conquistas do imperador Napoleão foram os chamados Códigos Napoleônicos. Durante seu período à frente do Estado francês, Napoleão conseguiu oferecer ao seu país um conjunto de códigos que constituem um dos mais notáveis esforços de sistematização de regras jurídicas de toda a história: de 1804 a 1810 foram sucessivamente promulgados um Código Civil, um Código de Processo Civil, um Código Comercial, um Código Penal e um Código de Instrução Criminal[1240].

1238 GILISSEN, John, *Introdução histórica ao direito*, cit., p. 15.

1239 Ibidem, p. 15.

1240 Desde a segunda metade do século XVIII que os códigos são estritamente legislativos e que o poder do Estado lhes confere um caráter oficial: se ainda existem algumas compilações que rendem a codificar todo o direito, a maior parte diz respeito a um ramo do direito, que elas se esforçam por expor de forma tão sistemática e completa quanto possível. GILISSEN, John, *Introdução histórica ao direito*,cit., p. 449.

"A necessidade da codificação foi afirmada desde o início da Revolução Francesa. A Assembleia Nacional Constituinte decidiu, em 1790, a redação de um código civil único para todo o reino, simples, claro e apropriado à Constituição, de tal modo que toda a gente o possa compreender"[1241].

A Convenção retomou cinco trabalhos de codificação da Assembleia Nacional. Encarregou a sua "Comissão de legislação civil, criminal e de feudalismo" de redigir um "Código das leis". Foram então elaborados dois grandes projetos. Em matéria penal, a Convenção aprovou, na véspera da sua dissolução, o texto de um "Código dos delitos e das penas" (3 de Brumário do ano IV = 25 de outubro de 1795); era, sobretudo, um código de processo, muito menos que um código penal. Assim, formou um todo sistema ricamente composto. Era um código dogmático cheio de definições, divisões e distinções[1242].

O golpe de Estado de 18 de Brumário levou Cambacérès (1723-1806) ao poder. Ele tornou-se segundo cônsul, ao lado de Bonaparte. Um decreto dos cônsules, de 24 do Termidor do ano VIII (12 de Agosto de 1800), criou uma Comissão de Governo de quatro membros, encarregada de submeter a eles uma série de projetos de leis civis. Ao fim de quatro meses, o Projeto do ano VIII estava pronto: cada membro tinha redigido uma parte dos textos, seguidamente discutidos em comissão e, depois ainda, submetidos a Bonaparte e a Cambacérès. O projeto acabaria se transformando no Código Civil[1243].

Os seus quatro redatores eram juristas eminentes:

- François Tronchet (1726-1806), de 74 anos, era o mais velho. Homem do Antigo Regime, tinha defendido, de forma corajosa, Luís XVI perante a Convenção.
- Jean Portalis (1746-1807), decerto o mais inteligente dos quatro redatores e autor dos melhores relatórios e das mais importantes construções teóricas do Código Civil, foi, nomeadamente, encarregado da redação do Discurso preliminar.

1241 Gilissen, John, *Introdução histórica ao direito*, cit., p. 450.
1242 Ibidem, p. 451.
1243 Ibidem, p. 451-452.

- Félix Bigot-Jean de Preámeneu (1747-1823), de origem bretã, era advogado do Parlamento de Paris, tendo vindo a ser comissário do governo junto da *Cour de Cassation.*
- Jacques de Malleville (1741-1824), juiz do Tribunal de Cassação, foi nomeado secretário da comissão. Assim, Portalis, assistido por Malleville, defendia o sistema jurídico dos *pay du droit écrit*: tornaram-se os defensores do direito romano contra Troncher que, com a ajuda de Félix Bigot-Jean de Préameneu, preconizou a generalização do sistema jurídico dos *pays du droit coutumier* e, sobretudo, do costume de Paris.

O "Projeto do Ano VII" foi submetido ao parecer das autoridades judiciais: *Cour de Cassation* e Tribunais de recurso, sendo submetido ao Conselho de Estado, de que Portalis fez parte, tendo os restantes três membros participado na comissão com voto consultivo. Bonaparte, em pessoa, presidiu muitas vezes as sessões. Na ausência deste, Cambacérès exercia esse papel. Deve-se a este último a orientação mais prática do que científica do Código Civil; desde a primeira sessão que ele declarou que as definições em geral não devem ser colocadas nas leis; tudo o que é doutrina pertence ao ensino do direito e aos livros dos jurisconsultos. O Conselho de Estado remodelou profundamente o projeto, dividindo-o em 36 partes[1244].

De acordo com a Constituição do Ano VIII, os projetos do Conselho de Estado foram enviados ao Tribunado, onde foram mal recebidos, por questões políticas. Desde o início, a aprovação dos 36 projetos pelo Corpo Legislativo fez-se sem dificuldades. O primeiro projeto foi votado em 5 de março de 1803; o último, em 21 de março de 1804. Todos os textos foram reunidos pela lei de 21 de março de 1804 num só corpo, chamado Código Civil dos Franceses, com 2281 artigos. O artigo 7º desta lei ficou assim: "A contar do dia em que estas leis (que formam o Código) forem executórias, as leis romanas, as *ordonnances*, os costumes gerais ou locais, os estatutos e os regimentos deixam de reforçar a lei geral ou particu-

1244 Ibidem, p. 452-453.

lar nas matérias que são objeto das ditas leis que compõem o presente Código"[1245].

Logo após o código entrar em vigor, o Consulado foi substituído pelo Império. Com isso, os termos "República", "Nação", "Primeiro Cônsul" etc. foram substituídos por "Império", "Estado", "Imperador" etc. O código passou a ser chamado "Código de Napoleão". Algumas características:

> *"O Código Civil traduz o Estado Social e político do seu tempo. Redigido e discutido no momento em que Bonaparte consolida o seu poder pessoal, o Código reflete a tendência para conciliar as conquistas civis e políticas da Revolução com o desejo da estabilidade econômica e social, baseada na família e na propriedade. Mantém-se a abolição dos direitos feudais; é garantida a liberdade civil de todos os indivíduos: liberdade de contratar, de testar etc."*[1246].

Acrescente-se:

> *"Portalis, no seu 'Discours préliminaire', afirmava que os redatores do Código tinham feito 'uma transação entre o direito escrito e os costumes, sempre que fora possível conciliar as suas disposições ou modificar uns pelos outros, sem romper a unidade do sistema e sem chocar o espírito geral'. Na realidade, a influência do direito costumeiro de Paris foi, segundo parece, maior do que a do direito romano. Os redatores do código colheram de um e de outro dos dois sistemas jurídicos as regras que lhes pareciam conformes à 'razão natural'. E, para além disto, foi considerável a influência das leis e, sobretudo, dos princípios da Revolução Francesa"*[1247].

6.8 A organização judiciária francesa

Com o início da Revolução Francesa, entre 1790 e 1791, toda a organização judiciária do Antigo Regime foi suprimida. Na Bélgica a supressão deu-se desde a ocupação pela França (1794-1795). Novas jurisdições foram criadas a partir de 1790, na base dos princípios enunciados na Declaração dos Direitos do Homem e do Cidadão de 1789. Foram confirmadas e mais

[1245] Ibidem, p. 453.
[1246] Ibidem, p. 454.
[1247] Ibidem, p. 454.

ou menos modificadas pelas Constituições de 1791, do ano III (1795) e do ano VIII (1799) e por leis complementares[1248].

Portanto, o que sobreviveu até os nossos dias na França, na Bélgica e nos Países Baixos foi a organização dos tribunais superiores e inferiores no início do regime napoleônico. Na maior parte dos outros países de direito romanista, a organização dos Tribunais foi mais ou menos a adotada na França do século XIX. Existem muitas variantes relacionadas com as tradições próprias de cada país, e as mesmas instituições são encontradas ora em um país, ora em outro, com idênticos traços característicos, que decorrem dos princípios gerais proclamados desde o início da Revolução Francesa.

6.9 Princípios gerais da Revolução Francesa

Os princípios gerais[1249] foram fixados desde o início da Revolução Francesa pela Declaração dos Direitos do Homem e pelas Constituições de

[1248] Ibidem, p. 493.

[1249] Considerações acerca do contexto histórico dos postulados dos direitos do homem: "As proclamações iniciais dos direitos do homem, ocorridas em finais do século XVIII, surgem estreitamente ligadas aos interesses da burguesia. (...) correspondem às aspirações de uma camada social emergente. Serão o sonho de uma época em que se afirma, em toda a sua extensão, a estrutura de classes. Os conceitos de liberdade, de cidadania e de democracia não têm o mesmo sentido em todos os recantos da sociedade global. O pensamento marxiano considera, por isso, tais direitos, em meados do século seguinte, como privilégios burgueses. Segundo Karl Marx, 'os direitos do homem, distintos dos direitos do cidadão, não são mais do que os direitos do membro da sociedade burguesa, isto é, do homem egoísta, do homem separado do homem e da comunidade'. (...) sustenta que as revoluções liberais beneficiam unicamente a burguesia, não promovendo uma real e total emancipação humana. Esta seria conseguida apenas com o fim da desigualdade e da exploração. Os direitos do homem limitam-se a proteger os privilégios de alguns grupos específicos e as vantagens de certas camadas da população. (...) não é a humanidade, no seu todo, que aparece no seu horizonte. A sociedade europeia vivia radicalizada na sua estrutura de classes, dividida em situações de humanidade e de sub-humanidade, e apostada na epopeia industrial, sem disponibilidade de espírito para pensar nos mais carenciados. A situação não lhe dava possibilidade de distinguir, com clareza, as questões da eficácia e as exigências da justiça. Prevalecendo aquelas sobre estas, não seria fácil gizar e fazer atuar um projeto de sociedade em que a afirmação dos direitos do homem servisse os diversos segmentos populacionais. O pensamento iluminista considera a 'natureza humana' como existente em toda a sua atualidade, como realizada nas suas diversas potencialidades.

1791, 1793 e de 1795, passando por algumas modificações sob o regime napoleônico:

Esta 'natureza' é identificada com a razão. (...) Na base da Declaração dos Direitos do Homem, está a afirmação do direito natural, direito concebido como 'aquele que a natureza indica a todos os homens', Sobre esta natureza se funda o direito humano positivo. I. Kant tornar-se-á o grande teorizador da razão universal, em que se converte a 'natureza humana'. Para além deste caráter de universalidade, os direitos do homem são também tributários do individualismo liberal. O individualismo burguês é, de fato, uma das fontes do seu dinamismo, nele radicando a liberdade necessária à empresa industrial. Com um alcance mais vasto, Claude Lefort denuncia, referindo-se aos europeus, a sua 'incapacidade em conceber os direitos do homem a não ser como direitos do indivíduo'. Os direitos do homem são universalistas e individualistas. Na sua primeira formulação, têm em vista a defesa das liberdades individuais. Este é o sentido dos direitos civis. A custo, encontram espaço, nas sociedades ocidentais, os direitos políticos e, depois, os direitos sociais.
Se os direitos do homem são 'naturais', isto é, inscritos na natureza das coisas, prevalecendo sobre toda a disposição positiva, são históricos na sua produção e confirmação. Não poderão, por conseguinte, dissociar-se da 'natureza humana' no que ela tem de universal, desde que este universal possua suficiente conteúdo social e histórico. Somente desta forma se salvaguardam os direitos do homem. A Declaração do Direitos do Homem, no século XVIII, dominada por uma ideologia individualista e liberal, serve de referência à Constituição de uma ordem adequada às aspirações da emergente classe burguesa. Tanto Montesquieu como J.-J. Rousseau advogam a ideia de uma prioridade lógica e ontológica do homem em relação à sociedade. Aquele detém direitos que jamais poderão ser alienados nas mãos do Estado. Compete a este protegê-los. Subjacente à teoria do Contrato Social está uma concepção jusnaturalista que transforma os direitos do homem em princípio organizador da sociedade. A filosofia das Luzes veicula uma visão do mundo, em que a pessoa humana conserva alguma transcendência, na base da qual são reclamados os direitos do homem. Os direitos aparecem como uma espécie de utopia ou de ideal da humanidade, com um inequívoco carácter simbólico. A sua proclamação primeira possui uma precisa dimensão histórica e cultural. Porque em cada homem está presente toda a humanidade, protegendo-se os indivíduos contra os abusos do poder do Estado, neles se pensa defender também a mesma humanidade.(...) A sociedade ocidental vem, desde então, acalentando a ideia de que a proteção dos direitos do homem é essencial à democracia, com a convicção, por outro lado, de ser a guardiã da liberdade no mundo. No discurso político do Ocidente, as liberdades e os direitos estão submetidos aos poderes discricionários do Estado ou de forças paraestatais unicamente nos Países do Terceiro Mundo ou, num passado recente, nos regimes de Leste. Nem sequer se suspeita que, no seu próprio seio, a dignidade humana esteja a ser alvo de graves atentados. E, se alguns indícios aparecem à luz do dia, logo o espírito 'democrático' se recusa a encará-los de frente e, muito menos, a questionar a prática corrente de liberdade e de cidadania. A Europa tem-se, aliás, confrontado constantemente, na época contemporânea, com o dilema criado pela relação existente entre

1º A separação dos poderes: os juízes não podem participar diretamente ou indiretamente nos poderes legislativo ou executivo, nem neles imiscuir-se; os membros destes dois poderes não podem, em contrapartida, imiscuir-se no exercício do poder judicial[1250].

2º O poder judiciário é delegado a juízes eleitos temporariamente pelo povo (Constituição de 1791, III, 2 e 5). Conferiu-se o caráter eletivo e temporário de todas as funções judiciárias pela aplicação do princípio da soberania nacional. Nenhuma qualificação, nenhum conhecimento especial do direito eram requeridos aos candidatos, pois qualquer cidadão podia tornar-se tanto juiz quanto legislador ou ministro[1251].

3º A justiça devia ser gratuita, por reação contra o sistema dos emolumentos, um dos abusos do Antigo Regime (Constituição de 1791 e Constituição do ano III, artº 205.°); mas o sistema napoleônico restabeleceu os direitos fiscais (custas, direitos de registo das sentenças etc.) em matéria judiciária[1252].

liberdade e igualdade. Os direitos e as liberdades proclamados, tanto em 1789, quando da Revolução Francesa, como em 1948, data da Declaração Universal dos Direitos do Homem, são essencialmente de carácter formal. Na sua formalidade, dá-se maior relevo às liberdades, em detrimento da igualdade. Enquanto aquelas são salientadas no discurso, esta é limitada na prática. Liberdade e responsabilidade, solidariedade e individualidade, justiça e diferença, são valores onde se revelam patentes incompatibilidades que necessitam de ser conciliadas na vivência dos sistemas sociais. O mundo ocidental é cenário de uma forte dualização que coloca fora da sociedade camadas sempre crescentes da população, entregues à fome, à miséria e ao desespero. A Europa, enquanto campo de cultura e de liberdade, flutua, ao mesmo tempo, numa crise de consciência, enleada em relações de força. Se, em democracia, à liberdade cabe o primado, não menos essencial lhe será a igualdade. A sociedade poderá permitir a coexistência de coeficientes diferentes de liberdade, mas não conseguirá manter a sua coerência, se aquela for denegada a segmentos sociais importantes, ao não ser acompanhada de uma suficiente igualdade de oportunidades e de condições de vida para todos. Os mundos da sub-humanidade, constituídos em classes perigosas, têm oferecido, através da história, pelo medo que despertam, um limite à arrogância dos que detêm o poder". FERNANDES, Antônio Teixeira. *O estado democrático e a cidadania*. Porto: Afrontamento. Coleção Biblioteca Ciências do Homem, p. 11-16.

1250 GILISSEN, John. *Introdução histórica ao direito*, cit., p. 494.

1251 Ibidem, p. 494.

1252 Ibidem, p. 494.

4º Qualquer pessoa pode defender-se a si mesma, quer oralmente, quer por escrito; deixa de haver advogados, com receio dos privilégios do Antigo Regime. A Ordem dos Advogados foi, no entanto, restabelecida sob Napoleão (Lei do Ventoso do ano XII = 1804); o diploma de licenciatura em direito passa a ser exigido para o exercício da profissão de advogado. O decreto imperial de 14 de dezembro de 1810 era ainda muito desfavorável à independência dos advogados; foi modificado e completado por diversas disposições que asseguravam a dignidade da profissão de advogado e o privilégio de advogar[1253].

5º As audiências devem ser públicas e as sentenças motivadas (Constituição do ano III, artº 208,°). Esses princípios foram mantidos[1254].

6º Todos os privilégios de foro são abolidos; todos os homens são iguais perante a lei, devendo ser julgados pelos mesmos Tribunais[1255].

6.10 O referendo durante a Revolução Francesa

O referendo, como conhecemos nos dias de hoje, começa na França com a Revolução Francesa, sob influência dos ideais de Jean-Jacques Rousseau, muito influente entre os revolucionários. Tratava-se da perspectiva da *volonté générale*, ou vontade geral, difundida pelo pensador francês, segundo o qual o povo devia ser mantido livre porque governaria a si próprio[1256].

"Surgiam, então, dois elementos muito caros à democracia e ao constitucionalismo moderno: a compreensão de lei e de legitimidade, unidos"[1257]. Assim foi que, imbuídos desse ideário, os franceses tiveram, a partir de 1793, uma série de propostas para a adoção do referendo, após verem firmadas passagens na Declaração dos Direitos do Homem e do Cidadão de 1789:

1253 Ibidem, p. 494-495.

1254 Ibidem, p. 495.

1255 Ibidem, p. 495.

1256 Sgarbi, Adrian, *O referendo*, cit., p. 51.

1257 Ibidem, p. 51.

"Sucessivamente, no âmbito das municipalidades, essa força mostrou-se presente. Em decorrência da Lei de 14 de dezembro de 1789 (art. 62), procurou-se atribuir aos municípios um Conselho Geral da Comuna formada por notáveis, que poderiam convocar o povo para se pronunciar acerca de matéria que considerassem importante. De feito, legava-se à décima parte de toda a comuna com mais de 4.000 habitantes, a possibilidade de firmar posição, demais de ser possível, a 150 eleitores ativos, igual procedimento, quando contasse com menos de 4.000 habitantes exigidos inicialmente"[1258].

Já durante a segunda fase da Revolução, o referendo foi utilizado para sancionar a adoção de Constituições sucessivas: Constituição do ano I em 4 de agosto de 1793; Constituição do ano III em 6 de setembro de 1795; e, finalmente, Constituição do ano VIII de 13 de dezembro de 1799, que confiou o poder a Napoleão[1259].

Cumpre notar que a contestação do regime representativo pelos militantes não se interrompeu durante todo o período da Revolução. E ainda que habitualmente nas manifestações de insurreição houvesse determinações do povo, na realidade eram mais petições do que uma modalidade de referendo. De fato, não raro se limitavam a grupos de expressão no movimento, o que não compartilha do princípio referendário que atribui a cada um do povo a possibilidade de intervir no processo decisório político. Mas, ainda assim, o referendo teve, nesta época, instantes de reflexão. Atribui-se a Condorcet o seguinte questionamento: *"pode-se introduzir, no governo de um grande Estado, uma censura popular, ou seja, nos seus mecanismos, um referendo de iniciativa popular?"*[1260].

Foi a partir daí que, concretamente, com passos largos, no plano nacional francês, o processo formativo do referendo teve início. Em outubro de 1792, após o término do período monárquico, na Convenção encarregada de redigir um projeto de Constituição, e que iniciaria seus trabalhos em 16 de fevereiro de 1793[1261].

[1258] Ibidem, p. 52.
[1259] Ibidem, p. 52-53.
[1260] Ibidem, p. 53.
[1261] Ibidem, p. 53.

Entretanto, no dia 30 de maio, um bando armado de uma região distante invade a sala da Convenção, e, em 2 de junho, são declarados presos os chefes girondinos[1262].

"Em 24 de junho, vota-se uma nova Constituição, que teve por modelo a girondina. E a mesma Convenção anterior, embora nenhum artigo dela impusesse, submeteu sua obra à votação popular, adotando o seguinte procedimento: 1º) as Assembleias primárias com os representantes votavam uma lei, que recebia o nome de lei proposta, para, depois, 2º) ser enviada a todas as Comunas da República para segunda votação, por escrito, em 40 dias. Abria-se prazo, caso aprovada, 3º) para votação popular pelos eleitores maiores de 21 anos domiciliados nos respectivos locais, ao menos, por 10 meses. Mas esta Constituição, que consagrava a soberania popular segundo a ideia de Rousseau não foi sequer aplicada, porque, após o surgimento do decreto de 10 de outubro de 1793, todos os poderes passaram às mãos do Comitê de Salvação Pública"[1263].

Dessa forma, sucessivamente no correr dos anos, tentou-se implantar o referendo, em definitivo, na França. Na sessão de 7 de junho de 1886, o deputado Cuneo d'Ornano apresentou uma proposta de referendo nacional. Seu procedimento era relativamente simples. Se um milhão de eleitores solicitasse a votação de uma proposta de lei votada pelas duas Câmaras, o governo deveria chamar dentro de um mês os eleitores para se pronunciar[1264].

Em referência a Rousseau, ressalta-se que a vontade geral, tal como foi apresentada pelo filósofo, "não pode ser representada, já que a vontade ou é geral ou não é vontade e, em sendo geral é coletiva e, portanto, inalienável, pois o que provém do coletivo constitui-se em um corpo único e não pode ser reduzido ao individual. A vontade geral é também indivisível, pois o que existe de comum nas vontades não é a sua representação e vontade particular, mas o bem público contido no substrato das vontades reunidas no corpo político. Rousseau escreve:

[1262] Ibidem, p. 54.
[1263] Ibidem, p. 54.
[1264] Ibidem, p. 54-55.

'Há comumente muita diferença entre a vontade de todos e a vontade geral. Esta se prende somente ao interesse comum; a outra, ao interesse privado e não passa de uma soma das vontades particulares. Quando se retiram, porém, dessas mesmas vontades, os a-mais e os a-menos que nela se destroem mutuamente, resta, como soma das diferenças, a vontade geral'"[1265].

6.11 A questão da igualdade política na França revolucionária

Quando falamos modernamente de "poder igual para todos" está muito longe do ideal grego de igualdade política. Entre os antigos a participação na coisa pública não era um direito de todos porque nem todos eram iguais. O *demos* era constituído pelo corpo de cidadãos, considerados como tais somente os homens livres, ficando à margem da vida pública a maioria da população composta por mulheres, escravos e metecos (estrangeiros e seus descendentes). Assim, poderíamos falar em uma democracia escravista[1266].

No entanto, nos tempos modernos, a cidadania adquiriu a dimensão de universalidade, e o domínio público foi aberto para todos. Entre os séculos XVIII e XIX deu-se paulatinamente a ampliação dos direitos de cidadania, terminando por resultar no redimensionamento da pólis[1267].

"Para os antigos, obedecer a lei era condição de estabilidade da boa ordem política. Os textos de Platão e de Aristóteles ficaram famosos pela defesa do primado do governo das leis. Tanto um quanto outro sustentavam que da submissão de todos – governantes e governados – ao império da lei dependia a salvação da cidade"[1268].

Por sua vez, para os modernos, temos:

"Os modernos não inventaram a supremacia da lei, mas acrescentaram algo importante a ela: criaram um sistema constitucional que, além de garantir proteção aos indi-

1265 TOMAZELI, Luiz Carlos, *O estado liberal e a democracia direta*. Porto Alegre: EDIPUCRS, 1999, p. 50-51.

1266 VILANI, Maria Cristina Seixas. *Origens medievais da democracia moderna*, Inédita: [s.l], 2000, p. 23.

1267 Ibidem, p. 23.

1268 Ibidem, p. 23.

> *víduos, distribuiu o poder político de forma que a nenhuma autoridade seja conferido poder absoluto"*[1269].

Pela Declaração dos Direitos, a igualdade foi estreitamente associada à liberdade; fora avidamente exigida pela burguesia em contraposição à aristocracia, pelos camponeses perante os seus senhores. Tratava-se, porém, da igualdade civil, unicamente. Em síntese:

> *"A lei é a mesma para todos, todos os cidadãos são iguais a seus olhos; dignidades, postos e empregos são igualmente acessíveis a todos, sem distinção de nascimento (art. 6 da Declaração). As distinções sociais somente são fundadas na utilidade comum (art. 1), nas virtudes e nos talentos (art. 6); o imposto deve ser repartido igualmente entre todos os cidadãos, em razão de suas faculdades (art. 13). A igualdade civil recebeu, no entanto, uma singular deturpação pela manutenção da escravidão nas colônias; sua abolição teria lesado os interesses dos grandes plantadores cujo grupo de pressão era particularmente influente na Assembleia. De igualdade social não se podia cogitar: a propriedade é proclamada, no art. 2 da Declaração, direito natural e imprescritível, sem preocupação com a imensa massa dos que nada possuem, Os cidadãos passivos estavam excluídos do direito de sufrágio, porque não atingiam o censo prescrito"*[1270].

6.12 Comparação entre a Revolução Francesa, a dos EUA e outras similares

No século XIX, quando Marx começou sua atividade política, já se encontrava diante da democracia como grande movimento internacional. Nas Repúblicas da antiga Grécia, a forma estatal democrática era a antítese da aristocracia ou oligarquia, do domínio dos "melhores" ou da "minoria" dos ricos e dos nobres. Assim escreve o autor:

Considerava-se que "*a democracia era o inverso do poder da maioria, da massa simplesmente, em que os nobres e os possuidores não tinham privilégios a defender. A própria ciência política grega se ocupava da seguinte questão: se todo Estado no qual a vontade da maioria dos cidadãos decidia, independentemente de como se reunia e se constituía essa maioria, era democracia, ou então se um determinado caráter de classe constituía o específico da democracia. Aristóteles, o maior*

[1269] Ibidem, p. 23-24.

[1270] Soboul, Albert. *A Revolução Francesa*. São Paulo: Difel, 1982, p. 50.

pensador político da Antiguidade, respondia a essa questão dizendo que a democracia não era mais do que o domínio dos pobres no Estado, enquanto a oligarquia era o domínio dos ricos!"[1271].

As antigas democracias diretas desapareceram junto com a sociedade mercantil da Antiguidade. Na Idade Média, surgiram formas democráticas nas comunas. A sociedade burguesa moderna desenvolveu-se na revolução holandesa do século XVI e na revolução inglesa do século XVII. Em ambas, contudo, os movimentos democráticos das massas trabalhadoras foram precocemente sufocados. A burguesia rica conservou o poder. As duas grandes revoluções do final do século XVIII, ao contrário, tiveram um desenvolvimento diferente. Na França, a primeira onda da Revolução levou, em 1789, à vitória da burguesia rica; porém, depois de quatro anos tumultuados, o poder passou, em 1793, para o povo trabalhador[1272].

Os movimentos ligados ao nome de Robespierre na França e ao de Jefferson nos Estados Unidos, em ambos os casos, opõem a massa do povo a uma aristocracia privilegiada. Na França comprovou-se, imediatamente depois da eclosão da Revolução, que os interesses dos camponeses e dos cidadãos pobres não coincidiam com os da burguesia rica. Assim, se desenvolveu, a partir de 1789, um movimento político que se distinguia completamente da propaganda política e dos objetivos políticos da burguesia possuidora. Do mesmo modo, pode-se evidenciar que na América do Norte, a partir de 1765, a forma e o método de luta política dos agricultores e dos cidadãos mais pobres contra o governo inglês eram diferentes daqueles utilizados pelos comerciantes ricos e pelos possuidores.

Os republicanos estadunidenses não teriam tido nenhum motivo de luta, depois de 1783, se tivessem tido que combater unicamente uma monarquia hereditária inexistente ou a aristocracia, mas a razão da existência dos republicanos radicava na oposição ao capital financeiro. Se as antigas democracias tinham como objetivo colocar no Estado o governo da classe dos cidadãos mais pobres contra os mais ricos, sucedia exatamente o mesmo nos dois movimentos modernos: nos Estados Unidos

[1271] ROSENBERG, Arthur, *Democracia e socialismo*, cit., p. 50-51.
[1272] Ibidem, p. 51.

e na França. A antiga denominação democracia celebrou o seu renascimento nos dois países[1273].

A igualdade do direito de voto era obviamente "uma das exigências políticas da democracia moderna", mas não constituía a essência da democracia política.

"O partido de Robespierre havia baseado sua Constituição francesa de 1793 no princípio do sufrágio universal. Mas essa Constituição deveria vigorar somente até o final da guerra, e não se podia votar no período da luta armada externa ou interna. Do mesmo modo, também Jefferson era, em princípio, partidário do sufrágio universal, mas não era intransigente nos casos em que os diferentes Estados não concedessem o direito do voto, por exemplo, aos artesãos sem propriedade"[1274].

Robespierre e Jefferson tinham o mesmo posicionamento sobre o fundamento de uma política democrática. Para eles residia unicamente na participação da parcela confiável e consciente da massa popular. Nos Estados Unidos, a base do partido de Jefferson sustentava-se, sobretudo, junto aos agricultores politicamente ativos. Já na França, Robespierre contava principalmente com os patriotas que trabalhavam na área urbana de Paris "Semelhante princípio de seleção apresenta certo perigo para o autogoverno real das massas. Jefferson selecionava, entre a massa, os agricultores e não se preocupava muito com o proletariado urbano. Robespierre, ao contrário, confiava muito mais em seus operários parisienses do que nos agricultores atrasados. Desse modo, o conceito de povo podia facilmente ser usado de maneira equivocada, e interpretado de forma diferente, segundo os interesses do partido no governo"[1275]. Segue uma anedota sobre a Revolução de fevereiro de 1848, que resultou na Segunda República Francesa, que durou até 1852, relatada por Lamartine:

> *"Depois da vitória da insurreição nas ruas de Paris, reuniu-se pela última vez o Parlamento monárquico. Os jornalistas republicanos esperavam impacientemente, do alto das galerias, que aparecesse o primeiro pelotão de operários armados para dispersar o Parlamento de Luís Filipe. Finalmente, apareceu o primeiro grupo de insurretos vito-*

[1273] Ibidem, p. 52.
[1274] Ibidem, p. 53.
[1275] Ibidem, p. 53.

riosos na sala de sessões, mas, não sabendo como agir – como acontece algumas vezes aos operários quando se encontram em ambiente que não lhes é familiar –, puseram-se a escutar os discursos dos representantes do povo. Então, um jornalista republicano gritou: 'Este não é o verdadeiro povo; irei chamar o verdadeiro!' Em tempos revolucionários, um partido no governo experimenta uma forte tentação de considerar somente seus próprios partidários como o 'verdadeiro povo' ou como o 'verdadeiro proletariado'"[1276].

Podemos concluir, então, que a democracia da Revolução Francesa assemelha-se à democracia americana e à antiga, nas quais não se confere nenhum privilégio aos trabalhadores da indústria. Jefferson demonstrou o oposto em sua atuação política, ao passo que Robespierre, em suas considerações teóricas, estabeleceu diferenças de participação entre camponeses, artesãos e operários. Assim, as três formas de democracia coincidem no fato de não serem socialistas. "Os republicanos americanos declararam-se sempre a favor da propriedade privada e entre os patriotas franceses prevaleceram as ideias socialistas só depois da morte de Robespierre, sob a influência de Babeuf, jornalista radical de esquerda. Os democratas atenienses, do mesmo modo que os republicanos americanos e os patriotas franceses sob a direção de Robespierre, propunham levar a cabo a luta em prol dos trabalhadores mais pobres e contra o capital, mantendo a propriedade privada. Para avaliar corretamente a posição histórica da democracia moderna em seu começo, devemos determinar o período em que surgiu. Considere-se o primeiro período da democracia moderna o que vai de 1765 a 1815"[1277].

No entanto, segundo algumas interpretações, a democracia, na América ou na França, não conseguiu compreender os problemas da nova época.

Observa-se que "*Jefferson e os demais líderes republicanos americanos estavam convencidos de que se podia manter o capitalismo afastado da América do Norte e manter os Estados Unidos ao nível de uma pequena e confortável economia agrícola. Robespierre e seus correligionários viram-se obrigados pelas necessidades da guerra a intervir nas relações econômicas, ainda que também eles carecessem de qualquer conhecimento a respeito dos problemas econômicos de seu*

[1276] Ibidem, p. 53-54.
[1277] Ibidem, p. 54.

tempo. Não há dúvida de que queriam resolver a questão agrária em favor do pequeno proprietário, mas não contavam com nenhum plano econômico a esse respeito. Robespierre estava disposto a expropriar os chamados "suspeitos" e dividir suas propriedades entre os patriotas pobres. A distribuição de papel-moeda não satisfez, nesse momento, a ninguém. As grandes indústrias da França eram poucas e não podiam ser distribuídas. Do ponto de vista prático, não ficara nada economicamente importante, com exceção da repartição de uma certa quantidade de bens maiores e a dotação aos novos proprietários de bens mobiliários. Ainda que Robespierre não compartilhasse dos preconceitos agrários de Jefferson, seus ideais sociais eram os de um pequeno proprietário do campo, honesto e satisfeito, e não é casual que, na França da grande Revolução, o socialismo e o comunismo se ocultassem sob a palavra de ordem da 'lei agrária', ou seja, da distribuição da terra. Pode-se imaginar com clareza o que teria acontecido na França se Robespierre tivesse vencido no 9 Termidor. Assinaria prontamente uma paz razoável com as potências estrangeiras, eliminaria o terror interno, colocando em vigor a Constituição democrática. Expropriaria os suspeitos, mas a propriedade dos patriotas seria inviolável para o governo. E onde se poderia encontrar melhores patriotas do que entre os fornecedores de guerra e os banqueiros ligados ao Estado? Na paz, a França apresentaria, sob o governo de Robespierre, um aspecto semelhante ao da América do Norte sob a liderança de Jefferson. Em geral, pode-se ter a justa medida da grande Revolução francesa se comparada com o desenvolvimento correspondente dos Estados Unidos. Normalmente, só se julgam os democratas franceses no auge do sangrento período 1793-1794, enquanto em circunstâncias pacíficas não teriam demonstrado nenhum heroísmo; mostrariam a mesma estreiteza honesta de seus colegas de ideias americanos. Como guia da França, Robespierre teria encontrado em tempos de paz uma enorme dificuldade para defender a simplicidade e a honestidade republicanas contra os ataques do grande capital. Resta uma dúvida; se, junto com seus correligionários, teria sido capaz de mais tarde alcançar uma maior clareza nas questões econômicas. A democracia do século XVIII era o protesto das massas trabalhadoras contra os privilégios da aristocracia e da nobreza e, ao mesmo tempo, contra o abalo das formas habituais de vida por parte de um capitalismo prepotente. Os camponeses queriam se livrar dos impostos excessivos e das dívidas, os artesãos queriam encontrar outra vez novas possibilidades de comércio e os operários queriam regressar à 'antiga época de prosperidade', na qual o trabalho bem feito encontrava ainda o salário correspondente. Trata-se do mesmo período em que os ope-

rários desesperados pelo advento da indústria moderna destruíam as máquinas e demoliam as fábricas"[1278].

Vale ressaltar que "os democratas enfrentaram a corrente do desenvolvimento social e saíram derrotados. O que sucedeu na América do Norte a esse respeito é, todavia, muito mais importante do que os acontecimentos da Revolução francesa. Nos Estados Unidos, de fato, não se teve nenhum Termidor. O partido republicano não foi derrotado por nenhuma Revolução: Governou o Estado mesmo depois de 1815 e venceu as eleições; contudo, foi corroído impiedosamente pelo espírito burguês-capitalista de sua época; sua luta, iniciada com muitas ilusões em 1793, perdeu totalmente seus ideais vinte e cinco anos depois. Poderia-se perguntar qual foi o destino mais trágico: a sorte de Robespierre, tombado em combate no campo de batalha da Revolução e da contrarrevolução, ou a sorte de Jefferson, morto como um ancião pacífico e pai da pátria, venerado unanimemente, mas que em seus últimos anos dificilmente poderia ocultar o fracasso de sua obra. Jefferson viveu ainda muito tempo para ver as dimensões que tinha adquirido o problema da escravidão e de que forma este punha em crise a existência da União. A partir de 1815, os Estados Unidos tomaram seu caminho de desenvolvimento social"[1279].

Na Europa a democracia difundiu-se posteriormente mesmo além dos domínios franceses, sendo capaz, em 1848, de desafiar todas as potências dominantes. O principal país da democracia moderna – em que todos os problemas se haviam colocado com maior clareza e tinham sido levados até suas últimas consequências – continuava sendo, apesar de tudo, a França[1280].

Nem todos compartilharam desse sentimento, principalmente o autor Edmund Burke. Nos países em referência, porém, a lua de mel foi "ocasião de regozijo". Mas também curto. A velha oposição esfacela-se; jamais consegue realmente combinar a tarefa de construir uma nova Constituição com a de governar; alguns radicais começam a alegar que os moderados traíram a Revolução e não estão indo longe o suficiente. Fracassando os moderadores em controlar a situação, os extremistas acham que che-

[1278] Ibidem, p. 57-58.
[1279] Ibidem, p. 59.
[1280] Ibidem, p. 59.

gou sua hora. Constituem minoria, mas são organizados e aptos para a luta.

Já "nos Estados Unidos o 'império do direito' ganhou contornos rasgadamente inovadores. Como primeiro tópico – e tópico central – do Estado Constitucional dos Estados Unidos será de referir a ideia de *Always under law*. O Estado Constitucional arranca, desde logo, do direito do povo fazer uma lei superior (*higber lawmaking*), ou seja, uma Constituição na qual se estabelecessem os esquemas essenciais do governo e os respectivos limites. Dentro destes esquemas constitucionais essenciais incluem-se os direitos e liberdades dos cidadãos (*rights and liberties of citizenship*) juridicamente gerados na República e, por conseguinte, inerentes à *higher law* publicamente plasmada por escrito na Constituição"[1281].

É com o surgimento do Estado constitucional que ocorre a associação da "*juridicidade do poder à justificação ('justifying') do governo*. Não basta uma qualquer invocação de representação e, muito menos, um iluminismo qualquer de um qualquer monarca esclarecido. As razões do governo devem ser razões públicas que tornem patente o consentimento do povo em ser governado em determinadas condições. Desde logo, o governo é sempre um governo subordinado às leis (*government under law*), entendidas estas como um esquema regulativo consistente e coerente formado por um conjunto unificado de princípios de justiça e de direito. Desta forma, o 'governo que se aceita' ou o 'governo que está justificado' será apenas o governo que nas suas ações, interpretações ou resoluções obedece a esse conjunto de princípios e regras de direito, de natureza duradoura e vinculativa, explicitados na Constituição"[1282].

Também fazem parte da essência constitucional americana os "Tribunais que exercem a justiça em nome do povo (*peoples court*). Os Tribunais devem ser constituídos por juízes e os juízes são agentes do povo nos quais este deposita a confiança (*trust*) de preservação dos princípios de justiça e dos direitos condensados na lei superior. Se necessário, os juízes farão

1281 Canotilho, José Joaquim Gomes. *Direito Constitucional e teoria da Constituição*. Lisboa: Almedina, 2003, p. 90.
1282 Ibidem, p. 90-91.

uso do seu 'direito-dever' de acesso à Constituição desaplicando as 'más leis' do governo e declarando-as nulas (*judicial review of legislation*)"[1283].

A Revolução Francesa representou muito mais que mera faceta de uma Revolução ocidental, ou mais exatamente atlântica, que teve início nas colônias inglesas da América depois de 1763, prolongou-se pelas revoluções da Suíça, dos Países-Baixos, da Irlanda, antes de alcançar a França entre 1787 e 1789. Certamente, não podemos subestimar a importância do oceano na renovação da economia e na exploração dos países coloniais pelo Ocidente, entretanto, no século XIX, em toda parte em que se instalou a economia capitalista, a ascensão da burguesia anda paralela. A Revolução burguesa foi de alcance universal e, de fato, seu ícone e paradigma foi a Revolução Francesa.

Tocqueville, entretanto, abrira o caminho à reflexão, quando perguntava "por que princípios análogos e teorias políticas semelhantes não levaram os Estados Unidos a uma mudança de governo e a França a uma total subversão da sociedade?" Colocar o problema nesses termos é ultrapassar aspecto superficial de uma história política e constitucional para esforçar-se por alcançar as realidades econômicas e sociais em sua especificidade nacional. A comparação que pode ser feita entre as condições e os aspectos da transformação gerada nos Países-Baixos, na Inglaterra e nos Estados Unidos permite identificar em que a Revolução Francesa lhes modificou as perspectivas, e restituir a esta última seu caráter irredutível e universalizante.

Seguem substanciais diferenças entre as revoluções inglesa, francesa e americana:

> *"Se a 'respeitável' Revolução Inglesa de 1688 chegou a um compromisso social e político que associou no poder burguesia e aristocracia fundiária (e, neste sentido, este episódio seria comparável às jornadas francesas de julho de 1830), é que, anteriormente, a primeira Revolução Inglesa do século XVII não apenas substituíra uma monarquia absoluta em poderio por um governo representativo (não democrático) e pusera fim ao domínio exclusivo de uma Igreja de Estado persecutora, mas desentulhara ainda a estrada para o desenvolvimento do capitalismo: de acordo com um de seus historiadores*

[1283] Ibidem, p. 91.

mais recentes, 'ela pôs o ponto final na Idade Média'. Varreram-se os derradeiros vestígios da feudalidade, aboliram-se as tenências feudais, assegurando à classe dos proprietários fundiários a posse absoluta de seus bens; os confiscos e as vendas dos domínios da Igreja, da Coroa e dos legitimistas romperam as relações feudais tradicionais no campo e aceleraram a acumulação do capital; as corporações perderam toda a importância econômica; os monopólios comerciais, financeiros e industriais foram abolidos. 'O Antigo Regime tinha de ser subvertido, a fim de que a Inglaterra pudesse conhecer esse desenvolvimento econômico mais livre, necessário para levar ao máximo a riqueza nacional e obter para ela uma posição dirigente no mundo; a fim de que a política – compreendida nisto a política externa – passe ao controle dos que tinham importância na nação'.

Todavia, a Revolução Inglesa foi menos radical que a francesa: para retomar a expressão de Jaurès em sua Histoire socialiste, *permaneceu 'estritamente burguesa e conservadora', ao contrário da francesa 'amplamente burguesa e democrática'. Conquanto tenha tido a Revolução Inglesa os seus niveladores, não garantiu aos camponeses nenhuma tomadia da terra: mais ainda, o campesinato inglês desapareceu no século seguinte. A razão deste conservantismo deveria ser procurada na natureza rural do capitalismo inglês, que fez da* gentry *uma classe aquinhoada, pois que havia numerosos gentis-homens, antes de 1640, ativamente dedicados à criação do carneiro, à indústria de tecidos ou à exploração mineira.*

(...)

Semelhantemente à sua antecessora, mas em grau menor, a Revolução Americana foi marcada pelo empirismo. Malgrado a invocação do direito natural e de solenes Declarações, nem a liberdade nem a igualdade foram de todo reconhecidas: os negros permaneceram escravos, e se a igualdade de direitos foi admitida entre brancos, a hierarquia social baseada na riqueza não sofreu nenhum atentado[1284].

Mas a caracterização da Revolução Francesa tem outro viés. Mostrou-se a mais brilhante das revoluções burguesas, deveu-se à obstinação da aristrocracia que se recusava a fazer qualquer concessão às demais classes e à radicalização oposta das classes populares. Dessa forma, a tentativa de contrarrevolução aristocrática obrigou a chamada "burguesia revolucionária" a destruir a ordem antiga. No entanto, para que isso acontecesse,

1284 Soboul, Albert, *Revolução Francesa*, cit., p. 113-115.

foi necessário aliar-se às massas rurais e urbanas. Assim, foi destruída a feudalidade e instaurada a democracia; na verdade, a ditadura jacobina da pequena e da média burguesia, ancorada no apoio da população mais pobre[1285].

Essas características explicam a ressonância da Revolução Francesa e seu valor de exemplo na evolução do mundo contemporâneo. Indubitavelmente, foram os Exércitos da República, em seguida os de Napoleão, que, mais do que a força das ideias, abateram nos países por eles ocupados o Antigo Regime. Para tanto aboliram a servidão, libertaram os camponeses dos foros senhoriais e dos dízimos eclesiásticos e colocaram em circulação os bens de mão morta. A conquista francesa limpou a casa dos territórios conquistados para o desenvolvimento do capitalismo.

"A Revolução Francesa consigna-se desta maneira um lugar excepcional na história do mundo contemporâneo. Revolução burguesa clássica, ela constitui, para a abolição do regime senhorial e da feudalidade, o ponto de partida da sociedade capitalista e da democracia liberal na história da França. Revolução camponesa e popular, porque antifeudal sem compromisso, tendeu por duas vezes a ultrapassar seus limites burgueses: no ano II, tentativa que, apesar do malogro necessário, conservou por muito tempo valor profético de exemplo, e quando da Conspiração pela Igualdade, episódio que se situa na origem fecunda do pensamento e da ação revolucionários contemporâneos. Assim se explicam indubitavelmente esses vãos esforços no sentido de negar à Revolução Francesa, perigoso precedente, sua realidade histórica ou sua especificidade social e nacional. Mas, assim, também se explicam o sobressalto sentido pelo mundo e a ressonância da Revolução Francesa na consciência dos homens do nosso século"[1286].

As Constituições francesas, em que pesem terem sido promulgadas de forma sequencial sempre em curto espaço de tempo, retratam momentos extremamente diferenciados. Num primeiro momento são várias Constituições ligadas ao próprio surgimento do Estado Constitucional: a Revolução, o Consulado e o primeiro Império. Em outro período temos a

1285 Ibidem, p. 115-116.
1286 Ibidem, p. 122.

Restauração, a segunda República e o segundo Império. E fecha-se com as chamadas terceira, quarta e quinta Repúblicas[1287].

A seguir, relação das Constituições referentes a cada um dos períodos supracitados:

São três as Constituições revolucionárias[1288]: a de 1791, que introduz a monarquia constitucional e o modelo do governo representativo clássico e atribui o Poder Executivo ao rei e o Poder Legislativo a uma Assembleia; a de 1793 ou do ano I, repudiando a separação dos poderes e criando um órgão político único, o Corpo Legislativo, que elegeria um Conselho Executivo dele dependente; a de 1795 ou do ano III, que estabelece duas Câmaras e um órgão colegial, o Diretório, encarregado do Poder Executivo.

São três as Constituições napoleônicas[1289]: a de 1799 ou do ano VIII, fundando o Consulado (com três Cônsules), criando quatro assembleias (o Senado, o Conselho de Estado, o Tribunado e o Corpo Legislativo) e estabelecendo o sistema eleitoral das listas de confiança; a de 1804, restaurando plenamente a monarquia; e a Carta Constitucional de 1830, resultado de um pacto entre o Rei (agora Luís Felipe de Orleães) e a Câmara dos Deputados, o qual se traduz na aceitação da revisão da Carta de 1814 num sentido mais liberal.

Na crise da queda do I Império, ainda haveria a considerar a Constituição senatorial de 1814 e o Ato Adicional às Constituições do Império de 1815. São três as Constituições da II República e do II Império: a de 1848, estabelecendo um regime presidencialista (Presidente e uma assembleia); a de 1852, quase decalcada na do ano VIII com rumo ao poder pessoal o que vem a ser confirmado com a restauração do Império (com Napoleão III), neste mesmo ano; a de 1870, iniciando uma evolução do Império em sentido parlamentar.

Por último, a III, a IV e a V Repúblicas tem, cada uma, sua própria Constituição: a de 1875 (III República), consagrando um sistema parlamentar; a de 1946 (IV República), mantendo com algumas alterações o mesmo sistema; a de 1958 (V República), revista em 1962, tendente a

1287 Cerqueira, Marcelo. *A Constituição na história*. Rio de Janeiro: Revan, 2002, p. 111.

1288 Ibidem, p. 111.

1289 Ibidem, p. 112.

limitar o parlamentarismo e reforçando sobretudo o papel do Presidente da República.

Quanto às mudanças constitucionais em muito diferem os institutos tais como foram aplicados na América do Norte e na França, a saber:

> *"A questão da reforma constitucional será novidade para os constitucionalistas revolucionários europeus no final do século XVIII, que não dispunham de qualquer precedente na literatura jurídica ou política ou ainda na práxis constitucional que pudessem tomar como referência, a despeito de os autores não identificarem grandes diferenças do ponto de vista formal entre as soluções constitucionais que moldaram a instituição de um lado a outro do Atlântico. Semelhança formal que cede lugar à diferença funcional que cada instituição vai tomar. Enquanto na América o poder de reforma vai ser utilizado positivamente na construção da ordem constitucional como garantia jurídica da superioridade da Constituição, por meio da técnica de emendas a seu texto, na França, como na Europa, seu emprego terá sentido negativo, apesar da convergência que levou contrários (Rousseau e os 'realistas') a declararem que as gerações presentes não tinham o direito de decidir pelas futuras"*[1290].

Além disso, as exigências eram tantas que praticamente impediam a emenda, impossibilitando a reforma, o que inviabiliza o instituto como elemento de garantia constitucional. As chamadas Constituições Napoleônicas não contêm cláusulas que prevejam as reformas de seus textos[1291].

A Carta de 1814, "naturalmente não previa sua própria reforma, pois o rei que a outorgou a modificaria". A Constituição de 1848 iria sugerir modelo mais flexível das leis constitucionais da III República, resultado, entretanto, da acomodação das forças que lhe disputavam a hegemonia[1292].

As Constituições e os códigos franceses revogaram tudo o que era contrário às regras jurídicas que eles contém. Desaparece uma grande parte das leis da Revolução Francesa, as leis do Antigo Regime, os antigos costumes e privilégios[1293].

1290 Ibidem, p. 112-113.

1291 Ibidem, p. 113.

1292 Ibidem, p. 113.

1293 PERRY, Marvin, *Civilização ocidental*, cit., p. 349.

Para concluir, comparando os fatos ocorridos na Inglaterra em 1688, América em 1776, França em 1789 e Rússia em 1917, as revoluções têm uma "anatomia" própria. Não só suas causas podem ser pesquisadas na origem, mas também o curso que assumem. Todas elas começam com uma lua de mel – depois de obtida, sem grande derramamento de sangue, a vitória sobre o velho regime – à medida que "o caminho é aberto para a regeneração, sobre a qual homens tanto falaram e pela qual há tanto tempo anseiam"[1294].

6.13 A França após a Carta de 1814

Com a volta de Luís XVIII, a Carta de 1814 foi modificada e o Executivo teve seu poder reforçado[1295].

O rei recém-empossado aproveitou sua força para dissolver a Câmara. As finanças foram sanadas pelo Barão Louis[1296] e os seus sucessores; a lei Gouvion Saint-Cyr (1818) reorganizou o Exército. A restauração foi, para a França, a aprendizagem do regime parlamentar. As suas bases eram sem dúvida ainda muito restritas: o censo, muito elevado, reduzia o número de eleitores a cerca de 90 mil proprietários fundiários, comerciantes e industriais; os ministérios eram responsáveis apenas perante o rei. No entanto, eram estes, e não o rei, que exerciam o poder. Contudo, "o regime seguiu uma evolução fatal, que se acentuou durante o reinado de Carlos X (1824/1830): o clericalismo reforçou-se, estendeu o seu controle à universidade, aos funcionários e ao Exército (influência da Congregação); foi instituída a lei do voto duplo (1820), que permitia aos eleitores mais ricos votar duas vezes; manifestações como a sagração de Carlos X em Reims e a lei do sacrilégio (1825) ulceraram a burguesia

[1294] DAHRENDORF, Ralf. *Reflexões sobre a revolução na Europa*. Rio de Janeiro: Zahar, 1991, p. 12.

[1295] MOURRE, Michel, *Dicionário de História Universal*, cit., p. 503.

[1296] O abade Joseph-Dominique (1755 – 1837), barão Louis, já tinha alguma reputação como especialista financeiro no início da Revolução Francesa. Em 1792, porém, emigrou para a Inglaterra, onde dedicou seu tempo ao estudo das instituições inglesas e, especialmente, do sistema financeiro de Pitt. Retornou para a França com a criação do Consulado e serviu sucessivamente no ministério da Guerra, no Conselho de Estado e no departamento de finanças na Holanda e em Paris. Apoiou a restauração Bourbon e foi ministro das finanças em 1814-1815.

voltairiana; a lei de justiça e de amor, publicada em 1827 para suprimir a liberdade de imprensa, falhou diante do poderio da oposição liberal e o ministro Villèle teve de se demitir em janeiro de 1828"[1297].

Luís Filipe governou de 1830 a 1848 e adotou o título de "Rei dos Franceses". A monarquia de 1830 é burguesa e nada fundamental se altera nas instituições políticas[1298]. Tomou as seguintes medidas:

- Adotou a bandeira tricolor; retirou do catolicismo o "status" de religião do Estado; rebaixou o censo eleitoral, elevando o "número de eleitores para mais de 200.000"; reorganizou a Guarda Nacional e aumentou os seus efetivos.
- Com a situação econômica difícil e num cenário de grande desigualdade, iniciam-se as reivindicações do proletariado francês, que recebia entre 2 e 3 francos por 15 horas de trabalho e tinha condições de vida miserável. Exemplos foram as revoltas dos Canutos Lioneses (novembro de 1831), de Claustro Saint-/Mary (junho de 1832) e a da Transnonain (1834), todas reprimidas pela Guarda Nacional.
- O país tinha passado por momentos de progresso, mas a França continuava atrasada em relação à Inglaterra, que encabeçara a Revolução Industrial, e o seu ritmo de crescimento era muito mais fraco do que o da Alemanha. Por outro lado, a prosperidade da sociedade de Luís Filipe se assentava sobre a base ameaçadora de uma maior miséria operária. Mas a oposição republicana tinha acabado por se concentrar contra o regime eleitoral. Para exigir a reforma, em 1847 Paris insurgiu-se de novo e encheu-se de barricadas. Luís Filipe, surpreendido, abdicou em favor do seu neto, mas os amotinados já tinham invadido a Câmara e foi proclamada a República (24 de Fevereiro de 1848)[1299].

6.14 A Segunda República (1848-1870)

Na França, em 1848, houve a Revolução, que levou a uma série de revoltas em outros países, como Alemanha, Polônia, Itália e Império Austríaco.

[1297] Mourre, Michel, *Dicionário de História Universal*, cit., p. 503.
[1298] Mourre, Michel, *Dicionário de História Universal*, cit., p. 504.
[1299] Ibidem, p. 504.

Em sua totalidade, o evento ficou conhecido como Primavera dos Povos. Na França de Luís Filipe, a classe operária lutou por sufrágio universal nas eleições, liberdade de imprensa e de reunião, abolição da pena de morte para condenados por motivos políticos, abertura da Guarda Nacional aos operários, abolição da escravatura nas colônias e criação de oficinas nacionais para combater o desemprego[1300].

Ocorreu que, apesar da luta dos operários, os vitoriosos nas eleições de abril de 1848 foram os representantes da burguesia, que propunham a democracia e não a República social. Não foram atendidas as reivindicações dos trabalhadores e estes tentaram sublevar-se, mas sofreram dura repressão por parte do ministro da Guerra, o general Louis-Eugène Cavaignac (1802-1857)[1301], que afogou em sangue a sublevação, com fuzilamentos maciços e duríssima repressão, que não poupou mulheres e crianças nas denominadas Jornadas de Junho, que ocorreram entre 23 e 26 daquele mês. A oposição sofreu dura retaliação, com 4 mil deportações para a Argélia e a decapitação de muitos líderes socialistas republicanos[1302].

Na sequência, Luís Napoleão Bonaparte (sobrinho de Napoleão I), com apoio do "partido da ordem", formado por monárquicos e católicos (conservadores) foi eleito presidente da República. Após a derrota dos trabalhadores, a assembleia passou, então, a aprovar projetos que restringiam os direitos populares, como a Lei Falloux (de ensino), a lei eleitoral e a lei sobre a imprensa. Diante deste clima, Luís Napoleão passou a se comunicar diretamente com o povo, por intermédio de propaganda, viagens às províncias, defendendo o sufrágio universal, e jogando-os contra a Assembleia. Tentou, sem êxito, aumentar os seus poderes por meio de uma revisão da Constituição (1851). Em consequência, deu um golpe de Estado em 2 de dezembro de 1851, sem reação da população[1303].

1300 Ibidem, p. 505.

1301 Esse general, que serviu sob as ordens de Napoleão III e foi ditador militar na Argélia, com plenos poderes, celebrizou-se por popularizar o nome "cavanhaque" à barbicha na ponta do queixo, que também era mantida por Napoleão III. Na França, esse tipo de barba era conhecido como bouc (bode).

1302 MOURRE, Michel, *Dicionário de História Universal*, cit., p. 505.

1303 Ibidem, p. 505.

No entanto, os chefes da burguesia republicana opuseram uma resistência corajosa e desesperada: nos dias que se seguiram, a polícia prendeu cerca de 30 mil pessoas, e houve perto de 10 mil deportações para a Argélia e para a Guiana. Mas o temor da Revolução social levou a maior parte da nação a aliar-se a Luís Napoleão: o golpe de Estado foi maciçamente aprovado pelo plebiscito de 21 de dezembro de 1851, e em consequência de um novo plebiscito foi proclamado o império (2 de dezembro de 1852). Era um regime de poder pessoal, sustentado pela burguesia orleanista aliada e pelo clero. O Segundo Império esforçou-se por despolitizar o país. Exercia seu domínio por intermédio dos seus prefeitos e presidentes de câmara nomeados, da tutela sobre a imprensa (regime dos avisos, estabelecido em fevereiro de 1852) e a universidade (supressão das agregações de história e de filosofia), pela vigilância policial (comissões mistas), por uma magistratura às ordens do poder. Para fazer esquecer a perda das liberdades, o Império quis dar à França a glória militar e a prosperidade econômica[1304].

Dastacam-se na condução da política externa a Guerra da Criméia (1854-1856), a interferência de Napoleão III na Independência da Itália, expedições à Síria e à China, compra de Nova Caledônia, colonização do Senegal, conquista da Cochinchina, início do protetorado francês no Camboja, entrada em Obock, no Mar Vermelho e a abertura do Canal de Suez (1869).

6.15 O Segundo Império

No Segundo Império a França viveu uma época de desenvolvimento econômico. A rede de ferrovias passou de 2 mil para 18 mil quilômetros de 1848 a 1870; os portos foram melhorados e surgiram grandes companhias de navegação. A princípio dirigista, a política econômica do regime orientava-se para o liberalismo depois do tratado de comércio franco-inglês de janeiro de 1860. A indústria fez progressos consideráveis, sobretudo no domínio da siderurgia (1.000.000 de toneladas de aço em 1869 contra 300.000 em 1850). A realização mais espetacular do regime foi sem dúvida a transformação de Paris em uma das cidades mais

[1304] Ibidem, p. 505.

modernas do mundo, sob a direção de Haussmann[1305], de 1853 a 1869. Georges-Eugène Haussman, mais conhecido como Barão Haussman, foi o responsável por, em 17 anos, transformar Paris de uma cidade medieval em uma metrópole cultural pujante. Ficou conhecido como o "artista-demolidor" e mudou completamente a face da cidade[1306].

Apesar do crescimento econômico, os trabalhadores continuavam vivendo em condições precárias, trabalhando uma média de 12 horas por dia na indústria e recebendo apenas 5 francos por isso. A legislação contra a greve tornou-se extremamente dura. O imperador Napoleão III, que tinha perdido o apoio dos católicos devido a sua política italiana considerada perigosa para o Papa e de grande parte dos industriais, ameaçados pela concorrência estrangeira, tentou apoiar-se na pequena burguesia. Napoleão III ainda promoveria uma expedição desastrosa ao México entre 1861 e 1867 e uma guerra contra a Prússia, liderada por Otto Von Bismarck, que pretendia unificar a Alemanha. Com um desastre militar atrás de outro, a França capitulou em Sedan em 2 de setembro de 1870, o que levou à Revolução Pacífica de 4 de setembro daquele ano, e à proclamação da República[1307].

1305 Georges-Eugène Haussman, o Barão Haussman (1809 – 1891) – Foi, certamente, o prefeito mais famoso de Paris, cidade que dirigiu entre 1853 e 1870, por indicação de Napoleão III, sobrinho de Napoleão Bonaparte, e se tornou responsável pela maior reforma urbana vivida pela capital francesa, que a transformou em uma das cidades mais cosmopolitas do mundo. Na ocasião, ganhou a alcunha de "o artista demolidor" por ter destruído as vielas da antiga Paris e criado os famosos bulevares que, até hoje, encantam os turistas que visitam a cidade-luz. Advogado de formação, ele cuidou do planejamento urbano da capital durante 17 anos, modificando parques parisienses e criando outros. Ele construiu o edifício público L'Opéra e melhorou o sistema de distribuição de água, além de criar a rede de esgotos. O plano para o centro da cidade previa a reformulação da área em um dos extremos dos Champ-Elysées (Campos Elíseos). Haussman criou uma estrutura de 12 novas avenidas amplas em volta do Arco do Triunfo, onde grandes mansões foram erguidas entre 1860 e 1868, sobre os escombros da antiga cidade. Foi prefeito do antigo departamento do Sena (que incluía os atuais departamentos de Paris, Hauts-de-Seine, Seine-Saint-Denis e Val-de-Marne) de 1853 a 1870, senador, e deputado em 1877. Em 1870, acabou demitido da prefeitura em virtude de protestos contra as despesas decorrentes de suas obras.

1306 MOURRE, Michel, *Dicionário de História Universal*, cit., p. 506.

1307 Ibidem, p. 506.

6.16 A Terceira República e a Comuna

A III República, que veio a seguir, foi o regime mais duradouro na França, chegando a um século. Os republicanos exaltados formaram um governo de Defesa Nacional composto por Jules Favre[1308], Jules Simon[1309], Jules Ferry[1310] e Gambetta[1311], dirigido pelo general Trochu[1312]. Contudo, foram derrotados em 28 de Janeiro de 1871, quando foi assinado o armistício franco-prussiano. A chefia do poder executivo ficou com Thiers[1313], que enfrentou a Comuna de Paris (18 de março a 28 de maio de 1871), uma consequência da miséria e da humilhação da derrota contra os prussianos pelo povo francês. A Comuna foi considerada o primeiro governo

[1308] Jules Favre (1809 - 1880) – Advogado e político francês. Defendeu a República e propôs a derrubada do Império. Participou do governo de Defesa Nacional (1870) e negou o tratado de Francforte.

[1309] Jules Simon (1814 – 1896) – Foi um político francês que ocupou o cargo de primeiro-ministro do país entre 12 de dezembro de 1871 e 17 de maio de 1877. Membro do Partido Republicano, em várias ocasiões colocou-se como árbitro entre a extrema-direita e a extrema esquerda parisienses. Também foi integrante da Academia Francesa de Artes e de Letras. Uma frase o marcou: "sou profundamente republicano e conservador".

[1310] Jules Ferry (1823 - 1893) – Político francês, defendeu a expansão colonial francesa incentivando a conquista da Tunísia, de Tonkin (Tonquin – sudeste asiático) e do Congo. Trabalhou na organização do ensino primário.

[1311] Léon Gambetta (1838 – 1882) – Advogado e político francês. Participou do governo de Defesa Nacional em 1870. Ajudou a organizar a "Resistência" contra o exército alemão que tinha vencido os franceses. Foi líder do Partido Republicano, presidente da Câmara dos Deputados (1879) e presidiu o Conselho (1881).

[1312] Jules Trochu (1815 – 1896) – Era um líder militar, general e político francês. Foi presidente do governo de Defesa Nacional da França de 4 de setembro de 1870 até sua renúncia, em 22 de janeiro de 1871. Trochu lutou nas guerras da Argélia e da Crimeia e foi comandante da Legião de Honra. Em 1870, durante a Guerra Franco-Prussiana, foi nomeado pelo imperador Napoleão III governador de Paris e comandante de todas as tropas destinadas à defesa da capital, incluindo 120 mil soldados regulares e 330 mil guardas-nacionais. Seus planos acabaram frustrados e, embora tivesse prometido jamais capitular, acabou renunciando ao governo de Paris em favor do general Joseph Vinoy. Isso lhe causou muitos dissabores e acusações de traição até a assinatura do armistício pouco depois dele ter deixado o governo. Para se defender, lançou o livro *Pela Verdade e pela justiça,* em 1873, quando se aposentou do Exército e do governo.

[1313] Marie Joseph Louis Adolphe Thiers (1797 - 1877) – Historiador e político francês. Foi Presidente da República (1871 a 1873) e comandou a libertação do país invadido pelos alemães. Obras: "História da Revolução Francesa" e "História do Consulado e do Império".

operário da história mundial. Assim como nas revoltas anteriores, a "A Comuna foi selvagemente reprimida pelo Exército dos versalheses (cerca de 2 mil mortos, mais de 30 mil detenções, cerca de 7 mil deportações de rebeldes); mas a energia da repressão deu confiança aos poderosos do regime. A recuperação financeira realizou-se com uma rapidez que espantou Bismarck. O empréstimo para conseguir o dinheiro necessário ao pagamento dos 5 bilhões devidos à Alemanha foi coberto perto de dez vezes e, em setembro de 1873, as últimas tropas de ocupação evacuaram o país"[1314].

Entre o chefe do poder executivo, que considerava que uma República conservadora era o único regime duradouro na França, e a maioria da Assembleia, que sonhava com uma restauração monárquica, o entendimento tornou-se difícil. Thiers demitiu-se em 24 de maio de 1873 e foi substituído pelo marechal Mac-Mahon, conhecido pelos seus sentimentos monarquistas. A despeito dos monarquistas, a República instaurava-se pouco a pouco como um estado de fato. Era necessário dar à França nova Constituição e a emenda Wallon introduziu na lei o princípio da República (30 de janeiro de 1875). A Constituição de 1875, obra de uma Assembleia obrigada a estabelecer um regime que temia, iria revelar-se a mais duradoura de todas as que a França experimentara desde 1791. Tendo as eleições de 1876 dado a vitória aos republicanos, Mac-Mahon tentou resistir; demitiu Jules Simon (Golpe de Estado de 16 de Maio de 1877) e proclamou a dissolução da Câmara[1315].

No entanto, novas eleições, em outubro de 1877, selaram a vitória republicana: Mac-Mahon submeteu-se a ela antes de se demitir (janeiro de 1879). Depois da eleição de Jules Grévy para a presidência da República (1879/1887), os republicanos, senhores do poder, uniram-se no anticlericalismo. A Igreja Católica pagou caro o seu comprometimento com a ordem moral. Os republicanos não queriam apenas retirar o ensino às congregações: imbuídos de uma moral sem Deus, mas muito rígida, de um ideal maçônico e de uma espécie de mística cientista, fizeram

1314 MOURRE, Michel, *Dicionário de História Universal*, cit., p. 507.
1315 Ibidem, p. 507.

da escola nova, laica, gratuita e obrigatória, a própria base do regime (1880/1882)[1316].

O país passaria a viver o regime mais livre que ela alguma vez tivera desde 1789/1880: foi aprovada a anistia para os condenados da Comuna; o segundo ministério Jules Ferry (1883/1885) aboliu os senadores, instituiu a eleição dos conselheiros municipais por sufrágio universal, consagrou a liberdade de imprensa, o direito de reunião, o direito de greve e de associação e fez votar a lei sobre o divórcio. Depois da guerra de 1870/1871, a República observou na Europa uma atitude de recolhimento e, embora tenha estabelecido em 1872 o serviço militar obrigatório, esforçou-se por dirigir para a expansão colonial os sentimentos belicistas de uma opinião pública que aspirava vingar-se da Alemanha. Só em parte o conseguiu[1317].

Algumas dificuldades na conquista de Tonquim[1318] provocaram em março de 1885 a queda de Ferry. A colonização da África Equatorial continuou até 1910; a conquista da África Ocidental foi iniciada em 1879; em 1914 as colônias francesas englobavam 10 milhões de quilômetros quadrados e perto de 50 milhões de habitantes. Ao anexar a Alsácia-Lorena, Bismarck tinha cometido, em 1871, o grande erro de despertar nos franceses os demônios do nacionalismo. A ideia de vingança tornou-se a rainha da França[1319].

Associando-se a um antiparlamentarismo foi este nacionalismo exacerbado que constituiu a causa da crise boulangista (1886/1889)[1320] e, depois do escândalo do Panamá (1889/1893), encontrou nova ocasião para se afirmar quando do caso Dreyfus (1894/1899)[1321].

[1316] Ibidem, p. 507.

[1317] Ibidem, p. 508.

[1318] Parte mais setentrional do atual Vietnã.

[1319] MOURRE, Michel, *Dicionário de História Universal*, cit., p. 508.

[1320] Referência à atitude do ministro da Guerra em 1866, general Pierre Boulanger, que fez um acordo secreto com os monarquistas e os católicos, tentando tornar-se ditador da França. Foi descoberto e fugiu com a amante.

[1321] Nesse episódio, o capitão de artilharia Alfred Dreyfus, judeu, foi acusado de traição em favor da Alemanha e condenado à deportação, perda de seus títulos e prisão na Ilha do Diabo, situada na costa da Guiana Francesa. Tratou-se de um dos maiores erros judiciários da história do mundo, até com o uso de documentos secretos contra o réu, ao qual a defesa dele não teve acesso. O traidor, na verdade, era outro, o major Charles

A defesa do Exército, instrumento da vingança futura, degenerou em anti-semitismo e em xenofobia. Nos últimos anos do século XIX verificam-se progressos do movimento socialista (que iria realizar a sua unidade, depois do Congresso de Amesterdã, em 1905) e o desenvolvimento do sindicalismo (fundação da CGT em Limoges, em 1895)[1322].

Durante esse período, os camponeses e a classe média das cidades ficaram com a maioria dos votos. Para obter apoio político, os governos adotaram as seguintes propostas: protecionismo aduaneiro, ensino primário laico obrigatório e gratuito e expansão colonial na África, no Extremo Oriente, no Caribe, no Oriente Médio, na Indochina e alguns pontos do Pacífico[1323].

6.17 A França durante o século XX – a Primeira e a Segunda Guerra Mundial

6.17.1 O contexto da 1ª Guerra

Em 1913 foi eleito o presidente Raymond Poincaré, que governou entre aquele ano e 1920. O novo mandatário logo começou a se preocupar com a ameaça da eterna rival, Alemanha, agora unificada, e confrontou a esquerda pacifista, que se insurgiu contra seu projeto de serviço militar de três anos. Na prática, estimulava o conflito. No ano seguinte começaria a guerra e a França sairia profundamente devastada, tendo em vista a enorme perda de recursos materiais durante o confronto e, principalmente, o absurdo saldo de 1,4 milhão de mortos. As despesas de guerra atingiram cerca de 150 bilhões de francos-ouro, o que fez a dívida pública atingir 219 bilhões de francos. Todo o Nordeste da França foi devastado

Esterhazy e o militar pagou até o fim pelo crime que lhe fora falsamente atribuído. O escritor francês Émile Zola chegou a escrever um livro "Eu Acuso" em que demonstrava a farsa do julgamento. O próprio imperador alemão, Guilherme, afirmou que Dreyfus não era traidor, sem sucesso. Seu advogado foi Anatole France, um dos maiores escritores franceses e um dos jornalistas que cobriu o fraudulento julgamento, Theodor Herzl, se tornaria, posteriormente, o criador do sionismo, ficando abismado com a quantidade de erros judiciais no processo. Dreyfus só foi reabilitado décadas depois e jamais cobrou qualquer compensação ao Estado Francês ou ao exército daquele país.

1322 Mourre, Michel, *Dicionário de História Universal*, cit., p. 508.

1323 Ibidem, p. 509.

(1,9 milhões de hectares de terras incultas em 1919; 893.732 edifícios destruídos ou danificados; 2400 quilômetros de caminhos de ferro e 1566 quilômetros de canais destruídos). Além disso, tornou-se notória a percepção de que o país só conseguira estar entre os vitoriosos da guerra com a ajuda decisiva da Inglaterra, dos Estados Unidos e da maior parte das nações do mundo inteiro. O país europeu também não estava em condições de impor sozinho a paz: a Conferência de Paris (1919) fez surgir graves divergências entre os Aliados, e o Tratado de Versalhes, assinado a 28 de Junho de 1919, deixou na França quase tantos rancores como na Alemanha[1324].

Uma das principais decepções decorreu de a França não ter obtido êxito na anexação da Renânia, reclamada pelos meios militares. Teve de contentar-se com uma garantia anglo-americana em caso de novo conflito com a Alemanha. Como o Senado americano recusou-se a ratificar o Tratado de Versalhes, a garantia americana foi imediatamente perdida e o Reino Unido retirou a sua. As reparações impostas à Alemanha pela Conferência de Spa (1920) não iriam ser pagas regularmente e depois de diversos abatimentos (plano Dawes, 1925; plano Young, 1929) cessaram por completo em 1932. O vizinho também não estava em condições de pagar indenizações tão altas[1325].

A alta dos preços dos produtos, o espetáculo da opulência agressiva ostentada pelos novos-ricos, que lucraram com a guerra, provocaram desde o fim das hostilidades um grande mal-estar social. O ano de 1919 foi marcado por cerca de 2 mil greves, algumas das quais violentas. Depois do Congresso de Tours (1920), foi criado o Partido Comunista Francês. A cisão no movimento socialista repercutiu-se na organização sindical, tendo os comunistas fundado a CGTU, rival da CGT, principal entidade de trabalhadores do país. O medo do bolchevismo contribuiu para a vitória do Bloco Nacional (conservador e nacionalista) nas eleições de 1919. A França, adormecida pelo slogan "A Alemanha pagará", entregou-se à ilusão das reparações[1326].

1324 Ibidem, p. 509.
1325 Ibidem, p. 509.
1326 Ibidem, p. 509.

Mas a demissão de Paul Deschanel, que dava sinais de alienação mental, tinha levado à presidência da República o chefe da maioria do Bloco Nacional, Alexandre Millerand[1327] (setembro de 1920 / junho de 1924), que resolveu reforçar os poderes presidenciais e conduzir, a partir do Eliseu, uma política pessoal. Em janeiro de 1922, quando o ministro de Negócios Estrangeiros, Aristide Briand, na Conferência de Cannes, quis fazer concessões à Alemanha, Millerand forçou-o a retirar-se e substituiu-o na presidência do Conselho por Raymond Poincaré (janeiro de 1922 / junho de 1924), que a esquerda alcunhara de "Poincaré-la-guerre", recordando as suas responsabilidades no desencadeamento do conflito de 1914[1328].

O mandatário, ex-presidente, agora de volta, não perdeu tempo: intitulando-se um campeão do nacionalismo francês, resolveu fazer a Alemanha pagar. Ao primeiro pretexto, mandou ocupar o Ruhr por tropas francesas em janeiro de 1923, mas chocou-se com a "resistência passiva" dos alemães e entrou em conflito com a Inglaterra, que não aceitou sua política militarista. Esta política perigosa e as veleidades autoritárias de Millerand provocaram a formação do Cartel das Esquerdas (socialistas, radicais-socialistas, esquerda radical), que venceu o Bloco Nacional nas eleições de 11 de Maio de 1924[1329].

O regresso da esquerda ao poder provocou alteração da política externa francesa: ministro dos Negócios Estrangeiros quase sem interrupção de abril de 1925 a janeiro de 1932, o ministro Aristide Briand assinou os Acordos de Locarno (1925), que garantiram a fronteira francesa de leste; o encontro Briand-Stresemann em Thoiry (setembro de 1926) e o pacto Briand-Kellog de solene renúncia à guerra (1928). Foram gestos espetaculares que fizeram nascer grandes esperanças, mas que desencadearam a cólera dos nacionalistas alemães e franceses. O ministro francês chegou a ganhar o Nobel da Paz pelos acordos celebrados em Locarno[1330].

1327 Alexandre Millerand (1859-1943), político francês, foi primeiro-ministro da França, entre 20 de janeiro de 1920 a 23 de setembro de 1920, e Presidente da República Francesa entre 23 de setembro de 1920 e 11 de junho de 1924.

1328 MOURRE, Michel, *Dicionário de História Universal*, cit., p. 509.

1329 Ibidem, p. 510.

1330 Ibidem, p. 510.

No entanto, a reaproximação franco-alemã não iria sobreviver à crise de 1929, que, mergulhando a Alemanha em novas dificuldades econômicas, permitiu a ascenção de Hitler. Iniciada nos Estados Unidos, a crise afetou todo o Ocidente. Apesar da amplitude das suas ruínas, a França reerguera-se rapidamente a partir de 1920. A guerra tinha acelerado a industrialização do país. O problema mais grave era o da mão de obra, ligado à insuficiência demográfica francesa: de 1919 a 1931, foi necessário apelar a mais de 1,5 milhões de trabalhadores estrangeiros[1331].

Mesmo assim, o Cartel das Esquerdas fracassou por causa da hostilidade do grande capital. O primeiro ministro Édouard Herriot teve de demitir-se, em abril de 1925. Poincaré voltou então ao poder, à frente dos gabinetes sucessivos de "união nacional" (julho de 1926 / julho de 1929). Deixando a direção dos Negócios Estrangeiros a Briand, Poincaré dedicou-se à salvação do franco, que conseguiu estabilizar em junho de 1928. Graças a uma reencontrada solidez monetária, a França não sofreu imediatamente as consequências da crise mundial de 1929. A crise econômica, devido ao crack da bolsa de Nova York, atingiu a França em 1931[1332].

Em 1936 foi criada a Frente Popular[1333], formada pelas esquerdas coligadas, que exigiram reformas sociais, entre as quais férias remuneradas e semana de 40 horas de trabalho. A ocupação da Áustria pelas tropas alemãs e a proclamação do Anschluss (15 de março de 1938) encontraram uma França sem governo. Naquele ano a França, ao lado do Reino Unido e da Itália, entregava a Adolf Hitler, ditador alemão, no episódio conhecido como os Acordos de Munique, os territórios checos dos Sudetos em

[1331] Ibidem, p. 510.

[1332] Ibidem, p. 510.

[1333] "As eleições de 26 de abril e 3 de maio de 1936 deram a vitória à Frente Popular, que obteve 378 lugares contra 220; esta vitória era no entanto precária, pois o Partido Radical continuava a ser o árbitro da situação. Tendo-se os comunistas pronunciado por um apoio sem participação, o chefe do Partido Socialista, Léon Blum, formou um governo composto por socialistas e radicais. As repercussões da guerra civil de Espanha fizeram aumentar os ódios políticos em França: à decisão do Governo de dissolver as ligas (junho de 1936) responderam os elementos mais radicais da extrema-direita criando uma organização terrorista secreta, a Cagoule. Perante os progressos de Hitler, a França e o seu aliado britânico pareciam paralisados". MOURRE, Michel, *Dicionário de História Universal*, cit., p. 510.

troca da garantia de uma paz ilusória. A Thecoslováquia perdeu seu território em troca de nada, já que logo Hitler voltaria a atacar[1334].

Os acordos celebrados em Munique fizeram a França perder a confiança dos pequenos países balcânicos e sobretudo a da URSS, que, preocupada acima de tudo com a sua própria proteção, assinou com Hitler o pacto de 23 de Agosto de 1939, que previa não haver guerra entre as duas potências. Edouard Daladier, que estava à frente do governo desde 9 de abril de 1938, tomou imediatamente medidas contra os comunistas franceses.

6.17.2 O contexto da 2ª Guerra

Na Segunda Guerra, no dia 1º de setembro de 1939, as tropas alemãs penetraram na Polônia. Em 3 de setembro, algumas horas depois do Reino Unido, a França declarava por sua vez guerra à Alemanha[1335].

Na sequência, em apenas cinco semanas, a França iria conhecer a maior derrota militar de toda a sua história. A Wehrmacht, na altura do armistício (22 de Junho), ocupava mais de metade do território nacional, até à fronteira espanhola. O exército francês não tivera a menor condição de resistir ao alemão. Além da fraqueza da resistência, as traições internas pesaram na luta. Logo, a França seria profundamente humilhada pela Alemanha[1336].

O então presidente, Paul Reynaud, retirou-se em 16 de junho de 1940 e foi substituído pelo marechal Philipe Pétain,[1337] que imediatamente pediu o armistício, assinado a 22 daquele mês. Pelo acordo o governo francês conservava a autoridade administrativa sobre o conjunto do país

1334 Ibidem, p. 510.

1335 Ibidem, p. 510.

1336 Ibidem, p. 511.

1337 O marechal é, certamente, um dos mais controversos personagens da história da França. Responsável por deter um poderoso ataque alemão em Verdun na Primeira Guerra, o que lhe valeu o título de "salvador de Verdun", Pétain tornou-se, posteriormente, um traidor da pátria ao fazer jogo duplo com os alemães durante a ocupação do país, inclusive criando leis antijudaicas e perseguindo a oposição de esquerda, a mando dos ocupantes. Em 1945, no fim da guerra, foi condenado à morte nos tribunais franceses, mas teve a pena comutada para prisão perpétua e cumpriu até o fim da vida, em 1951, a pena que lhe foi imposta.

(exceto a Alsácia-Lorena, que foi imediatamente reanexada ao Reich), mas toda a parte norte e oeste da França continuava ocupada pelo Exército alemão e 2 milhões de prisioneiros de guerra franceses foram conduzidos para a Alemanha. A cidade de Vichy seria a sede do chamado État Français, uma caricatura da França, enquanto a maior parte do país permanecia ocupada[1338].

As câmaras, reunidas em Vichy em Assembleia Nacional (10 de Julho de 1940), delegaram ao marechal Pétain poderes constitucionais. Ele revogou sem tardar a Constituição de 1875, dissolveu *sine die* o Parlamento, adotou o título de chefe do Estado francês e estabeleceu um regime autoritário, afirmando a sua vontade de conduzir uma Revolução nacional. A III República chegou ao fim de forma inglória. Destaca-se que o Parlamento diretamente saído das eleições da Frente Popular (menos os comunistas) tinha concedido poderes extraordinários ao marechal por 569 votos a favor, 80 contra e 18 abstenções. "Com a vitória de Pétain no parlamento, foi implantado o chamado regime de Vichy, de forma paternalista, com apoio do clero francês"[1339].

Seguindo as ordens de Hitler, o Estado "iniciou uma reação contra o laicismo e contra o divórcio, reforçou a legislação contra o aborto e o alcoolismo, proibiu a franco-maçonaria, depurou o corpo dos funcionários, criou um Comissariado para os Assuntos Judaicos em março de 1941. Submeteu a indústria e o comércio ao controle de comitês de organização (16 de Agosto de 1940), criou a Corporação Camponesa (12 de Dezembro de 1940), mas suprimiu os sindicatos operários e patronais, e por meio da Carta de Trabalho tentou lançar na França as bases de um sistema corporativo. No plano social, conduziu uma política ativa de apoio familiar e instituiu a reforma para trabalhadores mais velhos. Apoiou-se nos antigos combatentes (criação da Legião dos Combatentes, 29 de Agosto de 1940) e na juventude (criação dos Estaleiros da Juventude, 30 de Julho de 1940)[1340].

A maior parte destas reformas teve aceitação por parte da população. Nos meses que se seguiram imediatamente ao armistício, Pétain

1338 Mourre, Michel, *Dicionário de História Universal*, cit., p. 511.
1339 Ibidem, p. 511.
1340 Ibidem, p. 511.

foi apoiado por uma imensa popularidade, que começou a diminuir quando o governo de Vichy comprometeu-se a "colaborar" com os alemães e quando as exigências destes passaram a ser mais taxativas. O novo governo francês rapidamente demonstrou seu carácter autoritário. Prendeu vários dirigentes políticos e sindicais da III República e preparou o processo de Riom, no qual iriam ser julgados Blum, Daladier, Reynaud, Gamelin etc, como responsáveis pela derrota[1341].

Em junho de 1940 Pétain tinha conseguido preservar as colônias francesas da ocupação germano-italiana e conservar a totalidade da Marinha, que no entanto foi desarmada. Estes acontecimentos, explorados na França por aqueles que preconizavam já uma colaboração com a Alemanha, levaram à ruptura entre Vichy e Londres; pelo contrário, os Estados Unidos mantiveram o seu embaixador em Vichy até 1942 (a União Soviética, então ligada a Hitler pelo pacto de 1939, reconheceu também o governo do marechal Pétain até Junho de 1941). O encontro Hitler-Pétain em Montoire (24 de outubro de 1940) fez entrar a França na política de colaboração[1342].

Em junho de 1941 foi imposto um estatuto especial aos judeus, cujos bens foram "arianizados". Em agosto, militares, magistrados e funcionários foram obrigados a prestar juramento ao marechal Pétain. A partir desta altura, o malogro da Revolução Nacional era evidente: inevitável sem dúvida, devido ao prolongamento e à extensão da guerra, que os signatários do armistício de 1940 não tinham previsto, e devido ao fato de ser cada vez maior o domínio dos alemães sobre a política de Vichy[1343].

A partir de junho de 1941, quando a resistência comunista começou a promover atentados contra as tropas alemãs de ocupação, as autoridades de Vichy reagiram. Assim, foi criada a Seção Especial, tribunal de exceção composto por magistrados franceses que, privando os acusados das garantias judiciais essenciais, condenava à pena capital militantes comunistas culpados de simples delitos de propaganda[1344].

[1341] Ibidem, p. 511.
[1342] Ibidem, p. 511.
[1343] Ibidem, p. 511.
[1344] Ibidem, p. 511.

No exterior, o general Charles De Gaulle, no exílio, continuava estimulando a reação contra os invasores alemães e formando um exército para combatê-los. Assim, em 1940, tropas gaullistas em conexão com britânicas invadiram e tomaram as colônias francesas na África. Em junho/julho de 1941, as tropas britânicas e gaullistas conquistaram a Síria; em maio de 1942, os ingleses ocuparam Madagáscar; finalmente, em novembro de 1942, o desembarque anglo-americano na África do Norte consumou o desmoronamento da autoridade de Vichy sobre o império[1345].

6.17.2.1 O governo provisório – De Gaulle

Em Londres, De Gaulle comandava a resistência ao governo de Vichy e à Alemanha. Internamente, movimentos de resistência de comunistas, socialistas, liberais e nacionalistas atuavam usando guerra de guerrilhas e espionagem contra as tropas alemãs, sem apoio dos aliados. Eram as Milícias Patrióticas, odiadas pelas tropas de ocupação. Em 1944 o território francês foi reconquistado e De Gaulle organizou um governo provisório. Os comunistas deixaram-se desarmar no episódio da dissolução das Milícias Patrióticas (28 de outubro de 1944), em troca de uma anistia concedida a Maurice Thorez (condenado por deserção em novembro de 1939). Thorez (1900-1964) foi o secretário-geral do Partido Comunista Francês (PCF) de 1930 a 1964[1346].

O resultado da situação em que a França (ou ao menos parte do país) havia colaborado com os nazistas foi a exclusão dos franceses do processo de reorganização da Europa no pós-guerra. Embora presente na capitulação do Reich em Berlim no dia 8 de maio de 1945, a França não foi convidada para as Conferências de Ialta de Postdam, em 1945, em virtude da crise do seu poderio, já que o país estava arruinado financeiramente. Para além da cisão na sociedade francesa, a ocupação tinha custado bilhões de francos e a unidade monetária teria de ser desvalorizada, no final de 1945, para um trinta e nove avos do franco de 1914. O potencial industrial estava reduzido à metade em relação ao de 1939. Duzentas mil habitações estavam completamente destruídas, um milhão seriamente danificadas[1347].

1345 Ibidem, p. 512.

1346 Ibidem, p. 512.

1347 Ibidem, p. 513.

De Gaulle permaneceria até janeiro de 1946 na presidência do governo provisório. Ele nacionalizou as minas de carvão do norte e de Pas-de-Clais, as fábricas de automóveis Renault, os transportes aéreos e o Banco da França, além de outras quatro instituições financeiras. O sistema de segurança social foi reorganizado. Estando excluído o regresso à III República, tanto por De Gaulle como pelas forças políticas saídas da Resistência, o país aprovou por meio de referendo a convocação de uma Assembleia Constituinte, que foi eleita pelo método de representação proporcional (21 de outubro de 1945). Estas eleições deram a maioria absoluta aos partidos de esquerda (comunistas e socialistas), mas viram surgir um terceiro grande partido, inspirado pela democracia cristã, o Movimento Republicano Popular. No clima de unanimidade da Resistência, que ainda sobrevivia, a Assembleia confirmou De Gaulle nas suas funções de chefe do governo provisório (13 de novembro de 1945)[1348].

Assim, De Gaulle constituiu um gabinete já baseado no "tripartidarismo" (comunistas-socialistas-MRP). Os comunistas receberam importantes ministérios econômicos e sociais. No entanto, as relações tornaram-se rapidamente difíceis entre De Gaulle e os partidos. O líder demitiu-se em 20 de janeiro de 1946. A combinação tripartida continuou sob a presidência do socialista Félix Gouin. A maioria socialista-comunista impôs um projeto de Constituição estabelecendo um regime de assembleia única e soberana, mas este projeto foi rejeitado pelo país (5 de maio de 1946). A 16 de janeiro de 1947, Vincent Auriol tornou-se o primeiro presidente da IV República, que se caracterizou pelo conflito político entre o Partido Comunista Francês (PLF) e o governo do general De Gaulle. O tripartidarismo, inicialmente implantado na Quarta República, não resistiu à a Guerra Fria. Os comunistas foram excluídos e passam, inclusive, a serem perseguidos devido à nova ordem mundial[1349].

Em meio a dificuldades econômicas de toda ordem, o país seria sacudido por greves em vários setores, com apoio dos comunistas. O ministro socialista do Interior, Jules Moch, reprimiria energicamente as paralisações. O movimento sindical acabou cindido. Nesse ínterim, De Gaulle fundava um partido de direita, o "*Rassemblement du Peuple Français*", ou

[1348] Ibidem, p. 513.
[1349] Ibidem, p. 514.

Assembleia do Povo Francês (RPF). Nas eleições legislativas de 7 de junho de 1951, um sistema de alianças entre os partidos governamentais impediu o êxito dos comunistas e do RPF, mas a "terceira força" no entanto desfez-se. De 1951 a 1956, a Assembleia viu-se sem verdadeira maioria para poder fazer uma política geral. A convergência frequente das oposições comunista e gaullista contribuiu para agravar a instabilidade ministerial[1350].

6.18 A Quarta República e a crise da Argélia (1947-1958)

De janeiro de 1947 a maio de 1958, a IV República contou com dezoito governos, cujos destinos efêmeros eram entrecortados por crises intermináveis que deixaram muitas vezes, nas horas mais graves da Guerra Fria, o país sem autoridade responsável. No entanto, a França receberia muita ajuda americana, devido ao Plano Marshall, do qual a França seria um dos principais beneficiários na Europa. Houve crescimento econômico que, entretanto, ocorreu num clima de inflação e numa dependência financeira crescente do país em relação aos Estados Unidos, o que impedia a IV República de desenvolver qualquer política externa verdadeiramente nacional[1351].

Numa tentativa de reunificação, os governos da França comprometeram-se com a continuidade na via da reconciliação com a Alemanha, condição do nascimento de uma Europa unida. Inspirando-se nas ideias de Jean Monnet, Robert Schuman foi o promotor do tratado, assinado em 18 de abril de 1951, que instituía a Comunidade Europeia do Carvão e do Aço, embrião do Mercado Comum. A França, membro da Aliança Atlântica – Organização do Tratado do Atlântico Norte (Otan) desde a sua criação (abril de 1949), teve então de aceitar o renascimento de um Exército alemão e a entrada da República Federal da Alemanha na Nato (sigla da Otan em inglês) em outubro de 1954. A organização econômica da Europa deu um passo decisivo com a assinatura dos Tratados de Roma (agosto de 1957), que criaram o Mercado Comum e o Euratom (Comunidade Europeia da Energia Atômica)[1352].

[1350] Ibidem, p. 514.
[1351] Ibidem, p. 514.
[1352] Ibidem, p. 514-515.

Mas a IV República não conseguiu resolver suficientemente depressa o problema colonial e essa foi a causa da sua decadência. A partir de 1950 toda a vida política francesa foi dominada primeiro pela Guerra da Indochina e depois pela Guerra da Argélia, que ainda era uma colônia da França. As eleições de janeiro de 1956 manifestaram certo desvio para a esquerda, com relativo êxito da Frente Republicana, ao mesmo tempo que demonstra o enfraquecimento político do gaullismo enquanto força política organizada e, por fim, o aparecimento de um movimento extremista e antiparlamentar, o poujadismo[1353].

O novo governo, presidido pelo socialista Guy Mollet (janeiro de 1956 / maio de 1957), teve de se inclinar, desde o início, perante a pressão dos colonos da Argélia, que impediram a colocação do general Georges Catroux – considerado como liberal – no cargo de residente-geral. O governo manteve-se, portanto, fiel à concepção da "Argélia francesa" e conseguiu do parlamento, quase por unanimidade (incluindo os comunistas, ficando na oposição apenas os poujadistas), poderes especiais na Argélia (abril de 1956)[1354].

Foi assim montada, com ingleses e israelitas, a expedição do Suez (novembro de 1956), que a frente comum Estados Unidos / Rússia fez fracassar. Mas na própria Argélia, Paris controlava cada vez com maior dificuldade os chefes militares, que tomaram a iniciativa, em outubro de 1956, de perseguir o avião marroquino que transportava Ahmed Ben Bella[1355], o principal líder da luta pela independência da Argélia, e

[1353] Era um movimento social e sindical francês, que durou entre 1951 e 1958. Liderado por Pierre Poujade, reunia comerciantes e artesãos que se sentiam prejudicados pelo surgimento dos supermercados no país. Também se opunha ao parlamentarismo da IV República. Por extensão, o termo passou a definir os reacionários da pequena burguesia que se opunham a mudanças.

[1354] Mourre, Michel, *Dicionário de História Universal*, cit., p. 515.

[1355] Ahmed Ben Bella (1916 – 2012) – Lutou no Exército francês como primeiro-sargento durante a Segunda Guerra Mundial e teve rápida passagem como jogador de futebol no Olympique, de Marselha. Após o fim do conflito, passou a participar do movimento em prol da independência argelina, organizando grupos armados para confrontar a metrópole. Em 1954, foi um dos organizadores do levante argelino, na condição de fundador da Frente Nacional de Libertação (FNL). Foi preso dois anos depois, quando os franceses conseguiram detê-lo, sequestrando o avião no qual viajava. Permaneceu preso até a trégua de 1962. Depois da independência da Argélia, Ben Bella foi primeiro-ministro entre 1962 e

outros chefes da Frente de Libertação Nacional (FLN) e, em fevereiro de 1958, de bombardear a cidade tunisiana de Sakiet, que servia de base aos fellaghas, como eram chamados os combatentes da guerrilha pró-independência[1356].

O então primeiro-ministro Michel Debré e os partidários da "'Argélia francesa'" lançavam abertamente apelos a um levantamento nacional, que derrubaria o 'regime de abandono'. A aceitação pelo governo Gaillard dos 'bons ofícios' anglo-americanos, na sequência do caso de Sakiet (17 de fevereiro de 1958), parecia abrir a via para uma internacionalização do conflito e levar a uma solução imposta à França pelas potências estrangeiras. Nos meios da extrema-direita começaram a surgir conspirações, enquanto os gaullistas, tanto por meio de uma campanha de propaganda como de contatos secretos com os militantes da Argélia, preparavam o regresso do general De Gaulle ao poder"[1357].

A crise da Argélia facilitou a derrubada de IV República com o apoio do exército e dos colonos. León Delbecque, aliado de De Gaulle, permaneceu no país e ajudou os conspiradores franceses contra o IV República. Em 9 de maio de 1958, guerrilheiros da FLN executaram três soldados franceses feitos prisioneiros. Isso desencadeou a cólera em Argel e jovens europeus que viviam na colônia da África do Norte, aos gritos de "o Exército no poder", saqueou o Centro Cultural Americano e apoderou-se do governo-geral. O general Jacques Émile Massu, conhecido por suas simpatias gaullistas, criou um Comitê de Salvação Nacional, em acordo com Rauol Salan, general e seu superior. Os gaullistas se apossaram do movimento argelino e De Gaulle saiu da reserva e anunciou que estava pronto a assumir os poderes da República[1358].

O governo central decretou o estado de emergência, mas o exército metropolitano não o garantia. Logo, Mollet, vice-presidente do Conselho, convidaria o veterano líder para assumir o governo. Em 1º de junho

1963. Naquele ano, foi nomeado secretário-geral do FNL e eleito presidente da República. Em 1965, entretanto, foi derrubado pelo chefe do Estado-Maior, Hourari Boumerdienne. De 1981 a 1990 permaneceu exilado na França conseguindo, depois, retornar a sua terra.

1356 MOURRE, Michel, *Dicionário de História Universal*, cit., p. 515.

1357 Ibidem, p. 515.

1358 Ibidem, p. 515-516.

de 1958 De Gaulle recebeu a investidura da Assembleia Nacional, que lhe ofereceu plenos poderes[1359].

6.19 A V República (1958 até os dias atuais)

O general De Gaulle organizou um governo de união nacional. A estrutura constitucional baseava-se nas propostas do próprio general (de 1946), tendo como características a primazia do Executivo, com a possibilidade de o chefe de Estado poder assumir plenos poderes em crises graves (art. 16); o chefe de Estado não respondia ao Parlamento; a eleição passou a ter um colégio eleitoral mais amplo; limitações do poder da Assembleia.

Nesse novo governo o regime instalado ficou intermediário, entre o presidencial e o parlamentar. Em 28 de setembro de 1958, por referendo, foi aprovado projeto constitucional, em que as antigas colônias, menos a Argélia, que ainda era considerada parte integrante do território Nacional, poderiam ficar independentes ou autônomas dentro da Comunidade Francesa. Só a Guiné escolheu a independência imediata[1360].

As eleições legislativas de 23 e 30 de novembro de 1958 ficaram marcadas pela força de um novo movimento gaullista, a União para a Nova República (UNR), que conseguiu mais de 26% de votos e cerca de 200 lugares na nova Assembleia. Eleito presidente da República pelo colégio dos grandes eleitores em 21 de dezembro de 1958, De Gaulle desempenhou as suas novas funções a partir de 8 de janeiro de 1959 e nomeou para primeiro-ministro Michel Debré[1361].

Mas era a decisão do chefe de Estado que iria ser determinante em todas as grandes opções de política interna e mais ainda, de política externa. Se a descolonização da África Negra ocorreu sem dificuldade (os vários Estados da Comunidade conseguiram a independência total em finais de 1960, mas mantendo na sua maior parte estreitas relações com a França), a crise argelina só se resolveu depois de mais de três anos de guerra[1362].

1359 Ibidem, p. 516.
1360 Ibidem, p. 516.
1361 MOURRE, Michel, *Dicionário de História Universal*, cit., p. 503.
1362 Ibidem, p. 503.

No período desse governo, desenvolveu-se a crise com a Argélia, a saber:

- Direito à autodeterminação (16-set-1959), rompendo com o princípio da "Argélia Francesa".
- Semana das Barricadas de Argel (01-1960) – conflitos com a FLN.
- Putsch dos generais de Argel (abril 1961) – dividindo o Exército francês.
- Ação de Contraterrorismo europeu planejado pela OAS.

Finalmente, a guerra entre franceses e argelinos encerrou-se com os Acordos de Évian (18-03-1962), que consolidou a Independência da Argélia e levou ao êxodo para a metrópole de aproximadamente 1 milhão de radicados na antiga colônia.

Ainda tivemos a saída da França da Otan (1966), o saneamento financeiro (Plano Pinay –Rueff), com "desvalorização, criação de um franco duro, regresso à convertibilidade e redução dos direitos aduaneiros"[1363].

De Gaulle reconheceu a China Popular (1964) e visitou a América do Sul[1364]. Em 1965, nas eleições presidenciais, De Gaulle foi eleito com 54,51% dos votos, contra 45,49% de François Mitterrand, este representando as esquerdas. Em 1966, o presidente criticou os americanos devido à Guerra do Vietnã, no discurso de Phnom Penh (1-set-1966); manteve colaboração com a URSS (1967); defesa de autonomia de Quebec (1967) contra os ingleses; veto à entrada da Grã-Bretanha no Mercado Comum

[1363] Ibidem, p. 517.

[1364] No dia 13 de outubro de 1964, por voltas das 11 horas da manhã, chegou no Rio de Janeiro, vindo do Uruguai, o cruzeiro *Colbert*, trazendo a bordo o ilustre herói da resistência e da libertação francesa, o general-presidente Charles de Gaulle. Após longa viagem pela América do Sul (21 de setembro a 16 de outubro de 1964), passando por Venezuela, Colômbia, Equador, Peru, Bolívia, Chile, Argentina, Paraguai e Uruguai, o general escolhera o Brasil para finalizar seu périplo. Tinha como objetivo redefinir o lugar de seu país na cartografia geopolítica mundial apresentando sua mensagem também ao povo brasileiro. Ficou três dias, indo também para Brasília e São Paulo. Milhares de pessoas inundaram as ruas dessas cidades no intuito de ao menos pressentir a presença do general. Era uma presença verdadeiramente ilustre. Seu nome e seus feitos participavam do imaginário de todos os segmentos sociedade brasileira.

Europeu (1967); e a condenação de Israel devido à Guerra dos Seis Dias (1967)[1365].

No período de De Gaulle à frente do governo francês, houve também a revolta estudantil de maio de 1968, que se iniciou em Nanterre, atingiu Paris e toda a França, provocando uma grande crise de Estado, que enfrentou 10 milhões de grevistas. "Durante um mês inteiro, o governo pareceu seriamente ameaçado. No entanto, além dos lideres estudantis, não existiam forças políticas capazes de derrubar o governo e a greve geral foi suspensa, depois da concessão de um aumento salarial"[1366]. De qualquer forma, foi a maior greve geral da Europa até ali, com mais de 9 milhões de pessoas. Os estudantes pediam reformas no setor educacional e os trabalhadores aumento de salário[1367].

Nas eleições de junho de 1968, "os gaullistas obtiveram 358 dos 485 lugares da nova Assembleia, tendo a UDR (ex-UNR) assegurado para si a maioria absoluta. Grande artífice deste triunfo eleitoral, Georges Pompidou foi quase imediatamente afastado pelo chefe do Estado, que nomeou para o cargo de primeiro-ministro o antigo ministro dos Negócios Estrangeiros, Couve de Murville"[1368].

O general De Gaulle, que tinha prevenido os franceses de que fazia depender o seu futuro político dos resultados de um referendo, fez imediatamente saber que cessava as suas funções e renunciou (28 de abril). Retirou-se para Colombey-les-Deux-Eglises e não teve mais nenhuma intervenção política até à sua morte, em 9 de novembro de 1970. Em junho de 1969, Pompidou foi facilmente eleito presidente, com 58% dos votos expressos. A V República continuava, assim, sem De Gaulle, as suas instituições eram salvaguardadas e o pessoal governamental inalterado, a despeito da adesão de uma parte dos centristas (R. Pleven, J. Duhamel) à nova maioria presidencial[1369].

1365 *Enciclopédia do Mundo Contemporâneo – estatísticas e informações completas dos 217 países do planeta*. São Paulo: Publifolha, p. 283.

1366 Ibidem, p. 183.

1367 Ibidem, p. 283.

1368 MOURRE, Michel, *Dicionário de História Universal*, cit., p. 518.

1369 Ibidem, p. 518.

Pompidou, como primeiro-ministro, propôs a industrialização intensiva da França. "Essa era sua prioridade absoluta, enquanto De Gaulle deu ênfase à política externa. O governo do presidente Chaban-Delmas (junho de 1969 / julho de 1972) inaugurava uma política social ambiciosa e em setembro de 1969 reuniu um vasto apoio ao seu programa de uma 'nova sociedade', menos estatal. As grandes opções da política externa gaullista não foram profundamente mudadas, mas Pompidou adotou uma atitude mais flexível do que o seu predecessor, em particular nos assuntos europeus. Admitiu a entrada do Reino Unido no Mercado Comum e tomou a iniciativa da Cimeira Europeia de Paris (outubro de 1972), quando foi decidida a aceleração da união monetária e política da Europa"[1370].

Ao mesmo tempo, o primeiro-ministro desanuviou as relações com os Estados Unidos. No sistema governamental, a predominância do presidente da República sobre o primeiro-ministro não foi de maneira nenhuma posta em causa. Tendeu mesmo para uma acentuação: tendo Chaban-Delmas comprometido a responsabilidade do seu governo perante a Assembleia Nacional apesar do desacordo do presidente da República (17 de maio de 1972), foi bruscamente substituído por Pierre Messmer (5 de julho de 1972).

A partir de 1969, o crescimento da economia francesa tinha ultrapassado 5,8% em média por ano, o que colocava a França no primeiro lugar entre todos os países ocidentais. No mesmo período, as exportações tinham aumentado de volume em mais de 70% e o consumo, em 25%. O rendimento nacional dos franceses por habitante, que era em 1961 inferior em 10% ao dos ingleses, era em 1972 superior em 25%. Apesar disso, a mutação industrial provocou alterações sociais, o que gerou alguns descontentamentos. É que de 1960 a 1972 a população ativa que vivia da agricultura tinha caído de 32% para 12%. Com isso, a concentração demográfica nas cidades acelerou-se e iria atingir cerca de 75% da população total em 1975 (contra 44% em 1914). O número de estudantes tinha duplicado desde 1950, mas registrava-se elevado desemprego dos

1370 Ibidem, p. 518.

jovens, além de desigualdades salariais que continuavam a ser das maiores da Europa Ocidental[1371].

A oposição de esquerda, depois da sua derrota de 1969, tinha-se recomposto com a criação do novo Partido Socialista e a chegada de François Mitterrand à sua direção. O regresso dos socialistas a uma linha mais "revolucionária" a partir do programa de Suresnes, de 12 de março de 1972 e, finalmente, as negociações entre socialistas e comunistas, levaram, em 27 de junho de 1972, à assinatura de um programa comum de governo de esquerda, o qual se propunha como objetivo último a derrubada por etapas do regime capitalista[1372].

A maioria, vitoriosa nas legislativas de 1973 (276 lugares), tinha sido salva pelo reflexo anticomunista da maior parte dos eleitores centristas. No entanto, a considerável elevação do preço do petróleo pôs imediatamente travas à expansão de vários ramos industriais (automóvel, aeronáutica, têxtil), comprometeu perigosamente a balança comercial e acelerou simultaneamente o desemprego e a inflação. Fiel à sua política de crescimento e de pleno emprego, Pompidou recusou enquanto pôde sacrificar a expansão à luta contra a inflação. Esta atingiu uma taxa anual de 13% durante os três primeiros meses de 1974[1373].

Em outubro de 1973 o mundo foi surpreendido com a Guerra do Yom Kippur (Guerra dos Seis Dias) e com a subsequente crise do petróleo. Graves movimentos sociais abalam o país, mas, da parte do governo, há uma quase paralisia, o que se explica pelos rumores sobre o estado de saúde do Presidente da República, que acaba morrendo em abril de 1974[1374].

Durante a presidência de Valéry Giscard d'Estaing (1974 a 1981), o primeiro-ministro foi Jacques Chirac. Na época, a crise econômica levou à flexibilização do crédito, provocando a inflação, que foi combatida, em 1976, com o bloqueio temporário dos preços, aumento de impostos sobre

[1371] Ibidem, p. 518-519.

[1372] Ibidem, p. 519.

[1373] Ibidem, p. 519.

[1374] Giordani, Mário Curtis, *História do século XX*, cit., p. 55.

o rendimento e indiretos, além de limitação de salários. Durante o período, houve aumento do desemprego e do preço da energia elétrica[1375].

François Mitterrand (1981-1995), socialista, sucedeu Giscard d'Estaing em 1981, cujo contexto foi marcado pelos seguintes fatos: ascensão da esquerda ao poder, com 285 lugares no Parlamento, em que quatro deputados comunistas faziam parte do governo liderado por Pierre Mauroy, indicado primeiro-ministro pelo Presidente Miterrand e número 2 do Partido Socialista, ao lado do próprio mandatário; fim da pena de morte; aprovação de leis sociais sobre o trabalho; criação de novo programa habitacional; nacionalizações e regionalização de empresas; adoção de escrutínio proporcional; desvalorização do franco (três vezes em dezoito meses), devido ao abandono dos investidores estrangeiros e subida do dólar, que irá levar ao *crash* financeiro em 1987[1376].

Afastada do governo havia um quarto de século, a esquerda procura marcar sua presença com uma série de reformas, enfrentando em primeiro lugar a crise econômica. Assim, por exemplo, o Ministro do Trabalho, Jean Auroux, faz com que o Parlamento vote uma série de leis favoráveis aos trabalhadores e sindicatos[1377].

As reformas, a princípio bem acolhidas por um público desejoso de mudança, acabam por despertar fortes oposições e descontentamentos. Assim é que, de 1983 a 1984, deparamo-nos com um fracasso na gestão da economia com sérios reflexos sociais e políticos. Um novo primeiro-ministro, Laurent Fabius, assinala nova etapa no governo. A preocupação com a modernização do país leva a um retorno ao liberalismo, o que provoca o afastamento e a oposição dos comunistas[1378].

A partir de 1984, Mitterrand afasta-se da "esquerda" e se aproxima do liberalismo econômico, com a participação do então primeiro-ministro Jacques Chirac. No segundo mandato (1988) de Mitterrand, o cenário da política mundial está sofrendo profundas mudanças com a queda e desmoralização dos regimes e dogmas comunistas. Ainda em 1988, assume como primeiro-ministro Michel Rocard. No plano econômico, uma polí-

[1375] Mourre, Michel. *Dicionário de História Universal*, cit., p. 520.

[1376] Ibidem, p. 520.

[1377] Giordani, Mário Curtis, *História do século XX*, cit., p. 56.

[1378] Ibidem, p. 57.

tica de rigor permitiu prosseguir a desinflação e, depois, relançar o crescimento e os investimentos produtivos, além de reconstituir um início de poupança. No entanto, o aumento do desemprego (2,6 milhões de desempregados em 1988) e a fraqueza crônica do comércio externo também não deixavam de inquietar. O governo Rocard não conseguiu aplicar o conjunto dos seus projetos de reforma, como a modernização da administração ou a renovação pedagógica[1379].

Diante do clima social pesado, Rocard negociou caso por caso, enfrentando, por um lado, uma Assembleia Nacional turbulenta onde lhe era difícil assegurar uma maioria e, por outro, a hostilidade do presidente da República, que continuava a manter-se acima dos partidos. A partir da década de 1990, os confrontos entre jovens e policiais marcaram o começo de um novo tipo de crise social: as revoltas dos subúrbios. Em maio de 1991, os conflitos internos do Partido Socialista e o agravamento da disputa pessoal entre Mitterrand e Rocard levaram este último a demitir-se, sendo substituído por Edith Cresson na chefia do governo. O setor industrial e a exportação tornaram-se então a prioridade[1380].

Em abril de 1992, Pierre Bérégovoy tomou posse do cargo de primeiro-ministro num contexto difícil: recessão agravada, desemprego equivalente a 10% da população ativa, contas sociais largamente deficitárias[1381]. Nesse contexto, o referendo sobre a ratificação do Tratado de Maastricht[1382], em setembro de 1992, cristalizou inúmeros descontentamentos, de tal modo que o "sim" só ganhou por 51% dos votos. As eleições legislativas de março de 1993 deu ampla vitória à direita, enquanto

[1379] MOURRE, Michel. *Dicionário de História Universal*, cit., p. 520.

[1380] Ibidem, p. 520.

[1381] Ibidem, p. 520.

[1382] É como é conhecido o Tratado da União Europeia, que foi assinado em Maastricht, Holanda, na presença do Presidente do Parlamento Europeu, Egon Klepsch. Com a entrada em vigor em 01/11/1993, a CEE torna-se Comunidade Europeia (CE). Os poderes legislativo e de controle do Parlamento Europeu (PE) reforçam-se com a introdução do processo de co-decisão e com o alargamento do processo de cooperação. Ao abrigo do novo Tratado, o Parlamento Europeu tem o direito de convidar a Comissão a apresentar propostas legislativas em matérias que, em seu entender, requeiram nova legislação comunitária. A Comissão, no seu todo, tem agora de ser aprovada pelo PE, que nomeia o Provedor de Justiça Europeu.

o Partido Socialista perdeu quatro quintos dos seus lugares. A nomeação de Edouard Balladur para o cargo de primeiro-ministro assinalou o começo da segunda coabitação. Balladur anunciou sem demora um vasto plano de recuperação econômica e financeira, que consistia na elevação das taxas da CSG (Contribuição Social Generalizada), redução das despesas do Estado, nova rodada de privatizações, poupança no orçamento e lançamento de um vasto empréstimo público[1383].

O ministro do Interior Charles Pasqua tomou uma série de medidas rigorosas no domínio da imigração e do estatuto dos estrangeiros não comunitários. Em abril de 1994, o governo anunciou vasta consulta nacional aos jovens dos 15 aos 25 anos, a fim de recensear os seus problemas e as suas aspirações. No entanto, o problema fundamental da sociedade francesa era a questão social, contando na época com três milhões de desempregados e cinco milhões de excluídos[1384].

Em 1995, Jacques Chirac foi eleito presidente (52,7% dos votos), com um programa "essencialmente social". Foi nomeado primeiro-ministro Alain Juppé. Ao assumir, no entanto, deu prioridade às questões internacionais, tais como a guerra na antiga Iugoslávia e Ensaios Nucleares[1385].

Em relação ao programa social, adotou-se uma reforma da segurança social e fiscalidade e foi adotada uma política de rigor orçamentário. As medidas não resolveram a "questão social". Tanto que a partir de novembro de 1995 greves e manifestações tornaram-se frequentes, tanto de estudantes como de funcionários do setor público. Na tentativa de ganhar maior margem de manobra, Jacques Chirac convocou eleições legislativas antecipadas, já em 1997, que acabariam por levar o socialista Lionel Jospin ao cargo de primeiro-ministro em coligação com os comunistas[1386].

Em 1996 a situação social ainda estava tensa. Alguns observadores relacionaram a crise com a desigualdade na divisão da renda, tendo em vista que 20% da população recebia 44% da renda pessoal total; e da pro-

[1383] Mourre, Michel, *Dicionário de História Universal*, cit., p. 521.

[1384] Ibidem, p. 521.

[1385] Ibidem, p. 521.

[1386] Ibidem, p. 521.

priedade, resultado de 20% dos franceses possuirem 69% do patrimônio nacional[1387].

O governo dirigido por Alain Juppé continuou aplicando uma política de austeridade, que causou confrontos com os sindicatos em 1996. Em 1997, veio a público nova lei que restringiria a entrada e a permanência de imigrantes no país. Em fevereiro, foram realizadas diversas manifestações de repúdio à medida, mobilizando mais de 150 mil pessoas em um só dia em Paris e arredores[1388].

Para surpresa geral, Chirac convocou eleições legislativas antecipadamente. No segundo turno, em 25 de maio, a oposição esquerdista obteve importante vitória. O Partido Socialista obteve 241 cadeiras na câmara dos deputados e tornou-se, mais uma vez, o maior partido do país. Junto com o Partido Comunista, conquistou confortável maioria no Parlamento. A coalizão da direita obteve 256 cadeiras, enquanto a Frente Nacional conseguiu apenas um lugar[1389].

Lionel Jospin tornou-se o novo primeiro-ministro e os comunistas ficaram com dois ministérios, enquanto que os Verdes com um, ocupado pelo ex-candidato à presidência, Dominique Voynet[1390].

Em 1997, para fazer frente ao desemprego, Jospin propôs a redução da semana de trabalho para 35 horas. Muitas manifestações, tanto de trabalhadores quanto de desempregados, que continuaram também em 1998, reivindicavam a imediata adoção dessa medida[1391].

Para as empresas francesas que têm mais de 20 funcionários, a lei sobre a semana de 35 horas entrou em vigor a partir de 10 de janeiro de 1999. A reforma do primeiro-ministro socialista Lionel Jospin deu início a uma política de luta contra o desemprego, que terá continuidade na década seguinte.

6.19.1 A França no início do século XXI

Jacques Chirac (1995 a 2007), que fora primeiro-ministro em 1986, é eleito presidente da República em maio de 1995, governando a França

[1387] *Enciclopédia do Mundo Contemporâneo*, cit., p. 283.
[1388] Ibidem, p. 283.
[1389] Ibidem, p. 283.
[1390] Ibidem, p. 283.
[1391] Ibidem, p. 283.

até 2007. Na sequência, assumiu o poder Nicolas Sarkozy (2007-2012), da União por um Movimento Popular (UMP). Notabilizou-se por ter sido o primeiro presidente francês a ser acusado de corrupção e tráfico de influência. Foi sucedido pelo socialista François Hollande (2012-2017), que enfrentou muitos problemas com terrorismo e iniciou a retirada das tropas francesas do Afeganistão. Seu sucessor, Emmanuel Macron, do partido Em Marcha, assumiu o cargo em maio de 2017 como o mais jovem presidente francês. Banqueiro, Macron tinha apenas 40 anos quando foi eleito, derrotando a candidata da extrema-direita, Marine Le-Pen.

A França tem o terceiro maior orçamento militar do mundo[1392], a terceira maior força militar da OTAN e o maior exército da União Europeia, além de ser um dos cinco membros permanentes do Conselho de Segurança das Nações Unidas e possuir o terceiro maior número de armas nucleares do mundo[1393]. O país é um dos membros fundadores da União Europeia e possui a maior área e a segunda maior economia do bloco. É também membro fundador da Organização das Nações Unidas.

A República Francesa é uma república unitária semipresidencialista com fortes tradições democráticas. A constituição da V República foi aprovada por referendo em 28 de setembro de 1958, com reforço na autoridade do Executivo em relação ao Parlamento. O parlamento francês é uma legislatura bicameral, composto por uma Assembleia Nacional (Assemblée Nationale) e um Senado. Os deputados da Assembleia Nacional representam círculos eleitorais locais e são diretamente eleitos para mandatos de 5 anos. A Assembleia tem o poder de demitir o gabinete e, assim, a maioria na Assembleia determina a escolha do governo. Os senadores são escolhidos por um colégio eleitoral para mandatos de 6 anos (inicialmente 9 termos homólogos), e metade dos assentos são submetidos a eleição a cada 3 anos[1394].

1392 Stockholm International Peace Research Institute (SIPRI) military expenditure database.

1393 Federation of American Scientists : Status of World Nuclear Forces Fas.org (26 de maio de 2010).

1394 Democracy Web: Comparative studies in Freedom – France.

A política francesa caracteriza-se por dois grupos políticos opostos: um de esquerda, centrado em torno do Partido Socialista Francês, e os outros da direita, anteriormente centrada em torno do *Rassemblement pour la République* (RPR) e agora seu sucessor, o *Union pour un mouvement populaire* (UMP). O sistema jurídico vigente é o romano-germânico, isto é, a lei surge principalmente a partir de estatutos escritos; os juízes não fazem leis, mas apenas as interpretam. Os princípios do Estado de direito foram estabelecidos no Código de Napoleão (que era, por sua vez, em grande parte, baseado na lei real codificada no reinado de Luís XIV). De acordo com os princípios da Declaração dos Direitos do Homem e do Cidadão, a lei só deve proibir as ações prejudiciais à sociedade. Como Guy Canivet, o primeiro presidente do Tribunal de Cassação da França, escreveu sobre a gestão das prisões: "A liberdade é a regra e sua restrição é a exceção; qualquer restrição de liberdade deve ser prevista por lei e deve seguir os princípios da necessidade e proporcionalidade". Ou seja, a lei pode dispor sobre proibições somente se elas forem necessárias e se os inconvenientes causados por essa restrição não excedam os inconvenientes que a proibição supostamente irá resolver[1395].

A lei francesa é dividida em duas áreas principais: o direito privado e o direito público. O direito privado inclui, na lei, nomeadamente o direito penal e civil. O direito público inclui, na lei, designadamente os direitos administrativo e constitucional. No entanto, em termos práticos, a lei francesa compreende três principais áreas do direito: direito civil, direito penal e direito administrativo.

O país tem seus principais ideais expressos na Declaração dos Direitos do Homem e do Cidadão, cuja dimensão se estende até os dias atuais. A República Francesa é definida como indivisível, laica, democrática e social pela sua constituição[1396]. A França é um dos países mais desenvolvidos do mundo, haja vista o alto padrão de vida, o elevado nível de escolaridade pública e as altas taxas de expectativas de vida, uma das maiores

[1395] Grunberg, Gérard. *La France vers le bipartisme? La présidentialisation du PS et de l'UMP*. [S.l.: s.n.], 2007. ISBN 2724610105.

[1396] Artigo I da Constituição Francesa: ... La France est une République indivisible, laïque, démocratique et sociale.

do planeta[1397]. No turismo, é o país mais visitado do mundo, recebendo 82 milhões de estrangeiros por ano[1398].

Com 39 das 500 maiores empresas do mundo em 2010, a França ocupa o quarto lugar no mundo e o primeiro na Europa na lista Fortune Global 500, à frente da Alemanha e do Reino Unido. O país juntou-se aos onze outros membros da União Europeia para criar o Euro em 1º de janeiro de 1999, substituindo completamente o franco francês (₣) no início de 2002.

Segundo a Organização Mundial do Comércio (OMC), em 2009 a França foi o 6º maior exportador do mundo e o 4º maior importador de produtos manufaturados[1399]. Em 2008 o país foi o terceiro maior destinatário de investimentos estrangeiros diretos nos países da Organização para a Cooperação e Desenvolvimento Econômico (OCDE), atingindo 117,9 bilhões de dólares, atrás de Luxemburgo (onde o investimento estrangeiro direto foi de transferências essencialmente monetárias aos bancos localizados no país) e dos Estados Unidos (316,1 bilhões de dólares), mas acima do Reino Unido (96,9 bilhões dólares), Alemanha (U$ 24,9 bilhões) e Japão ($ 24,4 bilhões)[1400]. No mesmo ano, as empresas francesas investiram 220 bilhões de dólares fora da França, classificando-a como o segundo mais importante investidor externo direto no âmbito da OCDE, atrás dos Estados Unidos (311,8 bilhões de dólares) e à frente do Reino Unido (111,4 bilhões de dólares), Japão (128 bilhões de dólares) e da Alemanha (156,5 bilhões de dólares)[1401].

Serviços financeiros, bancários e do setor de seguros são uma parte importante da economia francesa. A Bolsa de Valores de Paris é uma instituição antiga, criada por Luís XV em 1724[1402]. Em 2000, as bolsas de valores de Paris, Amesterdã e Bruxelas foram incorporadas à Euro-

1397 ld Population Prospects – The 2006 Revision (PDF) UN.

1398 Tourisme international en France en 2007 (PDF) Direction du Tourisme (French government's tourism agency).

1399 International Trade Statistics 2008 WTO (2009).

1400 Country fact sheet: Japan (PDF) *World Investment Report 2009* UNCTAD.

1401 Ibidem.

1402 La Bourse de Paris: une institution depuis 1724.

next[1403]. Em 2007, a Euronext fundiu-se com a Bolsa de Nova Iorque para formar a NYSE Euronext, a maior bolsa de valores do mundo.

Devido à situação econômica atual da França, muitos especialistas entendem que isso motivou o resultado da Frente Nacional nas eleições regionais de dezembro de 2015. Apesar de não ganhar em nenhuma região, o partido de extrema-direita obteve 6,8 milhões de votos.

Tema polêmico no âmbito político francês daquela época dizia respeito ao anúncio do presidente François Hollande no dia 5 de janeiro de 2016 sobre o projeto de lei referente à destituição da nacionalidade para os cidadãos franceses e/ou bi-nacionais acusados de terrorismo. Hollande lançou na referida data uma série de iniciativas destinadas a homenagear as vítimas dos atentados de 7 e 9 de janeiro de 2015 contra o semanário satírico *Charlie Hebdo* e o supermercado judeu[1404].

Devido aos atentados de 13 de novembro em Paris e arredores, cada vez mais vozes se levantaram questionando as eventuais falhas nos serviços de segurança e de inteligência diante do terrorismo jihadista. Um ano após o atentado contra um supermercado kosher parisiense, que causou quatro mortos a 9 de janeiro de 2015, a agressão do professor judeu no Sul da França acentuou a tensão em que vive a comunidade judaica francesa[1405].

Em síntese, no século XXI, os últimos presidentes franceses foram: Jacques Chirac (17-5-1995 a 16-5-2007); Nicolas Sarkozy (16-5-2007 a 15-5-2012); François Hollande (15-5-2012 a 14-5-2017); e Emmanuel Macron (15-5-2017 a 14/05/2022).

6.19.2 A Constituição na atualidade e a democracia francesa (que tipo?)

A vigente constituição francesa substancializa as tendências políticas dominantes na V República. Originalmente, é de 28 de setembro de 1958, data de referendo, quando o texto foi aprovado pelos eleitores franceses. Seu texto se encontra de forma mais acabada a partir de 4 de outubro de 1968. Recebeu algumas emendas, por meio de leis constitucionais, a

[1403] Embassy of France. Embassy of France in Washington: Economy of France Ambafrance.
[1404] Ibidem.
[1405] Ibidem.

exemplo da *Loi Constitutionelle nº 2005-205*, de 1º de março de 2005, referente à chamada carta do meio-ambiente (*la Charte de l'environment*). No preâmbulo lê-se que o povo francês proclama sua ligação com os direitos do homem e com os princípios de soberania nacional, tal como definidos pela Declaração de 1789, confirmados e complementados por emenda constitucional de 1946, entre outros textos normativos. Por conta da adoção desses princípios, determinou-se que a República oferece aos povos do além-mar as instituições constitucionais de que a Constituição trata, fundadas em ideais comuns de liberdade, de igualdade e de fraternidade, concebidos à luz da evolução da democracia.

A Constituição estabeleceu que a França é República indivisível, laica, democrática e social. Tem-se que o texto constitucional francês assegura a todos a igualdade em face da lei, de todos os cidadãos, sem distinção de origem, raça e religião (*l'égalité devant la loi de tous les citoyens sans distinction d'origine, de race ou de religion*). Ainda em tema de religião, indicou-se que a república francesa respeita todas as crenças (*elle respecte toutes les croyances*).

A República é descentralizada, sendo o francês a língua oficial. O emblema nacional é a bandeira tricolor: azul, branca e vermelha. A Marselhesa persiste como hino nacional. A divisa radica no mote revolucionário: *liberdade, igualdade e fraternidade*. Tem-se como princípio a adoção de lema que indica que o governo é do povo, pelo povo e para o povo (*gouvernement du peuple, par le peuple et pour le peuple*). Decretou-se que a soberania nacional pertence ao povo francês, que a exerce por meio dos representantes políticos e por via de referendo. O voto é direto e eventualmente indireto, nos termos de determinação legal, nos limites indicados pelo texto constitucional. O sufrágio é universal, igualitário e secreto.

Conforme previsto no texto constitucional eleitores são todos os cidadãos e cidadãs, maiores de idade, detentores de direitos civis e políticos. Prevê-se que a lei deva favorecer igualmente homens e mulheres em relação a mandatos eleitorais e funções eletivas. Partidos e agrupamentos políticos podem exercer livremente suas atividades na busca de votos, respeitando-se naturalmente a soberania nacional e a democracia.

Exige-se do presidente da República o respeito pela Constituição. Ele assegura, por meio de arbitragem, o funcionamento regular dos poderes públicos, bem como o implemento do princípio da continuidade do

Estado. Tem-se no presidente a garantia da independência nacional, da integridade do território e do respeito aos tratados. O mandato presidencial na França é de cinco anos e, caso não se alcance a maioria absoluta dos votos válidos, deverá ser realizado um segundo turno entre as duas candidaturas mais votadas, a ser realizado quatorze dias depois do primeiro escrutínio.

O presidente da República nomeia o primeiro-ministro. É este último quem indica os demais membros do governo. Forma-se um Conselho de ministros, que será dirigido pelo presidente. A este compete promulgar as leis, em prazo não superior a quinze dias após a respectiva aprovação. Ele tem a prerrogativa de submeter a referendo todos os projetos de lei relativo à organização dos poderes públicos, de reformas referentes à política econômica ou social da nação, além dos referentes à retificação de tratados internacionais. O presidente também pode decretar a dissolução da Assembleia Nacional, ouvidos o Primeiro-Ministro e o presidente das Assembleias.

É o presidente da República quem assina as ordens e os decretos de deliberação do Conselho dos ministros. É ele quem nomeia servidores civis e militares (*il nomme aux emplois civil set militaires de l'État*). Também indica e acredita embaixadores e enviados extraordinários aos países estrangeiros. É o chefe do Exército e preside os conselhos e comitês superiores da defesa nacional. Há dispositivo que concede poderes excepcionais ao presidente, em casos indicados pela Constituição. Trata-se de ameaças graves e imediatas às instituições da República, à independência da nação, à integridade territorial e à continuidade dos poderes públicos e constitucionais. Ao exercer circunstancialmente poderes excepcionais o presidente deve comunicar imediatamente a nação, por meio de mensagem formal, nos termos da Cconstituição. Consignou-se que a Assembléia Nacional não pode ser dissolvida durante o período no qual o presidente exerce os referidos poderes excepcionais. Ao presidente conferiu-se o direito de perdão – graça (*le président de la Republique a le droit de faire grace*).

O Título relativo ao governo (*le gouvernement*) indica que esse último *determina e conduz a política da nação*. O governo dispõe da administração e das forças armadas, sendo o primeiro-ministro responsável por dirigir a nação e o governo. É o responsável pela defesa nacional e por assegurar a execução das leis. Pode delegar alguns poderes e incumbências a ministros. Determinou-se que as funções de membro do governo são incompatíveis com o exercício de mandatos parlamentares.

O parlamento é bicameral. Compreende a Assembleia Nacional e o Senado. Os deputados que compõem a Assembleia Nacional são eleitos pelo voto direto. A representação do Senado é escolhida pelo voto indireto. Essa última tem por objetivo assegurar a representação de coletividades territoriais na república. Os franceses que residem fora da França são representados no Senado (*les français établis hors de France sont representes au Sénat*). Lei orgânica fixa as características de ambas as casas legislativas francesas.

O parlamento vota leis referentes a direitos civis e garantias fundamentais pertinentes aos cidadãos e ao exercício das liberdades públicas. Define leis relativas à nacionalidade, ao estado e a capacidade das pessoas, ao regime matrimonial, a sucessões e doações. Identifica tipos penais e respectivas penas. Trata do regime de emissão de moeda e legisla em matéria tributária. O parlamento francês determina regras relativas ao regime eleitoral de assembleias parlamentares e locais, a garantias fundamentais de funcionários públicos (civis e militares), identifica princípios fundamentais atinentes à organização geral da defesa nacional, à livre administração dos espaços públicos, matéria de ensino, preservação do meio ambiente, regime de propriedade, direitos reais e obrigações civis e comerciais, direito do trabalho, direito sindical e seguridade social. O parlamento tem competência para autorizar declaração de guerra (*la déclaration de guerre est autorisée par le Parlement*). O estado de sítio é decretado pelo Conselho de Ministros. A iniciativa no processo legislativo é concorrente entre o primeiro-ministro e os membros do parlamento.

A competência para negociação e ratificação de tratados internacionais é do presidente da República. Ele deve ser informado a respeito de todas as negociações referentes à conclusão de tratado internacional que não carece de ser submetido à ratificação (*il est informe de toute négociation tendant à la conclusion d'um accord international non soumis à ratification*), dado que a constituição francesa estabelece distinções decorrentes da natureza dos vários tratados internacionais que entabula. Entre os temas de tratativas internacionais que exigem ratificação encontram-se os tratados de paz, de comércio, relativos à organizações internacionais, os que suscitem aumento de gastos públicos, os que modifiquem disposições de natureza legislativa, que sejam relativos ao estado das pessoas, que demandem cessão ou troca de territórios, entre outros; tratados que tratem dessas matérias não têm vigência e existência normativa interna antes de apropriadamente ratificados e aprovados. Cessão e troca de territórios exigem consulta prévia das populações interessadas e envolvidas.

O Conselho Constitucional é uma das instituições mais típicas do direito constitucional francês. É composto de nove membros. O mandato é de nove anos, e não se admite que seja reprisado. O Conselho se renova a cada três anos em um terço de seus componentes. Três membros são indicados pelo presidente da República, três pelo presidente da Assembléia Nacional e três pelo presidente do Senado. O presidente do Conselho Constitucional é nomeado pelo presidente da República, seu voto é de qualidade e sua voz é preponderante em caso de impasse (*il a voix preponderante em cas de partage*). Há incompatibilidade entre as funções de membro do Conselho Constitucional e as de ministro ou membro do Parlamento. Lei orgânica fixará outras incompatibilidades, nos termos da constituição francesa vigente. É incumbência do Conselho Constitucional velar pela regularidade da eleição para presidente da República. Tem função eleitoral, na medida em que examina reclamações e proclama resultados (*il examine les réclamations et proclame les résultats du scrutin*).

A competência do Conselho Constitucional suscita efeitos concretos. Disposição declarada inconstitucional não pode ser promulgada ou implementada (*une disposition déclarée inconstitutionelle ne peut être promulgée ni mise em application*). Não há previsão recursal para as decisões do Conselho Constitucional (*les décisions du Conseil constitutionnel ne sont susceptibles d'aucun recours*). Definiu-se que essas decisões devem ser acatadas pelos poderes públicos e por todas as autoridades administrativas e jurisdicionais.

A autoridade do poder judiciário é garantida pelo presidente da República, nos exatos termos da constituição francesa (*le président de la Republique est garant de l'indépendance de l'autorité judiciaire*). O estatuto da magistratura francesa é definido por lei orgânica. A constituição garante a inamovibilidade dos magistrados. Há um Conselho Superior da Magistratura, também presidido pelo presidente da república. O ministro da justiça exerce a vice-presidência do referido conselho. O modelo do judiciário divide-se em dois grupos. Há os juízes propriamente ditos (*les magistrats du siège*) e os magistrados ligados ao ministério público (*magistrats du parquet*).

Prevê-se uma Alta Corte de Justiça (*La Haute Cour de Justice*). A referida é composta por membros eleitos pela Assembleia Nacional e pelo Senado. A própria corte elege seu presidente entre seus membros atuantes. Determinou-se que lei orgânica fixa a composição da Alta Corte, suas regras de funcionamento, além do modelo procedimental que a rege. No que toca à responsabilidade por atos políticos definiu-se que os membros do governo são penalmente responsáveis pelos atos praticados no exercício das funções. A competência para o julgamento dos componentes do governo é da Corte da Justiça da República. Essa corte é composta por 15 membros.

Cogita-se de Conselho Econômico e Social, ligado ao governo, que aconselha em projetos de lei, bem como em todos os problemas de natureza econômica e social. Determinou-se que todos os projetos de lei que tratem de temas econômicos e sociais deverão ser submetidos ao crivo prévio do Conselho Econômico e Social.

Há título específico sobre as unidades territoriais descentralizadas, a exemplo dos departamentos, regiões e coletividades, além de regiões situadas no além-mar. Há previsão relativa a acordos de associação (*des accords d'association*), pela qual autoriza-se a República Francesa a concluir tratados com Estados que desejem associar-se a França, com objetivo de desenvolvimento de ambas as civilizações.

Consignou-se que a República Francesa participa da Comunidade Europeia, e especialmente da União Europeia. Remete-se às condições de tratado europeu assinado em 29 de outubro de 2004. Indicou-se que *sob reserva de reciprocidade e de acordo com as modalidades previstas pelo Tratado da União Europeia assinado em 7 de fevereiro de 1992, a França consente em transferir competências necessárias para o estabelecimento de uma união econômica e monetária europeia.* Ainda, sob os mesmos pontos, determinou-se comprometimento da França na consecução de projetos de livre circulação de pessoas no meio europeu. Determinou-se que *todo projeto de lei autorizando a ratificação de tratado relativo à adesão de um Estado à União Europeia e às Comunidades Europeias deve ser submetido a referendo pelo Presidente da República.*

No que se refere à revisão constitucional, indica-se que a iniciativa pertence concorrentemente ao presidente da República, mediante proposta do Primeiro-Ministro e aos membros do Parlamento. A proposta de revisão deve ser votada pelas duas assembleias e posteriormente deve ser sujeita a aprovação por referendo, com exceções, a exemplo de projeto que o presidente submete ao Congresso, e que lá recebe maioria qualificada de três quintos dos votos válidos. A forma republicana de governo não pode ser objeto de revisão constitucional.

Assim, tem-se resumidamente a trajetória constitucional francesa, que surge do romantismo revolucionário do século XVIII e que esgrima com o realismo europeizante do século XXI, testemunhando metamorfoses e transformações, do alto das torres da catedral de Notre-Dame, de onde se aprecia o charme e se desconfia dos problemas da cidade das luzes, palco de interminável festa, a preferirmos a imagem inesquecível de Ernest Heminghway[1406].

6.19.3 Dados estatísticos contemporâneos

GOVERNO	República unitária semipresidencialista.
CONSTITUIÇÃO ATUAL	1958 (5ª República).
POPULAÇÃO (2019)	65,129,730 hab. (20º).
DENSIDADE POP.	118,88 hab./km² (89º).
PIB nominal total – 2018)	US$ 2,78 trilhões (9º).
PIB Nominal *PER CAPITA* (PPC)	US$ 42.953.
IDH (2019)	0,891 (26º).
OBSERVAÇÃO	ONU, OMC, UE, Clube de Paris, membro co-fundador da Comunidade Europeia, OCDE, UEO, Francofonia, OTAN, G8, G20.
CONSTITUIÇÕES	1791, 1793, 1795, 1799, 1802, 1804, 1814, 1830, 1848, 1852, 1870, 1875, 1946, 1958.

Fonte: Dados do governo francês.

1406 GODOY, Arnaldo Sampaio de Moraes. O direito constitucional francês. Teresina: *Revista Jus Navigandi*, n. 1656, 13 jan. 2008, ano 13.

Capítulo 7
ALEMANHA – DO AUTORITARISMO À DEMOCRACIA

7.1 Localização e ocupação

A Alemanha é formada por 16 estados[1407] que totalizam uma área com 356.000 km^2. O país, oficialmente chamado de República Federal da Alemanha, fica na Europa Central, limitado pelo Mar do Norte, Dinamarca, Polônia, Suíça e França. A origem dos alemães ou germanos está ligada aos teutônicos e aos cimbros, descendentes dos daneses, por volta de 113 e 101 a.C. Os germânicos se confrontaram com as tropas romanas sob o comando de Júlio César entre 58 e 51 a.C.

Durante o governo de Augusto, os romanos avançaram até o Elba, e as fronteiras do império iam do Danúbio ao Reno e até o mar. O avanço imperial foi limitado devido à derrota na batalha da Floresta de Teutoborgo (9 d.C), quando tropas lideradas pelo chefe dos queruscos[1408], Armínio, arrasaram com três legiões de soldados romanos.

Por volta do século III as tribos germânicas se fundiram em saxões, francos e alamanos (suábios). No século IV, com a invasão dos hunos, de Átila, e a retirada dos romanos, iniciou-se a "Grande Migração" na Europa. Em 455 os germanos derrotaram os mongóis. No mesmo período Clóvis, e alguns séculos depois Carlos Magno, do Império Franco, subjugaram os germanos e saxões.

[1407] Os Estados são a Baviera, Baden Wüttenburg, Berlim, Hamburgo, Bremen, Baixa Saxônia, Renânia do Norte, Westfália, Turíngia, Saxônia Halt, Saxônia, Brandeburgo, Pomerânia Ocidental, Schewisg Holten, Sarre e Renânia – Palatinado.

[1408] Tribo germânica que ocupava a região da Saxônia, nas proximidades da atual Hamburgo. Posteriormente, foram absorvidos pela confederação dos saxões. Seu nome deriva-se da palavra gaulesa "kem", que significa chifre.

Em 843, com a divisão do império Carolíngio pelo Tratado de Verdun, surgiu a Germânia, com Luís (o germânico), que comandava as regiões orientais do império, a leste do Reno e a norte do Aar. Durante o reinado de Oton I (936), coroado em Roma, a Germânia, durante dois séculos, fortaleceu-se como reino europeu, tendo se expandido e ampliado a sua população, e a Alemanha se fixou como estado. Durante esse período os principados se fortaleceram.

Em 1356 foi promulgada a Bula de Ouro, que regulamentou as eleições imperiais e fundamentou o Império, até a sua crise em 1806. Durante a Guerra dos Cem Anos, devido à rivalidade franco-inglesa, o comércio alemão foi ampliado, visto que a Hansa[1409] cresceu e atingiu o seu apogeu em 1350, alargando a sua influência de Flandres à Noruega e à Rússia.

No século XV, ocorrem instabilidades internas e aspirações de reforma do Império. A partir de Alberto II (1438/1439), "os Habsburgos vão ocupar ininterruptamente o trono imperial" e levarão a Alemanha para conflitos internacionais, já que assumiram o "antigo antagonismo entre a Borgonha e o Estado Capetíngio."

Os conflitos vão durar quase três séculos. Vejamos.

Durante a Idade Moderna, no século XVI, a rivalidade política ampliou e juntou-se com a Reforma Protestante. Esta se iniciara em 1517 com as 95 teses contra as indulgências, de Martinho Lutero, professor de teologia, que repercutiu em toda a Alemanha. A revolta proposta por Lutero fazia um apelo "à nobreza cristã da nação alemã", no sentido de derrubar as autoridades eclesiásticas e promover o confisco dos bens da igreja devido a sua corrupção. Os pequenos nobres do sul da Alemanha, liderado por Franz Von Sickingen[1410], em 1523, atacaram as cidades e os mosteiros. Em 1524, teve início uma guerra dos camponeses e o movi-

1409 Trata-se de uma associação de cidades mercantis.

1410 Franz Von Sickingen (1481 – 1523) – Foi um cavaleiro alemão do período da Reforma Protestante. Nascido no castelo Ebernburg, perto de Bad Kreuznach, lutou a serviço do imperador Maximiliano contra a República de Veneza. Integrou a Liga da Suábia contra Ulrich, Duque de Württemberg. Tinha um comportamento questionável ao atacar cidades com suas tropas bem armadas e, posteriormente, exigir o pagamento de resgates para que cessasse as hostilidades. Fez isso em várias ocasiões, quase sempre com resultado positivo para ele.

mento anabatista[1411], gerando uma união dos príncipes para esmagar esse movimento social.

O protestantismo ampliou-se rapidamente, e os príncipes secularizaram os "bens eclesiásticos e as cidades e se emanciparam dos seus bispos". A paz foi alcançada em 1555 com a Paz de Augsburgo entre protestantes e católicos, mas deixou a Alemanha dividida, ocasionando o enfraquecimento do poder imperial. A partir de Alberto II (1438/1439), os Habsburgos vão ocupar ininterruptamente o trono imperial.

Na Idade Contemporânea, durante o século XVIII, a Liga do Reino (1688) colocou a Alemanha sob protetorado da França. Naquela época, organizou-se o Reino da Prússia, sob o comando de Frederico II. Em 1806, Napoleão venceu a Prússia e ocorreu a formação da Confederação do Reno, que derrubou o sistema político implantado pelo Sacro Império Romano Germânico. A época era de arte e literatura:

> "(...) *ligado ao espiritualismo e idealismo que caracterizaram a arte e a literatura alemã, representada por escritores como Schiller e Goethe em Weimar, Jean Paul Novalis, Hôlderlin, Tieck, Klaust, Schlegel, filósofos como Kant, Herder, Fichte, Schelling, Jahn, Hegel (idealista) e na música, Beethoven. Neste período há um relativo apaziguamento político, mas o imperador francês tira e dá coroas a seu bel-prazer e arrasta consigo os exércitos germânicos até a Rússia, para deixar atrás de si uma Alemanha sem dúvida simplificada, mas com muita incerteza acerca do seu futuro*"[1412].

No ano de 1815, com a derrota de Napoleão, os príncipes alemães criaram uma confederação de 39 Estados independentes. A Áustria não confiava na unidade alemã, mas para não se chocar com a Prússia aceitou a confederação germânica (1815). Todavia, com o crescimento da política centralizadora, o caminho estava aberto para a unidade alemã em torno

[1411] O movimento anabatista (chamado assim porque se negava a aceitar o batismo católico) foi um cisma religioso radical contra os católicos, mas também contra os reformadores como Lutero e Calvino, aos quais se opunham. Tinham ideias ainda mais radicais que os reformadores originais no sentido de mudar a Igreja. Acabaram acusados de heresia e de subversão e, na Alemanha e Suíça, chegaram a ser condenados à morte. GONZÁLEZ, Justo. *História del Cristianismo*, Miami: Editorial Unilit, 1994, p. 16.

[1412] ALMEIDA, Ângela Mendes, *A República de Weimar e a ascensão do nazismo*. Col. Tudo é História, São Paulo: Brasiliense, 1990, p. 12.

da Prússia, uma vez que a Áustria será futuramente excluída (1834), quando foi criada a União Aduaneira Alemã (Zollverein). Ocorrem muitas mudanças:

> *"O comércio duplica entre seus membros, desenvolveu-se a indústria, surgindo uma 'classe operária' nos centros urbanos e permitindo a independência econômica do capitalismo inglês. Era a idade do carvão, do ferro, da grande indústria, que teve como exemplo a ascensão das Fábricas Krupp. A Alemanha vivia a Revolução Industrial tardia, mas que favoreceu a 'mudança de mentalidades', surgindo o movimento da Jovem Alemanha que defendia um 'liberalismo radical' e democrático, com base no sufrágio universal, e, portanto, a 'unidade alemã', em torno da Prússia. O idealismo hegeliano é questionado e origina uma 'direita', que defende o estado prussiano conservador e uma 'esquerda', a de Feuerbach, de tendência materialista, revolucionária e anticristã que chegará ao seu apogeu com Karl Marx e a onda revolucionária de 1848-1849, que passou a envolver o proletariado urbano empobrecido"*[1413].

A partir de uma confederação, tornar-se-ia a Alemanha, em 1848, um governo federal provisório. Havia os defensores de uma Pequena Alemanha (sem a Áustria e sob a direção da Prússia) e os de uma Grande Alemanha (liderada pelos Habsburgos). Os defensores da Pequena Alemanha saíram vitoriosos. A "reação" venceu a revolução na Alemanha e voltava-se aos princípios da velha confederação de 1815, e a disputa entre a Áustria e a Prússia era ratificada. Em 1866, a Prússia venceu a Áustria, após a "Guerra das Sete Semanas", e formalizou-se a união com a Confederação Alemã do Norte, organizada por Otto Von Bismarck[1414], chanceler prussiano. O Reichstag (parlamento) começou a funcionar em 1867.

> *"Com a liderança prussiana, a produção alemã de carvão passou de 12 para 26 milhões de toneladas entre 1860 e 1870, iniciando uma Alemanha moderna e industrial, onde o proletariado (2 milhões), devido a uma política paternalista, conseguiu diversos*

[1413] Ibidem, p. 16.

[1414] Otto Eduard Leopold von Bismarck (1815-1896), que passou à história com o apelido de Marechal de Ferro, foi o estadista mais importante da Alemanha no século XIX e lançou as bases do Segundo Reich (reino) alemão. Também era príncipe de Birsmarck e duque de Lauender.

direitos, avançando na vanguarda da legislação social. Em 1863, Lassalle[1415] *criou a Associação Geral de Trabalhadores para defender os interesses do operariado que irá favorecer o nascimento do Partido Operário Social – Democrata alemão (1869)".*[1416]

A disputa com a velha rival França voltaria em 1870. Naquele ano explodiu o conflito com a França devido à disputa pela Alsácia Lorena, culminando com a vitória prussiana e o Tratado de Frankfurt (10/05/1871). A administração de Bismarck aumentou a renda interna e fomentou a industrialização. A Alemanha, no II Reich, teve um progresso econômico que minimizou os conflitos sociais, conseguindo em 1913 ultrapassar a Inglaterra na produção industrial, com duas vezes mais aço que a concorrente, além de ocupar o primeiro lugar no ramo das indústrias químicas e eletrotécnicas. Esse quadro facilitou a evolução do movimento operário e do Partido Social-Democrata, que cada vez mais conseguia vantagens materiais para os trabalhadores.

O país se ressentia, no entanto, de ter chegado tarde à partilha colonial da África e da Ásia. Esta posição da Alemanha gerou conflitos de interesses com a França, Grã-Bretanha, Rússia e a Sérvia, sendo o foco detonador da Primeira Guerra Mundial (1914-1918). A Alemanha desempenhou papel fundamental no período entre as duas guerras mundiais (1918-1939) e foi, em certa medida, "o epicentro dos dois conflitos". Sentindo-se prejudicada pela partilha colonial, a nova burguesia alemã, dirigida politicamente pelos setores militaristas, reclamava da falta de "espaço vital". A isso se juntavam os atritos ferventes entre a Alemanha e o até então país hegemônico na parte ocidental da Europa, a França. É que a derrota humilhante dos franceses na guerra franco-prussiana, em 1871, da qual surgiu o moderno Estado alemão unificado, mantinha ainda acesa a hostilidade entre os dois países[1417].

Considerada detentora do melhor exército do mundo, a Prússia anexou principados e cidades livres, e por intermédio de três guerras –

1415 O ativista político Ferdinand Lassale (1825-1864), considerado um precursor da social-democracia alemã e contemporâneo de Karl Marx, criou a Associação Geral dos Trabalhadores.

1416 ALMEIDA, Ângela Mendes, *A República de Weimar e a ascensão do nazismo*, cit., p. 10.

1417 Ibidem, p. 12.

sucessivamente contra a Dinamarca, a Áustria-Hungria e a França (1870-1871) – constituiu o império alemão (2º Reich[1418]), sob a forma de uma confederação, na qual os prussianos eram hegemônicos. A rápida industrialização da Alemanha durante a segunda metade do século XIX teve importantes repercussões para o país, conforme pode ser observado:

E *"a sua população aumentou vertiginosamente, passando de 41 milhões em 1871 a 49 milhões em 1890 e 67 milhões em 1914. O crescimento da população e o aumento do peso da indústria acarretaram a formação de uma classe operária numericamente compacta e concentrada em indústrias então modernas, nos ramos da siderurgia, química e eletrônica. Paralelamente deu-se um processo de urbanização de grande envergadura: enquanto que em 1841 apenas 1/3 dos alemães vivia nas cidades, em 1910 eram já 2/3 os que habitavam nelas. A população de Berlim, por exemplo, passou de 700 mil habitantes em 1867 para 4 milhões em 1913. Essa urbanização correspondia a um impressionante aumento numérico da classe operária em relação ao conjunto da população: em 1907, 44,3% eram operários e cerca de 68% eram constituídos de assalariados, incluindo os comerciários e os empregados em serviços"*[1419].

Mas a força que a classe operária adquiriu sob a liderança do Partido Social-Democrata Alemão (SPD), durante as últimas décadas do século XIX até 1914, foi fruto de conquistas econômicas e sociais, e consequentemente também políticas. Durante todo esse período de expansão os salários reais tiveram um aumento rápido: no fim do século eles tinham subido um terço em relação ao salário base de 1860; em seguida estabilizaram-se.

7.2 Organização política do II Reich

A Prússia era hegêmonica no Segundo Reich. Lá vivia 50% da população, embora houvesse 25 Estados, cada qual com o seu sistema eleitoral específico e com eleição do respectivo parlamento, o Landtag. O da Prússia, por exemplo, era eleito ainda por um sistema de "classes" estabelecido conforme os bens de cada eleitor. No nível do Reich o poder legislativo

[1418] O 1º Reich foi o Sacro Império Romano da Nação Alemã, surgido com o monarca Oto I, em 962, como consequência do esfacelamento do Império Carolíngeo, de Carlos Magno. O 3º foi o de Hitler.

[1419] ALMEIDA, Ângela Mendes, *A República de Weimar e a ascensão do nazismo*,cit., p. 18.

era exercido pelo Bundesrat, com representantes eleitos pelo parlamento de cada um dos 25 estados, e pelo Reichstag, eleito por sufrágio universal e proporcional. Ressalte-se que o Bundesrat se sobrepunha ao Reichstag, já que este não podia propor leis, votar contra o órgão federativo ou derrubar o primeiro-Ministro[1420]. Portanto, através do Bundesrat, o Landtag da Prússia dominava a Alemanha.

Os operários lutavam dentro de um terreno jurídico bastante peculiar, visto que em nenhum País industrializado existia a coexistência entre legislações específicas tipicamente aristocráticas e discriminadoras em relação às classes sociais e, ao mesmo tempo, outras de caráter democrático liberal. Como parte da contradição supramencionada, também as leis contra os partidos operários (o partido social-democrata era praticamente o único) eram paralelas à ampla liberdade de expressão[1421]. Os sociais-democratas valeram-se do crescimento econômico que beneficiou a classe operária e das décadas de estabilidade que antecederam a eclosão da Primeira Guerra Mundial e souberam extrair reais conquistas da burguesia. "Em contrapartida, reconhecendo explicitamente o papel de protagonista social exercido pela classe operária, as classes dominantes tentaram desde cedo imbuí-la de sentimentos nacionalistas, persuadi-la de que ela era, antes de tudo, parte integrante do Reich. Essa operação ideológica, aliás, comum nesse período a outros países europeus, fincou profundas raízes na massa e conquistou o coração da liderança social-democrata, como ficaria claro a partir de 1914"[1422].

7.3 A Alemanha e a 1ª Guerra Mundial

O episódio que precipitou a Primeira Guerra Mundial se passou na Áustria, vizinha da Prússia. A deflagração do conflito teve início com a disputa da Sérvia (julho de 1914) e o assassinato do arquiduque Francisco Ferdinando (1863-1914), herdeiro do trono austríaco, em Sarajevo, por um estudante da província denominada Bósnia-Herzegovina (reivindicada pela Sérvia). O jovem, Gravilo Princip (1894-1914), militava em uma

[1420] Ibidem, p. 11.
[1421] Ibidem, p. 11.
[1422] Ibidem, p. 11.

das várias entidades nacionalistas bósnias, a Mão Negra, e intitulava-se "anarquista radical".

As consequências após esse fato levaram ao envolvimento de algumas das principais potências do mundo no conflito que, no entanto, é visto como pretexto para uma guerra cuja eclosão era inevitável. Dois problemas de fundo levavam a isso. De um lado, a expansão industrial alemã que se debatia contra o rígido controle colonial do Terceiro Mundo, exercido, sobretudo, pela Inglaterra e pela França. De outro, o problema das nacionalidades oprimidas, particularmente agudo na Polônia e na região dos Bálcãs, e que ameaçava derrubar as fronteiras de vários impérios históricos como o austro-húngaro e o russo. Com esse atentado, os acontecimentos precipitaram-se da seguinte forma:

- A Alemanha apoiou a Áustria, que declarou guerra aos sérvios;
- A Rússia deslocou tropas em defesa da Sérvia, sua velha aliada;
- Em consequência, a Alemanha declara guerra à Rússia e à França, invadindo a Bélgica;
- A Inglaterra apoia a Bélgica e declara guerra à Alemanha;
- A Itália fica omissa, informando que só tomaria posição em caso de agressão à Áustria e à Alemanha (por pertencer à Tríplice Aliança);
- Em agosto, o Japão apoia os Aliados (Sérvia, Rússia, França, Bélgica, Grã-Bretanha, Japão, Itália, Romênia, EUA, Brasil etc.);
- Em novembro, os turcos aderem às "Potências Centrais" (Alemanha, Áustria-Hungria, Império Otomano e Bulgária), transformando o conflito em mundial.

Com a continuidade do conflito, a partir de 1916, o povo alemão foi levado ao descontentamento contra o imperador e surgiram diversas manifestações lideradas pelos sociais-democratas, pelo grupo Spartacus (socialistas de tendência soviética), apoiados pelo Centro Católico, além de greves nas cidades industriais, que culminaram na renúncia do imperador (9/11/1918). A economia do país entrou em colapso no contexto da conflagração,

> *"Mas o prolongamento da guerra corromperia a paz social. A Alemanha dependia substancialmente do mercado internacional para certos itens fundamentais: gorduras*

– 85%; leite – 50%; ovos – 35%; cereais – 10%. O bloqueio dos inimigos e a resistência dos camponeses em aceitar requisições ou os preços fixados pelo governo provocaram uma crise no abastecimento. O consumo da carne, por exemplo, caiu, em 1918, a 12% em relação aos níveis anteriores à guerra. A escassez e as filas começaram em 1915 e, desde 1917, apesar do racionamento houve fome nas cidades. Os operários eram obrigados a trabalhar mais – 11 a 12 horas por dia – ganhando menos – os salários reais caíram de 97, índice de 1914 para 72, em 1918. Houve crise também no abastecimento de carvão, do qual dependia a maioria dos trabalhadores para proteger-se do frio, quase todo destinado às indústrias de guerra e ao transporte. A construção civil, por falta de meios, despencou, abrindo uma crise considerável nas habitações disponíveis. Outros bens de consumo popular, como o vestuário, não eram encontrados. A inflação, provocada pela escassez generalizada e por despesas não cobertas por receitas proporcionais, disparou os preços de tudo o que era essencial à sobrevivência dos trabalhadores"[1423].

Logo, o descontentamento se espalharia por todo o país. Pequenas manifestações começaram a ocorrer a partir de 1915. Greves, também de pouca amplitude, ocorreram em 1916 em Berlim, na Renânia, na Westfália e na Silésia. Em abril do mesmo ano, revoltados com a diminuição da ração do pão e a mobilização militar de dirigentes sindicais, 300 mil trabalhadores, em mais de 300 empresas, cruzaram os braços por dois dias. O movimento mais importante ocorreu a partir de 28 de fevereiro de 1918, quando 400 mil trabalhadores pararam de trabalhar. "A greve se estenderia a Hamburgo, Dresden Kiel, ao vale do Rhur, e duraria quase uma semana, apesar de violenta repressão que, além de centenas de prisões, mobilizaria cerca de 50 mil operários para as frentes de batalhas"[1424].

Mesmo antes do armistício de 11 de novembro, a Alemanha viu-se sacudida por uma rebelião naval, que em pouco tempo desembocou em verdadeira guerra civil. Em 29 de outubro de 1918, os marinheiros estacionados no porto de Kiel rebelaram-se contra uma ordem do comando naval da frota de alto-mar, para se lançarem à "batalha final". Em 3 de novembro, a revolta ganhou adesões na quase-totalidade das forças navais, ao mesmo tempo em que, um pouco em toda parte, constituíam-

[1423] Reis Filho, Daniel Aarão. *A revolução alemã*- mitos e versões, São Paulo: Brasiliense, 1984, p. 12-13

[1424] Ibidem, p. 13-14.

-se "conselhos de soldados e operários", segundo o modelo soviético (soviets).

No primeiro grande conflito total da história, ou seja, com a participação de grande parte da população mundial, denominada Primeira Guerra Mundial, soldados e marinheiros que lutavam na primeira linha de combate eram mais sensíveis aos horrores da guerra. Em 1918 as estatísticas registrariam 6 milhões de mortos e feridos. Após quatro anos de uma guerra feroz de um morticínio como o mundo não havia até então visto, a Europa foi levada a importantes transformações: o histórico império austro-húngaro desapareceu, dando lugar ao surgimento de vários Estados entre a Alemanha e a Rússia, enquanto o também histórico império russo foi derrubado pela primeira revolução proletária vitoriosa da história. Quanto à Alemanha, a sua derrota foi fragorosa. O armistício com os Aliados foi proposto pelo príncipe Max de Baden[1425] em 3 de outubro de 1918 e sacramentado em Rethondes, na carruagem do marechal Ferdinand Foch[1426], líder francês em 11/11/1918.

Enquanto isso, a República era proclamada simultaneamente por Scheidemann[1427] (contra a opinião de Ebert[1428], que queria conservar o

[1425] Max de Baden, o Príncipe de Baden, (1867 – 1929) – Era o nome abreviado de Maximilian Alexander Friedrich Wilheim Prinz von Baden. Ele era herdeiro da família grã-ducal de Baden e primo-irmão de Frederico III de Baden. Após a derrota alemã na Primeira Guerra Mundial, ocupou o cargo de Reichskanzler (chanceler do Império Alemão). Em 3 de outubro de 1918, ele ofereceu a paz ao presidente americano, Thomas Woodrow Wilson. Derrotado pelo movimento revolucionário que ocorreu em seu país, foi obrigado a renunciar ao cargo em 9 de novembro do mesmo ano.

[1426] Ferdinand Jean-Marie Foch (1851 –1929) – Foi um general e acadêmico francês, que foi o comandante das tropas aliadas no *front* Oeste durante a Primeira Guerra Mundial. Em 1914 comandou as forças da Tríplice Entente, levando-as a uma vitória decisiva no Marne. Como adjunto do comandante-geral francês, Joseph Joffre, coordenou as operações dos exércitos franceses, belgas e britânicos, derrotando mais uma vez os alemães na Segunda Batalha do Marne, em 1918. Foch, cujo túmulo está no Hotel dos Inválidos, em Paris, mesmo local onde está o de Napoleão Bonaparte, certa vez previu em conversa com Winston Churchill, seu grande amigo, que a paz, assinada em 1918 com a Alemanha, duraria no máximo 20 anos. Em 1939, conforme previra, Hitler invadiu a Polônia, iniciando a Segunda Guerra Mundial, apenas 20 dias antes de completar 20 anos do Tratado de Versalhes.

[1427] Philipp Scheidemann (1865 – 1939) – Foi um político social-democrata alemão que, sem autorização do partido ou do governo, em 9 de novembro de 1918, fez da República de

regime monárquico) e por Leibknecht, que a proclamava como "República Socialista Livre". No dia seguinte estava formado o "Governo dos Seis Comissários do Povo", composto por Friedrich Ebert, Philipp Scheidemann e Otto Landsberg[1429] pelo SPD e Hugo Haase[1430], Wilhen Dittmann[1431] e Emil Barth[1432] pelo USPD.

Naquele ano, em 10 de novembro, realizou-se a assembleia de delegados dos conselhos de operários e de soldados de Berlim, que confirmou o seu apoio ao governo dos seis comissários do povo. Em 15 de novembro os sindicatos e os representantes patronais, de empresas como Stinnes, Siemens e outros, firmaram um acordo. Através dele os patrões aceita-

Weimar um fato, proclamando-a da varanda do Reichstag, o Parlamento alemão. Depois, tornou-se o primeiro chanceler da República, governando de 13 de fevereiro de 1919 a 20 de junho do mesmo ano. Foi sucedido por Gustav Bauer.

1428 Friedrich Ebert (1871 - 1925) - Político alemão. Ocupou o cargo de chanceler do Império Alemão (9 de novembro de 1918 a 11 de fevereiro de 1919) e de presidente da Alemanha (11 de fevereiro de 1919 a 28 de fevereiro de 1925). Começou na política como sindicalista ligado à social-democracia e logo se tornou líder da ala revisionista do Partido Social-Democrata da Alemanha. Foi o primeiro presidente democraticamente eleito naquele país.

1429 Otto Landsberg (1869 -1957) - Foi um jurista, político e diplomata alemão. Integrou o Conselho Revolucionário dos deputados populares, que assumiu o poder durante a Revolução Alemã de 1918-1919 e, em seguida, serviu como ministro da Justiça no primeiro governo democraticamente eleito da Alemanha, em 1919. Nesse cargo, foi membro da delegação alemã que foi a Versalhes para negociar o Tratado de Versalhes.

1430 Hugo Haase (1863 - 1919) - Foi um líder social-democrata muito influente na Alemanha que se opôs aos objetivos da guerra alemã e formou o Partido Social-Democrata Independente (USPD) da Alemanha, em 1917. Ele foi um dos presidentes do Conselho de Representantes do Povo, no período da revolução de 1918-1919. Haase foi assassinado no final de 1919.

1431 Wilhen Dittmann (1874 - 1954) - Era um político social-democrata alemão. Entre 1917 e 1922 foi secretário do Comitê Central do Partido Social Democrata Independente da Alemanha (USPD).

1432 Emil Barth (1879 -1941) - Foi um trabalhador social-democrata alemão que se tornou uma figura importante na Revolução Alemã de 1918. Integrante do Partido Social Democrata Independente (USPD), era um dos seis membros do Conselho de Deputados Populares. Três membros do órgão eram sociais-democratas majoritários e três, entre eles Barth, independentes. Ele era o mais à esquerda, associado a Karl Liebknechet, que se recusou a servir no Conselho por ter uma maioria não-revolucionária. No período nazista, como membro do Partido Social-Democrata, já menos radical, Barth foi preso várias vezes.

vam velhas reivindicações que até então tinham recusado com obstinação, como a jornada de 8 horas sem diminuição de salários, as convenções coletivas, os comitês de fábrica e os delegados sindicais. Era o início de um novo tempo.

7.3.1 Esquerda e direita na Primeira Guerra

Contra a Dinamarca (1864), depois contra a Áustria (1866) e, finalmente, contra a França do sobrinho de Napoleão (1870-71), as armas prussianas triunfaram. O Reich alemão foi imediatamente proclamado e o rei da Prússia transformou-se no Deutscher Kaiser. A unificação fora realizada, de fato, pela direita e, também de fato, pela força das armas. De qualquer modo, é verdade que, nos 14 anos da República de Weimar, durante os quais se realizaram repetidas eleições, num curto prazo de vida, quantidades substanciais de alemães marcharam, firmemente, para as urnas[1433].

Em 1913, a social-democracia era o primeiro partido do Reich: possuía 110 deputados de um total de 397 no Reichstag, 220 nos parlamentos locais e 12 mil vereadores. Em 1914, tinha cerca de um milhão de filiados, 30 mil militantes profissionais, dez mil funcionários, 203 jornais com 1,5 milhão de assinantes, dezenas de associações esportivas e culturais, movimentos de juventude e a central sindical mais poderosa – com 2,5 milhões de filiados[1434].

Um social-democrata não tinha nenhuma possibilidade de chegar a ministro, nem no Reich nem em qualquer dos Länder[1435]. Por isso mesmo, a social-democracia alemã, com sua poderosa organização que enquadrava a classe operária no plano sindical, político e cultural, constituía um partido diferente dos que existiam em países de democracia parlamentar. Também grande número de judeus, sobretudo intelectuais, fazia parte dessa contra-sociedade, visto que eram excluídos de inúmeras atividades como consequência da política de estado vigente: teóricos (E. Bernstein, A. Braun, J. Stern, S. Katzenstein, Bruno Schonlank, Rosa

1433 Lipson, Leslie, *A civilização democrática*, v. 1, cit., p. 286.

1434 Loureiro, Isabel, *A revolução alemã* [1918 – 1923], Col. Revoluções do Século XX, São Paulo: Editora UNESP, 2005, p. 36.

1435 A Alemanha é uma república federal constituída de estados federados, conhecidos em alemão como Länder (singular Land).

Luxemburgo), jornalistas (K. Eisner, Gradnauer, J. Bloch) e deputados (A. Stadthagen, P.Singer, E.Wurm, H. Haase). De acordo com o sociólogo Robert Michels, aluno de Max Weber, isso acontecia tanto em virtude do forte sentimento antissemita difundido entre o povo alemão, como também de uma política de Estado que restringia as oportunidades de carreira para os judeus: eles eram excluídos das funções administrativas e judiciárias, e não podiam obter o grau de oficial do Exército. Sobrava o campo da esquerda, que com sua aversão a qualquer preconceito de raça, estava aberto ao talento dos intelectuais judeus. Aliás, o movimento operário alemão foi marcado desde o início, com Karl Marx, pela participação de judeus e trabalhadores[1436].

Carl Schorske[1437] confirma esse diagnóstico ao dizer que "*o funcionário do partido queria, acima de tudo, a paz e a unidade na organização. O que na situação cindida do partido fez dele um adversário natural da crítica e da mudança. E como a pressão pela mudança vinha cada vez mais da esquerda, o funcionário se identificava cada vez mais com a direita*"[1438].

"Em 25 de julho de 1914, a social-democracia alemã afirmava solenemente em um manifesto: O proletariado consciente da Alemanha, em nome da humanidade e da civilização, protesta veementemente contra os que promovem a guerra .... Nem uma gota de sangue de um soldado alemão pode ser sacrificada à sede de poder do grupo dirigente austríaco, aos apetites imperialistas do lucro"[1439].

Porém, uma vez posta em marcha a máquina de guerra, todos assistiram estarrecidos à vaga de delírio patriótico que submergiu as populações da civilizada Europa. A declaração do Kaiser Guilherme II, de que não conhecia mais nenhum partido, somente alemães, fez a vaga de

1436 Loureiro, Isabel, *A revolução alemã* [1918 – 1923], cit., p. 36-37.

1437 Carl Emil Schorske (1915 –) – Foi um historiador americano e professor emérito da Universidade de Princeton. Em 1981, recebeu o prêmio Pulitzer, na categoria não-ficção por seu livro *Vienna fin-de-siècle* (Viena no fim do século), em que faz uma análise da intelectualidade europeia da época. Seu primeiro livro, *German Social Democracy* (A democracia alemã social-democrata) descreveu o partido Social-Democrata Alemão e a luta dos oposicionistas de esquerda, entre eles Rosa Luxemburgo e Karl Lieberknecht e os reformistas entre 1905 e 1917. Trabalhou, ainda, nas universidades de Wesleyan e Berkeley.

1438 Loureiro, Isabel, *A revolução alemã* [1918 – 1923], cit., p. 40.

1439 Ibidem, p. 40.

patriotismo atingir todas as camadas da população. Milhares de jovens se apresentavam todos os dias como voluntários. Superestimando as próprias forças e iludidos pela euforia do início, o Kaiser, o governo e o alto-comando do Exército estavam convencidos de que, levando a guerra em duas frentes, em poucos meses a Alemanha seria vitoriosa[1440].

O dia 4 de agosto de 1914 tornou-se uma data histórica para a esquerda mundial. A partir daí, a social-democracia converteu-se à política da união nacional (Burgfrieden), abandonando o princípio marxista da luta de classes tanto no plano prático – o que não era novidade – quanto no plano teórico. A Internacional Socialista, Kautsky passará a explicar, era um instrumento adequado a tempos de paz, não a tempos de guerra. Ou como disse ironicamente Rosa Luxemburgo: "Proletários de todos os países, uni-vos na paz, e degolai-vos na guerra". O fato é que a Alemanha acabou sendo a causadora da Primeira Guerra Mundial, que se estendeu de 1914 a 1918[1441].

Ainda durante esse período na Alemanha, em oposição a Kautsky e seus partidários, ganha força o debate sobre os conselhos de operários, com um viés de esquerda. Eles não foram uma invenção premeditada pela classe operária ou criação intelectual de um ou alguns pensadores. Antes de tudo, são manifestações revolucionárias que somente tomam forma no calor da revolução. Assim ocorreu durante a Revolução Francesa (que foi o primeiro germe dos conselhos), com a Comuna de Paris em 1871, com os soviets em 1905 e 1917 na Rússia e também com os conselhos de operários e soldados (COS) durante a Revolução Alemã que teve início em 1918, mas que já tomava forma ainda durante a Primeira Guerra Mundial.

A existência dos conselhos tinha por objetivo exercer o poder de forma mais democrática, solicitando a ampliação da participação popular, a partir das classes populares, e propondo uma alternativa de controle do poder. É, portanto, um modo de gerir as decisões políticas com base na participação efetiva de todos, seja na administração das fábricas, de bairros ou, em nível maior, na gestão do Estado.

1440 Ibidem, p. 42-43.
1441 Ibidem, p. 43.

Os conselhos são, desse modo, uma alternativa de controle do poder baseada na autogestão. Seu funcionamento requer um fórum permanente, tanto para controle dos seus representantes quanto para a tomada de decisões políticas. Assim, pode-se dizer que os conselhos são órgãos que se propõem a substituir o poder vigente, que é baseado na supremacia do Estado. Buscam construir um novo tipo de relação com o poder, enraizado na participação popular maciça.

Uma das mais árduas defensoras dos conselhos foi Rosa Luxemburgo[1442]. Sua defesa dessas organizações na Revolução Alemã seguem a mesma linha de suas percepções sobre a Revolução Russa de 1905. Para ela, tanto no movimento de 1905 como na Revolução de 1918, o socialismo só pode nascer como projeto das massas, que cria formas revolucionárias alternativas ao poder vigente. Assim foi com a greve de massas em 1905 e com os conselhos de operários e de soldados em 1918.

Juntamente com outros companheiros do partido socialdemocrata alemão, como Clara Zetkin[1443] e Karl Liebknecht[1444], articula em 1914

[1442] Rosa Luxemburgo (1871 – 1919) foi uma filósofa e economista marxista polaco-alemã. Tornou-se mundialmente conhecida pela militância revolucionária ligada à Socialdemocracia da Polônia, ao Partido Social Democrata da Alemanha e ao Partido Social Democrata Independente da Alemanha. Foi uma das fundadoras da Liga Spartacus, organização socialista, anti-imperialista e antimilitarista que atuou na Alemanha durante a Primeira Guerra Mundial, que posteriormente deu origem ao Partido Comunista Alemão.

[1443] Clara Josephine Zetkin (1957 – 1933) – Professora, jornalista e política marxista alemã. Figura histórica do feminismo, foi uma dos fundadores e dirigente do Socorro Vermelho Internacional.

[1444] Karl Liebknecht (1871 –1919) – Foi um dirigente socialista alemão. Ao lado de Rosa Luxemburgo, fundou a Liga Spartacus, movimento socialista de grande prestígio na época. O grupo se opunha ao regime social-democrata vigente na República de Weimar, que os spartaquistas acusavam de ter sido cooptado pela burguesia. Karl Liebknecht estudou direito nas universidades de Leipzig e Berlim, concluindo seu doutorado na Universidade de Würzburg em 1897. Em seguida, abriu um escritório de advocacia e passou a defender as causas trabalhistas e da juventude. Em 1900, aderiu ao Partido Social-Democrata (SPD) da Alemanha. Em 1915, no entanto, fundou, junto com Rosa Luxemburgo, a Liga Spartacus, sendo expulso do SPD no ano seguinte. Em 15 de janeiro de 1919, após o governo alemão ter colocado as cabeças dos líderes de esquerda a prêmio, Karl Liebknecht e Rosa Luxemburgo foram assassinados, depois de barbaramente torturados, por comandos de direita. Com a morte dos dois militantes, o Partido Comunista Alemão (KPD) ficou nas mãos de Paul Levi, spartaquista que se aproximou da social-democracia, anteriormente

o Grupo Internacional em protesto à aprovação de créditos de guerra por parte da social-democracia, recém-convertida aos esforços militares e nacionalistas do período. Em 1918 o grupo passaria a se chamar Liga Spartacus, organização que encabeçaria uma tentativa de revolução na Alemanha. Acusada de agitação antimilitarista, Luxemburgo passou a maior parte dos anos da guerra encarcerada. Em novembro de 1918 sai da prisão, depois de o governo alemão conceder anistia aos presos políticos. Em dois meses, antes de ser assassinada no dia 15 de janeiro de 1919, dedicou-se intensamente à causa revolucionária, principalmente por intermédio de seus textos.

Para Rosa, os conselhos representavam o elemento vivo da revolução, e deveriam, naquele instante, ser o cerne do poder, a representação do Estado socialista, o poder exercido pelas massas. Os conselhos eram a expressão do processo revolucionário da Alemanha. Para Rosa e os Spartacistas (membros da Liga Spartacus), os conselhos deveriam exercer as tarefas do Executivo e do Legislativo, constituindo uma nova estrutura de poder, mais participativa e mais democrática. Não foi o que aconteceu...

7.4 A Constituinte de Weimar – considerações gerais

Na noite de 7 para 8 de novembro de 1918, uma "República Democrática e Socialista" era proclamada na Baviera. No dia imediato, sentindo que a liderança das forças populares lhes escapava em proveito dos grupos de esquerda mais radicais – notadamente o grupo *Spartacus*, chefiado por Karl Liebknecht –, os representantes do Partido Social Democrata da Alemanha (SPD) retiraram-se do governo e convocaram uma greve geral. O Príncipe Max anunciou então a abdicação do imperador, designou o líder dos socialistas majoritários, Friedrich Ebert, para exercer as funções de chanceler, e propôs a convocação de uma assembleia nacional constituinte. No mesmo dia 9, à tarde, o ministro Philip Scheidemann, também do SPD, tomou a iniciativa de proclamar a república, do balcão da chancelaria em Berlim.

O governo provisório então formado, sob a denominação de Conselho dos Delegados do Povo, era chefiado por Ebert e compreendia três repre-

combatida, e, posteriormente passou ao comando de líderes pró-bolcheviques. A ala mais radical desse grupo fundou o Partido Comunista Operário da Alemanha.

sentantes dos socialistas majoritários e três do Partido Social Democrático Independente (USPD). Seus primeiros decretos foram o estabelecimento da jornada de trabalho de oito horas e a atribuição do direito de voto às mulheres. Seguiram-se várias medidas de assistência social aos setores mais carentes da população.

Os objetivos político-constitucionais dos partidos que compunham o governo provisório eram, porém, divergentes. Enquanto o MSPD propugnava a convocação de uma assembleia nacional constituinte e o estabelecimento de uma democracia parlamentar, o USPD manifestava-se a favor da imediata instituição da ditadura do proletariado e da completa socialização da economia, sem passar por uma reconstitucionalização formal do país.

Como consequência, o SPD (Partido Social Democrata da Alemanha) concentrou a sua propaganda na tecla da Assembleia Constituinte, cuja convocação realizaria a "democracia de todo o povo", evitando a "ditadura de uma só classe". Em dezembro de 1918, reuniu-se o Reichsrätekongress (assembleia que reunia os conselhos de trabalhadores e soldados, surgidos durante a revolução de novembro de 1918). Dentre os 489 delegados eleitos, 288 eram do SPD, 90 do USPD, 36 de outros partidos e 75 sem partido. Seguindo orientação do SPD, por esmagadora maioria decidiu não acatar uma moção que atribuía aos Conselhos o poder central (344 votos contra e apenas 98 a favor), e optou pela autodissolução, abrindo caminho para a primeira eleição geral, igualitária, secreta e direta. Dessa forma, portanto, foram os próprios conselhos que decidiram não assumir o poder que segundo eles cabia ao Governo dos Seis Comissários do Povo[1445].

Os marinheiros estacionados em Berlim rebelaram-se na véspera do Natal de 1918. O governo cedeu, mas enquanto cedia, alimentava a mão da extrema direita. "Ebert permitiu que duas divisões de 'corpos francos' entrassem em Berlim com o propósito de intimidação. Além disso, ele e Noske[1446], ministro social-democrata do Exército, passaram em revista outras tropas - eram já cerca de 80 mil voluntários - nas inter-

[1445] Almeida, Ângela Mendes, *A República de Weimar e a ascensão do nazismo*, cit., p. 28.

[1446] Gustav Noske (1868 - 1946) - Foi um político alemão de direita. Integrou o Partido Social Democrata do país e foi o primeiro ministro da Defesa da República de Weimar,

mediações de Berlim. O SPD tornou-se, assim, cúmplice do ataque da contrarrevolução"[1447].

As eleições da Constituinte foram marcadas para o início de 1919, e o exército passou a reprimir as revoltas populares lideradas pelos "radicais" (Rosa Luxemburgo e Karl Liebknecht, do grupo Spartacus).

A direita encaixou-se então nesse processo e, a partir de 9 de janeiro, os "corpos francos" de Berlim começaram a reprimir, evacuando os edifícios ocupados, prendendo operários e procedendo a algumas execuções sumárias[1448]. Foi nessa ocasião que Rosa Luxemburgo e Karl Liebknecht, militantes socialistas e fundadores do Partido Comunista Alemão, foram presos e barbaramente assassinados, sob torturas, por membros dos "corpos francos".

A morte dos socialistas não impediu o andamento do processo. As eleições previstas para 19 de janeiro efetuaram-se, e a Assembleia Constituinte eleita mostrou a imensa superioridade eleitoral que conservava a social-democracia: sozinha conseguiu 11,5 milhões de votos. O USPD obteve 2,3 milhões (o KPD – Partido Comunista da Alemanha – absteve-se), enquanto os partidos burgueses da antiga coalizão para a paz obtiveram juntos 11,5 milhões, e os de direita 4,5 milhões. Nesse contexto, o SPD formou o primeiro governo da república de Weimar, chamando para apoiá-lo os partidos da coalizão para a paz, depois que o USPD se negou a participar[1449]. A coalizão de Weimar pôs fim, definitivamente, ao papel político dos Conselhos Operários[1450].

entre 1910 e 1920. Se tornou famoso pela implacável repressão a uma rebelião comunista em Berlim. Também atuou como editor de jornais sociais-democratas em Bradenburgo.

1447 ALMEIDA, Ângela Mendes, *A República de Weimar e a ascensão do nazismo*, cit., p. 29.

1448 Ibidem, p. 30.

1449 Ibidem, p. 30.

1450 Isabel Loureiro comenta: "No capítulo sobre os direitos dos cidadãos, a Constituição ia além dos direitos fundamentais tradicionais (igualdade perante a lei, inviolabilidade das pessoas e domicílios, segredo da correspondência e ligações telefônicas, liberdade de pensamento, opinião, reunião, representação das minorias, sufrágio universal), o que incluía um certo número de artigos concernentes à família e à juventude.

(...)

Por fim, deve-se mencionar que a falta de ousadia dos constituintes, refletindo o compromisso entre as classes, característico do governo de coalizão, os levou a praticamente

7.5 A Constituição e a República de Weimar

Antes de esmiuçarmos o cenário da consolidação da Constituição de Weimar, traçaremos um panorama de seu quadro evolutivo.

O regime que os alemães conhecem como "República de Weimar" surgiu como uma entidade política improvisada. O que se deu é que após a implantação da República, Friedrich Ebert, preterindo o aparentemente favorito Max Weber, encarregou o jurista Hugo Preuss de elaborar uma proposta de texto constitucional. A referida Constituição estava estruturada em duas partes e 181 artigos. Promulgada a 14 de agosto de 1919, vigorou formalmente até 24 de março de 1933. O povo é, na Constituição da República de Weimar, a origem do Poder e da Constituição que a si próprio dá. Uma formulação algo oblíqua que, complementada pelo art. 1º, explicita a transição da origem do Poder e o caráter contratualista do Estado.

Hugo Preuss (1860-1925), jurista e professor da Universidade de Berlim, foi ministro do Interior (1919) pelo Partido Democrata (DDP). Como solicitado, preparou o projeto constitucional (Weimar), num sentido federal, mas considerando a sua concepção unitária. Defendia: "O Reich é uma República", procurando dar uma nova forma ao Estado preexistente. Procurou atenuar a posição da Prússia, numa tentativa de desmembrá-la e incorporá-la no Reich. A proposta era que a Constituição substituísse o Estado de Bismarck pelo Reich e propunha que os Länder tomassem as formas estatais do povo. "O Reich republicano, Estado-

ignorar a criação mais original da revolução de novembro – os conselhos operários –, limitando-se a uma pequena menção à cogestão operária no quadro de conselhos econômicos. Desde fevereiro de 1920, o artigo 165 da Constituição, que previa a participação dos trabalhadores nas decisões por meio de um sistema escalonado de conselhos, foi concretizado pela lei sobre os conselhos de fábrica. Essa lei gerou insatisfação tanto do lado dos patrões, que julgavam excessivo o nível de cogestão, quanto do lado da esquerda radical, que o considerava insuficiente. Os direitos concedidos aos representantes dos trabalhadores nos conselhos de fábrica eram de fato muito modestos. Apesar disso, tais conselhos desempenharam um papel relevante, como foi o caso em 1923, sobretudo depois que os conselhos de operários e soldados foram liquidados, funcionando ao mesmo tempo como órgãos de poder e como defensores dos direitos dos trabalhadores no local de trabalho". *Vide*, da referida autora, *A revolução alemã* [1918 – 1923], cit., p. 112-113.

-povo[1451] (Volksstaat), articula-se, concessão feita a Comissão de Estado, em 17 Länder (Estados-países) herdeiros dos 25 Saaten de império Guilhermino". Hugo Preuss foi considerado o "pai da Constituição"[1452] e defendeu três princípios:

- A autoridade política é do povo;
- O Estado deve ser organizado tendo uma base federal;
- O Reich deve formar um Estado democrático (*Rechtsstaat*) com base na lei.

A Constituição da República de Weimar, com base na proposta de Preuss, estruturou um Estado federal, laico, democrático (forma *imperii*), pluralista e republicano (*forma regiminis*), que designou Reich, fórmula que confronta etimologia e História.

A Constituição de Weimar adotou o princípio da separação de poderes, na linha das características de *Gesestzgebungsstaat* (Estado legiferante[1453]). Na sua formulação o Poder Executivo residia num Governo colegial, liderado por um chanceler, na realidade apenas um *primus inter pares*. O poder judicial era exercido em subordinação à Lei por uma judicatura independente e inamovível.

Na Constituição de Weimar o Poder legislativo estruturava-se num Parlamento (*Reichstag*), constituído por deputados eleitos diretamente por um sistema proporcional, que representavam a totalidade do povo em mandato livre e num *Reichsrat*, com direito de voto suspensivo, uma representação administrativa proporcional dos Länder (Estados). A chefia do Estado era exercida por um presidente reelegível, eleito diretamente por 7 anos.

1451 Pequena burguesia e os trabalhadores industriais, insistia Preuss, deveriam participar da gestão da política local.

1452 Thalmann, Rita. *A República de Weimar*. Trad. Álvaro Cabral. Col. Cultura contemporânea, n. 11, Rio de Janeiro: Jorge Zahar Editora, 1988, p. 24.

1453 É aquele que tem como característica um Parlamento, como corporação legisladora, superior ao governo, ou, em outras palavras, a sociedade se demonstrando superior ao próprio Estado.

O presidente nomeava os funcionários federais e os oficiais das Forças Armadas, de cujo comando supremo era titular. Estas responsabilidades, associadas à legitimidade adquirida pela eleição direta e, principalmente, aos extensos poderes excepcionais, justificam que o regime possa classificar-se como semipresidencialista.

Os direitos individuais na relação Estado-Indivíduo configuravam-se como "direitos de defesa" (*Abwehrrechte*), destinados a proteger o indivíduo contra o Poder Público ou, em democracia, contra a maioria.

O sistema eleitoral prussiano, *Dreiklassenwahlrecht*, conjugado com uma delimitação de círculos eleitorais deliberadamente desatualizada, proporcionava à elite econômica uma representação preferencial e notável influência política. Havia problemas na Constituição de Weimar:

> *"Jacobson e Schlink defendem que as nações em que o Estado precede a Constituição trilham caminhos significativamente mais difíceis para o governo constitucional do que aquelas em que a Constituição precede o Estado, uma visão comparativa que confronta os textos e realidades constitucionais dos EUA e da RW* [República de Weimar]. *Limitando-se a formalizar poderes de um Estado preexistente, a CRW extrairia deste a sua legitimidade e não o contrário, uma opinião discutível perante a realidade alemã de 1919: nas circunstâncias que rodearam a elaboração do documento é possível perceber a ação do "poder constituinte original", o poder fundador do Estado democrático, em que 'O Poder do Estado emana do Povo'"*[1454].

A Constituição de Weimar não estabelece limites materiais à revisão, pelo que seria possível liquidar constitucionalmente o regime ou os direitos fundamentais. A renúncia da Constituinte à fixação de valores absolutos terá decorrido dos difíceis consensos, mas também da limitada experiência democrática e constitucional da Alemanha.

Segundo os arts. 25 (dissolução do Reichstag) e 48 (estado de exceção) da Constituição de Weimar, ao presidente do Reich (PR) e aos *Landesregierungen* cabiam vastos poderes de intervenção, transcendendo a

[1454] ROQUE, José Manuel de Carvalho. *Weimar* – Factores de colapso de um regime. 2013. 187f. Dissertação (mestrado) – Instituto Superior de Ciências Sociais e Políticas, Universidade Técnica de Lisboa. Disponível em: https://www.repository.utl.pt/handle/10400.5/5881. Acesso em: 30 out. 2019.

ordem constitucional. No art. 48[1455] não se encontra o substantivo *Ausnahmezustand* (= Estado de emergência), mas se o sentido é claro, a formulação é vaga e abrangente, permitindo, no entanto, que o Reichstag votasse a cessação das medidas presidenciais.

Os arts. 23 e 25 permitiam ao presidente do Reich dissolver o Reichstag e criar uma "janela" de até 90 dias sem parlamento, uma "arma" constitucional permitindo que o Executivo governasse por decreto durante o período de inexistência da legislatura, impondo a reconcentração dos Poderes Executivo e Legislativo, visto que o presidente do Reich detinha a capacidade de determinar o Direito e exercer a respectiva aplicação.

Contrariamente aos outros legisladores extraordinários, a Constituição de Weimar parecia não conferir ao presidente do Reich supremacia sobre o legislador ordinário, ao contrário: as suas medidas só pela tolerância deste tinham efeito. Para Carl Schmitt, esta hierarquia era, no entanto, ilusória, e o presidente do Reich mostrava-se mais poderoso que o Reichstag porque as medidas surtiam efeito imediato com consequências irreversíveis e, votada a respectiva cessação, nada impedia o presidente do Reich de as reemitir, reinvocando o art. 48. Passemos então a detalhar o quadro evolutivo da consolidação da Carta de Weimar, a partir de sua Constituinte.

1455 "Mas o que chamava a atenção na Constituição de Weimar era o famoso artigo 48, introduzido a conselho de Max Weber. Ele dava ao presidente do Reich (diretamente eleito pelo povo para um mandato de sete anos e podendo ser reeleito) poderes excepcionais, 'caso a segurança e a ordem públicas sejam gravemente afetadas ou ameaçadas no Reich alemão'; o que significava poder decretar o estado de sítio, suspender os direitos fundamentais, instituir tribunais de exceção, dissolver o Reichstag, autorizar o chanceler a governar por decretos-lei. Em suma, o Presidente tinha poderes ditatoriais que foram utilizados mais tarde, de 1930 a 1933. Foi utilizando o artigo 48 que o marechal Hindenburg, então presidente da República, nomeou Hitler para o cargo de chanceler em janeiro de 1933. Segundo o historiador Pierre Broué, todas as disposições democráticas da Constituição não passavam de cláusulas secundárias em face do artigo 48, que dava ao Estado instrumentos para aniquilar 'toda tentativa revolucionária ou mesmo toda evolução democrática inquietante no interior do quadro constitucional' . Foi no quadro dessa Constituição apresentada na época como 'a mais democrática do mundo' que Ebert decretou o estado de sítio no final de setembro de 1923 – e que mais tarde se instaurou a ditadura de Hitler". Loureiro, Isabel, *A revolução alemã* [1918-1923], cit., p. 112-113.

As mulheres participam pela primeira vez no escrutínio – não difere sensivelmente, em sua composição, do Reichstag antes de 1918. Num total de 36,8 milhões de eleitores, com uma percentagem recorde de participação de 82,7%; apesar do apelo comunista em favor da abstenção, os resultados foram os seguintes:

Partidos	**USPD** (independentes)	**SPD** (Sociais-Democratas)	**DDP** (Democratas)
Votos	2.317.000	11.509.000	5.641.000
%	7,8	37,9	18,6
Cadeiras	22	165	75
Partidos	**Zentrum** (Católicos)	**DVP** (Populistas)	**DNVP** (Nacionalistas)
Votos	5.980.000	1.345.000	3.121.000
%	19,7	4,4	10,3
Cadeiras	91	19	44

Fonte: Almeida, Ângela Mendes, *A República de Weimar e a ascensão do nazismo*, cit., p. 111.

A esquerda, representada pelo SPD e USPD, obtém sucesso. Tem pouco mais de 45% dos sufrágios, cerca de 15% mais em relação aos resultados de 1914. No entanto, essa corrente dispõe apenas de 187 cadeiras no total de 421 da nova assembleia. A direita (DVP e DNVP), totalizando apenas 14,7% dos sufrágios e 63 cadeiras, deixa aos partidos centristas (liberais da DDP e católicos do *Zentrum*), que detêm 38,3% dos sufrágios e 166 cadeiras, desempenharem o papel de árbitros, uma vez que a esquerda depende do apoio parlamentar deles. Símbolo dessa "democracia do justo meio", foi escolhida a pequena cidade de Weimar, no coração da Alemanha[1456], para ser sede da Assembleia Constituinte.

A nova assembleia teve duas tarefas: elaborar e votar a Constituição e assinar um tratado de paz com os vencedores da guerra recém-terminada. A Constituinte reúne-se pela primeira vez a 6 de fevereiro de 1919 e decide preparar uma "lei sobre o poder provisório do Reich" (*Gasetz über*

[1456] Thalmann, Rita. *A República de Weimar*, cit., p. 21-22.

die vorläufige Reichsgewalt). Votado quadro dias depois, esse texto prevê notadamente a eleição pela Constituinte de um presidente do Reich, encarregado de provocar a formação do governo, de promulgar decretos e portarias, assinados conjuntamente pelo ministro da respectiva área, até a instalação de novas instâncias eleitas.

O principal líder do SPD, Friedrich Ebert (1871-1925) foi escolhido por 277 deputados num total de 379 eleitores como presidente do Reich pela Assembleia Nacional de Weimar em 11 de fevereiro de 1919. Ebert começou sua atuação como jornalista e sindicalista. Foi secretário do Partido Social Democrata em 1905 e presidente em 1913. Liderava o Conselho dos Comissários do Povo e foi opositor dos revolucionários extremistas, tendo contato durante as agitações do 1918/1919 com o Estado-Maior alemão, com o intuito de manter a unidade e a ordem alemã. Durante o seu governo foi assinado o tratado de Versalhes, ocorreu a repressão dos movimentos revolucionários e a tentativa (1923) de estabilização da economia alemã por intermédio do Plano Dawes[1457]. Foi substituído, após a sua morte, por Hindenburg.

Ebert confia aos seus amigos da SPD o encargo de formar o governo. Eles propõem inicialmente aos seus antigos aliados da USPD uma coalizão na base do respeito à democracia parlamentar, "determinada em todos os pontos pela vontade da maioria do povo e com exclusão de toda e qualquer tentativa golpista". Formulação inaceitável para a USPD, que responde não ser previsível qualquer espécie de cooperação enquanto prevalecer um poder imposto pela força e o conjunto dos membros do governo não tiver afirmado claramente a sua resolução de preservar as

[1457] Muitas sanções foram impostas à Alemanha após a derrota na Primeira Guerra Mundial. Para cumprir com os compromissos havia a chamada Comissão de Reparação. Esta designou dois comitês para estudar o problema a respeito das reparações e propor uma nova ordem no seu pagamento. O mais importante desses comitês teve como diretor Charles Dawes. Esse comitê apresentou um novo plano para as reparações, auxiliado pelos EUA, conhecido como o Plano Dawes, que foi aceito pela Comissão de Reparações e em seguida pelo governo alemão, sendo posto em prática em setembro de 1924. Com o Plano Dawes foi reduzida as anuidades das reparações a quantidades aparentemente suportáveis; reconheceu-se que a Alemanha necessitava de um intervalo de tempo para se recuperar e; foi injetado capital na forma de um grande empréstimo à Alemanha no valor aproximado de 200 milhões de dólares.

conquistas democráticas e socialistas da revolução contra a burguesia e a autocracia militar. Recusando-se a repudiar sua orientação política anterior, os responsáveis sociais democratas oferecem então aos partidos centristas (DDP e Zentrum) a formação do que se designou como "a coalizão de Weimar", vinculada a três condições:[1458]

- Reconhecimento da forma republicana do Estado;
- Política fiscal atingindo as grandes fortunas;
- Política social implicando a socialização das empresas adequadas[1459].

Até mesmo este último ponto, que os membros do Executivo provisório não tinham ousado propor, não suscita a menor objeção entre os parceiros centristas, os quais sabem que seu eleitorado não tem qualquer simpatia pelo grande capital. E mostra-se favorável às socializações"[1460].

Com a nova Constituição, aprovada em 31 de julho de 1919 e promulgada em 11 de agosto daquele ano, surge novo quadro eleitoral. Com base no artigo 22 da Constituição, foi promulgada a Lei de 27 de abril de 1920. Com ela, baixava-se a idade para o voto de 25 para 20 anos e criavam-se 35 circunscrições eleitorais no país. O número de deputados, em vez de ser fixado de antemão, segundo o número da população ou de seus eleitores, dependia do de votantes; cada lista de candidatos obteria tantas cadeiras, em cada circunscrição, quantas vezes obtivesse um número de votos fixado pela lei em 60 mil, toda a fração restante de 30 mil votos dando, também, direito a uma cadeira.

Os votos não utilizados sobre as listas das circunscrições seriam levados a uma lista de 2° grau, ou lista do Reich, para uma nova repartição de tal modo que cada partido obtivesse um número de cadeiras exatamente proporcional ao número de votos obtidos em todo o território. Para evitar que um grande número de deputados se elegesse pela Lista do Reich, criaram-se uniões de circunscrições, em número de 15, nas quais os partidos não podiam apresentar listas, mas tinham a faculdade de declarar, de antemão, que se vinculavam, total ou parcialmente, nas listas de cir-

[1458] Thalmann, Rita. *A República de Weimar*, cit., p. 22-23.
[1459] Ibidem, p. 23..
[1460] Ibidem, p. 23.

cunscrição; e, nesse caso, os votos obtidos em cada circunscrição, e não utilizados, seriam totalizados no quadro da união de circunscrições. As cadeiras seriam, então, atribuídas às listas de circunscrições que obtivessem maior número de votos. Somente depois dessa segunda repartição é que as vagas remanescentes seriam transferidas às listas do Reich[1461].

Quanto às críticas dirigidas aos constituintes de Weimar, uma delas foi a de que eles se preocuparam "mais com a justiça em matéria eleitoral do que com a eficácia do governo, que confundiram democracia e regime representativo puro e que deram condições ao progresso do comunismo e do nacional-socialismo. O sistema permitia que todos os votos fossem aproveitados". Como explicava Augusto Soulier: "Com o sistema da R. P. automática, nenhum voto é perdido. O eleitor é dispensado de se preocupar com a utilidade prática de seu sufrágio pois que, em uma circunscrição que conta a maior parte das vezes com cerca de um milhão de inscritos, é difícil uma tendência política não obter os 30 mil votos que assegurarão ao menos uma cadeira; ele sabe assim que seu voto será utilizado no quadro da união de circunscrições e eventualmente levado a uma lista nacional. Cioso de exprimir sua opinião, ele não tem o sentimento de que vota para constituir uma maioria e um governo. Uma tal mentalidade, tão diferente daquela de um eleitor britânico, tem grave consequência: o eleitor não adquire o senso das responsabilidades concretas." Isso era mais perigoso porquanto o povo alemão, "saído da dominação imperial, não tinha adquirido esse destacamento e este senso do relativo sem o qual o sistema parlamentar não pode funcionar."[1462]. A República alemã "nasce em circunstâncias paradoxais[1463]", tendo alianças

[1461] Porto, Walter Costa. *Dicionário do voto*. Brasília: Giordano, 1995, p. 473.

[1462] Ibidem, p. 474. Apud Soulier, Auguste. *Le mode de scrutin sous la Republique de Weimar*. In: Duverger, Maurice. *L'influence des systemes électoraux sur la vie politique*. Paris: Armand Colin, 1950, p. 89.

[1463] "Face à consolidação da república, os defensores do golpe contra ela retrocederam. Os generais procuraram fortalecer o exército, que permaneceu sendo um Estado à parte. Continuou a existir uma corrente nacionalista anti-republicana, mas as associações paramilitares perderam sua razão de existir e os seus financiadores. De modo geral os próprios governos burgueses desenvolveram uma política social ampla: foi instituído o seguro contra o desemprego e os salários aumentaram. Mas os empresários se recusaram a aceitar a volta da jornada de trabalho de 8 horas. Cresceram também os investimentos em obras públi-

de sociais-democratas com militares de direita[1464] e socialistas, mas de confronto com a "revolução operária" e com reflexos no futuro regime de Weimar[1465].

Apesar de suas dificuldades iniciais, a Constituição de Weimar foi, na visão dos estudiosos, um documento que conjugava várias tendências políticas, o que o tornava, no mínimo, um documento interessante. O seu ponto fundamental consistia no equilíbrio de poder entre executivo e parlamento, uma situação que remontava ao jogo medieval de concessões mútuas entre a coroa e a as assembleias dos "estados". Dois "modelos republicanos competiam entre si: o americano, com um presidente chefiando o governo e os ministros que respondem apenas perante ele, e o da Terceira República francesa, no qual o presidente era uma mera figura simbólica e o governo dependia exclusivamente do parlamento. Weimar constituía um compromisso entre estas duas opções. Por um lado, a

cas, os salários dos funcionários e, em consequência, a burocracia. Os social-democratas estavam profundamente envolvidos no novo estado de coisas, pois embora não participassem do governo federal, detinham o governo estadual da Prússia, além de outros estados menores, como Baden e Hamburgo, e o de muitas cidades. Eles pretenderam melhorar a qualidade dos serviços públicos e gastavam muito em empreendimentos. Ocuparam-se em geral com as tarefas policiais, deixando aos partidos burgueses as áreas econômicas e sociais". ALMEIDA, Ângela Mendes de. *A república de Weimar e ascensão do nazismo*. São Paulo: Brasiliense, 1990, p. 48.

1464 "Durante os anos de 1920 e 1921 o peso do exército cresceu, bem como a sua independência em face dos políticos, transformando-o quase num Estado dentro do Estado. Sob a aparente vigilância do ministro democrático Gessler, o general von Seeckt reorganizou-o dentro do princípio da 'despolitização', o que significava na prática subtraí-lo à jurisdição do governo. Nem o balanço financeiro passava pelo parlamento. Como pelo tratado de paz o exército só podia ter 10.0000 homens, foram aproveitados apenas parte dos oficiais, que não tiveram problemas para reencarnar as tradições militares imperiais. O exército tornava-se assim uma poderosa força antidemocrática e antirrepublicana, cortada das camadas populares. Mas o resto dos contingentes que haviam formado os 'corpos francos' não aceitou a desmobilização. Conformaram então associações paramilitares clandestinas, financiadas pelas grandes indústrias. Nestas associações, bem como nos tradicionais Partidos de direita – o Nacional Alemão e o Popular Alemão –, começava a se delinear uma nova corrente política: o nacionalismo. A sua base era constituída sobretudo por essas associações paramilitares secretas, que passaram a ter grande importância na vida do país". ALMEIDA, Ângela Mendes de, *A república de Weimar e ascensão do nazismo*, cit., p. 34-35.

1465 PORTO, Walter Costa. *Dicionário do voto*, cit., p. 473.

República não era apenas constitucional mas também plenamente parlamentar, porquanto o executivo e cada ministro individualmente dependiam da confiança do Reichstag, que podia derrubar governos sem necessidade de propor um executivo alternativo (em contraste com a 'moção construtiva de censura' da presente Alemanha). Por outro lado, a posição do presidente era muito fortalecida, pelo fato de passar a ser eleito por sufrágio e por ser também ele a nomear o chefe de governo e – sob proposta deste – os outros membros do executivo. O poder executivo residia nas mãos do presidente, do chanceler e do governo"[1466].

A legislação pertencia ao Reichstag, que era eleito diretamente por sufrágio universal, contemplando os votos masculino e feminino. Correspondendo à estrutura federal da República, existia também um Reichsrat, que representava os Länder (Estados) e era composto por membros dos governos destas. As suas funções legislativas eram limitadas e funcionava, sobretudo, com atribuições consultivas.

> *"Para lá das liberdades tradicionais, a Constituição mencionava também diversos deveres dos cidadãos. Alguns resultavam algo singulares numa lei fundamento, e.g., o dever de os pais fornecerem uma boa educação física e espiritual para os seus filhos, ou o dever de todo o alemão pôr a sua propriedade à disposição 'para o bem comum', uma expressão da preocupação social do legislador que se referia, sobretudo, à ideia de que a terra devia ser cultivada e tornada útil. A igualdade perante a lei era também proclamada e as vantagens e desvantagens no acesso ao direito, derivadas do nascimento ou posição social, eram abolidas. O casamento era colocado 'sob a proteção especial da lei fundamental' e a maternidade sob a proteção do Estado"*[1467].

7.6 A democracia direta na Constituição alemã e suas contradições

A Constituição de Weimar também abria espaço para a democracia direta na forma de referendos e plebiscitos. O artigo que tratava do tema, entretanto, permaneceu letra morta. Merecem, contudo, ser brevemente apresentados por causa do seu interesse acadêmico e porque demonstram o quão difícil é fazer funcionar a democracia direta naqueles países. O art. 73 da Constituição de Weimar determinava que toda lei aprovada pelo

1466 CAENAGEN, R. C, *Uma introdução histórica ao direito constitucional ocidental*, cit., p. 326.
1467 Ibidem, p. 335.

parlamento fosse submetida a um referendo, caso o presidente assim decidisse, no espaço de um mês. No caso de objeção do Reichstag, dispunha o art. 74 que a proposta de lei visada fosse reenviada ao Reichsrat; se as duas casas mantivessem a sua posição mútua, o presidente poderia organizar um referendo; e se o Reichstag rejeitasse as objeções do Reichsrat por uma maioria de dois terços, o chefe do Executivo poderia proclamar lei que era objeto de disputa, ou organizar um referendo. Todas estas disposições eram baseadas na filosofia do art. 1º da Constituição, no qual se declarava que a autoridade do Estado emanava do povo[1468].

A Carta Maior alemã apresentava "uma inteira seção de texto, os art. 151-65, que encerravam uma tentativa algo elaborada de proclamar tanto a livre iniciativa como a 'socialização' da economia (para citar o art. 156). A quadratura do círculo demonstrava ser tão difícil que o legislador conseguia apenas produzir generalizações vagas. Assim, o art. 151 afirmava que a 'liberdade de comércio e de mercado é garantida de acordo com as leis da república', mas acrescentava que 'a organização da vida[1469] econômica deve respeitar um princípio fundamental de justiça e assegurar

[1468] Ibidem, p. 327.

[1469] "A criação do Rentenmark – Stresemann está convencido de que o saneamento monetário condiciona a estabilização econômica e política do Reich. Dotado de plenos poderes na matéria, o ministro da Economia, Hans Luther (sem partido), aconselhado por Hjalmar Schacht, comissário do Reich para a Moeda, depois presidente do Reichsbank, impõe a 15 de outubro de 1923 a criação do Rentenbank, encarregado de emitir o Rentenmark. Coexistindo com a antiga moeda, que continua circulando, essa nova moeda, na impossibilidade de ser lastreada em ouro, que fugiu ou está escondido, é garantida por uma verdadeira hipoteca sobre a propriedade industrial e agrícola do país. Garantida por uma riqueza real, a economia do Reich, essa moeda deve servir de escora até a estabilização e a detenção da inflação. A sua emissão, cujo teto é fixado em 2,4 bilhões de marcos (1 Rentenmark = 1.000 bilhões de marcos papel), inspira rapidamente confiança. Para consolidá-la, o governo promulga medidas rigorosas: uma reforma fiscal, em dezembro de 1921, impõe o pagamento de impostos sobre uma base-ouro, os gastos públicos são comprimidos pelo licenciamento de cerca de 300.000 funcionários, o seguro-desemprego é diminuído, suprimem-se as subvenções para as Estradas de Ferro e os Correios. A restrição do crédito deve servir a uma política deflacionária, pondo-se fim à especulação cambial; ela atinge prioritariamente aqueles que compram divisas estrangeiras para se premunir contra a inflação.

uma existência condigna para todos'[1470]. Nenhum jurista saberia o que fazer com uma declaração desse gênero. De qualquer modo, no início da década de 1930, uma existência condigna, como era consignado, estava fora de questão para milhões de desempregados"[1471].

Em fevereiro de 1919, reúne-se em Weimar a Assembleia Nacional, presidida por Ebert até 1925. O chanceler do governo de coalizão entre sociais-democratas, democratas e católicos (a chamada coalizão de Weimar) é o socialista Philipp Scheidemann. Superadas as discussões pela ratificação do tratado de paz, a 11 de agosto de 1919 é votada a Constituição de Weimar. A Alemanha é agora uma República Parlamentar Federal, fortemente centralizada. A representação popular exprime-se através do Reichstag, que reúne os deputados eleitos pelo povo, enquanto no Reichsrat estão os representantes dos Länder, os Estados regionais alemães. O presidente, eleito a cada sete anos por sufrágio direto, nomeia o chanceler chefe do Executivo (primeiro-ministro). O artigo 48, relativo ao estado de emergência, confere amplos poderes ao presidente (a centralização do poder será amplamente desfrutada por Hitler). O primeiro presidente eleito é Friedrich Ebert, socialdemocrata majoritário, de orientação conservadora.

A Constituição definia a natureza da República, mas fazia-o em termos tão obscuros que deu origem a infindáveis discussões entre juristas. O nome *Deustches Reich*, por exemplo, não invocava propriamente um país federal, visto que as antigas coroas e os seus reinos e ducados pertenciam já ao passado. No entanto, a Alemanha de Weimar consistia em vinte e cinco Länder, cada um com parlamento e governo próprios. Conflitos sucessivos eclodiram entre Berlim e os movimentos separatistas, especialmente na Baviera e na Renânia. Contudo, o poder do presidente, do chanceler e do Reichstag era tão grande por toda a República que se torna justificável falarmos de um Estado unitário descentralizador. A antiga proeminência da Prússia, a sua relação especial com o Estado alemão, tinha acabado, de forma que formalmente correto afirmar que a Prússia era um Land como todos os outros. Mas, na realidade, o seu peso político era ainda muito considerável, em consequência da sua enorme

1470 Caenagen, R. C, *Uma introdução histórica ao direito constitucional ocidental*, cit., p. 336.
1471 Ibidem, p. 336.

população e preponderância econômica. A Prússia tinha cerca de 37 milhões de habitantes, ao passo que o Land de Schaumburg-Lippe, por exemplo, não excedia os 50 mil[1472].

Em relação ao plano dos poderes, "os últimos anos de Weimar testemunharam uma deslocação significativa do parlamento para o presidente; formalmente, no entanto, a Constituição permanecia inalterada. A Assembleia Constituinte de 1919 pretendera claramente criar finalmente uma república parlamentar; e o art. 52 enunciava em termos explícitos, a propósito do chanceler e dos membros do executivo, que 'terão de se demitir sempre que o Reichstag lhes retire a sua confiança através de uma expressa declaração nesse sentido', enquanto o art. 50 estatuía que qualquer decreto ou decisão do presidente necessitava também da rubrica do chanceler ou do ministro competente. O Parlamento – e mais, precisamente, o Reichstag – era a pedra angular do edifício político, ou pelo menos assim se afigurava aos olhos do legislador. Na realidade, as coisas evoluíram de uma forma diferente; nos últimos anos da presidência de Hindenburg (que assumiu funções em 1925), em particular, o parlamento perdeu o seu impacto e o presidente assumiu o poder efetivo, ou melhor, o poder ser-lhe-ia entregue numa bandeja. Os numerosos partidos políticos e as maiorias em permanente alteração no parlamento não logravam produzir governos capazes de executar políticas de longo prazo"[1473].

Frequentemente, os parlamentares não conseguiam reunir coragem para medidas necessárias mais impopulares, especialmente no campo financeiro. Quando o segundo presidente de Weimar, Paul von Hindenburg[1474], cujo prestígio era inatacável, mostrou-se disposto a assumir esse encargo, ficaram aliviados. O mecanismo jurídico pelo qual isto foi feito era baseado principalmente no artigo 48 da Constituição[1475].

[1472] Ibidem, p. 336.

[1473] Ibidem, p. 336.

[1474] Hidenburg foi comandante do Exército Imperial Alemão e, posteriormente, tornou-se presidente do Reich, que dirigiu de 1925 até sua morte, em 1934, após a ascensão de um novo chanceler, o líder do Partido Nazista, Adolf Hitler.

[1475] CAENEGEM, R. C. Van. *Uma introdução histórica ao direito constitucional ocidental*, cit., p. 325.

De acordo com o art. 48, sempre que a ordem pública fosse ameaçada, o presidente podia tomar as medidas necessárias para assegurar a segurança e ordem públicas, completamente ou parcialmente, suspender as garantias fundamentais dos artigos 114, 115, 117, 118, 123, 124 e 153, que asseguravam a liberdade pessoal, inviolabilidade domiciliar, inviolabilidade da correspondência, liberdade de imprensa, de associação e reunião, e o respeito pela propriedade. O art. 48 era interpretado por analistas como preconizando um *Diktaturgewalt* ("poder ditatorial") e justificado como um meio temporário necessário para salvar a própria Constituição em tempos graves de crise. Os decretos emitidos através da invocação do art. 48, que vieram a ser conhecidos por *Notverordnungen* ("decretos de emergência"), eram tão frequentes que a República, mesmo antes de 1933 e do *Verordnung zum Schutz von Volk und Staat* ("decreto para a proteção do povo e do Estado") de fevereiro do mesmo ano, tinha resvalado para um regime permanente de decretos de emergência, perante a passividade do Parlamento.

Era obrigatório notificar o Parlamento de decretos emitidos ao abrigo do art. 48, os quais teriam de ser revogados caso o parlamento assim o requeresse. Mas os políticos encontravam-se demasiado divididos para dar semelhante passo e deixavam de bom grado o presidente governar o país, enquanto se dedicavam ao seu passatempo favorito, formar coligações e fazer discursos ideológicos. O país saudou este *Diktaturgewalt* (poder ditatorial) do presidente como um fator de estabilidade; "para muitos a sua liderança consistia num sucedâneo da monarquia, e em ocasiões públicas Hindernburg referia-se sempre com grande veneração à monarquia, fazendo questão de se apresentar como fiel soldado do imperador. Tentou também expandir os seus poderes de forma deliberada, como se depreende claramente da sua tomada de posse como presidente em 1925: exigia o reconhecimento do presidente do Reich como fator político em paridade com o Reichstag"[1476].

O presidente detinha uma posição de força, tanto em relação ao governo como ao parlamento, já que nomeava e exonerava o líder do governo e podia dissolver o Reichstag e organizar novas eleições, uma

[1476] Ibidem, p. 329.

perspectiva pouco atrativa para os que detinham assento parlamentar. Mesmo antes de 1933, o Reichstag conferia por vezes ao governo plenos poderes legislativos através da aprovação de *Ermdchtigungsgesetze* ("Leis de delegação de poder"), que temporariamente retirava seus próprios poderes. Três precursores da *Gesetz zur Behebung der Not von Volk und Reich* ("Lei para o socorro das necessidades do povo e do Estado"), a famosa Lei de plenos poderes de março de 1933, diziam respeito, *inter alia*, às grandes reformas econômicas de 1923-24, à estabilização da moeda e à reorganização financeira do Estado. Pode afirmar-se sem exagero que, a partir de 1930, a natureza parlamentar do regime está paralisada; foi também uma coincidência desafortunada que a primeira experiência alemã de um regime parlamentar tivesse ocorrido no contexto de uma profunda crise europeia do parlamentarismo[1477].

O fato é que a República de Weimar não sobreviveu ao choque do princípio dos anos 1930. Aquilo que nos importa reter diz respeito à história do direito: quando e como sucumbiu a Constituição de 1919? Propositadamente, não perguntamos pela data da sua "abolição", porquanto a Constituição de Weimar nunca foi expressamente e legalmente revogada (à semelhança do que aconteceu, por exemplo, com a Terceira República Francesa): teve uma morte discreta, de tal maneira discreta que a própria hora exata da morte é difícil de determinar. Uma série de fatores levaram a essa morte precoce[1478].

Caso o entendimento seja de que uma "Constituição se pode declarar clinicamente morta a partir do momento em que é rejeitada pela maioria das pessoas, o ano de 1932 pode ser considerado a data do fim da República de Weimar. Na verdade, nas eleições para o Reichstag de 31 de julho de 1932, os dois partidos radicais que haviam prometido acabar com a República, nazis e comunistas, obtiveram em conjunto uma maioria de 318 lugares de um total de 608: a combinação dos seus votos podia impedir a formação de qualquer espécie de governo leal a Weimar. Os socialistas, os liberais e os católicos, que haviam apoiado a República desde o começo, tinham perdido a confiança da maioria do eleitorado alemão. De um ponto de vista formal, no entanto, a Constituição permanecia em

[1477] Ibidem, p. 330.
[1478] Ibidem, p. 330.

vigor e, quando o presidente Hindenburg, em janeiro de 1933, nomeou o líder nazista Adolf Hitler como chanceler de modo a formar um 'governo de união nacional', estava a atuar ao abrigo do art.° 53 da Lei fundamental. Da mesma forma, quando, em fevereiro de 1933, o decreto de emergência que suspendia os direitos constitucionais foi emitido, decreto que viria a formar a base legal para o Estado-policial nazista durante 12 anos, tal seria feito 'ao abrigo do art.° 48 da Constituição do Reich'. E quando o Reichstag aprovou a Lei de plenos poderes[1479] de março de 1933, que conferia o Poder Legislativo ao governo durante quatro anos, isso foi feito, mais uma vez, por meio de uma emenda à Constituição e com a maioria de dois terços requerida pelo art.° 76 da Lei fundamental"[1480]. Daí, podemos concluir que, dentro da tentativa de democracia, a ditadura venceu[1481].

[1479] "A Lei de plenos poderes de 1933 consistia em cinco artigos, mas nos primeiros dois tudo era dito. O artº 1 estabelecia: "Para além do processo estatuído na Constituição, as leis do Reich podem também ser aprovadas pelo governo. Tal é igualmente aplicável às leis referidas nos artº 85 e 87 da Constituição" (i.e., leis orçamentais). O artº 2 declarava: 'as leis do Reich aprovadas pelo governo podem desviar-se da Constituição, desde que não incidam sobre a organização do Reichstag e do Reichsrat enquanto tal. Os direitos do Presidente do Reich não são afetados'. Mesmo este respeito formalístico pela Lei fundamental acabaria por ser abandonado em Agosto de 1934 com a morte do Presidente Hindenburg. De acordo com a Constituição deveriam ter ocorrido novas eleições presidenciais, mas Hitler fez com que o governo aprovasse uma lei que juntava nas suas mãos as funções de chefe de Estado e chefe de governo. Isto violava flagrantemente a Constituição e também a própria lei de plenos poderes de Março de 1933, que determinava, conforme vimos, que os direitos do Presidente não seriam afetados. O momento culminante do golpe de Estado de Agosto de 1934 foi a substituição de juramento de lealdade à Constituição por parte do exército por um juramento à pessoa do 'Fuhrer do Reich e povo alemães, Adolf Hitler'. Tornava-se claro, mesmo para aqueles que gostavam de pensar que a legalidade de um ponto de vista formal continuava a ser observada, que a Constituição de 1919 se tinha tornado num inútil pedaço de papel. Nenhuma lei nazi menciona a Constituição de Weimar – nem sequer para afirmar que havia sido abolida ou alterada. A eliminação de fato da Constituição pelos acontecimentos de 1933 e 1934 foi chamada 'revolução legal' pelos juristas nazis, e, de fato, era para todos óbvio que uma revolução tinha realmente ocorrido. Vimos como a República de Weimar se imolou perante Hitler em 1933". Ibidem, p. 326-332.

[1480] Ibidem, p. 331.

[1481] A Constituição de Weimar, de 1919, serviu de paradigma para a elaboração da Constituição brasileira de 1934.

7.7 A Alemanha após a 1ª Guerra Mundial

7.7.1 A conjuntura econômica

Conforme indicado anteriormente, em fevereiro de 1919, na cidade de Weimar, a assembleia chancelou Ebert como presidente da República e, em junho, foi assinado por Gustav Bauer[1482] (socialista) o Tratado de Paz de Versalhes. A Conferência Nacional de Weimar, ocorrida em agosto de 1919, reuniu democratas, socialistas, membros do centro e da direita para conseguir "governabilidade" e aprovar a nova Constituição.

Os trabalhadores seriam beneficiados com a edição da Constituição de Weimar. Os acordos estabelecidos com os patrões – a comunidade do trabalho – e a Constituição de Weimar, promulgada em agosto de 1919, consagrariam suas principais reivindicações. As conquistas políticas foram substanciais: desaparecimento dos regimes monárquicos, sufrágio universal para todos os parlamentos, governo responsável perante o Reichstag e Presidente da República eleito por todos os cidadãos. Em que pese a legitimidade das lideranças políticas e sindicais que protagonizaram os acordos, os solenes princípios e resoluções enunciados na Constituição enfrentariam dificuldades imprevistas em sua aplicação prática, nos seguintes termos:

> *"A atividade econômica recuperava-se lentamente. As indústrias de ponta perderam entre 1918 e 1920 cerca de 300 mil trabalhadores, desempregados pela redução do ritmo da produção em virtude da suspensão do esforço militar. Quanto às indústrias tradicionais, embora retomando vigor, não chegariam, em 1920, a igualar os índices de 1913. O problema é que a pressão sobre o mercado de trabalho aumentou consideravelmente, uma vez que milhares de soldados desmobilizados procuravam um lugar ao sol. Por outro lado, a inflação, cujas dimensões catastróficas foram analisadas, corroía o valor dos salários e condenava operários, assalariados em geral, e pessoas que viviam de rendas próprias, a uma difícil situação. As empresas gigantescas eram as grandes bene-*

[1482] Gustav Adolf Bauer (1870 – 1944) – Foi chanceler da República de Weimar entre 1919 e 1920. Nascido na cidade de Darkehmen, na Prússia, hoje Ozersk, na Rússia. Entre 1925 e 1926 acabou envolvendo-se em um escândalo de corrupção que entrou para a história com o nome de Escândalo Barmat, que trouxe problemas aos sociais-democratas e favoreceu a direita política.

> *ficiárias; entre 1918 e 1923 o processo de concentração deu passos substanciais à frente. Como se não bastasse, o Tratado de Versalhes, imposto pelos vencedores da guerra e aceito pelo parlamento em junho de 1919, colocaria a Alemanha numa situação humilhante. O regime republicano terminaria assumindo a responsabilidade política de uma derrota militar provocada pela megalomania dos generais do estado-maior das forças armadas*"[1483].

A sensação de vitória pelas reivindicações conquistadas transformou-se em frustração porque muitas das conquistas eram inaplicáveis na prática. A radicalização dos movimentos sociais exprimiria o desencanto de consideráveis parcelas do povo alemão. A correlação de forças era favorável aos trabalhadores, mas as condições concretas os desfavoreciam.

7.7.2 A crise política e os partidos

Com a situação, o SPD viveria um grande desgaste, principalmente nas grandes cidades. Em Berlim, nas eleições para a Assembleia Constituinte, em janeiro de 1919, o SPD teve 36,5% dos votos contra 27,6% dos independentes. Um mês mais tarde, nas eleições para os conselhos municipais da cidade, o SPD conseguia apenas 31,7% dos votos contra 33% dos independentes. Um ano e meio mais tarde, por ocasião das eleições para a constituição do novo parlamento federal, os independentes consolidavam sua posição de partido majoritário em Berlim com 42,7% dos votos contra apenas 17,5% conferidos ao SPD. Também a inclinação à esquerda foi notável nas eleições para o comitê executivo dos conselhos de fábrica da Grande Berlim. Entre janeiro e abril de 1919 o SPD passou de 346 para 164 delegados, os independentes caíram de 331 para 312, enquanto os comunistas, que não se fizeram representar em janeiro, assumiam 103 mandatos em abril. Portanto, a situação representava uma vitória de um partido de um dos vórtices do processo político, enquanto os moderados perdiam espaço. Isso traria consequências muito sérias à história do país.

Perdiam apoio e confiança populares os partidos identificados com a ordem republicana. As revoltas e lutas sociais entre 1918 e 1923 – os assaltos ao céu – exprimiam igualmente as tendências à radicalização, mas a

[1483] Reis Filho, Daniel Aarão, *A revolução alemã*, cit, p. 121.

análise mais detida dos movimentos sociais revelaria certas contradições e limites que é importante ressaltar[1484].

O movimento operário organizava-se, na ocasião, da seguinte forma:

> *"Exigia, antes de tudo, o atendimento de reivindicações já formalmente consagradas: jornada de trabalho de 8 horas, repouso dominical, alimentação igual para todos os trabalhadores, suspensão da produção com fins militares. O movimento dos conselhos de fábrica que, por sua própria natureza, estaria na vanguarda do movimento operário concentrava-se em reivindicar a democratização da estrutura interna da fábrica, voz ativa na determinação das condições de trabalho – sobretudo, segurança no trabalho –, acesso maior às informações e justa participação nos lucros. Os eixos da luta social giravam em torno da melhoria das condições materiais de trabalho e do tratamento dispensado pelos patrões, gerentes e capatazes.*
>
> *Em segundo lugar, se é verdade que o Partido Social-democrata perdeu importantes posições eleitorais, os sindicatos com ele identificados ampliaram – de forma espetacular seus efetivos, atingindo 7,3 milhões de filiados em fins de 1919. Além disso, é preciso não esquecer que os independentes, como partido político, embora à esquerda do SPD, não se caracterizavam por grande entusiasmo em relação à transformação radical da realidade social, política e econômica da sociedade alemã. E os próprios comunistas só registrariam crescimento popular significativo na medida em que, depois dos fracassos das revoltas de 1919, modificaram sua orientação política, adotando outra mais sensível aos níveis de consciência, luta e organização dos operários alemães. Esta mudança, aliás, é que permitiu a fusão com a ala esquerda dos independentes e com os delegados revolucionários no Partido Comunista Alemão Unificado-VKPD"*[1485].

O mais interessante, porém, é que a ampliação das frustrações sociais e políticas não levou o proletariado a uma posição de liderança na sociedade. Na medida em que os impasses aprofundavam-se, as demais camadas sociais não só não apoiavam as revoltas localizadas da classe operária, mas voltavam-se, e cada vez mais, para os partidos das classes dominantes. As eleições de junho de 1920[1486] voltariam a conferir aos partidos das classes dominantes maioria parlamentar.

1484 Ibidem, p. 121.

1485 Ibidem, p. 146.

1486 Rita Thalmann discorre sobre a desconfiança entre os eleitores: "A perda de confiança da população nos partidos republicanos manifesta-se claramente quando das eleições de

7.7.3 O Tratado de Versalhes

A Constituição de Weimar optou por uma república federal e parlamentar, mas dava diversos poderes ao presidente da República, eleito diretamente por sufrágio universal por sete anos, reelegível e dispondo, além disso, graças ao famoso artigo 48, da possibilidade de suspender os direitos fundamentais e de autorizar o chanceler a governar por intermédio de decretos-leis. Acatou, também, o regime de Weimar, o Tratado de Versalhes[1487], repudiado pelos alemães e que impôs à Alemanha:

6 de junho de 1920 para o primeiro Reichstag. Resultados catastróficos para a coalizão de Weimar, responsabilizada pelas consequências do tratado de Versalhes. Em 18 meses, a SPD perdeu quase a metade de seus eleitores (5.500.000), dos quais uma parte substancial se transfere para a USPD, que duplica seus sufrágios (5.000.000), mas não tardará a juntar-se às fileiras da oposição comunista. O Zentrum perde 1 milhão de votos em proveito dos partidos da direita, que duplicam seus sufrágios e suas cadeiras em relação às eleições da Constituinte. Debilitada, a SPD solicita o apoio da USPD para formar um governo mas esta persiste em sua recusa. O governo, formado a 26 de junho pelo centrista Fehrenbach, é o primeiro desde novembro de 1918, a ser composto unicamente por membros dos partidos burgueses (DDP, Zentrum, DVP), beneficiando-se do apoio parlamentar social-democrata em virtude da situação econômica. Pelas mesmas razões, uma lei prorroga até 1925 o mandato do Presidente da República eleito pela Constituinte, quando sua eleição por sufrágio universal deveria ter ocorrido em 1920. *A República de Weimar*, cit., p. 37.

[1487] O tratado de Versalhes, para Ângela Mendes de Almeida, selou as condições impostas pelos vencedores aos alemães. A conferência de paz iniciada em Paris, em janeiro de 1919, e sem a presença dos países derrotados, terminou por produzir um documento destinado a humilhar e arrasar a Alemanha. Esse texto foi entregue aos alemães em maio, com um prazo de 15 dias para a resposta. Tratava-se na verdade daquilo que eles chamaram de Diktat, onde ficavam evidentes os anseios de revanche da França, derrotada pela Alemanha em 1871. Os aliados exigiam a entrega dos poucos territórios coloniais que a Alemanha possuía (Togo, Camerum e Sudeste africano) e de várias fatias do próprio território alemão: a Alsácia-Lorena, parte do Schleswig, uma saída para o mar para a nova Polônia através do chamado "corredor de Dantzig" (hoje Gdansk), que cortava o país em duas partes, e um trecho da Baixa-Silésia, que viria a integrar a nova Tcheco-Eslováquia; tudo num total de 1/8 do território alemão de 1/10 de sua população. Exigiam ainda a desmilitarização da margem esquerda do rio Reno, na fronteira oeste, a redução do exército a oficiais de carreira em um número não superior a 100 mil homens, a redução drástica do armamento, a quase destruição da marinha, a dissolução do Estado-Maior do Exército, o direito de julgar alguns "responsáveis pela guerra", a proibição do Anschluss – unificação. voluntária da Alemanha e da Áustria – e, por fim, a fixação de pesadas somas a serem estabelecidas em dinheiro e matérias-primas, como reparações de guerra. O texto provocou um intenso

- entrega de parte da sua frota comercial, material ferroviário, máquinas etc.;
- reparações de guerra, fixadas pela Conferência de SPA (1920) em 226 milhões de marcos – ouro (ou 132 bilhões de marcos);
- divisão do país, "com a Prússia Oriental isolada do resto da Alemanha pelo corredor de Dantzig".

A democracia de Weimar, com amplitude de direitos sociais, enfraquecia-se e deixava o "povo alemão" entregue às seduções dos demagogos e dos agitadores nacionalistas e socialistas.

E seriam os extremistas de direita e o conflito das esquerdas que dariam cabo da República de Weimar poucos anos mais tarde. Ao longo da história da República de Weimar, a extrema direita militar e civil, e mais tarde o partido nazista, se encontrariam muitas vezes na mesma posição dos comunistas e da União Soviética. E não por acaso. Foram os condicionamentos geopolíticos da Europa continental, herdados do século XIX, e aguçados pelo Tratado de Versalhes, que fizeram da Alemanha o fiel da balança da correlação de forças entre a União Soviética e os aliados, até que Hitler a transformasse num inimigo comum a ambos os lados.

Os aliados enxergavam de forma diferente a Alemanha durante a assinatura do Tratado de Versalhes, que consagrou a derrota alemã. Somente a França, eterna rival, queria arrasar a Alemanha e cobrar até o fim as dívidas de guerra. A Inglaterra e os Estados Unidos, estes apostando ainda no isolamento político, queriam apenas evitar maiores atritos com a França. Mas essa concessão lhes custou caro, pois empurrou decididamente uma larga faixa de setores políticos alemães de direita para a opção de privilegiar suas relações com a União Soviética. Mas a esquerda alemã

impacto na Alemanha, e foi objeto de grande controvérsia na recém-eleita Assembleia Constituinte, que trabalhava justamente na pequena cidade de Weimar, na Turíngia. Diante da imposição, o texto foi finalmente aprovado em junho de 1919, por 237 votos contra 138, e assinado simbolicamente no palácio de Versalhes, no mesmo local onde em 1871 a França havia assinado a sua rendição. No entanto o tratado de Versalhes iria, senão determinar, ao menos condicionar de forma importante toda a vida da república de Weimar, sua história, bem como as condições que permitiram o ascenso do nazismo em 1933. *Vide*, dessa autora, *A República de Weimar e ascensão do* nazismo, cit., p. 23-24.

não comunista posicionava-se de outra forma. O SPD era um partido com sólidas raízes plantadas no Ocidente, derivadas das ligações com a II Internacional. Seus dirigentes e quadros sempre haviam considerado a Rússia um país reacionário e selvagem. Portanto, não nutriam interesse no contato.

Na União Soviética, os interesses também convergiam para privilegiar a Alemanha. "A partir do fim da guerra civil, no final de 1920, os bolcheviques constataram que era vital romper o isolamento comercial e diplomático em que se encontravam, enquanto, pensavam então eles, a revolução proletária não se estendia a toda a Europa. Seus primeiros esforços tiveram como resultado um acordo assinado com os ingleses, em março de 1921. Mas as relações não prosperaram. França e Estados Unidos permaneciam irredutivelmente hostis a qualquer contato com os soviéticos. A partir de 1922, entretanto, os bolcheviques passaram a intervir segundo um plano preconcebido, visando impedir que a Alemanha entrasse em acordo com os aliados, ou, por outras palavras, e tal como por seu lado o fazia a extrema direita alemã, 'mantendo acesa a ira contra Versalhes'"[1488]. Nesse particular, comunistas e nazistas tinham o mesmo objetivo.

Os partidos de direita foram os maiores defensores do acordo com a União Soviética, enquanto o SPD e o USPD criticaram duramente no parlamento a atitude da delegação alemã. O jornalista Paul Frôlich, representante do Partido Comunista Alemão (KPD), ficou perplexo com o teor do acordo, mas o partido como um todo apoiaria a "luta de libertação nacional" dos alemães, baseado em uma teorização do caráter "revolucionário" da burguesia alemã. Ao mesmo tempo, acentuava-se a desvalorização do marco, concretizava-se a hiperinflação, e a miséria e a fome atingiam o povo alemão, nas cidades e no campo.

A expropriação dos bens acumulados pela pequena burguesia chegou ao seu ponto extremo, proletarizando-a no sentido estrito da palavra.

"A miséria e o clima explosivo levaram novamente as massas à disposição de derrubar o governo. Entre 9 e 11 de agosto [1922] *os delegados de uma assembleia de conselhos*

[1488] ALMEIDA, Ângela Mendes de, *A República de Weimar e ascensão do nazismo*, cit., p. 42.

de fábrica de Berlim determinaram uma greve geral,reivindicando medidas econômicas e a queda do governo. Tanto os sindicalistas social-democratas quanto os comunistas tiveram um papel muito importante em tal decisão, e isso levou o grupo parlamentar do SPD a retirar seu apoio a Cuno. Diante disso o governo demitiu-se em 12 de agosto, reaparecendo o vazio de poder. Mas como nas situações anteriores, a burguesia estava novamente disposta a concessões à classe operária, a "abdicar dos anéis para não perder os dedos". E como nas ocasiões anteriores, os social-democratas recolheram a mão estendida da burguesia. O novo governo, entendido como uma vasta coalizão nacional destinada a fazer face à crise e às dificuldades exteriores, era chefiado por Gustav Stresemann, do Partido Popular Alemão" [1489].

O líder Stresemann entendeu-se com os social-democratas para defender a Constituição de Weimar. A sua ascensão constituiu o ponto culminante de 1923, e o momento em que as tendências que haviam até então se desenvolvido começaram a se reverter. Aparentemente a situação continuou a ser igualmente explosiva, e a inflação a progredir. Mas os dois objetivos iniciais do governo – um acordo com os aliados e a estabilização do marco – começaram a tornar-se realidade, dando início à era mais estável da República de Weimar, os anos de 1924 a 1929. Isso, entretanto, não duraria muito tempo.

Alguns setores, entre os quais a agricultura, sofriam com os padecimentos dos tempos de guerra. Em consequência da falta de fertilizantes durante a guerra, a exaustão dos solos acarreta uma queda de rendimentos por hectare: em 1920, é de 17% para a batata, de 29% para o centeio, de 39% para o trigo. A situação era a mesma na economia. Em 1923, o dólar valia 18.000 marcos (no início do ano), em 1º de novembro valia 8.000.000 de marcos, e a classe média e o povo estavam totalmente arruinados pela inflação, exceto os grandes empresários e bancos que conseguiam grandes fortunas. Um maço de cigarro chegou a custar 4 bilhões de marcos e havia relatos de pessoas levando carrinhos de mão com dinheiro à feira para comprar alimentos[1490]. Em 1925 foi eleito Paul Von Hindenburg para a Presidência da República (até 1934).

1489 Ibidem, p. 46.

1490 Ângela Mendes de Almeida discorre sobre o plano Dawes: "Apoiando o plano Dawes e procurando dirigir toda a sua ação para aumentar o nível de vida dos operários, o SPD

Hidenburg, um austero marechal de campo, oficial do Exército Imperial e defensor da monarquia, sucedeu a Stresemann. Era o candidato dos partidos da direita, o mais direitista dos quais, até o surgimento do Partido Nacional-Socialista dos Trabalhadores Alemães (Partido de Hitler), era o conservador Partido Popular Nacional Alemão[1491]. No campo político, em agosto de 1920 foi criado o Partido Nacional Socialista dos Trabalhadores (Partido Nazista), que conduzido por Hitler[1492], tentará

conseguiu ao final dessa etapa recuperar a popularidade perdida. Mas as funções que exerceu durante a fase de estabilidade e a parte que a sua burocracia abocanhou no quinhão de investimentos que a Alemanha recebeu vieram a pesar no momento de crise. Durante essa etapa o partido comunista sofreu altos e baixos, cisões e expurgos, até que em 1926 consolidou-se a direção liderada por Thaelmann, totalmente fiel ao stalinismo. Desde então a política do KPD nada mais foi do que a emanação alemã dos interesses do Estado soviético. Do fim de 1923 até 1928 a Alemanha foi governada por uma coalizão exclusiva de partidos burgueses. As coalizões se alteraram, mas o SPD. Permaneceu fora do governo federal. Em 1925 "Friedrich Ebert, que permanecia como presidente quase simbólico, morreu. O processo eleitoral empolgou todos os partidos. Através de um primeiro turno, onde se apresentaram candidatos de quase todas as forças, os partidos burgueses puderam ter uma idéia de como direcionar os seus votos. Assim, no segundo turno o candidato do centro católico, Wilhelm Marx, foi apoiado pelos democratas e pelos social-democratas, que retiraram Braun, aderindo ao que definiram como o "mal menor". Os partidos de direita ~ o Nacional Alemão e o Popular Alemão –, apoiados pelos nacionalistas e por outros pequenos grupos de direita, apresentaram a candidatura do velho marechal Hindenburg. O KPD manteve a candidatura de Thaelmann. Os resultados – 48,5% para Hindenburg, 45,2% para Marx e 6,3% para Thaelmann – levando o marechal ao posto de presidente, consolidaram ainda mais a posição dos militares na república de Weimar". *A República de Weimar e ascensão do nazismo*, cit., p. 49-50.

1491 Ibidem, p. 49-50.

1492 Nas palavras de Ernst Johann e Jörg Junker, "O desenvolvimento subsequente decorreu de tal forma que no ano de 1932 Adolf Hitler era candidato contra o até então Presidente de Reich von Hindenburg e os partidos do centro e da esquerda moderada se viam agora obrigados a escolher dos dois males o menor: eles tiveram de se empenhar por Hindenburg, que ganhou as eleições. O terceiro candidato era o comunista Ernst Thalmann. Ele morreu em 1944 num campo de concentração de Hitler, a quem Hindenburg nomeou Chanceler do Reich em 1933. A ascensão de Hitler, cuja carreira política começou em 1919 como orador para soldados em Munique, de forma alguma foi devida apenas ao seu talento demagógico e retórico: inicialmente ele era "apenas" empregado por oficiais como "rufador de tambor" contra a esquerda; mas muito mais rapidamente ele descobriu suas fraquezas, aprendeu como é que se dirige o instinto da massa e onde precisa ser empregado o terror dos golpes brutais, para levar os argumentos melhores ao silêncio. Por fim

um golpe frustrado em Munique (1923), culminando com a sua prisão. Hitler, cabo austríaco na Primeira Guerra, havia sido enviado pelo Exército para espionar os membros do Partido Nazista, mas acabou tornando-se seu líder. E, como tal, não demorou para mostrar a que veio.

Apesar da existência destes fortes grupos de pressão contra a democracia alemã, a recente recuperação econômica barrava sua atuação, mas esta tinha bases frágeis e não demoraria a demonstrar sua fragilidade. A melhor situação da economia iniciada a partir de fins de 1923, chegou ao seu ápice entre 1927 e 1928. Em 1927 a produção global voltou a atingir o nível de 1913. Ocorre que essa expansão tinha uma base frágil, pois, embora tenha aumentado o número de assalariados na indústria, esse aumento não foi proporcional. Também o número de trabalhadores no campo cresceu, mas não na mesma proporção dos assalariados do setor terciário[1493].

A herança do Tratado de Versalhes, considerado humilhante aos alemães pelos militares e pela extrema direita, cobrava seu preço. As cláusulas ainda vigentes do acordo continuavam a ser insustentáveis. O povo alemão, ressentido com a derrota militar, via a Renânia parcialmente ocupada pelos franceses e o pagamento de reparações como humilhações. Para o exército, a limitação no rearmamento era o principal ponto denunciado.

No cenário exterior, o *crack* da Bolsa de Nova York, ocorrida naquele ano de 1929, seria um outro ingrediente explosivo para a crise. Totalmente dependente de empréstimos e voltada às exportações, a economia da Alemanha foi uma das mais atingidas pelo problema ocorrido nos Estados Unidos, mas que contaminou todo o planeta. Os EUA, grandes compradores, pararam de comprar e as grandes economias quase foram à bancarrota.

Isso foi o golpe de misericórdia na combalida economia alemã. O começo do fim da República deu-se a partir do momento em que o

veio a crise econômica dos anos de 1931/32, na qual o número dos desempregados subiu a mais de seis milhões". *Vide,* desses autores, *A República de Weimar (1918-1933)*, Excerto da História da Cultura Alemã dos Últimos Cem Anos. Munique: Nymphenburger Verlagshandlung, 1974, p. 9-10.

1493 Almeida, Ângela Mendes de, *A República de Weimar e ascensão do nazismo*, cit., p. 110.

primeiro-ministro viria a governar sem se apoiar no parlamento, ou seja, não dispondo de uma maioria, forçando-o a exercer o poder por decretos, valendo-se do artigo 48 da Constituição, que o fazia depender diretamente do presidente Hinderburg.

> *"Observa-se que os resultados, completamente diferentes dos de 1928, ilustrariam com clareza a nova situação vivida pelo país a partir da crise econômica mundial. O partido que mais se aproveitaria delas seria o nacional-socialista. Os nazistas haviam conseguido canalizar para seu partido o sentimento nacionalista que era muito forte entre os alemães desde o fim da guerra. As suas ameaças brutais e a repressão física aos adversários apareciam então como sintoma de radicalismo e idealismo. Tanto mais que eles conciliavam no começo um programa com elementos renovadores – tais como a reforma agrária sem indenização, a nacionalização dos trusts e a participação dos trabalhadores nos lucros das empresas – com a sua propaganda nacionalista-por uma 'grande Alemanha'. Apontavam tanto o Tratado de Versalhes como o plano Young como os causadores da crise. Prometiam a anulação das dívidas dos camponeses e preços melhores para seus produtos, um salário mais justo para os operários e melhores condições para o comércio. Responsabilizavam os 'judeus marxistas' e os partidos republicanos que haviam assinado o tratado de paz, pela situação desesperada em que se encontrava o país. Por fim eles se aproveitaram não apenas do apoio financeiro de uma parte da indústria, como da cobertura de frações do aparelho do Estado. Até então os nazistas haviam caracterizado sua ação por provocações e atentados, sobretudo contra os operários. Grupos de autodefesa se haviam formado, principalmente entre os comunistas, e muitas vezes havia resposta à violência. Por essa época Hitler achou que era necessário demonstrar à burguesia que eles haviam escolhido a via legal, e multiplicou profissões de fé na ordem reinante. Para aplacar também os temores do patronato ele excluiu do movimento Otto Strasser, que havia liderado uma corrente plebeia"*[1494].

O grupo social-democrata foi o primeiro a sofrer desgaste por causa da situação econômica. Eles desgastaram-se profundamente, não apenas pelo curto período de dois anos de governo que lideraram, mas também pelos efeitos da crise econômica. Durante toda a época de recuperação, de 1923 a 1929, a social-democracia alemã havia desenvolvido a tese do

[1494] Ibidem, p. 112.

"capitalismo organizado", cujo porta-voz mais autorizado era Rudolf Hilferding[1495], economista austríaco de matriz marxista. Ele explicava da seguinte maneira, numa conferência do SPD em 1927, o significado dessa ideia: "capitalismo organizado quer dizer que o princípio capitalista da livre concorrência foi substituído, graças a uma regulamentação social, pelo princípio socialista da planificação". A economia alemã melhorou até a queda da Bolsa de Nova York para em seguida entrar em recessão, devido à queda de exportações e à retração e retirada dos investimentos americanos.

7.7.4 - Êxitos e fraquezas da reconstrução econômica a partir da década de 1920

A Alemanha havia recebido, na década de 1920, grande afluxo de capitais estrangeiros, sobretudo norte-americanos. Foram estimados entre 25 e 30 bilhões de Reichsmarks de 1924 a 1930. Essa injeção maciça de capitais, emprestados frequentemente a curto prazo e a taxas de juros elevadas para a época (9% a 10%), aumenta o endividamento, que passa de 166 milhões em 1924 para 1.2 bilhões em 1929. Nesse cenário, ocorrem numerosas greves deflagradas em 1924 - mais de 2 mil, envolvendo 29.000 empresas e cerca de 1.700.000 assalariados[1496].

Apesar disso, as entidades de trabalhadores não foram beneficiadas. Os três grandes sindicatos - o ADGB socialista, a Confederação Sindical Alemã (*Deutscher Gewerkschaftsbund*, DGB) e os sindicatos liberais *Hirsch Duncker* veem seus efetivos caírem de 6 milhões de adeptos em 1923 para menos de 4 milhões em 1925, quando a Alemanha contava com 21 milhões de operários.

A dívida dos agricultores vai aumentar muito no período. Atingirá US$ 12 bilhões em 1932, elevando os juros da dívida a US$ 1 bilhão, o

1495 Rudolf Hilferding (1877 - 1941) - Foi um economista austríaco, de linha marxista, líder da social-democracia alemã e médico, que teve forte atuação durante a República de Weimar. Formado pela Universidade de Viena. Escreveu importantes obras como *Capital Financeiro*, de 1910, e *Economia Burguesa e marxismo*, de 1912.

1496 Almeida, Ângela Mendes de, *A República de Weimar e ascensão do nazismo*, cit., p. 112.

que vai representar quase 11% em relação ao rendimento médio de um hectare[1497].

Evolução dos preços agrícolas e dos produtos industriais de 1924 a 1929

(1913 = índice 100)

	Preços agrícolas	Preços dos produtos industriais
1924	120	156
1925	133	157
1926	129	149
1927	138	147
1928	134	159
1929	130	157

As fraquezas da economia são significativas:

"É um ônus excessivamente pesado mesmo que as boas safras de 1928 e 1929 melhorem passageiramente uma situação tanto mais preocupante na medida em que o declínio dos preços mundiais, registrado nessa época, deve ser compensado por subvenções do Estado (política protecionista, empréstimos a juro baixo, isenções fiscais). A agricultura está em crise latente e continua sendo o setor frágil da economia alemã. Outro ponto fraco: o comércio exterior. Desde a década de 1880, e embora a Alemanha assegure mais de 10% do comércio mundial, a balança comercial é deficitária em cerca de 1,5 bilhão de marcos. Apesar do valor das trocas ter aumentado de 20% para 40% entre 1924 e 1929 em relação a antes da guerra, a balança comercial atinge o mesmo nível de déficit, com exceção de 1926 e 1929, em que ela esteve equilibrada graças a um forte impulso das exportações e a uma redução das importações. O déficit explica-se, em parte, pela necessidade de importar grandes quantidades de produtos alimentares para os 63 a 64 milhões de habitantes. A metade destas, ou seja, 7 bilhões, representa compras de matérias-primas, especialmente têxteis e minérios. Quanto às exportações alemãs, se conservam posições sólidas, sobretudo na química (1,3 bilhão), em toda a Europa central, as vendas diminuem nos grandes Estados ocidentais, onde a retomada

1497 Ibidem, p. 112.

econômica suscita o protecionismo. Além disso, a reconstituição da marinha mercante mostra-se insuficiente (um milhar de navios e um milhão de toneladas em relação a 1913) para competir com a Grã-Bretanha, os Estados Unidos e o Japão. No fim de contas, o saneamento financeiro e econômico, que se opera entre 1924 e 1929, os chamados anos de 'prosperidade', permitiu à Alemanha fazer face às reparações, reconstruir sua indústria e sua agricultura, desenvolver sua infra-estrutura econômica, mas à custa do empobrecimento de uma grande parte da população e de uma crescente dependência dos credores estrangeiros"[1498].

Entre 1929 e 1932, o número de desempregados alcança seis milhões de pessoas. Isso será forte fator de pressão contra o governo democrático.

7.7.5 Hindenburg e os nazistas – a República de Weimar transforma-se em presidencialista

Em 1930, Hindenburg dissolveu o parlamento, e os nazistas e comunistas[1499] aumentaram as suas votações. Os nazistas[1500] transformaram-se na

[1498] THALMAN, Rita, *A República de Weimar*, cit., p. 106-107.

[1499] "Infelizmente, nem comunistas nem social-democratas conseguiram enfrentar a crise que começou em meados de 1929. Essa crise, e o desemprego em massa que daí resultou, abriu as portas para um ataque enérgico dos empresários contra os direitos dos trabalhadores. A social-democracia, que, como sempre, temia ações de massa extraparlamentares e prezava acima de tudo a preservação das instituições republicanas, nada fez para defender os trabalhadores. O Partido Comunista, que com sua política de ataque à social-democracia (inclusive aos sindicatos ligados a ela) havia sido alijado dos sindicatos, torna-se um partido exclusivamente de desempregados. A falta de perspectiva do campo da esquerda levou as classes médias ameaçadas pela crise, empregados e funcionários cada vez mais para a esfera de influência do fascismo. Hobsbawm, nas suas memórias, lembra que em 1928 a ultradireita fanática parecia virtualmente extinta. Nas eleições daquele ano o partido nazista de Hitler ficou reduzido a 2,5% e a doze assentos no Reichstag, menos do que o cada vez mais débil Partido Democrata, o mais fiel sustentáculo de Weimar. Dois anos mais tarde os nazistas estavam de volta com 107 cadeiras, em segundo lugar atrás dos social-democratas. O que restava de Weimar foi governado por decretos de emergência. Entre o verão de 1930 e fevereiro de 1932, o Reichstag esteve reunido por menos de dez semanas no total. E, à medida que crescia o desemprego, também cresciam inelutavelmente as forças de alguma espécie de solução radical-revolucionária: o nacional-socialismo à direita e o comunismo à esquerda. Era esse o cenário quando cheguei a Berlirn, no verão de 1931". REIS FILHO, Daniel Aarão, *A revolução alemã*, cit., p. 167.

[1500] Para Ângela Mendes de almeida a "ambiguidade em relação aos nazistas e sectarismo

segunda força política do país, após os sociais-democratas. Seus deputados foram de 12 para 107.

O líder desse novo partido, Adolf Hitler, baseava o seu programa partidário na recusa de pagamento das reparações de guerras, na revisão do Tratado de Versalhes, na xenofobia e no antissemitismo. Recebia forte apoio do Exército e de grandes empresários, que temiam o marxismo, ao mesmo tempo em que acusava os judeus de serem responsáveis pela desgraça alemã.

Em 1932 Hindenburg foi reeleito presidente da República com 19.300.000 votos, "agora com o apoio da social-democracia, que considerou a sua candidatura como um 'mal menor'. (...) Nos últimos meses, porém, ele [o chanceler Heirinch Brüning] havia tocado em dois pontos nevrálgicos: a colonização de algumas terras inaproveitadas e a proibição do grupo

para com os social-democratas ficaram patentes ainda mais no episódio do referendum sobre a Prússia, em agosto de 1931. Querendo aproveitar-se do crescimento do seu prestígio os nazistas propuseram na Prússia um *referendum* pedindo a dissolução antecipada do legislativo estadual, para derrubar o SPD, que governava aquele estado desde 1919. O KPD, depois de um momento de indecisão, seguiu as diretrizes da IC e decidiu participar do referendum apoiando os nazistas. O resultado, prova de como a política sectária dos comunistas desagradava aos operários, foi o fracasso do projeto nazista: apenas 37% dos eleitores votaram a favor. Paralelamente o KPD desenvolveu um triunfalismo exacerbado. Cego ante o perigo que representava o avanço dos nazistas, que passaram de 12 deputados no parlamento em 1928, para 107 em 1930 e 230 em julho de 1932, o KPD rejubilava-se apenas com as perdas da social-democracia (que de 153 passou respectivamente a 143 e a 89 nesses mesmos períodos), e com os seus sucessos: 54 deputados em 1928, 77 em 1930 e 100 em 1932. Durante esses anos o número de militantes do KPD aumentou vertiginosamente. Mas naquela situação de crise esse aumento tinha uma estrutura problemática. É que o partido comunista vinha sendo procurado sobretudo pelos desempregados: em 1932 os militantes que estavam trabalhando em fábricas correspondiam a 11% do total. Além disso, outra característica é que eram principalmente jovens que procuravam o KPD: nesse mesmo ano a percentagem dos militantes de menos de 40 anos era duas vezes maior do que no conjunto da população. Se comparada com o SPD, a estrutura de militância do KPD era ainda mais surpreendente, já que em 1930 apenas 8% do militantes social-democratas tinham menos de 25 anos, enquanto 55% tinham mais de 40. A ruptura entre os dois partidos teve assim uma ilustração social. Dessa maneira, comunistas e social-democratas com sua política abriam a cova em que os trabalhadores alemães iriam ser sepultados em 1933. Cada um desses partidos operários reforçou o imobilismo da classe e a sua desmoralização". *Vide*, dessa autora, *A República de Weimar e ascenção do nazismo*, cit., p. 108-109.

paramilitar nazista, as SA, cuja violência, segundo ele, prejudicava a boa imagem da República. Essas duas iniciativas foram-lhe fatais. Perdendo o apoio dos latifundiários e do exército, que via nas formações paramilitares um fator de alargamento do seu peso, o chanceler Heirinch Brüning[1501] terminou por ser demitido por Hindenburg, em 30 de maio"[1502].

Seu sucessor foi o deputado do centro católico, barão Franz von Papen, conhecido por suas posições mais à direita do que as do seu partido. Aceitando as pressões dos nazistas, ele também suspendeu a interdição das SA[1503], em uma medida que seria fatal à democracia alemã. "O principal ataque que dirigiu contra a democracia de Weimar foi o golpe de Estado contra o governo social-democrata da Prússia, efetivamente um incômodo para a direita. Em 20 de julho Hindenburg, sob o pretexto de que 'a ordem estava ameaçada', demitiu o líder do governo Braun e o encarregado da segurança pública Severing, e nomeou o próprio von Papen como comissário do Reich para a Prússia, o mais importante dos Estados alemães. O impacto dessa medida de força foi terrível e era compreensível esperar que os social-democratas reagissem. (...) Mas não houve reação. Temendo ainda mais a guerra civil, o SPD preferiu interpretar o golpe apenas como 'um arranhão' na Constituição"[1504].

Logo viria o novo governo de von Papen, apelidado de o "governo dos barões", porque oito ministros em 11 eram aristocratas nada republicanos. Sua única missão era assegurar a transição até às novas eleições, permitindo a formação de um governo que incluísse os nacionais-socialistas, cada vez mais poderosos, tendo à sua frente o general Kurt von Schleicher[1505], que concebeu esse projeto e busca a aceitação do marechal-

1501 Heirinch Brüning (1885 - 1970) - Político alemão, chefe do Centro Católico e chanceler do Reich (1930)

1502 Almeida, Ângela Mendes de, *A República de Weimar e ascensão do nazismo*, cit., p. 109-110.

1503 Ibidem, p. 110.

1504 Ibidem, p. 111.

1505 Von Schleicher (1862-1934) era um dos mais proeminentes generais alemães da Primeira Guerra e exercia grande poder no Exército. Após abrir o caminho para a eleição de Hitler como chanceler, no entanto, foi vítima da Noite das Facas Longas, um expurgo liderado pelo ditador nazista contra seus inimigos políticos ou outros líderes que pudessem lhe fazer sombra, em julho de 1934. As principais vítimas foram aquelas que lideravam as SA, inclusive Gregor Strasser e Ernst Röhm, este a principal liderança. Apesar de serem

-presidente, ainda relutante em aliar-se ao "cabo boêmio". Sem entrar em contato com os partidos, von Papen faz publicar a 3 de junho de 1932 o decreto de dissolução do Reichstag. Com 8 milhões de votos (37% dos sufrágios) e 162 cadeiras, a NSDAP (Partido Nazista) conquistou o primeiro lugar. Sua votação representou quase o dobro dos sociais-democratas que dirigiam o governo do Land com o apoio dos centristas[1506].

A estratégia funcionou perfeitamente. No mesmo ano, após a dissolução do parlamento, em novas eleições[1507] (31/07/1932), os nazistas

velhos companheiros do Führer, tinham com ele divergências políticas na forma de conduzir o Estado. Dois inimigos nazistas de Hitler, Gregor Strasser e Ernst Röhm, também foram mortos no dia. Von Papen, ex-chanceler, foi preso e forçado a negar-se a falar contra Hitler, sendo em seguida nomeado embaixador na Áustria. O episódio consolidou o poder do líder nazista no Exército, que via as SA como rivais.

1506 ALMEIDA, Ângela Mendes de, *A República de Weimar e ascensão do nazismo*, cit., p. 111.

1507 "As eleições realizadas em julho de 1932 mantiveram a tendência geral de aumento espetacular dos votos do partido nazista, aumento menos espetacular dos votos dos comunistas e diminuição dos da socialdemocracia. Mas os resultados não deram uma maioria parlamentar a von Papen, que continuou governando por decretos. A legalização das SA desencadeou, agora com mais força, uma onda de assassinatos e violências que só em um mês na Prússia deixou um saldo de 99 mortos e 1125 feridos. A crise econômica chegou ao seu ponto mais agudo com desemprego, baixa da renda nacional e da produção industrial e bancarrotas. Os nazistas continuaram a pressionar os personagens importantes do governo, visando a um remanejamento do gabinete em que ficassem com alguns ministérios. Ao final do ano essas manobras se haviam acelerado e eles estavam dispostos a negar no parlamento a confiança ao governo. Mas von Papen se adiantou e dissolveu-o, convocando novas eleições para 2 de novembro, três meses apenas depois das últimas. A situação era extremamente tensa e as greves se multiplicavam. Os resultados contrariariam a tendência que vinha manifestando-se desde 1930, de ascenso dos nazistas. Enquanto as percentagens de quase todos os outros partidos mantiveram-se, o NSDAP perdeu mais de 2 milhões de votos e 34 deputados. Isso mostra que o destino da Alemanha poderia ter sido outro se a classe operária tivesse iniciativa e se houvesse unidade dos partidos operários. Mas a rotina da vida política não se modificou a não ser pelo fato de os nazistas terem sido colocados mais claramente em oposição ao governo, que continuava sem base parlamentar. Para sair do impasse von Papen quis convencer Hindenburg a estabelecer um Estado forte. Mas o ministro do Exército, von Schleicher, retirou-lhe apoio para esse plano. Sem o aval do exército, von Papen renunciou em dezembro. Hitler tentou novamente entrar para o governo, mas o escolhido para primeiro-ministro foi o próprio von Schleicher, que já exercia grande influência. O general procurou num primeiro momento mudar o rumo dos dois governos anteriores, com uma política menos desfavorável aos trabalhadores, Mas seu governo não

alcançaram 230 deputados, tornando-se o primeiro partido de Reichstag. Em consequência, em janeiro de 1933, Hindenburg nomeou Adolf Hitler como chanceler[1508]. Na sequência, o antigo cabo dissolveu o Parlamento, convocou novas eleições e o Partido Nazista obteve a maioria absoluta de votos e o poder com o qual sonhava.

Era o início do fim da democracia. Em março de 1933, o parlamento concedeu a Hitler, durante quatro anos, o poder de fazer leis, sem apro-

durou nem dois meses. Durante esse período tornou-se crucial o apoio que os grandes industriais deram a Hitler. O exército, que deveria teoricamente apoiar seu ex-rninistro, estava cada vez mais fascinado com Hitler. Assim, o próprio von Papen passou a articular junto a Hindenburg um governo que tivesse Hitler como primeiro-ministro e ele como vice-primeiro-ministro. Relutante, finalmente Hindenburg cedeu em 29 de janeiro de 1933, demitindo von Schleicher e nomeando Hitler como primeiro-ministro". ALMEIDA, Ângela Mendes de, *A República de Weimar e ascensão do Nazismo*, cit., p. 111, 112 e 114.

1508 "Com isto irrompera verdadeiramente a era de Adolf Hitler. Seus partidários mais radicais conquistaram na pequena e média burguesia, economicamente mais aflita e politicamente fraca, bem como dos círculos juvenis e estudantis, sempre voltados para as novidades. Decisivo foi porém o fato que as forças das altas finanças e da indústria pesada, com medo do bolchevismo, se decidiram por Hitler. As unidades semi-militares da SA e da SS foram inicialmente tropas de auxílio para a 'proteção dos salões' nas milhares de reuniões, nas quais angariava-se simpatizantes. O orador mais ativo e mais proeminente era o próprio Hitler, frequentemente utilizando o avião, para voar de reunião para reunião. Em 1932 o partido nazista tornou-se o partido mais forte no Reichstag, depois de qua já havia ganho a maioria em várias assembleias estaduais. A aproximação do Partido Popular Nacional Alemão, dirigido por Alfred Hungenberg, consolidou mais ainda sua posição. Depois da renúncia do Gabinete do General Kurt von Schleicher, Hitler foi feito 'digno de comparecer à corte', pelos nacionalistas alemães junto ao Presidente von Hindenburg, e no dia 30 de janeiro de 1933 tornou-se Chanceler do Reich – talvez o acontecimento de mais graves consequências na história alemã. O antecessor de Scheicher no cargo de Chanceler do Reich, o antigo deputado do centro Franz von Papen, teve grande participação em tal evento. Inicialmente os ministros nacionalistas alemães eram maioria no governo Hitler, mas nas posições chave no reich e no Estado da Prússia (já desde 1932) encontravam-se agora nazistas, acima de tudo o próprio Hitler, Göring, um antigo oficial da força aérea, chefe da SA e desde 1932 Presidente do Reichstag, e Goebbels, desde 1926 'chefe de distrito' do partido nacional-socialista em Berlim e diretor do seu diário berlinense 'Der Angriiff' (O Ataque). No ataque estavam todo eles. Eles que queriam um 'Reich Milenar' sob a cruz suástica, seu símbolo de luta, destruíram o existente e toda a ordem europeia dentro de treze anos, de forma tão 'total' (sua palavra predileta), que o mundo até hoje ainda não se recuperou". JOHANN, Ernst e JUNKER, Jörg, *A República de Weimar (1918-1933)*, cit., p. 10.

vação do legislativo ou do presidente, estabelecer o orçamento anual, efetuar empréstimos, acordos com outros países, comandar as forçar armadas, proclamar lei marcial e reorganizar o gabinete. De posse de tanto poder, ele dissolveu todo os partidos políticos, com exceção do seu Partido Nazista, e tornou ilegais greves e sindicatos. No setor econômico, com Hjalmar Schacht (ministro da economia), ocorreu a abertura de créditos aos empresários, implantou o modelo de substituição das importações (com a fabricação de borracha e gasolina sintética, os "Ersatz"), investimento em grandes obras (chegando a realizar 3.000 quilômetros de autoestradas em 1939) e incentivo à indústria bélica. Era o "milagre econômico" alemão[1509]. A melhora das condições econômicas conquistou parte da população.

7.8 Reflexos da Constituição de Weimar – como a democracia direta serviu à ditadura nazista

Em 2 de agosto de 1934, Hinderburg, que já tinha 85 anos, morreu. Com sua morte, o poder chega de fato a Hitler, que se tornou Führer (líder) e chanceler do Reich. A Constituição de Weimar abria espaço para a ditadura, pois já havia passado do parlamentarismo para o presidencialismo. Seguem comentários sobre pontos importantes previstos na Constituição de Weimar[1510].

Dividida em 5 partes principais, a Constituição de Weimar de 1919 era composta por 165 artigos (com as disposições transitórias totalizava 181 artigos), divididos em dois livros: Livro I, relativo à "Estrutura e Fins da República" e o Livro II, que trazia os "Direitos e Deveres Fundamen-

[1509] Ibidem, p. 10.

[1510] "A Constituição de Weimar, oficialmente Constituição do Império Alemão declarou a Alemanha como uma república democrática parlamentar. Tecnicamente permaneceu em vigor durante toda a existência do Terceiro Reich de 1933-1945, apesar de ter sido esvaziada a partir da chegada de Hitler ao poder. Mesmo assim, para legitimar seus atos manteve em vigência o texto constitucional, mas sem dar-lhe eficácia. Em alemão o termo "Reich" pode ser traduzido como "império", "reino" ou "comunidade". O nome oficial do Estado alemão era Deutsches Reich até a derrota dos nazistas no final da Segunda Guerra Mundial. A Constituição de Weimar, na esteira da Carta mexicana de 1917, trouxe em seu texto os chamados direitos de segunda dimensão, com foco nos direitos econômicos, sociais e culturais.

tais do Cidadão Alemão". O Livro I, que representa a parte dogmática da Constituição, refere-se à organização do Estado, dividindo-se em 7 (sete) seções, mais precisamente abordando a República e os estados, o Parlamento, o Presidente da República e o Governo Federal, o Conselho da República, a Legislação da República, a Administração de República e a Administração da Justiça. O Livro II possuía 5 (cinco) seções: a pessoa individual, a vida social, religião e agrupamentos religioso, educação e escola e a vida econômica.

A queda da República de Weimar e a respectiva ascensão do Terceiro Reich possuem algumas de suas bases em dispositivos da própria Constituição de Weimar. Não só esta deu enormes poderes ao Presidente do Reich[1511], de alguma forma influenciada pelo histórico monarquista alemão, como não havia no texto constitucional a previsão da aplicabilidade imediata das normas de direitos fundamentais, ficando estes à mercê do legislador infraconstitucional para que pudesse produzir efeitos. Sem contar a não vinculação dos poderes públicos ao texto constitucional.

O preâmbulo da Constituição estabeleceu que "O povo alemão, unido em suas tribos e inspirado com a vontade de renovar e fortalecer o Reich em liberdade e justiça, para servir a tranquilidade interna e externa, e para promover o progresso social, adotou a presente Constituição"[1512].

A primeira parte do texto constitucional (Estrutura e Fins da República) especificou a organização dos diversos organismos governamentais do III Reich.

Na primeira seção (a República e seus Estados), composta de 19 artigos, estabeleceu-se que o Reich seria composta pelos Estados alemães (Länder) e que o poder emanava do povo. Também estabeleceu as competências da República (Reich), diferenciando suas funções em relação aos Estados, principalmente nos quesitos relacionados ao direito inter-

[1511] Tal fato, que fez a Constituição ser considerada semipresidencialista, acabou por revigorar a figura do monarca na pessoa do Presidente do Reich, que acabou governando muitas vezes acima do próprio Parlamento. Guarda similaridade com a Constituição brasileira de 1988, que deixou excesso de atribuições no Poder Executivo.

[1512] *Das Deutsche Volk Einig in seinen Stämmen und von dem Willen beseelt, sein Reich em Freiheit und zu Gerechtigkeit erneuen und zu festigen, dem inneren und dem äußeren Frieden zu dienen und den gesellschaftlichen Fortschritt zu fördern, hat sich diese gegeben Verfassung.*

nacional, como defesa, migração e imigração, relações internacionais, alfândega, moeda etc.

Em caso de conflito de competência entre estados federados e o Reich a jurisdição era do Supremo Tribunal Federal. Cada parlamento estadual (Landtag) deveria ser eleito por um voto igual e secreto, segundo a eleição representativa. Cada governo estadual permanecia no poder apenas enquanto tinha a confiança do respectivo parlamento estadual.

A seção 2 trazia o funcionamento e competências do Parlamento, nos artigos 20 a 40. O Reichstag, com sede em Berlim, era composto por representantes eleitos pelo povo alemão por voto igual e secreto aberto a todos os alemães. Podiam votar homens e mulheres a partir dos 20 anos de idade. A representação era proporcional e os membros do Reichstag representavam toda a nação e não propriamente seu respectivo estado federal, estando vinculados unicamente à sua própria consciência. O mandato tinha a duração de 4 (quatro) anos, mas havia a possibilidade de o Reichstag ser dissolvido pelo presidente do Reich, com novas eleições realizadas em até 60 dias após a data da dissolução.

Com uma perspectiva parlamentarista, mas com caráter centralizador, tendo em vista que o chanceler era indicado pelo Presidente do Reich, manteve-se estrutura monárquica na organização do Estado. O mandato do Presidente era de sete anos com possibilidade de uma reeleição.

Os artigos 41 a 59 descrevem as atribuições do Presidente da República e do Ministério. Uma das formas de destituir o Presidente era por plebiscito, mas teria de obter dois terços do voto.

Caso um estado federal não cumprisse as suas obrigações nos termos da Constituição, o Presidente poderia fazer uso da força, tendo em vista que o artigo 48 deu ao Presidente o poder de declarar o estado de exceção, ferramenta que permitia suspender direitos e governar de forma totalmente centralizada, sempre que entendesse ser necessário restaurar a lei e a ordem no caso de ameaça grave para a segurança pública ou a segurança do Reich. O Presidente devia informar o Reichstag destas medidas, e este poderia anular um decreto presidencial.

Já o Chanceler do Reich, indicado pelo Presidente, determinava as diretrizes políticas de seu governo. O chanceler e os ministros eram obrigados a demitir-se caso o Reichstag aprovasse um voto de desconfiança. Caso o Parlamento (Reichstag) acusasse o Presidente do Reich, Chanceler ou qualquer ministro por violação intencional da lei ou da Constituição, a competência para julgamento era do Supremo Tribunal Federal.

A Seção 4, prevista nos artigos 60 a 67, tratava do Conselho da República (Reichsrat). Este era o meio pelo qual os estados poderiam participar na elaboração de legislação em nível nacional. Os membros do Reichsrat eram membros ou representantes dos parlamentos estaduais e submetiam-se às instruções dos respectivos governos estaduais. Os ministros do governo eram obrigados a informar o Reichsrat da legislação proposta ou regulamentos administrativos, de modo a permitir que o Reichsrat expressasse objeções. Guarda similaridade com as atribuições de um Senado Federal.

Os artigos 68 a 77 tinham por objeto o processo legislativo. Leis podiam ser propostas tanto por um membro do Reichstag como pelo governo do Reich, submetendo-se à aprovação da maioria de votos do Reichstag. Adotando práticas de democracia semidireta, havia a previsão de que o Presidente do Reich tinha o poder de decretar que uma proposta de lei deveria ser apresentada aos eleitores sob a forma de plebiscito. Já o governo, via Chanceler, tinha a autoridade para estabelecer normas administrativas, a menos que a lei do Reich especificasse em sentido contrário.

O Reichsrat, composto de representantes dos estados federais, tinha o direito de rejeitar projetos de leis aprovados pelo Reichstag. Se o Reichstag votasse para anular a rejeição do Reichsrat e obtivesse uma maioria de dois terços, o presidente do Reich era obrigado promulgar a norma ou requerer um plebiscito.

A Constituição era flexível, ou seja, as propostas de emendas constitucionais seguiam o mesmo rito da legislação ordinária, com uma única exceção: requeria para sua aprovação a presença de no mínimo dois terços dos membros do Reichstag, e que pelo menos dois terços dos membros presentes votassem a favor da alteração constitucional.

Os artigos 78 a 101 traziam as competências do Poder Executivo, detalhando como o governo do Reich administraria a Constituição e as leis, principalmente nas áreas em que possuía jurisdição exclusiva, como relações exteriores, assuntos coloniais, defesa, áreas fiscal e aduaneira, marinha mercante, ferrovias etc.

Encerrando a primeira Parte vinham os artigos 102 a 108, que estabeleciam as competências do Poder Judiciário. Uma das suas bases era a independência judicial, estando os juízes sujeitos apenas à lei. Além da Corte Suprema, estabelecia tribunais administrativos que tinham a função de julgar litígios entre os cidadãos e os escritórios administrativos do Estado.

A segunda Parte da Constituição de Weimar, dividida em cinco seções, estabeleceu os direitos fundamentais e as obrigações básicas dos alemães. Funcionando como uma constituição balanço, acrescentou ao ordenamento direitos ligados à igualdade, que se somaram aos direitos vinculados à liberdade, estes em boa parte já garantizados desde a Constituição de 1848, estabelecendo a partir de então um estado social.

Na primeira seção, que compreendia os artigos 109 a 118, o foco estava na defesa do indivíduo, defendendo portanto os direitos individuais e tendo por base que todo alemão era igual perante a lei. Era grande avanço para a época, já que igualava homens e mulheres em direitos e obrigações e abolia qualquer tipo de privilégio por nascimento. Garantiu a identidade das comunidades de língua estrangeira na Alemanha, permitindo inclusive o uso da língua materna em todos os setores da vida civil, além de reafirmar que independentemente da província de origem, todos eram cidadãos alemães.

Ressalte-se que boa parte desses artigos deixaram de ser cumpridos, tendo em vista que não havia para eles a aplicabilidade imediata, e as liberdades individuais podiam ser limitadas ou privadas com base na lei. Muitos dos direitos funcionaram mais como carta de intenções do que como normas jurídicas de fato, vigorando mais uma constituição em sentido político do que em sentido jurídico.

Em relação à vida social, estabelecida nos artigos 119 a 134, havia a previsão do direito de reunião, desde que fosse pacífica e sem armas, não necessitando de autorização prévia para sua realização. No mesmo diapasão estava o direito de associação, ficando estabelecido que tinham direito de constituir clubes ou sociedades, desde que autorizadas. Esse direito não poderia ser negado por motivos políticos, sociopolíticos ou religiosos.

As eleições deveriam ser livres e secretas, e todos os cidadãos eram elegíveis para cargos públicos, sem discriminação, com base em suas habilidades. Havia também a possibilidade de os cidadãos serem obrigados a prestar serviços ao Estado e à comunidade, incluso o serviço militar obrigatório nos termos da regulamentação estabelecida por lei do Reich.

No tocante aos direitos religiosos, vários foram os artigos que trataram do tema (135 a 141). Ficou garantida a liberdade de crença e de consciência, instituindo-se um estado laico onde a prática de qualquer religião foi garantida pela Constituição e protegida pelo Estado, assim como o direito a não professar religião. O exercício de direitos eram independentes da religião professada pelo indivíduo, e ninguém poderia ser obrigado a participar de ato ou juramento religioso.

Os direitos ligados à educação foram previstos nos artigos 142 a 150, com foco na edução pública, que deveria ser fornecida por instituições estatais e regulamentada pelo governo, com participação do Reich, da província e da comunidade local. O ensino fundamental era obrigatório e níveis mais avançados eram disponibilizados gratuitamente até o indivíduo completar 18 anos. Havia ainda a previsão do ensino privado, inclusive confessional.

Por fim, os últimos artigos (151 a 165) traziam disposições sobre assuntos econômicos. Um dos princípios base era de difícil interpretação, já que de interpretação extremamente ampla, e dizia que a vida econômica deveria estar de acordo com os princípios da justiça, com o objetivo de alcançar uma vida digna para todos e garantir a liberdade econômica do indivíduo. Também constava nessa seção o direito de propriedade, que normalmente consta junto aos direitos individuais. Também nessa parte estavam previstos os direitos dos trabalhadores, inclusive o direito sindical. Os últimos 16 artigos (artigos 166-181) faziam parte das disposições finais e trazem no seu bojo as regras transitórias necessárias para a entrada em vigência de algumas partes do texto constitucional. Trouxe também o instituto da recepção, em que dava nova condição de validade às leis e decretos anteriores que não conflitavam com o novo texto constitucional.

7.8.1 Debilidades no texto constitucional

A República de Weimar foi de certa forma verdadeiro laboratório constitucional diante das novidades por ela introduzidas, funcionando como centro produtor de métodos e conceitos jurídicos novos. No entanto, teve problemas sérios. Exemplo foi a previsão da representação proporcional, que buscava evitar o desperdício de voto. Ao não estabelecer um limite mínimo de cadeiras para que o partido tivesse representação parlamentar, permitiu a proliferação de partidos, tornando impraticável estabelecer e manter uma maioria parlamentar viável, já que as negociações envolviam dezenas de partidos políticos. Um dos resultados era as constantes mudanças de governo, fato que possibilitou a assunção de poder pelo Presidente do Reich, deixado de lado o Reichstag e tomando as decisões mais importantes, inclusive legislativas, de forma isolada. Não havia salvaguarda contra um rápido crescimento de um partido extremista[1513].

Outro sério problema presente no texto constitucional foi o excesso de poder concedido ao Presidente do Reich. Este não só nomeava o chanceler (chefe de governo) como poderia demiti-lo mesmo que tivesse a confiança do Reichstag (Parlamento). Funcionava como um parlamentarismo às avessas, e o Presidente na realidade herdou poderes praticamente imperiais, como se fosse um "Kaiser" dentro da República. Tinha à disposição o art. 48 da Constituição, que possibilitava, por intermédio de um decreto de emergência, suspender as liberdades civis com um sistema insuficiente de freios e contrapesos. Podia, aliás, suspender o Parlamento e convocar novas eleições. O artigo 48 foi amplamente utilizado nos anos que antecederam a chegada ao poder do partido Nazista, e mais ainda quando Adolf Hitler tornou-se chanceler. Exemplo é o chamado "Decreto Fogo", que suspendia garantias constitucionais dos cidadãos. Foi editado assim que Hitler tornou-se chanceler, em 1933. Com base no artigo 48 da Constituição de Weimar, foram suspensas várias garantias constitucionais, como *habeas corpus*, inviolabilidade da residência, privacidade de correspondência, liberdade de expressão, direito de associação etc.

Também havia a previsão constitucional de o presidente do Reich convocar plebiscitos de forma unilateral, o que foi amplamente utilizado pelos nazistas para legitimar seus atos junto à população, apelando para o que podemos chamar de "ditadura da maioria". Ainda em 1933 foi aprovada, com apoio do partido católico Zentum 29 e com a exclusão

1513 Esse panorama da Alemanha na República de Weimar na década de 1920 lembra o Brasil das primeiras décadas do século XXI, com dezenas de partidos registrados e outros dezenas em análise no Tribunal Superior Eleitoral (TSE).

dos comunistas, a "Lei Habilitante", legislação de exceção que permitia ao governante exercer o poder e criar leis sem necessidade de consultar o Legislativo. A "Lei Habilitante" foi efetivamente uma emenda constitucional, já que reuniu os requisitos constitucionais necessários, ou seja, dois terços dos membros do Reichstag estavam presentes e dois terços dos membros presentes votaram a favor da medida. A Constituição de 1919 nunca foi formalmente revogada, mas a "Lei Habilitante" fez dela letra morta, sendo invocada apenas para legitimar os atos ditatoriais do regime nazista[1514].

7.8.2 Lei Habilitante e a Constituição de Weimar

Na Alemanha, após a publicação da Lei Habilitante, em 1933, a Constituição de Weimar foi praticamente esquecida. Foi utilizada apenas quando necessário para dar credibilidade e aparência de legalidade ao novo regime. Inclusive três eleições realizadas para o Reichstag durante o regime nazista foram nela embasadas, mas com limitações. Os eleitores só poderiam votar em uma lista única de nazistas e "candidatos de hóspedes", e o voto não era secreto. Milhares de decretos nazistas foram baseados explicitamente no Reichstag Decreto Fogo, cuja base era constitucional.

A Constituição da República Democrática Alemã de 1949 continha muitas passagens que foram diretamente extraídas da Constituição de 1919. Ela foi destinada a ser a constituição de uma Alemanha unificada, e foi, assim, um compromisso entre as ideologias liberais-democratas e marxistas-Leninistas. O documento foi substituído por uma nova Constituição, explicitamente comunista, em 1968, que permaneceu em vigor até a reunificação das Alemanhas Oriental e Ocidental em 1990.

No Brasil, a Constituição de Weimar teve impacto imediato na doutrina do Direito Público a partir da década de 1920. Sua principal contribuição foi funcionar como paradigma para a elaboração da Constituição

[1514] Em março de 2015 o presidente da Venezuela, Nicolás Maduro, conseguiu aprovar, em um congresso dominado pelo governo, a Lei Habilitante Antiimperialista, que lhe permitiu governar sem consultar o Legislativo para nada, principalmente em temas ligados à segurança e defesa até o fim daquele ano. A nova legislação, que lhe ofereceu poderes semelhantes aos de um ditador, foi duramente criticada em todo o continente.

brasileira de 1934, que trouxe um capítulo específico destinado aos direitos humanos de caráter social. Influenciou ainda outras constituições, que além dos direitos sociais adotaram a possibilidade de referendos e plebiscitos, amplamente previstos em 1919.

7.8.3 Hitler e a ditadura nazista

O partido nazista prometeu ao povo alemão varrer o sistema de Weimar e desenvolver "prosperidade através da disciplina e do trabalho, e no exterior a dignidade perdida"[1515], mas valia-se constantemente da referida Constituição ao utilizar referendos e plebiscitos para validar os atos governamentais..

> *"A precondição de uma democracia liberal autêntica é o pluralismo político e social, isto é, uma sociedade baseada num certo grau de tolerância para com os próprios adversários, e não num antagonismo inexorável e na negação da legitimidade desses adversários. Nenhum sistema parlamentar em que os grandes partidos e interesses vejam seus concorrentes nas eleições como inimigos totais pode sobreviver por muito tempo. Os fundamentos da democracia não se reduzem a eleições periódicas e à disputa eleitoral. Na ausência do pluralismo genuíno, a democracia pode apressar sua derrocada, como mostra o exemplo da República de Weimar. Uma sociedade complexa pluralista, com diferentes conjuntos de valores, com poder difuso e descentralizado e associações não estatais vigorosas, é a base de uma democracia genuína. Neste ponto o liberalismo político e o socialismo libertário se encontram, afirmando e defendendo uma proposição central: que a democracia não é meramente uma questão de direitos individuais, mas de organização dos problemas sociais por associações livremente formadas por cidadãos. Uma sociedade democrática assim concebida é muito mais compatível com um socialismo associativo como o de Proudhon, Morris ou o primeiro Cole que com a ilusão do 'livre mercado'"*[1516].

Na República de Weimar o estado de exceção esteve próximo de se tornar a norma, e por isso o *status* constitucional e a função política dos poderes excepcionais do presidente foram importante tema de debate político. O parlamento tornou-se não só um instrumento do governo par-

1515 HIRST, Paul. *A democracia representativa e seus limites*, Rio de Janeiro: Zahar, 1992, p. 111.
1516 Ibidem, p. 111.

tidário, como, acima de tudo, instrumento do grande governo em geral. Passou a servir como meio de conferir legitimidade e legalidade às ações do aglomerado ramificado das agências estatais.

Tornou-se o objetivo comum explicar o fracasso de Weimar[1517] pelos conflitos entre a direita, o centro e a esquerda, pela desestabilização permanente da economia devido aos benefícios sociais exagerados, que acabaram favorecendo a inflação, as sucessivas crises governamentais e a flexibilização da Constituição, com predominância de mais direitos que deveres. No entanto, há quem defenda teses contrárias; por exemplo, o sumiço do eleitorado. O drama do regime republicano foi ter sofrido, como vimos, a defecção de 30% de seu eleitorado entre 1919 e 1932 (66% em 1919, 36% em 1932). Defecção causada pelos fracassos políticos, econômicos e socioculturais.

[1517] Sobre os problemas da República de Weimar: "Esses atentados, esses assassinatos, essas perturbações, essas manifestações que marcam a República de Weimar nos seus inícios constituem o pano de fundo da atmosfera geral. Que paisagem contraditória! Por toda parte as oposições são tão tensas e exacerbadas que se tem a impressão de um universo fantástico, de um mundo irreal. Os bairros residenciais, em Berlim e nas grandes cidades, exibem uma calma que não permite suspeitar que, bem perto, as pessoas se matam nas ruas. Cabarés, teatros, cinemas estão cheios de gente, enquanto, ao lado, não a vida, mas a sobrevivência está na ordem do dia em face do desemprego, da miséria moral, da penúria. Ebert, presidente da República, é ridicularizado nos jornais, sendo objeto de comentários os mais escandalosos, e abre nada menos do que 173 processos por difamação em apenas seis anos, numa tentativa de conseguir o respeito devido às suas funções! Não se instalou a contradição no próprio coração da República nascente? As inscrições que indicavam a existência de um regime imperial foram retiradas de todos os monumentos públicos. No museu de cera de Berlim, não há mais nenhuma estátua de Guilherme II. Mas o retrato do imperador é conservado na maioria dos hotéis, e lojas. A própria Constituição hesita entre duas bandeiras. As cores oficiais são as dos revolucionários de 1848, o preto, o vermelho e o amarelo. Mas, no comércio, o antigo pavilhão imperial preto, branco e vermelho foi conservado, apenas com as cores da República no ângulo superior, como escudo. De qualquer forma, a nova Alemanha tem agora uma festa nacional: o dia 11 de agosto de 1919, data da promulgação oficial da Constituição. Uma festa que, pouco a pouco, os social-democratas serão os únicos a celebrar, embora os sinos nesse dia soem em todas as cidades e todas as aldeias". RICHARD, Lionel. *A República de Weimar*, Trad. Jônatas Batista Neto, São Paulo: Companhia das Letras, 1983, p. 60.

> *Percebe-se* que "*a democracia à moda ocidental que os republicanos de Weimar queriam promover exigia uma integração de camadas sociais cada vez mais vastas, mediante uma participação maior nos benefícios do sistema. Às classes médias, excluídas desde a crise econômica de 1921-1923 por uma inflação que destrói, ao mesmo tempo, seus meios de existência e sua fé no poder vigente, somam-se progressivamente as massas trabalhadoras decepcionadas pela deterioração de sua situação e a evolução política do país, onde os privilegiados do antigo regime reencontram e até desenvolvem seu poderio. Em definitivo, não podia existir democracia na Alemanha sem uma reforma profunda das estruturas da sociedade. Reforma impossível, pois os governantes de Weimar, divididos em marxistas reformistas, liberais, cristãos, opunham-se nos problemas fundamentais da propriedade, da liberdade, da religião. Na falta de uma Weltanschauung homogênea, os partidos no poder só podiam pôr-se de acordo na base de concessões mútuas, de acomodamentos, dependendo da relação de forças em face de duas ideologias estruturadas e dinâmicas: o comunismo e o nacional-socialismo, ambos hostis ao regime de Weimar*"[1518].

Com isso, aos poucos, o Führer se tornaria popular. Na segunda volta das eleições presidenciais, em abril de 1932, Hitler obteve apenas 36,8% dos votos e, nas eleições do Reichstag, de 5 de março de 1933 (pouco após a "tomada de poder" de 30 de janeiro e o decreto de emergência de 28 de fevereiro), o seu partido alcançaria somente 44% da votação, mas em breve chegaria a era dos plebiscitos coroados de êxito (após a ocupação da Renânia desmilitarizada e depois do *Anschluss* [anexação] austríaco e dos referendos acerca de alterações à lei, nos quais eram habituais maiorias de 99%.

O Estado nazista seria um estado total, e seu evangelho tinha por finalidade transformar e inspirar a totalidade da sociedade alemã, já que seu impacto não podia ser limitado aos órgãos de Estado. Tudo era afetado: a vida social, as artes, a ciência, os sindicatos e, evidentemente, as mídias. Também foi extensa a violação aos direitos individuais, com uso de violência e perseguições, primeiro contra judeus e depois contra outros segmentos sociais. Exemplos foram a destruição de lojas e a *Kristallnacht* ("Noite dos Cristais"), de 9 de novembro de 1938, além de incêndio

1518 Thalman, Rita, *A República de Weimar*, cit., p. 116.

de sinagogas e vandalismo. Era a brutalidade como norma, a ignorância como método[1519].

Mas faltava o complemento. Foi, contudo, somente durante a guerra, e após a entrada dos Estados Unidos como potência beligerante, que as cúpulas nazistas decidiram, por fim, proceder ao assassinato sistemático dos milhões de judeus europeus em território alemão. A "*Endlösung* (solução final) do problema judeu foi confiada às SS e autorizada por um *führersbefehl* verbal, dado pessoalmente por Hitler a um número escasso de confidentes, provavelmente Goering[1520], Himmler[1521] e Heydrich[1522]"[1523], seus principais auxiliares.

7.9 Ascensão de Hitler e a Constituição de Weimar

É importante entender como se deu a ascensão de Hitler ao poder. Tenhamos em mente que os grupos que apoiavam a República de Weimar eram, desde o começo, muito restritos. Incluíam, sobretudo, a massa de trabalhadores sociais-democratas. Contavam também com um número decrescente de membros das classes médias liberais, incluindo numerosos judeus. De novo acenou a esperança de escapar da sombra de um passado mais grandioso. Vislumbrou-se a realização de um sonho em que, depois do primeiro império medieval, o Sacro Império Romano da Nação Germânica, e depois do Segundo Império (Kaiserreich) criado por Bismarck e destroçado com a derrota militar em 1918, um Terceiro Império – o Terceiro Reich – surgiria sob a liderança de Adolf Hitler. Essa esperança também foi esmagada. Enfim, todas as esperanças desapareceram.

"Tal como a maioria dos terroristas na República Federal, os da Alemanha de Weimar também eram predominantemente oriundos de famí-

1519 Revolução 29 – Revista, p. 465.

1520 Hermann Goering (1893 – 1946) – Militar e político nazista, foi comandante-chefe de Hitler para a aviação alemã. Foi julgado pelo tribunal de Nuremberg e condenado à morte. Contudo acabou suicidando-se.

1521 Henrique Himmler (1900 – 1945) – Nazista, chefe da Gestapo e da polícia do Reich e ministro do Interior. Com a derrota alemã suicidou-se.

1522 Reinhard Heydrich (1904 – 1942) – Liderou a Gestapo, propôs a chamada "solução final" para os judeus, levando-os para os campos de concentração onde trabalhavam e seriam executados.

1523 Revolução 29 – Revista, cit., p. 465.

lias de classe média". Assim, lê-se, por exemplo, num memorando bávaro em preparação para a ditadura, um parágrafo especial: "Mobilização das forças armadas e da corporação estudantil do Reich"[1524]. Num outro memorando, também do período que antecedeu o *putsch Kapp*, lê-se no item "corporação estudantil":

> *"O equilíbrio de forças entre os dois grupos orientados para a violência na República de Weimar, entre os grupos de trabalhadores orientados para o modelo russo e os de oficiais de extração nobre e burguesa organizados nos Freikorps, era, reconhecidamente, muito desproporcional. A despeito de sua conduta e mentalidade frequentemente mercenária, os Freikorps eram disciplinadas tropas de choque cujos membros estavam impregnados na tradição militar, desde que sua confiança fosse alimentada por líderes a quem não faltava, por vezes, urna certa dose de carisma. Contra eles estavam os grupos comparativamente indisciplinados que, embora fossem capazes, com frequência, de oferecer luta imediata e espontânea, não se compraziam na disciplina militar a longo prazo, necessária à execução de planos estratégicos de batalha. Com a restrição mútua dos grupos que renunciaram à violência física às duas alas do espectro partidário parlamentar não-violento, os Freikorps levavam facilmente a melhor em suas refregas com os grupos de trabalhadores radicais, urna vez que também recebiam com frequência o apoio do exército. Estavam não só melhor treinados mas, sobretudo, muito melhor armados que os grupos de combate dos trabalhadores"* [1525].

Então, de um modo semelhante ao que ocorreu na República de Weimar, uma organização ilegal foi formada entre os jovens na República de Bonn a fim de executar assassinatos políticos, como forma de contribuir para mudanças e, possivelmente, para a queda do Estado e da ordem social vigente, a fim de abrir para os partidos interessados novas perspectivas para o futuro. Em ambos os casos, essas organizações desenvolveram-se gradualmente, no começo, após uma série de severas decepções e fracassos. Percebe-se o problema. No período de Weimar, grupos de jovens da classe média que sentiam estar o regime vigente bloqueando suas oportunidades para uma vida significativa, olhavam os trabalhadores

1524 Elias, Norbert. *Os alemães*, Rio de Janeiro: Jorge Zahar, 1996, p. 26.
1525 Ibidem, p. 175.

como adversários, os comunistas como seus piores inimigos e até a classe média liberal como abominável[1526].

> *"Não admira, portanto, que as associações de trabalhadores nessas violentas lutas extra parlamentares pelo poder fossem frequentemente derrotadas e que seus propagandistas, sobretudo em comícios eleitorais, passassem por maus bocados. Tampouco é de admirar que vastas seções da população, cansadas de violência e de comoções, dessem seus votos ao líder dos batalhões evidentemente mais fortes. Assim, é muito mais do que lima metáfora literária quando, considerando em retrospecto o período de Weimar, fala-se de uma crescente 'paralisia' do monopólio estatal da violência, ou de uma crescente 'erosão' do Estado alemão de dentro para fora. A destruição do regime republicano-parlamentar era uma das metas políticas de amplas seções da classe média alemã desde os primeiros anos do pós-guerra imediato. A outra meta era o rearmamento militar como um passo no caminho da recuperação da posição da Alemanha como grande potência. Mas nos primeiros dias após a guerra, isso não passava de mero desejo. Para começar, tais metas eram irreais porque, após a assinatura do tratado de paz, as associações de defesa extraparlamentares não podiam continuar agindo às claras. Logo no começo da década de 1920, as potências vitoriosas, os Aliados, mantiveram-se continuamente atentos a fim de impedir que o potencial militar da Alemanha excedesse os limites impostos pelo Tratado de Versalhes. Essa foi uma das principais razões por que os atos terroristas de violência desses anos, através dos quais seus autores já alimentavam a esperança de causar o desgaste e, se possível, provocar a queda da República parlamentar, adotaram uma forma diferente dos do final da década de 20 e começos da de 30"*[1527].

Os mais velhos eram detestados por alguns dos jovens. "A ira e a vontade de destruir, uma consequência de sonhos frustrados, que se apossaram de muitos membros dos antigos Freikorps, também são mencionadas num discurso que se refere a um certo número de ex-terroristas, no tempo da República de Weimar (e parte do que é afirmado também poderia ser dito a respeito dos terroristas na República Federal"[1528] após o término da Segunda Guerra Mundial):

[1526] Ibidem, p. 202.
[1527] Ibidem, p. 206.
[1528] Ibidem, p. 208.

> *"Para as gerações mais jovens, esforçando por livrar-se do estigma de sua nação, todos os membros das gerações mais velhas, a burguesia estabelecida nos negócios e nas universidades, no Estado ou nos partidos, pareciam suspeitos, mesmo que não tivessem tido nenhuma participação pessoal nos vergonhosos atos de violência do passado. Coletivamente, como os mais jovens encaravam a questão, todos tinham sua cota-parte de culpa por não impedirem o advento do regime desumano. Se o desenvolvimento na direção de um Estado violento viesse a repetir-se, as gerações mais velhas que tinham fracassado da última vez saberiam melhor como enfrentar agora o perigo? E o que elas estavam empenhadas em realizar, social e politicamente, não era apenas uma versão melhorada da República de Weimar – ou seja, um retorno às mesmas formas de vida política que tinham dado ao ditador a sua oportunidade e assim levado o país à catástrofe? A autoridade moral dessas gerações também estava enfraquecida aos olhos das novas gerações ascendentes porquanto eram incapazes de apresentar qualquer novo caminho para o futuro"*[1529].

"Sensíveis a todos os sinais de opressão autoritária, esses grupos mais jovens vislumbraram tais sinais em todas as coações a que estavam expostos. No Estado ocidental sucessor do antigo Reich, tal como em outros Estados, não havia escassez de tais coerções"[1530]. Era, no fundo, a vontade de viver num regime forte.

> *"A transição do ainda semi-absolutista regime do Kaiser/Rei para o regime parlamentar da República de Weimar ocorreu de um modo muito repentino. Para amplos círculos da população, ela foi inesperada e com associações sumamente desagradáveis com uma derrota na guerra. Basicamente, muito alemães detestavam uma forma de governo aparelhada para debates, negociações e soluções de compromisso entre partidos. Abominavam o 'blá-blá-blá' do Parlamento, onde – assim lhes parecia – tudo era falatório, e ação nenhuma. Com ou sem liberdade, ansiavam pela, comparativamente, muito mais simples e descomplicada forma de governo em que todas as decisões políticas importantes eram tomadas pelo homem forte no comando. Podia-se deixar tranquilamente para ele as preocupações sobre a felicidade ou a desventura da Alemanha. Era o bastante que cada um se limitasse a cuidar de sua vida privada. Desde os primeiros momentos do período de Weimar, muitos homens e mulheres manifestaram, de fato, o*

1529 Ibidem, p. 209.
1530 Ibidem, p. 250.

desejo de ver um homem no topo, fosse ele príncipe ou ditador, que tomasse as decisões e desse as ordens"[1531].

Pode parecer estranho que a descrição dos acontecimentos que levaram os nazistas ao poder seja feita com tantas e tão precisas referências a fatos de ordem cultural. Mas a verdade é que, como se verá, as oposições – políticas e militares – encontradas pelo nazismo foram demasiadamente fracas. O aparato estatal encontrava-se substancialmente nas mãos de simpatizantes do movimento. As finanças, a grande indústria, os grandes proprietários viam naquele movimento um instrumento conservador do qual poderiam se utilizar, como de fato se utilizaram. "Alguma oposição existiu realmente naquela cultura que – herdeira de Goethe, Kant e Beethoven – floresceu na República de Weimar dos anos 1920. Ali o nazismo encontrou uma verdadeira incompatibilidade. Naquela cultura, naqueles homens que lutavam por ela, estava o último apelo para que os alemães não cedessem ao culto do chefe que conduziria à traição os valores da civilização alemã"[1532].

7. 10 A derrocada do Estado de direito e dos direitos humanos até 1945

Em um primeiro momento após sua chegada ao poder, os nazistas recorreram à legalidade, sobretudo durante os primeiros meses. Mas logo passaram a utilizar a tradição autoritária legitimada pelo artigo 48 da Constituição de Weimar (decretos presidenciais de urgência), ao mesmo tempo que subverteram diretamente a democracia existente ao manobrar um *Reichstag (Parlamento)* truncado, intimidado e depois submergido, fazendo com que aprovasse as leis que queriam. Trataram de subverter a democracia com apoio na própria legislação. É uma das formas de matar a democracia, inclusive com o apoio dos próprios eleitores.

Assim, os inimigos da democracia e seus aliados recorrem à violência, apoiando-se em legitimidade superior à legalidade total, embasados no paradigma de que "o poder emana do povo", como estava estabelecido no artigo 1º da Constituição de Weimar. Ocorre que no presente caso o Povo

[1531] Ibidem, p. 251.

[1532] História das Revoluções, n. 29, v. II, Revista *O Cruzeiro*, São Paulo: Editora Três, p. 456.

foi encarnado pelo Führer, que buscou legitimidade a partir da multiplicação dos plebiscitos de tipo bonapartista. Apoiando-se sobre instinto seguro (e sobre reflexão bem antiga), os nazistas atiram-se metodicamente a todos os elementos característicos do Estado demoliberal, fruto da reflexão política ocidental desde o século 18 – e às normas tradicionais, mas para substituí-lo por um estado totalitário de direita[1533]. Nota-se:

1 – "A abolição dos Direitos Fundamentais enumerados na segunda parte da constituição de 1919 se faz sentir desde o decreto do dia 4 de fevereiro de 1933 para a proteção do povo alemão, que, de fato, abole a liberdade de imprensa e de reunião – fundamental para o liberalismo (cf. 1830), Depois do incêndio do Reichstag, é efetivada a abolição dos Direitos do Homem, malditos desde 1789 por toda a reação europeia, mediante o famoso decreto do dia 28 de fevereiro para a proteção do povo e do Estado. Esse decreto capital restringe até nova ordem os direitos fundamentais, isto é, os minuciosamente designados pelos parágrafos correspondentes da Constituição de Weimar: a liberdade pessoal (de ir e vir etc.), o direito de expressão, bem como as liberdades de associação e de reunião, o sigilo de correspondência, a inviolabilidade de domicílio e da propriedade legítima, Podemos notar que esse ato atinge particularmente os direitos da pessoa privada, nos quais Benjamin Constant enxergara critério essencial do liberalismo e que muitos arautos da revolução conservadora haviam denunciado, começando por Spengler, doravante forçado a manter apenas um diário... pessoal! Simultaneamente, nas ruas, em seus locais e nos primeiros campos de concentração, as SA, das quais algumas unidades são promovidas a polícia auxiliar, disseminam o terror[1534].

2 – O resultado das eleições pós-manipuladas do dia 5 de março (exclusão dos 81 comunistas eleitos) e a obtenção de maioria artificial pelos nazistas e seus aliados permitem o alinhamento (Gleichschallung) de todas as sociedades constituídas: sua dominação por uma maioria nazista: golpe definitivo aplicado contra esse direito de associação no

[1533] Dupeux, Louis. *História cultural da Alemanha*, Trad. Elena Gaidano, São Paulo: Civilização Brasileira, 1992, p. 145.
[1534] Ibidem, p. 145.

qual Tocqueville vira uma proteção da liberdade contra os perigos da democracia de massas.

3 – O fim da Separação dos Poderes, considerada desde Locke e Montesquieu, a própria garantia da liberdade face ao despotismo, é o ato (anti) constitucional maior do regime: a aprovação da lei do dia 24 de março, chamada de plenos poderes ou, mais exatamente, de habilitação, confere também ao governo do Reich o direito de editar leis redigidas pelo chanceler e que se podem afastar da constituição na medida em que não ponham em causa a existência do próprio parlamento. Essa lei que liberou Hitler da limitação dos decretos presidenciais (e de assistência de seus aliados conseroadores foi apresentada por C. Schmitt como importante, mas puramente formal: tendo em vista os costumes mentais dos pseudojuristas positivos... era de grande importância prática que a transição fosse feita legalmente... mas a lei não era senão uma ponte entre o velho e o novo Estado. Sua legalidade provinha de um sistema ultrapassado: 'Aquilo que vive não se pode legitimizar tendo por base aquilo que está morto'[1535].

4 – No dia 7 de abril de 1933, o princípio essencial da não retroatividade das leis (e da garantia de emprego dos funcionários) foi abolido pela lei de reconstituição da função pública que, mediando exceções obtidas por Hindenburg para ex-combatentes judeus e seus beneficiários imediatos, excluía da função pública os funcionários com fichas de partidos, admitidos desde novembro de 1918, os funcionários clássicos que não eram politicamente confiáveis, e os não-arianos. Veremos, adiante, os efeitos devastadores dessa lei, particularmente em determinados setores universitários, como a física[1536].

5 – A conquista das polícias locais pelo Partido (e particularmente pela SS de Himmler e o SD de seu adjunto Heydrich), sua unificação e sua subtração ao controle da justiça foram executadas de acordo com um processo simultaneamente rápido e progressivo, misturando o fato consumado e a legalidade. O processo, preparado por um mapeamento da polícia política prussiana desde o golpe de Estado de Papen, em julho de 1932, oferece exemplo típico de união pessoal e real entre Estado e

1535 Ibidem, p. 146.
1536 Ibidem, p. 146.

partido, quando Goering, ministro do Interior da Prússia, colocou seu homem de confiança, Diels, à frente da polícia secreta prussiana, batizada de Gestapo, em fins de abril. Himmler, delegado de polícia de Munique e chefe nacional (Reichsführer) das SS, apoderou-se da polícia política da Baviera (BAYPOPO), e, depois, progressivamente, das 16 outras polícias políticas regionais, incluindo a da Prússia, quando Goering lançou mão das SS contra as SA de Ernst Röhm. No dia 10 de abril de 1934, Himmler controlava todas as polícias políticas da Alemanha; no dia 17 de julho de 1936, o conjunto das polícias: polícia de segurança (SIPO) que engloba a Gestapo alemã e a polícia de ordem (ORPO), sob a tutela fictícia do ministro do Interior Frick que lhe podia exigir prestação de contas a título pessoal e sem intermediário, mas que não tinha condições de fazê-la e lhe cederá o posto em novembro de 1943. A subtração ao controle da justiça é obtida por despachos de vários tribunais administrativos, pela criação de jurisdição de exceção, como a famosa Corte de justiça do Povo (1934), dirigida depois de 1942 por R. Freisler[1537], o Vychinski alemão (Hitler) – ela própria impotente face à Gestapo –, pelo sistema recorrente da detenção preventiva (Schutzhaft), encarregado de proteger a sociedade contra o indivíduo e este último contra si mesmo (!), e simplesmente por decisões do Führer, juiz Supremo – ou mesmo pela frequente referência ao bom-senso popular"[1538].

Desde o dia 22 de abril de 1933, o ex-advogado do Partido, Hans Frank[1539], fora encarregado – com o título de comissário do Reich – de

1537 Roland Freisler (1893 – 1945) – Jurista alemão, com atuação no período da República de Weimar e sob a ditadura nazista. Neste segundo período, presidiu o chamado Tribunal do Povo, a mais alta corte do Estado nazista para crimes políticos. Morreu durante o bombardeio de Berlim pelas tropas aliadas. Frequentemente insultava os réus e tinha uma retórica poderosa e agressiva, que lhe granjeou simpatias entre os correligionários. No passado, havia sido prisioneiro dos russos na Primeira Guerra Mundial e se tornou responsável pela distribuição de alimentos no campo em que estava preso. Isso lhe deu uma fama (injusta) de socialista, que parecia querer esquecer durante os julgamentos, oferecendo sua valorosa contribuição para a "nazificação" da justiça alemã. Sob seu comando, até menores de idade foram condenados à morte.

1538 Ibidem, p. 146.

1539 Hans Michael Frank (1900 – 1946) – Advogado e político alemão, conhecido como "o carniceiro da Polônia", filiado ao Partido Nazista, do qual foi um dos primeiros integrantes. Servia diretamente a Adolf Hitler. Formado pela Universidade de Munique, integrou

unificar a justiça e remodelar o direito, tarefa para a qual criou a Academia de Direito Alemão, que se esforçou para fundar um direito vivo, tendo como base o direito germânico esquecido. Esse direito em movimento, cuja única evocação permitiu justificar muitos abusos, devia substituir o direito positivo dos juristas romanistas: direito morto, direito formal, direito estrangeiro. O burguês Frank, que extrapolava com prazer, chegou a ponto de imaginar substituir o Código Penal por um direito de combate. Mas esses trabalhos que lhe valeram um ministério sem pasta e terminaram com a redação de manuais e outros tratados, não possuíam senão importância muito relativa, num estado criado por um homem que odiava particularmente os juristas: traidores ou idiotas; um homem para quem a própria fonte do direito era a Força (Mein Kampf) e cujos tribunais chegariam a fundamentar seus julgamentos sobre o bom-senso popular. Himmler colocou os pontos nos "i" para Frank diante de sua própria Academia, em outubro de 1936: "Nós nos atiramos ao trabalho não sem direito, que carregamos dentro de nós, mas sem lei. Desde o início, coloquei-me ao lado do ponto de vista de que, se um parágrafo se opõe à nossa ordem, isto me é completamente indiferente ... Na verdade, por meio de nosso trabalho, assentamos as bases de um novo direito, o direito vital do povo alemão"... [1540].

O fim do pluralismo político, iniciado pelo sufocamento (sem interdição) do PC em fevereiro-março e seguido da proscrição da SPD (22 de junho de 1933), da autodissolução assistida da Frente Nacional-Alemã (27 de junho), da DVP (29 de junho) e finalmente da BVP e do Zentrum . Trata-se de data essencial e que talvez não tenha sido escolhida por acaso, tendo em vista o aspecto simbólico do 14 de julho. No prazo de quatro meses o essencial do Sistema fora demolido, de corpo e alma. Já no dia 6 de julho, Hitler pôde anunciar o fim da Revolução e a passagem para a evolução. Os que não quiseram colaborar foram eliminados fisicamente

o Partido Alemão dos Trabalhadores, precursor do Partido Nazista. Ele administrou o país europeu durante a ocupação alemã, logo no início da Segunda Guerra, em 1939, e instaurou um reinado de terror na Polônia, atacando a população civil em geral e promovendo massacres de judeus, além de criar vários campos de extermínio. Após a guerra, foi sentenciado nos julgamentos de Nuremberg, condenado à morte e executado em 1946.

[1540] Ibidem, p. 147.

– junto com toda espécie de perturbadores – no dia 30 de junho de 1934. Essa atrocidade revelou o caráter criminoso do regime para muitos de seus aliados da véspera. Foi legitimada, porém, pelo jurista Carl Schmitt: "O Führer protege o Direito".

6 – "A união pessoal e, frequentemente, real do Partido e do Estado, logo iniciada nas polícias (e encarnada desde o dia 30 de janeiro de 1933 pelo próprio Führer-Chanceler) não deve muito à lei oca do primeiro de dezembro de 1933 'para assegurar a unidade do Partido e do Estado', sendo o primeiro apresentado como 'o portador da Ideia alemã de Estado'. A união foi inscrita também na lei de 20 de dezembro de 1934 que visava aos 'ataques hipócritas contra o Estado e o Partido e protegia seu uniforme'; mas aplicava-se sobretudo onde os chefes locais e regionais do partido se haviam apropriado dos poderes reais. A situação desenvolveu-se progressivamente da mesma forma em determinados ministérios nacionais que permaneciam em mãos de conservadores: Hungenberg foi substituído por K. Schmitt (Economia) e Darré (Agricultura) em junho de 1934; Schacht foi suplantado por Goering em outubro de 1936 (plano quadrienal) e substituído por Funk em fevereiro de 1938. Ribbentrop assumiu o lugar de von Neurath na mesma data. É também necessário frisar o papel de R. Hess, chefe da chancelaria do Partido e membro do conselho de ministros desde dezembro de 1933, e, sobretudo, a considerável influência exercida sobre o Estado por seu sucessor, Martin Bormann, depois de abril de 1941. A união pessoal e real havia sido consagrada ao nível supremo depois da morte de Hindenburg, no dia 2 de, agosto de 1934, quando Hitler assumiu o título indissociável de Führer e Reichskanzler e exigiu dos militares o juramento prestado até então à Constituição e ao presidente (e não a um homem). O caminho ao reino do Fulnrnrlass (decreto do Führer), tendo força de lei, estava definitivamente aberto: manifestação ostensiva de autocracia cuja legitimidade cada vez mais aclamatória nada possuía em comum com a dos imperadores alemães e reis da Prússia – nem tampouco com a do velho imperador por substituição"[1541].

[1541] Dupuex, Louis, *Historia cultural da Alemanha*, cit., p. 147-148.

7 - "A liquidação do federalismo dos Länder foi outro golpe capital contra a cultura política alemã tradicional. Já em *Mein kampf*, (Minha Luta) sua obra, Hitler pronunciara o veredicto de morte dessas formas ultrapassadas, ridículas num mundo moderno, que não deveriam subsistir, antes da extinção natural, senão enquanto ramificações da raça ou para a promoção cultural"[1542].

8 - "A nomeação de comissários do Reich, em março de 1933, coroada pelo golpe contra o irredutível governo da Baviera foi o início do processo reforçado pela Lei Provisória para o alinhamento dos Länder com o Reich, que autorizava os governos regionais nazi ficados a legislar, e, depois, por uma segunda lei de mesmo nome que possibilitava aos Statthalter (tenentes, governadores, nomeados pelo Führer) nomear os ministros-presidentes dos governos regionais. A Lei sobre a Reconstrução do Reich concluiu o processo suprimindo as Dietas regionais e a autonomia dos Länder - incluindo a da Prússia, onde o próprio Hitler fora comissário do Reich (...) Rompendo com uma cultura política centenária, a moderna Alemanha estava centralizada pouco depois de um ano da subida do Führer ao Poder"[1543].

9 - "O enquadramento ou afastamento (e, por vezes, a eliminação) dos elementos tradicionalistas ligados às normas mais antigas, foi mais lento, mas altamente característico da nova cultura política totalitária. Sabe-se que se deu em várias etapas: no dia 30 de junho de 1934; fevereiro de 1938 (enquadramento do exército e criação do Comando Superior da Wehrmacht (OKW), administrada por Keitel em nome de Hitler, comandante em chefe imediato no lugar do ministro da Guerra, Blomberg, não-substituído); execuções maciças de tradicionalistas - e de suas famílias - depois do fracassado atentado do dia 20 de julho de 1944"[1544].

10 - "As intrusões do Estado (e não a simples e legítima afirmação de sua soberania) no domínio da economia devem também, em certa medida, ser atribuídas à nova cultura política mesmo se, no início, tiverem correspondido aos próprios desejos da indústria, já que o artigo 181 da Constituição de Weimar garantia a liberdade econômica 'desde que

1542 Ibidem, p. 148.
1543 Ibidem, p. 150.
1544 Ibidem, p. 150.

garantisse existência digna para todos' – o que, de fato, estava longe de ser verdadeiro – assim como a liberdade do comércio e da indústria 'em conformidade com as leis' – e cuja prática, em todo caso, fora então liberal e, provavelmente, até em demasia (papel desempenhado pelos grupos de pressão desde o início do século)... A Lei do Reich sobre as Fazendas Hereditárias (15 de março de 1933), que elabora dispositivo inspirado no costume nobiliárquico medieval"[1545].

11 – "Para concluir – ainda que se pudesse prosseguir –, é necessário sobretudo não esquecer de frisar a importância ideológica da saída da SDN (14 de outubro de 1933), isto é, a ruptura com a cultura política democrática no plano internacional – ato fundamental aos olhos de Hitler – e, sem sequer enumerar todas as violações de tratados, dos quais também nações de cultura democrática e a URSS foram culpadas, terminaremos com a proclamação cínica de um novo direito da Guerra, especialmente e entre outros com a célebre Ordem dos Comissários, de 17 de março de 1941, que mandava liquidar os comissários políticos soviéticos na futura guerra: 'Num conflito tanto ideológico quanto de raça, a luta', afirmava Hitler, 'deverá ser travada com brutalidade sem precedente, sem piedade, sem descanso. Será necessário que todos os oficiais se desvencilhem de seus velhos escrúpulos fora de moda'"[1546].

O fundamento da nova organização totalitária é precisamente a unidade, mais viva do que propriamente sistemática, do partido e do Estado, este novo tipo de poder que deve, ele mesmo, permitir a realização de um corpo social estruturado e hierarquizado, mas indissociável: a comunidade do Povo. O sonho de um Estado total racional (reapresentado nas altas esferas pelo jurista SS W. Best[1547] e também até por

1545 Ibidem, p. 151.

1546 Ibidem, p. 151.

1547 Karl Rudolf Werner Best (1903 – 1989) – Foi um nazista alemão, jurista, chefe de polícia e membro da SS. Foi o primeiro chefe do Departamento 1 da Gestapo, a polícia secreta da Alemanha nazista e iniciou um registro de todos os judeus na Alemanha. Organizou os esquadrões da morte paramilitares da SS da Segunda Guerra Mundial responsáveis por assassinatos em massa. Serviu na administração da ocupação militar alemã na França (1940-1942) e depois se tornou o administrador civil da Dinamarca ocupada (1942-1945). Condenado por crimes de guerra na Dinamarca, Best foi libertado em 1951. Ele escapou

Frick[1548]), permanecendo puramente teórico, a natureza do novo Estado é determinada em grande parte pela tática do Führer, hostil por princípio (e por temperamento) a qualquer fixação institucional[1549].

7.10.1 Organização do Partido Nazista – a base do novo sistema

Há no Partido Nazista uma multiplicação dos encarregados de missões, dependendo diretamente do Führer e ligados a tarefas especiais. Incluem-se os comissários do Reich e outros Statthalter do Reich (nomeados por Hitler depois da morte de Hindenburg). Também faz parte da estrutura a proliferação dos inspetores-gerais, dos quais o primeiro é Fritz Todt, nomeado inspetor-geral da rede rodoviária. Esses homens do Führer têm por missão quebrar a rotina administrativa, fazer surgir uma ideia geral ou capital (aqui se trata da realização de uma rede de autoestradas, já estudada na época de Weimar, de acordo com o modelo dos *highways* americanos), o que se traduz pela criação de uma nova administração mais performática (palavra chave do Regime: a Leistung), nesse caso, a Organização Todt[1550].

Como se percebe, o partido organiza-se como um Estado, com funções similares. A sua organização, bastante nítida em época de combate (antes de 1933), torna-se quase indissociável com as novas tarefas e o afluxo massivo de 1933-1934. Uniformemente regido pelo princípio do chefe, divide-se de modo geral em três setores: a Organização política, as organizações de massas ligadas ao Partido e as organizações de ativistas constituídas em função do sexo, da idade (HJ), de alguma tarefa específica de determinado momento (SA) ou, mais duradoura, tomando por

de mais processos na Alemanha Ocidental em 1972 devido a problemas de saúde e morreu em 1989, aos 85 anos.

1548 Wilhelm Frick (1877 – 1946) – Político nazista, membro do Partido Nazista e ministro do Interior do Terceiro Reich. No fim da guerra, foi julgado e condenado à morte pelo Tribunal de Nuremberg, junto com Joachin Von Ribbentrop, ministro do Exterior. Formado pela Universidade de Munique, graduou-se em jurisprudência em 1901, entrando para o serviço público na Baviera, como advogado na central de polícia de Munique. Ao lado de outros líderes nazis teve um importante papel na criação da legislação antissemita de Hitler.

1549 DUPUEX, Louis, *Historia cultural da Alemanha*, cit., p. 152.

1550 Ibidem, p. 152.

base um núcleo ideológico fechado (SS). A Organização política (PO) reagrupa de 4 a 5 milhões de membros desde o bloco (ou ilhota), passando pela célula, pelo bairro (Kreis = círculo) e o distrito (Gau: 30 em 1937, 43 em 1941), até chegar ao Reich. Cada um desses grupos ou níveis obedece a um dirigente (Leitet de Estado)[1551].

Há, ainda, os agrupamentos profissionais que, entretanto, não têm nem de longe características sindicais. Em geral, o ingresso dá-se por livre vontade, mas, também, por oportunismo ou pela força. No caso da Liga NS dos juristas (80 mil membros já em 1933) ou da dos médicos, trata-se de fazer desaparecer o individualismo das antigas profissões liberais. A partir do dia 2 de maio de 1933, os sindicatos são substituídos pela Frente do Trabalho (DAF) do Dr. Ley[1552] (23 milhões de membros): sua tarefa é acabar com a cultura política marxista ou confessional, ou burguesa no setor da indústria: cabe-lhe substituir as culturas de classes por uma ética comunitária alocada sob o signo do Trabalho enobrecido. A partir de 1934, o conjunto das empresas alinhou-se – sem dificuldade! – com o Führerpiinzip. Em princípio, o chefe de empresa não comanda mais o pessoal intercambiável, mas uma tropa (Gefolgschaft). Com seus 40 mil funcionários e um chefe ávido de poder, o DAF busca – realmente e, na maioria das vezes, com eficácia – a melhora das condições de trabalho, de higiene e de moradia dos operários (mas deve renunciar a intervir na própria legislação). Cuida também dos lazeres, novamente instituídos, mas dirigidos. Conforme afirmou Ley (a frase é célebre): "não há mais vida

1551 Ibidem, p. 152.

1552 Robert Ley (1890 – 1945) – Era o chefe da Frente Alemã para o Trabalho durante o governo de Hitler. Preso ao final da Segunda Guerra em Nuremberg, sob acusação de crimes de guerra, cometeu suicídio durante o julgamento. Em 1917, durante a Primeira Guerra, seu avião militar foi abatido na França e ele ficou prisioneiro até o fim do conflito. Na queda, sofreu diversos ferimentos na cabeça. Isso pode tê-lo levado a ter danos cerebrais pelo resto da vida, o que o levou ao alcoolismo e a uma gagueira constante. Após a guerra, voltou à Alemanha e se tornou doutor em química, trabalhando em uma grande empresa no Vale do Rhur. O local foi invadido e ocupado pela França, o que o fez se tornar um nacionalista radical e, posteriormente, membro do Partido Nazista, após assistir a um discurso de Hitler em seu julgamento que se seguiu ao Putsch de Munique. Enriqueceu, supostamente, apropriando-se de dinheiro das contribuições dos trabalhadores alemães e era visto por outros nazistas como um bêbado inconsequente, mas sempre foi protegido por Hitler.

privada senão durante o sono". Com exceção dos marxistas (comunistas e socialistas) contumazes, pode bem parecer que a maioria dos operários se tenha efetivamente alinhado ao regime que lhes forneceu trabalho e os procurava agradar. O regime mantinha algumas organizações de quadros e ativistas, quais sejam:

"As SA (seções de assalto) perderam o essencial de seu papel de soldados políticos com a ascensão legal do *Führer* ao poder (que apoiaram com eficácia ao organizar o terror) e, sobretudo, depois da Noite das Facas Longas. Enquadrados por seu novo chefe, Viktor Lutze[1553], e tendo encolhido de 4,5 milhões a 1,5 milhões de membros, dedicam-se à preparação militar e à propaganda. Depois de 1938, estão ligados a operações político-militares na Áustria, nos Sudetos e, depois, na Polônia ou a ações ideológicas (Noite de Cristal) ou ações policiais (guarda dos prisioneiros políticos e militares). Contribuíram muito para a imagem do povo em uniforme, e Hitler adorava comparar o mais simples SA aos mais complexos intelectuais. A juventude Hitleriana (HJ), dirigida por Baldur von Schirach[1554], conseguiu integrar – mais pela força –, no prazo de três anos, a totalidade dos movimentos de jovens não-marxistas, utilizando o

1553 Viktor Lutze (1890 – 1943) – Foi um dos mais importantes comandantes das SA, as tropas de elite nazistas, sucedendo a Ernst Röhm. Ingressou no Partido Nacional Socialista dos Trabalhadores Alemães em 1922 e, ao lado de Franz Pfeffer Von Salomon, organizou a estrutura das SA. Lutze teve um papel de destaque na Noite das Facas Longas, de junho a julho de 1934, quando informou a Hitler sobre supostas atividades antirregime de Röhm. Cerca de 200 pessoas, todos líderes das SA, foram assassinadas a mando do líder nazista. Após o episódio, a milícia perdeu força, sendo substituída pela SS, a tropa de assalto, a pedido das Forças armadas regulares que a viam como um exército particular dos nazistas. Sua morte, em um acidente de carro, virou um funeral de Estado.

1554 Baldur Benedikt Von Schirach (1907 – 1974) – Foi um oficial nazista, comandante da Juventude Hitlerista (Hitlerjugend) e autor do principal hino da Juventude Nazista. Ao fim da guerra foi julgado em Nuremberg sob acusação de crimes contra a humanidade e condenado a 20 anos na prisão de Spandau, que cumpriu integralmente. Ele rendeu-se aos aliados em 1945 e, junto com o arquiteto Albert Speer, denunciou Hitler, ao contrário dos demais líderes nazistas. Ele disse não ter conhecimento sobre os campos de extermínio e apresentou evidências de que teria protestando, junto a Martin Borman, do tratamento desumano dedicado aos judeus. Foi solto em 30 de setembro de 1966 e passou a viver no sul da Alemanha, onde se aposentou. Escreveu o livro *Ich glaubt na Hitler* (Eu acreditei em Hitler, em tradução livre).

modelo bündisch e determinados métodos da nova pedagogia. Por meio da lei de 10 de dezembro de 1936 tornou-se Juventude do Estado, o que lhe outorga o monopólio da formação extra-escolar e a coloca frequentemente em conflito com o Exército, o DAF... e a Escola: Schirach fala de revolução na educação. A HJ atrai efetivamente muitos jovens ao lhes dar a impressão de participarem na construção nacional e utilizando habilmente o interesse dos jovens pela técnica e pelo esporte.

(...)

As SS (esquadrões de proteção) e seu Serviço de Segurança (SD) são, por excelência, os soldados ideológicos do regime. Pioneiros de uma nova cultura voltada para um passado místico, mas associado sem maiores dificuldades a práticas ultramodernas, são por excelência homens investidos dessa implacabilidade que os tornará executantes (e não promotores) da solução final do problema judeu, na espera de outras soluções finais de modalidades indeterminadas: para os cristãos, e até mesmo, um dia, de acordo com alguns ideólogos, para os burgueses capitalistas..."[1555].

O fenômeno SS torna-se compreensível quando analisado a partir de "dois enfoques distintos, já que a tônica era colocada de forma diversa pelos dois chefes da Ordem Negra: o chefe imediato, Heinrich Himmler, Reichsführer SS (chefe nacional das SS), e o chefe supremo, A. Hitler. (...) É nas áreas cultural e racial que Himmler vê o papel principal de sua tropa de assalto ideológico, emancipada em relação às SA desde 1930. As SS aparecem aqui como um concentrado do nazismo e sua moral racial, ou como a encarnação mais perfeita do ideal völkisch-biológico de tipo mais rígido, já que existem Völkisdi pacíficos (e, até não antisemitas)"[1556].

Heinrich Himmler, seu líder, concebeu a SS, desde sua origem em 1929, como uma ordem, uma nova nobreza: Seriam os Cavaleiros Teutônicos modernos para uma religião pseudogermânica de homens de sangue puro, em referência à ordem que existiu na Idade Média. "A SS deve formar uma elite de iniciados selecionados em função de critérios raciais e políticos, ligados pela fidelidade (Treue) a seus chefes e aceitando até

[1555] Dupuex, Louis, *Historia cultural da Alemanha*, cit., p. 155.
[1556] Ibidem, p. 155.

as tarefas mais árduas, como dar e receber a morte a serviço da Ideia e do Sangue"[1557].

7.10.2 O Nazismo e as Universidades – imposição ideológica

No que diz respeito à universidade, os nazistas não lograram jamais desenvolver concepção única em relação à universidade, que desprezavam (e temiam), mas não sabiam como substituir. Os ideólogos sonhavam com uma universidade política, imprudentemente reinvindicada pelo filósofo H. Freyer[1558] (Leipzig) a partir de 1933; não obstante, não entravam em acordo sobre questões, tais como a autoridade de tutela, o mínimo de independência em matéria de pesquisa. O ministro da Educação Bernhard Rust[1559] preocupava-se especialmente em controlar e expurgar as 23 universidades e as escolas superiores[1560].

Como os nazistas consideravam que as crianças eram o futuro do Reich, havia grande preocupação com sua formação. Assim, todas as ciências tradicionais foram substituídas por equivalentes "alemãs", ou seja, a "física alemã", a "matemática alemã" e assim por diante. Nos primeiros anos do

[1557] Ibidem, p. 155.

[1558] Hans Freyer (1887 – 1969) – Filósofo, historiador e sociólogo alemão. Atuou como professor de filosofia na Universidade de Kiel e de sociologia na Universidade de Leipzig.

[1559] Bernhard Rust (1883 – 1945) – Entrou no Partido Nazista em 1922 e, em 1930, foi eleito para o Reichstag. Quando Hitler se tornou chanceler, em 1933, foi escolhido como ministro prussiano dos Assuntos Culturais. No ano seguinte foi escolhido como ministro da Ciência, da Educação e da Cultura Nacional na Alemanha nazista. Tornou-se famoso por emitir decretos, muitas vezes bizarros, para fazer com que a juventude alemã abraçasse os princípios do nacional-socialismo. Considerado por muitos mentalmente instável, criou novos regulamentos e os revogou em seguida. Ao ver a Alemanha derrotada pelos aliados cometeu suicídio.

[1560] Dupuex, Louis, *Historia cultural da Alemanha*, cit., p. 236. No governo que se iniciou no Brasil em 2019 vimos a mesma coisa, guardadas as proporções de tempo, período histórico e lugar. O Ministro da Educação promoveu um corte (que apelidou de contingenciamento) de 30% no orçamento das universidades públicas federais, reduziu ao mínimo a concessão de bolsas de estudo e defendeu que deveria haver polícia nos campi para "evitar ideologização" das instituições de ensino. Na prática, o governo tem demonstrado que é inimigo da educação e do conhecimento. O próprio presidente já avisou que evitaria investimentos em áreas das ciências humanas, como sociologia e história, focando-se em "ensinar a fazer conta", engenharia e medicina.

regime, nada menos que 2,8 mil professores foram demitidos por não se enquadrar ao rígido esquema nazista de ensino. O regime espalhava que toda a ciência moderna fora fundada pelos arianos e que as demais raças eram inferiores. O famoso físico Albert Einsten, por exemplo, de origem judaica, que estava em viagem de conferências quando Hitler ascendeu, imigrou para os EUA e jamais voltou à sua terra[1561]. O professor William Murer[1562], por exemplo, chegou a afirmar que a teoria da relatividade

1561 Dupuex, Louis, *História cultural da Alemanha*, cit., p. 236.

1562 Wilhelm Müller (1880 – 1968) – Natural de Hamburgo, filho de um comerciante, estudou na Universidade de Leipzig e graduou-se em matemática, física e filosofia com a nota "muito bom". Doutorou-se com Otto Hölder e Karl Rohn com a tese "A curva racional de grau cinco no espaço de cinco, quatro, três e de duas dimensões", em 1911. Em 1928, tornou-se professor na Universidade Charles, em Praga. Juntou-se ao NSDAP em 1933. Em 1934, Müller aceitou uma posição como professor e diretor do Instituto de Aeronáutica na RWTH Aachen University. Ficou conhecido por ter sido o sucessor de Arnold Sommerfeld como Professor de Física Teórica da Universidade de Munique, cuja nomeação deu-se em 1939. Aliás, essa nomeação, cujo cargo ficou vago durante vários anos, estava no centro da controvérsia entre a "Física Moderna" e a "Física Alemã", defendida pelos nazistas. Müller, um especialista em aerodinâmica, não tinha sido pensado como um físico teórico antes disso. O principal nome cotado para assumir a vaga de Sommerfeld em Munique era Heisenberg, detentor do Nobel de Física de 1933. Entretanto, a chegada de Hitler ao poder, também em 1933, trouxe junto enormes ataques na imprensa a Heisenberg, alcunhado de "judeu branco". Os defensores da "Física Alemã" lançaram ataques brutais contra os principais físicos teóricos, incluindo Arnold Sommerfeld e Heisenberg, assim como à mecânica quântica e à teoria da relatividade. Por óbvio que tal movimento também era antissemita, elegendo Albert Einstein e os físicos judeus como seus alvos. Mesmo tendo conseguido o apoio de 35 renomados físicos, que diziam que não poderia haver progresso sem a elucidação teórica das leis da natureza, Heisenberg acabou sendo preterido por Müller, que além de ser nazista, tinha lançado o livro "Judeus e Ciência", em 1936, em que atacava a teoria da relatividade como uma falcatrua judaica. Os físicos arianos disseram que Heisenberg e os adeptos da "Física Moderna" estavam causando dano à ciência e afastando os estudantes da realidade. Na nomeação de Müller para a Universidade de Munique, fatores políticos tiveram prioridade sobre o conceito historicamente aplicado de capacidade acadêmica, apesar de seus dois mais proeminentes apoiadores, também nazistas, terem sido os laureados Nobel em Física Philipp Lenard e Johannes Stark. Wilhelm Müller substituiu Sommerfeld na Universidade de Munique, mas Müller não era um físico teórico, não tinha publicado em uma revista de física e não era um membro da Sociedade Alemã de Física. Sua nomeação foi considerada uma farsa e prejudicial na educação dos físicos teóricos. Ele foi demitido em 1945..

de Einsten "era parte de um plano judaico para dominar o mundo". Os nazistas – ainda aqui em clara ruptura com a melhor tradição alemã – desprezavam os professores tradicionais, detentores de enorme bagagem teórica, aos quais opunham o tipo do professor SA (que, contra todas as evidências, consideravam intelectualmente superior). A despeito de seu desprezo pelos intelectuais, Hitler sabia perfeitamente que, num Estado moderno apaixonado pela eficiência, "infelizmente precisa-se deles. Não fosse por isto, bem se poderia exterminá-los um dia ou fazer deles qualquer coisa", afirmou em novembro de 1938[1563].

As universidades foram enquadradas e muitos professores demitidos ou aposentados compulsoriamente. O enquadramento das universidades foi executado por meio da combinação ordinária de medidas legais e de golpes de força. A base legal para a depuração foi a lei sobre a Reconstituição da Função Pública, que possibilitou a exclusão ou a aposentadoria antecipada de cerca de 15% dos professores e mestres entre 1933 e 1934. Muitos optaram pelo exílio, especialmente os judeus. A emigração prosseguiu lentamente até 1939, quando mais de 3 mil professores haviam deixado a Alemanha. As universidades de Berlim e de Frankfurt perderam a terça parte do seu corpo docente. Nazistas ou simpatizantes foram colocados como reitores de universidades. Alguns exemplos foram Martin Heidegger em filosofia e Ernst Krieck[1564] em história e direito. Uma nova disciplina: a "ciência racial" foi criada para acomodar professores nazistas[1565].

Os estudantes foram igualmente cerceados[1566]. Em 1933, 60% eram simpatizantes nazistas. Dois anos depois seria criada a Liga dos Estudan-

1563 Dupuex, Louis, *Historia cultural da Alemanha*, cit., p. 236.

1564 Ernst Krieck (1882 – 1947) – Era professor de alemão e escritor. No período nazista, foi considerado importante teórico nacional-socialista, especializado em ideologia nazista na formação de professores. Em 1931, tornou-se membro da união antissemita de racionalidade da cultura alemã. Ele foi o primeiro presidente nazista de uma universidade alemã, a Johan Goethe, em Frankfurt, e promoveu uma caçada aos não-nazistas. Após o fim da guerra, foi demitido da universidade e detido pelas tropas americanas. Morreu em um campo de concentração na cidade de Moosburg.

1565 Dupuex, Louis, *Historia cultural da Alemanha*, cit., p. 237.

1566 No Brasil, em 2019, o ministro da Educação, Abraham Weintraub, atacou as universidades públicas e seus estudantes, dizendo uma série de disparates, entre eles que os

tes Nazistas que tinha como ideal o estudante SA. O resultado disso foi a perda de substância para a universidade alemã, já que sumidades como Albert Einsten, Ernst Bloch, Ernst Cassirer, Erwin Schrödinger, Fritz Haber, Hans Adolf Krebs, Hans Rothfels, Herbert Marcuse, , Karl Mannheim, Leo Szilard, Max Ferdinand Perutz, Max Horkheimer, Moritz Schlick, Otto Krayer, Salome Gluecksohn-Waelsch, Theodor Adorno, Walter Benjamin, eram quase insubstituíveis[1567].

7.11 A Segunda Guerra Mundial

Em 1936 a Alemanha e a Itália efetuaram um acordo de cooperação e interferiram na Guerra Civil Espanhola, em favor do ditador Francisco Franco[1568]. Em 1937, houve a criação do Eixo[1569], composto inicialmente

alunos fossem às instituições de ensino para fazer "balbúrdia".

1567 DUPUEX, Louis, *Historia cultural da Alemanha*, cit., p. 240.

1568 Francisco Franco Bahamonde (1892 – 1975) – General espanhol, se projetou na guerra de Marrocos (1921-1925) e em 1936 liderou o movimento revolucionário nacionalista, de extrema direita, que culminou em Guerra Civil (1936-1939). Vitorioso, assumiu o Poder Executivo na Espanha e instalou um governo ditatorial, de orientação fascista, com apoio da Alemanha e da Itália, no período entreguerras, que durou da década de 1930 até sua morte, em 1975. Na Guerra Civil Espanhola (1936), em que o exército franquista, com apoio dos aliados fascistas, derrotou os republicanos, que elegeram presidente Manuel Azãna, recebeu o apoio da divisão Condor, de Adolf Hitler, em uma espécie de ensaio da Segunda Guerra Mundial. Hitler queria ter um aliado na Península Ibérica para se contrapor à França. As forças republicanas, sem grandes condições de resistência, formadas por voluntários de todo o mundo, as Brigadas Internacionais, com um pequeno apoio da URSS, foram derrotadas após três anos de combates que custaram a vida de quase um milhão de pessoas, em 1939. Em 1947, aprovou a Lei de Sucessão, que considerava a Espanha como reino, transformando-se em regente. Com a sua morte a Espanha vira uma Monarquia.

1569 "Em 1918, a democracia liberal parece mais forte do que nunca. A vitória sobre os Impérios centrais é a sua vitória. Os principais vencedores são também as principais nações que praticam o sistema ocidental e que primeiro o adotaram, após tê-lo inventado: Grã-Bretanha, Estados Unidos, França. Os governantes em traje civil de Paris, de Londres, de Washington venceram os governantes em uniforme de Berlim e de Viena. As instituições parlamentares conquistaram novos territórios. A Alemanha de Weimar e os jovens Estados da Europa central as adotam. Elas foram transportadas para o quadro internacional com a forma da Sociedade das Nações. A realidade não corresponde a estas aparências. Em si mesma, a guerra é contrária aos princípios da democracia. A vitória repousa, no caso, sobre a força das armas e não sobre a discussão livre e a escolha dos eleitores: ela é imposta aos vencidos como os regimes autocráticos são impostos aos povos. Para vencer,

por Alemanha, Itália e Japão, com um Pacto Anticomunista. Estava delineado o caminho para a Segunda Guerra Mundial, que hoje vários historiadores entendem como sendo continuação da Primeira Guerra.

Os próximos acontecimentos que caracterizaram a 2º Guerra Mundial foram, na sequência:

- Invasão e anexação da Áustria (1938);
- Conquista dos Sudetos Tchecoslovacos, graças ao recuo das potências europeias (1938);
- Avanço das tropas alemãs contra Praga, Boêmia, Morávia e Eslováquia (1939);
- Acordo de não agressão entre a URSS e a Alemanha (08/1939);
- Invasão da Polônia (01/08/1939) com reação da Inglaterra e França (deram um ultimatum a Hitler); Iniciando a Segunda Guerra Mundial;
- Em 1940 foram dominadas pelos alemães a Noruega, Dinamarca, Holanda, Bélgica, França e Luxemburgo;
- O ataque à URSS ocorreu em 1941, mas as tropas foram contidas por Stalin ao redor de Moscou e em Volvogrado (Stalingrado – 1943);
- Concomitantemente, ocorreu o ataque a Pearl-Harbor pelos japoneses e os EUA declararam guerra ao Eixo;
- Em 1944, houve uma tentativa frustrada de assassinato do Führer, que culminou em grande repressão com a morte de vários chefes

as nações livres tiveram que colocar em eclipse suas instituições. Os parlamentos não participaram das decisões, os governantes civis foram praticamente dominados pelos militares". Duverger, Maurice. *As modernas tecnodemocracias*, cit., p. 110.

"As instituições políticas liberais jamais funcionaram bem. Anatole France dizia da democracia: "Eu a perdoo por governar mal porque ela governa pouco". A mediocridade dos políticos americanos, com algumas exceções, contrasta com a capacidade dos homens de negócios. Na Europa, as tradições aristocráticas e o sentido do Estado cobrem os governantes de um verniz mais brilhante: mas o fundo não é muito diferente. Nada prova aliás que os regimes anteriores tenham funcionado melhor. O recuo na história esconde as mazelas e apenas ressalta as virtudes: muitos "grandes homens" do passado nos parecem grandes somente porque nós os conhecemos pouco. Duverger, Maurice, *As modernas tecnodemocracias*, cit., p. 121.

militares, como Rommel, Canaris, Witzleben, Stülpnagel. Mesmo ano do desembarque na Normandia;
- Em 1945, com o avanço dos Aliados, e as tropas alemãs dizimadas (com a liderança americana e soviética), Hitler suicida-se em Berlin (30/04) e o Reich se rendia em 8 de maio.
- Na Ásia, só o Japão continuou resistindo e capitulou após as duas bombas atômicas jogadas em Hiroshima e Nagasaki, respectivamente[1570].

7.12 A Alemanha após a Segunda Guerra Mundial

A Alemanha estava em ruínas. As grandes cidades destruídas em aproximadamente 40% e seis milhões e meio de alemães morreram com a guerra (sendo três milhões de civis durante a invasão soviética). O Estado alemão havia desaparecido, e o comando do país foi dividido em quatro zonas pelos aliados (EUA-Inglaterra-França-URSS).

Os soviéticos estabeleceram as bases de um estado socialista, com reforma agrária e nacionalização da indústria, ocorrendo a fusão do Partido Comunista com o Partido Socialista Alemão. Os americanos, devido à Guerra Fria, passaram a favorecer a recuperação econômica da Alemanha Ocidental e sua integração dentro do bloco das democracias ocidental. Em 1948, houve uma crise no Conselho do Controle Aliado, com a partida do representante soviético.

A nova tripla zona é programada para ter uma Assembleia Constituinte e um governo federal alemão. O plano Marshall passa a ajudar a Alemanha Ocidental com o objetivo de reconstrução do país. Em 10 dc setembro de 1948 ocorreu em Bonn a reunião do conselho parlamentar do Oeste-alemão, formado por 65 membros, indicados pelos estados provinciais (Länder), sendo escolhido Konrad Adenauer[1571] como chefe da CDU.

A Lei Fundamental (Grundgezets) foi aprovada em maio de 1949 pela Assembleia Constituinte de Bonn, endossada pelas três potências ocidentais, nascendo a República Federal da Alemanha (RFA). Ou seja, em 1949, devido ao acordo entre os "ex-aliados", ocorreu a criação da Repú-

[1570] ELIAS, Norbert, *Os alemães*, cit., p. 21.

[1571] Konrad Adenauer (1876 – 1967) – Político alemão, presidiu o conselho parlamentar de Bona (1949), foi chanceler e procurou integrar o país na Europa.

blica Federal da Alemanha (RFA) no oeste a da República Democrática Alemã (RDA) no leste e, por conseguinte, a divisão de Berlim (Oriental-URSS e Ocidental-EUA/França/Inglaterra).

Desenvolveu-se também a Guerra Fria. Já na zona soviética o denominado "Congresso do povo", apoiado pelo Partido Social-Comunista (SED), também adotou uma constituição para uma "Alemanha democrática indivisível". Foi criado um Conselho do povo, depois, Câmara do Povo, que em 7 de outubro de 1949 proclamou a criação da República Democrática Alemã (RDA) na zona soviética.

Na RFA o partido democrata-cristão dirigiu a reconstrução do país, por intermédio do chanceler Konrad Adenauer, com apoio do Plano Marshall e de investimentos estrangeiros. Ele estabeleceu uma economia social de mercado. Este contexto impediu qualquer acordo para uma unidade alemã, pois Adenauer integrou a RFA à Europa Ocidental e à Aliança Atlântica. Em 1955 a Alemanha Ocidental, adotando a doutrina Hallstein, rompe com qualquer país que reconheça a RDA. Em 1961 é construído o muro de Berlim (muro da vergonha – para impedir a fuga da população para o Ocidente), radicalizando a Guerra Fria e o choque entre as duas Alemanhas[1572].

A URSS governou a RDA com "mão de ferro", reprimindo qualquer protesto da população contra as medidas socialistas tomadas e, como consequência, entre 1949 e 1961 "cerca de três milhões de alemães orientais emigraram para a RFA. Em represália, foi proibida a emigração para o Ocidente (1961), e as fronteiras ficaram fechadas após a construção do muro de Berlim[1573].

A partir de 1966, reinicia-se o diálogo entre Bonn e Berlim, ou seja, SED e SPD. Em 1969 o Partido Social Democrata (SPD) assumiu o governo e, por intermédio do chanceler Willy Brandt[1574], uma política de aproximação com a RDA, e a Europa Oriental começou a ser estabelecida. Ainda em 1969, o chanceler Brandt reconheceu a RDA.

[1572] ELIAS, Norbert, *Os alemães*, cit., p. 21.

[1573] Ibidem, p. 21.

[1574] Willy Brandt (1913 – 1992) – Político alemão, social-democrata, foi chanceler da República Federal (1969-1974). Ganhou o prêmio Nobel da Paz (1971).

Em 1972 (dezembro) foi assinado o chamado "acordo fundamental" entre as duas Alemanhas, que as colocavam em pé de igualdade. Na sequência ambas foram admitidas na ONU (1973). Em 1983 houve nova aliança para o governo efetuada entre o CDU-CSU e FDP, com a liderança do chanceler Helmut Kohl[1575] (CDU)[1576]. Em 1989 cerca de 350 mil alemães da RDA fugiram para a RFA, via Hungria, e ocorreram diversas manifestações populares contra o regime comunista. No mesmo ano caiu o muro de Berlim e o chanceler Helmut Kohl propôs a criação de uma confederação que evoluiu para uma campanha de unificação da RDA e RFA[1577].

Neste clima, em 27 de novembro de 1989, em Leipzig, uma grande manifestação popular (250 mil pessoas) reivindicava a união das duas Alemanhas. Em 24 de dezembro de 1989 foi suprimida a utilização do visto e o câmbio obrigatório entre os dois Estados. Em 1990 (março) ocorreram eleições legislativas democráticas na RDA com a vitória da "aliança para a Alemanha". Em junho de 1990 os parlamentares dos dois países ratificaram o "tratado de Estado", regulamentando a unificação no plano do direito constitucional. Em julho de 1990 realizou-se a união monetária e econômica entre as duas Alemanhas, tendo o *marco* como moeda única.

Finalmente, em agosto de 1990, ocorreu a fusão das duas Alemanhas com o nome de República Federal Alemã. Em 12 de setembro de 1990 ocorreu a assinatura do "tratado dois mais quatro", com os aliados ratificando o processo, e a Alemanha, finalmente, conseguindo a soberania plena (interna e externa)[1578]. Em 3 de outubro do mesmo ano aconteceu, definitivamente, o processo da reunificação da Alemanha (Oriental e Ocidental). A partir desse processo de reunificação, o país que surge ganha enorme dimensão econômica e paulatinamente passa a exercer certa hegemonia na Europa. Responsável pelo maior PIB europeu, a zona do Euro é onde repousa seu poder. Consolidou-se como principal

1575 Helmut Kohl (1930 – 2017) – Político alemão, presidente da União Democrata Cristã (1973), foi chanceler da República Federal Alemã (1982-1988). Ajudou na Unificação dos Estados Alemães (RFA e RDA).

1576 ELIAS, Norbert, *Os alemães*, cit., p. 21.

1577 Ibidem, p. 21.

1578 Ibidem, p. 21.

exportador do bloco e como principal financiador do Estados deficitários, fato que de alguma forma coloca em risco a democracia da própria União Europeia.

As eleições unificadas ocorridas em 2 de dezembro de 1990 confirmaram o chanceler Kohl no cargo, afinal tinha sido o principal artifice desta união[1579]. A reunificação gerou aumento de impostos para a Alemanha Ocidental e desemprego, além de xenofobia, que facilitou o crescimento eleitoral da extrema direita.

As vítimas foram cidadãos da antiga RDA e do ex-bloco socialista europeu que havia migrado para a República Federal Alemã (1991). Também foram registrados 2.280 atentados contra estrangeiros e monumentos judaicos com 17 mortos ao todo, devido à atuação dos neonazistas[1580]. A partir de 1994, tendo como presidente da Alemanha o conservador Roman Herzog (apoiado por Kohl), inicia-se novo ciclo de crescimento econômico, diminuindo o desemprego[1581]. Nas eleições gerais (outubro) Kohl avançou, sendo que a aliança conservadora que o apoiava obteve 41,5% dos votos.

Em 1999 foi criado um partido democrático da Alemanha devido ao descontentamento com os estrangeiros, além de grande manifestação em Bonn contra o governo que desejava a racionalização da economia, com maior participação dos assalariados, "resultado do crescimento do país"[1582]. Em 1996 foi aumentada a idade para aposentadoria das mulheres de 55 para 65 anos a ser considerada a partir do ano 2000 e redução dos salários (80%) por afastamento do trabalho por doença. Em 1998 os social-democratas venceram as eleições e foi nomeado Gerhard Schröeder[1583] como chanceler. Renunciou meses depois.

Em junho de 1999, Gerhard Schröder (chanceler) e Tony Blair (primeiro ministro inglês), "propuseram em documento programado, a modernização da doutrina socialista europeia, propondo o fim da socie-

[1579] Ibidem, p. 21.

[1580] Ibidem, p. 21.

[1581] Ibidem, p. 21.

[1582] Ibidem, p. 21.

[1583] Gerhard Schröeder (1944) – Político alemão, líder do partido social-democrata na Baixa Saxônia (1994) e chanceler a partir de 1988.

dade de "assistência, redução de impostos para empresas e diminuição de despesas públicas". Era uma ruptura com a política tradicional do PSD alemão de assistência social. "No início do ano 2000 eclodiu um escândalo político envolvendo doações ilegais recebidas pelo governo do ex-chanceler Helmut Kohl"[1584].

7.13 A Alemanha no início do século XXI

7.13.1 Organização Política

Como visto, a Alemanha foi reunificada em 1990. A Alemanha Ocidental foi um dos membros fundadores da Comunidade Europeia (CE), em 1957, que posteriormente transformou-se na União Europeia, em 1993. O país é parte do espaço Schengen (convenção entre países europeus sobre uma política de abertura das fronteiras e livre circulação de pessoas entre os países signatários) e adotou a moeda europeia, o euro, em 1999. Membro das Nações Unidas, da OTAN, G8, G20, da OCDE e da OMC, trata-se de uma grande potência com a quarta maior economia do mundo por PIB nominal, sendo a quinta maior em paridade do poder de compra. É o segundo maior exportador e o segundo maior importador de mercadorias, com base em dados da segunda década do século XXI.

Em termos absolutos, detém o segundo maior orçamento anual de ajudas ao desenvolvimento no mundo[1585], enquanto está em sexto lugar em despesas militares[1586]. O país tem desenvolvido alto padrão de vida e estabeleceu um sistema global de segurança social. A Alemanha ocupa posição-chave nos assuntos europeus e mantém uma série de parcerias estreitas em nível global[1587]. O país também é reconhecido como líder científico e tecnológico em vários domínios[1588].

[1584] ELIAS, Norbert, *Os alemães*, cit., p. 21.

[1585] Nagpal, Sahil (04/04/2008). Germany world's second biggest aid donor after US (em inglês) TopNews.

[1586] The fifteen major spenders in 2006 (PDF) (em inglês). Recent trends in military expenditure. In: Stockholm International Peace Research Institute.

[1587] Freed, John (04/04/2008). The leader of Europe? Answers an ocean apart. The New York Times.

[1588] Confidently into the Future with Reliable Technology (em inglês) innovations-report. de (06/05/2008).

A Alemanha é uma federação democrática e parlamentária, cujo sistema político é definido num documento constitucional (*Grundgesetz* = lei fundamental) de 1949. Por chamar o documento de *Grundgesetz*, em vez de *Verfassung* (constituição), expressou-se a intenção de adotar uma constituição apropriada quando a Alemanha fosse reunida em um só Estado. Emendas ao *Grundgesetz* geralmente requerem aprovação de dois terços dos parlamentares de ambas as câmaras do parlamento. Os artigos garantem direitos humanos, a separação dos poderes, a estrutura federalizada e o direito de resistir contra tentativas de sobrepor-se à constituição, que são cláusulas pétreas e não podem sofrer emendas[1589]. Apesar da intenção inicial, o *Grundgesetz* permaneceu em vigor depois da reunificação alemã em 1990, com apenas algumas pequenas emendas.

O *Bundeskanzler* (Chanceler Federal) é o chefe de governo e exerce o poder executivo, similar ao primeiro-ministro em outras democracias parlamentares. O poder legislativo é comandado pelo parlamento, formado pelo *Bundestag* (Câmara Baixa) e pelo *Bundesrat* (Conselho Federal), que juntos formam um tipo excepcional de corpo legislativo. O *Bundestag* é eleito através de eleições diretas, combinadas com representação proporcional. Os membros do *Bundesrat* representam os governadores dos 16 estados federais (*Bundesländer*) e são membros dos gabinetes de estado. Os respectivos governadores dos estados têm o direito de apontar e exonerar seus enviados em qualquer momento. Ocasionalmente há conflitos entre o *Bundestag* e o *Bundesrat*, que criam dificuldades administrativas[1590].

O presidente não é eleito diretamente, mas por um colégio eleitoral, a Assembleia Nacional (*Bundesversammlung*), que se reúne exclusivamente para este fim. Metade dela é formada pelos deputados federais e a outra, por delegados escolhidos pelas assembleias legislativas dos 16 estados. O mandato presidencial é de cinco anos, sendo permitida uma única reeleição.

No regime parlamentarista alemão o poder Executivo convive diretamente com o Legislativo, pois o chanceler federal e seus ministros são,

[1589] Bundesministerium der Justiz. [www.gesetze-im-internet.de/gg/art_79.html] Artigo 79 do Grundgesetz.

[1590] Deutsche Welle (s/d). Parlamentarismo com presidente simbólico.

em geral, igualmente deputados e frequentam quase diariamente as sessões plenárias.

Desde a fundação da República Federal da Alemanha, em 1949, o governo federal sempre foi composto por coalizões, devido à dificuldade de um único partido obter maioria absoluta no Parlamento. O costume é a agremiação política de maior bancada buscar um parceiro para formar maioria, eleger o chanceler federal e compor o gabinete de governo.

Conforme a Constituição de 1949, um chanceler federal e seu gabinete só podem ser derrubados pelo Parlamento se já houver uma alternativa de governo. O mecanismo, batizado de "moção construtiva de desconfiança", foi criado devido à experiência da fracassada República de Weimar, instaurada em 1919, na qual os partidos não conseguiam se entender e os governos eram muitíssimo breves. O caos acabou favorecendo a ascensão do autoritarismo nazista, como alternativa a uma democracia instável, e sua chegada ao poder em 1933.

Desde o pós-guerra a "moção construtiva de desconfiança" foi usada três vezes, em 1972, 1982 e em 2005. Na primeira delas, a oposição tentou sem sucesso derrubar o chanceler federal Willy Brandt. Depois que alguns deputados social-democratas e liberais passaram para a oposição, Brandt perdeu a maioria no Parlamento, pediu uma moção de confiança (que lhe foi negada), mas o SPD e o Partido Liberal venceram as eleições de 19 de novembro do mesmo ano e, assim, continuaram no governo.

Em 1982 o Partido Liberal deixou a coalizão com o Partido Social Democrata, do chanceler federal Helmut Schmidt[1591], para se recompor com a União Democrata Cristã, derrubar Schmidt e eleger Helmut Kohl como novo chanceler. No dia 17 de dezembro, Kohl submeteu-se ao voto de confiança do Parlamento, com a intenção declarada de colher "desconfiança". Ele "perdeu" por 218 a oito votos, porque 248 deputados da CDU, CSU e do Partido Liberal se abstiveram. Desta forma, foram convocadas novas eleições. Certa da vitória no pleito, a coalizão formada por CDU, CSU e liberais queria apenas ser legitimada pelo voto popular, o que se concretizou nas urnas em 6 de março de 1983.

[1591] Helmut Schmidt (1918 – 2015) – Político alemão, ministro da defesa (gabinete Brandt-Scheel), foi deslocado para a pasta das finanças e depois eleito chanceler da República Federal Alemã (1974). Foi reeleito chanceler em 1976 (até 1982).

No terceiro caso, devido à derrota arrasadora da coalizão de governo entre social-democratas e verdes na eleição estadual da Renânia do Norte-Westfália em maio de 2005, o chefe de governo Gerhard Schröder apresentou a moção de confiança ao Parlamento e perdeu a votação, abrindo caminho para a dissolução da câmara e a convocação de eleições legislativas antecipadas, para setembro de 2005.

Em relação ao Poder Legislativo, como indicado anteriormente, a câmara baixa do Parlamento alemão chama-se *Bundestag*. Os deputados são eleitos de quatro em quatro anos. Os eleitores alemães, que não têm a obrigação de comparecer às urnas, votam através de um sistema distrital misto. Na hora de votar, os eleitores dão dois votos. No primeiro, escolhem um candidato distrital. Cada partido tem direito a lançar um nome por distrito ou zona eleitoral. No segundo, votam num partido (voto de legenda).

Para que um partido possa formar uma bancada no Parlamento, ele precisa obter, no mínimo, 5% dos votos válidos em todo o país. Caso ele não cumpra este requisito, mas consiga eleger algum deputado diretamente pelo voto distrital, este assume seu mandato, porém sem formar uma bancada e, portanto, sem os direitos exclusivos destas.

Em casos excepcionais, o *Bundestag* pode ser dissolvido antecipadamente pelo presidente, com a convocação imediata de novas eleições. Por exemplo, caso nenhum partido consiga aliar-se com outro(s) para obter maioria e formar um governo.

As leis alemãs são aprovadas por maioria simples no Parlamento e somente as que dizem respeito a assuntos de competência dos estados seguem para o *Bundesrat* ou Conselho Federal, a câmara alta do Legislativo alemão.

Os membros do *Bundesrat* não são eleitos por voto popular. Somente os próprios governadores e seus secretários podem representar seus estados nas reuniões e votações do Conselho Federal. Conforme a população, cada unidade da federação possui de três a seis votos no *Bundesrat*.

Quanto à organização política dos estados e municípios alemães, cabe ressaltar que ela repete, nessas esferas, o sistema parlamentarista. Ou seja, em sua maioria, governadores e prefeitos são eleitos, respectivamente, pelas assembleias legislativas e pelas câmaras municipais, e não pelo voto direto dos eleitores. Somente na década de 1990, algumas cidades começaram a experimentar o voto direto para prefeito. Colônia é uma delas.

No sistema político alemão também não se deve confundir o Senat das cidades-estados com, por exemplo, o Senado Federal brasileiro. No caso alemão, o termo Senat se refere aos parlamentos das três cidades-estados (Berlim, Bremen e Hamburgo) e Senator equivale ao secretário na esfera estadual no Brasil. As duas turmas do Tribunal Constitucional Federal (*Bundesverfassungsgericht*) são, em alemão, igualmente chamadas de Senat[1592]. O país ainda tem 96 deputados no Parlamento Europeu e 23 membros no Comitê das Regiões da Comunidade Europeia.

Frank-Walter Steinmeier, do SPD, foi eleito presidente do país em 19 de março de 2017. A chanceler Angela Merkel, do CDU, foi eleita pela quarta vez em setembro do mesmo ano. No pleito de 2017, Merkel, que ocupa o cargo desde novembro de 2005, foi forçada a formar uma grande coalizão (grobe koalition) com o Partido Social-Democrata, depois de uma tentativa fracassada de fazer o mesmo aliada ao Partido Democrático Liberal e os Verdes. Durante o ano de 2019, a coalizão experimentou crescentes divisões entre os conservadores (CDU e CSU) e os sociais-democratas (SPD). Em setembro de 2019, o principal partido de extrema-direita, o Alternativa para a Alemanha (AfD), obteve os melhores resultados eleitorais desde sua fundação em 2013, conseguindo a segunda colocação em duas regiões eleitorais dos estados orientais de Brandeburgo e Saxônia.

Historicamente, dois partidos, a União Democrática Cristã (CDU) e o Partido Social-Democrata (SPD) têm dominado a esfera política na Alemanha nas últimas décadas. Além destes, as principais agremiações políticas são a União Social-Cristã (CSU), que reúne os conservadores e democratas cristãos, a União Democrata Cristã, também no mesmo campo ideológico, o Partido de Esquerda, que congrega os socialistas e comunistas, o Partido Democrático Liberal (FDP), de centro-direita, o Bündnis90 die Gurenen, os verdes, de esquerda, e o Alternativa para a Alemanha (AfD), de extrema-direita.

[1592] Parlamentarismo com presidente simbólico.

7.13.2 Economia

A Alemanha é a maior economia da Europa, a terceira maior quando se considera o PIB nominal e a quinta maior quando se considera a Paridade do Poder de Compra[1593]. Desde a Revolução Industrial o país tem sido criador, inovador e beneficiário de uma economia globalizada. A exportação de bens produzidos na Alemanha é um dos principais fatores da sua riqueza. É o maior exportador europeu com 1,13 trilhões de dólares em 2006 (incluídos os países da Eurozona) e gerou um superávit comercial de 165 bilhões de dólares. O setor de serviços contribui com 70% do PIB, a indústria 29,1% e a agricultura 0,9%. A maioria dos produtos alemães são de engenharia, especialmente automóveis, máquinas, metais e produtos químicos[1594]. É o maior produtor de turbinas eólicas e tecnologia de energia solar do mundo[1595]. Algumas das maiores feiras de negócios internacionais são realizadas todos os anos em cidades alemãs como Hanôver, Frankfurt e Berlim[1596].

A Alemanha é uma forte advogada da integração política e econômica europeia, e suas políticas comerciais são crescentemente mais determinadas por acordos entre os membros da União Europeia e pela legislação de mercado comum da UE. Como esperado, a Alemanha usa a moeda comum europeia, o euro, e sua política monetária é estabelecida pelo Banco Central Europeu em Frankfurt. Depois da reunificação alemã em 1990, o padrão de vida e a renda anual permaneceram maiores nos antigos estados da Alemanha Ocidental[1597]. A modernização e integração da Alemanha Oriental continuam sendo um processo longo e programado, com transferências anuais de dezenas de bilhões de dólares do oeste para o leste. A taxa de desemprego tem caído, mas ainda é desigual ao longo do território alemão, sendo maior na região da antiga Alemanha Oriental.

O PIB nominal da Alemanha contraiu-se no segundo e terceiro trimestres de 2008, colocando o país em uma recessão técnica depois de um

[1593] Rank Order – PIB (Poder Paridade de Compra) CIA Factbook 2007.

[1594] Alemanha CIA World Factbook.

[1595] Energia eólica Ministério Federal da Economia e Tecnologia (Alemanha).

[1596] German cities dominate the international trade fair market.

[1597] Berg, S., Winter, S., Wassermann, A. O preço da reunificação que não deu certo, Spiegel Online International. 5 jul. 2005.

ciclo de recessão mundial e europeia[1598]. Em janeiro de 2009, o governo alemão sob Angela Merkel[1599] aprovou um plano de estímulo econômico de 50 bilhões de euros para proteger vários setores de uma recessão e um subsequente aumento das taxas de desemprego.

O governo do Social Democrata (SPD) Gerhard Schröder tentou reformar a segurança social com o objetivo de reduzir o seu peso sobre a economia, que é muito grande. Os sistemas de Segurança Social são bastante desenvolvidos e têm longa tradição, que remonta ao governo de Bismarck, época do Império Alemão, nos finais do século XIX. Há um conjunto de sistemas (ou caixas) que recebem contribuições dos seus membros e cobrem os custos (por exemplo, as faturas de consultas médicas) sempre que necessário, num sistema semelhante ao dos seguros.

Dentre as maiores empresas negociadas na bolsa, em relação ao faturamento, o Fortune Global 500 aponta 37 companhias sediadas na Alemanha. As dez maiores são Daimler, Volkswagen, Allianz (a empresa mais lucrativa), Siemens, Deutsche Bank (2ª mais lucrativa), E.ON, Deutsche Post, Deutsche Telekom, Metro e BASF[1600]. As maiores empregadoras são a Deutsche Post, a Robert Bosch e a Edeka[1601]. Outras grandes empresas de capital alemão são Adidas, Puma AG, Audi, Bayer, BMW, Deutsche Bahn, Henkel, Lufthansa, MAN, Nivea, Porsche, SAP AG, Schering, ThyssenKrupp, Volkswagen, Wella[1602], entre outras, que demonstram a força econômica alemã nos mais diversos segmentos de mercado.

É, portanto, a quarta maior economia do mundo, atrás somente dos EUA, China e Japão, e a maior da Europa. A Alemanha foi o país do continente que mais recebeu refugiados dos conflitos do Oriente Médio entre 2014 e 2015. Cerca de 1 milhão de pessoas que fugiram das guerras na

1598 Hopkins, Kathryn. "Germany officially in recession as OECD expects US to lead recovery", The Guardian, 14 November 2008.

1599 Angela Dorothea Merkel (Hamburgo, 17/07/1954) assumiu como canceler da Alemanha em 2005, sendo sucessivamente indicada ao cargo pelo Parlamento em 2009, 2013 e 2017. Foi líder do partido de centro-direita União Democrata-Cristã (CDU) de 2000 a 2018, e durante o início do século XXI é considerada como a principal líder da União Europeia.

1600 Global 500 Germany, CNN Money.

1601 Global 500 Biggest Employers, CNN Money.

1602 The 100 Top Brands 2006, Businessweek. Retrieved.

região têm buscado e, em muitos casos, obtido asilo no país europeu. A chanceler Angela Merkel, durante seu governo, defendeu a tese de que por ser uma potência econômica, o país tem a obrigação moral de receber as ondas de refugiados. A questão trouxe problemas à política da chanceler em função de parte da oposição, e até de seu partido, terem colocado em dúvida essa política. O grupo *Pegida* – Patriotas Europeus unidos contra a Islamização do Ocidente – que tem forte base na nação europeia – é o principal crítico da política de receber os imigrantes forçados. A classe média alemã, por sua vez, teme perder empregos e qualidade de vida com a chegada maciça dos estrangeiros. Também há temor da religião islâmica e do terrorismo com a qual é, muitas vezes injustamente, associada. A Alemanha integrou, ao lado dos EUA e da Inglaterra, a coalizão militar que atuou na Síria e no Iraque e, ao menos em tese, pode ser vítima de atentados promovidos por grupos terroristas.

A força de trabalho do país chega a 44,76 milhões de trabalhadores ativos numa população de 82,2 milhões de habitantes. Em fins de 2014, o PIB alemão foi calculado em US$ 3,628 trilhões. No entanto, foi registrada uma queda de 0,2% no segundo trimestre de 2014 no PIB após uma alta de 0,7% no primeiro. Em 2016 cerca de 59% das exportações alemãs destinavam-se a outros países da União Europeia. Das exportações para terceiros países, 9% seguiam para os EUA e 6% para a Suíça. Com relação às importações, 66% eram oriundas dos países da UE (em especial Países Baixos, França e Bélgica), da China (7%) e dos Estados Unidos (6%)[1603].

Em março de 2020, pela primeira vez, em consequência da pandemia do novo coronavírus, a Alemanha, a principal defensora da austeridade na Europa, decidiu abandonar sua política fiscal, que garantiu seis anos consecutivos de superávit nas contas públicas, por causa da crise provocada pela pandemia. O governo decidiu aprovar um empréstimo de 356 bilhões de euros (o equivalente a cerca de R$ 2 trilhões) para financiar seus planos de socorro ao sistema de saúde e a empresas afetados pela paralisação decorrente da doença. No início de 2020 as maiores montadores do país anunciaram que fechariam as portas para atender à ordem de isolamento social. O governo alemão decidiu financiar um fundo para

[1603] Extraído de https://europa.eu/european-union/about-eu/countries/member-countries/germany_pt. Acesso em 10 set. 2020.

pequenas empresas e autônomos, um programa de compra de ações de empresas afetadas pela crise, linha de empréstimo para empresas, garantias a seus débitos e a reativação do fundo criado em 2009 para garantir o setor bancário, desta vez voltado para injetar dinheiro em empresas do setor produtivo. A Alemanha anunciou, ainda, a ampliação de um programa que paga parte dos salários dos trabalhadores cuja jornada tenha sido reduzida para evitar demissões[1604].

A posição de acolhimento de imigrantes do Oriente Médio, apelidada de "portas abertas" é vista por analistas como o maior risco político que Merkel assumiu, uma vez que quase metade da população alemã considera sua política para refugiados "equivocada", e até mesmo o seu próprio partido (União Democrática Cristã) teceu críticas à abordagem. A chanceler não se intimidou e bancou sua política, mesmo com crescentes críticas, além de pressionar a UE por uma solução humanitária compatível com os valores morais defendidos pelo bloco. O temor, inclusive entre os outros países, é que os custos sejam divididos entre todos, inclusive os mais pobres.

Em seus discursos Merkel destaca "o ideal europeu comum". Segundo ela, o continente como um todo tem de se envolver com o problema da crise humanitária na Síria e em outros países vitimados pelas guerras. "Se a Europa fracassar nos assuntos dos refugiados, sua estreita relação com os direitos civis universais será destruída", disse a chanceler. "Como um país financeiramente forte e saudável, temos a força para fazer o que é necessário", acrescentou. No entanto, lembram estudiosos, há razões programáticas por trás do autopropalado altruísmo. A Alemanha possui uma das populações que mais envelhecem e diminuem mais rapidamente na Europa. Segundo estimativas da Comissão Europeia, calcula-se que em 2060 a população do país encolherá em 10 milhões de pessoas, passando de 81,3 milhões em 2013 para 70,8 milhões, o que fará com que o país deixe de ser a nação mais populosa do continente, posto que caberá ao Reino Unido. Por essa razão, poderia beneficiar-se de um influxo de jovens trabalhadores, essenciais para o desenvolvimento industrial.

1604 PINTO, Ana Estela. Coronavírus faz Alemanha abandonar austeridade fiscal. *Folha de S. Paulo*, 21 mar. 2020, p. E-10.

Estima-se que a proporção de pessoas com mais de 65 anos aumentará de 32% da população em 2013 para 59% em 2060, ou seja, em 45 anos haverá dois alemães com menos de 65 anos trabalhando e gerando impostos para um aposentado. Essa tem sido vista como a face favorável da imigração. No entanto, a entrada maciça dos imigrantes tem criado enormes desafios para a sociedade alemã. Governos de muitas cidades dizem estar sobrecarregados, pois não têm onde abrigar os refugiados, que chegam a dezenas de milhares de pessoas. Com isso, os sistemas de segurança social e os orçamentos regionais vão ter de enfrentar crescentes custos adicionais. A Alemanha já tem um índice oficial de 2,8% da população desempregada, número que será inflado pela chegada dos imigrantes.

Somente em 2015, a Alemanha recebeu 1,1 milhão de solicitantes de asilo, de acordo com a Agência Federal de Migração e Refugiados (BAMF) em comunicado. Foram cinco vezes mais demandas que em 2014. O país anunciou que começaria a fazer em janeiro de 2014 audiências individuais com sírios em busca de asilo no país, revertendo a política de conceder status de refugiados quase automáticos para os naturais da Síria.

Desde o final de 2014, os sírios se beneficiaram de um processo de asilo mais simples, sem audiências individuais. Críticos dizem que isso permitiu ao Estado Islâmico, principal grupo terrorista em atividade no mundo, enviar militantes clandestinamente para realizar ataques na Europa. A chanceler alemã Angela Merkel rejeitou várias vezes a pressão para dificultar a chegada de imigrantes nas fronteiras alemãs, mas a oposição contra ela cresceu, na Alemanha e em outros países, depois que dois terroristas dos ataques de 13 de novembro em Paris foram encontrados carregando passaportes falsos da Síria.

No entanto, as estatísticas demonstram que a Alemanha tem expulsado imigrantes ilegais que estão no país para dar lugar aos refugiados. Merkel deixou isso claro em um evento público em Berlim em agosto de 2015: "Para poder ajudar aos que estão em situação de emergência, temos que dizer àquelas que não estão que não podem ficar aqui", declarou. O ministro do Interior, Thomas de Malziere, demonstrou preocupação com a quantidade de refugiados que tem chegado ao país. "No longo prazo, 800 mil refugiados são demais para a nossa capacidade de absorção", reconheceu. O número equivale a quase 1% da população nacional.

Nas duas primeiras décadas do século XXI a Europa já enviou de volta mais de 1 milhão de imigrantes, 252 mil só em 2014. Albaneses, paquistaneses e ucranianos representam 28% dos deportados. Ao mesmo tempo, o país tem pressionado outras nações integrantes do bloco a aumentarem o número dos refugiados que recebem. Em discurso, Merkel afirmou: "Se a Europa tem solidariedade e nós também demonstramos solidariedade a outros, precisa mostrar isso agora. Precisamos agir rapidamente para receber os refugiados".[1605]

Em 14 de dezembro de 2015, a chanceler afirmou que o governo ia trabalhar para diminuir o fluxo de refugiados. "Nós podemos e vamos diminuir o número dos imigrantes no país", disse. O anúncio foi feito durante o congresso anual do partido de Merkel, a União Democrática Cristã (CDU), na Baviera. Sua política sobre as pessoas que têm fugido dos conflitos na Síria, Iraque e Norte da África vinha sofrendo duras críticas da ala mais conservadora do partido. Até o fim de novembro daquele ano, 964.574 refugiados haviam entrado no país. Diante dos números recordes e das pressões para conter o fluxo, o governo alemão tinha como desafio imediato acelerar os procedimentos burocráticos. No final de novembro, dos 425 mil pedidos de asilo, mais de 355 mil ainda não haviam sido processados.

7.13.3 Conflitos atuais – os turcos e a Alemanha

Caso queira ser ao menos relativamente bem sucedida no seu esforço para receber os refugiados, a Alemanha deve evitar os erros do passado em matéria de integração. A opinião é dos refugiados turcos que começaram a chegar ao país por volta da décadas de 1950 e 1960, por força do Tratado para Recrutamento de Trabalhadores Turcos (*Abkommen zur Anwerbung türkischer Arbeitnmer*). Naquele período, o país passava por grande escassez de mão de obra devido ao alto número de mortos e prisioneiros da Segunda Guerra Mundial, e isso representava entrave para a reconstrução do país no pós-guerra. Nos dias de hoje, a comunidade turca representa a mais numerosa minoria na Alemanha. São cerca de 3

[1605] *Folha de S.Paulo*, 12 de outubro de 2015, p. C-12.

milhões de turcos na nação europeia de um total de 7 milhões de estrangeiros no país.

"O que foi errado no passado foi ter considerado os 'Gastarbeiter' (como eram chamados os trabalhadores turcos) como simples mão de obra que voltaria ao seu país", disse Gokay Sofuoglu, presidente da Comunidade Turca na Alemanha (TGD). Os Gastarbeiter, ou trabalhadores convidados, eram imigrantes turcos contratados pela indústria alemã, que se pretendia que ficassem alguns anos trabalhando na Alemanha e depois voltassem a seu país. Eram, em sua maioria, pedreiros, vidraceiros, mecânicos e membros de outras profissões simples, com cuja integração ninguém se preocupou. Quando chegou a hora da aposentadoria, no entanto, a grande maioria ficou na Alemanha. O próprio termo que os definiu deixava claro qual era a sua função: dedicar-se ao trabalho e depois voltar ao país natal, sem fincar raízes. Os filhos nascidos na Alemanha continuariam sendo turcos e não poderiam pleitear a nacionalidade alemã.

A questão foi levantada muito mais tarde, afirma Gulistan Gurbey, pesquisadora em ciências sociais da Universidade Livre de Berlim e especialista em temas de integração. O presidente da Sociedade germano-turca de Stuttgart (sudoeste), Aykut Duzguner, afirma, por exemplo, que o idioma alemão não foi ensinado a eles. "Os 'Gastarbeiter' não fizeram o esforço de estudar alemão, mas os alemães não insistiram para que o fizessem", lamenta Duzguner. Por causa disso, parte das duas primeiras gerações de imigrantes turcos não domina o idioma alemão e vive isolada em guetos, o que representa um peso tanto para os turcos quanto para o conjunto da sociedade, diz.

Evidentemente, os turcos da última geração estão muito mais integrados "no sistema de formação e no mercado de trabalho", destaca Gurbey, e alguns fizeram carreira na política, no esporte ou na música[1606]. No

1606 Veterano da seleção alemã de futebol, campeã em 2014 no Brasil, o jogador alemão de origem turca Mesut Özil, de 29 anos, abandonou o escrete nacional por causa de racismo de que foi vítima. "Sou alemão quando ganhamos, mas imigrante quando perdemos", reclamou ele, em entrevista. O atleta foi muito criticado em seu país após aparecer em uma fotografia ao lado do presidente da Turquia, Recep Erdogan. Nascido na Alemanha, mas filho de turcos, Özil disse ter se tornado "bode expiatório" pela fraca campanha da seleção

entanto, existem alguns atrasos em matéria de escolarização ou inserção profissional. O desemprego entre a população de origem turca é cerca de 80% maior que o conjunto da Alemanha. Muitos alemães de origem turca se queixam de discriminação no mercado de trabalho. No entanto, mais de 50 anos depois, quando a Alemanha enfrenta um fluxo migratório de uma amplitude inédita, o discurso oficial parece mais promissor.

Nas ruas de Dresden, no ano de 2014, cidade industrial alemã, cerca de 20 mil pessoas percorreram as ruas aos gritos de "fora, Merkel" para comemorar o primeiro aniversário do movimento islamofóbico *Pegida*, que exige "deportações maciças imediatas" dos refugiados. Encontraram forte oposição, entretanto, de outro grupo com cerca de 15 mil manifestantes favoráveis ao asilo para refugiados que defendiam "coração em vez de ódio". Entre os dois grupos, mil policiais faziam a contenção. O Pegida contou com o reforço de militantes do partido xenófobo italiano Liga Norte e de forças semelhantes britânicas e checas. Diferentes pesquisas de opinião realizadas em 2014 mostravam que entre um terço e metade dos alemães compartilhava algumas das posições do grupo do grupo.

Em Leipzig, cerca de dois mil apoiadores do Legida (a versão local do grupo Pegida – Patriotas Europeus contra a Islamização do Ocidente) marchou pelas ruas da cidade, com cartazes contra Merkel. Na sequência, um grupo de aproximadamente mil mascarados destruiu lojas e edifícios no bairro de Connewitz.

Para evitar as críticas da oposição e prestar contas à população, o governo de Ângela Merkel decidiu apresentar ao Congresso uma proposta de alteração da lei, que facilita a expulsão de requerentes de asilo e refugiados que sejam condenados por vários crimes. "Vamos reforçar a lei para tornar as deportações mais fáceis", explicou o ministro da Justiça alemão, o social-democrata Heiko Maas, deixando claro, porém, que os imigrantes não devem ser automaticamente vistos como suspeitos. A expulsão dos refugiados da Alemanha vai ocorrer em casos de crimes sexuais e crimes contra a vida, a integridade física ou a propriedade e

alemã na Copa da Rússia. Em comunicado à imprensa, o atleta criticou, principalmente, o presidente da federação de futebol do seu país, Reinhard Grindel, um ex-deputado conservador, que assumiu o cargo pouco tempo antes, que teria sido o principal responsável pelas críticas que sofreu. Jornal *O Globo*, edição de 19 de dezembro de 2018, p. B-16.

ocorrerá logo após a decisão do tribunal. Até mesmo os delinquentes menores de idade poderão sofrer os rigores da nova legislação[1607] Uma sondagem realizada no fim de 2015 demonstrou que o CDU, partido da primeira ministra, perdeu um ponto porcentual de apoio na população, passando de 36% para 35%, enquanto o grupo Alternativa para a Alemanha, de extrema-direita, cresceu dois pontos, de 9,5% para 11,5%.

7.14 A Constituição na atualidade

A Constituição da Alemanha, na língua original *Grundgesetz für die Bundesreplubik Deustschland*, ou Lei Fundamental da República Federal da Alemanha, foi formalmente aprovada em 8 de maio de 1949 e entrou em vigor em 23 de maio daquele ano, com a Constituição, *de facto*, da Alemanha Ocidental, logo após o fim da II Guerra Mundial, com a divisão do país em dois. O termo Verfassung, que equivale a Constituição em português, não foi utilizado porque seus criadores viam o Grundgesetz – que pode ser traduzido como lei básica ou lei fundamental – como um documento somente provisório, que seria substituído pela Constituição da Alemanha reunida no futuro em suas duas partes – A República Federal da Alemanha (Ocidental) e a República Democrática da Alemanha (Oriental).

Tal fato concretizou-se, conforme vimos, em 1990, com a queda do Muro de Berlim e a consequente reunificação das duas Alemanhas. Assim, foram efetuadas algumas mudanças na Lei Fundamental ainda naquele ano, quase todas relacionadas à reunificação, e outras emendas nos anos de 1994, 2002 e 2006.

De acordo com a Constituição Alemã, em seu artigo 20, a República da Alemanha é um Estado federal, democrático e social. Na letra da Lei Fundamental diz-se que "todo o poder emana do povo e é exercido pelo povo por meio de eleições e votações e através dos órgãos especiais dos poderes executivo, legislativo e judiciário". Em seguida, a advertência: "contra qualquer um que tente subverter essa ordem, todos os alemães têm o direito da resistência, quando não houver outra alternativa".

[1607] Jornal Deustche Walle, edição de 10 de março de 2018, p. 106.

Em seu artigo 63 está previsto que o chanceler federal divide a administração do governo com o presidente federal e é eleito pelo Parlamento Federal, por proposta do presidente. O país tem um regime de governo parlamentarista e o Chanceler precisa formar maioria para se manter no cargo. Será considerado eleito aquele que obtiver os votos da maioria dos membros do Parlamento. Os ministros, por sua vez, segundo o artigo 64, serão nomeados e exonerados pelo Presidente, por proposta do Chanceler.

O mandato do presidente é de 5 anos, permitida somente uma reeleição. A Assembleia Federal, que reúne os deputados, é formada por membros do Parlamento Federal e igual número de representantes dos Estados que constituem a federação. O artigo 38 prevê que os deputados do Parlamento Federal Alemão são eleitos por sufrágio universal, direto, livre, igual e secreto. São representantes de todo o povo, independentemente de quaisquer encargos e instruções, e subordinados unicamente à sua consciência. No artigo 50, reza-se que, por meio do Conselho Federal, os Estados participam da legislação e da administração da Federação, bem como das questões concernentes à União Europeia. O artigo 51, por sua vez, prevê que o Conselho Federal seja formado por membros dos governos estaduais, que os nomeiam e exoneram. Cada Estado tem direito a, no mínimo, três votos. Os que tiverem mais de dois milhões de habitantes podem indicar quatro votos, os como mais de seis milhões e os com população superior a sete milhões, seis.

No que diz respeito a direitos e garantias fundamentais, os primeiros artigos da Constituição Alemã os asseguram. No artigo 3º, é garantida a igualdade de todos perante a lei, afirmando que ninguém poderá ser prejudicado ou favorecido por causa do seu voto, de sua descendência, do seu idioma, da sua pátria e origem. No artigo 2º, diz-se que todos têm direito ao livre desenvolvimento de sua personalidade, desde que não violem os direitos dos outros e não atentem contra a ordem constitucional ou a lei moral. No artigo 4, está prevista a liberdade de crença e consciência segundo a qual, por exemplo, ninguém poderá ser obrigado a prestar o serviço militar tendo que, no entanto, prestar um serviço civil em tempo equivalente. O artigo 5 procura assegurar a liberdade de opinião, de imprensa, de arte e de ciência. De acordo com esse capítulo, "todos têm direito se expressar e divulgar livremente o seu pensamento por via oral, por escrito e por imagem, bem como de informar-se sem impedimentos em fontes de acesso geral. A liberdade de imprensa e a liberdade de informar-se através da radiodifusão e do filme ficam garantidos, sem censura". O limite para o direito é a proteção da honra pessoal de eventuais ofendidos.

No artigo 8º a legislação protege a liberdade de reunião, assinalando que todos os alemães têm o direito de se reunirem pacificamente e sem armas, sem necessidade de notificação ou autorização prévia, e, da mesma forma, podem constituir associações e sociedades, desde que não sejam contrárias às leis penais ou estejam orientadas contra a ordem constitucional ou os ideais de entendimento entre os povos. Os artigos 10 e 11 ainda preveem a inviolabilidade do domicílio e o sigilo da correspondência, da comunicação pessoal e da telecomunicação. Buscas em domicílio só podem ocorrer com determinação judicial e em casos específicos. Limitações do sigilo da correspondência só podem ser determinados em virtude da lei.

7.15 Dados Estatísticos Contemporâneos

Governo	República Federal Parlamentarista
Formação	**Sacro Império Romano-Germânico**: 2 de fevereiro de 962. **Unificação:** 18 de janeiro de 1871. **República Federal:** 23 de maio de 1949. **Reunificação:** 3 de outubro de 1990. **Entrada na UE:** 25 de março de 1957 (membro co-fundador).
PIB total (base Paridade do Poder de Compra – PPC – 2018)	US$ 4.379 trilhões[1608] (5º).
PIB – PPC (*per capita*)	US$ 44.741[1609] (18º).
PIB nominal total	US$ 4.379 trilhões[1610] (4º).
PIB nominal Per capita	US$ 47.200[1611] (19º).
IDH (2018)	0,936 (5º) – muito elevado.
Constituições	1849, 1871, 1919, 1949.

Fonte: Fundo Monetário Internacional (FMI): World Economic Outlook Database

1608 Fundo Monetário Internacional (FMI): World Economic Outlook Database (Outubro de 2014).

1609 Ibidem.

1610 Ibidem.

1611 Ibidem.

Capítulo 8
DA RÚSSIA À URSS E À RÚSSIA – UM LABORATÓRIO DOS REGIMES E SISTEMAS POLÍTICOS E ECONÔMICOS E AS TENTATIVAS FRUSTRADAS DE DEMOCRACIA – IMPLANTAÇÃO DO SOCIALISMO ACABA EM CAPITALISMO DE ESTADO

A Rússia é um capítulo importante das tentativas econômicas e ideológicas do homem em sua luta pela liberdade e igualdade dentro do capitalismo e fora do sistema, sempre com o refrão (palavra de ordem): democracia econômica, social e política. A Rússia foi laboratório de todas essas ideias e ideais, mas com o insucesso geral e extremamente negativo para o processo econômico e social, seja no capitalismo dos tzares ou no "regime democrático soviético", que culminou no capitalismo de Estado, equivocadamente chamado socialismo. O caso daquele país é muito importante para compreender a aplicação prática dos conceitos de "democracia" e de "socialismo". O que se pode observar é que vigora, desde sempre, o princípio segundo o qual um homem forte, seja um tzar (cujo apelido era "paizinho" no período imperial), um líder socialista ou um autocrata comanda a Rússia. A democracia é que jamais vicejou naquela região, tradicionalmente liderada, conforme veremos, por líderes autocráticos e personalistas.

8.1 Localização e ocupação

Atualmente é o maior país do mundo em extensão, perfazendo uma área total de 17.705.400 km^2. Localiza-se ao norte da Eurásia e apresenta os seguintes limites: ao norte, Oceano Glacial Ártico; ao sul, Coreia do Norte, China, Cazaquistão, Mongólia, Mar Cáspio, Azerbaijão, Geórgia e

Mar Negro; ao leste, Oceano Pacífico; e ao oeste, Ucrânia, Belarus, Letônia, Estônia, Mar Báltico, Finlândia e Noruega.

Ainda no que diz respeito à parte geográfica, ocorreram os seguintes desdobramentos:

"As terras russas dividiam-se entre as grandes florestas e as estepes, vasta área desnudada de árvores. Na orla, situava-se a cidade de Kiev com a famosa faixa da Terra Negra; a sul desta, em direção ao mar, e a sudeste, para o interior das terras, estendia-se a estepe. Aqui, entre os montes Urais e o mar Negro, escancarava-se a larga passagem das raças, por onde, durante séculos, sem interrupção, se precipitaram os povos da Ásia, destruindo, subjugando e obrigando os Russos ao combate, para sua defesa. O contraste da zona florestal com a zona das estepes deixou profunda marca no caráter do povo russo e na sua economia, marca tão vincada que só a moderna tecnologia a fez esquecer. O contraste não destruiu a unidade territorial; no entanto, deteve-lhe o desenvolvimento. Os sistemas dos rios correndo de norte para sul – em especial, as duas grandes artérias do Dniepre e do Volga – determinou um fator capital para sustentar a coesão do território. Fora muitas vezes predito que o aumento da população levaria à ruína o vasto império. Contudo, nenhuma das partes poderia existir sem a outra: o Norte florestal necessitava do Sul cerealífero; o Centro industrial carecia de ambos; o interior não poderia existir sem a costa e a vasta rede navegável do Volga"[1612].

Em síntese, considerando-se os aspectos pertinentes a território e raça, tradição e história, estes constituíram, sem dúvida, fatores determinantes para o ciclo evolutivo da Rússia. Aliás, não só como Estado, mas também como comunidade, desde 862 à atualidade[1613].

A região foi ocupada a partir do século XI a.C. pelos iscitas (nômades e guerreiros), e foi invadida por mongóis, godos e magiares (povo oriundo da Hungria).

Os eslavos, vindos do oeste, ocuparam o Báltico, o Danúbio e fundaram Kiev, Níjni Novgorod e Smolensk. Submetiam-se a um sistema agrário primitivo e ao desbravamento florestal. Os varegos, povo marítimo, pirata e mercador, de perfil guerreiro e negociante, chegaram no século

1612 HOETZSCH, Otto. *A evolução da Rússia*. Lisboa: Editorial Verbo, 1966, p. 9.
1613 Ibidem, p. 10.

VIII. Dada a característica peculiar, os varegos, de forma audaciosa, buscavam novas rotas e mantinham o trajeto que incluía a Rússia, intitulado "o que vai dos varegos aos gregos", isto é, do Duína ao Dniepre e, em rotas mais rápidas, rumo ao Mar Negro e Constantinopla. Frise-se que sua atividade comercial era favorecida devido à proximidade da nascente dos rios do Norte e do Sul da Rússia. Quanto a sua origem, há discordância se se originam dos germanos ou eslavos. Para historiadores ucranianos, os varegos derivam dos últimos, enquanto estudiosos alemães e russos creditam sua origem aos germânicos[1614].

A Rússia é formada por 21 repúblicas, 6 territórios, 49 províncias, uma região autônoma, 10 comarcas autônomas e duas cidades de categoria federal (São Petersburgo e Moscou). O que chamam de república equivale aos estados-membros nas federações ocidentais, sendo definidas pela Constituição Federal, e apenas elas podem ter constituições. O status dos territórios, cidades federais, regiões e áreas autônomas é determinado pela Constituição Federal.

Possuía em 2019 população estimada em 146 milhões de habitantes, sendo 80% composta por eslavos. Além destes, vivem na Rússia mais de 100 povos e grupos étnicos. Os mais numerosos são ucranianos e tártaros, além de armênios, azerbaijanos, casakhes, judeus e alemães. A língua oficial em todo o território da Federação da Rússia é o russo, ainda que todos os povos do país também falem suas línguas originárias.

8.2 A dinastia dos Ruriks – príncipes, grão-príncipes e tzares

A primeira fase, não tribal, inicia-se com a dinastia dos Ruriks, que dão ensejo ao começo da história russa. Eles criaram um Estado com base na conquista e na escravatura, que predominou durante a primitiva sociedade[1615]. Tal dinastia teve início com o príncipe varegue Rurik, na então Rússia de Quieve (Kiev), por volta de 862. Esta dinastia governou os territórios que compreendem a atual Rússia, Ucrânia e Bielorrússia durante aproxidamente sete séculos, entre 862 e 1598. Chegou ao fim

[1614] Ibidem, p. 15-16.
[1615] Ibidem, p. 12.

com a morte do tzar[1616] Teodoro I, e a subsequente ascensão ao poder dos Romanov no então Império Russo.

A formação da Rússia, a partir de Vladimir I (980-1015), compreende cinco períodos: o de Kiev (980-1169); primeiro período de Moscou (1169-1689); o de São Petersburgo (1689-1917); segundo período de Moscou (de 1917 até o fim da URSS); e, finalmente, o período pós Glasnost e Perestroika (atual).

Situada às margens do lago Ilmen, Novgorod tornou-se a primeira capital e centro comercial. Em 862, o príncipe varengue Rurik alegou e defendeu os direitos que tinha sobre ela. Kiev, instituída em data anterior, expandiu-se de tal forma, na segunda metade do século IX, que veio a eclipsar Novgorod. Nesse período surge o príncipe Oleg, parente de Rurik e que governou de 879 até seu falecimento, em 912, tendo em vista que Igor I, filho de Rurik, ainda não tinha idade suficiente para assumir o trono. Em seu governo, ainda mais profundamente, estabeleceu a ligação do Norte com o Sul. O centro do novo Estado situava-se na região Norte do curso do Dniepre, junto à Região dos Lagos. Ocorre que a linha expansionista se dirigia para o sul, em direção a Constantinopla. Em 907, Oleg atravessou-a e há quem diga que, já em 912, concluíra um acordo comercial com Bizâncio[1617].

8.2.1 O período de Kiev

O primeiro Estado russo foi Kiev (século IX – XII), com a fusão de eslavos e varegos[1618]. Os mongóis invadiram a região no século XIII, dominando diversos principados. A formação do Estado Russo decorre da luta contra os normandos pelas vias marítimas da Europa Oriental e Ocidental. Em outras palavras, a Rússia nasceria na rota entre o rio Dniepre (Ucrânia) e a Região dos Lagos.

Em 882 Kiev foi conquistada sob o comando do príncipe Oleg de Novgord[1619] (879-912), e a cidade transformou-se numa espécie de capi-

1616 É também utilizado o termo "czar".

1617 Hoetzsch, Otto. *A evolução da Rússia*, p. 17.

1618 Varegos – povo viking que penetrou na Rússia a partir do século IX.

1619 Oleg ou Helgi – foi regente de Igor, filho de Rurik. Atacou e submeteu Constantinopla aos interesses do governo russo.

tal da Rússia, tendo firmado diversos tratados para a Rus de Kiev (Rússia de Kiev)[1620]. Os sucessores foram: Igor ou Ingvar (912-945), Olga ou Helga (945-957), Sviatoslav (952-972), Iaropolk (972-980), Vladimir (980-1015), Sviatopolk (1015-1019), Iaroslav (1019-1054), Vladimir Monômaco (1113-1125), Matislav (1125-1132) e Iaropolk (1132-1139).

A organização jurídica e territorial da Rússia ocorre com a regência do príncipe Vladmir I (Vladimiro – 980-1015), que adotou, em 988, o cristianismo de Bizâncio como a religião oficial. Ele agrupou as regiões tribais. Após sua morte, houve uma guerra fratricida, liderada pelo sucessor Sviatopolk[1621] (980-1019) que liquidou três dos seus irmãos (Boris, Gleb e Sviatoslav), mas foi derrotado por Yaroslav (1019-1054) que assumiu o poder de 1019 a 1054.

A queda de Kiev ocorre devido a conflitos internos e aos ataques externos por volta do século XII. Durante esse período, foi criado o Estado de Suzdal por Yuri Dolgoruki (+ 1157)[1622]. Reinaram: Andrei Bogolyubsky (1157-1174) e Vsevolod Iurevitch ou Grão-Príncipe de Vladimir (1176-1212).

Esse contexto resultou na queda do domínio de Kiev, que assim ocorreu:

1620 "A história da Ucrânia e a da Rússia se misturam em vários momentos desde a criação dos dois Estados. Para os russos, Kiev é o berço da Rússia moderna. Para os ucranianos, porém, a Rus de Kiev, Estado criado no século IX, é, sem dúvida a mãe da Rússia moderna, mas não se confunde com ela. Ela se tornou cristã numa época em que Moscou nem existia. Em 988, o príncipe Volodymir [Vladymir] deixou o paganismo e adotou o cristianismo. Ao mesmo tempo, levou para as terras eslavas uma cultura milenar influenciada pelos bizantinos. 'Por séculos, o Principado de Kiev foi o centro religioso e cultural da Rússia. Isso acabou no século 13, quando as invasões mongóis o destruíram', disse à *Folha* Arnaud Dubien, do Instituto de Relações Internacionais e Estratégicas (Paris)". MORAES, Mário Senne de. Kiev deu início tanto à Russia quanto à Ucrânia. In Caderno Mundo. *Folha de S.Paulo*, 26 nov. 2004.

1621 Sviatopolk – brigou com o pai, ocupou Kiev e aliou-se à Polônia contra Yaroslav.

1622 Por tradição, credita-se ao príncipe Iúri Dolgoruki de Suzdal a fundação de Moscou. As terras e as aldeias situadas onde hoje se encontra Moscou não pertenciam ao referido príncipe, mas ao aristocrata Kutchka, sendo a região chamada de Kutchkovo. Dolgoruki acabou dominando essa região, e Kutchka foi condenado à morte. Disponível em https://br.rbth.com/historia/79107-paixao-principe-fundacao-moscou. Russia Beyond, 9 set. 2017.

"A fim de buscar proteção contra os invasores, os chefes dos principados internaram-se nas mais remotas regiões das florestas e permaneceram afastados de Kiev. É característico que Andrey Bogolyubsky, príncipe de Suzdal, tenha atacado e destruído a cidade em 1169, sem, contudo, a ocupar. A sua base situou-se a oeste de Moscou, na região de Suzdal-Vladmiro-Rostov, entre a parte média e a parte superior do curso do Oka e do Volga, na região florestal, bastante afastada da velha rota 'dos varegos para os gregos'. Existia, paralelamente, um notável movimento de população para as regiões florestais do Nordeste. Desbravando a floresta, lançavam-se numa nova forma de viver que, embora mais árdua, se tornava mais segura que a anterior. Esta colonização principia à volta de 1100 e estende-se até 1300, ocupando papel de grande relevo na modelação do curso da história russa. Marcou o início do Estado moscovita, sendo, sob muitas facetas, análogo à colonização alemã, no período de 1150 a 1350. Com essa mudança de polo, o poder de Kiev desmorona-se"[1623].

Além disso, o "centro político de gravidade" e os "centros populacionais" desviaram-se para nordeste. A partir de então, em vez da Rússia semiurbana do período de Kiev, agora erigia uma Rússia feudal de terras senhoriais e de burgos nas florestas fronteiriças. Portanto, vislumbram-se novas circunstâncias geográficas e uma base econômica peculiar.

Contudo, em que pesem as considerações acerca dos aspectos econômico, social e político e as análises relativas às instituições culturais transportadas pelos príncipes e colonos para nordeste, a consciência de unidade, fixada no período de Kiev, permanecia viva, sendo traduzida pelos conceitos de *Rusi*, da terra russa (*zyemlya*), e pelo *Russkaya Pravda*. Em poesia, por exemplo, exprime-se esse sentimento no famoso *Poema da Campanha de Igor*, registrado na mais antiga crônica (a crônica de Nestor), e no sentimento de unidade dinástica que unia os descendentes de Rurik. Logo, configura-se o seguinte cenário: "A população estava tão dispersa, a área era tão vasta e o nível cultural tão baixo, que dificilmente poderia atribuir-se-lhe unidade nacional. Mas o progresso ia a caminho e não voltaria a encontrar entrave, ainda que modificasse as características

1623 Hoetzsch, Otto. *A evolução da Rússia*, cit., p. 24 e 26.

durante a grande migração para Nordeste e no decurso do primeiro período de Moscou"[1624].

8.2.2 O período de Moscou

A partir de 1212 a Suzdália encontra-se dividida em vários principados, como: Vladimir, Riazan, Rostov, Iaroslav, Tver e Nijni-Novgorod. Vladimir era considerado o principado mais importante e, por isso, o título de grão-príncipe de Vladimir era disputado por potentados que, mesmo depois de obtê-lo, continuavam a residir em seus próprios domínios.

Na época da invasão mongólica o grão-príncipe de Vladimir era **Iaroslav**, que inaugurou a política de submissão aos ocupantes, política essa que será a dos grão-príncipes, seus sucessores. Quando **Alexandre Nevski** (filho de Iaroslav) morreu, deixou para seu filho **Daniel** um principado sem maior relevo: Moscou. Tratava-se, entretanto, de uma região bastante povoada e pouco acessível que apresentava uma tríplice vantagem: encontrava-se fora do âmbito das expedições dos príncipes, dos mongóis e situava-se em um verdadeiro nó de vias fluviais, entre o Alto-Volga, o Oca e o Alto-Dnieper"[1625].

Nesse período, constituíram-se os elementos econômicos, sociais, políticos e culturais de base que modelaram a Rússia até a Revolução de 1917, impondo-lhe características peculiares que a diferenciaram da Europa Ocidental, de modo que se manteve isolada, apesar das influências europeias[1626].

Como nenhum outro imperador que o antecedeu, o reinado de **Ivan IV** (1533-1584) foi marcado pela colonização do Nordeste, pelas disputas entre príncipes, pela fraqueza política e pelo domínio dos Tártaros. No entanto, essa foi a época do reagrupamento das terras russas e da passagem do feudalismo e da servidão para o absolutismo e tzarismo. Ao mesmo tempo, registrou-se grande movimento expansionista das fronteiras russas. O século entre a morte de Ivan IV (1584) e o início do reinado de **Pedro, o Grande** (1682), representa um período de transição.

1624 Ibidem, p. 31.
1625 Giordani, Mário Curtis. *História do mundo feudal*. 3.ed. São Paulo: Vozes, 1997, p. 475.
1626 Hoetzsch, Otto. *A evolução da Rússia*, cit., p. 32.

Passada a "época dos tumultos" (1584-1613), os Romanovs apossam-se do poder e detêm-no até a queda do tzarismo, em 1917[1627].

Em 1237, **Batu**[1628] (1205-1255), o neto de Gengis Khan[1629], invadiu alguns principados russos (Riazan, Vladmir e Moscou).

Os mongóis continuaram as suas conquistas e dominaram por quase dois séculos e meio o território russo. Os suecos e teutônicos, também, invadiram a leste os principados russos. Em decorrência dessas invasões, **Alexandre de Novgorod** derrotou os teutônicos na batalha sobre o gelo do lago Chaudoskoye, próximo ao rio Neva, e transformou-se no príncipe de Nevsky.

Diante da decadência dos mongóis nos séculos XIII e XIV, os lituanos e poloneses invadiram a Rússia, período este denominado a "Horda de Ouro", em que se destacaram na administração dos principados: **Daniel** (1263-1303), **Jorge** (1303-1325) e **Ivã I Kalita** (1328-1341).

Registre-se o seguinte cenário dessa mudança: "O grande movimento espontâneo de colonização desenrolado, mais ou menos entre 1100 e 1300, dominou a primeira parte deste período. 'A Rússia – disse um dia o ilustre historiador russo Klyiuchevsky[1630] – é terra que pede colonização'. A população refugiou-se nas florestas inacessíveis do curso superior do Oka e do Volga. Aí, pelo menos, seria poupada a estas calamidades. Primeiro, o afluxo verificou-se espontaneamente; depois, os colonos foram atraídos pelos príncipes, para se estabelecerem nos centros criados nas áreas recentemente colonizadas".

1627 Ibidem, p. 32.

1628 Batu Khan – Governante mongol, fundador da Horda de Ouro, administrou as terras a oeste do Volga. Invadiu a Europa, tendo dominado a Bulgária.

1629 Gengis Khan (1162 – 1227) – Nasceu em Temüjin numa família de líderes clássicos. Teve uma infância paupérrima. Na luta contra os chineses transformou-se num guerreiro temido e em líder tribal. Foi considerado "governante universal", ou Gêngis Khan, em 1206 e organizou um exército com aproximadamente 200 mil homens. Uniu as tribos. Em 1218 partiu para grandes conquistas (Ásia Central – Irã – Afeganistão) e dominou a Rota da Seda.

1630 Vasily Osipovich Klyiuchevisky (1841 – 1911) – Foi um historiador russo do período imperial. Em 1889, foi eleito para a Academia de Ciências da Rússia. Estudou na Universidade de Moscou com Sergey Solovvov e especializou-se em história medieval. Integrou o Partido Democrático Constitucional. Uma de suas obras mais conhecidas foi *A História da Rússia*, em 5 volumes.

Nessas florestas, vivia uma escassa população nativa eslava e, como resultado do movimento de colonização, efetuado entre os séculos XII e XIV, a população nativa achava-se consideravelmente fortalecida. Os colonos encontraram, também, uma população de caçadores e pescadores de origem fino-ugriana (isto é, asiáticos), mas as narrativas da época não referem que tivessem, por acaso, travado batalhas entre eles. Os emigrantes começaram por rechaçar a população indígena, assimilando-a depois pacificamente. Houve, claro, mistura de raças, mas isso não fez deles asiáticos; nota-se, pelo contrário, que os eslavos obtiveram predomínio total sobre os elementos nativos.

Impossível determinar, com exatidão, como os emigrantes conduziram a ocupação das florestas selvagens. Sabe-se que "cada indivíduo possuía a casa, a quinta e a horta; contudo, a principal origem dos produtos, os campos, compartilhados por todos, eram propriedade coletiva, pertença da comunidade da povoação. Procedia-se neles a várias redistribuições periódicas das colheitas, mas cada indivíduo era obrigado a obedecer a leis coercivas do amanho agrícola em comum. Algumas organizações, com estrutura análoga, existiam na altura da colonização. Em época posterior, tornaram-se mais complexas e incômodas. Enraizaram-se, porém, com tal profundidade, que se conservaram até 1906, e só as invalidou, finalmente, a organização Kolkhoz (herdade coletiva[1631]) dos nossos dias"[1632].

Com a colonização, estenderam-se as áreas ocupadas pelos eslavos de Leste, chegando até ao Donets e atravessando o curso superior do Oka e do Volga; ao norte, alcançaram quase a Sukhona. Devido ao aumento da população nortenha, a colonização consolidou o poder dos príncipes que cuidavam de firmar o seu domínio nessas áreas. Esse período, o dos principados, vigeu desde o princípio do século XI até 1523, surgindo a fase decisiva nos séculos XIII e XIV. Consistiu em um período de "lutas confusas", travadas entre ramos individuais ou entre membros da dinastia de Rurik, lutas que minavam o poder do Estado. Os grãos-duques ainda

[1631] Propriedade rural de grandes extensões.
[1632] Hoetzsch, Otto. *A evolução da Rússia*, cit., p. 33-34.

governavam, mas não passavam de figuras esfumadas, cuja autoridade deixara de se estender sobre toda a Rússia[1633].

No século XIV, **Dmitri** (1350-1389), príncipe de Moscou, passou a combater os invasores mongóis, apesar da oposição de alguns principados, como Tver, Nizhni-Novgord e Riazan.

Em 1380 Dmitri venceu o **Khan Mamai**[1634] (1335-1380) em Kulikovo, ao lado do Rio Don, iniciando o processo de independência russa. **Vassili I** (1389-1425), filho de Dmitri, ampliou os domínios do principado, uma vez que adquiriu Horda, Mouron, Ninji-Novgord e Suzdal, apesar das lutas contra os mongóis (sitiaram Moscou) e a Lhvania. **Vassili II, o Cego** (1425-1462), governou com um reino agitado e enfrentou a Horda de Ouro. Quando morreu, Moscou alcançava 700.00km^2, sendo de grande importância para a Rússia.

Em 1480 o **Khan Ahmed** (1465-1481) capitulou diante das tropas do príncipe **Ivan III** (1462-1505), e este concluiu a unificação da Rússia, sob a liderança de Moscou, que passa a ser a capital. Casou-se com **Sofia Paleóloga**[1635] de Bizâncio[1636].

A principal iniciativa de Ivan III consistiu em fortalecer o Estado Russo. Dessa forma, pôde resistir à pressão exterior. Além disso, com esse poder, alargou as fronteiras, em particular a norte e a nordeste, em direção ao Ártico e aos montes Urais. Portanto, no plano territorial, promoveu um século expansionista, mas isso consumiu os recursos do país, enfraquecendo-o internamente[1637].

As ações de Ivan III resultaram em uma aproximação da Rússia com o resto da Europa. No caso, com a Dinamarca, por intermédio da Ordem Teutônica, e, igualmente, com a Lituânia, a Polônia, a Hungria, a Turquia e Veneza. Nesse sentido, de forma gradual, Moscou começou a firmar-se

1633 Ibidem, p. 34-35

1634 Khan Maimai: era um senhor da guerra, e não um rei. Administrou o Canato da Crimeia.

1635 Paleóloga – da família aristocrata bizantina que governou Bizâncio de 1258 a 1453 e forneceu soberanos ao despotismo de Mistra (1383-1460), que abrangia o Peloponeso bizantino e foi dominada pelos Paleólogos.

1636 Hoetzsch, Otto. *A evolução da Rússia*, cit., p. 45.

1637 Ibidem, p. 44-45.

como potência europeia, ainda que para o resto da Europa a Rússia fosse assimilada como um país estranho, oriental[1638].

Nesse contexto, havia na Rússia uma investida de correntes artísticas e de toda a gama da civilização, oriundas do Ocidente. Inicialmente, tratava-se de uma incipiente aproximação, mas que, mais tarde, viria a chamar-se "europeização". Note-se que a influência no campo da tecnologia e da ciência fora bem consistente[1639].

Diferentemente dos antecessores, Ivan III, de forma mais atuante, aperfeiçoou o sistema de taxação, pois o cálculo de impostos considerava o tamanho das propriedades, de acordo com o parecer dos escrivães, lembrando que comerciantes e viajantes submetiam-se a taxas.

Em 1495, recebeu o título de Tzar, denominação esta que sofreu a influência dos césares romanos. Depois, em 1497, foi promulgado um código de 68 artigos que, em linhas gerais, dispôs que os camponeses só poderiam mudar de domicílio uma vez por ano, numa forma violenta de enquadrar os seus súditos segundo uma prática absoluta.

A sucessão de Ivan III foi marcada por dúvidas, pois o filho mais velho faleceu e tinha que optar entre Vassily (filho de Sofia) e o neto Demétrio. Escolheu primeiro o neto em 1498 como corregente e depois optou por Vassily em 1502 e encarcerou Demétrio.

Vassily III (1505-1533) governou sob os mesmos princípios de Ivan III, mas ao reagrupar as terras russas, demonstrou que não detinha a mesma competência do antecessor. Nesse período os mongóis atacaram a Criméia. Após divorciar-se, formalizou segundo casamento com Helena Glinski, com quem teve um herdeiro, Ivan.

No início da dinastia moscovita o Império Russo encontrava-se dividido pelos príncipes e dominado pelos mongóis. Enfim, o cenário era desesperador, e o estado estava a ser repelido para a Ásia[1640].

O reagrupamento das terras russas, conduzido entre meados do século XIII e princípios do século XVI, pôs termo a esta situação. Foi obra dos Danilovich, descendentes de Daniel, príncipe de Moscou (1263-1303). Deu-se da seguinte forma:

1638 Ibidem, p. 45 e 47.
1639 Ibidem, p. 47.
1640 Ibidem, p. 41.

"Era um bando nada atrativo de homens astutos, desonestos e cruéis. Quase todos hábeis estadistas, sabiam aproveitar as qualidades que possuíam, sobretudo as de caráter econômico, para, uma a uma, reagruparem as terras caídas em poder dos invasores e expulsarem o governo mongol. Conseguiram atingir este resultado mais por manobras políticas do que em combate. A vitória de Dmitri Donskoi sobre os Mongóis, em 1390, em Kulikovo, junto do Don, marcou uma data decisiva. Depois da recusa final de Ivan III, em 1480, para efetuar o pagamento do tributo, começou a desintegração do império da Horda de Ouro"[1641].

Dadas as circunstâncias, Moscou despontava para firmar-se como novo estado e, a partir do século XIV, o território crescia, gradualmente, a sua volta. Nem mesmo perante Petersburgo a importância de Moscou foi diminuída de forma considerável[1642].

8.2.3 Ivan IV[1643], "o Terrível" (1530-1584) e seus sucessores

Após a morte do pai, foi tutelado por sua mãe Helena, que teve o apoio do Conselho dos Boiardos[1644]. Em 1538, a mãe faleceu, provavelmente envenenada pelos Boiardos. A regência fica temporariamente com o Conselho dos Boiardos, que passou a abusar do poder e oprimir o povo com arbitrariedades.

1641 Ibidem, p. 41.

1642 Ibidem, p. 41.

1643 Ivan, o Terrível, realizou várias conquistas. Grão-príncipe de Moscou, transformou a Rússia num estado multiétnico e multirreligioso. A personalidade instável fez-se valer durante a perseguição dos boiardos e por ocasião do assassinato de seu filho Ivan Ivanovich.

1644 Os boiardos foram nobres guerreiros que exerceram uma importante função dentro de países do leste europeu, especialmente na Rússia. O título de boiardo era atribuído apenas aos oficiais de alta patente das forças militares que se mostraram hábeis o suficiente para comandar algum exército, além de ser conhecido por administrar terras, conhecer o grão-príncipe ou rei ou ter algum parentesco com este. Administram vilas, cidades, fortes e castelos. O título de boiardo só poderia ser retirado de alguma família em caso de traição. Diferentemente dos reinos da Europa Ocidental, não existiam lordes, duques ou marqueses em países de influência eslava na Europa Oriental e Central, motivo pelo qual os grão-príncipes e reis decidiram nomear pessoas experientes em assuntos militares e administrativos, chamando-os de boiardos. A sua presença foi marcada principalmente na Bulgária, Bielorrússia, Letônia, Finlândia, Romênia, os países do Cáucaso, a Rússia, Ucrânia e o sudeste da Polônia.

Subiu ao trono em 1547, sob o título de Tzar. Casou-se com Anastácia Romanov, e passou a governar de maneira autocrata. Conquistou Kazan (1552) e o curso médio do Volga, ocupado por mongóis, chuvasques, maris, morduinos e udmurtos.

Foi influenciado pelo Metropolita Macário (1482-1563) em sua formação educacional. No ano de sua posse, Moscou foi vítima de um grande incêndio que chegou até próximo ao Kremlin. Nessa oportunidade os boiardos foram afastados por Ivan IV, sendo que diversos deles foram assassinados. Principais medidas em seu governo:

- instalou o regime servil e o absolutismo após eliminar a elite aristocrática (boiarda), com o apoio da igreja liderada por Macário.
- lutou contra o Oriente Muçulmano e avançou em direção ao Mar Báltico, enfrentando os polacos e lituanos.
- trouxe diversos técnicos, pesquisadores e especialistas da Alemanha para trabalharem na Rússia (médicos, arquitetos, engenheiros de minas, relojoeiros, juristas, teólogos, fundidores de sinos, forjadores de armas etc.).
- introduziu em 1549 uma assembleia para ouvir as queixas do povo.
- realizou uma nova codificação do Direito Vigente com 100 artigos objetivos sobre os processos que teriam a responsabilidade "dos juízes e das testemunhas", para evitar arbitrariedades e injustiças.
- fez uma reforma no setor militar, organizando a cavalaria e o setor de engenharia.
- realizou um conselho eclesiástico para discutir os assuntos da Igreja Ortodoxa e seu relacionamento com o Estado, que gerou o "Livro dos Cem Capítulos" que expressava uma espécie de Código Religioso.
- publicou o primeiro livro impresso na Rússia com o título "A História dos Atos dos Apóstolos" e construiu um prédio só para a imprensa.
- intensificou o comércio com os ingleses, noruegueses, dinamarqueses e holandeses, e promoveu navegações à Lapônia e ao Mar Glacial.
- organizou uma assembleia composta por comerciantes e prelados, dando origem ao primeiro parlamento russo (ou Zemski Sobor).

- na política externa, enquadrou a "Horda de Ouro". A leste da Rússia, obteve vitória, dominando a navegação do Volga médio e inferior. Conseguiu acesso ao Mar Cáspio e fez uma rota direta para a Sibéria. Atacou a Livonia. Lutou contra os Mongóis quando do ataque a Moscou (1571). Realizou um tratado de paz com a Suécia (1583) em que perdeu territórios, mas, em compensação se expandiu pela Sibéria.

Após a morte da primeira esposa e tzarina, Anastácia Romanova Zakharina (1561), Ivan ficou revoltado, violento e passou a afastar, desterrar e até matar seus assessores. Perseguiu Adashev[1645], Silvestre[1646] e o príncipe Kurbskij[1647]. Os dois primeiros morreram, respectivamente, numa ilha abandonada do Mar Branco. O príncipe, após fugir da prisão para a Lituânia e depois Polônia, manteve intensa polêmica contra o Tzar por intermédio de cartas e narrando as suas mazelas.

Em 1565, por meio de manobra política, ameaçou renunciar ao trono devido à oposição boiarda e foi para Alexandrov, para ser reconduzido com o "apoio do povo", no mesmo ano. A partir desse fato, limitou e marginalizou a antiga aristocracia, encampando as suas terras e apoiando a

[1645] Aleksey Fyodorovich Adashev (1510 – 1561) – Era um dos auxiliares mais próximos do czar russo Ivan, o Terrível. Defendia uma política externa ativa em relação aos canatos tártaros e supervisionava os preparativos diplomáticos para anexar os canatos de Kazan e Astrakhan. Ele dirigiu o trabalho de engenharia durante o cerco a Kazan em 1552. Em maio de 1560, foi enviado para Livônia (atualmente Letônia e Estônia) como um governador militar. Após a morte da czarina Anastácia, em 1560, o czar culpou os médicos dela, acusando-os de bruxaria. Adashev, tido como um homem de confiança do czar, não escapou de sua ira: ainda em 1560, foi preso sob guarda em Tartu, tendo cometido suicídio na prisão no ano seguinte.

[1646] Silvestre ([?] – 1566) – Considerado pai espiritual de Ivan, o Terrível, era sacerdote da Igreja do Palácio, a Catedral da Anunciação, em Moscou.

[1647] Príncipe Andrei Michajlovi Kurbskij (1528 – 1583) – Foi contemporâneo de Ivan IV e seu colaborador nas funções de general, conselheiro e amigo. Acabou tornando-se seu arqui-inimigo e um refugiado político. Para escapar da morte, foi forçado a fugir para a Polônia, enquanto em casa sua família foi exterminada por ordem do tzar. Kurbskij é conhecido por sua correspondência polêmica e cáustica com Ivan IV. Em 1573, instigado por uma multidão de inimigos em comum, ele escreveu sua *História do Grande Príncipe de Moscou.*

pequena nobreza com uma grande reforma (*Opritchnina*) que as beneficiou, tornando-os apoiadores do Tzar. Nesse período, instalou-se o terror, havendo milhares de assassinatos na Rússia. Ivan IV voltou ao Kremlin como Grão-Príncipe, e passou a ser chamado de "o terrível".

Ivan IV matou o filho mais velho[1648] e, após o Tzar morrer, foi sucedido por Teodoro (Fédor) Ivanovich (filho de Anastasia), apesar de ter deixado outros filhos, como Dimitri, que morreu em 1591 de forma suspeita no Alto Volga.

Em suma, o Tzar ficou conhecido por *grozny*, que não significa o Terrível, mas o Ameaçador, na medida em que as suas explosões patológicas de crueldade justifiquem o epíteto mais vulgar. Inteligente, ativo e instruído, com notável tendência para as especulações teológicas, não era grande estadista e muito menos herói. Corrupto, desde muito jovem, indisciplinado e desequilibrado, Ivan IV era propenso a explosões meio loucas e aos mais selvagens excessos de sensualidade e crueldade"[1649].

O reinado assistiu ao começo da expansão russa para a Sibéria, expansão que mais tarde se revelaria tão significativa. Foi encetada como empresa privada de mercadores e guerreiros, e sem desfrutar da menor proteção e auxílio do governo. Todavia, em 1582, o governo cuidou de tomar posse dos territórios anteriormente ocupados.

Na mesma época "estreitavam-se as relações com a Europa Ocidental. As embaixadas que chegavam faziam relatos das características peculiares dos 'moscovitas'. A mais importante das novas relações efetuou-se com a Inglaterra, depois da descoberta do mar Branco, em cujas margens se fundou Arcângel, em 1584. Inicia-se, então, o comércio entre a Grã-Bretanha e a Rússia e desponta uma afinidade política e econômica que se desenvolverá, ao longo dos séculos, ligando os dois países contra o bloqueio continental de Napoleão e constituindo apreciável elemento de estabilidade no sistema europeu, até à Guerra da Crimeia (1854-1856)"[1650].

1648 A morte do filho teria ocorrido da seguinte forma: após Ivan IV bater na nora grávida, o filho Ivan Ivanovich confrontou com seu pai e acabou golpeado na cabeça com um mastro, o que causou sua morte.

1649 Hoetzsch, Otto, *A evolução da Rússia*, cit., p. 48-49.

1650 Ibidem, p. 50.

Teodoro (Fyodor I)[1651] (1557-1598), filho do "Terrível", sucedeu-o em 1584, realizando péssimo governo e sendo controlado principalmente pelo tio Nikita Romanovitch e depois pelo boiardo Boris Godunov (1551-1605)[1652], que declarou guerra à Suécia, sendo depois anexada em definitivo à Rússia. Ainda sobre o filho de Ivan IV:

"A fraqueza do sucessor, Fyodor I, acentuou a agitação, tal como a Revolução de 1789 foi causada por Luís XVI. O resultado viu-se nas grandes modificações da 'época dos tumultos', primeira grande revolução da história russa. Fyodor I (1584-1598), filho de Ivan, era uma criatura fraca de corpo e de espírito intolerante. Com ele, extinguiu-se finalmente a dinastia dos Rurik. O meio-irmão do tzar, Dimitri, último descendente da casa de Ivan Kalita, fora assassinado, em 1591, e a opinião pública incriminou Boris Godunov, cunhado de Fyodor. Boris, homem de ascendência tártara, tomou as rédeas do governo, esforçando-se, com inteligente conduta de estadista, por salvaguardar os interesses do Estado e da classe feudal dirigente. Contribuiu consideravelmente para dar maior incremento à servidão, ligando os camponeses ao solo e submetendo-os à vontade arbitrária dos senhores. Mas não era capaz de se defender contra a nobreza, que via nele um intruso, e encontrou, na reação contra o absolutismo, a possibilidade da vitória para a sua própria classe. Não obstante tais antecedentes, depois da morte de Fyodor, em 1598, Boris foi aclamado tzar por uma assembleia geral.

Os chefes dos estados nobres provinham das famílias boiardas mais distintas, descendentes, na maioria, de vários ramos da casa Rurik. Chefiaram a oposição contra Boris Godunov e opuseram-lhe restrições"[1653].

Em seu governo tomou as seguintes medidas administrativas:

- impediu, por meio de uma Ukaz (lei), que os camponeses mudassem de dono no dia de São Jorge. Com essa lei ficaram presos à gleba;

[1651] Fyodor não gostava de política nem de administrar. O governo foi entregue para o irmão de sua esposa Irina (Boris Godunov). Não teve filhos. Foi acusado de encomendar a morte do irmão Dimitri.

[1652] Boris Godunov, de ascendência mongol, defendeu a classe feudal, incrementou a servidão e foi acusado de participar da morte de Dimitri.

[1653] HOETZSCH, Otto, *A evolução da Rússia*, cit., p. 64.

- frustrou um ataque do Can da Crimeia a Moscou;
- criou diversas colônias militares para consolidar posições territoriais que foram conquistadas ou reconquistadas;
- Moscou consolida-se politicamente à medida que o Império Bizantino desaparece.

Boris Godunov (1551-1605) assume o trono formalmente em 1598, após eleição do Conselho dos Territórios, tendo que enfrentar inúmeras revoltas durante seu governo. Destacam-se as seguintes medidas tomadas durante o seu reinado:

1) Afastou os adversários políticos, principalmente os Boiardos.
2) Enfrentou uma crise de fome e miséria da população (1602), liberando os camponeses para trocarem de gleba.
3) Fomentou a ocupação da Sibéria.

8.2.4 Os falsos "Dimitri"

Entre 1601 e 1602, na Ucrânia, que pertencia à Polônia, aparece um falso príncipe, **Dimitri I**, que, dizendo-se vítima de um atentado do Tzar Gudonov, marcha contra Moscou, ocupando o trono após a morte deste. Foi assassinado em 1606 pelos boiardos. No entanto, isso não impediu o surgimento de outra liderança, **Dimitri II** (1607-1610), incitado pelos poloneses, suecos e lituanos, que resultou na ocupação de Moscou por tropas polonesas com apoio dos boiardos, mas expulsos pelo povo russo. Posteriormente, **Dimitri III** (1610-1611) começou a se comportar de maneira dissoluta e sujeitou os súditos ao assédio. Os boiardos, infelizes e desiludidos, começaram a conspirar contra ele. Aproveitando-se dos confrontos que reacenderam as fronteiras do noroeste com as tropas suecas, os guardas cossacos leais a Dimitri III, que, percebendo o perigo, se apressaram a fugir para além do Narva, foram silenciosamente liquidados. Dois dias depois, o tzar foi capturado, levado prisioneiro e morto a caminho de Moscou (ou talvez executado na capital). Assim terminou o épico dos falsos Dimitri.

A aristocracia conduziu *Basilio Chuiski (1552-1612)* ao trono em 1606 e, depois, foi deposto por uma assembleia em 1610. Enfrentou revoltas, como a de Ivan Bolotnikov (1606-1607), um servo, e do falso Dimitri

II, obrigando-o a introduzir mercenários suecos para a defesa da Rússia (1609). Entre 1610 e 1613 houve sérias conturbações e anarquia na luta para substituir Chuiski no governo. Finalmente, em janeiro de 1613 reuniu-se a assembleia (Zemsky Sobor), que elegeu Mikhail Romanov para Tzar.

8.3 A Dinastia Romanov (1613-1917)

Mikhail Fyodorovitch Romanov (1596-1645), sobrinho-neto de Ivan IV, foi eleito novo Tzar aos 16 anos pelo Conselho dos Territórios em 1613. Entre as principais medidas tomadas em seu governo pode-se destacar:

- realizou um cadastro geral;
- limitou os governadores locais para evitar corrupção;
- organizou as finanças e fomentou o comércio e o artesanato (indústria);
- institucionalizou a imprensa oficial (do Estado);
- nacionalizou a igreja, por ser o Patriarca, e combateu as influências ocidentalizadas (latinas);
- colocou estrangeiros (especialistas) para administrar o exército;
- conseguiu a paz de Stolbolvo em 1617 com a Suécia;
- realizou a Paz de Devlina (1618) com a Polônia;
- em 1632, após novas lutas com os poloneses, realizou outro tratado, denominado paz de Polyanvoka com a Polônia; e
- edificou igrejas e mosteiros na Sibéria para assegurar o controle de Moscou.

No final do governo, em 1645, indicou o seu filho Alexis, menor de 16 anos, para sucedê-lo, o qual teve auxílio de Boris Morozov (boiardo).

Grigory Kotoshikhin[1654], estadista da geração seguinte, bem informado, disse de Mikhail: "Podemos chamar-lhe um chefe absoluto; mas, sem o apoio dos Boiardos, não teria sido capaz de fazer, fosse o que fosse".

[1654] Grigory Karpovich Kotoshikhin (1630 – 1667) – Era um diplomata e escritor russo. Em 1658, foi um dos enviados em missão diplomática para negociar o Tratado de Valiesar e o Tratado de Cardis com a Suécia. Em 1664 desertou e passou para o lado dos lituanos, inimigos dos russos, mudando-se para a Suécia. Lá, se converteu da ortodoxia ao protes-

De fato, o tzar Mikhail governou sempre associado a *Zemski Sobor* (Conselho dos Territórios/Assembleias), tendo seu filho Alexis, de certo modo, procedido da mesma maneira[1655].

Combateu os roubos internos e os desmandos e teve que negociar diversas tréguas para conseguir a sua governança, como supra-apontado. Os Romanov seguintes foram: Alexis (1645-1676) e Fedor III (1676-1682).

Entre 1654 e 1667 a Rússia enfrentou a Suécia e a Polônia e conseguiu anexar a Ucrânia oriental, liderada pelo Tzar Alexis.

Alexis Mikailovitch, cujo reinado perdurou de 1645 a 1676, era muito religioso. O Tzar gostava de fazer caridade para os pobres, mas era repressivo em questões religiosas, não aceitando dissidências, tampouco a oposição no campo político. Principais atos empreendidos:

- Dobrou o preço do sal e teve que enfrentar uma revolta popular. Os revoltosos invadiram o Kremlin em 1648.
- Diminuiu o número de reuniões do *Zemsky Sobor*. As últimas ocorreram em 1648, 1650, 1651 e 1653.
- Enfrentou grave crise religiosa devido a um movimento reformador, defendido por intelectuais de Kiev, sob a liderança de Nikon (Nikita Mina), metropolita de Novogard, e depois patriarca. Em 1666 foi convocado um Concílio, e Nikon foi deposto e confinado num mosteiro. Contudo, as propostas do ex-patriarca foram aceitas, gerando divisão da igreja: os cismáticos, perseguidos violentamente pelos ortodoxos; e a Igreja Oficial.
- Elaborou um novo Código (1649) que vigorou até 1833. A lei deveria ser aplicada a toda a sociedade, mas considerando as diferenças de classes. Ao final, continuaram os privilégios. Não havia definição das leis fundamentais.
- Mandou realizar a recunhagem das moedas estrangeiras em proporções superiores ao valor do metal para dar vantagens ao Estado, que podia chegar até 60%. Isso gerou o sumiço das moedas de prata, que foram substituídas por moedas de cobre. Houve aumento dos

tantismo luterano e adotou o nome de Ivan-Alexander Selistsky. Em 1667 foi executado em Estocolmo por matar, bêbado, o dono da casa onde morava.

1655 HOETZSCH, Otto, *A evolução da Rússia*, cit., p. 66-67.

preços e inflação, motivando revoltas populares, culminando em fortes repressões. Em 1669 eclodiu a revolta de Estevam Timofeyev Razin (Stenika), que conseguiu popularidade com o povo russo. O aventureiro roubou barcaças dos volga e controlou a navegação, tendo como sede um local para guardar os saques promovidos numa região pantanosa do Don, chamada Panchin.

- Conseguiu atravessar o Mar Cáspio e ocupou diversas cidades, como Derbend, Baku e Rech, ameaçando a Pérsia.
- Stenka Razin, um misto de bandoleiro e soldado cossaco, aventureiro, liderou um exército de mercenários (formado por servos fugitivos) em direção a Moscou. Considerava-se um messias que deveria libertar o povo russo e divulgava que o Czarvitch Aleksei Alexeyvitch (morto em 1670), filho e herdeiro de Mikailovitch, ainda vivia e o estava apoiando no sentido de melhorar a vida dos russos. O povo aderiu ao bandoleiro. Inicialmente foi perdoado pelo tzar. Posteriormente, como insistiu na rebelião, foi derrotado, preso, torturado e executado em 1671.
- Continuou a expansão siberiana. Foi em direção ao estreito de Bering e chegou até a China, alcançando também o Pacífico.

Contudo, o Tzar foi declarado como Supremo, já que Deus governa nos céus e o imperador sobre a terra. A partir de então estruturou-se a autocracia tzarista, que é uma cópia da bizantina. Apesar de novos conflitos com a Polônia e a Suécia, ampliou os contatos com a Inglaterra, França, Espanha, Veneza, Vaticano e Pequim. No seu governo aumenta a influência ocidental, e Moscou quebrava o seu isolamento cultural e político.

A sociedade russa passa a receber influências externas em seu quotidiano. O tzar adquiriu inclusive uma orquestra alemã. Ao morrer, Alexis deixou três filhos, Fédor, Ivan e Pedro, e seis filhas, com destaque para Sofia Alekseevna.

Sintetizando:

"Mesmo que o reinado de Mikhail não tivesse trazido nada de conclusivo, as coisas melhoraram com o sucessor, Alexis Mikhailovich (1645-1676). É verdade que o novo tzar era homem fraco e falho de energia, cujo espírito vivia meio enraizado no passado e meio inclinado para as inovações necessárias. Embora constituísse, sob muitos aspectos, um típico representante da velha Rússia, foi, também, o precursor de Pedro, o Grande. Para começar, viu-se obrigado a fazer face aos estados e às facções dos nobres; mais tarde, porém, evitou convocar o *Zemski Sobor*. Os seus projetos de reforma centravam-se na preparação de um novo código. Esse código foi redigido segundo o parecer dos estados, e, quando foi publicado em 1649, as disposições favoreciam a pequena nobreza e as cidades, pesando, violentamente, sobre a população rural. De fato, não trazia nenhum autêntico melhoramento, o que era manifesto pelo contínuo descontentamento e pelas dificuldades econômicas, que persistiam. É possível que as finanças tivessem melhorado até certo ponto, mas em virtude do desenvolvimento comercial em que o tzar e a corte tomaram parte ativa. No entanto, os impostos oprimiam granjas com impostos em débito. Destas, 92.000 (11,3%) pertenciam às cidades, 118.000 (14,2%) à Igreja, tendo em conta o clero e mosteiros, 83.000 (9,9%) à corte do tzar, 88.000 (10,50%) aos Boiardos, e não menos do que 452.000 (54,1%) à pequena nobreza. As condições miseráveis e o crescente descontentamento da população do campo eclodiram, em 1668-1671, após anos de revoltas, no famoso levantamento de Stenka Razin, entre os camponeses e os cossacos do curso inferior do Volga e do Don"[1656]. (...)

"A crise social, sob o tzar Alexis, foi acompanhada por uma crise religiosa e eclesiástica, também de consideráveis consequências. Tal como o patriarca Filarete permanecera junto de Mikail, participando do governo, assim no tempo de Alexis a dignidade de patriarca era exercida por outro notável príncipe eclesiástico, Nikon. Durante algum tempo a posição deste foi quase a de regente. Deu-se, porém, a certa altura um rompimento com o tzar. Nikon foi deposto do cargo. De qualquer maneira, estava implícito, nesta atitude, um real conflito do Estado com a Igreja. 'O sacerdócio – afirmava Nikon – é mais elevado que o tzarismo. Deus é quem concede a unção; mas é o clero que a confere ao tzar'. Contudo, Nikon não tinha possibilidades de fazer prevalecer o seu ponto de vista. Não encontrando apoio entre o clero, cuja tradição eclesiástica não o habi-

[1656] Ibidem, p. 70-71.

litara para tais reivindicações de poder sobre o Estado, o tzar demonstrou ser mais forte do que a Igreja"[1657]. (...)

"O tzar Alexis teve duas esposas, oriundas de famílias boiardas diferentes. Em volta delas, facções de nobres rivais travavam luta, na ânsia do poder. A ascensão e queda destas variadas facções tornou-se um fator importante na situação política. Por sua morte, Alexis teve por sucessor um filho do primeiro casamento, **Fyodor III** (1676-1682), figura insignificante cujo reinado é principalmente digno de nota por nele se ter acabado, em 1682, com a antiga hierarquia aristocrática – a chamada *mestnichestvo* –, a qual prendia cada nobre à sua posição ou grau. O abandono deste sistema rígido e absurdo foi substituído por uma nova hierarquia e pode atribuir-se lhe, com larga margem de certeza, a expansão da influência ocidental"[1658].

Fyodor III (1662-1682) assumiu com 14 anos e morreu precocemente aos 20. Foi aluno de Simeão Polotoski, representante na Rússia do Renascimento europeu e professor de latim.

"Fyodor morreu em 1682, somente seis anos depois do pai, sem herdeiros diretos. Teve, no entanto, dois irmãos: Ivan, o segundo filho do primeiro casamento de Alexis, física e mentalmente enfermo, e Pedro, filho do segundo casamento, nascido em 1672, nessa altura apenas de dez anos de idade, mas física e mentalmente bem dotado. Os dois herdeiros tornaram-se centro de lutas dos nobres. Posto que, pela morte de Fyodor, Pedro fosse proclamado tzar, Sofia, sua ambiciosa e poderosa meia-irmã, conseguira que seu irmão Ivan fosse co-tzar, tomando o lugar de regente. Em torno desta reunia-se e agitava-se a facção dos nobres"[1659].

Sofia (1657-1704) governou entre 1682 e 1689 como regente em nome de Ivan e Pedro. Os principais fatos que marcaram sua atuação foram:

- Enfrentou conflitos com o império Otomano e a Polônia.
- Cedeu as margens do Rio Amur para a China pelo tratado de Nertchinsk.

[1657] Ibidem, p. 71-72.
[1658] Ibidem, p. 76.
[1659] Ibidem, p. 76.

- Tentou fazer reformas internas por intermédio de seus auxiliares, educados a moda europeia, e hostilizou o irmão Pedro.
- Apresentou uma tendência para marginalizar o irmão Pedro e posteriormente eliminá-lo.

Em síntese, "elevada ao poder por um sangrento golpe de Estado, em 1682, Sofia tentou continuar a política do pai, tanto a interna como a externa, com o auxílio do príncipe Galitzine, conhecido como ocidentalizado. A sua posição não era nada sólida e, em 1689, foi deposta com toda a facilidade. O governo encontrava-se, agora, nas mãos de Pedro e de Ivan; mas este último, totalmente incompetente, morreu em 1696. De fato, Pedro foi o verdadeiro chefe, desde 1689, embora, de início, prestasse pouca atenção ao governo. Em rapaz, seguia as próprias inclinações e tinha os companheiros escolhidos por ele. A viagem que fez ao estrangeiro, em 1697, provocou a reviravolta na sua maneira de agir. No entanto, o início do reinado, em 1689, já marca novo período na historia russa"[1660].

Durante a Dinastia Romanov (1613-1917), implantou-se forte burocracia apoiada pela nobreza, bispos e comerciantes. A partir do século XVII a economia russa prosperou comercialmente por meio da atividade extrativista, vendendo para a Inglaterra e Holanda e expandindo-se territorialmente.

8.3.1 Pedro I – O Grande (1672-1725) e o Ocidente

Com o Tzar **Pedro I, O Grande**, instalou-se o Império Russo, que procurou relacionar-se com o Ocidente no intuito de absorver as conquistas científicas e técnicas para o desenvolvimento da Marinha.

Pedro foi instruído por mercenários estrangeiros radicados nos arredores de Moscou, onde foi confinado pela irmã Sofia. Teve como mentor o católico escocês Patrick Gordon[1661] e Franz Le Fort[1662], um suíço que o

[1660] Ibidem, p. 76.

[1661] Patrick Leopold Gordon (1635 – 1669) – Foi um contra-almirante geral russo, de origem escocesa. Era descendente de uma família de Aberdenshire, dona de uma pequena propriedade em Aucheleuchries, perto de Ellon. Como resultado dos seus serviços à Suécia, Polônia e Rússia, se tornou general, conselheiro e amigo próximo do czar Pedro,

colocou em contato com a cultura europeia. Inicialmente, ao iniciar o seu governo, foi influenciado pela mãe (Natalia Narychkine).

Casou-se com Eudoxia Lapukhena (1689), com quem teve o filho Alexsei. Em 1711 casou-se com uma polonesa refugiada, Marta Rabe, pobre, que secretamente recebeu o nome de Jekatharina Alexejewna pela igreja ortodoxa e, depois, Catarina I.

A guerra propiciou a base da transformação da Rússia, e este país visou dominar seus alvos, como suecos, poloneses e turcos. Desejava acesso ao Mar Báltico e ao Mar Negro para chegar ao Ocidente, objetivos que foram obstruídos pelos suecos e poloneses, mongóis e turcos, respectivamente.

Principais fatos:

a) Política externa

- Em 1697, realiza sua primeira viagem ao Ocidente europeu.
- Ao voltar, declara guerra aos turcos e consegue a paz em Constantinopla, em 1700, conseguindo ficar com as fortalezas a partir de Azov.
- Atacou o porto sueco no rio Narova, sendo depois derrotado por Carlos XII em 1700.
- Em 1703, conquista a praça forte de Nienskans na embocadura do rio Neva, e cria a base para São Petersburgo, com a fortaleza de São Pedro e São Paulo.
- Criou para as suas conquistas uma frota naval e um almirantado (1704).

o Grande. Gordon assumiu o nome cristão adicional de Leopoldo, quando se converteu à Igreja Católica pouco antes de sua morte.

1662 François Jacques Le Fort (também se escreve Lefort) (1656 – 1699) – Nascido em uma família de comerciantes, começou sua carreira militar no exército holandês. Em 1675, ao lado do coronel prussiano Jacob Von Frosten, tentou engajar-se no exército russo, mas não foi admitido. Dois anos depois, tentou novamente e, dessa vez, foi aceito na armada do czar, com o posto de capitão. Le Fort foi destacado para uma das frentes durante a Guerra Russo-Turca (1676-1681). No início de 1679, juntou-se à guarnição de Kiev, sob o comando do príncipe Vasily Golistyn e do general Patrick Gordon. Posteriormente, dedicou-se a missões diplomáticas e tornou-se próximo do czar Pedro, o Grande. De tão querido pelo líder russo, chegou a batizar um navio de linha, o Lefort, de 84 canhões, em sua homenagem.

- Enfrenta Carlos XII (1708) na invasão da Rússia e consegue a vitória contra os suecos em 1709, em Poltava[1663]. Carlos XII fugiu e exilou-se na Turquia, onde ficou até 1714. Nesse período, os turcos declararam guerra à Rússia.
- Em 1716 Pedro viaja novamente para o Ocidente, visita a Dinamarca, a Alemanha, a Holanda e a França. Em Paris, conseguiu um tratado de comércio.
- Em 1721, realizou o tratado de Nystadt com a Suécia, ficando com as províncias bálticas da Livonia, da Estônia, da Ingria e da Carelia. A Rússia consolida-se como potência militar.
- Avançou para o Oriente (1722) através do Volga, tomando Bachu, Recht, Astrabad e Debrent. Em 1724, a Pérsia reconhece essas conquistas.

b) Política interna

- Reorganizou o Exército russo.
- Enfrentou, após voltar do ocidente em 1697, a revolta dos Streltsi, fomentados pela irmã Sofia. Esmagou esses regimentos de forma sangrenta e a oposição ao seu governo, que fomentava a revolta dos camponeses.
- Em 1703 começou a projetar São Petersburgo com o arquiteto francês Leblond[1664], que seria uma capital ocidental para a Rússia. Para realizar o plano, impôs taxas à nobreza e usou milhares de camponeses para a construção nos pântanos de Neva. A mudança na capital ocorreu em 1712.

[1663] Trata-se de uma cidade da Ucrânia central.

[1664] Jean-Baptiste Alexandre Le Blond (1679 – 1719) – Foi um arquiteto e designer de jardins francês, que se tornou o arquiteto-chefe de São Petersburgo, na Rússia, em 1716. Já com uma carreira consolidada na França, Le Blond recebeu um convite do czar Pedro, o Grande, para trabalhar em São Petersburgo, com uma pensão de 5 mil rublos e o comando geral das construções na cidade. Ele fez os primeiros viveiros ao longo das margens do rio Neva e oficinas especializadas em talha, escultura e tapeçaria. Introduziu um programa de iluminação de ruas com lanternas a óleo projetadas por ele. No entanto, morreu repentinamente de varíola e o próprio czar esteve em seu velório. Somente três séculos após sua morte, seus projetos foram aproveitados na reconstrução do Palácio Constantino, em 2003, em especial do seu jardim monumental.

- Condenou o filho Alexis à morte (1718), ao voltar da segunda viagem ao ocidente, por conspiração.
- O filho, que era contra as reformas, foi obrigado a renunciar ao trono, sendo preso e torturado.
- Reformou os costumes: modifica os trajes; proíbe as barbas; critica o confinamento das mulheres no "terem" das casas; modifica o calendário russo.
- Realizou uma reforma fiscal inspirada na França e na Áustria.
- Realizou uma reforma político-administrativa entre 1718 e 1723.
- Substituiu a Duma Boiarda (1711) pelo Senado, formado, inicialmente, por nove membros e depois aumentado para vinte senadores.
- Criou o Tchin, ou quadro hierárquico, no âmbito social, tirando da aristocracia os funcionários para a sua administração. Além disso, fez o mesmo em relação a outros escalões sociais, escolhendo os mais competentes e tornando-os nobres.
- Fomentou a criação de fábricas e do comércio. Ligou o Volga ao rio Neva e a São Petersburgo por um canal, para facilitar o transporte dos produtos do Ural.
- Tentou reformular o ensino, com a "Escola dos Números" (matemática), mas sem resultados positivos. Conseguiu reformar o alfabeto russo, simplificando o alfabeto cirílico, reduzindo as letras para 34.
- Reformou a Igreja Russa, após a morte do patriarca Adriano (1700), impedindo a eleição de um sucessor e criando o Sínodo Sagrado. Com nove membros indicados pelo Tzar e comandados por um procurador-geral, que representava o soberano e comandava os cultos. Passava a governar os leigos e o clero, tornando-se soberano e patriarca. O cargo de patriarca ficou vago durante vinte e dois anos.

Ao morrer, Pedro deixara o legado de uma Rússia como grande potência na Europa, sendo substituído pela esposa Catarina.

Em suma:

Pedro, "o Grande", "fez duas viagens de estudo ao Ocidente, chamou à Rússia sábios, artistas, engenheiros, oficiais de diversos países da Europa, forçou a aristocracia a mandar os filhos aprender no estrangeiro, incentivou a tradução de livros, fundou escolas secundárias e especializadas. Depois de ter subjugado definitivamente os *strelitsv* (1698), pôs de pé um verdadeiro exército permanente (mais de 160.000 homens em 1724) e construiu uma frota nos portos que acabava de conquistar no Báltico. A administração foi completamente reorganizada numa base centralizadora, dando à velha Duma dos boiardos lugar a um Senado cujos membros eram diretamente nomeados pelo tzar e sendo os altos assuntos do Estado confiados a colégios, equivalentes aos nossos ministérios; o império ficou dividido em governos e em províncias regidos pelos colégio ministeriais e pelo Senado. Pedro I criou igualmente uma polícia secreta de Estado, dotada de poderes discricionários, que lhe permitia prender ou exilar os opositores sem julgamento. (...). A intervenção sistemática do Estado deu um poderoso surto à economia, sobretudo à indústria. Para levar a bom termo, num tempo mínimo, imensas obras públicas (construção de fortalezas, de canais, de navios, edificação da nova capital, São Petersburgo, fundada em 1703) e para fornecer uma mão de obra barata aos manufatureiros, Pedro, o Grande, voltou a aumentar na Rússia o peso da servidão. O ucasse[1665] de 1721 permitiu vender os camponeses sem terra, à semelhança de qualquer outra mercadoria, aos patrões e negociantes, a fim de fomentar a indústria e o comércio nascentes. A reforma de Pedro, o Grande, iria assim romper a unidade do povo russo. Ela não empenhou nem envolveu verdadeiramente senão as classes superiores; assentou sobre a velha Rússia sofredora e imóvel uma Rússia autocrática e europeizada"[1666].

A Rússia aliou-se com a Polônia e a Dinamarca na guerra contra a Suécia (1700-1721). A capital imperial foi transferida para São Petersburgo (fundada em 1703). Em consequência, o cenário era o seguinte:

"Conservando o caráter que lhe era peculiar, a Rússia abriu-se mais às influências ocidentais, mudando substancialmente o aspecto das suas relações com a Europa. Conforme o século XVII ia avançando, a Rússia veio a encontrar-se enredada no sistema político europeu, de forma insuspeitada até então. Interiormente, também sofreu modificações pautadas pelo padrão ocidental. Criou-se contato mais acentuado com os Estados da Europa Central (por exemplo, com o Grande Eleitor) e com o Ocidente. Esta europeização não se processou por mero incidente, mas

[1665] Decreto emanado do tzar.

[1666] MOURRE, Michel, *Dicionário de História Universal*, cit., p. 1402.

tornou-se elemento integral da história russa, proporcionando um precedente de ordem capital para a grandiosa operação futura de ocidentalizar a Rússia, com Pedro, o Grande, e Catarina II.

Entretanto, três sérios problemas surgiram, que não seriam solucionados durante o século XVII: a questão báltica, a questão do mar Negro e a questão polaca. Era o movimento de alargamento territorial para o Ocidente que estava em causa, envolvendo toda a região desde a fronteira sul da Livônia e a Curlândia para o mar Negro que, em 1689, a Rússia ainda não conseguira atingir. Mesmo assim, efetuara-se, entretanto, uma vasta expansão de fronteiras. Em 1869, elas estendiam-se de Pskov, através de Smolensk e de Kiev, até Azov; de Manych e Terek até ao Cáspio; das margens do Cáspio aos Urais e, para norte, seguindo a cordilheira dos Urais, ao mar Ártico. Constituía, realmente, um domínio poderoso, quando Pedro, o Grande, tomou posse do trono"[1667].

Nesse período, o reinado foi opressivo, visto que Pedro organizou um forte serviço de espionagem para combater os considerados inimigos do governo, principalmente os boiardos. Instalou um regime autocrático que culminou na execução do seu filho Alexei (1690-1718). Para celebrar a sua administração, permitiu a circulação do primeiro jornal russo, denominado "Viédomosti" (notícias), em 1703, que passou a levar notícias de guerra, tratados e discursos favoráveis ao governo.

Em 1721 a Rússia passou a controlar o Golfo da Finlândia e as províncias situadas a leste do Mar Báltico, além de dominar a Pérsia e ao sul estender o controle das terras até o Mar Cáspio. Em síntese:

Não há um único domínio que tenha escapado à atividade transbordante de Pedro, o Grande. Uma vez liquidado o perigo sueco pelo triunfo de Poltava (1709)[1668], as medidas administrativas vão-se sucedendo até à sua morte (1725): princípio de uma organização de governos provinciais, organização do exército e da marinha por meio de regulamentos, primeiro ensaio de um recenseamento geral da população rural com o fim

1667 Hoetzsch, Otto, *A evolução da Rússia*, cit., p. 77.

1668 A menção "triunfo de Poltava" refere-se à "Batalha de Poltava", um confronto que ocorreu em 9 de julho de 1709, nas proximidades da referida cidade homônima, entre as forças sob o comando do tzar Pedro I e o exército do Império Sueco sob o comando do marechal de campo Carlos Gustavo Rehnskiöld.

de estabelecer o imposto regular da capitação, estabelecimento de uma hierarquia das funções e dos graus, impondo à nobreza – contra os seus privilégios – o serviço do Estado (Quadro dos Graus, 1722), libertação do poder relativamente à Igreja, que perde o seu patriarca e passa desde então a ser dirigida por um Santo-Sínodo, instrumento do tzar. Todas estas medidas tendem a reforçar o Estado, a subordinar-lhe o poder econômico e espiritual da nobreza e do clero, enquadrando um povo de condição servil. Mas estas medidas não são mais que uma parte de uma vasta obra, densa, fecunda, que tanto diz respeito ao desenvolvimento industrial como à política monetária (a Rússia não tem doravante senão uma moeda única), ao domínio da instrução (criação de escolas militares e esboço de um ensino elementar paralelo àquele que fornecia o clero). Por altura da sua morte, Pedro, o Grande, assinava o decreto pelo qual era criada a Academia de Ciências.

Catarina I (1684-1727) manteve o modelo de governança de Pedro I, o Grande, tendo administrado de 1725 a 1727. Foi sucedida por **Pedro II**, neto de Pedro I, o Grande, entre 1727-1730. Com a morte precoce de Pedro II por varíola, assume **Anna Ivanovna** (1730-1740), sobrinha de Pedro, o Grande, sendo substituída de maneira breve por **Ivan VI** (1740-1741). Posteriormente, assume **Isabel Petrovna** (1741-1762), filha de Pedro, o Grande. Na sequência, Pedro Feodrovich – **Pedro III** (janeiro a julho de 1762) sucedeu-a[1669].

8.3.2 Catarina II, a Grande (1729-1796) – O Iluminismo e as leis na Rússia

Sucedeu o marido Pedro III, em 1762, ocasião esta em que capitaneou um golpe de estado contra ele, que resultou na morte do tzar enquanto estava preso. Várias crises marcaram o reinado de **Catarina II**. Durante o seu governo, os camponeses "haviam sido tirados à Igreja para se tornarem camponeses de Estado, o que não melhorava em nada a sua condição (1764). Um certo número de ucasses [decretos] reforçou a servidão: os senhores foram autorizados a enviar os seus servos para a Sibéria sem julgamento; qualquer queixa contra os proprietários agrícolas era de igual

[1669] Mourre, Michel, *Dicionário de História Universal*, cit., p. 1404.

modo punida com a deportação para a Sibéria; em 1783, introduziu-se a servidão na Ucrânia, que até então a ignorava. Estas novas misérias provocaram a sublevação de Pugatchev (1773/1775), o que levou à revolta dos camponeses do Volga e do Ural, quando aquele fez-se passar pelo tzar Pedro III. Tratou-se da maior das insurreições camponesas que a Rússia alguma vez conheceu. Ela seria ferozmente reprimida"[1670].

A administração de Catarina II, de 1762 a 1796, continuou expandindo o Império Russo, ocupando as seguintes áreas: Belarus, Ucrânia a leste de Dienieper, a divisão da Polônia com a Prússia, a Lituânia e a Crimeia, a costa norte do Mar Negro, as estepes além dos Montes Urais. Além disso, alcançou a costa do Mar Cáspio e passou a influenciar os Bálcãs[1671].

Foi um governo centralizador e que destruiu a chamada "democracia militar dos Cossacos". "Ao restabelecer a autocracia, Catarina II, 'a discípula dos filósofos', deixava a Rússia mais poderosa e opressora do que nunca, na medida em que passou a controlar metade da Polônia e sujeitado 800.000 novos camponeses livres"[1672].

Apesar de gostar dos filósofos iluministas, a "Revolução Francesa encontrou em Catarina II uma adversária resoluta. A tzarina deu provas de um recrudescimento de severidade para com todas as ideias liberais: Alexander Nikolayevich Radishchev, o primeiro dos nobres revolucionários da Rússia, que estigmatizara a condição miserável dos camponeses na sua Viagem de *Sampetersburgo* a *Moscou* (1790), foi condenado à morte e, por demência, deportado para a Sibéria. O educador franco-maçon Novikov foi encarcerado na Fortaleza de Schlüsselburg"[1673]. Governou com uma capa de "Despotismo Esclarecido".

Importante conquista de Catarina II foi "que lhe reconhecessem a proteção dos cristãos ortodoxos do Império Otomano, o que ia fornecer ao tzar um pretexto permanente de intervenção nos assuntos internos turcos. Pouco depois, criou-se a frota russa do mar Negro (1779) e a Cri-

1670 Ibidem, p. 1404.
1671 Ibidem, p. 1404.
1672 Ibidem, p. 1404.
1673 Ibidem, p. 1404.

meia, retirada à tutela turca pelo Tratado de Kütchük-Kainardji, foi pura e simplesmente anexada pela Rússia (1783)"[1674].

A partir de 1776 Catarina redigiu um trabalho intitulado *Nakaz* (instrução). Escreveu em francês com tradução para o russo. A proposta era melhorar a administração, a justiça e o liberalismo na Rússia, uma vez que o Código de Leis de 1649 se encontrava confuso e superado[1675].

A governança anterior era desorganizada, corrupta e ineficiente e um novo código deveria corrigir essas irregularidades. Pretendia, também, convocar uma Assembleia Nacional, com a participação de todos os grupos sociais étnicos do império, daí a elaboração do documento (1767) com princípios que norteariam a redação das futuras leis cujo título era o seguinte: "Instruções de sua Majestade Imperial Catarina II para a comissão encarregada de preparar um projeto de um novo código das leis"[1676].

O referido Código dispunha de 526 artigos, reunidos em 20 capítulos, que informavam como a Rússia deveria ser governada. Em essência, o texto continha ideias de John Locke e de Montesquieu. Sabe-se que o pensador francês influenciou a elaboração de 294 artigos, conteúdo este que fora adaptado ou extraído da obra *O espírito das leis*. Outro jurista, Cesare Beccaria, influenciou 108 artigos, cujo teor proveio de sua obra *Dos delitos e das penas*[1677]. Para ele, a prisão deveria contribuir para a recuperação do criminoso, na medida em que repudiava a tortura.

No texto de introdução da obra *Nakaz*, Catarina alerta aos leitores que o cristianismo ensina a humanidade a fazer o bem. Além disso, afirma que o soberano é "absoluto" porque "não há outra autoridade senão aquela centralizada numa única pessoa que possa agir com vigor proporcional a tamanha extensão desse território". No entanto, concordava com o fato de que o poder dos autocratas russos poderia submeter-se a alguma limi-

[1674] O Tratado de Kütchük-Kainardji pôs fim à guerra russo-turca. A Rússia anexou Azov, o território costeiro do Mar Negro, a foz do rio Dnieper, e o direito de intervir nos países ortodoxos balcânicos (Moldávia e Valáquia). MOURRE, Michel. *Dicionário de História Universal*, cit., p. 1402.

[1675] MASSIE, Robert K. *Catarina, a grande – retrato de uma mulher*. Rio de Janeiro: Rocco, 2012, p. 391.

[1676] Ibidem, p. 392.

[1677] Ibidem, p. 393.

tação com base na noção de "leis fundamentais", calcadas em tradições, hábitos e instruções da história do país[1678].

Algumas reflexões de Catarina na parte introdutória do livro:

> "As leis devem ser estruturadas de modo a garantir a segurança de todo cidadão tanto quanto possível. A liberdade política não consiste na noção de que alguém pode fazer tudo o que desejar; a liberdade é o direito de fazer tudo o que a lei permite. A igualdade dos cidadãos consiste em que todos estão sujeitos às mesmas leis"[1679]. Adota o princípio da legalidade e da isonomia dos iluministas, em claro viés liberal, algo que contradiz com suas posturas absolutistas.
>
> "A experiência mostra que o uso frequente de punições severas nunca tornou um povo melhor. A morte de um criminoso é um meio menos eficaz de impedir os crimes do que o exemplo permanente de alguém privado da liberdade durante toda a vida, para reparar o dano causado ao público"[1680]. Aqui está clara influência da obra de Cesare Beccaria, assim como nos dois próximos trechos a seguir colacionados.
>
> "O uso da tortura é contrário ao bom juízo e ao bom senso".
>
> "A própria humanidade clama contra a tortura e requer que seja totalmente abolida"[1681].

Ao terminar de escrever sua obra, Catarina encaminhou-a ao Senado para revisão. Providenciou, também, algumas cópias a intelectuais russos e autoridades de outros países. Houve, no exterior, traduções em latim,

[1678] Ibidem, p. 393.

[1679] Ibidem, p. 394.

[1680] Ibidem, p. 394.

[1681] Ainda na introdução, a autora também questiona se uma autoridade disporia do suposto direito de impingir tortura a um cidadão quando não se sabe ao certo se ele é ou não o verdadeiro criminoso. E destaca que, aos olhos da lei, "toda pessoa é inocente até que haja provas de seu crime". Ao revelar as "agonias da tortura", Catarina defende a tese de que o acusado, nesse estado, não se encontra apto a concatenar sua defesa, isto porque a submissão extremada de dor obriga qualquer inocente a declarar-se culpado, sendo provável que um "inocente de constituição fraca" seja condenado, ao passo que um "culpado que conta com a força física" seja absolvido. MASSIE, Robert K. *Catarina, a grande – retrato de uma mulher*, cit., p. 394-395.

inglês e alemão. Apesar dos elogios de Voltaire ao conteúdo desse trabalho, o governo francês impediu sua divulgação no país. Em reação, Voltaire afirmou: "o mais excelente monumento desta época, que irá lhe trazer maior glória do que dez batalhas, dado que foi concebido por seu próprio gênio e escrito por sua própria mãozinha delicada"[1682].

Catarina reconhecia, no entanto, que seu livro, *Nakaz*, não se tratava de um código de leis, pois disse certa vez a D'Alembert[1683]: "Por meu império, roubei Montesquieu sem fazer menção ao nome dele. Se, lá do outro mundo, ele vir meu trabalho, espero que perdoe meu plágio pelo bem de 20 milhões de pessoas. Ele amava demais a humanidade para se ofender. O livro dele é meu 'breviário'"[1684].

Catarina II providenciou a convocação da Assembleia para produzir um novo código de leis, a partir de sugestões extraídas da obra *Nakaz*. Na sequência, convocou delegados de todas as categorias da Rússia, no campo e nas cidades, a fim de obterem informações acerca das mazelas do império, dos desejos e das queixas da população[1685].

Criada a estrutura com os delegados, que representavam diferentes segmentos da sociedade, com exceção dos servos, que eram considerados uma propriedade do senhor, e reunidas as informações em assembleia, a participação do governo central nesse processo foi encarada com desconfiança pela nobreza. Dessa forma, Catarina II empenhou-se em reverter essa percepção e proporcionou o seguinte: "atrativos à função dos delegados, como privilégios e prêmios pelos trabalhos. Todas as despesas seriam pagas pelo Tesouro russo. Os delegados receberiam um salário anual, de 400 rublos para os nobres, 122 rublos para os delegados das cidades e 37 rublos para os camponeses livres. Todos os delegados estariam isentos, pelo resto da vida, de pena capital, tortura e castigos corporais, e suas propriedades estariam protegidas contra confisco. Cada delegado deveria usar um distintivo de serviço ao governo, que seria devolvido ao Estado após a morte do portador. Os nobres teriam direito a incorporar

[1682] MASSIE, Robert K., *Catarina, a grande – retrato de uma mulher*, cit., p. 398.
[1683] Jean Le Rond d'Alembert (1717-1783) editou com Diderot a *Enciclopédia* ou *Dicionário Racional das Ciências, das Artes e dos Ofícios*, publicada em 1751.
[1684] MASSIE, Robert K., *Catarina, a grande – retrato de uma mulher*, cit., p. 398.
[1685] Ibidem, p. 398.

esse distintivo ao brasão da família, para que seus descendentes soubessem que haviam tomado parte nesse momento histórico. O manifesto de Catarina concluía: 'Por meio dessa instituição, damos ao nosso povo um exemplo de nossa sinceridade, nossa grande fé nele e de nosso verdadeiro amor materno'"[1686].

A primeira reunião da assembleia, presidida pela Imperatriz, deu-se em Moscou, precisamente em 30 de julho de 1767. Depois, em 18 de fevereiro de 1768, houve uma reunião em São Petersburgo, marcada por intensos debates entre nobres, comerciantes e representantes do povo acerca de seus próprios interesses. Na ocasião, foi marcante a discussão em torno do caráter da servidão, tendo havido aqueles que se posicionavam como defensores e outros como adversários do regime de servidão na Rússia[1687].

Os 29 delegados dos camponeses não conseguiam debater todas as questões e foram marginalizados pelos nobres durante as sessões. Muitos delegados não sabiam ler.

A Assembleia plena foi encerrada em 15 de junho de 1768, mas os comitês reuniram-se até setembro de 1771. As reuniões plenas, após 18 meses e 200 sessões, foram improdutivas, pois não produziram nenhuma lei[1688].

O procurador-geral Viazemsky opinou sobre a improdutividade da Assembleia afirmando: "A emancipação geral desse cruel e insuportável jugo não irá suceder [mas] se não concordarmos em diminuir a crueldade e amenizar a intolerável posição da espécie humana, então, mesmo contra nossa vontade, eles irão se apoderar dela, mais cedo ou mais tarde"[1689].

Com a paralisação da assembleia, a reação de Catarina foi a seguinte: "O que não sofri com a voz de uma opinião pública irracional e cruel quando essa questão foi levantada na Comissão Legislativa? A turba de nobres passou a suspeitar que essas discussões pudessem trazer melhoria na posição dos camponeses. Acredito que não havia ali vinte seres humanos que refletissem sobre essa questão com humanidade"[1690].

[1686] Ibidem, p. 401.
[1687] Ibidem, p. 403.
[1688] Ibidem, p. 408.
[1689] Ibidem, p. 408.
[1690] Ibidem, p. 408.

Catarina optou por manter-se equidistante dos nobres quanto às questões relativas à servidão. Em um momento seguinte, diante da radicalização da Revolução Francesa (1789), ela "reprimiu movimentos liberais na Rússia, apesar de ter sido considerada uma déspota esclarecida". Lembre-se de que, até 1906, nenhum sucessor convocou a assembleia[1691].

A partir do século XVIII, os intelectuais russos, sob influência do iluminismo francês, passaram a criticar o absolutismo tzarista e a miséria social existente no império[1692].

Síntese dos fatos da administração de Catarina II:

- enviou expedições científicas à Sibéria.
- Promulgou o estatuto das Escolas Populares em 1786.
- Dirigiu a revista *De Tudo um Pouco*, que gerou diversas polêmicas dentro da luta por uma Imprensa Livre.
- Construiu um Palácio da Academia de Belas Artes (1752) e posteriormente o Ermitage, na linha do Trianon francês. Imitou Versalhes em algumas obras imperiais. A construção da Academia foi realizada por Vallin de La Mothe.
- Em 1766 homenageou Pedro, o Grande, com uma enorme estátua equestre feita por Falconet[1693].
- Aumentou em 800.000 o número de servos com a anexação da Ucrânia.
- Fechou as lojas maçônicas e perseguiu pensadores liberais, como Radishchev.

Após a sua morte, foi substituída por Paulo I, seu filho.

8.3.3 Os tzares do século XIX

O primeiro deles foi **Pavel I** (Paulo I – 1754-1801), filho de Catarina II e do Tzar Pedro III. Aos 8 anos submeteu-se ao trauma de presenciar o assassinato do pai, a mando, provavelmente, da mãe. Preterido na sucessão pelo

1691 MOURRE, Michel. *Dicionário de História Universal*, cit., p. 1404.
1692 Ibidem, p. 1404.
1693 Étienne-Maurice Falconet (1716-1791) foi um dos principais escultores de estilo rococó da França.

neto mais velho de Catarina, Alexandre, ela decidiu conceder a Paulo, aos 29 anos, uma propriedade em Gatchina para viver confinado nesse local. Todavia, ele chegou ao poder em 1796, mas sem muito sucesso.

No início do seu governo expressou ideias liberais, libertando presos políticos, limitando a ação da nobreza e tentando minimizar o regime de servidão. Enquanto isso, na política externa, desagradava diversos países europeus. A repressão interna de seu governo aumentava, disposto a conter qualquer movimento, por isso implanta a censura cultural e proíbe até viagens para o exterior.

Ao ordenar ao exército russo que copiasse as práticas e também os uniformes do tipo prussiano, e punir os respectivos membros por questões enfadonhas, motivou uma conspiração contra o seu governo.

"Transformou uma multidão de camponeses livres em servos de Estado (...). Concedia a liberdade de culto aos rascolnistas, mas submetia a imprensa a uma severa censura, proibia as publicações estrangeiras e reorganizava a polícia secreta. Entrando na segunda coalizão contra a França revolucionária (triunfos de Suvorov em Itália e na Suíça, 1799), Paulo I aproximou-se em seguida de Bonaparte. Começaram ambos a acalentar um grande sonho oriental: a conquista da Índia. O tzar aprestava-se a desencadear a guerra contra a Inglaterra, mas os militares, descontentes com as suas maneiras tirânicas, e os grandes proprietários, lesados nos seus interesses pela paragem das exportações para as ilhas Britânicas, formaram uma conspiração na qual participou o próprio filho de Paulo I, Alexandre: na noite de 23 para 24 de março de 1801, o tzar foi estrangulado no seu quarto"[1694].

Alexandre I (1777-1825) subiu ao trono em 1801, após a morte de Pavel, tendo que administrar um império vasto e de população essencialmente rural e que vivia sob condições humanas degradantes.

Inicialmente reformista e de tendência liberal, a servidão era o problema central da sua política. Amenizou a rigidez da censura e publicou uma lei (1804) com regras liberais. Com o intuito de incentivar o ensino, fundou novas universidades, tais como: Kazan (1804), Kharkov (1805) e São Petersburgo (1819). Montou um comitê extraoficial para discutir as

[1694] Mourre, Michel, *Dicionário de História Universal*, cit., p. 1404.

reformas necessárias para a Rússia e reformulou o governo com base no modelo francês. Criou ministérios e montou uma estrutura democrática para governar o império, fortalecendo a administração e o ordenamento jurídico, o que funcionou até 1917.

Prestigiou o Senado e transformou-o em órgão de revisão administrativa e Suprema Corte. Nesse período foi redigida uma Constituição (1809), que propunha limitações ao poder do Tzar, mas ela nunca foi aprovada.

Na verdade, Alexandre I pretendia adequar o Estado Russo, nos moldes do modelo europeu, mas sem tirar o poder da monarquia. Sob influência de ideias constitucionais inglesas há de se destacar: "'o ucasse' de 1803, que permitiu que os proprietários agrícolas libertassem de livre vontade os seus servos com um lote de terra, contra o pagamento de um resgate, só deu efetivamente a liberdade a 47.000 servos. A política de reforma pareceu reiniciar-se em 1809, com Speranski[1695], que planeava criar assembleias representativas nacionais, provinciais e locais, eleitas segundo um modo de sufrágio censitário e muito restritivo. Esta tímida tentativa de regime constitucional não chegou sequer a despontar: a casta conservadora desenfreou-se contra Speranski, que foi exilado para a Sibéria (1812) com base num pretexto fútil. A política europeia contribuía, aliás, para desviar Alexandre I das suas veleidades liberais"[1696].

Enquanto Alexandre procurava executar reformas, Napoleão articulava o domínio da Europa e a invasão da Rússia.

Em 1805 os russos, juntos com os austríacos, foram derrotados em Austerlitz. Em 1807, Alexandre I firma um tratado de paz com o imperador francês em Tilst (Prússia), numa balsa em pleno Rio Nemunas (Niemen). Contudo, a paz foi rompida com a invasão da Rússia pelas tropas francesas na primavera de 1812, uma vez que Alexandre demonstrava simpatia pela Inglaterra. Napoleão inconformara-se com a criação do grão-ducado

1695 Mikhail Mikhailovich Speransky (1772-1839), considerado o precursor do liberalismo russo, foi um reformista e conselheiro de Alexandre I, vindo, mais tarde, a servir o tzar Nicolau I.

1696 MOURRE, Michel, *Dicionário de História Universal*, cit., p. 1404-1405.

de Varsóvia e os russos abandonaram o Bloqueio Continental, sobretaxando os produtos franceses a partir de 1810[1697].

Em 1812 Napoleão invade a Rússia, chegando até Moscou, onde os defensores, por meio de tática de guerrilha, incendeiam a cidade. Com o inverno, com a reação dos camponeses, guerrilheiros e do comando do general Mikhail Kutozov (1745-1813), os russos conseguiram expulsar as tropas napoleônicas, transformando-se na grande potência continental. Nesse contexto, iniciou-se grande agitação revolucionária na Rússia porque "o povo só não recebera qualquer recompensa pelo seu admirável heroísmo na guerra de 1812". A despeito das promessas imperiais, nenhum progresso se anunciava. Os camponeses de Estado, transformados em colonos militares e submetidos a um regime de caserna, optavam pela revolta (1818/1819). No seio do exército, trabalhado pelas ideias liberais desde a ocupação em França, formavam-se sociedades secretas de jovens oficiais (Sociedade do Norte, em São Petersburgo Sociedade do Sul, em Kiev). A rebelião do Regimento Semionovski (1820) decidiu Alexandre a regressar à autocracia pura. O seu favorito, o general Araktcheiev, erigiu-se em agente do pesado despotismo que assinalou os últimos anos do reinado (período da 'araktcheievtchina', 1820/1825). Esta acentuação das tendências reacionárias do poder conduziu os jovens oficiais da oposição ao radicalismo. Foi no meio dos preparativos de uma verdadeira revolução que Alexandre I morreu de repente (1º de dezembro de 1825)"[1698].

Ocorre que, após a vitória sobre Napoleão, houve uma virada conservadora de Alexandre, receoso da penetração das ideias iluministas, advindas da Revolução Francesa, na Rússia. Na verdade, durante a guerra membros do exército russo tiveram contato direto com as ideias divulgadas na Europa pelos filósofos Rousseau, Kant, Voltaire, Montesquieu e Benjamin Constant, entre outros, e também com a colaboração dos estudantes e intelectuais, que passaram a contestar a monarquia Romanov.

Nesse contexto, como forma de reação ao *modus operandi* do governo, a partir de 1816, houve o início de debates e a formação de sociedades secretas e literárias com o intuito de questionar e até derrubar o regime

1697 Ibidem, p. 1404.
1698 Ibidem, p. 1404.

tzarista, liderados por oficiais do exército e civis. Os principais movimentos foram:

- "União da Salvação", sociedade que imitava os ritos da maçonaria.
- "União do Bem-Estar" e "Lanterna Verde".
- "Sociedade Setentrional" (em São Petersburgo – 1825), que pregava um Estado Constitucional.
- Movimento de Pavel Pestel, coronel do regimento da infantaria na Ucrânia, que redigiu uma constituição jacobina para implantar uma república democrática.

Após a morte de Alexandre I houve, em São Petersburgo, um levante de aristocratas, denominados "Decembristas", contra o governo imperial. Era o início de uma série de levantes e rebeliões contra o regime político dominante durante o século XIX.

Nicolau I (1796-1855), irmão caçula de Alexandre, ao assumir o trono em 1825, foi vítima de um golpe articulado por oficiais e civis (aristocratas), que tentaram dominar o palácio e o senado no dia da sua posse em São Petersburgo. O golpe foi reprimido, sendo essa articulação oposicionista patrocinada por membros de codinome "*Os Decembristas*". Eles desejavam implantar uma monarquia constitucional e dar posse a Constantino, irmão de Nicolau, de tendência liberal, mas este estava propositalmente afastado na Polônia por interesses contrários a sua ascendência e que, portanto, visavam dissuadi-lo de postular o trono russo. Os Decembristas pregavam: "Constantino e Constituição!". Diante desse movimento combativo, Nicolau I transformou a Rússia num estado policial e sem muito contato na política externa.

O Tzar governou de 1825 a 1855 sob o lema: "Autocracia, ortodoxia e nacionalismo". Após 1848, passou a reprimir os movimentos sociais que criticavam a autocracia ou tentavam derrubar o regime, como se nota:

"Conferiu à autocracia as suas bases legais, publicando em 1832 um código geral das leis russas desde o século XVII. Visto que as revoltas rurais se multiplicavam, ele tomou medidas em favor dos servos e dos camponeses: proteção dos camponeses do Estado contra a arbitrariedade dos funcionários, proibição aos nobres não proprietários de adquirirem servos, autorização aos proprietários agrícolas para cederem aos servos, por contrato, parcelas em regime de usufruto vitalício. Aliás, estas melhorias eram ditadas menos por uma preocupação humanitária do que por exigências econômicas, pois a servidão aparecia cada vez mais como uma instituição anacrônica que retardava o desenvolvimento da Rússia. Surgiram tendências revolucionárias com Bielinski, Herzen, Ogarev, radicais ou socialistas utópicos. Estas doutrinas suscitaram naturalmente uma implacável repressão do poder"[1699].

Externamente, durante o reinado de Nicolau I, a Rússia reprimiu os húngaros na Transilvânia, mas foi derrotada na Guerra da Crimeia (1853-1856), contra a França e a Inglaterra.

Alexandre II (1818-1881), sucessor e filho de Nicolau I, assume o trono em 1855 e dirige esforços no sentido de intervir nas estruturas arcaicas da Rússia por meio de medidas sociais, judiciárias, escolares e administrativas que colocarão o país em sintonia com o capitalismo europeu.

Executou reformas fundamentais no âmbito da servidão, que caracterizava o feudalismo russo. Em 1856 advertiu a nobreza sobre os problemas dos camponeses, que estavam revoltados contra o tratamento que lhes era dispensado. E, certa vez, afirmou: "Autocracia criou a servidão e dela depende sua abolição. É melhor começar a abolição da servidão de cima do que esperar até que ela comece a ser abolida de baixo" (1861)[1700].

Havia servos no meio estatal, privado e doméstico. Primeiro foram liberados os servos privados e domésticos em que se adotou um período de transição para a sua liberação, visto que teriam direito a terras desde que indenizassem os proprietários. No caso dos servos domésticos, eles não detinham o referido direito.

Os camponeses, portanto, tiveram que pagar indenizações aos proprietários das terras onde trabalhavam. Temos que, "com um nítido atraso em relação ao Ocidente, a Rússia dos anos 1840/1860 entrava na grande revolução industrial. O desenvolvimento da produção punha em causa as bases tradicionais da economia feudal. O capitalismo nascente precisava mobilizar rapidamente energias que não era possível encontrar senão nas massas camponesas; mas a servidão, ao fixar o trabalhador ao solo e estimular hábitos de rotina, de baixa produtividade, ainda impe-

[1699] Ibidem, p. 1406.
[1700] Ibidem, p. 1406.

dia a necessária reconversão. Havia, pois, que abolir esta instituição antiquada. Aproveitando o abalo causado pelas derrotas da Guerra da Crimeia, o Tzar Alexandre II (1855/1881) levou a cabo, de 1857 a 1859, uma vasta consulta da nobreza russa a fim de que a reforma se fizesse com o assentimento dos proprietários. A servidão foi finalmente abolida pela lei de 3 de março (19 de fevereiro de 1861). Esta medida libertou cerca de 47 milhões de camponeses (25 milhões pertencentes ao Estado, 22 milhões aos proprietários privados), mas não melhorou a sorte deles. De fato, a lei de 1861 só dava aos camponeses a liberdade pessoal, sem direito à terra. Os camponeses libertos deviam comprar obrigatoriamente a terra aos proprietários; lotes que os camponeses não podiam comprar foram adquiridos, mercê de empréstimos do Estado, pela comuna rural, de tal modo que os antigos servos, antes de poderem emancipar-se, passaram simplesmente da tutela do senhor para a da comuna, que era solidariamente responsável perante o Estado pela dívida de todos os seus membros"[1701].

Foram criadas, também, assembleias (Zemstvo – 1864), que tinham representação ampla de nobres, camponeses e citadinos que deveriam dinamizar a administração local (distritos e províncias) com o intuito de descentralizar o poder. As assembleias locais deveriam ser eleitas pela população, contudo os representantes camponeses tinham peso inferior nas decisões, pois os latifundiários controlavam as decisões políticas.

Em 1864, por decreto, implantou-se um sistema judicial progressista na Rússia, com julgamento público e um advogado de defesa, nestes termos: "A justiça foi igualmente reorganizada em 1864 (abolição dos castigos corporais, supressão dos tribunais de casta, introdução do júri); por fim, envidou-se um esforço apreciável no domínio da instrução pública. Infelizmente, todas estas reformas eram ao mesmo tempo demasiado súbitas, demasiado tardias e incompletas. Não podiam fazer esquecer a permanência da autocracia, que se desmascarara uma vez mais quando da repressão sangrenta da insurreição polaca de 1863. Os jornais tinham-se multiplicado em virtude do abrandamento da censura desde o início do reinado de Alexandre II. Um novo radicalismo, cientista, materialista,

[1701] Ibidem, p. 1406.

'niilista', desenvolvia-se numa geração jovem que, ao fim de anos de sufocante coação, já não podia contentar-se com o compromisso e aspirava a uma ruptura total com o passado. Bakunine[1702] e Netchaiev[1703] iam tornar-se os teóricos da ação violenta. Todavia, os revolucionários dos anos 1860/1880 continuavam fiéis ao socialismo utópico"[1704].

Neste contexto, a partir de 1860 intensifica-se a campanha pela instalação de uma Assembleia Constituinte na Rússia.

A esta altura, ideias advindas do Manifesto Comunista de Marx e Engels (1848), de cunho socialista, penetraram no meio intelectual, estudantil e político russo, defendendo uma revolução com a participação dos camponeses. São Petersburgo transforma-se num centro de agitação cultural e política, surgindo o movimento "*Terra e Liberdade*".

Em 1866 houve um atentado contra o tzar; dez anos depois, o movimento "Terra e Liberdade" é reorganizado e ocorre a defesa do proletariado urbano na participação do processo revolucionário. Organizam-se movimentos terroristas, como o grupo "Vontade do povo", que assassina Alexandre II em março de 1881. Morria o denominado "Tzar Libertador"

A Rússia, após a Guerra da Crimeia, e a partir da década de 1850, tornou-se um barril de pólvora no campo social e político, pois, apesar de imergir no desenvolvimento capitalista, continuava absolutista e, portanto, longe de qualquer processo democrático. Em consequência, a saída para a derrubada do regime, seguindo a linha proposta por alguns opositores, seria a pregação de rebelião, terrorismo e revolução.

Com o assassinato de Alexandre II seu segundo filho, Alexandre III (1845-1894), assumiu o trono em 1881, devido à morte do herdeiro original, seu irmão mais velho. O governo do novo Tzar foi conservador.

A repressão contra a oposição aumenta após a posse de Alexandre III, que anula as reformas realizadas anteriormente. Instituiu assim que toma posse a Okhrana (Polícia Política), que perseguia todos os oposito-

1702 Mikhail Aleksandrovitch Bakunin (1814-1876), teórico político russo, protagonizou o papel como um dos principais fundadores da tradição social anarquista.

1703 Sergey Gennadiyevich Nechayev (1847-1882), anarquista revolucionário russo, preconizava de forma enfática o emprego da violência política como meio de comandar a revolução.

1704 MOURRE, Michel, *Dicionário de História Universal*, cit., p. 1406.

res ao regime autocrata. Aplicou os "pogroms" (perseguição à comunidade judaica). Além disso, "a revisão do estatuto dos *zemsivos* assegurou à nobreza fundiária a supremacia absoluta nas assembleias locais (1890). Fundou-se um Banco dos Nobres (1885) para reforçar o poder econômico da classe privilegiada. Novas leis agravaram a censura e o controle estatal e policial das universidades. A onipotência da burocracia exerceu-se igualmente contra todos os alógenos do império: minorias religiosas (luteranos, católicos) ou nacionais (russificação intensiva da Polônia, dos países bálticos, da Finlândia)"[1705].

Editou as "regulamentações temporárias" (1881), que permitiam aos governadores das províncias prender contestadores do regime sem julgamentos, invadir universidades e fechá-las e reprimir até empresas privadas suspeitas de acolher "subversivos".

Em síntese, a intenção era incentivar o nacionalismo e aumentar o poder da nobreza. E na política externa a Rússia afastou-se da Alemanha porque esta nação firmou acordos com a Áustria. Por outro lado, aliou-se à França, que havia perdido a Alsácia-Lorena para os alemães. Agilizou a construção da Transiberiana para alcançar o Oceano Pacífico e desenvolver a Sibéria. Para concretizar a obra, projetou a ligação do Lago Baikal até Vladivostok, passando pela Manchúria, que pertencia à China. Era um projeto imperialista que vai se confrontar com os interesses japoneses no Oriente. Alexandre morreu em 1894, deixando o trono para seu filho Nicolau.

8.3.4 Nicolau II – o último Tzar

Nicolau II (1868-1918) era contraditório, menosprezava o parlamento e seguia conselhos de sua esposa, a princesa alemã Alexandra (Alix de Hesse-Darmstadt[1706]), de tendência muito conservadora.

Nicolau II, fazendo frente à oposição, que englobava dos liberais até os niilistas, foi defensor da autocracia, e não se interessava pelos assuntos de Estado, entregando a administração e a política a seus ministros e conselheiros. Nesse período, foram construídas ferrovias na Rússia, e o processo de industrialização fortaleceu-se nos principais centros urba-

[1705] Ibidem, p. 1408-1409.

[1706] A imperatriz Alexandra Feodorovna era neta da Rainha Vitória.

nos, como Moscou, Petersburgo, Ucrânia, Ural, envolvendo aproximadamente três milhões de operários. "A Rússia modernizava-se a um ritmo acelerado. Praticando uma política sistemática de empréstimos e de apelo aos investimentos estrangeiros (no início do século XX, mais de um terço das ações das sociedades anônimas estavam nas mãos do Ocidente), o Governo desenvolvia os caminhos de ferro e a frota fluvial, fomentava novas regiões industriais (Donetz), protegia a indústria russa por meio de tarifas protecionistas (1891), criava escolas profissionais, estabilizava a moeda, ligando o rublo ao padrão-ouro (1897). Este desenvolvimento do capitalismo na Rússia, a partir da década de 1880, caracterizou-se pela preponderância da indústria pesada e, logo, pela concentração dos operários em grandes empresas. Um tal proletariado era constituído essencialmente pela massa dos pequenos camponeses arruinados devido ao incremento do capitalismo no decurso da segunda metade do século XIX. Esta desagregação do campesinato russo, que havia estado circunscrito durante séculos ao quadro da servidão, foi um dos aspectos essenciais da crise social do tzarismo declinante. A condição do proletariado operário era pior do que em qualquer outro lugar na Europa. Assim, as greves operárias multiplicaram-se a partir de 1880, apesar de o Governo fazer de cada greve um delito. Só em 1897, depois de duas grandes greves que acabavam de ter lugar em São Petesburgo , é que o Governo publicou a primeira lei social: nas indústrias têxteis, o dia legal de trabalho, que era então de catorze horas, ficou reduzido a onze horas e meia. As ideias de Marx tinham começado a propagar-se na Rússia"[1707].

Portanto, com o início do século XX, o socialismo avança na Rússia e organizam-se duas correntes: a) os socialistas revolucionários (SR), que defendem a socialização no campo; e b) os socialistas democratas, que, liderados por Plekhanov[1708] (1856-1918), defendiam a participação do proletariado na implantação das ideias esquerdistas.

O Partido Social-democrata Operário da Rússia (POSDR) apresentava duas alas (tendências): os bolcheviques, comandados por Lênin (1870-

[1707] Mourre, Michel. *Dicionário de História Universal*, cit., p. 1409.

[1708] Em 1903, ocorreu o desligamento entre Lênin e Plekhanov, ou seja, os bolcheviques separaram-se dos mencheviques, num congresso social-democrata na Inglaterra (Londres).

1924), que pregava uma revolução da classe operária para chegar ao comunismo; os mencheviques, que defendiam o socialismo evolutivo, mas sem muita violência.

Na luta contra o Japão (1904), as tropas russas são derrotadas. A guerra teve início porque a Rússia tinha interesse em Porto Artur, na entrada do Mar Amarelo, contrariando os interesses japoneses, que tinham vencido a China em 1895. A Rússia ocupou o local, tendo o apoio da França e da Alemanha para ser o término da ferrovia transiberiana. A derrota fez com que devolvesse Porto Artur para o domínio japonês, deixando também a Coreia sob influência japonesa. A derrota na guerra aumenta o clima de revolta sobre a política na Rússia.

Em 1905 ocorre uma grande repressão contra os opositores da autocracia russa. O Tzar Nicolau II (1868-1918) promete convocar a Duma (parlamento) para discutir a situação política e econômica do país[1709]. Em consequência da ação repressora por parte do Tzar, o clima político era o seguinte:

"Sob a pressão dos acontecimentos, contra sua vontade, Nicolau II teve de publicar o manifesto de 30 de Outubro de 1905, pelo qual outorgava aos seus súditos as liberdades de consciência, de reunião, de palavra e de imprensa, de associação, e erigia a Duma em Assembleia Legislativa eleita. Contudo, a efervescência revolucionária não se dissipou. Se os partidos liberais, burgueses, constitucionais democratas e outubristas aderiam à monarquia constitucional, se os mencheviques, que predominavam no soviete de Sampetersburgo, se mostravam hesitantes; em

[1709] Domingo sangrento – Em 22 de janeiro de 1904, após a derrota dos russos em Port-Arthur contra os nipônicos, o Padre Georges Gapon, levando milhares de assinaturas e uma enorme multidão, marchou para o Palácio de Inverno a fim de entregar a petição que expressava o descontentamento do povo e as suas reivindicações, quando foram atacados e massacrados pela infantaria e cavalaria imperial. Era o domingo sangrento que repercutiu negativamente para o Tzar em toda a Rússia que ainda o considerava o "paizinho". Em 1905, com a intermediação de Roosevelt, após a derrota contra os japoneses, foi assinado o Tratado de Portsmouth em que a Rússia se retirava da Manchúria, entregando-a aos nipônicos, do que iria tutelá-la assim como a Coréia. MOURRE, Michel, *Dicionário de História Universal*, cit., p. 1409.

contrapartida, os bolcheviques e os socialistas revolucionários estavam decididos a boicotar a Duma"[1710].

Em junho de 1905 eclodiu o levante do Encouraçado Potemkin no porto de Odessa, Ucrânia, liderado por Afanasy Matuschenko. O líder fugiu após a repressão do levante e, posteriormente (1907), foi preso e condenado à morte[1711].

Devido ao momento de instabilidade, Nicolau II lança o manifesto em 30 de outubro de 1905, em que pretende conceder as liberdades fundamentais e convocar a Duma Imperial (assembleia)[1712].

Na primeira Duma, em que se propõe reforma agrária, anistia política, liberdade para todas as religiões de forma igualitária e autonomia para a Polônia, há confronto entre os que desejam uma monarquia parlamentar, os constitucionais democratas (Cadetes) e os conservadores (Outubristas), que defendem o tzar. Em decorrência, é dissolvida a Assembleia pelo tzar, que reprime a oposição e os movimentos populares[1713].

Em fevereiro de 1907 foi convocada a segunda Duma, com a participação de diversas tendências, até mesmo do Partido Social Democrata Operário da Rússia (POSDR), tendo a oposição conquistado 46% dos deputados. Em junho de 1907, a Duma foi dissolvida[1714].

Em novembro de 1907, foi instalada uma terceira Duma, que graças à mudanças eleitorais acabou por eleger grande maioria de defensores dos interesses dos proprietários de terras e de donos de posses, que queriam uma Constituição tzarista. Com a participação ativa do ministro e monarquista Piotr Stolypin, conseguiu-se relativo equilíbrio político administrativo até 1914, tendo obtido o apoio da aristocracia e dos burocratas do império russo. Todavia, mesmo realizando algumas reformas, posteriormente, Stolypin foi assassinado[1715].

1710 Ibidem, p. 1410.
1711 Ibidem, p. 1410.
1712 Ibidem, p. 1410.
1713 Ibidem, p. 1410.
1714 Ibidem, p. 1410.
1715 Ibidem, p. 1410.

8.3.4.1 Antecedentes da Constituição de 1906

Os acontecimentos da modernidade no começo do século XX eram marcantes por toda a Europa, e na Rússia tzarista isso não foi diferente, ainda que essas transformações fossem observadas de forma tardia e também constatada a gênese dos movimentos culturais e políticos de oposição ao regime vigente[1716].

Essa adaptação *a posteriori* à modernidade se revelará apenas "num tardio apoio a um progresso puramente técnico", no caso, a construção da maior ferrovia do mundo da época e que não foi capaz de impedir a "distância anacrônica" entre aquele governo autocrata e seu povo que, diante da fome, dos conflitos armados que visavam novas conquistas territoriais e, principalmente, das consequências fragorosas da I Guerra Mundial, como a morte de cerca de 18 milhões de civis, optou pela revolução[1717].

Naquele país feudal, as condições materiais, jurídicas e morais do camponês russo, o "cristão", eram incomparáveis com a dos mais pobres trabalhadores rurais europeus, visto que aquele se encontrava ainda preso a uma servidão medieval. Em outras palavras:

"Podia ser vendido junto com a terra que cultivava. Faminto na maior parte do ano (...), sonhava a olhos abertos com um Tzar que vivia num palácio distante e viria, um dia, para resgatar os miseráveis. (...) Assim,

1716 Benedini, Giuseppe Federico. A Rússia czarista e as origens da Revolução: um ensaio. *Cadernos do Tempo Presente*, n. 19, mar./abr. 2015, p. 2.

1717 "A ferrovia, o próprio símbolo da modernidade oitocentista, percorria, em 1880, 22.403 quilômetros de solo russo, vinte vezes mais que em 1861. Entre 1885 e 1905 será construída a ferrovia mais longa do mundo, a Transiberiana, para unir o país de ponta a ponta. Estes são também os anos nos quais se forma o proletariado das fábricas, o alicerce fundamental das futuras revoluções. A industrialização na Rússia foi promovida pelo Estado, a única instituição nacional que possuía recursos suficientes como para fazê-lo, e financiada em boa parte por capitais franceses e ingleses, que tinham interesse em investir no país, considerando os altos juros que dele recebiam. Pelo fato que chegaram tardiamente, as fábricas na Rússia eram entre as mais modernas do planeta, das que se dedicavam à produção de semitrabalhados e bens de capital. A concentração geográfica – perto dos dois maiores centros urbanos, como também em regiões mais distantes, porém ricas em minerais, como os Urais e a Transcaucásia – e de mão de obra – em 1905 50% dos trabalhadores industriais russos se encontrava em fábricas com mais de 1.000 operários, uma proporção única no mundo – eram seus traços marcantes. No mais, a condição dos operários, camponeses sem terra atraídos por míseros salários, era lamentável". Ibidem, p. 2.

bastava a lembrança daquela geada fora de época que os havia privado de alimentos, para que esses pacíficos campônios tomassem nas mãos suas ferramentas e as transformassem em armas, para atacar a residência rural do patrão, que voltava da Corte ou do seu palácio em Moscou. (...) Os 'ataques ao castelo' tinham limitado alcance, uma vez que aconteciam a dezenas, centenas ou milhares de léguas uns dos outros, sem nenhuma possibilidade material de se unirem numa revolução. E num país feudal seu destino era selado com a chegada do exército, a violência, o saque, a punição pública dos culpados, a morte e mais fome"[1718].

Na verdade, antes desse período crítico cujo ápice resultou na Revolução Russa de 1917, principalmente a partir de 1861, o Tzar Alexandre II, sucessor e filho de Nicolau I – este se deteve com a política exterior e as conquistas, visando ampliar o seu império, em vez de se preocupar com o seus súditos –, apresentou-se como um "jovem soberano reformista". Logo, a fim de obter a complacência da elite intelectual, concedeu liberdades liberais, a saber:

"Diminuiu o controle da polícia sobre as universidades e o da censura sobre a imprensa. Seis anos após da sua subida ao trono, porém, em 19 de fevereiro de 1861, é que deixaria seu marco na história, com o *ukaz* que abolia a servidão da gleba. Foi uma mudança revolucionária, sem dúvida muito tardia em relação ao padrão europeu, mas que precedeu no tempo a emancipação dos escravos em outros países, como Estados Unidos e Brasil. Vale ressaltar, todavia, que o gradualismo na aplicação da reforma alexandrina conseguiu descontentar latifundiários e camponeses ao mesmo tempo. Os primeiros, que ficaram com a propriedade das superfícies melhores, aquelas às quais, de fato, haviam conseguido dar alguma utilidade, perderam seus direitos sobre cerca de 2/3 de suas terras e, mais ainda, sobre as 'almas' dos camponeses. Estes – havia aproximadamente 47 milhões de servos no Império, então – para se tornarem proprietários plenos deviam pagar um resgate, sob forma de indenização em dinheiro ao antigo senhor ou ao tzar, caso tivessem ocupado lotes estatais"[1719].

[1718] BENEDINI, Giuseppe Federico. A Rússia czarista e as origens da Revolução: um ensaio. *Cadernos do Tempo Presente*, n. 19, mar./abr. 2015, p. 4.
[1719] Ibidem, p. 4.

A referida indenização, em vez de possibilitar a reforma das fazendas da aristocracia russa, destinou-se, na prática, a pagar as dívidas dessa classe[1720].

Ao mesmo tempo, para competirem com os latifundiários, os ex-servos não tinham outra opção, senão a trabalhar de forma coletiva, tendo de vender sua produção, a ponto de passarem fome. Essa condição perdurou por 60 anos, até as vésperas da Revolução, ocasião em que havia ainda "legiões de camponeses sem terra"[1721].

Efeito secundário das reformas de Alexandre II foi o interesse dos habitantes das cidades pelo o que se sucedia no campo. Vide a ação dos intelectuais da época, que "passaram a enxergar na população rural o repositório dos valores autenticamente nacionais, sobre os quais se fundaria uma nova era"[1722].

Em suma:

"Os intelectuais propagaram, por quanto possível, suas ideias revolucionárias e os camponeses lhes estimularam, por assim dizer, a determinação. Bakunin, exilado na Europa, se convenceu, contrariando Marx, que a revolução na Rússia seria possível por meio dos camponeses, que teriam suprido à ausência de uma classe proletária industrial. (...) em 1879, foi fundado o movimento *Narodnaja volja* ('a Vontade popular') e os populistas já tinham escolhido a luta armada, o terrorismo como reação à política repressiva do tzar. O Império, mais uma vez, estava no meio de um conflito internacional (a guerra russo-turca 1878-79) e agora Alexandre II escolhera reagir com dureza, assim como teriam feito seus antecessores, à voz da oposição. O soberano reformador foi condenado a morrer como um tirano pelos anarco-populistas e, após vários atentados fracassados, o Tzar pereceu junto com o niilista Ignatij Grinevickij[1723], em 1881.

[1720] Ibidem, p. 4.

[1721] Ibidem, p. 4.

[1722] Ibidem, p. 5.

[1723] Ignatij Ioachimovič Grinevickij (1856-1881) foi um revolucionário russo que assassinou o tzar Alexandre II da Rússia mediante atentado suicida a bomba. No final de 1879 aproximou-se da associação política Narodnaja Volja (Vontade do Povo). E participava do Rabočaja Gazeta (Jornal dos Trabalhadores), incumbindo-se da arrecadação de fundos para apoiar aqueles que estavam na prisão. Em fevereiro de 1881, juntou-se a um grupo

O estrondo daquelas duas granadas, lançadas embaixo da carroça imperial, foi logo abafado por mais gritos de dor"[1724].

Em reação à morte do pai, o sucessor, Alexandre III, com o auxílio de ministros reacionários, reduziu a ação do terrorismo ao implantar o "Terror de estado". O que se via, por meio da ação de uma polícia empoderada e de "grupos de facínoras", como os Cem Pretos, era o saque a aldeias, o que motivou até uma tentativa de atentado à pessoa do tzar[1725].

As universidades encontravam-se infiltradas por agentes da polícia, e o ensino manteve-se sob os olhos da igreja ortodoxa. Logo, houve fugas aos milhares do império russo, configurando a emigração "de desesperados e o exílio dos intelectuais"[1726].

Quanto ao desenvolvimento industrial russo, à época do tzar Nicolau II (1894-1917), a exemplo das condições desumanas dos trabalhadores ingleses, estes submetidos a jornadas extenuantes e a um meio ambiente de trabalho insalubre e degradante, a principal diferença em relação ao ocidente industrial, "era que na Rússia as empresas foram sempre dirigidas pelo estado", e que "o operariado russo não tinha um patrão, tinha oficiais e contra eles endereçava seus ressentimentos" (...) e "as únicas palavras que podiam ser ouvidas pelas tropas concentradas dos operários eram as que deles falavam, as que já tinham conquistado a alma do proletariado de meia Europa, o verbo da revolução proletária e da luta sindical, o socialismo na sua vertente marxista"[1727].

Marx pregava que a revolução seria possível por intermédio dos operários das fábricas, desde que unidos em uma classe, aptos a implantar o socialismo, ao passo que Bakhunin[1728] sustentava que a revolução popu-

para assassinar o tzar Alexandre II numa carruagem por meio de duas granadas. Pretendia-se, com essa ação, provocar uma revolução, mas que não obteve o objetivo pretendido.

1724 BENEDINI, Giuseppe Federico. *A Rússia tzarista e as origens da Revolução*: um ensaio, cit., p. 2.

1725 Esse atentado ocorreu em 1887 e, após ser descoberto, resultou na condenação à morte dos seus organizadores, dentre eles o populista Alexandr Il'ic Ul'janov, de 21 anos, irmão maior de Vladimir Lênin. Ibidem, p. 2.

1726 BENEDINI, Giuseppe Federico. *A Rússia tzarista e as origens da Revolução*, cit., p. 2.

1727 Ibidem, p. 6.

1728 Mikhail Aleksandrovitch Bakunin (1814- 1876), teórico político russo, é um dos maiores representantes do anarquismo.

lar, com o objetivo de suprimir o Estado, derivaria das ações das aldeias camponesas[1729].

Ocorre que os exilados políticos russos, que vivenciaram "a dureza dos campos de trabalho e dos regimentos imperiais", abraçaram as teses marxistas e se uniram, em 1898, em Minsk, cidade da Bielorrússia, no Partido Operário Social Democrático Russo, concentrando-se na luta sindical, nos princípios defendidos pela II Internacional, em vez de aderirem à bandeira da revolução anarquista[1730].

Os militantes eram sempre coibidos pela polícia tzarista, o que justificou a realização do congresso do Partido Operário Social Democrático em Londres e Bruxelas, em 1903[1731].

Lembre-se de que em determinada fase dos encontros, quando se discutia sobre a direção do jornal partidário *Iskra*, houve uma cisão no grupo, parte representado pela maioria, os bolcheviques, e outra pelos mencheviques[1732].

Mesmo antes dos efeitos devastadores da I Guerra Mundial[1733], logo após a derrota armada para o Japão em 1905, que foi motivada pela posse

1729 Benedini, Giuseppe Federico. *A Rússia tzarista e as origens da Revolução*: um ensaio, cit., p. 6.

1730 Ibidem, p. 6.

1731 Ibidem, p. 6.

1732 Ibidem, p. 6.

1733 "A entrada da Rússia na Primeira Guerra Mundial pode ser interpretada, do ponto de vista da história diplomática, como uma consequência da bi-decenal aliança franco-russa ou dos tratados da Triple Entente (1907), assim como da agressiva política de influência nos Bálcãs ou, ainda, da fase armamentista que vivia então toda a Europa. Sob o viés estratégico este foi, antes de tudo, um estrondoso erro de avaliação das forças nacionais por parte do governo tzarista. Vozes contrárias se elevaram ao interno do circuito do poder, mas não conseguiram fazer desistir Nicolau II de se empenhar no conflito. Assim, até a paz de Brest-Litovsk, assinada pelos bolcheviques, a Rússia só vai conhecer derrotas humilhantes frente aos Impérios Centrais. O que é mais importante, porém, é que a guerra desencadeara de uma vez por todas as forças da Revolução. O exército desmoralizado foi o crisol, onde se fundira o descontentamento social, pela ação dos propagandistas da oposição. Camponeses armados passaram a colaborar mais estreitamente com os intelectuais e os operários da cidade que se levantaram contra o imperador". Benedini, Giuseppe Federico. *A Rússia tzarista e as origens da Revolução: um ensaio*, cit., p. 9.

da Manchúria, desencadeia-se em 1906 um movimento revolucionário até então sem precedentes:

- "Formaram-se os primeiros soviets[1734], com Trotsky em São Petersburgo e outros líderes revolucionários em Moscou e nos principais centros industriais. Até unidades do exército e da armada, como os heróicos marinheiros do encouraçado Potemkin, se rebelaram aos seus superiores. A revolução pareceu triunfar quando, em outubro, o tzar cedeu às insistências do seu primeiro ministro, Vitte, e prometeu convocar uma assembleia representativa, a Duma, mas se tratava de uma vitória efêmera. Já no maio de 1906 Vitte foi despedido e das concessões soberanas não ficaram mais do que as aparências"[1735].
- Editou-se, portanto, a Constituição russa de 1906, então conhecida como "As Leis Fundamentais", tendo a promulgação ocorrido em 23 de abril de 1906.
- O próprio tzar podia dissolver a Duma e anunciar novas eleições, tanto que após dez semanas de sua criação, a assembleia acabou sendo dissolvida.

8.3.4.2 Sistematização da Constituição de 1906

A Constituição de 1906 consistiu em uma considerável revisão das Leis Fundamentais de 1832 do Império Russo, fato que possibilitou que o Estado autocrático aceitasse compartilhar seu poder com um parlamento. Foi promulgada em 6 de maio de 1906, na véspera da abertura da primeira Duma de Estado, estabelecendo uma Monarquia Constitucional que pouco tempo durou. Dividia-se a Constituição de 1906 em 4 partes, dos quais apresentamos brevemente seus principais pontos:

Primeiro Capítulo

Versava sobre a autocracia do Império Russo, que abrangia a supremacia do Tzar sobre o Direito, a Igreja e a Duma. A partir da leitura dos artigos a seguir, extrai-se o referido sentido:

1734 O termo *soviet*, do russo, significa "conselho" ou grupo corporativo, relativo a uma associação de operários ou membros.

1735 Benedini, Giuseppe Federico. *A Rússia tzarista e as origens da Revolução*: um ensaio, cit., p. 8.

> "Art. 4º. O supremo poder autocrático é investido no Tzar de todas as Rússias. Trata-se do comando de Deus que a sua autoridade deve ser obedecida não somente por temor, mas para a consciência do amor."
> (...).
> "Artigo 9º. O Imperador Soberano aprova as leis e sem a sua autorização nenhuma lei pode vir a existir."

Segundo Capítulo

Compreendia a definição dos direitos e das obrigações dos cidadãos russos, bem como o âmbito e a supremacia da lei. Confirmou a base dos direitos humanos, estes concedidos somente em razão do Manifesto de Outubro[1736], mas subordinados à lei.

Terceiro Capítulo

Neste trecho há a disposição sobre a forma de regulamentação das leis, destacando-se a previsão dos seguintes artigos:

> "Art. 42. O Império Russo é regido por leis firmemente estabelecidas que foram devidamente aprovadas".
> (...).
> "Artigo 44. Nenhuma nova lei pode ser promulgada sem a aprovação do Conselho Estadual e da Duma, e não deve ser juridicamente vinculativo, sem a aprovação do Imperador Soberano.
> Artigo 45. No caso das circunstâncias extraordinárias quando o Estado Duma não está em sessão, a introdução de uma medida exige um processo judicial devidamente constituído e o Conselho de Ministros tem de apresentar uma tal medida diretamente ao Imperador Soberano. Essa medida não

[1736] O ano de 1905 foi marcado por crises políticas e confrontos entre o Império Russo e a população. Com o processo de industrialização, este ocorrido de forma marcante em Moscou, São Petersburgo e Baku, e a formação de um proletariado, houve a reivindicação de reformas democráticas no sistema político, bem como melhorias na condição de vida dos cidadãos, que estivera agravada desde o advento da guerra com o Japão (1904-1905), quando a Rússia perdera a Manchúria. Devido ao cenário tortuoso, em outubro de 1905, a fim de contornar a situação, o tzar Nicolau II editou o "Manifesto de Outubro", que possibilitou a criação do parlamento nacional (a Duma) e de partidos políticos que, na prática, eram controlados por ele.

pode, contudo, introduzir quaisquer modificações nas Leis Fundamentais e na organização do Conselho Estadual ou à Duma, assim como às regras que regulam as eleições para o Conselho ou a Duma. A validade de tal medida é interrompida quando o ministro responsável ou o chefe de um departamento especial não introduz uma legislação adequada no Estado Duma durante os primeiros dois meses, após a sessão da sua reconveniência, ou se a Duma ou o Conselho Estadual devem recusar a promulgá-la em lei".

Quarto Capítulo

O quarto capítulo abrangia a composição e o âmbito das atividades do Conselho Estadual e da Duma.

Após muitas discussões o primeiro-ministro, Pyotr Stolypin (1862-1911), aceita realizar uma reforma agrária e cria uma pequena classe de camponeses proprietários de terra, mas acaba sendo morto, num atentado. Predomina, então, com a reforma eleitoral implantada, uma tendência conservadora no parlamento.

8.4 A Rússia na Primeira Guerra Mundial

Em 1914, com o assassinato do arquiduque Francisco Ferdinando em Sarajevo (Sérvia), a Alemanha e a Áustria desencadearam a Primeira Guerra Mundial levando a Rússia ao embate. Com a Primeira Guerra Mundial, as tropas russas tiveram fortes baixas e o povo, sofrendo com a falta de alimentos, passa a se manifestar radicalmente contra o regime tzarista.

"A Rússia partilhou com a Áustria-Hungria a principal responsabilidade pela deflagração do primeiro conflito mundial. Logo nos primeiros dias da crise aberta pelo assassínio do arquiduque herdeiro da Áustria-Hungria em Sarajevo (28 de junho de 1914), o governo tzarista mostrou-se decidido a responder ao desafio. Alegando a impossibilidade técnica de proceder a uma mobilização parcial, o estado-maior russo exigiu a mobilização geral em 30 de julho: foi a primeira de todas na Europa e arrastou a da Áustria (31 de julho) e em seguida as da Alemanha e da França (1 de agosto). Mas a Rússia estava longe de se encontrar pronta do ponto de vista militar. Capaz de mobilizar consideráveis massas de homens (só por si mais do que os impérios centrais reunidos), carecia de automóveis, de artilharia pesada e até de espingardas. A intendência estava profundamente desorganizada, os transportes ferroviários eram insuficientes"[1737].

A derrota para o "general alemão Paul von Hindenburg em Tannemberg (finais de agosto de 1914) desfez o mito do 'rolo compressor' russo. A entrada em guerra da Turquia (novembro de 1914) cortou o acesso da Rússia ao Mediterrâneo e a única via de comunicação com os seus aliados passou a ser a rota do oceano Glacial Ártico. As ofensivas austro-alemãs de 1915/1916 expulsaram os exércitos tzaristas da Polônia e da Lituânia. A contraofensiva russa do general Alexsei Brussilov, lançada em junho de 1916, esgotou-se rapidamente (obrigando mesmo assim a Alemanha a deslocar forças importantes da frente ocidental, contribuiu para salvar Verdun). A Rússia pagou um preço terrível pelas suas derrotas militares: de 1914 a 1917, nada menos de 2,5 milhões de mortos. A situação interna era catastrófica. A guerra arruinava ainda mais as massas camponesas. A fome, a falta de carvão, a inflação grassavam nas cidades; as greves multiplicavam-se; a opinião pública perdia cada vez mais confiança no governo e sobretudo no tzar e na família real. Suspeitava-se que a imperatriz, de origem alemã, traía os interesses da Rússia. Causava indignação a escandalosa influência exercida pelo monge Rasputin,[1738] o qual acabaria por ser assassinado por membros da aristocracia (noite de 30 para 31 de dezembro de 1916). O descontentamento se alastrava à burguesia"[1739].

[1737] MOURRE, Michael, *Dicionário de História Universal*, cit., p. 1411.

[1738] Grigrori Vovkin, o Gregório Rasputin, nasceu na Sibéria em 1869 e, desde pequeno, tinha fama de deter poderes sobrenaturais. Ao passar a viver em São Petersburgo, aproximou-se da tzarina Alexandra Fedorova, cujo filho, Alexei, tinha crises de hemofilia. Com habilidade para controlar seus sangramentos, ganhou a confiança da rainha. Com a continuação chegou, ao lado dela, a governar a Rússia durante a Primeira Guerra Mundial. Fanático religioso e místico, chamado de "monge maluco", era, ao mesmo tempo, apaixonado por mulheres. Rasputin, seu apelido, significa "depravado" em russo. Em dezembro de 1916 acabou morto por um grupo de nobres que o convidou para jantar e colocou cianureto em sua comida. Uma outra versão de sua morte dá conta de que ele foi envenenado, mas resistiu a grande quantidade de cianureto, sendo atingido por tiros e jogado, ainda vivo, no rio Nova, que estava parcialmente congelado, no qual morreu de hipotermia. SMITH, Douglas. *Rasputin, fé, poder e declínio dos Romanov*. São Paulo, Companhia das Letras, 2008, p. 12 e 124.

[1739] MOURRE, Michel, *Dicionário de História Universal*, cit., p. 1411.

Com o avanço da guerra, o tzar assume o comando das tropas russas e sai de Moscou, passando o poder para a tzarina Alexandra, que é manipulada pelo "santo-homem Rasputin" e transforma-se em alvo da revolta e crítica da elite e do povo russo, devido às interferências do monge em assuntos pessoais, políticos e militares da nação. [1740]

Em fevereiro de 1917 a situação da Rússia era a seguinte: a economia em frangalhos; milhares de soldados desertores da frente de guerra; os camponeses revoltados não fornecem grãos para as cidades necessitadas; aumentam as greves e a revolta popular contra o regime; o tzar perde autoridade com as tropas e o povo russo. No início de 1917, foi criado um soviete (conselho)[1741] de operários e soldados que com a Duma implantaram um governo em Petrogrado. Os movimentos populares por intermédio dos sovietes aumentaram na Rússia, abalando o governo[1742].

Em 1915, em nova reunião da Duma, projeta-se como um opositor da autocracia, o advogado Alexandre Kerenski com duras críticas ao tzarismo. Mais uma vez a assembleia foi dissolvida por Nicolau II. A Duma, até então marginalizada, passa a atuar fortemente tentando preencher a falta do poder executivo e em decorrência, transforma-se em governo provisório, com a participação da burguesia, da nobreza liberal e de um membro socialista, Kerensky. Com isso, "*a Duma* criou um comitê executivo provisório, dominado por liberais conservadores (o presidente da Duma, Mikhail Rodzianko, Nikolai Chulguine e Pavel Miliukov), mas onde o socialismo moderado estava igualmente representado por Alexandre Kerenski e um membro do partido trabalhista (conhecido como Trudovik). A decisão do Governo de dissolver a Duma ficara sem efeito. Na sequência de negociações entre o comitê da Duma e o soviete de Petrogrado, formou-se um governo provisório presidido pelo príncipe Georgy Lvov[1743] (15 de março). Dois representantes deste governo, Ale-

[1740] Ibidem, p. 1411.

[1741] O termo soviete, do russo, significa "conselho" ou grupo corporativo, relativo a uma associação de operários.

[1742] MOURRE, Michel, *Dicionário de História Universal*, cit., p. 1411.

[1743] Georgy Yevgeniech Lvov (1861 – 1925) – Também conhecido como Príncipe Lvov, foi um estadista russo, primeiro chefe do governo após o fim do Império Russo, em 1917. Formado em Direito pela Universidade de Moscou, Lvov liderou um governo provisório, criado pela Duma, que reunia liberais e o grupo de Alexandre Kerensky. Incapaz de obter

xander Gutchkov e Chulguine, dirigiram-se imediatamente a Pskov, ao quartel-general dos exércitos do Norte, onde estava o tzar"[1744].

Em 15 de março de 1917 o tzar renuncia em favor do grão-duque Miguel (seu irmão). Em seguida, ele abdica (16 de março) ao trono, encerrando a dinastia Romanov. O tzar Nicolau e a família são presos. Depois serão transferidos para Tobolsk (Sibéria) e para Iekaterinburg (Urais) onde foram chacinados (1918). Em decorrência dos fatos, o parlamento organiza um governo provisório, tendo como destaque Kerensky (1881-1970), que mantém a participação na guerra[1745].

8.5 A Revolução Russa de 1917 – O Governo Provisório

A crise leva a Alemanha, que estava perdendo a guerra, a colaborar com os revolucionários, com objetivo da retirada dos russos da Primeira Guerra Mundial. Lênin[1746], que estava na Suíça, fez um acordo com o governo alemão e num trem, com vagão selado, segue em direção à Suécia, Finlândia e salta em Petrogrado (na estação Finlândia) em 3 de abril de 1917. Ao ser recebido, defendeu as "teses de abril", que propunha: fim da guerra, derrubada do governo provisório, poder total aos sovietes, confisco das terras da aristocracia, nacionalização das usinas e dos bancos. Os bolcheviques pregavam: "Paz, Pão e Terra e todo o poder aos Sovietes", defendendo uma revolução socialista e a derrubada de Kerensky[1747].

A situação era crítica e ocorreu uma divisão na esquerda russa entre mencheviques e bolcheviques, sendo:

apoio suficiente ao novo governo, demitiu-se em junho de 1917, transferindo o poder ao seu então ministro da Justiça, o próprio Kerensky. Acabou preso pelos bolcheviques. Conseguiu escapar e exilou-se em Paris, onde viveu o resto da sua vida.

1744 MOURRE, Michel, *Dicionário de História Universal*, cit., p. 1412.

1745 Ibidem, p. 1412.

1746 Aproveitando este contexto, Lênin consegue a liberação do governo alemão para, dentro de um vagão lacrado, atravessar a zona conflagrada e chegar ao solo russo com o fito de liderar os bolcheviques no comando dos Sovietes, derrubando o governo provisório e implantando o controle político por intermédio dos conselhos (sovietes). Lênin defendia as famosas "Teses de Abril" de caráter extremista, e que desejava o "controle dos operários sobre a produção e repartição dos produtos".

1747 MOURRE, Michel, *Dicionário de História Universal*, cit., p. 1412.

- *Mencheviques (significa minoria)* – liderados por Julius Martov (1873-1923), passaram a dominar o soviete de Petrogrado, recusando e criticando a ala do governo provisório, que era favorável à continuação da guerra. Defendiam que o conflito deveria ser encerrado, sem vitória para nenhum dos lados, e o processo democrático.[1748]
- *Bolcheviques (significa maioria)* – eram, incialmente, minoritários nos conselhos populares. Defendiam o fim da guerra e a implantação de um regime socialista de caráter revolucionário, por intermédio de Vladmir Ilich (Lênin). Neste contexto estava se caracterizando uma dualidade no governo. Os bolcheviques eram considerados os "duros" e "revolucionários" e desejavam conseguir o poder até pelas armas. Controlavam o jornal "Iskra" (Centelha) e defendiam a luta de classes marxista. Tinham rompido com os mencheviques em 1912, na Conferência de Praga. Desejavam a ditadura do proletariado[1749].

As diferenças entre as duas correntes eram:

– os mencheviques defendiam a democracia burguesa, a conciliação, a legalidade do partido e não acreditavam numa revolução socialista imediata.

– os bolcheviques eram contra "o reformismo menchevique", pregavam a revolução para chegar ao socialismo, considerando o capitalismo maduro para esta transformação, conforme a previsão de Marx, e defendiam o revolucionário profissional.[1750]

De fevereiro a outubro de 1917 os dirigentes do soviete de Petrogrado foram mudados algumas vezes. Entre março-abril de 1917 cai o primeiro governo provisório e se organiza um segundo governo de coalizão, com Lvov no comando. Posteriormente, após uma revolta popular, liderada pelos sovietes, é montado um novo governo provisório, presidido por Kerensky (junho de 1917), que sufoca os bolcheviques em julho de 1917. Lênin, então, foge para a Finlândia. Lvov foi demitido e Kerensky tor-

[1748] Ibidem, p. 1412.
[1749] Ibidem, p. 1412.
[1750] Ibidem, p. 1412.

nou-se primeiro-ministro com poderes absolutos e entregou o comando das tropas ao general Lavr Kornilov[1751]. Na sequência, Korlinov entra em confronto com o primeiro-ministro, prega uma assembleia constituinte, a expulsão dos alemães da Rússia, sinalizando um golpe de Estado. Esta crise ajudou no avanço dos bolcheviques em direção à revolução. A maioria dos sovietes de Petrogrado, de Moscou e de outras cidades ficaram sob a presidência de Leon Trotsky, assim como o Comitê Militar Revolucionário. Após uma reunião do comitê central, ficou acertado que a revolução ocorreria no dia 5 de outubro. Alguns membros do comitê central, como Grigory Zinoviev[1752] e Lev Kamenev[1753], discordaram, considerando que era apenas um golpe de estado[1754].

No início, o líder era o menchevique Nicolai Chkheidze[1755] (1864-1926); em maio, um novo ministério, formado por seis socialistas e dez representantes da burguesia, foi entregue para o primeiro ministro, o

[1751] Lavr Guedrgiuevitch Kornilov (1870 - 1918) - General Russo, afastado após a Revolução de 1917, por Kerensky. Morreu na luta contra os Bolcheviques.

[1752] Grigori Yevséyevich Zinoviev (1883 - 1936) - Ingressou no Partido Social-Democrata Russo em 1901, sendo membro da facção bolchevique desde sua criação, em 1903. À época da Revolução Russa de 1917, apesar de atuar como colaborador na direção bolchevique, depois se opôs, juntamente com Lev Kamenev, à iniciativa de luta armada, proposta por Lênin. Zinoviev acabou rompendo laços com Lênin e, com a morte deste, uniu-se a Stalin e Kamenev contra Trotsky. Ocorre que, por desavenças internas, Zinoviev foi expulso do Comité Central em 1927 e do próprio partido em 1928, regressando somente em 1933. Em 25 de agosto de 1936 foi julgado e executado, numa época em que os opositores de Stalin eram obrigados a confessar crimes.

[1753] Lev Borisovich Kamenev (1883 - 1936) - um dos líderes da ala bolchevique do Partido Comunista da URSS, foi um dos idealizadores da Revolução Russa de 1917. Tornou-se presidente do Soviete de Moscou em 1918. Executado em 25 de agosto de 1936, sob diversas acusações, entre elas, de supostamente ter tentado matar Joseph Stalin e outros líderes do governo soviético, mas formalmente inocentado em 1988.

[1754] Ibidem, p. 1412.

[1755] Nikolay Semyonovich Chkheidze (1864 - 1926) - Político georgiano menchevique, ajudou a introduzir o marxismo na Geórgia na década de 1890 e destacou-se nas revoluções russa e georgiana de 1917 e 1918. Em 1917, foi presidente do Soviete de Petrogrado. Em 23 de fevereiro de 1918, na Geórgia, tornou-se líder da República Democrática Federativa Transcaucasiana e em maio foi eleito presidente da Assembleia Constituinte da recém-proclamada República Democrática da Geórgia. Um dos autores da primeira constituição da República da Geórgia no começo de 1921, acabou exilado quando os bolcheviques

príncipe Lvov. Kerenski passou a ser ministro do exército e da marinha. Em julho, ele[1756] reorganiza o governo e em setembro ocorre o terceiro governo de coalizão, excluindo os bolcheviques[1757].

8.5.1 Kerenski (1881-1970)

Kerenski, como um socialista moderado, tentou equilíbrio entre a burguesia e o proletariado, mas sem obter sucesso. Ele conteve, como visto anteriormente, uma tentativa de golpe do general Larv Kornilov (1870-1918), que não aceitava a sua indecisão governamental e representava a direita russa. Logo, "Ao tornar-se ministro da Guerra, Kerenski passou para o primeiro plano. Enquanto o ministro dos Negócios Estrangeiros, Mikhail Terechtchenko[1758], tentava em vão obter dos Aliados uma visão geral dos objetivos de guerra, ele esforçava-se por restabelecer a disciplina no exército. No entanto, a ofensiva russa na Galícia (Julho de 1917) redundou num fracasso. Esta tentativa mal sucedida engendrou em Petrogrado uma psicose de traição: o governo provisório promoveu uma campanha contra a 'conspiração bolchevique' e acusou Lênin e os seus amigos de serem agentes da Alemanha. Em 17 de julho ocorreu na capi-

tomaram o controle do país em março. Fugiu para viver na França, onde se suicidou em 13 de junho de 1926.

1756 *A Rússia convulsionada de fevereiro a outubro de 1917* – Após a saída do tzar Nicolau II a Rússia apresenta um governo provisório com a predominância dos constitucionais-democratas (Cadetes-KD) que prega o parlamentarismo e o soviete de Petrogrado, formado pelas seguintes correntes: – os socialistas revolucionários (SR), os mencheviques, que pregam uma fase burguesa antes da implementação do socialismo, conforme afirmava Marx e os bolcheviques que pregam a revolução imediata sem passar pela democracia burguesa, liderados por Lênin. O Ispolkom (comitê executivo), neste contexto, funcionou como uma Suprema Corte, tendo funções legislativa e executiva, por ser o comitê executivo do Soviete de Petrogrado.

1757 Mourre, Michel, *Dicionário de História Universal*, cit., p. 1412.

1758 Mikhail Ivanovich Terechtchenko (1886 – 1956) – Grande proprietário de várias fábricas de açúcar, foi ministro das Relações Exteriores da Rússia de 18 de maio de 1917 a 7 de novembro de 1917. Conspirou para derrubar o tzar e, por ocasião da Revolução de Fevereiro, atuou como Ministro das Finanças do primeiro governo provisório russo. Foi preso em 8 de novembro de 1917 no Palácio de Inverno, juntamente com outros ministros do governo provisório russo, com a deflagração da Revolução Russa. Conseguiu fugir e acabou se exilando na França.

tal uma insurreição de operários em armas e de soldados insurgidos sob a palavra de ordem: 'Todo o poder aos sovietes!', mas Lênin achou que ainda era demasiado cedo para agir e, no último minuto, cancelou-se a ação decisiva. O governo provisório lançou mandados de captura contra os dirigentes bolcheviques (aos quais acabava de juntar-se Trotsky), sendo ele obrigado a refugiar-se na Finlândia. Os bolcheviques, que só representavam cerca de um oitavo dos delegados ao primeiro congresso dos sovietes e dos deputados operários que se efetuara em Petrogrado, voltaram a perder terreno. Em 20 de julho, após a demissão do príncipe Lvov, constituiu-se um terceiro governo provisório, sob a presidência de Kerenski. Este teve de enfrentar a agitação das minorias nacionais (os ucranianos haviam proclamado a independência no mês anterior)"[1759].

Com o intuito de "consolidar o regime, ele convocou para Moscou uma conferência de Estado que juntava cerca de 2,5 mil delegados (...). Os bolcheviques não estavam representados, mas continuavam a realizar uma propaganda ativa a favor da paz imediata. Ao invés, os democratas moderados, que desejavam que a Rússia prosseguisse energicamente a guerra, depositavam as suas esperanças no novo comandante-chefe do exército, Kornilov. Depois da ocupação de Riga pelos alemães (3 de setembro de 1917), este último, considerando que a catástrofe militar estava iminente, reclamou os plenos poderes e, como Kerenski decretasse a sua destituição, o general mandou marchar tropas sobre Petrogrado (7/13 de setembro). Kerenski, aflito, chamou em socorro o soviete e os operários. Do seu retiro na Finlândia, Lênin deu ordem aos bolcheviques para que assumissem a todo o custo a resistência. Arengadas nos arrabaldes de Petrogrado por oradores dos sovietes, as tropas de Kornilov aderiram à revolução. Kerenski proclamou a República (14 de setembro), mas os grandes beneficiários desta aventura tinham sido os bolcheviques, cuja energia e decisão haviam impressionado sobremaneira as massas e que surgiam agora como os únicos defensores autênticos da revolução. A sedição de Kornilov assinalou a viragem decisiva da evolução iniciada pela «revolução de fevereiro». Ela deu um novo impulso ao bolchevismo,

[1759] MOURRE, Michel, *Dicionário de História* Universal, cit., p. 1413.

que explorou a partir de então a ameaça de um novo golpe militar. Além disso, ficara comprovada a fraqueza do governo provisório"[1760].

Os bolcheviques receberam a adesão dos principais sovietes, sendo o de Petrogrado em 13 de setembro e, na sequência, o de Moscou. "Enquanto Kerenski saboreava o que ele via como o seu triunfo sobre a rebelião de Kornilov e se inebriava com a ilusão de uma falsa solidariedade revolucionária contra a reação militar, os bolcheviques preparavam ativamente o que era, aos olhos deles, a cartada decisiva: a insurreição contra o governo provisório. Kerenski esforçou-se por conferir uma base parlamentar ao seu regime convocando uma 'Conferência Democrática' (27 de Setembro) e depois um Conselho da República ou 'Pré-Parlamento' (20 de Outubro), mas os bolcheviques, por ordem de Lênin, retiraram-se deste Pré-Parlamento logo na primeira sessão, após uma autêntica declaração de guerra ao governo provisório. Trotsky, presidente do soviete de Petrogrado desde o dia 6 de Outubro, punha de pé um Comité Militar Revolucionário. Apesar da oposição de Karnenev e de Zinoviev, Lênin, regressado clandestinamente a Petrogrado, fez aprovar a 23 de outubro, pelo Partido Bolchevique, a ordem do dia sobre a preparação imediata da insurreição armada"[1761].

Entre a noite do dia 24 para 25 de outubro os bolcheviques dominaram os pontos estratégicos da cidade e tomaram o poder após a invasão do Palácio de Inverno e a fuga de Kerensky. Na sequência, o congresso Pan-Russo dos sovietes, controlado pelos bolcheviques, decretou a revolução de outubro, depondo o governo provisório.

8.6 A revolução socialista de 1917

Iniciada como uma *insurreição*, o plano da revolta foi traçado por um antigo oficial, demitido em 1905, durante muito tempo menchevique e adepto dos bolcheviques desde a sedição de Kornilov, Antonov-Ovseenko (que iria desaparecer em 1938 nas purgas stalinistas). Este plano previa, além das ações locais operadas pelos guardas vermelhos ou os soldados simpatizantes, a ocupação de toda a parte central da cidade[1762].

[1760] Ibidem, p. 1413.
[1761] Ibidem, p. 1413.
[1762] Ibidem, p. 1413.

Lênin tomara a palavra numa reunião do Comitê Central, pondo os seus amigos perante o seguinte dilema: "Ou a ditadura militar de Kornilov ou a ditadura do proletariado". A ação iniciou-se na noite de 6/7 de novembro (24/25 de outubro, segundo o calendário russo da época). Havia já 24 horas que o Arsenal e a Fortaleza Pedro e Paulo estavam nas mãos das tropas aderidas ao soviete, de tal modo que este se encontrava abundantemente provido de armas e munições.[1763]

Apesar de sua superioridade numérica, "as forças bolcheviques não ousaram dar assalto ao palácio, o qual iria aguentar-se até a noite seguinte, só vindo a render-se de madrugada, depois de o cruzador *Aurora* ter disparado na sua direção uns 30 obuses. Os membros do governo provisório foram presos"[1764].

Em consequência deste contexto a classe operária passou a apoiar os bolcheviques por intermédio dos sovietes. As forças armadas, por intermédio da Comissão Revolucionária Militar, que desejava a retirada das tropas russas da guerra, também passou a apoiar os bolcheviques. Lênin conclama o partido a desencadear a revolução socialista, que ocorre no dia 25 de outubro de 1917, quando as formações paramilitares dos bolcheviques ocuparam todos os pontos estratégicos da cidade e no dia 26 tomaram o Palácio de Inverno, sede do governo provisório, criando um governo de esquerda sob o comando do Conselho dos Comissários do Povo. Lênin é indicado para presidente do Conselho, ou seja, uma espécie de primeiro-ministro. Leon Trotsky (1879-1940) fica como comissário dos Assuntos Estrangeiros, Josef Stalin (1879-1953) das Nacionalidades e Alexsei Rikov[1765] do Interior[1766].

Diante de suas peculiaridades, "a revolução de Outubro de 1917 é o ponto de partida de um movimento histórico cujas consequências chegam até nós e que ainda não esgotou todos os seus efeitos. A revolu-

[1763] Ibidem, p. 1413.

[1764] Ibidem, p. 1414.

[1765] Aléxei Ivanovitch Rikov (1881 – 1938) – Foi ministro do Interior à época da Revolução Russa de 1917. Após a morte de Lênin, foi presidente do Conselho de Comissários do Povo (1924-1929). Em apoio a Stalin, expulsou a Oposição de Esquerda, um grupo político do Partido Bolchevique com a militância de dirigentes do partido comunista, contrária a Stalin. Incluído como réu dos Processos de Moscou, acabou sendo condenado e executado.

[1766] MOURRE, Michel, *Dicionário de História Universal*, cit., p. 1414.

ção soviética é, sob vários aspectos, comparável à revolução de 1789, e numerosas observações inspiradas pelo processo da Revolução Francesa e pelas suas consequências. O paralelo impõe-se tanto pela duração da experiência como pela extensão no espaço.[1767] À semelhança da revolução de 1789, a revolução soviética modificou um país, transformou-lhe as estruturas e estabeleceu uma nova ordem política e social. Como a revolução de 1789, também o alcance do acontecimento ultrapassa de longe o quadro nacional, da França ou da Rússia. A mesma dualidade: significado nacional, dimensão internacional"[1768].

As analogias estendem-se às relações diplomáticas entre o país que é o berço da revolução e os seus vizinhos. Tal como a Revolução Francesa a partir de 1792, também a revolução soviética foi banida pela Europa civilizada. Os governos ocidentais, os aliados vencedores – França, Inglaterra e ainda outros – mantêm-na à distância. Mas, ainda como a Revolução Francesa, a Rússia soviética faz-lhes frente e, finalmente, sai vencedora da prova de força. Essa prova se traduz num endurecimento interno, e o comunismo de guerra é a réplica do que tinha sido, na França, a experiência do governo revolucionário: o terror soviético dos anos 1920 corresponde ao terror revolucionário de 1793-1794.[1769]

Assim como a Revolução Francesa despertara simpatias em todos os países da Europa, a revolução soviética divide os países e exerce influência duradoura em importantes frações das suas populações. A história do comunismo e da Rússia soviética desenvolve-se, portanto, simultaneamente, em dois planos. Nos limites da antiga Rússia – do império dos tzares, amputado em 1918-1922 –, que se tornou a União das Repúblicas Socialistas Soviéticas, a história da luta da jovem revolução contra as forças contrarrevolucionárias e dos seus esforços para construir um novo Estado, edificar uma sociedade, transformar a economia, é a história de uma experiência singular[1770].

Fora deles, as relações, por vezes cordiais, muito mais vezes hostis: a ação da diplomacia soviética, o contágio do comunismo e a irradiação da

[1767] Rémond, René. *Introdução à história do nosso tempo*. Lisboa: Gradiva, 2017, p. 331.
[1768] Ibidem, p. 331.
[1769] Ibidem, p. 331.
[1770] Ibidem, p. 331.

experiência pelo mundo. Entre estes dois aspectos, entre a face interna e a face externa, os laços são numerosos, mais numerosos mesmo do que no tempo da Revolução Francesa, pois aos laços espontâneos nascidos da simpatia instintiva juntam-se, com a Rússia soviética, os laços orgânicos com a III Internacional, o Kornintern, a Internacional Sindical Revolucionária e outras tantas estruturas que estabelecem entre a União Soviética e os partidos irmãos uma rede de laços duradouros e fortes[1771].

Anunciava-se a revolução havia muito tempo. O mal-estar era antigo, o regime estava dilacerado por múltiplas forças de desagregação, oposições políticas, forças sociais, partidos socialistas, minorias alógenas resistindo à política de russificação. As reformas empreendidas tinham abalado mais a estabilidade do edifício do que contribuído para o regenerar. Os reveses militares da guerra russo-japonesa, em 1904-1905, tinham enfraquecido o regime. Uma primeira revolução terminara bruscamente, em 1905, sem renovar o império[1772].

Após 1914, se os primeiros meses da guerra geraram o efeito, como, aliás, em todos os países beligerantes, de um reforço da coesão interna, impondo silêncio às oposições, a continuação da guerra cedo acordou o mal-estar e o descontentamento. Os sofrimentos impostos ao povo russo, sem paralelo com os suportados pelos outros países, a organização deficiente do comando, dos reabastecimentos, da economia de guerra, prepararam a explosão que culmina com a abdicação do tzar, em março de 1917. É a segunda revolução russa[1773].

Estabelece-se então uma república de fato, um governo provisório da burguesia liberal constitucional. Mas o regime será apenas uma transição: não possui autoridade, carece de apoios, não tem pessoal governamental preparado para enfrentar uma situação excepcional. As forças centrífugas não tardam a sobrepor-se à autoridade do governo central, a quem a guerra põe um problema quase insolúvel. Pretende manter-se fiel aos seus compromissos, mas o povo quer a paz. O povo congratulou-se com a queda do tzarismo, pois esperava que a mudança de regime sucedesse o fim da guerra. O governo provisório não está em situação de impor a con-

1771 Ibidem, p. 331.
1772 Ibidem, p. 332.
1773 Ibidem, p. 332.

tinuação de um esforço sobre-humano. O poder desliza gradualmente dos liberais para os democratas, dos democratas para os socialistas: o governo de Kerensky[1774].

Os bolcheviques mantêm-se numa oposição irredutível e apoiam-se num poder de fato: os sovietes. Estes são de algum modo o equivalente do que tinham sido, na Revolução Francesa, as sociedades populares. Neles coexistem várias tendências: é uma coligação na qual os próprios bolcheviques são minoritários, mas é uma minoria homogênea, combativa, que sabe o que quer, conduzida por um chefe lúcido e decidido, Lênin: ela triunfará. No princípio de novembro de 1917 (segundo o calendário ocidental, outubro segundo o antigo calendário russo), os bolcheviques desencadeiam uma terceira revolução, a definitiva, e tomam o poder quase sem nenhum tiro[1775].

É o início de um capítulo absolutamente novo da história do mundo. Os não bolcheviques são rapidamente expulsos dos sovietes. Nos primeiros anos, Lênin e os seus dispõem apenas de um poder limitado e precário; a sua situação não é invejável. Distinguem-se, classicamente, três momentos na revolução soviética:

- O primeiro, o do comunismo de guerra, vai da Revolução de Outubro até ao fim do ano de 1921, e dura cerca de quatro anos.
- O segundo retira o seu nome da NEP e decorre entre os anos de 1922 a 1927-1928.
- O terceiro, dominado pela personalidade de Stalin e pela edificação do socialismo num só país, irá até 1939[1776].

8.7 De 1917 até o fim da Segunda Guerra Mundial

8.7.1 Lênin (1870-1934)

Em 7 de novembro (25 de outubro no antigo calendário russo) de 1917 foi instalada definitivamente a primeira república socialista sob o comando de Lênin. A capital foi transferida para Moscou em março de 1918. Foi instituído o Conselho de Comissários do Povo e lançados dois decretos:

[1774] Ibidem, p. 332-333.
[1775] Ibidem, p. 333.
[1776] Ibidem, p. 333.

um defendendo a paz imediata, sem indenizações e anexações e outro abolindo os latifúndios sem nenhuma indenização. Os demais decretos estipulavam: igualdade dos povos da Rússia e dos cidadãos, separação da igreja do Estado e introdução do casamento civil. Foi convocada e eleita uma assembleia constituinte, com os socialistas tendo vantagem sobre os bolcheviques. O novo mandatário propôs a aplicação das "teses de abril" para a assembleia, que as rejeitou e, posteriormente, foi dissolvida sob a acusação de atitudes contrarrevolucionárias e burguesas. O projeto liberal-democrata, neste momento, sucumbiu na Rússia[1777].

No período inicial da Revolução houve destaque para os seguintes fatos: Constituições de 1918 e de 1923, primeira criação do Exército Vermelho, guerra civil, nova Política Econômica (NEP), luta contra a intervenção estrangeira, recuperação de parcelas do império primitivo e restauração da paz.

Logo ao assumir a função de presidente do Conselho, Lênin "fez logo aprovar pelo congresso dos sovietes os dois grandes decretos 'sobre a paz' e 'sobre a terra'. O governo soviético convidava todas as nações beligerantes e os seus governos a abrir as negociações de uma justa paz democrática, ou seja, sem anexações nem indenizações de guerra ele anunciava a revogação dos tratados secretos e a abolição da diplomacia secreta. Mais importante ainda foi o decreto sobre a terra, que proclamava a abolição imediata da propriedade fundiária, sem indenizações, a confiscação das terras da família imperial, das igrejas, dos mosteiros (8 de novembro). A revolução soviética começava a estender-se através da Rússia"[1778].

No fim do ano de 1917, os bolcheviques intensificaram o seu mando sobre os territórios que controlavam. Foi criada uma polícia política, a Cheka. A 20 de dezembro editou-se um decreto que proibiu a greve. Os bolcheviques, que não haviam cessado de exigir eleições quando estavam na oposição a Kerenski, não puderam adiá-las, pois tinham sido decididas, pouco antes da revolução de outubro, pelo governo provisório. O resultado delas foi extremamente decepcionante para Lênin, visto que os bolcheviques não obtinham senão 168 lugares contra 419 dos socialistas-revolucionários, 18 dos mencheviques, 17 dos Constitucionais-

[1777] MOURRE, Michel, *Dicionário de História Universal*, cit., p. 1415.
[1778] Ibidem, p. 1415.

-democratas e da direita. Lênin, porém, não se deixou apear: começou por aproveitar-se da cisão dos socialistas-revolucionários, cuja fração de extrema-esquerda se juntou aos bolcheviques; em seguida afirmou que o poder dos sovietes era superior ao da Assembleia[1779].

Em dezembro concluiu-se um armistício em Brest-Litovsk entre a Rússia e as potências centrais, avançando as conversações em vista da assinatura do tratado de paz. "Apesar da oposição de Trotsky e de vários comissários do povo, que eram favoráveis a uma 'guerra revolucionária', Lênin sustentava a necessidade da paz imediata, vindo o desencadeamento de uma nova ofensiva alemã (18 de fevereiro de 1918) precipitar a decisão final. O Tratado de Brest-Litovsk (3 de março de 1918) era desastroso para a Rússia, que perdia toda a Polônia, a Lituânia, os países bálticos, uma parte da Bielorrússia, cedia Batum, Kars e Ardahan à Turquia, reconhecia a independência da Finlândia e da Ucrânia, vendo-se assim privada de 90% da sua produção hulhífera (de hulha, uma espécie de carvão mineral), de 70% da sua metalurgia, de 55% das suas riquezas agrícolas. A obra realizada nos últimos três séculos pelos tzares parecia aniquilada e a Rússia dos sovietes era agora, na Europa, menor do que Moscou quando Ivã, o Terrível, subira ao trono"[1780].

Lênin, em 8 de março de 1918, consegue alterar o nome do Partido Bolchevique para Partido Comunista. A Alemanha rendeu-se aos aliados em 11 de novembro de 1918 e os russos, em decorrência, denunciaram o tratado de Brest-Litovsk, para recuperar os territórios perdidos[1781].

Ainda em 1918 a assembleia constituinte foi dissolvida pelos bolcheviques e aprovada a paz, a abolição da propriedade privada de terra, nacionalização dos bens, o controle das fábricas pelo operariado, criação dos tribunais revolucionários e da milícia, fim do direito de herança, fim dos privilégios de classe, separação da igreja e do Estado, igualdade de direitos e deveres entre homens e mulheres. A oposição tornou-se discriminada e perseguida. A polícia política foi definitivamente organizada para reprimir os contrarrevolucionários e especuladores, com o nome de Cheka (Combate à Contrarrevolução e à Sabotagem) e milhares de pes-

[1779] Ibidem, p. 1415.
[1780] Ibidem, p. 1415.
[1781] MOOREHEAD, Alan. *A Revolução Russa*. São Paulo: Ibrasa, 1960, p. 283.

soas foram executadas, sob o comando do chefe do órgão, Felix Edmundovich Dzerzhinsky, que liderará 283 mil agentes até 1921, superando em muito a repressão tzarista[1782].

Os partidos KD (Cadetes), os SR (Socialistas Revolucionários) e os mencheviques foram afastados do poder. Contudo, surgiu o SR de esquerda, liderado por Maria Spiriponova que se chocou com a Cheka e o governo bolchevique e participará de um atentado frustrado a Lênin em 1918 (agosto), organizado por Fanny Kaplan. Lênin, apesar de ferido, escapou, e a Cheka fuzilou mais de 600 pessoas no país, criando um clima de terror. Com a nova ordem estabelecida os kulaks[1783] foram perseguidos e mortos em vários pontos da URSS[1784].

Nesse contexto, o Exército Branco reage contra o governo socialista, entrando em conflito com o denominado Exército Vermelho, liderado por Trotsky, gerando a guerra civil. O conflito interno se desenvolveu sob a forma de guerrilhas e ataques de surpresa de ambos os exércitos. O governo, até 1921, adotou o "comunismo de guerra", que aplicou medidas drásticas, com requisição de cereais, confisco de bens, nacionalização de empresas, e terrorismo político[1785].

Com a paz firmada, a Rússia perdeu o apoio dos aliados Inglaterra e França, que passaram a apoiar os "russos brancos", os contrarrevolucionários que defendiam o regime anterior.

8.7.2 A Assembleia Constituinte e a Constituição de 1918

Com a chegada ao poder dos revolucionários era hora de dar azo ao que sempre defenderam: instalar uma assembleia constituinte. Foi em 25 de novembro que teve início a eleição de seus representantes, com grande participação da população. "Durante 40 anos, pelo menos, o povo russo esperava por esse dia e a ideia de um Parlamento livremente eleito fora a base de todo programa político de todo partido, desde a direita moderada

[1782] Ibidem, p. 283.

[1783] Eram fazendeiros relativamente ricos, que utilizavam trabalho assalariado em suas propriedades e, por isso, foram considerados burgueses.

[1784] MOOREHEAD, Alan. *A Revolução Russa*, cit., p. 283.

[1785] Ibidem, p. 284.

até a extrema esquerda"[1786]. Os resultados da eleição foram surpreendentes. De um total de 41,7 milhões de votos apenas 9,8 milhões foram em favor dos bolcheviques. Os sociais-revolucionários, com quase 21 milhões de votos, foram os grandes vencedores[1787].

Assim que se tornaram conhecidos os resultados, todos os partidos antibolcheviques começaram a agrupar-se com o intuito de garantir que a Assembleia, assim que fosse instalada, fosse reconhecida como a fonte do verdadeiro governo da Rússia. Os bolcheviques, no entanto, rapidamente descobriram que não poderiam ter fé alguma no Parlamento que acabara de ser livremente eleito. O lema passou a ser "Abaixo a Assembleia Constituinte!" O experiente Lênin havia previsto o resultado da votação e tentara adiar as eleições, mas fora derrotado por seus colegas. A tarefa passou a ser boicotar o funcionamento da Assembleia Constituinte[1788].

Lênin, por mais que quisesse, "não podia impedir que os deputados chegassem à capital, procedentes de toda a Rússia, e em 11 de dezembro eles decidiram realizar uma reunião. Sorokin, um dos deputados, registra: O dia da instalação legal da Assembleia Constituinte amanheceu lindamente claro. O céu azul e a neve branca formavam um auspicioso fundo para os enormes cartazes exibidos por toda parte. 'Viva a Assembleia Constituinte, Senhora da Rússia!'. Multidões de pessoas, carregando esses dísticos, saudavam a mais alta autoridade do país, a verdadeira voz do povo russo. Quando os deputados se aproximaram do Palácio Tauride, milhares de pessoas saudaram-nos. Entretanto, quando os deputados chegaram aos portões, encontraram-nos fechados e guardados por soldados letões armados até os dentes'".[1789]

Perceberam os eleitos a necessidade de ocupar o espaço imediatamente. "Subindo na grade de ferro do palácio, dirigi-me ao povo, enquanto outros deputados subiam e amontoavam-se por trás de mim. Conseguiram abrir os portões e as multidões entraram, enchendo o pátio. Desconcertados pela audácia desse movimento, os soldados letões hesitaram. Nós atacamos as portas do palácio, guardadas também por soldados

[1786] Ibidem, p. 284.
[1787] Ibidem, p. 284.
[1788] Ibidem, p. 285.
[1789] Ibidem, p. 284.

e oficiais letões (...). Falando novamente ao povo, concluí agradecendo aos soldados a recepção que davam à mais alta autoridade da Rússia e sua disposição de proteger suas liberdades. Finalmente, cheguei a abraçar o comandante. Todos ficaram indecisos na confusão e, em resultado, as portas foram abertas e nós entramos, seguidos por muitos dos cidadãos. No salão do palácio, realizamos nossa reunião e concitamos a nação russa a defender a Assembleia Constituinte. Foi aprovada uma moção no sentido de que a Assembleia se instalaria em 18 de janeiro"[1790].

Lênin movimentou-se com muita rapidez e não fez-se por esperar. Colocou a Cheka para realizar buscas de casa em casa durante a noite e o número de prisões duplicou. Em 26 de dezembro Lênin fez publicar um artigo no 'Pravda" que era verdadeira ameaça: defendia que "Os interesses da revolução" estariam acima dos direitos formais da Assembleia Constituinte[1791]. "No entanto, a Assembleia precisava reunir-se. Na segunda semana de janeiro de 1918, cerca de 500 deputados já haviam chegado a Petrogrado. Desses, 267 eram sociais-revolucionários (contra 161 bolcheviques) e ameaçavam assaltar o Palácio Tauride mais uma vez se não lhes fossem abertas as portas. (...) Finalmente, concordou-se em que a instalação teria lugar em 18 de janeiro, ao meio dia"[1792].

"Em 19 de janeiro de 1918, o Comitê Executivo do Congresso dos Sovietes aprovou uma resolução dissolvendo a Assembleia e guardas foram colocados nas portas do Palácio Tauride para impedir que os deputados regressassem. (...)Os bolchevistas haviam traído ou estavam para trair todos os que os haviam levado ao poder. Prometeram a liberdade do indivíduo e em lugar disso censuraram a imprensa, proibiram greves e criaram uma polícia secreta. Comprometeram-se a respeitar os direitos dos Estados minoritários e já tinham um exército a caminho para esmagar a república independente da Ucrânia" [1793].

Logo em seguida, sob controle de ferro do Partido Bolchevista, realizaram-se as eleições para o III Congresso Pan Russo dos Sovietes (Conselhos). Esse Congresso, em fins de janeiro de 1918, aprova aquela

1790 Ibidem, p. 284-285.
1791 Ibidem, p. 286.
1792 Ibidem, p. 286.
1793 Ibidem, p. 289.

declaração anteriormente apresentada pelos representantes do Partido Bolchevista à Assembleia Constituinte. Para a sessão inaugural daquela Assembleia Constituinte foi encaminhada pelos bolcheviques a Declaração dos Direitos do Povo Trabalhador e Explorado, que havia sido redigida por Lênin e publicada no Pravda. Esse declaração, que compreende o título da Lei Fundamental da República Socialista Federativa Soviética, modela a estrutura do futuro Estado Socialista. A Constituição foi aprovada e posta em execução pelo V Congresso dos Sovietes de toda a Rússia em 10 de julho de 1918.

Trotsky explica a dissolução da Assembleia Constituinte e a convocação dos Sovietes, esclarecendo que os camponeses das aldeias nada sabiam do que se passava em Moscou e Petrogrado. Se a Constituinte foi convocada antes de 1918, caberia convocar outra, depois, que refletisse a nova realidade[1794]. Em 10 de julho, o V Congresso tomou duas decisões históricas: uma, referente ao Exército Vermelho; outra, a de aprovar a primeira Constituição soviética[1795]. "O documento proclamou os fundamentos irremovíveis do poder soviético. Nela instituía-se a ditadura do proletariado em forma de sovietes e se afiançava a igualdade de direitos das nacionalidades, a união e colaboração dos povos no espírito do internacionalismo proletário. A Constituição formulava e consolidava os primeiros resultados da edificação do novo regime social: a propriedade estatal sobre a terra, a nacionalização das fábricas e empresas, dos bancos, das estradas de ferro e do transporte marítimo e fluvial, o monopólio do comércio externo e o princípio socialista da organização do trabalho de acordo com a fórmula 'Quem não trabalha, não come'"[1796].

8.7.3 A Constituição de 1918 – a primeira constituição socialista feita pelos bolcheviques

No avançar da I Guerra, tanto em Petrogrado como em Moscou, mesmo por meio da repressão, era ineficaz conter o clima revolucionário, pois havia desertores até entre militares, que entregavam seus fuzis. Em reação, Nicolau II determinou o fechamento da *Duma*, o que não sur-

[1794] TRAGTENBERG, Maurício. *A Revolução Russa*. São Paulo: Atual, 1988, p. 116.
[1795] Ibidem, p. 117.
[1796] Ibidem, p. 118.

tiu efeito diante da ação de sabotagem dos trabalhadores das ferrovias. Eles reportavam-se ao soviete dos soldados e dos operários da cidade que manifestaram oposição ao imperador. E o que sucedia era um prenúncio do porvir:

"As forças da Revolução conseguiram assim tomar de assalto os cárceres, libertar os prisioneiros políticos e deter, em seu lugar, os ministros tzaristas. A iniciativa popular precedeu e tornou inútil a conjuração palaciana que se preparava há um tempo contra Nicolau II: em março de 1917 o último tzar abdicou do trono, o qual ficou vacante pela sucessiva renúncia do grão-duque Miguel. Era o fim do império dos Romanov"[1797]. E depois da abdicação, meses depois, o imperador seria fuzilado[1798]. Com a deposição do Tzar, assume um governo provisório, o governo liberal de Kerensky, sendo realizadas eleições para uma Assembleia Constituinte, destinada para "as 707 vagas de deputados, 370 socialistas-revolucionários, 175 bolchevistas, 40 socialistas-revolucionários da esquerda, 17 cadetes, isto é, do Partido Constitucionalista e 16 menchevistas"[1799].

Os bolcheviques obtiveram grande votação nos centros urbanos, como Moscou e Petrogado, enquanto a representatividade dos social-revolucionários era marcante entre os camponeses no interior do país. Disso derivou a frase marcante de Lênin: "os bolcheviques eram o par-

[1797] Ibidem, p. 119.

[1798] "O tzar e sua Família (Romanov) foram aprisionados, primeiro, no Palácio de Alexandre em Tsarskoye Selo, depois, na Casa do Governador, em Tobolsk e, finalmente, na Casa Ipatiev, em Ekaterimburgo. Posteriormente, Nicolau II, sua mulher, a Imperatriz Alexandra Feodorovnae, seu filho, suas quatro filhas, o médico da Família Imperial, um servo pessoal, a camareira da Imperatriz e o cozinheiro da Família foram executados no porão da residência oficial pelos bolcheviques, na madrugada de 16 para 17 de julho de 1918. Esse evento é conhecido como ordem proveniente de Moscou, por decisão do líder Vladimir Ilitch Lênin e, pelo também líder bolchevique, Yakov Sverdiov. Mais tarde Nicolau II, sua mulher, a Imperatriz Alexandra Feodorovnae, seus filhos Maria, Tatiana, Anastasia, Olga e Alexei, foram canonizados como mártires, por grupos ligados à Igreja Ortodoxa Russa no exílio". DELLAGNEZZE, René, *Os 100 anos da Revolução Russa de 1917,- a Constituição da Federação da Rússia e os direitos humanos.* Disponível em https://docplayer.com.br/61778350-Os-100-anos-da-revolucao-russa-de-1917-a-constituicao-da-federacao-da-russia-e-os-direitos-humanos.html cit., Acesso 20 jan 2020, p. 2.

[1799] RÉGIS, Osni de Medeiros. Observações sobre a nova Constituição da União Soviética, *Revista Sequência,* ano I, 1º semestre, p. 29-36, 1980, p. 29.

tido do proletariado e os iskristas[1800], o dos camponeses"[1801]. Conforme demonstrado acima, a Assembleia, em sua maioria, era composta pelos social-revolucionários, liderados por Georgy Plekanov[1802] e Yuly Martov[1803] e, minoritariamente, pelos bolcheviques, estes sob a liderança de Vladimir Lênin que, em seu livro *O Estado e a Revolução*, referindo-se e contrapondo-se a Engels e à obra deste pensador, *A origem da família, da propriedade privada e do Estado*, erige um parâmetro para o modelo revolucionário estatal socialista:

"O Estado não é, de forma alguma, uma força imposta, do exterior, à sociedade. Não é, tampouco, 'a realidade da Ideia moral', 'a imagem e a realidade da Razão', como pretende Hegel. É um produto da sociedade numa certa fase do seu desenvolvimento. É a confissão de que essa sociedade se embaraçou numa insolúvel contradição interna, se dividiu em antagonismos inconciliáveis de que não pode desvencilhar-se. Mas, para que essas classes antagônicas, com interesses econômicos contrários, não se entredevorassem e não devorassem a sociedade numa luta estéril, sentiu-se a necessidade de uma força acima da sociedade, com o fim de atenuar o conflito nos limites da 'ordem'. Essa força, que sai da sociedade, ficando, porém, por cima dela e dela se afastando cada vez mais, é o Estado"[1804].

[1800] A denominação "iskristas" merece uma explicação. O primeiro periódico marxista, e então ilegal, da Rússia chamava-se *Iskra*, ou seja, "A Centelha", sob a direção de Lênin. O Iskra influenciou na criação do Partido Bolchevique, pois os redatores incumbiram-se do programa marxista (publicado em junho de 1902) e dos estatutos do partido. A partir do n.º 52, os mencheviques transformaram o Iskra em seu órgão, visto que passaram a comandá-lo.

[1801] RODRIGUES, Theófilo Codeço Machado; FERNANDES. Pedro de Araújo. *Constituições soviéticas*: da dissolução do Estado ao Estado-Partido. Rio de Janeiro: *Revista Direito e Práxis*, v. XX, n. X, 2018, p. 9.

[1802] Gueorgui Plekhanov foi um dos fundadores do movimento social-democrata. Adepto ao pensamento marxista, visou a derrubada do tzarismo. Era contrário ao regime soviético que havia tomado o poder ao longo da Revolução Russa de 1917.

[1803] Julius Martov, líder dos internacionalistas, facção de esquerda dos mencheviques, opôs-se à participação dos socialistas nos governos provisórios após a Revolução de Março e à abdicação do tzar Nicolau II. Foi também contrário à permanência da Rússia na I Guerra Mundial.

[1804] RODRIGUES, Theófilo Codeço Machado; FERNANDES. Pedro de Araújo. *Constituições soviéticas*: da dissolução do Estado ao Estado-Partido, cit., p. 9.

Em 18 de janeiro de 1918, durante reunião da Assembleia Constituinte, os bolcheviques apresentaram uma declaração com o intuito de aprovar decretos anteriormente votados pelo II Congresso dos Sovietes, relativos à pretensão de "modelar a futura sociedade russa". Após, retiraram-se da sessão juntamente com os socialistas-revolucionários; no dia seguinte, os 11 guardas vermelhos impediram qualquer pessoa de entrar na sala de sessões, o que determinou o fechamento da Assembleia Constituinte[1805].

Parte-se, então, para a primeira constituição, de 1918, esta aprovada no V Congresso dos Sovietes de toda a Rússia[1806], cujo primeiro capítulo dispunha sobre a "Declaração dos Direitos do Povo Trabalhador e Oprimido", na medida em que à época os trabalhadores se encontravam visivelmente "desprotegidos e espoliados"[1807]. A Constituição de 1918 foi concebida para o período de transição do capitalismo. A Constituição da República Socialista Federativa da Rússia formulava os princípios fundamentais da organização do Estado soviético: a gradual incorporação de todos os trabalhadores ao governo do Estado; os nexos indissolúveis entre o aparato do poder e o povo; assegurou, aos trabalhadores, garantias materiais que tornaram realidade o usufruto dos direitos e liberdades autenticamente democráticos[1808].

A Carta de 1918 mostrou-se como modelo para a constituição das outras repúblicas soviéticas, que surgiram com o desmoronamento do Império Russo: Bielorrúsia, Ucrânia, Azerbaidjão, Armênia e Geórgia[1809]. Entre 1918 e 1922 desenrola-se a guerra civil na Rússia entre os revolucionários (vermelhos) e os contrarrevolucionários (brancos), que foram auxiliados por tropas estrangeiras de intervenção, enviadas pela França, pelo Reino Unido, Japão e pelos Estados Unidos e outros 13 países. Os

1805 Regis, Osni de Medeiros. *Observações sobre a nova Constituição da União Soviética*, cit., p. 29.

1806 Os Soviets eram os "Conselhos" em que os trabalhadores se organizavam para lutar pelos seus direitos, contra o poder absoluto do Tzar (ou Tsar).

1807 Monserrat Filho, José. Evolução constitucional da URSS. Suplemento do *Correio Brasiliense*, Brasília, nº 8553, 06 set. de 1986, p. 6.

1808 Tragtenberg, Maurício, *A Revolução Russa*, cit., p. 118.

1809 Monserrat Filho, José. Evolução constitucional da URSS, cit., p. 6.

ativistas do lado vermelho, sob a liderança de Lênin, venceram e, assim, várias reformas foram efetuadas na Rússia, já então comunista[1810].

Na medida em que no ano de 1922 as repúblicas soviéticas encontravam-se pressionadas pela intervenção desses países, pois estes visavam impedir a onda socialista, elas uniram-se e constituíram a União das Repúblicas Socialistas Soviéticas, declaração e denominação esta que ocorreu em 30 de dezembro de 1922 pelo I Congresso dos Sovietes da URSS, e chegou a integrar 15 países[1811].

No texto constitucional foram consolidados os princípios da primeira revolução socialista do mundo, que postulavam um novo sistema econômico, social e político, com base na propriedade social dos meios de produção, planificação econômica global e governo como expressão dos interesses das classes trabalhadoras – operários e camponeses, sobretudo –, em detrimento dos interesses e privilégios dos antigos proprietários de fábricas e terras[1812].

A Constituição, no seu artigo 65, negava os direitos ao voto e à participação no poder público a diversas classes sociais, como comerciantes ou qualquer um que empregasse alguém, assim como padres, rabinos, pastores, alta burguesia e para aqueles que tivessem apoiado o Exército Branco durante a guerra civil.

Considera-se que o Texto Constitucional de 1918, adotado 8 meses após a revolução, foi a Constituição mais radical, pelo seguinte motivo:

"Criada em um ambiente em que o espírito revolucionário era intenso e em que a sensação de que possibilidades imensas se abriam diante da experiência inédita do socialismo, não havia qualquer concessão a noções – tidas como burguesas – como as de separações de poderes ou de liberdades fundamentais invioláveis. De acordo com seu artigo 3º, com o objetivo de eliminar a exploração do homem pelo homem e a divisão da sociedade em classes, prevê-se a socialização das terras, nacionalização

1810 DELLAGNEZZE, René, *Os 100 anos da Revolução Russa de 1917, a Constituição da Federação da Rússia e os direitos humanos*, cit., p. 6.

1811 Armênia, Azerbaijão, Bielorússia, Estônia, Cazaquistão, Geórgia, Letônia, Lituânia, Moldávia, Quirguistão, Rússia, Tadjiquistão, Turcomenistão, Ucrânia e Uzbequistão. Ibidem, p. 6.

1812 Ibidem, p. 6.

das riquezas minerais, anulação dos empréstimos tzaristas, estatização dos bancos e dos meios de produção. A influência de 'O Estado e a revolução', texto publicado por Lênin no ano anterior, é nítida"[1813].

Além disso, a própria Carta de 1918 incumbe-se de eliminar o Estado, nestes termos:

"Art. 9. A tarefa fundamental da Constituição da República Socialista Federativa Soviética, levantada no presente período de transição, envolve o estabelecimento da Ditadura Urbana e Rural do Proletariado e do Campesinato Mais Miserável, na forma de uma poderosa autoridade soviética de toda a Rússia, com o propósito de repressão da burguesia, aniquilação da exploração do homem pelo homem e de introdução do socialismo, no qual não existirá nem divisão de classes nem poder do Estado"[1814].

Não se encontra na Constituição de 1918 menção à garantia de liberdade de imprensa nos moldes liberais, mas sim eliminação da dependência desta ao capital como forma de garantir aos trabalhadores "a verdadeira liberdade de expressão de suas opiniões".

Já no artigo dois, item 13, para garantir a liberdade de consciência, "a Igreja deve ser separada do Estado e a escola, da Igreja".

O trabalho não é somente um direito, é um dever. Como indicado anteriormente, *"Quem não trabalha não come"* (item 18). Deixando explícito que os interesses coletivos se sobrepõem aos direitos individuais, o item 23 determinava que, "guiada pelos interesses da classe trabalhadora como um todo, a República Socialista Federativa Soviética Russa despoja todas as pessoas individuais e todos os grupos individuais dos direitos que são por eles utilizados em prejuízo dos interesses da Revolução Socialista".

A estrutura do Estado soviético, desenhada pela Constituição, baseia-se nos Sovietes, indo dos Sovietes locais até o Congresso de Sovietes de toda a Rússia, através de um sistema de eleição indireta, conforme seus artigos 24 e 25. Em consonância com a noção de que o Estado era um instrumento de dominação exercido pela classe operária, o item 64 indicava que o direito de voto e de ser eleito era permitido

[1813] RODRIGUES, Theófilo Codeço Machado e FERNANDES, Pedro de Araújo, *Constituições soviéticas*: da dissolução do Estado ao Estado-Partido, cit., p.10.
[1814] Ibidem, p. 10.

somente aos que obtinham seus meios de subsistência mediante trabalho produtivo e de interesse geral. Por outro lado, o item 65 informa que os que empregam com objetivo de lucro estavam excluídos. Ainda, estavam excluídos também os comerciantes, intermediários, sacerdotes, ex-agentes da polícia tzarista, entre outros. Sobre este tema, Lênin afirmou:

"Que os desprezíveis canalhas renegados, aplaudidos pela burguesia e pelos sociais-chauvinistas, insultem a nossa Constituição Soviética porque ela retira aos exploradores o direito de voto. Ótimo, porque isto acelerará e aprofundará a cisão entre os operários revolucionários da Europa (...) e os velhos chefes e velhos traidores do socialismo. (...) Se os Sovietes, depois de um ano de 'prática' dos Sovietes, privaram os exploradores do direito de voto, isto quer dizer que estes Sovietes são de fato organizações das massas oprimidas, e não dos sociais-imperialistas nem dos sociais-pacifistas vendidos à burguesia"[1815]. Esta Constituição, histórica, era tida como mais do que a norma fundamental do Soviet Russo. Foi formulada como a Constituição do povo trabalhador, independente da nação. Nesse sentido, a primeira parte, como já foi dito, é constituída pela *Declaração dos Direitos do Povo Trabalhador e Explorado.*

8.7.3.1 Sistematização da Constituição de 1918 – dispositivos da primeira constituição anticapitalista mundial

Artigo 1. Declaração de Direitos do Povo Trabalhador e Explorado

Artigo 2. Provisões Gerais da Constituição da República Socialista Federativa Soviética da Rússia

Artigo 3. Organização do Poder Soviético

Artigo 4. O Direito ao Voto

Artigo 5. O Orçamento

Artigo 6. O Brasão e a Bandeira da República Socialista Federativa Soviética da Rússia

[1815] Ibidem, p. 10.

Artigo Um
DECLARAÇÃO DE DIREITOS DO POVO TRABALHADOR E EXPLORADO

CAPÍTULO UM

1. A Rússia é declarada República dos Sovietes de Deputados dos Trabalhadores, Soldados e Camponeses. Todo o poder central e local pertence a esses sovietes.

2. A República Soviética da Rússia é organizada na base de uma livre união de nações livres, como uma federação de repúblicas nacionais soviéticas.

CAPÍTULO DOIS

3. Tendo em mente como seu fundamental problema a abolição da exploração do homem pelo homem, a abolição completa da divisão do povo em classes, a supressão dos exploradores, o estabelecimento de uma sociedade socialista, e a vitória do socialismo em todas as terras, o Terceiro Congresso de Sovietes de Deputados dos Trabalhadores, Soldados e Camponeses de Toda a Rússia mais a fundo determina:

(a) Visando à concretização da socialização da terra, fica abolida a propriedade privada da terra. Todos os imóveis agrícolas são declarados propriedade de todo o povo trabalhador e entregues, sem qualquer indenização, aos trabalhadores, com base no princípio da utilização igualitária da terra.

(b) Todas as florestas, tesouros da terra, e águas de utilidade pública geral, todo equipamento seja animado ou inanimado, fazendas modelo e empresas agricultoras, são declaradas propriedade nacional.

(c) Como um primeiro passo para a transferência de posse à República Soviética de todas as fábricas, moinhos, minas, estradas de ferro, e outros meios de produção e transporte, a lei soviética pelo controle dos trabalhadores e o estabelecimento do Supremo Soviete da Economia Nacional é por meio deste confirmada para assegurar o poder dos trabalhadores sobre os exploradores.

(d) Como um primeiro golpe a ser desferido contra o sistema bancário internacional, o capital financeiro, o III Congresso dos Sovietes está deliberando uma Lei sobre a Anulação dos Empréstimos, contraídos pelo Governo Tzarista, pelos Proprietários Fundiários e pela Burguesia, ao mesmo tempo em que expressa a sua confiança em que o Poder dos Sovietes prosseguirá, com firmeza, nessa direção, até à mais plena vitória da insurreição internacional dos trabalhadores contra o jugo do capitalismo.

(e) Confirma-se a passagem de todos os bancos à propriedade do Estado dos Sovietes dos Trabalhadores e Camponeses, como uma das condições necessárias à libertação das massas trabalhadoras do jugo do capital.

(f) Tendo em vista a aniquilação das classes sociais parasitárias e visando à organização da economia, introduz-se a obrigação universal de trabalhar.

(g) No interesse de assegurar toda a plenitude de poder para as massas trabalhadoras e eliminar toda a possibilidade de restauração do poder dos exploradores, decreta-se o armamento dos trabalhadores, a formação das Forças Armadas Vermelhas, compostas por trabalhadores e camponeses, bem como o completo desarmamento das classes possidentes.

CAPÍTULO TRÊS

4. Expressando sua inflexível determinação de arrancar a humanidade das garras do capital financeiro e do imperialismo que afogaram a terra em sangue nessa guerra mais criminosa entre todas as já existentes, adere o III Congresso dos Sovietes da maneira mais plena à política executada pelo Poder dos Conselhos (Sovietes) de dilaceração de todos os tratados secretos, organização mais extensa de uma confraternização dos trabalhadores e camponeses dos exércitos que hoje lutam entre si através de medidas revolucionárias, de uma paz democrática pelos trabalhadores, sem anexação e contribuições, sobre a base da livre autodeterminação das nações.

5. Visando a atingir esse mesmo objetivo, o III Congresso dos Sovietes insiste em romper inteiramente com a bárbara política da civilização burguesa que construiu, em poucas nações selecionadas, o bem-estar dos exploradores com a subjugação de centenas de milhões de pessoas do povo trabalhador, na Ásia, nas colônias em geral e nos pequenos países.

6. O III Congresso dos Sovietes saúda a política do Conselho do Comissariado do Povo que proclamou a inteira independência da Fin-

lândia, deu início à retirada das Forças Armadas da Pérsia e declarou o direito de livre autodeterminação da Armênia.

CAPÍTULO QUATRO

7. O III Congresso dos Sovietes dos Deputados Trabalhadores, Soldados e Camponeses opina que, presentemente, no momento da luta decisiva do proletariado contra os seus exploradores, não existe espaço para estes, em nenhum dos órgãos do poder do Estado. O poder deve pertencer, inteira e exclusivamente, às massas trabalhadoras e ao seu representante plenipotenciário – os Sovietes dos Deputados Trabalhadores, Soldados e Camponeses.

8. Ao mesmo tempo, aspirando à criação de uma aliança realmente livre e voluntária e, consequentemente, tanto mais plena e sólida, selada entre as classes trabalhadoras de todas as nações da Rússia, o III Congresso dos Sovietes limita-se a constatar os fundamentos da Federação das Repúblicas dos Sovietes da Rússia, permitindo, porém, aos trabalhadores e camponeses de todas as nações adotarem, autonomamente, resoluções em seus próprios congressos plenipotenciários de conselhos (sovietes) sobre se desejam e sobre qual fundamento querem participar do Governo Federal e das demais instituições soviético-federativas.

Artigo Dois

PROVISÕES GERAIS DA CONSTITUIÇÃO DA REPÚBLICA SOCIALISTA FEDERATIVA SOVIÉTICA DA RÚSSIA

CAPÍTULO CINCO

9. A tarefa fundamental da Constituição da República Socialista Federativa Soviética, levantada no presente período de transição, envolve o estabelecimento da Ditadura Urbana e Rural do Proletariado e do Campesinato Mais Miserável, na forma de uma poderosa autoridade soviética de toda a Rússia, com o propósito de repressão da burguesia, aniquilação da exploração do homem pelo homem e de introdução do socialismo, no qual não existirá nem divisão de classes nem poder do Estado.

10. A República Russa é uma sociedade socialista livre de todo o povo trabalhador da Rússia. Todo o poder, situado no interior da República

Socialista Federativa Soviética Russa, pertence a toda população trabalhadora da Rússia, unida em conselhos (sovietes) urbanos e rurais.

11. Os conselhos (sovietes) das regiões que se diferenciam entre si pela forma especial de existência e pela composição nacional podem-se unir em uniões regionais autônomas, em cujo vértice, tal como no vértice de todas uniões regionais que se formarem, estão situados os congressos regionais dos conselhos (sovietes) e seus órgãos executivos. Essas uniões regionais autônomas ingressam, sobre uma base federativa, na República Socialista Federativa Soviética Russa.

12. O poder supremo da República Socialista Federativa Soviética Russa pertence ao Congresso dos Conselhos (Sovietes) de Toda a Rússia e, nos períodos havidos entre os congressos, ao Comitê Executivo Central de Toda a Rússia.

13. Com o objetivo de assegurar aos trabalhadores verdadeira liberdade de consciência, a Igreja deve ser separada do Estado e a escola, da Igreja, assim como fica reconhecida liberdade de propaganda religiosa e antirreligiosa a todos os cidadãos.

14. Com o objetivo de assegurar aos trabalhadores verdadeira liberdade de expressão de suas opiniões, a República Socialista Federativa Soviética Russa elimina a dependência da imprensa em relação ao capital e entrega nas mãos da classe trabalhadora e dos pobres do campo todos os meios técnicos e materiais, necessários à publicação de jornais, brochuras, livros e todas as demais produções impressas, garantindo sua livre difusão por todo o país.

15. Com o objetivo de assegurar aos trabalhadores verdadeira liberdade de reunião, a República Socialista Federativa Soviética Russa, reconhecendo o direito dos cidadãos da República Soviética à livre organização de reuniões, comícios, assembleias etc., coloca à disposição da classe trabalhadora e dos camponeses pobres todos os espaços úteis à realização de reuniões populares, com a respectiva mobília, iluminação e aquecimento.

16. Com o objetivo de assegurar aos trabalhadores verdadeira liberdade de associação, a República Socialista Federativa Soviética Russa, tendo destruído o poder econômico e político das classes possidentes e, desse modo, abolido todos os obstáculos que, até então, haviam impedido aos trabalhadores e camponeses de exercerem, na sociedade burguesa,

a sua liberdade de organização e a sua liberdade de ação, proporciona assistência de ordem material e de outros gêneros aos trabalhadores e ao campesinato mais miserável, em suas atividades de unir e de organizar.

17. Com o objetivo de assegurar aos trabalhadores verdadeiro acesso ao conhecimento, a República Socialista Federativa Soviética Russa coloca a si mesma a tarefa de fornecer educação integral e gratuita aos trabalhadores e ao campesinato mais miserável.

18. A República Socialista Federativa Soviética Russa considera o trabalho como sendo um dever de todos os cidadãos da República e proclama como sua consigna: "Quem não trabalha, não come".

19. Com o objetivo de defender, com todas as medidas possíveis, as conquistas da Grande Revolução dos Trabalhadores e Camponeses, a República Socialista Federativa Soviética Russa reconhece o dever de todos os cidadãos da República de somarem-se à defesa da pátria socialista, introduzindo o treinamento militar universal. O direito à honra de defender a Revolução com armas nas mãos é concedido apenas aos trabalhadores. Os elementos não-trabalhadores ficam encarregados da execução de outros deveres militares.

20. Como decorrência da solidariedade dos trabalhadores de todas as nações, a República Socialista Federativa Soviética Russa concede todos os direitos políticos da cidadania russa aos estrangeiros que vivem no território da República Russa para exercício de ocupações profissionais e pertencem à classe trabalhadora ou que não se servem de trabalho camponês alheio. A República Socialista Federativa Soviética Russa reconhece, assim, o direito dos conselhos (sovietes) locais de outorgar a cidadania russa a tais estrangeiros, sem quaisquer formalidades complicadas.

21. A República Socialista Federativa Soviética Russa concede direito de asilo a todos os estrangeiros, sujeitos à perseguição por crimes políticos ou religiosos.

22. Reconhecendo os direitos iguais de todos os cidadãos, independentemente de seus vínculos raciais e nacionais, a República Socialista Federativa Soviética Russa proclama como contrários às Leis Fundamentais da República a instauração ou a permissão de todos os gêneros de privilégios, motivados por essa causa, bem como toda e qualquer opressão, praticada contra minorias nacionais, ou limitação dos direitos de igualdade destas.

23. Guiada pelos interesses da classe trabalhadora como um todo, a República Socialista Federativa Soviética Russa despoja todas as pessoas individuais e todos os grupos individuais dos direitos que são por eles utilizados em prejuízo dos interesses da Revolução Socialista.

Artigo Três

ORGANIZAÇÃO DO PODER SOVIÉTICO

A. *Organização do Poder Central*

CAPÍTULO SEIS

O CONGRESSO DOS SOVIETES DOS TRABALHADORES, CAMPONESES, COSSACOS E SOLDADOS VERMELHOS DE TODA A RÚSSIA

24. O Congresso dos Conselhos (Sovietes) de Toda a Rússia é o Poder Supremo da República Socialista Federativa Soviética.

25. O Congresso dos Conselhos (Sovietes) de Toda a Rússia é composto pelos representantes dos Conselhos (Sovietes) Municipais, na base de um (1) delegado por 25.000 eleitores, e pelos representantes dos Congressos dos Conselhos (Sovietes) das Províncias, na base de um (1) delegado por 125.000 habitantes.

Nota 1: Caso o Congresso dos Conselhos (Sovietes) das Províncias não ocorra antes do Congresso dos Conselhos (Sovietes) de Toda a Rússia, os delegados, eleitos para este, serão diretamente enviados a partir do Congresso dos Conselhos (Sovietes) dos Distritos.

Nota 2: Caso o Congresso dos Conselhos (Sovietes) das Regiões ocorra antes do Congresso dos Conselhos (Sovietes) de Toda a Rússia, os delegados, eleitos para este, poderão ser enviados a partir do Congresso dos Conselhos (Sovietes) Regionais.

26. O Congresso dos Conselhos (Sovietes) de Toda a Rússia é convocado pelo Comitê Executivo Central de Toda a Rússia, pelo menos duas (2) vezes ao ano.

27. Um Congresso Extraordinário dos Conselhos (Sovietes) de Toda a Rússia é convocado ou por iniciativa própria ou por exigência dos Conselhos (Sovietes) dos Distritos que representem, pelo menos, um terço (1/3) de toda a população da República.

28. O Congresso dos Conselhos (Sovietes) de Toda a Rússia elege o Comitê Executivo Central de Toda a Rússia, composto, no máximo, por duzentas (200) pessoas.

29. O Comitê Executivo Central de Toda a Rússia é inteiramente responsável perante o Congresso dos Conselhos (Sovietes) de Toda a Rússia.

30. No período havido entre os congressos, o Comitê Executivo Central de Toda a Rússia é o Poder Supremo da República.

CAPÍTULO SETE

COMITÊ EXECUTIVO CENTRAL DE TODA A RÚSSIA

31. O Comitê Executivo Central de Toda a Rússia é o órgão legislativo, executivo e de controle supremo da República Socialista Federativa Soviética Russa.

32. O Comitê Executivo Central de Toda a Rússia fornece, em geral, direcionamento às atividades do Governo dos Trabalhadores e Camponeses e de todos os órgãos do Poder Soviético no país, unifica e harmoniza o trabalho legislativo e administrativo, bem como supervisiona a aplicação prática da Constituição Soviética e das resoluções dos Congressos dos Conselhos (Sovietes) de Toda a Rússia e dos órgãos centrais do Poder Soviético.

33. O Comitê Executivo Central de Toda a Rússia examina e ratifica os projetos dos decretos e outras propostas, apresentados pelo Conselho dos Comissários do Povo ou pelas diversas autoridades, bem como edita decretos e disposições próprios.

34. O Comitê Executivo Central de Toda a Rússia convoca o Congresso dos Conselhos (Sovietes) de Toda a Rússia, ao qual presta contas de suas próprias atividades, bem como apresenta relatórios sobre a política geral e questões particulares.

35. O Comitê Executivo Central de Toda a Rússia erige um Conselho dos Comissários do Povo, ocupado da administração geral dos assuntos da República Socialista Federativa Soviética Russa e de seus departamentos (Comissariados do Povo), ocupados da direção dos diversos ramos da administração.

36. Os membros do Comitê Executivo Central de Toda a Rússia trabalham em departamentos (Comissariados do Povo) ou cumprem ordens especiais do Comitê Executivo Central de Toda a Rússia.

CAPÍTULO OITO

O CONSELHO DE COMISSÁRIOS DO POVO

37. Compete ao Conselho dos Comissários do Povo a administração geral dos assuntos da República Socialista Federativa Soviética.

38. No cumprimento dessa tarefa, o Conselho dos Comissários do Povo edita decretos, ordenamentos, instruções, e adota, em geral, todas as medidas, necessárias ao andamento ágil e regular da vida do Estado.

39. Cumpre ao Conselho dos Comissários do Povo notificar, imediatamente, o Comitê Executivo Central de Toda a Rússia de todas as suas resoluções e decisões.

40. O Comitê Executivo Central de Toda a Rússia é competente para revogar ou suspender, por direito, todas as resoluções ou decisões do Conselho dos Comissários do Povo.

41. Todas as resoluções e decisões do Conselho dos Comissários do Povo, dotadas de grande significado político-geral devem ser apresentadas para exame e aprovação do Comitê Executivo Central de Toda a Rússia.

Nota: As medidas que reclamam execução inadiável podem ser implementadas imediatamente pelo Conselho dos Comissários do Povo.

42. Os membros do Conselho dos Comissários do Povo situam-se no ápice dos diversos Comissariados do Povo.

43. Existem dezoito (18) Comissariados do Povo, encarregados dos seguintes domínios:

a. Assuntos Estrangeiros;
b. Assuntos da Guerra;
c. Assuntos da Marinha;
d. Assuntos Internos;
e. Justiça;
f. Trabalho;
g. Seguro Social;
h. Educação Popular;
i. Correios e Telégrafos;
j. Assuntos das Nacionalidades;
k. Finanças;
l. Meios de Comunicação;
m. Agricultura;

n. Comércio e Indústria;
o. Abastecimento Nacional;
p. Controle do Estado;
q. Conselho Supremo da Economia;
r. Saúde Pública.

44. Junto a cada Comissário do Povo, deve ser formado, sob sua presidência, um organismo colegiado, cujos membros devem ser confirmados pelo Conselho dos Comissários do Povo.

45. Apenas o Comissário do Povo é competente para adotar decisões sobre todas as questões que pertençam à direção do Comissariado do Povo respectivo, devendo destas cientificar o organismo colegiado. Se o organismo colegiado não concordar com essa ou aquela resolução do Comissário do Povo, pode, sem suspender a execução da resolução, opor protesto contra esta perante o Conselho dos Comissários do Povo ou perante a Presidência do Comitê Executivo Central de Toda a Rússia.

Esse mesmo direito de oposição, possuem-no também os membros individuais do organismo colegiado.

46. O Conselho dos Comissários do Povo é inteiramente responsável perante o Congresso dos Conselhos (Sovietes) de Toda a Rússia e perante o Comitê Executivo Central de Toda a Rússia.

47. Os Comissários do Povo e os organismos colegiados dos Comissariados do Povo são inteiramente responsáveis perante o Conselho dos Comissários do Povo e perante o Comitê Executivo Central de Toda a Rússia.

48. O título oficial de Comissário do Povo pertence exclusivamente aos membros do Conselho dos Comissariados que dirigem os assuntos gerais da República Socialista Federativa Soviética e não pode ser utilizado por nenhum outro representante do Poder Soviético, seja na esfera central, seja na esfera regional.

CAPÍTULO NOVE

MATÉRIAS DA COMPETÊNCIA DO CONGRESSO DOS SOVIETES DE TODA A RÚSSIA E DO COMITÊ EXECUTIVO CENTRAL DE TODA A RÚSSIA

49. Submetem-se à competência do Congresso dos Conselhos (Sovietes) de Toda a Rússia e do Comitê Executivo Central de Toda a Rússia todas as questões de significado geral do Estado, tais quais:

a. a ratificação, a alteração e a complementação da Constituição da República Socialista Federativa Soviética;

b. a direção geral de toda a política externa e interna da República Socialista Federativa Soviética;

c. a fixação e a alteração das fronteiras, bem como a cessão de partes do território da República Socialista Federativa Soviética ou dos direitos que lhe pertençam;

d. a fixação das fronteiras e das competências das Uniões de Conselhos (Sovietes) das Regiões que ingressem no sistema da República Socialista Federativa Soviética, bem como a decisão dos litígios entre elas;

e. a admissão de novos membros da República Soviética no sistema da União da República Socialista Federativa Soviética, bem como o reconhecimento da secessão de partes desta;

f. a divisão administrativa geral do território da República Socialista Federativa Soviética e a ratificação das uniões regionais;

g. a fixação e a alteração do sistema de pesos, medidas e moeda, válidos no território da República Socialista Federativa Soviética;

h. as relações com Estados estrangeiros, a declaração de guerra e a conclusão de paz;

i. a contração de dívidas, a celebração de contratos aduaneiros e comerciais, bem como de tratados financeiros;

j. a definição dos fundamentos e do Plano Geral de toda a Economia do país e de seus ramos específicos no território da República Socialista Federativa Soviética;

k. a aprovação do orçamento da República Socialista Federativa Soviética;

l. a determinação dos impostos e das taxas gerais do Estado;

m. a definição dos fundamentos da organização das Forças Armadas da República Socialista Federativa Soviética;

n. a legislação geral do Estado, a organização judiciária, o processo judiciário, a legislação de Direito Civil e de Direito Penal etc.;

o. a nomeação e a substituição dos membros individuais do Conselho dos Comissários do Povo e desse Conselho em seu conjunto, bem como a aprovação de seu Presidente;

p. a edição das disposições gerais sobre a aquisição e a perda do direito de cidadania russa, bem como sobre os direitos dos estrangeiros no território da República;

q. direito da anistia geral e parcial.

50. Além das questões retroenumeradas, sujeitam-se à competência do Congresso dos Conselhos (Sovietes) de Toda a Rússia e Comitê Executivo Central de Toda a Rússia todas as questões que estes declarem como pertencentes à sua competência.

51. Pertence exclusivamente à competência do Congresso dos Conselhos (Sovietes) de Toda a Rússia:

a. a definição, a complementação e a alteração dos fundamentos da Constituição Soviética;

b. a ratificação dos tratados de paz.

52. A decisão das questões, referidas nos pontos c) e h) do art. 49, compete ao Comitê Executivo Central de Toda a Rússia apenas quando a convocação do Congresso dos Conselhos (Sovietes) de Toda a Rússia for impossível.

B. *Organização do Poder Local*

CAPÍTULO DEZ

O CONGRESSO DOS SOVIETES

53. Os Congressos dos Conselhos (Sovietes) compõem-se da seguinte forma:

a. os Congressos de Regiões compõem-se de representantes dos Conselhos (Sovietes) dos Municípios e representantes dos Congressos dos Conselhos (Sovietes) das Circunscrições, na base de um (1) deputado por 5.000 eleitores dos municípios e um (1) deputado por 25.000 habitantes das circunscrições, porém não mais do que 500 delegados de toda a região ? ou, então, compõem-se de representantes dos Congressos dos Conselhos (Sovietes) das Províncias, eleitos segundo a mesma regra retroindicada, caso esse congresso reúna-se imediatamente antes do Congresso dos Conselhos (Sovietes) da Região;

b. os Congressos de Províncias compõem-se de representantes dos Conselhos (Sovietes) dos Municípios e dos Congressos dos Conselhos (Sovietes) dos Distritos, na base de um (1) deputado por 2.000 eleitores dos municípios e um (1) deputado por 10.000 habitantes dos distritos, porém não mais do que 300 deputados de toda a província e, caso os Congressos dos Conselhos (Sovietes) das Comarcas sejam convocados imediatamente antes daqueles das províncias, deverão as eleições serem realizadas em conformidade com a mesma regra retroindicada, não pelos Congressos dos Conselhos (Sovietes) dos Distritos, mas sim por aqueles das Circunscrições;

c. os Congressos das Circunscrições compõem-se de representantes dos Conselhos (Sovietes) dos Vilarejos Rurais, na base de um (1) delegado por 1.000 habitantes, porém não mais do que 300 deputados de toda a circunscrição;

d. Os Congressos dos Distritos compõem-se de representantes dos Conselhos (Sovietes) dos Vilarejos Rurais dos Distritos, na base de um (1) deputado por 10 membros do conselho (soviete);

Nota 1: Os representantes dos Conselhos (Sovietes) dos Municípios participam dos Congressos dos Conselhos (Sovietes) das Circunscrições, cuja população não supere 10.000 pessoas. Os Conselhos (Sovietes) dos Vilarejos Rurais nos distritos que possuam menos de 1.000 habitantes unificam-se, visando à eleição dos deputados do Congresso dos Conselhos (Sovietes) da Circunscrição.

Nota 2: Os Conselhos (Sovietes) dos Vilarejos Rurais com menos de 10 membros enviam um (1) representante ao Congresso do Conselho (Soviete) do Distrito.

54. Os Congressos dos Conselhos (Sovietes) são convocados pelos órgãos executivos responsáveis pelo Poder Soviético do território, i.e. os Comitês Executivos, segundo a conveniência destes ou por exigência dos Conselhos (Sovietes) dos Distritos que possuam, no mínimo, um terço (1/3) de toda a população de determinada circunscrição, porém são convocados, de todo modo, não menos do que duas (2) vezes por ano nas regiões, uma (1) vez em três (3) meses nas províncias e circunscrições e uma (1) vez por mês nos distritos.

55. Os Congressos dos Conselhos (Sovietes) das regiões, das províncias, das circunscrições e dos distritos elegem os seus respectivos órgãos executivos, *i.e.* os seus Comitês Executivos, cujo número de membros não deve superar:

a. para a região e para a província, 25 membros;

b. para a circunscrição, 20 membros;

c. para o distrito, 10 membros.

O Comitê Executivo é inteiramente responsável perante o Congresso do Conselho (Soviete) que o elegeu.

56. Nos limites de sua competência, os Congressos dos Conselhos (Sovietes) das regiões, das províncias, das circunscrições e dos distritos são o Poder Supremo, no âmbito do respectivo território. Nos períodos havidos entre os congressos, o Comitê Executivo representa esse Poder.

CAPÍTULO ONZE

OS DEPUTADOS SOVIÉTICOS

57. Os Conselhos (Sovietes) de Deputados são formados:

a. nas cidades: na base de um (1) deputado por 1.000 habitantes da população, porém, no total, não menos do que 50 e não mais do que 1.000 membros;

b. nas comunidades rurais (vilarejos, assentamentos, vilas de cossacos, pequenos distritos, cidades com população inferior a 10.000 pessoas, povoados, sítios etc.): na base de um (1) deputado por 100 habitantes da população, porém, no total, não menos do que 3 e não mais do 50 deputados de cada uma das comunidades.

A duração do mandato dos deputados corresponde a 3 meses.

Nota: Nos distritos rurais, as questões administrativas são resolvidas, sempre que for possível, imediatamente, pela Assembleia Geral de Eleitores de determinada comunidade rural.

58. Para os trabalhos correntes, o Conselho (Soviete) de Deputados elege, a partir do seu meio, um órgão executivo, i.e. um Comitê Executivo, composto por não mais do que 5 pessoas, nos distritos rurais, e, nas cidades, na base de um (1) por 50 membros dos conselhos (sovietes) das cidades, porém não menos do que três (3) e não mais do que 15 (em Petersburgo e Moscou não mais do que 40). O Comitê Executivo é inteiramente responsável perante o Conselho (Soviete) que o elegeu.

59. O Conselho (Soviete) dos Deputados é convocado pelo Comitê Executivo segundo a conveniência deste ou por exigência de, no mínimo, a metade dos membros do conselho (soviete), porém, ao menos, uma (1) vez por semana, nas cidades, e duas (2) vezes por semana, nos distritos rurais.

60. Nos limites de sua competência e no caso, previsto na nota do art. 57, o a Assembleia Geral de Eleitores é o Poder Supremo, no âmbito de seu respectivo território.

CAPÍTULO DOZE
JURIDIÇÃO DOS ÓRGÃOS LOCAIS DOS SOVIETES

61. Os órgãos das regiões, das províncias, das circunscrições e dos distritos do Poder dos Conselhos (Sovietes), bem como os conselhos (sovietes) de deputados possuem como objeto de suas atividades:

a. a aplicação prática de todas as disposições, emanadas dos respectivos órgãos superiores do Poder dos Conselhos (Sovietes);

b. a adoção de todas as medidas, voltadas à elevação das condições culturais e econômicas, em seu território correspondente;

c. a decisão de todas as questões que possuam um significado puramente local para o território em questão;

d. a unificação de todas as atividades de conselho (sovietes), no âmbito do território em questão.

62. Aos Congressos dos Conselhos (Sovietes) e seus comitês executivos pertence o direito de controle sobre as atividades dos conselhos locais – i.e. os Conselhos das Regiões –, o direito de controle sobre todos os conselhos da respectiva região, *i.e.*, os Conselhos das Províncias –, bem como sobre todos os conselhos da respectiva província, excluindo-se os das cidades que não ingressam na composição dos congressos das circunscrições etc. Os Congressos das Regiões e das Províncias e seus respectivos Comitês Executivos possuem, além disso, o direito de suspender as decisões dos conselhos (sovietes) que atuam em seus distritos, disto notificando, em casos de relevante importância, o Poder Central dos Conselhos (Sovietes).

63. Visando ao cumprimento das tarefas atribuídas aos órgãos do Poder Soviético, devem ser formados, nos conselhos (sovietes) das cidades e do campo, bem como nos comitês executivos das regiões, províncias, circunscrições e distritos, departamentos correspondentes, como respectivos dirigentes em seu ápice.

Artigo Quatro
O DIREITO AO VOTO

CAPÍTULO TREZE

64. O direito de eleger e de ser eleito nos Conselhos (Sovietes) é exercido, independentemente de convicção religiosa, nacionalidade, domicílio etc., pelos seguintes cidadãos de ambos os sexos da República Socialista Federativa Soviética que houverem completado 18 anos, no dia da eleição:

a. todos aqueles que obtenham meios de subsistência mediante trabalho produtivo e de interesse geral, bem como todas as pessoas ocupadas em trabalho doméstico que lhes conceda a possibilidade de execução de trabalho produtivo, tais quais trabalhadores e empregados de todos os gêneros e categorias, atuantes em empresas industriais, comerciais e agrícolas etc., camponeses, cossacos, ocupados na execução de trabalhos rurais e que não empreguem trabalhadores assalariados, com o objetivo de obtenção de lucro;

b. os soldados do Exército e da Frota da República Soviética;

c. os cidadãos pertencentes às categorias elencadas nas letras a) e b) do presente artigo que, em certa medida, tenham perdido sua capacidade laboral.

Nota 1: Possuindo autorização, concedida pelo Poder Central, os Conselhos (Sovietes) Locais podem reduzir a idade padrão prescrita e mencionada no presente artigo.

Nota 2: Gozam igualmente de direito eleitoral ativo e passivo as pessoas referidas no artigo 20 (Segunda Parte, Capítulo V), as quais não adquiriram a cidadania russa.

65. Não podem eleger nem serem eleitos, mesmo que pertencendo a uma das categorias supraelencadas:

a) as pessoas que empregam trabalhadores assalariados, com objetivo de obtenção de lucro;

b) as pessoas que não vivam dos rendimentos de seus respectivos trabalhos, tais quais as que vivem de qualquer tipo de porcentagens pagas sobre capitais, rendimentos de empresas, valores obtidos a partir de patrimônios etc.;

c) comerciantes, intermediários comerciais e mercantis, que executam negócios privados;

d) monges e sacerdotes de igrejas e cultos religiosos;

e) empregados e agentes das antigas instituições policiais, das corporações especiais das policiais civis e das divisões de escolta e guarda, bem como os membros da antiga Família Real, governante na Rússia;

f) pessoas declaradas alienadas ou loucas, em procedimentos judiciários específicos, bem como aquelas sob tutela;

g) pessoas condenadas por crimes de cupidez por lucro e delitos de mesquinhez, para cumprirem penas cominadas em lei ou sentença judiciária.

CAPÍTULO CATORZE

ELEIÇÕES

66. As eleições devem ser realizadas em conformidade com os costumes estabelecidos, nos dias determinados pelos Conselhos (Sovietes) Locais.

67. As eleições devem ser realizadas em presença de uma Comissão Eleitoral e de um Representante do Conselho (Soviete) Local.

68. Nos casos em que a presença de um representante do Poder Soviético for tecnicamente impossível, haverá de o substituir o Presidente da Comissão Eleitoral e, na falta deste, o Presidente da Assembleia Eleitoral.

69. Lavrar-se-á uma ata sobre o curso e o resultado das eleições, a ser assinada pelos membros da Comissão Eleitoral e pelo Presidente do Conselho (Soviete).

70. Um procedimento mais detalhado sobre a execução das eleições, bem como sobre a participação nestas das organizações profissionais e outras organizações de trabalhadores, será definido pelos Conselhos (Sovietes) Locais, em conformidade com a Instrução do Comitê Executivo Central dos Conselhos (Sovietes) de Toda a Rússia.

CAPÍTULO QUINZE

FISCALIZAÇÃO E CANCELAMENTO DAS ELEIÇÕES, REVOGAÇÃO DOS DEPUTADOS

71. Todo o material concernente à realização das eleições deve ser entregue ao Conselho (Soviete) responsável.

72. Visando à efetuação da atividade de fiscalização das eleições, o Conselho (Soviete) nomeará uma Comissão de Fiscalização.

73. A Comissão de Fiscalização apresentará um relatório ao Conselho (Soviete) sobre o resultado da atividade de fiscalização.

74. O Conselho (Soviete) decidirá a questão acerca da confirmação da eleição de candidatos impugnados.

75. Não sendo confirmada a eleição deste ou daquele candidato, deverá o Conselho (Soviete) convocar nova eleição.

76. Em caso de invalidez das eleições em seu conjunto, será a questão sobre o cancelamento das eleições decidida pelo órgão de instância superior do Poder Soviético.

77. A última instância para a cassação de eleições soviéticas é o Comitê Executivo Central dos Sovietes (Conselhos) de Toda a Rússia.

78. Os eleitores que enviarem um deputado ao Conselho (Sovietes) possuem o direito de revogar o mandato deste, a todo e qualquer momento, procedendo-se, então, à realização de novas eleições, em conformidade com a disciplina geral da matéria.

Artigo Cinco
O ORÇAMENTO

CAPÍTULO DEZESSEIS

79. A política financeira da República Socialista Federativa Soviética Russa, em seu atual momento de transição da Ditadura dos Trabalhadores, fomenta os objetivos fundamentais de expropriação da burguesia e de preparação das condições para o atingimento da igualdade geral dos cidadãos da República, no domínio da produção e da distribuição de riquezas. Tendo em conta esses objetivos, considera como sua tarefa colocar sob o poder de disposição dos órgãos do Poder dos Conselhos (Sovietes) todos os meios necessários à satisfação das necessidades locais e gerais do Estado da República dos Conselhos (Sovietes), sem se deter em sua atividade de intervenção no direito de propriedade privada.

80. As receitas e despesas estatais da República Socialista Federativa Soviética Russa são unificadas no quadro de orçamento geral do Estado.

81. O Congresso dos Conselhos (Sovietes) de Toda a Rússia ou o Comitê Executivo Central dos Sovietes (Conselhos) de Toda a Rússia

definem quais espécies de receitas e tributos devem ser considerados partes integrantes do orçamento geral do Estado e quais devem ser colocados à disposição dos Conselhos (Sovietes) Locais, bem como fixa os limites da tributação.

82. Os Conselhos (Sovietes) estabelecem a imposição de impostos e taxas exclusivamente para a satisfação de necessidades da economia local. As necessidades gerais do Estado são atendidas por conta dos meios oriundos do tesouro do Estado.

83. Nenhuma despesa, a ser financiada com meios do tesouro do Estado, pode ser efetuada sem que para ela seja estabelecida um crédito no registro das receitas e despesas estatais ou sem que seja editada uma resolução especial do Poder Central sobre a matéria.

84. Para o atendimento das necessidades que possuem significado estatal-geral, os Comissários do Povo competentes colocam à disposição dos Conselhos (Sovietes) Locais os créditos necessários, provenientes do tesouro do Estado.

85. Todos os créditos colocados à disposição dos Conselhos (Sovietes), oriundos do tesouro do Estado, bem como os créditos confirmados em conformidade com os valores estimativos das necessidades locais, são por eles utilizados para a satisfação direta destas, no quadro das subdivisões das estimativas (parágrafos e artigos), não podendo ser aproveitados na cobertura de outras necessidades, sem que para isto exista resolução especial do Comitê Executivo Central dos Sovietes (Conselhos) de Toda a Rússia e do Conselho dos Comissários do Povo.

86. Os Conselhos (Sovietes) Locais devem elaborar estimativas anuais e semianuais de receitas e despesas para as necessidades locais. As estimativas dos Conselhos (Sovietes) de Vilarejos, de Distritos e de Municípios que participam dos Congressos dos Conselhos (Sovietes) de Circunscrições, bem como as estimativas dos órgãos de circunscrição do Poder dos Conselhos (Sovietes) são confirmados respectivamente pelos Congressos dos Conselhos (Sovietes) de Províncias e de Regiões ou por seus Comitês Executivos. As estimativas dos órgãos municipais, provinciais e regionais dos Poder Soviético são confirmadas pelo Comitê Executivo Central dos Conselhos (Sovietes) e pelo Conselho (Soviete) dos Comissários do Povo.

87. Para as despesas não previstas em estimativas, bem como no caso de insuficiência de apreciações das estimativas, devem os Conselhos (Sovietes) requerer créditos suplementares ao Comissariado do Povo competente.

88. Quando os meios locais não bastarem para o atendimento das necessidades locais, indispensáveis à cobertura de despesas inadiáveis, serão concedidos pelo Comitê Executivo Central dos Conselhos (Sovietes) de Toda a Rússia e pelo Conselho (Soviete) dos Comissários do Povo aos Conselhos (Sovietes) Locais alocações ou empréstimos, provenientes do tesouro do Estado.

Artigo Seis

O BRASÃO E A BANDEIRA DA REPÚBLICA SOVIÉTICA FEDERATIVA SOCIALISTA DA RÚSSIA

CAPÍTULO DEZESSETE

89. O brasão da República Socialista Federativa Soviética Russa é composta pela imagem de uma foice e de um martelo dourados sob os raios do sol, em um fundo vermelho, que, de modo cruzado e com as empunhaduras para baixo, são contornados por uma coroa de trigo e com a inscrição:

a) República Socialista Federativa Soviética Russa; e

b) Proletários de Todos os Países, Uni-Vos!

90. A bandeira do exército, da marinha e do comércio da República Socialista Federativa Soviética Russa é formada por uma tela de linho de cor vermelha (cor de púrpura), em cujo ângulo esquerdo do polo superior são posicionadas, em caracteres impressos dourados, as letras R.S.F.S.R. ou a inscrição: República Socialista Federativa Soviética Russa.

Segue breve relato sobre as Emendas à Constituição de 1918 da R.S.F.S.R[1816].

No período da Guerra Civil e da intervenção militar dos estados imperialistas algumas emendas e adendos à Constituição da R.S.F.S.R. foram adotados. Por exemplo, o Sétimo Congresso dos Sovietes da Rússia, rea-

[1816] Excerto de A. Denisvo e M. Kirichenko, *Soviet State Law*, Moscow: Foreign Languages Publishing House, 1960, p. 50-52.

lizado em dezembro de 1919, sancionou legislativamente a formação do *Presidium* do Comitê Executivo Central da Rússia, definiu seus poderes e estabeleceu que as sessões do Comitê Executivo Central da Rússia deviam ser realizadas a cada dois meses.

O *Presidium* do Comitê Executivo Central russo dirigiu as sessões do Comitê Executivo Central da Federação Russa, supervisionou a execução das decisões adotadas por este último, orientou a atividade dos órgãos estatais centrais e locais, exerceu o direito ao perdão e decidiu uma série de outras questões administrativas. Nos intervalos entre as sessões do Comitê Executivo Central russo, o *Presidium* tinha o direito de aprovar ou anular decisões do Conselho de Comissários do Povo e, por recomendação deste, nomear novos Comissários do Povo. Podia também decidir questões relativas a administração territorial e fazer os preparativos para a convocação dos congressos russos de sovietes e sessões do Comitê Executivo Central da Rússia.

De acordo com a decisão do sétimo Congresso de Sovietes da Rússia, os Comitês Executivos foram eleitos pelos congressos de governo, sindicato e volost de sovietes e foram considerados os mais altos órgãos do poder estatal soviético dentro dos territórios das gui-bernias, uyeds e volosts. Nos intervalos entre as sessões dos correspondentes congressos dos sovietes. Os Comitês Executivos do governo foram habilitados a supervisionar e fiscalizar a atividade de todas as instituições governamentais nos territórios sob sua jurisdição (exceto as instituições pertencentes ao Exército no Campo) e foram obrigados a informar imediatamente os respectivos órgãos centrais sobre os resultados dessa supervisão e inspeção.

A decisão do 8º Congresso dos Sovietes de toda a Rússia sobre o desenvolvimento futuro dos soviéticos, adotada em 29 de dezembro de 1920, estendendo os poderes do *Presidium* do Comitê Executivo Central de todos os russos. Este último foi investido da autoridade para anular as decisões do Conselho de Comissários do Povo e adotar as decisões administrativas necessárias em nome do Comitê Executivo Central da Rússia; ao mesmo tempo, foi obrigado a apresentar relatórios sobre a sua atividade às sessões regulares do Comitê Executivo Central da Rússia.

O 8º Congressos de sovietes estendeu, também, os poderes do conselho dos comissários dos povos. A decisão do congresso afirmou que todos os decretos urgentes e medidas de importância nacional, incluindo os atos legislativos relacionados com assuntos militares, bem como as medidas no domínio das relações externas que possam impor certos compromissos à República Socialista Russa Soviética. Considerado e aprovado pelo Conselho de Comissários dos Povos. Este último tinha o direito de adotar atos legislativos de importância nacional, juntamente com o Congresso dos Sovietes da Rússia, o Comitê Executivo Central da Rússia e o *Presidium* do Comitê Executivo Central da Federação Russa. Os Comissariados do Povo tinham o direito de emitir decisões e ordens apenas dentro dos limites de sua jurisdição, definidos estritamente nos decretos correspondentes do Comitê Executivo Central da Rússia, *Presidium* e Conselho de Comissários do Povo.

Por uma decisão do 8º Congresso de Sovietes da Rússia, os comitês executivos do governo só tinham o direito, em casos extraordinários, de suspender a execução de certas ordens emitidas por Comissários do Povo.

Todas as alterações supramencionadas não afetaram de forma alguma os princípios fundamentais da Constituição da R.S.F.S.R. como um todo.

Com o objetivo de assegurar aos trabalhadores verdadeiro acesso ao conhecimento, a República Socialista Federativa Soviética Russa coloca a si mesma a tarefa de fornecer educação integral e gratuita aos trabalhadores e ao campesinato mais miserável.

8.7.3.2 Conclusão sobre a Legislação

"A primeira Constituição do regime bolchevique foi proclamada em julho de 1918. Era uma lei russa, válida para as terras sob domínio bolchevique, deixando de fora vastas áreas do velho império dos tzares onde o direito vermelho não era válido. Introduziu um regime baseado nos sovietes, que progrediam dos mais pequenos e mais locais à assembleia suprema, o Congresso dos Sovietes de Toda a Rússia. O governo ficava nas mãos do Conselho dos Comissários do Povo"[1817].

A Constituição seguinte já não era válida apenas para a Rússia, mas igualmente para os territórios que haviam sido reconquistados às forças contrarrevolucionárias. Como consequência, a organização federal deste

1817 Caenegem, Van R. C., *Uma introdução histórica ao direito constitucional ocidental*, cit., p. 312.

super-Estado da Eurásia era um elemento importante. A primeira lei fundamental da União das Repúblicas Socialistas Soviéticas foi aprovada pelo Congresso dos Sovietes em janeiro de 1924, pouco após a morte de Lênin. Tal como no caso do modelo americano, uma série de matérias eram reservadas para a união – as relações exteriores, defesa, política econômica geral e princípios jurídicos essenciais. O restante, os assuntos internos, a justiça, a agricultura, a educação, a saúde e a segurança social, era atribuído às repúblicas. O caráter federal refletia-se na composição bicameral do Soviete Supremo da União, o Congresso dos Sovietes. O seu comitê central executivo continha um Conselho da União, que refletia a realidade demográfica, e um Conselho das Nacionalidades, que representava as repúblicas enquanto tais. A gestão dos assuntos quotidianos permanecia nas mãos do Conselho dos Comissários do Povo[1818].

A lei fundamental de 1924 foi substituída pela denominada "*Stalinskaia,* de dezembro de 1936, promulgada em virtude de o partido considerar que o socialismo havia sido finalmente estabelecido. A ironia, contudo, residia no fato de a Constituição, plena de liberdades individuais, ser promulgada durante o auge do terror stalinista com as grandes purgas e os julgamentos de fachada, e também no fato de dois dos autores desta Constituição democrática terem se tornado vítimas da fúria do seu líder, nomeadamente Nikolai Bukharin, executado em 1938, e Karl Radek, que foi condenado em 1937 e viria a morrer nos campos de trabalho provavelmente em 1939"[1819]. A separação dos poderes na Constituição era rejeitada como fator de debilidade num momento em que os trabalhadores precisavam de unidade. "Ao Estado eram atribuídas importantes tarefas econômicas; os crimes contra a política econômica oficial eram punidos com a morte. Este Estado forte, contudo, era apenas uma máquina que recebia o seu impulso ideológico do partido, uma elite política composta, como era dito na Constituição, 'dos cidadãos mais ativos e politicamente conscientes das fileiras da classe trabalhadora, dos camponeses e dos intelectuais': reuniam-se no Partido Comunista da União Soviética, que era a 'vanguarda dos trabalhadores na sua luta para construir uma sociedade comunista e o núcleo dirigente de todas as organizações dos traba-

[1818] Ibidem, p. 312.
[1819] Ibidem, p. 313.

lhadores, sociais e políticas'. A estrutura federal era mantida, tal como a organização dos sovietes, formando uma pirâmide de conselhos desde as vilas, na base, até ao Soviete da URSS. Na realidade, as decisões principais eram tomadas pelo *Politburo*, escolhido pelo Comitê Central do Partido, e pelo seu secretário-geral, que na altura era Stalin"[1820].

O Código Penal, editado em 1926, menciona três formas de "trabalho corretivo" (expressão que substituiu a de "trabalho forçado" em 1933): sem privação de liberdade, com residência obrigatória, e com privação de liberdade nas colônias de trabalho. "A primeira penalidade aplica-se às condenações inferiores a um ano e executa-se, em geral, no local de trabalho habitual ou num raio limitado em torno da residência. Para as condenações entre um e três anos, a pena é cumprida nos 'locais ordinários de detenção', ou colônias de trabalho. Acima de três anos, num campo de trabalho corretivo numa zona afastada; existe finalmente a 'obrigatoriedade de residência com trabalho coletivo', para isolar o condenado do seu meio anterior. Os sentenciados recebem o mesmo salário e gozam de condições de serviço iguais às dos operários de capacidade correspondente, que trabalham ao abrigo de contratos, sob reserva de um desconto de 5 a 15%"[1821].

8.7.4 A NEP, Lênin e o capitalismo de Estado

Em 1920 o exército vermelho, liderado por Leon Trotsky, derrota os estrangeiros e as tropas rebeldes. Em 1921, com os bolcheviques transformando-se no Partido Comunista da Rússia, o Estado encarregou-se das obras de infraestrutura e do planejamento geral[1822].

Depois de nacionalizar as "grandes propriedades fundiárias seguiu-se à introdução do controle operário sobre a produção e a repartição (novembro de 1917) e pouco depois a nacionalização dos bancos (14 de dezembro de 1917), dos ramos essenciais da indústria (a primeira foi a do açúcar, 2 de maio de 1918), do comércio externo (4 de maio do mesmo ano) e do comércio interno (21 de outubro). Naquela época, a Rússia era ainda um país essencialmente agrícola (mais de três quartos da popu-

[1820] Ibidem, p. 313.

[1821] Crouzet, Maurice, *História Geral das Civilizações*, cit., p. 411.

[1822] Mourre, Michel, *Dicionário de História Universal*, cit., p. 1419.

lação trabalhavam no campo). O regime soviético quis introduzir a luta de classes nos campos dividindo mais ou menos arbitrariamente a classe agrícola em camponeses ricos (kulaks), camponeses médios (seredniakv) e camponeses pobres (bedniaks). Foi um malogro completo, pois o campesinato, ao contrário do que se esperava, uniu-se contra as tributações forçadas. De fato, o 'comunismo de guerra' (1919/1920) tendia a suprimir completamente o comércio 'burguês' (e o seu instrumento, a moeda) para o substituir por 'uma troca de Estado', fornecendo o campo os seus produtos agrícolas à cidade e esta os seus produtos industriais ao campo. A realidade desmentiu semelhantes teorias. As coletas agrícolas, que passaram de cerca de 800 mil toneladas em 1917/1918 para cerca de 3.200.000 toneladas em 1919/1920, desmotivaram os camponeses de trabalhar e levaram-nos a esconder as suas colheitas e a diminuir as superfícies cultivadas"[1823].

A situação da indústria não era melhor: uma organização rígida e militarizada fixava o operário à sua fábrica. A promoção operária no seio do Partido Comunista, nos quadros administrativos do novo Estado ou do Exército Vermelho decapitara a massa dos trabalhadores da sua elite profissional. O rendimento era pífio, já que em 1920 o volume da produção industrial representava menos de 4% do de 1913, e a indústria empregava apenas 43% do número dos operários de antes da guerra. Essa situação dramática não se devia unicamente aos erros da direção econômica soviética, já que repercutia também os efeitos da guerra civil, as devastações sofridas, as enormes perdas de territórios, as epidemias, o bloqueio aliado e a interrupção completa do comércio externo. Os camponeses escondiam o seu trigo, e as requisições cada vez rendiam menos. Todo o campesinato médio ameaçava sublevar-se contra os sovietes. Surgiam rebeliões rurais um pouco por toda a parte, em especial no Governo de Tambov, apesar da repressão. Dada a falta de pão nas grandes cidades, a agitação alastrava-se ao mundo operário (oposição operária de Alexandra Kollontai) e ao exército (amotinação de Kronstadt, em 1921)[1824].

Para salvar o regime, Lênin fez bruscamente marcha atrás e, pela lei de 21 de março de 1921, inaugurou a Nova Política Econômica, ou NEP,

[1823] Ibidem, p. 1419.
[1824] Ibidem, p. 1419.

que não era outra coisa senão um regresso parcial à propriedade privada e aos métodos da economia capitalista. O período da NEP iria durar até 1928, traduzindo-se imediatamente numa melhoria da situação agrícola: as coletas do Estado foram substituídas por um imposto em espécie; os proprietários ficaram autorizados a vender livremente os seus excedentes; o reaparecimento do comércio livre trouxe consigo o da moeda e das operações de crédito; o imposto em espécie chegou mesmo a descer no ano de 1921; as exportações aumentaram em 250% em 1922/1923 e voltaram a duplicar em 1923/1924. Contudo, a crise persistia na indústria, entravada pelo mau rendimento da mão de obra e pelo burocratismo. "A crescente desproporção entre os preços industriais e os preços agrícolas levou Trotsky a lançar a fórmula: 'É preciso fechar a tesoura'. Esta crise 'da tesoura' foi superada por uma baixa autoritária dos objetos manufaturados, por uma revisão das despesas das indústrias de Estado, por compras do Comissariado do Comércio Externo, que reatou as exportações de trigo destinadas aos antigos clientes da Rússia. Mas a realização da NEP gerava conflitos no seio da direção comunista: Trotsky, Kamenev e Zinovíev arvoravam-se em porta-vozes dos operários descontentes com as compressões nas indústrias de Estado e denunciavam os aproveitadores da NEP: os kulaks e a nova burguesia enriquecida pelo comércio livre. A autoridade pessoal de Lênin e o receio de se romper a unidade do partido apaziguaram estas diferenças"[1825].

Mais uma vez, de maneira assertiva Lênin demonstrou notável senso prático. "Não se pode pôr em dúvida que a Nova Economia Política salvou o estado revolucionário, que esteve a ponto de ser destruído pelo comunismo de guerra. Ele estava determinado a não o deixar passar da fase temporária, 'do espaço vital', e sentia-se bem consciente do perigo que adviria do ressurgimento das diferenças de classes que poderiam daí resultar. Realmente, o primeiro ano da NEP justificou a experiência. Devagar, a princípio, mas com segurança, a economia voltou a reviver"[1826].

Lênin prodigalizou grandes esforços para a estabilização do sistema monetário e a garantia de uma balança comercial favorável. O Código das Terras aplicou os princípios da NEP à agricultura, permitindo mais

[1825] Ibidem, p. 1419.
[1826] Ibidem, p. 1419.

largo escopo aos interesses econômicos particulares. Em 1921, ele disse: "dez a vinte anos de boas relações com os camponeses e está assegurada a vitória". Em novembro de 1922 falou perante o soviete de Moscou, sendo"a última vez que apareceu em público, antes da sua fatal doença, e aproveitou a ocasião para inventariar os primeiros cinco anos do poder soviético. Cheio de confiança, afirmou à assembleia: 'Partindo da Rússia da NEP sairá a Rússia socialista'[1827]. A sua saúde, muito abalada, após um derrame (AVC), desencadeou o confronto entre Trotsky e Stalin[1828]

[1827] Hoetzsch, Otto. *A evolução da Rússia*, cit., p. 204.

[1828] Stalin (1879-1953) – Com a morte de Lênin, Stalin assumiu a secretaria geral do partido e entrou em conflito com Trotsky, que foge para o exílio no México, onde será assassinado em 1940. De imediato a NEP é suspensa e implantada uma nova planificação que impõe a coletivização obrigatória no campo. "Mas a persistente e crescente desigualdade de condições sociais, que lhe fornecia o apoio dos camponeses desprovidos ou mal providos de terras, malograva a marcha para o socialismo. A incompatibilidade entre uma indústria estatizada e um regime, aliás impreciso, de propriedade individual, aparece mais nitidamente quando, depois dos resultados positivos da NEP, surgiram novas dificuldades em 1927-1928. À política de coletivização progressiva fundada sobre a cooperação sucedeu a coletivização forçada, de acordo com as diretrizes de Stalin. Nova revolução mais profunda, mais dolorosa, pois que dizia respeito à imensa maioria da população e introduzia, sem moderação, os métodos e um espírito estranhos ao meio dos camponeses.
A coação não chega para explicar o êxito do empreendimento. Na aldeia, grande número de camponeses miseráveis tinham interesse na nova organização, mas nem sempre tinham consciência das suas vantagens, que não podiam aparecer imediatamente. A eliminação dos camponeses abastados correspondeu também à de valores econômicos e sociais incontestáveis e reconhecidos por todos. A má vontade de uma minoria capaz e localmente influente, a incompetência de dirigentes kolkhozianos escolhidos mais pela sua dedicação à Revolução que pela sua capacidade profissional, acarretaram momentaneamente perturbações e retrocesso. Mas a experiência do kolkhóz trouxe para cima nova camadas sociais, que pouco a pouco se tornaram experientes, e foi acompanhada de um ensino pela escola e pelo trabalho, cujos beneficiários, crianças no período da instauração, jovens soldados da Segunda Guerra Mundial, se libertaram do peso da tradição e formaram um campesinato novo, psicologicamente integrado. É verdade que durante a Segunda Guerra Mundial os camponeses dos kolkhózes, aproveitando-se do relaxamento da vigilância, frequentemente rapinaram as terras coletivas em proveito das suas parcelas individuais. No entanto, o sistema nem por isso deixava de estar já enraizado nos costumes. O desenvolvimento da instrução, a mecanização da agricultura, a presença de numerosos técnicos e administradores, o laço estabelecido pelo ensino entre aldeões e citadinos, são outras tantas características que propagam nos campos o espírito das cidades em que as

(secretário geral do partido) pelo controle do governo. O choque destes líderes aumentou após a morte de Lênin em 21 de janeiro de 1924. Trotsky pregava a revolução mundial e Stalin, uma revolução nacional, para implementação do comunismo[1829].

Stalin, tendo apoio de Kamenev e de Zinoviev, conseguiu afastar Trotsky do governo, como "revisionista bolchevique", eliminando-o do partido e exilando-o em 1927. Estava implantada a ditadura de Stalin que predominou na URSS até 1953[1830].

8.7.5 Período ditatorial de Stalin (1924-1953)

Governou de 1924 até 1953 de forma personalista e interpretando os princípios marxistas-leninistas de forma peculiar. Afasta a NEP de Lênin e adota a planificação na URSS, usando os planos quinquenais para administrar. Realizou três planos, a saber:

1º Plano (até 1933) – propunha o desenvolvimento da indústria pesada, a coletivização da agricultura e o extermínio dos kulaks (camponeses proprietários) com confisco de bens e deportação para os campos de trabalho. A resistência camponesa culmina com aproximadamente 4 milhões de mortos. Foram criadas escolas técnicas e de engenharia para dar suporte técnico à industrialização[1831].

2º Plano (1933-1937) – propunha a melhoria da qualidade dos produtos e enfatizava a fabricação de máquinas agrícolas. Desenvolvem-se as

mentalidades evolucionam mais depressa no sentido do progresso. O regime, em última análise, difundiu também nos meios rurais a noção de serviço público, fundado sobre a generalização do ordenado e do salário como único ou principal meio de existência, e fundado também sobre o sentimento do dever do cidadão comunista para com o Estado. A organização dos kolkhózes, de inspiração socialista, cujo número diminui atualmente, enquanto aumenta o número das explorações que eles reúnem, não abrange, aliás, senão uma parte – a mais importante, é verdade – da profissão agrícola. A existência de granjas do Estado – os sovkhózes – criadas no princípio da Revolução, que duplicaram de número entre 1953 e 1962, é o sinal de uma funcionalização das atividades, que ultrapassa largamente o domínio industrial e comercial". Hoetzsch, Otto. A evolução da Rússia. Lisboa: Editorial Verbo, 1966.

1829 Mourre, Michel. *Dicionário de História Universal*, cit., p .1419.

1830 Ibidem, p.1419.

1831 Ibidem, p.1419.

indústrias de transformação e de bens de consumo, além de expansão das ferrovias e dos canais de navegação[1832].

3º Plano (1938-1941) – intensifica a indústria armamentista mas, devido à Segunda Guerra, o plano não foi completamente executado[1833].

8.7.5.1 Nova Assembleia Constituinte e a Constituição de 1924

Durante o seu governo, foi promulgada a Constituição de 1924, em que se organizou a Federação Soviética com as seguintes repúblicas: Rússia, Ucrânia, Transcaucásia, Bielorússia, Uzbequistão, Turcomenistão e territórios autônomos. A França, a Itália e a Inglaterra haviam reconhecido a URSS em 1922. A seguir, breves considerações sobre as disposições previstas na Constituição de 1924.

A Carta Soviética de 1924, a primeira da URSS propriamente dita, com 72 artigos e um total de onze capítulos, passou a viger em 6 de julho de 1923, sendo ratificada pelo Segundo Congresso dos Sovietes da União Soviética em 31 de janeiro de 1924, exatamente dez dias após a morte de Lênin, época em que os mencheviques e os socialistas revolucionários haviam acabado de ser derrotados[1834].

Entre outras disposições, o Texto Constitucional previu o sistema de órgãos superiores do poder estatal da União, sendo o Congresso dos Sovietes o órgão supremo da autoridade do Estado, o Comitê Executivo Central, este dividido em Soviete da União, representando as repúblicas constituintes, e o Soviete das Nacionalidades, representando diretamente os interesses dos grupos de nacionalidade. O Comitê Executivo Central também elegeu o Conselho dos Comissários do Povo, que serviu como parte executiva do governo[1835].

A Carta de 1924 é a primeira constituição da URSS, tendo legimitado um Tratado de 1922, que versava sobre a configuração inicial da União

[1832] Ibidem, p.1419.

[1833] Ibidem, p.1419.

[1834] RODRIGUES, Theófilo Codeço Machado e FERNANDES, Pedro de Araújo. *Constituições soviéticas*: da dissolução do Estado ao Estado-Partido, cit., p. 12.

[1835] BORJA, Sergio Augusto Pereira. Estudo sobre o bloco-constitucional da antiga URSS. Porto Alegre: Tribunal de Justiça do Estado do Rio Grande do Sul, *Revista Justiça & História* / Centro de Memória do Judiciário. 2001, v. 7, n. 13, p. 175-231, 2007, p. 180.

das Repúblicas Socialistas Soviéticas: a República Socialista Federativa Soviética Russa, a República Socialista Soviética da Ucrânia, a República Socialista Soviética da Bielorrússia e a República Socialista Federativa Soviética Transcaucasiana.

A principal pretensão do Tratado era "definir a forma da União recém-criada", ou seja, "um modelo formalmente federal e multinacional", sendo constitucionalmente garantido, por meio do art. 3º, "o direito à autodeterminação das nações, em conformidade com a teoria leninista":

"Art. 3º. A soberania das repúblicas da União só pode ser restrita nos limites especificados nesta Constituição e somente em matérias de competência da União. Com exceção destas restrições, cada república da União exercerá seu poder de estado independentemente. A União das Repúblicas Socialistas Soviéticas deverá proteger os direitos soberanos das repúblicas da União"[1836].

Por sua vez, o art. 4º representou a "manifestação máxima da doutrina da autodeterminação", visto que se garantiu o direito de secessão a cada república socialista:

"Art. 4º. Toda república da União possui o direito à livre secessão da União".

Logo, no plano constitucional, "a União não seria mantida pela força e sim pela adesão voluntária, pela solidariedade internacional da classe operária"[1837], pois, nas palavras de Lênin "a plena igualdade de direitos das nações; o direito à autodeterminação das nações; a fusão dos operários de todas as nações – é este o programa nacional que o marxismo ensina aos operários, que ensina a experiência de todo o mundo e a experiência da Rússia"[1838].

1836 Ibidem, p. 181.

1837 Rodrigues, Theófilo Codeço Machado e Fernandes, Pedro de Araújo. *Constituições soviéticas*: da dissolução do Estado ao Estado-Partido, cit., p. 12.

1838 Lênin, Vladimir. "Sobre o Direito das Nações à Autodeterminação". In: V. I. Lênin. *Obras escolhidas*. Lisboa: Editora Avante, 1978, v.1.

As eleições diretas e secretas foram instituídas somente em 1935, quando o governo entendeu que "já não existiam no país 'classes exploradoras' e que as bases do socialismo estavam implantadas"[1839].

A Constituição soviética de 1924 reproduziu a forma piramidal dos Sovietes, esta prevista na Constituição de 1918, mas a principal diferença foi que "o Comitê Executivo Central da União Soviética se tornou um órgão bicameral, refletindo a nova estrutura federativa, sendo eleitos representantes de cada República para além dos representantes eleitos pelos delegados do Congresso dos Soviets de toda a União, conforme os artigos 13, 14 e 15"[1840].

Durante o primeiro período da Nova Política Econômica (1921-1928), em que se buscava desenvolver as forças produtivas por meio da preservação de algumas formas de produção capitalistas, o que, de certo modo, significava um passo atrás em relação às expectativas revolucionárias mais radicais, diferentemente da Constituição anterior, a Constituição de 1924 definiu certas instituições jurídicas, como a Suprema Corte da União e a Procuradoria e previu determinadas normas que "garantissem previsibilidade e ordem para que as relações econômicas pudessem se desenvolver"[1841].

A então nova Carta inova ao dispor sobre a ideia de uma "legalidade socialista", visando substituir a noção de uma superação do Direito no socialismo. Nesse sentido, a previsão do artigo 43 escancara a submissão do Judiciário à lógica da engrenagem política:

"Art. 43. (...) com o objetivo de fortalecer a legalidade socialista no território da União das Repúblicas Socialistas Soviéticas, uma Suprema Corte deverá ser estabelecida e vinculada ao Comitê Executivo Central da União das Repúblicas Socialistas Soviéticas (...)"[1842].

1839 Monserrat Filho, José. Evolução constitucional da URSS. Suplemento do *Correio Brasiliense*, p. 6.

1840 Rodrigues, Theófilo Codeço Machado e Fernandes, Pedro de Araújo. *Constituições soviéticas*: da dissolução do Estado ao Estado-Partido, cit., p. 13.

1841 Regis, Osni de Medeiros. Observações sobre a nova constituição da União Soviética, cit., p. 30; Rodrigues, Theófilo Codeço Machado e Fernandes, Pedro de Araújo. *Constituições soviéticas*: da dissolução do Estado ao Estado-Partido, cit., p. 13.

1842 Ibidem, p. 13.

No que tange a direitos e deveres dos cidadãos, estes foram contemplados somente nas Constituições de cada República soviética, cujos textos transcreviam o conteúdo da Carta de 1918[1843].

Em suma, a Constituição de 1924 permaneceu vigente até a nova Constituição de Stalin, de 5 de dezembro de 1936, e as duas Cartas constituíram as bases do socialismo. Ao longo desses anos, na economia, houve o período do "comunismo de guerra", de 1917 a 1921; o da "NEP" (nova política econômica) de 1921 a 1928; e o início da fase dos planos quinquenais, a partir de 1928[1844].

Na política, em síntese, o Partido Bolchevique transforma-se em Partido Comunista e único. Dá-se o estabelecimento do Komintern (A Internacional Comunista) e o afastamento de Lênin do controle político e administrativo da URSS devido ao comprometidimento de sua saúde em 1923. Ocorrem as lutas pela liderança e, finalmente, há o controle absoluto por Stalin, que realiza os grandes expurgos no início dos anos 1930 e lança a ideia de ter a "sua constituição"[1845].

8.7.5.2 Constituição de 1936 – mais transformações

A década de 1930 revelava-se um período de maior desenvolvimento econômico na União Soviética, sob o comando do Partido Comunista. Diante desse novo cenário, sob a liderança de Stalin, promoveu-se a ideia de reformar a Carta de 1924.

E Stalin propõe à Assembléia Plenária do Comitê Central do Partido que seja levada a efeito a revisão da Constituição pelo Congresso dos Sovietes, o órgão supremo do poder na URSS. Este se reuniu em 6 de fevereiro de 1935 por ocasião do VII Congresso e, como esperado, aprovou as proposições do partido[1846]. O Comitê Executivo da URSS, que era então formado pelo Soviete da União e Soviete das Nacionalidades, deu seguimento aos trabalhos. O Comitê designou uma Comissão de Constituição que tinha Stalin como presidente e, ao mesmo tempo, relator. Na sequência, houve ampla discussão de toda a sociedade, envolvendo

1843 Ibidem, p. 13.

1844 Regis, Osni de Medeiros, *Observações sobre a nova constituição da União Soviética*, cit., p. 2.

1845 Ibidem, p. 2.

1846 Ibidem, p. 2.

55% da população adulta do país, e foi apresentado um total de 154.000 emendas que, em 5 de dezembro de 1936, tal como o líder queria, resultou no novo documento constitucional, a "sua constituição", a Constituição de Stalin[1847].

Quanto à nova Constituição vale destacar:

"Em 1936, havia bem menos clérigos e nenhum explorador do trabalho alheio; e na nova Constituição ninguém era privado de direitos. Isso não teve, porém, absolutamente nenhuma consequência, porque as eleições soviéticas tinham um único candidato. Em seu discurso[1848] de 25 de novembro de 1936 para apresentar a Constituição, Stalin[1849] a contrastou com as Constituições de países burgueses, que eram puramente formais e às vezes continham restrições baseadas em sexo ou propriedade. Enaltecendo a nova Constituição como a mais democrática já vista até então, Stalin disse que esta propiciaria 'não apenas liberdades democráticas', mas também 'meios materiais' para obtê-las. 'É compreensível', acrescentou ele, 'que o democratismo do esboço da nova Constituição não seja em geral um democratismo 'comum' e 'reconhecido universalmente', mas é um 'democratismo socialista'"[1850].

O artigo 125 previa que "Em conformidade com os interesses dos trabalhadores e a fim de fortalecer o sistema socialista, os cidadãos da URSS

1847 Borja, Sergio Augusto Pereira. Estudo sobre o bloco-constitucional da antiga URSS, cit., p. 181..

1848 "O discurso em que Stalin apresentou a constituição de 1936 foi, entretanto, importante. Foi nesse pronunciamento que, pela primeira vez, ele declarou inequivocamente que a União Soviética se tornara um Estado socialista. Até então, eles estavam "construindo o socialismo". Stalin, cujo estilo didático incluía muita repetição intencional, de efeito retórico e pedagógico, declarou: "Nossa sociedade soviética já conseguiu produzir o socialismo em sua maior parte; criou uma estrutura socialista, ou seja, realizou o que os marxistas chamam de primeira fase do comunismo, ou fase inferior. Isso significa que já cumprimos em essência a primeira fase do comunismo, do socialismo".

1849 Diga-se, de passagem, que a "constituição democrática" limitava os direitos dos cidadãos, o que não correspondia à qualificação de "socialista", segundo Stalin. Por exemplo, segundo o art. 1º, "A União das Repúblicas Socialistas Soviéticas é um Estado socialista de operários e camponeses." Como visto, os intelectuais encontravam-se em desvantagem, em um "estrato social diferente, mas não uma classe". BROWN, Archie. *Ascenção e queda do comunismo*, cit., p. 99.

1850 Brown, Archie. *Ascenção e queda do comunismo*, cit., p. 99.

terão garantidos (a) liberdade de expressão; (b) liberdade de imprensa; (c) liberdade de reunião, inclusive a realização de encontros de massas; (d) liberdade para procissões e manifestações nas ruas"[1851].

Sob a vigência da segunda constituição da URSS não mais havia a propriedade privada vinculada a fazendas e indústrias, uma vez que praticamente tudo pertencia ao Estado e às cooperativas de camponeses. A Constituição da época dispunha acerca da "ditadura do proletariado", em que a classe operária deveria prevalecer sobre as demais classes e camadas sociais[1852]. Lênin escreve que "o proletariado se apodera da força do Estado e começa por transformar os meios de produção em propriedade do Estado. Por esse meio, ele próprio se destrói como proletariado, abole todas as distinções e antagonismos de classes e, simultaneamente, também o Estado, como Estado. A antiga sociedade, que se movia através dos antagonismos de classe, tinha necessidade do Estado, isto é, de uma organização da classe exploradora, em cada época, para manter as suas condições exteriores de produção e, principalmente, para manter pela força a classe explorada nas condições de opressão exigidas pelo modo de produção existente (escravidão, servidão, trabalho assalariado)"[1853].

O Estado era o representante oficial de toda a sociedade, a sua síntese num corpo visível, mas só o era como Estado da própria classe que representava em seu tempo toda a sociedade: Estado de cidadãos proprietários de escravos, na antiguidade; Estado da nobreza feudal, na Idade Média; e Estado da burguesia de nossos dias. Mas quando o Estado se torna, finalmente, representante efetivo da sociedade inteira, então se torna supérfluo. Uma vez que não haja nenhuma classe social a oprimir; uma vez que, com a soberania de classe e com a luta pela existência individual, baseada na antiga anarquia da produção, desapareçam as colisões e os excessos que daí resultavam, não haverá mais nada a reprimir, e um poder especial de repressão, um Estado, deixa de ser necessário[1854].

1851 Ibidem, p. 99.
1852 Ibidem, p. 100.
1853 Ibidem, p. 100.
1854 Ibidem, p. 100.

O primeiro ato pelo qual o Estado se manifesta realmente como representante de toda a sociedade – a posse dos meios de produção em nome da sociedade – é, ao mesmo tempo, o último ato próprio do Estado. "A intervenção do Estado nas relações sociais se vai tornando supérflua daí por diante e desaparece automaticamente. O governo das pessoas é substituído pela administração das coisas e pela direção do processo de produção. O Estado não é 'abolido': morre. É desse ponto de vista que se deve apreciar a palavra de ordem de 'Estado livre do povo', tanto em seu interesse passageiro para a agitação, como em sua definitiva insuficiência científica; é, igualmente, desse ponto de vista que se deve apreciar a reivindicação dos chamados anarquistas, pretendendo que o Estado seja abolido de um dia para o outro"[1855]. Durante o período em que se fez valer, que corresponde ao estabelecimento do socialismo, a Carta foi diversas vezes modificada, cujas emendas foram apresentadas pela chefia do partido, do Conselho de Ministros e do *Presidium* do Soviete Supremo[1856].

8.7.5.3 O stalinismo, a ditadura e os grandes processos de 1936-1938 – O grande terror

Entre 1936 e 1938 os expurgos stalinistas são realizados no período conhecido como "o grande terror". Diversos revolucionários foram afastados e executados, tais como Zinoviev, Kamenov, Rikov, Piatakov[1857], Kres-

1855 Borja, Sergio Augusto Pereira. *Estudo sobre o bloco-constitucional da antiga URSS*, cit., p. 182.

1856 Regis, Osni de Medeiros. *Observações sobre a nova constituição da União Soviética*, cit., p. 29.

1857 Georgy Leonidovitch Piatakov (1890-1937) – Anarquista, aderiu ao Partido Operário Social-Democrata Russo em 1910. Membro do Comitê Central (1923-27 e 1930-36), interveio contra as "Teses de Abril" de Lênin. Posteriormente torna-se um dos líderes dos "Comunistas de Esquerda" e manifesta-se contra a introdução da NEP. Após a morte de Lênin, apoia Trótsky contra Stalin. Ocupou vários cargos de responsabilidade nos órgãos de poder soviético, nomeadamente como presidente do Banco Estatal da URSS (1930) e vice-comissário da Indústria Pesada (1934). Preso em 1936, é julgado em 1937 no processo do "Centro Antissoviético Trotskista Paralelo" e condenado a fuzilamento. Como era então vice-comissário da Indústria Pesada durante o processo de janeiro de 1937, o antigo trotskista Piatakov foi condenado como principal responsável da sabotagem industrial.

tinski[1858], Bukharin[1859] etc., com as mais esdrúxulas acusações, como atos de sabotagem, restaurar o capitalismo, dividir a URSS, plano de assassinar dirigentes etc. A repressão era ampla pelo NKVD[1860] (Comissariado de Assuntos Interiores), dirigido por Nicolau Iejou, que reprimia todas as manifestações críticas ao stalinismo. A partir de 1938, o órgão passou a ser dirigido por Lavrenti Beria[1861], e a oposição foi liquidada na URSS.

[1858] Nikolai Ivanovitch Krestinski (1883 – 1938) – Ingressou no Partido Operário Social-Democrata Russo em 1903, foi membro do Comitê Central a partir de 1917 e do Politburo em 1919. Ministro das Finanças da Rússia Soviética entre 1918 e 1920, foi um dos líderes do "Comunistas de Esquerda", ligados a Trótsky, do qual se afasta em 1927. Entre 1930 e 1937 foi vice-ministro dos Negócios Estrangeiros. Preso em 1937, é o único dos 19 arguidos no processo do "Bloco Antissoviético Trotskista de Direita" que não se reconhece culpado. Foi executado em março de 1938.

[1859] Nikolai Ivanovich Bukharin (1888 – 1938) – Estudou economia e, em 1906, uniu-se ao setor bolchevique do Partido Operário Social-Democrata Russo. Foi um dos teóricos marxistas mais destacados, além de jornalista e de colaborador próximo de Vladimir I. Lenin a partir de 1912. Durante a Revolução de Outubro (1917), organizou o levantamento bolchevique em Moscou. Bukharin formulou os princípios da economia soviética (Economia da Etapa de Transformação, 1920), embora criticasse o crescimento demasiadamente acelerado do socialismo nos anos 20. Ocupou importantes cargos políticos, sendo membro do Comitê Central de 1917 a 1934, redator-chefe do Pravda entre 1918 e 1929 e membro do Politburo do Partido Comunista de 1924 a 1929. Após a morte de Lênin, apoiou Stalin contra Trotsky e a oposição de esquerda, mas a partir de 1928 foi considerado por Stalin como possível rival e presumível líder da oposição de direita, razão pela qual foi afastado do poder em 1929. Mais tarde, depois de uma reconciliação formal, recebeu o lugar de redator-chefe do Izvestia (1934). No entanto, em 1937 foi preso e um ano mais tarde, em 1938, condenado à morte e executado nesse mesmo ano. Em 1988, durante a era de Mikhail Gorbachev, foi reabilitado jurídica e politicamente.

[1860] NKVD (Comissariado de Assuntos Interiores), uma espécie de polícia secreta da época.

[1861] Lavrenti Beria (1899 – 1955) – Engenheiro, político russo, membro do Partido Trabalhista, chefe policial da Tcheca na Geórgia, secretário do PC na Geórgia, comandou a polícia política – NKVD a partir de 1938. Fez expurgos impiedosos, participou ainda do Politburo, foi ministro de Segurança do Estado e do Interior, vice-presidente do Conselho de ministros e partícipe do Triunvirato que dirigiu a URSS, após a morte de Stalin (1953). Os seus métodos de temor assustaram os colegas que acabaram prendendo-o e executando-o.

Morreram aproximadamente 2 milhões de pessoas e quase 8 milhões foram detidos em campos de concentração (Gulags)[1862].

A oposição política ou nacionalista ao regime "não se manifesta após 1930 (data do processo dos separatistas ucranianos em Kiev), embora subsistam facções organizadas dentro do partido até 1934. Nem por isso, entretanto, tal oposição se extingue, como demonstram as depurações e as purgas que, por diversas vezes, eliminaram não só os tíbios, os corruptos e os incapazes, mas os inimigos da classe dirigente". Stalin passa a eliminar os dissidentes do regime por meio de julgamentos manipulados, como se deu em 1935, de antigos revolucionários, condenando-os à morte ou prendendo-os em campos de concentração[1863].

"O assassinato do líder bolchevique Serguei Kirov em 1934, que coincidiu com um período particularmente grave de tensão internacional, desencadeou uma série de processos julgados nos tribunais militares, os quais envolveram o 'Centro de Leningrado', com Zinoviev e Kamenev, em 1936, e depois Radek e mais onze membros da oposição, em janeiro de 1937; sete generais e o marechal Tukhatchevski[1864], em julho, e finalmente Bukharin, Rikov e Yagoda[1865] em março de 1938, todos acusados,

1862 Mourre, Michel, *Dicionário de História Universal*, cit., p. 1419.

1863 Crouzet, Maurice, *História Geral das Civilizações*, cit., p. 426.

1864 Mikhail Nikolayevich Tukhatchevski (1893 - 1937) - Comandante militar soviético e chefe do Exército Vermelho. Foi um dos vários comandantes do Exército Vermelho acusado de colaborar com os nazistas durante o Grande Expurgo, sendo condenado e executado pelos Processos de Moscou.

1865 Genrikh Grigoryevich Yagoda (1891 - 1938) - Chefe da polícia secreta soviética sob Stalin de 1934 a 1936 e uma figura central nos julgamentos de expurgo. Yagoda juntou-se aos bolcheviques em 1907 e tornou-se membro do *presidium* da Cheka (polícia secreta soviética) em 1920. A partir de 1930 foi o responsável pelo sistema de campos de trabalhos forçados na União Soviética. Um associado próximo e de longa data de Stalin, Yagoda tornou-se, em 1934, membro do Comitê Central do Partido Comunista e foi encarregado do recém-organizado Comissariado de Assuntos Internos, ou NKVD, no qual a polícia secreta fora absorvida. Como chefe do NKVD, Yagoda preparou o primeiro dos julgamentos de expurgo público (agosto de 1936), no qual Zinovyev, Kamenev e vários de seus associados confessaram uma série de acusações surpreendentes e foram imediatamente executados. No ano seguinte o próprio Yagoda foi vítima dos expurgos generalizados que ajudou a realizar por ordem de Stalin. Ele foi afastado do cargo em setembro de 1936 e substituído como Comissário do Povo por N.I. Yezhov, sob cuja direção os julgamentos de expurgo

em graus diversos, desde de terem agido em ligação com agentes estrangeiros para assassinar Stalin ou para favorecerem um ataque armado contra a URSS, a tramarem um golpe de estado militar. No curso destes dois anos, uma depuração geral atingiu número considerável de dirigentes e altos funcionários, nomeadamente no corpo diplomático, na administração econômica, no exército, nas instâncias do partido. Tais expulsões do partido, prisões e execuções criaram terrível atmosfera de desmoralização e grave desorganização de todas as administrações e de todos os serviços; após a destituição de Nickolai Lejov[1866], chefe da polícia secreta, medidas de apaziguamento corrigiram os erros e as injustiças cometidos, e mais de 6 mil oficiais, engenheiros e funcionários foram libertados ou reabilitados"[1867].

A polícia e a Justiça – O governo soviético, como governo revolucionário ameaçado tanto no interior como no exterior, não poderia subsistir e vencer sem ditadura e esta só pode exercer-se eficientemente auxiliada por uma polícia ativa, "exercendo a vigilância" segundo o governo. Stalin, em 1927, explicou a situação a uma delegação de operários estrangeiros: "*somos um país rodeado de Estados capitalistas. Os inimigos internos da nossa Revolução são os agentes capitalistas de todos os países combatendo-os, combatemos os elementos contra-revolucionários de todos os países ... enquanto se mantiver o cerco capitalista, haverá quem queira fazer-nos naufragar, haverá diversionistas, espiões terroristas enviados de fora das fronteiras da União Soviética pelos serviços de espionagem dos Estados estrangeiros... Não, camaradas, não devemos cometer os mesmos erros que os communards parisienses. A G. E U. (polícia polí-*

ocorreram. Yagoda foi preso em 1937 e tornou-se réu no terceiro julgamento de expurgo público (março de 1938). Foi acusado de ser membro de uma conspiração "trotskista" com a intenção de destruir a União Soviética por meio de sabotagem. Sentenciado à morte em 13 de março foi executado logo depois.

[1866] Nickolai Ivanovich Lejov (1895 – 1940) – Foi oficial da polícia secreta soviética durante o governo de Josef Stalin. Chefiou o NKVD de 1936 a 1938, durante o período mais ativo do Grande Expurgo. Em 1939 foi preso e julgado pelo Colégio Militar do Tribunal Supremo da URSS, acusado de traição ao Estado, espionagem e de ligação a uma organização militar clandestina no interior do Exército Vermelho que buscava derrubar o governo soviético. Foi executado em 4 de fevereiro de 1940.

[1867] Crouzet, Maurice, *História Geral das Civilizações*, cit., p. 426-427.

tica) é necessária à Revolução e continuará a existir para terror dos inimigos do proletariado"[1868].

Organizada em 1922, após o fim da guerra civil, a polícia política do Estado (GPU, depois OGPU e mais tarde, em 1934, NKVD) exerceu sua atividade durante a NEP contra os partidários do antigo regime e os representantes das antigas classes dirigentes e também contra os "políticos": mencheviques, socialistas-revolucionários e anarquistas. "Com a aplicação dos planos quinquenais, passou a ocupar-se dos nepmen e dos kulaks, bem como de todos os que entravavam a industrialização e eram suspeitos de 'sabotagem' da produção, como, por exemplo, os 48 especialistas das indústrias alimentares, julgados no outono de 1930, e os engenheiros do 'partido industrial' de Moscou, processados em dezembro e anistiados no ano seguinte. Até princípios de 1935 prosseguem as medidas de rigor: a pena capital para os crimes políticos e a deportação para os campos do Ártico e da Sibéria tinham essencialmente atingido os contrarrevolucionários, os nepmen e os kulaks: a oposição proveniente do partido beneficiava-se de um regime mais suave, comparável ao 'regime político' das prisões ocidentais"[1869].

A oposição: Os dirigentes da Revolução de 1917 sempre estiveram convencidos de que o capitalismo pretendia destruir o novo Estado socialista, convicção essa confirmada pela intervenção e depois pelo auxílio fornecido aos emigrados e a seus empreendimentos pelos governos estrangeiros, pelas ameaças da imprensa e de muitas personalidades militares e civis de outros países. Com isso o regime foi levado a ver em todas as manifestações da oposição, assim como nas conspirações ou "sabotagens", o dedo da intervenção externa[1870].

O desaparecimento da maior parte das antigas classes dirigentes não emudecera toda a oposição. Parte de seus elementos, que continuaram em território soviético, ressurgiu à luz do dia nos anos da NEP, mas foi, sem grande dificuldade, reduzida ao silêncio. Muito mais sérias foram a oposição dos kulaks e a resistência do setor camponês no início da coletivização, que se manifestaram por revoltas armadas, dominadas facil-

1868 Ibidem, p. 422.
1869 Ibidem, p. 422-423.
1870 Ibidem, p. 423.

mente, por prisões e deportações, mas também por meio de resistência declarada ou dissimulada à formação de kolkhozes, da redução das áreas semeadas de trigo e principalmente pela hecatombe do gado que, entre 1929 e 1933, atingiu talvez metade dos cavalos, 30 milhões de cabeças de gado, 100 milhões de carneiros, de tal forma que só dez anos depois foi possível reconstituir o plantel existente em 1929[1871].

"Outra oposição muito perigosa para o regime foi a que se formou dentro do partido quando Lênin adoeceu, no momento mais difícil da NEP. Desde 1917, o conflito que lhe opôs muitas vezes a Trotsky, assumiu maior amplitude quando este atacou a NEP, considerando-a uma capitulação perante os capitalistas e, após a morte de Lênin, quando se defrontaram duas teses radicalmente contrárias quanto à orientação política da União: a tese trotskista da revolução permanente e a que Stalin defendia, da revolução socialista num só país. Durante cinco anos Stalin lutou contra a "troika"[1872] de Trotsky, Zinoviev e Kamenev. As duas facções defrontaram-se nos diversos organismos do partido, na imprensa, nos congressos, até a altura em que a vitória de Stalin decidiu pela realização do socialismo num só país e, por consequência, determinou o abandono da NEP, bem como a coletivização dos campos e a industrialização, graças aos planos quinquenais. Trotsky foi exilado para Alma-Ata e por fim expulso da URSS em janeiro de 1929[1873]. Em 1930, a oposição da direita,

[1871] Ibidem, p. 423-424.

[1872] O equivalente a "trio" ou "trinca" em português.

[1873] Leon Trotsky nasceu Lev Davidovich Bronstein, em 7 de outubro de 1879, na cidade de Ianovka, Ucrânia. Após ampla participação política e revolucionária, que lhe custou inclusive o exílio, na Revolução Russa de 1917 assumiu o Comitê Militar Revolucionário. Sua primeira ordem foi o recrutamento de camponeses e veteranos (ex-czaristas) para o chamado Exército Vermelho, a fim de deter forças contrárias à revolução. Pelos três anos seguintes, era o próprio Trotsky quem comandava os soldados contra as forças estrangeiras e o Exército Branco (mencheviques, em sua maioria). Durante esses três anos de "comunismo de guerra", Trotsky foi um líder aclamado entre as massas. Muitos, inclusive, o consideravam o verdadeiro herói da Revolução Bolchevique. Já outros, até mesmo do próprio partido, o consideravam autoritário e impiedoso. Em paralelo ao Comitê Militar, Trotsky assumiu o Politburo, o órgão executivo encarregado de decisões imediatas. Posteriormente, tornou-se comissário das Relações Exteriores. Sua obsessão era espalhar o movimento comunista por todo o mundo, plano não endossado pelos homens fortes do partido. Os embates ficaram mais contundentes, sobretudo após o advento da União

de Bukharin, hostil à coletivização dos campos, viu-se, por sua vez, reduzida à impotência. Doravante a oposição manifesta-se apenas por meio de atos de sabotagem e pela inércia de certos técnicos que lamentam o desaparecimento do antigo regime e continuam mantendo relações com os círculos da emigração"[1874].

8.7.5.4 Os planos quinquenais e a industrialização

Um fator relevante nos primeiros anos da Revolução foi o avanço do setor industrial em face da estagnação do setor agrário. Tal distorção acabou por ser corrigida com o avanço dos planos quinquenais, deixando de privilegiar apenas as indústrias pesadas. Nos primeiros anos do governo Stalin "a realidade mais gritante era o contraste entre os progressos da indústria (cuja produção global ultrapassava em 11%, no ano de 1927, a de 1913) e a estagnação da agricultura. Em virtude da política da NEP, que esteve oficialmente em vigor até 1928, a agricultura soviética continuava a basear-se num extremo parcelamento das courelas e nos métodos obsoletos da pequena cultura (não se contavam menos de 25 milhões de pequenas explorações agrícolas). A indústria, pelo contrário, já estava

Soviética, em 1922. Com a morte de Lênin, em 1924, perdeu a liderança para Stalin e passou a ser visto dentro do partido como fonte de desagregação e "eterno menchevique". Em seguida, foi destituído do comissariado e proibido de falar em público. Julgado por traição, em 1927, Trotsky foi expulso do Partido Comunista e expatriado. Destruído pela máquina que ele próprio construíra, Trotsky foi perseguido por Stalin, o algoz que vitimou quase toda a sua família – restando apenas a esposa, Natalia, e o neto Esteban. Obrigados a se refugiar, os três passaram por países como Turquia, França e Noruega. Sensibilizados, os pintores comunistas Diego Rivera e Frida Kahlo apresentaram ao governo mexicano um pedido de asilo para Trotsky e sua família. O clamor foi atendido em 1937. Foi aí que eles se estabeleceram em Coyoacán, nos arredores da cidade do México: primeiro, na casa dos artistas; depois, em um casarão a poucas quadras dali – Trotsky havia traído Natalia com Frida. Em maio de 1940, atiradores stalinistas invadiram sua casa. Por sorte, ele sobreviveu. Três meses depois, em 20 de agosto, outro agente se infiltrou no convívio com Trotsky – apresentando-se como simpatizante. Escondendo uma pequena picareta por debaixo do casaco, o assassino surpreendeu Trotsky na biblioteca, desferindo um golpe no crânio. Gravemente ferido, o líder bolchevique chegou consciente ao hospital. Horas depois, sem sinal de melhora, resignou-se: "Dessa vez, eles conseguiram". Trotsky faleceu no dia seguinte.

[1874] CROUZET, Maurice, *História Geral das Civilizações*, cit., p. 424.

socializada em mais de 80%. A introdução na agricultura das técnicas modernas de grande rendimento pressupunha a passagem a grandes herdades. Por conseguinte, foi por razões essencialmente técnicas, no intuito de melhorar a produção, que se decidiu a 'liquidação dos kulaks', quer dizer, dos camponeses abastados. Apesar da oposição dos 'direitistas' Nikolai Bukharin e Alexsei Rikov, sucessor de Lênin na chefia do Conselho dos Comissários do Povo, o desaparecimento dos kulaks como classe foi ordenado no começo de 1930. Isto consumou-se em condições trágicas: comandos especiais chegados às aldeias, geralmente de noite, os fuzilavam ou deportavam. O campesinato opôs uma enorme resistência à coletivização, que foi inicialmente aplicada através dos meios mais violentos. Em vez de entregar o seu gado ao kolkhoze, muitos camponeses preferiram abatê-lo, tornando a coletivização desastrosa. No imediato, os resultados mostraram-se quase tão decepcionantes no domínio do cultivo. Em finais de 1932, 61,5% dos agregados camponeses, representando 77,7% da superfície semeada, tinham sido coletivizados e, em 1939, o setor coletivizado representava quase 97% da agricultura. Muito mais espetaculares foram as realizações no domínio da indústria. Em menos de dez anos, depois dos seus dois planos quinquenais (1928/1932, 1933/1 937), a União Soviética tomou-se uma potência industrial de primeiro plano"[1875].

A preparação dos planos quinquenais foi obra do Gosplan[1876], criado em 1921. "O primeiro plano quinquenal, que constituiu a viragem capital no desenvolvimento econômico da URSS, deu a prioridade à indústria pesada (78% dos investimentos totais). Este plano, cujo objetivo era simultaneamente alcançar os países capitalistas mais avançados, acelerar a edificação do socialismo e assegurar à URSS a sua independência industrial foi realizado no meio de um imenso entusiasmo para o qual contribuíram a propaganda pelo exemplo das equipes de 'trabalhadores de choque' e a propaganda escrita dos publicistas do plano quinquenal. O povo soviético, invadido por uma espécie de embriaguez prometeica, começou a embeber-se de estatísticas, de números astronômicos, de previsões que ninguém duvidava de ultrapassar. Enquanto a região do Don-

1875 MOURRE, Michel, *Dicionário de História Universal*, cit., p. 1420-1421.

1876 Era um escritório central de planificação da economia soviética, ligado ao governo.

bass, na embocadura do Dou, conservava a sua supremacia tradicional, criaram-se novas zonas de indústria pesada nos Urais (combinado metalúrgico de Magnitogorsk), na bacia hulhífera do Kuzhass, na Sibéria, e, no Extremo Oriente, na região do Amur. A taxa de crescimento anual prevista (211%) foi ultrapassada"[1877].

Por ocasião do segundo plano quinquenal, diante dos índices já alcançados e que supriram boa parte das perdas ocasionadas pela Guerra e pelas lutas internas durante a Revolução, comparativamente, Stalin foi menos ambicioso. Mesmo assim trouxe ritmo de crescimento de 13 a 14% por ano, e incidiu mais nos bens de consumo. "Construíram-se no decurso deste plano os canais mar Branco-Báltico e Moscova-volga e o metropolitano de Moscou. Em 1928, as máquinas importadas representavam mais de um terço e, em 1937, apenas 0,9%. A URSS conquistara assim a sua independência econômica e tornava-se, a seguir aos Estados Unidos e à Alemanha, a terceira potência industrial do mundo. No entanto, o nível de produção por habitante continuava muito inferior ao dos outros países industrializados. A indústria pesada havia sido sistematicamente favorecida e, relativamente a ela, a parte da indústria produtora de bens de consumo não cessava de diminuir. Assim, os extraordinários progressos realizados no período dos primeiros planos quinquenais não se traduziram num aumento do nível de vida da população, o qual, pelo contrário, diminuía desde 1928. Os salários soviéticos, que apresentavam enormes desigualdades, considerando os dos altos funcionários da administração, do exército e da polícia, dos chefes de indústria, dos engenheiros e os da massa operária, não podiam, no seu conjunto, ser comparados aos salários ocidentais, pois os preços mantinham-se muito elevados. Mas o regime stalinista fizera um esforço apreciável nos domínios social e cultural. O trabalhador soviético beneficiava-se de garantias de emprego e de um sistema de segurança social que não tinha equivalentes em nenhum dos grandes países capitalistas. O desemprego, que grassava nas democracias ocidentais, era desconhecido na URSS. O ensino continuava a progredir após a lei de 1930 sobre a instrução primária obrigatória. O analfabetismo tinha praticamente desaparecido"[1878].

[1877] Mourre, Michel, *Dicionário de História Universal*, cit., p. 1421.
[1878] Ibidem, p. 1421.

Houve três planos quinquenais de Stalin. Todavia, dados estatísticos de produção foram falseados pelo governo para justificar as medidas econômicas.

8.7.5.5 Política Externa

A URSS procurou se aproximar dos EUA, da Turquia e da França, em síntese do Ocidente, o que culminou em um pacto de assistência mútua franco-soviética e na aceitação pelas potências europeias da entrada da URSS na Sociedade das Nações. Em 1939 foi realizado o Pacto Molotov-Ribbentrop[1879] com a Alemanha nazista, em que ocorre a partilha da Polônia. Apesar desse acordo, Hitler invade a URSS em 22 de junho de 1941, causando perdas de aproximadamente 25 milhões de russos (militares e civis) durante a guerra, fora os mutilados, doentes e feridos. Vilarejos e cidades foram destruídos e suas populações massacradas[1880].

No campo externo, Stalin fez um acordo de paz com Hitler (1889-1945) por intermédio do já citado pacto Molotov (1890-1986) – Ribbentrop (1893-1946), em que a URSS ocupa a Polônia, Estônia, Letônia e Lituânia. Na realidade, "o stalinismo caracterizou-se por um realismo patriótico que utilizou as forças do comunismo internacional de acordo com os interesses primordiais da URSS. Esta conduziu a sua política sem cuidar das reações dos comunistas estrangeiros, que se viram colocados brutalmente perante o fato consumado (por exemplo, quando da assinatura do pacto de 1939). Prosseguindo os seus esforços para restabelecer relações normais com as potências 'capitalistas'. Ao mesmo tempo que levava a cabo a construção do socialismo num só país, ela não havia renunciado aos objetivos da revolução mundial. A sua política externa era ainda determinada pela perspectiva de um confronto inevitável entre ela e o resto do mundo. Ao apoiar a revolução chinesa (nacionalista) de Sun Yat-Sen, os soviéticos procuraram assegurar posições essenciais na Ásia,

1879 Joachim Von Ribbentrop (1893 – 1946) – Político alemão, ministro dos negócios estrangeiros de Hitler (1935-1945), foi preso e condenado a morte pelo tribunal de Nuremberg. Negociou um pacto com a URSS para a região leste da Europa Central em duas áreas de influência, ficado uma parte da Polônia (oeste) com a Alemanha. O pacto não foi cumprido por Hitler.

1880 Mourre, Michel, *Dicionário de História Universal*, cit., p. 1422.

mas as suas relações com os nacionalistas chineses romperam-se em 1927. Chegou mesmo a eclodir um conflito russo-chinês em 1929 a propósito do caminho-de-ferro do Leste chinês. A Ocidente, não obstante o reatamento das relações diplomáticas, as grandes potências, inquietas com a influência comunista, continuavam a manter a URSS fora do concerto das nações. Os dirigentes comunistas nacionais, formados segundo o modelo stalinista, negavam-se a toda a colaboração com os sociais-democratas, o que não contribuiu pouco para os progressos de Hitler na Alemanha"[1881].

> *"A URSS foi admitida na Sociedade das Nações (18 de setembro de 1934) e assinou pactos de assistência mútua com a França (2 de maio de 1935) e com a Checoslováquia (16 de maio de 1935). Os Estados Unidos decidiram-se finalmente a reconhecer o governo soviético (novembro de 1933). Esta evolução teve reflexos no comunismo internacional, que, renunciando à sua solidão, começou a preconizar, em nome do antifascismo, a unidade de ação com os socialistas e até com os partidos burgueses democráticos. No decurso da guerra civil de Espanha (1936/1939), a URSS, apesar de representada no 'Comité de Não-Intervenção', enviou abundante material e especialistas militares aos republicanos (estes expediram para Moscou o ouro espanhol). Todavia, os processos de Moscou (1936/1938) tinham escandalizado a maioria da opinião pública ocidental e os governos francês e britânico davam mostras de muita desconfiança para com a URSS. Em Setembro de 1938, eles concluíram com Hitler e Mussolini os Acordos de Munique, que ditavam a sorte da Checoslováquia, sem sequer se acordarem com Stalin. Este, receando que os ocidentais acabassem por deixar as mãos livres a Hitler para uma grande guerra no Leste, mudou novamente de atitude e, em Abril de 1939, pôs-se a fazer propostas à Alemanha hitleriana. O ministro dos Negócios Estrangeiros Litvinov, que era de origem judaica e pró-ocidental, foi substituído por Molotov (Maio de 1939). Do mesmo passo que prolongava as negociações com as missões militares franco-britânicas que tinham ido a Moscou, Stalin prosseguia secretamente as conversações com a Alemanha e, a 23 de Agosto de 1939, para espanto do mundo inteiro, assinou-se no Kremlin o Pacto de Não Agressão Germano-Soviético [Pacto Molotov–Ribbentrop], ao qual estava ligado um protocolo secreto que previa a divisão da Polônia entre a Alemanha e a URSS. Quando a Polônia já se encontrava destroçada sob os golpes da Wehrmacht, as tropas soviéticas apanharam-na pela retaguarda (17 de setembro de*

[1881] Ibidem, p. 1422.

1939) e, segundo os acordos firmados com a Alemanha, ocuparam toda a parte oriental do país, que foi anexada à URSS. Esta levou igualmente a que a Lituânia lhe cedesse Vilna e a respectiva região. No dia 30 de Novembro de 1939, sem declaração de guerra, a aviação soviética bombardeou várias cidades da Finlândia, entre as quais Helsinque, enquanto o Exército Vermelho transpunha a fronteira"[1882].

8.7.6 A URSS na Segunda Guerra Mundial

Apesar do acordo de não agressão firmado em 1939, a Alemanha invade a URSS em 1941, durante a Segunda Guerra, que culminou em milhares de russos mortos. Em suma, "Stalin dava provas de uma surpreendente confiança em relação a Hitler, mas, no mês de dezembro de 1940, o Führer, obcecado pelo seu velho sonho de conquista de um 'espaço vital' a leste, ordenara a preparação do plano Barba Roxa de agressão contra a União Soviética. Ainda assim, Stalin conseguiu assegurar a paz no Extremo Oriente através de um pacto de não-agressão com o Japão (13 de Abril de 1941)"[1883].

Entre 1941 e 1942, os alemães conquistaram os países bálticos, a Bielorrússia, a Ucrânia, a Crimeia, a região industrial do Donbass e uma parte das bacias petrolíferas do Cáucaso. Cercaram, a norte, Lêningrado e, a sul, a curva do Baixo Volga. Mas no inverno de 1941/1942 foram repelidos diante de Moscou. Na época, imaginou-se que algumas populações das regiões ocupadas (entre outros, os ucranianos) iriam juntar-se à Alemanha para lutar contra o regime soviético. Mas os dirigentes hitlerianos consideravam indistintamente os eslavos como uma raça inferior e a sua política de exploração sistemática e de terror contribuiu para unir o povo inteiro em redor de Stalin, que, na qualidade de presidente do Conselho dos Comissários do Povo desde 1941, assumira a chefia de um Conselho de Defesa (30 de junho) e fizera-se nomear generalíssimo (outubro de 1941)[1884].

Durante a guerra, Stalin impôs à ação um caráter mais patriótico do que revolucionário, de modo que foram exaltados os heróis e os grandes cabos de guerra do passado, como Alexandre Nevski, Dimitri Donskoi,

[1882] Ibidem, p. 1422.
[1883] Ibidem, p. 1423.
[1884] Ibidem, p. 1423.

Suvorov, Kutuzov etc. Ele até mesmo invocou, em caráter motivacional, para a defesa da pátria soviética, a própria religião, visto que em setembro de 1943 o metropolita de Moscou, que iria em breve retomar o título de "patriarca de todas as Rússias", foi solenemente recebido no Kremlin[1885].

Com a estatização da indústria, as regiões dos Urais e da Sibéria adquiriram novo incremento, em virtude da guerra. Além disso, a URSS recebeu ajuda considerável dos Estados Unidos sob a gestão do presidente Roosevelt, quando este aprovou o benefício da Lei Empréstimo-Arrendamento, e da Inglaterra, que lhe fizeram chegar material pelo Irã (ocupado pelos ingleses e pelos soviéticos desde agosto de 1941) ou então pela rota marítima do oceano Glacial Ártico. Em julho de 1941 havia sido assinada uma declaração de assistência mútua anglo-soviética, substituída, em maio de 1942, por um tratado, válido para um período de vinte anos. Após as primeiras derrotas, o povo soviético recompôs-se da seguinte forma: "começou a lutar com um ardor heroico, tanto na frente como nas unidades de guerrilheiros ou nas fábricas da retaguarda. Revelaram-se novos chefes militares (Jukov, Koniev, Rokossovski, Tolbukine, Bagramyan etc.). A defesa vitoriosa de Stalingrado (setembro de 1942/fevereiro de 1943) constituiu a viragem decisiva da guerra. A última ofensiva alemã ocorreu na região de Kursk (julho/agosto de 1943) e, no final de 1943, o exército soviético já libertara o Cáucaso, toda a bacia do Donetz e a maior parte da Ucrânia. No decurso do ano de 1944 o território da URSS foi completamente reconquistado, ao passo que as tropas soviéticas irrompiam pela Romênia, Bulgária e Iugoslávia. A derradeira ofensiva, iniciada em janeiro de 1945, levou o Exército Vermelho a Budapeste, Viena e Berlim, sendo o armistício assinado na capital alemã a 9 de maio de 1945"[1886].

Em 1945 a URSS anexou definitivamente o istmo de Carélia (com Viborg), os países bálticos (Estônia, Letônia e Lituânia), uma parte da Prússia Oriental (com Conisberga, que se tornou Kaliningrad), a Polônia Oriental, a Ucrânia subcarpática, a Bessarábia, a Bucóvina Setentrional. As suas tropas ocupavam o resto da Polônia, a Alemanha do Leste, a Checoslováquia, uma parte da Áustria e toda a península balcânica (à exceção

[1885] Ibidem, p. 1423.
[1886] Ibidem, p. 1424.

da Grécia). Elas acampavam agora a menos de 200 quilômetros do Reno. No Extremo Oriente, a URSS, que declarara guerra ao Japão à última hora (9 de agosto de 1945), recuperava todas as posições perdidas em 1905. Depois de ter participado na Conferência de Dumbarton Oaks (agosto/outubro de 1944), ela assinou em São Francisco a Carta das Nações Unidas (junho de 1945) e tornou-se um dos membros permanentes do Conselho de Segurança. A divisão entre os Aliados seguiu-se rapidamente ao fim das hostilidades. Manifestou-se em finais de 1945 a propósito das reparações alemãs. Quando a URSS tentou estender a sua influência ao Noroeste do Irã (novembro de 1945/março de 1946) e depois reclamou à Turquia a revisão da convenção dos Estreitos (Verão de 1946), deparou com a oposição direta dos Estados Unidos[1887].

A atuação militar e os acordos firmados pela URSS ao final da guerra sucederam-se da seguinte maneira:

"Em dezembro de 1944, os alemães passaram à ofensiva na região das Ardenas, infligindo um sério golpe aos exércitos anglo norte-americanos. Para prestar ajuda a seus aliados, o exército soviético empreendeu, em janeiro de 1945, a ofensiva na frente compreendida entre os Cárpatos e o Báltico, numa extensão de mil e duzentos quilômetros"[1888].

Nos fins de fevereiro a Polônia foi totalmente libertada, como também uma parte considerável da Tchecoslováquia. Tendo ocupado, em seguida, quase toda a Prússia oriental e a Silésia alemã, os exércitos soviéticos aproximaram-se das vizinhanças de Berlim.

A grandiosa ofensiva do exército soviético paralisou o avanço das tropas nazistas no Ocidente. Os exércitos aliados acabaram por fechar as brechas produzidas pelos alemães e, em março de 1945, passaram à contraofensiva[1889].

Em meio de novos e grandes triunfos do exército soviético, reuniu-se, em fevereiro de 1945, na cidade de Talta, na península da Crimeia, uma conferência dos chefes dos governos da União Soviética, dos Estados

[1887] Ibidem, p. 1424.
[1888] Revunenkov, V. G. *História dos tempos atuais* – 1917-1957. Rio de Janeiro: Editora Vitória, 1961, p. 146.
[1889] Ibidem, p. 146.

Unidos e da Inglaterra, respectivamente, Josef Stalin, Franklin Delano Roosevelt e Winston Churchill[1890].

Essa conferência elaborou os planos para a derrota definitiva da Alemanha e estipulou as condições para sua capitulação incondicional. Os chefes dos três governos declararam que o objetivo das potências aliadas era a destruição do militarismo e do fascismo para que a Alemanha jamais voltasse a estar em condições de perturbar a paz[1891].

As três grandes potências assumiram ainda o compromisso de lutar por uma política de colaboração em relação aos países emancipados da tirania fascista, para o restabelecimento de sua independência, desenvolvimento democrático e de ajuda econômica a eles[1892].

Na conferência de Yalta foi também firmado um acordo secreto entre as três potências, pelo qual a URSS se obrigava a entrar na guerra contra o Japão, depois de três meses da capitulação da Alemanha e do término da guerra na Europa[1893].

Ainda de acordo com as resoluções da Conferência de Yalta, foi convocada, para abril de 1945, na cidade de São Francisco, nos EUA, uma conferência das potências da coalizão antifascista. Essa conferência elaborou e aprovou os estatutos da Organização das Nações Unidas (ONU), organismo internacional destinado a manter a paz e a segurança das nações"[1894].

8.7.6.1 A capitulação incondicional da Alemanha nazista. A Conferência de Potsdam e suas resoluções

Depois de romper as defesas alemãs ao longo dos rios Oder e Neisse, o exército soviético alcançou Berlim. Hitler suicidara-se. Concretizada a ocupação de Berlim em 2 de maio, os representantes do comando militar da Alemanha assinaram, na própria cidade, a ata da rendição incondicional na noite de 8 para 9 de maio. Esse ato implicava a transferên-

[1890] Ibidem, p. 146.
[1891] Ibidem, p. 147.
[1892] Ibidem, p. 147.
[1893] Ibidem, p. 147.
[1894] Ibidem, p. 147.

cia do poder supremo da Alemanha para as mãos das quatro grandes potências[1895].

Em julho de 1945 realizou-se na cidade de Potsdam, próximo de Berlim, a terceira conferência dos chefes de governo da URSS, dos EUA e da Inglaterra. Como esperado, a delegação da URSS, representada por Stalin; a dos Estados Unidos, por Harry Truman; e a da Inglaterra, por Winston Churchill, visto que, depois das eleições parlamentares inglesas, este foi substituído por Clement Atlee, chefe do Partido Trabalhista inglês, vencedor nessas eleições, que foi designado primeiro-ministro[1896].

No encontro, firmaram-se as seguintes resoluções:

"A atenção principal da Conferência de Potsdam concentrou-se na questão alemã, tendo seus participantes chegado a um acordo sobre os princípios que deveriam nortear a política em relação a esse país. Na declaração assinada, expressava-se a necessidade do completo desarmamento da Alemanha, da extirpação do fascismo e a reestruturação da vida política do país em bases democráticas. Para julgar os principais criminosos de guerra alemães, foi instituído um Tribunal Militar Internacional. Ficou ainda resolvido entregar à União Soviética parte do litoral da Prússia Oriental, inclusive a cidade de Konigsber (hoje Kaliningrad), e à Polônia a parte restante dessa região. Segundo ainda a deliberação da Conferência, a fronteira ocidental da Polônia passaria ao longo dos Rios Oder e Neisse ocidental.

As decisões da Conferência de Potsdam tiveram enorme significação internacional. Os povos de todo o mundo saudaram-na com uma importante contribuição à causa do estabelecimento de uma sólida paz e como testemunho da completa possibilidade de colaboração entre as grandes potências no período do após guerra"[1897].

8.7.6.2 A guerra da URSS contra o Japão e a capitulação incondicional do país nipônico. O fim da Segunda Guerra Mundial

A rendição japonesa ocorreu em face de uma sequência de incursões militares. Primeiro, por parte da ação anglo norte-americana, em 1943

[1895] Ibidem, p. 148.
[1896] Ibidem, p. 148.
[1897] Ibidem, p. 148.

e 1945; depois, por parte do avanço soviético, também em 1945; e, finalmente, dada a participação americana por meio do lançamento de bombas atômicas às cidades de Hiroshima e Nagasaki, ataques estes que se sucederam em agosto de 1945.

No caso do ataque patrocinado por americanos e ingleses, que se concretizou ao final de 1943, os respectivos exércitos avançaram contra os japoneses no Oceano Pacífico e ocuparam uma série de ilhas. Depois, no verão de 1945, libertaram uma parte considerável das Ilhas Filipinas e da Birmânia, dando início à libertação da Indonésia[1898].

No entanto, os japoneses dispunham ainda de consideráveis forças na China, até que a União Soviética, em estrita observância à resolução da Conferência de Yalta, começou, a 9 de agosto de 1945, a guerra contra o Japão:

"Os exércitos soviéticos, que avançavam ao longo de uma extensa frente na Manchúria, destroçaram as defesas do inimigo, obrigando o exército japonês de Kuantung a capitular. O Japão perdeu, com essa derrota, sua principal força de choque no continente. O exército soviético libertou dos japoneses a parte noroeste da China, o sul da ilha Sakalina, a cidade de Daini, a de Porto Artur e as Ilhas Curilas"[1899].

Por último, no advento do fragoroso ataque de agosto de 1945, o primeiro conduzido no dia 6, em que a aviação norte-americana lançou uma bomba atômica sobre a cidade japonesa de Hiroshima, e, no dia 9, outra bomba sobre Nagasaki, a ação militar representou um ato de crueldade sem qualquer "necessidade bélica", uma vez que causou a morte de dezenas de milhares de pessoas naquelas cidades[1900].

Em 2 de setembro de 1945, foi assinada a ata de capitulação incondicional do Japão, a bordo do navio de guerra norte-americano Missouri, ancorado na baía de Tóquio. A Segunda Guerra Mundial chegara a seu fim[1901].

[1898] Ibidem, p. 148.
[1899] Ibidem, p. 148.
[1900] Ibidem, p. 149.
[1901] Ibidem, p. 149.

8.8 Moscou: do término da Segunda Guerra aos dias atuais

8.8.1 As repercussões da Segunda Guerra Mundial: correlação de forças entre socialismo x capitalismo

O desfecho da Segunda Guerra Mundial, em que a Alemanha nazista e os demais países de viés fascista foram derrotados, trouxe à tona uma mudança abrupta na correlação de forças pelo globo em favor do socialismo e em detrimento do capitalismo. Intensificou-se, de forma antes nunca vista, o movimento socialista tanto na Europa quanto na Ásia. Formatou-se o seguinte cenário:

"Numa série de países da Europa central e do sudeste, estabeleceu-se o regime da democracia popular, nova forma estatal da ditadura do proletariado, sugerida pelas forças criadoras das massas. Na Ásia, a China e alguns outros países libertaram-se do sistema imperialista. O triunfo da revolução popular na China, país com uma população de seiscentos milhões de habitantes, representou o acontecimento mais importante da história da humanidade, depois da Revolução Socialista de outubro: assestou um golpe irreparável a todo o sistema capitalista e aumentou de modo incomensurável o poderio do campo socialista"[1902].

Portanto, finda a Segunda Guerra Mundial, a migração de países da democracia popular da Europa e Ásia para o regime socialista representou a segunda etapa do desenvolvimento da crise geral do capitalismo. Outro efeito nitidamente verificável, na época, foi o de que "o sistema socialista saiu dos marcos de um só país, convertendo-se num sistema mundial, que marcha inelutavelmente em linha ascendente"[1903].

Se antes da Segunda Guerra Mundial o sistema socialista correspondia a 17% do território dos países do mundo, cerca de 9% da população da Terra e apenas 7% da produção industrial do mundo, em 1958 o sistema socialista passou a contar com 26% do território, 35% da população e mais de 30% da produção industrial do mundo. Sob a bandeira do socialismo, nessa mesma época, submetiam-se ao regime algo em torno

[1902] Ibidem, p. 153.
[1903] Ibidem, p. 153.

de 950 milhões de habitantes, ou seja, mais de um terço da população da Terra[1904].

Depois da Segunda Guerra Mundial o sistema colonial do imperialismo foi posto em xeque, na medida em que países como Índia, Indonésia, Birmânia, Egito, Síria, Líbia, dentre outros, recuperaram a sua independência[1905].

Logo após o fim do conflito, o panorama internacional manteve-se fiel à formação da ampla "zona da paz" entre os países socialistas.

Como consequência ocorreu forte mudança na correlação de forças entre as principais potências imperialistas:

"Os países vencidos – o Japão, a Itália e também a Alemanha Ocidental – debilitados por um longo período, caíram na dependência dos Estados Unidos. A Inglaterra e a França tiveram também suas posições minadas e enfraquecidas. Os Estados Unidos, mais poderosos do que anteriormente, pretendem abertamente estabelecer seu domínio sobre o mundo. Tudo isso aguça, ainda mais, a luta interna no campo imperialista"[1906].

Por outro lado, na visão socialista, a disposição das forças no cenário internacional encontra-se traçado na histórica declaração da reunião de consulta dos partidos comunistas e operários dos países socialistas, realizada em Moscou, em novembro de 1947, em cujo texto se lê o seguinte: "a característica fundamental de nossa época é constituída pela passagem do capitalismo para o socialismo, passagem essa iniciada com a Grande Revolução Socialista de outubro na Rússia"[1907].

Registre-se que, em decorrência da Guerra, mais de uma terça parte de toda a população da Terra empreendeu o caminho para o socialismo, visto que quase todo o continente asiático e uma considerável parte da África "sacudiram o jugo do colonialismo". Em outras palavras, o movimento socialista, em ascensão na época, e o movimento nacional-libertador, aceleraram, de súbito, o movimento de ruptura do imperialismo[1908].

[1904] Ibidem, p. 154.
[1905] Ibidem, p. 154.
[1906] Ibidem, p. 154-155.
[1907] Ibidem, p. 155.
[1908] Ibidem, p. 155.

As Repúblicas Populares e o imperialismo soviético – Na conferência de Yalta, os países ocidentais acordaram com a URSS um mapeamento das respectivas zonas de influência na Europa, cabendo aos soviéticos o controle da Bulgária, Hungria, Romênia, Tchecoslováquia, Polônia, Alemanha Oriental e de Berlim Oriental. A presença do exército vermelho nessas regiões favoreceu a proclamação das repúblicas populares e socialistas, nos moldes do modelo do partido comunista da União Soviética (PCUS). A partir desse contexto, alguns registros evidenciam o início do confronto "socialismo *versus* capitalismo", que englobam o que será denominado período da Guerra Fria, a ser comentado com detalhes mais à frente, envolvendo não apenas a questão atinente à influência político-geográfica em nível mundial, mas também o aspecto ligado à corrida armamentista, incluindo armas nucleares e o domínio espacial. Alguns eventos:

- Em 1947 foi criado o Komiform (substituto do Komintern – Internacional Comunista), tendo como função realizar o controle da URSS sobre os partidos comunistas do Leste Europeu, além de Itália e França, contrapondo-se ao Plano Marshall[1909] e à doutrina Truman[1910] dos EUA.
- Em 1948 ocorreu o rompimento entre Iugoslávia do Marechal Tito e Stalin.
- Em 1949 criou-se o COMECON (Conselho de Mútua Assistência Econômica), para realizar planificação econômica dos países socialistas.

[1909] O Plano Marshall, de iniciativa norte-americana, cuja denominação deriva do nome do Secretário de Estado Americano, George Marshall, que o anunciou em 5 de junho de 1947, durante solenidade realizada na Universidade de Harvard, tratou-se de um plano de recuperação econômica dos países europeus, atingidos pela Segunda Guerra Mundial. Na visão americana, o ponto central para justificar a reconstrução desses países passava pela contenção dos avanços comunistas na referida região.

[1910] A Doutrina Truman, em sentido amplo, consistiu na política externa dos Estados Unidos, a partir de março de 1947, no governo do presidente Harry Truman, por meio de medidas políticas e econômicas de combate à ameaça comunista, esta sob liderança da União Soviética. O pontapé inicial foi o lançamento do Plano Marshall.

- Ampliação das relações com a Coreia do Norte, que teve apoio na guerra contra os EUA a partir de 1950 e com a China de Mao Tse Tung, que havia comandando a revolução comunista e camponesa.

Em relação à economia soviética após a Segunda Guerra Mundial, os planos quinquenais continuaram, a saber:

4º Plano (1946-1950) – aumenta a indústria pesada, as usinas hidroelétricas e a rede ferroviária.

5º Plano (1951-1953) – além dos objetivos praticados anteriormente, incrementa o desenvolvimento da agricultura, da tecnologia e a reconstrução das áreas destruídas pela guerra. Incentiva as experiências nucleares e fabricam a primeira bomba atômica (1949).

Após a guerra (1946), Stalin reprime os intelectuais considerados subversivos, críticos do regime, e persegue os judeus ligados à criação de Israel. Houve perseguição, também, de militares, como do general Jukov, que tinha invadido e tomado Berlim no final da guerra.

8.8.2 Guerra Fria – início

Após a Segunda Guerra inicia-se a denominada Guerra Fria, entre os principais países capitalistas, capitaneados pelos EUA, e a URSS e os países por ela influenciados, que levaram a uma corrida armamentista, incluindo armas nucleares e o domínio espacial. Em suma: "os dois primeiros anos após a guerra foram de tateamento mútuo, mas em 1947 estourou a Guerra Fria, um escalar de tensões até um ponto de inimizade permanente, mas não de beligerância militar aberta. Em 12 de março de 1947, foi anunciada a chamada Doutrina Truman, em resposta a uma série de episódios que acabou contrapondo EUA e URSS. O presidente norte-americano afirmava que os EUA auxiliariam todos os países que estivessem em luta contra a tirania (leia-se comunismo)"[1911].

Dessa forma, uma série de episódios de confrontação se seguiram. Como indicado anteriormente, em junho de 1947, os EUA anunciaram o Plano Marshall. Diferentemente da Europa Ocidental, a URSS e os países da Europa Oriental (agora socialistas) recusaram-se a participar, "por

[1911] Segrillo, Ângelo. *Os russos*, São Paulo: Contexto, 2012, p. 210.

julgá-lo uma ferramenta imperialista econômica para criar uma dependência nos países participantes. Enquanto se criava, em abril de 1949, a Otan (Organização do Tratado do Atlântico Norte), que uniria os EUA e a Europa Ocidental em uma aliança militar, por sua vez os soviéticos responderiam com a criação do Pacto de Varsóvia, em 1955, unindo militarmente à URSS e os países socialistas do Leste Europeu"[1912].

A URSS reergueu-se da guerra rapidamente, mesmo sem ajuda norte-americana e implantou, sob o disfarce de democracias populares ou repúblicas populares, o imperialismo soviético.

"Por volta de 1950 sua economia tinha retomado os níveis de pré-guerra e, em 1953, tinha novamente o segundo Produto Nacional Bruto (PNB) do mundo. A recuperação foi feita em ritmo forçado. O Gulag[1913] estava repleto de prisioneiros políticos, além dos comuns. Criado ainda nos primeiros tempos pós-revolução, o sistema de prisões e trabalho forçado do país só desapareceria de vez com a Perestroica. Inimigos do Estado eram confinados, obrigados a trabalhar em condições precárias e, em tempos stalinistas, muitos foram executados"[1914].

Anos antes, precisamente em abril de 1948, o bloqueio pelos soviéticos dos setores ocidentais de Berlim marcou a ruptura definitiva entre os vencedores da Alemanha e o começo da Guerra Fria; logo:

"A URSS tivera tempo de consolidar os seus bastiões na Europa Oriental, impondo à Romênia, à Bulgária, à Hungria, à Polônia e, por fim, à Checoslováquia ('golpe de Praga', 25 de fevereiro de 1948) regimes de 'democracia popular'. Em França e em Itália, poderosos partidos comunistas apoiavam sem reservas a política externa soviética. Realizaram-se novos progressos no Extremo Oriente graças à vitória dos comunistas chineses sobre Chang Kai-Chek (1949)[1915], seguida pela conclusão de um tratado de aliança sino-soviético (fevereiro de 1950). A URSS, que dispu-

[1912] Ibidem, p. 210-211.

[1913] O autor da obra *O arquipélago Gulag*, Alexander Soljenitsin (1918-2008), descreve como eram os campos de trabalho forçado do país. Ele próprio submeteu-se aos horrores do regime stalinista, por 11 anos, nesse local. Apud SEGRILLO, Angelo, *Os russos, cit.*, p. 62.

[1914] SEGRILLO, Angelo. *Os russos*, cit., p. 210-211.

[1915] Chang Kai-Chek (1887-1975), o intitulado "Generalíssimo Chiang", foi um político e militar chinês que desempenhou a função de Presidente da República da China, atuando como membro do Partido Nacionalista Chinês.

nha dos mais poderosos exércitos clássicos do mundo, recuperou o seu atraso relativamente aos Estados Unidos no domínio atômico (anúncio da primeira explosão de uma bomba soviética: 23 de setembro de 1949)".

A despeito do tom extremamente violento da propaganda soviética contra os Estados Unidos e os Ocidentais, "Stalin manteve sempre na Guerra Fria uma grande prudência, pois o seu país precisava antes de tudo da paz para se reerguer sobre as ruínas. Após o estabelecimento de uma 'ponte aérea' americana, os soviéticos levantaram o bloqueio de Berlim. Quando se desencadeou a Guerra da Coreia (junho de 1950), a URSS assistiu passivamente à intervenção das forças dos Estados Unidos e da ONU"[1916].

8.8.3 Guerra Fria – a radicalização entre 1948-1953

A Guerra Fria, então restrita à Europa, alcançou o mundo inteiro. Com efeito, paralisou o funcionamento da Organização das Nações Unidas, neste cenário:

"A União Soviética, minoritária apesar do apoio das democracias populares, usa sistematicamente o direito de veto, o que vale ao representante soviético o apelido de 'Sr. Niet'. Esse abuso obriga a ONU a revisar suas instituições para transferir importantes atribuições do Conselho de Segurança à Assembleia Geral. Na Assembleia Geral o número faz a lei e é possível aos Estados Unidos conseguir uma maioria que passa por cima da oposição do bloco soviético. A estrutura das relações internacionais é doravante 'bipolar': tudo se reduz ao enfrentamento de dois blocos, tudo se ordena em relação a um ou outro dos dois polos. Tanto mais que ainda não existe uma terceira força, pois o "terceiro mundo" ainda não chegou à existência política"[1917].

Em 1949, quatro anos depois do fim da guerra no Extremo Oriente, os comunistas chineses dominam toda a China continental, sem nenhum apoio da União Soviética, apesar da ingerência americana, que apoiava o governo de Chang Kai-Chek e o Partido Nacionalista da China, o Kuomintang. A vitória do comunismo na China representou, em primeiro

[1916] MOURRE, Michel, *Dicionário de História Universal*, cit., p. 1424.
[1917] RÉMOND, René. *O século XX – de 1914 aos nossos dias*. São Paulo: Cultrix, 1974, p. 151.

momento, "a extensão do bloco comunista, que conta agora com perto de um bilhão de homens e desloca virtualmente seu centro de gravidade"[1918].

No fim de junho de 1950, ocorre, em ricochete, a Guerra da Coreia. A situação deste país assemelhava-se ao *case* da Alemanha. Essa similitude entre as duas situações inquieta a Europa Ocidental, pois, se "no Extremo Oriente, o bloco comunista decidiu recorrer à prova de força para anexar a Coreia do Sul, por que a Alemanha Oriental, ajudada pelo bloco soviético, não faria o mesmo com a Alemanha Ocidental?"[1919].

No verão de 1950, a Europa vivencia um estado de pânico, na medida em que, a exemplo da Alemanha, a Coreia fora dividida em Coreia do Sul, zona esta ocupada pelos norte-americanos; e Coreia do Norte, ocupada pelo bloco soviético, separadas por uma linha demarcatória inteiramente convencional, que segue o 38.0 paralelo de latitude norte[1920].

No dia 25 de junho de 1950, as tropas da República Popular da Coreia do Norte invadem a Coreia do Sul. Então, o Presidente Truman reage e, aproveitando-se da ausência da União Soviética no Conselho de Segurança, os Estados Unidos conseguem que essa ação intervencionista se submeta aos auspícios das Nações Unidas[1921].

Por seu turno, porém, a China intervém e manda voluntários às centenas de milhares. A guerra, que ficaria conhecida por Guerra da Coreia (1950-1953), um dos pontos altos da Guerra Fria, contou também com a participação de quinze países-membros, em apoio à Coreia do Sul, sendo marcada por "toda a sorte de peripécias", como a destituição do General americano MacArthur[1922], que queria bombardear a Manchúria chinesa, e intermináveis negociações[1923].

[1918] Ibidem, p. 151.

[1919] Ibidem, p. 151.

[1920] Ibidem, p. 152.

[1921] Ibidem, p. 152.

[1922] General Douglas MacArthur (1880-1964), oficial militar norte-americano, obteve a patente de General do Exército nos Estados Unidos, mas, em 1951, o presidente Harry Truman afastou-o por pretender acabar com a Guerra da Coreia por meio do bombardeio de cidades industriais chinesas e, até mesmo, do lançamento de bombas atômicas sobre a China.

[1923] Rémond, René. *O século XX – de 1914 aos nossos dias*, cit., p. 152.

Depois, o sul da China vivencia a vitória dos comunistas chineses e, por consequência, sua chegada à fronteira do Vietnã põe fim à esperança dos franceses de esmagar o movimento de independência vietnamita. O resultado da vitória dos comunistas deu-se nos seguintes eventos: "[n] a Batalha de Dien Bien Phu[1924] em 1954, [n]a conferência de Genebra, [n]a partilha do Vietnã; há dois Vietnãs, como havia duas Coreias e duas Alemanhas. Consequência tangível, manifestação topográfica da partilha ideológica do mundo em dois blocos: tanto na Europa quanto na Ásia, a defrontação dos dois acarreta a partilha. É em cada país que a opinião pública está dividida entre os dois blocos"[1925].

A Guerra Fria, entre outras características, é marcada por não tolerar a neutralidade. Em outras palavras:

"Nenhum dos dois blocos aceita de bom grado que terceiros permaneçam à margem. Tanto um quanto o outro se empenham em recrutar o maior número possível de aliados. É o momento em que grassa o que se denominou a 'pactomania' dos Estados Unidos, que constroem pacto sobre pacto, visando a formar, em torno do bloco soviético, uma cintura de segurança contínua entre países ligados por acordos militares. Ao lado do Pacto Atlântico (abril de 1949), que associa a Europa Ocidental à América do Norte – Estados Unidos e Canadá – o ANZUS, nome formado com as iniciais dos países contratantes – Austrália, Nova Zelândia e US (Estados Unidos) – o pacto dito da OTASE ou da Ásia do Sudeste, que associa à Nova Zelândia e à Austrália as Filipinas e a Tailândia, e o pacto dito de Bagdá, ou ainda do Cento, que comportava no início a Turquia – membro também do Pacto Atlântico, ponto de amarração que liga um pacto a outro – o Iraque, o Irã e o Paquistão"[1926].

Sugere-se que o sistema assumia o desenho de um "imenso arco de círculo", ou seja, ocupava uma área que conta da "extremidade seten-

1924 Dien Bien Phu, região vietnamita, situada no fundo de um vale, serviu de palco para o início da derrocada do império colonial francês. Nessa localidade, em 1954, ocorreu uma batalha entre as forças pela independência do Vietnã, o Vietminh, e o Exército francês. As forças vietnamitas, lideradas pelo general Vo Nguyen Giap, derrotaram as forças francesas, sob o comando do general Christian de *La Croix de Castries*.

1925 RÉMOND, René, *O século XX – de 1914 aos nossos dias*, cit., p. 153.

1926 Ibidem, p. 153.

trional da Noruega – membro do Pacto Atlântico – ao Japão – ligado aos Estados Unidos por um tratado em 1951 – e ao Alasca americano"[1927].

E esse formato compreende mais de uma centena de bases aéreas norte-americanas, que marcam presença na Europa, no Marrocos, na Turquia, na Arábia, por exemplo. Esse programa consiste na "estratégia do 'cordão sanitário' de 1919, retomado em outra escala, estendida ao universo inteiro, que cerca, além da União Soviética, as democracias populares e a China comunista. A assistência militar se avantaja, de ano em ano, à ajuda econômica. A política do General Marshall é substituída, e logo eclipsada, por uma política francamente militar, em que a estratégia é senhora"[1928].

Sob o ponto de vista do domínio tecnológico-militar, o panorama é o seguinte: "Os Estados Unidos possuem a bomba atômica desde o verão de 1945, e esse monopólio lhes confere uma situação excepcional. Não tarda, porém, que a Rússia anule o avanço norte-americano fabricando, por seu turno, a bomba A. Os Estados Unidos, contudo, retomam o avanço, inventando a bomba termonuclear. Mas a Rússia voltará a alcançá-los"[1929].

Na perspectiva da linha temporal dos acontecimentos marcantes da Guerra Fria, temos, em seu início, de 1947 a 1953, "o desaparecimento de Stalin – um dos artífices da guerra fria –, a paz de Pan-Mun-Jon[1930] na Coreia e, dali a poucos meses, o fim da guerra na Indochina"[1931].

Por sua vez, entre 1953 e 1954, há, digamos, uma "fase de distensão":

"Os novos dirigentes soviéticos, que ainda não se distinguem bem na época, Bulganin e Kruschev[1932], parecem desejosos de correr mundo e reatar relações. Praticam uma diplomacia ativamente itinerante. Em 1955, depois de reatar relações com Tito, também se leva a bom termo

[1927] Ibidem, p. 153.

[1928] Ibidem, p. 153.

[1929] Ibidem, p. 154.

[1930] Pan-Mun-Jon tratou-se do acordo assinado em 27 de julho de 1953 que estabeleceu uma trégua entre a Coreia do Sul e a Coreia do Norte, uma vez que o conflito se sucedia desde junho de 1950.

[1931] RÉMOND, René, *O século XX – de 1914 aos nossos dias*, cit., p. 154.

[1932] Nikolai Bulganin (1895-1975) foi primeiro-ministro da União Soviética, depois substituído por Nikita Kruschev.

o acordo sobre a Áustria, um dos raros êxitos do entendimento entre os dois blocos. Ainda em 1955, em Genebra, o encontro de cúpula: pela primeira vez, dialogam Eisenhower pelos Estados Unidos, Bulganin e Kruschev pela União Soviética e os representantes da França e da Grã-Bretanha. Nada de concreto sai da conferência, mas sua realização tem um alcance simbólico; não se teria podido pensar numa coisa dessas enquanto Stalin fosse vivo. Estabelece-se um novo estado das relações; já não é exatamente a guerra fria, ainda que suas formas subsistam. É o que se denomina a 'coexistência pacífica'; os dois Grandes resignam-se a viver juntos, já que não podem esperar suprimir-se; aliás, tampouco podem esperar persuadir o outro a esposar suas ideias. As relações internacionais conhecerão, desde então, uma alternância de crises e distensões em que prepondera a vontade de ambos de não levar as coisas até o fim"[1933].

Depois da Conferência de Genebra, em 1955, outros acontecimentos de relevo: "primeiro, o revés da conferência de cúpula que deveria realizar-se em Paris, em maio de 1960. Kruschev vale-se do pretexto de um avião espião, que se aventurara ao espaço aéreo soviético, para fazer malograr a conferência. Dois anos mais tarde, a crise de Cuba marca o paroxismo da defrontação; pouquíssimas vezes os dois adversários chegaram tão perto do rompimento. Kruschev assumira o grave risco de instalar em Cuba foguetes soviéticos. O ultimato dos Estados Unidos leva ao recuo da União Soviética. No verão de 1963, assina-se em Moscou o acordo para pôr fim às experiências nucleares na terra, nos ares e nos mares, que tem um interesse imediato e, sobretudo, um alcance simbólico: é o sinal de que os dois grandes, detentores do raio atômico, não o usarão um contra o outro e se consideram conjuntamente interessados na manutenção da paz, ainda mais sabendo que uma guerra nuclear destruiria todo o planeta"[1934].

8.8.4 Stalin: morte e repercussões internas

A ditadura stalinista estendeu-se até a morte de seu líder, em 1953, de modo que o comando da URSS foi transferido a um colegiado, ligado ao

1933 Rémond, René. *O século XX – de 1914 aos nossos dias*, cit., p. 154.
1934 Ibidem, p. 155.

Presidium do Comitê Central (antigo *Politburo* – comitê executivo do partido comunista). Participavam:

- *Geórgiy Malenkov* (1902-1988) – Secretário do Comitê Central em 1952, presidiu o Conselho de Ministros e, por ocasião da morte de Stalin, ocupou o cargo de premier de 1953 a 1955, sendo afastado *a posteriori*. O cargo foi ocupado por Bulganine, ainda que Kruschev continuasse Secretário do Partido e, posteriormente, dono do poder na URSS.
- *Nikita Kruschev* (1894-1971) – novo secretário geral.
- Eram 4 os vice-presidentes do Conselho de Ministros, a saber: *Viatcheslav Molotov* – ministro das relações externas; *Nikolai Bulganin* – chefe do exército; *Lazar Kaganovitch* – chefe do setor econômico; *Lavrenti Béria* (1929-1953) – chefe da KGB e do comitê de segurança de Estado que, acusado de conspiração, foi preso e executado.

Nikita Kruschev, quando substituiu o antecessor Malenkov, iniciou o desmonte do período stalinista e denunciou os seus crimes para a URSS e o mundo. Reviu a política anterior ao promover relativa abertura política do regime por meio de anistias a antigos prisioneiros, então doentes ou idosos. Perdoa as dívidas dos Kulaks[1935] e aumenta os preços das produções agrícolas.

Em 1956, por ocasião do XX Congresso do Partido Comunista da União das Repúblicas Socialistas Soviéticas, dele participando 1600 delegados, Kruschev denunciou que Stalin havia disseminado o terror ao mandar assassinar os membros do partido, tendo ocorrido a seguinte descrição:

"No XX Congresso do partido (fevereiro de 1956), Kruschev apareceu claramente como a nova figura dominante da URSS. Apresentou-se aí habilmente como o homem do partido, da desforra do partido, e fez

[1935] Burguesia rural proprietária de terras privadas que apoiava o tzarismo e que, após a revolução socialista, acabou sendo liquidada por meio de prisões, deportações, execuções e substituída pelo Poder Soviético por meio da política de coletivização total da agricultura, em que se desenvolveram os kolkhoses (fazendas coletivas do Estado, organizadas com base na socialização dos meios de produção) e os sovkoses (empresa estatal agrícola da URSS).

condenar o 'culto da personalidade' de que Stalin havia sido objeto. O XX Congresso ficaria a assinalar uma viragem capital na história da URSS e do comunismo mundial, na medida em que lançou a campanha da 'desestalinização'. Na noite de 24 para 25 de fevereiro de 1956, no decurso de uma sessão especial à porta fechada, Kruschev apresentou um relatório onde denunciava energicamente e de forma pormenorizada os crimes de Stalin, o regime de terror que ele fizera pesar sobre os dirigentes do partido, os malefícios da sua polícia política, a sua crença na infalibilidade da sua pessoa em todos os domínios, os seus erros após o desencadeamento da agressão hitleriana, as suas falhas estratégicas durante a guerra mundial. Este relatório, conhecido sem demora no Ocidente, iria provocar um imenso abalo na URSS, nas democracias populares e nos diversos partidos comunistas do mundo inteiro. O corpo de Stalin foi retirado do mausoléu da Praça Vermelha. O seu nome desapareceu quase completamente dos manuais de história e das enciclopédias soviéticas e toda a sua obra passou a ser atribuída à ação do partido. Os escritos de Stalin, ainda ontem comentados com religiosa devoção, sumiram das livrarias. O próprio nome da cidade de Stalingrado, apesar de carregado de recordações heroicas, foi substituído pelo de Volgogrado. Em 1956, numa altura em que diversas anistias já tinham libertado um número bastante grande de prisioneiros políticos, os campos de concentração foram oficialmente abolidos e substituídos por 'colônias de reeducação pelo trabalho'. A pouco e pouco evocou-se a sorte trágica de homens que tinham desaparecido, não raramente há mais de vinte anos. Antigos condenados viram-se reabilitados. Em 1957 promulgaram-se várias leis relativas á descentralização administrativa e à reforma do sistema judicial. A organização central da polícia política seria suprimida em 1960, o que não significava, no entanto, de modo nenhum, a supressão da polícia política. As consequências da desestalinização foram consideráveis nas relações da URSS com as democracias populares e com o mundo ocidental"[1936].

Em relação aos países capitalistas, Kruschev definira no XX Congresso a "nova política soviética, servindo-se do termo 'coexistência pacífica', não implicando esta qualquer renúncia à luta ideológica e à subver-

1936 Mourre, Michel. *Dicionário de História Universal*, cit., p. 1425-1426.

são interna dos Estados burgueses; a URSS pretendia apenas dar assim a entender que o triunfo mundial do comunismo podia ser alcançado sem recurso à guerra"[1937].

Na verdade, ressalte-se que, desde a morte de Lênin, alguns discretos artigos no *Pravda* e outros jornais do partido tinham lançado críticas ao culto a políticos, como se líderes individuais pudessem estar acima do próprio partido. Essas críticas eram gerais e não citavam nomes específicos[1938].

A repercussão da fala de Kruschev sobre a plateia do Congresso foi assombrosa. Sem reação aos argumentos do conferencista, os presentes, aos poucos, evadiam-se do local, rumo a seus lares, pois discutiriam, *em petit comité*, a verdadeira mensagem daquele conteúdo.

"O discurso foi secreto. A intenção era inicialmente fazer a elite do partido comprar a ideia da desestalinização e depois expandi-la às bases do partido de forma controlada, para evitar grandes convulsões sociais. O texto do discurso de Kruschev na URSS só seria publicado em 1989, em plena Perestroica. Mas tal segredo de polichinelo era difícil de guardar. O discurso logo vazou para o Ocidente, onde foi divulgado. Dentro da URSS a população, sem saber dos detalhes do discurso, foi bombardeada

1937 Ibidem, p. 1426. Referindo-se a Stalin, Kruschev acusava-o de violação à legalidade socialista: "Contra os inimigos políticos, dizia, Stalin utilizava estratagemas baixos e tortura para extrair confissões Especificamente, Kruschev acusava Stalin de, no seu afã de poder, ter dizimado grande parte dos chamados "velhos bolcheviques" (aqueles de primeira hora e que tinham participado da revolução) e os substituído por novos membros leais a ele. Ele citou estatísticas sobre os grandes expurgos dos anos 1930. Disse que dos 139 membros eleitos para o Comitê Central do partido no XVII Congresso de 1934, 98 (ou 70% deles) foram presos e executados, a maioria durante os expurgos de 1935-1938. Além disso, dos 1.966 delegados que participaram do congresso, 1.108 (mais da metade) foram presos posteriormente. E o acusou, ainda, de dizimar também nos expurgos a fina flor do alto comando do exército soviético bem às vésperas da Segunda Guerra Mundial, enfraquecendo a capacidade de defesa do país. O discurso prosseguia citando vários outros casos em que os métodos violentos e ilegais de Stalin proporcionaram distorções no desenvolvimento político e econômico do socialismo na URSS". SEGRILLO, Ângelo, *Os russos*, cit., p. 217-219.

1938 SEGRILLO, Ângelo, *Os russos*, cit., p. 217.

por notícias da imprensa criticando os excessos do culto à personalidade de Stalin"[1939].

As consequências internacionais do discurso foram mais impactantes que as próprias consequências internas. Muitos comunistas no exterior se recusaram a descartar a herança de Stalin e acusaram Kruschev de revisionismo"[1940].

Em 1958, Kruschev assume a Presidência do Conselho, no lugar de Bulganine, passando a ocupar os cargos mais importantes da URSS. Em 1961, quando atacou a nomenclatura e a burocracia soviética, propôs novas reformas.

Embora tivesse participado do "círculo íntimo" de Stalin, diferenciava-se bastante do antecessor. Talvez em razão de sua origem camponesa, Kruschev mostrava-se mais "expansivo" e adotara um estilo de governar que se aproximada dos políticos ocidentais, ou seja, ele aproximara-se do povo.

"Saindo dos círculos exclusivamente partidários, fazia grandes caravanas no país falando aos cidadãos em comícios por ocasiões festivas ou especiais. Procurou refrescar a atmosfera política em duas direções principais. Dentro do partido, (...) os que caíssem em desfavor (...) perderiam seus cargos, mas não suas cabeças! Em relação à sociedade em geral, Kruschev também iniciou certa liberalização controlada do sistema. No campo da literatura e artes, iniciou a política do degelo: uma abertura controlada, mas sensível, para maior liberdade de expressão dentro dos cânones socialistas gerais"[1941].

Apesar dessas medidas, a censura na URSS, ainda vigente, impunha-se sem disfarces, haja vista que o escritor Boris Pasternak, autor do romance "Doutor Jivago", foi proibido de receber o Nobel (1958).

Quando Kruschev substituiu Malenkov como secretário do Comitê Central do Partido, de início, abandonou o processo da "conspiração dos aventais brancos" contra os médicos, durante o stalinismo (1953), com a eliminação de Beria, que chefiava a KGB, além de abertura para a Iugoslávia de Tito, marginalizado.

1939 Ibidem, p. 217.
1940 Ibidem, p. 218.
1941 Ibidem, p. 218.

E em agosto de 1954, num esforço considerável, um projeto de Kruschev previa o aproveitamento de cerca de 60 milhões de hectares de terras virgens nos Urais, na Sibéria Ocidental, no Cazaquistão. Aliás, diferentemente das propostas de Malenkov, o então novo líder visava "uma nova mobilização prioritária da indústria pesada para o fabrico dos tratores, máquinas agrícolas etc. Vigorosamente atacado por Kruschev perante o Comitê Central, Malenkov teve de retirar-se em fevereiro de 1955, sendo substituído na presidência do Conselho de Ministros por Bulganine, enquanto o marechal Jukov, no qual se apoiava então Kruschev, tornava-se ministro da Defesa"[1942].

Em 1957 foram excluídos Molotov, Malenkov e Kagonovitch da direção soviética e Jukov do Ministério da Defesa (1957).

8.8.5 A administração Kruschev

No campo tecnológico, sem dúvida destacam-se os grandes feitos nas viagens espaciais, visto que os soviéticos, nas primeiras etapas de suas incursões, estiveram à frente dos americanos, a começar por meio do lançamento do primeiro satélite artificial, Sputnik I (4 de outubro de 1957). Depois, a bordo do Sputnik II, enviam o primeiro viajante do espaço, a cadela Laika, em 3 de novembro de 1957. Em seguida, Iuri Gagarin torna-se o primeiro homem a viajar pelo espaço, a bordo da Vostok I, em 12 de abril de 1961[1943].

Por sua vez, a economia não decolava, pois desde a morte de Stalin o velho sistema de planificação, caracterizado pela extrema centralização, tanto na indústria como na agricultura, dava sinais de obsolescência, isto é, os rendimentos na agricultura eram pífios, e o ritmo da capacidade produtiva na indústria era decrescente. Se na ditadura stalinista o consumo *per capita* submetia-se a radicais sacrifícios, o cenário de então tornara-se ainda mais comprometedor, numa evolução extremamente lenta[1944].

Em janeiro de 1959, durante o XXI Congresso do partido, foi aprovado um plano septenal sob a promessa de que a URSS ultrapassaria a produção agrícola dos Estados Unidos por habitante. Como não bas-

[1942] Ibidem, p. 219.

[1943] Mourre, Michel. *Dicionário de História Universal*, cit., p. 1426.

[1944] Ibidem, p. 1426.

tante, longe de se concretizar tal previsão, no outono de 1960 Kruschev reconhecia que a situação da agricultura era alarmante e, entre 1963 e 1965, a URSS teve de comprar trigo dos Estados Unidos e do Canadá. No domínio da indústria, a situação não era melhor[1945].

Na gestão de Kruschev, em setembro de 1959, o líder soviético lançara mão do recurso de aproximação com o governo norte-americano, a começar com uma visita aos Estados Unidos e um encontro com Eisenhower, em Camp David. Ocorre que devido ao sobrevoo do território soviético por um avião espião americano U2 em maio de 1960, essa ação fez abortar a reunião de cúpula que se realizaria em Paris[1946].

Mas haveria o encontro Kruschev-Kennedy em Viena (junho de 1961) que despertara mau presságio. "Quando Kruschev propusera em 1958 a transformação de Berlim Oeste numa cidade livre e desmilitarizada, garantida pelas quatro potências, a proposta desencadeou em julho de 1961 uma nova crise de Berlim (construção do 'Muro da Vergonha'). Ocorre que essa crise se inseria no âmbito de uma ofensiva psicológica, que pretendia avaliar a resolução real dos Estados Unidos. O presidente Kennedy, diante da instalação de mísseis soviéticos em Cuba, assumiu prontamente todas as consequências de uma prova de força, ao passo que Kruschev retrocedeu e mandou retirar, em outubro de 1962, os seus mísseis"[1947]. A contrapartida foi a retirada de mísseis norte-americanos da Turquia.

Os chineses, diante desses acontecimentos, não se manifestavam em relação ao processo de desestalinização, mas a política de coexistência pacífica, erigida por Kruschev, afigurou-se-lhes desde muito cedo uma forma de revisionismo. Em 1959, Moscou, inquieta com o radicalismo de Pequim, anulava o acordo atômico soviético-chinês. Em 1962, ao criticar o recuo de Kruschev no caso dos mísseis de Cuba, o rompimento entre as duas nações era uma questão de tempo, e as relações diplomáticas estavam insustentáveis em meados de 1963.

Enquanto isso, no Comitê Central e no *Presidium* do Soviete Supremo, crescia uma oposição a Kruschev, tanto em decorrência dos malogros

[1945] Ibidem, p. 1426.
[1946] Ibidem, p. 1426.
[1947] Ibidem, p. 1426-1427.

econômicos e da política externa aventureira quanto dos seus excessos verbais, que envenenavam o conflito com os chineses. No dia 14 de outubro de 1964 Kruschev foi bruscamente destituído de todas as suas funções no governo e no partido[1948].

Assim, os resultados de Kruschev na área econômica foram mistos. Apesar dos grandes avanços tecnológicos, a impetuosidade excessiva com que se lançava em vários esquemas novos levara a alguns erros caros.

Quanto às causas da queda de Kruschev, voltando um pouco no tempo, os antecedentes indicam o seguinte:

"Os primeiros grandes problemas começaram logo após o famoso discurso de 1956. Naquele mesmo ano, em parte estimulados pela atmosfera de discussão crítica dos erros do passado na construção socialista, dois países do Leste Europeu se insubordinaram contra a URSS. O primeiro foi a Polônia. Em junho de 1956, protestos populares na cidade de Poznan catalisaram um processo de autocríticas e revisões internas dentro do próprio Partido Comunista. Como consequência, um novo líder, bem mais liberal e nacionalista, foi elevado ao poder: Wladyslaw Gomulka. Em 19 de outubro de 1956, Kruschev e outros líderes soviéticos viajaram a Varsóvia para resolver de vez a questão da rebeldia. Um compromisso foi firmado. Os poloneses manteriam autonomia para conduzir seus próprios assuntos internos, desde que se mantivessem alinhados ao socialismo como linha geral e com a URSS em sua política externa. A solução de autonomia interna e alinhamento externo evitou que a situação na Polônia se transformasse em uma revolta aberta contra a URSS"[1949].

Em outro país do Leste Europeu, Hungria, o regime socialista acabou também mostrando sinais de enfraquecimento. Nesse país, a repercussão do XX Congresso do PCUS motivou, em julho de 1956, o afastamento do stalinista Matyas Rakosi[1950] da liderança do partido, sendo substituído por um apagado Erno Gero[1951].

[1948] Ibidem, p. 1427.

[1949] Ibidem, p. 1427.

[1950] Matyas Rakosi (1892-1971), líder do Partido Comunista da Hungria de 1945 a 1956, estritamente fiel aos desígnios stalinistas, governou o país de 1949 a 1956.

[1951] Erno Gero (1898-1980), sucessor de Matyas Rakosi, apresentava-se como comunista, tendo ocupado a função de Conselheiro do Partido Socialista Unificado da Catalunha e

O povo clamava por outro líder, de perfil mais liberal e desvinculado do rígido modelo soviético. Em 23 de outubro houve manifestações estudantis que reivindicavam maior abertura. Houve apoio por parte de outras camadas da população. Logo, as grandes cidades acabaram cercadas por barricadas populares, e várias fábricas foram tomadas pelos próprios trabalhadores, organizados em conselhos de autogestão. Instaurara-se a Revolução Húngara entre outubro e novembro de 1956.

Dada a pressão, o partido trouxe de volta ao poder, como primeiro-ministro, o comunista liberal Imre Nagy[1952]. Pressionado pelas diversas correntes, como as que queriam liberalização dentro do regime socialista, as que queriam uma liberalização para fora do regime socialista e as pressões dos russos para que controlasse as desordens e mantivesse a Hungria no campo socialista, diante dessa conturbação, em 1º de novembro Nagy decidiu, de forma radical, retirar a Hungria do Pacto de Varsóvia (a aliança militar dos países socialistas do Leste Europeu) e declarou a neutralidade do país. Dois dias depois, anunciou a criação de um governo de coalizão, incluindo comunistas, sociais-democratas e membros de partidos camponeses. Em 4 de novembro, os russos enviaram seus tanques para invadir a Hungria e terminar com a revolta. Nagy foi deposto e substituído por um líder pró-Moscou, Janos Kadar[1953].

O cenário explosivo da época assustava os líderes soviéticos e fragilizava a posição de Kruschev. Em 1957, Malenkov, Molotov e Kaganovich tentaram depor Kruschev em uma reunião esvaziada do Presidium do partido. Com ajuda do general Zhukov, Kruschev conseguiu reverter a decisão do *Presidium*. Os três rebeldes foram denominados o "grupo antipartido", e foram "exilados" informalmente para cargos de importância secundária em regiões distantes (Malenkov, por exemplo, tornou-se embaixador na Mongólia). Em suma, perderam os cargos anteriores

como delegado da Internacional Comunista e chefe do NKVD na Catalunha durante a Guerra Civil Espanhola.

[1952] Imre Nagy (1896-1958), líder comunista húngaro, manteve-se à frente do movimento de reforma do Partido Comunista Húngaro após a morte de Stalin.

[1953] Janos Kadar (1912- 1989) foi secretário-geral do Partido Socialista Operário Húngaro entre 1956 e 198 e primeiro-ministro entre 1956 e 1958 e 1961 e 1965.

e, surpreendentemente, ao contrário de tempos anteriores, suas vidas foram poupadas.

Em resumo, os principais eventos na política externa foram os seguintes:

- Em 1955, foi criado o Pacto de Varsóvia para se contrapor à OTAN.
- Tentativa de minimizar a Guerra Fria (1955) com uma reunião em Genebra, tendo a participação das principais potências mundiais: Estados Unidos, União das Repúblicas Socialistas Soviéticas, Inglaterra e França.
- Kruschev orienta a política externa no sentido de "coexistência pacífica".
- Em 1958 ocorre a crise de Berlim, devido à pressão dos soviéticos contra as tropas aliadas que estavam sediadas em Berlim.
- Em 1959, Kruschev visita os EUA e participa de conferência com Eisenhower em Camp David.
- Em 1961, ocorre reunião em Viena entre Kruschev e o presidente americano John F. Kennedy. Posteriormente, começa a construção do Muro de Berlim e o reinício dos testes nucleares na Rússia.
- A conquista espacial avança com o voo do astronauta Yuri Gagarin (1961).
- Em 1962 explode a crise cubana entre os soviéticos e os americanos, devido à existência de mísseis russos que estavam direcionados de Cuba contra os EUA. Kennedy decreta o bloqueio da ilha e a URSS retira os foguetes de Cuba. Nesse contexto, em 1964, Kruschev foi afastado do comando da URSS, sob alegação de doença. Nova "troika" é organizada com Brejnev[1954], Kossyguin[1955] e Podgorny[1956], ou seja, com primeiro secretário, chefe de governo e chefe de estado.

[1954] Leonid Ilitch Brejnev (1906-1982), estadista soviético, liderou a União Soviética entre 1964 e 1982.

[1955] Alexei Nikolayevich Kossygin (1904-1980) atuou como Premier da União Soviética entre 1964 e 1980.

[1956] Nikolai Viktorovich Podgorny (1903 – 1983) – Foi o presidente do Soviete Supremo da União Soviética de 1965 a 1977. No último ano do cargo, foi removido depois de uma disputa pelo poder com Leonid Brejnev.

- Em agosto de 1963 firmou-se entre americanos e soviéticos o tratado de Moscou , que dispôs sobre a suspensão das explosões nucleares não subterrâneas. Em seguida, após negociações, as duas nações assinaram tratado de não disseminação das armas nucleares, sendo ratificado em 1969[1957].
- Ainda que apoiassem militarmente os norte-vietnamitas, os soviéticos evitaram qualquer confronto direto com os Estados Unidos no decurso da Guerra do Vietnã. Além disso:

"Moscou e Washington concluíram ainda numerosos acordos sobre a limitação dos sistemas de mísseis antibalísticos, sobre a prevenção de uma guerra nuclear mediante contatos diretos entre os dois governos, sobre a cooperação espacial (primeiro encontro espacial americano-soviético, julho de 1975). Este período, dito de 'desanuviamento', fez-se mesmo assim acompanhar de um reforço do aparelho militar soviético convencional, tendo em seguida Moscou apontado à Europa Ocidental os seus mísseis nucleares SS 20"[1958].

8.8.6 Troika Governamental e L. Brejnev (1964-1982)

Após o golpe de outubro de 1964 contra Kruschev, como indicado anteriormente, em pouco tempo se formaria uma tríade no poder: Leonid Brejnev, como primeiro secretário do Partido Comunista; Aleksei Kosygin, como primeiro-ministro; e Nikolai Podgornyi, como presidente do Soviete Supremo. Logo ficou claro que Brejnev era a figura forte do novo regime.

A Administração do novo governo contrastava-se com a de Kruschev, pois criticava a descentralização política e propunha o modelo antigo conforme orientação do Partido Comunista, a defesa do stalinismo e o fortalecimento do exército russo.

Internamente, a URSS enfrenta forte crise agrícola que culmina com a compra de trigo dos EUA (1979-1980). Aumenta a censura e repressão contra a intelectualidade, tendo como exemplo a perseguição ao autor

1957 Segrillo, Angelo, *Os russos*, cit., p. 230.
1958 Ibidem, p. 231.

de *O Arquipélago Gulag*, Alexander Soljenitsyne[1959], que foi impedido de receber o prêmio Nobel de 1970; e ao físico Andrei Sakharov, que defendia os direitos humanos.

Em 1977, Brejnev acumularia também o cargo de presidente do Soviete Supremo, mantendo-se no poder até sua morte, em 1982. O período foi marcado por auge e declínio do poder da URSS: "é conhecida, retrospectivamente, como a 'era da estagnação', pois, uma vez atingido o auge, a URSS teria estagnado, econômica e tecnologicamente, por longo tempo nas décadas de 1970 e 1980"[1960].

Em 1979, houve o envio de tropas soviéticas ao Afeganistão, a fim de apoiarem o regime militar vigente naquele país, uma vez que havia forte interesse geo-estratégico da União Soviética no território Afegão com vistas à saída para o Mar da Arábia[1961].

À época em que Ronald Reagan se elegeu presidente dos Estados Unidos, o período Brejnev chegava ao fim, momento este marcado pela inflação militar, que culminou, em 1983, com a instalação dos mísseis Pershing no solo dos países da OTAN. O preço econômico desse esforço de guerra tornou-se insuportável aos cofres soviéticos após a morte de Brejnev[1962]. Além disso, ao contrário da política (em que tendeu a ser mais conservador que Kruschev), na área econômica, o governo Brejnev empreendeu tentativas de reformas, algumas bastante radicais. São as chamadas reformas de Kossygin, pois foram levadas a cabo pelo primeiro-ministro Aleksei Kossygin. Essas reformas, iniciadas em 1965, são pouco faladas hoje, pois não conseguiram chegar ao fim e foram se esvaindo por volta de 1970. Entretanto, representaram as mais radicais tentativas de reforma dos mecanismos do excessivamente centralizado modelo econômico soviético, perdendo apenas para a Perestroica neste sentido.

1959 Alexander Soljenitsyne (1918 – 2008) – Escritor russo, denunciou a ditadura de Stalin e defendeu a liberdade política e literária. Escreveu: "O arquipélago Gulag" (denúncia contra as prisões na URSS), "Ivan Denisovich" e "O pavilhão pós cancerosos". Foi preso, solto e expulso da URSS, indo morar na Suíça. Ganhou o Prêmio Nobel (1970).

1960 Ibidem, p. 225.

1961 MOURRE, Michel, *Dicionário de História Universal*, cit., p. 1428.

1962 Ibidem, p. 1428.

Em meados dos anos 1960 já se notava que os índices de crescimento da URSS, apesar de ainda altos (por volta de 6% ou 7% ao ano), já não eram como os dos anos de "milagre" de crescimento acima de 10% ao ano das décadas anteriores. Além disso, apesar de o país já ter uma base industrial forte, a qualidade dos produtos (especialmente de consumo) deixava muito a desejar. No planejamento, era priorizada a quantidade em detrimento da qualidade: o principal indicador de sucesso dos planos era a chamada *val* ou *valovaya produktsiya* ("produção bruta"). O diagnóstico dos líderes era que o excesso de centralização levava a uma atitude burocrática nas empresas: buscava-se apenas cumprir o plano, sem estímulos para a criatividade individual. Para superar esses problemas, Kosygin propôs uma reforma bastante radical para a época.

As empresas teriam mais autonomia para buscar novas maneiras criativas de produzir. Para aumentar a qualidade dos produtos, Kosygin propôs que o indicador da produção bruta no plano fosse substituído pelo indicador de produção vendida. Assim, por exemplo, os milhares de sapatos produzidos de má qualidade que ficavam encalhados, sem encontrar comprador, não contariam como cumprimento de meta. Isso deveria forçar uma busca de maior qualidade na produção. Mas o ponto mais radical das reformas era que, a longo prazo, o indicador do lucro se tornaria o principal indicador para medir o sucesso das empresas, em vez do arsenal de inúmeros indicadores que as empresas deviam cumprir e que acabavam mais confundido que possibilitando realmente medir o sucesso ou não das unidades produtivas. Colocar o lucro como indicador central beirava a heresia dentro de um regime socialista, já que essa era uma ferramenta considerada típica do capitalismo até então[1963].

Devido às reformas, houve pequeno aquecimento da economia soviética, apesar do choque de interesses entre as empresas e os líderes locais com os planejadores e líderes centrais, uma vez que as partes defendiam propostas divergentes de melhoria. Como o regime soviético, tradicionalmente, era baseado num poder central forte, houve muitos entraves políticos que prejudicaram as reformas: "Elas acabaram esvaziadas no período final da década e pouco restava de suas partes mais radicais ao

1963 SEGRILLO, Angelo, *Os russos*, cit., p. 231.

se adentrar a década de 1970. O regime Brejnev preferiu a estabilidade à experimentação. Com o tempo isso levaria a uma estagnação do sistema, com taxas de crescimento da economia cada vez menores nas décadas de 1970 e 1980, caindo para níveis abaixo de 5% ao ano"[1964].

Apesar das taxas declinantes de crescimento econômico, o final da década de 1970 e início da de 1980 foi o período em que os soviéticos usufruíram o padrão de vida mais alto de sua história. O segredo desse paradoxo foi a crise do petróleo da década de 1970, em que o preço dessa mercadoria foi ao espaço (mais exatamente quadruplicou). A URSS era riquíssima em petróleo e um dos maiores produtores mundiais desta e de outras matérias-primas cujos preços subiram. Outro fator foi a exportação de armas da URSS. Antes era feita a preços baixos ou subsidiados a movimentos de liberação do Terceiro Mundo ou a países amigos, mas a partir dos anos 1970 passou a ser feito em dólares e a preços de mercado, principalmente para os países árabes novos-ricos. Esses dois fatores ajudariam a mascarar os dilemas econômicos internos da URSS e "empurrariam com a barriga" o problema até seu estouro nas mãos de Gorbachev e sua Perestroica a partir de 1985[1965].

8.8.6.1 Política Externa

Os principais fatos que marcaram a atuação externa durante o governo Brejnev:

- Enfrenta a crise Tcheca com atuação de tropas soviéticas naquele território.
- Defende que os países socialistas não têm ampla soberania e devem obedecer a política soviética (Doutrina Brejnev).
- Apoio a movimentos revolucionários na África contra as antigas metrópoles e o capitalismo internacional.
- Apoio a Palestina e Síria contra Israel.
- Exacerbação da Guerra Fria.

[1964] Ibidem, p. 232.
[1965] Ibidem, p. 232.

- Choque político com a China de Mao Tsé-Tung, fato que afetou a posição da URSS no mundo, em relação ao comunismo internacional. Em outras palavras:

"A partir de 1966, os dirigentes soviéticos, que tinham guardado até então uma grande reserva, começaram a entregar-se a ataques violentos contra a China, que entrava por essa altura na sua 'revolução cultural'. Os dirigentes de Pequim não se contentavam apenas em denunciar o 'revisionismo' da 'dique Kruschev-Brejnev', indo ao ponto de minar a posição da URSS no movimento comunista mundial (a Albânia dava razão a Pequim e retirava-se do Comecon e do Pacto de Varsóvia) e no Terceiro Mundo. A China Popular denunciava agora a URSS como um imperialismo tão temível como o dos Estados Unidos. Vendo nela a herdeira do império dos tzares, reivindicava os territórios que este lhe arrancara no século XIX. Em 1969 eclodiram graves incidentes fronteiriços entre tropas chinesas e soviéticas nos sectores do Amur e do Ussuri. Em 1970 era evidente que a União Soviética, apesar de continuar a ser um grande exemplo para os comunistas do mundo inteiro, já não aparecia como o único modelo possível nem, sobretudo, como a autoridade infalível cujos mandamentos deviam cumprir-se sem discussão. O sinal mais grave desta crise da hegemonia moscovita veio da Checoslováquia, com a eclosão da 'Primavera de Praga' no primeiro semestre de 1968. Depois de terem tentado recorrer à negociação, os soviéticos lançaram as suas tropas e as dos seus aliados do Pacto de Varsóvia (exceptuando a Albânia e a Romênia, que a tal se recusaram) sobre a Checoslováquia (agosto de 1968). Esta intervenção, seguida de uma enérgica 'normalização' em Praga, permitiu que a URSS mantivesse intacto o seu ascendente na Europa Central, mas agravou as tensões no comunismo internacional"[1966].

8.8.6.2 A Constituição de 1977

Entre a Revolução Soviética de outubro de 1917 até 1977 sucederam quatro constituições. A primeira, de 1918, referia-se exclusivamente à República Socialista Federativa Soviética da Rússia (a URSS surgiu em 1922).

[1966] MOURRE, Michel, *Dicionário de História Universal*, cit., p. 1427.

Posteriormente, as de 1924, 1936 e 1977 organizavam as repúblicas que formaram a União das Repúblicas Socialistas Soviéticas e representaram estágios para a criação de uma sociedade socialista. A organização constitucional soviética resume-se em três pontos principais:

> "1. A organização constitucional declara que o sistema econômico é baseado na propriedade coletiva dos meios de produção e define as formas dessa propriedade de Estado, propriedade cooperativa (principalmente os kolkhoses), propriedade dos sindicatos e outras organizações sociais.
> 2. Os direitos fundamentais reconhecidos dos cidadãos são estabelecidos como o poder de obter do Estado e da sociedade certas vantagens concretas: direito ao trabalho, ao repouso, à proteção da saúde, à aposentadoria etc. Esses direitos são indissociáveis dos deveres que tendem a manter ou a reforçar o regime socialista.
> 3. Em cada plano (nacional, das repúblicas ou local), o órgão principal é o *soviet*, termo que pode ser traduzido por conselho, mas que após 1905 e 1917 representou ação revolucionária. Os membros dos sovietes são eleitos pelo sufrágio universal direto. Mas são presumidamente mais próximos das bases do que seriam os representantes do povo numa assembleia burguesa, em primeiro lugar porque não deixam de exercer uma atividade profissional e, em segundo lugar, porque são titulares de um mandato imperativo, que os mantém sob o controle permanente de seus eleitores"[1967].

Brejnev, quase no final de seu governo, optou pela adoção de nova constituição para o país, a de 1977, a fim de substituir a stalinista de 1936. Foi chamada a Constituição do "socialismo desenvolvido", isto porque os soviéticos adotaram, de fato, a posição de que o socialismo na URSS tinha entrado em uma fase madura, desenvolvida, diferentemente do que acontecia na China, onde este país ainda se encontrava nos primeiros passos da construção socialista. Logo, se a Constituição de 1936 dizia que a URSS tinha, então, já deixado para trás o capitalismo e ingressado na fase inicial do socialismo, a constituição de 1977 deixava claro que o

[1967] CERQUEIRA, Marcello, *A constituição na história*, cit., p. 711.

socialismo na URSS já estava amadurecido e, um dia, chegaria ao comunismo pleno (mas não determinava um prazo para isso)[1968].

A elaboração da nova Constituição de 1977 submeteu-se a determinado trâmite e incorporou, em linhas gerais, o seguinte conteúdo: "A sua elaboração foi precedida por uma consulta popular mais alargada e, embora não tenha trazido qualquer mudança fundamental, percebem-se nela tônicas significativamente diferentes, por exemplo, na política externa, na omissão da ditadura do proletariado, na importância conferida à supremacia do direito (a que se chamava princípio da legalidade socialista) e na declaração expressa de que o Estado pertencia à população em geral, e não apenas ao partido, à burocracia e ao grupo dirigente. Existiam numerosos artigos na Constituição de 1977 que soavam familiares ao jurista ocidental, e que diziam respeito à natureza federal da União, à composição e competência dos órgãos de Estado, à liberdade dos cidadãos e ao primado do direito"[1969].

A nova Constituição soviética de 1977 preconizava uma identidade cultural, apesar de haver vasto número de grupos étnicos ou nações no território da URSS. "A federação era composta de quinze repúblicas da União, vinte repúblicas autônomas, oito regiões autônomas e dez distritos autônomos. Não bastasse essa divisão política, até mesmo os dados populacionais das quinze principais repúblicas apresentavam grandes discrepâncias. Por exemplo, havia 135 milhões de habitantes na República Russa, cinquenta milhões na República da Ucrânia e dois milhões na República da Estônia, todas elas repúblicas federadas soberanas com suas próprias Constituições, cuja competência era residual absoluta, isto é, 'sobre todas aquelas matérias que não eram atribuídas aos órgãos centrais da própria União Soviética'. Como, no entanto, a Constituição determinava igualmente que, além das 11 matérias aí expressamente mencionadas, as decisões 'sobre todas as outras matérias de importância' ficavam sob a competência dos órgãos superiores da URSS, o papel das repúblicas sofria uma severa erosão. Não obstante, o reconhecimento constitucional da identidade cultural de vasto número de grupos étnicos ou nações

1968 Segrillo, Angelo, *Os russos*, cit., p. 233.

1969 Caenegem, R. C. Van. *Uma introdução histórica ao direito constitucional ocidental.* São Paulo: Martins Fontes, 2000, p. 313.

no território da URSS constituía uma enorme diferença relativamente ao unitarismo absoluto do antigo império tzarista"[1970].

A pirâmide de sovietes eleitos concentrava o poder político. O Soviete Supremo possuía a seguinte composição: "era bicameral e refletia a organização federal do país, uma vez que se compunha do Soviete da União, com membros escolhidos segundo um critério proporcional relativamente à população, e do Soviete das Nacionalidades, em que os componentes étnicos estavam representados independentemente da consideração de dados demográficos, mas atendendo ao seu estatuto de república federada, autônoma, região autônoma ou distrito autônomo. O Soviete Supremo era o 'órgão supremo do poder estatal', dotado, *inter alia*, da suprema autoridade legislativa. Ao seu *Praesidium* eram confiadas várias tarefas específicas: poderia ser considerado como um chefe de Estado colegial e o seu Presidente, o chefe de Estado individual da URSS. O governo era designado por conselho de ministros da União Soviética, 'o supremo órgão executivo e de decisão'. Este enorme órgão estatal compreendia um núcleo de cerca de 20 membros que se ocupavam dos assuntos inerentes à gestão quotidiana do país; era chamado o *Praesidium* do Conselho de Ministros, que previamente existia, mas adquiria, na ocasião, reconhecimento constitucional"[1971].

Quanto às disposições do texto constitucional de 1977, destaca-se um primeiro grupo de artigos:

"A Constituição de 1977 garantia as liberdades de pensamento, imprensa, reunião, associação e consciência, *i.e.*, o 'direito de professar qualquer religião ou nenhuma, a liberdade de culto ou a liberdade de fazer propaganda do ateísmo', 'sendo proibido o incitamento de sentimentos de inimizade e ódio contra convicções religiosas'. A inviolabilidade da pessoa era também garantida nos seguintes termos: 'ninguém pode ser detido, exceto por decisão judicial ou o assentimento do magistrado da Procuradoria-Geral'. Todos os órgãos de Estado, como tivemos ocasião de referir, eram colocados sob a autoridade da lei, e a antiga pedra angular da liderança bolchevique, a ditadura do proletariado, era abandonada: 'tendo cabalmente cumprido a tarefa da ditadura do proletariado,

[1970] Ibidem, p. 314.
[1971] Ibidem, p. 314.

o Estado soviético tornou-se o Estado de todo o Povo', sustentava a introdução geral à Constituição. O texto prosseguia: 'a atividade do Estado Soviético e de todos os seus órgãos baseia-se na legalidade socialista: eles garantem a ordem jurídica' (art. 4º). Mesmo o papel de liderança do Partido comunista era sujeito à instância normativa, nos termos do art.° 6: 'a ação das organizações partidárias tem lugar dentro do quadro da lei fundamental da URSS', uma vez que 'o fortalecimento do fundamento jurídico da vida do Estado e da sociedade' era, nas palavras do art. 9º, união das tendências fundamentais no sistema político do país"[1972].

A fiscalização da legalidade dos decretos governamentais era atribuída ao parlamento; como era dito no art.° 121 (7): "O *Praesidium* do Soviete Supremo anula as decisões e decretos do Conselho de Ministros da URSS e dos Conselhos de Ministros das Repúblicas da União, caso não estejam em conformidade com a lei". No mesmo contexto, encontramos a familiar declaração da igualdade dos cidadãos perante a lei, a proibição da discriminação com base na raça, sexo, língua, nacionalidade ou orientação religiosa, ao mesmo tempo em que passava a constituir ofensa criminal a proclamação da superioridade de uma determinada raça ou nação (arts. 33-38)[1973].

O segundo grupo de artigos refere-se à parte econômica, intitulado o Sistema Econômico (arts. 10-18): "o sistema econômico da URSS se baseia na propriedade socialista dos meios de produção sob a forma de propriedade do Estado (de todo o Povo) e propriedade de kolkhozes e sovkhozes"[1974].

A concepção de propriedade individual, a princípio inadmissível, era até assimilada, contanto que se baseasse em "rendimentos provenientes do trabalho ou poupanças desses rendimentos, porquanto a propriedade privada dos meios de produção conduzia, na visão marxista, à exploração, e era interdita". Em um contexto de artigos acerca da questão da segurança econômica e segurança social dos cidadãos, as liberdades pessoais eram espúrias, e o primado do direito inútil se os seus detentores vivessem numa condição de pobreza ou servidão econômica, visto que as

[1972] Ibidem, p. 314.
[1973] Ibidem, p. 314.
[1974] Ibidem, p. 315.

liberdades tradicionais para alguém sem um telhado sob o qual dormir não fariam sentido. Os referidos artigos privilegiavam o direito ao trabalho, à assistência médica gratuita, a providências para a velhice, doença e incapacidade, bem como à educação gratuita para todos os níveis de ensino. No entanto, a esses direitos correspondiam outros tantos deveres: "os famosos 'deveres do cidadão', dos quais a Constituinte francesa não quisera ouvir falar". Logo, "ao direito ao trabalho correspondia o dever de trabalhar; não existia um 'direito à preguiça', mas um 'direito ao lazer'. O art. 60 assim dispunha: "Para todo o cidadão apto da URSS é um dever e um ponto de honra trabalhar conscienciosamente – e obedecer estritamente à disciplina do local de trabalho, uma vez que desistir de trabalho socialmente útil vai contra os princípios da comunidade socialista"[1975].

Acrescente-se que o Estado tinha o dever de encorajar a aptidão física e o esporte (art. 24), assumindo: "proteção, avanço e difusão de valores espirituais, educando moral e esteticamente o povo soviético, e elevando o seu nível cultural" (art. 27)[1976].

O terceiro grupo de artigos era de surpreender juristas ocidentais, uma vez que estes não os esperariam encontrar num ato legislativo, tampouco numa lei fundamental. Na verdade, mais do que uma lei, a Constituição revelava-se um programa, uma profissão de fé e a instituição de uma "missão milenária do Estado dos sovietes, no país e no mundo". Na declaração introdutória eram proferidas promessas de "democracia e paz em todo o mundo"[1977].

Nos termos da Constituição de 1977, a começar pelas primeiras linhas do preâmbulo, declarava-se: "A grande Revolução Socialista de Outubro, levada a cabo pelos operários e camponeses da Rússia, sob a direção do Partido Comunista, chefiado por V. L. Lênin, derrubou o poder dos capitalistas e latifundiários, quebrou as cadeias da opressão, estabeleceu a ditadura do proletariado e criou o Estado Soviético; um Estado de novo tipo". E as últimas linhas do parágrafo inicial trazia a seguinte declaração:

[1975] Ibidem, p. 315.
[1976] Ibidem, p. 315.
[1977] Ibidem, p. 316.

"Iniciou-se a viragem história mundial da humanidade do capitalismo para o socialismo"[1978]

E o parágrafo seguinte contém a seguinte disposição:

"Tendo vencido na guerra civil e retendo a intervenção imperialista, o Poder soviético realizou profundíssimas transformações socioeconômicas, pôs termo para sempre à exploração do homem pelo homem, aos antagonismos de classes e à hostilidade nacional. A junção das Repúblicas Soviéticas na União das Repúblicas Socialistas Soviéticas multiplicou as forças e as possibilidades dos povos do país na edificação do socialismo. Instaurou-se a propriedade social dos meios de produção e a verdadeira democracia para as massas trabalhadoras. Pela primeira vez na história da humanidade foi criada a sociedade socialista"[1979].

Mais adiante:

"O gesto imortal do povo soviético e das suas Forças Armadas, que alcançaram a histórica vitória na Grande Guerra Patriótica (Segunda Guerra Mundial), foi uma brilhante demonstração da força do socialismo. Esta vitória fortaleceu o prestígio e as posições internacionais da URSS e abriu novas possibilidades favoráveis para o crescimento das forças do socialismo, de libertação nacional, da democracia e da paz no mundo inteiro.

Prosseguindo a sua fecunda atividade, os trabalhadores da União Soviética asseguraram o rápido desenvolvimento do país em todos os domínios e o aperfeiçoamento do regime socialista. Fortaleceu-se a aliança da classe operária, do campesinato e da intelectualidade popular, assim como a amizade das nações e das etnias da URSS. Formou-se a unidade social, política e ideológica da sociedade soviética, cuja força motriz é a classe operária. Cumpridas as tarefas da ditadura do proletariado, o Estado soviético converteu-se em Estado de todo o povo. Aumentou o papel dirigente do Partido Comunista, vanguarda de todo o povo.

Foi edificada na URSS a sociedade socialista desenvolvida. Nesta etapa, em que o socialismo se desenvolve a partir da sua própria base, revelam-se cada vez mais plenamente as energias criadoras do novo regime, as

[1978] Ibidem, p. 317.

[1979] Senado Federal, *Constituição do Brasil e Constituições estrangeiras*. Brasília: Gráfica do Senado Federal, 1987, p. 923.

vantagens do modo socialista de vida, e os trabalhadores gozam cada dia mais amplamente os frutos das grandes conquistas revolucionárias.

É uma sociedade na qual foram criadas potentes forças produtivas, uma ciência e uma cultura de vanguarda, em que cresce constantemente o bem-estar do povo e se estabelecem condições cada vez mais favoráveis para o desenvolvimento universal da personalidade.

É uma sociedade de relações sociais socialistas amadurecidas onde, na base da aproximação de todas as classes e camadas sociais e da igualdade – de jure e de facto – de todas as nações e etnias e da sua colaboração fraternal, formou-se uma nova comunidade humana histórica: o Povo soviético.

É uma sociedade com alto grau de organização, nível ideológico e consciência dos trabalhadores patriotas e internacionalistas.

É uma sociedade que tem como lei de vida o desvelo de todos pelo bem de cada um e o desvelo de cada um pelo bem de todos.

É uma sociedade de autêntica democracia, cujo sistema político assegura a eficiente administração de todos os assuntos sociais, a participação cada dia mais ativa dos trabalhadores na vida social, a conjugação dos direitos e liberdades reais dos cidadãos com as suas obrigações e a sua responsabilidade perante a sociedade.

A sociedade socialista desenvolvida é uma etapa lógica no caminho rumo ao comunismo.

O objetivo supremo do Estado soviético é edificar a sociedade comunista sem classes, na qual obterá o seu desenvolvimento e a autogestão comunista social. As tarefas principais do Estado socialista de todo o povo são: criar a base técnica e material do comunismo, aperfeiçoar as relações sociais socialistas e transformá-las em comunistas, educar o homem da sociedade comunista, elevar o nível material e cultural de vida dos trabalhadores, garantir a segurança do país, contribuir para o fortalecimento da paz e para o fomento da cooperação internacional.

O povo soviético, guiando-se pelas ideias do comunismo científico e fiel às suas tradições revolucionárias, apoiando-se nas grandes conquistas socioeconômicas e políticas do socialismo, aspirando ao futuro desenvolvimento da democracia socialista, considerando a posição internacional da URSS como parte integrante do sistema socialista mundial e consciente da sua responsabilidade internacionalista, mantendo a sequência das ideias e dos princípios da primeira Constituição soviética de 1918, da Constituição da URSS de 1924 e da Constituição da URSS de 1936, fixa os fundamentos do regime social e da política da URSS, estabelece os direitos, liberdades e obrigações dos cidadãos, os princípios da organização e objetivos do Estado socialista de todo o povo e proclama-os na presente Constituição"[1980].

8.8.7 Concepção de Direito e Estado na URSS

Para a teoria oficial soviética, "o direito compreende a totalidade das normas sancionadas pelo Estado, que asseguram as bases e a natureza do modo de produção dominante, bem como o poder da classe dominante". Segundo Kruschev, a Ditadura do Proletariado havia terminado na URSS, e o Estado soviético era agora o Estado de Todo o Povo, de forma que esses postulados "foram seguidos por uma crescente intensificação da importância do direito na sociedade socialista, administrativa, educacional e ideologicamente"[1981].

Quanto ao papel da lei, esta garante uma vida social estável e previsível, capaz de organizar a produção, proteger o indivíduo e os seus direitos. Portanto:

"O direito é hoje visto como um meio regular, necessário, justo e eficiente de conduzir a sociedade em que a propriedade é social. Como o Estado, o direito é, declaradamente, um elemento fundamental nos assuntos humanos, que foi apropriado e deformado na defesa dos interesses das classes dominantes nas sociedades de classes, mas que não desaparecerá quando as classes desaparecerem, pois comporta aspectos cuja natureza independe da existência de classes sociais e das relações que entre elas se travam"[1982].

Principalmente no início dos anos 1980 era possível identificar variantes do conceito de "papel de liderança do partido" nas constituições de todos os Estados Comunistas consolidados. Por exemplo, quanto à URSS, o artigo 6° da Carta soviética de 1977 previa: "A força principal e norteadora da sociedade soviética e do núcleo de seu sistema político, de

[1980] Ibidem, p. 924.

[1981] BOTTOMORE, Tom. *Dicionário do Pensamento Marxista*, cit., p. 110.

[1982] Ibidem, p. 110.

todas as organizações estatais e públicas é o Partido Comunista da União Soviética". Por sua vez, no preâmbulo da Constituição de 1979 da República Popular da Mongólia, a última frase dispõe: "Na R.P.M., a força norteadora e direcionadora da sociedade e do Estado é o Partido Revolucionário Mongol, norteado em suas atividades pela teoria triunfante do marxismo-leninismo". Em outro exemplo, o artigo 4° da Constituição de 1980 do Vietnã declarava: "O Partido Comunista do Vietnã, vanguarda e Estado-Maior da classe operária vietnamita, armado com o marxismo-leninismo, é a única força que conduz o Estado e a sociedade, e o principal fator determinante de todos os sucessos da revolução vietnamita"[1983].

Antes da elaboração da maioria das constituições já havia o monopólio do poder do Partido Comunista. Na verdade, esse era, na prática, o significado da "ditadura do proletariado", pois o partido incumbia-se de ditar a política em nome daquele. Nos Estados socialistas, a política do poder sobrepunha a lei. Exemplo disso é que os tribunais e juízes não eram independentes e os comunistas nem se acanhavam sequer em dominar as outras instituições do Estado[1984].

Outra característica definidora de um sistema socialista era o centralismo democrático – termo este adotado por Lênin e invocado durante toda a era Comunista. Em teoria, isso significava que o componente "democrático" podia ser discutido até que se chegasse a uma decisão, isto é:

"A partir daí a decisão dos principais órgãos do partido era obrigatória e tinha que ser implementada de maneira estritamente disciplinada em todo o partido e toda a sociedade. Ideólogos comunistas gostavam de comparar o 'centralismo democrático' (bom) com o 'centralismo burocrático' (ruim). Este último dizia respeito a dirigentes do partido que agiam de maneira arbitrária, sem levar em conta as opiniões de membros da agremiação, inclusive comitês em vários níveis, nem mesmo nas primeiras fases da criação de políticas públicas. Na realidade política, o centralismo democrático era o centralismo burocrático. Tornou-se o codinome de um partido rigidamente hierárquico, severamente disci-

[1983] Brown, Archie. *Ascenção e queda do comunismo*, cit., p. 135.
[1984] Ibidem, p. 135.

plinado, no qual os direitos de discussão e debate eram rigorosamente circunscritos"[1985].

Em princípio, apesar da possibilidade de se oferecerem muitas interpretações diferentes do "centralismo democrático", na prática dos sistemas comunistas, o slogan era usado, em tempos de conflito dentro do partido, por aqueles que queriam manter relações estritamente hierárquicas e disciplinadas com o partido governante para restringir o livre debate e impedir ligações horizontais – em oposição às verticais – entre organizações do partido. Tornou-se tanto o nome de uma característica definidora quanto um eufemismo para um dos pilares sobre os quais esses sistemas se apoiavam[1986].

Diga-se de passagem, a Constituição nunca fora um guia preciso da realidade política nos anos do totalitarismo e do autoritarismo pós-totalitário, visto que nos primeiros 60 anos do regime socialista na Rússia não havia menção alguma ao "papel de liderança" do partido na Constituição soviética – isso aconteceria somente em 1977. Em outros termos:

"Assim, sua presença ou ausência na Constituição dificilmente poderia ser um critério para avaliar quando o sistema era ou não socialista. Não era apenas no sistema soviético não reformado que a Constituição revelava tão pouco sobre a realidade da vida política. A Carta era também um guia fraco para a situação política em uma época em que essa situação estava mudando, em 1988-89. As eleições significaram o fim do centralismo democrático. Socialistas conservadores se viram competindo com socialistas que eram, em essência, sociais-democratas. Stalinistas se viram sofrendo oposição de liberais, embora os dois grupos fossem membros do Partido Comunista. As eleições também puseram deputados de algumas repúblicas contra as autoridades do partido-Estado central"[1987].

[1985] Ibidem, p. 135-136.
[1986] Ibidem, p. 136.
[1987] Ibidem, p. 602.

8.8.8 Direito, Economia e Estado na URSS

Um dos maiores juristas soviéticos, Pachukanis[1988] (1891 – 1937), fez ampla análise do governo de Stalin, como se verá a seguir, a partir de algumas menções ao disposto em suas obras :

"A relação jurídica não pressupõe por sua própria 'natureza' um estado de paz, assim como o comércio, a princípio, não exclui o assalto à mão armada, mas anda de mãos dadas com ele. Direito e arbítrio – conceitos que poderiam parecer opostos – estão, na verdade, estreitamente ligados. Isso é válido não apenas para o antigo direito romano, mas também para épocas mais recentes. O direito internacional moderno contém em si uma alta dose de arbítrio (retorções, represálias, guerras etc.). Até no Estado burguês 'bem ordenado' a realização do direito se concretiza, segundo a opinião de um jurista perspicaz como Hauriou[1989], para cada cidadão 'por sua própria conta e risco'. Marx elaborou de modo ainda mais preciso: 'o direito do mais forte também é um direito. Não há nada de paradoxal nisso, pois o direito, assim como a troca, é um meio de liga-

[1988] Eugeni B. Pachukanis (1891-1937) foi o destaque no campo do direito da URSS nas décadas de vinte e trinta. Estudou a ligação entre a forma jurídica e a forma de mercadoria "demonstrando que a própria forma do direito possui uma natureza burguesa". Criticou o socialismo jurídico e vinculou com o capitalismo o Estado stalinista. Baseado em Marx denunciou a subjetividade jurídica como produto do capitalismo, não acreditando na mudança social por intermédio de forma jurídica e da forma política estatal, forças vitais para o capitalismo.
Chocou-se com o governo de Stalin, foi perseguido e executado em 1937 durante os expurgos da URSS.
Obras: "A teoria geral do direito e o marxismo" (1924) – "Um exame da literatura sobre a teoria geral do direito e do Estado" (1925) – "A teoria marxista do Direito e a construção do socialismo" (1927) – "O aparato de Estado soviético na luta contra o burocratismo" (1929) – "A situação atual na frente jurídica" (1930) – "A teoria Marxista do Estado e do Direito" (1932) – "Curso de direito econômico soviético" (1935) – "Estado e direito no socialismo" (1936).
Obs. – A principal obra foi a "Teoria geral do direito e marxismo" – onde critica a "concepção marxista dominante" na URSS e Europa "que denunciava apenas o conteúdo de classe do direito". Aprofundou a sua análise com o objetivo de alcançar as determinações materiais e específicas do Direito. Em sua obra ultrapassou as visões juspositivistas que ligavam o direito genericamente a fenômenos de poder ou força.

[1989] Maurice Hauriou (1856 – 1929) – Jurista e sociólogo, é considerado um dos principais nomes do direito administrativo Francês. Foi decano da Faculdade de Direito de Toulouse.

ção entre elementos dissociados. O grau dessa dissociação pode ser, historicamente, maior ou menor, mas jamais desaparecerá por completo. Assim, por exemplo, as empresas do Estado soviético executam, de fato, uma única tarefa coletiva, mas, ao trabalhar com o método de mercado, cada uma delas tem seu interesse particular, opondo-se umas às outras como compradoras e vendedoras, agindo por sua conta e risco, e, por isso, devem necessariamente se encontrar em uma relação jurídica. A vitória final da economia planificada as colocará em uma ligação recíproca exclusivamente técnica, eliminando delas a 'personalidade jurídica'. Consequentemente se as relações jurídicas nos são apresentadas como relações organizadas e reguladas, identificando, dessa maneira, o direito com a ordem jurídica, perde-se de vista que, na verdade, a ordem é apenas uma tendência e um resultado (além do mais, longe da perfeição), mas nunca o ponto de partida nem o pressuposto da relação jurídica. O próprio estado de paz, que para o pensamento jurídico abstrato parece contínuo e uniforme, está longe de existir como tal nos estágios primordiais do desenvolvimento jurídico. O antigo direito germânico conhecia distintos graus de paz: paz sob o mesmo teto, paz nos limites das cercas, paz nos limites da aldeia etc. O maior ou menor grau do estado de paz encontrava-se expresso na maior ou menor gravidade da pena que se aplicava em caso de violação da paz"[1990].

O estado de paz torna-se uma necessidade no momento em que a troca adquire um caráter de fenômeno regular. Naqueles casos em que as condições para a manutenção da paz eram demasiado insignificantes, aqueles que trocavam a mercadoria preferiam não se encontrar pessoalmente, mas analisar as mercadorias sem a presença uns dos outros. Todavia, o comércio exige, em geral, que não apenas as mercadorias se encontrem, mas também as pessoas. Na época gentílica, todo estrangeiro era visto como um inimigo, indefeso como um animal selvagem. Apenas o costume da hospitalidade tornou possível o intercâmbio com tribos estrangeiras. Na Europa feudal, a igreja tentou restringir as contínuas guerras privadas proclamando em determinados períodos a assim chamada Paz de Deus. Ao mesmo tempo, os mercados e as feiras passaram

[1990] PACHUKANIS, B. Eugeni. *Teoria geral do direito e do marxismo*. São Paulo: Boitempo Editorial, 2017, p. 139.

a gozar de privilégios específicos. Os comerciantes que seguiam para o mercado recebiam *sauf-conduits* especiais que lhes garantiam a proteção de seus bens de apreensões arbitrárias, ao mesmo tempo que a execução dos contratos era assegurada por juízes especiais. Assim foi criado o *jus mercartorum* especial, ou *jus fori*, que logo depois se tornou o fundamento do direito municipal[1991].

Inicialmente, as feiras e os mercados faziam parte dos domínios feudais e eram constituídos somente de artigos vantajosos e lucrativos. A concessão da paz de mercado a alguma localidade visava apenas a encher os cofres deste ou daquele senhor feudal e, consequentemente, a atender a seus interesses privados. "Contudo, o poder feudal, ao assumir o papel de fiador da paz indispensável para os contratos de troca, graças à nova função que adquiriu, assumiu um caráter público que antes não lhe era característico. O poder de tipo feudal ou patriarcal não conhece fronteiras entre o público e o privado. Os direitos públicos do senhor feudal com relação aos servos eram ao mesmo tempo seus direitos como proprietário privado. Ao contrário, seu direito privado pode, segundo seu desejo, ser interpretado como direito político, ou seja, público. Desse mesmo modo, o *jus civile* da Roma antiga é interpretado por muitos, por exemplo Gumplowicz, como direito público, pois sua base e sua fonte eram o pertencimento à organização gentílica. Na verdade, tratamos nesse caso de uma forma jurídica embrionária, que ainda não desenvolveu as determinações opostas e complementares do público e do privado; por isso, o poder que carrega em si a marca das relações patriarcais e feudais caracteriza-se pela predominância do elemento teológico sobre o jurídico. A interpretação jurídica, ou seja, racionalista, do fenômeno do poder se torna possível apenas com o desenvolvimento do comércio e da economia monetária. Essas formas econômicas carregam a oposição entre vida pública e privada – oposição esta que, com o tempo, adquire um caráter de algo eterno e natural e consiste no fundamento de toda doutrina jurídica sobre o poder"[1992].

O Estado "moderno", no sentido burguês do termo, é concebido no momento em que a organização do poder de um grupo e de uma classe

[1991] Ibidem, p. 140.
[1992] Ibidem, p. 140.

inclui em seu escopo relações mercantis suficientemente abrangentes. Assim, em Roma, o comércio com estrangeiros e peregrinos, entre outros, exigia o reconhecimento da capacidade jurídica civil das pessoas que não pertenciam à comunidade gentílica. Isso já pressupõe a separação entre direito público e privado. A diferenciação entre o princípio do direito público de soberania territorial e o da propriedade privada da terra tem lugar na Europa medieval, antes e de modo mais completo, dentro das fronteiras das vilas. Ali, as obrigações e as responsabilidades reais e pessoais relativas à terra, mais cedo que em qualquer outro lugar, dividem-se em impostos e encargos em benefício da comunidade urbana e em renda sobre a propriedade privada[1993].

A dominação de fato adquire um caráter jurídico público preciso quando surgem, ao lado e independentemente dela, relações ligadas a atos de troca, ou seja, as relações privadas par *excellence.* Aparecendo a título de fiador dessas relações, o poder torna-se um poder social, um poder público, que persegue o interesse impessoal da ordem. O Estado como organização do poder de classe e como organização destinada à realização de guerras externas não exige uma interpretação jurídica e, de fato, nem sequer a admite. Esse é um domínio em que reina a assim chamada *raison d'état*, ou seja, o princípio da conveniência nua e crua. O poder como fiador da troca mercantil, pelo contrário, não apenas pode ser expresso em lenhos jurídicos, mas, ainda, apresenta-se como direito, e apenas como direito, ou seja, mistura-se completamente à norma objetiva abstrata. Por isso, qualquer teoria jurídica do Estado que queira abarcar todas as suas funções se revelará necessariamente inadequada. Ela não pode ser o reflexo verdadeiro de todas as funções da vida do Estado; ela apenas oferece um reflexo ideológico, ou seja, deformado, da realidade[1994].

A dominação de classe, tanto em sua forma organizada quanto em sua forma não organizada, é consideravelmente mais ampla que o domínio que pode ser designado como domínio oficial do poder do Estado. A dominação burguesa exprime-se, ainda, na dependência do governo em relação a bancos e grupos capitalistas, na dependência de cada traba-

[1993] Ibidem, p. 141.
[1994] Ibidem, p. 141.

lhador isolado em relação a seu empregador e no fato de a composição do aparato estatal estar pessoalmente ligada à classe dominante. Esses fatos – que podem ser multiplicados infinitamente – não têm nenhuma expressão jurídica oficial, mas coincidem, de modo magnífico e pelo próprio significado, com aqueles fatos que encontram expressão jurídica oficial e se apresentam na forma da submissão dos mesmos trabalhadores às leis do Estado burguês, aos decretos e às instruções de seus órgãos, às sentenças de seus tribunais etc. Ao lado do domínio de classe direto e imediato emerge, dessa maneira, o domínio mediato e refletido na forma do poder estatal oficial como uma força particular, destacada da sociedade. Com isso, surge o problema do Estado, que oferece tanta dificuldade à análise quanto o problema da mercadoria[1995].

Mas para que esses antagonismos, essas classes com interesses econômicos colidentes, não se devorem e não consumam a sociedade numa luta estéril, faz-se necessário um poder colocado aparentemente acima da sociedade, chamado a amortecer o choque e a mantê-lo dentro dos limites da "ordem". Nessa explicação há um ponto que não está completamente claro, mas que se revela quando Engels diz que o poder do Estado, naturalmente, cai nas mãos da classe mais forte, da "classe que, por intermédio dele, se converte em classe política dominante". Essa frase dá motivo para pensar que o poder estatal se engendra não como uma força de classe, mas como algo colocado acima das classes, que salva a sociedade da desagregação e só depois de seu surgimento se torna objeto de usurpação. Está claro que tal conceito se contrapõe aos fatos históricos, tendo em vista que o aparato do poder de Estado foi criado pelas forças da classe dominante, sendo obra de suas mãos. Segundo a concepção de Engels, o Estado surge porque, de outro modo, as classes se aniquilariam mutuamente em luta violenta e destruiriam a sociedade. "Consequentemente, o Estado nasce quando nenhuma das classes em luta é capaz de obter vitória decisiva. Nesse caso, de duas, uma: ou o Estado estabelece essa relação de equilíbrio – ele seria, então, uma força supraclasse, e isso não podemos admitir –, ou ele é resultado da vitória de uma classe – nesse caso, o Estado deixa de ser relevante, pois com a vitória decisiva de uma

[1995] Ibidem, p. 142.

classe o equilíbrio é restabelecido e a sociedade está salva. Por trás de todas essas controvérsias, está colocada uma única questão fundamental: por que a dominação de classe não se apresenta como é, ou seja, a sujeição de uma parte da população à outra, mas assume a forma de uma dominação estatal oficial ou, o que dá no mesmo, por que o aparelho de coerção estatal não se constitui como aparelho privado da classe dominante, mas se destaca deste, assumindo a forma de um aparelho de poder público impessoal, separado da sociedade? Não podemos nos restringir ao tópico segundo o qual para a classe dominante é vantajoso criar uma bruma ideológica e esconder atrás do biombo do Estado seu domínio de classe. Embora esse tópico seja absolutamente inquestionável, não explica por que a ideologia pôde ser criada e, consequentemente por que a classe dominante pode tirar vantagem dela. Isso porque o uso consciente das formas ideológicas não é o mesmo que suas origens, as quais, geralmente, independem da vontade das pessoas. Se quisermos esclarecer as raízes de alguma ideologia, devemos pesquisar aquelas relações reais das quais ela é expressão. Enquanto no primeiro caso – deificação do poder – temos o mais puro fetichismo e, consequentemente as representações e os conceitos correspondentes não nos ajudam a descobrir nada além do desdobramento ideológico da realidade, ou seja, daquelas mesmas relações factuais de dominação e servidão, o pensamento jurídico, por sua vez, é apenas um conceito unilateral, e suas abstrações expressam apenas um dos aspectos da realidade de sujeito existente, ou seja, da sociedade de produção mercantil"[1996].

A submissão e a dependência do trabalhador assalariado em relação ao capitalista existem também de modo indireto: o trabalho morto acumulado domina o trabalho vivo. Mas a submissão desse mesmo trabalhador ao Estado capitalista não é igual à dependência que ele tem em relação ao capitalista singular, que se desdobra ideologicamente. Em primeiro lugar, porque existe um aparato da classe dominante particular e independente, que se coloca sobre cada capitalista individual e figura como uma força impessoal. Segundo, porque essa força impessoal não medeia cada relação específica de exploração, pois o trabalhador assalariado não

[1996] Ibidem, p. 143.

é obrigado política nem juridicamente a trabalhar para dado empregador, mas aliena sua própria força de trabalho com base em um contrato livre. Na medida em que a relação de exploração se realiza formalmente como uma relação entre dois proprietários de mercadoria "independentes" e "iguais", dos quais um, o proletário, vende a força de trabalho, e o outro, o capitalista, compra-a, o poder político de classe pode adquirir a forma do poder público[1997].

O princípio da concorrência, base no mundo burguês-capitalista, não oferece a possibilidade de vincular o poder político a uma empresa individual (como no caso do feudalismo, em que o poder estava ligado às grandes propriedades de terra). "A livre concorrência, a livre propriedade privada, 'a igualdade de direitos' no mercado e a simples garantia de existência de uma classe criam uma nova forma de poder estatal, a democracia, que coloca no poder uma classe coletivamente. É bastante claro que a 'igualdade de direitos' do mercado cria uma forma específica de poder; (...). Em primeiro lugar, o poder pode até não estar ligado a uma empresa individual, mas, ainda assim, permanece como assunto privado da organização capitalista. As associações industriais, com seus caixas de guerra, seus mercados negros, seus locautes e seus grupos de fura-greves, são órgãos de poder independentes que existem junto ao poder público, ou seja, ao Estado. Em segundo lugar, o poder no interior de uma empresa permanece como assunto privado de cada capitalista individual. A aplicação de regras de ordem interna é uma regulamentação privada, ou seja, um genuíno resquício do feudalismo, ainda que os juristas burgueses contemporâneos estejam empenhados em disfarçar, construindo funções como o assim chamado contrato de adesão (*contrat d'adhésion*) ou de plenos poderes particulares que o proprietário capitalista supostamente recebe dos órgãos do poder público em nome da 'execução bem-sucedida das funções necessárias e úteis da empresa a partir de um ponto de vista social'"[1998].

Contudo, a analogia com as relações feudais não é, neste caso, absolutamente precisa. Como explica Marx,

1997 Ibidem, p. 143.
1998 Ibidem, p. 144.

> *"[...] a autoridade que o capitalista assume no processo direto de produção como perso nificação do capital, a função social de que ele se reveste como condutor e dominador da produção, é essencialmente diferente da autoridade fundada na produção com escravos, servos etc."*

Enquanto na base da produção capitalista a massa dos produtores imediatos é confrontada com o caráter social de sua produção na forma de autoridade rigorosamente reguladora e de mecanismo social do processo de trabalho articulado como hierarquia completa – autoridade que, no entanto, só recai em seus portadores como personificação das condições de trabalho diante do trabalho, e não, como em formas anteriores de produção, como dominadores políticos ou teocráticos –, entre os portadores dessa autoridade, os próprios capitalistas que só se confrontam como possuidores de mercadorias, reina a mais completa anarquia, dentro da qual o nexo da produção social só se impõe como lei natural inexorável à arbitrariedade individual[1999].

Dessa maneira, as relações de servidão e domínio podem existir também no modo de produção capitalista, sem se distanciar daquelas formas concretas, a partir das quais surgem como domínio das condições de produção sobre os produtores. É justamente porque nessas condições não surgem de forma mascarada, como na escravidão e na servidão, que passam despercebidas pelos juristas[2000].

O Estado jurídico é uma miragem, mas uma miragem totalmente conveniente para a burguesia, pois substitui a ideologia religiosa em decomposição e esconde das massas o domínio daquela. A ideologia do Estado jurídico é mais conveniente que a religiosa, porque ela, além de não refletir a totalidade da realidade objetiva, ainda se apoia nela. A autoridade como "vontade geral", como "força do direito", na medida em que se realiza na sociedade burguesa representa um mercado. Desse ponto de vista, até as regulamentações policiais podem apresentar-se como encarnação da ideia de Kant sobre a liberdade limitada pela liberdade de outrem[2001].

[1999] Ibidem, p. 145.
[2000] Ibidem, p. 146.
[2001] Ibidem, p. 146.

Os possuidores de mercadorias livres e iguais que se encontram no mercado não o são apenas na relação abstrata de apropriação e alienação. Na vida real, eles se conectam por meio de múltiplas relações de dependência. Isso se dá entre o lojista e o grande atacadista, o camponês e o latifundiário, o devedor e o credor, o proletário e o capitalista. Todas essas infinitas relações de dependência efetiva formam a base original da organização do Estado. Entretanto, para a teoria jurídica do Estado, é como se elas não existissem. Além disso, a vida do Estado toma forma a partir da luta entre as distintas forças políticas, ou seja, classes, partidos, toda sorte de agrupamentos; aqui se esconde o real movimento das molas do mecanismo estatal. Para a teoria jurídica, elas são igualmente inacessíveis. E verdade que um jurista pode demonstrar maiores ou menores flexibilidade e adaptabilidade, por exemplo, voltando sua atenção, para além do direito escrito, àquelas regras não escritas, as quais se refletem na prática estatal; no entanto, isso não muda sua posição principal em relação à realidade. É inevitável que haja certa divergência entre a verdade jurídica e aquela verdade que é objetivo das investigações históricas e sociológicas. E isso não ocorre apenas porque a dinâmica da vida social transborda as margens das formas jurídicas, e por isso os juristas com suas análises estão condenados a permanecer sempre atrasados; ainda que se mantenha, como se diz, *à jour* [em dia] com os fatos, o jurista os transmite de modo distinto daquele do sociólogo, pois, mantendo-se jurista, parte do conceito de Estado como uma força independente, que se opõe a qualquer outra força individual e social. Do ponto de vista histórico e político, as decisões de uma classe ou partido influentes têm o mesmo, e às vezes até mais, significado que a decisão do Parlamento ou de outra instituição do Estado. Do ponto de vista jurídico, é como se o primeiro tipo fosse inexistente. Contudo, qualquer decisão do Parlamento, ao rejeitar o ponto de vista jurídico, pode ser vista não como um ato do Estado, mas como a decisão tomada por determinado grupo, uma panelinha, movido seja pelos interesses mais individualmente egoístas, seja pela motivação de classe, como, aliás, faz qualquer outro coletivo[2002].

[2002] Ibidem, p. 147.

Essa realidade é, antes de tudo, o próprio aparato estatal com seus elementos materiais e humanos. Antes de criar teorias acabadas, a burguesia começou construindo seu Estado na prática. "Esse processo teve início com as comunas urbanas na Europa ocidental. No tempo em que o mundo feudal ainda não conhecia as diferenças entre os meios pessoais do senhor feudal e os meios da comunidade política, apareceu nas cidades pela primeira vez o fundo social municipal – de início como algo esporádico, depois como uma entidade permanente; "o espírito do Estado" recebe, como dizem, seu assento material"[2003].

O surgimento de recursos estatais tornou possível o aparecimento de pessoas que vivem desses recursos: os servidores públicos e os burocratas. Na época do feudalismo, as funções administrativas e judiciais eram desempenhadas por criados do senhor feudal. Nas comunas urbanas, aparecem pela primeira vez os servidores públicos no completo sentido da palavra; o poder público encontra sua encarnação material. A procuração no sentido do direito privado, como uma autorização para a realização de negócios jurídicos, destaca-se do serviço público. À monarquia absolutista restou apenas assimilar essa forma pública de poder existente nas cidades e implementá-la em um território mais amplo. Todo o posterior aperfeiçoamento do Estado burguês, que se originou tanto por meio de explosões revolucionárias quanto da adaptação pacífica aos elementos monárquico-feudais, pode conduzir a um único princípio, que estabelece que, entre duas partes que se confrontam no mercado, nenhuma deve ser capaz de surgir na qualidade de reguladora do poder da relação de troca, mas, para isso, é preciso uma terceira parte, que encarne aquela garantia mútua que os possuidores de mercadorias na qualidade de proprietários dão um ao outro e que são, consequentemente, as regras personificadas pela sociedade de possuidores de mercadorias. A burguesia fez desse conceito jurídico de Estado a base de suas teorias e tentou colocá-lo em prática. Isso, evidentemente, guiada pelo famoso princípio "na medida do possível"[2004].

Percebe-se, portanto, que "é em nome da pureza da teoria que a burguesia nunca tem em vista o outro lado da moeda, a saber: a sociedade

2003 Ibidem, p. 147.
2004 Ibidem, p. 148.

de classes não é apenas um mercado, no qual encontram os possuidores de mercadorias, mas é, ao mesmo tempo, a arena de uma feroz guerra de classes, na qual o aparato do Estado é arma poderosa. Nessa arena, as relações se formam longe da definição kantiana de direito como a delimitação da liberdade pessoal dentro de limites mínimos necessário para a convivência. Aqui, Gumplowicz tem total razão quando declara que 'tal gênero de direito nunca existiu, pois, como a medida da liberdade está condicionada apenas à medida de domínio do outro, a norma de convivência dita não a possibilidade de convivência, mas a possibilidade de domínio'. O Estado como fator de força tanto na política interna quanto na externa foi a correção que a burguesia se viu obrigada a fazer em sua teoria e prática do 'Estado de direito'. Quanto mais a dominação burguesa for ameaçada, mais comprometedoras se mostrarão essas correções e mais rapidamente o 'Estado de direito' se converterá em sombra incorpórea, até que, por fim, o agravamento excepcional da luta de classes force a burguesia a deixar completamente de lado a máscara do Estado de direito e a revelar a essência do poder como a violência organizada de uma classe sobre as outras"[2005].

8.8.9 O conflito das Democracias na URSS. Democracia Direta e Socialista

O termo "democracia" ressurge forte a partir das revoluções liberais do final do século XVIII e início do XIX, muito ligada à garantia dos direitos individuais e ao avanço do capitalismo. A partir da segunda metade do século XX torna-se corriqueiro vincular tal termo também ao socialismo[2006]. "Após o stalinismo toda a esquerda concorda em que o socialismo só poderá progredir se assumir uma forma democrática. 'Democracia' aqui, no entanto, é em geral identificada com uma forma institucional específica, a da democracia liberal moderna. Algumas observações de Agnes Heller são muito representativas a esse respeito. O que ela chama de 'caráter formal' das democracias modernas é essencial: a separação relativa (nunca completa) entre 'Estado e sociedade' é um documento

[2005] Ibidem, p. 150.

[2006] Não significa que houve de fato democracia, dentro das características ocidentais, mesmo nas chamadas "repúblicas populares".

fundamental (geralmente sob a forma de uma Constituição) que estabeleça as liberdades civis democráticas, o pluralismo, o sistema de contrato e o princípio de representação. Realmente: 'Todos os que querem substituir a democracia formal pela chamada democracia substantiva e, por conseguinte, reunificar Estado e sociedade de uma forma totalizadora, renunciam à democracia enquanto tal'. Demonstrando a intolerância que, infelizmente é com grande frequência compartilhada tanto pelos responsáveis quanto pelas vítimas do stalinismo, Heller propõe excluir da esquerda todos aqueles que não estejam dispostos a promover objetivos socialistas, 'dentro do contexto da democracia formal'"[2007].

"Sociedade civil" é um conceito social e político que apresentou no decorrer da história diversas facetas. Norberto Bobbio, por exemplo, identificou duas fases decisivas na compreensão do citado conceito. Segundo ele, "num primeiro momento, Hegel identificou sociedade civil sobretudo com as relações econômicas da sociedade capitalista, atitude influenciada por suas leituras dos economistas políticos clássicos, o que determinou que Marx também usasse esse termo. Num segundo momento, contudo, Gramsci – embora ainda, como Hegel e Marx antes dele, pusesse em polos opostos sociedade e Estado – tendia a identificar o primeiro termo da oposição com instituições culturais e políticas que faziam parte (em termos marxistas) mais da superestrutura do que da base econômica. Dessa maneira (...) a sociedade civil de Gramsci contém dois elementos indistintamente separados: uma esfera de organizações sociais independentes e instituições não-governamentais (...) e uma esfera que poderíamos chamar, seguindo Tocqueville, de 'sociedade política', existindo fora e em oposição ao Estado e tornada possível por certo grau de autonomia social"[2008].

A história incluída no conceito de sociedade civil empresta-lhe certa ambiguidade. Este fato é tacitamente reconhecido e, na verdade, "transformado em virtude por um de seus principais paladinos no Ocidente,

[2007] Callinicos, Alex. *A vingança da história* – o Marxismo e as revoluções do Leste Europeu. Rio de Janeiro: Jorge Zahar, 1982, p. 120.
[2008] Ibidem, p. 121.

John Keane[2009]: As sociedades civis modernas têm compreendido uma constelação de elementos justapostos e mutáveis que resistem à redução a um denominador comum, a um núcleo básico ou a um primeiro princípio gerador. Incluíram economias e unidades familiares capitalistas; movimentos sociais e esferas de trabalho público voluntário (igrejas, organizações de profissionais liberais, meios de comunicação independentes e instituições culturais); partidos políticos, associações de eleitores e outros 'guardiões'" da distinção Estado-sociedade civil; bem como instituições 'disciplinares', como escolas, hospitais, asilos e prisões"[2010].

Não está absolutamente claro por que uma vida política democrática deva depender da criação de toda essa lista altamente heterogênea. "Ash discorre sobre a ambiguidade da palavra *bürgerlich*, que pode ser traduzida ou como 'burguês' ou como 'civil', para igualar o triunfo da sociedade civil ao do mercado. 'Sim, Marx tem razão', ele faz os povos do Leste europeu dizerem; 'as duas coisas estão intimamente ligadas – e queremos ambas! Direitos civis e direitos de propriedade, liberdade econômica e liberdade política, independência financeira e independência intelectual, uma sustenta a outra'. Mas os que forem menos ingênuos diante dos ensinamentos da nova direita provavelmente não igualarão capitalismo e democracia (uma equação que os que vivem fora da Europa e de América do Norte se sentirão, de qualquer modo, menos tentados a aceitar). Ainda assim, o conceito de sociedade civil parece estimular exatamente esse tipo de confusão. Por esse motivo, seu emprego é um obstáculo à discussão séria da relação entre socialismo e democracia"[2011].

Heller entende que "a relação é muito simples: 'A democracia formal pode ser transformada em uma democracia socialista sem ser alterada em nada'. Uma opinião incomparavelmente mais realista da relação entre democracia liberal e socialismo é oferecida por Bobbio, que é, simultaneamente, o expoente moderno mais lúcido da ideia de que a primeira

2009 John Keane (1949) – Cientista político australiano, é especialista em democracias, tendo se destacado na análise sobre o crescimento dos populismos nacionalistas. Autor de *Vida e morte da democracia.*

2010 Callinicos, Alex. *A vingança da história* – o Marxismo e as revoluções do Leste Europeu, p. 121.

2011 Ibidem, p. 122.

fornece o único arcabouço apropriado no qual o segundo pode ser realizado: Nas sociedades capitalistas avançadas, onde o poder econômico está se tornando crescentemente concentrado, a despeito do sufrágio universal, da formação de partidos com base de massa e de um grau razoavelmente alto de mobilização política, a democracia não conseguiu ainda manter suas próprias promessas, que se concentram principalmente em três objetivos: 1) participação (...); 2) controle a partir de baixo (...); 3) liberdade de dissentir. Nos Estados onde as instituições democráticas estão mais formal e plenamente desenvolvidas, verificou-se que ocorrem dois fenômenos que militam contra o declarado princípio da participação geral: por um lado, a apatia política, ou em outras palavras, a falta de participação (que é tacitamente interpretada como uma manifestação do mais alto grau de consenso com o sistema predominante); e, por outro, a participação que é distorcida, deformada ou manipulada pelas entidades que têm o monopólio do poder ideológico sobre as massas. O controle a partir de baixo torna-se progressivamente menos eficaz, à medida que o centro de poder se transfere para essas entidades, com o resultado de que as instituições que o cidadão consegue controlar são cada vez mais fictícias como centros de poder. Entrementes, os vários centros de poder real de um Estado moderno, como as grandes empresas, ou os instrumentos mais importantes de poder real, como o Exército e a burocracia, não são submetidos a qualquer controle democrático. Na verdade, é possível falar em um autêntico subsistema de poder político, não no sentido de que compreenda forças de uma ordem secundária, mas porque é primária e, ainda assim não podem ser vistas: são ocultas. Quanto ao direito de dissentir, ele só pode manifestar-se dentro de uma esfera altamente circunscrita: dentro do sistema econômico dominante, que nunca oferece a possibilidade de uma alternativa radical"[2012].

Bobbio chega "à conclusão de que 'o método democrático, da forma praticada em um sistema capitalista, não parece levar em conta a transformação desse sistema, isto é, a transição de uma sociedade capitalista para uma socialista'. Ele desenvolve o argumento, considerando o dilema enfrentado por qualquer tentativa de transformar gradualmente o capita-

[2012] Ibidem, p. 122-123.

lismo mediante reformas estruturais: Poderá a reforma de um dado modo de produção ser realizada por uma série de reformas parciais, nenhuma das quais seja decisiva? Suponhamos que uma transformação total pode resultar de uma série de reformas parciais: até que ponto o sistema estará disposto a aceitá-las? Pode ser excluída a possibilidade de que haja um limite à tolerância do sistema, de modo que seja alcançado um ponto em que o sistema não possa mais vergar-se e se despedaça? Se aqueles cujos interesses são ameaçados reagirem violentamente, o que haverá para fazer, senão responder com violência?"[2013]

A descrição feita por Bobbio da democracia liberal torna-se convincente pelo fato de ele ser um defensor dessa ordem política. "Os três principais aspectos que ele identifica têm, todos, um número excessivo de exemplos no Ocidente moderno: um corpo passivo de cidadãos (nas eleições presidenciais nos Estados Unidos, em 1988, a probabilidade era duas vezes maior de que eleitores de altas rendas votassem do que os de rendas mais baixas); a substituição de instituições parlamentares por centros de poder não eleitos (os casos Spycatcher e Wallace trouxeram para o domínio público o papel desempenhado pelos serviços de segurança britânicos na tentativa de desestabilização do governo trabalhista de 1974-79 e na ascensão de Thatcher à liderança do Partido Conservador; as limitações estruturais à transformação gradual do capitalismo (foi, acima de tudo, a fuga maciça de capitais da França que obrigou o governo Mitterrand a abandonar seu programa de reformas, com base no qual fora eleito em 1981)"[2014].

As características supra-apontadas são mecanismos que fazem o marxismo clássico descrever a democracia liberal como uma democracia *burguesa*. "Essa descrição não implica ignorar a democracia liberal, considerando-a como uma mera 'fachada', cuja substituição, digamos, pelo fascismo ou por uma ditadura militar é uma questão indiferente para os socialistas. Muito ao contrário, tanto Lênin quanto Rosa Luxemburgo argumentaram que a esquerda deve buscar a implantação da democracia burguesa como a forma política capitalista que fornece as condições mais favoráveis ao desenvolvimento do movimento da classe operária.

[2013] Ibidem, p. 123.
[2014] Ibidem, p. 123.

Trotsky, em seus trabalhos clássicos sobre o fascismo alemão, enfatizou igualmente que o marxismo revolucionário deve resistir aos ataques da direita às instituições parlamentares. Não obstante, críticos marxistas da liberal-democracia insistiram em que ela não era um contexto institucional neutro, adequado tanto ao capitalismo quanto ao socialismo, mas uma forma específica de domínio da classe burguesa, uma entre uma série de formas estatais através das quais o capitalismo dominante era mantido"[2015].

Existe alternativa democrática à liberal-democracia? Bobbio, por exemplo, em seus estudos, defendia que não, fato que culminou em uma posição liberal cada vez mais conservadora do referido autor diante do embate entre socialismo e democracia "realmente existente", em que pese a apreciação realista que fazia desta. "Porém, ele oferece apenas argumentos superficiais para provar que o governo parlamentar é a única forma viável de democracia. A crônica histórica, na verdade, contém vários tipos diferentes de democracia, compreendendo formas institucionais particulares e ideologias legitimadoras e corporificando formas específicas de domínio de classe. Há, claro, o caso clássico da cidade-Estado ateniense, dos séculos IV e V a.C.: as formas de democracia direta lá desenvolvidas tornaram possível um certo grau de participação no governo dos produtores diretos da cidade e campo, inimaginável de acordo com os padrões liberais modernos, embora o controle mantido sobre o trabalho escravo permitisse à aristocracia possuidora de terras exercer o domínio final (ainda que contestado). De importância muito mais imediata, no entanto, é a rica tradição de democracia dos sovietes, dos conselhos de operários, que se transformaram, pelo menos, no embrião de uma nova forma de domínio político"[2016].

8.8.9.1 Os sovietes: fruto da democracia direta

Os sovietes, por exemplo, eram uma instituição política que tinha por unidade geográfica o próprio ambiente de trabalho. Estava ligado diretamente ao processo de produção e organizava coletivamente os produtores. "Em seus casos típicos, abrangia todos os que trabalhavam em

2015 Ibidem, p. 124.
2016 Ibidem, p. 124.

um dado local cruzando as fronteiras criadas pela divisão de trabalho, as que separavam sindicatos diferentes e, na verdade, entre sindicalizados e operários desorganizados. O soviete, além disso, implica uma combinação própria de democracia direta e representativa: as decisões eram tomadas por um corpo de delegados, eleitos e sujeitos à destituição imediata por iniciativa de assembleias de trabalhadores, reunidos nas diferentes seções do local de trabalho. Essa estrutura de delegados fornecia espaço para a unificação dos sovietes de local de trabalho em conselhos de trabalhadores mais amplos, geograficamente embasados, nos níveis local e nacional. Em 1917, a Rússia presenciou o florescimento de comitês de fábrica, sovietes de bairro e cidade, bem como congressos regionais e pan-russos de sovietes. Finalmente, os sovietes representavam uma tendência para derrubar a distinção entre economia e política, característica das sociedades capitalistas. O primeiro soviete, por exemplo, foi formado em São Petersburgo em outubro de 1905, quando uma greve deflagrada por gráficos, que exigiam uma jornada de trabalho menor e uma taxa de pagamento mais alto por 1.000 caracteres compostos, incluindo sinais de interrogação, transformou-se em uma greve geral política, que obrigou o tzar a conceder uma Constituição"[2017].

Para Trotsky o surgimento dos sovietes deu-se quando o movimento revolucionário das massas trabalhadoras, mesmo que ainda longe da insurreição armada, cria a necessidade de uma organização formal ampla, capaz de liderar as lutas políticas e econômicas, abrangendo simultaneamente as diferentes empresas e os diferentes ofícios, extrapolando a divisão de classes no ambiente de trabalho[2018].

Os sovietes não resultavam da "criação deliberada de um partido ou movimento que adotassem um projeto político específico. Muito ao contrário, conforme argumentou Lênin, o soviete 'não é invenção de ninguém. Ele brota da luta da classe proletária, na medida em que essa luta se torna mais geral e intensa'. Um dos aspectos mais notáveis da política mundial neste século [XX], na verdade, é a frequência com que formas do tipo soviético surgem em condições de grande mobilização da classe obreira. As Revoluções Russas de 1905 e 1917 foram simplesmente o

[2017] Ibidem, p. 124-125.
[2018] Ibidem, p. 125.

começo. O período de instabilidade revolucionária que varreu as Europas Ocidental e Central após a Primeira Guerra Mundial presenciou o aparecimento de conselhos de trabalhadores, destacando-se principalmente entre eles os *Rate* alemães e as *commissioni interne* de Turim. A reação da classe operária ao golpe de Estado de Franco, em julho de 1936, criou, especialmente em Barcelona, formas de autogoverno popular que não só subverteram o governo republicano, como também desafiaram os inimigos fascistas. O clímax da Revolução Húngara de 1956 distinguiu-se pela tomada do controle efetivo por conselhos de trabalhadores"[2019].

Perpassando como um fio vermelho a história deste século, nota-se a tendência de as lutas de massa da classe trabalhadora que vão além de reivindicações puramente econômicas – e que, por isso, pelo menos tacitamente, desafiam o poder do Estado – criarem formas organizacionais que refletem e afirmam a força coletiva dos trabalhadores no processo de produção. Ora, a pressuposição do marxismo clássico é que essas formas constituem a base de uma nova forma de poder político, capaz de suplantar o Estado existente e fornecer o contexto necessário à transição para uma sociedade comunista sem classes. A propósito, argumentou Gramsci: O Estado socialista já existe potencialmente nas instituições da vida social características da classe trabalhadora explorada. Ligar essas instituições, coordenando-as e organizando-as em uma hierarquia altamente centralizada de competências e poderes, simultaneamente respeitando a autonomia e articulação de cada ume delas, implica criar, aqui e agora, uma autêntica democracia de trabalhadores – uma democracia dos trabalhadores em oposição efetiva e ativa ao Estado burguês, preparando-se para substituí-lo, aqui e agora, em todas suas funções efetivas de administrar e controlar a herança nacional[2020].

A partir da organização molecular de conselhos de trabalhadores, que se desenvolvem de maneira espontânea, ganha forma a "afirmação de Lênin de que a ditadura do proletariado compreende 'uma imensa expansão da democracia, que, pela primeira vez, toma-se democracia para os pobres, democracia para o povo, e não democracia para os ricos'. Para grande parte da esquerda, contudo, a ideia de uma democra-

[2019] Ibidem, p. 125-126.
[2020] Ibidem, p. 127.

cia socialista superior à democracia liberal tornou-se um sonho utópico, que talvez esconda em suas sombras o pesadelo do stalinismo. É difícil, no entanto, encontrar argumentos convincentes que deem sustentação a essa ideia. Uma das objeções à democracia dos sovietes é feita, de modo muito superficial, por Bobbio, quando diz que seus teóricos manifestam 'uma recusa em acreditar que há problemas relativos ao cidadão que são diferentes dos relativos ao trabalhador (ou o produtor)'"[2021]. Em tempos de amplo avanço da tecnologia e com a disseminação da ideia de "empreendedorismo", onde o indivíduo acaba sendo patrão dele mesmo, apesar de não receber o que aporta para o sistema, a ideia dos "conselhos" na atualidade perde nitidez, já que ocorre exasperação da individualidade e, esses "indivíduos" que se acham capitalistas só pensam em uma coisa: explorar ao máximo qualquer um que esteja abaixo dele em termos hierárquicos.

Insta salientar, retomando a questão dos sovietes, que a base de sua democracia estava na livre rivalidade dos partidos. "Essa situação, na verdade, é consequência do caráter dos sovietes como órgãos da classe operária como um todo, de sua composição, determinada pelo voto dos trabalhadores ou de seus delegados. Os sovietes são, por conseguinte, organizações multipartidárias; e a supressão na Rússia, após a Revolução de Outubro, de todos os partidos, exceto o Bolchevique e, na realidade, até mesmo das frações dentro do partido governante, constituiu sinal do que o próprio Lênin chamou de 'distorção burocrática' do regime. Críticos da democracia dos sovietes, no entanto, aproveitam esse desvio da teoria marxista pela prática bolchevique para argumentar que 'a proibição temporária de partidos de oposição' não foi, como argumentou Trotsky, 'um mal temporário', uma 'medida ditada pelas condições da guerra civil, bloqueio, intervenção estrangeira e fome', mas, consequência inevitável da derrubada das instituições parlamentares, que levou inelutavelmente ao stalinismo. Interpretações desse tipo, caracteristicamente, identificam a decisão bolchevique de dissolver, em janeiro de 1918, a Assembleia Constituinte como o ponto decisivo que os colocou na estrada do Gulag. Esse episódio, na verdade, levanta várias questões complexas. Uma delas diz

[2021] Ibidem, p. 127.

respeito à extensão em que as eleições para a Assembleia Constituinte, que deram aos sociais-revolucionários maioria de cadeiras e deixaram os bolcheviques com apenas um quarto dos votos, refletiu o equilíbrio de forças sociais e políticas em uma situação em rápida mudança"[2022].

Percebe-se claramente que a Assembleia Constituinte e os sovietes ligavam-se a "dois sistemas diferentes de representação: respectivamente, a forma parlamentar típica das democracias liberais modernas e a democracia de delegados, baseada no local de trabalho, discutida acima. Cada um desses sistemas de representação, e as assembleias deles resultantes, corporificavam pretensões conflitantes à legitimidade democrática e, por conseguinte, constituíam centros rivais, ou centros potenciais, de poder. A decisão dos bolcheviques de dissolver a Assembleia Constituinte tinha sua contrapartida na intenção dos social-revolucionários e mencheviques de usar sua maioria na mesma para reverter o resultado da Revolução de Outubro. A esse respeito, comenta Marcel Liebman: 'em última análise, o que causa surpresa não é que Lênin tenha assumido a responsabilidade de dissolver a Assembleia Constituinte, mas que demorasse tanto a se decidir a isso, e tivesse tanta dificuldade para identificar os termos em que o dilema – pois havia um dilema – se apresentava, isto é: Assembleia Constituinte ou sovietes'"[2023].

"O dilema, em última análise, contrastava dois tipos de democracia incompatíveis, já que suas formas institucionais e ideologias legitimadoras envolviam dois sistemas diferentes de poder de classe. As circunstâncias da Revolução de Outubro configuraram esse conflito em uma forma sumamente aguda, uma vez que a superioridade numérica dos camponeses conferia base popular aos adversários dos bolcheviques, embora eles a tivessem perdido devido à insistência dos Brancos em devolver as terras à aristocracia. Não obstante, o dilema entre democracia burguesa ou proletária reapareceu em muitas situações posteriores, como, por exemplo, durante a Revolução Alemã de 1918 e na Revolução Portuguesa de 1974-75. Liebman interpreta a situação da seguinte maneira: 'Quando pensamos nos grandes choques sociais dos tempos modernos, observamos (...) que a dinâmica revolucionária sempre foi bloqueada pela força

[2022] Ibidem, p. 130.
[2023] Ibidem, p. 131.

paralisadora ou frenadora do mecanismo eleitoral, mesmo em sua forma democrática de sufrágio universal'. Ou, mais exatamente, quando a radicalização das lutas da classe operária leva ao aparecimento, talvez mesmo apenas em forma embrionária, do poder dos sovietes, as instituições parlamentares tendem a se tomar o foco de forças contra-revolucionárias, fornecendo-lhes meios de, legitimar democraticamente a supressão da revolução. A aliança entre os social-democratas alemães e os Freikorps proto-nazistas, sob a bandeira da assembleia de Weimar em 1919, constitui um exemplo clássico desse tipo de polarização. Autores como Wolforth – que procuram, de alguma maneira, casar parlamento com sovietes – estão simplesmente procurando ladear o 'conflito irreprimível' entre dois tipos de democracia"[2024].

Caso a opção seja pela democracia socialista, e não pela liberal, não significa, portanto, "rejeitar o que às vezes são chamadas de 'liberdades liberais' clássicas: de expressão, reunião e associação, em particular. A convicção em sentido contrário implica confundir esses direitos com certas formas institucionais, isto é, as da democracia liberal. Na verdade, as liberdades liberais se originaram nas lutas do início do período moderno, nos séculos XVII e XVIII, contra o absolutismo. É muito comum que os defensores desses direitos jamais os vinculem à democracia nos seus sentidos antigo e moderno. A intenção das liberdades liberais foi criar um espaço no qual o cidadão pudesse promover seus objetivos sem interferência do governo. Na medida em que a forma apropriada de governo veio a ser considerada como aquela baseada em instituições parlamentares, seu eleitorado era, inicialmente, limitado a uma pequena minoria de indivíduos que possuíam propriedades. Não há razão para acreditar que a democracia socialista, baseada como é na participação direta no governo das massas trabalhadoras, através da intermediação dos sovietes, não adote essas liberdades e, na verdade, como argumentaram Lênin e Rosa Luxemburgo, até as ampliariam muito ao abolir as limitações decorrentes da exploração capitalista, como, por exemplo, as enormes restrições à liberdade de expressão criadas pelo fato de que os meios de divulgação de massa são dominados pelas grandes empresas. Na verdade, vimos que

[2024] Ibidem, p. 131.

o funcionamento correto da democracia dos sovietes depende da liberdade de associação"[2025].

"A experiência da democracia capitalista demonstra, contudo, que é complexa a relação entre instituições democráticas e liberdades liberais. As democracias liberais, quando sua sobrevivência pareceu ameaçada, mostraram-se dispostas a transgredir consideravelmente os direitos civis. Em ambas as guerras, os governos britânicos adotaram a prisão sem julgamento e extensa censura das comunicações. Nenhuma democracia socialista poderia furtar-se a medidas semelhantes de autodefesa, sobretudo diante das condições em que, com toda probabilidade, subiria ao poder, como resultado de sublevação revolucionária e em face de pressões capitalistas externas. Conforme é demonstrado pelas crises da democracia liberal, a questão de saber se o emprego de medidas excepcionais contra a oposição por um regime revolucionário levaria ou não ao tipo de degeneração que se seguiu à Revolução de Outubro dependeria de sua capacidade de enfrentar as vicissitudes da situação. A experiência da Revolução Russa sugere que dois fatores, em particular, seriam decisivos: o tamanho e peso socioeconômico da classe operária e o sucesso da revolução em propagar-se além de suas fronteiras iniciais. Não há, na natureza da política, garantias de que tal regime sobreviveria e se expandiria; mas o fato é que o desenvolvimento e a integração incomparavelmente maiores do capitalismo desde a Revolução de Outubro criam um contexto muito mais favorável do que aquele que foi enfrentado pelos bolcheviques"[2026].

8.8.9.2 A Democracia soviética e a liberdade

Com o advento da Guerra Fria e a divisão do mundo em dois campos bem distintos, de forte oposição ideológica e caracterizado por guerra de informação dos dois lados, a visão ocidental ficou obscurecida em relação ao funcionamento das instituições soviéticas."Os estudos de economistas, juristas e teóricos de ciência política das mais diversas tendências permitem, entretanto, distinguir suas características essenciais. No

[2025] Ibidem, p. 132.
[2026] Ibidem, p. 132-133.

centro das críticas dirigidas ao regime soviético encontramos a noção de 'liberdade'"[2027].

No regime soviético, pela instituição do partido único, tinha-se uma onipotência do Estado. É que "a socialização dos meios de produção aumentou consideravelmente a força do Estado, e a planificação da economia transformou-o no senhor soberano da vida de todos os habitantes da União. Mesmo no domínio agrícola, onde subsiste um 'setor livre' e onde as fazendas coletivas receberam o 'usufruto eterno' da terra que cultivam, o Estado possui um meio de ação indireta e decisiva sobre os camponeses, pois os tratores e o resto do material mecânico indispensável continuam como propriedade sua e é ele que fixa as condições de seu uso pelos kolkhozes"[2028].

"Seria o regime soviético o 'modelo da verdadeira democracia' ou uma ditadura, onde a liberdade existe, 'salvo nos domínios essenciais'? Depois de analisar, com notável acuidade, os argumentos dos adversários e dos partidários do regime, Vedel conclui que: '*seria inútil procurar na própria noção de democracia um critério que permita julgar as teses em confronto. Do ponto de vista da democracia, nem uma nem outra são menos verdadeiras. Derivam ambas desse impulso para a liberdade que é o significado profundo de toda a aspiração democrática*'"[2029].

E acrescenta: "sua dualidade e sua oposição decorrem inteiramente da dualidade de concepções (...) O sentido soviético da palavra democracia é especificado no comentário, feito por Stalin, à consolidação de 1936: 'O que é a democracia? A democracia, nos países capitalistas, onde existem classes antagônicas, é, afinal de contas, a democracia para os fortes, uma democracia para a minoria possuidora. A democracia na URSS é, ao contrário, uma democracia para os trabalhadores, isto é, uma democracia para todos"[2030].

E, como escreve um jurista soviético: "O país onde a exploração do homem pelo homem foi abolida; onde a igualdade política, e também econômica, existe realmente para todos os cidadãos; onde as liberdades

[2027] Crouzet, Maurice, *História Geral das Civilizações*, cit., p. 412.
[2028] Ibidem, p. 413.
[2029] Ibidem, p. 415-416.
[2030] Ibidem, p. 416.

democráticas são, não só proclamadas oficialmente, mas garantidas de fato pelas condições materiais da vida social; onde a igualdade dos povos não é palavra vã e onde sua amizade é indestrutível, esse país, incontestavelmente, progrediu muito no caminho da democracia. Antes de ser um princípio político de governo, a democracia é uma estrutura econômico-social que determina a realidade do regime político, e a democracia política só pode ser concreta numa sociedade sem classes: só esta cria as condições para o desenvolvimento do indivíduo"[2031].

O foco da defesa da democracia estava no fato de que os soviéticos garantiam em maior escala as condições materiais para o exercício da liberdade. Essa posição fica evidente na conversa "transmitida por Wendell Wilkie, chefe republicano americano, derrotado nas eleições a que concorreu contra Roosevelt. Depois de ter observado, em 1941, a um chefe de serviço de uma fábrica soviética que este não podia considerar-se realmente livre, visto reconhecer que não podia exprimir ou defender opiniões diferentes das do governo, Wilkie recebeu a seguinte resposta: *'O senhor Wilkie não me compreende. Sou mais livre que meu pai e meu avô, que nunca gozaram da menor liberdade: a eles, não lhes foi permitido aprender a ler ou a escrever. Eram escravos presos à terra. Quando caíam doentes, não tinham hospital para tratá-los. Sou a primeira pessoa, da longa série dos meus antepassados, com possibilidade de me instruir, de me desenvolver, de chegar a qualquer coisa. Eis a minha liberdade. O senhor, por certo, acha que esta não é verdadeira liberdade. Não esqueça, entretanto, que nos encontramos no início do nosso sistema. Um dia possuiremos também a liberdade política*'"[2032].

Liberdade, para os soviéticos, estava muito mais vinculada às questões econômicas e sociais que políticas, focada na libertação da exploração, característica histórica da Rússia tzarista. "Assim, os dois campos pretendem servir à liberdade do homem, mas entendem-na de forma diferente. Com a supressão das classes desapareceu a razão da multiplicidade dos partidos, pois a extinção de qualquer interesse de classe provoca, automaticamente, a das divergências políticas; por isso, a liberdade de associação não se estende aos partidos políticos e visa apenas as associações sociais; a liberdade de opinião existe, mas não se traduz pela formação de

2031 Ibidem, p. 416.
2032 Ibidem, p. 416-417.

partidos políticos; dentro do partido e acerca dos problemas propostos pela ação, o debate é ardente; nas células de empresa, nos sindicatos, nos jornais, verificam-se críticas à gestão dos dirigentes ou dos funcionários, sendo lógico que a minoria aceite por fim a decisão da maioria, como em todas as outras democracias. Aliás, a democracia existe num domínio em que é desconhecida nos países capitalistas: nos kolkhozes, nas fábricas, onde a chefia da empresa não é exercida soberanamente por um proprietário, único juiz do que deve, ou não deve, fazer, que pode, a seu bel-prazer, cessar a exploração, ou mesmo fechá-la, se assim o entender; o controle operário é efetivo, executando-se a cada instante, tanto mais quanto a eliminação da noção de lucro facilita a procura do bem comum; numa tal organização a greve é, portanto, inconcebível. Foi em virtude do mesmo princípio que se concentrou nas mãos do Estado todo o aparelho de propaganda: ensino, livros, imprensa, cinema, rádio, que, nos países capitalistas, obedece ao controle dos interesses privados, senhores da economia"[2033].

O declínio do regime soviético acentua-se na década de 1980 com os novos dirigentes que não conseguiram superar as contradições do sistema, que serão indicados a seguir.

8.8.10 Yuri Andropov[2034] (1914-1984)

Caucasiano, ex-marinheiro e ex-chefe da KGB, Andropov sucedeu a Leonid Brejnev entre 1982 e 1984, e deixou entrever algumas veleidades reformadoras que indicavam as escolhas estratégicas que tinham sido ou estavam em vias de ser feitas. Foi o governo mais curto em toda a história de mais de sete décadas da hoje extinta União Soviética. Era considerado um político de horizontes amplos e ambiciosos, mas que chegara ao poder tarde demais. Acumulou os cargos de primeiro-ministro, secretário-geral do PCUS e presidente da República. Tomou posse com 68 anos, já com a saúde bastante limitada.

[2033] Ibidem, p. 417-418.

[2034] Com a morte de Leonid Brejnev, em 1982, assume Iuri Andropov como secretário-geral do Partido. Tinha sido chefe da KGB e a partir de 1973 e era membro do Politburo. Contudo, doente, faleceu em 1984, sem conseguir solidificar a política de reformas do seu antecessor.

Desde cedo, Andropov fez parte dos quadros partidários e galgou passo a passo até chegar aos principais postos da hierarquia comunista. Vale destacar que em 1956 era o embaixador em Budapeste. Na ocasião, empenhou-se na busca de uma solução negociada, e não violenta, como a que acabou acontecendo. Morto Andropov, em 9 de fevereiro de 1984, morria também a esperança de arejamento, tanto nos quadros do poder soviético quanto nas relações do país com o restante do mundo, inclusive o de substituir a Guerra Fria pelo desarmamento das superpotências militares. E o tal "sangue novo" na URSS, tão festejado pelos esperançosos defensores da paz mundial, foi substituído pelo velho Konstantin Chernenko, de 72 anos, representante do antigo aparato dos tempos de Brejnev.

8.8.11 Konstantin Chernenko (1911-1985)

Foi eleito secretário geral do Partido Comunista da União Soviética e presidente do *Presidium* do Soviete Supremo de 1984 a 1985. Não consolidou a política herdade de Andropov. "Após sua morte, em 10 de março de 1985, o aparelho do partido consentiu no rejuvenescimento dos seus quadros e levou ao poder um homem de 54 anos, Mikhail Gorbachev, até então responsável pela agricultura no seio do Comitê Central e membro do Politburo. Ele tentou, como os seus predecessores, assegurar o controle do aparelho de Estado. Fez nomear Andrei Gromyko para o cargo honorífico de chefe do Estado e chamou deste modo a si a condução dos negócios estrangeiros. Gorbachev não tardou a concentrar nas suas mãos o essencial do poder, sucedendo Gromyko[2035] no cargo de presidente do *Presidium* do Soviete Supremo, em outubro de 1988, e a empreender reformas radicais"[2036].

[2035] Andrei Andreivitch Gromyko (1909 - 1989) – Figura símbolo do longo período da Guerra Fria, Andrei Gromyko foi chanceler da URSS por 28 anos dramáticos, que vão de 1957 a 1985. Entrou para o Ministério das Relações Exteriores ainda antes da Segunda Guerra, em 1939, protegido de Vyecheslav Molotov, o chanceler de Stalin. Foi nomeado Embaixador em Washington em 1943 e, como tal, participou das três conferências decisivas que redesenharam o mundo do pós guerra: Teerã, Yalta e Potsdam. Em 1985 virou presidente da União Soviética cargo que ocupou até 1989, quando faleceu, aos 80 anos.

[2036] MOURRE, Michel, *Dicionário de História Universal*, cit., p. 1429.

"A União Soviética, incapaz de mobilizar a sua economia para uma situação militar cada vez mais elevada, trilhava a senda de um desanuviamento mais autêntico. A breve passagem pelo poder de Konstantin Chernenko foi o último ato que precedeu esta reorientação, durante a qual as forças conservadoras mostraram que ainda podiam retardar a evolução, mas não impedi-la"[2037]. O sonho de rejuvenescimento haveria de esperar outros dois anos, até que, morto Tchernenko, assumisse o poder Mikhail Gorbatchev, aos 54 anos.

Portanto, após as mortes de Yuri Andropov (1984) e seu substituto Konstantin Chernenko (1985), o Politiburo elege com 54 anos Mikhail Gorbatchev como Secretário Geral do PCUS (15-3-1985). Gorbatchev fora ligado a Andropov.

8.8.12 Mikhail Gorbatchev (1931-), a Glasnost e a Perestroika

Assumiu a secretaria geral do Partido Comunista da União Soviética em 1985 e ficou no comando da URSS até dezembro de 1991. Ele pregava a "Glasnost" e a "Perestroika", ou seja, abertura e transparência. Defendeu, também, a "democratização" do regime e a liberdade de expressão, podendo haver críticas a personagens tidos como "intocáveis", a exemplo de Lênin e Stalin. A trajetória política de Gorbatchev pode ser assim sintetizada:

"O conflito leste-oeste foi equilibrado até a década de 1970, mas posteriormente a crise se instala na área socialista, quando Gorbatchev assume a secretaria geral do PCUS e realiza mudanças radicais, propondo uma reorganização da economia soviética que atinge os países socialistas do Leste Europeu. Ele afirmava: 'Deixe-me primeiro explicar a situação nada simples que se desenvolveu no país nos anos 1980 e que fez com que a Perestroika se tornasse necessária e inevitável [...]. Analisando a situação, primeiro descobrimos uma diminuição do crescimento econômico. Nos últimos 15 anos, a taxa de crescimento da renda nacional caíra para mais da metade e, no início daquela década, chegara a um nível próximo da estagnação econômica. Um país que antes estivera alcançando rapidamente as nações mais avançadas do mundo, agora começava a per-

2037 Ibidem, p. 1429.

der posição. Além disso, o hiato existente na eficiência da produção, na qualidade dos produtos, no desenvolvimento científico e tecnológico, na geração da tecnologia avançada e em seu uso começou a se alargar, e não a nosso favor [...]. E tudo isso aconteceu numa época em que a revolução cientifica e tecnológica abria novos horizontes para o progresso econômico e social"[2038].

8.8.12.1 A Glasnost

Na visão de Gorbatchev, o sistema hipercentralizado de planejamento da URSS, que se baseava num modelo em que as empresas estatais eram meras cumpridoras das instruções dos planos centrais da Gosplan (comissão de planejamento que tinha servido bem nas primeiras décadas da industrialização básica), "tornara-se um estorvo na época do desenvolvimento sofisticado como o da Era da Informação"[2039].

Nesse cenário, visando transpor essa barreira, a partir do XXVII Congresso do PCUS em 1986, Gorbachev impôs um ritmo acelerado às reformas, "pelo lado político com a Glasnost (em russo, 'transparência'). A Glasnost visava diminuir a censura e a repressão política. A esperança de Gorbachev era que as pessoas se expressassem mais livremente e reclamassem do jogo duro dos burocratas resistentes"[2040].

A Glasnost, porém, fez mais do que isso. Deu um impulso extra ao processo. Agora as reformas afetavam não apenas o lado econômico (como as reformas de Deng Xiaoping na China, por exemplo), mas também o lado político. As publicações soviéticas começaram a tratar mais livremente dos erros do passado[2041].

E assim, a Glasnost, em paralelo com a Perestroika, modificaria as bases da então União Soviética.

[2038] SEGRILLO, Angelo, *Os russos*, cit., p. 235.
[2039] Ibidem, p. 236.
[2040] Ibidem, p. 236.
[2041] Ibidem, p. 237.

8.8.12.2 A Perestroika

As primeiras medidas da Perestroika assemelhavam-se às reformas iniciais de Kossygin[2042], cujo pressuposto era "descentralizar um pouco o sistema, dando maior autonomia às empresas para buscarem os melhores e mais eficientes métodos de produzir. O planejamento deixaria gradualmente de ser diretivo para ser indicativo. Por exemplo, antes as empresas não escolhiam seus fornecedores e clientes. O governo central já determinava a cada fábrica de onde conseguiriam seus suprimentos e para que empresas venderiam seus produtos. A cada fábrica restava apenas cumprir o plano"[2043].

Ao longo dos primeiros dois anos, as empresas mantinham-se sob o viés estatal e apenas teriam mais autonomia. Nesse estágio, ainda sem a apresentação de propostas capitalistas, a economia não havia retomado crescimento, haja vista que vários membros da burocracia opunham-se às reformas, o que enfraquecia o poder de ação dos planejadores centrais[2044]. Em síntese, o período de evolução da Perestroika "desenrolou-se em três fases e estendeu-se muito para além do setor econômico. A primeira foi consagrada a uma aceleração da atividade, passando pela modernização do aparelho produtivo, o abrandamento da planificação e o incentivo ao espírito de iniciativa. A segunda, denominada *glasnost* (transparência), visava abrir o sistema à crítica e introduzir nele a publicidade da informação. Permitiu rever certas falsificações e ilusões doutrinárias alimentadas havia mais de 50 anos. A última fase tinha por objetivo a democratização do sistema, que Gorbachev pretendia converter ao 'reinado da lei'. Uma das principais reformas políticas consistiu na criação de um Congresso dos Deputados do Povo. Nas primeiras eleições abertas às candidaturas múltiplas, em março de 1989, muitos dignitários do partido viram-se obrigados a ceder o lugar a reformistas. No plano diplomático,

2042 Alexei Kossygin (1904-1980) foi primeiro-ministro da União Soviética entre 1964 e 1980, em substituição a Nikita Kruschev, e implantou algumas reformas liberalizantes, entre elas tentou aumentar a ênfase da indústria do país na área de produtos de consumo, em vez de somente na indústria pesada como era em sua época. As reformas, entretanto, foram barradas pelo então presidente, Leonid Brejnev. Ele acabou renunciando ao cargo e morreu meses depois de sua saída do poder.

2043 SEGRILLO, Angelo, *Os russos*, cit., p. 237.

2044 Ibidem, p. 238.

o líder russo impôs igualmente um novo estilo e erigiu-se em artífice do degelo das relações americano-soviéticas. Em dezembro de 1987, assinou com Ronald Reagan, o então presidente americano, um primeiro acordo de desarmamento simultâneo"[2045].

Considerando que a Perestroika durou de março de 1985 (ascensão de Gorbachev ao poder) a 26 de dezembro de 1991, quando foi oficializada a dissolução da URSS, foram quatro os momentos distintos de sua vigência:

- 1985-1987: "descentralização socialista";
- 1988: transição e discussões do caminho a seguir;
- 1989 e início de 1990: "economia de mercado";
- Final de 1990 e 1991: "desintegração e restauração capitalista".

Na primeira fase, a ideia era apenas descentralizar o sistema socialista soviético para torná-lo mais dinâmico. Entretanto, após dois anos, a economia não tinha deslanchado e alguns problemas novos tinham aparecido. Pelo sistema anterior, bem ou mal, cada firma sabia exatamente o que tinha que fazer: bastava seguir o plano. Quando foi dada autonomia às empresas para buscarem elas mesmas seus próprios fornecedores e clientes, algumas ficaram desabastecidas: seus antigos fornecedores preferiam vender a outras empresas (ou exportar para receber em dólares...). Houve casos de pátios de fabricantes de automóveis plenos de carros prontinhos, exceto pela falta dos volantes, pois o fornecedor anterior não estava mais lhes vendendo e nenhuma alternativa imediata foi encontrada[2046].

Mas foi pelo lado político que problemas mais sérios ideologicamente foram aparecendo. Como vimos, a partir do início de 1986, Gorbachev passou a enfatizar também a abertura política, com a *Glasnost*. De início, as críticas concentravam-se no excesso de burocracia ou nas antigas práticas stalinistas de repressão. Como na época da liberalização kruschevana, até aí tudo bem. "No final de 1987, alguns órgão de imprensa ou comentaristas ousados começaram a levantar questões mais globais, que podiam ser lidas como uma crítica ao sistema soviético como um todo,

2045 MOURRE, Michel. *Dicionário de História Universal*, cit., p. 1429.
2046 Ibidem, p. 1429.

e não apenas ao stalinismo ou à burocracia. Isso (como na época das reformas de Kruschev ou Kossygin) acendeu um sinal amarelo. Alguns membros mais conservadores da liderança do partido começaram a dizer que as reformas até ali não tinham trazido melhora econômica significativa e, pelo lado político, incorriam em riscos. Talvez fosse melhor parar ou repensar. Por isso, no ano de 1988, entra-se numa fase de discussões sobre o caminho a seguir"[2047].

8.8.12.3 A administração Gorbatchev

Durante o governo Gorbatchev[2048] foram retiradas as tropas que ocupavam o Afeganistão desde 1979, houve a redução das armas nucleares (ocorrera o vazamento dos reservatórios da central nuclear de Chernobyl em 1986), na Europa, reunificação da Alemanha, proposta da dissolução da Organização do Tratado do Atlântico Norte (OTAN) e do Pacto de Varsóvia.

Houve conflitos com o Partido Comunista e uma tentativa de golpe de estado contra Gorbatchev que falhou, mas culminou na dissolução do PCUS.

Como consequência da nova política, que descentralizava o poder, foi natural que a questão das nacionalidades viesse à tona, sendo um dos fatores decisivos para a derrocada da URSS, com as repúblicas proclamando uma após outra a sua soberania. "Apertado entre os conservadores do partido e os democratas, o secretário-geral do PCUS abrandou o ritmo das reformas sem lhes pôr termo. Ora, a oposição liberal ganhava terreno. Boris Yeltsin, transformado em verdadeiro líder carismático após a sua saída do partido em junho de 1990, foi eleito para a presidência da Federação Russa em 12 de junho de 1991"[2049].

No mesmo dia 12 de junho, durante o colapso da União Soviética, Sergui Chakhrai[2050] apoiou a Declaração de Soberania, aprovada por depu-

[2047] SEGRILLO, Ângelo. *Os russos*, cit., p. 238- 239.

[2048] O período de Mikhail Gorbachev na então União Soviética foi de 1985 a 1991.

[2049] MOURRE, Michel. *Dicionário de História Universal*, cit., p. 1429.

[2050] Serguei Chakhrai, advogado, então com 35 anos, foi consultor jurídico e depois vice-primeiro-ministro de Bóris Yeltzin. Em desafio aos conservadores, que defendiam um ritmo mais lento nas reformas, Yeltsin reconduzira ao cargo de vice-primeiro-ministro o advogado Serguei Chakhrai, um reformista radical, isto porque fora forçado a renunciar em abril de 1992 devido à forte pressão desses opositores. "Yeltsin refuta as exigências

tados e que depois foi interpretada como uma declaração de "independência" da Rússia em relação à União Soviética. A data ficou conhecida como "Dia da Rússia", sendo considerada feriado nacional[2051].

Em entrevista à *Gazeta Russa*, por ocasião dos 23 anos da "Declaração de Independência", Serguei Chakhrai apresentou sua versão sobre os acontecimentos da época:

> *"A liderança soviética da época percebeu que o artigo 73 da Constituição soviética, que garantia o direito de qualquer unidade federal se separar da URSS, estava começando a parecer atraente para várias repúblicas diante da fraqueza de Moscou. Essa percepção foi seguida por acontecimentos nos países Bálticos, na Ucrânia e em outros territórios soviéticos. O artigo era uma bomba-relógio pronta para explodir a qualquer momento.*
>
> *A resposta de Gorbatchov para esse movimento era reorganizar o sistema federal da URSS, um plano secreto sobre o qual ficamos sabendo depois que as atas das reuniões do Politburo foram desclassificadas em 1992.*
>
> *A União Soviética era composta por 15 repúblicas e mais de 20 regiões autônomas baseadas em diferentes etnias, que estavam localizadas dentro dessas repúblicas e sujeitas à respectiva jurisdição. O plano almejava elevar o status dessas regiões autônomas ao de repúblicas – em troca de seu apoio para a remoção do artigo 73 da Constituição. Se tivesse sido aprovado, teríamos tido uma União Soviética com 35 repúblicas em vez de 15, e nenhuma delas seria juridicamente capaz de se separar do país.*
>
> *O plano fazia algum sentido, mas 16 dessas regiões autônomas estavam localizadas no território da atual Federação Russa. Elas compunham 51% do seu território e continham uma grande quantidade de recursos naturais dentro de suas fronteiras. Sem eles, o território da Rússia seria semelhante um pedaço de queijo suíço, com metade do seu território faltando (isso sem falar nas 20 milhões de pessoas a menos).*
>
> *Portanto, a declaração foi uma reação do parlamento russo à iniciativa do governo soviético de dividir o território"*[2052].

da oposição". Rio de Janeiro: *Jornal do Brasil*, 6 nov. 1992, p. 8. PLOKHY, Serhii. *O último império: os últimos dias da União Soviética*. São Paulo: Leya, 2014.

2051 ZAGORODNOV, Artiom. Como a declaração de soberania salvou a Rússia. *Gazeta Russa*, 12 jun. 2013. Extraído de https://br.rbth.com/sociedade/2013/06/12/como_a_declaracao_de_soberania_salvou_a_russia_19789. Acesso em 18 nov. 2019.

2052 ZAGORODNOV, Artiom. Como a declaração de soberania salvou a Rússia. *Gazeta Russa*, 12 jun. 2013, cit., acesso em 18 nov. 2019.

E quanto ao verdadeiro motivo da queda da União Soviética, ele revelou:

> *"Fico chocado em perceber que um fato importante é praticamente ignorado pelos historiadores: por que um partido comunista foi criado dentro da República Socialista Federativa Soviética da Rússia? Todas as repúblicas soviéticas tinham seus próprios partidos comunistas, com exceção da Rússia, porque a RSFSR e a União Soviética eram inseparáveis (Lênin e Stalin tinham construído isso).*
> *Então, quando Ivan Poloskov*[2053] *e Guennádi Ziuganov*[2054] *lutaram politicamente contra Gorbatchov, deixando o partido comunista e criando seu próprio partido dentro da RSFSR, surgiu uma enorme divisão dentro do país. Isso foi agravado após o golpe de agosto de 1991, quando Gorbatchov, irritado com os responsáveis pelo evento, anunciou que estava deixando o Partido Comunista e exortou para todos os comunistas honestos fazerem o mesmo. Mas eles não tinham para onde ir.*
> *O papel do partido como uma 'força para liderar e guiar a sociedade soviética' foi consagrado no artigo 6 º da Constituição (muito se discutia sobre a abolição disso). Mas, na época, o enfraquecimento do Partido Comunista significava o enfraquecimento do país. É por isso que, ao ver as grandes manifestações que aconteciam em toda a União Soviética nos seus últimos anos, elas apresentam pessoas segurando placas aparentemente contraintuitivas que diziam: 'Todo o poder aos soviéticos!' ['soviéticos' em russo significa o comitê que rege, nesse caso se referindo ao próprio povo – nota da Gazeta Russa]. O que eles queriam era poder ao povo, e longe das mãos do Partido Comunista"*[2055].

Receando a rápida desagregação da URSS, a velha guarda comunista decidiu derrubar Gorbachev. "Depois de o ter deposto e colocado em residência vigiada na sua dacha da Crimeia, um grupo de conservadores

[2053] Iván Poloskov (1935) – Considerado um dos líderes da oposição conservadora contra Gorbatchov, participou do comitê do PCUS (1975 até 1985). Foi Primeiro Secretário do comitê regional do PCUS de Krosnodar (1985), no norte do Cáucaso, e Primeiro Secretário do PC da RSFSR (1990). Criticou Gorbachev por este não atuar por intermédio do Partido.

[2054] Guennadi Andreievitch Ziuganov (1944) – Líder político russo que foi presidente do Partido Comunista da Federação Russa – sucessor do antigo Partido Comunista da União Soviética. Foi o candidato oficial nas eleições presidenciais da Rússia de 2012, tendo feito oposição a Vladimir Putin.

[2055] Zagorodnov, Artiom. Como a declaração de soberania salvou a Rússia. *Gazeta Russa*, 12 jun. 2013, cit., acesso em 18 nov. 2019.

formou um 'Comitê Público para o Estado de Emergência' (18/19 de agosto de 1991). Inicialmente passiva, a população, sobretudo a moscovita, mobilizou-se atrás de Boris Yeltsin[2056], que exigia o regresso de Gorbachev. Mal preparado, o golpe traduziu-se num fracasso e os membros do comitê foram presos no dia 21 de agosto. Gorbachev, porém, não iria ficar muito tempo à frente da URSS, pois não pôde impedir o desmembramento do império soviético. Desejoso de se adiantar a Gorbachev, Yeltsin organizou em Minsk uma reunião dos presidentes das três repúblicas eslavas (Rússia, Ucrânia e Bielorrússia). Em 8 de dezembro de 1991, Boris Yeltsin, Leonid Kravtchuk e Stanislas Chuchkevitch constataram que 'a URSS cessara de existir' e deliberaram substituí-la por uma Comunidade de Estados Independentes (CEI). Só restava a Gorbachev confirmar a dissolução da União Soviética e demitiu-se das suas funções de presidente da URSS em 25 de dezembro de 1991. O desaparecimento de uma das duas superpotências assinalou o fim 'oficial' da Guerra Fria e produziu um verdadeiro vazio estratégico, já que as relações internacionais deixavam de se organizar em torno da oposição Leste-Oeste"[2057].

Resumidamente, temos: "Na sua deliberada aridez (...), um terço de século de expansão do comunismo no mundo poderia induzir a ideia de uma evolução perfeitamente linear, de um desenvolvimento contínuo e de um crescimento cujo fim inelutável seria o domínio universal pela supressão das classes e das nações, confirmando-se o pretenso carácter científico da ideologia marxista-leninista. Porém, a realidade histórica é completamente diferente: (...) o mundo comunista está longe de ser esse conjunto harmonioso que eliminara as rivalidades, como a propaganda complacentemente descrevia. No seu interior lavravam forças centrífugas: conheceu tensões dramáticas, chegando às confrontações e à intervenção armada"[2058].

2056 Boris Iéltsin (1931-2007) foi o primeiro presidente da Rússia após o colapso da União Soviética. Exerceu a liderança do país no período entre 1991 e 1999.

2057 MOURRE, Michel, *Dicionário de História Universal*, cit., p. 1429.

2058 Ibidem, p. 1429.

8.8.13 A decadência da União Soviética, chamada indevidamente de comunista, socialista ou marxista

A direção do Partido Comunista da União Soviética, depois de 1956, nunca conseguiu reconstituir a homogeneidade do bloco que Stalin impusera. Desde o XX Congresso que o Partido Comunista Italiano reivindicava, pela voz do seu secretário-geral, Palmiro Togliatti,[2059] o direito de cada partido alcançar o comunismo pela própria via, era a tese do policentrismo, contrária à pretensão de Moscou de decidir por todos o caminho a seguir. "Alguns anos mais tarde, a ruptura entre Pequim e Moscou expunha a divisão do mundo comunista: Mao[2060] censurava aos soviéticos a traição da doutrina e aos novos tzares a perseguição de objetivos imperialistas. A União Soviética e a China combateram na Indochina por interpostos países, apoiando a China os cambojanos contra as tropas do Vietnã, que contavam com o apoio de Moscou. Os partidos comunistas dividiram-se relativamente à política da URSS. A invasão da Checoslováquia em agosto de 1968 pelos exércitos do Pacto de Varsóvia foi reprovada até pelo Partido Comunista Francês, um dos mais recalcitrantes à desestalinização. Diante da crescente afirmação das divergências, Moscou teve de renunciar daí por diante à realização de conferências com a presença de todos os partidos irmãos. Em certos países os partidos comunistas rivais disputavam mesmo a herança e reivindicavam a honra de serem o único ortodoxo"[2061].

A parte da Europa submetida desde o fim da Segunda Guerra ao domínio soviético foi periodicamente abalada por revoltas. A primeira ocorreu na Alemanha Oriental, em 17 de Junho de 1953, em Berlim Leste, quando os operários se insurgiram contra a instauração de novas normas para o cálculo da remuneração. "O Exército Vermelho reprimiu brutalmente o movimento. Foi a primeira vez que o partido que se dizia da classe operária mandou disparar sobre os trabalhadores. Naquela momento, a opinião mundial não prestou grande atenção ao fato, mas o mesmo não se

2059 Togliatti (1893-1964) foi um político revisionista e um dos principais líderes do Partido Comunista da Itália.

2060 Mao Tse Tung (1893-1976) foi um teórico, político e líder revolucionário chinês. Dirigiu seu país entre 1949 e 1976.

2061 Mourre, Michel, *Dicionário de História Universal*, cit., p. 1429.

passou com os movimentos que fizeram estremecer, no outono de 1956, a Hungria e a Polônia: consequências da desestalinização, da qual o XX Congresso dera indícios em fevereiro, manifestaram que os seus povos não aceitavam a servidão a Moscou nem o alinhamento ideológico. Kruschev[2062], que encetava na URSS uma certa liberalização, não podia admitir o enfraquecimento da sua tutela sobre os países satélites; as tropas soviéticas entraram na Hungria e esmagaram a insurreição, a pretexto de impedirem uma contrarrevolução. Na mesma altura, o Outubro polonês teve mais sorte: o dirigente comunista Gomulka[2063], que fora afastado pela direção stalinista, regressa ao poder e consegue convencer Moscou a não intervir"[2064] .

Doze anos mais tarde, em 1968, a Checoslováquia não teve a mesma sorte quando o "Partido Comunista checo empreendera um processo de liberalização para edificar um 'socialismo de rosto humano'. Temendo o contágio, Brejnev[2065] decidiu-se pela intervenção das tropas do Pacto de Varsóvia, que pôs fim à 'primavera de Praga': a nova direção levou a cabo uma 'normalização', isto é, pôs a Checoslováquia na ordem. Aquilo a que se chamou a 'doutrina Brejnev' legitimava a ingerência nos assuntos internos de um país irmão e o direito de a União Soviética julgar da oportunidade de uma intervenção armada em nome da teoria da soberania limitada pelo imperativo da preservação do socialismo: um raciocínio bastante análogo – posta de lado a diferença das ideologias inspiradoras – aos princípios que tinham outrora inspirado os soberanos da Santa Aliança contra as insurreições liberais depois do Congresso de Viena. Por três vezes, Moscou mostrou que não deixaria que os povos escolhessem livremente a sua orientação"[2066].

Contrariamente ao que postulava a ideologia oficial, a abolição da propriedade capitalista não fizera desaparecer todos os vestígios das menta-

[2062] Nikita Kruschev foi dirigente da União Soviética entre 1953 e 1964, substituído por Leonid Brejnev.

[2063] Wladislav Gomulka (1905-1982) foi um dirigente comunista polonês. Passou a integrar o partido comunista de seu país em 1926.

[2064] Mourre, Michel, *Dicionário de História Universal*, cit., p. 1429.

[2065] Leonid Brejnev (1906-1982) foi um estadista soviético que esteve no comando da URSS entre 1964 e 1982.

[2066] Mourre, Michel, *Dicionário de História Universal*, cit., p. 1430.

lidades anteriores. "O socialismo não suprimira as desigualdades, criara outras: uma classe de *apparatchiks*, a *nonenklatura*, substituiu as antigas classes dirigentes. Contrariamente aos prognósticos, a constituição de um vasto conjunto com base no internacionalismo proletário não tinha, de forma alguma, enfraquecido o sentimento nacional: pelo contrário, a oposição à tutela soviética avivara a consciência da identidade nacional. Na Polônia, onde a hostilidade à Rússia era secular, ela exasperara-se: nos países que tinham pelo grande irmão uma amizade histórica, o ressentimento substituía a simpatia. Os antagonismos ancestrais entre vizinhos não haviam perdido a sua acrimônia: era o caso das disputas entre romenos e húngaros sobre a Transilvânia. O advento de uma sociedade sem classes, suprimindo a alienação, deveria ainda apagar qualquer sentimento religioso. Ora, se este estava oculto na Checoslováquia e na Hungria, na Polônia exprimia a própria alma da nação: a Igreja Católica identificava-se com a história e a personalidade da Polônia"[2067].

A eleição em outubro de 1978 de um polonês, o papa João Paulo II, para o trono de São Pedro teria, obviamente, consequências incalculáveis: conferiria a tudo o que viesse a passar-se na Polônia uma dimensão universal. Por isso, foi naquele país que a oposição irredutível da sociedade civil ao comunismo apareceu em primeiro lugar e da forma mais manifesta. A greve dos estaleiros navais de Gdansk em agosto de 1980, na sequência das repressões de 1970 e 1976, arrancou ao poder concessões inéditas num regime comunista: o reconhecimento de um sindicato independente, o Solidariedade, que pôde contar com cerca de 10 milhões de filiados voluntários. Durante 16 meses "o país viveu uma experiência excepcional, que acabou brutalmente em 13 de dezembro de 1981, com a declaração do estado de sítio pelo general Jaruselski[2068], que dirigia simultaneamente o partido e o governo. Porém, apesar da opressão, foi impossível ao poder reduzir a fratura entre a nação e o regime. Perante a crescente deterioração da economia, teve de se render às evidências; no decurso de uma longa negociação, governo e oposição fizeram um compromisso: eleições semi-livres deram origem a uma maioria não comu-

[2067] Ibidem, p. 1430.

[2068] O general Woljcieh Jaruzelski (1923-2014) foi primeiro-ministro e presidente da Polônia no período.

nista e Jaruselski confiou a direção do governo ao intelectual católico, conselheiro de Lech Walesa, Tadeusz Maziowieski (1927-2013). Pela primeira vez, o poder escapava ao partido comunista numa democracia popular"[2069].

As evoluções ulteriores foram precipitadas e mesmo tornadas possíveis pelas mudanças na direção da União Soviética. Desde a morte de Stalin, em março de 1953, a sua história interna desenhava uma linha quebrada, com impulsos reformadores seguidos de passos à retaguarda. O relatório apresentado ao XX Congresso do PCUS em fevereiro de 1956 por Nikita Kruschev, que divulgava pela primeira vez os crimes de Stalin e denunciava o culto à personalidade, inaugurava uma tentativa de liberalização. O movimento não tardou a enredar-se. De resto, dizia apenas respeito à direção da economia, não comportando qualquer moderação no plano ideológico. Kruschev foi afastado em 1964. Desde logo, sob a direção de Brejnev, triunfou o imobilismo, não tendo a direção outra preocupação que não fosse manter o estado de coisas. Salvo em política externa, na qual aproveitando o vazio das relações internacionais resultante do recuo dos Estados Unidos ainda não totalmente recuperados da sua aventura vietnamita, a URSS praticou uma política ofensiva em todos os horizontes, penetrando na África e invadindo o Afeganistão a partir de dezembro de 1979. No interior, o antissemitismo, as intrigas contra os intelectuais, a perseguição de Sakharov[2070], significam a recusa ou a incapacidade de evoluir. Esse comportamento, depois das revelações sobre o *goulag* e os escritos de Soljenitsyn[2071], arruinam o prestigio da União Soviética no estrangeiro. A referência soviética, que fora durante muito tempo um trunfo para os partidos comunistas, torna-se, para aqueles que não se distanciam, um incômodo, que lhes custa a perda de muitas simpatias. O Partido Comunista Francês, por exemplo, que retomou o alinhamento

[2069] Mourre, Michel, *Dicionário de História Universal*, cit., p. 1430.

[2070] Andrei Sakharov (1921-1991) foi um físico soviético, prêmio Nobel da Paz em 1975, crítico do regime soviético.

[2071] Alexander Soljenitísin (1918-2008) foi romancista, historiador e literato russo. Prêmio Nobel de 1970, também opositor do regime soviético.

incondicional com Moscou e aprovou a intervenção no Afeganistão, perderá dois terços dos seus eleitores[2072].

O acesso de Gorbatchev à direção suprema da União Soviética, em 1985, abriu um novo capítulo na história. No interior, conduz com determinação uma política que se caracteriza pela modernização e pela transparência, a perestroika e a *glasnost*, e que vai virar do avesso as estruturas políticas e econômicas da União. Pela primeira vez têm lugar eleições livres e constitui-se uma oposição que se exprime, conquista uma representação e chega mesmo ao poder em várias repúblicas. É o fim do regime de partido único. Gorbatchev retira o Estado do domínio do partido e faz-se eleger para presidente da União. A imprensa liberta-se da censura. Uma lei autoriza a liberdade religiosa. São propostos aos camponeses arrendamentos de longa duração em substituição à exploração coletiva das terras. Introduz-se uma economia de mercado. Estas reformas não fazem inicialmente senão agravar a desorganização da economia. No exterior, a retirada do Afeganistão contribuiu eficazmente para os esforços das Nações Unidas para a resolução de um certo número de conflitos regionais. Faz sobretudo propostas para um desarmamento progressivo e controlado, que dão lugar a acordos de grande alcance com os Estados Unidos. Esteve ao lado destes na condenação da invasão do Kwait pelo Iraque e votou as resoluções do Conselho de Segurança; à escalada sucedeu a concertação[2073].

O dado do sistema internacional que a personalidade do novo líder russo introduz conduziu a uma reação em cadeia nos países satélites. Em alguns meses, no outono de 1989, mediante manifestações pacíficas, os povos impõem aos partidos comunistas a capitulação: sucessivamente, os húngaros, os alemães orientais e os checos conquistam a liberdade. "Regimes que se supunham solidamente enraizados desmoronam-se em algumas horas; em 9 de novembro de 1989, a decisão do governo da República Democrática Alemã de abrir o muro de Berlim é o gesto histórico que fecha uma época e inaugura uma nova era. Desde então os acontecimentos precipitam-se; o curso das coisas arrasta os governos, constantemente ultrapassados pelo movimento da história, pelas aspira-

2072 Mourre, Michel, *Dicionário de História Universal*, cit., p. 1430

2073 Ibidem, p. 1430.

ções dos povos, pelos constrangimentos da economia. A União Soviética não está em situação de se opor: esgotara-se nas intervenções em todos os continentes; asfixiada pela corrida aos armamentos, em que não conseguiu acompanhar os Estados Unidos, a sua economia está demasiado enfraquecida e tem uma necessidade premente de capitais estrangeiros para empreender a sua modernização. A Alemanha reunifica-se em torno da República Federal, solidamente ligada ao Ocidente, integrada na Comunidade Europeia e membro da Aliança Atlântica. A URSS voltou a perder tudo o que reconquistara com o segundo conflito: o muro que criara, os satélites que se lhe escaparam. O Pacto de Varsóvia perdeu toda a consistência"[2074].

Mas o movimento foi mais amplo. Os grupos nacionais no interior da própria "União reerguem a cabeça e reclamam a independência: primeiro, os três antigos Estados bálticos, que Stalin anexara em 1948; depois, umas após outras, todas as repúblicas, incluindo a Rússia, que declara a superioridade da sua legislação relativamente às leis da União. Até onde se estenderá este processo de desintegração, que arruína a obra dos tzares unificadores de terras e desmente a pretensão dos dirigentes da URSS de que haviam resolvido o problema das nacionalidades? O desmembramento do império soviético é o último capítulo da história da descolonização"[2075].

A queda de todos os regimes comunistas na Europa e na União Soviética teve repercussões noutros continentes: parte dos Estados independentes da África que haviam adotado o marxismo-leninismo como filosofia oficial passaram a repudiar o modelo comunista. Em vários países, os próprios partidos comunistas, da Itália à Alemanha, abandonaram a designação comunista para a substituírem por uma denominação com aparência de social-democracia. "O comunismo arrastou o marxismo na sua esteira em virtude da sua identificação, o pensamento de Marx – embora estejam longe de se confundirem – deixou um vazio que é pre-

[2074] Ibidem, p. 1430.
[2075] Ibidem, p. 1430.

enchido pelo regresso com força da democracia pluralista de inspiração liberal"[2076].

E na política externa também houve mudanças, já que Gorbatchev, com sua política, esvazia a Guerra Fria, conseguindo a simpatia dos países ocidentais. O líder russo reuniu-se com Reagan, presidente americano, em Genebra (1985) no sentido de acabar com ameaça de ataques nucleares mútuos; fez um acordo com a China sobre o litigio das fronteiras, em 1988; em 1989, tira as tropas russas do Afeganistão; em 1990, devido à distensão política, recebe o Prêmio Nobel da Paz. A esta altura, já ocorrera a reunificação da Alemanha.

8.8.14 Boris Yeltsin (1931-2007) – o capitalismo assumido

Yeltsin foi eleito em 1991 (junho), como presidente da Rússia, após ter se projetado contra a tentativa de golpe de estado (1991) tramada contra Gorbatchev. No governo anterior havia sido indicado presidente do Parlamento russo (Soviete Supremo). Com a crise ocorreram rebeliões na Chechênia e no Caucáso, que culminaram na independência desta república, submetida a um bloqueio econômico pelo governo russo. Assume o poder, em novembro de 1991, o general Djokhar Dudaiev (1944-1996).

O movimento reformista do governo é criticado no parlamento, ocorrendo disputa entre a Rússia e a Ucrânia sobre quem teria os controles das armas nucleares da ex-URSS. "Na Europa Central e Oriental, receando que a Rússia ficasse separada do resto da Europa, Yeltsin opôs-se à adesão dos ex-países do Leste à OTAN e inspirou aos americanos a ideia de uma 'parceria para a paz', associando todos os países do antigo bloco comunista, incluindo a Rússia, aos da Aliança Atlântica. Todavia, a situação dentro das fronteiras da Rússia induziu o presidente a privilegiar os assuntos internos. Assim, logo que ascendeu ao poder, em junho de 1991, Yeltsin fixou dois objetivos principais: a democratização da Rússia e a passagem à economia de mercado. O primeiro-ministro, Egor Gaidar, aplicou uma terapia de choque que consistia num vasto programa de privatizações e de rigor monetário. A materialização desta política de reformas radicais foi entravada por uma profunda crise institucional que opôs

[2076] RÉMOND, René, *Introdução à história do nosso tempo* – do antigo regime aos nossos dias, cit., p. 400-404.

o poder executivo ao poder legislativo. De fato, Yeltsin desejava substituir a Constituição para instaurar um regime claramente presidencial. Em dezembro de 1992, a oposição dos conservadores – neocomunistas e nacionalistas agrupados numa coligação obrigou o presidente a sacrificar o seu primeiro-ministro e a operar uma recentragem política, nomeando Victor Tchernomyrdine para o lugar dele. Este continuou a política de reformas, mas de forma muito mais moderada"[2077].

Yeltsin prosseguiu com as reformas, privatizando as indústrias, a agricultura, o comércio e aproximou-se dos EUA. O parlamento continuou se opondo ao exército e, em 1993, rejeitou a proposta de plebiscito de Yeltsin limitando os poderes do governo. O choque de poderes culminou no afastamento de Yeltsin da presidência e indicação do então vice-presidente, Alexander Rutskoi, para seu lugar. Como reação, o governo determinou que a polícia cercasse o parlamento[2078].

Em 4 de outubro o parlamento foi invadido e bombardeado por tropas governamentais, sendo presos os oposicionistas Rutskoi e Ruslan Khasbulatov (presidente e vice presidente do congresso). "Posteriormente foram convocadas eleições e um referendo por Yeltsin para se manter no poder. "Este foi aprovado por 58% dos votantes em 12 de dezembro de 1993. Um tal êxito ficaria no entanto ofuscado pelo fraco resultado dos seus partidários nas eleições legislativas efetuadas no mesmo dia. Com efeito, a lista 'Escolha da Rússia', encabeçada por Gaidar, só alcançou 15% dos votos, ao passo que o partido ultranacionalista de Vladimir Jirinovski[2079] se impunha como a primeira força política (23%) e os comunistas ficavam numa boa posição (12%). O desfecho destas eleições levaram assim Boris Yeltsin a infletir a sua política e a preconizar uma via média, na busca de um equilíbrio entre 'o ritmo das reformas e o seu custo social'. Na realidade, a liberalização da economia lesara profundamente as estru-

[2077] MOURRE, Michel, *Dicionário de História Universal*, cit., p. 1430.

[2078] RÉMOND, René, *Introdução à história do nosso tempo*, cit., p. 400-404.

[2079] Vladimir Volfovitch Jirinovski (1946) – É um advogado e político russo. Como deputado ocupou o posto de vice-presidente da Duma (o parlamento russo). Jirinovski também é o fundador e líder do Partido Liberal Democrata da Rússia (LDPR). Foi membro da Assembleia Parlamentar do Conselho da Europa. Candidatou-se à eleição presidencial da Rússia em 2012, mas perdeu para Vladimir Putin.

turas da sociedade russa. Além do mais, a deriva mafiosa da economia russa aparecia como uma das consequências da abertura. Cônscio da diminuição da sua popularidade, Yeltsin esperou restaurá-la e prevenir outras tentativas separatistas mediante uma demonstração de força contra os secessionistas chechenos, que haviam proclamado unilateralmente a independência em novembro de 1991"[2080]. A reforma constitucional, que resultaria na Constituição de 1993, foi aprovada pela maioria (60%) dos eleitores outorgando maiores poderes ao executivo[2081].

Em 1993 foi proposto um *referendum* para uma nova constituição em que o presidente teve seus poderes ampliados, podendo fechar a Duma do Estado (câmara baixa) desde que ela conflitasse com o governo durante 3 meses. O inverso, ou seja, destituir o presidente seria necessário dois terços dos votos da Duma e da Câmara Alta, o Conselho da Federação. A reforma constitucional foi aprovada pela maioria (60%) dos eleitores outorgando maiores poderes ao executivo. Em nova eleição, Yeltsin vence, se opondo aos comunistas, que tinham conseguido ganhar votos nas áreas rurais e dos idosos[2082].

8.8.15 A Constituição de 1993 – um retorno ao capitalismo

Antes do advento da Constituição de 1993, que marcou o fim da URSS, registre-se que esse processo de dissolução representou um "fenômeno político-jurídico progressivo", iniciado por volta de 1989 e que terminou no fim de 1991[2083].

Os estados bálticos, membros da URSS e que representavam uma região desenvolvida, flertavam com o mundo ocidental. Na era de Mikhail Gorbatchev, eles adquiriram certa autonomia política com o respaldo da paulatina liberalização e democratização do sistema soviético[2084]. Depois, em julho de 1989, a Letônia declarou-se soberana, o que se sucedeu, no

[2080] Rémond, René, *Introdução à história do nosso tempo*, cit., p. 400-404.
[2081] Ibidem, p. 400-404.
[2082] Ibidem, p. 400-404.
[2083] Borja, Sergio Augusto Pereira. *Estudo sobre o bloco-constitucional da antiga URSS*, cit., p. 184.
[2084] Ibidem, p. 184.

mesmo ano, em novembro, em relação à Lituânia, que organizou um referendo para decidir sobre a mesma decisão da república anterior[2085].

O então novo chefe de Estado da Lituânia, o conservador Vytauras Landsbergis, passou a tratar a URSS como um poder estrangeiro, e Moscou reagiu com boicote econômico que só foi suspenso quando a Lituânia desistiu da ideia de declarar-se independente[2086]. Enquanto isso, ao sul da URSS, um processo violento de dissolução ocorreu notadamente no conflito ente a Armênia e o Azerbaijão, que disputavam território referente ao enclave de Nagorny-Karabach, o que provocou a intervenção do exército soviético, ocasionando um enfraquecimento do poder central. Este conflito se tornou mais agudo a partir do momento em que Boris Yeltsin assumiu o governo da República Soviética Federada da Rússia, pois muitas repúblicas passaram a declarar-se soberanas, com base no direito de secessão, previsto no art. 72 da Constituição de 1977[2087].

O enfraquecimento da autoridade central da União é notório quando há o conflito relativo ao serviço militar obrigatório. A União reprimiu os "desertores", mas a medida fracassou devido à resistência passiva popular. Como resultado, as outras repúblicas solidarizaram-se[2088]. Enquanto isso, Gorbatchev, pretendendo salvar a União das Repúblicas Socialistas Soviéticas por meio de um novo tratado, sem sucesso, decidiu partir para outro acordo que aumentava consideravelmente a autonomia das repúblicas, sendo prevista a assinatura do documento em 20 de agosto de 1991[2089].

Conforme citado anteriormente, um golpe de Estado foi desferido um dia antes para restabelecer os antigos poderes da URSS. Em resposta, Yeltsin resistiu e dominou a rebelião, conseguindo subordinar os poderes executivos da União que estavam no território da Rússia às suas ordens[2090].

2085 Ibidem, p. 185.
2086 Ibidem, p. 185.
2087 Ibidem, p. 185.
2088 Ibidem, p. 186.
2089 Ibidem, p. 187.
2090 Ibidem, p. 188.

A Constituição da Federação da Rússia foi aprovada em referendo, realizado em 12 de dezembro de 1993. Diferencia-se de modo considerável das Cartas anteriores em muitas características históricas e legais[2091]. Composta por um preâmbulo, pelo título primeiro, com nove capítulos e 137 artigos, e o título segundo, contendo 9 itens. Em linhas gerais, a Carta compreende as seguintes matérias:

TÍTULO PRIMEIRO
CAPÍTULO I – As Bases do Regime Constitucional (arts. 1º ao 16º);
CAPÍTULO II – Os Direitos e Liberdades do Homem e do Cidadão (art. 17º ao art. 64º);
CAPÍTULO III – A Estrutura Federativa (art. 65º ao art. 79º);
CAPÍTULO IV – O Presidente da Federação da Rússia (art. 80º ao art. 93º);
CAPÍTULO V – Assembléia Federal (art. 94º ao art. 109º);
CAPÍTULO VI – O Governo da Federação da Rússia (art. 110 ao art. 117º);
CAPÍTULO VII – O Poder Judicial (art. 118º ao art. 129º);
CAPÍTULO VIII – A Administração Local (art. 130º ao art. 133º);
CAPÍTULO IX – As Emendas à Constituição e a Revisão Constitucional (art. 134º ao 137º);
TÍTULO SEGUNDO – Disposições Finais e Transitórias (itens 1 a 9).

No Preâmbulo da Constituição da Federação da Rússia, asseguram-se os direitos e liberdades humanas, a paz e harmonia dos cidadãos, preservando a unidade do Estado.

Preâmbulo

"Nós, o povo multinacional da Federação da Rússia, unidos por destino comum em nossa terra, estabelecendo e assegurando direitos e liberdades humanas, paz e harmonia dos cidadãos, preservando a unidade do Estado, historicamente estabelecida, com base em princípios universalmente reconhecidos de igualdade e autodeterminação dos povos, reverenciando a memória dos antepassados que nos transmitiram o amor e respeito pela pátria, a crença na bondade e na justiça, revivendo o estado soberano da Rússia e afirmando a inadatabilidade de sua base demo-

[2091] DELLAGNEZZE, René, *Os 100 anos da Revolução Russa de 1917,- a Constituição da Federação da Rússia e os direitos humanos*, cit., p. 18.

crática, determinado a assegurar o bem-estar e prosperidade da Rússia, partindo da responsabilidade pela nossa pátria perante as gerações presentes e futuras, reconhecendo-nos como parte da comunidade mundial, promulgamos a Constituição da Federação da Rússia"[2092].

O sistema eleitoral da Federação russa garante a todos os cidadãos o livre arbítrio das eleições e do referendo, assim como a proteção dos princípios democráticos e as normas da legislação eleitoral e do direito de participação no referendo[2093]. O Estado é laico, e são reconhecidos os direitos fundamentais do cidadão, o pluralismo político e ideológico e um sistema multipartidário. Garante-se a igualdade dos partidos políticos pelo Estado, perante a lei e independentemente da sua constituição estabelecida, os programas políticos, a ideologia, as metas e os objetivos. O Estado garante o cumprimento de direitos e interesses legais dos partidos políticos[2094].

A Constituição russa baseia-se nos padrões internacionais de Direitos Humanos e nos Princípios Básicos de Estado, como neutralidade ideológica, pluralismo político e eleições regulares e separação dos Poderes, na concepção tripartite de poderes de Montesquieu: o Poder Executivo, Legislativo e o Judiciário. O art. 1º estabelece a forma republicana, federativa e democrática e um sistema semipresidencialista em que o presidente desfruta de grande independência. O Chefe de Estado é o Presidente da Federação da Rússia que, de acordo com a Constituição, é eleito por 6 anos, mas não pode exercer mais de dois mandatos consecutivos[2095].

O governo da Rússia exerce o poder executivo no país. O primeiro-ministro é nomeado pelo presidente com a aprovação da Duma Estatal. O presidente da Federação Russa forma o gabinete de ministros e de acordo com a Duma (Parlamento) nomeia o presidente do governo da Federação Russa. O governo da Federação Russa responde perante o presidente da Federação Russa (art. 11).

O presidente da Federação da Rússia (arts. 80º a 93) é o chefe de Estado, eleito para um mandato de 6 (seis) anos (antes era 4 anos), não

2092 Ibidem, p. 18.
2093 Ibidem, p. 18.
2094 Ibidem, p. 18.
2095 Ibidem, p. 19.

faz parte de nenhum dos ramos do poder estatal, o que garante a sua independência durante a realização das suas funções de proteção da Constituição da Federação da Rússia, dos direitos humanos e civis e de outras funções de sua competência. Tal estado de direito constitucional garante a igualdade das forças entre os poderes executivo, legislativo e judicial e corrobora para o funcionamento conjunto e cooperação de todos os órgãos do poder estatal, sem depender das suas atribuições departamentais.

O Parlamento da Federação Russa é o órgão representativo e legislativo. A Assembleia Federal é composta pelas duas câmaras – Conselho de Federação (Soviete) e Duma. A Duma é composta por 450 deputados, que são eleitos por 5 (cinco) anos. A Assembleia Federal é um órgão de funcionamento permanente[2096].

O Conselho de Federação é constituído por dois representantes de cada uma das 83 unidades federativas, o que totaliza 166 representantes, sendo um de um órgão legislativo e o outro de um órgão executivo[2097].

Há uma forma de iniciativa legislativa ampla e diversificada, pois os projetos de lei, a serem encaminhados para a Duma Federal, podem ser encaminhados pelo Presidente, pelo Conselho da Federação e pelos seus membros, pelos deputados da Duma Federal, pelo Governo da Federação da Rússia e pelos órgãos legislativos das unidades federativas[2098].

Segundo a Constituição russa, a Justiça é independente e funciona de forma autônoma em relação aos Poderes Legislativo e Executivo. O sistema judicial da Rússia é composto dos tribunais federais, constitucionais e julgados de paz, a saber: Tribunal Constitucional da Federação Russa; Supremo Tribunal de Justiça da Federação da Rússia; e o Supremo Tribunal de Arbitragem da Federação da Rússia[2099].

Ao Tribunal Constitucional da Federação da Rússia, formado por 19 juízes, atribuem-se as funções de controle constitucional (controle de constitucionalidade, segunto o artigo 125), cabendo-lhe avaliar casos de correspondência entre o disposto na Constituição e as leis federais e atos

[2096] Ibidem, p. 19.
[2097] Ibidem, p. 20.
[2098] Ibidem, p. 20.
[2099] Ibidem, p. 20.

normativos do Presidente, do Soviete da Federação, da Duma Federal e do governo, bem como avaliar as constituições e as leis das unidades federativas, os acordos realizados entre as unidades federativas, bem como os acordos internacionais da Federação da Rússia que ainda não entraram em vigor. Além disso, o tribunal avalia as disputas de jurisdição entre os órgãos estatais e as queixas de violação dos direitos e liberdades, além de interpretar a Constituição da Federação da Rússia[2100].

O Supremo Tribunal da Federação da Rússia é o órgão judiciário supremo competente para julgar casos civis, criminais, administrativos e outros da jurisdição de tribunais de jurisdição geral. Realiza o controle da atividade judicial e presta esclarecimentos em temas de prática judicial[2101].

Em conclusão, no exercício de controle de constitucionalidade, o Tribunal Constitucional da Federação da Rússia avalia e julga os casos de ofensa à Constituição das Leis Federais e dos atos normativos do Presidente, do Conselho da Federação da Rússia, da Duma Federal e do Governo, bem como avalia e julga as Constituições e as leis das unidades federativas, os acordos realizados entre as Unidades Federativas, bem como os Acordos Internacionais da Federação da Rússia, que ainda não entraram em vigor. Além disso, o Tribunal avalia e julga as disputas de jurisdição entre os órgãos estatais e as queixas de violação dos direitos e liberdades constitucionais, além de interpretar a própria Constituição da Federação da Rússia[2102].

8.8.15.1 Direitos humanos na Constituição de 1993 e a realidade russa

À luz do que prevê o Texto Constitucional russo em seus arts. 17 e 20, a Federação da Rússia assumiu os compromissos contidos na Declaração Universal dos Direitos Humanos de 1948:

> "Art. 17
> 1. A Federação da Rússia reconhece e garante os direitos e liberdades do homem e do cidadão, de acordo com os princípios e normas do direito internacional e de acordo com esta Constituição.

[2100] Ibidem, p. 21.
[2101] Ibidem, p. 22.
[2102] Ibidem, p. 22.

> 2. Direitos e liberdades fundamentais são inalienáveis e pertencem a todos, desde o nascimento.
> 3. O exercício dos direitos e liberdades das pessoas não deve infringir os direitos e liberdades de outrem.
> (...)
> Art. 20
> 1. Todos têm direito à vida.
> 2. A pena de morte, até a sua abolição, pode ser estabelecida por lei federal como castigo excepcional para crimes gravíssimos contra a vida, mediante a apresentação ao acusado do direito de ter seu caso julgado por um júri[2103].

Apesar da previsão constitucional, registre-se que segundo o Tribunal Europeu dos Direitos Humanos, com sede em Estrasburgo, França, há inúmeros casos de ofensa aos direitos humanos pela Rússia, pois, em 2007, 22,5% dos casos em análise diziam respeito àquele país[2104], aumentando para cerca de 30% em 2010.

Os casos apresentados ao Tribunal Europeu dos Direitos Humanos referem-se a tortura generalizada e sistemática de pessoas sob custódia da polícia, a prática de *dedovshchina*, que é o termo usado para ser referir a um sistema de humilhações e torturas no Exército Russo, negligência e crueldade em orfanatos, além de violações de direitos das crianças. De acordo com a Anistia Internacional, havia discriminação, racismo e assassinatos de membros de minorias étnicas no país. Em 1995, a capital da Chechênia, província de maioria muçulmana, Grozny, foi massacrada pelos bombardeios russos. A intervenção contra o que Moscou chamou de "terrorismo" durou 10 anos. Desde 1992, ao menos 50 jornalistas foram mortos em todo o país[2105].

Entre os casos em que se divulgam, pode-se destacar os homossexuais e pessoas do movimento LGBT (lésbicas, gays, bissexuais, travestis, transexuais e transgêneros), que, em geral, têm enfrentado crescentes restrições aos seus direitos nos últimos anos na Rússia. Embora os atos homossexuais do sexo masculino tenham sido descriminalizados em

2103 Ibidem, p. 23.
2104 Ibidem, p. 23.
2105 Ibidem, p. 24.

1993, não existem leis que protegem pessoas contra a discriminação ou o assédio, com base na orientação sexual ou na identidade de gênero[2106]. Acrescente-se que foram aprovadas leis polêmicas e restritivas de direitos em relação à população LGBT e às mulheres, sendo permitido inclusive que estas sofram "correção" por parte dos homens da família sem que exista a possibilidade de punição para eles, já que em 2017 ocorreu a descriminalização da violência doméstica. A lgbtfobia foi incrementada com a aprovação da chamada "lei de propaganda gay" em 2013. Canais estatais, inclusive, retratam homossexuais como pervertidos, agentes infiltrados e doentes.

Até Putin assumir o poder, em 1999, os fatos, em síntese, evoluíram da seguinte maneira: "A Rússia absorve os poderes da União e paga sob seu encargo os salários dos funcionários da URSS. A organização dos poderes é profundamente modificada e um novo Conselho de Estado reconhece a independência das repúblicas bálticas. Paulatinamente, todas as demais repúblicas da União que faziam parte da URSS, da mesma forma, vão se declarando a partir daí independentes. Finalmente, em 8 de dezembro de 1991, os presidentes da Bielorússia, da Rússia e da Ucrânia reencontram-se em Minsk e constatam que a URSS não têm senão uma existência como sujeito de direito internacional e como realidade geopolítica e fundam a Comunidade dos Estados Independentes em 21 de dezembro de 1991. Em 25 de dezembro, Gorbatchov, tirando suas conclusões a respeito das consequências dos fatos, demite-se das funções de chefe de Estado, pela simples razão de que a União não existe mais. Até o fim deste ano, com exceção dos estados bálticos (Estônia, Lituania e Letônia) e da Geórgia, todos os demais antigos membros da União passam a fazer parte, como membros, da CEI. No plano internacional, as repúblicas bálticas passam a ser reconhecidas soberanamente. (...) Da mesma forma, em sequência, as demais repúblicas que faziam parte da antiga URSS, a partir do ano de 1992, são aceitas no seio da ONU, também como seus membros"[2107].

[2106] Ibidem, p. 24.
[2107] MOURRE, Michel. *Dicionário de História Universal*, cit., p. 1430.

8.8.16 A Era Putin – O novo tzar e o capitalismo assumido

Nas eleições de dezembro de 1995 o Partido Comunista obteve a vitória no legislativo russo, com 22,3% dos votos, enquanto o Partido Liberal Democrático, direitista, conseguiu 11,8% dos votos, e o Partido Rússia Nosso Lar atingiu 19,1% dos votos. "A nostalgia da grandeza e do poderio soviético e a insegurança nascida das dificuldades econômicas levaram 22% dos russos a votarem no Partido Comunista quando das eleições legislativas de dezembro de 1995. Forçado, na mira da eleição presidencial de junho, a dar garantias aos conservadores, Yeltsin radicalizou a sua política. Esta mudança manifestou-se por uma consolidação do autoritarismo presidencial no plano interno e externo. O ministro dos Negócios Estrangeiros, Andrei Kozyrev, julgado demasiado 'pró-ocidental', foi substituído em janeiro de 1996 por Evgueni Primakov, antigo chefe da contraespionagem na KGB. Apesar desta atitude e da continuação dos combates na Chechênia, a Rússia foi admitida no Conselho da Europa e beneficiou-se de um enorme empréstimo do FMI e de uma remissão da dívida. Os ocidentais mostravam assim o seu apoio a Yeltsin, cuja manutenção no poder era julgada preferível a um eventual regresso dos comunistas ao Kremlin"[2108].

Nas eleições presidenciais de junho de 1996, em meio a uma crise econômica, nenhum candidato conseguiu mais de 50% dos votos. Houve segundo turno e Yeltsin foi eleito com 54,39% dos votos, contra 40,08% do rival, Guenadi Sivganvov, do Partido Comunista[2109]. Foi nomeado Alexander Lebed (1950-2002) como assessor de segurança, que procurou acabar com a guerra na Chechênia (que já tinha ocasionado milhares de mortos). Em 1998 o governo passou a interferir na economia, afastou-se da influência de Washington e a Duma passou a discutir um *impeachment* contra o presidente. Foram, devido a crise, indicados sucessivamente para ministros (premiês) Sergei Stepashin, um militar, no posto de coronel-general e depois Vladimir Putin[2110]. Reacende-se a guerra da Chechênia

[2108] Ibidem, p. 1430.

[2109] Ibidem, p. 1430.

[2110] Putin, nascido em Lêningrado em 1952, foi agente da KGB e posteriormente chefe dos serviços secretos soviético e russo. Assumiu o poder na Rússia desde a renúncia de

e tem início a revolta separatista no Daguestão (Cáucaso). Ocorrem atentados terroristas contra algumas cidades russas[2111].

Em 31 de dezembro de 1999, Yeltsin renunciou em favor de seu primeiro-ministro, Putin, que depois assumiu a presidência interinamente.

Enquanto Yeltsin governava, conferia grande autonomia aos governadores regionais (que criavam verdadeiros "feudos" em suas regiões) em troca de apoio em nível nacional, o que levou a várias tendências fragmentadoras e centrífugas no país (o caso mais extremo foi o separatismo da Chechênia). Por sua vez, Putin, ao contrário, assumindo o posto do sucessor, recentralizou as rédeas do poder na Rússia. Como tinha maioria no Parlamento federal e na maior parte dos parlamentos regionais, anulou vários atos de governadores regionais e leis regionais que contrariavam a Constituição federal[2112].

O presidente enfrentou dois atos de terroristas chechenos contra-atacando, o que resultou na morte de centenas de reféns. O primeiro caso, em 2002, foi no teatro Dubrovka, em Moscou. Para expulsar os terroristas, as forças especiais russas colocaram um gás venenoso no ar-condicionado do teatro. No total foram quase 200 mortos, a maioria por intoxicação. Dois anos depois, terroristas invadiram uma escola em Beslan, na Ossétia do Norte. Dessa vez, a intervenção ocasionou em mais de 300 mortos, sendo quase 200 crianças. Depois disso, Putin adotou novas leis que endureceram o sistema jurídico do país. Críticos, como a organização *Freedom House*, acusavam Putin de ter, a partir de 2004, criado verdadeiro Estado autoritário na Rússia em vez de uma democracia plena. Além disso, como o presidente provinha dos serviços secretos, formaram-se teorias a respeito de alguns episódios tenebrosos mal esclarecidos. O fato de alguns jornalistas e críticos do presidente terem sido mortos de maneira um tanto suspeita alimentou ainda mais tais especulações. Os casos mais extremos foram o da jornalista Anna Politkovskaya, crítica da política russa na Chechênia (morta a tiros por desconhecidos em 7 de outubro de 2006, exatamente no dia do aniversário de Putin), e do enve-

Yeltsin, em 1999, passando pelos cargos de primeiro-ministro e presidente. É tido pelos russos como uma espécie de tzar dos tempos modernos.

2111 MOURRE, Michel. *Dicionário de História Universal*, cit., p. 1431.

2112 SEGRILLO, Angelo, *Os russos*, cit., p. 251.

nenamento por produto radioativo de Aleksander Litvinenko (ex-espião russo exilado na Grã-Bretanha) em novembro do mesmo ano. Litvinenko acusava a FSB (Serviço Federal de Segurança, ex-KGB) da Rússia de estar por trás das explosões a bomba em três edifícios no país em setembro de 1999, em que morreram centenas de pessoas, e que foi a justificativa final da invasão da Chechênia por Putin naquele ano (dizia-se na época que os chechenos estavam por trás dos ataques). Em 2018, em outro caso de envenenamento na Inglaterra, o ex-coronel da inteligência militar, Serguei Skripal e sua filha Iulia, foram atacados com um reagente químico. Agentes russos foram acusados de serem os responsáveis, e o governo britânico expulsou 100 diplomatas russos do país. Putin negou responsabilidade e também expulsou diplomatas ocidentais.

No plano externo o líder russo seguiu uma trilha de recuperação do prestígio internacional do país a partir da melhora econômica. "Com o atentado terrorista de 11 de setembro de 2001 nos EUA, houve uma aproximação entre Putin e o presidente americano George W. Bush na luta comum contra o terrorismo. Entretanto, a partir de 2004, no segundo mandato presidencial dos dois, uma Rússia cada vez mais assertiva passou a bater de frente com os EUA. Procurando recuperar seu *status* tradicional de grande potência, a Rússia estava especialmente sensível a acontecimentos em sua tradicional esfera de influência: as ex-repúblicas soviéticas. Assim, os dois países estiveram em lados opostos durante as Revoluções Rosa e Laranja, respectivamente na Geórgia e Ucrânia, os confrontos de Ossétia do Sul e Geórgia e a questão do reconhecimento do Kosovo. Depois de oito anos na presidência, Putin foi primeiro-ministro de seu sucessor Dmitri Medvedev, por mais quatro. Em março de 2012 foi novamente eleito presidente. A legislação lá, como no Brasil, impede apenas um terceiro mandato consecutivo. Assim, após um intervalo como primeiro-ministro, ele retornou ao posto presidencial"[2113].

8.8.17 Considerações sobre o dilema russo

Quando a Rússia optou por utilizar o disposto no art. 72 da Constituição de 1977 para deixar de fazer parte da URSS, vários dilemas surgiram, mas

[2113] Ibidem, p. 251.

o principal resumia-se a uma pergunta: o que é a Rússia? "Nos anos Yéltsin o governo lidou com essa questão praticamente sozinho, pois a sociedade estava arrasada por completo, desesperada com a mera sobrevivência. Em tese, a ideologia do novo regime era a democracia, mas para a maioria dos russos isso significava simplesmente as declarações públicas dos detentores do poder. Quando a Força Aérea russa bombardeou Grozny em 1994, um dos residentes russos idosos disse aos repórteres ocidentais: 'Eu sobrevivi aos nazistas, agora sobrevivo aos democratas'. Uma variedade de intelectuais e agrupamentos políticos tentou propor novas ideologias para substituir o marxismo, mas a maioria eram tentativas de um nacionalismo russo semelhante àquele propagado por Ziuganov e Vladimir Jirinovsky. O governo percebeu que, para os russos comuns, a 'democracia' significava nada mais que democracia e anarquia e tentou preencher esse vácuo, muitas vezes com efeitos cômicos. Os canais de televisão, então inteiramente nas mãos de oligarcas pró-governo, passavam programas intermináveis sobre a dinastia Romanov e tradições pré-1917, muitas delas imaginárias. Yéltsin não só renomeou o parlamento de Duma, em alusão à instituição de 1906-1917, mas também restaurou a águia de duas cabeças como símbolo oficial da Rússia, um emblema dinástico da autocracia, não da democracia"[2114].

Na posse de Putin em 2000, o clero ortodoxo russo estava sentado na plateia ao lado de rabinos e imãs, uma disposição que preservava, estranhamente, as tradições tanto do Império Russo quanto da União Soviética. Se o Cáucaso continuava a ser um problema, a terminologia oficial incluía todos os cidadãos da Rússia como "rossiane" (aproximadamente, povo da Rússia), não somente "russkie" (russos num sentido étnico), uma terminologia impossível de traduzir mas altamente significativa pela sua tentativa de inclusão[2115]. Na era da Perestroika, uma piada popular era a de que a União Soviética representava o único país do mundo com um passado imprevisível. A expressão discorre sobre a ideologia histórica soviética, bem como sobre a velocidade e superficialidade da sua substituição. De fato, a Rússia foi um país de florestas setentrionais escassamente povoadas nos primeiros oito ou nove séculos da sua existência,

2114 Ibidem, p. 252.
2115 Ibidem, p. 252.

mas transformou-se em um dos países mais populosos do mundo e ainda é o maior do planeta em superfície[2116].

8.8.17.1 Combate ao nepotismo

Na Rússia, os parlamentares apresentaram na Duma de Estado (câmara baixa do Parlamento russo) um projeto de lei que visava acabar com as conexões familiares no funcionalismo público. O documento entregue para a Duma adicionou dois artigos à lei federal "Sobre a resistência à corrupção"[2117].

O objetivo da primeira emenda é interditar a transferência de recursos financeiros para órgãos estatais cujos dirigentes (ou vices ou chefes de contabilidade) sejam familiares próximos dos dirigentes, respectivos vices ou chefes de contabilidade da entidade pública que efetuou a referida transferência[2118]. Por familiares próximos, os legisladores entendem pais, cônjuges, filhos, netos, avós e irmãos, bem como irmãos, pais, avós e filhos dos respectivos cônjuges. Caso o dirigente viole esse princípio, será demitido por perda de confiança[2119].

A segunda emenda proíbe o trabalho de familiares próximos no mesmo órgão estatal ou municipal, caso as respectivas funções estejam na dependência ou controle de um deles. No entanto, os autores da lei introduziram uma exceção: familiares próximos poderão exercer funções nas mesmas entidades se estas orem federais ou municipais nas áreas da educação, cultura, medicina e farmacologia em zonas rurais[2120].

"A intenção do projeto de lei é estancar a fuga de recursos financeiros orçamentais e acabar com a nomeação de funcionários incompetentes para cargos importantes", afirma um dos autores do projeto, o deputado Víktor Chudegov. "É por isso que proibimos as transferências de fundos orçamentais para empresas em que trabalhem familiares próximos dos

2116 Bushkovitch, Paul. *História concisa da Rússia*. São Paulo: Edipro, 2014, p. 472.

2117 Obrazkova, Marina. Entre a justiça e a efetividade. Moscou: Gazeta Russa, 10 jul. 2013. Extraído de https://br.rbth.com/politica/2013/07/10/entre_a_justica_e_a_efetividade_20351. Acesso em 18 nov 2019.

2118 Ibidem, acesso em 18 nov 2019.

2119 Ibidem, acesso em 18 nov 2019.

2120 Ibidem, acesso em 18 nov 2019.

emissores das transferências e impedimos que familiares sejam subordinados diretos de familiares em cargos públicos em subordinação direta de outros familiare"[2121].

Chudegov alegou que os membros do Parlamento estavam se orientando, sobretudo, por justiça social, e não pela defesa da efetividade do trabalho do funcionalismo público. "Se um alto dirigente de uma região arranjar trabalho para um seu familiar próximo, a população não verá o fato com bons olhos, mesmo que o novo funcionário cumpra com zelo as suas obrigações", disse o deputado, salientando que esses casos são mais comuns nas repúblicas nacionais. "É necessário deixar trabalhar os realmente profissionais, não os familiares", adiantou o deputado[2122].

Na opinião de alguns especialistas, as novas emendas já são contempladas na atual legislação, e o documento proposto pelos deputados limita-se a desnecessariamente endurecer as normas em vigor[2123].

"As normas em questão estão na lei 'Sobre o Funcionalismo Público'. Se esses familiares não dependerem uns dos outros, podem exercer funções no mesmo órgão. A norma aqui discutida já estava consagrada na legislação soviética do ano de 1921", ressalta Pavel Kudiúkin, docente da cátedra de Teoria e Prática de Gestão Pública da Faculdade da Gestão Estatal e Municipal, da Escola Superior da Economia[2124].

Existe também outra norma sobre conflito de interesses, que trata da relação entre uma instituição pública e uma empresa privada que satisfaz encomendas federais. "Qualquer funcionário público é obrigado a comunicar situações em que pode estar em causa um conflito de interesses. Porém, mesmo nestes casos, a organização em que trabalha um dos cônjuges pode ser autorizada a participar no concurso, se tal favorecer o cumprimento da encomenda estatal. Neste caso, prevalece o princípio da efetividade", explica Kudiúkin[2125].

O especialista tem certeza de que é possível contornar as emendas propostas com a ajuda de conhecidos ou amigos que podem tomar

[2121] Ibidem., acesso em 18 nov 2019.
[2122] Ibidem, acesso em 18 nov 2019.
[2123] Ibidem, acesso em 18 nov 2019.
[2124] Ibidem, acesso em 18 nov 2019.
[2125] Ibidem, acesso em 18 nov 2019.

a decisão vantajosa para quem for afastado do trabalho por motivo de parentesco. "Se todos os nossos problemas decorressem apenas dos laços de sangue, seria ótimo. As dificuldades surgem por muitíssimas outras razões, sendo impossível prever todas. O mal dos nossos legisladores é que tentam regular casos particulares em vez de criarem normas generalizadas", enfatiza Kudiúkin[2126].

O vice-reitor da Universidade de Economia da Rússia Plekhanov, Serguêi Markov, compartilha a mesma opinião do economista. Segundo ele, a Duma de Estado devia emitir menos leis, mas controlar melhor a aplicação jurídica delas. "É preciso dar mais atenção à área política do que à de direito. Há já muita gente que vê o Parlamento como 'o ministério das leis'. Além disso, não devemos pensar que as novas leis entrarão em funcionamento automaticamente após a sua aprovação", alerta Markov. "É necessário aumentar a pressão sobre os ministérios e departamentos. Por mim, criaríamos uma lei sobre a confiscação de bens e outra sobre retirada de direitos aos que recorrerem aos *offshores*"[2127].

8.8.17.2 Direito russo e a religiosidade

Os preceitos do laicismo às vezes são minimamente observados na Rússia, apesar de "algumas" ingerências na vida social daquele país, como será descrito a seguir.

Em outubro de 2012, a diretora de uma escola na aldeia de Kara-Tiuba, na região de Stavropol, proibiu que as alunas muçulmanas usassem os véus, tendo sugerido que elas os substituíssem por lenços comuns. Inconformados, os pais das meninas se recusaram e apresentaram uma reclamação ao Ministério Público[2128]. Diante da controvérsia em âmbito federal, o presidente Vladimir Putin manifestou-se contra a permissão do uso do *hijab* nas escolas, apoiando a volta dos uniformes escolares[2129].

O Superior Tribunal de Justiça (STJ) da Rússia pôs fim ao debate ao determinar o decreto das autoridades de Stavropol sobre a proibição

[2126] Ibidem, acesso em 18 nov 2019.
[2127] Ibidem, acesso em 18 nov 2019.
[2128] Ibidem, acesso em 18 nov 2019.
[2129] Ibidem, acesso em 18 nov 2019.

do uso de *hijabs* – tradicionais véus islâmicos – nas escolas é legal. Esse entendimento foi adotado por várias regiões do país[2130].

"Não usamos hijab, usamos uma variedade de véus. O hijab cobre completamente o rosto, deixando expostos apenas os olhos. Eles não só podem, mas também devem ser proibidos", disse o presidente do Centro de Coordenação de Muçulmanos do Cáucaso do Norte, Ismail Berdiev. "Hoje, existe uma regra para os homens: cobrir o corpo do umbigo até os joelhos. Para a mulher, ficam expostos o rosto, as mãos e os pés"[2131].

A decisão do STJ foi contestada pelo diretor do Centro de Direitos Humanos Sova, Aleksander Verkhóvski[2132], para quem a roupa está ligada à associação que esses atributos religiosos suscitam na região. "Provavelmente, as pessoas estão mais preocupadas com o grande número de muçulmanos em Stávropol", disse o especialista[2133]. Verkhóvski acredita que isso poderá levar à segregação dessas crianças a uma espécie de gueto. Em forma de crítica, ele acrescentou: "Crianças com aparência não convencional devem ser integradas no meio global"[2134].

Mas na opinião do copresidente do Conselho Consultivo da Igreja Protestante da Rússia, Serguêi Riakhóvski, as disposições laicas do Estado são invioláveis. "Se cada religião respeitada promover os seus princípios no vestuário nas escolas laicas, perderemos o foco do conceito"[2135].

2130 Ibidem, acesso em 18 nov 2019.

2131 Ibidem, acesso em 18 nov 2019.

2132 Aleksander Verkhovski (1962) – Formou-se no Instituto de Petróleo e Gás de Moscou em 1984, com ênfase em matemática aplicada. De 1984 a 1989 ele trabalhou como engenheiro de software para vários centros de pesquisa. De 1983 a 1988 participou na divulgação das publicações Samizdat. Em abril de 1989, tornou-se cofundador e editor-chefe do jornal Samizdat "Panorama". O jornal tinha uma publicação regular até 1991. A partir de então, a equipe de seus editores e autores constituiu o Grupo de Informação e Pesquisa "Panorama" (hoje – Centro de Informação e Pesquisa "Panorama"), de onde se tornou vice-presidente. Em 1992-1994, seu principal interesse estava voltado para a política na Ásia Central. De 1994 em diante, ele se voltou para o extremismo político na Rússia. Posteriormente também passou a estudar a inter-relação entre religião e política.

2133 Obrazkova, Marina. Entre a justiça e a efetividade. Moscou: Gazeta Russa, 10 jul. 2013. Extraído de https://br.rbth.com/politica/2013/07/10/entre_a_justica_e_a_efetividade_20351. Acesso em 18 nov 2019.

2134 Ibidem, acesso em 18 nov 2019.

2135 Ibidem, acesso em 18 nov 2019.

Após a decisão do STJ, exigências semelhantes, relativas à aparência de alunos, já foram introduzidas em várias repúblicas do país, inclusive em Bachkíria, Adigueia e Daguestão[2136]. À luz da Constituição russa, o país é laico. No entanto, a mídia discute sobre a questão, uma vez que há aulas de religião no currículo de escolas comuns, além de, por exemplo, rituais religiosos antes do lançamento de foguetes ao espaço e o receio incontido dos russos de saírem para a rua de bermudas[2137].

Certo dia, jornalistas registraram no Cazaquistão o cerimonial sepulcral em que engenheiros e mecânicos observavam um antigo colega de pesquisa, depois convertido em padre, fazendo uma oração ao pé de um foguete e borrifando água benta em tudo a sua volta, até mesmo em cinegrafistas[2138]. Segundo dados locais, a agência espacial russo Roscosmos autoriza a benção a seus foguetes desde 1998, o que ocorreu por 353 vezes. E as manifestações, por vezes sarcásticas, na internet não são comedidas, como: "É preciso jogar água benta melhor. Viu? Caiu!". Lembre-se de que no cosmódromo de Baikonur isso não é diferente, onde já se registrou a ação de um sacerdote ortodoxo em jornalistas e no foguete Soiuz na plataforma[2139].

Como é possível supor, a maior parte dos russos são cristãos ortodoxos, e os seguidores representam quase 80% de toda a população. O restante é composto, principalmente, por muçulmanos, judeus e budistas[2140]. Mas se alguém perguntar quantos russos, por exemplo, fazem o jejum da Quaresma, restará apenas 1% da população inteira. As pessoas que vão à missa regularmente são apenas 4%. Além disso, registra-se que somente dois terços da população afirma acreditar em Deus[2141].

2136 Ibidem, , acesso em 18 nov 2019.

2137 Sinelschikova, Ekaterina. A Rússia é religiosa ou laica? Moscou: *Rússia Beyond*, 12 fev. 2019. Disponível em https://br.rbth.com/estilo-de-vida/81858-russia-religiosa-ou-laica. Acesso em 3 dez 2019.

2138 Ibidem, acesso em 3 dez. 2019.

2139 Ibidem, acesso em 3 dez. 2019.

2140 Ibidem, acesso em 3 dez. 2019.

2141 Ibidem, acesso em 3 dez. 2019.

Para o patriarca Kirill[2142] da Igreja Ortodoxa Russa, "Estamos apenas no início do renascimento espiritual de nosso povo". Segundo a autoridade da Igreja, o número de paróquia tem aumentado num ritmo frenético nos últimos 20 anos. Em nível de confiança e em aprovação, a instituição está em segundo lugar, atrás do exército e antes da polícia[2143].

Em quase todas as regiões de maioria cristã na Rússia, taxistas e motoristas de ônibus, em larga escala, decoram seus veículos com ícones e cruzes (criando quase capelas ambulantes). Apesar desse cenário, há sociólogos que isso não reflete a profundidade dos sentimentos religiosos dos russos[2144].

Para a socióloga Natália Zorkaia, do Centro Levada, "Na atualidade, dizer 'sou cristão ortodoxo' muito raramente significa religiosidade. A quantidade de 'ortodoxos' praticamente coincide com a de russos étnica no país. Para muita gente, a palavra 'ortodoxo' é só sinônimo de 'russo étnico'"[2145]

Assim, o que faria mais sentido seria analisar se as organizações religiosas e normas de comportamento influenciam as pessoas segundo Aleksandr Verkhovski, diretor do centro analítico Sova, que monitora o nível de racismo e xenofobia e os efeitos da religião sobre a sociedade[2146].

Em 2017, a vila de Belozerie, na república russa da Mordóvia, proibiu estudantes e professoras de usar o *hijab*. Uma aldeia, habitada por tártaros étnicos (em sua maioria muçulmanos), tinha sido recentemente apelidada de "califado tártaro". E outras insinuações pairaram no ar, como algumas pessoas da aldeia integravam o Estado Islâmico[2147].

Mas a proibição do uso do *hijab* não foi plenamente aceita, apesar das manifestações do então Ministro da Educação da Federação da Rússia e

2142 Vladimir Mikhailovich Gundyayev – Kirill (Cirilo I) (1946) – Bispo ortodoxo russo e patriarca de Moscou e de toda a Rússia e primaz da Igreja Ortodoxa Russa desde 1º de fevereiro de 2009.

2143 Sinelschikova, Ekaterina. A Rússia é religiosa ou laica? Moscou: *Rússia Beyond*, 12 fev. 2019. Disponível em https://br.rbth.com/estilo-de-vida/81858-russia-religiosa-ou--laica. Acesso em 3 dez 2019.

2144 Ibidem, acesso em 3 dez. 2019.

2145 Ibidem, acesso em 3 dez. 2019.

2146 Ibidem, acesso em 3 dez. 2019.

2147 Ibidem, acesso em 3 dez. 2019.

de comissões educacionais no sentido de que o uso de *hijab* nas escolas era inaceitável. Outra região de maioria muçulmana da Rússia, a República da Chechênia, entrou em confronto com a questão[2148].

No final das contas, em certos lugares o hijab foi derrotado, em outros continuou nas cabeças das moças. A Suprema Corte da Federação da Rússia proibiu completamente o uso de hijab nas escolas de algumas regiões, mas no Tribunal Constitucional (cujas resoluções são nacionais) não se discutiu a questão do lenço muçulmano[2149].

Observa-se uma diversidade de religiões similar em outras regiões, sobretudo no Cáucaso do Norte. Por exemplo, quanto ao Daguestão, temos o seguinte: "é uma região muito religiosa em qualquer parâmetro formal, e ali não se pode nem comprar bebidas alcoólicas. Não porque seja proibido por lei, mas porque ativistas religiosos proíbem a venda, geralmente com uso da força", diz Verkhovski[2150].

Ainda sobre o Daguestão, na internet, as questões mais frequentes dizem respeito à possibilidade ou não de usar bermudas. "Uma das lembranças mais vivas que tenho de Makhatchkalá é do meu irmão proibindo que eu e a minha namorada saíssemos de casa sem eu colocar meus cabelos compridos escondidos para dentro da blusa e ela trocar a bermuda, que ia até joelho, por um jeans"[2151].

Alunos da escola nº 19 na região de Stavropol submetem-se a um projeto piloto para implementação do curso Básico de Culturas Religiosas e Ética Social. Segundo um dispositivo normativo penal, desde 2013 as ofensas aos sentimentos religiosos dos crentes são passíveis de pena, ainda que, até hoje, nenhum indivíduo tenha sido preso por incorrer nesse tipo penal. Por exemplo, em 2016, o atleta do Daguestão Said Osmanov atacou uma estátua de Buda e, ao urinar no monumento, depois colocou o vídeo na internet, tendo se submetido a uma sentença de dois anos de liberdade condicional[2152].

[2148] Ibidem, acesso em 3 dez. 2019.
[2149] Ibidem, acesso em 3 dez. 2019.
[2150] Ibidem, acesso em 3 dez. 2019.
[2151] Ibidem, acesso em 3 dez. 2019.
[2152] Ibidem, acesso em 3 dez. 2019.

Aqueles que se opõem a uma Rússia religiosa, perguntam por que as leis não defendem os sentimentos não religiosos. Depois de uma batalha em todas as comissões estatais possíveis e na imprensa, as escolas introduziram uma matéria obrigatória de "Bases da cultura e ética religiosa", que foi recebida como propaganda religiosa da Igreja[2153].

A Igreja, por sua vez, afirma que a matéria é destinada somente a familiarizar os estudantes com a religião e propor o estudo de diferentes culturas religiosas. "Nós não nos intrometemos em lugar nenhum. A Igreja na Rússia é separada do Estado, e o governo não se intromete nos assuntos da Igreja [e vice-versa]", diz o Patriarca Kirill (equivalente ao Papa na Igreja Ortodoxa Russa)[2154].

Ainda que a Igreja não tome para si essas aulas, este é só um sinal formal de sua influência, segundo Verkhovski: "Na realidade, professores escolares comuns lecionam a matéria de formas diferentes, alguns focando na cultura ortodoxa, outros nas religiões do mundo. E a Igreja não regula isto de forma alguma. Isto cabe ao Estado"[2155].

Diante desse *status* religioso na Rússia, o presidente Vladimir Putin sempre manteve um único posicionamento em seu programa televisivo: "A Rússia é um estado laico, assim foi criada e assim permanecerá"[2156].

8.9 A Rússia no século XXI

No início do século XXI a Rússia tentava recuperar parte do protagonismo que tivera na época da União Soviética. Putin, um líder forte e autoritário, tal como o foram os tzares e os mandatários socialistas, também foi ex-agente dos serviços de inteligência soviéticos. Como governante reassumiu o protagonismo da antiga URSS, opondo-se a uma série de governos em várias partes do mundo, principalmente na antiga área de influência, o Leste Europeu, os Estados Unidos e, eventualmente, aos países da Europa ocidental. Com a China, outra antiga potência socialista, por sua vez, o movimento foi de distensão. A economia, que sofreu muito na crise de 1998, recuperou-se e só voltou a ter mais problemas em

2153 Ibidem, acesso em 3 dez. 2019.
2154 Ibidem, acesso em 3 dez. 2019.
2155 Ibidem, acesso em 3 dez. 2019.
2156 Ibidem, acesso em 3 dez. 2019.

outro momento de crise, em 2009, mas apresentou-se melhor no período de Putin à frente do governo. No governo anterior, de Yeltsin, houve muitas dificuldades financeiras, mas na área política relativa liberalidade. Com Putin, tem sido exatamente o contrário, economia melhor, mas política mais despótica e centralizada. Críticos têm reclamado que não há praticamente nenhuma liberdade de imprensa e de opinião na Rússia pós-Putin. Ao mesmo tempo, o líder russo mudou muito a dinâmica das relações com o Ocidente. Yeltsin era muito mais alinhado, especialmente com os Estados Unidos, enquanto Putin faz questão de deixar claras suas divergências de opinião e de interesses com os demais líderes ocidentais. O mandatário, entre os cargos de Presidente e Primeiro-Ministro, ultrapassa duas décadas no comando do governo russo.

O líder soviético tem uma imagem tão poderosa que, em matéria de capa em edição de março de 2008, a revista The Economist, uma das mais influentes da área no mundo, o colocou como um "Tzar do século XXI". Ele aparece na capa vestido em trajes militares sob a frase "nasce um tzar". A Rússia, claro, não é tão poderosa quanto a extinta União Soviética, mas é consenso entre os pesquisadores que ela é muito mais forte que a antiga Rússia do século XIX. Para enfrentar os americanos, que têm sancionado o país por ações na Ucrânia e em outras regiões vizinhas, Putin buscou estreitar laços com potências regionais como China, Irã, Arábia Saudita, Índia e Venezuela.

Ademais, com o intuito de reforçar suas posições no Polo Norte e na rota marítima do Ártico, Putin optou por criar ou restaurar dezenas de bases militares no norte da Rússia. No campo da propaganda, a interferência da mídia social controlada pelo Kremlin nas eleições presidenciais americanas e, muito provavelmente, no referendo sobre o Brexit, ocupou as manchetes dos principais veículos de comunicação, além de ter realizado a copa do mundo de 2018. "Com o fim da União Soviética em 1991, Moscou perdeu o controle sobre largos territórios e 250 milhões de pessoas (150 milhões nas novas repúblicas independentes e 100 milhões de indivíduos residentes nos países da Europa Oriental dominados pela URSS). 'Transformando o sistema semipresidencialista numa instituição garantidora de sua autocracia, Putin se mantém no poder desde 1991 revezando-se nos cargos de presidente e primeiro-ministro e hoje, entre seus cidadãos, é considerado o governante mais poderoso desde Stalin', afirma o especialista em relações internacionais Luiz Felipe de Alencastro. Há um risco, entretanto, de acordo com a *Economist*: 'sem mecanismos de democracia real para legitimar alguém novo, o próximo presidente emergiria na sequência de uma luta pelo poder que pode desmembrar a Rússia. Isso é alarmante num país com armas nucleares'" [2157].

Na segunda metade da década de 2010, mesmo com a queda dos preços do petróleo e das sanções impostas pela União Europeia a setores energéticos, de defesa e bancos russos, devido a sua posição no conflito com a Ucrânia, a política russa esforçou-se para colocar as finanças em ordem. Exemplo disso foram as ações da Rússia que resultaram num superávit orçamentário com base no suprimento de petróleo como salvaguarda[2158]. As reservas russas alcançam US$ 500 bilhões, proteção esta que ajuda a proteger o orçamento federal de futuras sanções ou quedas no preço do petróleo. No entanto, para alguns economistas, esse esforço se traduz num "crescimento miserável, porque retirou dinheiro da economia"[2159]. Segundo Kenneth Rogoff, professor de economia e política pública em Harvard, "comparado com o Ocidente, comparado com os Estados Unidos, Reino Unido ou França, o governo russo tem o poder de pressionar a classe média e os pobres muito além dos limites do que podemos imaginar"[2160].

Putin venceu facilmente as eleições presidenciais de março de 2000 e março de 2004. Impedido pela legislação eleitoral de ter mais de dois mandatos presidenciais consecutivos, elegeu o aliado Dmitri Medvedev[2161] como seu sucessor na eleição presidencial de março de 2008 e continuou no poder como primeiro-ministro. A Rússia não tem um

2157 Artigo *Czar do século XXI, Putin recoloca Rússia no papel de potência global*, Uol/Folha de S.Paulo, 5 de set. 2017.

2158 "Quando o petróleo custa mais de US$ 40 por barril, os impostos gerados em todas as receitas acima desse nível devem ser economizados em fundos soberanos, em vez de gastos com, digamos, salários de professores ou do exército. Para reativar a economia, Rússia lança plano de estímulo que prevê até compra de 900 pianos. *O Globo*, 8 jun. 2019.

2159 Ibidem, 8 jun. 2019.

2160 Ibidem, 8 jun. 2019.

2161 Dimitri Medvedev, nascido em 1965, é um jurista, professor e político neoliberal. Desde o início dos anos 2000, faz uma parceria com Putin, ora exercendo o cargo de primeiro-ministro ora o de presidente.

regime presidencialista, e sim semipresidencialista (como a França). No semipresidencialismo, há um presidente e um primeiro-ministro e ambos têm poderes diferenciados, mas equivalentes em termos de importância. O presidente é responsável pelas relações exteriores e pelas forças armadas (a segurança do país) e o primeiro-ministro é responsável pelas políticas internas (economia, administração burocrática etc.). Por isso, seja como presidente seja como primeiro-ministro, Putin pôde se manter no centro do poder por todo este tempo. Os anos 1990 formaram a era Yeltsin; os anos 2000, a era Putin. E essas duas épocas tiveram dinâmicas bem diferentes"[2162].

Em 2000, Putin venceu as eleições com 52,6% dos votos no primeiro turno. As empresas estatais, em sua maioria foram privatizadas, o PIB cresceu 6,7% devido à exportação de petróleo cru e de diversas matérias primas, as indústrias em geral se desenvolviam, mas a desigualdade social aumentou, e a Rússia apresentava, naquele ano, diversos bilionários (aproximadamente 60), boa parte ligados à máfia e aos antigos negócios estatais, e 25% de população estava em extrema pobreza. Em 2004, Putin foi reeleito presidente com 71% dos votos no primeiro turno. Em 2008, ganha a eleição Medvedev, com apoio de Putin, que se tornou primeiro-ministro. Praticamente um "testa de ferro" do ex-presidente. No mesmo ano, foi desencadeada a guerra da Rússia contra a Geórgia. Em 2009, a crise na economia mundial atinge a Rússia, desacelerando a economia e derrubando o PIB[2163].

Em 2012, Putin volta novamente à presidência, agora para mandato de 6 anos, sendo reeleito com recorde de votos em 2018. Ele adotou novas leis, que endureceram o sistema jurídico russo e centralizaram o poder político. As eleições diretas para os governadores regionais foram anuladas e estes passaram a ser nomeados pelo presidente. O Estado passou a ser autoritário, abandonando os princípios democráticos. Ocorreram varias denúncias de críticos, jornalistas e opositores do governo, inclusive com casos de mortes, que seriam de responsabilidade do serviço secreto russo. Lembrando que a partir de 2004, haviam surgido conflitos com os EUA devido à expansão militar da OTAN no Leste europeu (Polônia e

[2162] SEGRILLO, Angelo. *Os russos*, cit., p. 251.
[2163] Ibidem, p. 251.

República Tcheca) com a instalação de um sistema antimíssil, voltado na direção do Irã e Rússia[2164].

Há mais de 20 anos no poder, como presidente ou como primeiro-ministro, cargo que ocupou entre o segundo e o terceiro mandatos na Presidência, Putin já é o líder há mais tempo no Kremlin desde Josef Stalin. Antes, ele havia rejeitado várias vezes a ideia de permanecer no cargo além de 2024. Uma emenda apresentada no início do mês de março de 2020, no entanto, permite expandir o limite para as reeleições, abrindo caminho para que Putin seja candidato em 2024 e 2030, quando terá 83 anos. Após ser considerada legal pelo Tribunal Constitucional do país, a emenda seria submetida ao referendo, junto com várias outras que alteram a Constituição da Rússia pós-soviética, para que entrasse em vigência. No entanto, devido à pandemia do novo coronavírus, foi adiado o referendo que seria realizado dia 22 de abril de 2020.

Finalmente, entre 25/06 e 01/07 de 2020, a Rússia passou por uma votação nacional sobre emendas constitucionais que, entre outros fatores, conferiram a Vladimir Putin a possibilidade de permanecer presidente do país até 2036. A nova redação do artigo 81 da Constituição russa, ao "zerar" a contagem de mandatos presidenciais exercidos antes da implementação das emendas, permite a Putin candidatar-se à presidência novamente em 2024 e 2030. Pela lei anterior, Putin seria obrigado pela Constituição a deixar o poder em 2024, quando seu atual segundo mandato consecutivo terminasse.

Percebe-se que, desde os tzares, passando pelo socialismo, capitalismo de Estado, capitalismo liberal, globalização – nunca houve democracia de fato – predominando sempre a centralização e o culto ao "paizinho".

[2164] Ibidem, p. 252.

8.10 Dados estatísticos contemporâneos

Governo	República semi-presidencialista federativa.
- População (2019)	145,872,259 hab. (10º).
- Densidade	8,54 hab./km^2 (217º).
- Extensão territorial	17.075 Km2 (1º).
PIB nominal (2018)	US$ 1,657 trilhões.
- PIB Per capita	US$ 11.289 (52).
- IDH (2019)	0,824 (49º) – muito elevado.
NÚMERO DE CONSTITUIÇÕES	6 (1906, 1918, 1924, 1936, 1977,1993).

Fonte: Fundo Monetário Internacional (FMI): World Economic Outlook Database

A8 DOMINGO, 10 DE JANEIRO DE 2021 — O ESTADO DE S. PAULO

Internacional

Estados Unidos
The Economist: Trump mudou o Partido Republicano. Pág. A10

Mudança. Falta de credibilidade nas instituições políticas tradicionais é fator que leva à eleição de 'outsiders' e mostra como a crise democrática em diversos países independe do antigo embate esquerda versus direita; mobilização popular é peça-chave para mudar cenário

Polarização e populistas ameaçam até democracias tidas como consolidadas

Fernanda Simas

A falta de credibilidade das instituições políticas tradicionais e o aumento da polarização que levam ao surgimento de 'outsiders' nas estruturas de poder político ameaçam a democracia em todos os continentes e parecem ter cada vez mais apelo em sociedades que buscam soluções fáceis para resolver seus conflitos complexos. Analistas afirmam que as crises democráticas têm impacto sobre a presença de empresas nos países e a mobilização popular consciente é um elemento-chave para mudar o cenário.

"Há muitas pessoas dispostas a tolerar a erosão das instituições democráticas se gostam das políticas, ideologias ou identidade do líder. Mas quando um número razoável de pessoas decide dizer 'ele pode dizer o que eu quero, fazer o que concordo, mas está minando nossa capacidade futura de mudar governos, então vou me virar contra eles, porque são antidemocráticos', essa é a única esperança", afirma Adam Przeworski, autor do livro *Crises da Democracia* (*mais informações na página A9*).

A invasão ao Congresso americano no dia em que o Senado ratificava Joe Biden como o novo presidente americano mostra como até o país considerado "a maior democracia do mundo" está em crise e tem seus sistemas políticos tradicionais questionados.

O ressurgimento de partidos extremistas na Europa, com o aumento do número de seguidores, desafia a unidade da União Europeia e ganha força em países como Polônia e Hungria. "Se você perguntar sobre a democracia na Polônia, ela está nas ruas agora. Não está no governo, nas instituições oficiais, mas na auto-organização da sociedade", sustenta Malgorzata Fidelis, professora polonesa de estudos do Leste Europeu na Universidade de Illinois.

"Jaroslaw Kaczynski (*presidente do partido Lei e Justiça, majoritário no governo polonês*) disse acreditar que a política polonesa, após a queda do comunismo em 1989, foi tomada pelo o que ele chama de uklad (*establishment*)", explica Adam Traczyk, pesquisador especializado em Europa Central e Leste Europeu no Conselho Alemão de Relações Exteriores. "Esse uklad teria sido criado por elites liberais e ex-comunistas que negociaram uma transição pacífica e agora controlam os negócios, a mídia e o Judiciário. Basicamente, todo mundo que não apoia ele e seu partido é membro da uklad."

A tradicional divisão entre esquerda e direita não é mais o centro das disputas políticas. É preciso levar em conta o novo embate político tradicionais versus outsiders e políticos democráticos versus políticos autoritários.

"Estamos tendo uma transição no processo democrático que ainda não sabemos se para melhor ou pior, mas percebemos uma certa fadiga do modelo tradicional atual. A busca por resultados rápidos tira da cena políticos tradicionais e traz outsiders, principalmente da ala empresarial", explica o coordenador de relações internacionais da Fundação Escola de Sociologia e Política de São Paulo (FESP-SP), Moisés Marques.

> **• Perspectiva**
> **"A busca por resultados rápidos tira da cena políticos tradicionais e traz outsiders, principalmente da ala empresarial"**
> **Moisés Marques**
> COORDENADOR DE RELAÇÕES INTERNACIONAIS DA FESP

Segundo o analista de risco político Thomaz Favaro, diretor da Control Risks, a erosão da democracia tem impacto na vida empresarial nos países.

"Houve um aumento na demanda por análises de risco para os EUA nos últimos anos, desde empresas operando no país, até empresas estrangeiras, que usam matéria-prima por exemplo da China, e poderiam ser afetadas por alguma decisão política. Os EUA eram um bastião de estabilidade e de repente não são mais", conta Favaro. No Brasil, diz ele, não ocorreu o mesmo por causa da eleição de Jair Bolsonaro, pois o país nunca foi considerado um "bastião de estabilidade".

Até mesmo em uma democracia consolidada como a de Israel, em uma região que abriga governos autoritários e fechados, a crise é explícita. O primeiro-ministro Binyamin Netanyahu enfrenta acusações de corrupção e, sem conseguir manter sua coalizão política, viu o Parlamento ser dissolvido de novo. Como resultado, Israel terá a quarta eleição em menos de dois anos.

"Aqui você tem a direita moderada e a direita mais radical. Netanyahu ainda não tem certeza a qual ele pertence. A direita moderada está disposta a se comprometer se sentir que há uma chance real de paz (*com os palestinos*). A direita radical, que representa cerca de 25% do eleitorado, enxerga esse conflito como sendo um jogo em que 'é tudo nosso e nada deles'. Mas 75% do eleitorado não é assim. E a questão é como se quebra a aliança entre a direita moderada e a radical", explica Yossi Klein Halevi, analista israelense e autor do livro *Cartas Para Meu Vizinho Palestino*.

UM ANO RUIM PARA AS INSTITUIÇÕES DEMOCRÁTICAS

• Países em quase todos os continentes tiveram de lidar com autocratas e regimes autoritários

Índice de Democracia Global

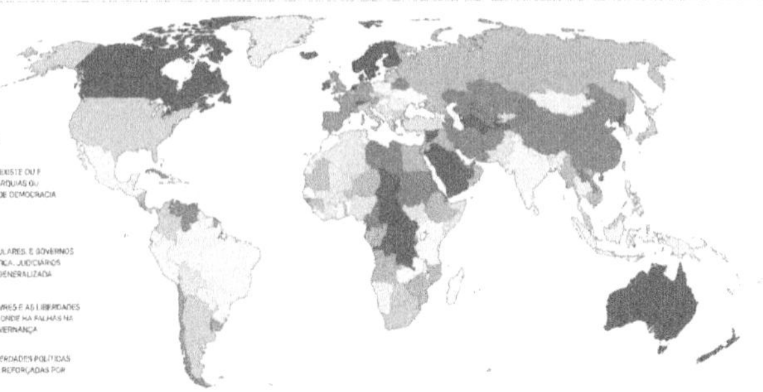

REGIMES AUTORITÁRIOS
ONDE O PLURALISMO POLÍTICO NÃO EXISTE OU É SEVERAMENTE LIMITADO. SÃO MONARQUIAS OU DITADURAS ABSOLUTAS, COM ARES DE DEMOCRACIA

REGIMES HÍBRIDOS
ONDE HÁ FRAUDES ELEITORAIS REGULARES, E GOVERNOS QUE PRESSIONAM A OPOSIÇÃO POLÍTICA, JUDICIÁRIOS NÃO INDEPENDENTES, CORRUPÇÃO GENERALIZADA

DEMOCRACIAS IMPERFEITAS
ONDE AS ELEIÇÕES SÃO JUSTAS E LIVRES E AS LIBERDADES CIVIS BÁSICAS SÃO HONRADAS, MAS ONDE HÁ FALHAS NA PARTICIPAÇÃO NA POLÍTICA E NA GOVERNANÇA

DEMOCRACIAS PLENAS
ONDE AS LIBERDADES CIVIS E AS LIBERDADES POLÍTICAS FUNDAMENTAIS SÃO RESPEITADAS E REFORÇADAS POR INSTITUIÇÕES INDEPENDENTES

FONTE: ECONOMIST INTELLIGENCE UNIT

SITUAÇÃO NO MUNDO

Américas

Embate entre democráticos e autoritários

Democracias tidas como consolidadas nas Américas enfrentaram desafios inéditos. Nos EUA, o país considerado a maior democracia do mundo, as instituições políticas que garantiam os freios e contrapesos ao Poder Executivo foram colocadas em xeque por Donald Trump, e Joe Biden tem o desafio de reunificar o país. No México, após duas décadas de construção de uma democracia com falhas, mas com pluralismo partidário, o líder de esquerda Andrés Manuel López Obrador tem abusado do populismo e, segundo analistas, usado sua popularidade para fazer referendos e atacar o Judiciário. Na Bolívia, onde a esquerda aliada a Evo Morales voltou ao poder com Luis Arce, e no Peru, onde o sistema político levou a renúncias e impeachments em sequência, a volatilidade política deve continuar. / F.S

Europa

Governos populistas desafiam a UE

Governos autoritários de Polônia e Hungria desafiam a unidade da União Europeia. Sob o comando de Viktor Orbán e do partido Fidesz, a Hungria deu uma guinada autoritária. Reduziu a independência do Judiciário, perseguiu a oposição política, a imprensa livre e minou os direitos civis, dificultando a atuação de ONGs e o combate à corrupção nos altos escalões. A Polônia segue o mesmo roteiro desde que Jaroslaw Kaczynski, líder do partido de extrema direita polonês Lei e Justiça (PiS), chegou ao poder, em 2015. Um relatório da Comissão Europeia publicado em setembro de 2020 afirma que "as reformas do judiciário polonês desde 2015 são fonte de controvérsia, tanto domesticamente e em nível da UE, e levanta vários problemas, vários desses ainda persistem". / PAULO BERALDO E LEVY TELES

Ásia

Regimes se fortalecem na pandemia

A pandemia de covid-19 acelerou tendências populistas e nacionalistas no mundo, mas a Ásia foi uma exceção. A China e a Coreia do Norte, é claro, continuam sendo Estados de um só partido, com pouco espaço para a liberdade de expressão, muito menos escolha política. Mas as democracias da região resistiram ao lidar com a covid-19 com competência e manter suas economias à tona – e, no processo, reforçando a fé do público nos sistemas democráticos, casos de Japão, Coreia do Sul e Taiwan. No sul da Ásia, países como Índia e Paquistão, sofreram com o renascimento do discurso nacionalista. Na Ásia Central, a democracia nunca foi o forte, e países como Turcomenistão, Casaquistão e Usbequistão viram mais do mesmo: eleições fraudulentas ou dominadas por um autocrata. / RODRIGO TURRER

África

Diversos sistemas políticos

O ano de 2020 foi marcado por eleições importantes em todo o continente africano. No total, 13 países foram às urnas. A complexidade do cenário é prova de que não há um padrão de democracia no continente, o maior em número de países – 54 – que abriga 1,3 bilhão de habitantes. Desses, 10 são democracias com algum grau de liberdade. Outros 28 são regimes híbridos, onde as instituições democráticas tem pouca capacidade de atuar, mas não são uma ditadura. E 16 são regimes autoritários – mas só quatro nações não realizam nenhuma forma de eleição. Por outro lado, muitas dessas democracias passam por estados de fragilidade, e o continente. Muitos países sofreram com governantes que usaram a pandemia de covid-19 para reprimir a oposição ou impor mais controle sobre as instituições. / THAÍS FERRAZ

Oriente Médio

Democracias, autoritários e religião

Há dez anos, o mundo assistia a um levante popular que provocou um terremoto no Oriente Médio, com jovens indo às ruas para protestar contra regimes repressores, pedindo liberdade e democracia. Depois da Tunísia, Egito, Líbia, Bahrein, Síria e Iêmen se viram presos em um redemoinho que mudou a face do Oriente Médio e Norte da África. Já a Turquia, que no fim do século 20 era considerada um exemplo regional, aos poucos teve suas instituições democráticas minadas pelo poder de Recep Tayyip Erdogan. Em Israel, o baluarte da democracia no Oriente Médio, os quase 12 anos de Binyamin Netanyahu no poder levaram ao aumento da polarização no país. No Irã, onde lampejos de movimentos sociais são sufocados pelo regime teocrático, a consolidação da democracia permanece distante. / F.S. E RENATA TRANCHES

Oceania

Instituições reforçadas na pandemia

Os países do continente fortaleceram a governança no combate à pandemia de covid-19, segundo muitos especialistas. O sucesso no combate ao surto de covid-19 se deveu, em grande parte, às democracias consolidadas na região, e às fortes instituições que asseguram o ambiente democrático. Desde o início da pandemia do novo coronavírus, o número de mortes e casos da Oceania tem sido relativamente baixo: 943 mortes e 30.657 casos (até dezembro). A condução dada à crise pelo governo da Nova Zelândia chamou atenção e levou à reeleição da primeira-ministra Jacinda Ardern. O Partido Trabalhista, da primeira-ministra, venceu com ampla margem as eleições gerais de novembro, com quase 50% dos votos, um "resultado excepcional", imediatamente reconhecido pela oposição. / F.S.

REFERÊNCIAS

ABRANCHES, Sergio. *Presidencialismo de coalizão - raízes e evolução do modelo político brasileiro*. Rio de Janeiro: Companhia das Letras, 2018.

ABREU, Alzira Alves de *et al* (Coord.). *Dicionário histórico-biográfico brasileiro: pós-1930*. 2. ed. rev. e atual. Rio de Janeiro: FGV, 2001. 5 v.

AB'SÁBER, Tales. *Lulismo, carisma pop e cultura anticrítica*. São Paulo: Hedra, 2012.

—. *Dilma Rousseff e o ódio político*, São Paulo: Hedra, 2015.

ADAMS, Ian e DYSON, R. W. *50 pensadores políticos essenciais da Grécia antiga aos dias atuais*, Rio de Janeiro: Difel, 2006.

ADORNO, Sérgio. *Os Aprendizes do Poder*. Rio de Janeiro: Editora Paz e Terra, 1988.

AGOSTINHO, Santo. *A Cidade de Deus*: parte II, Petrópolis: Vozes, 2010.

ALMEIDA, Ângela Mendes, *A República de Weimar e a ascensão do nazismo*. Col. Tudo é História, São Paulo: Brasiliense, 1990.

ALMEIDA, Leandro Thomaz de. "Matar um homem não é defender uma doutrina, é matar um homem": notas sobre a estratégia argumentativa de Sébastien Castellion no caso Miguel Servet. *Revista USP de Letras Clássicas*, São Paulo, v. 17, n. 1, p. 97-108, 2013.

ALMEIDA, Paulo Roberto de. *Nunca antes na diplomacia: a política externa brasileira em tempos não convencionais*. Curitiba: Appris, 2014.

—. *Formação da diplomacia econômica no Brasil: as relações econômicas internacionais no Império*. 3. ed. Brasília: Funag, 2017.

—. *A Constituição contra o Brasil – ensaios de Roberto Campos sobre a Constituinte e a Constituição de 1988*. São Paulo: LVM Editora, 2018.

—. *Contra a corrente: ensaios contrarianistas sobre as relações internacionais do Brasil. 2014-2018*. Curitiba: Appris, 2019.

—. *Miséria da diplomacia*: a destruição da inteligência no Itamaraty. Boa Vista: Editora da UFRR, 2019.

—. *O Itamaraty num labirinto de sombras*: ensaios de política externa e de diplomacia brasileira. Brasília: Diplomatizzando, 2020.

—. *O Mercosul e o regionalismo latino-americano*: ensaios selecionados, 1989-2020. Brasília: Diplomatizzando, 2020.

—. *A ordem econômica mundial e a América Latina*: ensaios sobre dois séculos de história econômica. Brasília: Diplomatizzando, 2020.

—. *Uma certa ideia do Itamaraty: a reconstrução da política externa e a restauração da diplomacia brasileira*. Brasília: Diplomatizzando, 2020.

ALMOND, Mark. *O livro de ouro das revoluções*. São Paulo: Ediouro, 2011.

ALVES, Cleger Francisco. A influência do pensamento de Benjamim Constant na formação do Estado Imperial Brasileiro, Brasília: *Revista de informação legislativa*, v. 45, n. 180, p. 65-75, out./dez. 2008.

AMARAL, Diogo Freitas do. *História do pensamento político ocidental*. Coimbra: Almedina, 2012.

ANDERSON, Perry. *Espectro - da direita à esquerda no mundo das ideias*. São Paulo: Boitempo, 2011.

ANTUNES, Ricardo. *A desertificação neoliberal no Brasil (Collor, FHC e Lula)*. São Paulo: Autores Associados, 2004.

—. *O privilégio da servidão*. São Paulo: Boitempo Editorial, 2018.

AQUINO, Fernando; AQUINO, Rubim Santos Leão de; VIEIRA, Fernando Antonio da Costa; AGOSTINO, Carlos Gilberto Werneck; e ROEDEL, Hiran. *Sociedade brasileira: uma história através dos movimentos sociais*. Rio de Janeiro: Record, 1999.

AQUINO, Tomás de. *Suma Teológica I e II*. Coleção Os Pensadores. São Paulo: Nova Cultural, 2000.

ARANHA, Maria Lúcia de Arruda. *Maquiavel – a lógica da força*. 2. ed. São Paulo: Moderna, 2006.

ARAUJO, Cícero Romão Resende de. *A forma da república da constituição mista ao Estado*. São Paulo: Martins Fontes, 2013.

ARAÚJO, Rosalina Corrêa de. *O Estado e o Poder Judiciário no Brasil*. Rio de Janeiro: Lumen Juris, 2000.

ARRETCHE, Zaira Maria. *A ideia da representação nas teorias democráticas elitista* - republicana e democracia radical. Dissertação (mestrado em Ciências Humanas) - Universidade Federal de Pelotas: Pelotas, 2011.

ARISTÓTELES, *A política*. Lisboa: Publicação Europa-América, 1995.

ARMESTO, Felipe Fernandéz. *Américo: o homem que deu nome ao continente*. São Paulo: Companhia das Letras, 2002.

ARON, Raymond. *O marxismo de Marx*. São Paulo: Benvirá, 2012.

ARRAES, Virgílio Caixeta. O novo é o velho: o conservadorismo como força política na Itália. Meridiano 47, Brasília, v. 2, n. 10\12, p. 17-19, abr./jun. 2001. Disponível em: <http://periodicos.unb.br/index.php/MED/article/view/4679/3921>. Acesso em: 19 nov. 2019.

ASSUNÇÃO, Moacir e ASSUNÇÃO, Marcondes Pereira. *Ficha limpa, a lei da cidadania*. Realejo, Santos, 2010.

—. *Nem heróis nem vilões - curepas, cambás, macaquitos e caboclos e outras revelações da sangrenta Guerra do Paraguai*. São Paulo: Record, 2012.

— *São Paulo deve ser destruída*. Rio de Janeiro: Record, 2015.

—. *Os homens que mataram o facínora – a história dos grandes inimigos de Lampião*. Rio de Janeiro: Record, 2007.

AVELLAR, Hélio de Alcântara. *História administrativa e econômica do Brasil*. São Paulo: Fename, 1970.

AZEVEDO, Antonio Carlos do Amaral. *Dicionário de nomes, termos e conceitos históricos*. São Paulo: Lexicon, 2012.

BALEEIRO, Aliomar. *Constituições brasileiras, 1891*. 3. ed., v. II. Brasília: Senado Federal, 2012.

— e SOBRINHO, Barbosa Lima. *Constituições brasileiras – 1946*. 3. ed., v. V. Brasília: Senado Federal, 2001.

—; CAVALCANTI, Themístocles Brandão; BRITO, Luiz Navarro. *Constituições brasileiras – 1967*. 3. ed., v. VI. Brasília: Senado Federal, 2012.

BANDECCHI, Brasil. *História econômica e administrativa do Brasil*. 4. ed. São Paulo: Didática Irradiante, 1970.

BARACHO, José Alfredo de Oliveira. Teoria da Constituição. *R. Inf. Legis*. a. 15, n. 58, abr/jun, 1978.

BARAQUIM, Noella e LAFFITTE, Jacqueline. *Dicionário Universitário dos Filósofos*. São Paulo: Martins Fontes, 2007.

BARATA, Carlos Eduardo de Almeida e BUENO, Antônio Henrique da Cunha. *Dicionário das famílias brasileiras*. São Paulo: Originis-X, 1999, 2 v.

BARBOSA, Alexandre de Freitas; e KOURY, Ana Paula. Rômulo Almeida e o Brasil desenvolvimentista (1946-1964): ensaio de reinterpretação. *Revista Economia e Sociedade*. Campinas, v. 21, Número Especial, p. 1108, dez. 2012.

BARRETO, Tobias. *A questão do poder moderador e outros ensaios brasileiros*. Petrópolis: Editora Vozes, 1977.

BARROSO, Luís Roberto. *O direito constitucional e a efetividade de suas normas: limites e possibilidades da constituição brasileira*. 3. ed. Rio de Janeiro: Renovar, 1996.

BASTOS, Abguar. *Enciclopédia dos temas brasileiros- história da política revolucionária no Brasil*, 1º volume: 1900-1932; 2º volume: 1933-1945. São Paulo: Ler e Viver, 1978.

BATISTA, Felipe de Alvarenga. *Os Tratados de Methuen de 1703, guerras, portos, panos e vinhos*. Rio de Janeiro: Ed. UFRJ, 2014.

BAUMAN, Zygmunt. *Modernidade líquida*. Rio de Janeiro: Zahar, 2001.

BEARD, Henry e CERF, Christopher. *Dicionário do politicamente correto*. São Paulo: L&PM, 2007.

BEER, Max. *História do socialismo e das lutas sociais*. São Paulo: Expressão Popular, 2006.

BELO, Filomena; e OLIVEIRA, Ana. *A Revolução Francesa*. Lisboa: Quimera, 2001.

BENEDINI, Giuseppe Federico. A Rússia czarista e as origens da Revolução: um ensaio. *Cadernos do Tempo Presente*, n. 19, mar./abr. 2015.

BENEVIDES, Maria Victoria de Mesquita. *O governo Kubitschek*. Rio de Janeiro: Editora Paz e Terra, 1979.

—. *A cidadania ativa*. 3.ed. São Paulo: Ática Editora, 1991.

BERCOVICI, Gilberto; LIMA, Martonio Mont'Alverne Barreto; BELLO, Enzo. O fim das ilusões constitucionais de 1988? *Revista Direito & Práxis*, Rio de Janeiro, p. 1-43, 2018.

—. A problemática da constituição dirigente: algumas considerações sobre o caso brasileiro. Brasília: *Revista de Informação Legislativa*, a. 36, n. 142, abr./jun. 1999.

—. Carl Schmitt, o estado total e o guardião da constituição, *Revista Brasileira de Direito Constitucional*, n. 1, jan./jun. - 2003.

—. *Constituição econômica e desenvolvimento - uma leitura a partir da Constituição de 1988*. São Paulo: Malheiros, 2005.

—; MASSONETTO, Luís Fernando. A constituição dirigente invertida: a blindagem da Constituição Financeira e a agonia da Constituição Econômica. Coimbra: Faculdade de Direito da Universidade de Coimbra, *Boletim de Ciências Económicas*, v. XLIX, 2006.

BERTOLLI FILHO, Claudio. *A gripe espanhola em São Paulo 1918*. São Paulo: Paz e Terra, 2009.

BEWES, Diccon. *Swiss watching*, London: Nicholas Brealey Publishing, 2010.

BIGNOTTO, Newton. *Maquiavel - filosofia passo a passo*. Rio de Janeiro: Jorge Zahar, 2003.

BITTAR, C. B. Eduardo; ALMEIDA, Guilherme Assis de. *Curso de filosofia do direito*. 7. ed. São Paulo: Atlas, 2009.

BOBBIO, Norberto. *A era dos direitos*. Rio de Janeiro: Elsevier, 1992.

—. *Nem com Marx, nem contra Marx*. São Paulo, UNESP, 2006.

—, BOVERO, Michelângelo. *Sociedade e Estado na Filosofia Política Moderna*. São Paulo: Brasiliense, 1991.

— *et al*. *Dicionário de Política* - A-K. 13. ed. Brasília: UnB, 2007.

BÖCKENFÖRDE, Ernst-Wolfgang. *História da filosofia do direito e do estado - Antiguidade e Idade Média*. Porto Alegre: Sergio Antonio Fabris Editor, 2012.

BOCZAR, Sônia, Referendo e iniciativa popular na perspectiva dos modelos suíço e norte-americano (*dissertação de mestrado na Universidade de São Paulo – USP*). Orientador: Manoel Gonçalves Ferreira Filho, 1994.

BODIN, Jean. *Os seis livros da República* – livro primeiro. Trad. José Carlos Orsi Morel. São Paulo: Ícone, 2011.

BOLLE, Monica Baumgarten de. *Como matar a borboleta-azul: uma crônica da era Dilma*. Rio de Janeiro: Intrínseca, 2016 (edição digital).

BONAVIDES, Paulo. *Curso de Direito Constitucional*. 6. ed., São Paulo, Malheiros, 1996.

— e ANDRADE, Antônio Paes de. *História constitucional do Brasil*. Rio de Janeiro: Editora Paz e Terra, 1991, p. 92.

— e —. *História constitucional do Brasil*. 8. ed. Brasília: Editora OAB, 2006.

BORGES, Alexandre Walmott. *Clássicos de direito constitucional*. Curitiba: Clássica Editora, 2013.

BORGES, Maria de Lourdes Alves. *História e metafísica em Hegel*: sobre a noção do espírito no mundo. Porto Alegre: EdiPUCRS, 1998.

—. *A atualidade de Hegel*. Florianópolis: Universidade Federal de Santa Catarina, 2009.

BORJA, Sergio Augusto Pereira. *O projeto democrático*. São Paulo: Ricardo Lenz Editor, 2001.

—. Estudo sobre o bloco-constitucional da antiga URSS. *Revista Justiça e História*. Porto Alegre: Tribunal de Justiça do Estado do Rio Grande do Sul, v. 7, n. 13, p. 175–231, 2007.

BOTELHO, Catarina Santos. A história faz a constituição ou a constituição faz a história? - Reflexões sobre a história constitucional portuguesa. *Revista do Instituto do Direito Brasileiro da Faculdade de Direito da Universidade de Lisboa - RIDB*, 2013.

BOTTOMORE, Tom. *Dicionário do Pensamento Marxista*. Rio de Janeiro: Jorge Zahar Editor, 1983.

BOWDER, Diana. *Dicionário biográfico – quem foi quem em Roma Antiga*. São Paulo: Art Editora, 1995.

BRAGA, Hugo Wolovikis. Lavagem de dinheiro e o estudo do Tratado de Cooperação Jurídica em Matéria Penal entre a República Federativa do Brasil e a Confederação Suíça. *Revista do Tribunal Regional Federal da 1ª Região*, v. 18, n. 10, out. 2006.

BRANDÃO, Cláudio; SALDANHA, Nelson; FREITAS, Ricardo (coords.). *História do Direito e do pensamento jurídico em perspectiva*. São Paulo: Atlas, 2012.

BRAUDEL, Fernand. *Memórias do Mediterrâneo*. Lisboa: Terramar Editores, 2001.

BROCHADO, Mariá. O estado suíço e seus cantões. *Revista Veredas do Direito*. Belo Horizonte: Dom Helder - Escola de Direito, ano 1, n. 2, p. 103-112, 2004.

BROWN, Archie. *Ascenção e queda do comunismo*. Rio de Janeiro: Record, 2011.

BUARQUE, Felício. *Origens republicanas*. São Paulo: Editora Edaglit, 1962.

BUENO, José Pimenta. (Marquês de São Vicente). *Direito Público Brasileiro e análise da Constituição do Império*. São Paulo: Ed. 34, 2002.

BULOS, Uadi Lammêgo. *Curso de direito constitucional*. São Paulo: Saraiva, 2007.

BURKE, Edmund. *Reflexões sobre a Revolução em França*. Brasília: Editora UnB, 1982.

BUSHKOVITCH, Paul. *História concisa da Rússia*. São Paulo: Edipro, 2014.

CAENEGEM, R. C. Van. *Uma introdução histórica ao direito constitucional ocidental*. Lisboa: Fundação Calouste Guberkian, 1998; São Paulo: Martins Fontes, 2000.

CAGGIANI, Ivo. *David Canabarro, de tenente a general*. Porto Alegre: Martins Editora, 1992.

CALDERA, Alejandro Serrano. *Os dilemas da democracia*. São Leopoldo: Editora Unisinos, 1996.

CALDEIRA, Jorge. *Mauá, empresário do Império*. Rio de Janeiro, Nova Fronteira, 1995.

CALLINICOS, Alex. *A vingança da história* – o Marxismo e as revoluções do Leste Europeu, Rio de Janeiro: Jorge Zahar, 1982.

CALVIN, John. "Commentaries on Daniel". In *On God and Political Duty*. Indianapolis: Bobbs-Merrill, 1956.

CAMPOS, Raimundo C. B. e ALMEIDA JR., Antonio M., *Curso Abril Vestibular – história geral*, n. 09, São Paulo: Abril Cultural, 1972.

CAMPOS, Roberto. *O século esquisito*. São Paulo: Topbooks, 1990.

—. *A Lanterna na Popa*. São Paulo: Topbooks, 1994.

CANOTILHO, José Joaquim Gomes. *Constituição dirigente e vinculação do legislador: contributo para a compreensão das normas constitucionais programáticas.* 2. ed. Coimbra: Coimbra Editora, 2001.

—. Rever ou romper com a constituição dirigente? Defesa de um Constitucionalismo moralmente reflexivo. *Revista do Processo.* São Paulo: Revista dos Tribunais, abr.-jun. 2000.

—. *Direito constitucional e teoria da constituição.* 3. ed. Coimbra: Almedina, 1998.

CARNEIRO, Glauco. *História das revoluções brasileiras.* São Paulo: Edições O Cruzeiro, 1965.

CARONE, Edgar. *A República Velha – as instituições e classes sociais.* São Paulo: Difel, 1978.

—. *Evolução política do Brasil,* vol 2. São Paulo: Difel, 2000.

CARVALHO, Claudia Paiva. Desafios democráticos para a constituição dirigente: entre vinculação e abertura constitucional. Brasília: *Revista Jurídica da Presidência,* v. 14, n. 103, jun./set. 2012.

CARVALHO, José Murilo de. *Visconde do Uruguai.* São Paulo: Editora 34, 2002.

—. *A construção da ordem - teatro de sombras.* Rio de Janeiro: Editora Civilização Brasileira, 2003.

CARVALHO, Laura. *Valsa brasileira - do boom ao caos econômico.* São Paulo: Todavia, 2018.

CARVALHO, Manuel Proença de. *Manual de ciência política e sistemas políticos e constitucionais.* 3.ed. Lisboa: Quid Juris Sociedade Editora, 2010.

CARVALHO, Marcus J.M e CÂMARA, Bruno Dornelas. *A Praieira revisitada: considerações sobre o debate.* Brasília: Instituto Nacional do Livro - MEC, 1971.

CASTELLS, M.; HALL, P.; HALL, P.G. (2004). *Technopoles of the world: the making of twenty-first-century industrial complexes.* London: Routledge.

CASTRO, Celso. *A Proclamação da República,* Rio de Janeiro: Jorge Zahar, 2000.

CASTRO, Therezinha de. *História da civilização brasileira.* v. II, Rio de Janeiro: Record: 1969.

CAVA, Bruno. *A multidão foi ao deserto - as manifestações no Brasil em 2013.* São Paulo: Annablume, 2013.

CEREZO, Miguel Castro (Coord.). *História do Brasil - das origens ao século XXI.* Enciclopédia do Estudante, São Paulo: Moderna, 2008.

CERQUEIRA, Marcelo. *A Constituição na história.* Rio de Janeiro: Revan, 2002.

CHÂTELET, François. *Hegel.* Rio de Janeiro: Jorge Zahar, 1995.

—; DUHAMEL, Olivier; PISIER-HOUCHNER, Évelyne. Trad. Carlos Nelson Coutinho. *História das ideias políticas*. Rio de Janeiro: Jorge Zahar Editor, 1985.

CHEVALLIER, Jean-Jacques. *As grandes obras políticas*: de Maquiavel aos nossos dias. Rio de Janeiro: Agir, 1973.

CHIAVENATO, Julio José. *As lutas do povo brasileiro - do "descobrimento" a Canudos*. São Paulo: Moderna, 1988.

CÍCERO. *Da República*. Coleção Mestres pensadores. São Paulo: Editora Escala, 1995.

CIORAN, Emile Michel. *Antologia do retrato - De Saint-Simon a Tocqueville*. Rio de Janeiro: Rocco, 1998.

COELHO, Diva Julia Sousa da Cunha Safe; COELHO, Saulo de Oliveira Pinto; DINIZ, Ricardo Martins Spindola. Constituição, constitucionalismo e efetividade na China: ilações entre cultura tradicional, práxis política e discurso constitucionalista no contexto chinês. *Revista da Faculdade de Direito UFPR*, Curitiba, PR, Brasil, v. 62, n. 3, p. 187-220, set./dez. 2017. ISSN 2236-7284.

COMPARATO, Fábio Konder. *A afirmação histórica dos direitos humanos*. 2.ed. São Paulo: Saraiva, 2001.

—. A constituição de 1988: o direito e o avesso. In BENEDITO, Alexandre; FREITAS, Aline da Silva; e COSTA, Pedro Vitor Melo (orgs.). *Constituição Federal 30 anos - há o que comemorar?* Londrina: Thoth Editora, 2019.

CONSTANT, Benjamin. *Principes de politique*, Hofmann/Droz, 1980, t. I e II.

—. Da liberdade dos antigos comparada à dos modernos. Trad. Loura Silveira. Revista Filosofia Política, n. 2, 1985, p. 7-25. Disponível em: http://caosmose.net/candido/unisinos/fa/benjamin.doc. Acesso em: 17 jul. 2018.

COQUARD, Olivier. *Marat, o amigo do povo*. São Paulo: Scritta, 1996.

CORDEIRO, Néstor Luís. *A invenção da filosofia*, São Paulo: Odysseus, 2011.

CORDON, Juan Manoel e MARTÍNEZ, Tomás Calvo. *História da filosofia*. Coimbra: Edições 70, 1995.

COSTA, João Cruz. *Pequena história da República*. Rio de Janeiro: Civilização Brasileira, 1968.

COSTA, Maria Emilia Viotti da. *Da Monarquia à República - momentos decisivos*. 6.ed., São Paulo: Brasiliense, 1994.

COUTELLE, José Eduardo. Por que a Inglaterra não aderiu ao Euro? São Paulo: *Revista Superinteressante*, 4 jul. 2018.

COUTINHO, Sheyla Yvette Cavalcanti Ribeiro. Os princípios no direito constitucional brasileiro: diretrizes de regulação a partir dos trabalhos de Ronald Dworkin e Hans-Georg Gadamer. *Revista Teorias do Direito e Realismo Jurídico*, 2016.

CROISET, A. *As democracias antigas*. Rio de Janeiro: Garnier, 1923.

CROUZET, Maurício (Coord). *História geral das civilizações (17 v.)*. Trad. Vítor Ramos e J. GUINSBURG. São Paulo: Divisão Europeia do Livro, 1960, v. IV e XV.

CRUZ, Leonildo e CIRNE, Liana. *A Constituição Traída*. Curitiba: Hedra, 2017.

CUNHA, Diogo. O negacionismo como estratégia política e discurso de ódio, disponível em https://www.cartamaior.com.br/?/Editoria/Politica/O-negacionismo-como-estrategia-politica-e-discurso-de-odio-E-algumas-licoes-da-experiencia-francesa-/4/43903. Acesso em 08 jan 2020.

CUNHA, Paulo; e CABRAL, Fátima (orgs.). *Nelson Werneck Sodré - entre o sabre e a pena*. São Paulo: Unesp, 2006.

CUNHA, Paulo Ferreira da. *Miragens do direito*. Campinas: Milenium, 2002.

DAHL, Robert. *Sobre a democracia*. Brasília: Editora UnB, 1998.

DALLARI, Dalmo de Abreu. *Elementos de teoria geral do Estado*. 3.ed. São Paulo: Saraiva, 1976.

—. *A constituição na vida dos povos*. 2.ed. São Paulo: Saraiva, 2012.

DANTAS, Miguel Calmon. Ode ou réquiem pela Constituição Dirigente? Disponível em www.facs.br/revistajuridica/edicao_maio2005/.../doc_01.doc. Acesso em: 14 de jan. de 2013.

DANTAS, Monica Duarte (org.). *Revoltas, motins, revoluções: homens livres e libertos no Brasil do século XIX*. São Paulo: Alameda Editorial, 2011.

DAHRENDORF, Ralf. *Reflexões sobre a revolução na Europa*. Rio de Janeiro: Zahar, 1991.

D'ARAUJO, Maria Celina. *O Estado Novo*. Col. Descobrindo o Brasil, Rio de Janeiro: Zahar, 2000.

DARNTON, Robert e DUHAMEL, Olivier. *Democracia*. São Paulo: Record, 2001.

D'ÁVILA, Luiz Felipe. *As Constituições do Brasil*. São Paulo: Brasiliense, 1993.

DELGADO, Paulo. 30 anos de uma constituição traída: "nunca foram solucionados os enigmas da Constituição de 88". In BENEDITO, Alexandre; FREITAS, Aline da Silva; e COSTA, Pedro Vitor Melo (orgs.). *Constituição Federal 30 anos - há o que comemorar?* Londrina: Thoth Editora, 2019.

DELLAGNEZZE, René, *Os 100 anos da Revolução Russa de 1917, a Constituição da Federação da Rússia e os direitos humanos*. Disponível em https://docplayer.com.br/61778350-Os-100-anos-da-revolucao-russa-de-1917-a-constituicao-da-federacao-da-russia-e-os-direitos-humanos.html cit., Acesso 20 jan 2020.

DENT, N. J. H. *Dicionário Rousseau.* Trad. Álvaro Cabral. Rio de Janeiro: Jorge Zahar, 1996.

DENISVO, A. e KIRICHENKO, M., *Soviet State Law*, Moscow: Foreign Languages Publishing House, 1960.

DEROSA, Cristian. *O poder moderador e o legado de Benjamin Constant no Brasil.* Disponível em http://hid0141.blogspot.com.br/2011/04/o-poder-moderador-e-o--legado-de.html. Acesso em 04 dez. 2019.

DIAS, Mariana Dattolli Gouveia. *A efetividade das normas constitucionais programáticas.* Publicado no site *Conteúdo Jurídico*, em 24 de maio de 2015, disponível em https://conteudojuridico.com.br/consulta/Artigos/39393/a-efetividade-das--normas-constitucionais-programaticas, Acesso 12 dez 2019.

Dicionário Larousse Cultural da Língua Portuguesa. São Paulo: Nova Cultural, 1990.

Dictionnaire historique de la Suisse (DHS). Hauterive: Editions Gilles Attinger, 2002.

DIDEROT e D'ALEMBERT. Trad. Maria das Graças de Souza. *Verbetes políticos da enciclopédia.* São Paulo: Unesp, 2006.

DIMOULIS, Dimitri. *Dicionário Brasileiro de Direito Constitucional.* 2.ed. São Paulo: Saraiva, 2012.

—. A introdução do controle de constitucionalidade difuso na Grécia - um caso de "ativismo judicial" na Europa do século XIX. *Revista Brasileira de Direito Constitucional*, n. 1, jan. jun. 2003.

DINUCCI, Aldo. *Górgias de Leontinos.* Col. Sofistas. São Paulo: Oficina do Livro, 2017, v. I.

D'IPPOLITO, Francesco e FIGUEIREDO Marcelo. *Mani Pulite Operação Mãos Limpas - 25 anos depois.* Extraído do site migalhas.com.br (Migalhas de peso). Acesso em 13 nov 2019.

DISTEN, Yoran. *Guerra, agressão e legítima defesa.* Barueri: Manole, 2001.

DÓRIA, Palmério. *O príncipe da privataria.* São Paulo: Geração Editorial, 2013.

DOWBOR, Ladislau. *A era do capital improdutivo*: A nova arquitetura do poder, sob dominação financeira, sequestro da democracia e destruição do planeta. 2. ed., São Paulo: Autonomia Literária, 2018.

DRAIBE, Sônia Miriam. O "Welfare State" no Brasil: características e perspectivas. *Ciências Sociais Hoje*, 1989. São Paulo: ANPOCS e Vértice, 1989.

DULCI, Luiz. *Um salto para o futuro.* São Paulo: Editora Perseu Abramo, 2013.

DUNN, John. *A história da democracia – um ensaio sobre a libertação do povo.* São Paulo: Unifesp, 2016.

DUPEUX, Louis. *História cultural da Alemanha,* Trad. Elena Gaidano, São Paulo: Civilização Brasileira, 1992.

DUQUE-ESTRADA, Luiz Gonzaga; Francisco Foot Hardman (ORG.); e Vera Lins (Orgs.). *Revoluções brasileiras.* São Paulo: Unesp, 1998.

DUROZOI, Gérard e ROUSSEL, André. *Dicionário de filosofia,* São Paulo: Papirus, 1993.

DUVERGER, Maurice, *As modernas tecnodemocracias.* São Paulo: Paz e Terra, 1975.

DWORKIN, Ronald. *A raposa e o porco-espinho - justiça e valor.* São Paulo: Martins Fontes, 2015.

—. *O império do direito.* 3.ed. São Paulo: Martins Fontes, 2014.

DWYER, Frank. *Danton.* Col. Os grandes líderes São Paulo: Nova Cultural, 1987.

EAGLETON, Terry. *Marx.* São Paulo: Unesp, 1999.

ELIAS, Norbert. *Os alemães.* Rio de Janeiro: Jorge Zahar, 1996.

Enciclopédia Barsa Universal. São Paulo: Barsa Planeta, 1964. v. 17.

Enciclopédia do Mundo Contemporâneo. 3.ed. São Paulo: Publifolha, 2002.

ESPÍNDOLA, Alberi. *Rousseau - pontos e contrapontos.* São Paulo: Barcarolla, 2012.

SILVA, Nuno J. Espinosa Gomes da. *História do direito português.* Lisboa: Fundação Calouste Gulbenkian, 2006.

FAORO, Raymundo. *Os donos do poder.* Porto Alegre: Editora Globo S.A., 1976.

FARIA, José Eduardo. *Retórica política e ideologia democrática: a legitimação do discurso liberal.* Rio de Janeiro: Graal, 1984.

—. *O direito na economia globalizada.* São Paulo: Malheiros, 2004.

FARHAT, Said. *Dicionário Parlamentar e Político: o processo político e legislativo no Brasil.* São Paulo: Melhoramentos, 1996.

FÁTIMA, Branco Di. *Dias de tormenta: os movimentos de indignação que derrubaram ditaduras, minaram democracias e levaram a extrema direita ao poder no Brasil.* São Paulo: Geração Editorial, 2019.

FAYE, Emmanuel. *Heidegger* – a introdução do nazismo na filosofia. São Paulo: É Realizações, 2015.

FERGUSON, Niall. *Empire: The rise and demise of the British world order and the lessons for global power* (em inglês). [S.l.]: Basic Books, 2002.

FERNANDES, Antonio Teixeira. *O estado democrático e a cidadania.* Porto: Edições Afrontamento, 1998.

FERNANDES, Antonio José. *Introdução à ciência política.* Porto: Porto editora, 2010.

FERNANDES, Luís. As armadilhas da globalização. *In* Carrion, Raul K.M. e VICENTINI, Paulo G. Fagundes. *Globalização, neoliberalismo, privatizações – quem decide este jogo?*, Porto Alegre: UFRGS, 1997.

FERRO, Marc. *História de França*. Lisboa: Edições 70, 2011.

FILGUEIRAS, Luiz e GONÇALVES, Reinaldo. *A economia política do governo Lula*. Rio de Janeiro: Contraponto, 2007.

FITZGERALD, Ross (Org.). *Pensadores políticos comparados*, Col. Pensamento Político, v. 52, Brasília: Editora UnB, 1980.

FIUZA, Ricardo Arnaldo Malheiros. *Revista Informativo Legislativo*. Brasília, ano 29, n. 113, jan./mar. 1992.

FLORENZANO, Modesto. *As revoluções burguesas*. Col. Tudo é história. São Paulo: Brasiliense, 1981.

FLORY, Thomas. *El Juez de Paz y el Jurado en el Brasil Imperial*. México: Fondo de Cultura Econômica, 1986.

FORTES, Luiz R. Salinas. *O iluminismo e os reis filósofos*. Col. Tudo é História. São Paulo: Brasiliense, 1993.

FRANÇA, R. Limongi. Reforma do Código ou Consolidação das Leis Civis?. *Enciclopédia Saraiva do Direito*. São Paulo: Saraiva, v. 25, 1977.

FRANCO, Afonso Arinos de Melo. *Curso de direito constitucional brasileiro*. Rio de Janeiro: Forense, 1960.

—. *História e teoria dos partidos políticos no Brasil*. São Paulo: Editora Alfa Omega, 1974.

FRASER, Antonia. *A conspiração da pólvora - terror e fé na Revolução Inglesa*. Rio de Janeiro: Record, 1998.

FRIEDE, Reis. Que não se culpe a Constituição de Weimar! *Revista de Direito*. Universidade Federal de Viçosa, 2019.

FRIEDRICH, Carl J. *Uma introdução à teoria política*. Rio de Janeiro: Zahar, 1970.

FROTA, Guilherme de Andrea. *Quinhentos anos de história do Brasil*. Rio de Janeiro: Biblioteca do Exército, 2000.

FURET, François. História das Revoluções, n. 6, v. I, *Revista O Cruzeiro*, São Paulo: Editora Três, 1974.

— e OZOUF, Mona. *Dicionário Crítico da Revolução Francesa*. Rio de Janeiro: Nova Fronteira, 1989.

GALBRAITH, John Kenneth. *1929 – A Grande Depressão*. São Paulo: Larousse, 1996

—. *A Paz indesejável? Relatório sobre a utilidade das guerras*. Paris: Calmann-Lévy edit., 1968.

GALGANO, Francesco. *Le Institutioni dell'Economia Capitalística.* Bologna: Zanichelli, 1984.

GAULD, Charles A. *Farquhar, o último titã – um empreendedor americano na américa latina.* São Paulo: De Cultura, 2006.

GERHARD COLM, Theodore Geiger. *A economia dos Estados Unidos.* Trad. Octávio Mendes Cajado. São Paulo: Cultrix, 1968.

GIANOTTI, José Arthur. *Lições de filosofia primeira.* Companhia das Letras, São Paulo, 2001.

GILISSEN, John. *Introdução histórica ao direito.* 3.ed. Lisboa: Fundação Calouste Gulbenkian, 2011.

GIORDANI, Mário Curtis. *História da Grécia.* Petrópolis: Vozes, 1984.

—. *História de Roma.* 3. ed. Petrópolis: Vozes, 1972.

—. *História do mundo feudal.* 3.ed. Petrópolis: Vozes, 1997.

—. *História do século XX.* São Paulo: Ideias e Letras, 2012.

GODOY, Arnaldo Sampaio de Moraes. O direito constitucional francês. Teresina: *Revista Jus Navigandi,* n. 1656, 13 jan. 2008.

GOMES, Fernanda da Silva. *Rousseau - democracia e representação.* Florianópolis: Universidade Federal de Santa Catarina, 2006.

GONÇALVES, Míriam (Org.). *Enciclopédia do golpe.* Bauru: Canal 6 Editora, 2018, 2 v.

GONZÁLES, Horácio. *Karl Marx.* São Paulo: Brasiliense, 1984.

GONZÁLEZ, Justo. *História del Cristianismo.* Miami: Editorial Unilit, 1994.

GORCZEVSKI, Clóvis; BOTELHO, Edison; LEAL, Mônica Clarissa Hennig. *Introdução ao estudo da ciência política, teoria do Estado e da Constituição.* Porto Alegre: Verbo Jurídico, 2007.

GOYARD-FABRE, Simone. *O que é democracia?* Trad. Claudia Berliner. São Paulo: Martins Fontes, 2003.

GRACIELA, Nayara. *O federalismo e a democracia na Suíça.* Disponível em http://www.conteudojuridico.com.br/artigo,o-federalismo-e-a-democracia-na-suica,32163.html. Acesso 15 dez. 2019.

GRANT, Michael. *Civilização clássica - história resumida (Grécia e Roma).* Rio de Janeiro: Jorge Zahar, 1994.

GRAU, Eros Roberto. *O direito posto e o direito pressuposto.* 4. ed. São Paulo: Malheiros, 2002.

GRAY, John. *Voltaire.* Col. Grandes filósofos. São Paulo: Unesp, 2012.

GRAZIA, Sebastian de. *Maquiavel no inferno*. Trad. Denise Bottmann. São Paulo: Companhia das Letras, 1993.

GRINBERG, Keila. *Código Civil e cidadania*. Rio de Janeiro: Jorge Zahar Editora, 2001.

Grunberg, Gérard. *La France vers le bipartisme? La présidentialisation du PS et de l'UMP*. [S.l.: s.n.], 2007.

GRUPPI, Luciano. *Tudo começou com Maquiavel*. São Paulo: L&PM Editores, 1996.

GHELERE, Gabriela Doll. *A liberdade individual para Benjamin Constant*. Dissertação de mestrado. Universidade de São Paulo - Departamento de Filosofia: São Paulo, 2008.

GUERRA, Elizabete Olinda. Vida e pensamento político de Carl Schmitt: breves considerações, *Profanações*, Ano 4, n. 1, p. 64-75, jan./jul. 2017.

HAMILTON, Alexander; MADISON, James e JAY, John. *Os federalistas*. Brasília: UnB, 1984.

HAMLYN, D. W. *Uma história da filosofia ocidental*. São Paulo: Jorge Zahar Editor, 2002.

HAMPSON, Norman. *A primeira revolução europeia*. Lisboa: Editorial Verbo, 1996.

HIRST, Paul. *A democracia representativa e seus limites*, Rio de Janeiro: Zahar, 1992.

HOBSBAWM, Eric J. *A era dos extremos*: o breve século XX. 2. ed. São Paulo: Companhia das Letras: 1997.

HOETZSCH, Otto. *A evolução da Rússia*. Lisboa: Editorial Verbo, 1966.

HOLLOWAY, Thomas H. *Vida e morte do Convênio de Taubaté - a primeira valorização do café*. Trad. Márcio Doctors. Rio de Janeiro: Paz e Terra, 1978.

HOUAISS, Antonio. *Dicionário Houaiss da Língua Portuguesa*. Rio de Janeiro: Objetiva, 2001.

HUISMAN, Denis. *Dicionário dos filósofos*. São Paulo: Martins Fontes, 2001.

HUME, David. *História da Inglaterra - da invasão de Júlio Cesar à revolução de 1688*. 2.ed. São Paulo: Unesp, 2017.

—. Col. *Os pensadores*. 3.ed. São Paulo: Abril, 1984.

HUSZAR, George B. *Aplicações práticas da democracia*. Trad. J. L. Melo. Rio de Janeiro: Record, 1965.

IGLÉSIAS, Francisco. *Constituintes e Constituições brasileiras*. Coleção Tudo é História. São Paulo: Brasiliense, 1982.

IGLÉSIAS, Francisco. *Trajetória política do Brasil: 1500 - 1964*. São Paulo: Companhia de Letras, 1993.

QUEIROZ, Maria Isaura Pereira de. *O messianismo no Brasil e no mundo*. 3.ed. São Paulo: Alfa-Ômega, 2003.

JANOT, Rodrigo e CARVALHO, Jaílton de. *Nada menos que tudo: bastidores da operação que colocou o sistema político em xeque*. São Paulo: Planeta, 2018.

JANUZZI, Giovanni. *Uma breve história da Itália*. Buenos Aires: Letemendia, 2005.

JEFFERSON, Thomas. *Escritos políticos*. Col. Os Pensadores. São Paulo: Abril Cultural, 1979.

JINKINGS, Ivana; DORIA, Kim e CLETO, Murilo (org.). *Por que gritamos golpe?* São Paulo: Boitempo Editorial, 2016.

JOHANN, Ernst e JUNKER, Jörg. *A República de Weimar (1918-1933)*, Excerto da História da Cultura Alemã dos Últimos Cem Anos. Munique: Nymphenburger Verlagshandlung, 1974.

JONES, Peter V., *O mundo de Atenas*. São Paulo: Martins Fontes, 1997.

JUDT, Tony e SNYDER, Timothy. *Pensando o século XX*. Rio de Janeiro: Objetiva, 2014.

KAGAN, Donald. *A guerra do Peloponeso*. Rio de Janeiro: Record, 2006.

KANT, Immanuel. *A religião nos limites da simples razão*. Trad. Artur Morão. Covilhã: LusoSofia, 2008.

—. *Doutrina do direito*. São Paulo: Ícone, 2013.

—, *Crítica da razão prática*. São Paulo: Martins Fontes, 1998.

KAUFMANN, A. e HASSEMER, W. *Introdução à filosofia do direito e à teoria do direito contemporâneas*, 2. ed. Lisboa: Fundação Calouste Gulbekian, 2015.

KEANE, John. *vida e morte da democracia*. Coimbra, Edições 70, 2011.

KELLER, Vilma (colab. especial). "*Café Filho*" (verbete). Rio de Janeiro: CPDOC | FGV - Centro de Pesquisa e Documentação de História Contemporânea do Brasil. Extraído de http://www.fgv.br/cpdoc/acervo/dicionarios/verbete-biografico/joao-cafe-filho. Acesso em 18 dez 2019.

KELLY, Paul *et al.* Trad. Rafael Longo. *O livro da política*. São Paulo: Editora Globo, 2013.

KELSEN, Hans. *Autobiografia de Hans* Kelsen. Trad Gabriel Nogueira Dias e José Ignácio Coelho Mendes Neto. Rio de Janeiro: Forense Universitária, 2011.

KERVÉGAN, Jean-François. *Hegel, Carl Schmitt* – O político entre a especulação e a positividade. Barueri: Manole, 2006.

KOERNER, Andrei. O Poder Judiciário na Constituição da República. *Dissertação de Mestrado em Ciência Política* - USP - S.P., 1992.

KOIFMAN, Fábio (Org.) *Presidente do Brasil - de Deodoro a FHC*. Rio de Janeiro: Editora Rio, 2002.

KONRAD, Diorge. *Em tribunais, política e justiça não nascem irmãs*, publicada no site www.vermelho.org.br, disponível in http://www.vermelho.org.br/coluna.php?id_coluna_texto=4983&id_coluna=14. Acesso em 12 dez. 2019.

KOSHIBA, Luiz; PEREIRA, Denise Manzi Frayze. *História do Brasil.* São Paulo: Atual, 1996.

KRITSCH, Raquel. Política, religião, revolução e soberania em "Reflexões sobre a revolução em França" do conservador E. Burke. *Revista Espaço Acadêmico*, n. 123, ago 2011.

KUGELMAS, Eduardo. *Marquês de São Vicente.* São Paulo: Editora 34, 2002.

LACOMBE, Américo Jacobina. A Cultura Jurídica in *História Geral da Civilização Brasileira.* T.II, v. 3. O Brasil Monárquico. Dir. HOLANDA, Sérgio Buarque. São Paulo: Editora Difel, 1976.

LATINI, A. Sidney. *A implantação da indústria automobilística no Brasil.* São Paulo: Alaúde, 2007.

LEAL, Aurelino. *História constitucional do Brasil*, Rio de Janeiro: Imprensa Nacional, 1915.

LEAL, Victor Nunes. *Coronelismo, Enxada e Voto.* São Paulo: Alfa Omega, 1986.

LEGROS, Robert. *O advento da democracia.* Lisboa: Instituto Piaget, 2001.

LEPAPE, Pierre. *Voltaire: nascimento dos intelectuais no século das luzes.* Rio de Janeiro: Jorge Zahar, 1995.

LIGUORI, Guido; e VOZA, Pasquale (orgs.). *Dicionário gramsciano (1926-1937).* São Paulo: Boitempo Editorial, 2017.

LIMA, Heitor Ferreira. *História político-econômica e industrial do Brasil.* São Paulo: Companhia Editora Nacional, 1970.

—. *História do pensamento econômico no Brasil*, São Paulo: Editora Nacional, 1978.

LINDOSO, José Antônio Spinelli. União Soviética: da Nova Política Econômica (NEP) à construção do "socialismo num só país". Universidade Federal do Rio Grande do Norte: *Revista Cronos*, v. 14, n. 1, p. 114, 2013.

LIPSON, Leslie. *A civilização democrática*, v. I. Rio de Janeiro: Zahar Editores, 1966.

LOPES, José Reinaldo de Lima. *O direito na história - lições introdutórias.* 3.ed. São Paulo: Atlas, 2008.

—; ACCA, Thiago dos Santos; QUEIROZ, Rafael Mafei Rabelo, *O direito na história*, São Paulo: Método, 2006.

LOPEZ, Luiz Roberto. *História do Brasil contemporâneo.* Porto Alegre: Editora Mercado Aberto, 1993.

LOUREIRO, Isabel. *A revolução alemã* [1918 – 1923], Col. Revoluções do Século XX, São Paulo: Editora UNESP, 2005.

MABOTT, J. D. *O Estado e o cidadão: uma introdução à teoria política*. Rio de Janeiro: Zahar, 1968.

MACIEL, José Fabio Rodrigues; AGUIAR, Renan. *Manual de História do Direito*. 9. ed. São Paulo: Saraiva, 2019.

—; Madeu, Diógenes. *Introdução ao estudo e à teoria geral do direito*. São Paulo: Saraiva, 2015.

— (Coordenador). *Formação Humanística em Direito*. 2. ed. São Paulo: Saraiva, 2015.

—. *Teoria Geral do Direito*: segurança, valor, hermenêutica, princípios, sistema. São Paulo: Editora Saraiva, 2004.

MALACARNE, Cassiano. *Decretais de Gregório IX* (Livro 5, Títulos 1-2). Tese de doutorado. Porto Alegre: Universidade Federal do Rio Grande do Sul, 2016.

MANFRED, A. Z. *A concepção materialista da Revolução Francesa*. São Paulo: Global, 1989.

MANNION, James. *O livro completo da filosofia*. São Paulo: Madras, 2004.

MANSO, Bruno, SOLANO, Esther e NOVAES, Willian. *Mascarados, a verdadeira história dos adeptos da tática black bloc*. São Paulo: Geração Editorial, 2014.

MARÉS, Carlos F. de Souza Filho. O Direito Envergonhado (O direito dos juízes no Brasil), in *Estudos jurídicos* - PUC, n. 1, Curitiba, 1993.

MARIA, José. *História da República*. São Paulo: Editora Síntese, 1956.

MARQUES, J. Luiz. *O socialismo*. Porto Alegre: UFRGS, 1991.

MARTINS JUNIOR, José Izidoro. *História do direito nacional*. Rio de Janeiro: Typographia da Empreza Democrática Editora, 1895. Disponível em http://www2.senado.leg.br/bdsf/handle/id/224218. Acesso em 13 nov. 2019.

MARTINS, Carlos Estevam. Da globalização da economia à falência da democracia. *Economia e Sociedade*, Campinas, (6): 1-23, jun. 1996.

MARX, Karl. *Manuscritos econômico-filosóficos*. Trad. Jesus Ranieri. São Paulo: Boitempo Editorial, 2004.

MASCARO, Alysson Leandro. *Filosofia do direito*, 6. ed. São Paulo: Atlas, 2018.

MASSIE, Robert K. *Catarina, a grande - retrato de uma mulher*. Rio de Janeiro: Rocco, 2012.

MATTOSO, José. *História de Portugal - antes de Portugal*. Lisboa: Círculo de Leitores. 1992, v. I.

MCCOOK, Alison. *Is peer review broken?*. Reprinted from the Scientist 20(2) 26, 2006.

MEIRELLES, Domingos. *1930, Os órfãos da Revolução.* Rio de Janeiro: Record, 2005.

—. *As noites das grandes fogueiras – uma história da Coluna Prestes.* Rio de Janeiro: Record, 2000.

MELO, Clóvis. *Os ciclos econômicos do Brasil.* Rio de Janeiro: Ed. Laemmert, 1969.

MELLO, F. I. M. Homem de. A Constituinte perante a História. In *A Constituinte de 1823.* LIMA SOBRINHO, Barbosa *et al.* Brasília: Centro Gráfico do Senado, 1973.

MELLO, Evaldo Cabral de. *Frei Joaquim do Amor Divino Caneca.* São Paulo: Editora 34, 2001.

MELLO FRANCO, Afonso Arinos. *Estudos de direito constitucional.* Rio de Janeiro: Freitas Bastos, 1957.

MENDES, Conrado Hübner. A política do pânico e circo. In *Democracia em risco? 22 ensaios sobre o Brasil de hoje.* São Paulo: Companhia das Letras, 2019.

MENDES JR., Antonio; RONCARI, Luiz e MARANHÃO, Ricardo. *Brasil - história, texto e consulta.* São Paulo: Brasiliense, 1979. 4v.

MENDONÇA, J. X. Carvalho. *Tratado de direito comercial brasileiro.* Rio de Janeiro: Livraria Freitas Bastos, 1953.

MENDONÇA, José Vicente dos Santos. Vedação do Retrocesso: O que é e como Perder o Medo, in: *Revista de Direito da Associação dos Procuradores do Novo Estado do Rio de Janeiro*, vol. XII. Rio de Janeiro: Lúmen Juris, 2003.

MENDOZA, Plínio Apuleyo; MONTANER, Carlos Alberto; e LLOSA, Álvaro Vargas. *A volta do idiota.* Rio de Janeiro: Odisseia Editorial, 2007.

MENEZES, Paulo Braga de. *As constituições outorgadas ao Império do Brasil e ao Reino de Portugal.* Rio de Janeiro: Arquivo Nacional, 1974.

MENEZES FILHO, Naercio; e SOUZA, André Portela. *A carta - para entender a Constituição.* São Paulo: Todavia, 2019.

MERCADANTE, Paulo. *A consciência conservadora no Brasil.* Rio de Janeiro: Editora Civilização Brasileira 1972.

MILL, Stuart. *Considerações sobre o governo representativo.* Brasília: Editora UnB, 1981.

MONTEIRO, Daniel Lago. Anarquia e conformação das coisas: algumas observações sobre revolução, história e linguagem em Edmund Burke. *Revista dos Departamentos de Filosofia da Universidade Federal do Paraná e da Universidade Federal de São Carlos*, v. 8, n. 1, 2011, p. 11-22.

MONTEIRO, Tobias. *História do Império: a elaboração da independência.* Belo Horizonte: Itatiaia-Edusp, 1981.

MONTESQUIEU, Charles Louis de Secondat. *Do espírito das leis.* Col. Os Pensadores. São Paulo: Abril Cultural, 1973.

—. *O espírito das leis*. Trad. Pedro Vieira Mota. São Paulo: Saraiva, 1987.

MOOREHEAD, Alan. *A Revolução Russa*. São Paulo: Ibrasa, 1960.

MORAES, Alexandre de. *Constituição da República: um projeto de nação - Homenagem aos 30 anos*. Brasília: OAB Editora, 2018.

MORAES, Alexandre de. *Direito constitucional*. 34. ed. São Paulo: Editora Atlas, 2018.

—. *Direitos humanos fundamentais - teoria geral*. 11. ed. São Paulo: Grupo GEN/Atlas, 2016.

—. *Improbidade administrativa*. 2. ed. Rio de Janeiro: Forense, 2016.

—. *Pareceres de direito público*. 2. ed. São Paulo: Atlas, 2015.

—. *IV Relatório Supremo em números - O Supremo e o Ministério Público*. Rio de Janeiro: FGV Rio, 2015.

—. *Jurisdição Constitucional e Tribunais Constitucionais - Garantia Suprema da Constituição*. 3. ed. São Paulo: Atlas, 2013.

—. *Presidencialismo*. 2. ed. São Paulo: Atlas, 2013.

—. *Constituição do Brasil Interpretada e Legislação Constitucional*. 9. ed. São Paulo: Atlas, 2013.

—. *Os 20 Anos da Constituição da República Federativa do Brasil*. São Paulo: Editora Atlas, 2009.

—. *Manual Atlas - Constituição da República Federativa do Brasil*. 30. ed. São Paulo: Editora Atlas, 2009.

—; SMANIO, G. P. *Legislação Penal Especial*. 10. ed. São Paulo: Editora Atlas S/A, 2008.

—. *Direito constitucional administrativo*. 4. ed. São Paulo: Editora Atlas, 2007.

—. *Constitucionalismo social*. São Paulo: LTr, 2003.

—. *Agência Reguladoras*. São Paulo: Editora Atlas, 2002.

—. *Administração Pública*. São Paulo: Revista dos Tribunais, 2002.

—. *Arguição de descumprimento de preceito fundamental: análise à luz da Lei nº 9.882/99*. São Paulo: Editora Atlas, 2001.

—. *Direito constitucional - Questões Ministério Público e Magistratura*. 2. ed. São Paulo: Editora Atlas, 2001.

MORAES, João Baptista Mascarenhas de. *A FEB pelo seu comandante*. Rio de Janeiro: Biblioteca do Exército Editora, Rio de Janeiro, 1947.

MORAES, Ricardo Quartim de. A evolução histórica do Estado Liberal ao Estado Democrático de Direito e sua relação com o constitucionalismo dirigente. *Revista de Informação Legislativa*, Brasília, ano 51, n. 204, p. 269-285, out./dez. 2014.

MORAIS, Fausto Santos de. A teoria constitucional e a morte do caráter dirigente e compromissório: pressupostos para uma teoria da Constituição brasileira. *Conteúdo Jurídico*, Brasília-DF: 16 jan 2020. Disponível em: https://conteudojuridico.com.br/consulta/Artigos/25711/a-teoria-constitucional-e-a-morte-do-carater--dirigente-e-compromissorio-pressupostos-para-uma-teoria-da-constituicao--brasileira. Acesso em: 16 jan 2020.

MOREIRA, Nelson Camatta. Dignidade humana na Constituição Dirigente de 1988. Belo Horizonte: *Revista Brasileira de Direito Público - RBDP*, ano 6, n. 21, abr. 2008.

MOREIRA, Ivone. Análise do conceito de natureza humana em Burke e Rousseau, *Gaudium Sciendi*, n. 5, p. 149-166, dez. 2013.

MORO, Sergio Fernando. Considerações sobre a operação *manipulite*. *R. CEJ, Brasília*, n. 26, p. 56-62, jul./set. 2004.

MORRISON, Wayne. *Filosofia do direito - dos gregos ao pós-modernismo*. 2. ed. São Paulo: Martins Fontes, 2012.

MOSS, Robert. *O colapso da democracia*. Lisboa: Edições FP, 1979.

MOSSÉ, Claude. *Péricles, o inventor da democracia*. São Paulo: Estação Liberdade, 2008.

—. *Dicionário da Civilização Grega*. Trad. Carlos Ramalhete. Rio de Janeiro: Jorge Zahar Editor, 2004.

MOURA, Clóvis. *Rebeliões da senzala, quilombos e guerrilhas*. São Paulo: Anita Garibaldi, 2014.

MOURA, Maurício e CORBELINI, Juliano. *Eleição disruptiva – por que Bolsonaro venceu*. São Paulo-Rio de Janeiro: Record, 2019.

MOURRE, Michel. *Dicionário de história universal*. Lisboa: ASA, 2005.

NABUCO, Joaquim. *Um estadista do Império*. Rio de Janeiro: Editora Nova Aguilar S/A, 1975.

NASCIMENTO, Maria das Graças. *Voltaire, a razão militante*. São Paulo: Moderna, 2004.

NASCIMENTO. Walter Vieira do. *Lições de história do direito*. Rio de Janeiro: Forense, 1990.

NEME, Mario. *Fórmulas políticas no Brasil holandês*. São Paulo: Difusão Europeia do Livro - Difel-Edusp, 1971.

NETO, Cláudio P. S. e SARMENTO, Daniel. *Direito constitucional- teoria, história e métodos de trabalho*. Belo Horizonte: Fórum, 2012.

NETO, Lira. *Getúlio (1930-1945): do governo provisório à ditadura do Estado Novo*. São Paulo: Companhia das Letras, 2013.

NETTO, Vladimir. *Lava-jato*. São Paulo: Geração Editorial, 2015.

NEVES, Guilherme Pereira das. *E receberá mercê: a mesa da consciência e Ordens e o clero secular no Brasil -1808-1828*: Rio de Janeiro: Arquivo Nacional, 1997.

NEVES, Marcelo. *A constituição simbólica*. São Paulo: Ed. Acadêmica, 1994.

NICOLA, Ubaldo. *Antologia ilustrada de filosofia*. Rio de Janeiro: Globo, 2005.

NIEBUHR, H. Richard. *As origens sociais das denominações cristãs*. Trad. Antônio Gouvêa Mendonça. São Paulo: Aste, 1992.

NOBRE, Marcos. *Imobilismo em movimento - da abertura democrática ao governo Dilma*. São Paulo: Companhia das Letras, 2013.

NOGUEIRA, Octaciano. *Constituições Brasileiras*: 1824. Coleção Constituições Brasileiras. Brasília: Senado Federal e Ministério da Ciência e Tecnologia, Centro de Estudos Estratégicos, 2001.

NUNES, Silvio Gabriel Serrano. *As origens do constitucionalismo calvinista e o direito de resistência: a legalidade bíblica do profeta em John Knox e o contratualismo secular do jurista em Théodore de Béze* (tese de doutorado). Universidade de São Paulo: São Paulo: 2017.

OLIVEIRA, Cecília Helena Lorenzini de Salles. Nação e cidadania: a constituição de 1824 e suas implicações políticas. Bragança Paulista: *Revista Horizonte*, 1998.

—. *Zacarias de Góes e Vasconcelos*. São Paulo: Editora 34, 2002.

OLIVEIRA, Liziane Paixão de. A soberania frente à globalização. *Revista do Programa de Mestrado em Direito do UniCEUB*, Brasília, v. 2, n. 1, p. 202-225, jan./jun. 2005.

OLIVEIRA, Raul José de Galaad. *Poder soberano e Constituições europeias*. Disponível em http://www2.Senado.leg.br/bdsf/bitstream/handle/id/771/R154-05.pdf?sequence=4. Acesso em 31 out. 2019.

OLIVEIRA, Reginaldo Gomes de; MAGALHÃES, Maria das Graças dias. A questão do Pirara: Roraima. Universidade Federal de Roraima: *Revista de Ciências Humanas*, n. 14, 2008.

OSBORNE, Catherine. *Filosofia pré-socrática*. Porto Alegre: L&PM Pocket Encyclopaedia, 2013.

PACHUKANIS, B. Eugeni. *Teoria geral do direito e do marxismo*. São Paulo: Boitempo Editorial, 2017.

PADOVANI, Humberto e CASTAGNOLA, Luiz. *História da filosofia*. São Paulo: Melhoramentos, 1998.

PAIM, Antonio. *Marxismo e descendência*. Col. História e Pensamento. São Paulo: Vide Editorial, 2009.

— e BARRETO, Vicente. *Evolução do pensamento político brasileiro*. Belo Horizonte: Itatiaia, 1989.

PAPINEAU, David. *Filosofia – grandes pensadores, principais fundamentos e escolas filosóficas*. São Paulo: Publifolha, 2009.

PATARRA, Ivo. *Petroladrões*. São Paulo: Luneta, 2016.

PAUPÉRIO, Arthur Machado. *Teoria democrática do Estado*, Rio de Janeiro: Forense Universitária, 1997.

PEIXINHO, Manoel Messias. *Os direitos fundamentais nas constituições francesas*. Disponível em http://www.publicadireito.com.br/artigos/?cod=b1bc40d056bad6ec. Acesso em 22 nov. 2019.

PELLEGRIN, Pierre. Trad. BERLINER, Claudia. *Vocabulário de Aristóteles*. São Paulo: Martins Fontes, 2010.

PENNA, Lincoln de Abreu. *Uma história da República*. Rio de Janeiro: Nova Fronteira, 1989.

PEREIRA, Maria Helena da Rocha. *Estudos de história da cultura clássica - cultura grega*. LIsboa: Fundação Calouste Gulbenkian, 2017.

PEREIRA, Merval. *O lulismo no poder*. Rio de Janeiro: Record, 2010.

PÉRRONET, Michel. *Revolução Francesa em 50 palavras-chaves*. Trad. Rita Braga. São Paulo: Brasiliense, 1989.

PERRY, Marvin. *Civilização ocidental, uma história concisa*. 4. ed., Martins Fontes: São Paulo, 2015.

PIGNERO, Jean. *As constituições democráticas do terceiro milênio*. Porto: Edições Enfrentamento, 1990.

PILAGALLO, Oscar. *A história do Brasil no século 20* (1900-1920). Col. Folha explica, Publifolha, São Paulo, 2002.

—. *A história do Brasil no século 20 (1920-1940)*. Col. Folha Explica. 2.ed. São Paulo: Publifolha, 2009.

—. *A história do Brasil no século 20 (1960-1980)*. 2.ed. São Paulo: Publifolha, 2009.

—. *A história do Brasil no século 20 (1980-2000)*. 2. ed. Col. Folha Explica. São Paulo: Publifolha, 2009.

PLOKHY, Seehii. *O último império: os últimos dias da União Soviética*. São Paulo: Leya, 2014.

PIRES, Francisco Murari. O *methodus* e a *Clio* tucidideana: as figurações heroicizantes do historiador. Belo Horizonte: *Varia história*, v.28, n. 47, jan./june, 2012.

POLETTI, Ronaldo. *Constituições brasileiras, 1934*. 3. ed. Brasília: Senado Federal, 2012, v. III.

POLITZER, Georges. *Princípios elementares de filosofia*. São Paulo: Fulgor, 1967.

POMAR, Pedro Estevam da Rocha. *Massacre na Lapa: como o Exército liquidou o Comitê Central do PCdoB*. São Paulo: Fundação Perseu Abramo, 1976.

PONDÉ, Luiz Felipe. *Guia politicamente incorreto da filosofia – um ensaio de ironia*. São Paulo: Leya, 2012.

POPPER, Karl. *A Sociedade Aberta e seus Inimigos*. Belo Horizonte: Itatiaia, 2006.

PORTO, Walter Costa. *Constituições brasileiras – 1937*. 3.ed. Brasília: Senado Federal, 2012, v. 4.

—. *Dicionário do voto*. Brasília: Giordano, 1995.

POSADA, Adolfo. *La Nouvelle Constitution Espagnole*. Paris: Librairie du Recueil Sirey, 1932.

PRADEAU, Jean François (coord.). *História da filosofia*. São Paulo: Vozes, 2011.

PRADO JR., Caio. *Evolução política do Brasil e outros estudos*. São Paulo: Editora Brasiliense, 1999.

—. *Evolução política do Brasil*. São Paulo: Editora Brasiliense, 1972.

PRIORE, Mary Del. *Histórias da gente brasileira: República: memórias (1889-1950)*, v. 3. Rio de Janeiro: Leya, 2017.

RAMON, Isabel de Cabo. *Turquia, Grécia y Chipre - historia del Mediterráneo oriental*. Barcelona: Universidad de Barcelona, 2005.

RAMOS. Dirceo Torrecillas. *Autoritarismo e democracia*. São Paulo: Madras, 1988.

RAMOS, Flamarion Caldeira; MELO, Rúrion e FRATESCHI, Yara. *Manual de filosofia política*. 2.ed. São Paulo: Saraiva, 2015.

RAMOS, Marcelo Maciel. *Os fundamentos éticos da cultura jurídica ocidental*. São Paulo: Alameda Editorial, 2012.

RANCIÈRE, Jacques. *O ódio à democracia*. São Paulo: Boitempo, 2005.

RANIERI, Nina. *Teoria geral do Estado*. São Paulo: Manole, 2004.

RAWLS, John. *Conferências sobre a história da filosofia política*. São Paulo: Martins Fontes, 2012.

—. *Uma teoria da justiça*. Lisboa: Presença, 1993.

REALE, Giovanni. *Sofistas, Sócrates e socráticos menores*. São Paulo: Edições Loyola, 1998.

RÉGIS, Osni de Medeiros. Observações sobre a nova Constituição da União Soviética. *Revista Sequência*, ano I, 1º semestre, p. 29-36, 1980.

REIS FILHO, Daniel Aarão. *A revolução alemã* - mitos e versões. São Paulo: Brasiliense, 1984.

RÉMOND, René. *O século XX - de 1914 aos nossos dias*. São Paulo: Cultrix, 1974.

—. *Introdução à história do nosso tempo* – do antigo regime aos nossos dias. Lisboa: Gradiva, 2017.

REVUNENKOV, V. G. *História dos tempos atuais* - 1917-1957. Rio de Janeiro: Editora Vitória, 1961.

RICHARD, Lionel. *A República de Weimar*. Trad. Jônatas Batista Neto. São Paulo: Companhia das Letras, 1983.

RISCAL, Sandra Aparecida. *O conceito de soberania em Jean Bodin: um estudo do desenvolvimento das ideias de administração pública, governo e Estado no século XVI*. Campinas: Universidade Estadual de Campinas, Faculdade de Educação (tese de doutorado), 2001.

RIZZI, Ester Gammardella. *Democracia e transformações sociais no estado parlamentar: Kirchheimer e a República de Weimar*. São Paulo: Faculdade de Direito da Universidade de São Paulo (dissertação de mestrado), 2011.

ROCHA, Cleidson de Jesus. *Princípios de política - o Estado segundo Benjamin Constant*. Acre: UFAC. [s.d].

ROCHA, Justiniano José. *Ação, reação, transação*. Rio de Janeiro: [s.e], 1855.

RODRIGUES, Gefferson Ramos. Ordem na baderna. Rio de Janeiro: UFF, *Revista de História*, fev. 2017.

RODRIGUES, José Honório. *Conciliação e reforma*. Rio de Janeiro: Civilização Brasileira, 1965.

RODRIGUES, Theófilo Codeço Machado; FERNANDES. Pedro de Araújo. *Constituições soviéticas*: da dissolução do Estado ao Estado-Partido. Rio de Janeiro: *Revista Direito e Práxis*, v. XX, n. X, 2018.

RODRÍGUEZ, Ricardo Vélez. *O liberalismo francês - a tradição doutrinária e a sua influência no Brasil*. Disponível em https://www.academia.edu/11727947/O_LIBERALISMO_FRANC%C3%8AS_-_A_TRADI%C3%87%C3%83O_DOUTRIN%C3%81RIA_E_A_SUA_INFLU%C3%8ANCIA_NO_BRASIL. Acesso 20 jan. 2020.

—. *Benjamin Constant de Rebecque e as origens do liberalismo doutrinário*. Juiz de Fora: UFJF, 2011.

—. *A democracia liberal segundo Alexis de Tocqueville*. São Paulo: Mandarim, 1998.

ROMERO, Jose Luiz Beired. *Breve história da Argentina*. São Paulo: Ática, 1996.

ROQUE, José Manuel de Carvalho. *Weimar* – Factores de colapso de um regime. 2013. Instituto Superior de Ciências Sociais e Políticas, Universidade Técnica de Lisboa (dissertação de mestrado). Disponível em: https://www.repository.utl.pt/handle/10400.5/5881. Acesso em: 30 out. 2019.

ROSENBERG, Arthur. *Democracia e socialismo*. São Paulo: Global, 1986.

ROSENFIELD, Denis L. *O que é democracia*. São Paulo: Brasiliense, 1984.

ROUSSEAU, Jean Jacques. *O contrato social e outros escritos*. São Paulo: Cultrix, 1990.

Royal Society. *Knowledge, networks and nations: scientific collaborations in the twenty-first century*. United Kingdom: Elsevier, 2011.

SADEK, Maria Tereza e QUIRINO, Celia. *O pensamento político clássico*. São Paulo: T.A Queiroz Editor, 1992.

SAINT-CLAIR, Clóvis. *Bolsonaro: o homem que peitou o Exército e desafia a democracia*. Rio de Janeiro: Máquina de Livros, 2018.

SALDANHA, Nelson. *Formação da teoria constitucional*. Rio de Janeiro Renovar, 2000.

SALGADO, Plínio. *História do Brasil*. São Paulo: FTD, 1970, v. 2.

SALLES, Hyllo Nader de Araújo. *Negócios e negociantes em uma conjuntura crítica: o porto de Salvador e os impactos da mineração - 1697-1731*. Juiz de Fora: Universidade Federal de Juiz de Fora, 2014.

SALOMÃO, Khalid Fernandes. *Reflexões sobre soberania, uma trajetória do pensamento clássico às questões contemporâneas*. Rio de Janeiro: PUC (dissertação de mestrado), 2007.

SANDRINI, Marcos. *As origens gregas da filosofia*. São Paulo: Vozes, 2011.

SARCEDO, Leandro. *Política criminal e crimes econômicos – uma crítica constitucional*. São Paulo: Alameda, 2012.

SARLET, Ingo Wolfgang. Proibição de retrocesso, dignidade da pessoa humana e direitos sociais: manifestação de um constitucionalismo dirigente possível. In: *Constituição e democracia* - estudos em homenagem ao professor J.J Gomes Canotilho. São Paulo: Malheiros, 2006.

—. *A eficácia dos direitos fundamentais*. 6. ed.. Porto Alegre: Livraria do Advogado Editora, 2006.

SCANTIMBURGO, João de. *O Brasil e a Revolução Francesa*, São Paulo: Pioneira, 1973.

SCHIOPPA, Antonio Padoa. *História do direito na Europa*. São Paulo: Martins Fontes, 2014.

SCHMIDT, Paulo. *Guia politicamente incorreto dos presidentes da República*. São Paulo: Leya, 2017.

SCHMITT, Carl, *Teologia política*. Belo Horizonte: Del Rey, 2006.

SCHOLZE, Victor. Emprego da teoria da constituição dirigente adequada à realidade brasileira. Teresina: *Revista Jus Navigandi*, ano 19, n. 4129, 21 out. 2014.

SCHUMPETER, Joseph A. *Capitalismo, socialismo e democracia*. São Paulo: Editora Unesp, 2017.

SCHWANITZ, Dietrich *et al. Cultura geral – tudo o que se deve saber*. São Paulo: Martins Fontes, 2009.

SCHWARCZ, Lilia Moritz. *Lima Barreto – triste visionário*. São Paulo: Companhia das Letras, 2002.

—; STARLING, Heloísa. *Brasil: uma biografia*. São Paulo: Companhia das Letras, 2015.

SCRUTON, Roger. *O que é conservadorismo*. São Paulo: É Realizações, 2015.

SCURR, Ruth. *Pureza fatal*. Rio de Janeiro: Record, 2009.

SECCO, Lincoln, *História do PT*. Cotia: Ateliê Editorial, 2018.

SEGRILLO, Ângelo. *Os russos*. São Paulo: Contexto, 2012.

SELLERS, Charles, MAY, Henry; Mc MILLEN, Neil R. *Uma reavaliação da história dos Estados Unidos*, Rio de Janeiro: Jorge Zahar Editor, 1990.

SEN, Amartya. *A ideia de justiça*. São Paulo: Companhia das Letras, 2011.

Senado Federal, *Constituição do Brasil e Constituições estrangeiras*. Brasília: Gráfica do Senado Federal, 1987.

SÉRGIO, António. *Breve interpretação da história de Portugal*. Coleção Clássicos Sá da Costa. Lisboa: Livr. Sá da Costa, 1972.

SERRA, Antonio Truyol y. *História da filosofia, do direito e do Estado*. Lisboa: Instituto das novas profissões, 1993. 2 v.

SEVERO, Jose Antônio. *Cinzas do Sul*. Rio de Janeiro: Record, 1998. v.2.

SGARBI, Adrian. *O referendo*. São Paulo: Renovar, 1999.

SIEYÈS, Abade. *Exposição refletida dos direitos do homem e do cidadão*. 2. ed., São Paulo: Atlas, 2015.

SILVA. Beatriz Coelho. *Jacobinismo*. Rio de Janeiro: Centro de Pesquisa e Documentação de História Contemporânea do Brasil (CPDOC), 2017.

SILVA, Hélio e CARNEIRO, Maria Cecília Ribas. *Os presidentes: Artur Bernardes - 12º presidente do Brasil (1922-1926)*. São Paulo: Editora Três, 1984.

— e —. *Os presidentes – Epitácio Pessoa 11º Presidente do Brasil 1919-1922*. São Paulo: Editora Três, 1984.

— e —. *Os presidentes – Washington Luís - Revolução de 30 (1926-1930)*. São Paulo: Editora Três, 1984.

SILVA, Ivan de Oliveira. *Curso moderno de filosofia do direito*. São Paulo: Atlas, 2012.

SILVA FILHO, João Antonio da. *A democracia e a democracia em Norberto Bobbio*. São Paulo: Verbatim, 2014.

SILVA, José Afonso da. *Curso de direito constitucional positivo*. 16. ed. São Paulo: Malheiros, 1999.

—. O sistema representativo e a democracia semi-direta: democracia participativa. São Paulo: *Revista do Advogado*, 2003.

—. *Aplicabilidade das normas constitucionais*. 6. ed. São Paulo: Malheiros, 2004.

SILVA, Joseane Suzart Lopes da. Teixeira de Freitas, o jurista que sedimentou o direito privado em prol da sociedade. Disponível em https://www.conjur.com.br/2017-out-23/teixeira-freitas-jurista-sedimentou-direto-privado#top. Acessado em 20 jan. 2020.

SILVA, Rogério Forastieri da. *A Revolução Francesa*. São Paulo: Núcleo 1989.

SILVA, Sergio S.; SZMRECSÁNYI, Tamás. *História econômica da Primeira República*. São Paulo: Edusp-Hucitec, 2002.

SILVEIRA, Denis Coitinho. Teoria da justiça de John Rawls: entre o liberalismo e o comunitarismo. Revista *Trans/Form/Ação*, São Paulo, 30(1): 169-190, 2007.

SILVEIRA, Renato de Mello Jorge. A aplicação da teoria da cegueira deliberada nos julgamentos da operação Lava Jato. *Revista Brasileira de Ciências Criminais*. Vol. 122/2016, p. 255-280, set. / out. 2016.

SIMÕES, Edson. *Intercâmbio cultural Brasil-Japão*. Coordenação: Kiyoshi Harada. São Paulo: Cadaris Comunicação, 2016 (coautoria).

—. *Tribunais de Contas – controle externo das contas públicas*. São Paulo: Saraiva, 2014.

—. *Tratado de Direito Financeiro*. Coordenação: Ives Gandra da Silva Martins, Gilmar Mendes e Carlos Valder Nascimento. Saraiva, São Paulo, 2013 (coautoria).

—. *Tratado de Direito Municipal*. Coordenação: Ives Gandra da Silva Martins e Mayr Godoy. São Paulo: Quartier Latin, 2012 (coautoria).

—. *Constituição Federal. 20 anos. Avanços, contribuições e modificações no processo democrático brasileiro*. Coordenação: Ives Gandra da Silva Martins e Francisco Rezek, Revista dos Tribunais, São Paulo, 2008 (coautoria).

—. *USP 70 Anos – Imagens de uma história vivida*. Organização: Shozo Motoyama (USP-CHC – Universidade de São Paulo, Centro de Interunidade de História da Ciência). São Paulo: Edusp, 2006 (coautoria).

—. *Construindo o futuro – 35 anos de pós-graduação da USP*. Organização: Shozo Motoyama (USP-CHC). São Paulo: Parma, 2004 (coautoria).

—. *50 Anos do CNPq – Conselho Nacional do Desenvolvimento Científico e Tecnológico contados pelos seus presidentes*. Organização: Shozo Motoyama (USP-CHC). São Paulo: Fapesp, 2002 (coautoria).

—. *Centenário: contribuição da imigração japonesa para o Brasil moderno e multicultural*. São Paulo: Paulo's Comunicação e Artes Gráficas, 2011 (coautoria).

—; ANTUNES, Celso. *Curso de geografia do Brasil*. São Paulo: Harba, 1985.

SIMONSEN, Roberto. *História econômica do Brasil* (1500-1820). Brasília: Edições do Senado, 2005.

SINGER, André. *Os sentidos do lulismo: reforma gradual e pacto conservador*. São Paulo: Companhia das Letras, 2012.

SKIDMORE, Thomas E. *Brasil de Getúlio a Castelo* – 1930-64. São Paulo: Companhia das Letras, 2010.

SKINNER, Kentin. *As fundações do pensamento político moderno*. São Paulo: Companhia das Letras, 1996.

SMITH, Douglas. *Rasputin, fé, poder e declínio dos Romanov*. São Paulo, Companhia das Letras, 2008.

SOARES, Luiz Eduardo. *O Brasil e o seu duplo*. São Paulo: Todavia, 2018.

SOARES, Marco Antônio Striquer. *Plebiscito, o referendo e o exercício do poder*. São Paulo: Celso Bastos, 1998.

SODRÉ, Nelson Werneck. *A Coluna Prestes*. Rio de Janeiro: Civilização Brasileira, 1978.

—. *História militar do Brasil*. São Paulo: Expressão Popular, 2010.

—; MELLO, Maurício Martins; UCHOA, Pedro Celso; FIGUEIRA; Pedro Alcântara; FERNANDES, Rubens Cézar; SANTOS, Joel Rufino dos. *História nova do Brasil*. São Paulo: Loyola, 1993.

SOLANO, Esther; MANSO, Bruno Paes; e NOVAES, Willian. *Mascarados*. São Paulo: Geração Editorial, 2014.

SOBOUL, Albert. *A Revolução Francesa*. São Paulo: Difel, 1982.

SOUTO MAIOR, Armando de. *História do Brasil*. São Paulo: Companhia Editora Nacional, 1968.

—, Armando de. *Quebra-quilos, lutas sociais no outono do Império*. São Paulo: São Paulo, 1978.

—, Laerte. *Luiz Carlos Prestes na Poesia*. Curitiba: Travessa dos Editores, 2006.

SOUSA, José Antonio Soares de. *A vida do Visconde de Uruguai*. São Paulo: Cia. Editora Nacional, 1944.

SOUZA, Braz Florentino de Henriques. *Do Poder Moderador*. Brasília: Senado Federal, 1978.

SOUZA, Ítalo Roberto Fuhrmann e. O princípio da proibição do retrocesso social como categoria autônoma no direito constitucional brasileiro: Conceito, fundamentação e alcance normativo frente a atual dogmática dos direito fundamentais. *Revista Brasileira de Estudos Constitucionais*. Belo Horizonte, v. 6, n. 23, jul./set. 2012.

SOUZA, Jessé; GRILLO, André. *A ralé brasileira, quem é e como vive.* São Paulo: Contracorrente, 2009.

—. *A radiografia do golpe*, São Paulo: Leya, 2015.

—. *A tolice da inteligência brasileira – ou como o país se deixa manipular pela elite.* São Paulo: Leya Brasil 2015.

—. *A elite do atraso – da escravidão à Lava Jato.* São Paulo: Leya 2017.

—. *A classe média no espelho – sua história, seus sonhos e ilusões, sua realidade.* São Paulo: Sextante, 2018

—. *Subcidadania brasileira: para entender o país além do jeitinho brasileiro.* São Paulo: Leya Brasil, 2018.

—. *A guerra contra o Brasil: como os EUA se uniram a uma organização criminosa para destruir o sonho brasileiro.* São Paulo: Sextante, 2020.

SOUZA, Maria das Graças de. *Natureza e ilustração sobre o materialismo de Diderot.* São Paulo: Unesp, 2002.

—. *Ilustração e história.* São Paulo: Fapesp, 2001.

SPECTOR, Céline. *Vocabulário de Montesquieu.* São Paulo: Martins Fontes, 2011.

SPIRE, Arnaud. *Marx esse desconhecido.* Lisboa: Edições Piaget, 2004.

STRECK, Lenio Luiz. *Hermenêutica jurídica e(m) crise.* Porto Alegre: Livraria do Advogado, 2009.

—. *Jurisdição constitucional e hermenêutica.* Rio de Janeiro: Forense, 2004.

—; MORAIS, José Luis Bolzan de. *Ciência política e teoria geral do estado.* 4. ed. Porto Alegre: Livraria do Advogado Editora, 2004.

TÁCITO, Caio. *1988 - Constituições brasileiras.* 3.ed.. Brasília: Senado Federal, 2012.

TAVARES, Ana Lucia de Lyra. A Constituição Brasileira de 1988: subsídios para os comparatistas. *Revista de informação legislativa*, v. 28, n. 109, p. 71-108, jan./mar. 1991.

TAVARES, Luís Henrique Dias. *História da Bahia.* 4. ed. Salvador: Itapuã, 1969.

TELLES, Ignácio da Silva. *A experiência da democracia liberal.* São Paulo: Revista dos Tribunais, 1977.

TEPEDINO, Gustavo José Mendes; FACHIN, Luiz Edson (Org.). *Doutrinas essenciais*: obrigações e contratos. São Paulo: RT, 2011, p. 15, v. 1.

THALMANN, Rita. *A República de Weimar.* Trad. Álvaro Cabral. Col. Cultura contemporânea, n. 11, Rio de Janeiro: Jorge Zahar Editora, 1988.

TOCQUEVILLE, Alexis de. *Lembranças de 1848, as jornadas revolucionárias de Paris.* São Paulo: Companhia das Letras, 1991.

—. *Igualdade social e liberdade política.* São Paulo: Editora Nerman, 1988.

—. *Viagens à Inglaterra e à Irlanda*. São Paulo: Imaginário, 2000.

TOMAZELI, Luiz Carlos, *O estado liberal e a democracia direta*. Porto Alegre: EDIPUCRS, 1999.

TORRES, João Camilo de Oliveira. *A democracia coroada* - teoria política do Império do Brasil. Rio de Janeiro: Vozes, 1964.

—. *Interpretação da realidade brasileira*. Rio de Janeiro: Livraria José Olympio, 1969.

—. *O Conselho de Estado*. Rio de Janeiro: Edições G.R.D., 1965.

TRAGTENBERG, Maurício. *A Revolução Russa*. 2. ed. São Paulo: Unesp, 1988.

TREVELYAN, G. M. *História concisa da Inglaterra*. Lisboa: Editora Europa-América, 1942, v I e II.

TREVISAN, Leonardo. *A República Velha – história popular do Brasil*. São Paulo: Global, 1982.

VAINFAS, Ronaldo. *Dicionário do Brasil Colonial* (1500-1808). Rio de Janeiro: Objetiva, 2001.

—. *Dicionário do Brasil Imperial* (1822-1889). Rio de Janeiro: Objetiva, 2002.

VASCONCELOS, Arnaldo. *Direito, humanismo e democracia*. 2.ed. São Paulo: Malheiros, 2006.

VERDÚ, Pablo Lucas. Lugar de la Teoria de la Constitución em el marco del derecho político. *Revista de Estudios Políticos*, Instituto de Estudios Políticos, v. 188, mar./abr., 1973.

VIANNA, Oliveira. *O idealismo da Constituição*. 2. ed. São Paulo: Companhia Editora Nacional, 1939.

VIEIRA, Oscar Vilhena. *A batalha dos poderes*. São Paulo, Companhia das Letras, 2018.

VILANI, Maria Cristina Seixas. *Origens medievais da democracia moderna*, Inédita: [s.l], 2000.

VILLA, Marco Antonio. *A história das constituições brasileiras*. São Paulo: Leya Brasil, 2012.

—. *Década perdida – 10 anos de PT no poder*, Rio de Janeiro: Record, 2013.

VILLAVERDE, João. *Perigosas pedaladas*. São Paulo: Geração Editorial, 2016.

Vocabulário Ortográfico da Língua Portuguesa. 5. ed. Rio de Janeiro: Academia Brasileira de Letras, 2009.

VOEGELIN, Eric. *História das ideias políticas - Idade Média até Tomás de Aquino*. São Paulo: É Realizações, 2012, v. II.

VOLTAIRE. *Comentários políticos*. São Paulo: Martins Fontes, 2001.

WALSH, R. *Notices of Brazil*. Boston: Richardson, 1831, v. II.

WARDE, Walfrido. *O espetáculo da corrupção, como um sistema corrupto e o modo de combatê-lo estão destruindo o País*. São Paulo: Leya, 2017.

WEBER, Max. *A ética protestante e o "espírito" do capitalismo*. São Paulo: Companhia das Letras, 2004.

WEEKS, Willian Earl. *Bulding the continental empire: the american expansionism from the revolution to the Civil War*. New York: American Ways, 1996.

WEFFORT, Francisco Corrêa. *Os clássicos da política*. 11. ed. São Paulo: Ática, 2006. v. 2.

WERTHEIN, Jorge. *Aspectos éticos da sociedade da informação: a marca da UNESCO no debate global*. Brasília: Observatório da Sociedade da Informação - Unesco, 2003.

WIKER, Benjamin. *Dez livros que estragaram o mundo e outros cinco que não ajudaram em nada*. Lisboa: Alêntheia, 2015.

WILLIAM, Wagner. *O soldado absoluto*. Rio de Janeiro: Record, 2002.

WILSON, Arthur M. *Diderot*. São Paulo: Perspectiva, 2012.

WITTMAN, Donald. A. *O mito do fracasso da democracia*. Rio de Janeiro: Bertrand Brasil, 1999.

WOLFF, Jonathan. *Introdução à filosofia política*. São Paulo: Madras, 2010.

WOKLER, Robert. *Rousseau*. São Paulo: L&PM Pocket Encyclopaedia, 2012.

WOODCOCK, George. *História das ideias e movimentos anarquistas - a ideia*. São Paulo: L&PM, 2003.

ZAGREBELSKY, Gustavo. *A crucificação e a democracia*. São Paulo: Saraiva, 2016.

ZIMMER, Robert. *O portal da filosofia*. São Paulo: Martins Fontes, 2010.

ZSCHIRNT, Christiane. *Livros, tudo o que você não pode deixar de ler*. São Paulo: Globo, 2000.

[s.a]. *Robespierre – o líder da Revolução Francesa*. Col. Grandes Personagens da História Universal, fascículo 48, São Paulo: Abril, 1988.